Europäische Musik in Schlaglichtern

Europäische Musik in Schlaglichtern

Herausgegeben von Peter Schnaus
in Zusammenarbeit
mit weiteren Mitarbeitern
und Meyers Lexikonredaktion

MEYERS LEXIKONVERLAG
Mannheim · Leipzig · Wien · Zürich

Redaktionelle Leitung: Gerhard Kwiatkowski
Redaktion: Ines Groh
Bildredaktion: Cornelia Schubert M.A.
Mitarbeiter: Prof. Peter Becker,
Prof. Dr. Hans Heinrich Eggebrecht,
Dr. Hanns-Werner Heister, Prof. Dr. Volker Mertens,
Dr. Hartmut Möller, Dr. Jürgen Neubacher,
Dr. Thomas Seedorf, Dr. Gretel Schwörer-Kohl

CIP-Titelaufnahme der Deutschen Bibliothek
Europäische Musik in Schlaglichtern/hrsg. von Peter Schnaus.
In Zs.-Arb. mit weiteren Mitarb. u. Meyers Lexikonred.
[Mitarb.: Peter Becker...].
Mannheim; Wien; Zürich: Meyers Lexikonverl., 1990
ISBN 3-411-02701-0
NE: Schnaus, Peter [Hrsg.]; Becker, Peter [Mitverf.]

Das Wort DUDEN ist für den Verlag
Bibliographisches Institut & F. A. Brockhaus AG als Marke geschützt.

Alle Rechte vorbehalten
Nachdruck, auch auszugsweise, vorbehaltlich der Rechte,
die sich aus §§ 53, 54 UrhG ergeben, nicht gestattet.
© Bibliographisches Institut & F. A. Brockhaus AG, Mannheim 1990
Satz: Bibliographisches Institut & F. A. Brockhaus AG (DIACOS Siemens)
und Mannheimer Morgen Großdruckerei und Verlag GmbH
Druck: wwk druck GmbH, Speyer
Bindearbeit: Großbuchbinderei Weinsberg
Printed in Germany
ISBN 3-411-02701-0

Vorwort

„Europäische Musik in Schlaglichtern" ist ein Buch mit neuartiger, doppelter Zielsetzung. Als Nachschlagewerk und als historisch fortlaufende Darstellung wendet es sich an alle musikalisch Interessierten, die ihre Kenntnisse über Musik vertiefen wollen. Es informiert knapp und präzise über wichtige Fakten der abendländischen Musikgeschichte und zeigt zugleich weiträumige Zusammenhänge, Entwicklungen und Querverbindungen auf.

Im Rahmen der „Schlaglichter"-Reihe ist der zentrale Gegenstand dieses Bandes die Entfaltung der europäischen Kunstmusik von der Antike bis zur Gegenwart. Obwohl man von musikalischen Kunstwerken im eigentlichen Sinn erst seit dem hohen Mittelalter sprechen kann, wurden die Antike und das frühe Mittelalter mit einbezogen, weil sich in der musikalischen Theorie und Praxis dieser Zeit grundlegende Kriterien für die spätere Entwicklung der Kunstmusik herausgebildet haben.

Nicht aufgenommen wurden – mit Ausnahme bestimmter, gezielter Hinweise – die umfangreichen Gebiete der außereuropäischen Musik, der Jazzmusik und der Unterhaltungsmusik aller Sparten. Sie erfordern jeweils eine eigene ausführliche Darstellung und hätten schon aus Platzgründen nicht in befriedigender Weise integriert werden können. Aber auch inhaltlich wurde hiermit eine Vorentscheidung getroffen. Sie zielt auf das Bedürfnis des interessierten Lesers, sich über die heute in so reichem Maße zugängliche Kunstmusik, wie sie ihm in Oper und Konzert, Rundfunk und Fernsehen sowie auf Tonträgern begegnet, zu informieren und sich mit ihren geschichtlichen Bedingungen vertraut zu machen.

Das so abgesteckte Feld ist immer noch immens groß und kann in einem Band keinesfalls vollständig dargestellt werden. Hier erfüllt das Prinzip der „Schlaglichter" eine wesentliche Funktion. Es erlaubt, auf bestimmte Stilbereiche, Strömungen, Zentren, Komponisten, Gattungen, Formen oder ästhetische Aspekte der Musik die besondere Aufmerksamkeit zu lenken, andere hingegen kürzer und eher zusammenfassend zu behandeln. Es bedeutet ferner, daß die Autoren, bei aller Objektivität im Faktischen, im Bereich der Wertung und Deutung Akzente setzen können, ohne die eine geschichtliche Darstellung der Musik, ebenso wie die anderer Künste, farblos und steril bliebe.

Bereits die Gliederung in Kapitel setzt in dieser Weise Schwerpunkte, bildet Abgrenzungen, wo die Historie in Wahrheit fließend verläuft, und schafft durch Überschriften zeitliche oder stilbegriffliche Leitvorstellungen, welche die musikalische Vielfalt zwar sinnvoll ordnen, ihr aber im Detail nicht immer gerecht werden können. Daher mußte manches „Schlaglicht" die globale Vorgabe der Kapitelüberschrift korrigieren oder differenzieren, und manche Einzelerscheinung konnte nur mit Vorbehalt der einmal gewählten Ordnung eingegliedert werden.

Insgesamt wurde der Stoff in zwölf Kapiteln zusammengefaßt. Einige von ihnen übernehmen bekannte und etablierte Epochenbezeichnungen wie „Barock" oder „Klassik" (und diskutieren diese gegebenenfalls in den einleitenden Schlaglichtern), andere ordnen das Material in ebenso üblicher Weise nach

Jahrhunderten, wobei auch hier Übergänge und Überschneidungen im einzelnen erläutert werden. Zwei Kapitel (Kapitel 6 und Kapitel 10) richten den Blick weniger auf Epochen als auf kurze, charakteristische Übergangsphasen in der europäischen Musikgeschichte. Außerdem schien es für den Zeitraum vom frühen 18. bis zum frühen 19. Jahrhundert angebracht, die Darstellung der instrumentalen (Kapitel 6 und Kapitel 7) und der vokalen Gattungen (Kapitel 8) voneinander zu trennen. Schließlich unterbrechen den chronologischen Fortlauf der Kapitel drei selbständige Essays, welche die auf bestimmte Zeiträume eingegrenzte historische Betrachtung durch übergreifende, allgemeinere Gedanken ergänzen.

Die einzelnen Kapitel sind wiederum – nach einer allgemeinen Einleitung – in größere Abschnitte untergliedert, die die Gruppen enger verwandter Schlaglichter zusammenfassen. Dies geschieht, der Sache entsprechend, nicht in allen Kapiteln nach dem gleichen Prinzip. Doch wurde in vielen Fällen eine Einteilung gewählt, die es erlaubt, bestimmte Phänomene und Aspekte durch den gesamten Zeitraum eines Kapitels hindurch zu verfolgen, da sich Musikgeschichte nicht als zeitliche Abfolge von Einzelereignissen darstellen läßt, sondern nur in der Nachzeichnung zusammenhängender Entwicklungszüge. Um hierbei unnötige Wiederholungen zu vermeiden, sind an vielen Stellen des Textes Verweise eingefügt, die entsprechende Querverbindungen herstellen und auf Ergänzungen aufmerksam machen.

Der Text wird weiterhin ergänzt durch eine Fülle von Abbildungen, die sich an vielen Stellen unmittelbar auf ihn beziehen. Das gilt in besonderem Maße für die Notenbeispiele, aber auch für Abbildungen aus mittelalterlichen Handschriften, die ältere Verfahren der Notation anschaulich machen sollen.

Jedes Schlaglicht bildet eine in sich abgeschlossene Einheit. Daher kann das Buch einerseits mit Hilfe des Registers am Schluß wie ein Nachschlagewerk benutzt werden, das man an einer bestimmten Stelle aufschlägt, um sich gezielt zu informieren. Andererseits soll die Einbettung der Schlaglichter in einen größeren Kontext den Leser dazu auffordern, von dem gewählten Einstieg her auch das Umfeld zu erkunden und sich gegebenenfalls mit musikalischen Zeitabschnitten zusammenhängend zu befassen. Umrißartig hilft hierbei das ausführliche Inhaltsverzeichnis.

Im Anhang findet sich ferner eine detaillierte Bibliographie zum eigenen Weiterstudium, wie überhaupt die „Europäische Musik in Schlaglichtern" durch ihre Konzeption auch professionellen Musikern und Musikstudenten als musikgeschichtliches Kompendium nützlich sein kann.

Dank zu sagen ist den Mitautoren für die Bereitschaft, trotz individueller Unterschiede in Stil und Sichtweise an dieser Gesamtkonzeption des Buches produktiv mitzuwirken. Zu danken ist auch den Mitarbeitern der Redaktion, insbesondere Frau Ines Groh, die die Konzeption des Werkes von Anfang an entscheidend mitgestaltet und das Gesamtunternehmen betreut hat.

Mannheim, im Frühjahr 1990
Verlag und Herausgeber

Inhalt

Kapitel 1
Die Musik des griechisch-römischen Altertums

Von Gretel Schwörer-Kohl

Einführung	15
Die Musik der griechischen Antike	16
1.1 Literarische Zeugnisse	16
1.2 Erhaltene Melodien in Steininschriften, Papyri und Handschriften	17
1.3 Götter und Begleiter	18
1.4 Mythische mysisch-phrygische Auleten	20
1.5 Legendäre thrakische Sänger	21
1.6 Die ersten geschichtlich nachweisbaren Kitharöden von Lesbos	21
1.7 Die Leiern Phorminx, Lyra, Kithara und Barbiton	22
1.8 Der Aulos	23
1.9 Die Panflöte Syrinx	24
1.10 Die Trompete Salpinx	24
1.11 Schlaginstrumente	24
1.12 Harfen	25
1.13 Intervalle und Tongeschlechter mit „Schattierungen"	25
1.14 Systeme und Oktavgattungen	25
1.15 Tonoi und Harmoniai	27
1.16 „Temperierte Stimmung" des Aristoxenos – Pythagoreisches Komma	28
1.17 Rhythmen	28
1.18 Die Buchstabennotation	29
1.19 Die ethische Wirkung der Musik	29
1.20 Sphärenharmonie	30
1.21 Götterfeste und Agone	30
1.22 Nomos	31
1.23 Skolion beim Symposion	31
1.24 Enkomion beim Komos	31
1.25 Chorlyrik und Drama	32
Die Musik des römischen Altertums und der Spätantike	33
1.26 Die Musik der Etrusker und ihr Einfluß auf das römische Musikleben	33
1.27 Die Blechblasinstrumente Tuba, Cornu und Lituus	33
1.28 Tibia	34
1.29 Das griechische Erbe	35
1.30 Die Orgel Hydraulis	35
1.31 Mimen und Pantomimen	36
1.32 Musikergenossenschaften	36
1.33 Artes liberales – Die Sieben Freien Künste	37

Kapitel 2
Einstimmige Musik des Mittelalters

Von Volker Mertens und Hartmut Möller

Einführung	38
Wurzeln und älteste Traditionen	39
2.1 Überlieferung in vorschriftlicher Zeit	39
2.2 Jüdische Wurzeln: die Psalmen	40
2.3 Die Frage nach dem „Gregorianischen Choral"	41
2.4 Mailänder und altrömischer Choral	41
2.5 Gallikanische, mozarabische und irische Liturgie	41
Das Repertoire der liturgischen Gesänge seit der Karolingerzeit	42
2.6 Karl der Große und die Einführung des Chorals im Frankenreich	42
2.7 Die ältesten Gesangshandschriften	43
2.8 Die Gesänge der Messe	44
2.9 Das Offizium	45
2.10 Das karolingische Neuschaffen	47

Inhalt

2.11	Notker von Sankt Gallen und die Sequenz	47	
2.12	Erweiterung des Repertoires: die Tropen	49	
2.13	Verfall und Restauration	50	

Der Beginn musikalischer Schriftlichkeit 50
2.14 Die Erfindung musikalischer Schriften 50
2.15 Notationen in Musiktraktaten 51
2.16 Die Neumenschriften in praktischen Quellen 52
2.17 Die ältesten Neumen: die Alleluia-Textierung „Psalle modulamina" 52
2.18 Neumen in Lesungstexten, weltliche Gesänge 53
2.19 Hucbald, Aurelian und die Gregorianische Semiologie 54

Stadien der Überlieferung 56
2.20 Spuren mündlicher Überlieferung 56
2.21 Die zwei Versionen des Chorals: altrömisch und gregorianisch-fränkisch 57
2.22 Die Redaktion der Gregorianik 57
2.23 Der Übergang von der mündlichen zur schriftlichen Überlieferung 58
2.24 Guido von Arezzo und die Notation auf Linien 59
2.25 Solmisation, Hexachord-System und Guidonische Hand 59
2.26 Die Überlieferung der gregorianischen Melodien: Einheit in der Verschiedenheit 60

Weltliche und außerliturgische Musik im hohen Mittelalter 60
2.27 Kleriker und Laien 60
2.28 Sequenz – Lai – Leich 61
2.29 Geistliches Spiel 61
2.30 Parodien: Spielermesse und Eselsfest 63
2.31 Spielleute und Berufssänger 64
2.32 „Carmina Burana" 64
2.33 Trobadors 65
2.34 Der Vortrag der höfischen Liebeslyrik 66
2.35 Minnesang und Sangspruch 67
2.36 Die Kontrafaktur: das „Pälästinalied" als Modellfall 68
2.37 Die Trouvères und die altfranzösische Lyrik 69
2.38 Französische und deutsche Heldenepen 70

2.39 Alfons der Weise: die „Cantigas de Santa María" 71
2.40 Später Sang 71
2.41 Geistliches Lied in Deutschland und Italien 73
2.42 Meistersang 74
2.43 Spätes Spiel 75

Essay

Die Musik im Denken des Mittelalters 77
Von Hartmut Möller

Kapitel 3
Mehrstimmige Musik des Mittelalters

Von Peter Schnaus

Einführung 89
Die Anfänge der Mehrstimmigkeit: frühes Organum 90
3.1 Entstehungsbedingungen 91
3.2 „Musica enchiriadis": das erste schriftliche Zeugnis 91
3.3 Ausbreitung der Organumlehre 92
3.4 Das „Winchester Tropar". Frühe englische Kompositionen 93

Komposition im hohen Mittelalter 93
3.5 Saint-Martial. Geistliche Lieder in Südfrankreich und Spanien 95
3.6 Die Notre-Dame-Schule 96
3.7 Leoninus: der zweistimmige Grundbestand 96
3.8 Perotinus: Veränderungen, Erweiterungen 97
3.9 Motette 100
3.10 Conductus 101
3.11 Die Notenschrift: Modalnotation 103

Die französische Musik des 13. Jahrhunderts 105
3.12 Ars antiqua 105
3.13 Motette 106
3.14 Mensuralnotation I 108
3.15 Adam de la Halle: Liedsätze 110
3.16 Instrumentalmusik: Hoquetus, Estampie 111
3.17 Petrus de Cruce 112

Inhalt

Die französische Musik des
14. Jahrhunderts ... 114
3.18 Ars nova ... 114
3.19 Philippe de Vitry ... 116
3.20 Mensuralnotation II ... 116
3.21 Guillaume de Machault ... 118
3.22 Isorhythmische Motette ... 119
3.23 Rondeau, Virelai, Ballade ... 125
3.24 Messe ... 125
3.25 Die Spätzeit um 1400: Ars subtilior ... 126

Die italienische Musik des
14. Jahrhunderts ... 127
3.26 Trecento ... 127
3.27 Zentren und Komponisten ... 127
3.28 Madrigal, Caccia, Ballata ... 128

Die englische Musik bis zum Beginn
des 15. Jahrhunderts ... 129
3.29 „Sommer-Kanon" ... 129
3.30 Improvisierte Mehrstimmigkeit: Sight, Faburden ... 129

Kapitel 4
Die Musik des 15. und 16. Jahrhunderts

Von Peter Schnaus

Einführung ... 131
Voraussetzungen, Grundlagen, Wandlungen ... 133
4.1 Englischer Einfluß: der neue Klang ... 133
4.2 Dunstable und seine Zeitgenossen ... 134
4.3 Fauxbourdon ... 134
4.4 Die Rolle Italiens: Ciconia ... 135
4.5 Vokalpolyphonie: Sangbarkeit – Linearität – Imitation ... 136
4.6 Kontrapunkt ... 137
4.7 Textdarstellung ... 138
4.8 Musica reservata ... 138
4.9 Das Konzil von Trient und die katholische Kirchenmusik ... 139
4.10 Musiktheorie ... 140
4.11 Weiße Mensuralnotation ... 141

Fünf Generationen franko-flämischer Musik ... 142
4.12 Dufay. Binchois. Burgundische Schule ... 143
4.13 Ockeghem ... 144
4.14 Josquin Desprez und seine Zeitgenossen ... 144
4.15 Gombert. Clemens non Papa. Willaert ... 146
4.16 Lasso. De Monte ... 147
4.17 Spät- und Übergangszeit: Sweelinck ... 148

Europäische Musik im 16. Jahrhundert ... 148
4.18 Italien ... 148
4.19 Palestrina und die Römische Schule ... 148
4.20 Die Venezianische Schule ... 149
4.21 Spanien ... 150
4.22 Frankreich ... 151
4.23 England ... 151
4.24 Deutschland ... 152
4.25 Luther und die evangelische Kirchenmusik ... 152

Gattungen der Vokalmusik ... 153
4.26 Messe ... 153
4.27 Motette ... 155
4.28 Liturgische Kleinformen ... 156
4.29 Weltliche Vokalmusik ... 156
4.30 Chanson ... 156
4.31 Madrigal ... 158
4.32 Lied ... 159

Instrumentalmusik ... 161
4.33 Freie Formen ... 161
4.34 Variation ... 162
4.35 Übertragung vokaler Vorlagen ... 162
4.36 Tanzmusik ... 164
4.37 Tabulaturen ... 165

Kapitel 5
Die Musik des Barock

Von Jürgen Neubacher

Einführung ... 167
Voraussetzungen, Grundlagen, Wandlungen ... 168
5.1 Stilwandel und Stilpluralismus ... 168
5.2 Musikanschauung und -lehre ... 168
5.3 Konzertierendes Prinzip ... 170
5.4 Generalbaß ... 171
5.5 Monodie ... 172
5.6 Musikleben ... 172

Komponisten ... 173
5.7 Monteverdi ... 173
5.8 Schütz ... 176

5.9 Bach	179	6.13 Sonate	221
5.10 Händel	181	6.14 Kammermusik	222
		6.15 Frühformen des Streichquartetts	223
Gattungen und Funktionsbereiche	184	6.16 Bläserkammermusik	224
5.11 Musik für die „Kammer"	184	6.17 Kammermusik mit Klavier	225
5.12 Lied und Arie	185		
5.13 Kammerkantate und Kammerduett	186		
5.14 Canzona und Sonate	187	**Essay**	
5.15 Suite	188		
5.16 Concerto und Concerto grosso	189	Schreiben über Musik	226
5.17 Fuge	190	Von Hans Heinrich Eggebrecht	
5.18 Musik für das „Theater"	192		
5.19 Italienische Oper	192		
5.20 Ballet de cour, Comédie-ballet, Tragédie lyrique	194	**Kapitel 7**	
5.21 Masque und English opera	196	**Wiener Klassik**	
5.22 Serenata	196	Von Peter Schnaus	
5.23 Oratorium	197		
5.24 Musik für die „Kirche"	199	Einführung	236
5.25 Motette	200	Voraussetzungen, Grundlagen,	
5.26 Geistliches Konzert	200	Wandlungen	238
5.27 Kirchenkantate	202	7.1 Früh-, Hoch- und Spätklassik	238
5.28 Passion und Historia	203	7.2 Musikleben, Künstlertum	239
5.29 Messe	204	7.3 Kunst- und Musikanschauung	241
5.30 Vesperpsalmen und Magnificat	205	7.4 Absolute Musik	242
5.31 Orgel- und Instrumentalmusik	206		
		Komponisten	242
		7.5 Haydn	242
Kapitel 6		7.6 Mozart	244
Der musikalische Stilwandel um 1750		7.7 Beethoven	246
		7.8 Zeitgenossen der Wiener Klassiker	249
Von Peter Schnaus			
		Formung des musikalischen Materials	250
Einführung	207	7.9 Motiv und Thema	251
Voraussetzungen, Grundlagen,		7.10 Periode und Satz	253
Wandlungen	208	7.11 Liedformen	254
6.1 Stilelemente	209	7.12 Sonatenhauptsatzform	255
6.2 Musikanschauung	210	7.13 Rondo. Sonatenrondo	256
6.3 Musikleben	211	7.14 Variation	258
Zentren des Musikschaffens	212	Gattungen der Instrumentalmusik	258
6.4 Italien	212	7.15 Klaviersonate	258
6.5 Wien	212	7.16 Kammermusik mit Klavier	262
6.6 Mannheim	213	7.17 Streichquartett und Streicher-	
6.7 Paris	214	kammermusik	263
6.8 London	215	7.18 Kammermusik mit Bläsern	267
6.9 Norddeutschland (Berlin)	215	7.19 Divertimento, Serenade, Kassation	268
6.10 Die Bach-Söhne	216	7.20 Sinfonie	270
		7.21 Die Sinfonien Haydns	271
Die Entstehung neuer Gattungen	219	7.22 Die Sinfonien Mozarts	272
6.11 Die Sinfonie	219	7.23 Die Sinfonien Beethovens	273
6.12 Instrumentalkonzert	220	7.24 Ouvertüre	274
		7.25 Instrumentalkonzert	275

Kapitel 8
Vokalmusik zwischen Rokoko und Spätklassik

Von Hanns-Werner Heister

Einführung	277
Voraussetzungen, Grundlagen, Wandlungen	278
8.1 Oper als führende Gattung	278
8.2 Musiziersphären und Gattungssystem	279
Gattungen des Musiktheaters	281
8.3 Der italienische Typus des volkstümlichen Musiktheaters: Opera buffa	281
8.4 Opernreformen	285
8.5 Mozarts italienische Opern	288
8.6 Der französische Typus: Opéracomique	290
8.7 Singspiel	292
8.8 Mozarts deutschsprachiges Musiktheater	295
8.9 Revolutions- und Rettungsoper	297
Das Konzert als Aufführungsort	299
8.10 Oratorium und Kantate	299
Musik in der Kirche	303
8.11 Messe und andere Gattungen geistlicher Vokalmusik	303
Musik in Kammer und Haus	305
8.12 Liederschulen und Volkslied	305
Die Straße	307
8.13 Hymne und Massenlied	307

Kapitel 9
Die Musik des 19. Jahrhunderts

Von Peter Schnaus

Einführung	309
Voraussetzungen, Grundlagen, Wandlungen	311
9.1 Klassik – Romantik	311
9.2 Musikanschauung	312
9.3 Beethoven-Rezeption	313
9.4 Musikalische Parteien	315
9.5 Absolute Musik – Programmusik	316
9.6 Musik der Vergangenheit: Bach- und Palestrina-Renaissance	317
9.7 Musikleben	318
9.8 Entwicklung des musikalischen Materials	319
9.9 Instrumentenbau	323
Komponisten	324
9.10 Weber	324
9.11 Schubert	325
9.12 Mendelssohn Bartholdy	326
9.13 Chopin	327
9.14 Schumann	328
9.15 Liszt	329
9.16 Wagner	331
9.17 Verdi	332
9.18 Bruckner	333
9.19 Brahms	335
Gattungen der Instrumentalmusik	337
9.20 Sinfonie	337
9.21 Schubert, Mendelssohn Bartholdy, Schumann	338
9.22 Brahms und Bruckner	340
9.23 Sinfonik außerhalb Deutschlands und Österreichs	343
9.24 Programmusik: Sinfonische Dichtung	344
9.25 Instrumentalkonzert	346
9.26 Kammermusik	347
9.27 Kammermusik mit Klavier	347
9.28 Kammermusik ohne Klavier	348
9.29 Sonate	349
9.30 Charakterstück	350
9.31 Orgelmusik	351
Gattungen der Vokalmusik	352
9.32 Die Oper in Italien	353
9.33 Die Oper in Frankreich	356
9.34 Die Oper in Deutschland bis zu Richard Wagner	358
9.35 Richard Wagner und das Musikdrama	359
9.36 Die Nationaloper in Rußland und Osteuropa	362
9.37 Oratorium	364
9.38 Chormusik	365
9.39 Lied	367
9.40 Das Sololied bei Schubert	367
9.41 Das Sololied bis 1850	367
9.42 Das Sololied nach 1850	368
9.43 Kirchenmusik	370
9.44 Katholische Kirchenmusik	370
9.45 Evangelische Kirchenmusik	371

Inhalt

Kapitel 10
Europäische Musik um 1900

Von Thomas Seedorf

Einführung		372
Voraussetzungen, Grundlagen, Wandlungen		372
10.1	Die musikalische Moderne	372
10.2	Musikanschauung	373
10.3	Krise der Tonalität	374
10.4	Form- und Gattungsprobleme	376
Zentren, Strömungen, Komponisten		377
10.5	Wien	377
10.6	Wolf	378
10.7	Mahler	378
10.8	Strauss	381
10.9	Reger	382
10.10	Berlin	383
10.11	Busoni	384
10.12	Paris	385
10.13	Debussy und der musikalische Impressionismus	385
10.14	Ravel	386
10.15	Satie	387
10.16	De Falla	388
10.17	Italien und der Verismo	389
10.18	Puccini	389
10.19	England: Elgar und Delius	390
10.20	Skrjabin	391
10.21	Janáček	392
10.22	Nordeuropa: Sibelius und Nielsen	392

Essay

Musik und Gesellschaft — 394
Von Hans Heinrich Eggebrecht

Kapitel 11
Die Musik in der ersten Hälfte des 20. Jahrhunderts

von Thomas Seedorf

Einführung		403
Voraussetzungen, Grundlagen, Wandlungen		404
11.1	„Neue Musik"	404
11.2	Atonalität und Zwölftonmusik	404
11.3	Der Neoklassizismus	408
11.4	Ästhetischer Wandel	410
11.5	„Gebrauchsmusik" und „angewandte Musik"	411
11.6	Avantgarde	412
11.7	Die neue Bedeutung des Folklorismus	413
11.8	Einflüsse des Jazz	414
11.9	Musik und Politik	415
Komponisten		416
11.10	Schönberg	416
11.11	Berg	418
11.12	Webern	419
11.13	Strawinsky	421
11.14	Hindemith	423
11.15	Bartók	424
11.16	Varèse	425
11.17	Weill	427
Gattungen der Instrumentalmusik		428
11.18	Orchestermusik	428
11.19	Konzertmusik	429
11.20	Kammermusik	429
11.21	Klaviermusik	430
11.22	Ein Sonderfall: Filmmusik	430
Gattungen der Vokalmusik		431
11.23	Oper	431
11.24	Chormusik	433
11.25	Lied und vokale Kammermusik	434

Kapitel 12
Musik nach 1950

Von Peter Becker

Einführung		435
Setzungen, Voraussetzungen		436
12.1	Neues Denken	436
12.2	Neues Komponieren	437
12.3	Neues Spielen	437
12.4	Neues Hören	439
12.5	Neues Vermitteln	440
Richtungen, Wandlungen, Wendepunkte		442
12.6	Ordnung und Freiheit	442
12.7	Entgrenzung und Experiment	444
12.8	Tendenzen der 60er Jahre	445
12.9	Klang und Szene	446
12.10	Spiel und Gestalt	449
12.11	Gegen-Sätze	451

Inhalt

12.12	Zur Musik der 70er und 80er Jahre	457	
12.13	Beethoven hören	458	
12.14	Dürer sehen	460	
12.15	Das Prinzip Bloch	462	
12.16	Hölderlin lesen	465	
12.17	Bach leiden und mitleiden	467	

Rundblicke, Ausblicke	468
12.18 Die Welt als Schrei	468
12.19 Die Welt als Klang	468
12.20 Die Welt als Vielklang	468
12.21 Non Finis	471

Bibliographie	473
Register	483
Abkürzungsverzeichnis	496
Bildquellenverzeichnis	496

Kapitel 1
Die Musik des griechisch-römischen Altertums

Einführung

Die europäische Musikgeschichte beginnt nicht nur zeitlich, sondern ihrem Wesen nach – als Folge einander ablösender, charakteristischer historischer Abschnitte – mit der griechischen Antike. Erstmalig im Griechentum wird die Musik zum Gegenstand wissenschaftlicher Forschung und philosophischer Reflexion. Damit erwächst ihr, neben der unmittelbaren, weitgehend magisch expressiven Wirkung, die ihr zu allen Zeiten und in allen Kulturen zugesprochen wurde, eine neue Dimension. Sie tritt als ein zu Erkennendes vor das Bewußtsein und wird auf unterschiedlichen Untersuchungsfeldern, wie zum Beispiel der Mathematik, der Physik, der Kosmologie, der Psychologie oder der Ethoslehre, zum Inhalt menschlichen Denkens. Die Musik unterliegt von nun an einem Prozeß ständig sich verändernder Beschreibungen und Deutungen, die auf das klingende Phänomen zurückwirken, das sich seinerseits verändert und erneuert und als geschichtlich begriffen wird. Dieser wechselseitige Bezug von Theorie und Praxis ist eines der wesentlichen Bewegungsmomente der abendländischen Musikgeschichte, die auch inhaltlich antikes Gedankengut vielfach verarbeitet und tradiert.
Im Weltbild der Griechen besaß die Musik, unter der sie weit mehr verstanden als die bloße Praxis vokaler oder instrumentaler Klangerzeugung, einen zentralen Stellenwert. Und obgleich dieser universale Bezug des Musikalischen als Ganzes in späteren Epochen verblaßt oder nur in veränderten, weitgehend spezifizierten Sinngebungen aufscheint, bleiben gewisse fundamentale musikalische Erscheinungen und Anschauungen des Mittelalters und der Neuzeit der griechischen Antike verpflichtet.
Das zeigt bereits die gebräuchliche musikalische Terminologie. Grundlegende Begriffe und Fachausdrücke der Musik wie Ton und Harmonie (▷ 1.15), Rhythmus (▷ 1.17), Chor und Orchester (▷ 1.25) gehen auf altgriechische Wörter zurück. Die Namen der Kirchentonarten stammen von den Bezeichnungen der alten *harmoníai,* stehen im Mittelalter aber für andere Tonfolgen. Enharmonik, Diatonik und Chromatik bezeichnen bei den Griechen die drei Tongeschlechter (▷ 1.13). Der Begriff *mousikḗ* umfaßte zunächst ein breiteres Spektrum als unser Begriff Musik. Wörtlich „die Musische" (die von den Musen an die Menschen verliehene Kunst) stand sie für die Einheit von Ton, Wort und Bewegung, für die Einheit der musikalischen, dichterischen und tänzerischen Ebene der Kunst, von der sich das Tänzerische zuerst lösen sollte. Noch Anfang des 5. Jahrhunderts v. Chr. kannte man keine Trennung von Dichter und Komponist, der Künstler war Dichterkomponist.
Vom Klang der griechischen Musik können wir uns kaum eine Vorstellung machen. Zwar wurden mehr als vierzig Fragmente entdeckt; sie sind aber über einen Zeitraum von mehr als 700 Jahren verstreut. So bleiben Fragen nach der Form der Modalität offen und auch die, ob man die errechneten Mikrointervalle in der Praxis verwirklicht hat. Wir haben nur Hinweise darauf, daß die Instrumentalbegleitung ursprünglich mit dem Gesang übereinstimmte, sich aber schon früh eine Art von Umspielung herausbildete. Archilochos (7. Jahrhundert v. Chr.) soll die „Begleitung

oberhalb der Gesänge" erfunden haben, wobei für griechisches Empfinden der tiefere Ton der bedeutendere war. Anhaltspunkte für eine von mehreren Instrumenten praktizierte Polyphonie fehlen. Auf indirektem Wege hat die Forschung aber beachtliche Ergebnisse erzielt. Literarische Quellen (▷ 1.1) nennen die Namen einzelner Instrumente und geben Aufschluß darüber, in welcher Form bei jeweiligen Anlässen musiziert wurde; Werke der bildenden Kunst lassen auf die Form der Instrumente schließen; archäologische Zeugnisse verdeutlichen ihre Bauweise. Die umfangreichsten Kenntnisse vermitteln musiktheoretische Schriften, wobei sich jedoch die Frage stellt, inwieweit die theoretischen Denkgebäude mit der musikalischen Praxis übereinstimmen. Auch stammen die frühesten Schriften aus der Zeit, in der die musikalische Entwicklung ihren Höhepunkt schon überschritten hatte, und greifen Fakten auf, die bereits damals Jahrhunderte zurücklagen.

Die griechische Musik nahm schon in minoischer Zeit Einflüsse von den altorientalischen und ägyptischen Hochkulturen auf. Bedeutend für ihre Entwicklung war auch die Einwirkung der Musik kleinasiatischer Völkerschaften, vor allem der Phryger und der mit ihnen verwandten Thraker, die zu beiden Seiten des Bosporus siedelten. Als Verbindungsglieder dienten die Inseln, die der asiatischen Küste vorgelagert sind. Von der Insel Lesbos brachte Terpandros das Lyraspiel nach Sparta und Arion (▷ 1.6) nach Korinth. Von Samos aus verbreitete Pythagoras (▷ 1.1) seine musiktheoretischen Überlegungen. Nachdem die griechische Musik vielseitige Anregungen aufgenommen hatte, erreichte sie im 5. Jahrhundert v. Chr. ihre Blütezeit.

Die Römer erwogen vor allem den praktischen Nutzen der Musik. Ihre magische Wirkung sollte bei Riten förderlich sein, ihr Sinnesreiz den Menschen Freude bereiten und heilen. Der Aspekt des Vergnügens steigerte das Virtuosen- und Genießertum. Die lange verbreitete These vom Verfall der Musik nach der hellenistischen Zeit konnte inzwischen widerlegt werden. Durch die zahlreichen Fremdeinflüsse entfaltete sich eine reiche internationale Musikkultur, die sich unter anderem in der Vielzahl der Instrumente widerspiegelt. Als Blütezeit der römischen Musik gelten die Jahre vom Regierungsantritt des Kaisers Augustus (27 v. Chr.) bis zum Tod des letzten Antoninen (192 n. Chr.). Sie lebte aber weiter und bereitete der mittelalterlichen Musik den Weg.

Die Musik der griechischen Antike

1.1 Literarische Zeugnisse

Bereits die ältesten Denkmäler der griechischen Literatur enthalten Hinweise auf die Musik. In der kriegerischen Welt der *Ilias* sind sie seltener als in der *Odyssee*, aber beide Epen heben immer wieder den göttlichen Ursprung von Musik und Dichtung hervor. Breit ausgemalt sind Szenen aus dem Musikleben in der Beschreibung des Schildes des Achilleus. Bei Hesiod (8. Jahrhundert v. Chr.) erfahren wir von Rhapsoden, von wandernden Sängern, die zur Begleitung der Phorminx (▷ 1.7) epische Gedichte vortrugen.

Die musiktheoretischen Überlegungen begannen im 6. Jahrhundert v. Chr. mit Pythagoras von Samos (*um 570, †um 480). Er siedelte um 531 v. Chr. nach Unteritalien über und gründete in Kroton eine religiös-philosophische Gemeinschaft, deren Anhänger ihm eine nahezu göttliche Verehrung entgegenbrachten. In seiner Jugend soll Pythagoras ausgedehnte Reisen nach Ägypten und Babylonien unternommen haben. So sind seine Lehren von Intervallverhältnissen (▷ 1.13), Sphärenharmonie (▷ 1.20) und Ethos der Musik (▷ 1.19) vielleicht auf diese direkte Weise von den Babyloniern beeinflußt. Pythagoras selbst hat keine Schriften hinterlassen. Erst seine Schüler hielten seine Anschauungen fest. Von den Musikschriften des 5./4. Jahrhunderts v. Chr. ist ein Großteil nur aus Erwähnungen in späteren Werken auszugsweise rekonstruierbar (Ethoslehre von Damon, Mitte des 5. Jahrhunderts; Musikschriften von Demokrit von Abdera, *um

470, †um 380 v. Chr., mit atomistischer Unterteilung der Musik in System-Intervall-Ton; *Über die alten Musiker und Dichter* von Glaukos von Rhegion, um 400 v. Chr.; *Über Musik* von Theophrast von Eresos, *um 372, †287 v. Chr.).
Platon und sein Schüler Aristoteles gingen umfassend auf die erzieherische Wirkung der Musik im staatlichen und privaten Leben ein (▷ 1.19). Die Hauptstütze unserer Kenntnisse bilden die Schriften des Aristotelesschülers Aristoxenos von Tarent (*um 370, †um 300 v. Chr.), der die Harmonik systematisch zur Einzelwissenschaft ausbaute.
Euklid (*um 365, †um 300) faßte in seiner Schrift *Teilung auf dem Monochord* die Erfindungen der Pythagoreer zusammen. Aus der folgenden hellenistischen Zeit gibt es wenige Quellen. Die Römer tradierten aber die griechische Musiktheorie weiter, so daß sie im späten Mittelalter noch bekannt war. Als wichtiger Vermittler des griechischen Wissens setzte sich der römische Gelehrte und Staatsmann Varro (*116, †27 v. Chr.), der in Athen Philosophie studiert hatte, für die Musik in der römischen Erziehung ein (Artes liberales, ▷ 1.33).
Akustische Probleme bei Theaterbauten und die Konstruktion der Hydraulis (▷ 1.30) beschrieb der Architekt Vitruv (*84, †14 v. Chr.). Wertvolle Exzerpte aus alten Quellen enthält die als *Pseudo-Plutarch* zitierte Schrift. In dieser Abhandlung (zwischen 170 und 300 n. Chr. geschrieben) tragen zwei Musiker bei einem Fest ihr Wissen in Form eines Dialoges vor. Ein sehr durchdachtes musiktheoretisches System stellte Klaudios Ptolemaios (lebte von 128–141 n. Chr. in Alexandria) in seiner Schrift *Harmoniká* auf, die vor allem durch Boethius (*De institutione musica*, um 500) mehrere Jahrhunderte fortwirkte. Die Abhandlung *Über die Musik* (um 200 n. Chr.) von Aristides Quintilianus ist eine Art Enzyklopädie der antiken Musik. Sie enthält die einzige zusammenhängende Darstellung der an Damon anknüpfenden Ethoslehre (▷ 1.19). Entscheidend für die Entzifferung der altgriechischen Notenschrift ist die *Einführung in die Musik* von Alypios (3.–4. Jahrhundert n. Chr.; ▷ 1.18). Für die rhythmische Notation sind Abschnitte in den *Anonymi scriptio de musica* (herausgegeben von F. Bellermann, Berlin 1841) aufschluß-

reich. Auch noch in der antiken Tradition steht die Schrift *De musica* (387–389) des Kirchenvaters Augustinus (*354, †430). Im kompilatorischen Werk von Martianus Capella, der um 400 n. Chr. in Karthago lebte, fußen die Abschnitte über Musik vor allem auf Schriften von Varro und Aristides Quintilianus. Die einzige im Mittelalter bekannte Quelle, die das „Sýstēma téleion" (▷ 1.14) vollständig darstellte, stammt von dem Gelehrten und römischen Staatsmann Boethius (*um 480, †524). Die Musikschriften des römischen Schriftstellers Cassiodor (*um 490, †583?) lehnen sich an Varro und Alypios an. Von großem Einfluß auf die Denkweise des Mittelalters waren auch die Schriften des spanischen Erzbischofs Isidor von Sevilla (*um 560, †636). Selbst die *Soûda* (Suda), das vermutlich erst um 1000 n. Chr. entstandene byzantinische enzyklopädische Lexikon in griechischer Sprache, liefert interessante Einzelheiten über die Musik der Antike.

1.2 Erhaltene Melodien in Steininschriften, Papyri und Handschriften

Während der Ausgrabungen in Delphi 1893 entdeckte man an der Außenmauer des athenischen Schatzhauses zwei Hymnen mit eingravierten Melodien. Obwohl beide nicht vollständig erhalten sind, bilden sie doch das umfangreichste überlieferte Musikfragment: erster Hymnos um 138 v. Chr., ein Paian (▷ 1.25) in Vokalnotation (▷ 1.18); zweiter Hymnos datiert 128 v. Chr., ein Paian und Prosodion (Prozessionslied) in Instrumentalnotation. Von der 2. delphischen Hymne ist als Verfasser der Athener Limenios genannt. In Kleinasien fand man auf dem Grabstein, den Seikilos für seine Gattin Euterpe um 100 n. Chr. errichten ließ, ein Skolion (▷ 1.23) mit notierter Melodie. Die meisten Notenzeichen sind auf Papyri erhalten, Bruchstücke von Instrumentalkompositionen, Tragödien, einem Paian, einer frühchristlichen Hymne und einem Chorlied aus *Orestes* (möglicherweise eine Originalvertonung des Euripides in einer Abschrift aus dem 3./2. Jahrhundert v. Chr.). In mittelalterlichen Handschriften sichtete man die Hymnen *An die Muse, An Helios* und

Kapitel 1

1 Erste der beiden delphischen Hymnen, Paian für Apoll mit Buchstabennotation (Inschrift an einer Außenmauer des athenischen Schatzhauses in Delphi aus der 2. Hälfte des 2. Jh. v. Chr.)

An Nemesis mit vorwiegend lydischen Melodien in Vokalnotation. Wahrscheinlich sind sie von Mesomedes aus Kreta, dem berühmten Kitharöden am Hofe Hadrians (2. Jahrhundert n. Chr.). Am Ende der von F. Bellermann editierten *Anonymi scriptio de musica* (▷ 1.1) stehen sechs kleine Instrumentalstücke in lydisch, die möglicherweise als Lehrstücke für die Anwendung rhythmischer Zeichen dienten. Lange Zeit fälschlich als antike Melodien angesehen wurden ein Vers aus der *Hecyra* des Terenz, drei Verse aus den *Wolken* von Aristophanes, eine Melodie zum homerischen Hymnos an Demeter und die beiden Beispiele, die A. Kircher in seiner *Musurgia universalis* (1650) anführte.

1.3 Götter und Begleiter

Für die Musik der Frühzeit liefern in einigen Fällen Mythen Hinweise auf die Herkunft der Instrumente und ihre Stellung im Musikleben. *Apollon,* der Sohn von Zeus und Leto, inspirierte mit seinen göttlichen Eingebungen nicht nur die Orakelpriester, sondern auch die Dichter und Sänger und ist daher der Gott der Musik und der Harmonie. Auf Abbildungen wird er fast ausschließlich mit der Leier, seinem Kennzeichen, dargestellt. Im ersten Gesang der *Ilias* beschrieb Homer, wie Apollon beim Göttermahl auf der Phorminx (▷ 1.7) die singenden Musen anleitete (daher der Beiname „Mousagétēs", Musenführer). Nachdem er Delphi von der Pythonschlange befreit hatte (daher auch Apollon Pythios), wurde er Herr über die Orakelstätte und stiftete, so der Mythos, die Pythischen Spiele.

Die *Musen,* die der Musik ihren Namen gaben, hauchten Dichtern und Sängern ihre göttliche Stimme ein. Ursprünglich Sängerinnen, erhielten sie erst in späterer Zeit Musikinstrumente als Attribute. Kalliope, „die Schönstimmige", erscheint oft als Urmuse. Durch zweimalige Verdreifachung entstand die klassische Neunzahl. Bereits Hesiod nennt die Namen der neun Musen. Ihre sehr uneinheitliche Individualisierung hingegen stammt erst aus späthellenistischer Zeit: Klio (Epos, Kithara), Euterpe (Lyrik, Aulodie), Thalia (Komödie), Melpomene (Tragödie),

Die Musik des griechisch-römischen Altertums

Terpsichore (Chorlyrik, Lyra), Erato (Tanz, Liebeslieder), Polyhymnia (Tanz, Pantomime, Barbiton), Urania (Astronomie) und Kalliope (heroische Gesänge, Spiel auf Saiteninstrumenten).

Hermes ist der Sohn des Zeus und der Nymphe Maia. Wie er die Leier erfand, erfahren wir aus dem homerischen Hymnos auf Hermes: Gleich nach der Geburt verließ er die Höhle der Maia und tötete eine Bergschildkröte. Über die Öffnung ihres Rückenschilds spannte er eine Kuhhaut. Darauf setzte er zwei geschwungene Ziegenhörner und verband sie mit einem Querjoch. Aus Ziegendärmen drehte er Saiten und befestigte sie an Querstange und Schallkörper. Mittags musizierte er bereits auf seiner Leier. Dann stahl er seinem Halbbruder Apollon 50 Kühe. Am nächsten Morgen lag er friedlich in seiner Wiege, als der erzürnte Apollon ankam. Hermes schenkte ihm als Entschädigung die Leier. Dem späteren Götterboten wurden viele Erfindungen zugeschrieben, so unter anderem die Astronomie, das Alphabet und die Musik. In vereinzelten Überlieferungen ersann er sogar den Aulos (▷ 1.8) oder als Hirtengott neben seinem Sohn Pan die Syrinx (▷ 1.9). Als ausübender Musiker trat er nicht in Erscheinung.

Pan, der zur Hälfte menschen- und zur Hälfte bocksgestaltige Hirtengott aus Arkadien, Sohn des Hermes und einer Nymphe, hielt sich mit Vorliebe in der Gefolgschaft des Dionysos auf. Wie die Satyrn stellte er den weiblichen Begleiterinnen nach. Als er die Nymphe Syrinx verfolgte, flehte sie, als ihr am Ufer des Flusses Ladon der Fluchtweg verstellt war, ihre Schwestern um Hilfe an, die daraufhin Syrinx zur Tarnung in Schilfrohre verwandelten. Der enttäuschte Verfolger schnitt sich zum Andenken einige Halme ab und legte sie an die Lippen, um sie zu küssen. Dabei brachte sein Hauch wohlklingende Töne hervor. So erfand er die Panflöte, die die Griechen auch nach der Nymphe Syrinx benannten, aus der sie entstanden war. Auch die Nymphe Echo wollte der Bocksgott für sich gewinnen. Als sie ihn nicht erhörte, ließ er sie zerreißen, so daß nur ihre Stimme blieb. Wie Marsyas (▷ 1.4) wagte auch Pan einen musikalischen Wettstreit mit Apoll. Als Schiedsrichter stellte sich König Midas auf die Seite des Syrinxspielers Pan. Apoll verunzierte daraufhin dessen schlechtes Gehör mit Eselsohren.

Athene, die Tochter von Zeus und Metis, soll als Göttin des Kampfes die Trompete Salpinx (▷ 1.10) erfunden haben. Im Mythos ist sie auch die Erfinderin des Doppelaulos. In ihrem Spiegelbild mußte sie erkennen, wie sehr das Spiel mit den aufgeblasenen, geröteten Backen ihr Gesicht entstellte. Sie warf den Aulos weg und verfluchte denjenigen, der ihn aufheben sollte. Es war der phrygische Silen Marsyas, der das Instrument fand.

Dionysos, der Gott der Fruchtbarkeit, des Weines und der Verwandlung, verkörperte überschwengliche Lebenskraft, Enthusiasmus, Ekstase und auch Wahnsinn. Die Herkunft des Neulings unter Homers olympischen Göttern ist nicht geklärt. Der Mythos weist nach Phrygien. Seine Mutter Semele war eine phrygische Erdgöttin. Sein Vater Zeus erleichterte seine Eingliederung ins griechische Pantheon. Im 6. Jahrhundert nahm die hellenisierte thrakophrygische Gottheit Züge des vor allem auf Kreta verehrten Zagreus an. Er war dann der Sohn von Persephone, der Königin des Totenreiches, und gewann hierdurch seine mystische Verbindung zur Unterwelt und zur Orphik (▷ 1.5).

Dionysos war immer von einer großen Gefolgschaft umgeben. Zunächst begleiteten ihn die Nymphen von Nysa, später die Satyrn oder Silenen, ausgelassene, lüsterne Gestalten in Menschengestalt, aber mit Schwanz, Pferdeohren und oft auch mit Hufen. Sie personifizierten als Naturdämonen die ungezügelte Leidenschaft und vergnügten sich mit den weiblichen Mänaden („Rasenden"), die nach dem lydischen Beinamen Bakchos für Dionysos auch Bacchantinnen genannt wurden. Neben dem Gefolgschaftswesen und den orgiastischen Feiern mit ekstatischen Tänzen weisen noch andere Gemeinsamkeiten darauf hin, daß der Dionysoskult von den Verehrungsriten der „Großen Mutter Kybele" beeinflußt war. Hinweise aus Mythen lassen vermuten, daß die Griechen zuerst auf der Insel Kreta mit deren Kult in Berührung kamen. Dort bewachten Kureten und Korybanten, ursprünglich Begleiter der Kybele, das Zeuskind. Mit ihren Waffentänzen führten sie kleinasiatische Rhythmen ein sowie Tympanon und Kymbalon (▷ 1.11). Auf diesen beiden Schlaginstrumenten begleiteten die

Kapitel 1

2 Wettstreit zwischen Apollon und Marsyas auf dem Marmorrelief der sogenannten Musenbasis aus Mantinea (330/320 v. Chr.; Athen, Archäologisches Nationalmuseum)

Mänaden die Aulos- und seltener Kitharamelodien der Satyrn. Als Kultlied für Dionysos sang man den Dithyrambos (▷ 1.25) und feierte zu seinen Ehren die Dionysien (▷ 1.21). Seit dem 3. Jahrhundert v. Chr. schlossen sich Künstler, die zur Ausrichtung der aufwendigen Feste beitrugen, zu Vereinigungen Dionysischer Techniten (▷ 1.32) zusammen.

1.4 Mythische mysisch-phrygische Auleten

Hyagnis ist der älteste der drei berühmten mythischen Auleten aus Kleinasien; er ist in einigen Überlieferungen Vater von Marsyas. Wahrscheinlich war er wie die beiden anderen herausragenden Aulosspieler Anhänger der Kybele, denn er soll bereits Nomoi (▷ 1.22) zu Ehren der „Großen Mutter" komponiert haben.
Der phrygische Silen *Marsyas* erscheint auch als Sohn, Vater, Liebhaber oder Schüler des Olympos. In der klassischen Mythologie hob Marsyas den Doppelaulos auf, den Athene weggeworfen hatte. Er erlernte das Instrument meisterhaft und wagte es, Apollon zu einem musikalischen Wettstreit herauszufordern. Zunächst schien Marsyas zu siegen. Da aber Apollon seine Leier auch umgedreht spielen und zusätzlich singen konnte, gewann der Gott der Harmonie den Agon. Seinem Gegner ließ er die Haut vom Körper ziehen. Der Fluch der Athene (▷ 1.3) hatte sich erfüllt. Aus dem Blut und den Tränen des Weinenden bildete sich der Fluß Marsyas.
Olympos soll am mysischen Berge Olympos im Grenzgebiet zu Phrygien beheimatet gewesen sein. Mit seinem Namen verbanden die Griechen mehrere legendäre Gestalten, die mysisch-phrygische Musik ins Land brachten. Der für die Musikgeschichte bedeutendste Olympos lebte wahrscheinlich um 700 v. Chr. Er führte neue Rhythmen ein, die phrygische und lydische Harmonia (▷ 1.15) sowie eine Enharmonik (▷ 1.13), die er vorzugsweise in den Trankopferweisen („Spondeīa") anwandte. Daher heißt sie auch Spondeion-Melodik. Auch den phrygischen Doppelaulos soll er nach Griechenland gebracht haben und mit diesem die auletischen Nomoi, Kompositionen für den solistisch gespielten Aulos. Seine Neuerungen, die Dominanz des Instrumentalen über das Wort, wirkten sich auch auf das Kithara-Spiel aus. Die Nomoi des „Königs der schönsingenden heiligen Auloi" pries man noch Jahrhunderte später wegen ihrer großen ethischen Wirkung auf die Seele des Menschen.
Ein berühmter Schüler des Olympos war *Thaletas von Gortyn*, dessen Verdienste vor allem in der Weiterentwicklung der Chorlyrik liegen. Er führte um 665 v. Chr. die Aulosbegleitung zu den Hyporchemata und den Threnoi (▷ 1.25) ein und übertrug die enthusiasti-

schen Rhythmen Paion und Kretikos aus der auletischen Musik des Olympos auf die Chorlieder.

1.5 Legendäre thrakische Sänger

Für den berühmten thrakischen Sänger *Orpheus* variieren die Lebensdaten bis zu 11 Generationen. Aufgrund der verwirrenden Fülle von Zeit- und Verwandtschaftsangaben, die sich nicht miteinander in Einklang bringen lassen, haben griechische Gelehrte schon in der Antike nicht ausgeschlossen, daß es für Orpheus wie auch für Olympos, Linos und Thamyris mehrere Träger des gleichen Namens gab. Als Mutter von Orpheus galt die Urmuse Kalliope und als Vater Apollon (▷ 1.3) oder der thrakische Flußgott Oiagros, wodurch eine Verwandtschaft zu Marsyas und Olympos (▷ 1.4) bestand. Die ältesten Zeugnisse verherrlichen vor allem die bezwingende Macht der Gesänge des Orpheus, mit denen er Steine, Pflanzen und Tiere bezauberte. Sogar Hades und Persephone veranlaßte er mit seiner Musik dazu, ihm seine verstorbene Gattin Eurydike zurückzugeben. Er erfüllte aber auf dem Rückweg nicht die Bedingung, sich nicht nach ihr umzusehen. So verlor er sie für immer. Später nahm er an der Argonautenfahrt teil und bewahrte mit seinen Gesängen und seinem Leierspiel die Mannschaft vor dem Unheil der Sirenen. Er ist auch der Stifter der Orphik, einer mystisch-religiösen Geheimlehre, in der Priester den Eingeweihten offenbarten, wie durch ethisches Verhalten ein freudiges Dasein im Jenseits zu erlangen sei. Möglicherweise waren nur Männer zu den Mysterien zugelassen, in denen die Musik eine bedeutende Rolle zukam. Die Orphik hatte viele Elemente vom Dionysoskult übernommen und war von großem Einfluß auf die Pythagoreer. Von Orpheus' tragischem Tod gibt es verschiedene Überlieferungen: Eine Version besagt, Orpheus sei von verschmähten Frauen zerrissen worden. Nach einer anderen Überlieferung ließ ihn Dionysos von den Mänaden zerreißen, weil er sich von ihm abwandte.

Auch für den thrakischen Sänger *Linos* gab es verschiedene Genealogien. Apollon und die Muse Urania sind als Eltern angeführt, aber auch eine Verwandtschaft mit Orpheus und Marsyas. Sein Name lebt in der Bezeichnung des Linosliedes fort, vermutlich einem Klagegesang. Auch Linos ließ sich in einen musikalischen Wettstreit mit Apollon ein, was ihn wie Marsyas (▷ 1.4) das Leben kostete. In einer anderen Version erteilte er Herakles Musikunterricht. Aus Wut über eine Zurechtweisung erschlug Herakles den Lehrer mit dessen eigener Leier, die ihm Apollon geschenkt hatte.

Als berühmter Schüler von Linos galt *Thamyris*. Auch er wollte sich in einem Agon messen, in diesem Fall mit den Musen: sie nahmen ihm das Augenlicht und löschten ihm die Erinnerung an die Kunst seines vielgepriesenen Gesanges und Saitenspiels.

Zum Kreis um Linos gehörte *Amphion*, dessen Musik magische Kraft zugesprochen wurde. Durch die Töne seiner Leier soll er Steine bewegt und auf diese Weise die Stadt Theben errichtet haben.

1.6 Die ersten geschichtlich nachweisbaren Kitharöden von Lesbos

Eine Welle, so der Mythos, spülte Kopf und Leier des Orpheus in Lesbos an Land. Auf Lesbos entstanden auch tatsächlich die ersten Kitharödenschulen. Ihr berühmtester Vertreter ist *Terpandros*, die erste festumrissene Gestalt in der griechischen Musikgeschichte; das Jahr seines Sieges (657 v. Chr.) bei den Karneia (▷ 1.21) in Sparta ist überliefert. An Neuerungen schreibt man ihm die ersten kitharodischen Nomoi (▷ 1.22) in siebenteiliger Form, Erweiterung des Tonsystems, Einführung der Rhythmen Iambos und Trochäos, Ersatz der alten viersaitigen Phorminx durch die siebensaitige Lyra (▷ 1.7) und die Gründung der ersten Schule für Chorgesang in Sparta zu.

Terpandros' Nachfolger in der kitharodischen Tradition auf Lesbos war *Arion*. Auf der Insel geboren, soll er aber nach Herodot einen großen Teil seines Lebens am Hofe des Periandros (* um 625, † 585 v. Chr.) in Korinth verbracht haben. Er galt als bester Kitharöde seiner Zeit. Zuverlässige Nachrichten über ihn sind spärlich, Mythen hingegen zahlreich. Mit seinem Gesang bewog er einen

Kapitel 1

musikliebenden Delphin dazu, ihn auf das Festland zu bringen. In Korinth soll er die einfachen Anrufungen des Dionysos durch kunstvolle Dithyramben (▷ 1.25) ersetzt und mit einem geschulten Chor einstudiert haben. Deshalb galt er bereits in der Antike als Erfinder der Tragödie.

1.7 Die Leiern Phorminx, Lyra, Kithara und Barbiton

Die wichtigsten Musikinstrumente in der griechischen Antike waren die Leiern, die auf kleinasiatische Tradition weisen. Die frühesten Leiern erschienen in Mesopotamien (ausgegrabene Instrumente von rund 3000 v. Chr.) und Ägypten (Wandgemälde um 1900 v. Chr.). In Griechenland fand man als früheste Zeugnisse Bruchstücke von Elfenbeinleiern in mykenischen Kuppelgräbern (um 1600 v. Chr.). Im Laufe der Jahrhunderte wechselten die griechischen Leiern Gestalt, Namen und Saitenzahl, folgten aber immer demselben Grundprinzip: Vom Schallkörper erstreckten sich zwei Arme nach oben, die ein Querjoch nahe ihrem Ende verband. Die Saiten liefen vom Korpus – manchmal über einen Steg – bis zum Joch. Sie waren alle gleich lang und ergaben durch unterschiedliche Spannung und Stärke verschiedene Tonhöhen.

Die Leier *Phorminx,* die Homer häufig erwähnt, erscheint auf Abbildungen seit dem 9. Jahrhundert. Ihr Schallkörper bestand aus einem Schildkrötenpanzer oder war diesem nachempfunden. Ihre beiden Arme waren gerade oder leicht gebogen. Zumeist hatte sie vier Saiten aus gedrehtem Darm. Vom 6. Jahrhundert an gesellten sich zur Phorminx die Lyra und die Kithara und verdrängten sie allmählich.

Auch den Schallkörper der *Lyra* stellte man aus dem Rückenpanzer der Schildkröte her (später aus Holz). Über seine Wölbung spannte man eine Ochsenhaut. Die Lyra hatte schlanke, anfangs gerade, später geschwungene Jocharme und zunächst vier, später sieben Saiten, die man mit den Fingern der rechten Hand oder mit dem Plektron zupfte.

Zieht man die komplizierten Intervallberechnungen in Betracht, erscheint es unvorstellbar, daß auf den Leiern nur die sieben reinen Saiten erklangen. Daher gibt es Spekulationen, daß der Spieler die Saiten, obwohl kein Griffbrett vorhanden war, doch verkürzte und zwar in der Nähe des Querjochs. Meist hielt er das Instrument mit einem Ledergurt, der um das linke Handgelenk lief, in der gewünschten Stellung. Im Gegensatz zur Kithara machte die Lyra die Entwicklung zum vielsaitigen Virtuoseninstrument nicht mit, sondern war noch in hellenistischer Zeit, als sie den Ausdruck Lyrik prägte, das einfache Instrument der Dichter und Sänger. In der Renaissance erfuhr die Lyra erneute Wertschätzung und wurde zum Symbol der Musik schlechthin.

Die *Kithara* war mächtiger als die Lyra. Sie hatte einen kastenförmigen Schallkörper aus Holz, in den die verhältnismäßig dicken – manchmal hohlen – Jocharme unmittelbar übergingen. Ihre „klassische" Form hatte sieben Saiten. Der Kitharist spielte sie im Stehen. Während die Lyra hauptsächlich unter Amateuren zum privaten Vergnügen erklang,

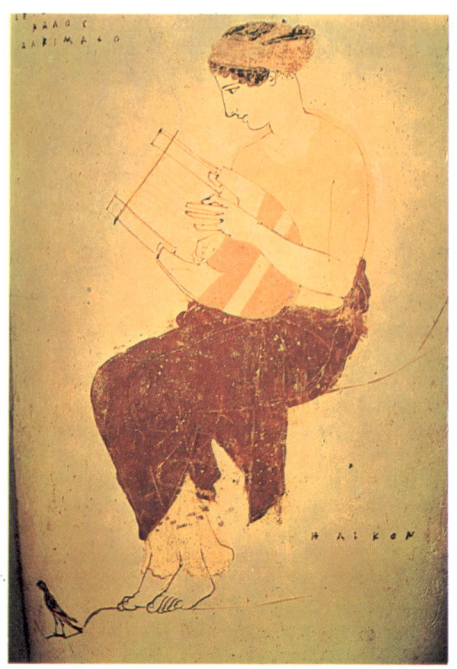

3 Musikantin mit Wiegenkithara (Vasenmalerei um 440 v. Chr.; München, Staatliche Antikensammlung)

war die Kithara das Instrument der Berufsmusiker und vorrangig bei den Agonen (▷ 1.21) zu hören. Um die Wende des 5. zum 4. Jahrhundert erhöhte sich ihre Saitenzahl auf 11–12, sie gewann so als Soloinstrument vor allem mit dem Nomos (▷ 1.22) Kitharodikos an Bedeutung. Wichtige Vertreter des neuen virtuosen Stils, den Platon und Aristoteles scharf kritisierten, waren Phrynis, Timotheos und Melanippides.

Etwas leichter als die „Konzertkithara" war die Wiegenkithara, so genannt nach ihrem unten abgerundeten Schallkörper.

Die Leier *Barbitos* oder *Barbiton* hatte längere Arme und Saiten als die Lyra und klang somit wahrscheinlich tiefer.

1.8 Der Aulos

Unter den Blasinstrumenten war der Aulos vorherrschend. Da man meist zwei Rohre blies, erscheint das Wort oft in seiner Pluralform Auloi. Das lange, zylindrische oder leicht konische Rohr (Bombyx) der Auloi maß etwa 50 cm. Sein Material spiegelt sich in weiteren Namen für das Instrument wider: Kalamos bedeutet Schilfrohr, libyscher Lotos verweist auf den nordafrikanischen Lotosbaum, die lateinische Bezeichnung Tibia (Schienbein) auf Knochen. An den Bombyx grenzt zum Mund hin ein eiförmiges Ansatzstück (Holmos). Oft ist es auch zweigliedrig; dann heißt der Teil zwischen Holmos und Bombyx Hypholmion. Im äußeren Ende des Holmos steckt das Mundstück. Bei Ausgrabungen hat man einige Auloi gefunden, jedoch keine erhaltenen Mundstücke. Man nimmt an, daß die Zungenblättchen (Glottai) aus einfachen oder doppelten Rohrblättern bestanden. Die frühen Auloi hatten 3–4 Grifflöcher auf der Vorder- und eine Öffnung für den Daumen auf der Rückseite. Im 5. Jahrhundert v. Chr. nahm die Zahl der Grifflöcher und die Länge der Instrumente zu. Funde weisen zwischen 4–16 Öffnungen auf. Der thebanische Aulet Pronomos (2. Hälfte 5. Jahrhundert v. Chr.) soll die ersten Auloi gebaut haben, auf denen man sowohl in dorischer als auch in lydischer und phrygischer Harmonia blasen konnte, wozu man bis dahin drei verschiedene Instrumente benötigt hatte. Die neuen Auloi waren mit Metallringen versehen. Indem man sie drehte, konnte man bis zu 24 Töne blasen. Ein solcher Ring besaß eine Ausbuchtung (Keras) zum Verschließen des Griffloches, das nicht benutzt wurde und eine Öffnung, die sich mit dem Griffloch deckte, das eine bestimmte Harmonia verlangte.

Auf etlichen Abbildungen tragen Männer beim Spiel der Auloi die Phorbeia, eine Art Zaumzeug, bei dem Bänder von den Lippen über die Wangen zum Hinterkopf liefen. Ein weiterer Lederstreifen führte als Querriegel über den Scheitel. Vor dem Mund waren in den Bändern Öffnungen für die Rohrblätter. An dieser Stelle wurden die ansonsten nicht miteinander verbundenen Rohre zusammengehalten. Die Funktion der Phorbeia ist bis heute nicht genau geklärt.

Es gab Auloi in verschiedenen Größen und Tonlagen. Nach Aristoxenos (▷ 1.1) betrug der Abstand zwischen dem tiefsten Ton eines Aulos im Baß und dem höchsten eines Sopraninstrumentes 3 Oktaven. Die Auloi klangen wahrscheinlich scharf und kräftig. Ungewiß bleibt, ob beide Rohre im Unisono gespielt oder ähnlich eingesetzt wurden wie noch heute im Vorderen Orient, wobei ein Rohr die Melodie übernimmt, das andere den Bordun.

Dem Aulos ähnliche Doppelflöten sind in Mesopotamien um 2060 v. Chr. und in Ägypten für das Alte Reich bezeugt. Für die Griechen hat Olympos (▷ 1.4) den Aulos eingeführt. Wahrscheinlich gab es aber schon vorher einfachere Formen der Doppelschalmei, denn aus der Kykladenkultur des 3. Jahrtausends v. Chr. ist die Marmorstatuette eines Musikanten mit zwei Rohren erhalten. Das Doppelrohrinstrument scheint zunächst unwichtig gewesen zu sein, gewann aber mit dem Dionysoskult an Bedeutung. Es erklang beim Komos (▷ 1.24) und war in der Chorlyrik (▷ 1.25) bald unentbehrlich. Bei den Agonen setzte sich der Aulos als Soloinstrument durch (Auletik). Als Begleitinstrument zu solistischen Gesängen (Aulodie) behauptete sich nicht allzu lange: Sein durchdringender Klang eignete sich besser zur Umspielung von Chorliedern.

Kapitel 1

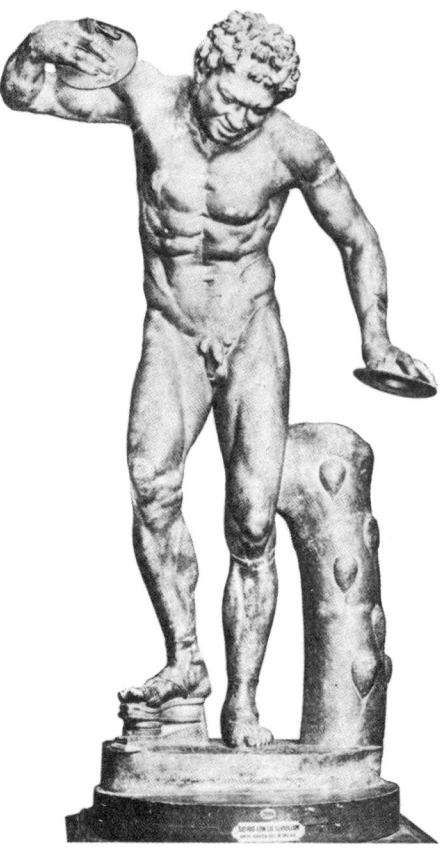

4 Satyr mit Kymbala, einem größeren Beckenpaar, und Krupalon, einer Fußklapper mit kleinem Beckenpaar zwischen zwei Holzsohlen (griechische Statuette aus dem 3. Jh. v. Chr.; Florenz, Uffizien)

1.9 Die Panflöte Syrinx

Die Syrinx, das Instrument des Hirtengotts Pan (▷ 1.3), bestand zunächst aus mehreren gleichlangen, floßförmig aneinandergereihten Rohrpfeifen (7–13). Sie brachten verschiedene Tonhöhen hervor, weil man sie teilweise mit Wachs füllte. Ohne Mundstücke wurden sie an ihrem oberen Rand angeblasen. Da sie verhältnismäßig kurz waren, müssen sie hell geklungen haben. Die Etrusker und Römer schnitten die Rohre dann entsprechend den gewünschten Stimmungen, so daß das Instrument Flügelform annahm. Abbil-

dungen aus Anatolien lassen die Geschichte der Panflöte bis ins 6. Jahrtausend zurückverfolgen.

1.10 Die Trompete Salpinx

Die Salpinx, deren Erfindung Athene (▷ 1.3) zukommt, bestand aus Eisen oder Bronze. An eine leicht konische Röhre mit kleinem Durchmesser schloß sich ein glockenförmiger Schalltrichter. Ihr Kesselmundstück war aus Knochen oder Horn. Sie war kürzer als die Tuba (▷ 1.27) der Römer und diente vornehmlich als Signalinstrument im Krieg und bei Wettkämpfen, war aber nicht allzu beliebt, da sie als Instrument tyrrhenischer Piraten galt.

1.11 Schlaginstrumente

Das *Kymbalon,* auf das unser Wort „Zimbeln" zurückgeht, war ein Becken aus Bronze. Da man das Musikinstrument paarweise einsetzte, findet man meist die Pluralbezeichnung Kymbala. Abbildungen lassen zwei Grundformen erkennen: flache, tellerartige oder halbkugelig gewölbte mit flachem Rand. Einzelstücke mit Öffnungen für Halteriemen sind erhalten.
Bei der Handtrommel *Tympanon* war über den Rahmen aus Holz oder Metall beidseitig eine Membrane gespannt. Ihr Durchmesser betrug etwa 30 cm. Die Spieler hielten sie (auf Darstellungen) in der linken Hand und schlugen sie mit den Fingerspitzen der rechten.
Auch die Bezeichnung für die Handklapper *Krotalon* erscheint oft in der Pluralform Krotala, denn meist hielt jede Hand ein Paar. Die beiden Gegenschlagstäbe bestanden aus Rohr, Ton, Erz oder zumeist Holz und waren am unteren Ende miteinander verbunden. Die Tänzer schlugen sie mit Daumen und übrigen Fingern gegeneinander. Das Instrument soll sehr durchdringend geklungen haben.
Alle drei Schlaginstrumente begleiteten vorrangig die Kultfeiern für Dionysos.

Die Musik des griechisch-römischen Altertums

1.12 Harfen

Nicht die ägyptischen Bogenharfen, sondern die kleinasiatischen Winkelharfen fanden ihren Weg nach Griechenland. Ein horizontaler Arm, zugleich Wirbelbrett, und ein längerer vertikaler Arm, zugleich Schallkorpus, bildeten einen Winkel. Die Saiten von ungleicher Länge waren zwischen die Joche gespannt. Von dieser dreieckigen Form stammt auch der Name Trigonon (Dreieck). Als weitere Varianten findet man Pektis, Sambyke, Psalterion und Magadis; die genauen Unterscheidungsmerkmale sind unbekannt. Die Magadis hatte möglicherweise 20 Saiten in zwei Bezügen, von denen einer die oberen Oktavtöne des anderen ergab. Die Harfe wurde meist von Frauen gespielt.

1.13 Intervalle und Tongeschlechter mit „Schattierungen"

Aristoxenos von Tarent (▷ 1.1) faßt die Reihe der Klänge als eine Linie auf, entlang derer die einzelnen Tonhöhen als Punkte liegen. Der Abstand zwischen zwei Punkten wird „diástēma" (Intervall) genannt. Es gibt diaphone (auseinanderklingende) und symphone (zusammenklingende) Intervalle. Als kleinste symphone Tonabstände gelten Quarte, Quinte und Oktave. Der Unterschied zwischen Quarte und Quinte ergibt den Ganzton, der in Halb-, Drittel-, Viertel- oder noch kleinere Tonschritte unterteilt werden kann. Das Vierteltonintervall heißt enharmonische, das Dritteltonintervall chromatische Diesis. Die Oktave besteht aus 6 Ganztönen. Grundelement der Tonordnungslehre ist das Tetrachord (Viertonfolge). Im Rahmen einer Quarte umfaßt es vier Töne, deren Intervallfolge das Genos (Tongeschlecht) bestimmt. Aristoxenos führt drei Hauptgenera (mit x versehen) und drei zusätzliche „chróai" (Schattierungen) an (Tabelle unten). Die beiden unterstrichenen Rahmentöne des Tetrachords ändern sich nicht beim Wechsel des Tongeschlechts („feste Töne"). Zwei kleine neben einem großen Abstand liegende Intervalle (wie im enharmonischen und chromatischen Tongeschlecht) heißen „pyknón" (Verdichtung). Für eine absolute Tonhöhe gibt es keine eindeutigen Hinweise. In den Beispielen sind die Noten so gewählt, daß möglichst wenige Vorzeichen erscheinen.

1.14 Systeme und Oktavgattungen

Eine Gruppe von aufeinanderfolgenden Intervallen heißt „System". Ist der letzte Ton eines Tetrachords (▷ 1.13) zugleich der erste des folgenden spricht man von *verbundenen* („synaphḗ") Viertongruppen. *Nicht verbunden* („diázeuxis") sind sie, wenn zwischen den beiden Gruppen ein Ganztonabstand liegt. Das „sýstēma téleion meīzon" *(größeres vollkommenes System)* setzt sich aus drei verbundenen Tetrachorden und einem nicht verbundenen Viertongefüge zusammen. Im diatonischen Genos (▷ 1.13) hat es folgende Gestalt – das erste Wort der Tonbezeichnungen geht auf die Lage der Saite oder die Spielweise auf der frühen Leier zurück, das zweite Wort auf das Tetrachord, dem der Ton zugehört – (Tabelle S. 26). Möglicherweise stellt die zentrale Oktave von „hypátē mésōn" bis „nḗtē diezeugménōn" den Kern dar, aus dem sich das „sýstēma téleion meīzon" entwickelte. Sie geht wahr-

x Diatonisch (hart):	½	1	1	e	f	g	a
Diatonisch (weich):	½	¾	1¼				
x Chromatisch (tonal):	½	½	1½	e	f	fis	a
Chromatisch (anderthalbfach):	⅜	⅜	1¾				
Chromatisch (weich):	⅓	⅓	1⅚				
x Enharmonisch:	¼	¼	2	e	et	f	a

(t = um Viertelton erhöht)

Kapitel 1

Sýstēma téleion

					A	1	**Proslambanómenos** (Hinzugenommener) („fester Ton")
				Tetrachord hýpaton (oberstes)	H	½	Hypátē (Oberster) Hýpaton
					c		Parhypátē (neben dem Obersten)
						1	Hypáton
					d	1	Lichanós (Zeigefinger) Hypatón
				Tetrachord mésōn (mittleres)	e	½	Hypátē mésōn
					f	1	Parhypátē mésōn
					g	1	Lichanós mésōn
Tetrachord synēmménōn (verknüpftes)	a	½	Mésē		a	1	Mésē (Mitte)
	b	1	Trítē synēmménōn		h	½	Paramésē (neben der Mitte)
	c¹	1	Paranḗtē synēmménōn	Tetrachord diezeugménōn (getrenntes)	c¹	1	Trítē (Dritter) diezeugménōn
	d¹		Nḗtē synēmménōn		d¹	1	Paranḗtē (neben der Nḗtē) diezeugménōn
					e¹	½	Nḗtē (Unterster) diezeugménōn
				Tetrachord hyperbolaíōn (zusätzliches)	f¹	1	Trítē hyperbolaíōn
					g¹	1	Paranḗtē hyperbolaíōn
					a¹		Nḗtē hyperbolaíōn

scheinlich auf eine siebenstufige Reihe mit zwei verbundenen Tetrachorden zurück, in der die „mésē" tatsächlich die Mitte und den harmonisch wichtigsten Ton bildete. Die 8. Stufe und Erweiterung zur Oktave führte nach einigen Überlieferungen Pythagoras (▷ 1.1), nach anderen Terpandros ein. Das „sýstēma téleion élatton" *(kleineres vollkommenes System)* besteht aus drei verbundenen Tetrachorden und unterscheidet sich vom „sýstēma téleion meīzon" dadurch, daß das Tetrachord „hyperbolaíōn" fehlt und das Tetrachord „synēmménōn" das Tetrachord „diezeugménōn" ersetzt. Eine Kombination beider Systeme ist das „sýstēma ametábolon" *(unveränderliches System)*.

Aus dem „sýstēma téleiōn meīzon" sind die Töne für die 7 Oktavgattungen (Oktavreihen mit unterschiedlichen Intervallfolgen) gewählt (Tabelle S. 27 oben).
Die Oktavgattungen, deren Namen auf verschiedene Stammesgruppen der Griechen zurückgehen (Namensübereinstimmungen mit Harmoniai, Tropoi und mittelalterlichen Kirchentönen ▷ 1.15), spalten die Tetrachorde beliebig auf. Hier im diatonischen Genos angeführt, können sie auch im enharmonischen oder chromatischen Tongeschlecht stehen.

Die Musik des griechisch-römischen Altertums

H	c	d	e	f	g	a	h			Mixolydisch
	c	d	e	f	g	a	h	c¹		Lydisch
		d	e	f	g	a	h	c¹	d¹	Phrygisch
			e	f	g	a	h	c¹	d¹	e¹	Dorisch
				f	g	a	h	c¹	d¹	e¹	f¹	Hypolydisch
					g	a	h	c¹	d¹	e¹	f¹	g¹	Hypophrygisch
						a	h	c¹	d¹	e¹	f¹	g¹	a¹	Hypodorisch

Bei den Gattungen, die mit „nicht festen" Tönen beginnen wie Lydisch, Phrygisch, Hypolydisch und Hypophrygisch, verschieben sich die Anfangstöne (z. B. Phrygisch im chromatischen Genos: cis e f fis a h c¹ cis¹). Den Abstand einer Quarte von Hypo- zu Grundoktavgattung hat wahrscheinlich Aristoxenos (▷ 1.1) eingeführt.

1.15 Tonoi und Harmoniai

Wird das „sýstēma téleion meīzon" auf einen bestimmten Ton festgelegt, heißt es Tonos (Ton) oder Tropos (Wendung). Im Unterschied zu den Oktavgattungen haben alle Tonoi dieselbe Intervallfolge (der melodischen Molltonleiter über zwei Oktaven entsprechend) und werden wie die modernen Tonarten transponiert. Aristoxenos (▷ 1.1) führt 13 Tonoi an. Zwei weitere kamen hinzu (Tabelle rechte Spalte).
Die Tonoi (in Klammern stehen die älteren Namen) gliedern sich in 5 tiefe („hypó"), 5 mittlere (ohne Zusatzbezeichnung) und 5 hohe („hypér"). Ein Kreuz (+) kennzeichnet die Tonoi, die Bezeichnungen von Oktavgattungen haben. Nach Aristoxenos (▷ 1.1) nannten die Griechen vor seiner Zeit die Oktavgattungen Harmoniai. Es ist aber unwahrscheinlich, daß es nur 7 Harmoniai gab und diese nur bestimmte Skalen kennzeichneten. Möglicherweise waren analog zum chinesischen Tyao, indischen Raga und arabischen Maqam tonale Zentren und typische Melodiefiguren bestimmende Elemente, die ursprünglich auf die Melodiebildung der Stämme zurückgingen, deren Namen die Harmoniai tragen. In späterer Zeit wurden vielleicht aus den Harmoniai Skalen abstrahiert.

Die alten Stammesnamen erscheinen dann auch bei den Oktavgattungen, bei den Tonoi und im Mittelalter bei den Kirchentönen für ganz unterschiedliche Leitern, so daß sich Gemeinsamkeiten mit der frühen Stammesmusik nicht mehr ergründen lassen.
In der frühen Zeit spielte man die verschiedenen Harmoniai auf unterschiedlichen Auloi (▷ 1.8) und stimmte die Kithara (▷ 1.7) entsprechend um. So setzte sich im Sprachgebrauch für Harmonia auch die Bedeutung „Stimmung" durch, das Wort bedeutet auch „geordnetes Zusammenfügen von Tönen", in speziellen Fällen auch „Oktave" oder „Oktavgattung".
Die Begriffe Tonos und Tropos lassen sich nicht eindeutig von Harmonia abgrenzen. Tonos kann wie Harmonia „Spannung" oder „Stimmung der Saite" bedeuten, aber auch

Name des Tonos	Proslambanómenos
Hypodorisch +	F
Hypoionisch	
(oder tieferes Hypophrygisch)	Fis
Hypophrygisch +	G
Hypoaeolisch	
(oder tieferes Hypolydisch)	Gis
Hypolydisch +	A
Dorisch +	B
Ionisch (oder tieferes Phrygisch)	H
Phrygisch +	c
Aeolisch (oder tieferes Lydisch)	cis
Lydisch +	d
Hyperdorisch (oder Mixolydisch)	es
Hyperionisch	
(oder höheres Mixolydisch)	e
Hyperphrygisch	
(oder Hypermixolydisch)	f
Hyperaeolisch	fis
Hyperlydisch	g

Kapitel 1

Tonhöhe, einzelner Ton, Ganztonintervall und Tonart. Tropos steht meist als Synonym für Tonos, gelegentlich aber auch für Harmonia oder Oktavgattung.

1.16 „Temperierte Stimmung" des Aristoxenos – Pythagoreisches Komma

Indem Aristoxenos von Tarent (▷ 1.1) nicht von den Schwingungsverhältnissen der Saiten ausging, sondern die Intervalle als Vielfache oder Teile eines Grundintervalls, nämlich des Ganztons, ausdrückte, gelangte er zur temperierten Stimmung. Bis man die 6 temperierten Ganzton- und 12 Halbtonschritte exponentiell als $\sqrt[6]{2}$ und $\sqrt[12]{2}$ in Europa genau errechnete, sollten noch über 2 000 Jahre vergehen. Zwar kalkulierten die Pythagoreer schon lange vor Aristoxenos die Intervalle als Proportionen von Saitenlängen, stießen aber immer wieder auf das pythagoreische Komma, das sie trotz immer komplizierterer Zahlenverhältnisse nicht ausmerzen konnten. Von Pythagoras (▷ 1.1) selbst stammen möglicherweise schon die Berechnungen:

Oktave 2:1
Quinte 3:2
Quarte 4:3
Ganzton 9:8 (Differenz zwischen Quinte und Quarte)

Mathematiker wie Archytas (4. Jahrhundert v. Chr.), Euklid (4./3. Jahrhundert v. Chr.), Eratosthenes (3. Jahrhundert v. Chr.), Didymos (1. Jahrhundert v. Chr.) und Ptolemaios (2. Jahrhundert n. Chr.) setzten die Kalkulationen fort. Zur Berechnung der Intervalle diente das Monochord (Einsaiter), bei dem zunächst eine einzelne Saite und später mehrere Drähte über einen Resonanzkasten gespannt waren. Mit Hilfe von Stegen führte man verschiedene Intervallteilungen experimentell durch.

Im Gegensatz zu Aristoxenos konnte für die Pythagoreer die Oktave nicht aus sechs Ganztönen bestehen, denn sie ergeben ein größeres Intervall als die Oktave:

$$\frac{9}{8} \cdot \frac{9}{8} \cdot \frac{9}{8} \cdot \frac{9}{8} \cdot \frac{9}{8} \cdot \frac{9}{8} = \frac{531\,441}{262\,144} = \frac{2}{1} + \frac{7\,153}{262\,144}$$

Den Ganzton konnten sie nicht in zwei gleiche Halbtöne teilen, weil kein Quotient existiert, dessen Verdoppelung das Verhältnis 9:8 ergäbe. Stattdessen gliederten sie den Ganzton in einen kleinen Halbton („leĩmma", „diesis" oder diatonischer Halbton) und einen großen Halbton („apotomé" oder chromatischer Halbton). Zieht man von der Quarte zwei Ganztöne ab, bleibt das „leĩmma" übrig (Intervalle werden addiert, indem man ihre Quotienten multipliziert und entsprechend subtrahiert durch Division):

$$\frac{4}{3} : \frac{9 \cdot 9}{8 \cdot 8} = \frac{4 \cdot 8 \cdot 8}{3 \cdot 9 \cdot 9} = \frac{256}{243} \triangleq 90{,}2 \text{ Cent}$$

Zieht man das „leĩmma" vom Ganzton ab, bleibt die „apotomé" übrig:

$$\frac{9}{8} : \frac{256}{243} = \frac{9 \cdot 243}{8 \cdot 256} = \frac{2187}{2048} \triangleq 113{,}7 \text{ Cent}$$

Den Unterschied zwischen „apotomé" und „leĩmma" bildet ein pythagoreisches Komma, das gleiche Mikrointervall, das den kritischen Punkt in der pythagoreischen Stimmung darstellt. Reiht man 12 Quinten aneinander, erhält man die 12 Halbtöne der Oktave. Zwölf Quinten müßten 7 Oktaven entsprechen, sind aber um das pythagoreische Komma zu groß:

$$\left(\frac{3}{2}\right)^{12} : \left(\frac{2}{1}\right)^{7}$$

$$= \frac{531\,441}{524\,288} \triangleq 23{,}46 \text{ Cent}$$

= pythagoreisches Komma

Der Pythagoreer Archytas von Tarent gab abweichend von Aristoxenos für die drei Tongeschlechter äußerst komplexe Intervallverhältnisse an; außer der Relation 28:27 erschienen keine weiteren Mikroabstände gleicher Größe. Diese Arten von Kalkulationen, die griechische und später vor allem arabische Philosophen fast ins Endlose ausweiteten, entfernten sich zunehmend von der musikalischen Praxis.

1.17 Rhythmen

Über den Rhythmus sind nur wenige Abhandlungen erhalten. Auch hier sind die Schriften von Aristoxenos von Tarent (▷ 1.1) führend und lassen wichtige Grundthesen erkennen. Der Rhythmus formt den Stoff „rhythmizómenon", gliedert als „Ordnung von Zeiten" unter anderem Sprache, Musik oder Körperbewegungen. Kleinstes Element ist die „erste Zeit", die nicht mehr unterteilt werden kann. Aus ihr setzt sich als nächst größere Einheit der „Fuß" mit „ársis" und „básis" zusammen (auch „ársis" und „thésis" genannt, ursprünglich das Anheben und Aufsetzen des Fußes beim Gehen). Sie können in gleichem oder verschiedenem Verhältnis zueinander stehen wie beispielsweise 2:2, 2:1, 1:2, 1:2, 3:2, 2:3, 1½:2. Die „Füße" setzte man zu phrasen- oder strophenartigen Gebilden zusammen. Sie konnten sehr komplex strukturiert sein, wie Beispiele aus der Chorlyrik (▷1.25) zeigen.

1.18 Die Buchstabennotation

Nach Alypios (▷1.1) gibt es zwei Notationen: die Vokalform (A) mit Buchstaben des ionischen Alphabets und die wohl ältere Instrumentalform (B) mit altdorischen und anderen archaischen Zeichen. In der Instrumentalnotation erscheint jedes Zeichen in seiner normalen, liegenden und spiegelbildlichen Form:

Ein Buchstabe in seinen drei Lagen steht für ein Pyknon (▷1.13). Dabei hängt es vom Tongeschlecht ab, ob die liegende und spiegelbildliche Anordnung einen Viertel- oder Halbtonschritt ergibt (oder gar einen Dritteltonabstand wie in der weichen, chromatischen Schattierung):

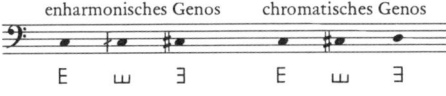

In Liedtexten stehen die Buchstaben über den einzelnen Silben. Einige der erhaltenen Fragmente weisen über oder neben den Buchstaben, die nur die Tonhöhen festlegen, zusätzlich Längenzeichen auf. Die „erste Zeit" (▷1.17) gilt als Kürze und bleibt unbezeichnet. Zwei Kürzen ergeben die zweizeitige Länge usw.:

— ˌ ⌒ ⌒⌒

Unter den Pausen- und Artikulationszeichen ist der Gebrauch des Stigmas, des Punktes über einem Buchstaben, nicht genau geklärt. Das „hyphén" (͜), manchmal ersetzt durch das „kólon" (:), verbindet Noten, die auf derselben Silbe gesungen werden. Das „leīmma" (∧ oder ∩) steht neben der Note und zeigt eine Pause oder die Dehnung der vorangegangenen Silbe an. Das „melismós" (ſ) gibt Halbstakkato, der „kompismós" (ʃ) Stakkato an. Beide stehen zwischen gleichen Noten. „Diastolḗ" (ɔ) oder liegender Doppelpunkt (..) trennen gesungene und instrumental ausgeführte Partien.

1.19 Die ethische Wirkung der Musik

Die Griechen glaubten nicht nur an die magische Kraft der Musik (▷1.5), sondern auch an ihre ethische Wirkung. Die Ursprünge für diese Vorstellungen lagen im Zweistromland (Babylonien und Assyrien); in Griechenland beschäftigten sich zunächst Pythagoras (▷1.1) und seine Schule mit den Wechselbeziehungen zwischen Musik und seelischen Vorgängen. Sie glaubten an die Wiederherstellung des seelischen Gleichgewichts durch die Musik; denn wie der Himmel, so sei auch der Mensch körperlich und seelisch von der Harmonie der Zahl bestimmt. Die pythagoreischen Anschauungen entwickelten sich allmählich zu einer systematischen Lehre, zu deren Ausgestaltung auch Damon (4. Jahrhundert v. Chr.) beitrug. Weil für ihn schöne Gesänge und Tänze eine entsprechende Seele schufen, stellte er diese Künste in den Dienst der Erziehung. Er glaubte sogar, analog zu alten chinesischen Vorstellungen, daß musikalische Änderungen politische Auswirkungen hätten. Deshalb empfahl er Vorsicht bei

Kapitel 1

Neuerungen. Auch Platon war von der ethischen Macht der Musik überzeugt. In den *Gesetzen* beklagte er die Vermischung der Harmoniai und befürchtete, daß derartige Gesetzlosigkeiten auch auf andere Lebensbereiche übergriffen.
Auch Aristoteles maß der Musik ethische Kraft bei, schätzte aber auch ihren Wert zur Erheiterung und Entspannung.
Die Wirkung der Musik auf Seele und Sinnesart des Menschen hing von Genos, Harmonia, Rhythmos und Melos sowie von der Tonlage und dem jeweils verwendeten Instrument ab. So galten für Platon und Aristoteles von den Harmoniai zum Beispiel Dorisch als ernst, Phrygisch als leidenschaftlich, Lydisch als klagend; der Diatonik wurden männliche, der Chromatik weichliche und der Enharmonik erhabene Wirkungen zugeschrieben. Doch bereits Philodemus (* um 110 v. Chr., † um 40 v. Chr.) und Sextus Empiricus (2./3. Jahrhundert n. Chr.) leugneten einen Zusammenhang von musikalischen und seelischen Vorgängen.

1.20 Sphärenharmonie

Pythagoras (▷1.1) und seine Schüler brachten die wahrscheinlich bereits seit Jahrhunderten bei den Babyloniern geläufige Vorstellungen von der Harmonie der Sphären in die griechische Musiktheorie ein und systematisierten sie. Die Pythagoreer stellten sich die Strecke von der Erde zum Himmel als gespannte Saite vor, als eine Art himmlisches Monochord. Je länger die Saite ist, desto tiefer klingen ihre einzelnen Abschnitte. Der Ton ändert sich von Sphäre zu Sphäre um $1/2$, 1 oder $1\frac{1}{2}$ Einheiten und ergibt die pythagoreische Stimmung. Manche Theoretiker setzten neben den Entfernungen der Sphären die Umlaufgeschwindigkeiten der Planeten in Beziehung zu den Schwingungsverhältnissen von Tönen. Die Ergebnisse fallen aufgrund der wechselnden Reihenfolge der Sphären sowie der verschieden großen Intervalle und Leitern unterschiedlich aus. Jedoch ist der Sphäre der Fixsterne immer der höchste Ton, jener des Mondes der tiefste Ton zugeordnet. Aristoteles widerlegte die Theorien über die Musik der Sphären. Cicero (1. Jahrhundert) griff sie von neuem auf. Nikomachos (1. Jahrhundert), Martianus Capella (5. Jahrhundert) und Boethius (Anfang des 6. Jahrhunderts) bauten sie systematisch aus. J. Kepler setzte sich in seiner *Harmonices mundi* von 1619 noch einmal mit den antiken Gedanken auseinander.

1.21 Götterfeste und Agone

Sportliche und musische Agone (Wettkämpfe) fanden zur Ehrung berühmter Verstorbener statt oder wurden von Herrschern aus Repräsentationsgründen veranstaltet. Vor allem aber trug man sie bei den großen Kultfesten aus (Panathenaia in Athen für die Stadtgöttin, Karneia in Sparta zu Ehren Apollons, Thargelien unter den ionischen Griechen zu Ehren Apollons). Bei den Thargelien standen Agone im Chorgesang im Vordergrund.
Eine besondere Rolle spielten Musik und Theater bei den Dionysien (in Athen wurden sie viermal im Jahr gefeiert). Aus dem Glauben, der Gott selbst wohne den Musikwettbewerben bei, entwickelten sich die Aufführungen zu einem immer wichtigeren Bestandteil der Kultfeste. Unter den panhellenischen Spielen (Pythien in Delphi, Olympien in Olympia, Isthmien in Korinth und Nemeen in Sparta), die auch an die großen Kulte gebunden waren, hatten für die Musik die Pythien die größte Bedeutung. Im Mittelpunkt standen musische Agone mit Theateraufführungen, Chor- sowie Einzelgesängen und solistischen Darbietungen am Aulos (▷1.8) oder Kithara (▷1.7). Als Teilnehmer konnten Berufsmusiker ebenso wie Laien und Schüler einzeln oder in Gruppen auftreten. Die Olympien, Isthmien und Nemeen bezogen in der klassischen Zeit keine musischen Agone mit ein, boten jedoch Künstlern die Gelegenheit, ihre Werke vor einem riesigen Publikum vorzutragen. Außerdem begleitete das Aulosspiel zahlreiche Disziplinen, vor allem das Diskus- und das Speerwerfen. Der Rhythmus des Aulosspiels bestimmte den Bewegungsablauf, und nicht Rekorde, sondern rhythmisches Maß und Ausgewogenheit entschieden über den Sieg, der dem Sieger wie seiner Vaterstadt Ruhm und Ehre brachte.

1.22 Nomos

Der Begriff *Nomos* („Ordnung, Gesetz, Brauch"), der bei Homer noch nicht erscheint, ist bis heute nicht eindeutig geklärt. Möglicherweise liegt den „nach althergebrachten Gesetzen geordneten Tönen" ein ähnliches Kompositionsprinzip zugrunde wie dem indischen Raga oder dem arabischen Maqam. Nach Plutarch durften innerhalb eines Nomos Harmonia und Rhythmus nicht geändert werden, die auch sein Ethos bestimmten. Diese Einschränkungen scheinen aber wiederum nur für die Frühformen gegolten zu haben. Mythische Erzählungen deuten auf seine kleinasiatische Herkunft und Beziehungen zum Kybelekult hin (▷ 1.4). Olympos soll den mysisch-phrygischen Nomos gemeinsam mit den Auloi (▷ 1.8) nach Griechenland gebracht haben. Plutarch zählt noch fünf auletische Nomoi des Olympos auf:
1. *Polyképhalos* („Viele Häupter", threnodischer Nomos, der möglicherweise die Trauer über den Tod der Medusa ausdrückte, der Schlangen als Haare ums Haupt züngelten)
2. *Harmáteios* (für den Wagenkampf bestimmt)
3. *Aréos* (dem „göttlichen Raufbold" Ares gewidmet)
4. *Métrōs* (zu Ehren der Kybele)
5. *Athēnās* (Athene zugeeignet)

In der Folgezeit entwickelten sich neben den auletischen (auf dem Aulos gespielten) aulodische (gesungene, vom Aulos begleitete), kitharistische, kitharodische und chorische Formen des Nomos. Die ersten kitharodischen Nomoi soll Terpandros (▷ 1.6) verfaßt und nach der heiligen Siebenzahl gegliedert haben: „éparcha" (Vorgesang), „métarcha" (Anfang), „katátropa" (Wendung), „ómphalos" (Mitte, wörtlich „Nabel", zentraler Teil mit epischer Erzählung), „metakatátropa" (Rückwendung), „sphragís" (Schluß), „epílogos" (Nachgesang). Forscher, denen die siebenteilige Form für die frühe Zeit zu komplex erscheint, schreiben Terpandros nur die Teile 1, 4 und 6 zu.
Im 6. Jahrhundert erlangte der pythische Nomos Berühmtheit. Sein Verfasser, Sakadas von Argos, siegte mit diesem auletischen Nomos von 586 v. Chr. an dreimal bei den Pythien (▷ 1.21) in Delphi.

Aulodische Nomoi, die man wahrscheinlich nicht sehr lange pflegte (▷ 1.8), verfaßten Klonas von Theben und Polymnestos von Kolophon (beide 6. Jahrhundert v. Chr.). In der „neuen Musik" des 5. vorchristlichen Jahrhunderts erfuhr der Nomos ähnliche Veränderungen wie der Dithyrambos (▷ 1.25). Zuerst bei Phrynis von Mytilene (5. Jahrhundert v. Chr.) dann bei Timotheos von Milet (* um 450, † um 360 v. Chr.) sprengte er seine alte, geregelte Form. Schließlich setzten sich auch Nomoi für Chöre durch (erhaltenes Textbeispiel in *Pérsai* von Timotheos).

1.23 Skolion beim Symposion

Während eines Symposions (Trinkgelage verbunden mit einer Weinspende an die Götter) sangen die Anwesenden zunächst gemeinsam einen Paian, dann lieferten sie der Reihe nach einzelne Beiträge. Schließlich folgten die Skolien (anspruchsvollere Trinklieder) in unregelmäßiger, „krummer" Reihenfolge, woher möglicherweise ihr Name „krummes Lied" rührt. Der Sänger, der von Auloi (▷ 1.8), Kithara oder Lyra (▷ 1.7) begleitet wurde, hielt einen Myrtenzweig in der Hand, den er an den nächsten Vortragenden weiterreichte. Von Athenaios (um 200 n. Chr.) ist eine Sammlung mit 26 Skolien erhalten. Ihre Thematik umfaßt Götteranrufe, Lebensregeln, den Lobpreis mythischer und historischer Personen und nicht zuletzt witzige Zoten.

1.24 Enkomion beim Komos

Der Komos geht auf feierliche, fröhliche Begehungen bei den ländlichen Dionysien zurück. Die hierbei ausgetragenen Wettstreite im Maskenspiel beeinflußten die Entwicklung der attischen Komödie, deren Name sich vom Komos ableitete. In der späteren Form des Komos führte man einen Sieger durch die Straßen oder brachte einfach einen Freund auf gesellige Weise nach Hause. Dabei sang man im Chor das Preislied Enkomion, das meist Hetären auf Auloi oder Schlaginstrumenten begleiteten.

1.25 Chorlyrik und Drama

Aus einfachen Gesangsformen, in denen der Chor möglicherweise einem Vorsänger mit einem Refrain antwortete, entwickelte sich eine kunstvolle Chorlyrik, die mit Pindar (*522 oder 518, †nach 446 v.Chr.), Bakchylides (5. Jahrhundert v. Chr.) und Simonides (*um 556, †467) ihren Höhepunkt erreichte. Unter Begleitung von Aulos (▷1.8), Lyra (▷1.7) oder beiden Instrumenten gemeinsam erklangen die Chorlieder bei Kult-, Hochzeits-, Sieges- und Trauerfeiern in der Öffentlichkeit. Oft war der Dichterkomponist der Chorleiter. Spätestens seit der Einführung des Dithyrambos-Agons bei den Dionysien in Athen (508 v. Chr.) traten neben professionellen Sängern auch Chöre freier Bürger auf, die ein Choregos, ein vermögender Bürger, für die jeweiligen Aufführungen zusammenstellte, wobei er auch die Kosten für die Einstudierung und die Unterbringung der Chormitglieder während der Probezeiten übernahm. Der Chor vereinigte noch gemäß dem Begriff „mousiké" die drei Elemente Ton, Wort und Bewegung in sich; mit Tanzbewegungen untermalte er seine Gesänge. Beim Dithyrambos beschrieb er in seinen Liedern und Bewegungen die Abenteuer des Dionysos. Der Chor, den für diese Gattung 50 Knaben oder Männer bildeten, gruppierte sich im Kreis um den Aulosbläser. Diese Dithyrambos-Aufführungen waren Vorstufen des ebenfalls Dionysos geweihten Dramas. In der Tragödie zählte der Chor anfangs 12, später 15 Mitglieder, im Satyrspiel 12, in der Komödie 24 Sänger. Sie stellten sich im Rechteck auf (4×3, 5×3, 6×4). Bisweilen verteilten sie sich auf zwei Halbchöre, die abwechselnd sangen. Bestimmte Partien trug der Choryphaios, der Chorführer im Drama, allein vor. Allmählich traten die Anteile des Chores am Handlungsablauf zugunsten der Schauspielpartien zurück. Der Aulosbläser, der in prächtiger Tracht einzog, begleitete auch die gesungenen Teile der Schauspieler.
Zu chorlyrischen Gattungen entwickelten sich Lieder, die zunächst in kleinen Gruppen gesungen wurden. So erklangen *Hymenaios* und *Epithalamion* ursprünglich zu bestimmten Phasen der Vermählungszeremonie und entwickelten sich später zu allgemeinen Hochzeitsliedern. Der Hymenaios, der nach seiner refrainartig wiederkehrenden Anrufung des Hochzeitsgottes Hymenaios benannt ist, hatte religiöse Färbung. Die Begleiterinnen der Braut sangen ihn im Chor während des Geleits zum Hause des Bräutigams. Das Epithalamion („zur Brautkammer gehörend") sangen Jungen und Mädchen nachts als Ständchen mit Scherzen vor dem Brautgemach zur Eröffnung des Festes.

Hyporchema und *Partheneion* sind Tanzlieder, das Hyporchema war möglicherweise kretischen Ursprungs. Es fand Aufnahme im Drama, erklang aber auch als selbständige Form bis in die Spätantike. Das Partheneion („Tanz der Jungfrauen") sangen und tanzten ausschließlich Mädchenchöre. Das Siegeslied Epinikon, von dem es die meisten Textüberlieferungen gibt, stimmte ein Chor für einen zurückgekehrten Sieger während der Prozession zum heimatlichen Tempel an, wo man seinen Kranz weihte.

Threnos („Klage") hießen verschiedene Arten von Klageliedern, zunächst aber vor allem die Gesänge, die einen Tag nach einem Todesfall bei der Aufbahrung erklangen. Ein Vorsänger, der Exarchos, führte sie an; ihm antwortete ein Frauenchor. Zu kunstvollen Trauerliedern entfalteten sich die Threnoi, für die die lydische Tonart charakteristisch war, unter Simonides, von dem einige Textfragmente erhalten sind. Der Elegos, auch ein Klagelied, das in früher Zeit der Aulos begleitete, entwickelte sich nicht zu einer chorlyrischen Gattung, sondern zu einer rezitativischen Form. Das Prozessionslied Prosodion wurde von Knaben- oder Mädchenchören während der Prozession zum Götterschrein gesungen.

Der *Hymnos,* im Altertum noch keine fest umrissene Gattung, wurde in der Spätantike das Preislied für den Gott der Christen. Er stand aber schon in der Frühzeit im Zusammenhang mit rituellen Opfern und umfaßte die Hauptbestandteile, die seine spätere Form prägten. Für einzelne Gottheiten entwickelten sich spezielle Gattungen. Das kultische Chorlied *Paian* richtete man an Apollon. Es ist nach dem Beinamen des Gottes, „Paian", benannt, mit dem man ihn als Heilgott anrief. Vorläufer des Paians sind magische Heilgesänge mit der Formel „Ieía Paián". Dieses Kultlied pflegte man zunächst an den Verehrungsstätten Apollons, sang es später aber auch für seinen Sohn, den Heilgott Asklepios, und in hellenistischer Zeit auch für ruhmreiche Menschen.

Das Loblied auf Dionysos (▷ 1.3), der *Dithyrambos*, ist nach dem gleichlautenden Beinamen des Gottes benannt. Arion (▷ 1.6) soll den Dithyrambos in Korinth eingeführt haben, Lasos von Hermione (6. Jahrhundert v. Chr.) in weiterentwickelter Form in Athen. Wie der Nomos (▷ 1.22) entstand der Dithyrambos in der 2. Hälfte des 5. Jahrhunderts v. Chr. mit stilistischen Neuerungen in neuer Blüte: Man erhöhte die Zahl der Töne, vermischte vormals getrennt gespielte Harmoniai, ließ den solistischen, oft virtuosen Vortrag in den Vordergrund treten und weitete das Vorspiel Anabole aus, wobei die Musik deutlich über den Text dominierte.

Das *Drama* (Tragödie, Satyrspiel und Komödie) wurde bei den großen Götterfesten aufgeführt. In der Tragödie begleiteten Instrumente folgende gesungene Teile: Parodos (in Strophenpaare gegliedertes Einzugslied des Chores beim Eintritt in die Orchestra, den runden Tanzplatz des griechischen Theaters); Stasima (Standlieder des Chores, nach dem Parodos alle rein chorischen Partien, die einzelne Epeisodien, Dialogszenen, voneinander trennten, bzw. das Epeisodion vom Exodos); Amoibaia (Wechselgesänge zwischen zwei Schauspielern oder Chor und Schauspieler, in denen zumindest einer der Partner im lyrischen Versmaß sang); Kommos (Wechselgesang zwischen Chor und Schauspieler im Charakter eines Klageliedes); Monodien (Einzelarien der Schauspieler); Exodos (Auszug des Chores).

In der *Komödie* erschien als zusätzlicher Teil die Parabase, in der sich der Chor direkt an den Zuschauer wandte. Aristophanes (* vor 445, † um 385) setzte in seinen Komödien Solostücke der Auloi als Zwischen- oder Nachspiele ein, Neuerungen, die zu Auflösungserscheinungen der alten strengen Ordnung führten. Auch in dieser Gattung verselbständigte sich die Musik. Am stärksten trat sie bei Euripides (* 485/484 oder 480, † 407/408) in den Vordergrund.

Für die Rolle der Musik im Satyrspiel fehlen Hinweise.

Die Musik des römischen Altertums und der Spätantike

1.26 Die Musik der Etrusker und ihr Einfluß auf das römische Musikleben

Die Kultur der Etrusker war intensiv von den ionischen Griechen geprägt, sei es durch ihre mutmaßliche Herkunft aus dem östlichen Mittelmeerraum oder durch ihre späteren Handelsbeziehungen mit Völkern Kleinasiens. Hinweise auf die Musik der Etrusker liefern neben antiken Schriftstellern vor allem Wandgemälde in Grabkammern. Die Etrusker glaubten wie die Ägypter an ein Leben nach dem Tode und wünschten sich auch als Verstorbene Unterhaltung durch Musiker und Tänzer. Leider kann man die Gemälde nur bedingt auswerten, da die Etrusker teilweise geschlossene Motive aus der griechischen Kunst übernahmen. So ist fraglich, ob die oft abgebildete archaische Phorminx (▷ 1.7) und weitere griechische Instrumente tatsächlich weit verbreitet waren. Berühmt waren die Etrusker für ihre Blechblasinstrumente, welche die Römer von ihnen übernahmen.

1.27 Die Blechblasinstrumente Tuba, Cornu und Lituus

Die Etrusker waren so bekannt für ihre Tuba, daß ihnen einige antike Autoren sogar ihre Erfindung zuschrieben. Ägypter und Hebräer spielten aber lange zuvor schon auf entsprechenden Instrumenten.

Die trompetenartige *Tuba* bestand aus einem geraden Zylinder, der sich am Ende trichterförmig weitete. Das etwa 1,2–1,5 m lange Rohr mit einem abnehmbaren Mundstück war aus Metall oder Elfenbein. Auf nachgebauten Instrumenten kann man rund 6 Töne der Naturtonreihe hervorbringen, die schriller als bei der modernen Trompete klingen. Das Horn *Cornu* bestand aus einem etwa 3 m

Kapitel 1

5 Tibiaspieler mit Tänzerin auf einer etruskischen Grabstele aus Chiusi (6.–5. Jh. v. Chr.; Palermo, Museo Nazionale Archeologico)

langen Bronzerohr, das dem Buchstaben G vergleichbar gebogen war. Am nach innen gebogenen Ende befand sich ein abnehmbares Mundstück, am nach außen gebogenen eine ausgebuchtete Glocke. Eine verzierte hölzerne Querstange diente zur Verstärkung der Konstruktion und als Griffstange, die beim Blasen auf der Schulter ruhte. Das Cornu entwickelte sich möglicherweise aus der Tuba nach dem Vorbild der Buccina, ursprünglich ein Tierhorn, das später mit Bronze überzogen und schließlich ganz aus Metall gefertigt wurde. In der Literatur ist nicht immer klar zu erkennen, um welches der beiden Hörner es sich handelt.

Den *Lituus* bildete ein etwa 1,5 m langes Metallrohr mit einem konischen Schallbecher, der abgebogen war. Er hatte ein abnehmbares Kesselmundstück. In den Vatikanischen Museen in Rom befinden sich einige ausgegrabene Exemplare. Sie ergeben wie die Tuba etwa 6 Töne der Naturtonreihe.

Auf etruskischen Gemälden erscheinen Tuba, Cornu und Lituus bei feierlichen Prozessionen und militärischen Triumphzügen. Für die Römer gewannen sie vor allem in der Militärmusik an Bedeutung. Die Tuba spielte zu Märschen, kündete Angriff und Rückzug an und erklang gemeinsam mit dem Cornu während der Schlacht, um eigene Truppen anzufeuern und die Feinde abzuschrecken. Das Horn Cornu übermittelte Befehle an die Bannerträger, die durchdringender klingende Tuba an das gesamte Heer. Auch in der Arena erklangen die beiden Instrumente neben der Hydraulis (▷ 1.30). Das Horn Cornu setzte man außerdem im Kybelekult (▷ 1.3) ein.

Der Lituus war eher auf Kohorten- als auf Legionsebene anzutreffen, deshalb erscheint er selten auf Monumenten, da diese meist höhere Würdenträger feierten.

1.28 Tibia

Die Römer übernahmen den Aulos von den Etruskern. Funktion, Bau- und Spielweise zeigen nahe Verwandtschaft zum griechischen Aulos (▷ 1.8). In Italien erhielt er, wohl nach der einfachen, schon verbreiteten Knochenflöte, den Namen Tibia („Schienbein"). Die Tibia entwickelte sich zum Nationalinstrument der Römer und begleitete Opferzeremonien und Prozessionen bei Begräbnissen und anderen Feiern. Nicht zuletzt hatte sie die Aufgabe, bei den streng vorgeschriebenen Riten schädliche Geräusche zu übertönen, böse Geister zu verscheuchen und die wohlwollenden Gottheiten herbeizurufen.

Im Kybelekult (▷ 1.3) und später auch im Theater setzte sich als Sonderform die aus dem kleinasiatischen Phrygien stammende berecyntische Tibia durch. Sie war nach dem heiligen Berg der „Berecyntia mater" (Große Mutter) benannt. Bei diesem Instrument war ein Rohr länger als das andere und unten abgebogen.

1.29 Das griechische Erbe

Die Römer bauten die überlieferte griechische Musiktheorie weiter aus und waren auch mit der griechischen Musikgeschichte vertraut. Die bereits im 8. Jahrhundert gegründeten Kolonien wie Tarent und Kroton (wo Pythagoras [▷ 1.1] um 531 v. Chr. Zuflucht fand) blieben sicherlich nicht ohne Einfluß auf das römische Musikleben. Ihren Höhepunkt aber erreichten die Einwirkungen wahrscheinlich im 2. Jahrhundert v. Chr. Nach der Eroberung von Makedonien (167 v. Chr.) und der Zerstörung von Korinth (146 v. Chr.) führten die Sieger eine Unzahl von griechischen Musikern und anderen Künstlern als Sklaven nach Rom, auf deren Kenntnisse und Fähigkeiten bei der Ausrichtung der großen, vom Staat unterstützten Ludi Romani, Ludi plebeii oder Ludi Apollinares, um nur einige der mehr und mehr zunehmenden Spiele zu nennen, nicht verzichtet werden konnte.
Im römischen Theater führte Livius Andronicus, ein Grieche aus Tarent, 240 v. Chr. lateinische Bearbeitungen griechischer Dramen auf. Plautus (254–184 v. Chr.) brachte römische Komödien nach griechischem Vorbild mit griechischen Ausstattungen und Kostümen auf die Bühne. Der Chor bildete darin noch einen wesentlichen Bestandteil. Die Tibia gestaltete Zwischenspiele und begleitete Tanzeinlagen sowie die gesungenen Teile (Cantica).
Auch hellenistische Kunstlieder waren in Roms später Republik äußerst beliebt. Künstler und Künstlerinnen aus Griechenland und Kleinasien sangen lyrische Gedichte zur Begleitung von Saiteninstrumenten. Besonders großen Anklang fanden griechische Hymnen und pathetische Soli aus Tragödien in konzertanten Aufführungen. Die Künstler erhielten enorme Gagen für ihre Auftritte und erlangten hohes gesellschaftliches Ansehen.

1.30 Die Orgel Hydraulis

Die Hydraulis (von „hýdōr", Wasser, und „aulós", Pfeife) entwickelte der Ingenieur Ktesibios, der im 3. Jahrhundert v. Chr. in Alexandria lebte. Er nutzte die Tendenz des Wassers aus, eine ebene Oberfläche zu bilden, wodurch die Luft gleichmäßiger als mit Hilfe eines Blasebalgs in die Pfeifen floß. Von Ktesibios ist keine Schrift erhalten. Die überlieferten Beschreibungen stammen von Heron von Alexandria und von Vitruv (▷ 1.1). Ein Instrument aus dem Jahre 228 n. Chr. fand man in der Nähe von Budapest.
Die Hydraulis war 165–185 cm hoch. Auf einem oft achteckigen Podest stand ein mit Holz verkleideter Wasserbehälter aus Messing, flankiert von zwei zylinderförmigen Pumpen. Über dem Behälter lagen der Windkasten und darüber die Pfeifen (4–18, meist 8 Rohre). Die Tasten waren in Verlängerung der Windlade angeordnet.
Leider beschränken sich die Beschreibungen der Orgel auf mechanische Aspekte. Über ihren Klang können wir nur spekulieren. Die Möglichkeit, auf dem Instrument polyphon zu spielen, wurde dem einstimmigen Charakter der römisch-griechischen Musik entsprechend möglicherweise nicht genutzt. Die Hydraulis war sehr beliebt und in allen Provinzen des Reiches in den Häusern reicher Bürger anzutreffen. Auch im Theater und in

6 Hydraulis auf einem römischen Sarkophag (2. oder 3. Jh. n. Chr.; Arles, Musée Lapidaire d'Art Païen)

Kapitel 1

der Arena, wo sie vor allem die Wagenrennen begleitete, hatte sie eine wichtige Funktion. Im 2. Jahrhundert n. Chr. erwähnte der Rhetoriker Pollux zum ersten Mal eine Orgel, bei der eine Windkammer dem Wasserbehälter ersetzte. Dieses Instrument, Vorläufer unserer Kirchenorgel, fand bald großen Zuspruch. Der byzantinische Kaiser Konstantin V. Kopronymos schenkte eine solche Orgel 757 n. Chr. dem Frankenkönig Pippin III., dem Jüngeren.

1.31 Mimen und Pantomimen

Mit seinen burlesk-realistischen Possen, die vor allem den Alltag karikierten, hatte sich der Mime bereits in den Zwischen- und Nachspielen der griechischen Dramen eine immer bedeutendere Rolle erobert. Allmählich verselbständigten sich seine Szenen zu getrennten Aufführungen. Als das römische Publikum dann nach immer mehr Verfeinerung und Virtuosität verlangte, war es für einen einzigen Darsteller nicht mehr möglich, sowohl der mimischen als auch der musikalischen Seite zu genügen. So verteilte sich die Darbietung auf zwei Künstler. Der Pantomime widmete sich dem Tanz, ein Sänger trug den entsprechenden Text vor. Im Jahre 22 v. Chr. ersetzte der berühmte Pantomime Pylades den Sänger durch einen Chor, und dem Tibiabläser gesellte er ein Orchester mit Syringen, Cymbala, Tympana, Kitharen, Lyren und Cornu hinzu. Die Tibia erlangte eine unserer heutigen Orchesterviolione vergleichbare Stellung. Als „Konzertmeister" markierte der Scabillarius mit seiner Fußklapper Scabellum die Rhythmen, während er gleichzeitig auf der Tibia blies. Diese Klapper war an zwei Holzsohlen einer Sandale befestigt, die gegeneinander schlugen. Die Griechen nannten sie Krupezion oder Krupalon und setzten sie auch in der Theatermusik ein (Abb. 4, S. 24). Der Pantomimus, der sich zunächst auf das tragische Fach konzentrierte, entnahm seine Themen vornehmlich der griechischen Mythologie. Ein einziger Darsteller verkörperte auf der Bühne mit Hilfe wechselnder Masken verschiedene Personen. Nach und nach ersetzte die Pantomimenoper die Tragödie auf der römischen Bühne, sie war in der späten Republik die beliebteste Theaterform. Dabei trugen die Künstler die wirkungsvollsten Teile aus verschiedenen Tragödien nacheinander vor, lösten also die tragischen Cantica aus ihrem Handlungszusammenhang. Aber auch Gestalten aus dem Satyrn- und Hirtenleben kamen auf die Bühne.

1.32 Musikergenossenschaften

Das römische Musikleben wurde von Musikergenossenschaften getragen, die einerseits ihren Mitgliedern zur Besserung der sozialen Lage dienten und andrerseits dem Staat eine reibungslose Organisation öffentlicher Aufführungen gewährleisteten. Bereits unter dem legendären König Numa (um 700 v. Chr.) sollen die Salier (Tanzpriester) und die Arvalbrüder (Ackerbrüder) sich zusammengeschlossen haben. Mit archaischen, responsorialen Gesängen begleiteten die Salier ihre Kriegstänze und die Arvalbrüder ihre komplizierten Riten für die Fruchtbarkeit der Äcker. In späterer Zeit bestritten beide Gruppen auch kaiserliche Geburtstage und Siegesfeiern.

Ebenfalls unter König Numa soll das Collegium Tibicinum Romanorum gegründet worden sein, dessen legendärer Streik in die Geschichte einging. Als der Senat im Jahre 311 v. Chr. die traditionelle Speisung der Tibiaspieler im Jupitertempel streichen wollte, setzten sie sich nach Tibur ab. Da der Senat um die vorschriftsmäßige Ausführung der sakralen Riten bangen mußte, ließ er sie zum Trinken verführen, in bewußtlosem Zustand auf einen Wagen laden und zurück nach Rom bringen. Dort sicherte er ihnen die alten Rechte wieder zu. Dieser Streik wurde dann mit einem Zunftfest jedes Jahr gefeiert. Die sakralen Tibiabläser waren zunächst Sklaven und seit der späten Republik Freigelassene mit einem den Herolden vergleichbaren Sold. Für den Kybelekult (▷ 1.3) gab es ein eigenes Kollegium von Tibiaspielern.

Auch die Spieler von Saiteninstrumenten (Fidicines), die oft gemeinsam mit den Tibicines auftraten, hatten sich zusammengeschlossen. Die Kollegien verfügten über ihren eigenen Begräbnisplatz und waren anerkannte Körperschaften, die Stiftungen annehmen und gegenüber Behörden auftreten konnten. In den Militärmusikergenossenschaften herrschte als Rangordnung in aufsteigender Reihenfolge: Buccinatores, Cornices, Tubicines. Wie eine Inschrift aus dem Jahre 203 n. Chr. bezeugt, betrug das Eintrittsgeld einen doppelten Jahressold und konnte in Notfällen nach Art einer Unfallversicherung ausbezahlt werden. Die bevorzugte Stellung der Trompeter rührt von der sakralen Bedeutung der Instrumente her. Neben den Trompetenbläsern in der Militärmusik gab es die „heiligen Tubaspieler des römischen Volkes" (Tubicines sacrorum populi Romani) mit dem Status von Priestern. Sie begleiteten die großen feierlichen Staatsopfer und feierten jährlich zwei Zeremonien (Tubilustrium) zur kultischen Reinigung ihrer Trompeten. In Athen hatten sich im 3. Jahrhundert v. Chr. die für Agone und Festspiele erforderlichen Künstler unter dem Schutzpatron Dionysos als dionysische Techniten zu Vereinigungen (Synodoi) zusammengeschlossen. Sie genossen weitreichende Privilegien beim Reisen und waren von Steuern und Militärdienst befreit. Für die Verbreitung der griechischen Musik in der hellenistischen Welt spielten sie eine bedeutende Rolle. Nach der Eroberung Makedoniens (167 v. Chr.) und der Zerstörung von Korinth (146 v. Chr.; ▷ 1.29) überfluteten sie die römischen Städte. Rom wurde ihre Zentrale, sie unterhielten im ganzen Weltreich Zweigstellen. Nach dem Vorbild ihrer griechischen Kollegen organisierten sich die römischen Bühnenkünstler als Parasiti Apollinis. Im Unterschied zu den freien griechischen Künstlern waren sie Freigelassene (Liberti). Zu ihrem Synodos gehörten in der Kaiserzeit Mimen, Pantomimen und Schauspieler. Die Bühnenmusiker schlossen sich zum Collegium scabillariorum (benannt nach dem Scabillarius [▷ 1.31]) zusammen.

1.33 Artes liberales – Die Sieben Freien Künste

Nach griechischem Vorbild wiesen auch die Römer allmählich der Musik in der allgemeinen Bildung einen hohen Stellenwert zu. Bereits Varro (▷ 1.1) hatte sie unter den Artes liberales, den „Disziplinen, die einem Freien anstehen", aufgenommen, wobei sich im 1. Jahrhundert v. Chr. noch kein fester Kanon etabliert hatte. Varro, Cicero und Vitruv nennen zwischen 4 und 11 Einzeldisziplinen. Erst später zählten Grammatik, Dialektik, Rhetorik und Arithmetik, Geometrie, Astronomie und Musik als feste Bestandteile zu den Artes liberales, sie sollten gleichberechtigt zur universalen Bildung führen. An den mittelalterlichen Universitäten bildeten die Artes liberales die Grundlage des Lehrplans der Artistenfakultät; die sieben Disziplinen unterteilte man in das Trivium (Grammatik, Dialektik, Rhetorik) und das Quadrivium (Arithmetik, Geometrie, Astronomie, Musik). Im Anschluß an die Artistenfakultät konnten die Studien an anderen Fakultäten aufgenommen werden (die Artistenfakultät wurde später unter dem Einfluß des Humanismus zur philosophischen Fakultät).

Kapitel 2
Einstimmige Musik des Mittelalters

Einführung

Die einstimmige Musik des Mittelalters bietet, mehr als jede andere Epoche der abendländischen Musikgeschichte, dem Verständnis besondere Schwierigkeiten. Zwar sind vor allem aus dem geistlichen Bereich eine Fülle der verschiedenartigsten Quellen erhalten, doch wurde der überwiegende Teil der Musik aus dieser Zeit nicht aufgeschrieben; das betrifft vor allem die weltliche Musik. Von dem, was an Fürstenhöfen, auf den Burgen des Adels, erst recht bei den Bauern musiziert wurde, haben wir bis um 1200 kaum mehr als eine vage Vorstellung. Die Aufzeichnung von Melodien erfolgte hier spät, erst im Rahmen der höfischen Kultur, als diese sich das Instrumentarium der geistlichen Bildungswelt aneignete (▷ 2.27). Aber das eigentliche Hindernis ist nicht die Dürftigkeit der Überlieferung, sondern deren Deutung, die behindert wird durch unsere Prägung von einer ganz anderen Musik. Unsere Verständniskriterien beruhen auf der Mehrstimmigkeit. Zwar hat die Mehrstimmigkeit die Einstimmigkeit in Europa bis auf wenige Bereiche (Volksmusik, Kirchenlied) nahezu vollständig verdrängt, es wäre jedoch falsch, die einstimmige Musik nur als Vorläuferin der mehrstimmigen zu sehen, als eine primitivere, weniger komplexe Form von Musik. Die Beschäftigung mit der heute noch lebendigen einstimmigen Musiktradition anderer Völker zeigt, daß mit der Mehrstimmigkeit nicht nur Dimensionen hinzugewonnen werden, sondern andere verloren gehen: z. B. bedingt die Mehrzahl der Stimmen eine Schematisierung der Rhythmik, eine Reduktion der Bedeutung von Tonqualitäten wie Farbe und Ansatz. Da die abendländische Notenschrift als „Speicher" der genauen Tonhöhen und -dauern von Musik gerade diese Qualitäten gar nicht oder bestenfalls andeutungshaft wiedergibt, war einstimmige Musik in besonderem Maße auf die Tradierung durch Gedächtnis und Praxis angewiesen, die durch Mitvollzug und Nachahmen trainiert wurden. Die lebendige Weitergabe ist jedoch im Fall der einstimmigen Musik lange unterbrochen, ihre Praxis wurde erst durch die Wiedererweckung des Chorals um die Jahrhundertwende neu aufgenommen, bei der weltlichen Musik ist die Rückgewinnung erst jetzt im Gange. Zudem sind in diesem Bereich längst nicht alle Quellen erschlossen, und ein Konsens über die Aufführungspraxis zeichnet sich, wie es Konzerte und Schallplatten belegen, hier noch kaum ab.
Bei der einstimmigen mittelalterlichen Musik ist mehr noch als bei der mehrstimmigen, nicht von einem Werkcharakter, sondern von der Aufführung als bestimmender Größe auszugehen. Die Musik war Vehikel einer Aufführung, in der sich das Wahre, Rechte und Schöne als Sinn der christlichen Heilsgeschichte ausschnitthaft realisierte – das gilt für die geistliche wie auch für die weltliche Musik, die Teil dieses globalen Zusammenhangs blieb und ihre eigene Wertordnung in ihn einbrachte. Die Konzeption der Musik als (Teil-)Realisierung des göttlichen Ordo artikuliert sich bei dem mittelalterlichen Musiktheoretiker Johannes de Grocheo (um 1300) darin, daß er die musikalische Gestalt z. B. einer Motette nicht als substantiell versteht, sondern als akzidentiell, als zum Ordo des musikalischen Materials (der Substanz) hinzutretend (accedere), damit zufällig und auch hinfällig; substantiell, dauernd, ist allein die

abstrakte, Gott gegebene Ordnung der Töne. Somit ist der moderne Werkbegriff nicht in der Lage, die Eigenart der mittelalterlichen Musik zu erfassen. Zwar vertritt Johannes gegenüber dem aktuellen Stand der kunsttheoretischen Diskussion im 13. Jahrhundert (und der Praxis der zeitgenössischen Motettenkomposition [*Ars nova* des Ph. de Vitry, 1320]) eine eher konservative Position, aber für die frühere Zeit trifft sie uneingeschränkt zu. Ferner ist die musikalische Realisierung nur Teil einer umfassenden kulturellen Gegebenheit, nämlich der Liturgie und ihres weltlichen Gegenstücks, des Festes: Wort und Ton, Aktion und Bild waren nur ihre unterschiedlichen Erscheinungsformen. Daher muß die Darstellung der Musik diese größeren Zusammenhänge immer berücksichtigen. Als Musik erscheint das Wort Gottes, das Gebet der Gläubigen, der Bericht vom Leben der Heiligen in der Liturgie, musikalisch verwirklicht sich die lyrische Reflexion über die Liebe, die Affirmation von Welt- und Lebenslehre, die epische Erinnerung an die Taten der Vorfahren, die aufgeführte Handlung („Drama") von den Wundern Jesu, der Heiligen und der Patriarchen, Musik durchdringt das brauchtümliche Spiel. Die „klassischen" Gattungen erscheinen ungeschieden im Medium der repräsentativen Aufführungen. Damit erweisen sich die gewohnten ästhetischen Kriterien als unangemessen. Wohlgefügtheit und/oder Komplexität der Form, „Ausdrucksfülle" einer Melodie – mit solchen Werturteilen werden wir der einstimmigen Musik kaum gerecht. Aber auch das Innovatorische zum Maßstab zu nehmen, ist nicht gerechtfertigt, weil das Bewahren der Tradition mindestens ebenso als Ziel des mittelalterlichen Musikers gilt wie ihr Verändern (von der generellen Fragwürdigkeit des Kriteriums ganz zu schweigen). Bleibt als historischer Ansatz die Beliebtheit bei den Zeitgenossen – sie läßt sich, angesichts vieler Überlieferungsverluste, nur ungefähr ermessen – und man kann versuchen, ihre Ursache zu definieren; ausgehend vielleicht von der Erfahrung, daß eine im 12. und 13. Jahrhundert so beliebte Melodie wie die des *Lerchenliedes* des Trobadors Bernart von Ventadour (um 1150) auch den heutigen Hörer/Sänger anspricht. Bereits das mittelalterliche Publikum erkannte dieser Melodie eine eigene musikalische Qualität zu, da sie unabhängig vom ursprünglichen Text oft wieder aufgegriffen, kontrafiziert (▷ 2.36) wurde. Damit wird ein grundsätzliches Problem, das der Universalität von Gefühlen und der ihr zugeordneten musikalischen Erscheinungsformen, berührt. Das Mittelalter hatte dafür eine Lösung: im Gefolge der antiken Musiklehre ordnete es den Tonarten bestimmte Gefühlslagen oder sogar bestimmte Temperamente (wie zum Beispiel Ramos de Pareia in seiner *Musica practica* von 1482) zu. Das aber kann den heutigen Rezipienten nicht befriedigen. Das Problem, zwischen der historischen Erkenntnis und der Möglichkeit einer musikalischen Erfahrbarkeit zu vermitteln, stellt sich bei der mittelalterlichen Musik in besonderer Schärfe.

Wurzeln und älteste Traditionen

2.1 Überlieferung in vorschriftlicher Zeit

Daß es „im Wesen der abendländischen Musik liegt, daß sie zur Schrift gebracht wird", erscheint uns heute als selbstverständliche Voraussetzung des Musiklebens. Aus dieser Grundhaltung heraus ging man auch lange von der selbstverständlichen Voraussetzung aus, daß auch der Gregorianische Choral – als das älteste Repertoire der abendländischen Musikgeschichte – von Anfang an schriftlich überliefert worden sei. Heute weiß man, daß es aus der Zeit Papst Gregors keine notierten Gesangshandschriften gibt. Dem entspricht auch die Tatsache, daß vor dem 10. Jahrhundert keine Quellen mit vollständig notierten Melodien erhalten sind (▷ 2.7). Gegen den Einwand, daß solche Gesangbücher existiert haben und nur verlorengegangen seien, sprechen wichtige Zeugnisse. So betonte der jüngere Zeitgenosse Gregors des Großen, Isidor von Sevilla (*um 560, †636), daß es nur ein Mittel gebe, Melodien festzuhalten, nämlich das Gedächtnis; denn auf-

Kapitel 2

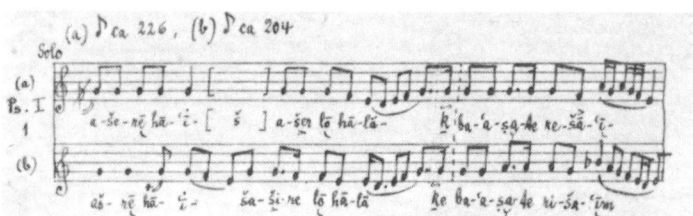

7 Zwei Psalmodieversionen eines jüdischen Sängers

geschrieben werden könnten sie nicht. („Nisi enim ab homine memoria teneantur soni, pereunt, quia scribi non possunt.") Anfang des 9. Jahrhunderts verlangte der Bischof Agobard von Lyon († 840), daß die Sänger von frühester Jugend bis ins hohe Alter mit dem Lernen und Absichern der liturgischen Melodien zubringen sollten. Und auch aus späteren Jahrhunderten und der Gegenwart gibt es Berichte von fast unglaublichen Gedächtnisleistungen. Noch in jüngster Zeit trifft man auf jugoslawische Epensänger, die ein einmal gehörtes Epos auch noch nach zwanzig Jahren singen können. Schließlich sei an die auswendige Beherrschung eines riesigen instrumentalen oder gesanglichen Repertoires etwa bei Konzertpianisten, Opernsängern und Dirigenten erinnert.

Die Überlieferung eines Melodierepertoires von Ohr zu Ohr, von Mund zu Mund ist in der europäisch-abendländischen Musikgeschichte fast ausgestorben. Nur noch in europäischen Randgebieten wie Ungarn, Bulgarien, Griechenland, aber auch in Irland und Island werden Melodien der Volksmusik bis heute von Generation zu Generation weitergegeben. Diese Art der Überlieferung von Musik ist aber die Regel für alle traditionellen Gesellschaften Asiens, Amerikas und Afrikas. Mündliche Überlieferung vor der Erfindung von Tonband, Schallplatte und Radio war eng an den sozialen Kontext gebunden. Die Melodien lebten nur weiter, wenn jede Generation den Melodienschatz neu lernte. Vergaß ein Sänger die Melodien, waren sie für immer „gestorben". Er konnte höchstens andere Sänger fragen, ob sie die betreffende Melodie noch „im Kopf" hatten. Andernfalls mußte er je nach Kenntnissen und Temperament eine neue Melodie „zusammenbasteln" oder neu komponieren. Gab der Sänger die Melodien „falsch" weiter, wurden sie verfälscht gelernt und verbreitet (▷ 2.23, 2.26).

2.2 Jüdische Wurzeln: die Psalmen

Die 150 Psalmen, Grundlage aller christlichen Liturgien, werden in der jüdischen Tradition seit ihrer Entstehung bis heute in mündlicher Überlieferung gesungen. In der Bibel wird König David (regierte etwa 1004/03–965/64 v. Chr.) als Autor genannt; heute weiß man jedoch, daß die Text- und Redaktionsgeschichte von den Jahren 1200 bis 200 vor Christi Geburt währte. Die Psalmen, welche die wechselvolle Geschichte des Volkes Israel in seiner Beziehung zu Gott widerspiegeln, hatten von Anfang an in der jüdischen Liturgie einen bedeutenden Platz. Ursprünglich waren sowohl Texte wie Rezitation der hebräischen Psalmodie in mündlicher Überlieferung entstanden und weitergegeben (etwa 1000 v. Chr.). Ab etwa 500 v. Chr. wurden zwar die Texte schriftlich fixiert, bekamen aber erst etwa zur Zeit von Christi Geburt normative Autorität. Und erst seit der Erfindung des Buchdrucks erhielt die schriftliche Überlieferung der jüdischen Liturgie klare Dominanz über die mündliche Überlieferung und wurde weitgehend festgelegt. Einzig die Rezitation wird bis heute mündlich weitergegeben. Typisch für die mündliche Überlieferung ist, daß ein Sänger eine Psalmmelodie nie völlig identisch singt. Das Melodiegerüst bleibt gleich, wie die Analyse von Tonaufnahmen zeigt, doch gibt es eine Fülle von Varianten im Detail, und auch die rhythmische Ausführung variiert. Die folgende Psalmenweise (Abb. 7) wurde von einem Sänger aus Djerba (Mittelmeerinsel vor Tunesien) in unterschiedlichen Stimmlagen gesungen.

2.3 Die Frage nach dem „Gregorianischen Choral"

Erst im 9. Jahrhundert setzte die schriftliche Überlieferung der Melodien ein (▷ 2.14). Daß in den mittelalterlichen Choralhandschriften die authentische Version des musikalischen Werks Gregors des Großen (*um 540, †604) erhalten sei, geht auf eine Ende des 9. Jahrhunderts einsetzende Legendenbildung zurück: Weder in den Schriften dieses Papstes noch in Lebensbeschreibungen der nachfolgenden Jahrhunderte wird ein Wort über Aktivitäten im Zusammenhang mit der Ordnung oder Schöpfung eines Kirchengesangsrepertoires gesagt. Erst der römische Geschichtsschreiber Johannes Diaconus (9. Jh.) brachte in seiner *Vita Gregorii* die (später in zahlreichen Abbildungen dokumentierte) Legende in Umlauf, daß der Heilige Geist in Gestalt einer Taube, auf Gregors Schultern sitzend, ihm die Melodien diktiert habe (Abb. 8, S. 42). Im 11. Jahrhundert war gar davon die Rede, daß Gregor selbst das Antiphonar mit der „nota franciscana" (französische Notenschrift) versehen habe. Der Kirchengesang wurde zum „Gregorianischen Choral"; die Entwicklung der Musik wie der Musikunterricht war für Jahrhunderte an dieses offiziell autorisierte Repertoire gebunden.

Zu neuem Leben erwachte dieses Geschichtsverständnis, als gegen Ende des 19. Jahrhunderts die Erforschung der gregorianischen Melodien (mit dem Zentrum in der französischen Benediktinerabtei Solesmes) neu einsetzte. Dabei war bereits den Forschern der ersten Generation damals nicht unbekannt, daß es neben der „gregorianischen" Melodieüberlieferung, wie sie auf der Basis mittelalterlicher Handschriften in den Ausgaben des 20. Jahrhunderts neu herausgegeben wurde, noch weitere Überlieferungen gibt, Handschriften aus Mailand mit Gesängen der sogenannten „Ambrosianischen" Liturgie und Handschriften aus Rom mit – wie es die Benediktiner Anfang unseres Jahrhunderts werteten – einer „eigentümlichen Isoliertheit und bizarren Unabhängigkeit von der gregorianischen Tradition". Trotz dieser Vielfalt der Traditionen zielte die einsetzende Restauration auf eine Wiederherstellung der „Urfassung" der liturgischen Gesänge.

2.4 Mailänder und altrömischer Choral

Mailand war seit dem 4. Jahrhundert eine angesehene Metropole der christlichen Frühzeit, die Ausbildung der lokalen Liturgie wurde seit dem 9. Jahrhundert dem Mailänder Kirchenfürsten Ambrosius (*339, †397) zugeschrieben und seitdem „Ambrosianisch" genannt. Bis heute hat sich die Mailänder Diözese die Selbständigkeit ihrer Liturgie und Gesänge erhalten.

Rätsel gaben den Gregorianikforschern einige Handschriften aus dem 12. und 13. Jahrhundert auf, die man in römischen Bibliotheken – ausgerechnet in Rom! – gefunden hatte und die musikalisch völlig eigene Wege gingen. Daß man ausgerechnet an einer römischen Kirche von der musikalischen Tradition des heiligen Gregor abgewichen sein sollte, war angesichts der herausragenden Stellung Roms in der christlichen Welt nicht vorstellbar. Deshalb wußte man sich dieses Phänomen zunächst nur so zu erklären, daß die beiden Singweisen – die gregorianischen und diese seltsamen „römischen" Melodien – gleichzeitig gesungen worden seien – ganz ähnlich, wie in neuerer Zeit in den Kirchen an bestimmten Festtagen neben den Gregorianischen Gesang die mehrstimmige Musik trete.

2.5 Gallikanische, mozarabische und irische Liturgie

Während die Melodien der Ambrosianischen und auch der speziellen römischen Liturgiegesänge (▷ 2.4) in mehreren Handschriften mit Liniennotation erhalten sind, ist die Überlieferung anderer regionaler Liturgietypen nur bedingt rekonstruierbar. Von den altspanischen (auch mozarabisch genannten) Liturgiegesängen, die im 11. Jahrhundert auf päpstlichen Befehl gegen den Widerstand von Bevölkerung und Klerus ausgerottet wurden, sind musikalische Niederschriften einzig in linienlosen Neumen erhalten, die nicht zu entziffern sind. Doch besitzen wir wenigstens die optischen Bilder ihrer Melodien (Abb. 9, S. 43). Und bei einer Reihe von Gesängen (Offertorien) sind neuere Forschungen zu

Kapitel 2

8 Die Taube des Heiligen Geistes flüstert Papst Gregor die liturgischen Gesänge ins Ohr, Hartker von Sankt Gallen schreibt sie nach seinem Diktat in deutschen Neumen nieder (Illustration aus dem Hartker-Antiphonar, um 1000; Sankt Gallen, Stiftsbibliothek, Cod. 390/91)

dem Ergebnis gekommen, daß die altspanischen wie die gregorianischen, die mailändischen und die altrömischen Gesänge auf eine ursprünglich gallikanische Überlieferung zurückgehen. Dafür sprechen neben der textlichen Übereinstimmung auch erstaunliche Parallelen in der Verteilung von syllabischen und melismatischen Partien.

Gerade die altgallikanischen Melodien – jene also, die Karl der Große durch die römischen ersetzen ließ (▷ 2.10) – sind jedoch in keiner einzigen primären Quelle erhalten und lassen sich nur teilweise aus den späteren Handschriften, in die sie vereinzelt Aufnahme gefunden haben, rekonstruieren. Gänzlich im Meer der Vergangenheit versunken scheinen die Melodien der irischen Kirche und ihrer reichen Poesie. Von der beneventanischen Liturgie im Süden Italiens hingegen sind immerhin ein gutes Dutzend Meßformulare mit annähernd entzifferbaren Melodien erhalten; darüber hinaus hat sich – wie bei den gallikanischen Melodien im Frankenreich – eine beträchtliche Zahl einzelner Gesänge in die Bücher der importierten römischen Liturgie hinübergerettet, die von der heutigen Forschung aufgrund liturgischer und musikalisch-stilistischer Kriterien als altbeneventanisch bestimmt werden können.

Das Repertoire der liturgischen Gesänge seit der Karolingerzeit

2.6 Karl der Große und die Einführung des Chorals im Frankenreich

Als Triumphator Europas schuf Karl der Große (*747, †814) ein neues fränkisches Universalreich; durch sein politisches Geschick stiegen die Franken zum Rang der Römer empor. Auch auf kirchenpolitischem und liturgischem Gebiet war nicht der römische Papst, sondern Karl, erfüllt von einer religiösen Auffassung seines Amtes, die führende Persönlichkeit.

Im Jahre 789 legte er in einer *Admonitio generalis* ausführlich und bis in Einzelheiten fest, daß Schulen zu gründen seien, an denen das Lesen gelernt werden solle; in jedem Kloster und in jeder Klosterschule sollten die Mönche und Kleriker im Schreiben und in der lateinischen Sprache unterrichtet werden und die Psalmen und die Psalmodie, den Kirchengesang sowie Kalender- und Grammatiklehre beherrschen. Hier wie auch in nachfolgenden Verfügungen wurde betont, daß der Klerus die römische Liturgie und deren gottesdienstliche Gesänge erlernen und ordnungsgemäß singen solle.

Im Jahre 802 wurde dann der römische Gesang für die Messe und das Offizium eingeführt, und im darauffolgenden Jahr sollten per Umfrage die Kenntnisse des Klerus auf dem Gebiete der Liturgie und des Gesanges geprüft werden. Einen groben Überblick über

Einstimmige Musik des Mittelalters

9 Offiziumsgesänge zum Himmelfahrtsfest (Ausschnitt aus einer spanischen Handschrift des späten 10. Jh.; Léon, Biblioteca de la Catedral, Ms. 8)

das täglich zu absolvierende Pensum liturgischer Feiern und über die liturgischen Gesänge bietet das auf Seite 44 wiedergegebene Schema. (In allen Verordnungen stehen allerdings Fragen der liturgischen Ordnung im Vordergrund, von den Melodien selbst ist nicht die Rede.)

Dem Streben der karolingischen Herrscher nach politischer, kultureller und damit eben auch liturgischer Einheit standen allerdings von Anfang an ausgesprochene Schwierigkeiten im Wege. Zeitgenössische Berichte sind sich darin einig, daß die Singweisen beiderseits der Alpen sich deutlich unterscheiden, machen aber teils die römischen Kantoren dafür verantwortlich, diese Uneinheitlichkeit der Singweisen absichtlich provoziert zu haben, teils sehen sie die Ursache für die Unterschiede umgekehrt bei den Franken selber, die (nach Johannes Diaconus) „mit ihrem älplerischen Körperbau und ihren wie Donnerschall ertönenden Stimmen die Süßigkeit des übernommenen Gesangs nicht wiederzugeben vermögen."

2.7 Die ältesten Gesangshandschriften

Nur ein geringer Bruchteil ist von den liturgischen Handschriften des Mittelalters erhalten. Die ältesten Gesangbücher stammen aus dem beginnenden 9. Jahrhundert und enthalten zunächst nur die Gesangstexte für die liturgischen Feiern der Messe. Sechs dieser Gesangstextbücher aus karolingischer Zeit sind vollständig erhalten und vermitteln – in unterschiedlicher Ausführlichkeit – ein deutliches Bild vom ältesten Bestand der Meßgesänge. Sie bezeugen für verschiedene Orte in Norditalien (Monza), im nördlichen Bereich der Alpen (Rheinau) und vor allem im französischen Raum (Mont-Blandin in Gent, Compiègne, Corbie und Senlis) eine einheitliche, kodifizierte Texttradition. Eines dieser Bücher, das zwischen 860 und 880 entstandene prachtvolle *Antiphonar Karls des Kahlen,* geschrieben für die königliche Hofkapelle von Compiègne (nordöstlich von Paris), stellt darüber hinaus auch die Gesänge für die Feiern des Stundengebets in der Folge des Kirchenjahres zusammen. (Abb. 10, S. 46 zeigt eine Seite aus dieser Handschrift und darunter die Texte in moderner Ausgabe.) Abgebildet sind die Gesangstexte für das liturgisch hochrangige Osterfest, Höhepunkt und Kern christlichen Gottesdienstes. Der Bedeutung des Festes entsprechend wird neben der gewöhnlichen schwarzen Tinte (für die Texte) und der roten Tinte (für die Angabe der Feste und der Art der Gesänge) Purpur und Gold verwendet. Der erste Buchstabe des Introitus, des Gesangs zum Einzug, *R(esurrexi),* ist als goldpurpurne Initiale mehrere Zeilen hoch angelegt. Der gesamte Introitustext ist in Großbuchstaben, der sog. Capitalis-Schrift geschrieben, teilweise auf purpurnem Band.

Kapitel 2

I. Das römische Offizium		II. Eucharistiefeier, Messe (Folge der liturgischen Gesänge)	
1. Matutin (Mette)	umfaßt 3 Nokturnen, jede aus 3 Psalmen (mit Antiphonen) und 3 Lesungen mit Responsorien und „Te Deum" bestehend	Proprium	Ordinarium
2. Laudes	umfaßt 5 Psalmen (mit Antiphonen) und Leseteil mit „Benedictus"	Das „Zeiteigene", nach Text und Melodie veränderlich, d. h. für jeden Sonntag und für jedes der zahlreichen Feste „eigene" (= proprium) Gesänge; das eigentliche Gregorianische Gesangsrepertoire der Messe (7./8. Jh.).	Mit stets gleichbleibendem Text, ursprünglich nur rezitativisch-improvisatorisch, vom 9. Jh. ab melodiereich.
3. Prim (Hora prima)	umfaßt 3 Psalmen (mit Antiphonen) und Leseteil		
[4. Erste Messe (Klostermesse)]		1. Introitus (Chor)	
			2. Kyrie
5. Terz (Hora tertia)	umfaßt 3 Psalmen (mit Antiphonen) und Leseteil		3. Gloria
[6. Hohe Messe (Tagesmesse)]		4. Graduale mit Alleluia und Vers (Chor und Solist) oder mit Tractus (vom 9. Jh. ab Sequenz)	
7. Sext (Hora sexta)	umfaßt 3 Psalmen (mit Antiphonen) und Leseteil		(5. Credo)
8. None (Hora nona)	umfaßt 3 Psalmen (mit Antiphonen) und Leseteil	6. Offertorium mit Versen für Chor und Solisten)	
			7. Sanctus mit Benedictus
9. Vesper (Vesperae)	umfaßt 5 Psalmen (mit Antiphonen) und Leseteil mit „Magnificat"		8. Agnus Dei
		9. Communio (Chor)	
10. Komplet (Completorium)	umfaßt 3 Psalmen (mit Antiphonen) und Leseteil mit „Nunc dimittis"		10. Ite missa est oder Benedicamus

2.8 Die Gesänge der Messe

Aufgezeichnet sind in den ältesten Gesangshandschriften die Texte der Propriumsgesänge Introitus, Graduale, Alleluia (beziehungsweise Tractus), Offertorium und Communio – jene Gesänge also, die in ihren Texten auf den jeweiligen Festcharakter eingehen. Nicht eigens aufgenommen sind dagegen die in jeder Meßfeier gleichbleibenden Texte der Ordinariumsgesänge (Kyrie, Gloria, Credo, Sanctus, Agnus Dei).

An die 250 Feste zählen die sechs ältesten Quellen mit den Texten der Meßgesänge, beginnend mit der Adventszeit, über den Weihnachts- und Osterfestkreis bis hin zu den Sonntagen nach Pfingsten, dazwischen über das Kirchenjahr verteilt etwa 150 Heiligenfeste. Daher ist es schon eine bemerkenswerte Tatsache, daß der Grundbestand der Propriumsgesänge das ganze Mittelalter hindurch und letztlich bis hin zu den modernen Ausgaben der gleiche geblieben ist. Bleiben wir beim Beispiel des Osterfestes, so können wir

Einstimmige Musik des Mittelalters

eine Neumenhandschrift des 10. Jahrhunderts aufschlagen oder ein spätmittelalterliches Graduale oder auch eine moderne Ausgabe – immer lautet die Folge der Propriumsgesänge:

INTROITUS	Resurrexi
GRADUALE	Haec dies
ALLELUIA	Pascha nostrum
OFFERTORIUM	Terra tremuit
COMMUNIO	Pascha nostrum.

Die Ausgabe aus dem Jahre 1979, der die Beispielseite in Abbildung 11, Seite 47 entnommen ist, faßt die Überlieferung der Propriumsgesänge zum Osterfest aus mehreren Jahrhunderten zusammen, schichtet die verschiedenen Stadien gleichsam übereinander. Zuunterst in jeder Zeile steht der Text, wie er sich bis ins beginnende 9. Jahrhundert zurückverfolgen läßt; darüber im Vierliniensystem die Melodien in Quadratnotation (▷ 2.24), wie sie seit dem 13. Jahrhundert in England, Frankreich, Spanien und Italien allgemein verbreitet war. Oberhalb und unterhalb des Systems sind die Melodien in den Fassungen zweier wichtiger Schreibschulen des 10. Jahrhunderts eingetragen, die für die Erforschung der linienlosen Neumenschriften (▷ 2.17) von Interesse sind und darüber hinaus dem Sänger von heute wichtige Aufschlüsse für die Ausführung der rhythmischen Feinheiten und sonstiger Nuancierungen liefern (▷ 2.19).

Die fünf Propriumsgesänge haben unterschiedliche Funktionen innerhalb der liturgischen Feier der Messe, entsprechend unterschiedlich sind ihre Vertonungsformen und ihre Ausführung. Nicht ohne Grund sind ihre Texte vorrangig aus dem Buch der Psalmen gewählt. Denn wer sich wie die mittelalterlichen Mönche und Kleriker täglich in den Stundengebeten (Offizien) mehrere Stunden dem Psalmensingen widmete, dem war der Psalter dermaßen vertraut, daß ihm schon mit dem Hören der ersten Silbe eines Psalmverses der gesamte Textzusammenhang präsent war. Wenn also die liturgischen Gesangstexte der zuhörenden Gemeinde aber Wort für Wort vertraut waren, so konnte in den Gradualien, Alleluia, Tractus und Offertorien die Verkündigung des biblischen Textes mit den Mitteln der Musik, mit sängerischer Virtuosität und Interpretationskunst, ganz in den Vordergrund treten. Tonumfang und Ausdrucksintensität erreichen in diesen Gesängen (wie etwa im *Alleluia. Pascha nostrum*) ein Ausmaß, das an die sängerische und künstlerische Gestaltungsfähigkeit höchste Anforderungen stellt; nicht selten sind die Melismen auf mehr als fünfzig Töne pro Textsilbe ausgeweitet.

Hinsichtlich der Ausführung unterscheidet man responsoriale (d. h. von einem Solisten und dem Chor abwechselnd vorgetragene) und antiphonale (d. h. von zwei Chorhälften im Wechsel gesungene) Stücke. Charakteristisch für die musikalische Gestaltung der responsorialen Stücke ist, daß sie weit weniger frei durchkomponiert sind als Introitus und Communio. Die Melodie des Graduale *Haec dies* (Abb. 11, S. 47) beispielsweise wird auch zu etwa 20 anderen Texten gesungen, wobei sie ohne größere Veränderung mit großem sprachlichen Feingefühl den unterschiedlichen Betonungsverhältnissen angepaßt wird. Bei anderen Gesangsgruppen gibt es „wandernde Melismen", also melodische Versatzstücke und – typisch für viele Alleluiamelodien – motivische Wiederholungsbildungen verschiedenster Art (z. B. im *Alleluia. Pascha nostrum* das Melisma über „immolatus"). Oft wird in diesem Zusammenhang von „Centonisations-Technik" gesprochen (lat. „cento" Flickenteppich), d. h., daß diese Weisen durch geschicktes Aneinanderreihen musikalischer Versatzstücke oder Fertigteile entstanden sein sollen; dieser Sichtweise widersprechen jedoch die neueren Forschungsergebnisse zur „mündlichen Überlieferung" (▷ 2.20).

2.9 Das Offizium

Verglichen mit der Überlieferung der Meßgesänge sieht die Überlieferung bei den Gesängen für das Stundengebet ungleich komplizierter aus. Den fünf Propriumsgesängen der Messe mit ihren genau festgelegten Funktionen (▷ 2.8) stehen in den Offiziumshandschriften an die 30 Gesangsstücke gegenüber. Deren überwiegende Zahl verteilt sich auf die Antiphonen und Responsorien, die innerhalb ihrer Gattungen sehr verschieden angeordnet

Kapitel 2

10 Propriumsgesänge zum Osterfest aus dem Antiphonar von Compiègne (Handschrift des 9. Jh.; Paris, Bibliothèque Nationale, Ms. lat. 17 436); darunter die Übertragung (Abkürzungen aufgelöst)

**Dominica Sanctam Paschae.
Statio ad S[anctam] Mariam.**
[ANT.] Resurrexi et adhuc tecum sum alleluia posuisti super me manum tuam alleluia mirabilis facta est scientia tua alleluia alleluia. PSALM. Domine probasti me. AD REPET. Intellexisti.
RESP. GRAD. Haec dies quam fecit Dominus exultemus et laetemur in ea. ℣. Confitemini Domino quoniam bonus quoniam in saeculum misericordia ejus.
ALL. Pascha nostrum immolatus est Christus. ℣. I. Epulemur in azymis sinceritatis et veritatis. ℣. II. Non in fermento malitiae et nequitiae sed in azymis sinceritatis et veritatis.
OFF. Terra tremuit et quievit dum resurgeret in judicium Deus alleluia. ℣. I. Notus in Judęa Deus in Israhel magnum nomen ejus. ℣. II. Et factus est in pace locus ejus et habitatio ejus in Sion alleluia. ℣. III. Ideo confregit cornu arcum scutum et gladium inluminans tu mirabiliter a montibus aeternis alleluia.
COM. Pascha nostrum immolatus est Christus alleluia itaque aepulemur in azymis sinceritatis et veritatis alleluia alleluia alleluia. PSALM. Domine probasti me. ITEM. Et omnes vias meas.

sein können. Eine weitere zentrale Gattung bilden die strophisch gegliederten Hymnen mit ihrer der weltlichen Liedtradition nahestehenden Melodik. Angefangen bei den Hymnen der frühchristlichen Zeit (Gloria, Sanctus, Te Deum), über Ambrosius von Mailand, Hrabanus Maurus und andere sind an die 35 000 Hymnen bekannt.

Kompliziert wird die Überlieferung der Stundengebetsgesänge zusätzlich dadurch, daß in den Klöstern das Offizium in erweiterter Form gefeiert wurde, daß es also zwei verschiedene Grundschemata gibt, den „cursus romanus" (weltkirchliche, „römische" Stundengebetsordnung) und den erweiterten „cursus monasticus" (klösterliche Stunden-

Einstimmige Musik des Mittelalters

gebetsordnung). Beide hängen zwar eng miteinander zusammen, lassen sich aber nicht gänzlich aufeinander zurückführen. Dies alles hat zur Folge, daß in den Handschriften eine Vielzahl verschiedener Textkombinationen anzutreffen ist, die einer Vielzahl unterschiedlicher Traditionen entspricht.

2.10 Das karolingische Neuschaffen

Die Einführung des römischen Chorals hatte enormen Einfluß auf die schöpferischen Kräfte im Karolingerreich. Es war, als ob der verordnete tägliche Umgang mit den liturgischen Gesängen den Musikern und Dichtern des 9. Jahrhunderts die Zunge gelöst hätte. Der Gregorianische Choral war Anknüpfungspunkt für vielfältige Neuschöpfungen; er diente als Maßstab und Richtschnur für die neugeschaffenen Melodien und forderte gleichzeitig dazu heraus, eigene zeitgenössische Melodien und Formen zu erproben. In vielschichtiger Weise setzten sich die Komponisten und Dichter der Karolingerzeit mit den einzelnen römischen Gesangsgattungen auseinander:
Überall entstanden neue Alleluia-Melodien; für neue, meist regionale Heiligenfeste schuf man Offiziumsgesänge, die in mehrfacher Hinsicht neu waren. In den Texten dieser neuen Offizien wurde die nüchterne biblische Prosa der römischen Liturgiegesänge durch versartige Partien aufgelockert, die Melodien waren tonartlich geordnet; erstmals traten Autoren und Komponisten namentlich hervor. Bei den Ordinariumsgesängen waren aus Rom lediglich einige schlichte litaneiartige Gesangsweisen überliefert; die Musiker der Karolingerzeit vertonten die Texte neu. Über 200 Melodien jeweils für Kyrie, Sanctus und Agnus Dei sind erhalten, dazu fast 60 Gloria-Melodien.
Daneben wurden aber auch gänzlich neue Gattungen geschaffen: Sequenzen, Tropen, lyrische Strophenlieder und geistliche Spiele – und natürlich gehörten auch außerliturgische Melodien zum Gesamtbild des Musizierens während der karolingischen Ära, Gesänge beim Empfang hochgestellter Fürstlichkeiten oder Spielmannsweisen.

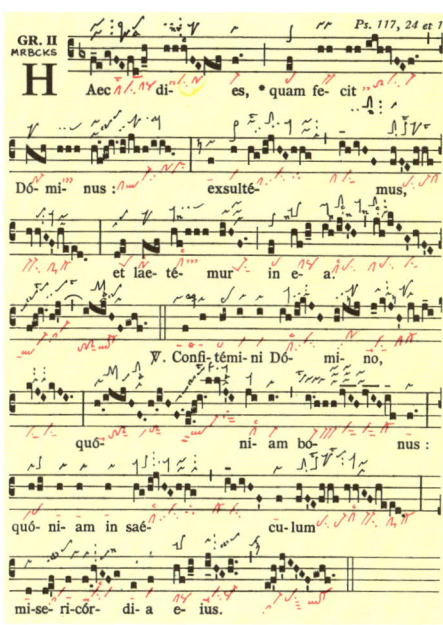

11 Graduale zum Osterfest aus dem „Graduale Triplex" (1979)

So brachen überall im Dichterischen wie im Musikalischen neue schöpferische Kräfte hervor, wurde die Phantasie auf neue Wege geführt und damit gleichzeitig die erstrebte liturgisch-musikalische Einheit (▷ 2.6) erneut gefährdet.

2.11 Notker von Sankt Gallen und die Sequenz

Aus der weitgehenden Anonymität des 9. Jahrhunderts hebt sich als überragender Sequenzendichter Notker von Sankt Gallen heraus. Notker wurde um 840 im Kanton Sankt Gallen geboren, trat in jungen Jahren in das Kloster ein und lebte und wirkte dort bis zu seinem Tode im Jahre 912. Trotz seines Sprachfehlers, der ihm den zweiten Namen „Balbulus" (der Stammler) eintrug, war er ein bedeutender Dichter, Liturgiker und Lehrer. Neben zahlreichen Gedichten und Briefen verfaßte er eine *Vita Sancti Galli* (Leben des Heiligen Gallus, des Klosterpatrons) und war

Kapitel 2

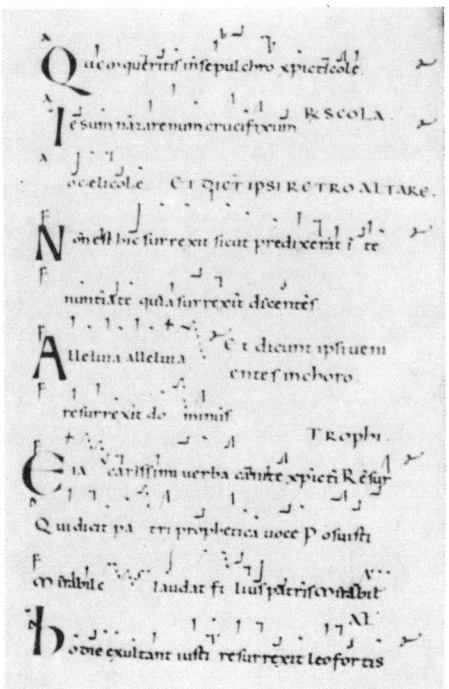

Besuch der Frauen am Grab
Zwei oder drei hinter dem Altar Stehende singen gleichsam fragend:
„Wen sucht ihr im Grab, o Christgläubige?"
Die Schola antwortet:
„Den gekreuzigten Nazarener Jesus, o Himmelsbewohner!"
Darauf singen die hinter dem Altar Stehenden:
„Er ist nicht hier: Er ist auferstanden, wie er es vorhersagte; Geht und kündet, daß er vom Grab erstanden ist!"
Sie kommen in den Chorraum und singen:
„Alleluia, Alleluia, der Herr ist auferstanden!"
Tropen zum Introitus
„Eia, singt die Worte des liebsten Christus:"
Introitus des Ostermorgens
„Ich bin auferstanden und bin noch bei dir, Alleluia;
Der zu dem Vater mit den prophetischen Worten spricht:
Du hast Deine Hand aufgelegt,
wunderbar lobsingt der Sohn des Vaters:
Wie Wunderbar ist für mich dieses Wissen."
(...)

12 Tropen zum Introitus des Ostersonntags, nebenstehend die Übersetzung (Handschrift aus der 2. Hälfte des 11. Jh.; Pistoia, Biblioteca Capitolare)

außerdem mit der Überarbeitung und Erweiterung des Sankt Galler Martyrologs beschäftigt. Um das Jahr 884 berichtete er in dem Widmungsbrief zu seiner musikgeschichtlich hochbedeutsamen Sequenzensammlung über seine Anfänge als Sequenzendichter:
„Als ich noch als junger Mensch war und die überlangen Melodien, so oft im Gedächtnis eingeprägt, aus dem unbeständigen Herzen wieder entrannen, fing ich im Stillen zu überlegen an, welcher Art ich sie wohl festbinden könnte. In dieser Zeit geschah es, daß ein Priester aus dem kürzlich von den Normannen zerstörten Jumièges zu uns kam und sein Antiphonar mitbrachte, worin eine Art Verse den Alleluia-Vokalisen angepaßt waren; es waren schon damals reichlich verderbte Verse. Wie deren Anblick mir erfreulich, so war ihr Geschmack mir bitter. Immerhin begann ich in Nachahmung derselben eigene Verse zu schreiben."
Die ausgedehnten Vokalisen der gregorianischen Alleluia, die „melodiae longissimae", werden also gemäß Notkers Beschreibung folgendermaßen mit Texten versehen: Nachdem die Vorlage analysiert ist, werden die Elemente der Melodie Gegenstand der Bearbeitung, indem den einzelnen Tönen je eine Textsilbe zugeordnet wird. Durch diese syllabische Textierung entsteht etwas Neues. Wie Notker berichtet, greift er eine Anregung aus dem nordfranzösischen Jumièges auf; nach dem Muster dieser Verse verfaßt er seine eigenen Sequenzdichtungen – insgesamt 40 Texte. Diese Textierungen erfüllen zunächst einmal eine Aufgabe als Gedächtnishilfe, um sich die schwierigen Tonfolgen einprägen zu können. Hinzu kommt die Freude an der Kunstfertigkeit des Bearbeitens. Das sich schnell ausbreitende Sequenzschaffen eröffnete die Möglichkeit, eigene Texte in die fixierte Ordnung der gottesdienstlichen Gesänge zu integrieren. Ausgangspunkt für viele Sequenzmelodien war der Jubilus des Alleluia; anderen Sequenzen lag kein präexistentes Alleluia zugrunde, und sehr wahrscheinlich wurzeln diese Melodien im weltlichen Bereich. Typisch für die Sequenzmelodien ist

deren Gliederung in Abschnitte, die jeweils wiederholt werden. Analog sind auch die Texte gebaut und setzen sich aus sogenannten „Doppelversikeln" zusammen. Hinzu kommen gewöhnlich nicht wiederholte Anfangs- und Schlußabschnitte. Sankt Gallen repräsentierte den einen wichtigen Pol in der Sequenzkunst des neunten Jahrhunderts. Das andere herausragende Zentrum dieser Zeit lag im damaligen Westfrankenreich; es war die Abtei Saint-Martial in Limoges.

2.12 Erweiterung des Repertoires: die Tropen

Bei dem in den Gradualien und Antiphonarien enthaltenen gregorianisch-fränkischen Gesangsrepertoire handelt es sich gleichsam um eine „Momentaufnahme" aus der Geschichte der gottesdienstlichen Musik; „zumindest die eigentlich musikalischen Formen des Gregorianischen Gesangs sind einmal zeitgenössische Musik gewesen. ... Mit der Kodifizierung des Gregorianischen Gesangs war die Geschichte der Musik im Gottesdienst nicht zu Ende. Auffälligerweise ist gerade nach dieser Kodifizierung eine bemerkenswerte Weiterentwicklung des liturgischen Gesangs und die Entwicklung neuer Formen zu verzeichnen: Der Tropus, die Sequenz, auch die musikalische Entwicklung des Ordinarium missae vollzieht sich erst jetzt" (H. Hucke).
Mit dem einfachsten Mittel des Fragens und Antwortens ist in dem in Abbildung 12 wiedergegebenen Oster-Tropus ein Zwiegespräch am Ostermorgen in dramatische Form gebracht worden; in den nur vier Sätzen des gesungenen Dialogs tritt das Ostergeheimnis unüberbietbar anschaulich in Erscheinung. Durch die textlich-musikalische Erweiterung wird zum einen der kunstvoll aus Psalmversen zusammengesetzte Introitustext inhaltlich eindeutig auf das Osterfest bezogen. Zum anderen aber wandelt sich der liturgische Charakter entscheidend; der Introitus wird zum breit angelegten Eröffnungsgesang der Mönchsgemeinde, die ihre Meßfeier musikalisch gestaltet. Der Schwerpunkt des Interesses verschiebt sich dabei vom schlichten „Funktionieren" als Begleitgesang während einer liturgischen Handlung zu einem textlich-musikalischen In-Beziehung-Setzen von Alt und Neu.
Diese „Visitatio sepulcri", der Besuch der Frauen beim Grab, wurde ab dem 10. Jahrhundert außer wie hier am Anfang der Meßfeier auch am Schluß der nächtlichen Matutin gesungen, teilweise zu einem Spiel mit verteilten Rollen und mit Verkleidung erweitert. Hier lag die Keimzelle des mittelalterlichen Dramas (▷ 2.29).
Doch nicht nur der Introitus, sondern praktisch alle liturgischen Gesänge der Messe (und im Offizium die Responsorien) wurden ab dem 9./10. Jahrhundert mit Tropierungen textlich und musikalisch erweitert, in späteren Jahrhunderten kam die mehrstimmige Ausführung, sicher unter Heranziehung von Instrumenten, hinzu. Ab etwa dem 10. Jahrhundert waren die kirchenmusikalischen Aufgaben innerhalb des musikalisch regelrecht „überwucherten" Meßgottesdienstes folgendermaßen verteilt:

Introitus (tropiert/ mehrstimmig)	Schola
Kyrie (tropiert/ mehrstimmig)	Schola; Kehrvers Volk
Gloria (tropiert/ mehrstimmig)	Intonation des Priesters, Schola (England: 5 Knaben)
Graduale (tropiert/ mehrstimmig)	Schola und bis zu 4 Solosänger
Alleluia (tropiert/ mehrstimmig)	Schola und ein oder mehrere Solosänger
Sequenz	Solosänger und Klerikerchor
Credo (seit 1014 in röm. Messe)	Intonation des Priesters und Klerikerchor
Offertorium (tropiert)	Solosänger und Schola
Sanctus (tropiert/ mehrstimmig)	Priester und Volk
Pater Noster	Klerus und Volk
Agnus Dei (tropiert/ mehrstimmig)	Schola
Communio	Schola

Kapitel 2

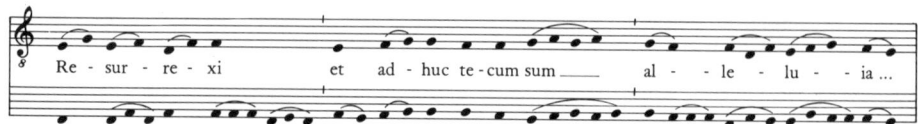

13 Der Beginn des Osterintroitus in der Fassung der Choralausgabe der Medicaea (1614) und in alter Gestalt

„Die Spannung zwischen der zur liturgischen Ordnung gewordenen Momentaufnahme der Musik der römischen Liturgie aus dem 9. Jahrhundert und der kirchenmusikalischen Wirklichkeit, den Tropen, Sequenzen, Ordinarien und der Entwicklung der Mehrstimmigkeit wurde immer größer und verlangte nach einer Lösung" (H. Hucke).

2.13 Verfall und Restauration

Nachdem in der Zeit des Konzils von Trient Mitte des 16. Jahrhunderts die gregorianischen Melodien grundlegend umgestaltet, Tonreichtum und Tonumfang der Melismen rigoros reduziert worden waren, war der mittelalterliche Choral praktisch tot (Abb. 13). Erst von der Mitte des 19. Jahrhunderts an kam es zu einer Neubelebung, angeregt von der romantischen Sehnsucht nach der Welt des Mittelalters und gefördert von den historischen Wissenschaften. 1903 wurde durch päpstlichen Erlaß der Weg zu einer Neuausgabe der gregorianischen Melodien geebnet, die kirchlicherseits bis heute als ureigenste musikalische Ausdrucksform der Liturgie postuliert werden.

Der Beginn musikalischer Schriftlichkeit

2.14 Die Erfindung musikalischer Schriften

Die Entstehung unserer europäisch-abendländischen Notenschrift war eine Kulturleistung des 9. Jahrhunderts. Sie muß in engem Zusammenhang mit der „karolingischen Renaissance", mit dem Aufschwung von Gelehrsamkeit und Schriftlichkeit unter den Karolingern gesehen werden. Aachen war als Hauptstadt des Reiches zugleich dessen geistiger Mittelpunkt und ein Zentrum der europäischen Kunst und Kultur. Von der Aachener Hofschule wurden die geistige Kultur des Karolingerreiches geprägt und die Grundlagen für die europäische Kultur gelegt.
Nur etwa ein halbes Jahrhundert nach diesem Aufschwung der karolingischen Schriftkultur entstanden die frühesten Beispiele abendländischer Musikaufzeichnung. Doch anders als im Bereich der Textschrift, wo die eine standardisierte „karolingische Minuskelschrift" nach und nach in allen Skriptorien eingeführt wurde, war es nicht *eine* musikalische Schrift, die entwickelt wurde. Vielmehr gab es im 9. Jahrhundert vier verschiedene Notationstypen, die ganz unterschiedliche Funktionen und Aufgaben zu übernehmen hatten:
Bezeichnung der Einzeltöne durch ein besonderes Zeichensystem, die sogenannte „Dasia"-Notation;
Textsilben in einem System waagerechter Linien;
die Neumenschriften, aus denen sich unsere abendländische Notenschrift entwickelt hat;
alphabetische Notationen, bei denen die Töne durch Buchstaben bezeichnet werden.
Ein gutes Dutzend Quellen sind aus dieser frühen Zeit erhalten, zwei musiktheoretische Traktate mit Notenbeispielen, im übrigen einzelne mit Notenzeichen versehene Texte, meist in liturgischen Büchern.

Einstimmige Musik des Mittelalters

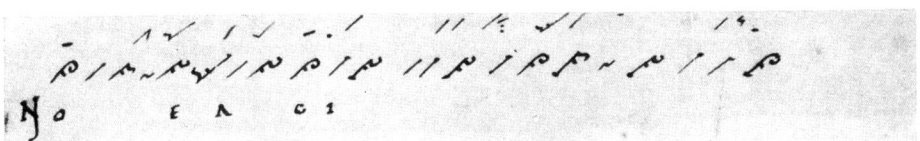

14 Dasia-Notation und deutsche Neumen in der Memorierformel „Noeagi(s)" für den zweiten Kirchenton („Commemoratio brevis de tonis et psalmis modulandis" des 9./10. Jh.; Wolfenbüttel, Herzog August Bibliothek, Cod. 72)

2.15 Notationen in Musiktraktaten

Im *Liber enchiriadis de musica* (Handbuch über die Musik) vom Ende des 9. Jahrhunderts finden sich die musikalische Notation mittels Textsilben und die sogenannte „Dasia"-Schrift.
Wie das Beispiel in Abb. 14 zeigt, sind die Textsilben in ein System waagerechter Linien (lat. „chordae" Saiten) eingetragen. Diese waagerechten Linien bezeichnen jedoch nicht das Intervall einer Terz, sondern jeweils eine Leiterstufe, unabhängig davon, ob der Abstand nun einen Ganz- oder Halbton beträgt. Den Linien sind die sogenannten „Dasia"-Zeichen – ähnlich den späteren Schlüsseln – vorangestellt. Diese Zeichen gaben ein eindeutiges Abbild der angezeigten Tonhöhen; sie ermöglichten nicht nur, die Tonarten der Gesänge leichter zu erkennen und bei bekannten Gesängen die Tonqualitäten zu unterscheiden, sondern sie ließen nach Auffassung des Traktatschreibers sogar einen „unbekannten Gesang aufgrund der bekannten Tonqualitäten und der Anordnung der Töne durch die Tonzeichen ausfindig machen".
Die Notenschriften im *Liber enchiriadis de musica* sind die ältesten Abbilder einer musikalischen Denkweise, die in der abendländisch-europäischen Kunstmusik von der Karolingerzeit bis hin zur Zwölftonmusik bestimmend sein sollte. Die Tonhöhe wurde als zentrale, primäre Eigenschaft des Tones angesehen, der andere Parameter wie Dauer, Dynamik, Tonfarbe und Artikulation untergeordnet waren. Vom Mittelalter bis ins 20. Jahrhundert suchte man in den vom Rhythmus und den anderen Toneigenschaften abgetrennten Tonstrukturen die „eigentliche" Substanz musikalischer Werke; das Tonsystem wurde als das Primäre angesehen.
Eine ganz andere Notationsart findet sich in dem zwischen 840 und 849 geschriebenen Traktat *Musica disciplina* des Aurelian von Réomé (einem Kloster zwischen Auxerre und Dijon). In der ältesten erhaltenen Handschrift dieses Traktats sind sieben Beispielgesänge mit Neumen versehen, weitere illustrierende Beispielgesänge waren, wie sich aus entsprechenden Formulierungen erschließen läßt, vorgesehen (Abb. 15). Aurelian geht es in seinem Traktat hauptsächlich darum, seine Zeitgenossen darin zu unterrichten, was an den verschiedenen melodischen Weisen der liturgischen Gesänge charakteristisch ist. Genauso wie der Autor der *Musica enchiriadis* geht er von der Vorstellung von Melodie als Bewegung durch einen Tonraum aus. Entsprechend bedient er sich einer Neumenschrift, die das Auf und Ab der melodischen Bewegung mehr oder weniger präzis, auf jeden Fall aber anschaulich darstellt. Seine Neumenschrift ist eine Tonhöhenschrift, die im nördlichen Frankreich verbreitet war, aber auch im deutschen Corvey, einem Tochterkloster von Corbie, anzutreffen ist. Da die einzelnen Zeichen den Weg der Tonbewegung von Ton zu Ton graphisch wiedergeben,

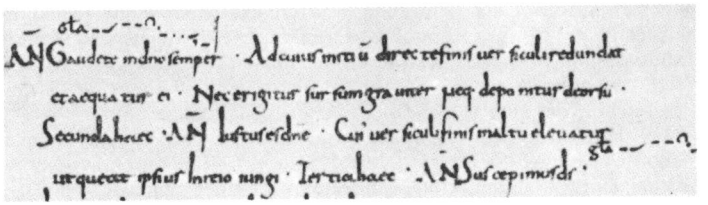

15 Ausschnitt aus dem Traktat des Aurelian von Réomé (Handschrift des 9. Jh.; Valenciennes, Bibliothèque municipale, Ms. 148/141)

wird diese Schrift „Tonortschrift" genannt. Wegen ihres hohen Alters trägt sie in der Forschung auch den Namen „paläofränkische Neumenschrift".

2.16 Die Neumenschriften in praktischen Quellen

Als Bezeichnung für Zeichen der musikalischen Notation wurde der Begriff „neuma" im Mittelalter relativ selten gebraucht; sehr viel häufiger waren die Bezeichnungen „nota" und „figura". Neuma, das allgemein auch Musik, Melodie meinen konnte, erschien in karolingischer Zeit viel häufiger als Bezeichnung für ein Melodiestück. Erst in den Listen der musikalischen Schriftzeichen in Handschriften des 11. bis 15. Jahrhunderts werden diese Zeichen unter der Rubrik „nomina neumarum" (Namen der Neumen) aufgeführt, und aus diesen „Neumentabellen" ist dann der Begriff von der Forschung übernommen worden. Die Neumen treten uns von den ältesten Zeugnissen an in Gestalt verschiedener regionaler Neumenschriften entgegen. Wie die gut ein Dutzend erhaltenen Denkmäler erkennen lassen, gab es in Nordfrankreich, der Bretagne, in Lothringen, Aquitanien, Oberitalien und Benevent eine Vielfalt an Neumenschriften; anders als bei der vereinheitlichten karolingischen Minuskel gab es in der Frühzeit der abendländischen Notenschrift also kein geschlossenes Notationssystem.

2.17 Die ältesten Neumen: die Alleluia-Textierung „Psalle modulamina"

Die älteste bekannte Neumenaufzeichnung stammt aus dem Bistum Regensburg. Sie ist auf dem letzten Blatt einer Handschrift mit Texten des heiligen Ambrosius eingetragen und beginnt mit den Worten „Psalle modulamina laudis canora ..." (Singe diese süßen Melodien ...). Anschließend steht in der untersten Zeile – wiederum in der Schrift des Haupttextes – geschrieben: „Ego in Dei nomine Engyldeo clericus hunc libellum scripsi" (Im Namen Gottes habe ich, der Kleriker Engyldeo, dieses Buch geschrieben; Abb. 17, S. 54).

Engyldeo gehörte zwischen 817 und 834 zu den Notaren des Regensburger Bischofs Baturich. Regensburg, im 9. Jahrhundert Hauptstadt des ostfränkischen Reichs, hatte enge Bindungen an den karolingischen Hof; Karl der Große war immer wieder längere Zeit in Regensburg. Die Beziehungen zwischen der bayerischen Bischofsstadt und dem karolingischen Hof erstreckten sich auch auf Bildungswesen, Schreibkultur und Dichtung. Es ist deshalb gut vorstellbar, daß die Neumenschrift, als eine karolingische „Erfindung", gerade in Regensburg zuerst in Erscheinung tritt. Jeder Einzelton wird durch ein auf (relative) Höhe oder Tiefe hinweisendes Zeichen bzw. Zeichenelement notiert (Virga / bzw. Punctum ·).

Mehrtonverbindungen lassen sich als additive Kombination von Einzelzeichen interpretieren (z. B. $N = \wedge + /$). Diese frühe Notenschrift hatte eine ähnliche Funktion wie die Interpunktion, sie war Hinweis zum Vortrag eines Textes. In melodischer Hinsicht ist die Information der Neumen grundsätzlich zweifach. Sie zeigt die Koordination von Melodiebewegung und Textsilben an, und sie verweist auf Richtungsänderungen innerhalb der Melodiebewegung (Direktionalität). Was sie dagegen nicht mitteilt, und was der Kompetenz des Sängers überlassen bleibt, sind die Intervallgrößen. Deshalb sind auch alle Versuche, Aufzeichnungen wie diese zu „entziffern", ohne den Vergleich mit späteren Aufzeichnungen in Liniennotation zum Scheitern verurteilt. Daß gerade die Neumenschriften allgemeine Verbreitung fanden und in den nachfolgenden Jahrhunderten zur abendländischen Notenschrift weiterentwickelt wurden, zeigt, daß die Wiedergabe der Tonhöhen, der Intervallschritte, zunächst nicht als entscheidend angesehen wurde. Weitaus wichtiger waren qualitative Aspekte der Ausführung, Differenzierungen der Stimmgebung und rhythmische Feinheiten, die durch bestimmte Zeichen angezeigt wurden (▷ 2.19). Außerdem wurden die in den Grammatik-Traktaten behandelten „Semivokale", also die Reibelaute $s, z, f,$ die Liquide l und r sowie die Nasale n und m durch besondere Neumenformen kenntlich gemacht; die Virga

Einstimmige Musik des Mittelalters

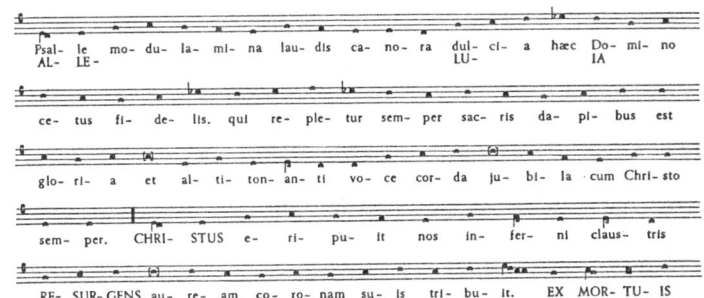

16 Beginn des textierten „Alleluia Christus resurgens" in Umschrift

wird z. B. durch die liqueszente Form $\int$ ersetzt. Weitere liqueszente Neumenformen sind $\wp$ und υ. Liqueszierende Sonderzeichen und die enge Beziehung zum „Accentus", zum melodischen Aspekt von Sprache lassen die enge Verbindung der frühen Neumenschriften mit dem Vortrag von Sprache erkennen.

Bei dem Gesang *Psalle modulamina* handelt es sich um die Textierung eines Alleluia, und zwar des Alleluia zum 4. Sonntag nach Ostern mit dem Vers *Christus resurgens*. Die melismatischen Partien werden syllabisch textiert, so daß auf je eine Note eine Silbe des Textes trifft (Abb. 16). Der originale Text (in der Übertragung mit Großbuchstaben geschrieben) bleibt dabei erhalten, er wird nur mit der neuen Dichtung durchsetzt (▷ 2.12). Diese Art der Tropierung von Alleluiamelodien wird auch *Prosula* genannt. Die Melismen-Textierung ist eine besondere Weise, sich die Melodie des Alleluia anzueignen. Offenbar kannte der Textdichter die Melodie bis in die kleinsten Neumengruppierungen, und er strebte bei seiner Textierung eine möglichst vollkommene Deckung von Wort und Tongruppe an, so daß sich Wortgruppierungen und Wortlängen der Dichtung auf die vorgegebene Alleluiamelodie beziehen. Indem die Textunterlegung der mit den Neumen gegebenen Gliederung der Melodie folgt, stehen die Worte für die Melodiepartikel; die Textierung ist so eine besondere Art, die textfreie Melodie zu „notieren", sie zu bewahren. Aufzeichnung in Neumen und Textierung sind zwei parallele Verfahren ab dem frühen 9. Jahrhundert, die Melodien aus der mündlichen Überlieferung in die Schrift zu überführen, aus dem flüchtigen Höreindruck in eine sichtbare bewahrende Formulierung.

2.18 Neumen in Lesungstexten, weltliche Gesänge

In allen frühen Zeugnissen des 9. Jahrhunderts (mit Ausnahme der Prosula in der Handschrift aus Regensburg, ▷ 2.17) sind die Neumen bestehenden Texten hinzugefügt worden. (Dadurch ist die Datierung dieser Neumenschriften problematisch.) In vielen Fällen sind Lesungen oder Gebete, die vom Priester oder vom Diakon auf gleichbleibenden Rezitationsmodellen zu rezitieren sind, mit einzelnen Neumen versehen. Die Zeichen waren als Vortragshilfe gedacht und erinnerten daran, wo vom Rezitieren auf einem Ton in die Kadenz überzugehen ist, und wie die Textsilben richtig auf die melodischen Kadenzformeln zu verteilen sind. Die Neumen haben hier eine „indikatorische" Funktion. Wie viel neumiert wurde, hing von den musikalischen Fähigkeiten des Geistlichen ab – der ja nicht in erster Linie ein Sänger war. In zahlreichen frühen Handschriften (Lektionaren, Sakramentaren usw.) wird durch vereinzelte Neumenzeichen darauf hingewiesen, bei welcher Silbe genau mit der Kadenz zu beginnen sei (Abb. 19, S. 55). Es gibt andere Bücher, in denen die Kadenzen vollständig neumiert wurden, in wieder anderen Quellen wurde der gesamte Rezitationstext mit Neumen versehen.

Das vielfältige weltliche Musizieren in der karolingischen Ära ist in einer großen Zahl verschiedenartiger Gesangstexte erhalten. Denkt man an die Verachtung, die seitens der gebildeten Kirchenvertreter aller außerliturgischer Musik entgegengebracht wurde, und an die außerhalb der Kirchen- und Klostermauern wohl weitgehende Unkenntnis der Noten-

Kapitel 2

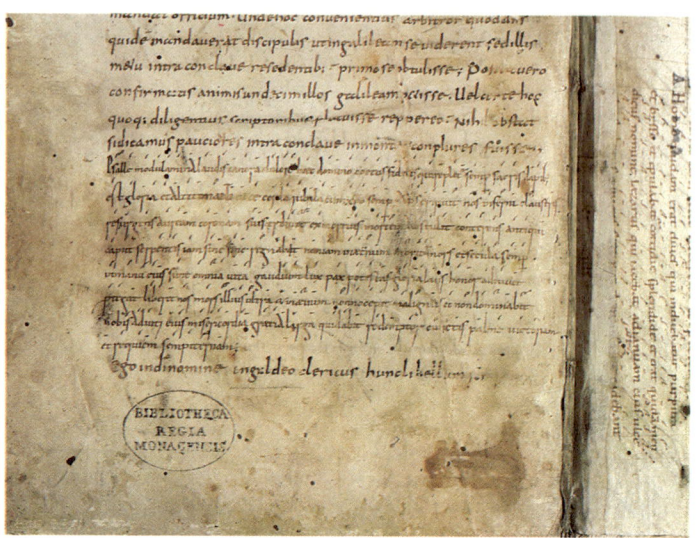

17 Die Alleluia-Textierung „Psalle modulamina" in einer Handschrift des Engyldeo aus Regensburg (entstanden 817–834; München, Bayerische Staatsbibliothek, Cod. lat. 9543)

schrift, überrascht die spärliche Überlieferung der weltlichen Melodien nicht. Immerhin sind etliche Neumierungen erhalten, allzuwenig ist aber später in tonhöhenmäßig lesbarer Notation (▷ 2.24) aufgezeichnet und für uns heute unmißverständlich lesbar (Abb. 18). Symptomatisch für die Überlieferungssituation der weltlichen Einstimmigkeit ist die älteste Sammlung mit dem Repertoire eines Spielmannes, erhalten in einer Abschrift des 11. Jahrhunderts aus Canterbury. 47 lateinische und zwei lateinisch-deutsche Lieder umspannen in dieser Sammlung einen weiten Themenbogen, der von Totenklagen über Preislieder auf weltliche und geistliche Herren, daneben auch Schwankhaftes bis zu Natur- und Liebeslyrik reicht. Alle Texte waren sicher zum musikalischen Vortrag bestimmt, doch sind nur ganz wenige Abschnitte linienlos neumiert. (Auch die späteren Quellen der Trobadors und Minnesänger weisen in der Mehrzahl keine Notation auf.) Diese lückenhafte Überlieferung der Melodien könnte dadurch bedingt sein, daß sich der improvisierte Vortrag nur vereinzelt zu individuellen Melodien kristallisiert hat. Außerdem mag der Vortragsstil der damaligen weltlichen Melodien, über den wir nichts wissen, mit den vorhandenen Notierungsmöglichkeiten der liturgischen Einstimmigkeit nur fragmentarisch wiederzugeben gewesen sein. Typisch für die Neumenschriften im weltlichen mittelalterlichen Bereich ist denn auch der konsequente Verzicht auf jegliche zeichenmäßige Differenzierung des Rhythmus (▷ 2.19).

2.19 Hucbald, Aurelian und die Gregorianische Semiologie

Gegen Ende des 9. Jahrhunderts berichtet Hucbald von Saint-Amand in seinem Traktat *De harmonica institutione,* daß ihm verschiedene regionale Neumenschriften bekannt seien, ohne die ein stilgerechter Vortrag der römischen Choralmelodien nicht möglich sei. Da seiner Ansicht nach die Neumen für die Wiedergabe des melodischen Verlaufs nicht ausreichen, plädiert er für die Anwendung einer ergänzenden Buchstabennotation: Der Ton a solle durch „i", G durch „m", F durch „p" bezeichnet werden, usw. Hucbalds Eintreten für eine möglichst exakte Wiedergabe des melodischen Verlaufs ist gewiß eine Reaktion auf den Verfall der mündlichen Tradition und bringt das dringende Verlangen nach Einheitlichkeit im Vortrag zum Ausdruck. Bezeichnenderweise jedoch mag Hucbald auf die Neumenschriften nicht völlig verzichten. „Die gewöhnlichen Zeichen sind nicht ganz

Einstimmige Musik des Mittelalters

18 Ausschnitt aus der Evangelienharmonie des Otfrid von Weißenburg mit Neumen und Zusatzbuchstaben (Handschrift des 9. Jh.; Heidelberg, Universitätsbibliothek, pal. lat. 52)

unnötig, da sie nützlich sind, um die Langsamkeit oder Schnelligkeit der Melodie zu zeigen, wo der Klang einer bebenden Stimme bedarf, oder wie die Töne selbst miteinander verbunden werden oder umgekehrt voneinander getrennt werden ...".
Die Neumenschriften hatten also Aufgaben, die primär nichts mit Tonhöhen zu tun hatten; sie gaben Hinweise auf Temponuancen und vortragliche Feinheiten. Bereits Aurelian (▷ 2.15) hatte um 840/50 in seiner *Musica disciplina* bei seinen Beschreibungen der liturgischen Weisen solche qualitative Eigenheiten der einzelnen Singweisen und Verlaufsmodelle mit einbezogen; und zahlreiche dieser Angaben decken sich mit späteren Notationen. Ein Beispiel ist etwa seine Beschreibung des Verses *Cantate domino* zum Graduale *Exsultabunt sancti*, einer Modellmelodie des 2. Modus: „... nach der ersten und längeren Melodie auf (der Silbe) *Do-* folgt die zweite Melodie auf *can-*. Diese Melodie ist *flexibilis*, sie wird wiederholt und mit einer bebenden Modulation gesungen."
Die hier von Aurelian beschriebene Stelle ist eindeutig zu identifizieren; sie wird, wie die folgende Wiedergabe dieses Gradual-Verses aus dem von Eugène Cardine mit Sankt Galler Neumen versehenen Graduale (*Graduel neumé*, Solesmes 1970) zeigt, in den ältesten Handschriften des 10. Jahrhunderts durch ein Quilisma bezeichnet. Die „bebende Modulation" gehört offensichtlich wesentlich mit zu der genannten Weise und war Aurelian viel wichtiger als etwa eine Beschreibung der Intervallschritte (Abb. 20, S. 56).
Näher erforscht und für die Praxis nutzbar zu machen versucht werden diese Differenzierungen der frühen Neumenschriften in dem vor einigen Jahrzehnten entstandenen Wissenschaftszweig der Gregorianischen Semiologie. Sie beschäftigt sich mit den Gründen (griech. „lógos") für die Verschiedenheit der Neumenzeichen (griech. „sēmeîon"). Bei der Einführung der Handschriften mit Liniennotation (▷ 2.24) ab dem 11. Jahrhundert gingen die Hinweise der frühen Neumenschriften auf Temponuancen und vortragliche Feinheiten zusehends verloren; aus der differenzierten Singkunst der Gregorianik wurde ein „cantus planus" in gedehnten, gleichlangen Notenwerten.

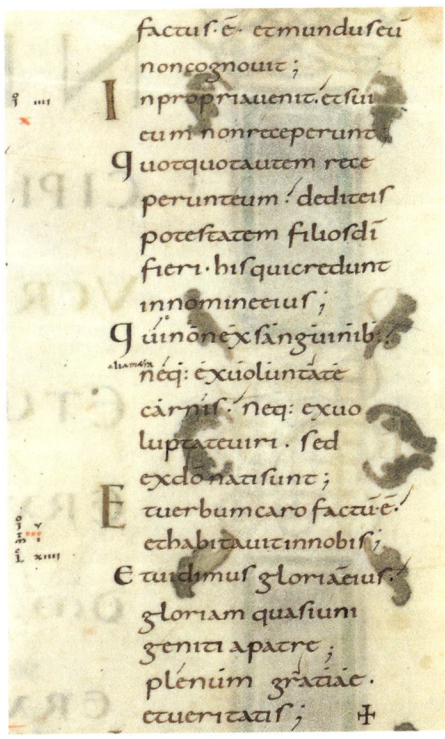

19 Neumen mit Hinweisfunktion in einem Lesungstext (Handschrift des 10. Jh.; Paris, Bibliothèque Nationale, Ms. lat. 266)

Kapitel 2

Stadien der Überlieferung

2.20 Spuren mündlicher Überlieferung

Lernten die Sänger des frühen Mittelalters tatsächlich jeden Gesang Note für Note auswendig? Oder bedienten sie sich anderer Techniken, um das Repertoire ausführen zu können? Erhalten sind nur die schriftlichen Quellen, doch läßt sich etwa am Beispiel der Aufzeichnung von Tractusmelodien rekonstruieren, wie die gregorianischen Melodien in mündlicher Überlieferung weitergegeben wurden. Die ältesten Aufzeichnungen dieses Tractus kann man sich so vorstellen, daß eine Vortragspraxis quasi „eingefroren" worden ist: Grundlage ist die mehrgliedrige Gestalt mit festgelegten Kadenztönen und melodischen Abläufen. An bestimmten Stellen können die Grundmuster zu melodischen Formeln gerinnen (Abb. 21).
Das herkömmliche Überlieferungsverständnis geht davon aus, daß der Ausführende genauso wie derjenige, der Musik niederschreibt, das Stück reproduziert, sei es von der Notenvorlage oder aus dem Gedächtnis. Das angemessene Verständnis von mittelalterlicher Überlieferung hingegen versteht jede Niederschrift und Ausführung als Rekonstruktion; Musiker und Notenschreiber des Mittelalters, reproduzieren nicht, sie rekonstruieren das Stück jedes Mal auf der Basis verschiedener Gegebenheiten:
den Gegebenheiten eines musikalischen Systems, Konventionen der Kirchentonarten, Gesetze der Melodiebildung, Psalmodieformeln;
den formalen und melodischen Charakteristika einer melodischen Familie, wie z. B. der Tractus des 2. Modus, aber auch bestimmter Alleluia- und Gradualmelodien; den festen melodischen Kadenzformeln und Wendungen.
Bei dieser Sicht verschiebt sich die Rolle der Notation und die Rolle der geschriebenen Quelle für die mittelalterliche Musik entscheidend. Denn anders als die moderne Partitur sind z. B. die ältesten neumierten Gesangbücher mit den liturgischen Melodien, sind aber genauso auch die Organa der Notre-Dame-Komponisten (▷ 3.7) keine Anweisungen vom Komponisten an die Ausführenden. Vielmehr enthalten die mittelalterlichen Quellen gerade das Maß an Informationen, Hinweisen, die die Ausführenden ihre jeweilige Version realisieren lassen, sei es nun in der klanglichen Ausführung oder auf dem Pergament. Damit entfällt auch die klare Trennlinie zwischen Produktion und Überlieferung des Stückes. Denn welche Kriterien lassen entscheiden, welches die „originale" Fassung ist? Das Modell der „Rekonstruktion" von Melodien ist als solches faktisch nicht aus den Quellen greifbar, sondern es ist ein Erklärungsmodell, wie Überlieferung ohne schriftliche Vor-Schriften funktioniert haben könnte. Dieses Modell läßt unterschiedliche Versionen als Realisierungen desselben Stückes auffassen. Doch nicht nur die Solostücke des gregorianischen Repertoires, sondern auch die Chorstücke verschiedener Gattungen lassen erkennen, daß die schriftliche Überlieferung, jedenfalls beim ältesten Bestand, Niederschlag mündlicher Überlieferung ist: Graduale, Alleluia und Offertorium sind musikalisch derart anspruchsvoll, daß auch ihre Chorteile kaum von der gesamten Mönchs- oder Klerikergemeinde, sondern

20 Ausschnitt aus dem Graduale „Exsultabunt sancti" (Graduel neumé)

Einstimmige Musik des Mittelalters

21 Beginn des Tractus „Deus, Deus meus" (Umschrift L. Treitler)

von den ausgebildeten Sängern, der Schola cantorum, gesungen wurden. Auch die Meßantiphonen Introitus und Communio wurden von der Schola cantorum vorgetragen. Anders steht es bei den Offiziumsantiphonen, die wie die Chorpsalmodie von der gesamten (Mönchs-)Gemeinde übernommen wurden. Doch lassen die Quellen bis ins späte Mittelalter erkennen, daß der überwiegende Teil der Antiphonen vom Kantor gesungen wurde und die Gemeinde sich meist auf die formelhaften Schlußwendungen beschränkte.

2.21 Die zwei Versionen des Chorals: altrömisch und gregorianisch-fränkisch

1950 stellte der Choralforscher B. Stäblein die These auf, die erhaltenen stadtrömischen Quellen (▷ 2.4), drei Gradualien und zwei Antiphonare aus dem 11. bis 13. Jahrhundert, enthalten den „eigentlichen" Gregorianischen Gesang, für den er den Begriff „altrömischer Gesang" prägte; der Gregorianische Gesang dagegen sei eine im 7. Jahrhundert entstandene „neurömische" Bearbeitung dieser altrömischen Melodien. Diese These gab den Auftakt zu einer lebhaften Diskussion um das Verhältnis beider Gesangstraditionen zueinander. Der damit zusammenhängende Fragenkreis wurde seitdem „zum zentralen Problem der Gregorianikforschung und der musikalischen Mittelalterforschung überhaupt" (H. Hucke). Die Frage der Verbreitung, Priorität und Redaktion beider Fassungen ist bis heute nicht endgültig geklärt; Einmütigkeit besteht lediglich darüber, daß sich die Fassungen der liturgischen Melodien in ihrer Gestalt unterscheiden und doch auf eine ältere gemeinsame

Wurzel zurückgehen. Aufschlußreich hierbei ist, daß die Handschriften der römischen Überlieferung in mittelitalienischen Neumen notiert sind, in einer Notenschrift also, die auf die Quellen der fränkischen Überlieferung zurückgeht. Daraus folgt, daß es in Rom bis zum 11. Jahrhundert keine Notenschrift gegeben hat und daß die Melodien bis dahin in Rom schriftlos, also mündlich überliefert wurden.

2.22 Die Redaktion der Gregorianik

An welchem Ort und zu welcher Zeit auch immer die Umformung des altrömischen in den gregorianisch-fränkischen Choral stattgefunden hat – die Resultate dieses Umformungsprozesses sind besonders deutlich beim Introitus zu erkennen. Sie geben Einblick in Verfahren der rationalen Durchdringung und des Umgangs mit dem Text, die durchaus mit kompositorischer Gestaltung zu vergleichen sind. Sehr anschaulich zeigt dies der nachfolgend abgebildete Introitus *Rorate caeli desuper* zum vierten Adventssonntag in mailändischer (ambrosianischer), „alt-römischer" (stadtrömischer) und „neu-römischer" (gregorianisch-fränkischer) Formulierung (Abb. 22, S. 58). Kennzeichen der altrömischen Melodie ist die überwiegend kleinschrittige, geschmeidige Melodiebewegung, ohne fühlbare Unterbrechung und ohne einen Einschnitt. So gibt es z. B. bei der ersten sprachlichen Zäsur nach „desuper" keine melodische Zäsur. In der gregorianischen Fassung dagegen sind gleich am Anfang die Worte „Rorate" – „caeli" – „desuper" plastisch herausgearbeitet. Bei „desuper" ist zusätzlich das „von oben" in der Melodieführung abgebildet; und am Schluß bleibt dieser Abschnitt auf

Kapitel 2

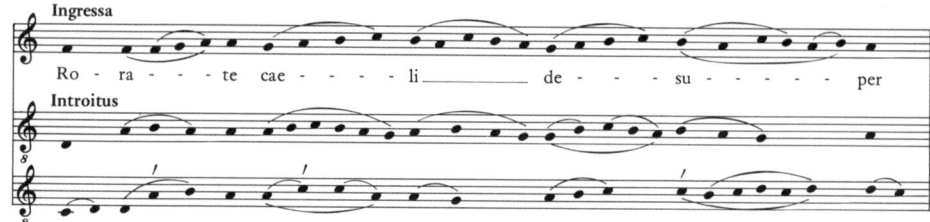

22 Der Introitus „Rorate caeli": Mailändisch-Stadtrömisch-Gregorianisch (Anfang)

dem c, der Terz über dem Rezitationston, gleichsam in himmlischer Höhe, „hängen". Im letzten Teil („Tue dich auf, o Erde, und sprosse den Heiland hervor!") verharrt die redigierte gregorianische Fassung im tiefen Tonraum; hier wird – wortausdeutend – der „himmlischen" Höhe des Anfangs eine tiefere Ebene gegenübergestellt, die Erde, aus der die „Wurzel Jesse" hervorsprießt.

Bereits in der Redaktion der älteren Überlieferung zur Gregorianik läßt sich also ausmachen, was in aller späteren Musik das Verhältnis von Musik und Text bestimmen wird. Die musikalische Sprache ist ein Aspekt des Textvortrags, sie vermittelt „zwischen den Bedingungen eines musikalischen Denkens in Tönen und dem unmittelbaren Reflex der Gegebenheiten des Textes in der Musik" (W. Arlt). Dabei werden sowohl die formalen Gegebenheiten des Textes (Worteinheit, Wortgruppierung, Syntax) wie auch die Aussage (abbildende Wiedergabe einzelner Wortbedeutungen, Sinngefüge) von der Redaktion berücksichtigt.

2.23 Der Übergang von der mündlichen zur schriftlichen Überlieferung

Bei der frühen Ausbreitung des Gregorianischen Gesangs sind mehrere Stadien zu unterscheiden:
– die mündliche Weitergabe der Melodien von Rom ins Frankenreich (seit Ende des 8. Jahrhunderts);
– die mündliche Phase der Ausbreitung im Frankenreich, die auch mit dem Aufkommen der Neumenschrift noch nicht abgeschlossen war. Die Gesänge wurden in dieser Phase nicht als „Kompositionen", als verbindliche Melodievorlagen betrachtet, sondern von den Kantoren nach den Regeln der mündlichen Überlieferung „rekonstruiert" (▷ 2.20);
– die allmähliche Verbreitung von neumierten Handschriften, und damit der Übergang von der mündlichen zur schriftlichen Überlieferung. Die Aufzeichnung wurde zunehmend als verbindliche Vorlage zum Singen verstanden. Vorausgegangen war die Systematisierung der Gesänge nach Tonarten in den Tonaren. Wie die Neumenschrift so ist auch das Tonartensystem eine karolingische Errungenschaft; die ältesten Tonare stammen aus dem späten 8. Jahrhundert. In der tonartlichen Ordnung dieser Tonare werden die Melodien tonal definiert, außerdem bildet sich ein System melodischer Formeln für Anfang und Schluß heraus (Abb. 23).

Die Niederschrift der gregorianischen Melodien führt zu einer im einzelnen teilweise erstaunlichen Übereinstimmung der Überlieferung.

Andererseits weisen die ältesten Neumenhandschriften des 10./11. Jahrhunderts zehn voneinander unabhängige Versionen des Neumentextes auf (Laon, Dijon, Cluny, Saint Denis, Bretagne, Norditalien, Benevent, Sankt Gallen, Echternach), die sich nicht auf *eine* Fassung am Anfang zurückführen lassen. Gemessen an der grundlegenden Einheitlichkeit der Überlieferung sind diese Varianten zwar gering, sie zeigen aber, daß die älteste Tradition am meisten differenziert ist.

2.24 Guido von Arezzo und die Notation auf Linien

Guido von Arezzo (* um 991/2, † nach 1033), italienischer Benediktinermönch, Musiktheoretiker und Musikpädagoge von legendärem Ruhm, verfaßte mit seinem Traktat *Micrologus* die erste umfassende Schrift über die (ein- und mehrstimmige) musikalische Praxis. Sie gehörte das ganze Mittelalter hindurch zum Lehrstoff in Klöstern und Universitäten. Epochemachend ist Guidos Erfindung, die bis dahin verwendeten Neumenschriften (▷ 2.17) auf das (bis heute gebräuchliche) Liniensystem im Terzabstand zu setzen. Dadurch werden die einzelnen Tonschritte in einer geordneten Diatonik dargestellt, die Intervallstruktur ist eindeutig abzulesen. Dieses neue Notationssystem machte es möglich, auch bisher unbekannte Melodien zu lernen und korrekt vom Blatt abzusingen. Gleichzeitig aber wurde damit aus der Gesamtheit der klingenden Musik allein der Tonhöhenverlauf zu dem, was an den Melodien wesentlich sein soll, zur zentralen Toneigenschaft. Die zweite zentrale Toneigenschaft aller nachfolgenden europäischen Musik, die Tondauer, wurde wenig mehr als 200 Jahre später in der Modusschrift der Notre-Dame-Komponisten schriftlich zu fixieren versucht (▷ 3.11). Mit Guidos Erfindung ging deshalb ein wesentlicher Teil die Einheit der lebendigen Musik, wie sie durch die ältesten Neumenhandschriften visualisiert wurde, verloren; der rationale Teil der Musik wurde abgespalten.

2.25 Solmisation, Hexachord-System und Guidonische Hand

Neben der Entwicklung der Liniennotation geht eine zweite epochale Erfindung, das Verfahren, einen notierten Gesang mittels bestimmter Tonsilben vom Blatt zu singen, auf Guido zurück. Dabei sollen die Tonsilben den Ort der Tonstufen im Tonsystem erkennen lassen. Ausgangspunkt für diese bis in die Gegenwart nachwirkende Methode war für Guido die Melodie eines Hymnus, der am Fest Johannes des Täufers (24. Juni) gesungen wird, *Ut queant laxis*... („Damit Deine Diener mit gelöster Zunge die Wunder Deiner Geschichte besingen können, erlöse ihre befleck-

23 Das System der acht Kirchentöne (Modi) mit typischen melodischen Wendungen

Kapitel 2

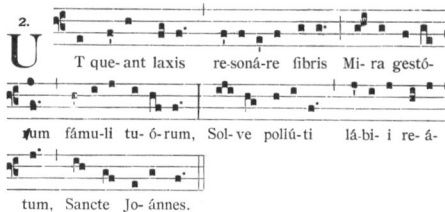

24 Der Hymnus „Ut queant laxis"

ten Lippen von aller Schuld, heiliger Johannes!"; Abb. 24).

In dieser Melodie (von der nicht feststeht, ob sie zu Guidos Zeiten bereits allgemein bekannt war oder ob er sie komponiert hat) stellen die Anfangstöne der Halbverse den Sechstonausschnitt *C* bis *a* dar, dem die Anfangssilben *ut, re, mi, fa, sol, la* entsprechen.
Die Nachfolger Guidos definierten auf dieser Basis das gesamte Tonsystem als Zusammenschluß von sieben übereinandergreifenden Sechstonreihen (Hexachorden), die in dem Aufbau Ganzton-Ganzton-Halbton-Ganzton-Ganzton übereinstimmen. Zur Veranschaulichung diente seit dem späten 11. Jahrhundert die sog. *Guidonische Hand:* Auf den Fingerspitzen und -gelenken der linken Innenhand sind die insgesamt 19 Tonbuchstaben und Solmisationssilben von *Gamma* bis *dd* (G bis d^2) spiralförmig dargestellt; *Gamma ut* (= G) lag auf der Daumenspitze, *A re* (= A) auf dem zweiten Daumengelenk usw. Hatte man gelernt, mit den Plätzen der Hand bestimmte Tonvorstellungen zu verbinden, war es einfach, sich die Lage einer Melodie im Tonraum klarzumachen: man sucht einfach auf der linken Handfläche die richtige Stelle (Abb. 25, S. 62). Die Entstehung dieses didaktischen Hilfsmittels geht auf den Umkreis der Lehre Guidos zurück, ihre endgültige Form erhielt sie gegen Ende des 12. Jahrhunderts und war von da an bis ins 17./18. Jahrhundert fester Bestandteil des musikalischen Elementarunterrichts.

2.26 Die Überlieferung der gregorianischen Melodien: Einheit in der Verschiedenheit

Mit der Einführung der Handschriften mit Liniennotation ab dem 11. Jahrhundert stand eine neue Art von Gesangsvorlage zur Verfügung. Die Zeitspanne zum Erlernen der gregorianischen Melodien verkürzte sich, Guido von Arezzo zufolge, von einer Lebensaufgabe auf eine Spanne von *nur* zehn Jahren. Erstaunlich – und noch weitgehend ungeklärt – ist, warum es trotz der Entwicklung und Ausbreitung der Notation auf Linien in den folgenden Jahrhunderten nicht zu einer einheitlichen Überlieferung der gregorianischen Melodien kam. *Den* Gregorianischen Gesang hat es vor den Choralausgaben des 20. Jahrhunderts nie gegeben.

Weltliche und außerliturgische Musik im hohen Mittelalter

2.27 Kleriker und Laien

Zwei Bildungswelten konstituieren die mittelalterliche Kultur, die Klerikale, d. h. die der Geistlichen und geistlich Gebildeten, und die laikale, d. h. vornehmlich die des Feudaladels, die bis ins Spätmittelalter vom aufkommenden Bürgertum imitiert wurde; eine bäuerliche Kultur ist nur ansatzweise zu erschließen. Die Sprache der klerikalen Kultur war das internationale Latein, die der Laienadligen die jeweilige Volkssprache. Die Schriftlichkeit war bis in das 12. Jahrhundert hinein vorwiegend an die lateinisch-klerikale Sphäre gebunden, während die Adelskultur eine mündliche Kultur mit eigenen Traditionen war. Verbindungen bestanden sowohl institutionell (vorwiegend an geistlichen Fürstenhöfen) wie personell durch klerikal gebildete Adlige, im französischen Raum bis ins Spätmittelalter merklich häufiger als in Deutschland, und durch Dichter-Sänger. Erst mit dem Aufblühen der höfischen Kultur entstand eine eigene volkssprachlich-laikale Schriftliteratur, in der die alten mündlichen Gattungen (z. B. Heldenlied und -epos) in veränderter Form weiterlebten. Melodieaufzeichnungen stammen daher bis in das 13. Jahrhundert aus der geistlichen Bildungswelt, wobei sowohl geistliche Texte weltlichen Inhalts (mittelalterliche und antike) wie auch volkssprachliche Texte mit geistlicher Thematik mit Neumen überliefert sind (Abb. 18, S. 55). Im französischen Sprachraum setzt die Überlieferung volkssprachlicher weltlicher Texte kurz vor 1250 ein mit dem Chansonnier de Saint-Germain-des-Prés (Paris, Bibliothèque Nationale, fonds français 20050), in Deutschland erst ein Jahrhundert später mit der *Jenaer Liederhandschrift* (▷ 2.35). Aus der Zeit um 1230 stammt das Manuskript der *Carmina Burana* mit vorwiegend lateinischen Liedern, aber auch etwa 50 deutschen Strophen aus Minnesang und älterer Tradition, zum Teil mit Neumierung (▷ 2.18; 2.32). Während die Musik der Kleriker durch die engere Verbindung mit der Schriftlichkeit insgesamt relativ gut rekonstruierbar ist, ist die Musik der mündlichen Epoche der Adelskultur verloren und aus späteren Zeugnissen nur ansatzweise erschließbar.

2.28 Sequenz – Lai – Leich

Das Eingehen weltlicher Musik in den geistlichen Bereich hat man bei der *Sequenz* (▷ 2.11) erschlossen. Man hat beliebte weltliche Melodien mit geistlichen Texten versehen und damit in die Liturgie integriert. Dafür sprechen die Melodienamen (z. B. Chrysante, Sirena u. a.) und die Tatsache, daß Sequenzmelodien auch textlos überliefert wurden. Für den kirchlichen Gebrauch scheinen die Bauformen standardisiert worden zu sein, in der klassischen Sequenz ist die Form der Doppelversikel (aa bb cc ...) typisch, was auf eine Aufführungspraxis durch Vorsänger und Chor beziehungsweise zwei Chöre deutet, wobei einfache Mehrstimmigkeit durch Hinweise wie „organum" oder „symphonia" angedeutet ist. Der Sequenz verwandt ist der *Conductus,* ursprünglich ein geistlicher Einzugs- und Prozessionsgesang, Ende des 12. Jahrhunderts aber eine textlich und formal sehr divergente Gattung, die sowohl einstimmig wie mehrstimmig auftritt. Perotinus Magnus wird die Komposition des einstimmigen Conductus *Beata viscera* zugeschrieben. Bis ins 14. Jahrhundert erscheinen einstimmige Sequenzen, so das ausdrucksvolle *Veritas, equitas* im *Roman de Fauvel*, einem moralisch-satirischen Roman mit musikalischen Einlagen. Der „archaischen" Sequenz entspricht der weltliche *Lai,* der sowohl textlos (als reines Instrumentalstück) musiziert, als auch textiert gesungen werden konnte. Derartige Lais mit Mehrfachversikeln, melodischen Rückgriffen, auch Refrain, sind erst vom Ende des 13. Jahrhunderts überliefert. Einer dieser Lais, der *Lai des pucelles,* verwendet die gleiche Melodie, die Petrus Abaelardus (* 1079, † 1142) für den Planctus (Klagegesang) der Tochter Jephthahs benutzt hat. Wahrscheinlich griff der klerikale Autor auf eine weltlich-höfische Melodie zurück, denn man rechnet mit einem höheren Alter der anonym überlieferten zwölf altfranzösischen und zwei provenzalischen Lais. Die mit Autornamen überlieferten 13 Lais heißen in den Handschriften zumeist *Descort,* sie zeigen in der Melodik Einflüsse des „hohen" Stils der Liebeslyrik. Die späten Lais von Guillaume de Machault übernehmen nur noch das Bauprinzip, entsprechen melodisch jedoch ganz der Tonsprache des frühen 14. Jahrhunderts. In Deutschland erscheint der formal korrespondierende *Leich* am Ende des 12. Jahrhunderts, die früheste erhaltene Leichmelodie ist die des Tannhäuser-Leichs in einer lateinisch-geistlichen Kontrafaktur, ungeachtet des Tanzcharakters des Originals, der auch in der Melodiebildung (Kurzfloskeln, „stampfende" Noten) durchschlägt. Der deutsche Leich ist ein sängerisches Prunk- und Glanzstück, was bei Heinrich von Meißen, genannt Frauenlob, zu sprachlich und musikalisch hoch komplexen Gebilden führte (▷ 2.40), die nur von einem esoterischen Kreis rezipiert werden konnten.

2.29 Geistliches Spiel

Das mittelalterliche Drama ist ein gesungenes Drama, seine Wurzel ist die Liturgie der Kirche. In ihr sind die Elemente des gesungenen Worts und der symbolischen Aktion in den liturgischen und außerliturgischen Texten und den Umzügen innerhalb und außerhalb der Kirche vorgegeben. Keimzelle ist der Einleitungstropus vor dem Introitus der Ostermesse *Quem quaeritis in sepulcro* („Wen sucht ihr im Grabe"), der den biblischen Bericht vom Besuch der drei Marien am Grabe zu einer kleinen Dialogszene zwischen dem Engel und den Frauen ausformt (▷ 2.12). Aus England stammt mit der *Regularis concordia*, einer Liturgie-Regel für Benediktinerklöster von 970 bis 972, die erste Darstellung eines Spielverlaufs. Nach der letzten Lesung der Matutin sollen vier Kleriker den Engel (mit einer Palme in der Hand) und die drei Frauen (mit Schultertüchern über dem Kopf) darstellen; der Engel sitzt am Grab (symbolisiert durch den Altar oder einen Aufbau im Mittelschiff), die Frauen nähern sich ihm langsam mit Weihrauchgefäßen; wenn der Engel sie erblickt, singt er: „Wen sucht ihr ...?", die Frauen antworten: „Jesus von Nazareth", darauf der Engel: „Er ist nicht hier ... Geht, verkündigt, daß er auferstanden ist von den Toten". Die Frauen wenden sich zu den Gläubigen und verkünden: „Der Herr ist erstanden." Der Engel ruft sie: „Kommt und sehet den Ort!", dabei erhebt er sich, zeigt das Grabtuch und weist auf das leere Grab. Die Frauen nehmen Grablinnen und Schweißtuch und weisen sie zum Zeugnis der Auferstehung den Gläubigen zu dem Gesang der Antiphon „Erstanden ist der Herr aus dem Grabe" *(Surrexit dominus de sepulcro)*. Durch den Benediktinerorden wurden Ostertropus und -feier dieses Typs verbreitet. Daneben entstand, wohl im 11. Jahrhundert im südostdeutschen Raum, eine andere Feier, die den Lauf der Apostel zum Grab einbezog; ein dritter Typ (seit 1220) umfaßt den Besuch der Marien und die sogenannte Hortulanus-Szene (Christus als Gärtner vor Maria Magdalena). Alle drei Typen stehen, zum Teil miteinander vermischt, nebeneinander, die ersten beiden lebten bis ins 18. Jahrhundert fort (Abb. 27, S. 64). Die Gesänge entstammen zunächst liturgischen (auch regional unterschiedlichen) Traditionen, für die Feier des zweiten Typus wurden neue Melodien geschaffen; der Gesang der Apostel *Cernitis o socii* bildete später die Vorlage für das deutsche Kirchenlied *Erschienen ist der herrlich Tag*. Seit etwa 1160 wird das Lied *Christ ist erstanden* in den deutschen Feiern gesungen, das in textlicher und melodischer Beziehung zur Ostersequenz *Victimae paschali laudes* steht. Seit dem 14. Jahrhundert bildete das deutsche Lied auch den vom Volk gesungenen Abschluß deutscher Osterspiele. In Frankreich und Italien steht stattdessen das melodisch gleiche *Christus surrexit, mala nostra texit*.

Der dritte Feiertypus tendiert zum Osterspiel in der immer realistischer werdenden Ausgestaltung des Ostergeschehens durch Kostüme und Aufnahme weiterer Szenen um die Grabeswächter, den Salbenkauf der Marien, die Höllenfahrt Christi und die Befreiung der Patriarchen. Dieser Bestand erscheint, mit Abweichungen, in den lateinischen Osterspielen um 1200 und in den fast ein Jahrhundert späteren deutschen (Abb. 26). Nach dem Vorbild des Ostertropus entstand, wohl im 11. Jahrhundert, der Weihnachtstropus und entfaltete sich, ähnlich wie dieser, zu Weihnachtsfeier

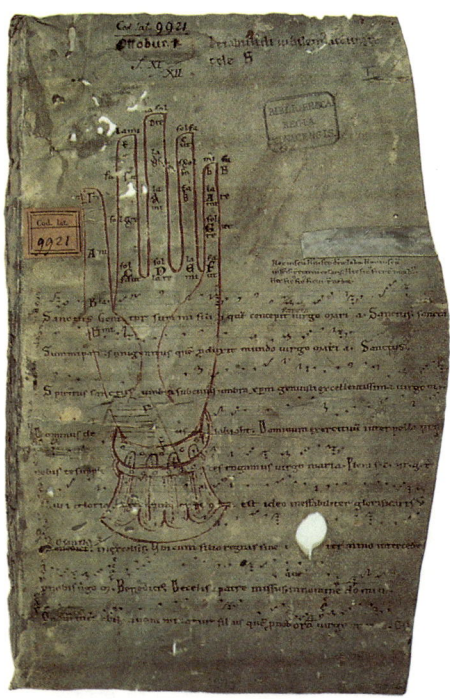

25 Neumenaufzeichnung mit nachträglich eingezeichneter Guidonischer Hand (Handschrift des 11. Jh.; München, Bayerische Staatsbibliothek, Clm. 9921)

Einstimmige Musik des Mittelalters

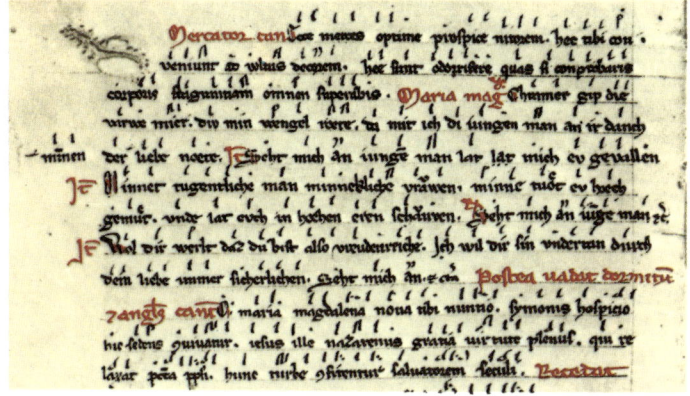

26 Ausschnitt aus dem Benediktbeurer Passionsspiel mit dem Dialog zwischen Salbenkrämer (Mercator) und Maria Magdalena. Maria singt das deutsche Lied: „Chramer gip die varwe mier. div min wengel roete". Linienlose Neumen in der „Carmina Burana"-Handschrift (um 1230; München, Bayerische Staatsbibliothek, Clm. 4660)

und -spiel. Zunächst war es der Besuch der Hirten an der Krippe (Officium pastorum), dann lagerten sich andere Szenen an, weitere Festtage erhielten eigene Szenen (Unschuldige Kinder; Herodesspiel; Epiphanias: Dreikönigsspiel). Vor allem in Frankreich entstanden im 12. Jahrhundert lateinische Spiele zu anderen biblischen Stoffen (Daniel, Auferweckung des Lazarus, Gleichnis von den zehn Jungfrauen). In Frankreich trat das volkssprachliche Spiel schon fast ein Jahrhundert früher als in Deutschland mit dem *Jeu d'Adam* von Jean Bodel (um 1200) auf, das weltlichen Szenen weiten Spielraum gibt – etwa ein Drittel der Szenen spielt in der Taverne. Die Spiele integrierten wie die Feiern liturgische Gesänge verschiedener Herkunft, aber auch die nicht strophischen dialogischen Partien wurden in einer Art Lektionston gesungen (und nicht mit Sprechstimme deklamiert). Die Sologesänge weisen oft melismenreiche Melodik auf und verlangen geschulte Sänger, die einfacheren Antiphonen konnten von mehreren Teilnehmern gesungen werden, auch ein Wechsel von Vorsänger und Chor (wie in der Liturgie) ist zu vermuten. Viele Spiele sind ohne Noten beziehungsweise Angaben von Melodievorbildern überliefert, was jedoch nicht bedeutet, daß sie mit Sprechstimme rezitiert wurden beziehungsweise daß eigentliche Gesänge gefehlt hätten.

2.30 Parodien: Spielermesse und Eselsfest

Neben die ernsthaften heilsgeschichtlichen Spiele trat die Parodie, die im befreienden Lachen oder in derb-kritischer Komik dennoch das Heilige bestätigt. In der Handschrift der *Carmina Burana* (▷ 2.32) steht als Nr. 215 eine Meßparodie, in der Teile der Allerheiligenmesse im Hinblick auf das Spiel und Treiben im Wirtshaus textlich verdreht werden. Nicht die parodierten Texte werden verhöhnt, sondern die Geldgier und das unheilige Leben vieler Kleriker. Die Melodien der Originaltexte werden übernommen, ihre Identität macht die Parodie umso schärfer. Aufführungsanlaß war vielleicht das sogenannte Bakel- (von Baccalaureus) oder das Eselsfest, für das auch andere satirische Lieder der *Carmina Burana* bestimmt sind. An diesen Tagen (um den Jahreswechsel, meist am 1. Januar) hatten die niederen Kleriker und die Chorsänger an den Kathedralen besondere Freiheiten. Zwei Handschriften aus den nordfranzösischen Kathedralen Sens und Beauvais überliefern eine Liturgieparodie für diesen Tag, die die offizielle Liturgie mit neuen Texten verwendet, dazu kamen außerliturgische Prozessionen, die Tanzmelodien benutzten. Daneben stehen Tropierungen (textliche und musikalische Erweiterungen) der traditionellen Gesänge, neu komponierte Conductusgesänge (▷ 2.28) und einfachere und entwickeltere Mehrstimmigkeit im Stil der Ars nova (▷ 3.18).

Kapitel 2

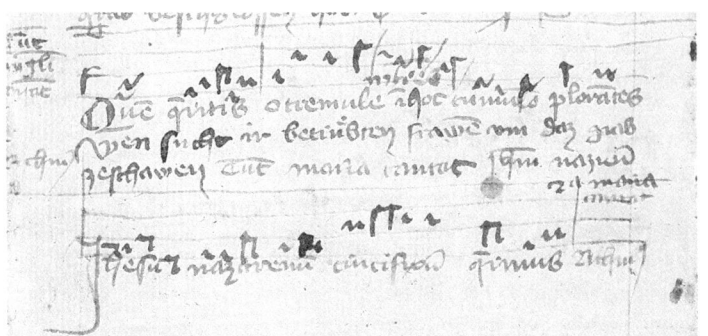

27 Ausschnitt aus dem Füssener Osterspiel mit dem Dialog zwischen den Marien und dem Engel: „Quem queritis o tremule ...", „Jhesum nazaremum crucifixum querimus" (Handschrift vom Ende des 14. Jh.; Augsburg, Universitätsbibliothek, Cod. II, 1,4°)

2.31 Spielleute und Berufssänger

Nach den adligen Minnesängern, den dichtenden Ministerialen, zu deren „Dienstpflichten" vornehmlich die epische Literatur gezählt haben wird, gehörte die Mehrzahl der mittelalterlichen Musiker zum Stand der rechtlosen Fahrenden. Diese Gruppe außerhalb der ständischen Gesellschaftsordnung war sehr vielfältig, zu ihnen zählten arme Kleriker und Scholaren ebenso wie Gaukler, Schausteller, Tänzer, Instrumentalisten, Spruchsänger und Sangspruchdichter. Trotz einer jahrhundertealten Tradition kirchlicher Verdammungsurteile, die nur die Sänger von Königstaten und Heiligenleben ausnahmen, waren die Spielleute an geistlichen und weltlichen Höfen unentbehrliche Festgestalter, die reich beschenkt wurden (Abb. 28, S. 66). Einzelne Spielleute konnten durch ihre Fähigkeiten Vorzugsstellungen bei Hof erhalten; in Frankreich nahmen einzelne Fürsten Spielleute (menestrels) fest in ihren Dienst. Manche Trobadors und Trouvères hatten einen Spielmann als Begleiter und ließen von ihnen ihre Lieder vortragen (vielleicht auch instrumental begleiten). Kaiser Heinrich VI. († 1197) hatte einen anscheinend fest angestellten Spielmann, dessen Namen Robert wir dank seines Auftretens in einer Zeugenliste kennen. Auch Wolfger von Erla, Bischof von Passau und Patriarch von Aquileja, führte einen eigenen Spielmann mit; am Hof König Manfreds von Sizilien († 1266) gab es zahlreiche fest besoldete Fidelspieler. Zu den Fahrenden zählten die Sangspruchdichter, deren Aufgabe der Fürstenpreis war, aber auch Spottstrophen und Scheltlieder auf Gegner des Auftraggebers gehörten zu ihren Pflichten. Walther von der Vogelweide führte zeitweise das Leben eines Fahrenden. Unter ihnen waren Studenten und Kleriker, die keine Pfründe hatten und wegen ihrer Lebensform wie die Laienspielleute für friedlos galten. Die ministerialen Dichter und die adligen Sänger legten großen Wert auf die soziale Distanz zu den Berufssängern, die ihnen allerdings an musikalischen Fertigkeiten oft überlegen waren. So mußte der Adlige Hugo von Montfort (* 1357, † 1423) für die Melodien zu seinen Liedern seinen Untergebenen Bürk Mangolt heranziehen, was wahrscheinlich kein Einzelfall war. Die Domäne der Berufsmusiker war die Instrumentalmusik, vor allem das Spiel auf Blasinstrumenten, während das Spiel auf Saiteninstrumenten auch als Herrenkunst galt.

2.32 „Carmina Burana"

Die heute in der Bayerischen Staatsbibliothek München aufbewahrte, vorwiegend lateinische Texte enthaltende Sammelhandschrift aus der Bibliothek des Klosters Benediktbeuern (Benedictobura) ist um 1220/30 an einem geistlichen Fürstenhof im deutschen Südosten (vielleicht Seckau) entstanden und spiegelt die dort gepflegte literarisch-musikalische Kultur. Die thematisch geordnete Sammlung umfaßt moralisch-satirische Lieder (Zeitklage und Sittenkritik), Lieder von Liebesglück und -leid, von Spiel und Zechen und schließlich geistliche Spiele (Benediktbeurer Weihnachtsspiel, Passions- und Osterspiel). Die lateinische Sprache ist die der Autoren (fahrende Kleriker) und des Publikums, die Texte verbinden formale und inhaltliche Traditionen der antiken Literatur mit Themen, Motiven und Formen der gleichzeitig aufblühenden volkssprachlichen Dichtung. Die 47 deutschen Strophen, zum Teil von namentlich bekannten Autoren (Walther von der Vogelweide, Neidhart u. a.), einige wenige auch vorhöfisch, stellen die älteste Überlieferung deutscher Liebeslyrik dar. Einige textlich sehr anspruchslose Lieder scheinen eine Schicht unterhalb des hochartifiziellen Minnesangs zu repräsentieren, die Gestalt der aus anderer Überlieferung bekannten deutschen Strophen zeigt deutliche Spuren des „Gebrauchs". Das in der Handschrift bewahrte Vagantenrepertoire zeigt die Symbiose von lateinischer und volkssprachlicher Kultur. Über 50 der liedhaften Texte sind mit linienlosen Neumen (▷ 2.18) versehen, von denen etwa 20 Melodien aus entzifferbaren Parallelaufzeichnungen bekannt sind. Die musikalische Gestalt reicht von komplexer, prunkhafter melismenreicher Melodik (so Heinrich von Morungens *Ich bin keiser âne krône*) bis zu tanzbaren Liedern mit kleinteiliger oder sprunghafter Melodiebildung. Als Carl Orff die Sammlung 1934 kennenlernte, waren die Melodien noch nicht ediert, seine Vertonungen haben daher mit ihnen nichts zu tun.

2.33 Trobadors

Trobador, von altprovenzalisch „trobar" (finden), bezeichnet den Sängerdichter, der Wort und Weise der Lieder „fand". Als ältester bezeugter Trobador gilt Wilhelm IX., Herzog von Aquitanien und Graf von Poitou (* 1071, † 1127). Die Trobadorkunst war von Anfang an adlige Standeskunst, auch wenn der Anteil an bedeutenden Nichtadligen relativ hoch ist (Marcabru, Bernart de Ventadour). Hoher und niederer Adel, auch Kleriker waren die Hauptträger des Sanges, viele von ihnen verfügten über die Grundelemente einer lateinischen Bildung. Das Selbstbewußtsein der adligen Führungsschicht, das sich früher im Heldenlied, das die Taten der Vorfahren verherrlicht, kulturell artikuliert hatte, fand seit Beginn des 12. Jahrhunderts seinen Ausdruck in dem neuen Thema der Liebe, das in der Dienstminne (Liebeswerbung unter dem Bild des feudalen Dienstes des Mannes gegenüber der Frau) seinen prägnantesten, aber nicht einzigen Ausdruck fand. Das Liebeslied der Trobadors entfaltete ein Welt- und Gesellschaftskonzept mit eigenen, vom klerikalen System teilweise unabhängigen Wertordnungen. Die Aufführung des höfischen Liebesliedes war eine öffentliche Zeremonie, und lange existierten die Lieder nur so, wurden durch Zuhören und Nachahmen weitergegeben; die schriftliche Aufzeichnung setzt erst am Anfang des 13. Jahrhunderts ein. Die Trobadorlyrik strahlte von Südfrankreich aus nach Oberitalien, Katalonien und Kastilien und regte die an nordfranzösischen Höfen tätigen Trouvères und die deutschen Minnesänger an. Mit den Albigenserkriegen (1209–29), die die okzitanischen Länder enger an die französische Krone banden, begann der Niedergang der Trobadorkunst, einer der letzten Sänger, Guiraut Riquier, dichtete am kastilischen Hof Alfons' X. (* 1221, † 1284).

Im Lauf der Entwicklung bildeten sich verschiedene Gattungen heraus. Am Anfang steht der *Vers* der ältesten Trobadors, der thematisch bereits alle Aspekte enthalten kann; in der zweiten Generation entstand die *Kanzone*, die von Dante formal beschrieben wurde (*De vulgari eloquentia*, um 1305) und inhaltlich die Liebe reflektiert. Daneben steht das auf die soziale und politische Realität ausdrücklich bezogene *Sirventes*. Die „objektiven", erzählenden Gattungen sind durch das Tagelied, die *Alba* (Abschied eines Paares nach gemeinsamer Nacht) und die *Pastorelle* (Begegnung zwischen Ritter und Hirtin) vertreten; in ihnen werden die Themen der Liebe dargestellt, die in der Kanzone weniger angesprochen werden, die erfüllte Sexualität und ihre Standesproblematik. 460 Trobadors sind namentlich bekannt, darunter auch Dichterinnen, die Trobairitz (am bedeutendsten war Beatriz de Dia); nur von 44 Sängern sind Melodien überliefert, insgesamt 264, einschließlich der 20 anonymen Lieder. Von Wilhelm IX. ist eine einzige Melodiezeile erhalten, die in einem provenzalischen Agnesspiel des 14. Jahrhunderts als „Im Ton des Grafen von Poitou" zitiert wird. Die anderen Melo-

Kapitel 2

28 König Wenzel von Böhmen mit zwei Spielleuten unterhalb des Thrones. Sie halten Schalmei und Fidel und symbolisieren das Fürstenlob und das Mäzenatentum des Herrschers (Miniatur aus der „Manessischen Handschrift", 1. Hälfte des 14. Jh.; Heidelberg, Universitätsbibliothek, Pal. germ. 848)

dien sind mehrheitlich erst am Ende des 13. Jahrhunderts aufgezeichnet worden, vermutlich von interessierten Sammlern. Bei Mehrfachüberlieferungen zeigen die Melodien charakteristische Abweichungen, die einerseits auf die Überlieferungswege, andererseits aber auch auf die unterschiedlichen Vorstellungen der Sammler und Schreiber zurückgehen dürften. Da es schriftlich fixierte Originale der Melodien nie gegeben hat, repräsentieren die unterschiedlichen Niederschriften nicht „Aufführungen", sondern allenfalls die Vorstellung der Schreiber von Aufführungen und charakterisieren somit die prinzipielle Offenheit der Ausführung (▷ 2.20). Den Gattungen entsprechen eigene Bauformen: der „hohen" die Kanzonen- (oder Bar-)form mit wiederholtem Stollen und abweichendem Abgesang (AAB), mitunter mit Rückgriff auf den Stollenschluß (Rundkanzone: AABA), den erzählenden Gattungen zum Teil weniger schematisierte

Formen, nicht selten mit Refrain. Die musikalischen Bauformen entsprechen den metrisch-reimtechnischen nicht immer, so kann eine sprachlich als Kanzone realisierte Strophe musikalisch als „Oda continua" (durchkomponiertes Lied; Terminus von Dante) erscheinen, beide Formsysteme können sich auch in anderer Weise überlagern.

Die Eigenart der Trobadormelodien ist aufgrund der Überlieferungslage schwer zu fassen. Ein prinzipieller Unterschied zwischen den Gattungen ist nicht zu erkennen, wenngleich einerseits der Kanzone am ehesten ein „hoher", ausladender, melismenreicher Stil, der Pastorelle andererseits ein „popularisierender" zuzusprechen ist, der allerdings auch für textlich anspruchsvolle Kanzonen verwendet wurde. Grundsätzlich ist davon auszugehen, daß die Melodie nur ganz allgemein an den Text angepaßt ist, in Einzelfällen hat man jedoch Tonmalerei feststellen wollen (z. B. im *Lerchenlied* von Bernart de Ventadour). Bezugnahme auf Melodien aus dem geistlichen Bereich ist nachgewiesen, so basiert das Tagelied *Reis glorios* des Giraut de Borneil auf einer Hymnenmelodie.

Die Tonalität der Trobadormelodien folgt nicht dem System der gregorianischen Melodien, wie schon der mittelalterliche Musiktheoretiker Johannes de Grocheo (um 1300) feststellte. Ihre tonalen Gesetzmäßigkeiten sind bisher nur umrißhaft erschlossen und vielleicht auch nicht systematisierbar. Viele Melodien verwenden einen Hauptton als Grundton oder Achse und bauen mit Terzschichtungen entweder mit kleiner oder großer Terz. Daneben stehen jedoch auch Melodien ohne eindeutig erkennbaren Hauptton. Häufig wird der Tonraum im Stollen noch nicht ausgeschritten, sondern erst im Abgesang (Melodiegipfel zu Beginn des Abgesangs), aber auch hier ist meist keine Entsprechung zu den Tonräumen der Kirchentonarten gegeben.

2.34 Der Vortrag der höfischen Liebeslyrik

„Nicht singen kann, wer die Melodie nicht vorträgt", so beginnt eine Kanzone von Jaufré Rudel. Der musikalische Vortrag ist die eigentliche Existenzform des Liebesliedes, nur so ist der Text zu vermitteln, der also nicht etwa im neuzeitlichen Sinn „vertont", sondern in einen für den Vortrag notwendigen „Aggregatzustand" gebracht wurde. Die Melodie ist dem Text gegenüber autonom, insofern sie keine Ausdeutung gibt, aber der Aufführungssituation untergeordnet und das heißt vermutlich auch der Textverständlichkeit. In diesem Zusammenhang ist die lange Diskussion über die Rhythmisierung der Melodien zu sehen. Die frühen Quellen geben keine Hinweise (bei späteren Handschriften ist ohnehin mit Überformung durch die mensurierte Musik zu rechnen), so daß man zunächst (P. Aubry, 1907; J. Beck, 1908) versuchte, die modalen Rhythmen der Notre-Dame-Epoche (▷ 3.11) als Vortragsmodell anzusetzen. Die Verteilung der Melismen innerhalb der Melodiezeilen ergibt jedoch keine den Modi entsprechende durchgehende Gewichtung, auch der Vergleich verschiedener Fassungen mit unterschiedlichen Melismenhäufungen ergibt keine Grundlage für die schematische Verwendung des Modal-Systems. Ein ohne Rücksicht auf Mehrtonfolgen durchgeführter Rhythmus beeinträchtigt jedoch die Textverständlichkeit empfindlich. Daher hat sich die Ansicht durchgesetzt, daß eine rhythmisch freie, elastische Deklamation, die sich am Text und an den Aufführungsgegebenheiten orientiert, der Rolle des Liebesliedes in der höfischen Gesellschaft am ehesten entspricht. Das Tempo dürfte relativ langsam gewesen sein, wie es Johannes de Grocheo bezeugt.

Umstritten ist die Beteiligung von Instrumenten beim Vortrag. Daß die Sänger sich meist auch auf das Instrumentalspiel verstanden, geht aus literarischen und bildlichen Zeugnissen hervor, das beliebteste Instrument war die Fidel. Anscheinend konnten bestimmte Gesangsstücke (vor allem der Lai; Leich; ▷ 2.28) auch rein instrumental vorgetragen werden. Vor- und Nachspiele werden für möglich gehalten, wie auch das Spielen von Haltetönen oder improvisierten Gegenstimmen beim Vortrag der Lieder; Zeugnisse, die eindeutig interpretierbar wären, gibt es allerdings nicht dafür. Erst seit 1400 sind in den Handschriften textlose Vor- und Zwischenspiele notiert, was jedoch nichts über die frühere Praxis aussagt.

2.35 Minnesang und Sangspruch

Der deutsche Minnesang beginnt um 1150 mit einer archaischen ritterlichen Lyrik, dem sogenannten donauländischen Minnesang, der als Phänomen vielleicht von den Trobadors beeinflußt, in der Wahl der Form und der Darstellungsweise jedoch heimischen Traditionen verpflichtet scheint. Die Form ist die Langzeilenstrophe (▷ 2.38 *Nibelungenlied*), Melodien dazu sind nicht erhalten. Man rechnet mit ähnlichen Doppellangzeilen wie bei den Epenstrophen. In einer zweiten Phase wurden, vor allem im Umkreis des Stauferhofs, Formen und Themen von den Trobadors übernommen bis hin zur Nachbildung des Inhalts oder der genauen Übernahme der Form (▷ 2.36). Mit den „klassischen" Sängern kurz vor 1200 (Heinrich von Morungen, Reinmar der Alte, Walther von der Vogel-

29 Ausschnitt aus dem Mailied Wizlaws von Rügen „Meyie scone kum io tzu". Die Melodie ist in Quadratnotation auf fünf roten Notenzeilen eingetragen, die Verwendung dieser Notation in deutschen weltlichen Handschriften ist eine Ausnahme (Jenaer Liederhandschrift, um 1350; Jena, Universitätsbibliothek, El. f. 101)

Kapitel 2

weide) wird der deutsche Minnesang weitgehend selbständig. Im 13. Jahrhundert geht von Neidhart mit seiner Bauernthematik die folgenreichste Erweiterung des Darstellungsrahmens aus, andere Sänger verwenden die alten Gattungen weiter. Wie bei den Trobadors ist die Kanzone mit Reflexionen über die Liebesthematik die meistgepflegte Gattung, daneben tritt die Sangspruchdichtung mit Fürstenpreis, Lebenslehre, religiöser Unterweisung und politischer Aussage, sie wurde vornehmlich von Berufssängern gepflegt, zu denen zeitweise auch Walther von der Vogelweide gehörte. Von den „objektiven" Gattungen wurde das Tagelied stark, die im Altfranzösischen häufige Pastorelle hingegen nur zögernd aufgenommen, weil das „bäuerliche" Lied des Neidhart-Typus den entsprechenden Platz besetzte. Während im Lauf des 13. Jahrhunderts der Minnesang an Bedeutung allmählich abnahm, trat die Sangspruchdichtung mit religiöser und moralisch-didaktischer Thematik stark in den Vordergrund.

Melodien sind spät überliefert, vor allem für das hochhöfische Liebeslied sind wir auf Kontrafakturen verwiesen. Von Walther von der Vogelweide bietet das Münsterer Fragment aus der Mitte des 14. Jahrhunderts die Melodie des Palästinaliedes und Teile des sogenannten Philippstons und des sogenannten König-Friedrich-Tons (Sangspruchstrophen auf König Philipp von Schwaben und Friedrich II.). Die *Jenaer Liederhandschrift* (Abb. 29, S. 67) enthält Lieder aus der Zeit nach 1250 und zwar vornehmlich Sangspruchmelodien, Ausnahme sind die Lieder des Fürsten Wizlaw von Rügen (* 1265/68, † 1325). Die Wiener Handschrift (Österreichische Nationalbibliothek, Codex 2701) aus dem 14. Jahrhundert mit Liedern von Reinmar von Zweter (* 1227, † um 1248), dem Wilden Alexander (nach 1250) und Heinrich von Meißen, genannt Frauenlob (* um 1250, † 1318), bietet ebenfalls keine hochhöfischen Liebeslieder. Das bedeutendste überlieferte Liedcorpus gehört Neidhart an, 68 Melodien sind zu Liedern von ihm und seinen Nachahmern überliefert. Entsprechend seiner Typisierung der dargestellten Situationen scheint Neidhart auch einen eigenen, typisierten Melodiestil geschaffen zu haben, der, genauso wie bei den Texten, die Weiterproduktion von Melodien ermöglichte. Volkstümliche Modelle sind hinter den Melodien zu vermuten, so, daß Bäuerliches nicht nur textlich, sondern auch musikalisch zitiert wurde; das machte wohl den Hauptreiz für die Adelsgesellschaft aus, die des alten schematisch gewordenen Sangs müde war.

2.36 Die Kontrafaktur: das „Palästinalied" als Modellfall

Eine größere Anzahl der Minnelieder des 12. Jahrhunderts sind inhaltlich und/oder formal Nachbildungen provenzalischer und altfranzösischer Vorlagen; man hat daher angenommen, daß die Sänger auch die Melodien übernommen („kontrafiziert") haben und hat sie, mit unterschiedlicher Sicherheit, deutschen Liedern zugeordnet, z. B. dem Lied Friedrichs von Hausen *Ich denke underwîlen* die Melodie des Trouvère Guiot de Provins zu *Ma joie premeraine*: beide Texte entsprechen sich nach Metrum und Reimstellung so genau, daß eine Unterlegung des deutschen Liedes unter die französische Melodie ganz einfach ist (man hat auch erwogen, ob Guiot Form und Melodie Hausens übernommen hat; Abb. 30). Die Existenz der Kontrafaktur ist in einem Fall belegbar: bei Walthers *Palästinalied*, entstanden um 1227/28. Vorbild ist die Melodie des Trobadors Jaufré Rudel zu *Lanquan li jorn son lonc en mai* (um 1150), beide Melodien zeigen im Melodieverlauf, in der Tonalität und in der Bauform weitgehende Übereinstimmung, dazu kommt ein in-

30 Beginn des Liedes „Ich denke underwîlen" von Friedrich von Hausen als Kontrafaktur von „Ma joie premeraine"

haltlicher Bezug: Jaufres Lied spricht von der „Liebe in der Ferne" („amor de lonh", eine Chiffre für die unerfüllte Liebe des Sängers), Walther konkretisiert sie und deutet sie um in die Sehnsucht nach dem Heiligen Land. Zusätzlich besteht ein Zusammenhang mit der Marienantiphon *Maria flos virginum,* die als zweistimmiger Satz vom Ende des 12. oder Anfang des 13. Jahrhunderts aus Paris überliefert ist. Ungeklärt ist, ob Jaufré auf eine ältere Fassung der Antiphon zurückgriff und damit seine Minnedame der Himmelskönigin Maria annähert oder ob Walther mit zusätzlicher Heranziehung der Antiphon die religiöse Komponente seines Liedes betonen wollte. (Eine Abhängigkeit der Antiphon von Jaufre ist formal unwahrscheinlich.)

Dieses Beispiel zeigt die wechselseitigen Beziehungen zwischen dem geistlichen und weltlichen Repertoire einerseits und dem romanischen und deutschen Lied andererseits. Die Differenzen zwischen beiden Melodien sind wohl nur zum kleineren Teil der Überlieferung zuzuschreiben, sondern bewußte Nuancierung Walthers: Der Umgang mit der Tradition im veränderten Bewahren ist für das Mittelalter charakteristische „artistische" Produktion. Später ist in der *Bordesholmer Marienklage,* einem geistlichen Spiel von 1475/76, die Melodie des *Palästinalieds* für eine lateinische und eine deutsche Strophe noch einmal kontrafizierend verwendet worden. Auch im Fall der zweiten Originalmelodie Walthers, der fragmentarisch überlieferten zum 2. Philippston, hat man einen kontrafaktischen Bezug (zum Weihnachtslied *Nu sis uns willekommen herro Crist*) festgestellt; aufgrund der schmalen Vergleichsbasis läßt sich jedoch nicht unterscheiden, ob Walther auf das geistliche Lied zurückgegriffen hat oder ob beide Lieder unabhängig den gleichen traditionellen Melodietyp realisiert haben.

2.37 Die Trouvères und die altfranzösische Lyrik

Etwa 200 Liederdichter, Trouvères (von französisch „trouver", finden), nennen die altfranzösischen Handschriften, etwa 2 500 Lieder sind von ihnen bzw. anonym erhalten, dazu kommen die Zitate von einzelnen Liedzeilen bzw. Refrains in den spätmittelalterlichen mehrstimmigen Motetten. Die Liebesdichtung in der langue d'oïl (im Unterschied zum Provenzalischen, der langue d'oc) setzt mit der Übernahme der Trobadorkunst, ähnlich wie in Deutschland, in Nordfrankreich im letzten Drittel des 12. Jahrhunderts ein. Die Kontrafaktur ist auch hier nachweisbare Praxis. Die einstimmige höfische Liebeslyrik wird bis ins 14. Jahrhundert gepflegt. Ihre Zentren sind zunächst die großen Höfe in Nordfrankreich, in der zweiten Hälfte des 13. Jahrhunderts geht die Führung an die Städte (v. a. Arras) über; Paris spielt in der volkssprachlichen Liebeslyrik eine geringe Rolle. Ob den Liedern der ersten Trouvèregeneration (Conon de Béthune, Gace Brulé) nichthöfische Lieder vorausgingen, ist umstritten. Die Pastorelle, anonym und von namentlich bekannten Sängern, ist der verbreitetste „popularisierende" Typus mit etwa 160 Liedern (gegenüber 30 provenzalischen Beispielen). Die Mehrzahl der Lieder gehört dem Typ der Liebeskanzone an, die aus Südfrankreich übernommen wurde. Während in der ersten und zweiten Generation Angehörige des Hochadels (wie Richard I. Löwenherz) eher Randerscheinungen sind, ist in der dritten Generation Thibaut von Champagne, später König von Navarra, die herausragende Gestalt, die noch von Dante in *De vulgari eloquentia* gerühmt wird. Musikalisch entspricht das klassische Trouvèrelied dem, was über die Kunst der Trobadors (▷ 2.33) und der Minnesänger (▷ 2.35) gesagt wurde. Vorstellbar ist, daß wegen der engeren Verbindung zur klerikalen Bildungswelt die Rezeption einfacher Mehrstimmigkeit eher vollzogen wurde als in Deutschland. So vermutet man, daß bereits Thibaut auch mehrstimmig (mit Instrumentalbegleitung) musiziert haben könnte (Parallelorganum, Heterophonie). In der zweiten Hälfte des 13. Jahrhunderts tritt melodisch eine Tendenz zur Dur-Tonalität hervor, die auch die Aufzeichnung älterer Melodien überformt hat. Etwa gleichzeitig beginnt in den großen Städten des Nordens eine Schicht, die patrizisch-städtisch und klerikal bestimmt ist und sich in sogenannten Puys (von lateinisch podium) organisiert, die aus politisch-kulturellen Bruderschaften (confréries) mit geistlicher Anbindung entstehen, zum Träger der Liebesdichtun-

Kapitel 2

31 Schalmei gespielt von spanischen, Einhandflöte und Trommel gespielt von arabischen Musikern (Miniaturen aus den „Cantigas de Santa María"; El Escorial, Real Monasterio de El Escorial, b. I. 2)

gen zu werden. Die Puys bringen die als vorbildlich angesehene höfische Kultur in das städtisch-klerikale Milieu. Die religiöse Tradition erreicht eine frühe Blüte in den Marienmirakeln des Gautier von Coincy mit in den Text eingebundenen Liedern (1228), für die weltliche Dichtung ist die bedeutendste Figur der klerikal gebildete Adam de la Halle (* um 1240, † 1285, aus Arras), der in der Stadt und als Berufssänger an Adelshöfen wirkte: bei Robert II. von Artois und Karl von Anjou in Neapel. Für ihn schrieb er seine dramatisierte Pastorelle *Le jeu de Robin et Marion* mit Liedeinlagen im „popularisierenden" Stil. Adam verfaßte neben einstimmigen Liebesliedern auch bereits mehrstimmige Rondeaux und Motetten (▷ 3.15). Die städtischen Autoren bewahren die gattungstypischen höfischen Traditionen in der Liebesauffassung, daneben steht eine Zunahme obszöner Lieder als Gegenbild. Der Berufsdichter Colin Muset (zwischen 1230 und 1260) scheint von der lateinischen Vagantenlyrik beeinflußt, typisch für ihn sind stilisierte Tanzszenen im Freien. Das Lied mit religiöser Thematik nimmt in der Nachfolge Gautiers de Coinci im späten 12. Jahrhundert einen großen Aufschwung und benutzt vielfach die Bauformen und die Melodie älterer Trouvère-Lieder, die bereits in schriftlichen Sammlungen vorlagen. Die Musikpflege der Puys bedeutet insgesamt eine „Philologisierung" der Trouvère-Poesie:

durch sie erfolgt die schriftliche Niederlegung der Tradition, die damit den Status vorbildlicher Regelhaftigkeit erhält.

2.38 Französische und deutsche Heldenepen

Das Heldenlied der mündlichen Adelskultur (▷ 2.27) war ein gesungenes Lied, verschiedene literarische Zeugnisse belegen, daß es von Sängern vorgetragen wurde; wahrscheinlich wurde es als Heldenballade auch getanzt. Es diente dazu, mit der Darstellung heldischer Vergangenheit die gegenwärtigen Herrschaftsträger in eine entsprechende Tradition zu stellen und zu erhöhen. Wie wir aus einem Brief des Domscholasters Meinhard aus Bamberg erschließen können, übernahm z. B. Mitte des 11. Jahrhunderts der Bamberger Bischof Gunther in der getanzten Heldenballade die Dietrich-Rolle. Die alten mündlichen Epen wurden mit Beginn der höfischen Kultur als Werke der Schriftliteratur in veränderter Gestalt fixiert, daneben blieben vermutlich die alten Melodiemodelle für den mündlichen Vortrag bewahrt. Gegen Ende des 12. Jahrhunderts erhielt in Frankreich die erste Chanson de geste, die *Chanson de Roland*, das Lied vom Heldenkampf und vom Untergang Rolands bei Roncesvalles, in 293 ungleich langen Laissenstrophen eine schriftliterarische Ausformung; eine Melodie ist nicht erhalten, ihr Typus aber ungefähr zu erschließen. Die Laissenstrophen bestanden, wie zu erschließen ist, aus einer immer wiederholten Melodiezeile im rezitativischen Stil und einer, wahrscheinlich melismatisch bewegten, Schlußzeile. Ob das höfische Reimpaarepos (in Frankreich ab 1170, in Deutschland 15 Jahre später) auch mit Singstimme deklamiert wurde, ist umstritten, ein Vortrag mit der heutigen Sprechstimme jedoch eher unwahrscheinlich, da im Mittelalter öffentlicher Vortrag (auch von Urkunden, Bekanntmachungen) anscheinend generell mit Singstimme erfolgte.

Im Deutschen ist die dem Heldenepos eigentümliche Form die (immer wiederholte) Strophe, ein Langzeilentypus, der in den verschiedenen Formen abgewandelt wurde. Epenmelodien sind vom 14. bis zum 17. Jahrhundert bezeugt, die älteste erhaltene ist die zum *Jüngeren Titurel* des Albrecht (um 1270), die wahrscheinlich auf Wolfram von Eschenbach, den Autor der *Titurel*-Fragmente, zurückgeht. Das älteste deutsche Heldenepos, das um 1200 als schriftliterarisches Werk gestaltete *Nibelungenlied,* ist ohne Melodie tradiert; man hat versucht, sie aus späterer Überlieferung zurückzugewinnen. Fünf weitere Epenmelodien sind in der Meistersinger-Tradition überliefert, drei von ihnen werden (fälschlich) Wolfram von Eschenbach zugeschrieben, der als der Epiker schlechthin galt. Der Melodiestil ist in allen Epen rezitativisch-deklamierend, zum Teil mit Melismen am Zeilenende *(Titurel* und *Trierer Marienklage),* wodurch ein zeremoniös-gemessener Vortragsstil nahegelegt wird. Die Melodien gaben anscheinend den Rahmen für eine wechselnde deklamatorische Gestaltung durch den Sänger ab, wie es die Feldforschung im Fall neuzeitlicher Epensänger festgestellt hat.

2.39 Alfons der Weise: die „Cantigas de Santa María"

Mehr als 400 Lieder zum Lobpreis der Jungfrau Maria enthält eine Handschrift aus der Escorial-Bibliothek (b. I. 2), die wichtigste der Handschriften, die auf Alfons' X. von Kastilien und León (* 1233, † 1284) Dichter- und Mäzenatentum beruhen. Der mächtigste Herrscher der Iberischen Halbinsel, gewählter deutscher König, stellte sich dar als Trobador der Jungfrau Maria und besang ihre Wunder. Die Escorial-Handschrift der von Alfons gedichteten und gesammelten Cantigas ist mit vierzig Miniaturen geschmückt, auf denen christliche, arabische und jüdische Musiker dargestellt sind. Daraus hat man geschlossen, daß auch am Hof Alfons' in León, Toledo und Sevilla Künstler unterschiedlicher Herkunft wirkten. Man hat entsprechend in den Cantigas neben den dominierenden provenzalischen und französischen Einflüssen, arabische und jüdische Elemente auffinden wollen, vornehmlich in der Melodiebildung. Die Formen – Litaneiartiges, Epenähnliches, Rondeau und Virelai – kommen allerdings aus dem Norden (der Trobador Guiraut Riquier wirkte zehn Jahre an Alfons' Hof). Der Melodiestil umspannt Rezitativisch-Erzählendes und Melismatisch-Artistisches, die Cantigas bieten eine Summe des einstimmigen Musizierens in der Mitte des 13. Jahrhunderts. Da auf den Miniaturen mehr als dreißig verschiedene Saiten-, Blas- und Schlaginstrumente dargestellt sind (Abb. 31), hat man an eine Mitwirkung bei den Aufführungen gedacht, wobei, wie beim höfischen Liebeslied, umstritten bleibt, ob die Instrumente auch den Sologesang (mit Borduntönen, in Heterophonie?) begleiteten oder nur Vor- und Zwischenspiele aufführten.

2.40 Später Sang

Der Minnesang als adlige Dilettantenkunst ist in der zweiten Hälfte des 13. Jahrhunderts noch bei nord- und ostdeutschen Fürsten lebendig, der bedeutendste dieser fürstlichen Sänger ist Wizlaw von Rügen (* 1265/68, † 1325), dessen zwölf Minnelieder in der *Jenaer Liederhandschrift* mit Melodien erhalten sind. Sie bewegen sich tonal in der Tradition des Minnesangs, in der Melodiebildung hat man slawische Einflüsse finden wollen. Wizlaw verfaßte auch fünf Sangsprüche, ein Beispiel dafür, daß die alte soziologische Einteilung der Gattungen aufgegeben war, was ebenso für die Berufssänger galt, die jetzt auch Minnesang dichteten. Der Bedeutendste unter ihnen ist Heinrich von Meißen, genannt Frauenlob (*um 1250/60, †1318), der hauptsächlich in Prag und Mainz gewirkt hat. Seine Lieder sind zum Teil mit Melodien in der Wiener Handschrift (Österreichische Nationalbibliothek, Codex 2701) beziehungsweise in der *Kolmarer Liederhandschrift* überliefert, am gewichtigsten sind die drei Leichs Marien-, Kreuz- und Minneleich. Letzterer weist kryptopolyphone Strukturen auf, das heißt eine absichtlich versteckte Möglichkeit der zweistimmigen Aufführung, die sich im Rahmen von Improvisationsgepflogenheiten der Berufsmusiker zu halten scheint. Damit nimmt er Möglichkeiten vorweg, die später von Guillaume de Machault, der nach 1323 vielleicht ebenfalls in Prag wirkte, realisiert wurden.

Die Sangspruch-Melodien des 14. Jahrhunderts sind vergleichsweise einfach angelegt, ohnehin gilt eine zunehmende Differenzierung zwischen hochartifiziellen Bauformen für zumeist geistliche Lieder und einfachen Spruchtönen, die für ganze Spruchreihen benutzt wurden wie zum Beispiel die Töne Michael Beheims (*1414/21, †1474/78). Er hat in seinen 11 Weisen für seine insgesamt 425 Lieder wohlstrukturierte Gebilde geschaffen, die das Mittel der Zeilenwiederholung benutzten, das im 13. Jahrhundert an Beliebtheit hinter der Durchkomposition beziehungsweise der variierten Wiederholung zurückgestanden hatte. Auch seine drei Reimchroniken sind in einem Spruchton (*Angstweise*) abgefaßt, der Autor faßt Lesen und Singen als Rezeptionsform ins Auge. Im 15. Jahrhundert wird das „Nachdichten" in den Tönen der Vorgänger verbreitete Übung (die Kolmarer Handschrift ist entsprechend geordnet: nach der Melodie eines Autors folgen originale und nachgedichtete Strophen, wobei die Grenze nicht immer leicht zu ziehen ist). Daneben werden jedoch auch weiterhin neue Töne geschaffen, die Sänger dichten in eigenen und in fremden Tönen. Aus dem fahrenden Berufsdichtertum erwächst das seßhafte Meistersängertum der Stadtbürger (▷ 2.42). Der beliebteste Dichterkomponist des 14. Jahrhunderts war der sog. Mönch von Salzburg, der unter Erzbischof Pilgrim II. (*1365, †1396) in Salzburg seine 49 geistlichen und 56 weltlichen Lieder schuf (die Zuschreibung an einen Autor ist zum Teil umstritten). Sechs Lieder sind mehrstimmig (darunter zwei Kanons), wie die einstimmigen für das gesellige Musizieren bestimmt, ohne virtuose Ansprüche. Die Bauformen der weltlichen Lieder umfassen den im 14./15. Jahrhundert beliebten stolligen Refraintyp (AAB mit Refrain auf B) und einen ungewöhnlichen durchkomponierten Typ. Die Melodiebildung lehnt sich an Volkstümliches an (Dur-Melodik), ein tänzerischer Charakter ist aus den nur angedeuteten Mensuren in der Handschrift kaum zu erschließen (allerdings ist der Beginn des *Kühhorns* der erste Beleg für den alpenländischen Zwiefachen). Die geistlichen Lieder umfassen 27 Übertragungen lateinischer Hymnen und Sequenzen; lateinische Sequenzenmelodien werden auch für eigene Marienlieder benutzt, die Mariensequenz *Das goldene ABC* hat allerdings eine originale Melodie; weitere Lieder stehen der „frühmeisterlichen" Tradition nahe, ohne daß eine direkte Verbindung bestände. Gegenüber der breiten Wirkung des Mönchs ist Oswald von Wolkenstein (*1376/78, †1445) nur mit wenigen Liedern über seinen engeren Kreis hinausgedrungen; die Überlieferung seiner Lieder in drei großen Sammelhandschriften stammt aus seiner Umgebung. Seine 130 Lieder stellen einen Höhepunkt in der Liedgeschichte dar; 39 sind mehrstimmig, die übrigen einstimmig. Unter ihnen sind Kanzonen, Töne mit gedoppeltem Bau (AA BB) und Refrainlieder häufig. Die Melodien benutzten traditionelle Bauelemente (Viertonfolgen, Zeilenmelodien, ganze Zeilenfolgen) in Variationen, Erweiterungen und neuen Abfolgen; auffällig ist die Unterstreichung der formalen Eigenheiten der Strophe durch die Melodie und die gelegentliche Nachzeichnung inhaltlicher Elemente. Die mehrstimmigen Lieder bewegen sich teils auf dem Boden usueller Mehrstimmigkeit (einfache Tenorlieder), teils rezipieren sie fremde Vorlagen, vornehmlich Balladen, Virelais und Rondeau der Ars nova (▷ 3.23), daneben stehen zwei italienische Trecento-Sätze.

Um die Mitte des 15. Jahrhunderts wird in Liederbüchern eine gesellige Musizierpraxis greifbar, deren Träger v. a. einer städtischen mittleren Schicht angehören (Bürger, Studenten, auch Patrizier und Adel), dreiundzwanzig

Sammelhandschriften sind erhalten, in der Mehrzahl ohne Noten, weil die Melodien bekannt waren. Eine Ausnahme bildet das um 1450 in Nürnberg aufgezeichnete Liederbuch (das nach einem späteren Besitzer *Lochamer Liederbuch* heißt; Abb. 32, S. 74) durch seine Verbindung zur Berufsmusik: es enthält nach 44 deutschen Liedern (davon neun mehrstimmigen) das *Fundamentum organisandi* des Konrad Paumann († 1452), ein Orgellehrbuch, und Intavolierungen von fünf der Lieder (▷ 4.24). Verbindungen bestehen zu anderen Liederbüchern, insgesamt ist die Tradition sowohl textlich als auch musikalisch weit verzweigt. Lieder aus dem *Lochamer Liederbuch* wurden schon im 19. Jahrhundert (F. Silcher, J. Brahms) bearbeitet. Die Liedaufzeichnungen münden im 16. Jahrhundert in systematische Sammeltätigkeit.

2.41 Geistliches Lied in Deutschland und Italien

Seit dem 12. Jahrhundert ist das Osterlied *Christ ist erstanden* als Abschluß der liturgischen Osterfeiern bezeugt, Belege für deutsche Weihnachtsgesänge stammen aus dem frühen 14. Jahrhundert. In der Meßliturgie hatten deutsche Lieder allenfalls nach der Predigt ihren Platz, den längeren Predigtliedern voraus gingen einfache ein- oder zweizeilige „Rufe" der Gläubigen. Nach 1350 geht deutsches Liedgut in die gottesdienstlichen Handlungen ein, vor allem die Augustinerchorherren scheinen diese Praxis gefördert zu haben. Es handelt sich bei den deutschen Liedern z. T. um Übersetzungen bzw. Nachdichtungen lateinischer Cantiones, an deren Stelle oder mit denen im Wechsel sie gesungen wurden. Im Kirchenjahr gehörte das Weihnachtsfest zu den bevorzugten Zeiten für deutsche Lieder (zum Beispiel das mischsprachige *In dulci jubilo* um 1330). Frauenklöster waren häufig Zentren volkssprachlicher Liedpflege, daneben treten im 14. und 15. Jahrhundert die religiösen Laienbewegungen mit ihren Liedern. Seit 1261 ist die Existenz von volkssprachlichen Liedern der Geißlerbewegung bezeugt, vier Lieder mit Melodien haben wir von der Geißlerfahrt 1349: Bitt- und Prozessionslieder und ein eigentliches Bußlied *(Nu tret her zu der bössen welle)*. Die Lieder stehen in der Tradition der Wallfahrts- und Passionslieder (Anlehnung z. B. an das *Stabat mater*) und stammen vermutlich von geistlichen Autoren, sind also keine eigentlichen „Volkslieder".

Im 15. Jahrhundert ist es vor allem die in den Niederlanden entstandene Frömmigkeitsbewegung der Laien, die Devotio moderna, die das geistliche Lied pflegt. Typisch nicht nur für sie, sondern für einen weiten Bereich geistlichen Liedschaffens wird die Kontrafaktur weltlicher Lieder (Tagelied, Tanzlied, Schlemmerlied), die einerseits dem Vorgang der Weltabkehr entspricht, andererseits auch dem musikalischen Laien die Schaffung neuer Lieder ermöglicht. Nicht selten werden außer der Melodie auch Anklänge an den Text (Anfang, Refrain) übernommen, die das Nachsingen erleichtern. Eine Zwischenstellung zwischen privater Frömmigkeitsübung und seelsorgerlicher Intention (hier: Frauengemeinschaften) nehmen die 120 Lieder (17 Melodien) des Heinrich Laufenberg (* um 1390, † 1460) ein: Übertragungen von Hymnen und Sequenzen, Kontrafakturen weltlicher Lieder, Eigenschöpfungen in der Tradition geistlichen Liedguts. Die Nähe der Lieder geistlicher Gemeinschaften zur Liturgie wird je nach Situation unterschiedlich gewesen sein, zu einer eigentlich liturgischen Funktion kommt das volkssprachliche Lied erst in reformatorischer Zeit.

Die religiösen Laienbewegungen des 12. und 13. Jahrhunderts in Italien, deren bedeutendster Exponent Franz von Assisi († 1226) war, dessen Gefährten „Spielleute Gottes" (joculatores Dei) sein sollten, brachten ein einstimmiges Liedrepertoire (Lauden) hervor, das in zwei Handschriften vom Anfang bzw. Ende des 14. Jahrhunderts überliefert ist. Ein stilistisch einfacheres Repertoire (Cortona, Biblioteca Comunale, Codex 91) umfaßt 46 Melodien, ein stärker verfeinertes (Florenz, Biblioteca Nazionale Centrale, Magliabechiana II. I. 122) 89 zu Texten auf die Herren-, Marien- und Heiligenfeste des Jahres. Die typische Form besteht aus Refrain – Strophe – Refrain, wobei im Florentiner Repertoire die Wiederholungen frei ausgeschmückt werden; diese Fassung war nur von geschulten Sängern aufzuführen. Im 13. Jahrhundert sind Bruderschaften für den Laudengesang be-

Kapitel 2

zeugt (Laudesi), von denen einige regelmäßige Singschulen abhielten und eigene Lehrer für den Laudengesang einstellten. Die Melodiebildung der Lauden lehnt sich an den Choral an, später treten Kontrafakturen weltlicher Melodien hinzu. Seit dem 15. Jahrhundert erscheinen mehrstimmige Laudenkompositionen, das einstimmige Repertoire wurde jedoch weiter zum Teil bis in die Gegenwart gepflegt, allerdings nicht mehr aufgezeichnet.

2.42 Meistersang

Seit dem frühen 15. Jahrhundert gab es in einer Reihe von Städten (Mainz, Nürnberg, Augsburg, Straßburg) Zusammenschlüsse („Gesellschaften") von Bürgern der unteren Mittelschicht (meist Handwerkern) zum Zweck der schulmäßigen Pflege der Liedkunst nach Regeln, die im 16. Jahrhundert in Tabulaturen fixiert wurden. Die Lieder wurden öffentlich oder in der Gesellschaft vorgetragen; es handelte sich meist um Veranstaltungen mit Wettbewerbscharakter und vergebenen Preisen. Es wurden fremde und eigene Lieder nach vorgegebenen, selten nach selbst geschaffenen Melodien vorgetragen; ihre inhaltliche, dichterische und musikalische Gestalt wurde von den gewählten „Merkern" bewertet. Die Meistersinger selbst sahen als Sitz der ältesten Gesellschaft Mainz (Abb. 33) an, sie verehrten als Vorbilder die „alten Meister", Sänger des 13. und 14. Jahrhunderts von Walther von der Vogelweide bis Heinrich von Mügeln. Die Themen des vorreformatorischen Meistergesangs sind meist religiöser Art (Maria), daneben steht der Preis der Sangeskunst, der freien Künste unter anderem. Die wichtigste Quelle ist die Kolmarer Handschrift von 1459/62, die den oberrheinischen Meistersang der Zeit, aber auch andere spätmittelalterliche Liedertraditionen sammelt. Im Unterschied zu nahezu allen übrigen Meisterliederhandschriften des 15. Jahrhunderts enthält sie die Melodien, deren Bekanntheit

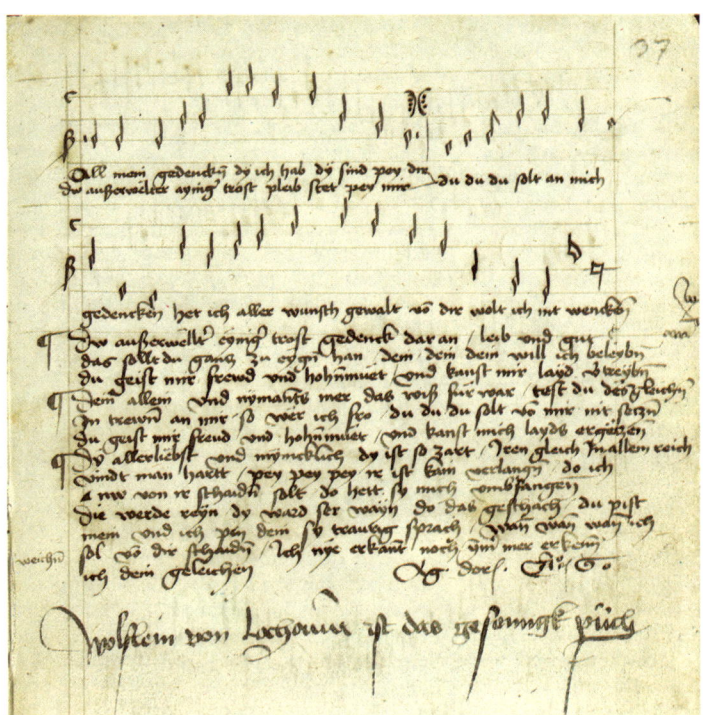

32 Seite aus dem „Lochamer Liederbuch" mit dem Lied „All mein gedencken dy ich hab" und dem Besitzeintrag „Wolfein von Lochamer" (entstanden Mitte des 15. Jh.; Berlin, Staatsbibliothek Preußischer Kulturbesitz, Mus. 40613)

von den anderen Sammlern wohl vorausgesetzt wurden. Aus nachreformatorischer Zeit haben wir eine größere Anzahl von Melodieaufzeichnungen. Hans Sachs (* 1494, † 1576) stellte den Meistersang in den Dienst der Reformation. Er verband das alte Ziel, die Vermittlung religiösen Bildungsguts für Laien, mit dem neuen Inhalt, der lutherischen Bibelübersetzung, daneben schrieb er zahlreiche weltliche Meisterlieder (Fabeln, Schwänke, Erzählungen). Sein Werk umfaßt über 4000 Meisterlieder in 280 sogenannten Tönen (Strophen- und Melodieformen), davon 13 von ihm selbst. Der Nürnberger Meistersang hatte um 1600 eine zweite Blütezeit; das Bild des künstlerisch erstarrten Sanges der Spätzeit zeichnet Johann Christoph Wagenseil im *Buch von der Meister-Singer Holdseligen Kunst* von 1697, das, vor allem durch Richard Wagners Oper, ein einseitiges Bild des Meistersangs bestimmt hat. Erst 1770 wurde die Nürnberger Gesellschaft aufgelöst.

Die Meistersinger benutzten die Kanzonenform (AAB), zum Teil mit Variationen wie dem „Reprisenbar" (mit Wiederholung des Stollens A im Abgesang: AABA). Die meisten Strophen sind etwa 20 Zeilen lang, jedoch gab es in der Spätzeit auch Formen mit mehr als 100 Zeilen. Die Reimstellungen sind oft kompliziert. Die Melodien waren um 1500 meist syllabisch, später wurden sie stark melismatisch, wobei die Melismen allerdings als Verzierungen („Blumen") und nicht als Bestandteile der Melodie verstanden wurden. In der Spätzeit wurden die Melodien schematischer, ähnliche Zeilen angeglichen, die Tonfolgen stärker typisiert. Der Vortrag der Meisterlieder erfolgte unbegleitet, in langsamem Tempo, damit der Text verständlich blieb. Unter den Melodien des 15. und 16. Jahrhunderts finden sich wohlstrukturierte Gebilde von melodischer Eingängigkeit; die ästhetische Bewertung des Meistersangs wird allerdings durch die sprachliche Dürftigkeit der Mehrzahl der in etwa 120 Handschriften überlieferten etwa 16000 erhaltenen Meisterlieder erschwert.

33 Heinrich Frauenlob als Dichterfürst über einer Schar bunt gekleideter Spielleute mit Trommel, Flöte, Schalmei, Fidel, Psalterium und Dudelsack. Die Darstellung reflektiert seine Wertschätzung als Begründer des meisterlichen Sangs (Miniatur aus der „Manessischen Handschrift", 1. Hälfte des 14. Jh.; Heidelberg, Universitätsbibliothek, Pal. germ. 848)

2.43 Spätes Spiel

Die wichtigste Spielthematik bleibt auch im Spätmittelalter die Heilsgeschichte, wobei, vor allem in England und Frankreich, zyklische Darstellungen von der Erschaffung der Welt bis zum Jüngsten Gericht entstehen, die mehrere Tage dauerten – in London 1411 sieben, in Vienne 1510 sogar neun. Spielorte waren nun nicht mehr die Kirchen, sondern Plätze (Standortspiele) oder Straßen mit einzelnen Stationen (Umgangsspiele). Der sakrale Charakter der Spiele wurde von weltlichen Szenen überwuchert, weltliche Lieder und Tänze integriert. Daneben wurden auch die geistlichen Gesänge der Liturgie verwendet, geistliche volkssprachliche Lieder und Kontrafakturen zu weltlichen Liedern (so benutzt das mittelfranzösische Agnesspiel Trobadorweisen mit geistlichen Texten). Wann der Übergang vom „gesungenen" Rezitativ zum „gesprochenen" Dialog stattgefunden

Kapitel 2

hat, wissen wir nicht, vermutlich ging der Impuls von den „niederen" burlesken Szenen aus. Andererseits ist im Volksschauspiel das Rezitativ (mit Singstimme) bis in die Gegenwart lebendig geblieben. Das weltliche Spiel, in Frankreich mit dem *Jeu de la feuillée* (Laubenspiel, 1277) und dem *Jeu de Robin et Marion* (1283/88) schon im 13. Jahrhundert vertreten, beginnt in Deutschland am Ende des 14. Jahrhunderts mit Fastnachts- und Maispielen, die nur sekundär zu erschließen sind; aus der gleichen Zeit sind auch aus England „May plays" bezeugt, Träger ist die stadtbürgerliche Jugend. In diesem Zusammenhang gehört das älteste Sankt Pauler Neidhartspiel (2. Hälfte des 14. Jahrhunderts?). In diesen Spielen, wie auch in den späteren Neidhartspielen, waren Lieder und Tänze vermutlich integrale Bestandteile. Die um 1440 zuerst greifbaren Nürnberger Fastnachtspiele, Stubenspiele von herumziehenden Spieltruppen, wurden von anderen Städten übernommen. In diesen gab es anscheinend keine Musik mehr, obwohl nicht auszuschließen ist, daß volkstümliche Lieder situationsbedingt eingefügt wurden, die in den Handschriften nicht erscheinen. Für die späten französischen derb-komischen Einlagen in ernste Spiele („Farcen", auch selbständig aufgeführt) gilt jedenfalls, daß Lieder und Tanzeinlagen zur Aufführung gehörten. Da die spätmittelalterlichen Spiele je nach Aufführungsort und -anlaß unterschiedliche Ausprägungen zeigen, ist es schwierig, sich ein eindeutiges Bild zu verschaffen. Das betrifft auch die Rolle der Musik, die aus den Textzeugnissen, Aufführungsanweisungen und -berichten oft nicht sicher zu erschließen ist.

Die Musik im Denken des Mittelalters

I.

In einem nordfranzösischen Psalter aus dem 11. Jahrhundert, einem Buch also, in dem die Psalmen für den gottesdienstlichen Gebrauch zusammengestellt sind, findet sich die auf Seite 78 wiedergegebene Darstellung. Die obere Hälfte der zweigeteilten Miniatur ist dem kirchlichen Musikleben gewidmet, in der Mitte thront König David mit seiner Harfe. Rechts von ihm spielen Musiker auf einer Panflöte (bestehend aus sieben Pfeifen entsprechend den sieben Stufen der Tonleiter) und auf einem Grifflochhorn. Ein Sänger hält dem Betrachter einen Psalter entgegen, worin der Anfangsvers des ersten Psalms „Beatus vir qui non abiit in consilio impiorum" (Wohl dem, der nicht wandelt im Rat der Gottlosen) aufgeschlagen ist. Der Musiker am linken oberen Bildrand hat auf seinen Knien ein Monochord, das wichtigste Schulinstrument des kirchlichen Musiklebens; mit einem Hämmerchen in seiner linken Hand erreicht er sieben Glöckchen *(cymbala)* von verschiedener Größe. Zwei Bälgetreter bedienen die Blasebälge für eine Windorgel mit 2×7 Pfeifen und sieben Tasten *(claves)*. Das untere Bildfeld wird dagegen von einem Musikanten – oder ist es eine Tiergestalt, halb Bär, halb Wolf? – beherrscht, der mit einer fratzenhaften Tiermaske und einem zotteligen Tierfell verkleidet ist und eine faßförmige Trommel schlägt. Rechts von ihm tanzen vier Jünglinge, links begleiten ein Fidelspieler und ein Hornbläser die akrobatischen Kunststückchen zweier Spielleute.

„Wohl dem, der nicht wandelt im Rat der Gottlosen": Tiergestalt, Gaukler und Tänzer, dazu das Instrumentarium für volkstümlich improvisierte Musik, verweisen auf die der Himmelsmusik entgegengesetzte Sphäre der Höllenmusik. Spielleute wurden denn auch von der Kirche als *ministri Satanae*, als „Diener des Teufels", verachtet und beschimpft. Noch im 15. Jahrhundert heißt es in einer Predigt: „Der unmegende tantz ist ein ring oder circkel, des mittel der Teufel ist".

Diese und viele andere Abbildungen veranschaulichen den Gegensatz von „geistlich" und „weltlich", wie er sich innerhalb der mittelalterlichen Kultur auch im Bereich der Musik ausprägte. (Bezeichnenderweise sind in anderen Illustrationen die beiden Sphären auffallend vermischt und lassen erkennen, daß – bis hinein in die kirchliche Praxis – diese Trennung alles andere als streng eingehalten wurde.) Der Psalmensänger David auf der einen und der dem Kreatürlichen verhaftete Trommler mit der Tiermaske auf der anderen Seite sind zugleich Repräsentanten der beiden Musikertypen, zwischen denen das gesamte Mittelalter hindurch unterschieden wurde: hier der *musicus,* der in der Musiklehre und musikalischen Schrift Bewanderte, der nach den Regeln Komponierende und Singende; dort der bloße *cantor,* der Sänger (und Instrumentalist), der intuitiv seine Melodien erfindet, schriftunkundig ist und sich auf sein Gedächtnis verlassen muß. „Musicorum et cantorum magna est di-

Essay

34 Geistliche und weltliche Musik in einer Psalterillustration des 11. Jh. aus Reims (Cambridge, St. John's College, Ms. B. 18)

stantia ... Zwischen den Kennern der Musiklehre und den Sängern ist ein großer Abstand. Diese singen, jene wissen, was die Musik enthält. Denn wer etwas tut, was er nicht versteht, wird als Tier (Abb. 34) bezeichnet" – in diesen Versen des Guido von Arezzo zu Beginn des 11. Jahrhunderts äußert sich die Rangordnung, die das ganze Mittelalter hindurch in fast jedem Traktat zwischen dem Bildungsmusiker und dem bloßen Praktiker postuliert wurde. Sie fußte auf der unterschiedlichen Bewertung von natürlicher Begabung und Verstand, wie sie Augustinus, Isidor von Sevilla und Boethius aus antiker Tradition an die Lehrer des Mittelalters vererbt hatten. Wie überhaupt der Verstand über dem intuitiven Tun stehe, so sei auch die geistige Beschäftigung mit der Musik höherstehender als das Singen und Musizieren. „Wieviel erhabener ist derjenige, der die Ordnung der Musik durchschaut, derjenige, der das Instrument gebaut hat, gegenüber dem, der es spielt", heißt es bei Boethius (um 500). Boethius aber, dieser römische Staatsmann und Universalgelehrte, galt im Mittelalter als größte Autorität in Fragen der Musiktheorie. Zur Gruppe der Musikausübenden, zu den Instrumentalisten und Sängern (die über ihre Stimme als naturgegebenes Instrument verfügen) rechnete er aber auch denjenigen, der Gesänge „komponiert"; denn auch diesen leiten „gewisse natürliche Instinkte" und nicht theoretische Betrachtung und spekulative Begründung, wie sie sich für einen wahren *musicus,* d. h. Musiktheoretiker, gehören. Aus heutiger Sicht ist es völlig unverständlich, von einem „Musiker" zu sprechen und damit einen „Musikwissenschaftler" zu meinen. Doch genau das entspricht dem mittelalterlichen Denken. Was für das neuzeitliche Verständnis den Musiker ausmacht, Komposition und Ausübung, dies ist aus mittelalterlicher Sicht der Theorie untergeordnet und geopfert.

35 Sechs der Sieben Freien Künste, personifiziert als allegorische Frauengestalten und antike Meister: (von oben nach unten) Frau Dialectica und Aristoteles, Rhetorica und Cicero, Geometria und Euklid, Arithmetica und Pythagoras, Frau Musica und Milesius (= Timotheus aus Milet, erwähnt bei Boethius), Astronomia und Ptolemäus (Grammatica und Priscian sind auf dem vorangehenden Blatt untergebracht).

Bei allen Künsten sind (typisch für das Wissenschaftsverständnis ab dem 13. Jh.) exemplarische Ergebnisse, Werkzeuge und Verfahren zeichnerisch beigegeben. Im Fall der Musik ist das Diagramm der arithmetisch begründeten Intervallproportionen nach Boethius (allerdings nicht ganz richtig) abgebildet; „sonorum proportio" (Verhältnis der Töne) heißt es in der Beischrift (Heidelberg, Universitätsbibliothek, Pal. germ. 389) ▷

Die Musik im Denken des Mittelalters

Musica mir weise schoene
hept uns weistum an di doene.
Astronomie lert ane wanch.
Der sterne nature und ir ganch.

Wir envinden niht geschriben.
daz dehain man chvme di silben.
Noch der sinne list gar.
Daz svlt ir wizzen wol fvriwar.
D i besten di wir an grammatica han.
Daz was donatus und Priscian.
Aristarcus man von reht sol.
Vnder di besten zelen wol.
Dyaletica hat auch ir driet.
Die sint die besten di si hier.
Aristotiles. Boecius.
Zeno unde Porphirius.
Retherica dev hat niht gar.
An fvnne leute beweist ir schar.
Die besten waren Tullius.
Quintilian. Sydonius.
An arismetica der beste was.
Crisippus unde Pytagoras.
An musica Gregorius.
Nicalus. Milesius.
An geometrie was Thales.
Der tewrist und Euclydes.
Der astronomie schar.
was maister Albumasar.
Ptholomeus uner was.
Vnde vervehter Athlas.
Seht der dehainer moeht nv fvr war
Jehen er chunde sein chunst gar.

II.

Wenn der blinde Bibliothekar Jorge von Burgos in Umberto Ecos Mittelalterkrimi *Der Name der Rose* (1980, dt. 1982) mit Gift darüber wacht, daß niemand Aristoteles' Schrift über das Lachen gefahrlos lesen kann, so spiegelt das (in drastischer Zuspitzung) die Berührungsängste der mittelalterlichen Geistlichkeit gegenüber der antiken Tradition. Denn die Kirche wachte darüber, daß an den Dom- und Klosterschulen nicht direkt aus den antiken Quellen gelehrt wurde. Bei den frühchristlichen Autoren gehörte es zum guten Ton, nachträglich zu bedauern, die Antiken studiert zu haben; und selbst wenn sie oft und ausgiebig aus den antiken Werken zitierten, erachteten sie diese für ihre Schüler und für die Nachwelt als nicht geeignet. Doch ab der Mitte des 9. Jahrhunderts hielten sich die auf dem Kontinent lehrenden Iren in ihrer großen Wißbegierde nicht mehr an diesen kirchlichen Standpunkt und machten unter anderem die spätantiken Werke von Augustinus (um 400), Martianus Capella (4. Jh.), Boethius, Cassiodor (um 500) und Isidor von Sevilla (um 600) für die Schulen an bestimmten regionalen Zentren zugänglich. Immer waren es jedoch vom frühen Mittelalter bis zur Gründung der ersten Universitäten nur einzelne sachkundige Gelehrte und Lehrer, die den spätantiken Lehrstoff vermittelten. Immerhin beherrschte seitdem die antike Musiklehre die mittelalterliche Theorie, auch wenn manches nicht der Praxis mittelalterlicher Kunstmusik entsprach und manches fehlerhaft übernommen oder überhaupt nicht begriffen wurde.

Im Mittelpunkt des mittelalterlichen Erziehungswesens, das durch die Einheit von Kirche und Schule geprägt war, standen die täglichen Gottesdienste, die Gebetszeiten des Chordienstes und die Messen, die den Tagesablauf gliederten. Als Aufgabe der Menschen galt, für Gott zu leben und gemeinschaftlich singend Gott zu loben. An den Kirchengesängen wurde die lateinische Sprache erlernt, und sie waren Grundlage der Gesangsausbildung. Ziel des Gesangsunterrichts war die Vorbereitung auf die vielfältigen Aufgaben im Gottesdienst. Wegen des sehr umfangreichen und zum Teil gesangstechnisch außerordentlich schwierigen Repertoires war diese Ausbildung besonders langwierig. Bereits die Kinder mußten für unsere Begriffe unglaublich viele Texte (unter anderem die 150 Psalmen) und Tausende von Melodien, die täglich variierten, auswendig lernen. Wie Agobard von Lyon um 840 forderte, sollten die Sänger von früher Kindheit bis ins Greisenalter alle Tage mit dem Erlernen und Festigen der liturgischen Melodien zubringen. Neben dem Erlernen der kirchlichen Gesänge gehörte eine Einführung in die Anfangsgründe der Musiklehre, sofern sie für den Choral von Wichtigkeit war, zur mittelalterlichen Musikerziehung (ohne Lehrplan und Schulprogramm). Nur wenige Lehrer waren in der Lage, darüber hinaus Musik als Wissenschaft zu unterrichten.

III.

Die Musik als Wissenschaft *(scientia, ars, disciplina)* gehörte zum Lehrstoff der *septem artes liberales,* der „Sieben Freien Künste", wie sie etwa für das mittelalterliche Jura-, Medizin- und Theologiestudium die Grundlage bildeten. Die Sieben Freien (d. h. eines freien Mannes würdigen) Künste umfaßten die folgenden Disziplinen: das Trivium der sprachlichen Fächer Grammatik, Rhetorik und Logik/Dialektik sowie das Quadrivium aus den mathematischen Disziplinen Arithmetik, Geometrie, Astronomie und Musik. In der zweigeteilten Psalterabbildung (34, S. 78) machen die Instrumente Glockenspiel, Orgel und Monochord die Verwurzelung der Musik im zahlenbezogenen Denken deutlich. Die Siebenzahl der Glocken und Pfeifen entspricht der Ordnung des griechisch-abendländischen Tonsystems, der Gliederung der Oktave in sieben Tonschritte. (Die 14 Pfeifen der Orgel bilden eine Doppeloktave.) Ihre abgestuften Größen- und Gewichtsverhältnisse führen die sogenannten pythagoreischen Zahlenverhältnisse der Intervalle vor Augen: So ergibt das Verhältnis 1:2 das Intervall einer Oktave, 2:3 das einer Quinte usw. Auf dem Monochord konnten diese Intervallverhältnisse durch Teilung der Saite demonstriert und eingeübt werden. Dieses und anderes Wissensgut zeichnete die Musik als mathematische Disziplin aus, und der mittelalterlichen Musikerziehung ging es letztendlich nicht um Fertigkeiten im Singen und Auswendiglernen von Gesängen und Psalmtonformeln, sondern um die Verankerung der Musik in einer auf Zahlenverhältnissen gegründeten Weltordnung: Musik als angewandte Zahlenlehre. „Wer hat die Musik erfunden? Pythagoras, der große Philosoph (Abb. 37, S. 83). Wie ist die Musik erfunden worden? Durch den Klang der Hämmer." Dieser Beginn eines Dialogs, entnommen einem Musiklehrbuch aus dem 11. Jahrhundert, spiegelt die Gewißheit des mittelalterlichen Musikdenkens wider, daß Pythagoras der Erfinder der Musik gewesen sei. Der Legende zufolge kam Pythagoras an einer Schmiede vorbei, in der fünf Gehilfen mit Hämmern auf einen Amboß schlugen; die Schläge auf den Amboß ließen, da die Hämmer unterschiedlich schwer waren, fünf unterschiedliche Töne erklingen, die nicht alle gut miteinander harmonierten. Pythagoras wog die Hämmer und stellte fest, daß diejenigen Hämmer mit dem Gewichtsverhältnis 1:2 eine Oktave ergaben, jene mit dem Gewichtsverhältnis 2:3 eine Quinte und jene mit dem Verhältnis 3:4 eine Quarte. (Den fünften Hammer, der vielleicht das mißtönende Intervall eines Ganztons hervorrief, warf der Philosoph – wie auch die Abbildung erkennen läßt – fort.) Die auf dieser Entdeckung aufbauenden Zahlenreihen, die pythagoreischen Proportionen, waren bis weit in die Renaissance hinein Ausgangspunkt für die spekulative Musiklehre, für die Konsonanzenlehre und für die Auffassung der Musik als angewandter Zahlenlehre. Die Zusammensetzung der Oktave aus sieben aufeinanderfolgenden Tönen entspricht nach pythagoreischer Auffassung den sieben Planeten Mond, Merkur, Venus, Mars, Jupiter, Saturn und Sonne. Klingendes Abbild ist die Siebenzahl der Orgelpfeifen und Glocken. „Musik ist Klang, bezogen auf Zahl, oder umgekehrt", heißt es ganz im Sinne der antiken Überlieferung 1321 in Paris bei dem intellektuellen Musiktheoretiker Johannes de Muris. Neu bei ihm war, daß er über den Tonraum hinaus auch den Zeitraum bis ins Kleinste mathematisch untergliederte. (Vier verschiedene Notenformen dienten dazu, das ganze System graphisch zu symbolisieren.) Ausgangspunkt seines Modells war die in der gesamten Mensuralmusik (der mehrstimmigen, gemessenen Musik) grundlegende Dreizahl als Verdreifachung der kleinsten Einheit. Durch mehrfache Multiplikation entstanden Werte bis zum 81fachen des kleinsten Wertes. Daraus erwuchs ein theoretisches und praktisches Gebäude, perfekt gegliedert wie die gotischen Kathedralen und die scholastischen Denkgebäude.

￼	3	81	longissima		
￼	2	54	longior		primus gradus
￼	1	27	longa	idem	
￼	3	27	perfecta		
￼	2	18	imperfecta		secundus gradus
■	1	9	brevis	idem	
■	3	9	brevis		
■	2	6	brevior		tertius gradus
♦	1	3	brevissima	idem	
♦	3	3	parva		
♦	2	2	minor		quartus gradus
↓	1	1	minima		

36 Organisation der Notenzeichen und -werte bei Johannes de Muris

Pythagoras als Erfinder der Konsonanzen wurde aber nicht selten eine zweite mythologische Gestalt hinzugesellt, nämlich Orpheus, der mit seinem Gesang die Steine erweicht und sogar die Toten erweckt haben soll. In dieser Gegenüberstellung sind Grundspannungen im Musikbegriff personifiziert, die in der Bedeutungsgeschichte bis heute präsent sind, die Spannung zwischen emotionaler Ergriffenheit und zahlenmäßiger Begründetheit, zwischen Improvisation und Konstruktion. Die mittelalterlichen Antworten auf die Frage, was die Musik sei, lassen sich denn auch zu zwei Hauptsträngen bündeln. Die eine Antwort orientiert sich ausschließlich an den Proportionen und Zahlenverhältnissen der Töne, die andere bezieht überdies das Machen von Musik mit ein. So definiert einerseits Jacobus von Lüttich (um 1320), bis in die Formulierung in der durch Boethius vermittelten antiken Tradition stehend, die Musik als „die harmonische Fähigkeit, den Zusammenklang der hohen und der tiefen Töne abzuwägen"; dem gegenüber steht das Verständnis von Musik als *modulatio*, d.h. als abgemessene und ausgewogene musikalische Bewegung, bei der die Stimme (der Stimmklang) bald in höhere, bald in tiefere Tonlagen geschickt werde. Die mathematische Form der Musik ging zwar auf die griechische Antike zurück, konnte aber durch den Vers aus der Weisheit Salomonis, daß Gott alles geordnet habe nach „Maß, Zahl und Gewicht", auch in der Bibel ver-

Die Musik im Denken des Mittelalters

ankert werden. Augustinus deutete den pythagoreisch-platonischen Gedanken einer auf Zahlenverhältnissen gegründeten Weltordnung ins Christliche um. Die Oktave mit dem Zahlenverhältnis 1:2 etwa verstand er als musikalische Versinnbildlichung des Erlösungsmysteriums. So verbanden sich in der mittelalterlichen Musikanschauung antikes, numerusbezogenes Denken mit einer theologisch-liturgischen, an der Vorstellung von der himmlischen Liturgie ausgerichteten christlichen Musikauffassung. Alle Musik, Gesang, Instrumentalspiel und Tanz waren für das mittelalterliche Denken Abbilder von Vorgängen außerhalb unseres Wahrnehmungsbereiches – ob im himmlischen Gottesdienst oder in der höllischen Gegenwelt (Abb. 34, S. 78).

IV.

„Hüten wir uns davor, an dem, was uns die *auctoritas* überliefert hat, etwas zu verändern", war die unerbittliche Forderung des Boethius, die auch für Musiktheoretiker des Mittelalters Geltung hatte. Seine jüngeren Kollegen der Karolingerzeit jedoch gaben der ehrwürdigen griechischen Musiktheorie, allem Autoritätsdenken zum Trotz, eine an der zeitgenössischen Musik ausgerichtete Einkleidung und Erweiterung. Einen entscheidenden Wandel gar machte das Verhältnis der Musiktheorie zur Praxis in dieser Zeit durch. Bis dahin hatte die philosophisch orientierte Musikbetrachtung eindeutig Vorrang vor der praktischen Musik gehabt. In der Karolingerzeit aber stieg die Musiklehre gleichsam zur Praxis herab; neben der spekulativen Theorie nach antikem Vorbild wandte sich das Fachinteresse neuerdings den lebendigen zeitgenössischen Gesangspraktiken zu, dem liturgischen Gesang und der Mehrstimmigkeit.

Voraussetzung mittelalterlicher Musiklehre bleibt die Begründung durch die *ars musica* aus dem Quadrivium der Septem artes liberales. Doch lehnt sich die Musiklehre seit der Karolingerzeit genauso an die sprachbezogenen Disziplinen Grammatik, Rhetorik und auch an die Poetik an und führt auf der Basis ihrer Lehrschriften die Musik zu textanaloger Eigenständigkeit. Einstimmige liturgische Musik ist immer Sprachvortrag, Wort und

37 Pythagoras beim Wiegen von Schmiedehämmern unterschiedlichen Gewichts und beim Anschlagen von Glöckchen (Miniatur in einer Handschrift aus Canterbury, um 1150; Cambridge, University Library, Ms. I, 1.3)

Ton gehören im Choral wie zwei Seiten einer Medaille zueinander. Und so ist die zugehörige Theorie eng mit den Disziplinen Grammatik und Rhetorik verbunden; die Analogien im elementaren Aufbau von Sprache und Musik legen es nahe, textbezogene Formkategorien auf die zu sichernden liturgischen Melodien zu übertragen. Formale Verhältnisse werden mit den Begriffen der Schwesterdisziplinen angesprochen; aus der Grammatik sind etwa die Termini Kürze und Länge sowie Begriffe der Abschnittbildung übernommen, aus der Rhetorik stammen Begriffe, die sich auf Entstehung und Ausführung von Gesängen beziehen. Beim Rückgriff auf die Rhetorik kann das Moment des Wirkens, aber auch der Gedanke des Schmückens leitend sein, die Grammatik wird als Methode systematischen Ordnens von Sprache herangezogen. Ja, durch bewußte Übernahme von Methoden, Kriterien und Denkhaltungen der Grammatik ist der Choral selbst zu einer Art Literatur geformt worden. Und nicht zuletzt auch der normative Zug der Musiktheorie dürfte auf den Einfluß der Grammatik zurückzuführen sein. Darüber hinaus haben die verwandten sprachbezogenen Disziplinen durch spezifische Denkhaltungen auf die Musiktheorie eingewirkt, die auch über das Mittelalter hinaus das Musikverständnis beeinflußten, etwa hinsichtlich Korrektheit, Angemessenheit und Wirksamkeit.

V.

Arnold Schönberg folgt mit seinem Diktum, daß „zuerst die Künstler den Weg gehen müssen und die Theoretiker ihn dann beschreiben", der verbreiteten Ansicht vom Primat der Musikpraxis über die Theorie. Doch ist das Verhältnis zwischen den beiden Bereichen weit vielschichtiger. Bereits in den ältesten Musiktraktaten der Karolingerzeit offenbart sich der doppelgesichtige Charakter von Musiktheorie, die sowohl „nachhinkt" wie voraus ist, sie reagiert auf eine vorausgehende Praxis und setzt gleichzeitig die Normen für die nachfolgende Praxis. *Liber enchiriadis de musica* (Handbuch über die Musik), so heißt der um 900 in Nordfrankreich verfaßte und anonym überlieferte Musiktraktat, der als ältestes Dokument die Mehrstimmigkeit als „Schmuck kirchlicher Gesänge" lehrt. Voraussetzung für eine lehrbare Mehrstimmigkeit ist, daß der einstimmige Gesang „durchrationalisiert" ist. Denn erst die Auflösung der Melodie in einzelne Tonstufen und Tonschritte ermöglicht ein rational begründetes und nachvollziehbares Zusammensetzen von mehrstimmiger Musik aus einzeln verfügbaren Elementen. Nach dem Vorbild der Grammatik bemüht sich der Autor dieses Traktats darum, die Musik selbst als eine Art Text zu begreifen und wie einen Text zu behandeln. Wie die Buchstaben der Sprache sollen auch die einzelnen Tonstufen und Tonschritte miteinander verbunden werden: „So wie die elementarischen und unteilbaren Bestandteile der Sprechstimme die Buchstaben sind, aus denen sich die Silben zusammensetzen, die ihrerseits die Wörter und Namen bilden und diese das Gewebe einer vollständigen Rede, so sind der Ausgangspunkt der Gesangsstimme die *phthongi*, die lateinisch *soni (musici)* (musikalisch geltende Töne) heißen. Und der Inhalt der gesamten Mu-

Die Musik im Denken des Mittelalters

siklehre mündet letztlich in deren Erklärung. Aus der Verbindung der musikalisch geltenden Töne entstehen die Intervalle (die Tonabstände, Tonstufen) und weiterhin aus den Intervallen die Systeme. Die *soni* sind in der Tat die Grundsubstanz des Gesanges. *Soni musici* aber werden nicht alle möglichen *soni* genannt, sondern nur diejenigen, welche aufgrund gesetzmäßiger gegenseitiger Abstände für das Melos geeignet sind."
Dieser Beginn des ältesten Mehrstimmigkeitstraktes ist in mehrfacher Hinsicht aufschlußreich:
Erstens: die praxisbezogene Musiklehre knüpft mit ihren Begriffen an die antike griechische Musiktheorie an, viele Aussagen dieses Traktatbe-

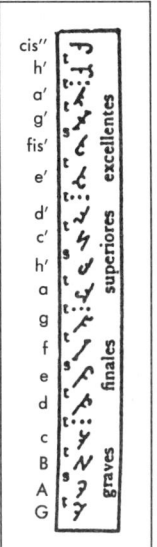

38 Tonordnung aus 18 Tönen, dargestellt durch Dasia-Zeichen

ginns greifen auf Autoren der Tradition längst vergangener Jahrhunderte zurück, neben dem allgegenwärtigen Boethius auf Chalcidius (4. Jahrhundert) und auf Aristoxenos (4. Jahrhundert v. Chr.).
Zweitens: die Musiktheorie wählt aus dem klingenden Stoff das aus, was musikalisch Geltung hat oder haben soll; aus dem Kontinuum der Frequenzen wird eine bestimmte Zahl von Tonstufen herausgefiltert, die dann als musikalische Töne ein Tonsystem bilden (Abb. 38).
Drittens: Musik wird als Sprache aufgefaßt. Dabei werden Sprache und Musik auf mehreren Ebenen analog gesetzt: die kleinsten, unteilbaren Elemente der Sprache sind die Buchstaben; ihnen entsprechen als Grundsubstanz des Gesanges die musikalisch geltenden Töne (griech. *phtongi*, lat. *soni musici*). Buchstaben und Töne sind die konstituierenden Elemente eines gegliederten Ganzen in Sprache und Musik.
Aus dieser Analogie ergeben sich im Lauf des Traktats zwei wichtige Folgerungen: Genauso, wie man das Schreiben und Lesen von Buchstaben lernt, ist auch das Notieren und Singen von Tönen lernbar. Und wie die Buchstaben nicht aufs Geratewohl zu Wörtern oder Silben verbunden werden können, so passen in der Musik nur bestimmte Intervalle zu *symphoniae* (Zusammenklängen) zusammen. Wenn hier nach dem Modell von Sprache und Grammatik über Musik geredet wird, werden auch in dieser Hinsicht Grundlagen des europäischen Musikverständnisses gelegt; wie selbstverständlich reden wir heute – auch bei reiner Instrumentalmusik – von Satz, Periode und Thema.

Essay

VI.

Heute, in der zweiten Hälfte des 20. Jahrhunderts, versucht ein Komponist wie John Cage, sich gegen jedes Organisieren, Beherrschen und Kontrollieren des musikalischen Materials zur Wehr zu setzen und mit kompositorischen Zufallsoperationen zu erreichen, „das Ich zum Schweigen zu bringen, so daß der Rest der Welt eine Chance hat, in die eigene Erfahrung des Ichs einzugehen, von innen wie von außen." In Anschauungen wie diesen leben Überzeugungen wieder auf, wie sie bis ins 16. Jahrhundert dem europäischen Denken vertraut gewesen sind. „Die Musik scheint sich auf alle Dinge zu erstrecken", formulierte der Musiktheoretiker Jacobus von Lüttich um 1320 und brachte darin zum Ausdruck, daß das Weltganze, vom kleinsten Gegenstand bis zu den Gestirnen, von Musik durchzogen ist – sei sie nun hörbar oder nicht. Wesen und Würde der Musik waren nach dieser Sicht, über das real Erklingende hinaus, in einer überirdischen unhörbaren Musik begründet: Alles, was sich bewegt, erzeuge Klang, und so entsprächen dem vollkommenen Lauf der Planeten in weiten Bahnen *(sphaerae)* um die Erde vollkommene Zusammenklänge.

Die Vorstellung von der *musica mundana*, der Himmelsmusik, ist vor der Trennung von Subjekt und Objekt, dieser Grundlage unseres westlichen neuzeitlichen Denkens, angesiedelt: „Die Weltseele wird mit Hilfe musikalischer Übereinstimmung zusammengehalten", heißt es – unter Berufung auf Platon – bei Boethius.

Boethius war es auch, der bei der Musik drei verschiedene Bedeutungsebenen unterschied: Abbild der Himmelsmusik *(musica mundana)*, Harmonie zwischen Seele und Körper *(musica humana)*, die real erklingende Musik *(musica instrumentalis)*. Dabei mag in diesem allegorischen Denkmodell die Musik in ihre heilsgeschichtlich-spirituellen, psychisch-verinnerlichten und praktisch-klanglichen Dimensionen aufgegliedert sein. Der erste, der mit dieser allegorischen Einteilung der Musik nichts anfangen konnte, war bereits um 1300 Johannes de Grocheo, Dozent an der Pariser Sorbonne. Als Angehöriger einer fortschrittlichen Wissenschaftsrichtung setzte er nicht mehr wie die meisten

39 Sitzende Figur mit Fidel (Westfassade der romanischen Kirche von Maillezais, Frankreich)
„Wenn auch manche Instrumente mit ihrem Klang die Gemüter der Menschen mehr bewegen, zum Beispiel bei Festen, Speerspielen und Turnieren die Pauke und die Trompete, so werden doch auf der Viella alle musikalischen Formen feinsinniger unterschieden" (Johannes de Grocheo)

zeitgenössischen Philosophen und Theologen auf die Bibel und Kirchenväter als alleinige Quellen der Erkenntnis, sondern bezog Erfahrungen mit der Wirklichkeit, mit Natur und Welt ein. Aus seiner Einsicht, daß die vielen regionalen Musikarten einer wirklichkeitsnahen Einteilung der Musik entgegenstehen, zog er die Konsequenz, sich auf die Musikarten und Musizierbereiche zu beschränken, die er in Paris, diesem damaligen kulturellen Zentrum Europas, als Augen- und Ohrenzeuge miterleben konnte.

Drei Hauptbereiche der Musik waren nach Johannes de Grocheo zu unterscheiden: die einstimmige liturgische Musik, die mehrstimmige Kunstmusik und als drittes ein Bereich, den er mit den schillernden Begriffen *musica vulgaris/vulgalis* benennt und dem all die verschiedenen musikalischen Gattungen (insgesamt 11) angehören, die zu einem friedlichen und tugendhaften Zusammenleben der verschiedenen Gruppen eines Staatsgefüges *(civilis)* beitragen: darunter Gesänge für die arbeitende Bevölkerung, in denen Kämpfe und Taten von Helden und Heiligen verherrlicht werden, Gesänge für die Dorfjugend zur Ausschmückung von Festen und großen Gelagen oder auch Instrumentalgattungen für Angehörige der privilegierten Schichten.

VII.

Das Mittelalter einschließlich seiner Musik ist gegenwärtig „in". Immer neue Ensembles treten hervor, die mittelalterliche Musik aufführen, von der sorgsam reflektierten Rekonstruktion verschollener mittelalterlicher Praktiken bis hin zum Mittelalter-Rock; auch für die Schallplattenproduktion ist die Musik des Mittelalters inzwischen eine gewinnbringende Sparte geworden. Selbst das Angebot an Platten mit Gregorianischen Gesängen nimmt in den Schallplattenkatalogen mehrere engbedruckte Spalten ein.

Zu bedenken ist, daß die globale Zeitraumbestimmung „Mittelalter" in mehrfacher Hinsicht problematisch ist. Sie kommt der weitverbreiteten Neigung entgegen, die ältere Geschichte perspektivisch verkürzt zu sehen, sie in den Kasten „dunkles Mittelalter" zu sperren und ihr einen einheitlich konservativen Menschen- und Musikertyp zuzuordnen. Dabei verstanden sich die Menschen jener Zeit von Generation zur Generation als „Moderne", als Angehörige eines „neuen" Zeitabschnitts, und sie meinten, im letzten Zeitalter der Geschichte zu leben. Der Begriff „Mittelalter" fördert darüber hinaus aber auch die populäre Ansicht von der zunehmenden „Beschleunigung" geschichtlicher (und eben auch musikgeschichtlicher) Prozesse – eine Ansicht, durch die beinahe ein Jahrtausend zu einem kontrast- und ereignisarmen „Zeitalter" komprimiert wird.

Fest steht, daß entscheidende Konstellationen und Umstände der europäischen Kultur auf die Zeit der Karolinger zurückgehen. Und auch für die europäische Musikgeschichte wurden wesentliche Grundlagen bereits im frühen Mittelalter gelegt. Denn es waren die musikgeschichtlichen Vorgänge dieser Zeit, die auf der einen Seite eine Musikpraxis (samt den später sogenannten musikalischen „Werken") hervorgebracht haben, die man als „europäisch-abendländisch" bezeichnen könnte. Sie haben auf der anderen Seite aber auch zu intensivem Nachdenken darüber geführt, welche Rolle Musik im intellektuellen Selbstverständnis der Zeit spielte und welche ihr zugedacht war, welche Aufgaben sie im sozialen Leben spielen konnte und sollte. Und bei diesem Nachdenken wurden von Anfang an sehr unterschiedliche Erwartungen und Überzeugungen an die Musik herangetragen, die das Denken über Musik wie das Komponieren seitdem bestimmten. Charakteristisch für die europäische Musik ist seitdem, daß sie heute nicht mehr ist, was sie gestern oder vor zehn oder vor tausend Jahren gewesen ist; permanente Veränderung, geschichtliche Dynamik wird denn auch oft als zentraler Wesenszug der europäisch-abendländischen Musik angegeben – wobei neben logischen und folgerichtigen Entwicklungen genauso auch unvorhersehbare Sprünge und Brüche, unkalkulierbare Risiken und Erschütterungen die Entwicklung bestimmten.

Unter den verschiedenen Möglichkeiten, sich aus heutiger Sicht mit dem Mittelalter zu befassen, ist vielleicht mit am provozierendsten der Versuch Umberto Ecos, verschiedenste Analogien zwischen dem Mittelalter und unserer Gegenwart herauszuarbeiten, das Gefühl etwa, in einer gefährlichen Zeit des Übergangs oder gar am Ende der Zeiten zu leben, die Probleme des Lebens in den bedrängten Städten, den Zerfall der zentralen Macht (damals war es Rom), im Bereich der Kultur zum Beispiel die Vorliebe für Bilder. Natürlich dürften andererseits auch gravierende Unterschiede zwischen dem Mittelalter und dem Heute nicht unterschlagen werden; der Hauptunterschied bestehe darin, so Eco 1985 in einem Interview mit der ZEIT, „daß der mittelalterliche Mensch auch dann, wenn er nicht eigentlich einer apokalyptischen Vision des Weltgeschehens anhing, das Gefühl hatte, die Geschichte müsse eine Art rationalen Schluß haben. Ihm ging unser Begriff des Fortschritts ab, der für uns die Geschichte in die Unendlichkeit öffnet, und ebenso unsere Vorstellung, daß sie wahrscheinlich ein irrationales Ende nehmen werde: daß morgen – pfff! – alles ohne Grund in die Luft fliegen kann. Im Mittelalter wußte man, daß die Geschichte zu einem Ende kommen würde, aber dieses Ende war kein Zufall, es gehörte in einen rationalen göttlichen Plan. Wir besitzen eine Vorstellung von dem möglichen Triumph des Nichts, die dem Menschen des Mittelalters fehlte. Das ist der radikale Unterschied."

Kapitel 3
Mehrstimmige Musik des Mittelalters

Einführung

Mit dem Aufkommen der Mehrstimmigkeit im Mittelalter beginnt nicht nur ein neuer Zeitabschnitt in der Musikgeschichte. Vielmehr zeigt sich hier etwas prinzipiell Neues, das seitdem zum Wesen europäisch-abendländischer Musik überhaupt gehört. Dieses Neue in seinem Entstehen und seiner ersten Entfaltung zu verfolgen, hat einen besonderen Reiz. Denn wenngleich intensivere Kenntnis außereuropäischer musikalischer Hochkulturen uns heute die abendländische Mehrstimmigkeit nicht mehr ohne weiteres als höchste Ausprägung von Musik erscheinen läßt, bleiben uns doch genug Gründe, ihren Anfängen nachzuspüren. Es ist die Musik, in deren Vergangenheit wir uns und unsere Gegenwart begreifen können. Es ist die Musik, die seitdem in einem über 1000 Jahre währenden Prozeß eine nahezu unübersehbare Vielfalt an Erscheinungsformen und unterschiedlichsten Strukturen hervorgebracht hat, die alle auf jene Anfänge zurückgeführt und aus ihnen abgeleitet werden können. Es sind vor allem drei grundlegende Kriterien der abendländischen Musik, die bereits die Entwicklung der mittelalterlichen Mehrstimmigkeit bestimmen: *Notenschrift, Komposition* und *Geschichtlichkeit*.
Es hat zwar auch außerhalb Europas Systeme zur Bezeichnung und Benennung von Tönen gegeben, doch nur das Abendland hat eine eindeutige, differenzierte und vielfach mit der Musik selbst sich wandelnde Notenschrift hervorgebracht. Daher war die Notenschrift während des ganzen Mittelalters und auch noch später ein wichtiges Teilgebiet der Musiktheorie (zur Antike ▷ 1.18). Ihre Regeln wurden gelehrt, ihre Brauchbarkeit kritisch überprüft, ihre Formen in mehreren Stufen verändert, erweitert und den Erfordernissen der jeweils neuen Musik angepaßt. Nur durch schriftliche Fixierung kann Musik über ihren bloß gegenwärtig erklingenden Vollzug hinaus aufbewahrt werden. Nur durch Aufzeichnung kann man sie später wieder zum Erklingen bringen. Diese uns so selbstverständlich erscheinende Tatsache ermöglicht einen anderen Zugang zu Tönen und Klängen als in außereuropäischen Kulturen. Dort war Musik stets dargebotenes Ereignis, gebunden an den Augenblick ihres Erklingens. Ihre Formen, Techniken und Darstellungsweisen mußten mündlich gelehrt und durch Praxis weitergereicht werden, vom Lehrer auf den Schüler übertragen in einer ständigen Traditionskette von Vorbild und Nachahmung. Das Vorbild war später nur noch dem Gedächtnis gegenwärtig und unterlag somit naturgemäß unwillkürlichen Veränderungen. Mit der Notenschrift (▷ 2.14–19; 2.24) bleibt das Vorbild erhalten und gewährleistet, zwar unvollkommen, da es erst wieder realisiert und interpretiert werden muß, so doch im Hinblick auf das, was sich aufzeichnen läßt, ein authentisches, überprüfbares und befragbares Original. Allerdings ist die bewußte, künstlerisch geplante Zusammenfügung von Tönen, die Komposition, als aufgeschriebenes, bleibendes musikalisches Werk zu Beginn der mittelalterlichen Mehrstimmigkeit erst in Ansätzen greifbar, sie bildet sich allmählich und stufenweise heraus. Aber die Möglichkeit dazu ist durch die Notenschrift prinzipiell geschaffen. Notenschrift und Komposition, Aufzeichnung, Aufbewahrung und Werkcharakter bedingen Geschichtlich-

keit, und das heißt vor allem geschichtliche Veränderung. Kompositionen veralten, jüngere Musiker entwickeln andere Form- und Klangvorstellungen als ihre Vorgänger, sie wollen – meist sehr bewußt – Neues schaffen. Die Auseinandersetzung mit dem gerade Vergangenen, die Präsentation von Neuem – Ars nova, Nuove musiche, Novatoren, Neue Musik, Moderne, Avantgarde und ähnliche Kennwörter sind hierfür bezeichnend – bestimmen die europäische Musikgeschichte seit dem hohen Mittelalter. Dabei wurde das jeweils Neue von den Zeitgenossen oft als radikale Veränderung empfunden, von den Initiatoren begeistert propagiert, von den Traditionalisten heftig befehdet. Erst aus späterer Sicht lassen sich die vielfachen Verbindungen und Überschneidungen zwischen Alt und Neu als Einheit europäischer Musik- und Kulturgeschichte deutlicher erkennen.

Die Vielfalt, Ausdrucksstärke und kunstvolle Durchbildung der mittelalterlichen Musik ist heute noch viel zu wenig bekannt. Das liegt einerseits an der späten Entdeckung beziehungsweise Aufarbeitung der entsprechenden Quellen, andererseits an der unvollständigen Kenntnis der zeitgenössischen Aufführungspraxis. Auch ist diese Musik durch ihre Form und Bestimmung nicht ohne weiteres in die festgelegten Sparten unseres Konzertlebens einzugliedern. Immerhin gibt es inzwischen eine Reihe von Schallplatten, die einen guten Eindruck dieser Kunst vermitteln und auch dem heutigen Hörer etwas von ihrer Faszination verlebendigen.

Die mittelalterliche Musik folgt in einigen Punkten anderen Gesetzen als die Musik der Neuzeit. Sie ist zwar tonal konzipiert, also auf eine tonalitätsbedingte Grundtönigkeit bezogen, in diesem Punkte meist sogar recht klar und einfach zu durchschauen, aber die Regeln der Harmonielehre und des Kontrapunkts, die aus späteren Stilepochen abgeleitet sind, treffen auf sie naturgemäß kaum zu. Der Dreiklang etwa spielt in ihr noch keine zentrale Rolle. Das bedeutet, daß wir ihr gegenüber eine andere Höreinstellung entwickeln müssen, um ihre Eigenheit und oft herbe Schönheit angemessen aufzunehmen. Ferner gilt ein anderes Verständnis von Komposition.

Komponieren war im Mittelalter, mit geringen Ausnahmen, stets ein Erweitern, Ansetzen, Ausschmücken und Verändern von etwas bereits Gegebenem. Der Komponist ging fast immer von vorhandenem Material aus. Dieses Material, den *Cantus firmus* oder *Cantus prius factus* (Gesang, der schon vorher gemacht worden ist), formte er um und setzte ihm etwas Neues hinzu. Darin liegt ein bedeutender Unterschied zur freien, nur sich selbst verpflichteten Schaffensweise vor allem der Klassik und Romantik, und das hat natürlich erhebliche Folgen für den Bau und die Gesetzlichkeit des musikalischen Werks, ja für den Begriff des musikalischen Kunstwerks selbst. Der Musikinteressierte, dem die Stile, Gattungen und Ausdrucksformen der letzten Jahrhunderte vertraut sind, betritt mit der mittelalterlichen Mehrstimmigkeit ein für ihn weitgehend fremdes Terrain, das jedoch reizvolle neue Eindrücke vermittelt und ihm in vieler Hinsicht den Ursprung späterer Entwicklungen erschließt.

Die Anfänge der Mehrstimmigkeit: frühes Organum

Mittelalterliche Mehrstimmigkeit tritt uns erstmals im 9. Jahrhundert eindeutig beschreibbar entgegen. Noch nicht als Komposition, sondern als Lehre, als Anweisung, zu einem gegebenen (Gregorianischen) Gesang eine zweite Stimme hinzuzufügen. Dies ist die Keimzelle aller späteren polyphonen Entwicklungen und findet sich unter anderem in einer damals weit verbreiteten, das heißt oftmals abgeschriebenen lateinischen Abhandlung *Liber enchiriadis de musica,* genannt *Musica enchiriadis* (▷3.2), deren Verfasser nicht bekannt ist. Die hier beschriebene Technik, die bereits praktiziert oder mindestens in Ansätzen in Gebrauch gewesen sein muß, nennen andere Theoretiker dieser Zeit *Organum*. Das bedeutet „Werkzeug, Instrument, Orgel" und läßt darauf schließen, daß instrumentale Praxis die Entstehung von Mehrstimmigkeit beeinflußt hat.

Mehrstimmige Musik des Mittelalters

3.1 Entstehungsbedingungen

Offenbar hat eine Reihe von Bedingungen zusammengewirkt, um das frühe *Organum* als Theorie und Praxis mehrstimmigen Singens noch vor dem Ende des ersten Jahrtausends hervorzubringen. Zu diesen Bedingungen gehören 1. die griechische Musiktheorie des Altertums, die bereits Intervalle nach ihrem Klangwert und nach ihren Zahlenverhältnissen untersucht und beschrieben hatte (▷ 1.13–16); 2. spätantike römische Festmusiken mit Beteiligung vieler Instrumente, die in einer Vorform der Mehrstimmigkeit (vielleicht Heterophonie, das heißt vielfache Umspielung einer Hauptstimme) erklungen sein mögen; 3. die sogenannte Paraphonie, eine spätestens für das 7. und 8. Jahrhundert anzunehmende Praxis der päpstlichen Kapelle (Schola cantorum), zu einem gegebenen Gesang in Quarten oder Quinten parallel laufende Stimmen zu singen; 4. eine klangorientierte Musikpraxis im nördlichen Europa (sogenannte „primäre Klangformen"), die zwar schriftlich nicht belegt ist, mit der aber aufgrund von Instrumentenfunden (paarweise aufeinander abgestimmten Luren) und Äußerungen des römischen Geschichtsschreibers Tacitus (*um 55, †nach 115) gerechnet werden kann.

Entscheidend ist, daß alle diese Bedingungen zusammenwirkten, und zwar in einer bestimmten geschichtlichen Situation (Ausbreitung des Frankenreiches, Christianisierung des Nordens), in der die Völker südlich und nördlich der Alpen in einen verstärkten Kontakt miteinander kamen. Damit berührten sich eine mittelmeerische, vorwiegend melodisch orientierte Musikkultur und eine mehr klanglich orientierte des (germanischen) Nordens. Ferner ergab die Verbreitung über Italien hinaus die Notwendigkeit, christliche Gesänge und damit zusammenhängende musikalische Techniken aufzuschreiben, um sie anderen Völkern weitergeben zu können. Dieser Gesichtspunkt betrifft im übrigen nicht nur die frühe Mehrstimmigkeit. Auch die Erfindung der Neumen (▷ 2.14) zur Aufzeichnung einstimmiger Gregorianischer Gesänge diente unter anderem der Lehre und Weitergabe an Fremde nördlich der Alpen.

3.2 „Musica enchiriadis": das erste schriftliche Zeugnis

Die *Musica enchiriadis* (verfaßt vor 900) lehrt zwei Arten des Organums:

1. Das *Quintorganum:*
Zu einer gegebenen Stimme (dem Cantus firmus) tritt eine zweite im Abstand einer Quinte tiefer (Abb. 40). Beide Stimmen können zusätzlich oktaviert werden, wobei natürlich wiederum nur Quinten und Quarten entstehen (Abb. 41).

Sit glo - ri - a Do-mi- ni in sae-cu- la

41 Quintorganum mit Oktavierungen

2. Das *Quartorganum:*
Beide Stimmen beginnen mit dem gleichen Ton (im Einklang). Während die Oberstimme, der Cantus firmus oder die *vox principalis* (Hauptstimme), aufsteigt, bleibt die hinzugesetzte zweite Stimme, die *vox organalis*, solange auf ihrer Tonstufe, bis das Intervall einer Quarte zur Oberstimme erreicht ist. Beide Stimmen bewegen sich sodann in parallelen Quarten weiter, finden sich aber am Schluß einer Zeile wieder im Einklang zusammen (Abb. 42, S. 92).

Während das Quintorganum ein Parallelsingen lehrt, das sicherlich schon lange umgangsmäßig praktiziert wurde, das auch in verschiedenen Formen in außereuropäischen Musikkulturen auftritt und eigentlich noch keine Mehrstimmigkeit mit voneinander unabhängigen musikalischen Linien darstellt, ist beim Quartorganum gerade diese Selbständigkeit zweier Stimmen gegeben. Das Quartorganum ist also das eigentlich Neue und Faszinierende aus dieser Frühzeit der europäischen Musik. Das kurze, unscheinbare Beispiel der *Musica enchiriadis* enthält im

vox principalis: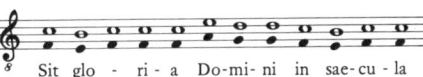
vox organalis:

Sit glo - ri - a Do-mi- ni in sae-cu- la

40 Quintorganum der „Musica enchiriadis" (Übertragung in Linien-Notenschrift)

Kapitel 3

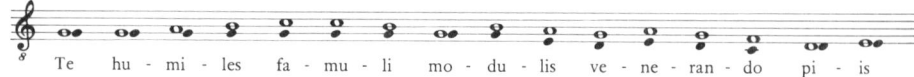

42 Quartorganum der „Musica enchiriadis" (Übertragung in Linien-Notenschrift)

Keim wichtige Prinzipien späteren Komponierens. Es zeigt in jeder Zeile ein Anfangen, eine Mitte mit Höhepunkt und ein Schließen und damit grundlegende Formkriterien im Sinne einer Werkgestalt. Es benutzt unterschiedliche Klangqualitäten (Konsonanzen und Dissonanzen), die nach einem Gesetz aufeinander folgen. Es lehrt eine lineare (horizontale), eigenständige Stimmführung, die sich gleichwohl am (vertikalen) Zusammenklang orientiert. Dies alles ist nur keimhaft vorhanden auf einer ganz einfachen, elementarsten Stufe. Aber es markiert in seiner Neuartigkeit den Beginn abendländischer Mehrstimmigkeit. Im 9. Jahrhundert gab es noch keine Notenschrift mit Punkten und Linien (▷ 2.24), wohl aber (seit der Antike) Namen für die Töne. Interessant ist, wie der Autor der *Musica enchiriadis* seine Beispiele notiert (Abb. 43). Vorn stehen in einer senkrechten Leiste die Tonnamen (und zwar in sogenannten *Dasia-Zeichen* [▷ 2.14], die griechischen Notenzeichen nachgebildet sind – in unserem Beispiel sind in Klammern die heutigen Notennamen davorgesetzt). Dann werden die zu singenden Silben einfach in ihrer jeweiligen Tonhöhe eingetragen, was übersichtlich und leicht zu durchschauen ist. Welch einen weiten Weg die Notenschrift noch zu gehen hatte, wird an dieser Stelle deutlich.

3.3 Ausbreitung der Organumlehre

Die geschichtliche Tragweite der Organumlehre darf nicht den Blick dafür verstellen, daß sie als praktische mehrstimmige Musikausübung zu Anfang und lange Zeit hindurch nur die Ausnahme im Rahmen der vorherrschenden einstimmigen mittelalterlichen Musik der Kirche (Gregorianik), des Adels (Minnesang) und des Volkes (einstimmige Lieder und Tänze) bildete. Ohnehin ist das Organum beschränkt auf die geistliche, vorwiegend klösterliche Sphäre. Im Rahmen der Liturgie tritt es nur an besonderen Stellen auf als etwas Seltenes, Herausgehobenes, als Schmuck und Zusatz zur normalen gregorianischen Einstimmigkeit. Aus vergleichbaren Motiven des Schmückens und erweiternden Hinzusetzens sind innerhalb der Einstimmigkeit die Tropen (▷ 2.12) zu verstehen. Immerhin findet die Organumlehre zu Beginn des zweiten Jahrtausends schon eine etwas stärkere Verbreitung, wie etwa deren Eingliederung in die Abhandlung *Micrologus de disciplina artis musicae* (1025) des bedeutenden Musiktheoretikers Guido von Arezzo (▷ 2.24) zeigt. Ihre Veränderungen und Erweiterungen im 11. Jahrhundert lassen sich heute nicht mehr lückenlos belegen. Wohl aber läßt sich das Organum um 1100 anhand einer anonymen, aus Frankreich stammenden Abhand-

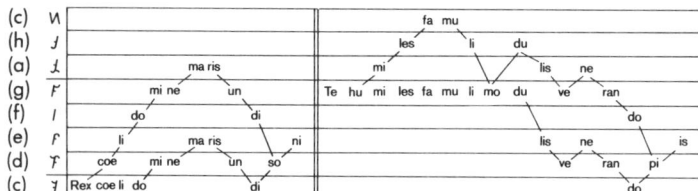

43 Quartorganum der „Musica enchiriadis" in der originalen Art der Aufzeichnung (heutige Tonnamen in Klammern davorgesetzt)

lung, des sogenannten Mailänder Traktats (weil in der dortigen Bibliotheca Ambrosiana aufbewahrt), und eines Kapitels aus der Schrift *De musica cum tonario* von Johannes Affligemensis (nach 1100) gut beschreiben (Abb. 44). Die hinzuerfundene zweite Stimme (vox organalis) ist nun beweglicher und selbständiger geworden. Stimmkreuzung ist zugelassen, sogar erwünscht, und die Tendenz geht dahin, diese vox organalis im Unterschied zu früher generell als Oberstimme über den grundierenden Cantus firmus (vox principalis) zu legen. Die Klanglichkeit wird farbiger, da alle Intervalle benutzt werden können. Nur am Anfang und am Ende einer Zeile müssen vollkommene Konsonanzen (Einklang, Quarte, Quinte, Oktave) stehen. Noch immer allerdings handelt es sich nicht um Kompositionen, sondern um Beispiele für die improvisierte Ausführung. Dabei kann und soll die vox organalis gelegentlich verziert werden. Geschieht dies, so erklingen – und das ist eine wichtige Neuerung – zu einem Ton der Hauptstimme mehrere Töne in der Zusatzstimme, wie es das Alleluja in Abbildung 44 am Schluß beispielhaft zeigt.

3.4 Das „Winchester Tropar". Frühe englische Kompositionen

Ein interessantes, leider aber kaum entschlüsselbares Beispiel frühen Komponierens bietet eine englische Sammlung des 11. Jahrhunderts von über 150 zweistimmigen Organa aus Winchester (heute: Cambridge, Corpus Christi College, Manuskript 473). Ein Mönch, der sich selbst als „Wulfstan" einführt, hat darin Sologesänge der Messe (z. B. Alleluia-Gesänge) einschließlich einer Reihe

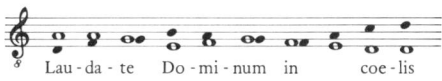

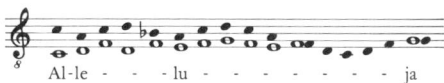

44 Organumbeispiele des Johannes Affligemensis (mit Stimmkreuzung) und des Mailänder Traktats (mit verzierendem Melisma vor dem Schlußton)

von Kyrie-, Gloria- und anderen Tropen (▷ 2.12) aufgezeichnet, die teilweise vielleicht sogar von ihm selbst komponiert wurden. Jedenfalls vermittelt das *Winchester Tropar* ein Bild reichhaltigen zweistimmigen Singens und wohl auch Spielens (einige Textstellen lassen ein Mitzupfen auf einem Saiteninstrument vermuten) und erstmalig das Bestreben, solche Praxis übersichtlich zusammenzufassen und schriftlich zu bewahren. Allerdings standen dem Schreiber noch nicht die Mittel zur Verfügung, die Gesänge eindeutig lesbar aufzuschreiben. Die Notierung erfolgte in linienlosen Neumen (▷ 2.17), die nur ein ungefähres Bild des Tonverlaufs ermöglichen (Abb. 45, S. 94). Hinzugesetzte Tonbuchstaben sowie gelegentliche Abkürzungen für „steigen", „fallen" und ähnliches zeigen den Willen zu einer Präzisierung der Aufzeichnung, reichen aber nicht aus für eine authentische Übertragung, die auch dadurch noch erschwert wird, daß die beiden Stimmen nicht übereinander, sondern in getrennten Stimmbüchern notiert sind. Es läßt sich nicht einmal zweifelsfrei klären, welche Stimme die höhere und welche die tiefere sein soll. So bleibt das *Winchester Tropar* zwar ein bedeutender, frühester Beleg mittelalterlicher Komposition, dennoch aber ein fast stummes Zeugnis, klanglich für uns kaum zu realisieren.

Komposition im hohen Mittelalter

Gegenüber dem frühen Organum des 9.–11. Jahrhunderts, das gewissermaßen die Möglichkeiten mehrstimmigen Singens erprobt und in Regeln und Beispielen darbietet, stellt die Musik des 12. und beginnenden 13. Jahrhunderts – die Organa von Saint-Martial und Santiago de Compostela sowie vor allem das umfangreiche Repertoire der Notre-Dame-Schule – eine quantitativ und qualitativ neue Stufe in der Entwicklung der

Kapitel 3

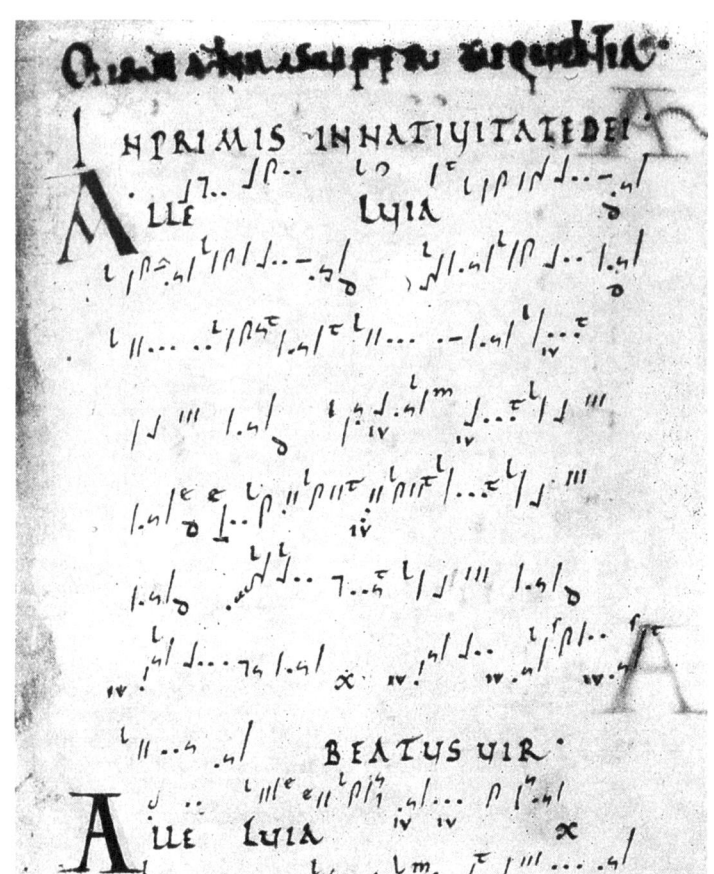

45 Organumstimme eines „Alleluja" aus dem „Winchester Tropar" mit linienlosen Neumen (Cambridge, Corpus Christi College, Ms. 473)

mittelalterlichen Mehrstimmigkeit dar. Im eigentlichen Sinne beginnt erst mit diesen Organa abendländische Komposition, und um so mehr erstaunt uns ihr Reichtum und die hohe Kunst ihrer musikalischen Durchbildung. Es entstehen geordnete Sammlungen von Musikstücken unterschiedlicher Typik und differenzierter Struktur, gebunden an bestimmte liturgische Zwecke. Es bilden sich Gattungen und Formen heraus. Und erstmals werden Namen von Komponisten bekannt (Leoninus und Perotinus), die offenbar in je eigenständiger Weise und mit klarer künstlerischer Zielvorstellung das musikalische Material gestalten.

Die Zweistimmigkeit ist zunächst noch die Regel. Erst im Laufe der Notre-Dame-Epoche wird die neuartige und folgenreiche Erweiterung zur Drei- und Vierstimmigkeit vollzogen, ebenso der bedeutsame Schritt von einer freieren zu einer klar festgelegten metrischen Ordnung. Dies wiederum stellt neue Ansprüche an die Eindeutigkeit der schriftlichen Aufzeichnung. Komposition und Notation bedingen sich wechselseitig. Das musikalische Werk, das jetzt erstmals greifbar wird, verlangt ein ihm adäquates Schriftbild. Schließlich und nicht zuletzt werden durch die Entstehung größerer, anspruchsvoller Kompositionen neue Maßstäbe für die künstlerische Qualität der Ausführung gesetzt.

3.5 Saint-Martial. Geistliche Lieder in Südfrankreich und Spanien

Die wichtigste Pflegestätte der Mehrstimmigkeit im 12. Jahrhundert war das Kloster Saint-Martial in Limoges (Südfrankreich). Über 90 zweistimmige geistliche Lieder sind uns von dort erhalten. Da Saint-Martial zugleich auch ein Zentrum des einstimmigen geistlichen Gesangs war (der Sequenz, ▷ 2.11, und des Tropus, ▷ 2.12), ist es verständlich, daß gerade diese Liedgattungen nun auch in zweistimmiger Bearbeitung auftreten. Wir finden hier vor allem sogenannte *Benedicamus-Domino-*Tropen, das sind melodische und textliche Erweiterungen der Schlußformel für Messe und Stundengebet, die nun noch einmal durch die Zweistimmigkeit in besonderer Weise musikalisch erweitert und ausgeschmückt wurden.

Die Satztechnik der Saint-Martial-Organa läßt sich als Weiterentwicklung des frühen Organums verstehen. Der Cantus firmus liegt nun grundsätzlich unten, die neu komponierte Stimme darüber. Diese Oberstimme konnte schon früher improvisierend durch Verzierungen aufgelockert werden. Jetzt wird diese verzierte Gestaltung gewissermaßen zum Kompositionsprinzip. Damit wird die Oberstimme eine eigenständige, charakteristische Gesangslinie, ein frei schwingendes, bewegliches Gegenelement zum ruhigeren Cantus firmus. Über die rhythmische Ausführung gibt die Notierung keine Auskunft (das beginnt erst in der Notre-Dame-Schule). Allerdings war das auch noch nicht notwendig, da sich die Sänger der Unterstimme mit ihren längeren Tönen leicht nach dem – sicherlich freien und variablen – Tempo des Oberstimmen-Solisten richten konnten. Neben dieser Satzart treten, auch in ein und demselben Stück, Partien auf, in denen beide Stimmen gleich viele Töne enthalten (Abb. 46), also auch Ton für Ton übereinander erklingend auszuführen waren. Diese Satztechnik tritt in zwei Arten auf, entweder Silbe gegen Silbe (in Abb. 46: „na-tum in pa-la-") oder Melisma (Folge von Tönen, die auf nur einer Textsilbe gesungen werden) gegen Melisma (in Abb. 46: „ci ---o"). Umgekehrt gibt es Partien, in denen der Cantus firmus im Verhältnis zur Oberstimme sehr lang gedehnt wird. Das ist besonders auffällig in dem nicht seltenen Typus des doppeltextigen *Benedicamus-Domino-*Tropus, der die ursprüngliche gregorianische Weise in die Haltetöne der Unterstimme auseinanderlegt und den neuen tropierenden Text den reichen Girlanden der Oberstimme zuweist.

Die Satztechnik mit gleich vielen Noten in jeder Stimme nannte man *Discantus* (wörtlich „Auseinandergesang"), die Satztechnik mit vielen Oberstimmennoten und wenigen Haltetönen hieß einfach *Organum*. Man nennt diese zweite Technik heute üblicherweise *Haltetonfaktur* und die entsprechenden Teile *Haltetonpartien,* um Verwechslungen mit dem übergeordneten Begriff „Organum", der ja die gesamte Cantus-firmus-gebundene, mehrstimmige Komposition dieser Zeit bezeichnet, zu vermeiden.

Im Prinzip die gleiche Kompositionsweise wie die von Saint-Martial zeigen die etwa 20 Organa aus dem *Codex Calixtinus* (um 1140) des nordwestspanischen Wallfahrtsortes Santiago de Compostela (Archivo de la Catedral). Überraschenderweise gibt es ein Wallfahrtslied aus Santiago, das dreistimmig überliefert ist. Es läßt sich allerdings nicht klären, ob die dritte – später hinzugefügte – Stimme wirklich zusätzlich zu den anderen beiden erklingen sollte oder ob sie nur eine – vereinfachte – Alternative zur bewegteren Oberstimme darstellt. Wäre das Stück tatsächlich dreistimmig gemeint, so stellte es einen interessanten Vorgriff auf eine der wichtigsten Neuerungen der reifen Notre-Dame-Epoche dar.

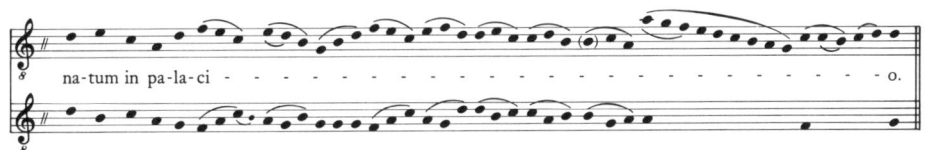

46 Schluß eines Tropus zum Weihnachtsgraduale „Viderunt omnes fines" aus Saint-Martial

3.6 Die Notre-Dame-Schule

Im Jahre 1163 wurde in Paris der Bau der großen gotischen Kathedrale Notre-Dame begonnen. Etwa um die gleiche Zeit formierte sich dort eine berühmte Sängerschule, die bis etwa 1250 ein musikalisches Zentrum von großer Ausstrahlung bildete. Die zu ihrer Zeit berühmten, dann lange Zeit hindurch ganz vergessenen Werke der Schule von Notre-Dame wurden erst gegen Ende des 19. Jahrhunderts wiederentdeckt und als der erstaunenswert vollendete Beginn gültigen abendländischen Komponierens erkannt. Glücklicherweise sind sie auch hervorragend überliefert in drei großen Handschriften aus dem 13. Jahrhundert und einer Reihe weiterer Quellen. Zwei dieser Handschriften befinden sich in Wolfenbüttel, Herzog August Bibliothek, Codex Helmstedt 628 und 1099, die dritte in Florenz, Bibliotheca Mediceo Laurenziana, pluteo 29,1.

Zwei Musiker, Leoninus und Perotinus, sind als die führenden Komponisten dieser Stilperiode bekannt geworden, und zwar aus der Abhandlung eines anonymen englischen Musikschriftstellers des späten 13. Jahrhunderts, genannt Anonymus IV (in: *Scriptorum de musica medii aevi,* Band 1, herausgegeben von E. de Coussemaker, 1864).

Ungefähr zur Zeit der Notre-Dame-Epoche entfaltete sich in der Geschichte der Architektur eine erste Hochblüte des gotischen Kathedralbaus. Man hat daher die Musik des 12. und 13. Jahrhunderts auch als „Musik der Gotik" bezeichnet. Allerdings lassen sich Gemeinsamkeiten zwischen den verschiedenen Künsten nur in sehr allgemeiner Weise formulieren. Außerdem erstreckt sich die Gotik in der Baukunst über mehrere Jahrhunderte, gilt also für einen Zeitraum, in dem die Musik recht unterschiedliche Stilentwicklungen durchlaufen hat.

3.7 Leoninus: der zweistimmige Grundbestand

Das Organum der Notre-Dame-Schule tritt nicht mehr wie in Saint-Martial (▷ 3.5) als liturgischer Zusatz, als liedhaftes Gebilde neben den einstimmigen Gregorianischen Cho-

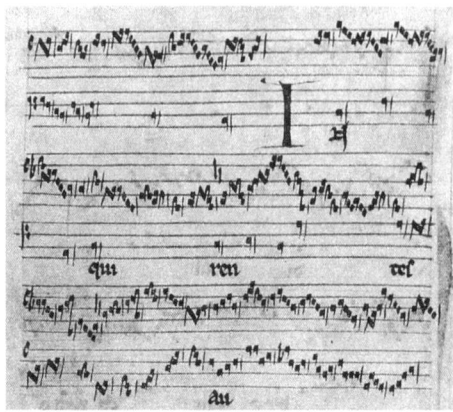

47 „Inquirentes autem" aus dem Graduale „Timete" (Wolfenbüttel, Herzog August Bibliothek, Codex Helmstedt 628)

ral (vgl. Kapitel 2), sondern es ist selbst Choralbearbeitung und somit Bestandteil der Liturgie. Es benutzt ausgewählte Teile des liturgischen Choralgesangs als Cantus firmus oder, wie es jetzt heißt, als *Tenor* („tēnor", mit Betonung auf der ersten Silbe, heißt Haltestimme). Zweistimmig bearbeitet werden das Graduale und das Alleluia der Messe (▷ 2.8) sowie die Matutin- und Vesper-Responsorien des Offiziums (▷ 2.9). Das sind Gesänge, die bereits in der einstimmigen Form besonders kunstvoll durchgebildet waren und einen entsprechend anspruchsvollen Vortrag erforderten, weil sie liturgische Funktion hatten, nach einer Lesung zur stillen Besinnung auf das Bibelwort anzuregen.

Diese Gesänge wechselten als Teile des Propriums (▷ 2.8) von Sonntag zu Sonntag. Für den zweistimmigen Vortrag mußten sie also jeweils neu komponiert werden. Es ist die bewundernswerte Leistung des Leoninus, der um 1163 bis 1190 in Paris wirkte, einen ganzen Zyklus solcher zweistimmigen Meß- und Offiziumsgesänge für die Heiligenfeste und besonderen Festtage des Kirchenjahres geschaffen zu haben. Dieser Zyklus bildet das Zentrum jeder der drei großen Notre-Dame-Handschriften. Er wurde als *Magnus liber organi de gradali et antiphonario* bezeichnet und hat Leoninus den Ruhm des größten Organum-Komponisten („optimus organista" nennt ihn der englische Anonymus IV, ▷ 3.6) eingetragen.

Mehrstimmige Musik des Mittelalters

Das Notre-Dame-Organum ist länger, ausladender als die Gesänge von Saint-Martial, und es ist deutlicher in die zwei kontrastierenden Kompositionsarten der Halteton- und der Discantuspartien (▷ 3.5) gegliedert (Abb. 47 und 48). Zugrunde liegt immer die entsprechende gregorianische Melodie, die in dem abgebildeten Stück aus dem Graduale *Timete* zum Allerheiligenfest stammt. Der erste Teil („In-qui-ren-") ist die Haltetonpartie und zeigt deutlich, wie ein ursprünglich knapper, einheitlicher Melodiebogen, jetzt weit auseinandergezogen, mit jedem seiner einzelnen Töne Klangfundament eines Abschnitts wird, über dem sich die hinzukomponierte zweite Stimme (das *Duplum*) in frei fließenden melodischen Linien bewegt. Anfang und Ende eines Abschnitts bilden stets vollkommene Konsonanzen, die Oberstimme setzt oft (wie auch hier) mit einer charakteristischen Untersekundverzierung ein (siehe den Beginn des Duplums mit den Tönen c–d).

Der zweite Teil („tes") hatte schon in der gregorianischen Vorlage ein langes Melisma. Solche Teile konnte man nicht als Haltetonpartien vertonen, das hätte zu einer überdimensionierten Länge geführt. Man komponierte sie als Discantuspartien (auch Klauseln genannt), in denen das Duplum nicht wesentlich mehr Noten aufweist als der Tenor. Im Unterschied zu den rhythmisch freien Haltetonpartien sind die Discantuspartien einem klaren Metrum unterworfen, das man als ⁶/₈- oder als ⁶/₄-Takt übertragen kann und das Einflüsse der weltlichen Einstimmigkeit dieser Zeit vermuten läßt.

3.8 Perotinus: Veränderungen, Erweiterungen

Mit dem Namen Perotinus (* um 1160, † Anfang des 13. Jahrhunderts) verbinden sich zwei grundlegende Neuerungen innerhalb der Notre-Dame-Komposition, die Umarbeitung der Discantuspartien und die Erweiterung des Satzes zur Drei- und (in seltenen

48 Übertragung des „Inquirentes autem" aus Abb. 47

Kapitel 3

49 Anfang der Discantuspartie „In seculum" von Leoninus aus dem Organum „Hec dies" (Übertragung nach der Handschrift Wolfenbüttel, Herzog August Bibliothek, Codex Helmstedt 628)

50 Anfang der Ersatzklausel „In seculum" von Perotinus. Der Tenor hat die gleichen Töne wie in Abb. 49, nur sind sie anders rhythmisiert (Übertragung nach der Handschrift Wolfenbüttel, Herzog August Bibliothek, Codex Helmstedt 1099)

Fällen) zur Vierstimmigkeit. Daß Perotinus bei Anonymus IV (▷ 3.6) als „optimus discantor" bezeichnet wird, besagt, daß er ein Meister im Komponieren von Discantuspartien (Klauseln, ▷ 3.7) gewesen ist. Viele Discantuspartien seines Vorgängers Leoninus hat er bearbeitet, indem er ein neues Duplum schrieb und den Tenor rhythmisch veränderte. Dabei wurden die Klauseln insgesamt metrisch straffer und motivisch abwechslungsreicher (Abb. 49 und 50). Außerdem hat Perotinus, auf dessen Kompositionen sich möglicherweise zwei Dekrete des Bischofs von Paris über das mehrstimmige Singen in der Kirche (1198 und 1199) beziehen, neue Discantuspartien komponiert, also Teile des Organums, die Leoninus noch in Haltetonfaktur vertont hatte, als Discantuspartien behandelt. Wichtig dabei ist, daß die Töne des Tenors, der ja mit der gregorianischen Vorlage gegeben war, stets dieselben bleiben mußten, daß also trotz der rhythmischen Veränderung des Tenors und der Neufassung der Oberstimme die Einheit des Organums, der Zusammenhang seiner Teile und seine liturgische Verwendungsmöglichkeit gewahrt blieben.

Dennoch beginnt mit dem Perotinschen Bearbeitungsverfahren ein Prozeß der Loslösung und Verselbständigung der Discantuspartien, der diese zum eigentlichen und interessanten Feld kompositorischer Neuerungen machte und schließlich zur Entstehung der Motette führte (▷ 3.9). Deutlich wird das in der Über-

lieferung daran, daß in den Notre-Dame-Handschriften außerhalb des zweistimmigen Grundbestands Leoninscher Organa (*Magnus liber organi* ... ; ▷ 3.7) als Anhang Sammlungen von einzelnen Discantuspartien, sogenannten *Ersatzklauseln,* zusammengestellt sind, die bei Bedarf an der entsprechenden Stelle ihrer Tenormelodie statt der ursprünglichen Klausel in das Organum eingefügt wurden. Abb. 50 zeigt den Anfang einer solchen Ersatzklausel von Perotinus über den Tenorabschnitt *In seculum,* die zu dem Organum *Hec dies* gehört und wahlweise das Leoninische *In seculum* daraus (Abb. 49) ersetzen konnte.

Der zweite folgenreiche Schritt Perotinus' war die Erweiterung des musikalischen Klangraumes zur Dreistimmigkeit. Drei Jahrhunderte lang war Mehrstimmigkeit nur als zweistimmiger Satz, als Hinzufügung einer neu komponierten Stimme zu einem vorhandenen Cantus firmus aufgetreten. Die Erweiterung über diesen Rahmen hinaus mag uns heute selbstverständlich erscheinen. Aus historischer Sicht ist sie als originaler künstlerischer Akt einer einzelnen Musikerpersönlichkeit zu erkennen, der für die Geschichte des Komponierens von größter Tragweite war.

Satztechnisch zeichnet sich die Dreistimmigkeit Perotinus' dadurch aus, daß zum Tenor und Duplum eine dritte Stimme, das *Triplum,* hinzutritt. Melodisch und motivisch ist das Triplum dem Duplum vergleichbar gestaltet, so daß nun ein Satz mit einer Unterstimme in

Mehrstimmige Musik des Mittelalters

51 „Alleluya. Nativitas", dreistimmiges Organum für die Weihnachtsliturgie (Wolfenbüttel, Herzog August Bibliothek, Codex Helmstedt 1099)

52 Übertragung des „Alleluya" aus Abb. 51 (Anfang)

Haltetönen und zwei beweglichen Oberstimmen entsteht, die in gleich hoher Männerstimmenlage geführt werden, sich dabei vielfach überkreuzen und mit gleichartigen Wendungen sich ablösen, ergänzen und ineinanderfügen (Abb. 51 und 52).

Mit dieser Art der Dreistimmigkeit ist nun endgültig die Notwendigkeit einer unzweideutigen, im Schriftbild fixierbaren rhythmischen Wertigkeit jedes einzelnen Tones verbunden. Obgleich schon die zweistimmigen Klauseln des Perotinus metrisch klar organisiert waren, wäre in der Zweistimmigkeit doch immer noch eine Flexibilität im Metrum und Tempo denkbar, da die eine – ruhigere – Stimme sich nach der beweglicheren richten kann. Bei zwei gleichartig beweglich gestalteten Oberstimmen ist das nicht mehr möglich, beide müssen ihre rhythmische Ordnung zweifelsfrei erkennen lassen. Und genau das leistet die Modalnotation der Zeit des Perotinus (▷3.11). Klanglich bedeutet die neue Dreistimmigkeit eine große Bereicherung. Die einzelnen Abschnitte werden zu langen, in sich gegliederten Bögen, und das ganze Organum weitet sich zu einer eindrucksvollen, repräsentativen Komposition. Am Anfang und am Ende eines Abschnitts stehen die konsonanten Grundklänge hochmittelalterlicher Harmonik, die aus Quinte und Oktave geschichtet sind (immer ohne Terz, die nicht als vollkommene Konsonanz galt). Zwischen den Zeilenenden aber entfaltet sich ein reiches harmonisches Leben mit sehr unterschiedlichen, auch dissonanten Klängen, die mit den Gesetzen der späteren Harmonielehre nicht zu fassen sind und diesen Werken einen ganz eigenen, unverwechselbaren Klangcharakter verleihen.

Die Aufführung der dreistimmigen Organa innerhalb der Meßliturgie an Feiertagen muß man sich prächtig und volltönend, mit Instrumenten verstärkt, vorstellen (insbesondere der Tenor ist bei so überlangen Noten nur noch instrumental oder allenfalls chorisch vokal und instrumental gemischt zu denken). Das gilt in höchstem Maße von den ganz wenigen vierstimmigen Stücken von Perotinus, die noch Jahrzehnte nach ihrer Entstehung den Zeitgenossen als unerreichte Vollendung musikalischer Kunst galten. Es handelt sich um das Weihnachtsgraduale *Viderunt omnes* und das Graduale zum Stephanstag *Sederunt principes*. In diesen Werken von etwa 20–30 Minuten Aufführungsdauer erscheinen über dem Tenor, dessen Töne noch länger gedehnt sind als irgend sonst, drei Oberstimmen, neben dem Duplum und Triplum ein diesen wiederum ähnlich gestaltetes *Quadruplum*. Damit vervielfachen sich die Möglichkeiten des Stimmtausches, des harmonischen Reichtums, der inneren Klangverschiebung und der motivischen Bezüge. Es entsteht, auch noch für den heutigen Hörer, der Eindruck eines faszinierenden, scheinbar nicht enden wollenden Jubels über dem ununterbrochenen, mächtigen Fundament der klangtragenden Tenortöne.

3.9 Motette

Die Motette des frühen 13. Jahrhunderts entspricht in der Anlage einer mit neuem Text versehenen Klausel oder Discantuspartie (▷3.7). In ihrer Melodik zeigen sich deutliche Einflüsse aus dem weltlichen Liedgut der Zeit. Als textliche Umarbeitung einer Discantuspartie war die Motette anfänglich noch gebunden an den inhaltlichen und kompositorischen Zusammenhang des Organums. Das Duplum, das als Oberstimme des zweistimmigen Organums zusammen mit dem Cantus firmus des entsprechenden Textausschnitt des Gregorianischen Chorals gesungen wurde, erhält nun einen neuen, meist gereimten Text, der seinen Bau und sein Metrum von der musikalischen Gestalt des Duplums bezieht. Die so textierte Duplumstimme heißt *Motetus* (von französisch „mot" Wort, Vers, Strophe). Der Impuls, ein Duplum mit einem neuen Text zu versehen, läßt sich auf zweifache Weise erklären. Zum einen bestand der Text einer Discantuspartie durchweg nur aus wenigen Silben (Abb. 49 und 50, S. 98), so daß der Duplum-Sänger stets nur Melismen, also viele Töne auf je eine Silbe, zu singen hatte. Selbstverständlich kann man eine syllabisch (pro Ton eine Silbe) textierte Melodie leichter singen und auch besser behalten. Zum andern entspricht die Unterlegung eines neuen Textes dem verbreiteten mittelalterlichen Brauch des Tropierens. Der Motetus ist also so etwas wie ein Tropus (▷2.12), der den Textausschnitt des gregorianischen Cantus firmus umschreibt, verdeutlicht und erklärt. Beispielsweise erscheint in einer Klausel auf dem Tenor „Virgo" (Jungfrau) im Motetus eine gereimte Mariendichtung, in einer Klausel auf dem Tenor „Domino" (dem Herrn) eine Darlegung der Allmacht Gottes. Für die Klausel *In seculum* (in aller Zeit, Abb. 50, S. 98) gibt es einen Motetustext, der den Menschen ermahnt zu bedenken, wie unstet Ruhm und Ehre im Leben sind („O homo considera, quae vitae labilis gloria").

Dies ist die erste Phase in der mittelalterlichen Motettengeschichte. Zu einer eigenen, selbständigen Gattung wird die Motette erst in dem Augenblick, in dem sie sich aus dem Verband des Organums löst, ein Prozeß, der sich durch das Umarbeiten und Austauschen von Klauseln (Ersatzklauseln, ▷3.8) bereits

Mehrstimmige Musik des Mittelalters

andeutet. Von jetzt an werden Motetten als kleine, in sich abgeschlossene Werke neu komponiert, wobei sich die Oberstimmen nicht selten an Refrains weltlicher Lieder anlehnen. Eine solche Motette konnte sogar – ohne ihren Oberstimmentext – als Klausel wieder in das Organum eingefügt werden, ein Vorgang, der die wechselseitige Abhängigkeit von Klausel und Motette verdeutlicht und die vielen Anklänge an weltliche Melodien in den Discantuspartien erklärt.

Auch der Kompositionsvorgang einer selbständigen Motette ist insofern nichts prinzipiell Neues, als man nach wie vor als Cantus firmus einen Teil des Gregorianischen Chorals benutzt, so als sei die Motette noch in das Organum eingegliedert. Der Komponist sucht sich zuerst einen ihm passend erscheinenden Choralausschnitt, oft nur ein Wort oder sogar nur eine Silbe, jedenfalls ein aus dem Zusammenhang herausgenommenes Melodie- und Textsegment, und bringt dessen Töne in eine rhythmisch regulierte Form. So schafft er sich einen Tenor, der dann zum metrischen und klanglichen Fundament der ganzen Komposition dient. Dieser Motettentenor ist, obwohl sein Text in den meisten Fällen noch angegeben wird, in aller Regel nicht mehr gesungen, sondern instrumental ausgeführt zu denken.

Sehr bald, das heißt noch in der Notre-Dame-Epoche, werden auch dreistimmige Motetten komponiert, mit Tenor und zwei textierten Oberstimmen (Motetus und Triplum). Bald auch lösen sich die Texte, entsprechend der Verselbständigung der Gattung, aus dem geistlich-liturgischen Bereich. Neben die lateinische tritt die französische Sprache, vorwiegend mit Liebesdichtungen (Abb. 53). Damit wird die Motette zu einer vielgestaltigen, sehr verbreiteten, allmählich überwiegend weltlichen Kompositionsform, die im Laufe des 13. und 14. Jahrhunderts in vielen Verwandlungen auftrat und deren Geschichte die Entwicklung der französischen Musik über die Ars antiqua (▷ 3.13) zur Ars nova (▷ 3.22) wesentlich prägt.

3.10 Conductus

Neben dem Organum und der Motette bildet der Conductus eine dritte selbständige Gattung innerhalb des Notre-Dame-Repertoires. Er ist in Form und Funktion deutlich von den beiden anderen Gattungen unterschieden und erweist gerade in seinen Besonderheiten den Reichtum damaligen Komponierens. Die Geschichte des Conductus ist nicht auf die Notre-Dame-Epoche beschränkt, sie beginnt schon in der Schule von Saint-Martial (▷ 3.5). Außerdem ist er nicht, wie das Organum und die Motette, eine ausschließlich mehrstimmige Gattung. Der einstimmige Conductus bleibt neben den mehrstimmigen Vertonungen weiterhin lebendig (▷ 2.28).

Die Funktion des Conductus ist die eines Geleitgesangs. Er erklang innerhalb der Liturgie zum Beispiel während des feierlichen Gangs des Geistlichen zum Lesepult, außerhalb des Gottesdienstes unter anderem in geistlichen Spielen beim Auftritt oder Abgang wichtiger Personen oder auch bei sonstigen feierlichen Anlässen. Entsprechend sind die Textinhalte enger liturgisch gebunden oder allgemeiner gehalten. Häufig greifen sie zeitgemäße Gedanken und Situationen auf und kommentieren sie mahnend, anklagend oder moralisierend (Abb. 54, S. 102).

Zweierlei unterscheidet den mehrstimmigen Conductus von den bisher betrachteten mittelalterlichen Kompositionen: Seine Stimmen sind rhythmisch gleichartig geformt und in der Regel nicht auf einen Cantus firmus bezogen. Zwar kommt es vor, daß die Unterstimme eines Conductus schon vorher exi-

53 Anfang einer frühen französischen Motette (nach der Handschrift Montpellier, Bibliothèque de la Faculté de Médecine, Ms. H 196), notengetreue Übernahme einer Klausel des Perotinus (vgl. Abb. 50, S. 98); freie Übersetzung: „Lange Zeit hat sich mein Herz liebend verhalten. Von der Liebe besiegt zu sein, ist keine Schande"

Kapitel 3

54 Zweistimmiger Conductus (Übertragung nach der Handschrift Florenz, Biblioteca Mediceo Laurenziana, pluteo 29, 1); Übersetzung: „Die Tugend stirbt, das Laster lebt, der Glaube wird in die Verbannung getrieben; das Recht ist bereits zum Schweigen gebracht, Hinterlist regiert, Betrug wird gepflegt, das Gesetz des Profitdenkens breitet sich aus; (alles Verbotene hält der geblendete Sinn der Reichen aus Habgier für erlaubt; er glaubt an keine andere Gottheit als an das Geld; durch dessen Huld macht man sich die römische Kurie gewogen)"

stierte, doch das hat für den Bau der Komposition keine Konsequenzen. Die freie, gleichzeitige Erfindung aller Stimmen ist der weitaus häufigere Fall. Eben deshalb sind sie auch nicht, wie die Stimmen des Organums und der Motette, unterschiedlich gestaltet, sondern metrisch und melodisch analog strukturiert.
Der mehrstimmige Conductus tritt zwei-, drei- und gelegentlich vierstimmig auf. Er hat stets nur einen – meist strophischen lateinischen – Text, der für alle Stimmen gilt, die überwiegend homophon geführt und immer in das zeittypische Dreier- beziehungsweise Sechsermetrum eingebettet sind. So ergibt sich für den Hörer der Eindruck eines gleichmäßig fließenden vokalen Klangbandes, das im Unterschied vor allem zum Organum den liedhaften Grundzug des Conductus prägt.
Kürzere Conductus-Kompositionen sind meistens syllabisch (pro Ton eine Silbe) komponiert (Abb. 54), bei längeren wechseln melismatische (mehrere Töne pro Silbe) und syllabische Partien. Die melismatischen Partien (etwa am Anfang, in der Mitte und am Schluß) haben gliedernde Funktion. Sie leiten die textreichen Teile ein und lassen deren Bewegung wiederum in einer Art Vokalisen ausklingen, ohne daß sich an diesen Stellen der beschriebene Grundcharakter wesentlich verändert.
Die frühesten dreistimmigen Notre-Dame-Motetten sind mit dem Conductus noch nah verwandt, ihre beiden Oberstimmen (Motetus und Triplum) haben den gleichen Text und die gleiche melodische Bewegungsgestalt. Läßt man bei einer solchen dreistimmigen Motette den Tenor weg, so erhält man ein Gebilde, das sich von einem zweistimmigen Conductus nicht unterscheidet. Man nennt diese Motetten daher *Conductus-Motetten*. In manchen Handschriften sind die beiden

55 Conductus-Motette (Übertragung nach der Handschrift Wolfenbüttel, Herzog August Bibliothek, Codex Helmstedt 1099); Übersetzung: „Alle himmlischen Heerscharen (laufen dem Sieg des Märtyrers entgegen)"

Mehrstimmige Musik des Mittelalters

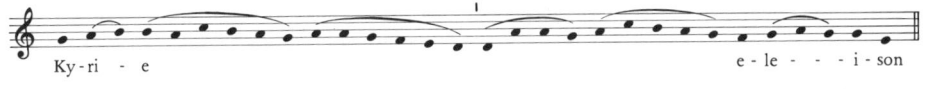
Ky-ri - e   e - le - - - i - son

56 Gregorianisches Kyrie mit Umschrift

Oberstimmen solcher Conductus-Motetten sogar allein (ohne Tenor) überliefert. Sie sind also offenbar auch als Conductus benutzt und vorgetragen worden (Abb. 55).

3.11 Die Notenschrift: Modalnotation

Die reiche Entfaltung des neuartigen und differenzierten Kompositionsstils der Schule von Notre-Dame (▷ 3.6) ist nicht denkbar ohne die Ausbildung einer ihr adäquaten Notation. Schon die zweistimmigen, metrisch regulierten Discantuspartien, insbesondere aber die drei- und vierstimmigen Organa sind ohne eine Notenschrift, die außer der Tonhöhe auch die Länge der Töne und ihr rhythmisches Verhältnis zueinander festlegt, kaum ausführbar. Man kann sogar ohne Übertreibung behaupten, daß Perotinus ohne die neue (wahrscheinlich von ihm selbst entwickelte) Möglichkeit der Aufzeichnung seine großartigen, uns überlieferten Werke gar nicht hätte komponieren können.

Zum Verständnis der Modalnotation muß man sich vergegenwärtigen, was die Notenschrift bis dahin zu leisten imstande war. Notenlinien waren bereits seit Guido von Arezzo (▷ 2.24) im Gebrauch, seitdem konnte man die Tonhöhe genau angeben. Unterscheidungsmöglichkeiten für die Tondauer der einzelnen Note (also das, was später Notenkopf, Notenhals, Fähnchen, Balken und Punkte bezeichnen) gab es jedoch nicht. Wohl aber gab es in der Aufzeichnung der einstimmigen gregorianischen Melodien unterschiedliche Gruppierungen der Noten, also Zusammenfügungen zu Zweier-, Dreier-, Viererverbindungen usw. Diese Verbindungen (sogenannte *Ligaturen*) aber hatten keine metrisierend rhythmische Bedeutung, sondern waren, hervorgegangen aus den Neumen (▷ 2.16), zum einen eine reine Schreibgewohnheit, zum andern eine Andeutung kleiner melodischer Einheiten und ihrer Gliederung als Hilfe für die Sänger. Noch heute wird der Gregorianische Choral in dieser Art aufgezeichnet (Abb. 56).
Die Möglichkeit nun, Noten zu Ligaturen zu verbinden, benutzt die Modalnotation der

57 Die sechs Modi, der Grundbestand an rhythmischen Formeln in der Modalnotation

Kapitel 3

Notre-Dame-Schule für die Angabe des rhythmischen Wertes der Töne. Dabei ist nicht der Rhythmus der einzelnen Ligatur festgelegt, das böte zu wenige rhythmische Muster, sondern deren Kombination. Aus der Abfolge unterschiedlicher Ligaturen also ergibt sich der jeweilige sogenannte *Modus,* die rhythmische Folge von Tönen. Beginnt zum Beispiel ein melodischer Abschnitt mit einer Dreierligatur, auf die mehrere Zweierligaturen folgen (♪♪ ♪ ♪...), so ist der Rhythmus „Lang-kurz-lang-kurz-lang..."

(♩ ♪♩ ♪♩ ♪♩ ...)

– der 1. Modus – gemeint. Folgen lauter Dreierligaturen aufeinander, die durch Pausenstriche getrennt sind, so lautet die Wertfolge „Lang-lang-lang-Pause-lang-lang-lang-Pause ...". Das ist der 5. Modus, der hauptsächlich als Tenorrhythmus vorkommt und in der Übertragung in heutige Notenschrift als ⁶/₄- oder ⁶/₈-Takt wiedergegeben wird

(♩. ♩. |♩. 𝄾 |♩. ♩. |♩. 𝄾)

wobei die Bögen die Ligaturenschreibung im Original andeuten.
Wir können also den Modus als eine kürzer oder länger beibehaltene rhythmische Formel auffassen. Den Grundbestand der sechs Modi, von denen die Modalnotation ausging, zeigt die Tabelle in Abbildung 57, S. 103. In der Praxis konnte man durch Abwechslung und Unterbrechung der Modi, ferner durch gewisse Erweiterungen, wie zum Beispiel die Plica (Verzierungsstrichlein) oder eine Reihe schneller auszuführender kleinerer Zwischennoten, mit dieser zunächst recht wenig differenziert erscheinenden Methode eine relativ vielfältige rhythmische Struktur aufzeichnen. Diese war jedoch stets an die Ordnung eines Dreier- beziehungsweise Sechsermetrums, auf das alle Modi bezogen sind, gebunden. An einem einfachen Beispiel sei das Prinzip der Übertragung modal aufgezeichneter Stücke der Notre-Dame-Epoche erläutert. In Abbildung 58 ist die Klausel *Go* (das ist eine Silbe des Textausschnitts „Virgo Dei", Jungfrau Gottes) aus der Handschrift *F* (Florenz, Biblioteca Mediceo-Laurenziana, pluteo 29,1) wiedergegeben. Das Stück ist dreistimmig, alle drei Stimmen sind am Anfang mit einem C-Schlüssel versehen. Am deutlichsten ist der Tenor mit seinen Dreierligaturen zu erkennen. Er zeigt den 5. Modus (Abb. 57, S. 103 und die Übertragung Abb. 59). Triplum und Duplum beginnen beide mit einer Dreierligatur, gefolgt von Zweierligaturen. Sie müssen also im 1. Modus übertragen werden (Abb. 59). Eine Besonderheit bilden die kleinen Strichlein im Triplum am Ende der fünften Ligatur und im Duplum am Ende der zweiten Ligatur. Damit ist jeweils eine Plica, eine nachschlagende Ziernote, gemeint, die wir mit einer etwas kleineren Achtelnote übertragen. Taktangaben, Taktstriche, Bögen

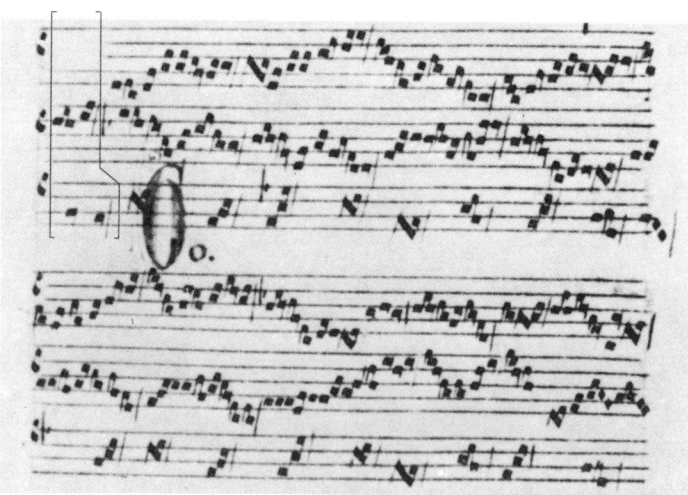

58 Dreistimmige Klausel „Go" (Beginn der Klausel nach der Klammer; Florenz, Biblioteca Mediceo-Laurenziana, pluteo 29, 1)

Mehrstimmige Musik des Mittelalters

59 Übertragung des Anfangs der Klausel „Go" aus Abb. 58

(die auf die Ligaturen im Original verweisen) und gegebenenfalls andere verdeutlichende Angaben sind natürlich immer Zusätze der modernen Notenschrift. Auch die Wahl der Zählzeit (Achtel oder Viertel für die Brevis) ist dem Übertragenden freigestellt. Man findet daher (auch in diesem Buch) Übertragungen mittelalterlicher Musik der Notre-Dame-Zeit sowohl im 6/4-Takt

(z. B. ♩ ♩♩ ♩ | ♩. ♩.)

als auch im 6/8-Takt

(♩ ♪♩ ♪ | ♩. ♩.).

Tempobezeichnungen gab es auf der damaligen Stufe der musikalischen Aufzeichnungspraxis noch nicht.
Den Ausführenden ist in diesem wie in vielen anderen Punkten (Besetzung, Tonlage, Oktavierungen, Lautstärke, Phrasierung usw.) ein weiter Ermessensspielraum gegeben, der sich durch unseren immensen historischen Abstand zur mittelalterlichen Musik und die damit verbundene Unsicherheit gegenüber der damals geübten Praxis noch mehr vergrößert. Entsprechend unterschiedlich sind die heutigen Bemühungen um eine klanglich befriedigende Wiedergabe.

Die französische Musik des 13. Jahrhunderts

3.12 Ars antiqua

In der Musik des 13. Jahrhunderts vollzieht sich ein allmählicher Stilwandel von der Notre-Dame-Epoche (▷ 3.6) zur sogenannten Ars antiqua (alte Kunst). Die Grenze zwischen beiden musikgeschichtlichen Abschnitten – etwa um 1240 anzusetzen – ist zeitlich fließend und sachlich nur teilweise klar bestimmbar. Relativ deutlich wird der Wandel an der Gattung Organum (▷ 3.7), der zentralen Kompositionsform der Notre-Dame-Schule, die seit der Mitte des 13. Jahrhunderts als veraltet gilt. Nur noch die bedeutendsten drei- und vierstimmigen Organa werden in einigen Handschriften der Ars antiqua respektvoll aufbewahrt. Damit geht in der Tat eine große, eindrucksvolle Epoche zu Ende. Als veraltet wird auch allmählich der Conductus (▷ 3.10) empfunden. Neue Kompositionen in Conductusmanier rücken in die Nähe mehrstimmiger lateinischer oder volkssprachlicher Lieder.

Dagegen steigt die Motette (▷ 3.9) zur führenden Kompositionsform auf. Gerade bei dieser Gattung aber läßt sich eine Abgrenzung vom Notre-Dame-Repertoire nicht ohne Gewaltsamkeit vollziehen. Die Entwicklung verläuft vollkommen kontinuierlich, auch wenn sich die spätere Ars-antiqua-Motette von den Anfängen um 1200 nicht unwesentlich unterscheidet.
Eine auffällige Veränderung wiederum zeigt die Art der Aufzeichnung von Motetten in den Ars-antiqua-Handschriften. Statt der Partiturnotation der Notre-Dame-Zeit (Abb. 51, S. 99 und Abb. 58) finden wir nun einzeln notierte Stimmen zu einem Lesefeld zusammengefaßt. Wichtiger noch: die Notenschrift selbst entwickelt sich zur Mensuralnotation (▷ 3.14), das heißt, sie vollzieht den für das Aufschreiben von Musik entscheidenden Schritt zur rhythmischen Kennzeichnung der Einzelnote.
Ars antiqua ist selbstverständlich kein zeitgenössischer Begriff, denn keine Künstlergene-

Kapitel 3

60 Anfang einer dreistimmigen Doppelmotette des frühen 13. Jh. (Übertragung nach der Handschrift Florenz, Biblioteca Medicea-Laurenziana, pluteo 29, 1); Übersetzung Triplum: „Heuchlerische, falsche Priester, hartherzige Henkersknechte der Kirche, (die bei unmäßigen Festgelagen die Becher kreisen lassen ...)"; Übersetzung Motetus: „Wie die Sterne des Himmels (glänzen die Taten der hohen Geistlichen ...)"

61 Anfang der zweistimmigen Ersatzklausel (Discantuspartie) „Et gaudebit" (aus der gleichen Handschrift wie die Motette aus Abb. 60). Das Duplum der Klausel entspricht genau dem Motetus „Velut stelle"

ration wird sich selbst als „alt" bezeichnen. Der Name kam erst um 1320 auf, als die Musiker der „Ars nova" (▷ 3.18) ihre „neue Kunst" von der früheren „alten Kunst" abzugrenzen suchten. Sie nannten „Ars antiqua", was aus ihrer Sicht vergangen war. Und erst die spätere Musikgeschichtsschreibung benutzte diesen Ausdruck als Epochenbegriff für die Zeit von der Mitte des 13. bis zum Anfang des 14. Jahrhunderts.

Die Ars antiqua ist allgemein gekennzeichnet durch das Heraustreten der Mehrstimmigkeit aus dem kirchlichen Bereich. Die Motette vor allem zeigt diesen Prozeß, indem sie sich zu einer selbständigen, kleingliedrig intimen Kunstgattung entwickelt, die in ihren Texten alle Lebensbereiche spiegelt und in der Ausführung den solistischen, vokal-instrumental gemischten Vortrag vor einem kleineren Kreis von Kennern nahelegt. Sie steht damit in deutlichem Gegensatz zur weiten Linearität und Klangfülle des Organums, das auf den großen Kirchenraum ausgerichtet war. Auch die mehrstimmigen Vertonungen von Liedsätzen zielen in die gleiche Richtung und zeigen zudem, daß die schon immer gepflegte umgangsmäßige Tanz- und Liedkunst nun ebenfalls kunstvoller gestaltet, bewußt klanglich und stimmig ausgeformt wird.

3.13 Motette

Die Motette der Ars antiqua (▷ 3.12) ist im Regelfall eine dreistimmige Doppelmotette. Sie besteht aus zwei gesungenen Oberstimmen, die je einen eigenen Text haben (daher Doppelmotette) und einem Tenor, der von einem Instrument ausgeführt wurde. Selbstverständlich konnten auch die gesungenen Stimmen zusätzlich von einem Instrument mitgespielt und der Tenor gegebenenfalls durch ein weiteres, andersartiges Instrument verstärkt werden. Vokales und instrumentales Musizieren sind im Mittelalter prinzipiell noch nicht getrennt. So kann man eine dreistimmige Motette auch rein instrumental darstellen, zum Beispiel im Wechsel mit der gesungenen Fassung, wobei vorzugsweise kontrastierende Instrumente zu einem eher bunten Klangbild kombiniert wurden.

Der Kompositionsvorgang der Motette, die sich bereits in der Notre-Dame-Zeit aus einer textierten Discantuspartie des Organums zu einer selbständigen Gattung entwickelt hatte (▷ 3.9), ist auch in der Ars antiqua der gleiche wie zuvor, nämlich ein additives Aufbauen von unten her. Zuerst wird ein Tenorausschnitt gesucht und in eine rhythmische Ordnung gebracht, dann der Motetus und zuletzt

das Triplum komponiert. Das bedeutet, daß Motetus und Tenor allein einen sinnvollen zweistimmigen Satz ergeben, während das Triplum zu dieser Zweistimmigkeit erst hinzutritt.
Ein frühes, schon in einer Notre-Dame-Handschrift überliefertes Beispiel einer lateinischen Doppelmotette, *Ypocrite – Velut stelle – Et gaudebit* (Abb. 60) macht uns den Vorgang deutlich, da sich in der gleichen Handschrift die zugrundeliegende zweistimmige Discantuspartie als Ersatzklausel (▷ 3.8) findet. Das Duplum (▷ 3.7) der Klausel (Abb. 61) stimmt Ton für Ton mit dem Motetus „Velut stelle" überein. Die Motette ist also zunächst zweistimmig gewesen (Motetus und Tenor) und in dieser Form natürlich auch aufführbar. Das Triplum, bewegter und textreicher, bildet deutlich eine dritte Schicht, die interessanterweise durch ihre rasche, syllabisch sprechende Melodiestruktur beim Vortrag der dreistimmigen Fassung wie eine Hauptstimme in den Vordergrund tritt.
Textlich zeigt das Beispiel ein in der Ars antiqua immer wiederkehrendes, vielfach variiertes Verfahren. Die beiden Texte sind thematisch aufeinander bezogen und zugleich gegensätzlich. Die Worte des Motetus loben die frommen Priester, die des Triplums sind eine beißende Anklage gegen denselben geistlichen Stand. Der Tenorausschnitt „Et gaudebit" (es soll sich freuen) stammt aus einem Alleluia zum Sonntag vor Pfingsten („Non vos relinquam orphanos; vado et venio ad vos *et gaudebit* cor vestrum" [Ich werde euch nicht als Waisen zurücklassen; ich gehe und komme wieder zu euch, und *es soll sich freuen* euer Herz]) und bezieht sich auf das Johannesevangelium, Kapitel 14 und 16. Dort bereitet Jesus seine Jünger darauf vor, nach seinem Weggang sein Wort zu verbreiten, das heißt seine Priester zu werden. Durch den Text des Tenors wird also (etwas verschlüsselt) auf den göttlichen Auftrag der Priesterschaft verwiesen, was wiederum die Kritik des Triplumtextes indirekt verschärft.
Die Dichter der Motettentexte sind durchweg nicht bekannt. Der kunstreiche, der Musik stets angepaßte Bau der Verse läßt aber vermuten, daß entweder Komponist und Dichter ein und dieselbe Person waren oder zumindest der jeweilige Dichter über die musikalischen Strukturen gründlich Bescheid wußte.

Die doppeltextige Anlage solcher Motetten, durch die man in der Regel keinen der beiden Texte gut versteht, verwundert uns heute. Man muß sich aber vergegenwärtigen, daß die Bedingungen einer konzertanten Aufführung vor einem mehr oder weniger zufälligen und unvorbereiteten Publikum, wie sie uns seit dem 19. Jahrhundert selbstverständlich erscheinen, für das Musikleben des 13. Jahrhunderts keinesfalls gelten. Motetten dieser Art wurden vorwiegend in kleinerem Kreise, vor Kennern, zu Gehör gebracht. Mitwirkende und Zuhörende bildeten eine enge Gemeinschaft. Man schaute gewissermaßen den Sängern über die Schulter, kannte die vorgetragenen Stücke und hatte vielleicht sogar deren Entstehung verfolgt. Man war sich daher über den Inhalt und den Hintergrund der Worte im klaren und brauchte nicht mühsam zu versuchen, im Augenblick des Erklingens erst deren Bedeutung zu verstehen.
Aus solchen eher intimen Aufführungsbedingungen läßt sich auch die weitere Entwicklung der Motette verstehen. Die lateinische Sprache trat allmählich zurück, entsprechend erhielt die französische Dichtung den Vorrang. Damit etablierte sich die Motette endgültig als weltliche Kleinkunst, als gehobenes literarisch-musikalisches Spiel für Kenner. Die Texte sind vor allem Liebesdichtungen, volksnah oder höfisch stilisiert. Sie schöpfen aus einem immer wieder variierten Repertoire von verwandten Szenen und Bildern, Empfindungen und Vorstellungen. Es wäre ein Irrtum, in diesen mittelalterlichen Versen individuelle Erlebnislyrik im Sinne des 18. und 19. Jahrhunderts zu suchen. Das dichterische Interesse dieser Zeit richtete sich auf ein geistreiches Umgehen mit Worten und Begriffen, auf kunstvolle Behandlung von Metrum und Reim, auf spielerische Darstellung von Situationen und Begebenheiten, auf artifizielle Distanz, selbst in Trauer und Enttäuschung.
So lassen sich auch die mannigfaltigen, uns zum Teil verblüffenden Textzusammenstellungen erklären. Motetus und Triplum können beide lateinisch oder beide französisch, beide geistlich oder beide weltlich sein. Und auch die Kombination lateinisch/französisch beziehungsweise weltlich/geistlich ist möglich und üblich. Ein Beispiel für viele ähnliche Stücke dieser Art zeigt Abbildung 62,

Kapitel 3

S. 108: Über dem Tenorausschnitt „Domino" (dem Herrn) steht im Duplum ein lateinisches Marienlob und im Triplum ein französisches frühlingshaftes Liebesgedicht. Der Bezug zwischen beiden ist zum einen durch den Namensanklang gegeben (Maria/Mariete), zum andern war ohnehin die geistliche Marien- und die weltliche Liebesdichtung des Mittelalters in den Formen und Sprachmitteln eng aufeinander bezogen, ein Hinüberspielen von der einen zur anderen Sphäre galt nicht als anstößig.

Musikalisch zeigt das Beispiel der Abbildung 62 die typische Satzart der Ars-antiqua-Motette mit ihrem formelhaften Tenorrhythmus, mit dem stereotypen Dreiermetrum, in das sich der Motetus in Wort und Melodie vollkommen einfügt, mit dem beweglichen, textreicheren Triplum, das durch seine einfache, kurzgliedrige Melodik die Nähe zu Lied und Tanz deutlich werden läßt.

Im weiteren Verlauf zeigt die Motettenkomposition die Tendenz zu immer stärkerer Differenzierung der Oberstimmen, bis hin zu den Neuerungen um die Zeit des Petrus de Cruce (▷ 3.17), und zu einer Bereicherung des zugrundeliegenden Tenores, so daß außer den weiterhin verwendeten gregorianischen Choralausschnitten auch französische weltliche Lieder oder Tanzstücke die Tenorgrundlage bilden können, die, wenn mit Text versehen, wohl auch gesungen wurden.

Fast alle Motetten der Ars antiqua sind als anonyme Werke überliefert, nur gelegentlich werden Namen von Komponisten verzeichnet, so der vor allem als Theoretiker bekannte Franco von Köln (▷ 3.14) und der wohl bedeutendste Trouvère Adam de la Halle (▷ 3.15), der neben Liedsätzen auch Motetten verfaßt hat.

3.14 Mensuralnotation I

So wie sich mit den Werken der Notre-Dame-Schule die ihr adäquate Modalnotation entwickelte (▷ 3.11), so bildet sich in der Ars antiqua eine ihren Motettenkompositionen angemessene neue Art der Aufzeichnung, die Mensuralnotation (von lateinisch „mensura", Maß). Auslöser für diese Entwicklung war die grundlegend andere Anordnung der Stimmen in den Handschriften. Statt bisher übereinander in einer Art Partitur wurden die gesungenen Oberstimmen einer Motette nun neben-

62 Anfang einer dreistimmigen Doppelmotette mit französischem Triplum und lateinischem Motetus (Übertragung nach der Handschrift Montpellier, Bibliothèque de la Faculté de Médecine, Ms. H 196); Übersetzung Triplum: „An einem Morgen im schönen Monat April fand Mariete ihren Freund klagend ..."; Übersetzung Motetus: „Honigtropfen, Stern des Meeres, erste (schönste) Rose ..."

Mehrstimmige Musik des Mittelalters

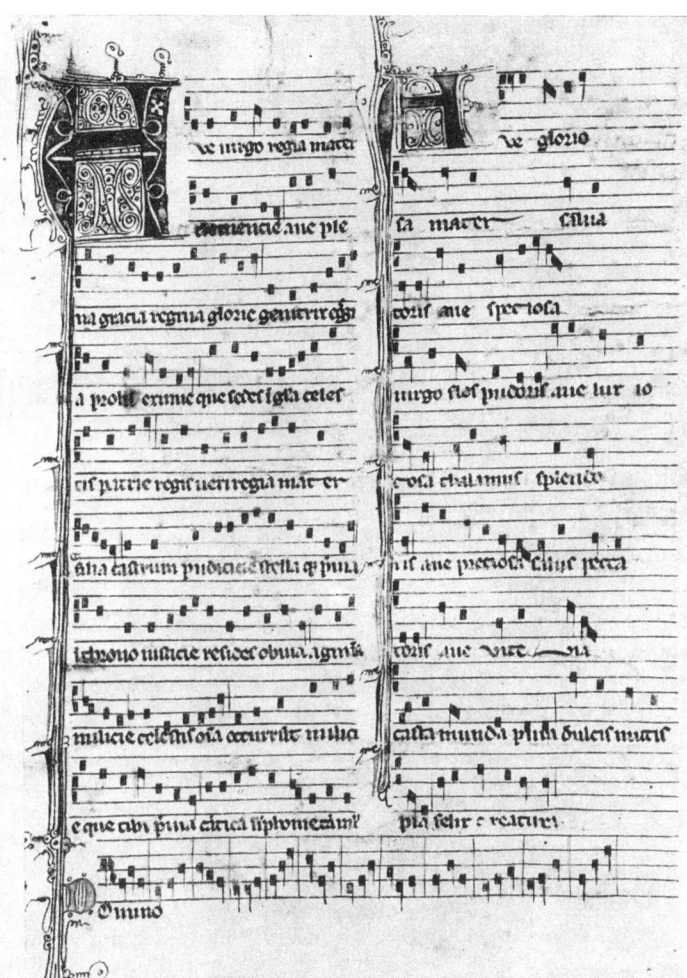

63 Lateinische Doppelmotette des 13. Jh. mit Anordnung der Stimmen im Lesefeld, Triplum links, Motetus rechts, Tenor unterste Zeile (Bamberg, Staatsbibliothek, Ms. lit. 115)

einander aufgeschrieben und der instrumentale Tenor, meist nur eine Zeile füllend, daruntergesetzt (Abb. 63 und Abb. 64, S. 110). Es entsteht ein Lesefeld, das von den Ausführenden gut übersehen werden konnte. Allerdings kann man beim Musizieren optisch nicht mehr kontrollieren, ob man sich mit den anderen Stimmen korrekt an der gleichen Stelle befindet. Doch gerade dieser Mangel führte zur Präzisierung der Notation, denn er machte die eindeutige Lesbarkeit jeder Stimme notwendig, und zwar eine Eindeutigkeit in bezug auf die Einzelnote.

Der Raum, den der Text der Oberstimmen beanspruchte, erforderte die Aufzeichnung in Einzelnoten. Um deren rhythmisches Verhältnis anzugeben, begann man, längere und kürzere Noten zu kennzeichnen, anfangs wohl nur als Erinnerungsstütze, indem eine lange Note (lateinisch *Longa*) mit einem Strich versehen wurde, eine kurze Note (lateinisch *Brevis*) ihre ursprüngliche punktartige Quadratform behielt. Auch der kürzere Notenwert wurde gelegentlich noch unterteilt und als halbe Brevis (lateinisch *Semibrevis*) bezeichnet.

Kapitel 3

64 Übertragung des Anfangs der Motette aus Abb. 63, S. 109

Daraus ergab sich das grundlegende System von drei Notenzeichen:
- ▀ Longa (▀▀ Duplex Longa = 2 Longae)
- ▪ Brevis
- ♦ Semibrevis

Entsprechend dem Dreiermetrum aller Arsantiqua-Motetten hat eine Longa den Wert dreier Breven:
Allerdings erfordert die rhythmische Vielfalt der Motettenstimmen unter anderen folgende zusätzliche Regeln:
1. Eine Longa verliert eine Breviseinheit (wir würden sagen: eine Zählzeit), wenn ihr eine Brevis folgt:

   ▀ ▪ ▀ ▪ = ♩ ♩ ♩ ♩

   (Abb. 63, S. 109, Motetus, das ist die rechte Seite, 2. System: „Ma-ter sal-va-"). Die Longa wird in diesem Fall zweizeitig (imperfekt).
2. Eine Longa vor einer Longa ist immer dreizeitig (perfekt):

   ▀ ▀ = ♩. ♩.

   (Abb. 63, S. 109, Motetus, 3. System: „to-ris").
3. Drei Breven werden zu einer Mensur (einem „Takt") zusammengezogen:

   ▀ ▪ ▪ ▪ ▀ = ♩. ♩ ♩ ♩ ♩.

Dies sind nur die wichtigsten Bestimmungen, doch kann man damit bereits viele Ars-antiqua-Rhythmen aufschreiben, zum Beispiel

▀ ▪ ▀ ▀ ▪ ▪ ▀ ▀ ▪ ▪ ▀ ▪ ▀ ▀
♩ ♩ ♩. ♩ ♩ ♩ ♩. ♩ ♩ ♩ ♩ ♩ ♩. ♩.

Neben der neuen Einzelnotenschrift bleibt die aus der Modalnotation bekannte Schreibung in Ligaturen (Notenverbindungen,

▷ 3.11) in abgewandelter Form noch erhalten. Die Ligaturenschreibung (sie tritt auf, wo mehrere Noten eine Silbe tragen) geht von bestimmten Grundformen aus, deren Wert festgelegt ist. Wird die Grundform in der Schreibung verändert, ändert sich auch der Notenwert. Die absteigende Zweierligatur ▶ ist zum Beispiel eine solche Grundform. Sie bezeichnet die Wertfolge Brevis – Longa. Ändert man die Form, zum Beispiel in ▶, so lautet die Wertfolge: Brevis – Brevis (Abb. 63, S. 109, Motetus, 1. System: „glo-" = ♩ ♩).
Dies läßt sich vielfältig variieren (▷ 4.11). Entsprechend ist das gesamte Regelwerk der Mensuralnotation schon in der Ars antiqua recht umfangreich und hat sich auch erst im Laufe des 13. Jahrhunderts theoretisch ganz gefestigt. Konsequent durchgebildet finden wir es um 1280 in dem verbreiteten Musiktraktat *Ars cantus mensurabilis* (Die Kunst des meßbaren Gesangs, das heißt einer rhythmisch eindeutig notierten Komposition) des Musiktheoretikers Franco von Köln, dessen Ruhm bei seinen Zeitgenossen mit Recht deutlich macht, welchen zentralen Stellenwert die Erörterung notationstechnischer Fragen in der damaligen Zeit besaß, so daß auch wir gut daran tun, mittelalterliche Musik, wollen wir sie recht verstehen, in ihrer originalen Aufzeichnung kennenzulernen.

3.15 Adam de la Halle: Liedsätze

Das Liedschaffen ist auch noch im 13. Jahrhundert überwiegend einstimmig, wobei die aufgeschriebenen Lieder immer nur einen Teil dessen ausmachen, was tatsächlich gesungen und gespielt wurde. Mehrstimmige

Mehrstimmige Musik des Mittelalters

65 Dreistimmiges Rondeau, Anfang (= Refrain) von Adam de la Halle; Übersetzung: „Verehrte Frau, ich bin betrogen durch die Schuld (eurer Augen, die ein heimlicher Dieb sind)"

Lieder sind noch die Ausnahme. Daß sie aber auftreten, zeigt eine neue Phase in der Entwicklung der Liedkomposition an. Ein Lied wird aufgeschrieben, um Gesungenes festzuhalten. Ein mehrstimmiger Liedsatz ist, wie eine Motette (▷ 3.9 und 3.13), künstlerisch geformter Klang.
Im Bereich des geistlichen Liedes war diese Entwicklung bereits früher eingetreten und hatte zu mehrstimmigen Conductus-Kompositionen geführt (▷ 3.10), die in der Ars antiqua zwar auch noch gepflegt wurden, aber allmählich veralteten. Im Bereich des weltlichen Liedes stammen die ersten Beispiele von dem nordfranzösischen höfischen Dichter und Sänger (Trouvères ▷ 2.37) Adam de la Halle (*zwischen 1245 und 1250, †zwischen 1285 und 1288 oder 1306), der neben seinen zahlreichen einstimmigen Liedern 16 dreistimmige Rondeaux geschrieben hat. Im Unterschied zu der kunstvollen mehrstimmigen Liedkunst des 14. Jahrhunderts, vor allem bei Guillaume de Machault (▷ 3.23), sind die Sätze Adam de la Halles recht schlicht, conductusartig in der ähnlich gestalteten Melodik und Rhythmik aller Stimmen, im Grunde also nur eine Erweiterung des einstimmigen Liedes zur dreistimmigen analogen Setzweise (Abb. 65). Und dennoch muß dieser erste Schritt als ein folgenreicher Beginn gesehen werden, als Beginn der Geschichte des europäischen Kunstliedes, selbst wenn man ein Rondeau Adam de la Halles so noch nicht bezeichnen würde.

3.16 Instrumentalmusik: Hoquetus, Estampie

Selbständige mehrstimmige Instrumentalmusik des Mittelalters ist nur in geringem Umfang überliefert. Das liegt zum einen – ganz ähnlich wie bei den Liedern – daran, daß der größte Teil dieser Musik nicht aufgeschrieben wurde, sondern als Repertoire der Spielleute in einem Bereich mündlicher Überlieferung und praktischer Spielkunst mit stark improvisierendem Einschlag beheimatet war. Zum anderen wurden Instrumente in der Kunstmusik des Mittelalters fast ausschließlich nur zur Verstärkung oder zur Begleitung gesungener Stimmen eingesetzt. Erst um 1500 tritt die Instrumentalmusik endgültig aus dieser dienenden Funktion heraus (▷ 4.33 bis 4.37). Immerhin sind bereits im 13. Jahrhundert vereinzelte interessante Beispiele von kurzen Instrumentalstücken aufgezeichnet worden und uns so erhalten geblieben. Schon in Handschriften der Notre-Dame-Epoche (▷ 3.6)

66 Anfang eines dreistimmigen Hoquetus über den weit verbreiteten Tenor „In seculum" (vgl. auch Abb. 49 und 50, S. 98 und Abb. 53, S. 101; Übertragung nach der Handschrift Bamberg, Staatsbibliothek, Ms. lit. 115)

Kapitel 3

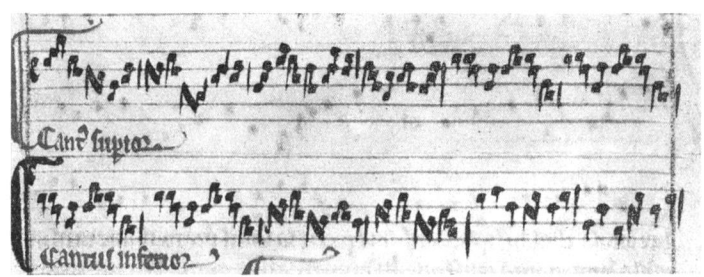

67 Zweistimmige Estampie, England 13. Jh. (London, British Museum, Ms. Harley 978)

begegnet der *Hoquetus* (von altfranzösisch „hoqueter" zerschneiden), ein stark von Pausen durchsetztes Instrumentalstück, bei welchem zwei Stimmen über einem Tenor sich so abwechseln, daß eine Stimme gerade dann spielt, wenn die andere pausiert, was einen eigentümlich unregelmäßigen, eckigen, stark durchbrochenen Klangeindruck bewirkt (Abb. 66, S. 111). Es ist anzunehmen, daß sich der Hoquetus aus Teilen von Organumkompositionen (▷ 3.7), die stellenweise hoquetusartig angelegt sind, zur selbständigen Gattung entwickelt hat. Er gehört als tenorgebundene Komposition wie die Motette in den Bereich kunstvoller Mehrstimmigkeit.

Dagegen entstammt die *Estampie* der Spielmannssphäre, der einstimmigen Lied- und Tanzmusik. Die Form der Estampie beruht wie die der Sequenz (▷ 2.11) auf der Reihung kurzer, jeweils wiederholter Teile. Vielleicht wurden Tänze dieser Art gelegentlich mit einer improvisierten zweiten Stimme vorgetragen. Jedenfalls sind in einer englischen Handschrift des 13. Jahrhunderts einige zweistimmige Estampien überliefert (aufgezeichnet in einer gut lesbaren Modalnotation; Abb. 67), deren klare Melodik, Terzenhäufigkeit und teilweise durartige Tonalität (Abb. 68) auf charakteristische Eigenarten der englischen mittelalterlichen Musik verweisen (▷ 3.29) und deren schwungvolle Tanzrhythmik ein Bild der instrumentalen Spielmannskunst dieser Zeit vermittelt.

3.17 Petrus de Cruce

Gegen Ende des 13. Jahrhunderts zeigen sich innerhalb der Ars antiqua Anzeichen einer Spät- und Übergangszeit, deren stilistische Neuerungen mit dem Namen des Musikers und Theoretikers Petrus de Cruce verbunden sind. Er wurde um die Mitte des 13. Jahrhunderts in Amiens geboren, lebte in Paris und ist wahrscheinlich nach 1300 gestorben. Sein hohes Ansehen wird durch einen wichtigen Kompositionsauftrag, den er 1298 vom französischen König Philipp IV. erhielt, dokumentiert. Einige Kompositionen Petrus de Cruces sind durch zeitgenössische Zeugnisse als von ihm selbst stammend belegt, einige andere, die dieselben Stilmerkmale aufweisen, sind ihm möglicherweise zuzuschreiben.

Abbildung 69 zeigt den Anfang einer seiner Motetten. Neu und auffällig ist die stark unterschiedliche Ausprägung der Stimmen. Das Triplum ist sehr textreich und sehr variabel in der rhythmischen Gestaltung. Das seit etwa 1200 vorherrschende, fließende Dreiermetrum ist vielfach durchbrochen. Der Motetus (▷ 3.9) ist deutlich ruhiger angelegt. Auch das schnellem Vortrag des Triplums muß das Grundtempo des Stücks langsamer genommen werden, was den Charakter der Komposition gegenüber den vorangehenden Ars-antiqua-Motetten deutlich verändert.

Auch in der Notation markiert der Stil Petrus de Cruces eine Übergangsphase zwischen Ars

68 Übertragung des ersten Abschnitts der Estampie aus Abb. 67

Mehrstimmige Musik des Mittelalters

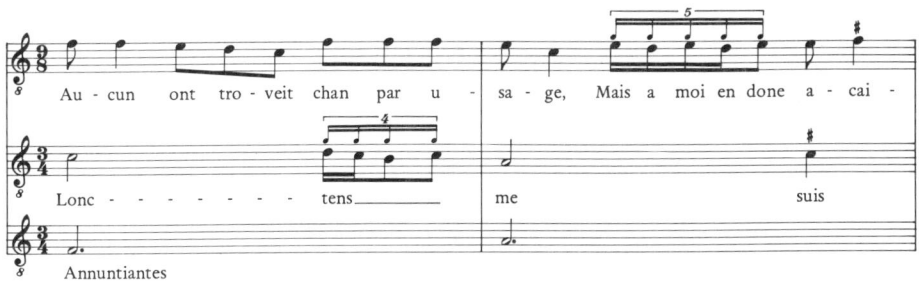

69 Anfang einer Motette von Petrus de Cruce (Übertragung nach der Handschrift Turin, vgl. Abb. 70, S. 114); Übersetzung Triplum: „Andere haben aus Gewohnheit gesungen, aber mir gibt den Anlaß dazu Liebe, die meinen Sinn erheitert …"; Übersetzung Motetus: „Lange hielt ich mich fern vom Singen …"

antiqua und Ars nova, zwischen Franco von Köln (▷ 3.14) und Philippe de Vitry (▷ 3.20). Während bis dahin die Brevis nur in drei Semibreven aufgeteilt werden konnte (■ = ♦♦♦), hat Petrus de Cruce diese Begrenzung aufgehoben. In Abbildung 70, S. 114 ist zu erkennen, daß im Motetus (das ist die rechte Seite) die zweite Silbe („tens") vier Semibreven erhält. Im Triplum (das ist die linke Seite) gibt es noch kleinere Unterteilungen, zum Beispiel im zweiten System fünf Semibreven auf die Silben „mais a moi en done". Die Zusammengehörigkeit wird durch Punkte angezeigt, die eine ähnliche Funktion haben wie unsere Taktstriche und die Petrus de Cruce für seine Werke einführte. Zwischen zwei Punkten können zwei bis sieben Semibreven stehen, und jede dieser Gruppen hat den gleichen Wert, nämlich den einer Brevis. Damit läßt sich der genaue rhythmische Wert einer Semibrevis nicht mehr zweifelsfrei bestimmen. Die modernen Übertragungen schwanken zwischen gleichmäßiger Unterteilung

und einer Entscheidung für rhythmische Unterschiede

wie es auch in Abbildung 69 alternativ vermerkt ist.

Die Neuerungen Petrus de Cruces verschafften dem Komponisten einen bedeutenden Zuwachs an Freiheit im melodischen und klanglichen Bereich. Lange gültige Regeln und Traditionen wurden zugunsten individuellerer Gestaltung aufgelöst. Zugleich wurde die Eindeutigkeit der Aufzeichnung erneut aufgegeben. Freiheit und Mehrdeutigkeit dieser Motetten setzten eine Entwicklung in Gang, die sich in der folgenden Generation, bei den Musikern der Ars nova, zu einem neuen Stil konsolidiert.

Kapitel 3

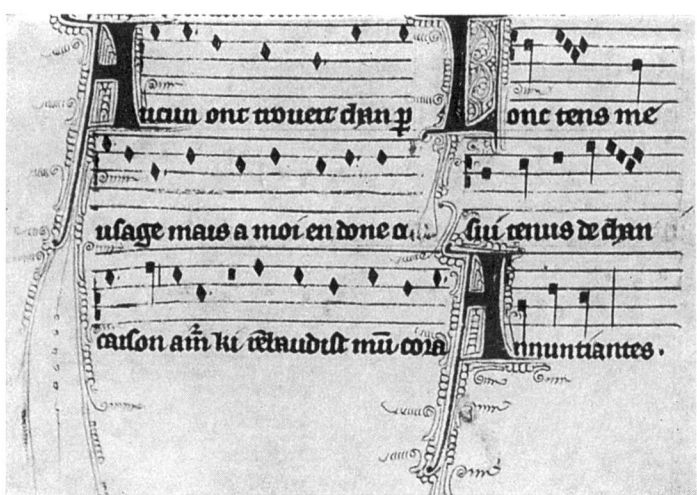

70 Anfang der Motette „Aucun ont · trouveit/Lonctens/ Annuntiantes" von Petrus de Cruce (Turin, Biblioteca Reale, Vari 42; vgl. Abb. 69, S. 113)

Die französische Musik des 14. Jahrhunderts

3.18 Ars nova

Ars nova ist der Titel einer Schrift von Philippe de Vitry (▷3.19), die 1322/23 entstanden ist. Das Neue, das sie anspricht, bezieht sich zunächst auf Veränderungen der Notenschrift, die die Begrenzung der Ars-antiqua-Notation (▷3.14) überschreitet. Darüber hinaus steht der Begriff „Ars nova" für substantielle Neuerungen innerhalb der traditionellen Gattungen: Aus der kleingliedrig kurzen, typenhaften Motette der Ars antiqua wird die isorhythmische Motette der Ars nova als hochdifferenzierte, individuelle Kunstform, aus den schlichten dreistimmigen Liedsätzen des 13. Jahrhunderts das ausdrucksstarke, solistische Diskantlied. Dem entspricht ein neuer musikalischer Satz, dessen nuancenreiche Melodik, farbkräftige Harmonik und minuziös durchgebildete Rhythmik vor allem in den Werken Machaults eine kompositorische Meisterschaft repräsentieren, die, wohl zum ersten Mal in der Musikgeschichte, zeitlos gültigen Qualitätsansprüchen standhält. Schließlich bildet sich in der Ars nova ein verändertes Wertbewußtsein im Hinblick auf die Stellung des Musikers und seiner Werke in der Gesellschaft seiner Zeit. Der Ruhm eines Philippe de Vitry (▷3.19) oder Guillaume de Machault (▷3.21) in Frankreich oder eines Francesco Landini (▷3.27) in Italien steht dem der italienischen Dichter der Frührenaissance, Dante Alighieri und Petrarca, kaum nach.

Die Musik des 14. Jahrhunderts entfaltete eine neuartige, reiche und farbige Klangsprache und ist als „neue" Kunst mit der Epochenbezeichnung *Ars nova* in die Musikgeschichte eingegangen. Und doch ist sie zugleich Abschluß und Ausklang der Musik des Mittelalters, insofern sie Satz- und Formprinzipien der vorangegangenen Jahrhunderte zur Vollendung brachte und von Stilmerkmalen geprägt ist, die bis zu dem entscheidenden musikalischen Wandel um 1430 (vgl. Kapitel 4, Einführung) ihre Gültigkeit bewahrten. Das zeigt sich an der Fortführung traditioneller Gattungen, an der bunten, kontrastierenden Klanggebung, die die Stimmen nicht verschmelzen läßt, sondern im Sinne eines „Spaltklangs" nebeneinanderstellt, an der schweifenden, arabeskenhaften Melodik und der eher horizontal als vertikal orientierten rhythmischen Struktur, besonders aber an der Harmonik mit ihren vorwiegend in Sekundschritten fortschreitenden Fundamentaltönen

Mehrstimmige Musik des Mittelalters

(im Gegensatz zur Quint- und Quart-Baßbewegung der neuzeitlichen Kadenz), mit ihrer Klangschichtung von unten nach oben, mit ihrem intervallischen – nicht akkordischen – Bezug der Stimmen zueinander und mit den allein als vollkommen geltenden Konsonanzen Einklang, Quinte und Oktave, die wie Säulen im Satz nach wie vor die Gerüstklänge bilden. Die Terz wird zwar verstärkt benutzt, aber nur als Farbe und Zwischenklang. Die Tonalität blieb modal, das heißt an die sogenannten Kirchentonarten gebunden. Dreiklangsbezogene Durharmonik tritt noch nicht auf.

Mittelalterliche Züge bewahrt auch die Musiktheorie des 14. Jahrhunderts. Trotz deutlich erkennbarer Hinwendung zu einer rational mathematischen Betrachtungsweise (Johannes de Muris) und zur musikalischen Praxis (Johannes de Grocheo mit seinem weitgehend empirischen Musiktraktat *De musica,* um 1300) hielt doch die allgemeine Musikanschauung fest an der Einbindung der Musik in ein kosmisch-spekulatives Weltbild.

71 Eine Seite aus dem „Roman de Fauvel" mit der Motette „Tribum/Quoniam secta/Merito" von Philippe de Vitry. Unten links beginnt der Tenor „Merito", oben in der Mitte der Motetus „Quoniam" (das Triplum „Tribum" beginnt schon auf der vorhergehenden Seite). Das Bild unten stellt einen Jungbrunnen dar (Handschrift von 1316; Paris, Bibliothèque Nationale, Ms. français 146)

Kapitel 3

Neuzeitliches Denken kündigt sich an, doch nur im Detail. Die Gesamtschau blieb der mittelalterlichen philosophischen Tradition verbunden.

3.19 Philippe de Vitry

Philippe de Vitry wurde am 31. Oktober 1291 geboren, vielleicht in Vitry in der Champagne, vieleich auch in Paris. Er war Dichter, Musiker und Musiktheoretiker. Seine Schrift *Ars nova* (1322/23) erweiterte und modernisierte die Mensuralnotation (▷ 3.14, 3.20). Philippe de Vitrys Dichtungen und Kompositionen wurden von seinen Zeitgenossen ebenso wie seine musiktheoretische, philosophische und mathematische Kompetenz bewundernd hervorgehoben. In den musikalischen Werken Vitrys, die leider nur zum Teil erhalten sind, erblickte man Vorbilder aller damaligen Gattungen. Vor allem die isorhythmische Motette (▷ 3.22) wurde von ihm entscheidend geprägt. Philippe de Vitry war ein Vertrauter König Johanns II. und stand mit vielen bedeutenden Persönlichkeiten seiner Zeit in engem Kontakt. Er war lange Zeit am französischen Königshof in gehobenen Stellungen tätig und ist mehrmals mit wichtigen diplomatischen Aufträgen betraut worden. Als Geistlicher erhielt er eine Reihe einträglicher Präbenden und wurde 1351 zum Bischof von Meaux ernannt. Für die Musikgeschichte wichtig ist seine Freundschaft mit dem Mathematiker, Astronomen und Musiktheoretiker Johannes de Muris (* um 1300, † um 1350), dessen Abhandlung *Notitia artis musicae* (1321) – wohl nach gründlichem Gedankenaustausch mit Vitry – das Mensuralsystem der Ars nova darstellt. Geistesgeschichtlich noch bedeutsamer ist seine enge Verbindung mit Petrarca, der ihn in einem Brief als „Poeta nunc unicus Galliorum" (jetzt einzigartiger französischer Dichter) anspricht.
Die souveräne, selbstbewußte Haltung Vitrys und die neue gesellschaftliche Position des Künstlers zeigen unter anderem einige schonungslos kritische Texte seiner Motetten, in denen hochgestellte Persönlichkeiten, deren Moral und Lebensführung er mißbilligte, attackiert werden. Einige Motetten Vitrys sind in einer prachtvoll ausgestatteten Abschrift des zeitkritischen Dichtwerks *Roman de Fauvel* aus den Jahren 1310 bis 1314 unter den zahlreichen musikalischen Umrahmungen des erzählenden Textes aufgezeichnet (Abb. 71, S. 115). Philippe de Vitry starb hochgeachtet, von vielen seiner Zeitgenossen besungen und von seinen Freunden – namentlich von Petrarca – tief betrauert, am 9. Juni 1361 in Meaux oder in Paris.

3.20 Mensuralnotation II

Die Notenschrift der Ars nova (▷ 3.18) ist eine Weiterbildung der Ars-antiqua-Notation. Eine qualitativ neue Zeichenerfindung, wie 100 Jahre zuvor die Einzelnotenschreibung der beginnenden Mensuralnotation (▷ 3.14) im Kontrast zur modalen Aufzeichnung (▷ 3.11) der Notre-Dame-Schule (▷ 3.6), tritt nicht auf. Das vorhandene System wird ausgebaut und differenziert. Und dennoch stellt das so erweiterte System musikalisch neue Möglichkeiten bereit, so daß die kompositorische Praxis eine durchgreifend veränderte materiale Grundlage erhält. Erstmals in der Musikgeschichte wird die Notenschrift zu einem freien Verfügungsfeld für die Produkte künstlerischer Phantasie.
Als neues Notenzeichen tritt die Minima (♩) als Unterteilung der Semibrevis auf, womit eine Teilung der Brevis in mehr als drei Noten eindeutig zu regeln ist und die mit Petrus de Cruce einsetzende Unbestimmtheit der Aufzeichnung (▷ 3.17) beseitigt wird. Die gebräuchlichen Notenzeichen der Ars nova sind demnach:

- ◾ Maxima
- ◾ Longa
- ◾ Brevis
- ♦ Semibrevis
- ♩ Minima

Dazu kommt gelegentlich als weitere Unterteilung die Semiminima (♪).
Die entscheidende Neuerung gegenüber der Ars antiqua besteht nun darin, daß jede Wertstufe entweder in zwei oder in drei Noten der nächst niedrigeren Wertstufe unterteilt werden kann. Das bedeutet gegenüber der allein gültigen Dreiteilung im 13. Jahrhundert die

Mehrstimmige Musik des Mittelalters

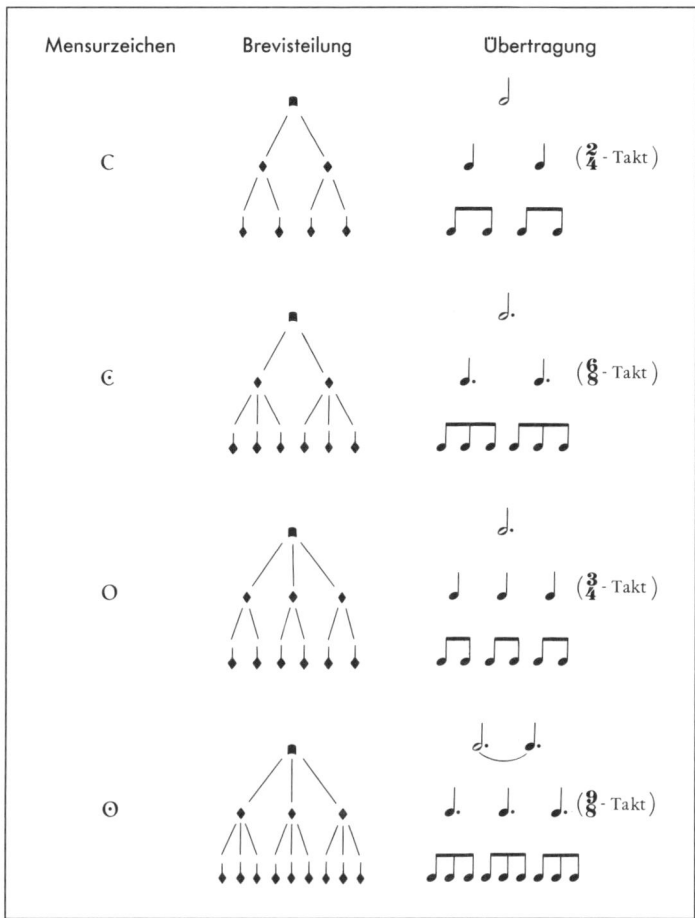

gleichberechtigte Anerkennung der Geradtaktigkeit und ermöglicht weiterhin eine Reihe neuer metrischer Kombinationen, wodurch sich der Charakter der Kompositionen wesentlich verändert und individualisiert.
Die vier wichtigsten metrischen Formationen, die in den Handschriften in der Regel zu Beginn eines Stückes durch Mensurzeichen (ähnlich unseren Taktangaben) angezeigt werden, ergeben sich aus dem Verhältnis der Wertstufen Brevis, Semibrevis und Minima. Je nachdem, ob die Brevis zwei oder drei Semibreven und desgleichen die Semibrevis zwei oder drei Minimae enthält, sind folgende Mensurmöglichkeiten (quasi Taktarten) denkbar und in der Praxis auch sämtlich verwendet worden (Tabelle oben):
Das Verhältnis Brevis–Semibrevis heißt *Tempus* und kommt als dreizeitiges *Tempus perfectum* (Mensurzeichen: Kreis) oder als zweizeitiges *Tempus imperfectum* (Mensurzeichen: Halbkreis; noch heute bei uns als Alla-breve-Takt gebräuchlich) vor. Das Verhältnis Semibrevis – Minima heißt *Prolatio* und kommt als dreizeitige *Prolatio major* (Mensurzeichen: Punkt) und zweizeitige *Prolatio minor* (kein Punkt) vor.
Die Mensur (Taktart) kann sogar innerhalb eines Stückes wechseln. Das gibt es bei Philippe de Vitry häufig und wird bei ihm meist

Kapitel 3

nicht durch ein neues Mensurzeichen, sondern durch Wechsel der Notenfarbe angezeigt, wobei er rote Noten zwischen den üblichen schwarzen an solchen Stellen benutzt, an denen zum Beispiel in einem Stück im Tempus imperfectum zwischenzeitlich Tempus perfectum gilt.

Auf alle Mensurstufen ausgedehnt wird die schon aus der Ars antiqua bekannte Regel (▷ 3.14, Regel 1), daß in einer dreizeitigen Mensur (und natürlich nur dort) ein kleinerer Wert einen größeren vorangehenden verkürzt (imperfiziert), zum Beispiel

(Die Minima nimmt der an sich dreizeitigen Semibrevis eine Zählzeit. Dagegen bleibt eine Semibrevis vor einer weiteren Semibrevis dreizeitig; ▷ 3.14, Regel 2). Der entscheidende Unterschied zwischen der Mensuralnotation und der modernen Notenschrift besteht darin, daß gleiche Zeichen unterschiedliche Bedeutung haben können, je nach den geltenden Mensuren und je nach der Umgebung, in der sie stehen. Abb. 72 verdeutlicht dies an einem einfachen Rhythmusbeispiel.

3.21 Guillaume de Machault

Guillaume de Machault ist eine der herausragendsten Gestalten der abendländischen Musikgeschichte. Er wurde zwischen 1300 und 1305 in der Champagne, vielleicht in Reims geboren (die Familie stammte vermutlich aus Machault, 25 km östlich von Reims). Aus seiner Jugend und Lehrzeit ist wenig bekannt. Sein weiteres Leben war zunächst von den Ereignissen eines unsteten Reisedaseins geprägt, später dann von einer ruhigen, mehr und mehr zurückgezogenen Existenz eines wohlversorgten Geistlichen. 1323 wurde er Sekretär des Königs Johann von Böhmen, an dessen Feldzügen und Reisen durch weite Teile Europas er teilnahm. 1340 ließ er sich in Reims nieder, wo er bereits eine Pfründe besaß, und nahm als Canonicus (Domherr) bestimmend am geistlichen Leben der Kathedrale teil. Trotz mancher bedrängender Notzeiten, etwa durch die Pest oder durch feindliche Belagerungen ausgelöst, fand er in seiner zweiten Lebenshälfte die Kraft und Sammlung zu einem geradezu exemplarischen künstlerischen Schaffen. Machaults Werke wurden schon von seinen Zeitgenossen als originale Meisterwerke erkannt und gewürdigt. Er selbst hatte offenbar das Bestreben, musterhafte Kompositionen in allen damals üblichen Gattungen der Nachwelt zu hinterlassen. Er sorgte dafür, daß seine Werke in großen Sammelhandschriften, systematisch geordnet, aufbewahrt wurden. Diese zeitgenössischen „Gesamtausgaben" überliefern uns an mehrstimmigen Werken 41 Balladen, 21 Rondeaux, 8 Virelais, 4 Lais, 1 Doppelhoquetus, 23 meist isorhythmische Motetten und eine vierstimmige Messe. Dazu kommen einstimmige Lais, Virelais sowie eine Complainte (Klagegesang) und eine Chanson Royal. Machault, der auch als Dichter bedeutende Werke verfaßte, schrieb alle Texte zu seinen Kompositionen selbst. Man könnte auch sagen, er vertonte eine Reihe seiner eigenen Gedichte. In der stilisierten Liebesthematik seiner Dichtungen und seiner einstimmigen Lieder stellt sich Machault als einer der letzten Repräsentanten des spätmittelalterlichen Minnesangs dar. In seinen mehrstimmigen Kompositionen aber erweist er sich als

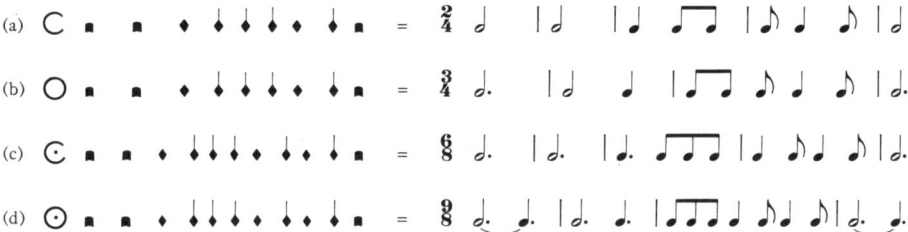

72 Vier mensural notierte Rhythmen in den Mensurkombinationen: (a) Tempus imperfectum/Prolatio minor, (b) Tempus perfectum/Prolatio minor, (c) Tempus imperfectum/Prolatio major, (d) Tempus perfectum/Prolatio major

118

Mehrstimmige Musik des Mittelalters

der erste Komponist, dessen Gesamtwerk die musikalischen Intentionen einer ganzen Epoche, der französischen Ars nova, zusammenfaßt und zur Vollendung führt. Guillaume de Machault starb am 13. April 1377 vermutlich in Reims.

3.22 Isorhythmische Motette

Die isorhythmische Motette ist einerseits unmittelbar aus der Motette der Ars antiqua (▷ 3.13) hervorgegangen. Sie ist in der Regel dreistimmig, von einem instrumentalen Tenor aus entworfen, doppeltextig (bei Machault hauptsächlich französisch) und zeigt – wie schon bei Petrus de Cruce (▷ 3.17) – eine differenzierte Oberstimmenstruktur. Andererseits setzt sie sich als mehrteilig gegliedertes, detailliert durchgebildetes, individualisiertes Kunstwerk deutlich von den anonymen Motettenkompositionen des 13. Jahrhunderts ab. *Isorhythmie* heißt „gleiche rhythmische Ordnung". Das musikalische Grundprinzip der isorhythmischen Motette besteht in der Wiederkehr gleicher rhythmischer Strukturen in veränderter melodischer Gestalt. Da es sich um Vokalmusik handelt und die rhythmisch-musikalische Großeinheit, die sogenannte *Talea,* einer isorhythmischen Motette der dichterischen Strophe ihres Textes entspricht, ist es wichtig, auch den Text genauer zu betrachten.
In der Abbildung 75, S. 121 ff. wird Machaults Motette Nr. 1 vollständig wiedergegeben (in heutige Notenschrift übertragen und mit Taktstrichen und Einteilungen zur besseren Übersicht versehen).
Der Tenorausschnitt „Amara valde" (sehr bitter) entstammt, wie bei den Motetten des 13. Jahrhunderts, dem Gregorianischen Choral. Das Wort „amara" (bitter) benutzt Machault zu lautlichen und inhaltlichen Anspielungen in den Texten des Triplums (▷ 3.8) und des Motetus (▷ 3.9), vor allem in Zusammenhang mit den Worten „amour" (Liebe), „amer" (lieben) und „amer" (bitter). Freude und Qual, Süße und Bitternis einer allzu lange unerwidert gebliebenen Liebe bilden den Inhalt der Gedichte.
Die Großform dieser Motette gliedert sich in zwei Teile, einen längeren Teil I (Takt 1–108) und einen wesentlich kürzeren Teil II (Takt 109–Schluß), der zügiger und straffer gestaltet ist und damit eine deutliche Schlußwirkung hervorruft. Jeder der beiden Großteile ist wiederum dreifach unterteilt in strophische Einheiten, das heißt in drei Taleae (Abb. 73, S. 120).
Triplum und Motetus sind bereits als Dichtung kunstvoll in diesen Rahmen hinein entworfen und vielfältig aufeinander bezogen (Abb. 74, S. 120). Eine Triplumstrophe hat elf Zeilen mit einem virtuos gehandhabten Reimschema (aabaabccbab) und genau bemessenen Silbenzahlen (im folgenden in Klammern):

Quant en moy vint premierement	(8) a
Amours, si tres doucettement	(8) a
Me fost mon cuer enamourer	(8) b
Que d'un resgart me fist present,	(8) a
Et tres amoureus sentement	(8) a
Me donna aveuc doulz penser,	(8) b
Espoir	(2) c
D'avoir	(2) c
Merci sans refuser.	(6) b
Mais onques en tout mon vivant	(8) a
Hardement ne me vost donner.	(8) b

Übersetzung:
Als Amor das erste Mal zu mir kam, machte er auf so süße Art mein Herz verliebt, daß er mir einen Blick als Geschenk gab, und er gab mir ein sehr verliebtes Gefühl mit süßen Gedanken, die Hoffnung, Gnade ohne Weigerung zu erhalten. Aber niemals in meinem Leben wollte er mir Mut geben.

Der Motetus zeigt eine vergleichbar kunstvolle Form:

Amour et biaute parfaite	(8) d
Doubter,	(2) b
Celer	(2) b
Me font parfaitemant.	(6) a

Übersetzung:
Liebe und vollkommene Schönheit lassen mich vollkommen fürchten, hoffen.

Beide Gedichte stehen in einem thematischen und lautlichen (gleiche Reimendungen) Wechselverhältnis, das in der musikalischen Realisierung aufgenommen wird und dadurch verstärkt zur Wirkung kommt. Besonders aufschlußreich ist das Verhältnis der zeitlichen Abläufe: Vier Triplumzeilen folgen

Kapitel 3

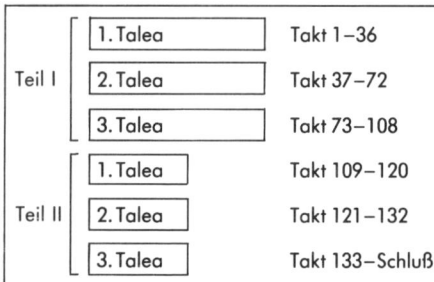

73 Bauplan der Motette Nr. 1 von Guillaume de Machault (Abb. 75, S. 121 ff.)

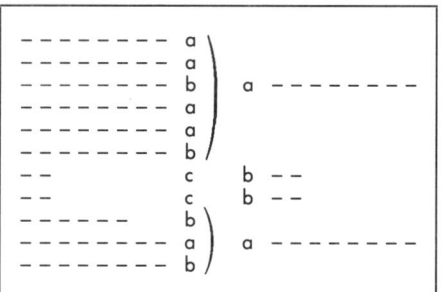

74 Schematische Darstellung einer Triplum-Strophe (links) und einer ihr zugeordneten Motetus-Strophe (rechts) in Teil I der Motette Nr. 1 von Guillaume de Machault (Abb. 75, S. 121 ff.). Die Zahl der Striche entspricht der Anzahl der Silben pro Zeile; gleiche Buchstaben bedeuten gleiche Reimendungen

sehr rasch aufeinander (Takt 1-14), die fünfte und sechste werden durch Pausenzäsuren abgesetzt. Diese ersten sechs Triplumzeilen füllen ebenso viele Takte wie die erste Motetuszeile (Takt 1-21), während die beiden Kurzzeilen in der Mitte in beiden Stimmen im gleichen Tempo ablaufen und in raschem Wechsel innerhalb nur eines Großtaktes sich gewissermaßen ins Wort fallen (Takt 22-24)

     espoir d'avoir
  doubter celer

Auch inhaltlich (Fürchten, Hoffen, Heucheln) liegt an dieser Stelle die engste Verzahnung vor. Den drei Schlußzeilen des Triplums entspricht wiederum nur eine Motetuszeile (Takt 25-36), so daß sich insgesamt eine wellenförmige Temporelation um die prägnante Mitte herum ergibt (Abb. 74).
Dieser zugleich streng gefügte und abwechslungsreiche Bauplan ist in Talea 1-3 jedesmal der gleiche. Genauso ist es im Teil II (ab Takt 109). Die Talea ist dort kürzer, aber wiederum ein dreimal wiederholtes textliches und musikalisches Ordnungsgefüge (Abb. 73).
Musikalisch geht die isorhythmische Formanalyse vom Tenor aus. Der von Machault gewählte Tenorausschnitt des Gregorianischen Chorals, der sogenannte *Color,* der der Motette als Tenormelodie zugrunde liegt, hat 30 Töne. Er wird zweimal vorgestellt, also in Teil I (Takt 1-108) und Teil II (Takt 109-Schluß) jeweils einmal ganz durchgeführt, das heißt ab Takt 109 erscheinen im Tenor wieder die gleichen Töne wie zu Beginn. Diesen Color von 30 Tönen unterteilt Machault in drei gleiche rhythmische Abschnitte (Taleae). Eine Talea entspricht also in dieser Motette einem Drittel des Color (in anderen Motetten ist das Verhältnis anders). In der Talea werden die ersten zehn Tenortöne folgendermaßen rhythmisiert:

Nach zwölf Großtakten (ab Takt 37) beginnt die zweite Talea im Tenor mit dem gleichen Rhythmus wie die erste, nun aber auf anderen Tonhöhen, da die zweite Talea das zweite Drittel des Color (den 11.-20. Ton) rhythmisiert. Nach weiteren zwölf Großtakten (ab Takt 73) beginnt die dritte Talea wiederum mit der gleichen rhythmischen Folge auf die Töne 21-30 des Color.
Teil II ist analog gebaut. Dieser zweite Durchlauf der 30 Töne des Color ist auf gleiche Weise in ein dreifach wiederholtes rhythmisches Talea-Modell untergliedert. Der Rhythmus der Talea lautet jetzt:

Beim Vergleich mit dem Talea-Rhythmus von Teil I erkennt man, daß es der gleiche Rhythmus ist, nur auf das Dreifache verkürzt. Daraus ergibt sich ein anderes Tempo, also schon vom Tenor her die erwähnte „strettahafte" Schlußwirkung.
Auffällig und bewunderungswürdig ist nun die genaue Korrespondenz von dichterischer und musikalischer Form, die sich schon an der Tenorgliederung ablesen läßt, die vollständig aber erst durch die Gestaltung der Oberstimmen wirksam wird. In den Ober-

Mehrstimmige Musik des Mittelalters

Kapitel 3

Mehrstimmige Musik des Mittelalters

Kapitel 3

75 Motette Nr. 1 von Guillaume de Machault (S. 121–124)

Mehrstimmige Musik des Mittelalters

stimmen wiederholen sich gleiche rhythmische Modelle nur teilweise, allerdings in jeder Talea an den genau entsprechenden Stellen. Und gerade das bewirkt den überzeugenden dichterisch-musikalischen Gesamteindruck im Sinne einer strophischen Durchbildung des ganzen Stücks. Gleich gebaut sind im ersten Teil

Takt 13–24 / Takt 49–60 / Takt 85–96

sowie

Takt 31–36 / Takt 67–72 / Takt 103–108.

Oder, anders ausgedrückt, in jeder Talea des ersten Teils sind die Großtakte 5–8 und 11–12 rhythmisch in allen Stimmen gleich, melodisch aber verschieden angelegt. So entstehen wiederkehrende rhythmische Ruhepunkte (Großtakt 5, Großtakt 11), wiederkehrende rasche Wechselrufe (Großtakt 8), wiederkehrende Übergänge (Großtakt 7) usw. und verleihen der Talea als musikalischer Verwirklichung der Strophe ein feinnervig pulsierendes Leben. Ähnliches gilt, mit entsprechend verkürzten Relationen, für den zweiten Teil (ab Takt 109).

Die beschriebene dichterische und kompositorische Gestaltung ist beispielhaft für alle isorhythmischen Motetten Machaults, auch wenn die Anlage im einzelnen jedesmal verschieden ausfällt. Die isorhythmische Motette erweist sich somit als eine der strengsten, kunstvollsten, durchgebildetsten Formen der Musikgeschichte, die in der Korrespondenz von klanglicher und textlicher Gefügtheit von keiner später entstandenen Gattung übertroffen wird. Bei Machault ist sie alles andere als ein bloß mathematisch errechnetes Wunderwerk. Sie ist dichteste Musik voll farbiger, inniger, neuartiger Klanglichkeit, in ihrer Einheit von zwingender Struktur und unmittelbar überzeugender Wirkung ein vollendetes Kunstwerk.

3.23 Rondeau, Virelai, Ballade

Von gleicher Bedeutung wie die Motetten, in Charakter und Struktur jedoch ganz andersartig, sind Machaults Liedkompositionen. Sie sind im – vorwiegend dreistimmigen – sogenannten *Kantilenensatz* geschrieben, mit einer gesungenen Stimme (meist die Oberstimme) und zwei begleitenden Instrumenten. Daneben kommt Zweistimmigkeit (Gesang und Instrument) und gelegentlich Vierstimmigkeit (zwei gesungene und zwei instrumentale Stimmen) vor. Alle Stimmen sind frei erfunden, der Tenor (die Unterstimme) ist also kein vorgeprägter Cantus firmus. Die melodischen Linien sind weicher und fließender, die rhythmische Bewegung ruhiger und gleichmäßiger und der Klang eher noch wärmer und inniger als in den Motetten (▷ 3.22). Die Harmonik ist stark durchsetzt von Terz- und Dreiklangsbildungen (Abb. 76, S. 126). Die Formen sind die der überlieferten, ursprünglich einstimmigen Refrainlieder Rondeau, Virelai und Ballade. Jedoch wird der Refrain, der ehemals chorische, von allen in der Runde gesungene Teil, bei Machault in das Sololied integriert, das als kunstvoll begleiteter Sologesang kein chorisches Element mehr enthalten kann.

Am Beispiel des achtzeiligen Rondeaus *Puis qu'en oubli* (Abb. 76, S. 126) mit dem typischen Formschema A B a A a b A B (a und b = Solo, A und B = ursprünglich chorischer Refrain) wird deutlich, daß der Refrain (Zeile 1, 2, 4, 7 und 8) nur noch durch die Textwiederholung innerhalb des Sololiedes in Erscheinung tritt.

Das gleiche gilt für die zweistimmigen Virelais (auch Chansons balladées genannt) und die zwei- bis vierstimmigen Balladen, die dichterisch und musikalisch die ausgedehntesten und vollendetsten Gestaltungen der Liedkunst Machaults darstellen.

3.24 Messe

Mehrstimmige Vertonungen der Ordinariumsteile der Messe (der jeden Sonntag wiederkehrenden Gesänge Kyrie, Gloria, Credo, Sanctus und Agnus dei) sind im 14. Jahrhundert noch nicht sehr häufig. Einige finden sich in Handschriften wie Ivrea (Biblioteca Capitolare) und Apt (Basilique Sainte Anne, Codex 16bis) aus dem Umkreis der päpstlichen Kapelle in Avignon, der Papstresidenz von 1309 bis 1376; eine vollständige dreistimmige Messe ist anonym in der Handschrift Tournai (Bibliothèque de la Cathédrale) überliefert.

Kapitel 3

76 Rondeau Nr. 18 von Guillaume de Machault; Übersetzung: „1. Wenn ihr meiner nicht gedenkt, süßer Freund, 2. dann sei alle Liebe und Freude Gott befohlen. 3. Unglückselig der Tag, an dem ich mich in euch verliebte, 5. doch wird gelten, was ich euch versprach: 6. niemals werde ich einen anderen lieben"

Um so mehr verdient der große vierstimmige Meßzyklus von Machault Beachtung, den er in seiner Spätzeit, möglicherweise 1364 zur Krönung Karls V. in Reims, geschaffen hat. In den textreichen Sätzen Gloria und Credo herrscht vorwiegend ein homophones, deklamierendes Satzprinzip mit kurzen untextierten (wahrscheinlich instrumental gedachten) Einwürfen, also wiederum eine ganz eigene, vom Motetten- und Kantilenensatz (▷ 3.23) deutlich unterschiedene Struktur. In den geringtextigen Sätzen Kyrie, Sanctus und Agnus dei (hinzu kommt in diesem Fall noch das *Ite missa est*) entwickelte, meisterhafte isorhythmische Gestaltung mit weitschwingender Melodik und feierlicher Akkordik, die dem Werk, der Weite des gotischen Domes angepaßt, eine großartige klangräumliche Wirkung verleihen.

3.25 Die Spätzeit um 1400: Ars subtilior

Die französische Musik des Mittelalters klingt aus mit einer verfeinerten, manierierten Spätkunst, die das Erbe der Ars nova weiterträgt, ohne neue Formen und Klangimpulse zu entwickeln. Die Gattungen der Machault-Zeit werden beibehalten und kunstvoll variiert, ihre Merkmale aber auch untereinander vermischt, so etwa, wenn Isorhythmie und Mehrtextigkeit, vorher der Motette vorbehalten, nun auch im Kantilenensatz verwendet werden.

Die Notation (▷ 3.20), bei Vitry und Machault ein sinnvolles, der musikalischen Praxis entsprechendes Mittel der Aufzeichnung, wird nun ein kompliziertes, schwer zu überschauendes und unterschiedlich gehandhabtes System. Kleinste Notenwerte (*Fusa* und *Dragma* als Unterteilungen der *Semiminima*), vertrackte Rhythmen und häufiger Wechsel von Zweier- und Dreiermensur prägen ein entsprechend schwierig zu lesendes Notenbild mit Fähnchen und Hälsen nach oben und unten sowie mit hohlen und ausgefüllten Noten in schwarzer und roter Färbung. Dieser Hang zu verspielter Vielfalt und übersteigerter Verfeinerung (lateinisch „subtilitas") rechtfertigt den Namen „Ars subtilior", den diese Spätzeit von Machaults Tod bis zum Anfang des 15. Jahrhunderts in der Musikgeschichtsschreibung erhalten hat.

Fünfhundert Jahre mittelalterlicher Musik finden in diesen Jahrzehnten ihren endgültigen Abschluß. Und wie so oft in ausklingenden Phasen der Kulturgeschichte wird auch hier im manierierten Endstadium die Notwendigkeit eines durchgreifenden Neuansatzes spürbar, welcher – wie in diesem Fall die Musik der Renaissance – andersartige, gewissermaßen junge und unverbrauchte Kräfte ins Spiel bringt.

Die italienische Musik des 14. Jahrhunderts

3.26 Trecento

Die Geschichte der mittelalterlichen Mehrstimmigkeit ist zunächst weitgehend eine Geschichte der französischen Musik, die durch eine Vielzahl von Quellen über Jahrhunderte hinweg belegt ist und in ihren verschiedenartigen Stilphasen und Gattungsentwicklungen gut verfolgt werden kann. Erst im 14. Jahrhundert (italienisch „Trecento") wird in Italien eine eigenständige und gleichwertige musikalische Kultur sichtbar, deren Entstehung (etwa aus nicht schriftlich fixierten heimischen Vorformen oder aus provenzalischen oder französischen Impulsen) nicht geklärt ist, deren Formenreichtum und Klangschönheit deshalb um so mehr überraschen.

Das Trecento-Repertoire ist in einer begrenzten Anzahl von Quellen überliefert, unter denen der sogenannte Squarcialupi-Codex (Florenz, Biblioteca Mediceo-Laurenziana, Codex Mediceo-Palatina 87), eine Prachthandschrift aus dem frühen (oder mittleren?) 15. Jahrhundert, den umfangreichsten Bestand enthält. Sie wurde als eine planmäßige Sammlung von über 350 Kompositionen angelegt und dokumentiert bereits für diese Zeit das Bestreben, im Rückblick auf eine vergangene Epoche italienischer Musik deren Werke der Nachwelt zu erhalten.

3.27 Zentren und Komponisten

Das Aufblühen der italienischen Trecento-Musik hängt zeitgeschichtlich zusammen mit der Machtentfaltung der oberitalienischen Stadtstaaten wie Mailand, Verona, Mantua, Padua, Modena und Ferrara mit ihren führenden Familien (Visconti, Sforza, della Scala, Gonzaga u. a.) sowie der Hauptstadt der Toskana, Florenz. Es ist eine ausschließlich weltliche Liedkunst, deren Klarheit und Melodiösität sich von der komplexer geformten französischen Ars nova (▷ 3.18) abhebt und mit dem Eintreten Italiens in die Geschichte der Mehrstimmigkeit ein unverwechselbares italienisches Idiom ausprägt, das, sich vielfältig wandelnd, so viele spätere musikalische Epochen entscheidend bestimmt hat.

Zu einer ersten Komponistengeneration, deren Schaffen etwa um 1330 einsetzt, gehören Jacopo da Bologna, der in Verona und Mailand wirkte, Giovanni da Cascia und Gherardello de Florentia.

Das Wirken der zweiten Generation fällt in die zweite Hälfte des 14. Jahrhunderts. Der führende Musiker dieser Zeit und die überragende Gestalt der Trecento-Musik überhaupt war der blinde Komponist Francesco Landini, auch Landino genannt (* um 1335 in Fiesole, † 2. September 1397 in Florenz), der fast drei Jahrzehnte an der Medici-Kirche San Lorenzo wirkte und von seinen Zeitgenossen in geradezu hymnischer Weise gepriesen wurde. Über 150 Werke sind von Landini überliefert, die meisten davon gehören zur Gattung der Ballata (▷ 3.28).

Das italienische Trecento hat eine eigene Notation entwickelt (der bedeutende zeitgenössische Theoretiker Marchettus de Padua hat sie ausführlich dargelegt), die in wichtigen Punkten von der französischen Notation abweicht, sich jedoch gegen Ende des 14. Jahrhunderts an die Entwicklung in Frankreich anglich. Auch kompositorisch vermischte sich die Trecento-Musik in der dritten Generation ihrer Musiker zunehmend mit französischen Elementen und ging, ähnlich wie die Ars nova, in eine Spätzeit über, die auch hier mittelalterliches Komponieren zum Abschluß brachte.

3.28 Madrigal, Caccia, Ballata

Kennzeichnend für die weltliche Liedkunst des Trecento ist die dichterische Qualität der vertonten Texte. Beim *Madrigal,* das sich thematisch vorwiegend der Natur- und Liebeslyrik zuwendet, ist die literarische Form auch bestimmend für die musikalische Gestaltung gewesen. Das Madrigal besteht aus zwei (oder mehr) Dreizeilern *(Terzetti)* als Strophen und einem meist zweizeiligen Refrain *(Coppia).* Jeder – sieben- oder elfsilbigen – Textzeile entspricht ein in sich gerundeter Melodiebogen. Übergeordnet ergibt sich durch die Wiederholung des ersten Teils und den angeschlossenen Refrain eine dreiteilige Form (A A B):

|: Terzetto :| Coppia
| Terzetto |

Das Madrigal ist zunächst zwei-, später auch dreistimmig, alle Stimmen sind frei erfunden und werden auf den gleichen Text gesungen. Die Oberstimme ist durchweg beweglicher und reich figuriert, die Unterstimme eher ruhiger und getragen (Abb. 77). Beide Stimmen sind melodiös und rhythmisch fließend gehalten und repräsentieren so, von den frühesten Beispielen um 1330 an, jene schon hier auffällige italienische Kantabilität.

Die *Caccia* ist ein Jagdstück mit realistischen, oft von lebendigen Schilderungen und Rufen bestimmten Texten. Auch dies ist formbildend für die Musik geworden. Denn musikalisch besteht die stets dreistimmige Caccia aus zwei raschen, sehr beweglich geführten gesungenen Oberstimmen, die im Kanon aufeinander folgen, also sich gewissermaßen jagen, und einer ruhigen instrumentalen Stützstimme.

Die anspruchsvollste, auch literarisch wichtigste Gattung der gesellschaftlich gehobenen Liedkunst des Trecento ist die *Ballata,* die nach Mitte des 14. Jahrhunderts (zentral bei Francesco Landini) auftritt. Ähnlich dem französischen Virelai zeigt sie eine vom Refrain eingerahmte Strophenform mit folgendem Aufbau:

ripresa – piede – piede – volta – ripresa
A B   c d   c d   a b   A B

Die Ballata ist zwei- oder dreistimmig mit unterschiedlicher vokaler und instrumentaler Verteilung der Stimmen. Abbildung 78 zeigt den Anfang einer Ballata von Landini, bei der wie im Kantilenensatz (▷ 3.23) eine führende Singstimme von zwei frei erfundenen Instrumentalstimmen begleitet wird.
Diese wenigen Takte mögen stellvertretend für die hohe Kultur und sinnenhafte Wirkung der Trecento-Musik stehen. Sie entfaltete sich

77 Anfang eines zweistimmigen Madrigals von Giovanni da Cascia, genannt auch Johannes de Florentia

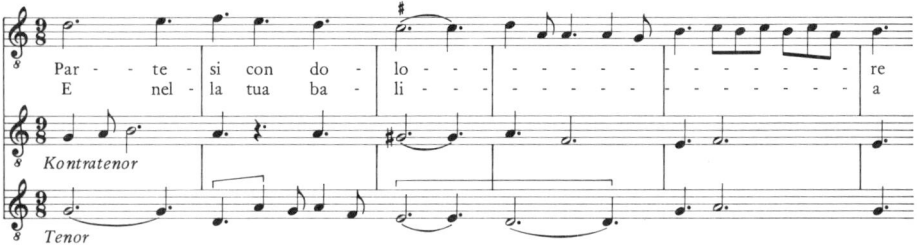

78 Anfang der Ballata „Man scheidet mit Schmerzen ..." von Francesco Landini

zur Zeit Petrarcas, Boccaccios und Franco Sacchettis, wurde von deren Poesie angeregt und vertonte zum Teil deren Gedichte. So verwundert es nicht, daß sie, im ganzen zwar noch der mittelalterlichen Klanglichkeit verbunden, dennoch im einzelnen sich davon abhebt und in ihren höchststehenden Werken deutlich vorausweist auf ein neues, verändertes Hör- und Kompositionsverständnis, das sich im 15. Jahrhundert entfalten sollte und zu dem die italienische Musik Wesentliches beitrug.

Die englische Musik bis zum Beginn des 15. Jahrhunderts

Von der mittelalterlichen englischen Musik, deren Pflege an vielen Orten verbürgt ist, sind nur spärliche schriftliche Zeugnisse erhalten (▷ 3.4). Auch der Einfluß Frankreichs, spätestens seit der Eroberung Englands durch die Normannen (1066) als selbstverständlich anzusehen, ist nur gelegentlich und indirekt belegbar. Immerhin ist eine der drei großen erhaltenen Handschriften des Pariser Notre-Dame-Repertoires (*W,* ▷ 3.6) eine für das Kloster Saint Andrews in Schottland angefertigte Abschrift. Und die wichtigsten Nachrichten, die wir über die Notre-Dame-Schule besitzen, stammen von einem anonymen englischen Musikschriftsteller (▷ 3.6). Wir wissen zwar, daß in England eine reiche, eigenständige Volksmusik existierte und das Instrumentalspiel verbreitet war, die ursprüngliche Art und Herkunft des englischen Idioms, das hernach im 15. Jahrhundert von so durchgreifendem Einfluß werden sollte (▷ 4.1), läßt sich jedoch nur aus wenigen und späten Zeugnissen erschließen.

3.29 „Sommer-Kanon"

Ein schönes Beispiel für englische Klangfreudigkeit und ein in mancher Hinsicht ungewöhnliches Musikstück ist die „Rota" *Sumer is icumen in* (bei uns bekannt mit dem Text „Sommer ist ins Land gekommen") aus dem späten 13. Jahrhundert, eine einstimmig aufgezeichnete Melodie, die durch Einsatzzeichen als vierstimmiger Kanon kenntlich ist und durch einen zusätzlichen zweistimmigen ostinaten „Pes" zu einem sechsstimmigen, harmonisch fülligen Klangstück wird, das wechselnd die beiden Akkorde $f-a-c^1-f^1$ und $g-b-d^1$ umspielt (Abb. 79, S. 130), also ständig den gleichen dreiklangsgesättigten Klangraum durchschreitet, was in dieser Form auf dem Kontinent nicht vorkommt, auch wenn der Verfasser des Sommer-Kanons im übrigen das Prinzip des Stimmtauschs, auf dem ja der Kanon beruht, in Frankreich gelernt haben mag.

3.30 Improvisierte Mehrstimmigkeit: Sight, Faburden

Nicht nur ein Stück wie der Sommer-Kanon, sondern auch zeitgenössische Berichte über die Musikpflege in England weisen auf eine weit verbreitete Improvisationspraxis mehrstimmigen Singens, die in der ersten Hälfte des 15. Jahrhunderts auch in schriftlichen Anweisungen niedergelegt wurde. Abhandlungen über den „Discantus ex improviso" oder „supra librum", über die improvisierte Ausführung von Mehrstimmigkeit, gab es auch in Frankreich. Doch zeigen die englischen Diskanttraktate des 15. Jahrhunderts vor allem in zweierlei Hinsicht auffällige Besonderheiten:
1. Die Sänger finden die Töne, die sie zum *Plainsong* (Cantus firmus) improvisierend hinzufügen, durch ein einfaches Transpositionssystem, das heißt, sie stellen sich andere Intervalle vor, als die Abstände zum Plainsong tatsächlich betragen. In der Vorstellung (aus der „Sicht") der Sänger bewegen sich auch die höheren Stimmen im Klangraum des Cantus firmus. Dieses Vorstellungssystem wurde *Sight* genannt, es garantierte mit Hilfe weniger Regeln das Zusammentreffen aller Stimmen in jeweils passenden Akkorden.
2. Wichtiger als diese Leseanweisungen ist das klangliche Resultat des Sight-Systems, das am Beginn und am Ende einer Zeile zwar noch den im Mittelalter überall gültigen

Kapitel 3

79 „Sommer-Kanon" (Übertragung nach der Handschrift London, British Museum, Ms. Harley 978)

Quint-Oktav-Klang (z. B. c–g–c¹) forderte, dazwischen aber zu homophonen Sextakkordketten führte, zu einem rein akkordischen Parallelsingen in Terzen und Sexten, das den auf dem Kontinent gültigen Kontrapunktregeln widersprach und nur auf ein einheimisch verwurzeltes, eigenständiges Klangbewußtsein zurückzuführen ist.
Beim Sight-Singen liegt der Plainsong (Cantus firmus) in der tiefsten Stimme, die übrigen freien Stimmen darüber. Beim sogenannten *Faburden,* einer im übrigen ganz verwandten Technik, deren Name eine Verbindung zu den französischen „Fauxbourdon"-Kompositionen um 1430 (▷ 4.3) erkennen läßt, liegt der Plainsong in der Mitte eines dreistimmigen Satzes (darüber liegt die *Mene*-Stimme, darunter der *Burden*), der dadurch ebenso zu improvisierten Sextakkordketten zwischen Quint-Oktav-Klängen führt. Sight und Faburden können zwar als Zeugnis einer älteren, nicht überlieferter Tradition gelten, sie sind aber in der vorliegenden Form Techniken des 15. Jahrhunderts.
Musikgeschichtlich ist damit das Mittelalter verlassen und die Schwelle zur neuzeitlichen Musik überschritten. Diese entwickelte sich zwar zentral auf dem Kontinent durch Komponisten des französisch-burgundisch-niederländischen Raums, doch ist deren neue, elementare, strömende Klanglichkeit direkt auf den Einfluß englischer Musiker und auf die Nachwirkung des englischen improvisierten Akkordsingens zurückzuführen.

Kapitel 4
Die Musik des 15. und 16. Jahrhunderts

Einführung

In der europäischen Musikgeschichte vollzog sich um 1430 als ein durchgreifender Stilwandel die Wende von der Musik des Mittelalters zur Musik der Neuzeit. Vielen Zeitgenossen war dies bewußt. „Als eine ganz neue Kunst", so schrieb J. Tinctoris, der führende Musiktheoretiker des 15. Jahrhunderts, in seinem *Proportionale musices* (um 1473/74), sei die Musik seiner Epoche zu betrachten, und außer den Kompositionen „der letzten 40 Jahre" könne nichts als „hörenswert" befunden werden. Geographisch verlagerte sich das Zentrum der Musikentwicklung von Frankreich aus nach Norden. Fast alle bedeutenden Komponisten der neuen Stilepoche entstammten einer Region, die die heutigen Niederlande, Belgien, Luxemburg und Teile von Nordfrankreich umfaßt und die im 15. Jahrhundert im wesentlichen zum Herzogtum Burgund gehörte.
Die Musiker dieser Region, deren Werke in der Zeit zwischen 1430 und 1600 auch satztechnisch und gattungsgeschichtlich einen engen inneren Zusammenhang erkennen lassen, gehören zur sogenannten „Niederländischen Schule" oder – wie man heute genauer sagt – zur „Franko-flämischen Schule". Ihre Kompositionen waren innerhalb dieses Zeitraums bestimmend für den Stil der europäischen Musik, insbesondere auch dadurch, daß viele von ihnen außerhalb ihrer Heimat führende Stellungen innehatten und namentlich in Italien das Musikleben über längere Zeit maßgeblich mit gestalteten.
Die musikalische Epochengrenze um 1430 fällt in eine Zeit, die auch allgemein und kulturgeschichtlich als Übergang vom späten Mittelalter zur frühen Neuzeit gilt. Ein grundlegend verändertes Welt- und Menschenbild, politische, gesellschaftliche und geistige Umwälzungen (z. B. religiöse Auseinandersetzungen bis hin zur Reformation), bahnbrechende Entdeckungen (vor allem Amerikas durch Kolumbus 1492) und Erfindungen (z. B. des Buchdrucks um 1440, gegen Ende des Jahrhunderts auch des Notendrucks) sowie eine verstärkte Auseinandersetzung mit der Gedankenwelt der Antike sind Kennzeichen und Phänomene dieses Umbruchs.
Die Frage, wie das, was musikalisch im 15. und 16. Jahrhundert geschah, mit diesem neuen Zeitgeist zusammenhängt oder ihm gar entspricht, ist nicht ganz leicht zu beantworten. Generell läßt sich sagen, daß die Musik dieser Epoche eine Sprache spricht, die stärker als im Mittelalter darauf gerichtet ist, den Menschen, der sie hört, unmittelbar anzusprechen. Die Musikanschauung der Zeit orientierte sich weniger als zuvor an abstrakten, zum Beispiel kosmisch-religiösen Vorstellungen, sondern stellte konkret den Eindruck, den die Töne auslösen, in den Mittelpunkt der Betrachtung. Die Musiktheorie im engeren Sinne, die sich gleichfalls bewußt von der des Mittelalters abgrenzte, bemühte sich, ähnlich wie die Naturwissenschaften, um die Formulierung allgemein gültiger Gesetze und Regeln, die sie aus der „Natur" der Musik und des menschlichen Empfindens abzuleiten suchte.
Dies korrespondiert mit einer Veränderung der gesellschaftlichen Struktur. Der Anteil des neuen, selbstbewußten Bürgertums an der Musikpflege (zum Beispiel auf dem Gebiet des Liedes und des Tanzes) nahm zu, auch wenn aufs Ganze gesehen der Adel und die

Kapitel 4

Geistlichkeit noch über lange Zeit die Führung behielten. Ein neuer Typ des Künstlers schließlich, der aus der Anonymität handwerklich dienender Haltung heraustritt und mehr und mehr aus dem Bewußtsein eines freien Schöpfertums heraus individuell geformte Werke schafft (die allerdings weiterhin prinzipiell auftrags- und anlaßgebunden entstehen), ist, wie unter Malern, Bildhauern, Architekten und Dichtern, nun auch unter den Komponisten anzutreffen. Josquin Desprez (▷ 4.14) repräsentiert ihn wohl am eindrucksvollsten.

Neben solchen deutlichen Parallelen zur historisch kulturellen Gesamtsituation gibt es auch spezifische Unterschiede zwischen der Musik des 15. und 16. Jahrhunderts und herrschenden Geistesströmungen der Zeit, namentlich der Renaissance.

Die Renaissance entfaltete sich primär innerhalb der Literatur und der bildenden Kunst Italiens. Die Musik der Franko-flämischen Schule jedoch ist eine Kunst des Nordens, deren introvertierte Linearität und komplexe Struktur sich dem südlich antiken Ideal einer klaren, freien, natürlichen Menschlichkeit nur teilweise und allmählich erschloß. Immerhin lag das Hauptwirkungsfeld vieler franko-flämischer Musiker in Italien. Dies gilt schon für den ersten großen Komponisten der Epoche, G. Dufay (▷ 4.12). Und im Laufe des 16. Jahrhunderts wurden italienische musikalische Anregungen und auch so etwas wie ein renaissancehaft italienischer Geist in der Musik immer deutlicher spürbar.

Die Kultur der Renaissance impliziert weiterhin eine vorwiegend weltliche, jedenfalls von den christlich theologischen Wertvorstellungen und Denkschemata des Mittelalters sich befreiende Grundhaltung. Die Musik der Franko-flämischen Schule dagegen wendet sich, in starkem Kontrast auch zur vorangehenden Ars nova (▷ 3.18), betont wieder der geistlichen Musik zu, in diesem Punkte möglicherweise beeinflußt durch die um die gleiche Zeit in den Niederlanden verbreitete Frömmigkeitsbewegung der „Devotio moderna".

Schließlich verstand sich alles Neue und Schöpferische der Renaissance zugleich als Rückbesinnung auf die Antike, auf den Geist und die Formensprache Griechenlands und Roms. Im Unterschied jedoch zur antiken Architektur, bildenden Kunst, Dichtung und Philosophie war die Musik des Altertums nicht anschaulich mehr erlebbar, sie war als Klangerscheinung endgültig versunken. Und ohnehin hätte die entwickelte Mehrstimmigkeit des beginnenden 15. Jahrhunderts, die einer langen polyphonen Tradition des Mittelalters entwuchs, sich kaum an der so wesensverschiedenen einstimmigen griechischen Musik als Vorbild orientieren können. (Erst um 1600 wurde eine solche Orientierung an griechischer Musik, freilich mit dem gänzlich unantiken Ergebnis der Entstehung der barocken Oper, musikgeschichtlich wirksam; ▷ 5.18).

So bleibt der Begriff „Renaissance" zur Kennzeichnung der musikalischen Epoche als ganzer fragwürdig, allenfalls für Teilaspekte ist er anwendbar. Sinnvoll dagegen ist der Versuch, für die Benennung übergreifende musikalische Kriterien heranzuziehen. „Vokalpolyphonie", „durchimitierender Stil" (H. Riemann) oder „Singstil" (H. Besseler) sind – im Unterschied zu den neutralen Herkunftsangaben „niederländisch" oder „franko-flämisch" – solche an wichtigen immanenten Kriterien orientierte Epochenkennzeichnungen.

Polyphonie und vokale Linearität sind in der Tat grundlegende Stilmittel für die Musik des 15. und 16. Jahrhunderts, aus denen sich weitere bestimmende Merkmale ableiten lassen, z. B. die zeitgenössische Forderung nach „Varietas" (Vermeidung von Wiederholungen gleicher Motive); die kontrapunktisch geregelte Dissonanzbehandlung, die zunehmend bis hin zu G. P. da Palestrina immer konsequenter gehandhabt wird (größere Beschränkung ist hier satztechnischer Fortschritt); die sich entwickelnde akkordgebundene Klanglichkeit und kadenzielle Tonalität; die Bindung der Instrumente an die gesungenen Stimmen (selbständige Instrumentalmusik konstituiert sich erst im 16. Jahrhundert); die Vorrangstellung der geistlichen Gattungen (Messe und Motette) gegenüber den weltlichen, die allerdings erst im Laufe dieses Zeitabschnitts immer mehr Gewicht erhalten, besonders durch die Eigenentwicklungen in Frankreich, Italien und Deutschland.

Der Zeitpunkt, zu dem das Prinzip der vokalen Polyphonie seine Geltung mehr und mehr verlor, bezeichnet auch das Ende der Epoche

Die Musik des 15. und 16. Jahrhunderts

der Franko-flämischen Schule einschließlich ihrer späten italienischen Ausprägung (Palestrina). Dies vollzog sich um 1600 und bildet ein wesentliches Merkmal für den Beginn des musikalischen Barockzeitalters. Dennoch ist die hohe kontrapunktische Satztechnik des 16. Jahrhunderts nie mehr vollständig in Vergessenheit geraten. Schon im Barock wurde sie als „stile antico" oder „prima pratica", seit dem frühen 19. Jahrhundert dann als „Palestrina-Stil" neben der jeweils zeitgenössischen Komposition als restauratives Stilideal und als Übungsfeld handwerklich kompositorischer Ausbildung weiterhin gepflegt.

Voraussetzungen, Grundlagen, Wandlungen

4.1 Englischer Einfluß: der neue Klang

Das Neuartige der franko-flämischen Musik ist in entscheidender Weise auf Impulse zurückzuführen, die um 1430 von England aus auf das Komponieren G. Dufays und seiner Zeitgenossen einwirkten. Auch dies hat der Musiktheoretiker J. Tinctoris (▷ 4.10) um 1475 deutlich ausgesprochen. Und in ähnlicher Weise sprach der französische Dichter Martin Le Franc in seinem *Champion des dames* schon um 1440 von einer „contenance angloise" der jüngeren Komponisten, die sich in neuen, „frischen" Zusammenklängen äußere.

Dieser Klangeindruck der englischen Musik, der offenbar spontan begeisterte und überzeugte, beruht auf der reichen Anwendung der Intervalle Terz und Sext innerhalb eines zur Dur-Tonalität tendierenden harmonischen Zusammenhangs (▷ Kapitel 3: Die englische Musik bis zum Beginn des 15. Jahrhunderts). Bezeichnend für die englische Musik ist ferner, im Gegensatz zur Ars nova des Spätmittelalters, ihr ruhig strömender vokaler

80 Anfang der Motette „Quam pulcra es" von John Dunstable als Beispiel für vokalen, weitgehend homophonen „Vollklang" und „pankonsonanten Stil" mit Bevorzugung der Dur-Tonalität und parallel geführten Terz-Sext-Klängen (z. B. Takt 12–15); Übersetzung: „Wie schön bist du und wie reizend, Geliebte, in der Wonne. Deine Gestalt ist wie ein Palmenbaum, und deine Brüste sind wie Weintrauben" (Hohelied 7, 7–8)

Duktus, ihre einfache, überschaubare Rhythmik, ihre überwiegend homophone Anlage und der geringe bzw. streng regulierte Dissonanzgrad ihrer Klänge (Abb. 80, S. 133), ein vor allem für J. Dunstable charakteristischer „pankonsonanter Stil" (M. Bukofzer).
Im Bereich der Gattungsbildung erstreckte sich der englische Einfluß auf die allgemeine Hinwendung franko-flämischer Komponisten zur geistlichen Musik und im besonderen auf die Entstehung der zyklischen Großform der Messe (▷ 4.26).

4.2 Dunstable und seine Zeitgenossen

John Dunstable, der führende englische Komponist seiner Generation, wurde um 1380 geboren und starb am 24. Dezember 1453 in London. Er stand im Dienste von John Plantagenet, der von 1422 bis 1435 Regent von Frankreich war, und wurde so, in Kenntnis der französischen und wohl auch der italienischen Musik seiner Zeit, zum Vermittler einer spezifisch englischen Tradition auf dem Kontinent. Seine Werke sind besonders in italienischen Handschriften der Zeit stark verbreitet. Als gesichert gelten fast 60 Stücke, in der Hauptsache liturgische Musik, darunter Meßsätze, einzelne davon paarweise (z. B. 3. Gloria-Credo) und ein Meßzyklus über die Antiphon *Rex seculorum,* und lateinische Motetten. Weltliche Musik ist nur mit ganz wenigen Exemplaren vertreten. Dunstables Kompositionen zeigen die beschriebenen Stilelemente englischer Musik in besonders nachdrücklicher und künstlerisch anspruchsvoller Form. Dennoch hat es zu dieser Zeit eine ganze Reihe englischer Musiker gegeben, deren Musik ähnliche Züge aufweist. Über die meisten von ihnen ist wenig bekannt. Ihre Namen erscheinen teilweise in kontinentalen Handschriften, teilweise in dem großen englischen *Old Hall Manuscript* (heute London, British Library, früher Old Hall, Saint Edmund's College, Ware, Hertfordshire) aus der Zeit um und nach 1400. Stellvertretend für viele seien genannt: J. Benet, J. Bedingham, J. Forest und – als der bedeutendste neben Dunstable – L. Power, der an der Kathedrale von Canterbury tätig war.

4.3 Fauxbourdon

Der englische Einfluß auf das neue, klanglich orientierte Komponieren in der Frühzeit der Franko-flämischen Schule wird in besonderer Weise deutlich an den um etwa 1430 einsetzenden Fauxbourdonstücken.
Im Klangergebnis ist der Fauxbourdon ein dreistimmiger Satz, in dem Terz-Sext-Klänge in parallelen Ketten zwischen die Quint-Oktav-Klänge, also die „vollkommenen" Konsonanzen der Phrasenanfänge und -schlüsse gesetzt werden (Abb. 81). Aufgeschrieben wurden jedoch von diesem Satz nur die obere und die untere Stimme, der melodieführende Superius und der Tenor, die im Oktav- bzw. Sextabstand zueinander verlaufen. Die dazwischen liegende Mittelstimme,

81 Hymne im Fauxbourdon-Satz von Guillaume Dufay. Die Mittelstimme wurde nicht aufgeschrieben, sondern erst bei der Ausführung im Unterquartabstand zur Oberstimme hinzugefügt

Die Musik des 15. und 16. Jahrhunderts

82 Ein Abschnitt aus der Motette „O felix templum jubila" von Johannes Ciconia mit harmonietragendem Tenor und Ansätzen zur Oberstimmenimitation

der Contratenor, entsteht erst bei der Ausführung und zwar in der Weise, daß sie parallel zur Oberstimme um eine Quarte tiefer transponiert gesungen wird und dementsprechend zur Unterstimme Quinten bzw. Terzen bildet. Neu und auffällig daran ist das Übergewicht und die Parallelführung von Klängen, die in der Theorie immer noch als „unvollkommen" galten. Der darin liegende Regelverstoß wurde durch das Aufschreiben bloß zweier Stimmen, die kontrapunktisch regulär geführt sind, umgangen.
Der Fauxbourdon war gewissermaßen die Antwort der kontinentalen Musiker auf die Anregungen der improvisierten englischen Singpraxis des „Sight" (▷ 3.30). Doch statt Improvisation entstand hier aufgeschriebene, komponierte Musik (sogenannte „res facta"), mit der das englische akkordische Klangempfinden in die verschiedenen Gattungen der franko-flämischen Komposition Eingang fand.
Von den etwa 170 überlieferten Stücken in Fauxbourdontechnik, die z. T. kleinere liturgische Werke (▷ 4.28), z. T. Abschnitte aus größeren Kompositionen darstellen, stammen 24 von G. Dufay. Eine Reihe seiner Zeitgenossen, z. B. G. Binchois und Johannes de Lymburgia, sind mit deutlich geringeren Werkzahlen an dieser Entwicklung beteiligt. Auch eines der wahrscheinlich frühesten Fauxbourdonstücke, die Postcommunio aus der vor 1430 entstandenen *Missa Sancti Jacobi*, ist ein Werk Dufays. Die neue Technik verbreitete sich rasch. Sie bildet nicht nur in der beschriebenen strengen Form, sondern darüber hinaus in freier Abwandlung im aufgeschriebenen dreistimmigen Satz ein bezeichnendes Element vieler franko-flämischer Kompositionen bis zur Mitte des 15. Jahrhunderts. Später findet sich der Fauxbourdon nur noch gelegentlich als gezielt eingesetztes Stilmittel.

4.4 Die Rolle Italiens: Ciconia

Weniger auffällig als der englische Einfluß und nicht ganz so eindeutig durch präzise Fakten zu belegen, gleichwohl in der Wirkung klar erkennbar, ist die Rolle Italiens bei der Ausbildung des franko-flämischen Kompositionsstils.
Insgesamt hat durch das ganze 15. und 16. Jahrhundert hin italienische Kultur und Geistigkeit mittelbar auch die Musik der Zeit, die selber keine Möglichkeit zur Rückbesinnung auf die Antike besaß, im Sinne einer künstlerischen Ausdruckshaltung der Renaissance beeinflußt. Musikalisch prägend waren zu Beginn der Franko-flämischen Schule insbesondere die Ausläufer einer zwar noch spätmittelalterlichen, jedoch spezifisch italienischen Musik des 14. Jahrhunderts, des „Trecento" (▷ 3.26), die u. a. durch ihre Tendenz zur Sangbarkeit, zu Wohlklang und zu einfachen, klaren Formbildungen von der gleichzeitigen französischen Ars nova sich deutlich unterschied.
Elemente der Musik Dufays und seiner Zeitgenossen, die sich auf diesen Einfluß zurückführen lassen, sind z. B. die Anlage der Oberstimmen im dreistimmigen Satz, die teilweise imitierend geführt und rhythmisch und melodisch gleichartig strukturiert sind (dies in starkem Kontrast zur Ars-nova-Motette, ▷ 3.22) und die Umwandlung der tiefsten Stimme, bei Dufay dann auch in der Vierstimmigkeit, zum „Harmonieträger" (H. Besseler),

Kapitel 4

83 Beginn der Motette „Ave Regina caelorum" („Sei gegrüßt, Himmelskönigin") von Pierre de La Rue

der „die dem Werk zugrunde liegende Tonalharmonik unzweideutig ausprägt" (MGG, Artikel Ciconia), und zwar sowohl durch die Bevorzugung bestimmter, die Tonalität prägender Töne (z. B. Grundton, Quinte, Oktave) als auch melodisch durch häufige Quart- und Quintschritte, im Unterschied zur überwiegenden Sekundführung der Ars-nova-Tenores.

Der Vermittler italienischer Anregungen an die Komponisten der Dufay-Zeit war in erster Linie Johannes Ciconia (*um 1335, †1411), ein Niederländer (bzw. Wallone), der aus Lüttich stammte und frühzeitig nach Italien ging. Er war 1359–62 Canonicus in Cesena und unterhielt auch später von Lüttich aus rege Verbindungen zu Italien, lebte sogar wahrscheinlich längere Zeit in Padua. Von seinem Werk überliefert sind italienische (und einige wenige französische) weltliche Kompositionen, Meßfragmente und Motetten, darunter die dreistimmige Motette *O felix templum jubila* zur Einweihung einer Kapelle des Doms zu Padua im Jahr 1400 (Abb. 82, S. 135). Die Bekanntschaft mit der italienischen Trecentokunst hat Ciconia nachhaltig geprägt und in seinen Werken zu einer für die Folgezeit fruchtbaren Synthese mit den Stil- und Gattungstraditionen seiner Heimat geführt.

4.5 Vokalpolyphonie: Sangbarkeit – Linearität – Imitation

Die aus der englischen Musik übernommene vokale Melodieführung wurde innerhalb der Franko-flämischen Schule mehr und mehr eingebunden in einen polyphon durchorganisierten, linearen Satz. Vokalität und kontrapunktische Tradition verbinden sich zu einer spezifischen Stilsynthese. Hierbei äußert sich das Element des Vokalen, die Sangbarkeit der Linien, in einer unmittelbaren Orientierung an den Gegebenheiten der menschlichen Stimme.

Der Umfang der Stimmen ist gering, sie bewegen sich fast nur in bequemen Mittellagen (Abb. 83). Sekundschritte sind der Normalfall. Größere Intervalle werden nachträglich sekundmäßig ausgefüllt (Abb. 83, Oberstimme, Takt 3). Übermäßige und verminderte Intervalle, Septimen und – mit seltenen Ausnahmen – große Sexten kommen überhaupt nicht vor. Die einzelne melodische Linie verläuft in ruhigen, organischen (also auch nicht starr gleichmäßigen) Wellenbewegungen. Das gilt für die Tonhöhen (wellenförmiger Aufstieg – Höhepunkt – wellenförmiger Abstieg) ebenso wie für die Rhythmen. Demnach stehen am Beginn und am Schluß einer Phrase längere Notenwerte, denen sich – nur allmählich, nie schroff kontrastierend – kürzere anschließen (Abb. 83, Oberstimme, Takt 1–6). Kurze Werte (hier z. B. die Achtel) stehen an metrisch leichten Positionen und werden oft synkopisch eingeführt. Pausen trennen Atembögen bzw. Sinneinheiten und werden nur gelegentlich zu expressiven Unterbrechungen benutzt. Auch der Gesamtklang des Vokalsatzes entfaltet und differenziert sich allmählich und organisch und schwingt an Schlüssen ebenso wieder in einfachen Akkorden aus.

Diese Entfaltung geschah schon im späten 15. Jahrhundert in der Regel durch das Mittel

Die Musik des 15. und 16. Jahrhunderts

der *Imitation* von Anfangsmotiven, das seit Josquin Desprez und seinen Zeitgenossen zum beherrschenden Element franko-flämischer Satztechnik wird. Die Stimmen ahmen einander nach, das heißt die Stimmeinsätze, die Kopfmotive, sind intervallisch gleich oder ähnlich geformt, während die Fortsetzung in jeder Stimme verschiedenartig verläuft (in Abb. 83 die umrahmten Einsatzmotive). So sind die Stimmen zugleich selbständig und motivisch aufeinander bezogen. Und in der immer wieder neuen, differenzierten Anwendung dieses Imitationsprinzips erfüllt sich so etwas wie die Grundidee des kontrapunktischen Zusammenhangs im franko-flämischen Vokalstil.

Dieser Begriff impliziert nicht, daß die Stücke in der Praxis stets nur gesungen wurden. Im Gegenteil, die Beteiligung von Instrumenten war sogar der Normalfall, entweder so, daß alle Stimmen durch Instrumente verstärkt oder auch so, daß einige Stimmen gesungen, andere gespielt wurden. Auch die rein instrumentale Ausführung textierter Stücke war möglich (▷ 4.35). In den Kapellen waren daher zu dieser Zeit Sänger und Instrumentalisten in etwa gleicher Zahl vertreten. Nur die päpstliche Kapelle in Rom beschränkte sich auf die rein vokale Ausführung.

4.6 Kontrapunkt

Kontrapunktisches Denken und Kontrapunktlehre sind im Prinzip so alt wie die abendländische Mehrstimmigkeit, wenngleich der Begriff erst bei Theoretikern des 14. Jahrhunderts gebräuchlich wird. Lehre und Praxis des Kontrapunkts erreichten jedoch im 15. und 16. Jahrhundert eine neue Stufe, insofern die herausragenden Kompositionen sowie die theoretische Erörterung ihrer Verfahren zunehmend Modellcharakter gewannen und diese Modellfunktion im Sinne eines Prüfsteins für die Qualität des musikalischen Handwerks sogar über den Zeitraum der Franko-flämischen Schule hinaus beibehalten wurde. In dieser Art musterbildend für Zeitgenossen und unmittelbare Nachfolger wirkten erstmals die Werke von Josquin Desprez. Später, in der retrospektiven Kontrapunktlehre des 17. bis 20. Jahrhunderts, war vor allem G. P. da Palestrinas Musik – wenngleich in einer stilisierten und idealisierten Form der Rezeption – das bleibende Vorbild.

Der Kontrapunkt als Kompositionslehre formuliert die Regeln für das Miteinander gleichgewichtiger, eigengesetzlicher Stimmen, und zwar sowohl in bezug auf die melodische (horizontale) Struktur dieser Stimmen selbst als auch in bezug auf das harmonische (vertikale) Ergebnis ihres Zusammenklangs.

Die Regeln für die horizontale Fortschreitung zielen insgesamt auf die Gestaltung frei fließender, gesanglicher Linien (▷ 4.5), die sich selbständig gegeneinander bewegen sollen (Verbot z. B. paralleler Quinten und Oktaven). Die Regeln für die vertikale Klangbildung betreffen das satztechnische Verhältnis von Konsonanz und Dissonanz.

Grundlage des polyphonen Satzes sind die konsonanten Zusammenklänge, im zweistimmigen Satz also die Intervalle Prime, kleine Terz, große Terz, Quinte, kleine Sexte, große Sexte und Oktave, im drei- und mehrstimmigen Satz diejenigen Akkorde, die wiederum nur solche Intervalle (auch oktavversetzt) sowie zusätzlich die Quarte (nur zwischen Ober- und Mittelstimmen) enthalten dürfen. Dazu treten als notwendige Ergänzung, da ein ausschließlich konsonanter Satz nach kurzer Zeit farblos und monoton wirken würde, bestimmte, der Art und dem Gebrauch nach streng regulierte Dissonanzen, wobei sich historisch der Dissonanzgebrauch bis hin zu Palestrina immer rigoroser auf genau definierte Fälle beschränkt. Hierbei ist wesentlich zu unterscheiden zwischen Vorhalts- und Durchgangsdissonanz. Die Vorhaltsdissonanz (Abb. 84) steht auf betonter (schwerer) Zählzeit. Sie muß sich stu-

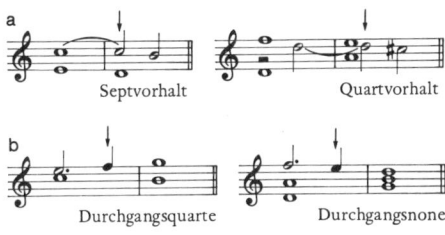

84 Zwei- und dreistimmige Beispiele für a) Vorhaltsdissonanzen und b) Durchgangsdissonanzen im strengen Kontrapunkt (Palestrina-Stil)

137

Kapitel 4

fenweise abwärts in eine Konsonanz auflösen und der dissonierende Ton muß vorher Teil eines konsonanten Klangs gewesen sein. Die Durchgangsdissonanz steht dagegen auf unbetonter (leichter) Zählzeit. Sie muß von einer vorangegangenen Konsonanz zu einer nachfolgenden Konsonanz in gleichbleibender Richtung (also entweder weiter aufsteigend oder weiter absteigend) sekundweise fortschreiten.

Diese Grundregeln, zu denen nur wenige Ausnahmen und Sonderfälle treten, sind durchgängig bestimmend für die Satzstruktur der franko-flämischen Vokalpolyphonie, soweit es sich um die rein musikalischen Gesetzmäßigkeiten handelt. Nicht einbezogen ist bei dieser Art der Beschreibung das Verhältnis zum Text (▷ 4.7).

4.7 Textdarstellung

Franko-flämische Komposition ist ihrem Wesen nach vokal konzipiert; im Laufe ihrer Entwicklung wurde das Verhältnis von Wort und Ton immer enger, die Wechselwirkung zwischen beiden immer zwingender und deutlicher. Den ersten Höhepunkt dieser Entwicklung bildeten die Werke von Josquin Desprez, Abschluß und Vollendung die von Orlando di Lasso und Palestrina.
Hierbei ist das Wort-Ton-Verhältnis unter zwei Aspekten zu betrachten, dem klanglich-deklamatorischen und dem inhaltlich semantischen, die allerdings eng zusammenhängen. Deklamatorische Textdarstellung besagt, daß musikalische Phrasen der Sprachmelodie und der Betonung der Worte angepaßt bzw. aus ihnen entwickelt sind. Dies wird in vielen Fällen unmittelbar evident, wenn man Textabschnitte deutlich deklamiert und dies mit

85 Anfangsmotive zweier Motetten von Josquin Desprez als Beispiele für ein deklamatorisch ausdrucksstarkes Wort-Ton-Verhältnis

der melodischen Gestalt der Motive vergleicht (Abb. 85).
Inhaltlicher Textbezug heißt, daß durch besondere musikalische Wendungen der Sinn des Textes hervorgehoben wird. Dies geschieht auf sehr vielfältige Weise, teils ganz einfach und unmittelbar verständlich, teils verschlüsselt und nur dem Kenner deutlich. Einfache Beispiele finden sich bei Orts-, Bewegungs- und Richtungsbegriffen wie „Höhe", „Tiefe", „Aufsteigen", „Herabsteigen", „Laufen", „Innehalten" und dergleichen. Doch ist die bildlich inhaltliche Ausdeutung oftmals subtiler und zugleich auf innere Ausdruckselemente bezogen. So kann etwa ein Wechsel des Metrums, die Häufigkeit langer oder kurzer Notenwerte, die Wiederholung gleicher Töne (Abb. 85: „miserere mei"), eine kontrapunktisch ungewöhnliche Intervallfolge oder eine auffällige Satzstruktur (Abb. 86) gedankliche oder affektbestimmte Bezüge zum Text herstellen. Auch Zahlensymbolik (z. B. die Drei als Symbol der Dreieinigkeit) spielt nicht selten eine wichtige Rolle. Später, in der deutschen Musiktheorie des Barock, sind textausdeutende Mittel dieser Art als „musikalische Rhetorik" systematisiert und gelehrt worden (▷ 5.2).

4.8 Musica reservata

Dieser schwer faßbare Begriff ist erstmals im Titel einer Motettensammlung von A. P. Coclico *Musica reservata. Consolationes piae ex psalmis Davidicis* und im Vorwort von dessen *Compendium musices* (beide 1552) schriftlich nachweisbar. Wahrscheinlich war er aber schon vorher Sprachgebrauch gewisser musikalischer Kreise. Er bezieht sich auf besondere, vom Normalen abweichende, dabei aber nur dem Kenner bemerkbare Züge in Vokalwerken vor allem seit der Mitte des 16. Jahrhunderts.
Musica reservata kann demnach aufgefaßt werden als Kennzeichnung des gesteigerten Ausdruckswillens, der sich in bedeutenden Kompositionen dieser Zeit (z. B. von Josquin Desprez und Orlando di Lasso), besonders im Hinblick auf ihre intensive Textdarstellung (▷ 4.7), kundtut und der als Bild- und Affektgehalt einzelner musikalischer Wendungen in

Die Musik des 15. und 16. Jahrhunderts

geistlichen (Messe, Motette) und weltlichen Werken (Chanson, Madrigal) immer mehr Raum gewinnt. Bei N. Vicentino und anderen Autoren wird in diesem Zusammenhang das verstärkte Vorkommen von Chromatik angesprochen, die einerseits ebenfalls dem neuartigen Textausdruck dient, andererseits zugleich – wenigstens nach Meinung der Zeitgenossen – eine Verbindung zur Musik der Antike schafft, da diese ebenfalls ein „chromatisches Tongeschlecht" gekannt habe (▷ 1.13). Da schließlich auch komplizierte kontrapunktische Strukturen dem Begriff zugeordnet werden, ergibt sich insgesamt ein uneinheitliches Bild. Vermutlich bezieht sich Musica reservata nicht nur oder nicht einmal in erster Linie auf bestimmte satztechnische Kriterien, sondern kennzeichnet soziologisch eine höfische oder gehobene bürgerliche Sphäre der Kennerschaft, des gewissermaßen eingeweihten Sprechens über das Besondere der zeitgenössischen Musik.

4.9 Das Konzil von Trient und die katholische Kirchenmusik

Die Musik nach 1430 vollzog eine betonte Hinwendung zu den geistlichen Gattungen Messe und Motette. Und mit der Ausbreitung der Franko-flämischen Schule entstand erstmals in der abendländischen Musikgeschichte ein umfassender, unübersehbar rei-

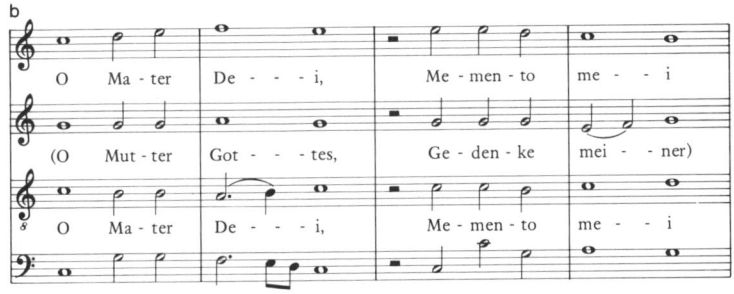

86 a) Ein Abschnitt aus der Motette „Data est de lachrymis mihi voluptas" („Gegeben wurden aus Tränen mir Lust") von Orlando di Lasso
b) Schluß der Motette „Ave Maria" von Josquin Desprez als Beispiele für inhaltsbezogene Textauslegung, im ersten Fall durch stark kontrastierende, bildhafte Vertonung der Worte „de risu" (aus Lachen) und „dolor" (Schmerz); im zweiten Fall durch eine im polyphonen Satz auffällige homophone Partie mit einfachster Rhythmik, enger Stufenmelodik in allen Stimmen (Ausnahme: der emphatische Oktavaufgang im Baß im 3. Takt) und einer ausdrucksvollen Pause nach der Anrufung bzw. vor der persönlichen Bitte

cher Werkbestand an künstlerisch hochstehender mehrstimmiger Kirchenmusik.
Diese Entwicklung verlief jedoch nicht geradlinig und konfliktfrei. Das liegt zum einen an der gleichzeitigen Zunahme und Verbreitung der weltlichen Musik, die durch Liedtenores oder mehrstimmige Satzvorlagen (Parodiemesse) auf die Gattung Messe einwirkt (▷ 4.26), zum anderen an der fortschreitenden Komplexität und artifiziellen Durchformung des polyphonen Satzes, womit sich das kirchenmusikalische Werk als eigengesetzliche Komposition etabliert, d. h. sich mit einer deutlichen Tendenz zur freien, autonomen Kunst von seiner ursprünglichen Bestimmung löst.
Beides hat mehrfach die Kritik kirchlicher Kreise hervorgerufen und im ganzen 16. Jahrhundert kirchenmusikalische Reformbestrebungen wachgehalten. Sie zielten im Kern auf eine der Andacht und Frömmigkeit dienende, in den Gottesdienst eingebundene und von weltlichen Elementen unbeeinflußte Kirchenmusik, die als Musik dem Wort unterstellt und daher vor allem schlicht und textverständlich angelegt sein sollte. Hierin traf sich die geistliche Kritik mit Forderungen des Humanismus (z. B. des Erasmus von Rotterdam), der von seinem Ansatz her ebenfalls die Bedeutsamkeit und Aussagekraft des Wortes in den Mittelpunkt stellte und bemängelte, daß der sprachliche Sinn der Textüberschneidungen polyphon verlaufender Stimmen gegenüber der musikalischen Wirkung fast immer zurücktrat.
Höhepunkt dieser Entwicklung waren die Deklarationen, Beschlüsse und einige weiterreichende Bestrebungen im Umfeld des Konzils von Trient, das 1563 zu Ende ging. Die Vorgänge sind im einzelnen verwickelt und von einer Vielzahl divergierender Meinungen gekennzeichnet. Im Ergebnis jedoch wurde die mehrstimmige Kirchenmusik beibehalten, mit der Auflage, sie dürfe nichts „Ausschweifendes oder Unreines" enthalten und sie müsse – so heißt es wenigstens in einer Kommissionsvorlage – „so beschaffen sein, daß die Worte von allen verstanden werden können."
Daß Palestrina mit seiner *Missa Papae Marcelli* (um 1562) die Konzilsmitglieder günstig gestimmt habe und damit zum „Retter der Kirchenmusik" geworden sei, ist zwar eine Legende. Immerhin aber wurden unter anderen auch seine geistlichen Kompositionen unmittelbar nach dem Konzil begutachtet und für würdig befunden. Und die *Missa Papae Marcelli* ist eine in besonderem Maße textverständliche und von vielen homophonen Partien durchsetzte Komposition. Den Gang der Beratungen hat ein anderer Komponist, Jacobus de Kerle, der als Kapellmeister des Kardinals Otto Truchseß von Waldburg tätig war und dessen *Preces speciales* (das sind kurze Gebetsstücke) während des Konzils selbst mehrmals erklangen, auf diese Weise sicherlich unmittelbar beeinflußt. Geschichtlich bedeutsamer jedoch als einzelne Werke und Komponisten ist die Gesamttendenz der von verschiedenen Strömungen beeinflußten Kirchenmusik des späten 16. Jahrhunderts, die darauf gerichtet war, franko-flämische Polyphonie in besonderer Weise mit sprachlicher Prägnanz und klanglicher Intensität zu füllen.

4.10 Musiktheorie

Die Musiktheorie des 15. und 16. Jahrhunderts löste sich zunehmend von den Bindungen an das mittelalterliche Musikdenken, auch wenn dessen spekulative und theologische Grundlagen in verkürzter Form meist noch tradiert wurden. Im Vordergrund des Interesses stand die musikalische Praxis. Auf sie sind die Fragen der Klassifizierung und Notierung von Musik, der Intervall- und Tonartenlehre und der Bestimmung von melodisch-klanglichen Gesetzlichkeiten im Rahmen des Kontrapunkts gerichtet. Bei den italienischen Musikschriftstellern des 16. Jahrhunderts findet sich ferner eine verstärkte Auseinandersetzung mit der Musik der Antike, die sich nicht mehr wie im Mittelalter in der Berufung auf Autoritäten erschöpft, sondern im Geist der Renaissance lebendig die eigene Praxis befruchten möchte.

Der erste bedeutende Musiktheoretiker des 15. Jahrhunderts war J. Tinctoris. Seine Kontrapunktlehre enthält alle wesentlichen Bestimmungen der zeitgenössischen Musik. Programmatisch verwarf er die antiken und mittelalterlichen Vorstellungen von der Sphärenharmonie und wendet sich den real erklin-

Die Musik des 15. und 16. Jahrhunderts

genden Phänomenen zu. Mit der alleinigen Anerkennung der „neuen Kunst" ab etwa 1430 formulierte er deutlich das allgemeine Bewußtsein eines epochalen Umschwungs in der Musik, beginnend mit den Kompositionen J. Dunstables und G. Dufays. Sein *Terminorum musicae diffinitorium* (um 1473/74) ist das erste europäische Musiklexikon.
Mit Tinctoris befreundet und von ihm angeregt war der spätere Mailänder Domkapellmeister F. Gaffori, eine vielseitige Humanistenpersönlichkeit von starker Ausstrahlung. In seinen Schriften (z. B. *Theorica musicae,* 1492; *Practica musicae,* 1496) behandelte er neben der antiken und mittelalterlichen Musiktheorie vor allem die praktische Anwendung der Kompositionsregeln, die er didaktisch klug vereinfachte.
Hauptsächlich in Basel und Freiburg im Breisgau wirkte der bekannte Schweizer Humanist H. L. Glareanus (oder auch Heinrich Glarean, eigentlich Heinrich Loriti). Von großer Bedeutung für die Geschichte der Musiktheorie ist sein etwa 1519–1539 geschriebenes, 1547 gedrucktes Buch *Dodekachordon,* in dem er die Zahl der Kirchentonarten von acht auf zwölf erweiterte, und zwar um diejenigen, die, von den Grundtönen c und a ausgehend, der modernen Dur- bzw. Mollskala entsprechen.
Der führende Musiktheoretiker der zweiten Hälfte des 16. Jahrhunderts war G. Zarlino. Er war Schüler A. Willaerts, des Begründers der Venezianischen Schule (▷ 4.20) und wurde 1565 Kapellmeister an San Marco in Venedig. Sein Hauptwerk, *Le istitutioni harmoniche* (1558) stellt die Musiklehre der Zeit umfassend dar und entwickelt eine systematische, klanglich harmonisch fundierte Tonarten-, Kontrapunkt- und Fugenlehre. Er formulierte erstmals die dualistische Gegenüberstellung der Dur- und der Molltonalität, auch im Hinblick auf deren konträren Ausdruckscharakter und betont, unter Berufung auf Plutarch, die notwendige Einheit von Musik und Wort. Die Sinngebung der Musik als edle, zweckfreie Beschäftigung gebildeter Kenner offenbart Zarlinos weltläufige Haltung im Zeitalter der Spätrenaissance.
Eine musiktheoretische Position, die der damals fortschrittlichsten italienischen Musik entsprach, vertrat N. Vicentino. Wort- und Affektvertonung und die Möglichkeit ständiger Veränderung und Erweiterung der musikalischen Mittel erhielten bei ihm ein besonderes Gewicht. In seinem Traktat *L'antica musica ridotta alla moderna prattica* (1555) trat er für die zeitgemäße Anwendung des chromatischen und enharmonischen Tongeschlechts der Griechen (▷ 1.13) ein, was insbesondere auf die Madrigalkomposition anregend gewirkt hat (▷ 4.31). Er konstruierte auch ein sog. Archicembalo mit sechs Tastenreihen zur Wiedergabe enharmonisch korrekter Ton- und Klangfolgen.
Wegbereiter einer neuen Musiksprache am Beginn des Barockzeitalters waren die Musiktheoretiker G. Mei und V. Galilei. Sie beschäftigten sich erstmalig anhand originaler Texte und Quellen ausführlich mit der griechischen Musikpraxis – Mei als der eigentliche Forscher, Galilei als der Vermittler an die jüngere Künstlergeneration vor allem innerhalb der Florentiner Camerata – und wurden so zu den eigentlichen Anregern des monodischen Stils (▷ 5.5).

4.11 Weiße Mensuralnotation

Um die Mitte des 15. Jahrhunderts veränderte sich die Schreibweise der Noten, bedingt durch den Wechsel des Schreibmaterials von Pergament zu Papier. Man markierte jetzt nur noch die Umrisse der Notenköpfe, die früher ausgefüllt dargestellt wurden. So entstand aus der „schwarzen" die „weiße" Mensuralnotation. Es handelt sich hierbei nur um eine Schreibeigentümlichkeit, die Regeln der Notation veränderten sich dadurch nicht. So ergibt sich die überraschende Tatsache, daß sich die grundlegende kompositionsgeschichtliche Zäsur um 1430, die Wende von der Musik des Mittelalters zur Musik der Neuzeit, nur äußerlich, nicht in einem prinzipiellen Wandel der Aufzeichnung niederschlug. Erstmals in der abendländischen Musikgeschichte war eine neue Art der Komposition nicht mit einer Erweiterung oder Veränderung der Notierung verbunden.
Die weiße Mensuralnotation kennt im wesentlichen folgende Wertstufen für Einzelnoten und Pausen (▷ 3.20), wobei die beiden kürzesten Notenwerte noch wahlweise ausgefüllt oder hohl geschrieben werden:

Kapitel 4

⌐	≡	Maxima
ꝗ	≡	Longa
◻	▭	Brevis
◇	▭	Semibrevis
↓	▭	Minima
♪ ↓	▭	Semiminima
♪ ↓	▭	Fusa

Auch die Ligaturen (▷ 3.14) bleiben weiterhin in Gebrauch. Es gelten hauptsächlich folgende Formen, je nachdem, ob absteigende oder aufsteigende Bewegungsrichtung vorliegt:

♭	♯	Brevis-Longa
♭	♯	Longa-Longa
♮	♭	Brevis-Brevis
♮	♭	Longa-Brevis
♭ ♮ ♭ ♭		Semibrevis-Semibrevis

Sowohl die Einzelnoten wie die Ligaturen verändern zusätzlich ihre Wertigkeit je nach der „Mensur" (▷ 3.20), die durch vorangestellte Mensurzeichen bestimmt wird. Wie zuvor kann demnach jede Note zwei oder drei Werte der nächst kleineren Einheit enthalten. Die Mensur kann auch mitten im Stück wechseln, z. B. von zweizeitiger zu dreizeitiger Geltung der Brevis. Ferner kann sie sich um eine Mensurstufe verschieben. ¢ oder $\frac{2}{1}$ bedeutet z. B., daß von da an zwei Semibreves so schnell ausgeführt werden sollen wie vorher eine; $\frac{3}{2}$, daß drei Semibreves zwei vorangehenden entsprechen usw. Hieraus ergibt sich ein kompliziertes System von „Proportionen", das jedoch im 16. Jahrhundert zunehmend vereinfacht wurde. Ein Rest der Proportionsbezeichnung findet sich noch heute in der Notierung der Triole:

♫ = ♪♪♪
        3

Im Zusammenhang hiermit steht die für die Musik dieser Zeit charakteristische Vorstellung von einem einheitlichen, allen Stücken zugrunde liegenden Bezugstempo. Der sogenannte „integer valor notarum", der Grundwert einer Semibrevis, orientiert sich am Maß des menschlichen Pulsschlags, rechnet also mit etwa 60–80 Schlägen in der Minute. Ein höheres Tempo war nur über rationale („proportionale") Veränderungen zu erreichen (durch Verdoppelung, Verdreifachung usw. entsprechend der Proportion) nicht etwa, wie später, durch wechselnde Tempoangaben. Bis zum Ende des 16. Jahrhunderts blieb die weiße Mensuralnotation in Geltung und bildete, gerade auch in ihrer zunehmenden Vereinfachung und Übersichtlichkeit, das adäquate Schriftbild der franko-flämischen Musik. Von da an setzte sich, teilweise unter dem Einfluß der Notierung für Instrumentalmusik (▷ 4.37) und parallel zum Aufkommen des Taktbegriffs (und des Taktstrichs), die moderne Notation durch, die keine Ligaturen mehr kennt und die der Einzelnote einen eindeutigen Wert zuweist, der dann aber innerhalb einer stufenlos gleitenden Temposkala zur entsprechend variablen metrischen Einheit wird.

Fünf Generationen franko-flämischer Musik

Aus der großen Zahl franko-flämischer Musiker, die im 15. und 16. Jahrhundert weit über die eigene Grenze hinaus das europäische Musikleben bestimmten, lassen sich eine Reihe von besonders bedeutenden Komponisten herausheben, die jeweils in ihrer Zeit als qualitativ führend und stilistisch repräsentativ angesehen werden können und die man bei dem Versuch einer musikgeschichtlichen Gliederung des gesamten Zeitraums üblicherweise zu einer Abfolge von fünf Generationen zusammenfaßt. Wenngleich in vielen Fällen nur eine ungefähre Datierung der Kompositionen möglich ist und natürlicherweise das Erhaltene nur einen Ausschnitt dessen bildet, was tatsächlich komponiert wurde, so ist doch die Überlieferung derartig reich, auch an herausragenden Werken, daß eine differenzierte Stilentwicklung durch die fünf Generationsphasen hindurch verfolgt werden kann. Dagegen ist der Bestand an gesicherten biographischen Daten und Fakten aus dieser Zeit relativ gering, da das historisch dokumentarische Interesse hierfür noch kaum entwickelt war. Die Lebensläufe selbst der bedeutendsten franko-flämischen Komponisten können daher oft nur in groben Zügen rekonstruiert werden.

4.12 Dufay. Binchois. Burgundische Schule

Die zentrale Musikgestalt zu Beginn der neuen Epoche war Guillaume Dufay. Er wurde um 1400 geboren, wahrscheinlich in oder in der Gegend von Cambrai, und erhielt seine erste Ausbildung an der dortigen Kathedrale. Er ging früh nach Italien und stand ab 1420 vermutlich im Dienst der Malatesta in Pesaro. Nach einem Heimataufenthalt um 1426/27 war Dufay von 1428 bis 1433 und von 1435 bis 1437 Mitglied der päpstlichen Kapelle in Rom, Florenz (Domweihmotette *Nuper rosarum flores*, 1436) und Bologna, pflegte jedoch zugleich seit 1434 engen Kontakt zum Hof von Savoyen, wo sein Name in den Jahren 1437–39 in den Musikregistern verzeichnet ist. Spätestens seit 1440 lebte er wieder in Cambrai und erhielt 1446 obendrein ein Kanonikat an Sainte Waudru in Mons. Beziehungen zum Burgundischen Hof dokumentieren sein Titel „Kaplan des Herzogs von Burgund". Für die Zeit von 1451 bis 1458 weisen Briefe und datierbare Werke erneut auf Dufays Tätigkeit in Savoyen. Seine Anstellung als „conseiller et maistre de chapelle" ließ ihm jedoch die Möglichkeit längerer Reisen, u. a. nach Turin und Genf. Seit 1458 bis zu seinem Tod im Jahre 1474 lebte er, geehrt und geachtet als Musiker und geistlicher Würdenträger, in Cambrai.

Dufay galt bereits bei den Zeitgenossen als der herausragende Komponist seiner Generation. Seine Kompositionen, von denen etwa 200 überliefert sind, haben den Stil und die Gattungstraditionen der Franko-flämischen Schule entscheidend beeinflußt. Das gilt in erster Linie für die Messen (▷ 4.26), aber auch für die geistlichen und weltlichen Motetten, die kleineren geistlichen Werke, z. B. die Hymnen im Fauxbourdonstil (▷ 4.3) sowie für die Chansons. Dufays überragende Bedeutung ist darin zu sehen, daß er aus der Verschmelzung französischer Techniken mit englischen und italienischen Einflüssen

87 Guillaume Dufay und Gilles Binchois (Illustration aus dem „Champion des Dames" von Martin Le Franc, 1442; Paris, Bibliothèque Nationale)

(▷ 4.1 und ▷ 4.4) eine für die ganze Epoche richtungweisende, ihrem Wesen nach neuzeitliche Musiksprache begründete.

Der bedeutendste Zeitgenosse Dufays war Gilles Binchois (* um 1400, † 1460). Er war seit 1430 Kaplan in der Hofkapelle Herzog Philipps des Guten von Burgund, außerdem wie Dufay auch Kanonikus von Sainte Waudru in Mons, seiner Heimatstadt. An der Herausbildung eines neuen Stils um 1430 hatte Binchois entscheidenden Anteil. Er schrieb Meßsätze, Motetten und Hymnen. Doch liegt das Schwergewicht seines Schaffens auf den weltlichen Chansons, von denen über 50 erhalten sind.

Weitere Komponisten dieser und der folgenden Generation sind J. Barbireau, A. Busnois und J. Regis.

Dufay, Binchois und einige ihrer Zeitgenossen sind (u. a. von H. Besseler) auch unter dem Begriff „Burgundische Schule" zusammengefaßt worden, weil sie mehr oder weniger eng mit dem glanzvollen burgundischen Hof in Verbindung standen. Stilistisch läßt sich eine „burgundische" Eigenentwicklung am ehesten an den Chansons Dufays und vor allem Binchois' festmachen. Sie tradieren in der Besetzung den spätmittelalterlichen „Kantilensatz" (▷ 3.23). Doch wandelte sich die überkommene Gattung in ihrer Melodik

143

und Klanglichkeit. Die führende Oberstimme erhielt eine feinsinnig nuancierte, liedhafte Prägung mit deutlichen Kadenzierungen und klarer Gliederung. Der Tenor, die tiefere der beiden begleitenden Instrumentalstimmen, ist oft melodisch eigenständig geführt, bildet aber zugleich die klangtragende Baßstütze. Der Ausdruck wird bestimmt durch die innige, jedoch höfisch stilisierte Liebeslyrik der Texte. Eine hiervon deutlich unterschiedene Entwicklung nahm die französische Chanson des späten 15. und des 16. Jahrhunderts (▷ 4.30).

4.13 Ockeghem

Die zweite Generation der Franko-flämischen Schule wird vor allem repräsentiert durch Johannes Ockeghem (*um 1410, † 1497). Er stammte aus Flandern, gehörte also von der Sprachregion her zu den wirklichen „Niederländern". Er war möglicherweise Schüler von Binchois, 1443/44 Chorsänger an der Kathedrale von Antwerpen, 1446–48 Mitglied der Kapelle Karls I. von Bourbon in Moulins, dann spätestens seit 1452 in der Kapelle der französischen Könige (Karl VII., Ludwig XI., Karl VIII.), wo er als 1. Kapellsänger und Kapellmeister in höchster Gunst stand und über vier Jahrzehnte lang eine umfassende Wirksamkeit entfalten konnte. Klagegedichte auf seinen Tod, von denen Josquin Desprez eines vertonte, belegen seinen Ruhm und Nachruhm bei seinen Zeitgenossen.

Ockeghems große Bedeutung für die Stilentwicklung der Epoche beruht vor allem auf der Komposition von (mindestens 13) Meßzyklen (▷ 4.26). In ihnen manifestiert sich, anknüpfend an den Spätstil Dufays, eine in allen Stimmen weiträumig und frei fließende Polyphonie, ein oft asymmetrisch sich entfaltendes, organisch schwingendes Linienspiel, das Zäsuren überdeckt und Ruhepunkte eher vermeidet. Entsprechend wird die Rhythmik vielschichtiger und komplizierter. Die Harmonien wechseln rascher und werden nicht mehr, wie oft bei Dufay, blockhaft zusammengefaßt. Im kontrapunktisch strömenden Satz sind die Akkorde weniger eindeutig, weniger auf einen klangtragenden Baß bezogen, eben weil der Baß nun linear gleichberechtigt geführt wird. Großflächige Korrespondenzen und Kontraste schaffen jedoch eine stets überzeugende Formanlage. Ockeghems Requiem ist wohl die früheste überlieferte mehrstimmige Totenmesse. Erhalten sind ferner etwa zehn Motetten und etwa 22 Chansons, die vielfach noch dem dreistimmigen burgundischen Chansontypus verpflichtet sind (▷ 4.12).

Ockeghem hat Dufays und Binchois' geniale Neuerungen aufgegriffen und weitergeführt und in seiner Musik erstmals das Prinzip einer vollständig durchgebildeten vokalpolyphonen Satzstruktur verwirklicht. Sein Kompositionsstil war daher von außerordentlichem Einfluß auf die Musiker der folgenden Generation. Eine Reihe von ihnen, z. B. Josquin Desprez, L. Compère, A. Brumel und P. de La Rue, waren möglicherweise sogar seine direkten Schüler.

4.14 Josquin Desprez und seine Zeitgenossen

Die Jahrzehnte um 1500 bilden einen Höhepunkt in der Entfaltung der Franko-flämischen Schule mit deutlichen gattungsgeschichtlichen und stilistischen Wandlungen, die die weitere Entwicklung der Musik wesentlich prägen sollten. Eine große Zahl hervorragender Musiker der nunmehr dritten Generation bestimmte maßgeblich das europäische Musikleben, unter ihnen als führende Persönlichkeit Josquin Desprez, eine der bedeutendsten Komponistengestalten der abendländischen Musikgeschichte überhaupt.

Josquin Desprez wurde um 1440 wahrscheinlich in der Gegend um Saint Quentin oder Cambrai geboren und starb am 27. August 1521 in Condé-sur-l'Escaut. Die Stationen seiner Ausbildung und Wirksamkeit sind nur lückenhaft belegt. Er war möglicherweise Schüler Ockeghems, kam 1459 als Kapellsänger an den Dom zu Mailand und gehörte seit etwa 1473 zur Kapelle des Hofes der Sforza. Schon um diese Zeit mag eine Verbindung zu dem Kardinal Ascanio Sforza bestanden haben, der Anfang der 90er Jahre zu Josquins Auftraggebern zählte. 1486–92 oder länger

Die Musik des 15. und 16. Jahrhunderts

war er Mitglied der päpstlichen Kapelle in Rom. Beziehungen zum französischen König sind 1501–1503 nachweisbar, gleichzeitig zum Herzog Ercole I. d'Este in Ferrara, wo Josquin seit 1503 bis mindestens 1505 lebte. Später wurde er Probst der Kollegiatskirche Notre-Dame in Condé-sur-l'Escaut. Hier wohnte er bis zu seinem Lebensende, doch deuten verschiedene Kompositionen weiterhin auf Verbindungen zum französischen Königshaus und zur Regentin der Niederlande, Margarete von Österreich, die Josquin besondere Wertschätzung entgegenbrachte.

Die Achtung und Bewunderung, die Josquin schon zu Lebzeiten und noch Jahrzehnte nach seinem Tode genoß, übersteigt die aller seiner Zeitgenossen. In vielen Schriften über Musik wird er rühmend genannt, in musiktheoretischen Abhandlungen werden seine Kompositionen als Muster angeführt, und der stilistische Einfluß seiner Musik ist bis ins späte 16. Jahrhundert hinein spürbar, insofern viele Komponisten der Folgezeit seine Werke als Vorbild oder unmittelbar als Modell benutzten, Teile aus ihnen zitierten, sie durch Zusatzstimmen erweiterten u. ä. In zahlreichen Handschriften war Josquins Musik verbreitet, und zu den frühesten Notendrucken (bei O. Petrucci in Venedig) gehören allein drei Sammlungen seiner Messen. Unter den Musikern seiner Zeit repräsentiert er als Persönlichkeit am reinsten den Typus des selbstbewußten Renaissancekünstlers. Berühmt und hierfür bezeichnend ist der Ausspruch M. Luthers, er sei „der noten meister, die haben müssen machen, wie er wollt".

Josquin schrieb 20 Messen, einzelne Meßsätze, etwa 90 Motetten, kleinere geistliche Kompositionen und etwa 70 weltliche Werke, fast durchweg mit französischen, vereinzelt mit italienischen oder lateinischen Texten. Mit Vorbehalten im einzelnen lassen sich viele dieser Werke einer personalstilistischen Entwicklung zuordnen, die von einer noch an Ockeghem orientierten Frühphase über eine reiche und vielgestaltige mittlere Schaffensperiode bis zu den großartigen Werken der Spätzeit reicht.

Kennzeichen der reifen Musik Josquins sind u. a.: absolute Beherrschung des Materials und dessen souveräne formale Organisation von der Gestaltung übergreifender Zusammenhänge bis ins kleinste Detail; reiche Abwechslung und klangliche Vielfalt (z. B. durch vielfach variierende, oftmals paarig kontrastierende Stimmenkombination) innerhalb des streng kontrapunktischen Vokalsatzes; imitatorische Durchbildung aller Stimmen (sog. „Durchimitation", ▷ 4.5); Klarheit, Übersichtlichkeit und deutliche Gliederung der melodischen Linien; Erfindung charakteristischer, sprechender Motive und die Gestaltung des gesamten Satzes aus der Nähe zum Wort, aus der Deklamation und Sinngebung des Textes heraus (▷ 4.7), wodurch sich der Gestus dieser Musik gegenüber dem frei fließenden, asymmetrischen Linienspiel bei Ockeghem grundlegend wandelt. Das Neue und Herausragende der Musik Josquins liegt vor allem in dieser Verbindung von satztechnischer Meisterschaft und intensiver Wortausdeutung, aber auch von polyphoner Linearität und unmittelbarer Klangwirkung, allgemein gesprochen von franko-flämischer Kunsttradition und der renaissancehaften, sinnenfrohen Klarheit des mediterranen Geistes. Dies macht sie zu einer der bemerkenswertesten Erscheinungen der europäischen Musikgeschichte.

Aus der großen Anzahl bedeutender Musiker der Josquin-Generation sind drei besonders hervorzuheben: Obrecht, de La Rue und Isaac.

Jacob Obrecht (*1450 oder 1451, †1505) stammte aus dem niederländischen Sprachraum und hat die meiste Zeit seines Lebens dort verbracht (Bergen op Zoom, Brügge, Amsterdam). Er wirkte außerdem in Cambrai und kurzzeitig in Ferrara, wo er auch gestorben ist. Sein Kompositionsstil ist konservativer als der Josquins. In seinen Messen und Motetten sind Durchimitation und freie, wortgezeugte Erfindung noch nicht so ausgeprägt. Das traditionelle Cantus-firmus-Prinzip wird weitgehend beibehalten, allerdings auf kunstvolle Weise vielfach variiert. Andererseits wirkt seine klar gegliederte, lebendig phrasierte Melodiebildung im Vergleich zu derjenigen Ockeghems deutlich moderner. Obrechts weltliche Chansons haben hauptsächlich niederländische Texte.

Pierre de La Rue (*um 1460, †1518) stammt wahrscheinlich aus Tournai. Sein Ruhm gründet sich vor allem auf die komplexe Kontrapunktik und die höchst kunstvollen Kanonkünste seiner Meßkompositionen. Der

Kapitel 4

früher oft überbewertete Konstruktivismus der franko-flämischen Musik ist bei ihm am stärksten ausgebildet.

Heinrich Isaac (*um 1450, †1517), gebürtig aus Flandern, lebte von etwa 1484 bis 1494 als Organist der Medici in Florenz und war von 1497 bis 1514 Hofkomponist im Dienste Kaiser Maximilians I., danach lebte er wieder in Florenz, wo er auch gestorben ist. Zeitgenossen stellten ihn gleichrangig neben Josquin wegen seiner vielseitigen, in allen Stilen und Sprachen gleich überzeugenden Kompositionsweise. Isaacs Liedkunst war von weitreichendem Einfluß auf die musikalische Entwicklung in Deutschland (▷ 4.32). Für die Habsburger Hofkapelle und das Domkapitel in Konstanz schuf er zahlreiche, später auch für die protestantische Kirchenmusik bedeutsame vierstimmige Proprium-Kompositionen, die in der großen dreibändigen Sammlung *Choralis Constantinus* (gedruckt 1550 bis 1555) zusammengefaßt sind.

Zur dritten Generation zählen ferner: Gaspar van Weerbeke, A. Agricola, L. Compère, A. Brumel, J. Mouton und A. de Fevin.

4.15 Gombert. Clemens non Papa. Willaert

Unter den Komponisten der vierten Generation läßt sich nicht – wie in der Generation zuvor in bezug auf Josquin – ein einzelner namhaft machen, der den Stil und den Geist der Zeit repräsentativ zusammenfaßt. Vielmehr ist auf mehrere bedeutende Musiker zu verweisen, die das Erbe Josquins schöpferisch weiterführten und ihrerseits an die Folgegeneration vermittelten.

Nicolas Gombert (*nach 1495, †um 1556), Sänger und Magister puerorum der Kapelle Karls V. (spätestens seit 1526), hielt sich im Gefolge des Kaisers jahrelang wechselnd in Spanien, Italien, Frankreich, Deutschland und den Niederlanden auf und stand mit vielen bedeutenden Musikern der Zeit in Verbindung. Er wird als Schüler Josquins bezeichnet und bildete dessen Kompositionsstil im Sinne eines vollstimmig strömenden Satzes mit großer Klangfülle und vollständiger Durchimitation weiter aus. Das Schwergewicht seines Schaffens liegt auf den (soweit überliefert) etwa 160 Motetten, von denen etwa die Hälfte fünfstimmig, einige sogar noch stärker besetzt sind. Unter seinen zehn Messen überwiegt die Form der Parodiemesse (▷ 4.26). Auch in seinen etwa 60 Chansons ist das Nachahmungsprinzip voll durchgeführt.

Jacobus Clemens non Papa (eigentlich Jacques Clément, *um 1510, †um 1556) lebte unter anderem in Ypern und Brügge. Er war ebenfalls in erster Linie Motettenkomponist. Über 90 Motetten und nur etwa zehn Messen sind von ihm erhalten. Sein Motettenstil verbindet die zeittypische Tendenz zu Klangreichtum und ausgereifter Kontrapunktik mit einem Zug zur einfachen, sinnfälligen Satzanlage und zu einer stark deklamatorisch sprachbetonten Motivfindung, unter anderem auch mit raschen, syllabischen Tonwiederholungen ähnlich wie im Chansonstil. Sehr bekannt wurden seine *Souterliedekens*, 146 dreistimmige niederländische Psalmlieder.

Adrian Willaert (*um 1490, †1562) ist wohl als der bedeutendste, vielseitigste und einflußreichste Musiker dieser Generation anzusehen. Er stammte aus Brügge oder Roeselare, war in Paris Schüler von J. Mouton und kam über Ferrara (1522–25) und Mailand (!525–27) 1527 nach Venedig, wo er bis zu seinem Tode als Kapellmeister an San Marco wirkte. Willaert wurde durch die eminente Ausstrahlung seiner Kompositionen und die Weiterbildung seiner Stilprinzipien durch bedeutende Schüler (C. de Rore, A. Gabrieli, G. Zarlino, N. Vicentino) zum Begründer der „Venezianischen Schule" (▷ 4.20). In seiner Musik verbindet sich die polyphone frankoflämische Tradition mit italienischen Satz- und Klangtechniken. Die stilistische Spannweite seiner rund 350 Motetten reicht von archaisierender Cantus-firmus- und Kanontechnik bis zu neuartiger, affekthaltiger Expressivität. Berühmt wurden Willaerts *Salmi spezzati* (1550), Psalmkompositionen in doppelchöriger Anlage als erstes Beispiel venezianischer Mehrchörigkeit. Ferner schrieb er neun Messen, etwa 65 französische Chansons, etwa 60 neapolitanische Villanellen und kunstvolle italienische Madrigale (▷ 4.31) sowie eine Reihe von Instrumentalwerken (▷ 4.35).

Weitere Komponisten der vierten Generation sind C. Janequin (▷ 4.30), Ph. Verdelot, J. Arcadelt (▷ 4.31) und C. de Rore (▷ 4.20).

4.16 Lasso. De Monte

Mit Orlando di Lasso (oder Roland de Lassus) erwuchs der Franko-flämischen Schule in der fünften Generation noch einmal ein Musiker von epochalem europäischen Rang, dessen erstaunlich reiches Schaffen alle Gattungen und Stile seiner Zeit gleichermaßen vollendet repräsentiert und dessen oft kühne, expressive Musiksprache zugleich die Stilwandlung zum Frühbarock hin wesentlich beeinflußte.

Lasso wurde 1532 in Mons im Hennegau geboren und starb am 14. Juni 1594 in München. Er war Sängerknabe in Mons, kam früh nach Sizilien, Mailand, Mantua und Neapel und wurde 1553, etwa 21jährig, Kapellmeister der Kirche San Giovanni in Laterano in Rom. Nach kurzem Aufenthalt in Antwerpen (1555/56) wirkte Lasso ab 1556 bis an sein Lebensende zunächst als Tenorist, ab 1563 als Kapellmeister Herzog Albrechts V. von Bayern in München.

Lasso schrieb über 70 Messen, 4 Passionen, etwa 1200 Motetten, weitere geistliche Kompositionen (unter anderem 100 Magnificats und 32 Hymnen) und eine große Zahl italienischer Madrigale, französischer Chansons und deutscher Chorlieder.

Lassos Kompositionen zeigen schon früh eine aus der franko-flämischen Tradition erwachsene, absolute technisch handwerkliche Meisterschaft und besitzen insgesamt eine stilistische Breite und Universalität, die bereits die Zeitgenossen in Erstaunen versetzte. Besonders vielfältig an Formen und Ausdruckswerten ist sein Motettenschaffen, das durch reiche, oft überraschende melodische, harmonische und klangliche Wirkungen im Dienste intensiver Textausdeutung charakterisiert ist und einen späten Höhepunkt in der durch Josquin initiierten Gattungsgeschichte darstellt. Auch Lassos Messen sind häufig von dieser motettischen Wortgestaltung her konzipiert. Gleichermaßen eindrucksvoll ist die Vielfalt seines weltlichen Schaffens, das mit einer Fülle prägnanter, stilbildender Beispiele Lassos souveräne Beherrschung der damaligen musikalischen und sprachlichen Idiome des Madrigals, der Chanson und des deutschen Liedes dokumentiert.

Weitere Komponisten der fünften Generation sind Ph. de Monte, J. de Kerle und G. de Wert.

88 Die bayerische Hofkapelle unter Orlando di Lasso auf einem zwischen 1565 und 1570 entstandenen von Hans Mielich illuminierten Prachtkodex mit den Bußpsalmen Lassos (München, Bayerische Staatsbibliothek)

Vor allem de Monte (* 1521, † 1603), der in Antwerpen, England und lange Zeit in Italien lebte und ab 1568 als Kapellmeister am kaiserlichen Hof unter Maximilian II. und Rudolf II. in Wien und Prag wirkte, ist zu Unrecht in der Schätzung der Nachwelt neben O. di Lasso etwas zurückgetreten. De Monte hat mit 38 Messen und über 300 Motetten ein umfangreiches geistliches Werk hinterlassen, das stilistisch eher in der Nähe Palestrinas zu sehen ist. Seine größte Bedeutung liegt jedoch auf dem Gebiet des Madrigals (▷ 4.31). Über 1000 drei- bis zehnstimmige weltliche und – als Besonderheit – 144 fünf- bis siebenstimmige geistliche Madrigale sind von ihm erhalten. Sie sind in über 25 Büchern als Individualdrucke meist in Venedig zwischen 1554 und 1603 erschienen.

4.17 Spät- und Übergangszeit: Sweelinck

Das späte 16. Jahrhundert ist eine Phase der Vollendung und des allmählichen Ausklingens der franko-flämischen Musik. Die Musiker dieser Schule hatten mehr als eineinhalb Jahrhunderte lang den Kompositionsstil und das Musikleben in Europa entscheidend bestimmt. Zu dem Zeitpunkt, da dieser Einfluß mehr und mehr zurücktrat, wurden in den einzelnen Ländern und Regionen eigene musikalische Entwicklungen sichtbar, die teilweise von den Grundlagen der franko-flämischen Tradition charakteristisch abwichen und damit zur Bildung der neuen Formen, Gattungen und Stilhaltungen des musikalischen Barock beitrugen, so wie es beispielhaft etwa an der Musik der Venezianischen Schule zu beobachten ist (▷ 4.20). Hier zeigt sich wieder, daß die Epochengrenzen fließend sind beziehungsweise daß die Spätphase der einen Epoche und der Beginn der anderen sich zeitlich überlagern.

Im franko-flämischen Raum selbst versiegte der lange Zeit unerschöpflich scheinende Strom überragender musikalischer Begabungen. Der letzte bedeutende Komponist dieser Region, der selbst schon der Übergangszeit angehört, ist Jan Pieterszoon Sweelinck (* 1562, † 1621). Er war seit 1580 Organist der Oude Kerk in Amsterdam, entsprechend liegt der Schwerpunkt seines Komponierens auf dem Gebiet der Orgelmusik. Aus Sweelincks Schule gingen bedeutende deutsche Organisten des Frühbarock hervor (u. a. H. Scheidemann, J. Praetorius d. J. und S. Scheidt). Und auch seine Werke für Tasteninstrumente (Fantasien, Ricercare, Toccaten, Choral- und Liedvariationen) gehören stilistisch in den Zusammenhang der Musik des frühen 17. Jahrhunderts. Seine Vokalwerke dagegen tradieren den Stil der Franko-flämischen Schule, als deren letzter bedeutender Vertreter Sweelinck angesehen werden kann.

Europäische Musik im 16. Jahrhundert

4.18 Italien

Die Rolle Italiens in der Musik des 16. Jahrhunderts kann kaum überschätzt werden. Wie bereits im 15. Jahrhundert bildeten die italienischen Fürstenhöfe, die Päpste und Kardinäle sowie die führenden Häuser der Stadtstaaten politisch und gesellschaftlich eine der wesentlichen Grundlagen für das Wirken franko-flämischer Musiker, die zudem in den meisten Fällen auch geistig und kulturell von den Impulsen der italienischen Renaissance geprägt wurden und deren Schaffen mancherlei Anregungen von der bodenständigen italienischen Musik empfing.
Im 16. Jahrhundert traten daneben zunehmend italienische Komponisten führend hervor und veränderten nach und nach das stilistische Erscheinungsbild der Musik. Die bedeutendsten Beispiele hierfür bilden Palestrina und seine römischen Zeitgenossen (▷ 4.19) sowie die Venezianische Schule (▷ 4.20), die von A. Willaert ausging (▷ 4.15). Die wichtigste eigenständig italienische Gattung ist das Madrigal (▷ 4.31). Schließlich stammen auch die entscheidenden musiktheoretischen Abhandlungen der Zeit, und zwar sowohl die mehr konservativ zusammenfassenden als auch die mehr innovatorisch in die Zukunft weisenden Schriften, von italienischen Autoren (▷ 4.10).

4.19 Palestrina und die Römische Schule

Der im späten 16. Jahrhundert von Rom ausgehende Kompositionsstil verdankt seine Ausstrahlung und geschichtliche Relevanz dem Zusammenwirken mehrerer bedeutsamer Faktoren. Dazu gehört die um diese Zeit zu vollkommener Reife gelangte Satztechnik der Franko-flämischen Schule und die lange, umfangreiche Wirksamkeit vieler ihrer Musiker in Italien (in Rom z. B. G. Dufay, Josquin Desprez und O. di Lasso), ferner der repräsentative Anspruch des Papsttums in allen Bereichen der Kultur, speziell auf musikali-

Die Musik des 15. und 16. Jahrhunderts

schem Gebiet die herausgehobene Stellung der päpstlichen Kapelle, spätestens seit dem Konzil von Trient (1545-63) das kritische Interesse des Katholizismus an einer Reform der Kirchenmusik (▷ 4.9) als Teil übergreifender gegenreformatorischer Bestrebungen und endlich das fast ausschließliche Wirken und Schaffen Palestrinas, eines der größten Musiker des Abendlandes, in dieser Stadt.

Giovanni Pierluigi da Palestrina wurde 1525 (oder Anfang 1526) in Palestrina bei Rom geboren (er hieß also eigentlich nur Giovanni Pierluigi) und starb am 2. Februar 1594 in Rom. Hier lebte er schon als Kind. Er war Chorknabe an Santa Maria Maggiore, ab 1544 sieben Jahre lang Organist und Kapellmeister in Palestrina, kam aber 1551 zurück und wurde Kapellmeister an der zur Peterskirche gehörenden Cappella Giulia. Papst Julius III. berief ihn, obwohl er verheiratet war, 1555 in die Cappella Sistina, bald darauf wurde er jedoch unter Paul IV. aus eben diesem Grunde wieder entlassen. Er ging als Kapellmeister an die Laterankirche, war 1561-66 an Santa Maria Maggiore tätig, wirkte kurze Zeit als Musiklehrer am Collegium Romanum, 1567-71 als Kapellmeister bei Kardinal Ippolito d'Este II. und ab 1571 bis zu seinem Tode wieder an der Peterskirche.

Palestrina schrieb über 100 vier- bis achtstimmige Messen über frei erfundene Themen, geistliche oder (nur in wenigen Fällen) weltliche Cantus firmi oder geistliche Sätze als Vorlagen (Parodiemessen), über 500 Motetten und über 100 Madrigale.

Kennzeichnend für den Stil Palestrinas ist das vollendete Gleichgewicht aller musikalischen Elemente, eine Ausgewogenheit zwischen Horizontalität und Vertikalität, Linie und Klang, Polyphonie und Homophonie im Sinne einer Synthese von franko-flämischer Kontrapunktik und italienischem Klangempfinden, zwischen rhythmischer Lebendigkeit und ruhigem Ebenmaß des metrischen Flusses mit weich zäsurierender Gliederung durch funktionale Kadenzen im vielstufig kirchentonalen Kontext, zwischen Deklamation und strömender Vokalität, ausdrucksvoller Textdarstellung und unmittelbarem Wohllaut. Besonders die Verständlichkeit und sinnbezogene Vertonung der Worte bei vollständiger imitatorisch kontrapunktischer Durchbildung sowie die strenge Dissonanzbehandlung (▷ 4.6) innerhalb einer warmen, grundtönigen Dreiklangsbehandlung und insgesamt der maßvolle, überwiegend lyrisch fließende Grundcharakter mit nur behutsam disponierten Kontrasten machten Palestrinas Musik zum Muster eines „wahren" und „reinen", polyphon vokalen Kirchenstils mit dem Signum hoher Klassizität, eine Vorbildfunktion, die sie weit über ihre Zeit hinaus behalten sollte und die in der Palestrina-Renaissance des 19. Jahrhunderts erneut wirksam wurde (▷ 9.6).

Palestrina war der führende Komponist der sogenannten Römischen Schule, einer größeren Gruppe von Musikern, die seit dem frühen 16. Jahrhundert in Rom wirkten und an der Herausbildung und Pflege eines konservativ maßvollen, kontrapunktisch strengen und zugleich wort- und klangintensiven Kirchenstils in dem beschriebenen Sinne beteiligt waren. Genannt seien C. Festa (* um 1480, † 1545), der seit 1517 in Rom tätig war und auch mit italienischen Madrigalen hervortrat, G. Animuccia (* um 1514, † 1571), 1555-71 Kapellmeister an Sankt Peter und stilistisch Palestrina nah verwandt, C. de Morales (* um 1500, † 1553), der 1545 in sein Heimatland Spanien zurückkehrte (▷ 4.21), G. M. Nanino (* 1545, † 1607), Schüler Palestrinas, 1571 dessen Nachfolger an Santa Maria Maggiore und seit 1577 Mitglied der Cappella Sistina, die er seit 1604 leitete, T. L. de Victoria (* um 1548/50, † 1611), ein weiterer bedeutender spanischer Musiker, der ebenfalls Palestrina stilistisch sehr nahe stand, F. Anerio (* 1560, † 1614) und G. F. Anerio (* um 1567, † 1630). Die letzten beiden, in der Jugend Sänger unter Palestrina, gehören einer neuen Generation an, in deren Werke bereits frühbarocke Stilelemente einflossen. Auch die venezianische Mehrchörigkeit wurde von einigen Palestrina-Nachfolgern im 17. Jahrhundert aufgegriffen und zu vielstimmig prachtvoller Wirkung gesteigert.

4.20 Die Venezianische Schule

Der progressivste, franko-flämische Anregungen am stärksten um- und weiterbildende Kompositionsstil des späten 16. Jahrhunderts

Kapitel 4

findet sich bei den Musikern an San Marco in Venedig. Der Begründer dieser Venezianischen Schule war A. Willaert (▷ 4.15), zu seinen Schülern und Nachfolgern gehörten u. a. Andrea Gabrieli, C. de Rore, G. Zarlino (▷ 4.10), C. Merulo und Giovanni Gabrieli, der als einer der bedeutendsten Komponisten seiner Zeit den venezianischen Stil zur Vollendung führte und dessen Erbe frühbarocken Komponisten auch außerhalb Italiens, in erster Linie H. Schütz, vermittelte.

Begünstigt durch die gegenüberliegenden Emporen der Markuskirche – aber keinesfalls dadurch allein hervorgerufen, sondern durch Chorteilung in Werken der Franko-flämischen Schule (z. B. bei Josquin Desprez) weithin bereits vorgebildet – entstand in Venedig seit A. Willaerts *Salmi spezzati* (1550) eine raumfüllende, farbige, klangintensive Kunst der Doppel- und später der Mehrchörigkeit mit bis zu fünf vokalen und instrumentalen Gruppen, die einzeln hervortreten, wirkungsvoll kontrastieren und einander abwechseln und sich zu großen blockhaften Schlußbildungen zusammenfinden, wofür die Werke A. Gabrielis und vor allem G. Gabrielis grandiose Beispiele bieten.

Die Venezianische Schule nimmt ferner eine führende Stellung auf dem Gebiet der um diese Zeit selbständig werdenden Instrumentalmusik ein. Das betrifft sowohl die dynamisch bewegten, vielstimmigen, oftmals auch in kontrastierenden Gruppen geführten Ensemblesätze (Ricercar, Canzone usw.; ▷ 4.35) als auch die Orgelkompositionen der als Organisten berühmten Venezianer, unter denen die kontrapunktisch gebundenen (Fantasie, Ricercar) und die freien, virtuosen Formen (z. B. Toccata) gleichermaßen für die weitere Entwicklung des Instrumentalstils bedeutsam wurden.

Einen wichtigen Beitrag schließlich leisteten die venezianischen Komponisten zur Geschichte des italienischen Madrigals (▷ 4.31) einerseits durch die Beschäftigung mit bodenständigen volkstümlichen Liedformen, wie es etwa die Villanellen von A. Willaert (1545) verdeutlichen, andererseits durch eine moderne, traditionelle Regeln vielfach überspielende Ausdruckskunst und intensive Affektdarstellung, unter anderem mit den Mitteln einer dissonanzreichen und stark chromatisierten Harmonik.

4.21 Spanien

Die spanische Musik des 16. Jahrhunderts empfing einerseits starke Impulse von der Franko-flämischen Schule, bedingt unter anderem durch die führende Stellung N. Gomberts am Hof Karls V. (▷ 4.15), und war andererseits aufs engste verbunden mit der kirchenmusikalischen Entwicklung in Rom, da einige der bedeutendsten spanischen Komponisten teilweise jahrzehntelang dort wirkten und sogar den Stil der Römischen Schule (▷ 4.19) wesentlich mit prägten. Das gilt insbesondere für C. de Morales, der nach seiner römischen Zeit ab 1545 in Toledo, Marchena und Malaga tätig war, für B. de Escobedo, den späteren Kapellmeister der Infantin von Spanien, Donna Juana, und für T. L. de Victoria, den Nachfolger Palestrinas am Collegium Romanum, der 1585 in seine Heimat zurückkehrte. Sie alle schufen ganz überwiegend geistliche Kompositionen und vermittelten den Stil der Römischen Schule dem höfischen und kirchlichen Musikleben in Spanien, das zu dieser Zeit in hoher Blüte stand. Dementsprechend schrieben auch die Komponisten, die nur im eigenen Lande wirkten, so zum Beispiel der Morales-Schüler F. Guerrero, hauptsächlich liturgisch-geistliche Musik, gelegentlich mit charakteristisch eingesetzten Instrumentalstimmen. Guerrero ließ zum Beispiel in farbigem Wechsel Schalmeien, Hörner und Flöten die Vokalstimmen teils mitspielen, teils auch auszierend erweitern, eine Praxis, die von vielen Musikern an Kathedralen aufgegriffen wurde.

Daneben spielte dennoch die weltliche mehrstimmige Musik eine gewisse Rolle, ausgehend vor allem vom drei- oder vierstimmigen, meist homophonen Villancico, einem volkstümlichen Chorlied, der italienischen Frottola verwandt, in Refrainform, das in Bearbeitungen auch als Sololied mit Vihuela-Begleitung vorkommt.

Die Vihuela, ein fünf- bis siebenchöriges Zupfinstrument, spielte in der spanischen Instrumentalmusik eine führende Rolle. Der bedeutendste Vihuelaspieler und -komponist war L. de Milán. Ein anderer Spanier, D. Ortiz, veröffentlichte 1553 in Rom den *Trattado de Glosas sobre Clausulas y otros generos de puntos en la Musica de Violones*, die wichtigste Anleitung dieser Zeit für das Spiel auf

Die Musik des 15. und 16. Jahrhunderts

Streichinstrumenten einschließlich der Kunst des Variierens.
Daß die Musik ein wichtiges Lehrfach an spanischen Universitäten war, schlägt sich in vielen musiktheoretischen Veröffentlichungen nieder. So stammt einer der umfangreichsten Musiktraktate des 16. Jahrhunderts, *De musica libri septem* ... (1577), von dem Professor für Musik an der Universität Salamanca, F. de Salinas.

4.22 Frankreich

Da eine Reihe nordfranzösischer Musiker zur Franko-flämischen Schule selbst gehören, war Frankreich insofern an der Stil- und Gattungsgeschichte dieser Epoche zentral beteiligt. Im übrigen Frankreich, ausgehend vor allem von Paris, vollzog sich allerdings eine nur mittelbar davon berührte Sonderentwicklung, die die hochentwickelte Musikkultur des französischen Barock im 17. Jahrhundert vorbereitete.
Die politischen und gesellschaftlichen Grundlagen der französischen Musik im 16. Jahrhundert wurden einerseits bestimmt durch die besondere Rolle des Königshauses, also durch die Institutionen des königlichen Hofes und ihre kulturelle Ausstrahlung, andererseits durch die Bedürfnisse und Vorstellungen eines rasch erstarkenden Bürgertums. Der neue nationalstaatliche Gedanke prägte auch die Entfaltung der Künste. Hinzu kommt, als Folge der Italienkriege Franz I., ein verstärkter Einfluß Italiens auf alle Bereiche der Kultur und damit eine Durchdringung des künstlerischen, also auch des musikalischen Lebens Frankreichs mit dem Geist der italienischen Renaissance.
Viele italienische Musiker erhielten einflußreiche Stellungen. Führend wurde nun die weltliche Musik, vor allem eine auf neue Weise volkstümliche, beschreibende und erzählende Chanson (▷ 4.30) als Ausdruck eines freien, diesseitsorientierten bürgerlichen Lebens.
Auch die Instrumentalmusik, für Laute, für Tasteninstrumente und für Instrumentalensembles, nahm einen bedeutenden Aufschwung. Hierzu trugen die Pariser Notendrucker, in erster Linie P. Attaingnant (Chansons, Tänze und anderes ab 1527) und A. Le Roy mit R. Ballard (Lautenwerke und anderes ab 1551), wesentlich bei.
Als Vorläufer der französischen Barockoper entstand mit Baltazarinis *Balet comique de la Royne* (1581) das erste Ballet de cour (▷ 5.20). Gleichzeitig propagierte die 1570 von dem Dichter J. A. de Baïf und dem Musiker J. Th. de Courville gegründete „Académie de poésie et musique" im Sinne des Renaissancegedankens eine an antiken Vorbildern orientierte, streng quantitierende Versbildung und deren homophone, sprachrhythmisch bemessene Vertonung („musique mesurée"), die den humanistischen, für den Schulunterricht entstandenen, strophisch metrischen Odenkompositionen in Deutschland ähnlich ist.

4.23 England

Nach einer Phase weitgehend unbeeinflußter Entwicklung im 15. Jahrhundert nach dem Tode J. Dunstables (▷ 4.2) machte sich in der englischen Musik seit dem frühen 16. Jahrhundert – vermittelt durch niederländische und italienische Musiker – der Einfluß der Franko-flämischen Schule verstärkt geltend. Durchimitation, Klarheit der Textbehandlung und reiche Klanglichkeit prägen die Messen, Motetten, Antiphonen, Magnificat und anderen geistlichen Kompositionen dieser Zeit.
Die Instrumentalmusik verselbständigte sich kaum später als auf dem Kontinent. Für Orgel (*Mulliner Book,* um 1550), Clavichord, Virginal (*Fitzwilliam Virginal Book,* Repertoire 1570–1625) und Instrumentalensembles, sogenannte Consorts, entstand nach und nach eine umfangreiche Literatur an Vokalübertragungen (▷ 4.35), Tänzen, Ricercaren, Canzonen, Fantasien usw. Unter diesen bilden die *In-nomine*-Kompositionen (fantasieartige Stücke über einen erstmals von J. Taverner verwendeten Cantus firmus) eine spezifisch englische frühe Instrumentalgattung.
Auch die weltliche Vokalmusik nahm Anregungen der französischen Chanson und vor allem des italienischen Madrigals auf. Diese Anregungen wurden im englischen Madrigal auf eine eigenständige Weise zu einer ausdrucksstarken und charakteristischen Vokal-

kunst weiterentwickelt. Daneben steht – vollendet repräsentiert durch J. Dowland (*The First Booke of Songs and Ayres,* 1597) – das Sololied mit Lautenbegleitung, bei Dowland wahlweise auch mit vier Stimmen vorzutragen.

In der europäischen Musikgeschichte kommt England auf den genannten Gebieten der Virginalmusik und des begleiteten Sololiedes seit dem späten 16. Jahrhundert und bis ins 17. Jahrhundert hinein eine führende Rolle zu. Die politisch relativ ruhige Phase der Regierungszeit Elisabeths I. und Jakobs I., die Jahrzehnte vor und nach 1600, bilden auch in der englischen Musik stilistisch eine Einheit. Die Jahrhundertwende, in Italien der Beginn des Barockzeitalters, wird als Epochengrenze hier kaum spürbar.

Die wichtigsten Komponisten aus dieser Blütezeit englischer Musik sind Th. Tallis, W. Byrd, Th. Morley, J. Bull, J. Dowland, G. Farnaby, Th. Tomkins und O. Gibbons.

89 Der Kopf Martin Luthers als Sackpfeife, dem der Teufel die Gedanken „einblässt" (anonym um 1535)

4.24 Deutschland

Die Hofkapellen der deutschen Fürsten, vor allem in Wien und München, das aufstrebende Bürgertum in den Städten, die Lateinschulen und der vom Humanismus geprägte gelehrte Stand an den Universitäten waren die Träger einer Musikkultur in Deutschland, die seit der Mitte des 15. Jahrhunderts charakteristisch eigene Züge gewann. Anregend und an vielen Stellen führend wirkten frankoflämische Musiker, im 16. Jahrhundert zunehmend auch Italiener. Erst seit dem späten 15. Jahrhundert wurde eine wachsende Zahl bedeutender deutscher Musiker bestimmend für die stilistische Entwicklung, unter anderem Adam von Fulda, H. Finck, P. Hofhaimer, Th. Stoltzer, L. Senfl, C. Othmayr, L. Schröter, L. Lechner und J. Eccard.

Den wichtigsten Beitrag zur Musikgeschichte dieser Zeit leistete Deutschland auf den Gebieten des weltlichen Liedes (▷ 4.32) und der protestantischen Kirchenmusik (▷ 4.25). Auch die geistliche Vokalmusik gewann in der Nachfolge des Flamen H. Isaac (▷ 4.14) eigenständige Bedeutung. Frühe Quellen einer vor allem Cantus-firmus-gebundenen Orgelmusik sind das *Fundamentum organisandi* (1452) K. Paumanns und das *Buxheimer Orgelbuch* (um 1470). Der überragende Orgelkomponist des 16. Jahrhunderts war der Hoforganist Kaiser Maximilians I., P. Hofhaimer.

Gegen Ende des 16. Jahrhunderts verändert sich das stilistische Bild der Musik in Deutschland unter dem Einfluß der späten franko-flämischen Komponisten (O. di Lasso wirkte fast 40 Jahre in München; ▷ 4.16) sowie der neuen Entwicklungen in Italien, vor allem der Venezianischen Schule (▷ 4.20), und leitet über in einen spezifisch deutschen Frühbarock.

4.25 Luther und die evangelische Kirchenmusik

Die große Bedeutung, die M. Luther der Musik im Gottesdienst beimaß, prägte von Anfang an die Geschichte der evangelischen Kirchenmusik. Ausgehend von bereits vorhandenen deutschsprachigen Kirchenliedern, Psalmtexten, lateinischen Kirchengesängen

Die Musik des 15. und 16. Jahrhunderts

und von der Liedtechnik des Meistersangs beeinflußt, schuf Luther den Typus eines schlichten, einprägsamen christlichen Gemeindeliedes. J. Walter, Luthers musikalischer Berater, leitete seit 1526 die Torgauer Kantorei, die zum Vorbild für viele evangelische Kantoreien wurde. Bereits 1524 veröffentlichte Walter das *Geystliche gesank Buchleyn*, das ebenso wie die Sammlung G. Rhaus, *Newe deudsche Geistliche Gesenge* (1544), polyphone Choralbearbeitungen enthielt. Erst 1565 (A. Lobwasser) und 1586 (L. Osiander) entstanden die ersten Gesangbücher im „Note gegen Note" geführten, d. h. in allen Stimmen gleich rhythmisierten „Kantionalsatz". Während dieser auf den Gesang in der Gemeinde abgestellt ist, entwickelte sich parallel dazu auch die kunstvolle, an der franko-flämischen Tradition orientierte, vokale geistliche Mehrstimmigkeit. Die Liedmotette des späten 16. Jahrhunderts vereinigt Polyphonie und Liedprinzip in der Nachfolge O. di Lassos. Das gilt vor allem für die Liedsätze von J. Eccard und L. Lechner. Lechner komponierte auch einen späten, höchst eindrucksvollen motettischen Zyklus unter dem Titel *Deutsche Sprüche von Leben und Tod* (1606).

Einen besonderen Zweig der evangelischen Kirchenmusik bilden die Passionsvertonungen, die allerdings unmittelbar an katholische lateinische Vorbilder anknüpften. Man unterscheidet die *responsioriale* Passion, in der anfangs der gesamte Text einstimmig choraliter erklingt und nur die Turba-(Volks-)Chöre homophon mehrstimmig gesetzt sind (erstmals bei J. Walter, 1530), später hingegen die mehrstimmigen Anteile zunehmen und lediglich die Evangelistenpartie einstimmig verbleibt (so seit A. Scandellos *Johannespassion*, 1561), zum anderen die (mehrstimmig) *durchkomponierte* Passion, die eine Folge von motettischen Sätzen über den Passionstext aneinanderreiht. Sie orientierte sich unmittelbar an katholischen Vertonungen der Passionserzählung eines Evangeliums (z. B. bei C. de Rore, 1550) oder eines aus allen Evangelien kompilierten Textes (Obrecht/Longaval, um 1500, Autorschaft umstritten), blieb auch im protestantischen Raum zunächst lateinisch (z. B. bei J. Galliculus, 1538) und wurde erstmals 1568 als deutschsprachige motettische Passion in den protestantischen Gottesdienst eingeführt. Der vom Oratorium beeinflußte Typ der oratorischen Passion gehört bereits dem 17. Jahrhundert an (▷ 5.28).

Gattungen der Vokalmusik

Die Musik des 15. und 16. Jahrhunderts entfaltete sich im wesentlichen in den drei vokalen Gattungsbereichen Messe, Motette und weltliche Liedkunst sowie, zunehmend zum Ende dieses Zeitraums, in einer Anzahl instrumentaler Formen, die zum Teil ebenfalls von der Vokalmusik abgeleitet sind. Im Vordergrund standen bei allen franko-flämischen Komponisten die Gattungen Messe und Motette, wobei das Schwergewicht anfangs auf der Messe, seit der Josquin-Generation auf der Motette liegt. Die weltliche Liedkunst besaß zunächst einen etwas geringeren Stellenwert, erlangte später jedoch besondere Bedeutung durch die Differenzierung in nationale Sonderentwicklungen in Gestalt der französischen Chanson, des italienischen Madrigals, der davon beeinflußten englischen Madrigalkunst und des deutschen Liedes.

4.26 Messe

Das Neue der Musik ab etwa 1430 verwirklichte sich zu einem wesentlichen Teil auf dem Gebiet der mehrstimmigen Messe. Nach vereinzelten Versuchen im 14. Jahrhundert (▷ 3.24) setzte im frühen 15. Jahrhundert die mehrstimmig zyklische Vertonung der Gesänge des Meßordinariums (Kyrie, Gloria, Credo, Sanctus, Agnus dei; ▷ 2.8) ein und wurde durch die immer erneute musikalische Darstellung bei den führenden Komponisten zu einer zentralen und stilsignifikanten Gattung der Epoche. Hierbei ist der kompositorische Impuls zur Zyklusbildung das Neue und Entscheidende. Da die fünf Teile des Ordinariums im Meßablauf nicht nebeneinander stehen (sondern durch andere Gesänge, Lesungen, Gebete usw. getrennt sind), auch unterschiedliche Funktionen erfüllen und textlich

Kapitel 4

wie musikalisch (im Gregorianischen Gesang) unterschiedlich strukturiert sind, erwächst ihre zyklische Verbindung nicht aus liturgischen, sondern aus primär künstlerischen Absichten.
Die ersten vollständigen Meßzyklen des 15. Jahrhunderts, als konsequente Fortsetzung der Zusammenstellung zweier Meßsätze zu Meßsatzpaaren, stammen von den englischen Komponisten J. Dunstable, J. Benet und L. Power (▷ 4.2). Neu und zukunftsträchtig war hierbei die Wahl eines nicht dem Repertoire des Gregorianischen Chorals entnommenen Cantus firmus, der in langen Notenwerten allen Meßsätzen als gleichbleibender Tenor zugrunde gelegt wird. Auf dem Kontinent übernahm G. Dufay (▷ 4.12), der in seinen frühen Messen selber bereits mit anderen Mitteln nach Möglichkeiten der Vereinheitlichung gesucht hatte, als erster diese englische Form der *Tenormesse,* veränderte und erweiterte sie und wurde durch die groß angelegte, plastische Klangsprache seiner Meßzyklen zum Begründer einer fast zweihundertjährigen Gattungstradition. Während die englischen Komponisten nur geistliche Melodien als Tenores benutzten, wählte Dufay auch weltliche Liedvorlagen, so in seinen Messen *Se la face ay pale* und *L'homme armé* (letztere beruht auf einem auch von anderen Komponisten häufig verwendeten populären Lied), wobei der ursprünglich tänzerische oder liedhafte Charakter durch die starke Verbreiterung der Notenwerte im Tenor ganz verloren geht. Dufay erweiterte ferner, im Unterschied zu den dreistimmigen Messen der Engländer, den Klangraum zum vierstimmigen Satz. Eine freie Baßstimme, der „Contratenor bassus", liegt nun unter dem Tenor (der „Contratenor altus" liegt dagegen über dem Tenor), schafft eine echte Tiefenregion und wird durch häufige Quart- und Quintsprünge sowie durch die Bevorzugung von Grundtönen zum Fundament der neuen Harmonik und Klanglichkeit. Zusätzlich zu dem gleichbleibenden Tenor verstärken wiederkehrende Kopfmotive die zyklische Verbindung aller Sätze. Zwei- oder dreistimmige Cantus-firmus-freie Einleitungs- und Zwischenpartien (z. B. das *Pleni sunt coeli* im *Sanctus*) untergliedern die einzelnen Meßteile.
In der Meßkomposition nach Dufay findet sich zunächst bei Ockeghem (▷ 4.13) eine deutliche Vereinheitlichung des Satzbildes, indem der Cantus firmus koloriert, aufgelockert und den übrigen Stimmen angepaßt wird. Auch ist der Cantus firmus in vielen Fällen nicht mehr nur an den Tenor gebunden, sondern wandert, unter Umständen mannigfaltig variiert, durch alle Stimmen. Daneben kommen weiterhin Cantus-firmus-Bildungen in langen Notenwerten vor, so mehrmals bei J. Obrecht. Gelegentlich finden sich Messen ohne Cantus firmus, z. B. die *Missa Mi-Mi* von Ockeghem. Außer Liedvorlagen, geistlichen Gesängen usw. wurden auch künstlich gebildete Cantus firmi benutzt, z. B. eine Reihe von Solmisationssilben (so etwa bei Josquin Desprez, in einer Messe für Ercole I. von Ferrara, „RE-UT-RE-UT-RE-FA-MI-RE" = d-c-d-c-d-f-e-d nach den Vokalen des Widmungsmottos *Hercules Dux Ferrarie*). Nicht selten spielen Kanonkünste und komplizierte Proportionen (▷ 4.11) gerade in der Meßkomposition eine Rolle. Doch überwiegt spätestens seit der Generation Josquin Desprez' das Bestreben nach Binnengliederung, klarer Durchimitation und Textdarstellung (▷ 4.7), wie es zu dieser Zeit vor allem in der Motette hervortritt (▷ 4.27). Josquin selbst hat in seinen 20 Messen die kompositorischen Möglichkeiten der Epoche umfassend zur Darstellung gebracht. Seine Alterswerke *De beata Virgine, Pange lingua* und *Da pacem* gehören zu den vollkommensten Meßschöpfungen der Gattungsgeschichte.
Seit dem frühen 16. Jahrhundert war die Form der *Parodiemesse* (auch „Modellmesse" genannt) weit verbreitet. Bei dieser liegt nicht eine einzelne Stimme, sondern der gesamte Satz einer anderen Komposition, meist einer Chanson oder eines Madrigals, allen Teilen der Messe als Modell zugrunde. Allerdings wird das Modell in der Regel kunstvoll verändert, erweitert und selbstverständlich dem lateinischen Messetext angepaßt. Bei einer Reihe von Komponisten der vierten und fünften Generation der Franko-flämischen Schule (z. B. bei N. Gombert und O. di Lasso) ist die Parodiemesse die häufigste Form der Meßkomposition. Um die gleiche Zeit erweiterte sich in vielen Messen die Stimmzahl. Fünf- und Sechsstimmigkeit ist nun eher die Regel. Darin zeigt sich, immer stärker hervortretend, ein Streben nach volltönender, warmer Klanglichkeit.

Die Musik des 15. und 16. Jahrhunderts

Bei O. di Lasso und einigen seiner Zeitgenossen steht zudem das Element der sprachlichen Differenzierung und der expressiven Textausdeutung im Vordergrund.
Den letzten Höhepunkt in der Geschichte der vokalpolyphonen Messe bildet das Schaffen Palestrinas und seines römischen Umkreises (▷ 4.19). In Palestrinas Meßkompositionen, für die er ganz überwiegend geistliche Vorlagen (Cantus firmi oder Parodiemodelle) benutzte, verwirklicht sich das Ideal einer kontrapunktisch und klanglich vollkommen ausgewogenen, musikalisch anspruchsvollen und textverständlichen Kirchenmusik im Sinne der Forderungen des Konzils von Trient (▷ 4.9). Ähnliches gilt für die spanischen Musiker dieser Zeit (▷ 4.21), besonders für diejenigen, die selber längere Zeit in Rom wirkten, wie C. de Morales und T. L. de Victoria.

4.27 Motette

Anders als beim Meßordinarium bildet der Beginn der Franko-flämischen Schule in der Geschichte der Motette keine markante Zäsur. Die isorhythmische Formtradition des 14. Jahrhunderts (▷ 3.22) wirkte zunächst weiter und prägte die Anlage feierlich repräsentativer Vokalwerke (z. B. Domweihmusiken) mit lateinischem Text und vorwiegend geistlicher Bestimmung. Das gilt besonders für die englischen Komponisten um J. Dunstable. In Dufays großartigen *Tenormotetten* der Reifezeit tritt die Isorhythmie zurück. Erhalten bleibt die bestimmende Funktion des Tenors als Klangachse in langen Notenwerten und in vielen Fällen die Mehrtextigkeit. Der Klangraum erweitert sich, wie in Dufays Tenormessen, durch eine unter dem Tenor liegende, freie, harmonietragende Baßstimme.
Diese Großform der Tenormotette verlor am Ende der Dufay-Zeit an Bedeutung. Daher spielte die Gattung Motette eine Zeitlang eine geringere Rolle. Erst in der dritten Generation der franko-flämischen Komponisten um Josquin Desprez wurde die Motette erneut, nun in gänzlich anderer Gestalt, zu einem zentralen Schaffensgebiet und jetzt sogar zur führenden musikalischen Gattung bis zum Ende des 16. Jahrhunderts.

Das wesentliche Gestaltungsprinzip dieser neuen Art der Motette ist die *abschnittweise Durchimitation*. Das besagt, daß sich die Komposition nach den Sinnabschnitten des Textes ausrichtet. Ein Satz, ein Halbsatz, ein Gedanke erhält ein charakteristisches Motiv, das in allen Stimmen imitatorisch durchgeführt wird und meist in einen kadenzierenden Binnenabschluß mündet, aus dem heraus sich ein neues Motiv, entsprechend der nächsten Texteinheit, wiederum imitatorisch entfaltet. Dieses Grundprinzip erlaubt zahlreiche, variativ aus ihm abgeleitete Gestaltungsmittel, z. B. paarig simultane Stimmeinsätze, imitatorische Duopassagen, Kanonbildungen sowie andere kontrapunktische Techniken, und wird großformal ergänzt durch wirkungsvolle Klanggruppenwechsel (sogenannte Chorspaltung) und homophone Kontrastpartien an besonders hervorzuhebenden Stellen.
Die sprachliche Gestalt und der Sinngehalt des Textes (▷ 4.7) waren also – neben der musikalisch kontrapunktischen Stimmigkeit – das leitende Prinzip bei der Komposition von Motetten. Die enge und stringente Verbindung von Text und Musik – seitdem eine selbstverständliche Forderung an Vokalkompositionen – ist im wesentlichen eine Errungenschaft der franko-flämischen Komponisten dieser Zeit. Josquin Desprez (▷ 4.14), dessen etwa 90 Motetten mit ihrem Reichtum an Formen und Ausdruckswerten einen Höhepunkt der Gattungsgeschichte bilden, war unter ihnen der führende Musiker. Neben ihm haben A. Brumel, L. Compère, Gaspar van Weerbeke und F. Gaffori wesentlichen Anteil an der Entfaltung der Gattung.
Die Komponisten der Josquin-Nachfolge fanden die Form der Motette vor und konnten sie in mannigfacher Hinsicht weiterentwickeln. Erweiterte Stimmenzahl und größere Klangfülle, dichterer Satz, Betonung der akkordisch homophonen oder der linearen Komponente, madrigalische Pointierung, chansonhaft leichte Rhythmik (etwa bei den französischen Komponisten um C. Janequin) oder unregelmäßig schweifende, großräumige Melodik (so teilweise bei N. Gombert und Clemens non Papa) sind einige der Möglichkeiten regionaler und personalstilistischer Differenzierung.
Eine Zusammenfassung aller Stilmittel der Zeit bildet im späten 16. Jahrhundert das Mo-

Kapitel 4

tettenschaffen O. di Lassos (▷ 4.16). Handwerkliche Meisterschaft, Vielfalt der Formen, große Klangintensität und kontrastreiche, oft bildhaft madrigaleske Textausdeutung ergänzen sich in seinem Werk zu höchst eindrucksvollen Gestaltungen und machen Lasso zum bedeutendsten Motettenkomponisten nach Josquin.

Um die gleiche Zeit entfalteten sich in Italien zwei sehr unterschiedliche Stilrichtungen auch auf dem Gebiet des Motettenschaffens. Zum einen entstanden die klangprächtigen mehrchörigen Werke der Venezianischen Schule mit ihren durch Instrumente bereicherten Farbwirkungen (▷ 4.20), zum anderen die Motettenkompositionen Palestrinas und der Römischen Schule (▷ 4.19), deren vokalpolyphone Vergeistigung dem kirchenmusikalischen Ideal der Zeit am reinsten entsprechen.

4.28 Liturgische Kleinformen

Seit dem Beginn der Franko-flämischen Schule entstanden neben der repräsentativen motettischen Großform kleinere geistliche Werke, liturgische Gebrauchsmusik vom Typ der oberstimmenbetonten *Liedmotette*. Charakteristisch für diese Gattung, die eher für den Bereich privater Andacht bestimmt war, ist in der Dufay-Zeit der ganz schlichte oder etwas anspruchsvoller ausgestaltete dreistimmige Satz mit liedhaft periodisierter Melodik des oftmals kolorierten Cantus firmus im Diskant und häufigen Parallelklängen im Sinne des Fauxbourdon (▷ 4.3). Hymnen, Sequenzen, Antiphonen, Magnificats und Psalmen wurden in dieser Weise vertont. Dufays Hymnen im strengen und freien Fauxbourdonsatz (Abb. 81, S. 134) haben in diesem Bereich in hohem Maße stilbildend gewirkt.

Nach dem Abklingen der Tenormotette gewann die Liedmotette entsprechend an künstlerischer Geltung. In der Anfangsphase der imitierenden Motette der Josquin-Zeit überschneiden sich teilweise die Gattungsgrenzen. Die neue Motette benutzte nun ebenfalls Psalmen und verwandte geistliche Texte und griff melodische und harmonische Stileigentümlichkeiten der Liedmotette auf. Dennoch blieb die Trennung aufs Ganze gesehen erhalten. Und je mehr sich die imitierende Motette als große, anspruchsvolle Form etablierte, um so mehr wurden bei einer Reihe von Komponisten die kleinen geistlichen Werke, oft in Sammlungen für den liturgischen Gebrauch geordnet, in charakteristisch einfacher Gestaltung davon abgesetzt.

4.29 Weltliche Vokalmusik

Obwohl das Schwergewicht franko-flämischer Musik auf den Formen geistlicher Musik liegt, haben doch fast alle Komponisten des 15. und mehr noch des 16. Jahrhunderts auch weltliche Vokalwerke geschaffen. Diese lassen sich jedoch nicht, wie Messe und Motette, zu einer kontinuierlichen Gattungsgeschichte ordnen. Vielmehr ergaben sich aus der Vertonung nationalsprachlicher Texte und aus der Bindung an regional unterschiedliche Lebensformen adeliger und zunehmend auch bürgerlicher Gesellschaftsschichten charakteristisch eigenständige Entwicklungen in den einzelnen europäischen Ländern, die z. T. auseinander hervorgingen und sich wechselseitig beeinflußten (▷ 4.30–32).
Die Aufführungspraxis wurde von dem eher privaten, intimen Rahmen bestimmt. Die weltliche Vokalmusik des 15. und 16. Jahrhunderts war also primär eine solistische Liedkunst, vielfach mit Beteiligung von Instrumenten. Auch die rein instrumentale Ausführung sowie die instrumentenspezifische Bearbeitung war möglich und üblich (▷ 4.35).

4.30 Chanson

In der ersten Generation der Franko-flämischen Schule galt für die französische Chanson noch der aus dem 14. Jahrhundert überkommene dreistimmige Kantilenensatz mit gesungener Oberstimme und zwei begleitenden Instrumenten (▷ 3.23). Führende Komponisten dieser feinsinnigen, höfisch orientierten Chanson der Burgundischen Schule sind G. Binchois und G. Dufay (▷ 4.12). Ihr Stil ist gegenüber dem des 14. Jahrhunderts melodisch einfacher, übersichtlicher und klanglich von der neuen terzen- und sextenreichen Konsonanzharmonik bestimmt.

Die Musik des 15. und 16. Jahrhunderts

Bei den Komponisten der folgenden Generation, unter ihnen A. Busnois und J. Ockeghem (▷4.13), wurde der Satz durch Imitationen angereichert, rhythmisch komplexer und kontrapunktisch dichter. Neben dreistimmigen entstanden nun auch vierstimmige Chansons. Diese Entwicklung mündete in die Chanson der Josquin-Zeit. Die Vierstimmigkeit war jetzt eher die Regel. Der Satz ist motettisch imitatorisch durchgebildet, bleibt jedoch liedhaft in der Anlage und Motivfindung bis hin zum Volkstümlichen und gewinnt seine eigene Färbung aus dem Duktus der französischen Sprache. Bezeichnend hierfür sind u. a. die häufigen Motivanfänge mit dem deklamierenden Rhythmus: ♩ ♪ ♪

Eine besondere und charakteristische Form der französischen Chanson ging im frühen 16. Jahrhundert von Paris aus, wesentlich gefördert durch die zahlreichen Druckausgaben z. B. von P. Attaingnant (▷4.22), die solche Musik erstmals weiten Kreisen zugänglich machten. Anspruchslose, aber pointierte, oft aus Alltagssituationen gewonnene Texte beschreibender oder erzählender Art, auch humorvoll und derb bis zu Anzüglichkeiten, sowie eine leichte, spritzige, bewegliche der Sprache folgende musikalische Gestaltung machten die Gattung außerordentlich beliebt. Wichtige Komponisten waren C. de Sermisy, Passerau (Vorname unbekannt), C. Janequin und P. Certon. Besonders berühmt wurden die Programmchansons von Janequin, die z. B. Vogelstimmen, Schreie der Markfrauen oder Schlachtenlärm wirkungsvoll in einen virtuosen, plastischen Vokalsatz umsetzen (Abb. 90).

Nach der Jahrhundertmitte wurde zunächst das strophische, syllabisch homophone Vaudeville, das auch einstimmig zur Laute vorgetragen werden konnte, zur verbreitetsten Form. Später veränderte sich der Stil erneut durch humanistisch literarische Anregungen und durch den Einfluß der italienischen Musik. So entstand einerseits die am antiken Versmaß orientierte, streng homorhythmische Chanson der „musique mesurée" (▷4.22), andererseits die dem Madrigal verwandte polyphone Chanson der späten franko-flämi-

90 Ausschnitt aus Clément Janequins Programmchanson „Chant des oiseaux" („Gesang der Vögel", um 1528)

schen Komponisten, unter ihnen J. Arcadelt, N. Gombert, Th. Crequillon, C. Le Jeune und O. di Lasso (▷ 4.16).

4.31 Madrigal

Das Madrigal des 16. Jahrhunderts entfaltete sich als virtuose vokale Gesellschaftskunst innerhalb der späten Renaissancekultur der italienischen Höfe und Stadtstaaten mit ihren literarischen Zirkeln und Akademien. Kompositorisch die modernere Gattung gegenüber der Messe und Motette, wurde es bald zum Gegenstand bewunderter Neuerungen der musikalischen Praxis und progressiver Erörterungen der Theorie und Ästhetik. Seine wachsende Ausstrahlung auf die weltliche Vokalkunst anderer Länder ist ein deutlicher Hinweis auf die beginnende Führungsrolle Italiens in der Musik Europas. Mit dem Trecento-Madrigal (▷ 3.28) steht es musikgeschichtlich nicht in Zusammenhang. Es entwickelte sich vielmehr aus der mehrstimmig homophonen, strophischen Frottola, einer bodenständig italienischen Vokalform der Jahrzehnte um 1500, und wird literarisch geprägt von der an Petrarca orientierten Dichtung des Kreises um Kardinal Pietro Bembo.

Die frühen Madrigalsammlungen (seit 1530) belegen die bedeutsame Beteiligung außeritalienischer Musiker bei der Herausbildung der Gattung. Sie enthalten u. a. Kompositionen des Franzosen Ph. Verdelot und des Flamen J. Arcadelt, aber auch des Römers C. Festa. Der anfangs vierstimmige, wie die Frottola oberstimmenbetonte, homophone Satz veränderte sich bereits bei Arcadelt und wurde unter dem Einfluß der Motette und der Chanson durch linear kontrapunktische Stimmführung, durch Imitation und (z. B. stimmpaarige) Chorspaltung bereichert.
Bei A. Willaert und C. de Rore (▷ 4.20) wurde die Fünfstimmigkeit zum Normalfall. Mit den etwa 125 Madrigalen von Rores, der viele Gedichte Petrarcas vertont hat, erreichte die Gattung einen eindrucksvollen Höhepunkt. Kennzeichnend seit dieser Stilphase ist die freie Verfügbarkeit über eine große Zahl satztechnischer Mittel (expressiv sprechende Melodik, bewegliche Rhythmik, moderne, von Chromatik durchsetzte Harmonik) im Dienste intensiver, kontrastreicher Darstellung des Textes. Eine teils unmittelbar affekthafte, teils im Sinne der „musica reservata" (▷ 4.8) kennzeichnend verschlüsselte Ausdruckshaltung und im Zusammenhang damit die Suche nach immer kühneren bildhaften Wendungen („Madrigalismen") wurde zum charakteristi-

91 „Moro lasso", fünfstimmiges Madrigal von Gesualdo da Venosa mit chromatischem Abwärtsgang in zwei Stimmen und der kühnen Harmoniefolge Cis-Dur, a-Moll, H-Dur, G-Dur

schen Merkmal des italienischen Madrigals in der zweiten Hälfte des 16. Jahrhunderts, das durch Komponisten wie O. di Lasso, Ph. de Monte, G. P. da Palestrina, A. Gabrieli und G. G. Gastoldi zu einer führenden Gattung in der Spätzeit der franko-flämischen Epoche aufstieg.
In einer letzten Periode des polyphonen Madrigals, die bis etwa 1620 reicht, wurden die bisherigen Stiltendenzen aufs äußerste gesteigert. Die Gattung wurde nun zum Experimentierfeld satztechnischer Wagnisse und Freiheiten gegenüber den geltenden Regeln der Stimmführung, der Akkordbildung und der Dissonanzbehandlung. L. Marenzio, C. Monteverdi und der exzentrische Fürst Gesualdo da Venosa repräsentieren diese eigenartige Spätphase, in der auch extreme dichterische Inhalte und Gefühlswerte von glühender Ekstase bis hin zu morbider Weltflucht musikalisch zur Darstellung kommen (Abb. 91).
Durch seine betonte Modernität wurde das Madrigal wegweisend für die Neuerungen der Monodie (▷ 5.5). Bei Monteverdi vollzog sich ausdrücklich seit seinem 5. Madrigalbuch (1605) der Übergang vom fünfstimmigen polyphonen zum teilweise solistischen, monodischen, generalbaßbegleiteten Madrigal, das als Vorläufer der Kantate (▷ 5.13) bereits ganz der Stilhaltung des Barock verpflichtet ist.
Außerhalb Italiens spielte das Madrigal vor allem in England eine gewichtige Rolle. Nach ersten weltlichen Vokalwerken um die Mitte des 16. Jahrhunderts wurde die einheimische Produktion durch Sammlungen italienischer Madrigale (z. B. *Musica Transalpina,* 1588) entscheidend angeregt. W. Byrd, Th. Morley, J. Dowland, O. Gibbons, Th. Tomkins (▷ 4.23) sowie in der Spätzeit Th. Weelkes und J. Wilbye sind die herausragenden Komponisten, durch die das englische Madrigal zu einer zwar kurzen, aber bedeutenden und eigenständigen Entwicklung gelangte. Auch in Deutschland übte das italienische Madrigal eine starke Wirkung aus, die sich in zahlreichen Drucken niederschlug. Deutsche Texte vertonten unter anderen O. di Lasso, J. Regnart, L. Lechner und H. L. Haßler. Bereits in die Barockzeit gehören die Werke von H. Schütz (*Il primo libro de Madrigali* op. 1, 1611) und J. H. Schein.

4.32 Lied

Die Geschichte des polyphonen Liedes in Deutschland beginnt mit den zwei- und dreistimmigen Liedbearbeitungen, die neben einstimmigen Liedern, Quodlibets, fremdsprachigen Vokalwerken und Instrumentalsätzen das Repertoire der Liederbücher des 15. Jahrhunderts bilden. Die wichtigsten dieser Quellen des älteren deutschen Liedes sind das *Lochamer Liederbuch* (1452/53–60), das *Schedelsche Liederbuch* (1460/62–1466/67) und das *Glogauer Liederbuch* (um 1480).
Eine entwickeltere Stufe repräsentieren die Lieddrucke des frühen 16. Jahrhunderts, unter ihnen die von E. Oeglin (1512), P. Schöffer (1513), A. von Aich (1520), H. Ott (1534 und 1544), Ch. Egenolff (1535) und G. Forster (1539–56). Der vorherrschende Liedtyp dieser Zeit ist das *Tenorlied*. Die Liedweise liegt im Tenor und bestimmt mit der Abfolge ihrer Zeilen den Aufbau des meist vierstimmigen Liedsatzes. Die übrigen Stimmen, die wohl vorwiegend instrumental ausgeführt wurden, umspielen polyphon imitatorisch diesen Lied-Cantus-firmus und bereiten of Zeile für Zeile mit der entsprechenden Motivik auf dessen Einsatz vor (Abb. 92, S. 160).
Führende Komponisten dieser bedeutsamen Periode der deutschen Liedgeschichte sind neben dem Flamen H. Isaac (▷ 4.14) Adam von Fulda, H. Finck, P. Hofhaimer, Th. Stoltzer, L. Senfl, C. Othmayr, Arnold von Bruck und S. Dietrich. Eine stilbildende Rolle kommt hierbei der Hofkapelle Maximilians I. zu. Hofhaimer war dort Hoforganist, Senfl, der bedeutendste deutsche Musiker der Zeit, als Nachfolger Isaacs bis 1519 Hofkomponist. Ähnliches Ansehen gewann die Münchener Hofkapelle der bayrischen Herzöge mit Senfl (seit 1523) und später mit O. di Lasso (▷ 4.16) sowie die Hofkapelle Ferdinands I. mit H. Finck (seit 1527) und Arnold von Bruck (wahrscheinlich seit 1510, als Kapellmeister 1527–1546).
Nach der Mitte des 16. Jahrhunderts endete die Blütezeit des Tenorlieds. Von Italien her gewannen Madrigal und Villanella zunehmend Einfluß auf das deutsche Chorlied, das dementsprechend eine rhythmisch straffere, stärker homophon deklamierende und vielfach Cantus-firmus-freie Gestaltung annahm. Komponisten dieser späten Stilphase, die bis

Kapitel 4

Die Musik des 15. und 16. Jahrhunderts

ins 17. Jahrhundert hineinreicht, sind u. a. O. di Lasso, der Italiener A. Scandello, J. Regnart, L. Lechner, J. Eccard und der Gabrieli-Schüler H. L. Haßler, dessen Sammlungen *Neue Teutsche gesang nach art der welschen Madrigalien und Canzonetten* (1596) und *Lustgarten Neuer Teutscher Gesäng/Balletti, Galliarden und Intraden* (1601) für die weitere Entwicklung des geselligen Chorliedes in Deutschland von Bedeutung waren. Ein Sonderzweig des deutschen Liedes bildet das humanistische Schullied, das seit den vierstimmigen Sätzen des P. Tritonius zu Oden des Horaz (1507) eine gewisse Verbreitung erlangte. Auch bedeutende Komponisten wie Hofhaimer und Senfl widmeten sich dieser streng metrischen, am antiken Versmaß orientierten Liedgattung.

Instrumentalmusik

Die Entstehung selbständiger mehrstimmiger Instrumentalmusik ist ein längerer Prozeß, der etwa in der Mitte des 15. Jahrhunderts einsetzt und erst im späten 16. Jahrhundert abgeschlossen ist. Selbstverständlich hat es zu allen Zeiten und in allen Kulturen Formen instrumentaler Spielpraxis gegeben. Auch das europäische Mittelalter besaß ein reiches Instrumentarium und setzte es in vielfältiger Weise ein. Aufgeschriebene, komponierte Instrumentalstücke blieben jedoch lange Zeit die Ausnahme (▷ 3.16). In der Regel verstärken die Instrumente die gesungenen Stimmen, ersetzen sie gelegentlich und treten nur in bestimmten Formen dem Vokalpart kontrastierend gegenüber (▷ 3.23). Erst ab etwa 1450 löste sich instrumentales Musizieren zögernd und allmählich von der Bindung an die herrschenden vokalen Gattungen. Und zwar geschah dies innerhalb dreier teilweise sich überschneidender Bereiche, im Bereich des freien, improvisierenden Spiels und der Variation, im Bereich der Tanzmusik und durch mehr oder weniger enge Anlehnung an bestehende vokale Formen. Parallel hierzu vollzog sich in der textgebundenen Musik eine zunehmende Vokalisierung, d. h. eine Tendenz zu immer ausdrücklicherer Sangbarkeit (▷ 4.5). Daher kann man im Grunde erst seit dieser Zeit Vokalmusik und Instrumentalmusik prinzipiell voneinander trennen.

4.33 Freie Formen

Seit etwa 1500 entstanden in Italien, dann auch in anderen Ländern, Instrumentalkompositionen, die eine deutliche Nähe zur Improvisation, zum freien Intonieren oder Präludieren und zum quasi regellosen Ausprobieren der klanglichen und technischen Möglichkeiten auf dem Instrument zeigen. Stücke dieser Art erscheinen unter vielfältigen Bezeichnungen, in erster Linie als „Ricercar" (italienisch „ricercare" suchen), und zwar zuerst für Laute (F. Spinaccino, 1507), wenig später auch für Orgel (M. A. Cavazzoni, 1523), aber auch als „Tiento" (spanisch „tentar" tasten, suchen), „Fantasie", „Präludium", „Praeambulum" (als kurze Orgelintonation schon bei K. Paumann, 1452) oder „Toccata" (italienisch „toccare" schlagen, berühren), ohne daß man zwischen ihnen klare Unterschiede der Gestaltung angeben könnte.
Gemeinsam ist allen diesen Stücken die Freiheit der Form, das spielerische Beginnen und Weiterführen, meist ohne feste Abschnittbildung und unter variativer Benutzung instrumentenspezifischer Figuren, Läufe, Akkordfolgen, ornamentierter Kadenzen u. ä. (Abb. 93, S. 162). Gemessen an späteren Ansprüchen an Disposition und Gestaltung erscheint solche Musik auffällig spontan, mitunter beinahe ungeordnet, jedenfalls ohne erkennbare kompositorische Ausformung. Gerade dies aber muß als Merkmal des Neuen, Eigenständigen im instrumentalen Bereich verstanden werden. In der improvisatorischen Freiheit dieser frühen Bildungen findet die Instrumentalmusik erstmals zu sich selbst.

92 Tenorlied „Entlaubet ist der Walde" von Ludwig Senfl.
◁ Die Liedweise liegt als Cantus firmus im Tenor

Kapitel 4

4.34 Variation

Ein dem freien Spiel verwandtes Prinzip früher Instrumentalpraxis äußert sich in der Technik der Variation. Hierbei ist allerdings zu bedenken, daß im Grunde jede Art von Komposition und Improvisation von der Möglichkeit des Variierens, d. h. der Veränderung und Erweiterung von Gegebenem, Gebrauch macht. Insofern ist es nicht ganz einfach, von diesem allgemeinen Hintergrund spezielle Variationsgattungen im instrumentalen Bereich abzugrenzen.
Immerhin führte das Variationsprinzip in der Instrumentalmusik des frühen 16. Jahrhunderts teilweise zu festeren, benennbaren Formbildungen. Insofern diese als lehrhafte Anleitungen zum Variieren, z. B. über einem ostinaten Baß, erscheinen (etwa bei D. Ortiz, *Trattado de Glosas ...*, 1553), gehören sie eng zum Bereich freier instrumentaler Spielpraxis (▷ 4.33). Insofern sie als Kompositionen auftreten, handelt es sich überwiegend entweder wiederum um Ostinato-Variationen über ein Baßmodell, meist einen Tanzbaß (Passamezzo, Romanesca, Folia, Ruggiero), in England über einen sog. „Ground", oder um kolorierte Liedbearbeitungen (▷ 4.35).

4.35 Übertragung vokaler Vorlagen

Die Entstehung von Instrumentalwerken durch die Übernahme und Umbildung zeitgenössischer Formen der Vokalmusik ist insofern ein ganz selbstverständlicher Vorgang, als die Beteiligung von Instrumenten an der Aufführung textgebundener Kompositionen bis zur Mitte des 16. Jahrhunderts ohnehin den Regelfall bildet.
Sehr verbreitet war bereits seit dem 14. Jahrhundert die improvisierte und instrumentengerecht veränderte Wiedergabe vokaler Werke auf der Orgel oder der Laute. Daraus erwuchs die Praxis des „Absetzens" z. B. von mehrstimmigen Liedsätzen in die Tabulatur (▷ 4.37). Die Orgeltabulaturen in Deutschland seit K. Paumann (1452) und dem *Buxheimer Orgelbuch* (um 1470) sowie die Lautentabulaturen in Italien (z. B. die Sammeldrucke O. Petruccis, 1507–1511), Spanien (z. B. L. Milán, 1535), Frankreich (z. B. bei Attaingnant, seit 1529) und Deutschland (z. B. H. Judenkünig, 1515–1523, und H. Neusidler, 1536) bieten hierfür eine Fülle von Beispielen. Die vokale Vorlage wird nicht selten stark verändert, wobei die Praxis des „Kolorierens", d. h. des Ausschmückens durch Verzierungen, im Vordergrund steht (Abb. 94).

93 Lauten-Ricercar von Francesco Spinaccino (gedruckt 1507 bei Petrucci in Venedig)

Die Musik des 15. und 16. Jahrhunderts

Geschichtlich von besonderer Tragweite war ferner die Übertragung des motettischen Satzprinzips auf Werke für Instrumentalensembles (z. B. vier Gamben oder vier Blockflöten oder Zinken und Posaunen) oder für Orgel. Die Gattung, die auf diese Weise um 1550 entstand, heißt „Ricercar" (im Spanischen „Tiento"), ist aber als Imitations-Ricercar zu unterscheiden vom improvisatorischen Ricercar des frühen 16. Jahrhunderts (▷ 4.33). Das Baugesetz dieses neuen Ricercars ist die abschnittweise Durchimitation der Motette (▷ 4.27), wobei die einzelnen Abschnitte, die jeweils ein Motiv imitatorisch durch alle Stimmen durchführen, sich an den abgrenzenden Kadenzstellen überlagern, so daß ein einheitlicher rhythmisch melodischer Fluß gewahrt bleibt.
Eine ähnliche Wandlung vom frei improvisatorischen zum kontrapunktisch strengen Satztyp vollzog sich in der Gattung Fantasie. Beide, Ricercar und Fantasie, tendieren später zur Reduzierung auf ein Thema, womit die Geschichte dieser Gattungen in die der barocken Fuge mündet (▷ 5.17).
Unter den weltlichen Vokalgattungen bildet die französische Chanson (▷ 4.30) das Vorbild für die instrumentale Kanzone, die von dieser u. a. die leichtere, flüssigere, beweglichere Melodik, die Untergliederung in kontrastierende Teile und den fast stereotypen Rhythmus ♩♪♪ für Motivanfänge übernahm.
Sie kommt auch unter der Bezeichnung „Sonata" vor, ein Begriff, der sich aus Titeln wie „Canzona da sonar" (Kanzone zum Spielen auf Instrumenten) u. ä. entwickelte und in dieser Zeit daher ebenfalls ein instrumentales Ensemblestück und noch nicht die Solosonate der Barockzeit meint.

94 Anfang eines Liedes von Paul Hofhaimer aus Erhard Oeglins „Liederbuch" (1512) und dessen kolorierte Lautenbearbeitung von Hans Neusidler aus „Ein newgeordent Künstlich Lautenbuch" (1536)

Alle genannten Instrumentalformen wurden im späten 16. Jahrhundert vor allem von den Komponisten der Venezianischen Schule (▷ 4.20) vielfältig verwendet und gegen Ende dieser Stilphase namentlich durch G. Gabrieli zu einem Höhepunkt geführt, mit dem sich erstmals in der Geschichte der abendländischen Musik ein der Vokalmusik qualitativ und quantitativ gleichwertiges Feld instrumentalen Schaffens entfaltete.

4.36 Tanzmusik

Das Spielen zum Tanz (Abb. 96, S. 166) ist eine der Urformen instrumentalen Musizierens, blieb jedoch länger als die vokale Kunstmusik ausschließlich an die mündliche Überlieferung und improvisatorische Stegreifausführung gebunden. Schriftliche Aufzeichnungen von Tänzen wie Estampie, Saltarello, Trotto u.a. sind im Mittelalter noch seltene Ausnahmen (▷ 3.16). Erst im 16. Jahrhundert entstand in größerem Umfang aufgeschriebene, mehrstimmige, komponierte Tanzmusik.

Dies ist eine für die weitere Geschichte der Instrumentalmusik bedeutsame und folgenreiche Erscheinung, die eine Reihe ineinanderwirkender Ursachen hat. In den kulturtragenden Ländern Europas, namentlich in Frankreich, schufen die gesellschaftlichen Veränderungen dieser Zeit besonders günstige Voraussetzungen für die Entstehung und Verbreitung mehrstimmiger Tanzmusik. Die endgültig etablierte Autorität der königlichen Zentralgewalt auf der einen Seite und die damit verbundene Entfaltung höfischer Pracht, etwa in Form glanzvoller Feste, steigerte den Bedarf dieses Genres ebenso wie der Aufstieg einer neuen sozialen Klasse, des durch Handel und Gewerbe reich gewordenen städtischen Bürgertums, das sich zu seiner Repräsentation und zu seinen Vergnügungsveranstaltungen gleichfalls der neuen Formen und Gattungen bediente. Zugleich bereitete der wissenschaftliche und technische Fortschritt des Renaissancezeitalters auch den Boden für eine Intensivierung des Instrumentenbaus, und parallel dazu steigerte sich sowohl das allgemeine Interesse am Instrumentalspiel als auch die instrumentenspezifische Fertigkeit der Spieler. Dies hob den ehemals rein usuellen und sozial äußerst niedrig angesiedelten Bereich der Tanzmusik und des Tanzmusikers auf ein musikalisch artifizielles und auch gesellschaftlich gesehen höheres Niveau. Sichtbares Zeichen dieser Veränderungen ist die Entstehung einer eigenen instrumentalen Notenschrift (▷ 4.37), in der die Tanzsätze des 16. Jahrhunderts aufgezeichnet sind. Schließlich wäre die Verbreitung der Tanzmusik, besonders wiederum in Frankreich, nicht möglich gewesen ohne die Erfindung des Notendrucks im späten 15. Jahrhundert (die ersten Tabulaturen mit beweglichen Typen druckte O. Petrucci 1507 in Venedig) sowie, daraus folgend, die Gründung von Musikverlagen. Insbesondere französische Verlage (zum Beispiel P. Attaingnant oder R. Ballard und A. Le Roy) sorgten für relativ auflagenstarke Veröffentlichungen von Tanzsätzen in gedruckten Sammlungen, die für einen breiten Abnehmerkreis nun auch erschwinglich waren.

Die frühesten Sammlungen dieser Art überliefern in der Hauptsache Lautenmusik, so vor allem in Italien, aber auch in Frankreich, Spanien und Deutschland. Erst später traten Tanzstücke für Tasteninstrumente hinzu. In Frankreich spielte auch Tanzmusik für Instrumentalensembles relativ früh eine größere Rolle (Attaingnant, 1529). Aus der Mitte des 16. Jahrhunderts stammt eine Sammlung des Amsterdamer Verlegers Tilman Susato. Und gegen Ende des Jahrhunderts entstand ein reiches Repertoire an Ensembletänzen vor allem in England (▷ 4.23).

Die Quellen überliefern in der Regel zunächst bunte Zusammenstellungen von Tänzen verschiedener Art, untermischt auch mit anderen Instrumentalstücken. In reinen Tanzsammlungen findet sich nicht selten eine Ordnung nach Einzelformen (z. B. *Neuf basses danses, deux branles, vingtcinq Pauennes avec quinze Gaillards,* P. Attaingnant, 1530), aus denen sich die Spieler nach Bedarf Tanzfolgen selbst zusammenstellten.

Daneben begegnen aber auch schon einzelne feste Verbände von Sätzen, meist Tanzpaare wie Pavane – Galliarde oder Tantz – Hupff auff, gelegentlich sogar Folgen von drei Tänzen (so bei F. da Milano, 1546; A. Rotta, 1546; H. Gerle, 1552), z. B. Passamezzo – Gagliarda – Padovana. Das dahinterstehende Prinzip ist zunächst ganz simpel das einer

Die Musik des 15. und 16. Jahrhunderts

Temposteigerung, was den elementaren Bedürfnissen der Tanzenden entsprach und oftmals einherging mit einer zunehmenden Schwierigkeit der Tanzschritte und Tanzfolgen. Zugleich zeigt sich aber hiermit auf dem Gebiet der Tanzmusik ein kompositorisches Bestreben zur Zyklusbildung, das im vokalen Bereich schon 100 Jahre früher bei der Vertonung des Meßordinariums zu beobachten war (▷ 4.26), und die Beschreibung von Tanzformen des 16. Jahrhunderts mündet an dieser Stelle in die Geschichte der Suite (▷ 5.15).

4.37 Tabulaturen

Für die Aufzeichnung von Instrumentalmusik entwickelten sich von Beginn an eigene Formen der Notierung, die noch weit bis ins 17. Jahrhundert hinein in Gebrauch blieben. Das Prinzip solcher Tabulaturen ist eine speziell am Instrument orientierte Griffschrift, die Spielpraxis erleichterte und die komplizierten Regeln der Mensuralnotation (▷ 4.11), also der für Vokalmusik verwendeten Notenschrift, umging. Weitere Vorteile der Tabulatur liegen in der größeren Übersichtlichkeit, vor allem bei mehrstimmig akkordischer Musik, in der Papierersparnis und im einfacheren Druckverfahren, da hier statt der Noten Buchstaben oder Zahlen, Rhythmussymbole und einige ergänzende einfache Zeichen, z. B. senkrechte Mensurstriche (entsprechend den späteren Taktstrichen) und waagerechte Linien (zur Darstellung der Saiten auf der Laute) benutzt wurden.

Die beiden wichtigsten Arten instrumentaler Aufzeichnung sind die Orgel- und die Lautentabulaturen mit jeweils unterschiedlichen Notierungstraditionen in den einzelnen europäischen Ländern.
Die deutsche Orgeltabulatur bezeichnet die Töne durch Buchstaben, die Oktavlagen durch Groß- oder Kleinschreibung bzw. zusätzliche Striche über den Buchstaben und die rhythmischen Werte durch Zeichen, die aus der Mensuralnotation abgeleitet sind. Man unterscheidet die „ältere" deutsche Orgeltabulatur, die für die Oberstimmen Noten in einem Liniensystem benutzt, von der „neueren" deutschen Orgeltabulatur, die sämtliche Stimmen mit Buchstaben notiert. Die spanische Orgeltabulatur verwendet die Ziffern 1-7 und wiederum Striche oder Punkte oder Häkchen für die unterschiedlichen Oktavlagen. Rhythmuszeichen über der Oberstimme markieren wie bei der Lautentabulatur (Abb. 95) den zeitlichen Ablauf aller Töne des Satzes, d. h. die rhythmische Anschlagfolge der Finger auf den Tasten.
Die italienische, englisch-niederländische und französische Orgeltabulatur entspricht im wesentlichen der noch heute gültigen Aufzeichnung in zwei Notensystemen. Die Anzahl der Notenlinien wechselte, und es finden sich z. B. im oberen System fünf oder sechs, im unteren System sechs bis acht Linien. Nur die französische Orgeltabulatur beschränkte sich für beide Hände auf je fünf Notenlinien, eine Notierungsweise, die sich später allgemein für die Musik auf Tasteninstrumenten durchgesetzt hat.

95 Italienische Lautentabulatur (O. Petrucci, „Intabolatura de lauto, Libro primo", Venedig 1507) mit Übertragung (nach A. Schering, „Geschichte der Musik in Beispielen", Leipzig 1931)

Kapitel 4

96 Ländlicher Weihnachtstanz um den Paradiesbaum (Miniatur aus dem Stundenbuch von Charles d'Angoulême, 2. Hälfte des 15. Jh.; Paris, Bibliothèque Nationale)

Die deutsche Lautentabulatur benutzt ein kompliziertes System von Zahlen und Buchstaben. Die Zahlen 1–5 gelten für die leeren Saiten der fünfchörigen Laute, die Buchstaben für die Griffstelle auf den Bünden, wobei die Buchstabenfolge quer über die Saiten verläuft, so daß die Buchstaben a–e Töne auf dem 1. Bund, f–k Töne auf dem zweiten Bund bezeichnen usw. Da das Alphabet nur für fünf Bünde ausreiche, wählte man für Griffe in höheren Lagen überstrichene oder doppelte Buchstaben.

Wesentlich übersichtlicher und leichter darzustellen ist das Prinzip der italienischen Lautentabulatur (Abb. 95, S. 165). Sechs waagerechte Linien repräsentieren die Saiten (bzw. die Chöre bei doppelter Besaitung). Die höchste Saite liegt unten, was der Spielhaltung des Instruments entspricht. Auf den Linien bezeichnen die Ziffern 0–9 den zu greifenden Bund (0 = leere Saite, 1 = 1. Bund usw.). Über den Linien stehen Rhythmuszeichen, die die Folge der Anschläge in bezug auf den ganzen Satz angeben. Diese rhythmische Notierung, die im Prinzip für alle Lautentabulaturen gilt, ist für die Spielpraxis vollkommen ausreichend und sehr sinnfällig, da sie die Fingerbewegungen der rechten Hand eindeutig regelt. Sie läßt allerdings oft nicht die Dauer eines Tones in einer einzelnen Stimme erkennen, wenn nämlich, während dieser Ton noch erklingt, andere Stimmen weitergeführt werden und die Finger der rechten Hand dementsprechend bereits andere Saiten anschlagen müssen. Eine Übertragung von Lautentabulaturen in unsere Notenschrift erfordert daher stets Entscheidungen über eine mehr oder weniger polyphone Darstellung einzelner Stimmen (Abb. 95, S. 165, Übertragung).

Die spanischen Tabulaturen für Vihuela, ein Zupfinstrument, das im 16. Jahrhundert in Spanien ähnliche Bedeutung besaß wie im übrigen Europa die Laute, zeigen im wesentlichen die gleiche Anordnung. Auch die französische Lautentabulatur ist mit der italienischen verwandt, unterscheidet sich jedoch von ihr in zwei wichtigen Punkten. Die Linien sind umgekehrt angeordnet, also so, daß die oberste Linie der höchsten Saite entspricht, und die einzelnen Bünde werden nicht durch Ziffern, sondern durch Buchstaben bezeichnet (a = leere Saite, b = 1. Bund usw.).

Kapitel 5
Die Musik des Barock

Einführung

Vielleicht läßt sich das Phänomen der Ablösung einer Epoche durch eine andere, wie es auf die Musik bezogen in den Dezennien um 1600 auszumachen und zu konkretisieren ist (Entstehung des Generalbasses, Entdeckung des konzertierenden Prinzips, Erfindung der Monodie), am ehesten mit dem Bild der Abnabelung erklären: Das Zeitalter der frankoflämischen Vokalpolyphonie hatte seinen musikalischen Höhepunkt und sein geographisches Zentrum mit dem letzten Drittel des 16. Jahrhunderts in Italien gefunden. Namen mehr oder weniger italianisierter Franko-Flamen wie J. Arcadelt, A. Willaert, C. de Rore, G. de Wert sowie (geographisch etwas abseits stehend) Ph. de Monte und O. di Lasso belegen dies. Unter der Schulung oder dem Einfluß dieser Meister emanzipierte sich nun eine Generation italienischer Musiker (A. und G. Gabrieli, C. Merulo, G. Guami, L. Luzzaschi, auch noch C. Monteverdi), die den Aufbruch der italienischen Musik um 1600 einleiteten. Die Abnabelung der italienischen von der bis dahin (nicht nur in Italien) dominierenden niederländischen Musikkultur setzte all jene Strömungen und Kräfte frei, die den Beginn einer neuen Epoche bewirkten.
Das Wort „Barock", mit dem diese Epoche heute bezeichnet wird, bedeutet seinem etymologischen Ursprung nach Bizarrerie, Irregularität und Extravaganz. In diesem eher negativ belasteten Sinn wurde es auch im Musikschrifttum des 18. und 19. Jahrhunderts verwendet (J.-J. Rousseau, H. Ch. Koch, G. Schilling, H. Mendel) und verlor diesen negativen Charakter erst durch die kunstgeschichtlichen Schriften C. Gurlitts (1887–89) und H. Wölfflins (1888), die ihn als einen positiven, für eine eigenständige Kunstleistung stehenden Epochen- und Stilbegriff etablierten. In die Musikgeschichte wurde der Ausdruck zuerst durch C. Sachs (1919) eingeführt, bevor er durch R. Haas (*Die Musik des Barocks*, 1928) weite Verbreitung, wenn auch nicht ungeteilte Zustimmung, fand.
Wichtiger als die terminologische Benennung eines musikgeschichtlichen Zeitabschnitts ist die Frage nach ihrem inneren Zusammenhang. Hierauf wurden bereits Antworten in genügender Zahl gegeben, die in ihrer Summe vielleicht am besten verdeutlichen, was die Epoche von der Zeit davor und danach unterscheidet. H. Riemann (1912) gab als Antwort auf die Frage nach dem die Epoche zusammenhaltenden Merkmal den Hinweis auf den Generalbaß (▷ 5.4): „Die neue Epoche ... hat daher ihre eigentlich unterscheidende Signatur ganz speziell durch diesen bezifferten Baß, der bis zu ihrem Ende eine höchst bedeutsame Rolle spielt ... Das ist der Grund, die Epoche kurzweg als das Generalbaßzeitalter zu bezeichnen". J. Handschin (1948) erschien diese Charakterisierung als „zu sehr ‚musiktheoretisch'", weshalb er unter Hinweis auf ein weiteres wichtiges Merkmal der Epoche – das konzertierende Prinzip (▷ 5.3) – die Bezeichnung „Zeit des konzertierenden Stils" vorschlug. C. V. Palisca (1968) wiederum erblickte, ebenfalls nicht unbegründet, in dem durchgängigen Streben nach Affektausdruck und Gemütsbewegung (▷ 5.2) den verbindenden Epochengeist. Und unter Hinweis auf die im 17. Jahrhundert entstandenen Großgattungen Oper und Oratorium, die individuellen, äußerlich kenntlich

gemachten Œuvres (Beginn der Opus-Zählung) sowie die weitausgreifenden musiktheoretische Traktate (M. Mersenne, A. Kircher) erschien für W. Braun (1981) schließlich „die Barockzeit auch musikgeschichtlich als eine Zeit der grandiosen geistigen Entwürfe".

Voraussetzungen, Grundlagen, Wandlungen

5.1 Stilwandel und Stilpluralismus

Der Übergang vom Zeitalter der Vokalpolyphonie zugleich franko-flämischer wie palestrinischer Prägung in das des generalbaßbeherrschten Satzes (H. Riemann, 1912) oder das des konzertierenden Stils (J. Handschin, 1948) stand im Zeichen eines stilistischen Umbruchs. Stil, seit der römischen Rhetorik definiert als die Art des Schreibens (modus scribendi) oder des Redens (genus dicendi), war bis um 1600 einfach die „maniera di comporre", die Art des Komponierens (G. Zarlino, 1558), neben die nun jedoch eine „seconda pratica", eine zweite Art des Komponierens (C. Monteverdi, 1605) trat (▷ 5.7). Diese Stilaufspaltung in alt und neu, *stile antico* oder „prima pratica" und *stile moderno* oder „seconda pratica", ist symptomatisch für ein Stilbewußtsein (M. Bukofzer, 1947), das das gesamte 17. und frühe 18. Jahrhundert hindurch andauerte und das sich gleich um 1600 in Italien in einer terminologischen wie musikalischen Neuschöpfung niederschlug, dem *stile rappresentativo* (darstellender oder rezitierender Stil; G. Caccini, Vorwort zur Oper *Euridice*, 1600). Mit der weiteren Differenzierung der beiden Kompositionspraktiken Monteverdis und ihrer Benennung als „stile antico" und „stile moderno" durch G. B. Doni (*Compendio*, 1635) sowie dem Aufgreifen der Stildiskussion durch den Schütz-Schüler Ch. Bernhard, der zwischen „stylus gravis" oder „stylus antiquus" und „stylus luxurians" oder „stylus modernus" unterschied (*Tractatus compositionis augmentatus*, nach 1657), setzte um die Mitte des 17. Jahrhunderts eine immer spekulativer werdende Stilklassifizierung ein. Sie wurde zunächst von dem einflußreichen System A. Kirchers bestimmt, der acht Hauptstilarten nebst weiteren Unterteilungen anführt, die wenig systematisch nach soziologischen Gesichtspunkten (Kirche, Theater, Tanz), musikalischen Formen (Motette, Madrigal), kompositionstechnischen Begriffen (canonicus, metabolicus, floridus) und Mischformen (phantasticus, melismaticus, symphoniacus) zusammengestellt sind (*Musurgia universalis*, 1650). Doch schon vor Kirchers Klassifizierungsversuch hatte der aus Italien stammende, als Hofkapellmeister in Warschau amtierende M. Scacchi in einem Brief an den Danziger Kapellmeister Ch. Werner (um 1648) die für die zweite Hälfte des 17. und die erste Hälfte des 18. Jahrhunderts grundlegend gewordene Stildreiteilung in „stylus ecclesiasticus" (Kirchenstil), „stylus cubicularis" (Kammerstil) und „stylus scenicus seu theatralis" (Theaterstil) eingeführt. Sie wurde von Scacchis Schüler A. Berardi aufgegriffen (1681) und später von J. Mattheson (1717 und 1739) sowie J. A. Scheibe (um 1630 und 1745) weiterentwickelt. Zusätzliche Bedeutung erlangten in der ersten Hälfte des 18. Jahrhunderts die einzelnen Nationalstile, die nicht nur theoretisch diskutiert wurden, sondern auch praktischen Niederschlag fanden, so z. B. in J. S. Bachs zweitem Teil der *Clavier-Übung*, bestehend in einem Concerto nach Italiaenischen Gusto und einer Ouverture nach Französischer Art (BWV 971 und 831). Ausdruck der Vielfalt der im 17. und 18. Jahrhundert einander durchkreuzenden Stile und Stilsysteme ist die Herausbildung eines differenzierten, kaum systematisierbaren Gattungswesens (▷ 5.11–31), einer der Hauptgründe für den barocken Stilpluralismus.

5.2 Musikanschauung und -lehre

Wie jede neu aufkommende Epoche entwickelte auch das Barockzeitalter eigene Auffassungen zu grundlegenden Aspekten der Musik, deren geistesgeschichtliche Dimensionen hier jedoch nicht aufgearbeitet werden kön-

nen. Es geht im folgenden vielmehr um die Darstellung kompositionsbezogener Musikanschauung, wie sie sich dann auch im klingenden Kunstwerk widerspiegelt. Zu einer zentralen Bedeutung für die Musikanschauung des Barock rückte um 1600 die schon im Zeitalter des Humanismus und der Renaissance erhobene Forderung nach Darstellung der Affekte durch die Musik auf, indem nun die Musik vollends in den Dienst der Nachahmung menschlicher Gefühle und Leidenschaften gestellt wurde. Nach ersten Ansätzen innerhalb der Musica reservata (▷ 4.8) und des Madrigals erlaubte vor allem der um 1600 aufkommende monodische Sprechgesang (▷ 5.5) eine intensivierte Darstellung von Affekten wie Verwunderung, Liebe, Haß, Sehnsucht, Freude und Trauer (die sechs Grundaffekte nach R. Descartes, *Les passions de l'âme,* 1649) mit musikalischen Mitteln, die bald auch in die Instrumentalmusik übernommen worden sind (B. Marini, *Affetti musicali,* 1617). Monteverdi erweiterte das musikalische Affektvokabular durch die Erfindung des *stile concitato* (erregter Stil), eine im Vorwort zu seinem VIII. Madrigalbuch definierte Satzweise, in der durch schnelle Tonwiederholungen (meist Sechzehntel) Erregung zum Ausdruck gebracht werden soll. Neben der Bedeutung der Affektdarstellung für die praktische Musik des 17. und frühen 18. Jahrhunderts wurde der Frage nach Erregung menschlicher Leidenschaften durch Musik auch im musiktheoretischen Schrifttum breiter Raum gewährt (M. Mersenne, 1636; A. Kircher, 1650; A. Werckmeister, 1686, 1702; J. D. Heinichen, 1711; J. Mattheson, 1713, 1739), verlor aber durch das neu aufkommende Ideal der Empfindsamkeit (▷ 6.2) ab der Mitte des 18. Jahrhunderts zunehmend an Interesse.
Eng verbunden mit der Forderung nach Affektdarstellung durch die Musik ist während des 17. und 18. Jahrhunderts die Einwirkung der antiken Redekunst (Rhetorik) auf die Musik. Noch gegen Ende des Barockzeitalters verglich J. J. Quantz den musikalischen Vortrag mit dem Vortrag eines Redners: „Ein Redner und ein Musikus haben sowohl in Ansehung der Ausarbeitung der vorzutragenden Sachen, als des Vortrages selbst, einerley Absicht zum Grunde, nämlich: sich der Herzen zu bemeistern, die Leidenschaften zu erregen

oder zu stillen, und die Zuhörer bald in diesen, bald in jenen Affect zu versetzen" (*Versuch einer Anweisung die Flöte traversiere zu spielen,* 1752). Ausgehend von dem Konzept einer *Musica poetica,* wie es besonders von deutschen Autoren des 16. und frühen 17. Jahrhunderts entworfen worden war (N. Listenius, J. Burmeister), konzentrierte sich die Gemeinsamkeit von Musik und Rhetorik zunächst auf den Bereich sogenannter musikalisch-rhetorischer Figuren. Darunter verstand man kunstvolle, von der normalen Art des Komponierens abweichende Tonverbindungen oft abbildenden Charakters (▷ 4.7), die zum Teil dem Namen und der Sache nach aus dem rhetorischen in den musikalischen Bereich übertragen wurden, zum Teil aber auch nur eine äußerliche Analogie aufwiesen und zum Teil neu erfunden wurden. In der zweiten Hälfte des 17. Jahrhunderts konnte der Schütz-Schüler Ch. Bernhard behaupten, „daß auff unsere Zeiten die Musica so hoch kommen, daß wegen Menge der Figuren, absonderlich aber in dem neu erfundenen und bisher immer mehr ausgezierten Stylo Recitativo sie wohl einer Rhetorica zu vergleichen" (*Ausführlicher Bericht vom Gebrauche der Con- und Dissonantien,* vor 1673). Auffallend ist eine weitgehende Konzentrierung des im 17. und 18. Jahrhundert auftretenden musiktheoretischen Schrifttums zur musikalischen Rhetorik auf den deutschsprachigen Raum. Doch selbst für diesen Bereich bleibt umstritten, wie weit der Versuch der Errichtung eines musikalisch-rhetorischen Lehrsystems tatsächlich auch die Praxis beeinflußt hat (A. Forchert, 1985/86). Nicht übersehen werden sollte jedoch, daß sich in dieser barocken Verknüpfung von Musik und Rhetorik ein wesentlicher historischer Ansatz zur musikalischen Analyse verbirgt.
Auf musiktheoretischem Gebiet war das 17. und frühe 18. Jahrhundert zunächst geprägt durch die Kontrapunktlehre. Zu Beginn des 17. Jahrhunderts führte G. M. Artusi in seinem Lehrwerk *L'Arte del contraponto* (1598) die Theorien seines Lehrers G. Zarlino fort (Dissonanzbehandlung, Kontrapunkttechnik) und in einer weiteren Schrift, *Delle imperfettioni della moderna musica* (1606), setzte er sich mit den von ihm abgelehnten Freiheiten der neuen Musik im Umgang mit Dissonan-

zen auseinander, demonstriert unter anderem an zwei Madrigalen C. Monteverdis. Im Laufe der sich hierauf entspinnenden Kontroverse mit Monteverdi legte dieser seine Auffassung von einer „seconda pratica", einer zweiten, modernen Art des Komponierens nieder (▷ 5.7). Die Kontrapunktlehre des 17. und frühen 18. Jahrhunderts blieb im wesentlichen eine konservative, an den Merkmalen des Stile antico orientierte Lehre, die schließlich durch J. J. Fux eine dauerhaft gültige Formulierung erfuhr (*Gradus ad Parnassum*, 1725). Neben der Kontrapunktlehre etablierte sich im Laufe des 17. Jahrhunderts eine eigenständige Generalbaßlehre (▷ 5.4), die in ihren Anfängen zunächst im praxisnahen Instruieren verharrte. Mit Schriften von L. Penna (*Li primi albori musicali*, 1672) und J. D. Heinichen (*Der General-Bass in der Composition*, 1728) vollzog sie dann jedoch den Schritt zur Kompositionslehre. Unterweisung in der Komposition war in der ersten Hälfte des 18. Jahrhunderts im wesentlichen auf den Generalbaß gegründet, wie einem Zeugnis J. S. Bachs für einen Schüler zu entnehmen ist: Er könne attestieren, daß „wohlgedachter Mons: Wild... sich bey mir gar speciell in Clavier, General-Bass / und denen daraus fließenden Fundamental-Regeln der Composition informiren laßen" (Bach-Dokumente I, Nr. 57). In Frankreich begründete J.-Ph. Rameau 1722 mit seinem *Traité de l'harmonie* sowie weiteren Schriften die moderne Harmonielehre, wonach Tonika, Subdominante und Dominante die grundlegenden Akkorde einer Tonart sind. Auf das Nahen eines neuen, stark am Melodischen interessierten Zeitalters deutet schließlich J. Matthesons *Kern Melodischer Wißenschafft, bestehend in den auserlesensten Haupt- und Grund-Lehren der musicalischen Setz-Kunst oder Composition* (1737), womit die Grundlagen zu einer Melodielehre geschaffen worden sind.
Seit M. Bukofzer (1947) spricht man gelegentlich von der Idiomatisierung der Musik nach 1600, womit zunächst die Ausprägung einer spezifischen, die jeweiligen Eigentümlichkeiten berücksichtigenden Schreibweise für die Vokalstimme einerseits und einzelne Instrumententypen andererseits gemeint war. Später wurde der Begriff der Idiomatik auch auf andere Parameter (Instrumentation, Tempo, Lautstärke) ausgeweitet (W. Braun, 1982),

und in der Tat handelt es sich bei der Idiomatisierung klanglicher und kompositorischer Mittel nach 1600 um ein wesentliches Element der Musikauffassung. Beschränkte sich die kompositorische Ausprägung eines Musikstücks bis etwa 1600 im wesentlichen auf die Fixierung des musikalischen Satzes, dessen klangliche Umsetzung den Ausführenden vorbehalten blieb, so bildeten sich zuerst bei G. Gabrieli (*Symphoniae sacrae*, 1597 und 1615) eine instrumentenspezifische Schreibweise (Violine), und Besetzungsvorschriften aus. Auch Monteverdi entwickelte konkretere Vorstellungen über das Idiom einzelner Instrumententypen, wie z. B. die besondere Eignung von Chitarrone und Harfe für pastorale Figuren (Brief vom 21. 11. 1615) oder die Zuordnung von Zinken und Posaunen anstelle der als unpassend empfundenen Zithern, Cembali und Harfe zu Meeresgöttern (Brief vom 9. 12. 1616). Die Differenzierung der dynamischen Struktur durch Vortragsbezeichnungen wie „piano" und „forte" erfolgte ebenfalls um 1600, und zwar zuerst in einer Canzona *In Echo* A. Banchieris (1596), dann in G. Gabrielis berühmter *Sonata pian e forte* (1597) oder später in den *Canzoni* G. Picchis (1625).

5.3 Konzertierendes Prinzip

Eine für die Musik des 17. und frühen 18. Jahrhunderts wesentliche Voraussetzung, die sich gegen Ende des 16. Jahrhunderts zunächst im Rahmen der venezianischen Mehrchörigkeit herausgebildet hatte (▷ 4.20), war das den musikalischen Satz bald immer stärker bestimmende konzertierende Prinzip: verschiedene Klanggruppen, sei es nach Stimmlage (hoch, mittel, tief) oder Besetzungsart (solistisch, chorisch; vokal, instrumental), wurden einander gegenübergestellt, um neue Kontrastwirkungen zu erzielen. Später traten nach Einbeziehung monodischer Elemente (begleitete Soli) und verselbständigter Instrumentalmusik (Sinfonie, Ritornell) weitere Möglichkeiten der Kontrastbildung hinzu, nunmehr auf der Grundlage eines obligaten Basso continuo. Dabei liegt der etymologisch abgeleitete Sinn von „concertare" nicht, wie ursprünglich von M. Praetorius angenommen

(*Syntagma musicum*, Bd. 3, 1619), in einem Gegeneinander (lat. „concertare" streiten), sondern in einem Miteinander (italien. „concertare" zusammenwirken), in diesem Fall einem Miteinander heterogener Klanggruppen, Satztypen oder Stilelemente. Das konzertierende Prinzip hielt im Laufe des 17. Jahrhunderts Einzug in nahezu alle musikalischen Gattungen, die nun zum Teil auch terminologisch entsprechend aktualisiert wurden („Messa concertata", „Moteto concertato", „Salmo concertato", „Madrigale concertato", „Sonata concertata"), oder rief neue Gattungen hervor („Concerto ecclesiastico" beziehungsweise „Geistliches Konzert", „Concerto grosso").

5.4 Generalbaß

Das vielleicht prägnanteste Merkmal der Musik des 17. und 18. Jahrhunderts ist ihre akkordische Stützung durch einen Generalbaß *(Basso continuo).* Mit Ausnahme der Musik für ein unbegleitetes Soloinstrument verzichtet nahezu keine Komposition nach Herausbildung der Generalbaßpraxis um 1600 auf dieses Klangfundament, und selbst ältere Musik, wie beispielsweise diejenige Palestrinas, wurde rückwirkend mit Generalbaßstimmen versehen. F. E. Niedt gibt 1700 folgende Definition: „Der General-Bass ist das vollkommenste Fundament der Music / welcher auf einen Clavier gespielt wird mit beyden Händen / dergestalt / daß die lincke Hand die vorgeschriebene Noten spielet / die rechte aber Con- und Dissonantien dazu greiffet / damit dieses eine wolklingende Harmoniae gebe" (*Musicalische Handleitung* I). Grundprinzip des Generalbasses ist somit die – erst während des Musizierens realisierte – akkordische Ergänzung einer notierten Baßstimme aufgrund entweder einer weiteren notierten (Ober-)Stimme (z. B. bei A. Banchieri, 1594) oder aufgrund von ober- und unterhalb der Baßnoten hinzugefügten Zeichen und Ziffern (♯, ♭, ♮, 5 = Quinte, 0 oder t. s. = tasto solo). Das Beispiel zeigt einige Akkordchiffren und deren Realisierungsmöglichkeiten, wobei die eingeklammerten Ziffern als entbehrlich gelten und entfallen können; die Bezeichnung „tasto solo" verlangt eine Ausführung nur der Baßnoten selbst, ohne akkordische Begleitung:

Die Generalbaßtechnik entwickelte sich aus der schon im 16. Jahrhundert aufgekommenen Praxis, polyphone oder mehrchörige Musik mit einer Orgel zu begleiten, wobei diese Begleitung zunächst als nichtselbständig geführte Stimme der jeweils tiefsten Stimme eines mehrstimmigen Satzgefüges folgte *(Basso seguente).* Frühestes bekanntes Beispiel für diese Praxis ist die Basso-seguente-Stimme zu A. Striggios 40stimmiger Motette *Ecce beatam lucem* (1587). Der Basso continuo als selbständig geführte Stimme hat seine Wurzeln daneben in den außerkirchlichen Musizierformen wie beispielsweise der Begleitung früher monodischer Gesänge. Eine erste größere Verbreitung fand das Prinzip des Basso continuo durch die zahlreich nachgedruckten Ausgaben der *Cento concerti ecclesiastici ... con il basso continuo per sonar nell' organo* (1602) L. Viadanas, in denen die Baßstimme als eigenständiges Fundament die ein bis vier Vokalstimmen zu stützen hat. Viadana erklärte im Vorwort seine Vorstellungen bezüglich der Ausführung des Basso continuo, die – ergänzt durch eine Erläuterung des Ziffernsystems – 1607 in einem Traktat A. Agazzaris aufgegriffen wurden *(Del suonare sopra il basso con tutti stromenti & uso loro nel conserto).* Im gleichen Jahr beschrieb auch der Gabrieli-Schüler G. Aichinger in einem deutschsprachigen Anhang zu seinen gedruckten *Cantiones ecclesiasticae* den Gebrauch des „Bassus Generalis Et Continuus".
Die Besetzung des Basso continuo differierte je nach Gattung, Stil und Ort: Neben einem die Generalbaßstimme realisierenden Akkordinstrument (Orgel, Cembalo, Laute, Theorbe, Chitarrone) konnten ein oder mehrere Baßinstrumente zur Verstärkung der Baßlinie hinzugezogen werden (Violoncello, Violone, Viola da gamba, Fagott, Posaune). Auch die gleichzeitige Verwendung mehrerer Akkordinstrumente war üblich.

5.5 Monodie

Affektvoll zu singen („con affetto cantare") oder gewissermaßen auf musikalische Weise zu sprechen („quasi ... in armonia favellare") sind zentrale Vorstellungen von Komponisten und Sängern (in diesem Fall G. Caccinis im Vorwort zu seinen *Le nuove musiche*, 1601) im Zusammenhang mit dem um 1600 neu aufgekommenen Sprechgesang *(stile recitativo)*, für den der Musiktheoretiker G. B. Doni 1635 den Ausdruck *Monodie* eingeführt hatte. Im monodischen Gesang (später folgte auch die Instrumentalmusik partiell dessen Prinzipien) steht die auf eine Generalbaßbegleitung gestützte Einzelstimme im Vordergrund, die in satztechnischer Hinsicht nun nicht mehr kontrapunktisch behandelt wird, sondern deklamatorisch. Dissonanzreiche, sprunghafte Melodik, schneller Wechsel langer und kurzer Notenwerte, Chromatik und sequenzierende Wortwiederholungen sind Kennzeichen dieser ganz in den Dienst des Textes und seines Affektgehalts gestellten Musik.

Ideologischer Ausgangspunkt dieser „nuova maniera di cantare" (Caccini) war – neben der Verwurzelung im frühen Lautenlied (L. de Milán, 1535) und der Diminutionspraxis des 16. Jahrhunderts (kunstvoll ausgezierte Arrangements mehrstimmiger Vokalmusik für eine Solostimme mit Lauten- oder Klavierbegleitung) – der Wunsch nach Wiederbelebung der antiken Einstimmigkeit sowie der darin vermuteten idealen Verschmelzung von Textvortrag, Affektausdruck und Gesang durch die Mitglieder der sogenannten „Florentiner Camerata" (▷5.19). Insbesondere der Lautenist und Sänger V. Galilei, Vater des Astronomen Galileo Galilei, verfaßte mit seinem auf Anschauungen des in Rom lebenden Philologen G. Mei fußenden *Dialogo della musica antica e della moderna* (1581) ein erstes Manifest bezüglich der einzuschlagenden Richtung und lieferte auch zwei nicht mehr erhaltene Kompositionen dazu. Die unter anderem von Caccini und später Monteverdi aufgegriffene und im Stile recitativo künstlerisch verwirklichte Monodie erfaßte bald ältere oder neu entstehende Gattungen wie das Madrigal, die Motette (in Form des Geistlichen Konzerts), Arie, Oratorium, Oper und Kantate und bestimmte deren weitere Entwicklung zum Teil wesentlich mit.

5.6 Musikleben

Das Musikleben des 17. und 18. Jahrhunderts läßt sich in soziokultureller Hinsicht gliedern in die Lebensbereiche Hof, Stadt und Land. In dem von der Herrschaftsform des Absolutismus bestimmten Barockzeitalter waren es an erster Stelle die Höfe, die Geschicke und Kultur des öffentlichen und damit auch des musikalischen Lebens lenkten. Die Musik war dabei elementarer Bestandteil des Machterhalts, indem sie sowohl für repräsentative Zwecke politischer Art als auch zur glanzvollen Selbstdarstellung des Monarchen gegenüber seinen Untertanen herangezogen wurde. Die Struktur und Funktionstüchtigkeit einer gut installierten Hofmusik war somit maßgeblich für jeden Souverän, der etwas auf sich hielt. H. Schütz (▷5.8), seinerzeit in hohem Ansehen als Organisator und Kapellmeister der Dresdener Hofkapelle stehend, wirft mit seiner Anfrage bezüglich des Neuaufbaus der Hofkapelle in Wolfenbüttel 1645, als deren Ratgeber er fungierte, ein bezeichnendes Licht auf Art und Funktion einer fürstlichen Hofkapelle um die Mitte des 17. Jahrhunderts. Er fragt nach den mit dem Neuaufbau verbundenen Absichten: „I.) Wegen der Companey der Instrumentisten, 1. wie stark dieselbige sein solle, 2. was Instrument sie gebrauchen sollen ..., II.) Wegen der Companey der Sänger, 1. von wie viel Personen, 2. von den Discantisten, Knaben, Falsettisten und Eunuchen, 3. was für Sprache die Vocalmusik sich gebrauchen soll, III.) Vom Gebrauch der Geistlichen Musik, 1. bei der Tafel, 2. bei den Predigten, 3. bei einem principal-absonderlichen Musikalischen Gottesdienst in der Kirchen, IV.) Wegen der Weltlichen Tafelmusik, V.) Wegen der Weltlichen Academischen und Theatralischen Musik ..." (Brief vom 17. 3. 1645).

Zentrale Ausübungsbereiche der höfischen Musik des 17. und 18. Jahrhunderts waren die Kammer (fürstliches Gemach bzw. Speisesaal), die Kirche und das Theater, auf die ein Großteil der Musikproduktion jenes Zeitraums zugeschnitten war (▷5.11–31).

Das städtische Musikleben des 17. und 18. Jahrhunderts spielte sich im wesentlichen zwischen den Bereichen Kirche, Wirtshaus und halböffentlicher Musikgesellschaft ab. Daneben trat noch in größeren Städten die

Repräsentation des Gemeinwesens durch Musik, ausgeführt von festangestellten Ratsmusikern, die auch bei der Kirchenmusik mitzuwirken hatten (Abb. 97, S. 174).
Ein eigenkirchliches Musikwesen, in erster Linie vertreten durch den (je nach Konfession) Kantor oder Regens chori, war in praktisch allen europäischen Städten vorhanden, wenn auch in unterschiedlicher Ausprägung und Qualität. Dem noch bis weit ins 18. Jahrhundert hinein gültigen Patriarchismus zufolge, daß die Frau in der Kirche zu schweigen habe (mulier tacet in ecclesia), bestanden die Kirchenchöre aus Knaben- und Männerstimmen und rekrutierten sich oft aus den Schulchören.
Im Wirtshaus spielte sich das musikalische Treiben keineswegs immer auf dem Niveau der Bierfiedler ab, die „sich bey ihrer elenden und Krepelhafftigen Kratzerey so schrecklich viel einbilden / sich allenthalben so abscheulich prostituiren" (J. Beer, *Musicalische Discurse*, 1719), sondern es konnten auch zartere Töne angeschlagen werden, wie die Tagebuchaufzeichnung eines englischen Bürgers belegt: „Swan und ich gingen in eine Taverne [drinking-house], und während er schrieb, spielte ich mein Flageolett, bis das Eiergericht fertig war" (S. Pepys, *Diary*, 9. 2. 1660).
In praktisch allen europäischen Städten waren im 17. und 18. Jahrhundert halböffentliche oder geschlossene Musikgesellschaften (Akademien) anzutreffen, die sich mit mehr gelehrtem oder mehr geselligem Anspruch der gemeinschaftlichen Musikpflege widmeten. In Deutschland waren dies vor allem die sogenannten Convivien (abgeleitet von lat. „convivium" Gastmahl) oder Collegia musica, eine im Zeitraum von etwa 1570 bis 1720 in zahlreichen Städten nachweisbare bürgerliche Institution, die sich in meist wöchentlichem Rhythmus in Privathäusern oder öffentlichen Räumlichkeiten trafen (oft verbunden mit einem gemeinsamen Mahl), um für sich selbst oder andere zu musizieren. Besonders das von dem Organisten und Komponisten M. Weckmann 1660 in Hamburg gegründete Collegium musicum erweckte überregionales Interesse, denn in seinen wöchentlichen, im Refektorium (Speisesaal) des Doms stattfindenden Aufführungen „wurden die besten Sachen aus Venedig, Rom, Wien, München, Dresden etc." dargeboten (J. Mattheson, *Grundlage einer Ehren-Pforte*, 1740).
Ausgehend von England entwickelten sich ab dem späten 17. Jahrhundert in mehreren europäischen Städten Ansätze zu einem öffentlichen Konzertwesen, das, getragen von privaten Unternehmern, Wirts- oder Kaffeehausbesitzern, das städtische Musikleben um eine kommerzielle Variante bereicherte.
Das ländliche Musikleben des 17. und 18. Jahrhunderts wurde im wesentlichen von der Volksmusik getragen, die sich als meist einstimmiger oder parallelgeführter Gesang sowie als Tanzmusik artikulierte. Dabei unterschied sich das volksmusikantische Instrumentarium zum Teil erheblich von dem der Kunstmusik (z. B. Schalmei, Dudelsack, Drehleier, Hackbrett, Maultrommel, Fidel). Keinesfalls wurde während des Barockzeitalters die Volksmusik von dem offiziellen, das heißt höfischen Musikleben ignoriert. Zahlreiche Beispiele belegen, daß Musiker aus den unteren sozialen Schichten (Spielleute, Bauernmusikanten, Vaganten) als kostengünstige Ergänzung zur eigentlichen Hofkapelle an den Höfen aufspielten, und die Beeinflussung der Kunstmusik durch volkstümliche Elemente wie z. B. Tanzmodelle, Melodien („Bergamasca") und Klangmittel (Borduntöne) ist nicht nur durch J. S. Bachs *Cantate burlesque* (BWV 212), die sogenannte *Bauernkantate*, zu belegen.

Komponisten

5.7 Monteverdi

Claudio Monteverdi wurde am 15. Mai 1567 in Cremona als Sohn eines Arztes getauft und dürfte demnach wenige Tage zuvor geboren worden sein. Bald schon kam er als Kapellknabe oder als Privatschüler in die Obhut des Cremoneser Domkapellmeisters M. A. Ingegneri, denn in seinem Erstlingswerk, der 1582 im Druck erschienenen dreistimmigen Motet-

Kapitel 5

97 Die Kantatenprobe (Blatt aus einem Stammbuch, um 1775; Nürnberg, Germanisches Nationalmuseum)

tensammlung *Sacrae cantiunculae,* bezeichnet er sich als „discepolo di Ingegneri" (Schüler von Ingegneri). Seine erste Anstellung erhielt er als „Suonatore di viuola" (Violaspieler) am Hof der Gonzaga in Mantua. Noch während der Lehrzeit bei Ingegneri veröffentlichte Monteverdi weitere Werke: 1583 einen Band vierstimmiger, nur noch torsohaft erhaltener *Madrigali spirituali,* 1584 einen Band dreistimmiger, jeweils mehrstrophiger *Canzonette,* 1587 den I. und 1590 den II. Band fünfstimmiger Madrigale. Sein 1592 veröffentlichtes und Herzog Vincenzo I. Gonzaga gewidmetes III. Buch fünfstimmiger Madrigale entstand unter dem erkennbaren Eindruck des Madrigalschaffens von G. de Wert, der seit 1565 als Hofkapellmeister in Mantua tätig war. 1599 führte ihn eine Reise im Gefolge des Herzogs nach Flandern, wo er nach Angaben seines Bruders den „Canto alla francese" neuer Art, also den modernen französischen Gesangsstil kennenlernte und später durch eigene Anwendung in Italien eingeführt haben soll (Vorrede zu den *Scherzi musicali,* 1607). Ende 1601 oder Anfang 1602, nach dem Tode seines Amtsvorgängers B. Pallavicino, wurde Monteverdi, der als Komponist inzwischen weit über Mantua hinaus an Geltung gewonnen hatte, zum Hofkapellmeister ernannt. 1603 veröffentlichte er einen IV. Band fünfstimmiger Madrigale, dem 1605 ein V. Band folgte. Mit diesen beiden Madrigalbüchern, in denen zum großen Teil Werke aus den zurückliegenden zehn Jahren zusammengestellt worden waren, hatte Monteverdi nun endgültig zur Individualität eines von Vorbildern losgelösten Kompositionsstils gefunden.

Das Jahr 1607 brachte Monteverdi neben der Veröffentlichung eines Bandes kanzonettenartiger *Scherzi musicali* mit der in Mantua erfolgten Aufführung des *Orfeo* einen ersten großen Erfolg im Bereich der noch jungen Gattung Oper (▷ 5.19). Anläßlich der Hochzeitsfeierlichkeiten, die 1608 am Hof in Mantua für den Kronprinzen abgehalten wurden, komponierte Monteverdi neben dem Ballett *Il Ballo delle ingrate* seine zweite Oper, *L'Arianna* (aufgeführt am 28. Mai 1608), von der sich jedoch nur das berühmt gewordene *Lamento* erhalten hat. Nach Abschluß der Feierlichkeiten zog sich Monteverdi aus Enttäuschung über die nur als mäßig empfundene Anerkennung seitens des Herzogs nach

Die Musik des Barock

Cremona zu seinem Vater zurück und reichte von hier aus gegen Ende des Jahres ein Entlassungsgesuch ein. Durch eine Gehaltserhöhung und ein Pensionsversprechen umgestimmt, kehrte er im Herbst 1609 nach Mantua zurück. 1610 veröffentlichte er einen Papst Paul V. gewidmeten Sammeldruck, der unter dem Ex voto „der heiligen Jungfrau zu Ehren" eine sechsstimmige Messe *In illo tempore* für kirchliche Zwecke sowie eine Vesper einschließlich einiger geistlicher Gesänge für die höfische Andacht vereinigt. Im Herbst 1610 reiste Monteverdi nach Rom, um dieses Sammelwerk dem Widmungsträger persönlich zu überreichen, aber auch in der Hoffnung, seinem Sohn einen Freiplatz am päpstlichen Seminar verschaffen zu können und möglicherweise für sich selbst eine neue Anstellung zu finden, was jedoch in beiden Fällen nicht gelang.

Anfang 1612 verstarb in Mantua Herzog Vincenzo I. Die unter seinem Nachfolger eingeleitete Reduzierung des Hofpersonals traf am 31. Juli auch Monteverdi. Nach einem Jahr, das Monteverdi bei seinem Vater in Cremona verbrachte, wurde im Juli 1613 die Kapellmeisterstelle an San Marco in Venedig frei, die neben der Leitung der päpstlichen Kapelle in Rom wohl bedeutendste kirchenmusikalische Position, die damals zu vergeben war. Monteverdi wurde nach einer Probevorstellung am 19. August einstimmig zum neuen Domkapellmeister gewählt und behielt diese Stellung bis zu seinem Tod bei. Trotz des neuen Aufgabenfeldes und einer möglicherweise veränderten Lebenseinstellung – Monteverdi wurde irgendwann zwischen 1607 (Todesjahr seiner Frau) und 1632 (erste Erwähnung im Druck der *Scherzi musicali*) zum Priester geweiht – komponierte er auch weiterhin weltliche Musik: 1614 veröffentlichte er sein VI. Madrigalbuch, das auch eine fünfstimmige Version des *Lamento d'Arianna* enthält, komponierte 1615 das Ballett *Tirsi e Clori* für den Hof in Mantua, übernahm auch in den folgenden Jahren mehrere Kompositionsaufträge des Mantuaner Hofs für dramatische Musiken, die sich jedoch zum größten Teil nicht erhalten haben, brachte 1619 sein VII. Madrigalbuch zum Druck, das den für die Entwicklung seines Madrigalstils programmatischen Titel *Concerto* trägt, führte 1624 im Palast eines venezianischen Patriziers den dramatischen Dialog *Combattimento di Tancredi e Clorinda* szenisch auf, komponierte einige nicht erhaltene Intermedien für den Hof in Parma und hielt sich zu diesem Zweck dort im Spätherbst 1627 und noch einmal während des folgenden Jahres auf, vertonte 1630 das nicht erhaltene Drama *Proserpina rapita* für eine venezianische Hochzeit, veröffentlichte 1632 unter dem Titel *Scherzi musicali* einen kleinen Band ein- und zweistimmiger Vokalstücke und gab schließlich 1638 mit den *Madrigali guerrieri et amorosi*

98 Claudio Monteverdi auf einem Titelblatt der Gedichtanthologie „Fiori poetici" von Giovanni Battista Marinoni (1644)

sein VIII. Madrigalbuch zum Druck, eine retrospektive Sammlung solistischer und mehrstimmiger Kompositionen, darunter die beiden älteren Werke *Il Ballo delle ingrate* und *Combattimento di Tancredi e Clorinda*. Daneben kam Monteverdi seinen Verpflichtungen als Domkapellmeister an San Marco nach und komponierte, vor allem im Hinblick auf die großen Festtage des Kirchenjahrs, Psalmvertonungen, Motetten und Messen für unterschiedlichste Besetzungen im alten und neuen Stil. Der in Form zweier großer Sammeldrucke von 1641 *(Selva morale e spirituale)* und 1650 *(Messa ... et salmi)* sowie verstreut in einigen Anthologien überlieferte Bestand geistlicher Kompositionen dürfte nur einen Teil des in Venedig Komponierten widerspiegeln. In Monteverdis letzten Lebensjahren entstanden drei weitere große Opern (überliefert sind nur die erste und die dritte), deren letzte als eines der besten Werke dieser Gattung im 17. Jahrhundert zu gelten hat: *Il ritorno d'Ulisse in patria* (Venedig 1640), *Le nozze d'Enea con Lavinia* (Venedig 1641) und *L'incoronazione di Poppea* (Venedig 1642). – Am 29. November 1643 starb Monteverdi in Venedig.

Monteverdi gilt als ein wichtiger Neuerer im Prozeß des stilistischen Wandels der Musik um 1600 (▷ 5.1). Er selbst verwies nach einem Angriff des Musiktheoretikers G. M. Artusi, der in einer 1600 erschienenen Schrift Kompositionen Monteverdis als Beispiele für den regelwidrigen Umgang mit Dissonanzen innerhalb der modernen Musik angeprangert hatte, in der Vorrede zu seinem V. Madrigalbuch auf eine „seconda pratica" des Komponierens, die in ihrem Umgang mit Kon- und Dissonanzen abweiche von der traditionellen, von Zarlino (▷ 4.10) gelehrten Kompositionsweise. Die Unterscheidung zwischen „prima" und „seconda pratica", die später im Vorwort zu den *Scherzi musicali* (1607) von Monteverdis Bruder Giulio Cesare erläutert worden ist, fußt auf der Art des Umgangs mit satztechnischen Regeln, die grundsätzlich auch Monteverdi anerkannt hat, nunmehr aber unter dem Aspekt der Textausdeutung praktiziert wissen wollte: Im Falle der „prima pratica", bei der sich alles um die Vollkommenheit des Tonsatzes dreht und für die Namen wie Ockeghem, Josquin Desprez und Willaert angeführt werden, sei der Tonsatz Herrscher über den Text; bei der „seconda pratica", die als neu hinzugekommene Kompositionsweise neben der auch weiterhin angewandten älteren Praxis verstanden wird, dreht sich alles um die Vollkommenheit der Melodie, mit der Folge, daß nun der Text zum Herrscher über den Tonsatz werde (Vorrede zu den *Scherzi musicali,* 1607). Das Benennen und Anerkennen einer Parallelität von übernommener und weitergeführter Kompositionstechnik *(prima pratica)*

und neu hinzugekommener moderner Kompositionstechnik *(seconda pratica),* die in ihrer Verkörperung als Stile antico und Stile moderno die gesamte Epoche des musikalischen Barock durchziehen, stellt ein musikästhetisches Verdienst Monteverdis dar. Seine bedeutenderen Leistungen liegen jedoch, abgesehen von der Einführung einer Neuerung im eigentlichen Sinn, des Stile concitato (▷ 5.2), in der maßgeblichen Teilhabe an der Weiterentwicklung bestehender und Neuentwicklung hinzutretender Gattungen: Das klassische fünf- oder sechsstimmige Madrigal der Ära de Monte, Marenzio und de Wert (▷ 4.31) entwickelte er weiter zum generalbaßbegleiteten Madrigal (ab Band V seiner Madrigalbücher) und schließlich zum konzertierenden, oft geringstimmig oder solistisch besetzten Madrigal, teilweise mit obligaten Instrumenten (ab Band VII). In seiner dramatischen Musik griff er unter Einbeziehung der noch jungen Monodie (▷ 5.5) und des Madrigals die aus dem höfischen Spektakel des 16. Jahrhunderts hervorgegangenen Formen des Intermediums und des Balletts auf (*Orfeo,* 1607) und entwickelte sie weiter zur typisch barocken Oper mit expressiven Rezitativen, Ariosi, Lamenti und Duetten *(L'incoronazione di Poppea).* In seiner geistlichen Musik schließlich bemühte sich Monteverdi neben einer Weiterentwicklung des Stile antico (Messen) um eine Vermischung von altem und neuem Stil zu einer neuen künstlerischen Einheit (Vesper, 1610; Psalmen).

5.8 Schütz

Heinrich Schütz wurde am 8. Oktober 1585 in Köstritz nahe Gera (Thüringen) geboren. Sein Vater Christoph Schütz war ursprünglich Stadtschreiber in Gera, dann Gastwirt in Köstritz, bevor er 1590 mit der Familie nach Weißenfels übersiedelte, wo er den Gasthof seines Vaters übernahm. In Weißenfels erhielt Schütz ersten Musikunterricht von den dortigen Musikoffiziellen (Kantor und Organist). 1598 erkannte der durchreisende Landgraf Moritz von Hessen-Kassel die musikalische Begabung des 13jährigen und bot an, Schütz als Kapellknabe in das Kasseler Collegium Mauritianum aufzunehmen, dessen Schüler

Die Musik des Barock

er 1599 wurde. 1608 immatrikulierte sich Schütz als Jurastudent in Marburg, bereits 1609 erhielt er jedoch das Angebot des Landgrafen Moritz zu einem Studienaufenthalt in Venedig: „Weil dero Zeit in Italia, zwar ein hochberümbter, aber doch zimlich alter Musicus undt Componist [G. Gabrieli] noch am leben were, So solte Ich nicht verabseumen, denselbigen auch zu hören, undt etwas von Ihm zu ergreiffen [= lernen]" (Schütz, *Memorial*, 1651). Als erste Frucht seines bis 1613 währenden Studienaufenthalts präsentierte Schütz 1611 sein in Venedig gedrucktes und dem Landgrafen Moritz gewidmetes *Erstes Madrigalbuch* (SWV 1–19), in dem er sich die Techniken und Raffinessen italienischer Madrigalkomposition zu eigen gemacht hatte. Schütz selbst verwies auf die grundlegende Bedeutung der modernen italienischen Musik für seine spätere stilistische Entwicklung, wenn er hinsichtlich des Italienaufenthalts von seinen „in der Music numehr gelegten gueten fundamenten" sprach (1651). Nach der Rückkehr aus Italien wurde Schütz zum zweiten Organisten am Kasseler Hof ernannt. 1615 erbat sich Johann Georg I. von Sachsen Schütz vom Kasseler Landgrafen für zwei Jahre zur Aushilfe nach Dresden, woraus er dann später einen dauerhaften Anspruch auf Schütz ableitete, dem Moritz, politisch auf ein gutes Verhältnis zu Sachsen angewiesen, sich schließlich Anfang 1617 beugte. Neben der musikalischen und organisatorischen Leitung der Hofkapelle oblag Schütz die Musikversorgung des Hofes bei „allerhand vielen Solenniteten, Als Kayserlichen, Königl. Chur- und fürstlichen Zusammenkünfften, inn und ausser landes" (*Memorial*, 1651), bei kirchlichen Festen, den Taufen und Hochzeiten der Kinder des Fürsten und, wenngleich er hier zunehmend Entlastung fand, bei den gewöhnlichen Gottesdiensten. Für diese Anlässe entstanden neben zahlreichen, meist nicht mehr erhaltenen Gelegenheitskompositionen die 1619 gedruckten *Psalmen Davids, sampt etlichen Moteten und Concerten* (SWV 22–47), eine Sammlung von 26 doppel- und mehrchörigen Werken venezianischen Stileinflusses (▷ 4.20). An weiteren großen Werken entstanden in diesen ersten Dresdner Jahren 1623 die Auferstehungs-Historie (SWV 50; ▷ 5.28), 1625 die vierstimmigen, madrigalischen Einfluß aufweisenden

99 Heinrich Schütz im Alter von 42 Jahren (Kupferstich von August John; Zwickau, Ratsschulbibliothek)

Cantiones sacrae (SWV 53–93) sowie 1627 *Dafne*, die erste deutschsprachige Oper überhaupt, nach einem von M. Opitz bearbeiteten Libretto O. Rinuccinis, deren Musik jedoch nicht erhalten ist.
1628 brach Schütz zu einer zweiten, diesmal rund einjährigen Italienreise auf, bei der er die neuesten musikalischen Entwicklungen kennenlernen konnte, die sich vorwiegend auf dem Gebiet der Monodie (▷ 5.5) vollzogen hatten. Für ein Zusammentreffen mit Monteverdi gibt es zwar Hinweise, doch kann es nicht als gesichert gelten. Noch in Venedig ließ Schütz 1629 den ersten Teil der *Symphoniae sacrae* (SWV 257–276) zum Druck geben, geringstimmig und mit obligaten Instrumenten besetzte geistliche Konzerte (▷ 5.26) in affektbetontem, deklamatorischem Stil.
Nach Dresden zurückgekehrt wurde er bald mit den Auswirkungen des Dreißigjährigen

Kapitel 5

Kriegs konfrontiert, von denen schließlich auch die personelle Ausstattung der Hofkapelle nicht verschont blieb. Wohl aus dieser Notsituation heraus entstanden die *Kleinen geistlichen Concerte,* Teil I (1636; SWV 282–305) und Teil II (1639; SWV 306–337), die aufgrund ihrer geringstimmigen Besetzung mit nur wenigen Mitwirkenden auszukommen vermögen. Zuvor weilte Schütz von Ende 1633 bis Mai 1635 am Hof des dänischen Königs in Kopenhagen, um die Musik für die Hochzeitsfeierlichkeiten des Kronprinzen vorzubereiten und zu leiten. Wieder zurück in Dresden komponierte er Ende 1635 die Begräbnismusik für seinen Landesherrn Heinrich II. Posthumus Graf Reuß zu Gera, wozu er durch die Witwe und die Söhne des Verstorbenen beauftragt worden war. Diese *Musicalischen Exequien* (SWV 279–281) sind ein in seiner Formanlage und Ausdrucksintensität einzigartiges Werk, komponiert über eine von Heinrich Posthumus noch zu Lebzeiten zusammengestellte Auswahl von Kirchenliedstrophen und Bibelsprüchen.

In den weiteren Jahren bis zum Kriegsende 1648, in denen die „ietzo vnter den Waffen gleich als ersticken / vnd in den Koth getretenen Künste" (Schütz, Vorrede zu den *Kleinen geistlichen Concerten,* Teil II) auch in Dresden daniederlagen, unternahm Schütz mehrere Reisen in musikalisch beratender oder unterstützender Funktion zu den Höfen in Kopenhagen (1637/38), Wolfenbüttel (1638), Hannover und Hildesheim (1640) und wiederum Kopenhagen (1642–44). In Dresden, wo „die Churfürstliche hoffmusic bey diesen wiedrigen Zeiten gentzlich zu grunde gegangen" (Schütz, Brief vom 21. 5. 1645), und er die Kraft für deren Wiederaufbau nicht mehr verspürte, suchte er ab 1645 des öfteren um seine Pensionierung nach, wozu es jedoch erst 1657 unter dem neuen Regenten Johann Georg II. kam. An größeren Kompositionen veröffentlichte Schütz 1647 und 1650 den zweiten und dritten Teil der *Symphoniae sacrae* (SWV 341–367, 398–418), mit denen er die vielen seiner Landsleute „noch verborgen gebliebene heutige Italienische Manier" (Vorrede zu Teil II) einem breiteren Kreis zugänglich machen wollte. Im Unterschied zu den auf lateinischen Texten basierenden Stücken des ersten Teils bestand für ihn jedoch nunmehr „eine besondere Anreitzung" darin, „dergleichen Wercklein auch in unserer Deutschen Muttersprache zuversuchen" (ebenda).

Mit der im Jahr des Westfälischen Friedens (1648) veröffentlichten *Geistlichen Chor-Music* (SWV 369–397), bestehend aus fünf- bis siebenstimmigen und ohne Generalbaßbegleitung ausführbaren Motetten im traditionellen vokalpolyphonen Stil, versuchte Schütz, junge Komponisten dazu anzuhalten, zunächst die „harte Nuß" des Kontrapunktstudiums „aufzubeißen", bevor sie sich dem konzertierenden Stil zuwenden könnten (Vorwort). Nach der Befreiung von seinen Dienstverpflichtungen 1656 – Schütz behielt jedoch den Titel eines Oberkapellmeisters am Dresdner Hof – entstanden in Weißenfels, wohin er sich schon vorher immer häufiger zurückgezogen hatte, die letzten großen Kompositionen: 1664 die Weihnachts-Historie (SWV 435), 1665–66 die Passionen nach Matthäus, Lukas und Johannes (SWV 479–481) sowie 1671 die vollständige Vertonung des 119. Psalms samt der Komposition des 100. Psalms und eines deutschen Magnificats im Anhang (SWV 482–494). Während in der Weihnachts-Historie der generalbaßbegleitete und rezitativisch vorgetragene Evangelienbericht von sieben klanglich sehr reizvoll instrumentierten Intermedien, den Einwürfen der handelnden Personen, unterbrochen wird, verzichten die drei Passionsvertonungen auf jede Instrumentalbegleitung und alternieren zwischen freiem Rezitativ für die Worte des Evangelisten sowie der Einzelpersonen und motettischer Vertonung des übrigen Texts. Das erst Mitte der 1970er Jahre wieder aufgetauchte Opus ultimum, die durchgängig doppelchörige Vertonung des von Luther als „kleine Biblia" bezeichneten 119. Psalms, trägt den Charakter eines letzten Bekenntnisses und musikalischen Testaments, was noch verstärkt wird durch die auf Schütz zurückzuführende Bezeichnung des Werkes als seines „Schwanengesangs". Schütz starb kurz nach Vollendung des 87. Lebensjahrs am 6. November 1672 in Dresden.

Das Schützsche Gesamtwerk umfaßt außer den genannten Kompositionen eine Vielzahl von Psalmvertonungen, geistlichen und weltlichen Konzerten, Trauer- und Hochzeitsmusiken, Dialogen, weltlichen Liedern und Madrigalen sowie theatralische Musik bis hin

Die Musik des Barock

zur Oper (nahezu vollständig verloren). Auffallend ist das Fehlen jeglicher selbständiger Instrumentalmusik, so daß Schütz in erster Linie als wortbezogener Komponist zu gelten hat. Sein Verdienst und seine musikgeschichtliche Bedeutung liegt vor allem in der Tatsache begründet, daß es ihm in überzeugender Weise gelungen ist, die neuen Techniken der italienischen Musik des frühen 17. Jahrhunderts (Monodie, konzertierender Stil) auf die deutsche Sprache übertragen zu haben, und zwar unter Beachtung des gegenüber dem Lateinischen und Italienischen abweichenden Betonungssystems der deutschen Sprache. Darüber hinaus hat Schütz aufgrund seines weitreichenden Einflusses und eines bedeutenden Schülerkreises – beides trug ihm später den Ruf eines „allgemeinen Lehrmeisters der deutschen Musikanten" (Mattheson, *Grundlage einer Ehren-Pforte*, 1740) ein – als Multiplikator des neuen Stils italienischer Provenienz zu gelten und hat damit besonders der Musik des mittel- und norddeutschen Raums wesentliche Impulse verliehen.

5.9 Bach

Johann Sebastian Bach wurde am 21. März 1685 als jüngstes von acht Kindern aus der Ehe des Eisenacher Hof- und Stadtmusikers Johann Ambrosius Bach und der Erfurter Bürgerstochter Elisabeth Lämmerhirt in Eisenach geboren. Er entstammt einer seit dem 16. Jahrhundert in Thüringen ansässigen und dort bald weitverzweigten Musikerfamilie, deren Angehörige als Stadtpfeifer, Organisten und Kantoren wirkten. J. S. Bach muß diese Herkunft hoch geschätzt haben, legte er doch mit dem sogenannten *Altbachischen Archiv* eine Sammlung der besten Kompositionen seiner Vorfahren und Verwandten an und stellte vermutlich die Genealogie *Ursprung der musicalisch-Bachischen Familie* zusammen. Aus seiner ersten, am 17. Oktober 1707 geschlossenen Ehe mit der Kusine Maria Barbara Bach (* 1684, † 1720) gingen vier Kinder hervor, darunter die Söhne Wilhelm Friedemann und Carl Philipp Emanuel, die zusammen mit den Söhnen Johann Christoph Friedrich und Johann Christian aus seiner zweiten, am 3. Dezember 1721 geschlossenen Ehe mit

Anna Magdalena Wilcken (* 1701, † 1760) als Komponisten und ausübende Musiker das musikalische Familienerbe eine weitere Generation lang aufrecht erhielten (▷ 6.10).
Nach dem Tod der Eltern wurde Johann Sebastian als 10jähriger von seinem älteren Bruder Johann Christoph aufgenommen, einem als Organisten in Ohrdruf tätigen ehemaligen Schüler J. Pachelbels. Hier erweiterte Bach seine Fähigkeiten im Klavier- und Orgelspiel und besuchte bis 1700 die Lateinschule. Im gleichen Jahr fand er, seiner guten Stimme

100 Johann Sebastian Bach (Ölgemälde von Elias Gottlob Haußmann aus dem Jahr 1746; Leipzig, Museum für Geschichte der Stadt Leipzig)

wegen mit einer Freistelle bedacht, Aufnahme in die Michaelisschule in Lüneburg, wo er neben dem Schulbesuch im Mettenchor mitzuwirken hatte. Eindrücke durch den in Lüneburg wirkenden Organisten G. Böhm und den in Hamburg mehrfach aufgesuchten Altmeister der Orgel J. A. Reinken dürften in Bach den Wunsch, eine Organistenlaufbahn anzustreben, verstärkt haben. Nach einer fehlgeschlagenen Bewerbung um die Organistenstelle im thüringischen Sangershausen (1702) fand er im März 1703 zunächst Anstellung als Violinist in der Weimarer Hofkapelle, wechselte aber bereits im August als

Kapitel 5

Organist an die Neue Kirche in Arnstadt. Von hier aus unternahm er Anfang 1706 eine mehrmonatige Studienreise nach Lübeck zu D. Buxtehude, wo er sich weitere wichtige Anregungen hinsichtlich Orgelspiel und Kompositionstechnik geholt haben dürfte. 1707 übernahm er die Organistenstelle an der Kirche Divi Blasii in Mühlhausen. Die Komposition mehrerer Kirchenkantaten, unter anderem zum Ratswechsel 1708 (*Gott ist mein König*, BWV 71), zeigt ein zunehmendes Interesse am Komponieren vokaler Musik, die jedoch noch stark der Tradition motettisch-kleingliedriger Formanlagen des 17. Jahrhunderts verpflichtet ist. So war es auch die in seinem Entlassungsgesuch geäußerte Enttäuschung über mangelnde Unterstützung bei der Einrichtung einer „regulirten kirchen music", also regelmäßiger Kantatenaufführungen, die ihn 1708 seinen Abschied von Mühlhausen nehmen ließ. Die folgende Anstellung als Hoforganist und Kammermusiker in Weimar, 1714 erweitert um das Amt des Konzertmeisters mit Verpflichtung zu regelmäßigen Kantatenaufführungen, brachte ihm neben einer weiteren Profilierung als Orgelvirtuose die Beschäftigung mit dem Cembalo- und Kammermusikrepertoire sowie eine intensive Auseinandersetzung mit der am Hof besonders geschätzten italienischen Instrumentalmusik. In Weimar entstanden ein Großteil seiner Orgelwerke, zahlreiche Cembalokompositionen, etwa dreißig weitere Kantaten mit nunmehr erstmals auftretenden italienischen Stilelementen (Rezitativ, Da-capo-Arie; ▷ 5.27) sowie wahrscheinlich seine ersten Instrumentalkonzerte.

Nachdem er sich 1716 bei der Neubesetzung der Weimarer Hofkapellmeisterstelle übergangen fühlte, folgte er Ende 1717 einer an ihn ergangenen Berufung als Kapellmeister an den Hof von Anhalt-Köthen, wo sich sein Aufgabengebiet nun auf den Bereich instrumentaler Musik konzentrierte, vor allem auf das Orchester- und Kammermusikrepertoire. Hier entstanden die meisten Werkgruppen seines kammermusikalischen Œuvres, zahlreiche Instrumentalkonzerte, woraus er 1721 für den Markgrafen Ch. L. von Brandenburg die sogenannten *Sechs Brandenburgischen Konzerte* (BWV 1046–1051) zusammenstellte, sowie die Inventionen und Sinfonien (BWV 772–801) und der erste Band des *Wohltemperirten Claviers* (BWV 846–869). In Anbetracht nachlassenden musikalischen Interesses des Fürsten nach der Heirat mit einer nach Bachs Urteil amusischen Prinzessin, aber auch mit Bedacht auf bessere Ausbildungsmöglichkeiten seiner heranwachsenden Kinder vollzog Bach, dem es „anfänglich gar nicht anständig seyn wolte, aus einem Capellmeister ein Cantor zu werden" (Brief vom 28. 10. 1730), 1723 den Wechsel in das Amt des Leipziger Thomaskantors, dem die Funktion eines städtischen „Director musices" zugehörte. In dieser Stellung, die er bis zu seinem Tod innehatte, galt sein Bemühen zunächst dem Aufbau eines kirchenmusikalischen Repertoires, mit dem er die sonntäglichen Gottesdienste bestreiten konnte. Zu diesem Zweck komponierte er über einen Zeitraum von rund fünf Jahren für nahezu jeden Sonn- und kirchlichen Feiertag eine neue Kantate, unter gelegentlichem Rückgriff auf ältere oder fremde Kompositionen. Zu dieser Schaffensphase zählen auch die Passionsmusiken nach Johannes (1724) und Matthäus (vermutlich 1727; ▷ 5.28), wobei mit letzterer diese erste Leipziger Phase ihren Höhepunkt und Abschluß fand. Streitigkeiten mit dem Rat der Stadt Leipzig sowie später (1734) mit dem neuen Rektor der Thomasschule brachten Bach ab 1730 dazu, sich zunehmend von der Komposition neuer Kirchenmusiken zurückzuziehen und verstärkt anderen Aufgaben zuzuwenden. 1729 übernahm er für einige Jahre die Leitung des von G. Ph. Telemann gegründeten Leipziger Collegium musicum, mit dem er wöchentlich in der Öffentlichkeit konzertierte. Ein Teil seiner überlieferten Orchesterwerke dürfte für diesen Zweck entstanden sein, wie auch ein Teil seiner weltlichen Kantaten, darunter einige Huldigungs- und Geburtstagsmusiken für Angehörige des sächsischen Herrscherhauses (▷ 5.22). Für die 1733 als Erbhuldigungsmusik dem neuen König in Dresden überreichte *Missa* in h-Moll (Kyrie und Gloria der späteren *h-Moll-Messe*, BWV 232) erhielt Bach 1736 den Titel eines königlich-polnischen und kurfürstlich-sächsischen „Hoff-Compositeurs".

Bereits seit Ende der 1720er Jahre, verstärkt ab Mitte der 30er Jahre kümmerte sich Bach um die Drucklegung einiger seiner Cembalo- und Orgelwerke, so z. B. der drei Teile seiner *Clavier-Übung* (BWV 825–830; 831 und 971;

552, 669–689 und 802–805), denen sich 1741 als Teil IV die sogenannten *Goldberg-Variationen* (BWV 988) anschlossen. Mit diesen Publikationsunternehmungen, denen später weitere folgten, leitete Bach eine Phase des Sichtens und Vervollkommnens älterer Werke ein wie z. B. die Überarbeitung seiner Passionen und mehrerer Orgelwerke aus der Weimarer Zeit sowie die Neufassung einiger Kantatensätze zu den sechs sogenannten *Schübler-Chorälen* (BWV 645–650) für die Orgel. Daneben entstanden um 1740 der zweite Band des *Wohltemperirten Claviers* (BWV 870–893), von etwa 1742 bis 1746 die in sich abgeschlossene Frühfassung der *Kunst der Fuge* (BWV 1080), 1747 – als Nachklang einer Reise zu Friedrich II. nach Potsdam – das *Musikalische Opfer* (BWV 1079) sowie das Kanonwerk *Vom Himmel hoch* (BWV 769) und 1748/49 als letztes Werk, sieht man von den Arbeiten an der Druckfassung der *Kunst der Fuge* ab, die Komplettierung der *h-Moll-Messe* (Credo bis Agnus Dei), weitestgehend unter Rückgriff auf ältere Kompositionen. In den letzten Jahren wurde Bach durch ein Augenleiden zunehmend geschwächt und starb am 28. Juli 1750 in Leipzig.

Bachs überliefertes Gesamtwerk (gegenüber dem genannten Bestand im C. Ph. E. Bach und J. F. Agricola verfaßten Nekrolog von 1754 muß ein nicht unerheblicher Teil als verloren gelten) umfaßt rund 200 geistliche und 15 weltliche Kantaten, 7 Motetten, 5 Messen, 1 Magnificat, 3 Passionen, *Weihnachts-* und *Oster-Oratorium*, rund 70 freie Orgelwerke und 130 Orgelchoräle, 10 Sammlungen beziehungsweise Werkgruppen mit Klaviermusik (darunter die *Kunst der Fuge*), 7 Werkgruppen und weitere Einzelwerke für kammermusikalische Besetzungen (darunter das *Musikalische Opfer*), 27 Orchesterwerke (Konzerte für ein oder mehrere Soloinstrumente, Orchestersuiten) sowie vierstimmige Choräle, Kanons und kleinere Werke.

Bachs Musik bildet den Abschluß und zugleich Höhepunkt einer musikalischen Epoche, die er in ihrer Gesamtheit zwar nicht überschauen konnte, deren nahendes Ende er aber mit zunehmendem Alter wohl verspürt hat. Ohne neuerativ zu sein, bediente er sich vor allem traditioneller Gattungen und Kompositionstechniken, statt im eigentlichen Sinn neue zu entwickeln: Kantate, Passion, Concerto, Suite, Sonate, Praeludium, Toccata, Fuge; Cantus-firmus-Bearbeitung, Variationstechnik, Kontrapunktik. Diese jedoch führte er unter Verschmelzung mit modernen, vor allem italienischen und französischen, gelegentlich auch galanten Stilelementen zu ihrem jeweiligen Höhepunkt und prägte sie in solch nachhaltiger Weise, daß der Nachwelt oft das Typische einer barocken Gattung primär mit den Werken seines Namens verbunden zu sein schien (z. B. Kirchenkantate, Fuge). Die für seine Musik charakteristischen Stilmerkmale wie Kontrapunktik, Verknüpfung von Polyphonie und akkordischer Harmonik und die Annäherung von vokaler und instrumentaler Melodik hat Bach durch die gleichermaßen rückblickende wie gegenwartsbezogene Beschäftigung mit den unterschiedlichen Stilrichtungen und Gattungen dieser Epoche gewissermaßen aus ihr extrahiert und schließlich zu zeitlosen Werten verabsolutiert, die Anknüpfungspunkte abgaben für eine Vielzahl späterer Komponisten.

5.10 Händel

Georg Friedrich Händel wurde am 23. Februar 1685 in Halle an der Saale geboren. Die musikalische Begabung des Knaben wurde früh erkannt, aber offenbar erst auf Drängen des Herzogs von Sachsen-Weißenfels gefördert, als dessen „Leib-Chirurgo" Händels Vater fungierte. Somit erhielt Händel, neben dem Besuch der Lateinschule in Halle, Unterricht bei F. W. Zachow, dem Organisten an der Hallischen Liebfrauenkirche. Im Februar 1702 immatrikulierte er sich an der Universität in Halle, wahrscheinlich um den vom Vater gewünschten Jurastudien Genüge zu tun, und wurde einen Monat später an der dortigen Schloß- und Domkirche „auff Ein Jahr zur probe" (Bestallungsurkunde) als Organist angestellt. Nach Ablauf des Probejahrs zog es Händel vor, nach Hamburg zu gehen, wo er zunächst als Violinist, später als Cembalist an der unter Leitung des Komponisten R. Keiser stehenden Oper am Gänsemarkt Anstellung fand. Gesellschaftliche und musikalische Förderung erfuhr Händel in Hamburg vor allem durch den Komponisten, Sänger und Musiktheoretiker J. Mattheson, mit dem zusammen er auch im August 1703 eine Reise nach Lübeck unternahm, um den Organisten D. Buxtehude hören zu können. Für Hamburg komponierte Händel mehrere Opern, von denen jedoch nur die früheste, die am 8. Januar 1705 erfolgreich uraufgeführte *Almira* (HWV 1), vollständig erhalten ist. Im Herbst 1706, möglicherweise auch schon früher, reiste Händel nach Italien, wo er sich zunächst in Florenz, ab Ende 1706 dann in Rom aufhielt und vor allem als Hausmusiker des Marchese F. M. Ruspoli Beschäftigung fand. Für diesen komponierte er rund 50 weltliche und einige geistliche Kantaten sowie 1708 das Oratorium *La Resurrezione* (HWV 47). Ebenfalls in Rom entstanden 1707 das Oratorium *Il trionfo del Tempo e del Disinganno* (HWV 46) sowie die Psalmvertonungen *Dixit Dominus, Laudate pueri* und *Nisi Dominus* (HWV 232, 237, 238), die möglicherweise Bestandteil einer komplett vertonten Karmeliter-Vesper waren. In Florenz brachte Händel im Oktober 1707 seine erste italienische Oper, *Vincer se stesso è la maggior vittoria [Rodrigo]* (HWV 5) zur Aufführung, komponierte 1708 für Neapel die Serenata *Aci, Galatea e Polifemo*

101 Georg Friedrich Händel (Gemälde von Thomas Hudson, 1756; London, National Portrait Gallery)

(HWV 72), und um die Jahreswende 1709/1710 ging in Venedig seine Oper *Agrippina* (HWV 6) erfolgreich über die Bühne. Durch die Begegnungen mit A. Corelli, A. und D. Scarlatti, A. Steffani und anderen italienischen Komponisten dürfte Händels stilistische Auseinandersetzung mit der italienischen Musik jener Zeit wesentlich intensiviert worden sein.

Im Juni 1710 erhielt Händel als Nachfolger A. Steffanis eine Anstellung als Kapellmeister am Hof des Kurfürsten von Hannover (dem späteren englischen König Georg I.) und reiste noch im selben Jahr nach London, wo im Februar 1711 seine Oper *Rinaldo* (HWV 7) mit großem Erfolg uraufgeführt wurde. Nach einem zwischenzeitlich wieder in Hannover verbrachten Jahr übersiedelte er im Herbst 1712 endgültig nach London, wo er 1727 die englischen Bürgerrechte erhielt. In London entstanden mit *Il Pastor fido* (22. 11. 1712; HWV 8), *Teseo* (10. 1. 1713; HWV 9), *Silla* (2. 6. 1713; HWV 10) und *Amadigi di Gaula* (25. 5. 1715; HWV 11) weitere Opern, die im Queen's Theatre am Heymarket mit unterschiedlichem Erfolg aufgeführt wurden. Daneben komponierte Händel einige Werke für politische und höfisch-zeremonielle Anlässe, darunter 1713 ein Te Deum und Jubilate für die Feiern des Friedens von Utrecht (HWV 278, 279) sowie eine *Ode for the Birthday of Queen Anne* (HWV 74). Ab Sommer 1717 hielt er sich eine Zeitlang in der Residenz des Earl of Carnarvon (später Duke of Chandos) in Cannons auf und komponierte für diesen insgesamt elf sogenannte *Chandos Anthems* (HWV 246–256), ein Te Deum (HWV 281), die englische Masque *Acis and Galatea* (HWV 49) sowie die Frühfassung des Oratoriums *Esther* (HWV 50a).

Mit der Gründung der Royal Academy of Music (1719), einer Operngesellschaft, die eine ständige italienische Oper am Londoner King's Theatre etablieren sollte und als deren künstlerischer Leiter Händel ernannt worden war, begann für ihn eine neue Schaffensphase. In den Jahren von 1720 bis 1728 komponierte er 13 neue Opern (HWV 12, 14–25), darunter als besonders erfolgreiche Werke *Giulio Cesare* (20. 2. 1724), *Rodelinda* (13. 2. 1725), *Alessandro* (5. 5. 1726) und *Admeto* (31. 1. 1727). Nachdem die Royal Academy im Juni 1728 aufgrund finanzieller

Die Musik des Barock

Schwierigkeiten und personeller Streitigkeiten ihre Arbeit eingestellt hatte, erhielten Anfang 1729 Händel und der bisherige Intendant der Gesellschaft, J. J. Heidegger, die Erlaubnis, weitere fünf Jahre am King's Theatre Opern zu inszenieren. Für diesen Zweck komponierte Händel sieben neue Opern (HWV 26–32), die er neben der Wiederaufnahme älterer Werke mit wechselndem Erfolg zur Aufführung brachte. Zwischenzeitlich hatte im Februar 1732 eine Privataufführung seines Oratoriums *Esther* in der Crown and Anchor Tavern in seinem Beisein stattgefunden, die solchen Anklang fand, daß er, nachdem weitere Aufführungen ohne sein Wissen angekündigt worden waren, sich veranlaßt sah, darauf mit eigenen Aufführungen des zu diesem Zweck revidierten und erweiterten Werks zu reagieren. Es war dies mit sechs erfolgreich im Mai gegebenen Vorstellungen der eigentliche Beginn des englischen Oratoriums, dem Händel mit *Deborah* (17. 3. 1733; HWV 51) und *Athalia* (Oxford, 10. 7. 1733; HWV 52) bald weitere Werke dieser Art folgen ließ. 1733 hatte sich eine zu Händels und Heideggers Opernunternehmung konkurrierende Gesellschaft gebildet, die mit der Spielzeit 1734/35 das King's Theatre übernahm. Händel wechselte nach Ablauf seines Kontrakts mit Heidegger als selbständiger Unternehmer an das Covent Garden Theatre, wo er bis Juni 1737 neben der Wiederaufnahme älterer Opern sechs neue (HWV 33–38) zur Aufführung brachte, ferner die Ode *Alexander's Feast or The Power of Musick* (19. 2. 1736; HWV 75) sowie einige ältere oder in London noch nicht gehörte Oratorien. Während dieser Zeit entwickelte er die Neuerung, Orgelkonzerte zwischen den einzelnen Teilen der Oratorien als Einlagestücke darzubieten, wozu er 1735 und 1736 zunächst die sechs Orgelkonzerte op. 4 (HWV 289–294) komponierte. Ein im April 1737 erlittener Schlaganfall zwang ihn, zum Ende der Saison das Opernunternehmen aufzugeben. Auch das Konkurrenzunternehmen mußte, finanziell ruiniert, zum Saisonende im Juni eingestellt werden. Nach rascher Genesung begann Händel im Spätherbst mit neuen Opernkompositionen für den einzigen noch verbliebenen Opernunternehmer, Heidegger, unterbrach diese jedoch für die Komposition eines *Funeral Anthems* (HWV 264) anläßlich des Todes von Königin Caroline am 20. November 1737. 1738 wurden zwei neue Opern Händels am King's Theatre aufgeführt (HWV 39, 40), 1739 folgten die Oratorien *Saul* und *Israel in Egypt* (HWV 53 u. 54), nunmehr wieder in Händels eigener unternehmerischer Verantwortung. Mit Beginn der Spielzeit 1739/40 mietete Händel das Lincoln's Inn Feast Theatre, wo er zunächst im November 1739 die *Ode for St. Cecilia's Day* (HWV 76) aufführte, dann an weiteren neuen Werken 1740 das Oratorium *L'Allegro, il Penseroso ed il Moderato* (HWV 55), die als Zwischenaktmusiken komponierten zwölf Concerti grossi op. 6 (HWV 319–330) sowie 1740 und 1741 je eine neue Oper (HWV 41 und 42). Eine Einladung des Vizekönigs von Irland, William Cavendish, führte Händel von November 1741 bis August 1742 nach Dublin, wo er mehrere erfolgreiche Konzerte gab, darunter auch die erste Aufführung des Oratoriums *Messiah* (HWV 56) im April 1742. Zurückgekehrt nach London widmete er sich vorwiegend der Komposition neuer Oratorien, die inzwischen beim Publikum einen weitaus stärkeren Anklang gefunden hatten als seine Opernkompositionen. Zunächst erfolgten 1743 die Erstaufführung des *Samson* (HWV 57) sowie die erste Londoner Aufführung des *Messiah*. 1744 folgten *Semele* und *Joseph* (HWV 58 u. 59), 1745 *Hercules* und *Belshazzar* (HWV 60 u. 61), 1747 *Judas Maccabaeus* (HWV 63), 1748 *Joshua* und *Alexander Balus* (HWV 64 u. 65), 1749 *Susanna* und *Solomon* (HWV 66 u. 67), 1750 *Theodora* (HWV 68) und 1752 *Jephtha* (HWV 70). Daneben komponierte Händel 1743 ein Te Deum und Anthem anläßlich des Friedens von Dettingen (HWV 283 u. 265), 1749 zwei weitere Anthems zu besonderen Gelegenheiten (HWV 266 u. 268) sowie für die Feierlichkeiten zum Aachener Frieden die *Music for the Royal Fireworks* (HWV 351). Während der Komposition an *Jephtha*, Anfang 1751, begann Händel zu erblinden, was er in der autographen Partitur inmitten des Chorsatzes *How dark, O Lord, are thy decrees* vermerkte. Er starb am 14. April 1759 in London und wurde am 20. April in der Westminster Abbey beigesetzt.

Händels Gesamtwerk umfaßt, soweit es heute erhalten ist, rund 40 Opern, 25 oratorische Werke, 3 Odenkompositionen, rund 100 italienische Kantaten, 20 Kammerduette sowie 2 Kammertrios, Arien und Lieder, rund 15 italienische und lateinische Kirchenstücke, 23 Anthems und 9 weitere Solo-Anthems, 5 Te Deum- und eine Jubilate-Vertonung, 20 Orgelkonzerte und etwa 10 weitere Konzerte für unterschiedliche Besetzungen, 18 Concerti grossi, mehrere Ouvertüren, Orchestersuiten und Suitensätze, rund 20 Sonaten für ein Soloinstrument und Basso continuo sowie rund 20 Triosonaten, etwa 30 Klaviersuiten und zahlreiche Einzelsätze für Tasteninstrumente. In Händels Werk nimmt die dramatische Musik, vertreten durch zahlreiche italienische Kantaten und Duette, die Opern und einen Großteil der oratorischen Werke, eine klare Vorrangstellung ein. Dies gilt um so mehr, als Händel einen bedeutenden Teil seiner Instrumentalmusik (Orgelkonzerte, Concerti grossi, Ouvertüren) überhaupt nur als Zusatzprodukte seiner Theatermusik konzipiert und eingesetzt hat. Im Laufe seines umfangreichen musikdramatischen Schaffens vollzog er den Wechsel von einer, nicht zuletzt dank seines eigenen musikalischen Beitrags, letzte Triumphe feiernden, dann aber auf wachsendes Desinteresse des Publikums stoßenden Gattung, der italienischen Opera seria, zu einer neuen, von ihm selbst aus der Tradition der englischen Masque, der englischen Ode und des Anthems heraus entwickelten Gattung, dem englischen Oratorium. Indem er mit diesem neue musikdramatische Ausdrucksformen erschloß, deren sich später Haydn und Mendelssohn Bartholdy in ihren Oratorien bedienten, war er, am Ende einer musikgeschichtlichen Epoche stehend, Wegbereiter für nachfolgende Generationen.

Gattungen und Funktionsbereiche

Mit der Aufsplitterung der bis um 1600 vorherrschenden Stileinheit und der Herausbildung neuer, sich zum Teil überlagernder Stile und Stilbereiche (▷ 5.1) entwickelte sich im 17. Jahrhundert ein breitgefächertes Gattungswesen, in dem sowohl ältere Gattungen weitergeführt wurden als auch neue hinzutraten. So benannte beispielsweise J. Mattheson 1739 16 vokale und 22 instrumentale Gattungen. Da es eine natürliche Ordnung musikalischer Gattungen nicht gibt, haftet zwangsläufig jedem Versuch ihrer Systematisierung etwas Willkürliches an. Es erscheint daher angebracht, auf ein solches Ordnungsgefüge zurückzugreifen, wie es die Epoche selbst hervorgebracht hat, nämlich die Zuordnung der einzelnen Gattungen zu den drei Hauptstilarten Kirchen-, Kammer- und Theaterstil, die zugleich auch Funktionsbereiche waren. Diese zuerst bei M. Scacchi (um 1648), dann bei A. Berardi (1681), J. Mattheson (1717 und 1739), J. A. Scheibe (um 1730) und noch bei J. N. Forkel (1788) vorgenommene Gattungsklassifizierung spiegelt zugleich, wenn auch teilweise vergröbernd, die bis ins späte 18. Jahrhundert hinein gültige Funktionsbezogenheit von Musik und Musikausübung wider. Erst seit der Wiener Klassik und ihrer mit dem Begriff des autonomen Kunstwerks verbundenen Rezeption im 19. Jahrhundert verlor die funktionale Bindung der Musik an Relevanz und damit auch ihre gattungsprägende Bedeutung.

5.11 Musik für die „Kammer"

Mit der „Kammer" war im Barockzeitalter an erster Stelle das fürstliche Gemach gemeint, das auch als Speisesaal fungieren konnte. Erst später trat das private Musizieren mit in das Blickfeld der Kammermusik, zu der die *Hauss-Music* (J. Staden, 1623) eine mehr geistlich-erbauliche Variante darstellte. Die Verbindung von Kammer- und Tafelmusik läßt sich vielfältig belegen, so beispielsweise auch durch die Vorrede zu G. Muffats *Außerlesener ... Instrumental-Music* (1701), in welcher der Komponist eine Verwendung der vorgelegten Concerti grossi in der Kirche oder im Theater (Ballett) ausdrücklich ausschließt und sie dem reinen Hören (Kammer) überlassen wissen möchte: „Welche Concerten, weilen sie wegen der darunter begriffenen Ballet- und anderen Arien, weder zum Kirchendienst / noch wegen der darinnen da und dort bald langsamb / und traurig / bald lustig / und hurtig eingemengten andern Con-

Die Musik des Barock

cepten / zum Dantzen taugen / in dem sie nur zur absonderlichen Erquickung deß Gehörs Componirt worden / vornemblich unter Belustigungen grosser Fürsten und Herrn / zur Unterhaltung vornehmer Gästen / bey herlichen Mahlzeit / Serenaden / und Zusammenkunfften der Music-Liebhaber und Virtuosen am füglichsten können producirt werden." Um ihrer besonderen Funktion als Hör-Musik gerecht zu werden, bedurfte die Kammermusik einer besonders sorgfältigen und kunstvollen Ausarbeitung: „Es erfordert sonst dieser Styl in der Kammer weit mehr Arbeitsamkeit, als sonst, und will künstliche Mittel-Partien haben, die um den Vorzug mit den Ober-Stimmen gleichsam beständig, und auf eine angenehme Art, Streit führen. Bindungen, Rückungen, gebrochne Harmonien, Abwechselungen mit tutti und solo, mit adagio und allegro & c. sind ihm lauter wesentliche Dinge" (J. Mattheson, *Kern Melodischer Wißenschafft*, 1737). Kammermusik war demnach im Barock noch nicht auf bestimmte Besetzungen beschränkt. Musik für Orchester, für ein oder mehrere Instrumente mit Generalbaß sowie für begleitenden Sologesang (z. B. in der Form der Kammerkantate) gehörten gleichermaßen in diesen Bereich.

5.12 Lied und Arie

Die verschiedenen nationalen Ausprägungen des Liedes in der ersten Hälfte des 17. Jahrhunderts – nämlich Aria (Italien), Air de cour (Frankreich), Ayre (England) und das Generalbaßlied (Deutschland) – waren annähernd identische Erscheinungen insofern, als allen primär die Strophenform zugrunde liegt. Erst in der zweiten Hälfte des 17. Jahrhunderts entwickelte sich die italienische Aria zu einem komplexeren, strophenübergreifend geformten Gesangsstück, das schließlich in die dreiteilige Form der Da-capo-Arie mündete. Hervorgegangen aus „Aria" genannten Melodie- oder Baßmodellen des 16. Jahrhunderts („Ruggiero", „Romanesca", „Monica") bildete die italienische Aria nach 1600 unter dem Einfluß der Monodie im wesentlichen folgende Formtypen aus: Strophen-Aria mit gleichbleibender Melodie, strophisch angelegter Gesang über einem ständig wiederholten standardisierten Baßmodell (siehe oben), strophische Variationen über einem freien Basso ostinato sowie die Aria in rezitativischem Stil. Beispiele aller genannten Formtypen finden sich in den Kompositionen von G. Caccini (*Le nuove musiche*, 1601 u. 1614), S. d'India (*Le musiche*, 1609–1623), A. Grandi (*Cantade et arie*, 1620–1629) und G. Frescobaldi (*Arie musicali*, 1630).

Das französische *Air de cour* stand als eigenständig ausgeprägtes Lautenlied während des ganzen 17. Jahrhunderts auch außerhalb Frankreichs in hohem Ansehen (deutschsprachige Bearbeitungen finden sich beispielsweise in H. Alberts *Arien*, 1648). Es wurde als einfacher gehaltenes *Air à boire* sowie als kunstvoller komponiertes *Air serieux* vorwiegend in Sammeldrucken verbreitet. Wichtige Komponisten sind P. Guédron, A. Boësset, E. Moulinié, J. de Cambefort und M. Lambert.

Das englische Lautenlied erlebte seinen Höhepunkt bereits im ersten Drittel des 17. Jahrhunderts mit den *Ayres* Th. Morleys (1600), A. Ferraboscos d. J. (1609) und vor allem J. Dowlands (1597, 1600, 1603). In der von seinem Sohn herausgegebenen Lautenliedsammlung *A Musicall Banquet* (1610) zeigt sich durch die Aufnahme zweier Kompositionen G. Caccinis ein beginnendes Interesse am neuen italienischen Gesangsstil, der sich dann auch in einigen Liedern von Dowlands *A Pilgrimes Solace* (1612) niedergeschlagen hat.

In Deutschland entwickelte sich das Generalbaßlied aus dem unter italienischem Einfluß stehenden mehrstimmigen Lied („Villanella", „Canzonetta"), vertreten durch Kompositionen von M. Franck, J. H. Schein und Th. Selle. Durch den Ausführenden freigestellte Reduzierung der zunächst meist noch dreistimmigen Sätze auf Solostimme und Basso continuo fand der einstimmige Liedgesang eine erste Verbreitung. Weitere Anregungen kamen durch italienkundige Komponisten wie J. Nauwach (*Arie passeggiate*, 1623) und C. Kittel (*Arien und Cantaten*, 1638) hinzu. Den ersten bedeutenden Beitrag zum deutschsprachigen Sololied lieferte jedoch H. Albert mit seiner achtteiligen Werksammlung *Arien ... In ein Positiv / Clavicimbel / Theorbe oder anders vollstimmiges Instrument zu singen gesetzt* (1638–1650), die neben So-

185

loliedern auch mehrstimmige Lieder enthält. Außer der vorherrschenden Form des Strophenlieds treten in der Sammlung auch rezitativische Lieder und solche mit Instrumentalritornellen auf. Vorwiegend dem Typus des Strophenlieds widmete sich auch A. Krieger in seinen *Arien* (1657, 1667), von denen *Nun sich der Tag geendet hat* eines der bekanntesten geworden ist.
Gegen Ende des 17. Jahrhunderts drängte die Opernarie die verschiedenen nationalen Ausprägungen des Liedes in den Hintergrund. Die italienische Aria hatte sich mittlerweile zur dreiteiligen Da-capo-Form weiterentwickelt (a b a; ab etwa 1720: a a' b a a') und war neben dem Rezitativ zum zentralen Bestandteil der Oper sowie zur Hauptarienform des Barock geworden. Textlich setzte sie sich aus zwei Strophen zusammen, wobei die zweite als Mittelteil der Arie meist kontrastierend zur ersten komponiert wurde.

5.13 Kammerkantate und Kammerduett

Die italienische Cantata oder, wie sie später z. B. bei J. Mattheson (1739) zur Unterscheidung von der Kirchenkantate genannt wurde, die „Kammer-Cantate" entwickelte sich als vokale Gattung in Italien in der ersten Hälfte des 17. Jahrhunderts im wesentlichen aus zwei Entwicklungssträngen: der Strophen-Aria (▷ 5.12) und dem monodischen, solistisch oder geringstimmig besetzten Generalbaß-Madrigal (▷ 4.31). Charakteristisch für diese frühe, gattungsmäßig noch nicht konsolidierte Phase der Kantate (etwa bis 1640) ist die durchkomponierte Abfolge mehrerer Strophen eines meist madrigalischen Textes über einem zunächst oft noch gleichbleibenden Baßmodell, wobei im Unterschied zur Strophen-Aria durch Takt- und Tempowechsel sowie eine allmähliche Scheidung in mehr ariose und mehr rezitativische Abschnitte auf eine stärkere Kontrastbildung abgezielt wurde. Kennzeichnend für diese frühe Phase der Kantate, wie sie in Kompositionen von A. Grandi (*Cantade et Arie*, 1620), St. Landi (*Arie a una voce*, 1620) und etwas später L. Rossi vertreten ist, war darüber hinaus von Anfang an die Beschränkung auf eine Solo-

stimme mit Generalbaßbegleitung. Bestimmend für den weiteren Fortgang der Kantate wurde die zunehmende Scheidung in Rezitativ, Arioso und Arie, die in freier, zumeist alternierender Folge aneinandergereiht wurden. Bedeutsamen Anteil an dieser Entwicklung hatte G. Carissimi mit einem Großteil seines umfangreichen Kantatenschaffens. Mit den zahlreichen Kantaten A. Stradellas etablierte sich in der zweiten Hälfte des 17. Jahrhunderts endgültig die formale Scheidung in Rezitativ und Arie mit der Tendenz zu einer zahlenmäßigen Verringerung der Einzelteile und einer längenmäßigen Ausweitung des Arienanteils gegenüber dem des Rezitativs. Auch die Einführung zusätzlicher Instrumente (meist zwei Violinen neben dem Basso continuo) zeichnete sich nun zunehmend ab. Der wichtigste Vertreter unter den zahlreichen Kantaten-Komponisten des späten 17. und frühen 18. Jahrhunderts war jedoch A. Scarlatti. In seinen rund 600 überlieferten Kammerkantaten setzte er Anfang des 18. Jahrhunderts die fortan zur Regel werdende Satzfolge Rezitativ–Arie–Rezitativ–Arie durch (Arien in Da-capo-Form), gab den Kantaten ein tonales Zentrum und entwickelte in den Arien einen kontrapunktischen Stil, der sich von dem der Opernarie durch größere Kunstfertigkeit abhob. Die wenigen geistlichen italienischen Kantaten dieser und früherer Zeit waren erbauliche Kammermusik und besaßen im Gegensatz zur deutschen Kirchenkantate (▷ 5.27) keine liturgische Funktion.
Neben der italienischen Kantate, die als erfolgreiches Exportmodell auch in anderen Ländern gepflegt wurde, konnten sich vergleichbare nationale Formen nur in Frankreich entwickeln. Anfang des 18. Jahrhunderts entstand dort die „Cantate françoise" mit J.-B. Morin (*Cantates françoises*, 1706) als erstem komponierenden Hauptvertreter. Im Vorwort dieser Sammlung bekannte er sich zu dem Versuch, die Lieblichkeit der französischen Melodiebildung beizubehalten, wenn auch mit mehr Abwechslung in der Begleitung, und die charakteristischen Rhythmen und Modulationen der italienischen Cantata zu übernehmen.
In Deutschland vollzog sich die Aneignung des italienischen Vokalstils im kammermusikalischen Bereich zunächst auf dem Gebiet

der Aria (▷ 5.12). Für das Entstehen einer deutschsprachigen Kammerkantate fehlten bis etwa 1700 die geeigneten dichterischen Vorlagen. Deutschsprachige weltliche Solokantaten wie beispielsweise von R. Keiser, G. Ph. Telemann und J. S. Bach konnten sich neben der auch von deutschen Komponisten gepflegten italienischen Kammerkantate nicht zu einem eigenständigen Gattungszweig entwickeln. (Zur deutschen Kirchenkantate ▷ 5.27.) Als Sonderform bildete sich parallel zur italienischen Kantate im 17. Jahrhundert das Kammerduett heraus (erste Benennung wohl bei M. Cazzati, *Duetti per camera,* 1677). Neben seinen der Kantate prinzipiell ähnlichen Form- und Stilausprägungen bot es die Möglichkeit zu wechselnden Stimmkombinationen und zweistimmigem Vokalsatz, wobei stärker als in der Kantate konzertierende und polyphone Elemente sowie harmonische Ausdrucksmittel zum Tragen kommen. Der Text beider Vokalstimmen ist identisch, wodurch sich das Kammerduett vom dialogisierenden Prinzip des Opern-Duetts oder der Darstellung zweier unterschiedlicher Charaktere in der Duett-Kantate unterscheidet. Das Kammerduett ist somit, gemessen auch an seiner epochalen Bedeutung, das vokale Gegenstück zur instrumentalen Triosonate (▷ 5.14). Als unbestrittener Meister des Kammerduetts galt schon den Zeitgenossen (vgl. z. B. J. Mattheson, *Der vollkommene Capellmeister,* 1739) A. Steffani mit seinen rund 80 heute noch erhaltenen, überwiegend während seiner Tätigkeit am Hof in Hannover (1688–1703) komponierten Duetten, von denen sich die meisten auf eine Generalbaßbegleitung beschränken.

5.14 Canzona und Sonate

Um 1600 war die *Canzona* neben dem instrumentalen Gegenstück zur Motette, dem *Ricercar,* und der als neue Gattung hinzutretenden *Sonata* die verbreitetste Form nichttanzgebundener Instrumentalmusik. Sie hatte ihren Ursprung in der ersten Hälfte des 16. Jahrhunderts als Lautenintavolierung beziehungsweise ausgearbeitete Transkription französischer Chansons, weshalb sie gelegentlich auch als „Canzona francese" bezeichnet wurde. Nach ihrer Loslösung von unmittelbaren vokalen Vorlagen im späten 16. Jahrhundert bildeten sich ihre typischen Merkmale heraus wie der lebhafte Rhythmus, einschließlich der sie meist eröffnenden daktylischen Rhythmus-Figur (𝅗𝅥 𝅘𝅥 𝅘𝅥 | 𝅝 oder 𝅘𝅥 𝅘𝅥𝅮𝅘𝅥𝅮 𝅘𝅥 𝅘𝅥), die kurze und prägnante Motivik oder die kleingliedrige, kontrastreiche Struktur. Nebeneinander entwickelte sie sich bis um etwa 1650 als klavieristische Gattung (V. Pellegrini, G. Gabrieli, G. Frescobaldi) und als Ensemble-Canzona (F. Maschera, A. Banchieri, G. Gabrieli, G. Picchi, Frescobaldi, T. Merula). Gegen Ende des 16. Jahrhunderts trat neben der Canzona als weitere spezifisch instrumentale Gattung die *Sonata* auf den Plan. Obwohl als Terminus für verschiedene musikalische Erscheinungen schon auf eine lange Geschichte zurückblickend, bezeichnete „Sonata" nun bis in die 1680er Jahre hinein ein einsätziges oder mehrteiliges (nicht mehrsätziges) „Klingstück", das in Form und Stil nicht näher festgelegt war. Die Besetzungen reichten von der meist mehrchörigen *Sonate* G. Gabrielis (1597 und 1615) über die weniger stark besetzte Ensemble-Sonata (G. B. Buonamente, 1636; G. Legrenzi, 1663), dann die im Laufe des 17. Jahrhunderts immer beliebter werdende Trio-Sonata (zuerst G. P. Cima, 1610 und D. Castello, 1629) bis hin zur Solo-Sonata für ein Melodieinstrument mit Generalbaßbegleitung (Cima, Castello). Vergleichsweise selten blieb dagegen bis um 1740 die Sonate für ein einzelnes Tasteninstrument (zuerst A. Banchieri, 1605; später G. P. Del Buono, 1641, und J. Kuhnau, 1696). Bis um 1650 ist eine stilistische Unterscheidung zwischen Canzona und Sonata kaum möglich, wenngleich M. Praetorius einen dahingehenden Versuch unternommen hat: „Es ist aber meines erachtens dieses der vnterscheyd; Daß die Sonaten gar gravitetisch vnd prächtig vff Motteten Art gesetzet seynd; Die Canzonen aber mit vielen schwartzen Notten frisch / frölich vnnd geschwinde hindurch passiren" (*Syntagma musicum,* Bd. 3, 1619). Symptomatisch für den Entwicklungsstand der Sonate um die Mitte des 17. Jahrhunderts ist der Titel einer Werksammlung T. Merulas: *Canzoni, overo sonate concertate per chiesa, e ca-*

187

mera (1637). Zum einen wird hier die Austauschbarkeit der Termini „Canzona" und „Sonata" offenkundig („overo") und zum andern wird mit dem Hinweis auf die funktionale Bestimmung der Werke („per chiesa" und „per camera") eine mögliche Spezifizierung angedeutet, die in der zweiten Hälfte des 17. Jahrhunderts zur Herausbildung zweier unterscheidbarer Sonatengenres führen sollte. Diese Genrebildung vollzog sich außer in Werken von B. Marini (1655), G. Legrenzi (1656) und anderen vor allem in den Triosonaten A. Corellis (op. 1–4, 1681–94). Op. 1 und 3 sind *Sonate da chiesa,* bestehend meist aus vier Sätzen in der Reihenfolge langsam – schnell – langsam – schnell mit einem eröffnenden gravitätischen Satz, einem fugierten Satz an zweiter Stelle, gefolgt von einem meist ungeradtaktigen, sarabandenähnlichen sowie einem oft fugierten, gigueartigen Schlußsatz. Op. 2 und 4 sind *Sonate da camera,* bestehend in der Regel aus einem langsamen, nichttanzgebundenen Eröffnungssatz sowie zwei bis vier nachfolgenden Tanzsätzen, wodurch sich die Sonata da camera der Suite angenähert hat (▷ 5.15). Nach 1700 verschwand die Differenzierung zwischen Sonata da camera und Sonata da chiesa, und der Ausdruck „Sonate" bezeichnete nun meist den früheren Dachiesa-Typ. Vorherrschende Besetzungsform wurde neben der Triosonate die Solosonate mit Generalbaßbegleitung.

Die Ausbreitung der Sonate nach ihrer Entwicklung in Italien erfolgte ab Mitte des 17. Jahrhunderts über Österreich und Deutschland (J.-H. Schmelzer, H. I. F. Biber, G. Muffat, J. J. Fux, J. S. Bach, G. Ph. Telemann), ab etwa 1660 über England (H. Purcell, J. Ravenscroft, G. F. Händel, F. Geminiani) und seit Ende des 17. Jahrhunderts über Frankreich (F. Couperin, J.-M. Leclair).

5.15 Suite

„Suite" im engeren, auf die zu behandelnde Epoche bezogenen Sinn, bezeichnet eine aus mehreren Sätzen gleicher Tonart und überwiegend tanzartigen Charakters bestehende Instrumentalkomposition. Der Terminus läßt sich erstmals 1557 bei E. du Tertre als „suytte de bransles" nachweisen *(Septième livre de danceries)* und bezeichnet dort eine Folge gleichartiger Tanzsätze. Vergleichbare Ausdrücke späterer Zeit waren „Ballo", „Partita" (auch „Partia"), „Sonata da camera", „Sett", „Ouverture" und „Ordre".

Die Ursprünge der Suite liegen in der schon im 16. Jahrhundert zu beobachtenden Tendenz begründet, einzelne Tanzsätze zu Paaren oder umfassenderen Gruppierungen anzuordnen (▷ 4.36). Bis um 1630 besaß die Suite vorrangig den Charakter einer Sammlung von Tanzsätzen; Ansätze zur Ausprägung einer zyklischen Struktur waren eher selten. In Italien erschien 1618 L. Allegris *Primo libro delle musiche,* eine Sammlung von acht zwei- bis siebensätzigen Suiten, die neben tanzfreien Sätzen aus Ballo, Gagliarda, Corrente, Canario, Gavotta und Brando bestanden. In Österreich veröffentlichte P. Peuerl 1611 als erster Komponist eine Sammlung von 10 Suiten mit einheitlicher, dem Titel zu entnehmender Satzanordnung: *Newe Padouan / Intrada. Däntz vnnd Galliarda.* J. H. Schein lieferte 1617 mit seinem *Banchetto Musicale,* bestehend aus 20 Suiten mit der Satzfolge Pa-

102 Titelblatt der „Canzoni, overo sonate concertate per chiesa, e camera" von Tarquinio Merula (1637)

douana, Gagliarda, Courente, Allemande und Tripla, einen Beitrag zum Typus der Variationensuite, bei der die einzelnen Sätze motivisch miteinander verknüpft sind: „also gesetzt / dass sie beydes in Tono vnd inventione einander fein respondiren" (Vorwort).

Erst um 1630 läßt sich innerhalb der französischen Lautenmusik mit der Gruppierung Allemande – Courante – Sarabande (künftig: A-C-S) eine verbindlichere Normierung der Satzfolge innerhalb der Suite beobachten, wobei eine Beeinflussung durch das Ballet de cour (▷ 5.20) als wahrscheinlich gelten darf (D. J. Buch, 1985). Erste datierbare Quelle mit sechs auf der genannten Satzfolge basierenden Suiten ist die *Tablature de mandore* (1629) von F. de Chancy. A-C-S-Suiten finden sich außer in weiteren französischen Lautenmusiksammlungen auch in der italienischen Gitarrenmusik, der englischen Klaviermusik sowie der frühen deutschen Klaviersuite (J. E. Kindermann). Um 1650 bildete sich in Frankreich, England und Deutschland durch Einbeziehung der englischen Gigue (G) die fortan viersätzige Grundkonstellation A-C-S-G heraus (in den Klaviersuiten J. J. Frobergers zunächst mit der Gigue an zweiter Stelle). Durch das Voranstellen eines nichttanzgebundenen Eröffnungssatzes (Praeludium, Sinfonia, Sonata), die Verdopplung eines der Kernsätze (z. B. der Courante) oder die Einfügung eines oder mehrerer kleinerer Tänze (Menuett, Bourrée, Gavotte, Air, Passepied) an beliebiger Stelle (meist jedoch vor der Gigue) konnte die Grundkonstellation individuell verändert werden. Auf den vier Stammsätzen A-C-S-G basieren die meisten Lauten-, Klavier-, Solo- und Ensemblesuiten deutscher Komponisten (E. Reusner, J. A. Reinken, D. Buxtehude, G. Böhm, J. Kuhnau, J. Ph. Krieger, S. L. Weiss und J. S. Bach), während in Italien in der zweiten Hälfte des 17. und der ersten Hälfte des 18. Jahrhunderts die Suite im wesentlichen durch die weniger normierte Sonata da camera (▷ 5.14) bestimmt wurde und in Frankreich das Interesse mehr der individuellen Gestaltung und Charakterisierung der Einzelsätze galt als der Schaffung einer Gesamtform. Letzteres trifft vor allem auf die als „Ordres" bezeichneten 27 Klaviersuiten von F. Couperin zu (*Pièces de clavecin*, 4 Bde., 1713–30), Zusammenstellungen von Tanzsätzen und – zahlenmäßig überwiegend – durch bildhafte Überschriften kenntlich gemachten Charakterstücken (u. a. *Les petits moulins à vent, Les triquoteuses, L'arlequine*).

In der zweiten Hälfte des 17. Jahrhunderts kam die Praxis auf, Tanzsätze und Airs aus Balletten und Opern – vor allem solchen Lullys – zu entnehmen und zu selbständigen Orchestersuiten zusammenzustellen. Diese kompilierten Werke, deren musikalisches Hauptgewicht auf der eröffnenden französischen Ouvertüre lag, besaßen vorwiegend den Charakter von bunten Zusammenstellungen und nicht den eines geformten Zyklus. Die Nachahmung solcher Sammlungen führte zur Entstehung neukomponierter Orchestersuiten (zuerst wohl bei J. C. Horn, *Parergon musicum* II und IV, 1663 und 1672), die ihren Höhepunkt in den vier nach ihrem Eröffnungssatz benannten *Ouvertüren* J. S. Bachs (etwa 1717–38/39) sowie der sogenannten *Wassermusik* (etwa 1717) und der *Music for the Royal Fireworks* (1749) G. F. Händels fanden.

5.16 Concerto und Concerto grosso

Ausgehend von dem für die Musik des 17. und frühen 18. Jahrhunderts grundlegenden konzertierenden Prinzip (▷ 5.3) hatten sich, abgesehen von dessen Einfluß auf bereits existierende Gattungen, zunächst im Bereich der Vokalmusik neue Formen des konzertierenden Miteinanders entwickelt (*Concerto ecclesiastico* oder *Geistliches Konzert*, ▷ 5.26), wofür der Terminus „Concerto" bis um die Mitte des 17. Jahrhunderts auch nahezu ausschließlich stand.

Die ersten, das instrumentale Concerto etablierenden Werke waren solche für unterteiltes Orchester, zusammengesetzt aus großem Ensemble *(Concerto grosso)* und kleinem *(Concertino)*, wie sie zuerst in einigen Serenata- und Oratorienkompositionen A. Stradellas (zwischen 1670 und 1680) anzutreffen sind. Von Stradella stammt auch eine handschriftlich überlieferte *Sinfonia a violini e bassi a concertino e concerto grosso distinti* (Modena, Biblioteca Estense), möglicherweise die erste Benennung des späteren Concerto-grosso-Prinzips. Spätere Werktitel wie A. Scarlattis *Sinfonie di concerto grosso* (1715) oder die Titulierung von sechs Violinkonzerten in G. Torellis op. 8 (1709) als *Concerti grossi* zeigen, daß der Terminus „Concerto grosso" wohl stets eher auf eine Besetzungsform (großes Ensemble) bezogen worden ist als auf einen bestimmten Formtypus.

Seine klassische Prägung als Concerto für zwei alternierende Klanggruppen (*Grosso* und *Concertino*, letzteres zusammengesetzt aus zwei Melodieinstrumenten und Basso continuo) erfuhr das Concerto grosso durch A. Corelli in den frühen 1680er Jahren. Dieser lehnte seine zwölf *Concerti grossi* op. 6 an die in seinen Triosonaten ausgebildeten Formtypen und Satzfolgen der *Sonata da chiesa* und *Sonata da camera* an (▷ 5.14), wobei die ersten acht seiner Konzerte als Concerti grossi da chiesa, die letzten vier als Concerti grossi da camera bezeichnet werden könnten. Spätere Komponisten folgten den Modellen Corellis (G. Muffat, 1701; G. F. Händel, op. 6), wandelten jedoch gelegentlich die Besetzung des Concertinos zum Quartett ab (P. Locatelli, op. 1; F. Geminiani, op. 2, 3, 7) oder bezogen in das bis dahin von Streichinstrumenten dominierte Concertino Bläser mit ein (A. Marcello, *La Cetra*).

Neben dem Concerto grosso bildete sich gegen Ende des 17. Jahrhunderts der Typus des Solokonzerts heraus, zunächst in zwei die Violine als Soloinstrument verwendenden Werken aus Torellis *Concerti musicali* op. 6 (1698). In sechs weiteren Violinkonzerten seines op. 8 (posthum veröffentlicht 1709) prägte Torelli schließlich die typischen Merkmale des späteren Solokonzerts voll aus: Dreisätzigkeit (schnell – langsam – schnell), klar strukturierte Ritornellform (mehrmaliges Wiederkehren des eröffnenden Orchestertuttis auf verschiedenen Tonstufen zwischen einzelnen Soloabschnitten) und virtuose, die Orchesterritornelle kontrastierende Soli. Von großem Einfluß auf die weitere Entwicklung des barocken Solokonzerts war schließlich das umfangreiche Konzertschaffen A. Vivaldis. Dieser erhob die Dreisätzigkeit zur Norm, verfeinerte die Ritornellstruktur und erhöhte die Anforderungen an die Virtuosität der Solisten. Durch die Übertragung Vivaldischer Konzerte auf Cembalo und Orgel machte sich J. S. Bach mit deren Formprinzipien vertraut. Diese haben dabei nicht nur sein eigentliches Konzert-Œuvre beeinflußt (Violinkonzerte, Brandenburgische Konzerte, Cembalokonzerte, Italienisches Konzert), sondern auch in gattungsfremden Bereichen Anwendung gefunden (Orgelpräludien, konzertierende Kantatensätze). Weitere bedeutende Komponisten von Solokonzerten in der ersten Hälfte des 18. Jahrhunderts sind G. Ph. Telemann, J. F. Fasch und in Frankreich J.-M. Leclair. In England schuf G. F. Händel mit seinen Orgelkonzerten eine eigene, von Komponisten wie Th. A. Arne und Ch. Avison fortgeführte Gattungstradition.

5.17 Fuge

Der Fuge den Rang einer Gattung zuzubilligen, ist nicht unproblematisch, denn sie ist in erster Linie ein Kompositionsprinzip (allerdings eines mit zentraler Bedeutung für das Barockzeitalter), nämlich die Fortführung der mittelalterlichen Kanontechnik beziehungsweise des späteren Imitationsverfahrens der Vokalpolyphonie (▷ 4.5) mit anderen Mitteln und unter veränderten stilistischen Voraussetzungen. Am ehesten noch kommt den fugierten Sätzen für Tasteninstrumente im 17. und frühen 18. Jahrhundert eine gattungsmäßige Bedeutung zu, hat sich doch hier die Fuge entweder als Einzelsatz (z. B. S. Scheidt, *Tabulatura nova* II, 1624) oder später in der Koppelung mit anderen Satztypen wie Praeludium und Toccata als eigenständiger Satztypus konsolidieren können. So begegnet auch die partiturmäßige Benennung eines Satzes als „Fuge" überwiegend nur im Bereich der Tastenmusik.

Die immense strukturelle Vielfalt fugierter Sätze im behandelten Zeitraum verbietet es, in solchen Fugensätzen nach mehr als den jeweiligen individuellen Formprinzipien zu suchen. Einzig die Art der Themenaufstellung *(Exposition)* unterliegt historisch gewachsenen Regeln, die sich wie folgt zusammenfassen lassen: Das Thema *(Subjekt, Soggetto)* erscheint in einer Grundgestalt *(Dux)* sowie einer vorwiegend in die Oberquinte oder Unterquarte versetzten Beantwortung *(Comes)* und wird auf diesen Tonstufen abwechselnd stimmenweise nacheinander eingeführt. Die

Die Musik des Barock

103 Beginn der Fuge E-Dur aus dem „Wohltemperirten Clavier", Band 2 von Johann Sebastian Bach

104 Beginn der Fuge A-Dur aus dem „Wohltemperirten Clavier", Band 1 von Johann Sebastian Bach

Beantwortung kann intervallgetreu erfolgen (*real;* Abb. 103) oder in geringfügiger, die Tonart wahrender Abwandlung (*tonal;* Abb. 104). Bei Fugenthemen mit modulierender Grundgestalt übernimmt die Beantwortung die Aufgabe der Rückmodulation. Die Fortführung einer Stimme während des ihr nachfolgenden Themeneinsatzes einer anderen Stimme kann im weiteren Satzverlauf als regelmäßige Begleitung des Themas beibehalten werden, womit sie zum *Kontrasubjekt* gemacht wird. Die Fugenexposition gilt als abgeschlossen, nachdem die zuletzt einsetzende Stimme das Thema vorgestellt hat, sofern nicht noch ein zusätzlicher, größere Stimmenzahl vortäuschender Themeneinsatz in einer bereits eingeführten Stimme erfolgt. Die Fortführung der Fuge mit weiteren blockartigen oder isolierten Themeneinsätzen, eventuell getrennt durch Zwischenspiele, und die Art der kontrapunktischen Verarbeitung des Themas (Engführung durch verkürzte Einsatzfolge, Vergrößerung oder Verkleinerung der Notenwerte, Umkehrung der Intervallrichtung oder rückläufige Darstellung) unterliegt keiner Normierung und ist von dem Komponisten in jedem Fugensatz individuell zu lösen.
Die theoretischen und praktischen Ansätze zur Fugenkomposition reichen zurück ins 16. Jahrhundert, und zwar in kompositionstheoretischer Hinsicht zu N. Vicentino (1555), G. Zarlino (1558), T. de Santa Maria (1565) und Th. Morley (1597). In kompositionspraktischer Hinsicht liegen sie bei neu aufgekommenen Gewohnheiten wie der Übertragung motettischer Kompositionsprinzipien (Imitation) auf Tasteninstrumente *(Ricercar* oder *Fantasia)* oder der Übernahme charakteristischer Merkmale der französischen Chanson in den Instrumentalsatz *(Canzona,* ▷ 5.14). Wichtige Beiträge zu den Fugentypen Ricercar und Fantasia lieferten in der ersten Hälfte des 17. Jahrhunderts G. Frescobaldi, J. P. Sweelinck und S. Scheidt. In der zweiten Hälfte des 17. Jahrhunderts verselbständigte sich die Fuge sowohl terminologisch wie auch konzeptionell (J. Pachelbel, J. Krieger, J. C. F. Fischer) und durchdrang daneben als Kompositionsprinzip eine Vielzahl von Gattungen: französische Ouvertüre (Lully), Toccata (Froberger, Buxtehude), Triosonate und Concerto grosso (Corelli, Muffat), Klaviersuite beziehungsweise deren Gigue (Froberger) sowie im vokalen Bereich Motette, Messe, Kantate, Passion und Oratorium. Ihren Höhepunkt als kompositionstechnisches Prinzip, aber auch als klavieristische Gattung fand sie bei J. S. Bach, der ihr in Form der Vokalfuge, der kunstvoll scheinpolyphonen Solovolinfuge (BWV 1001, 1003, 1005) sowie vor allem in seinem zweiteiligen *Wohltemperirten Clavier* (BWV 846–893) und der *Kunst der Fuge* (BWV 1080) eine dauerhafte Prägung verliehen hat.

5.18 Musik für das „Theater"

Die Verbindung von Musik mit szenischer Darstellung und dekorativer Ausstattung erlebte, obwohl grundsätzlich nicht neu, im Barockzeitalter durch das Aufkommen neuer Gattungen wie der Oper und bedingt auch des Oratoriums eine bis dahin nicht gekannte Intensivierung. Verankert in der Kultur des höfischen Festes und geprägt von dem Hang zu glanzvoller Repräsentation zeigte die Epoche in diesem Bereich des Musiklebens vielleicht am deutlichsten ihr wahres Gesicht: theatralische Selbstdarstellung. Daß auch das Oratorium, zumindest das italienische des späten 17. und frühen 18. Jahrhunderts, in diesen Funktionsbereich gehört, verdeutlicht die folgende Ausführung J. A. Scheibes: „Der Italiäner macht hingegen seine Oratoria ganz nach dem Theatralischen Stylo, und suchet nur des Orts halber durch Dämpfung der Instrumente wie auch durch mehrere Veränderung derselben als sonst bey ihm gewöhnlich ist, einigen Unterschied vom Theatro zuzeigen: Indem die Music dadurch etwas trister als in der oper wird. Wie wohl die Haupt Arbeit in Ansehung der Erfindung der Music selbst, wie gedacht, mit der Oper einerley ist" (*Compendium musices*, um 1730).

5.19 Italienische Oper

Die in Italien im ausgehenden 16. Jahrhundert entstandene Oper – die Bezeichnung selbst kam später auf und setzte sich nur langsam durch – ist in erster Linie ein Produkt italienischer Hofkultur, in der die Verbindung von Musik und Spektakel, meist hervorgerufen durch festliche Anlässe wie Hochzeiten, Geburtstage und politische Zusammentreffen, seit dem späten 15. Jahrhundert eine Vielfalt von künstlerischen Ausdrucksformen hervorgebracht hatte. Eine davon war das *Intermedium* (auch *Intermezzo*), eine musikalische Einlage zwischen den Akten eines Schauspiels. Prunkvoller Höhepunkt dieser Gattung war 1589 die Aufführung der sechs Intermedien zu G. Bargaglis Komödie *La pellegrina* anläßlich der Hochzeit des Großherzogs Ferdinando de' Medici und Christine von Lothringen am Hof der Medici in Florenz. Abgesehen von dem Fehlen einer die Intermedien verknüpfenden Handlung oder dramaturgischen Anlage waren hier bereits wichtige Merkmale der späteren Oper vereint: Bühnenbilder, Bauten und Flugmaschinen, Verwandlungsszenen, feuerspeiende Ungetüme, daneben szenische Aktion und im musikalischen Bereich (die Musik war eine Gemeinschaftsarbeit mehrerer Komponisten) geringstimmige und mehrchörige Madrigale, koloraturreiche Vokalsoli, Sinfonien, ein abschließender Ballo, und hinzu trat ein außergewöhnlich reichhaltiges Instrumentarium. Eine andere Variante höfischen Spektakels mit Musik – und damit ein Vorläufer der Oper – war die *Pastorale*, die das arkadische Milieu der Hirten und Nymphen mit den mythologischen Stoffen um Daphne und Apoll oder Eurydike und Orpheus verknüpfte. Dichterische Vorlage für zahlreiche Madrigale, Dialogvertonungen und Tänze waren hier T. Tassos *Aminta* (1583) und G. B. Guarinis *Il pastor fido* (1590). In Florenz komponierte 1590 E. de' Cavalieri Pastoral-Intermedien zu Tassos *Aminta* und zwei weitere, jedoch nicht erhaltene Pastoralen. Eine dritte Voraussetzung für das Entstehen der Oper stellten schließlich die musikdramatischen Debatten und Experimente einiger Intellektueller, Musiker und Musikliebhaber dar, vereint in der sogenannten „Florentiner Camerata" (etwa 1573–1592) um den Grafen G. de' Bardi, bei denen man sich um die Wiederbelebung eines – allerdings mißverstandenen – antiken Sprechgesangs in Form des begleiteten Sologesangs (Monodie, ▷ 5.5) bemühte, um damit eine möglichst affektreiche und ausdrucksstarke Textwiedergabe in vermeintlicher Anlehnung an die griechische Tragödie zu ermöglichen.

Liefen somit am Florentiner Hof der Medici um 1590 die Entwicklungsstränge der Oper zusammen – Intermedien zur Hochzeit von 1589, Cavalieris Pastoralkompositionen von 1590 und die Bemühungen der Florentiner Camerata –, so kann es nicht überraschen, hier auch die ersten eigentlichen Opern vorzufinden: auf Libretti von O. Rinuccini die nur fragmentarisch erhaltene *Dafne* (1598) von J. Corsi und J. Peri, eine *Euridice* von Peri mit einigen Stücken von G. Caccini (1600) sowie eine weitere *Euridice* von Caccini (1600, erstaufgeführt 1602). Gegenüber den älteren

Intermedien besitzen diese Opern eine geschlossene dramatische Anlage und verwenden außer generalbaßbegleitetem Sologesang (strophisch und rezitativisch) Ensembles, Orchester und Chöre.
Neben dem herzoglichen Hof in Florenz entwickelte sich wenig später der Hof der Gonzaga in Mantua zu einem weiteren Zentrum der frühen Oper. Hier waren es C. Monteverdi mit seinem *Orfeo* (1607) und der nur torsohaft erhaltenen *Arianna* (1608) sowie M. da Gagliano mit einer *Dafne* (1608), die der noch jungen Gattung weiteres Profil verliehen. Insbesondere Monteverdi erweiterte in seinen beiden Opern das affektive Vokabular durch Chromatik, harmonische Kühnheiten, eine größere Klangfarbenpalette, vokale und instrumentale Virtuosität, sorgte daneben aber auch für ein größeres Maß an formaler Ordnung bis hin zu symmetrischer Szenengliederung. Aus dem Vorwort zur gedruckten Partitur von Gaglianos *Dafne* (1608) wird deutlich, in welch hohem Maße die frühe Oper als höfisches Gesamtkunstwerk verstanden worden ist: In einem solchen Spektakel vereinigten sich alle edlen Vergnügungen wie Erfindung und Disposition des Stückes, Sentenz, Stil, Süße des Reims, Kunst der Musik, Zusammenwirken von Stimmen und Instrumenten, Erlesenheit des Gesangs, Anmut des Tanzes und der Gesten, und nicht geringen Anteil habe auch die Malerei durch die Art der Dekoration und Kostümierung.
Als drittes Zentrum der frühen Oper etablierte sich Anfang der 1630er Jahre Rom dank der Protektion einiger musikliebender Geistlicher, nachdem bereits 1600 mit Cavalieris geistlicher Oper *Rappresentazione di anima e di corpo* der rezitativische Gesangsstil Einzug gehalten und mit Opern wie *La morte d'Orfeo* (1619) von St. Landi, *L'Aretusa* (1620) von F. Vitali und *La catena d'Adone* (1626) von D. Mazzocchi Fuß gefaßt hatte.
Den nächsten Schritt in der Entwicklungsgeschichte der italienischen Oper vollzog Venedig mit der Eröffnung des ersten kommerziell betriebenen Opernhauses im Jahr 1637, dem bis 1651 fünf weitere folgten. Die Oper wandelte sich somit vom höfischen Spektakel (Florenz, Mantua) und privat initiierten gesellschaftlichen Ereignis (Rom) zu einer gegen Eintritt nutzbaren öffentlichen Einrichtung. Als einzelnes Kunstwerk betrachtet ver-

105 Titelblatt der Oper „Euridice" von Giulio Caccini (1600)

lor sie damit die meist nicht wiederholbare Einmaligkeit ihrer mit repräsentativem Aufwand betriebenen (Erst-)Inszenierung und mußte nun mit einer möglichst großen Zahl an Wiederholungen ihre gering zu haltenden Produktionskosten selbst einspielen. Folge war die dramaturgische und musikalische Ausrichtung nach dem Geschmack des zahlenden Publikums (komische Szenen, Verwechslungen und Intrigen, Maschineneffekte, kürzere und schnellere Szenenfolge, kompakte und leicht zu verfolgende musikalische Einheiten) sowie der Zwang zur Rationalisierung (Wegfall des Opernchors, Reduzierung und Schematisierung der Orchesterbesetzung auf meist einfach besetzte Streicher und einige Continuo-Instrumente).
Neben den in rascher Folge 1640 bis 1642 für Venedigs Opernhäuser komponierten drei letzten Opern Monteverdis (▷ 5.7), von denen *L'incoronazione di Poppea* sich mehrere Jahre im Repertoire halten konnte, erzielte vor

allem Monteverdis Schüler F. Cavalli mit seinen rund 40 Opern in und über Venedig hinaus bedeutende Erfolge, darunter *Il Giasone* (1649) und *Xerse* (1654).
Ab etwa der Mitte des 17. Jahrhunderts wurde die italienische Oper venezianischer Provenienz zum begehrten Exportartikel. Bekannt geworden durch die zahlreichen ausländischen Handlungsreisenden, Gesandten und sonstigen Besucher Venedigs holte man sich das begehrte Objekt an die europäischen Höfe. Insbesondere sind hier neben den Paris-Aufenthalten L. Rossis (1647) und Cavallis (1660–62) die Höfe in Innsbruck (A. Cesti), Wien (A. Draghi, P. A. Ziani, A. Cesti), Dresden (G. A. Bontempi, C. Pallavicino) und Hannover (A. Sartorio, A. Steffani) zu nennen.
Musikalisch vollzog sich in der zweiten Hälfte des 17. Jahrhunderts eine deutlichere Scheidung in Rezitativ und Arie, wie überhaupt der Nummerncharakter der Opern (Arien, Duette, Terzette, Chöre, Instrumentalsätze) ausgeprägter wurde. Gegen Ende des Jahrhunderts beherrschte die Da-capo-Form die Arien, bei denen nun nicht mehr der Text, sondern die melodische Erfindung und die sängerische Kunst der Ausführung, z. B. in Form großer Koloraturen, im Vordergrund stand. Der Orchestersatz wurde stärker ausgearbeitet und reicher instrumentiert. Vor allem in den für das späte 17. und frühe 18. Jahrhundert bedeutsamsten Opern, denjenigen A. Scarlattis, manifestiert sich eine allgemeine Verlagerung des Interesses vom Drama auf den Gesang.
Das Jahr 1725 markiert mit dem Tod A. Scarlattis und dem kurz zuvor publizierten Erstlingslibretto des fortan dominanten Librettisten P. Metastasio den Höhepunkt und zugleich den Beginn einer allmählichen, jedoch glanzvollen Verfallszeit des nun vorherrschenden Operntyps: der *Opera seria* (ernste Oper, im Gegensatz zur *Opera buffa*). Metastasio verlagerte in seinen Dramen die Sujets der Opernlibretti vom Mythologischen und Fabulösen auf historische Figuren, meist solche der Antike. Diese wurden, eingeflochten in ein Netz galanter Intrigen mit moralischen Konflikten, aus denen sie in der Regel geläutert und triumphierend wieder hervortreten konnten, psychologisch feinfühlig charakterisiert. Dabei verlegte Metastasio den eigentlichen Handlungsverlauf in die Rezitative und bestimmte die Arien zum Verweilen im jeweils erreichten Gefühlszustand (Affekt) der agierenden Personen. Nahezu alle Opernkomponisten nach 1725 bedienten sich der Libretti Metastasios. Als wichtigste sind bis etwa 1740 zu nennen: L. Vinci, A. Caldara, L. Leo, N. Porpora, G. B. Pergolesi und J. A. Hasse.

5.20 Ballet de cour, Comédie-ballet, Tragédie lyrique

Die Entstehung der eigentlichen französischen Oper, der *Tragédie lyrique* (auch *Tragédie en musique*), war wesentlich bestimmt von ihren Vorstufen, dem *Ballet de cour* und der *Comédie-ballet*. Das Ballet de cour entstand in der zweiten Hälfte des 16. Jahrhunderts als künstlerische Ausdrucksform der höfischen Gesellschaft und wurde ursprünglich außer von einigen Berufstänzern von den Mitgliedern des Hofadels wie auch dem König selbst getanzt. Es umfaßte in seiner ausgeprägteren Form als „Ballet-mélodramatique" (gegenüber dem einfacheren „Ballet-mascarade") eine sich aus *Récits* (gesprochene oder gesungene Soli), *Vers, Entrées* (getanzte Szenen) sowie einem abschließenden *Grand ballet* zusammensetzende Handlung mythologischen oder allegorischen Charakters, die mit großem szenischen Aufwand in Form von Tänzen, Instrumental- und Vokalsätzen zur Darstellung gelangte. Zu den frühesten Werken der bis in die zweite Hälfte des 17. Jahrhunderts beliebten Gattung zählt das *Balet comique de la Royne* (1581). Ab 1654 widmete sich der aus Italien stammende J.-B. Lully mit einer Reihe eigener Kompositionen dem Ballet de cour, nachdem er schon 1653 zusammen mit dem König im selben Ballett getanzt hatte *(Ballet de la nuit)*. Zu Beginn der 1660er Jahre schuf Lully zusammen mit Molière den neuen Typus der Comédie-ballet, wie er überhaupt – seit 1653 „Compositeur de la musique instrumentale du Roi", ab 1661 „Surintendant de la musique et compositeur de la musique du chambre" und ab 1662 „maître de la musique de la famille royale" – zur bestimmenden Figur der französischen Musik und damit auch der späteren Oper wurde.

Die Musik des Barock

In der Comédie-ballet bilden Musik und Tanz eine Ergänzung zum gesprochenen Dialog der Komödie, wobei der musikalische Anteil anfangs auf die Rolle von *Intermèdes* beschränkt blieb, die Handlung dann aber zunehmend durchsetzte und schließlich zu überlagern drohte. Als wichtige Vorstufe zur Tragédie lyrique bestand die Comédie-ballet auch nach deren Entstehen (ab 1673) weiter, wenn auch die erfolgreiche Zusammenarbeit Lullys und Molières nach neun gemeinsamen Werken 1670 mit *Le Bourgeois gentilhomme* endete.
Ebenfalls aus der Zusammenarbeit Lullys mit einem Dichter, in diesem Fall Ph. Quinault, entwuchs die Tragédie lyrique, wenngleich erste Ansätze zu einer französischen Oper bereits zwei Werke R. Camberts gezeigt hatten (*Pomone*, 1671, und *Les peines et les plaisirs de l'amour*, 1672). Die Tragédie lyrique greift zurück auf die klassische französische Tragédie (Corneille, Racine) mit Stoffen entweder aus der griechischen Mythologie oder der Ritterepik. Sie besteht aus einem selbständigen, von einer Ouvertüre eingeschlossenen Prolog sowie fünf Akten. Kernstück der textlichen und musikalischen Verarbeitung ist das *Récitatif*, das einem streng beachteten Versmaß (meist Alexandriner) unterliegt und sich in seiner rhythmisch-metrischen wie melodischen Gestaltung durch den Komponisten eng an das Vorbild des gesprochenen Vortrags anlehnt. Weitere Bestandteile der Tragédie lyrique sind kurze Ariosi, monologisierende oder dialogisierende *Airs*, dramatisch oft bedeutsame Chorpartien, Ballettszenen sowie an Instrumentalstücken neben der Ouvertüre beschreibende *Symphonies* oder *Préludes*. Die Zusammenarbeit Lullys mit Quinault führte zu insgesamt elf gemeinsamen Tragédies lyriques, beginnend mit *Cadmus et Hermione* (1673) und endend mit *Armide* (1686); hinzu kommen zwei weitere Werke Lullys auf Libretti anderer Autoren (1678 und 1679). Lullys Opern blieben auch nach seinem Tod fester Bestandteil des französischen Opernrepertoires: *Thésée* (1675) beispielsweise hielt sich über 104 Jahre bis 1779. Bedeutende Komponisten der Tragédie lyrique nach Lully waren M.-A. Charpentier (*Médée*, 1693), A. C. Destouches (*Omphale*, 1701), A. Campra (*Tancrède*, 1702), M. Marais (*Alcione*, 1706), M. P. de Montéclair (*Jephté*, 1732) und vor allem J.-Ph. Rameau mit seinen fünf Tragédies lyriques (1733–1764), von denen *Hippolyte* (1733), *Castor et Pollux* (1737) und *Zoroastre* (1749) die bekanntesten sind. Rameau verschob die Gewichte des musikdramatischen Vokabulars in Richtung einer größeren Kantabilität, eines harmonisch reicheren Satzes und eines umfassenderen Orchesteranteils, was zu einem Vorherrschen der Musik über die Dichtung führte.

Nach dem Tod Lullys konnte sich als neuartige Zwittergattung das im wesentlichen von A. Campra geschaffene *Opéra-ballet* etablieren. Mehr Ballett als Oper setzte es sich aus einem Prolog sowie drei oder vier Akten beziehungsweise Entrées mit jeweils unabhängiger Handlung zusammen, die lediglich durch eine gemeinsame Idee zusammengehalten

106 Szenenbild zu André Campras Opéra-ballet „L'Europe galante" mit einer Darstellung Sultan Zulimans und seiner Frauen (Kupferstich von Franz Ertinger, 1703)

wurden (Beispiele sind Campras *L'Europe galante*, 1693, *Les muses*, 1703, und *Les fêtes Vénitiennes*, 1710).

5.21 Masque und English opera

Neben den eigenständigen Entwicklungen der Oper in Italien und Frankreich, die, besonders im Fall der italienischen Oper, auch auf andere europäische Länder übergriffen, konnte sich lediglich in England eine vergleichsweise eigengeprägte Gattungstradition herausbilden.

Wurzelnd in den höfischen Festaufzügen mit Tänzen und Maskeraden des frühen 16. Jahrhunderts, entwickelte sich vor allem unter der Protektion Elisabeths I. die *Masque* als eine auf allegorische und mythologische Themen bezogene höfische Unterhaltungsform mit szenischen Elementen, gesprochenem Dialog, Tanz und Gesang (Lute- und Consort-Song, Madrigal). Mit einigen Neuerungen wie der Einführung mehr zusammenhängender musikalischer Szenen und der Beeinflussung durch den italienischen Stile recitativo gewann die höfische Masque während der ersten Hälfte des 17. Jahrhunderts unter den Komponisten A. Ferrabosco (d. J.), J. Coperario, R. Johnson sowie etwas später W. Lawes weiteres Profil und Bedeutung. Vorläufiger Höhepunkt waren die Masques *The Triumph of Peace* (1634) und *Britannia triumphans* (1638) mit der Musik von W. Lawes. Außer im höfischen Bereich etablierte sich die Masque auch an Theatern und Schulen, wofür Miltons *Comus* (1634) mit Musik von H. Lawes als Beispiel dienen kann. Die auf puritanischen Einfluß zurückgehende Schließung der Theater während der Commonwealth-Zeit (1649–60) konnte die Tradition der Masque nicht unterbrechen. Bedeutsamstes Werk dieser Phase war *Cupid and Death* (1653, revidiert 1659), in Musik gesetzt von M. Locke und Ch. Gibbons. Nach der Wiedereröffnung der Theater zur Zeit der Restauration (1660 bis etwa 1700) wandelte sich die Masque zur durchkomponierten, keinen gesprochenen Dialog mehr enthaltenden *English opera*, wofür *Venus and Adonis* (um 1682) von J. Blow und *Dido and Aeneas* (1689) von H. Purcell als wichtigste Vertreter zu nennen sind. Zwischen Masque und English opera bewegten sich gegen Ende des 17. Jahrhunderts die Semi-Operas und Schauspielmusiken Purcells wie z. B. *King Arthur* (1691), *The Fairy Queen* (1692) und *The Tempest* (etwa 1695).

Im 18. Jahrhundert standen Masque und English opera im Schatten der unter anderem von Händel (▷ 5.10) nach England importierten italienischen Oper, wenngleich dieser noch um 1618 mit der Erstfassung von *Acis and Galatea* sowie der ursprünglichen Version des späteren Oratoriums *Esther* an die Tradition der Masque anknüpfte. Erst die satirische, populär angelegte *Ballad opera* (z. B. *The Beggar's Opera*, 1728, von J. Gay, mit der Musik von J. Pepusch) stellte für die italienische Oper in England im zweiten Drittel des 18. Jahrhunderts eine Herausforderung dar und trug mit zu deren Niedergang bei.

5.22 Serenata

Wurde die höfische Oper des 17. und 18. Jahrhunderts häufig für besondere festliche Anlässe wie Hochzeiten, Geburts- und Namenstage, Taufen, Erbhuldigungen, politische Zusammenkünfte usw. komponiert, so gilt dies in noch stärkerem Maße für die *Serenata*. Diese zwischen Kantate und Oper angesiedelte Gattung fand im 17. und 18. Jahrhundert von Italien ausgehend große Verbreitung und läßt sich als vokal-instrumentale Huldigungsmusik meist allegorischen oder mythologischen Inhalts mit bescheidener dramatischer Handlung und der Möglichkeit zu szenischer Darstellung charakterisieren. Andere Bezeichnungen der Zeit waren „Azione teatrale", „Festa teatrale", „Componimento", „Scena da camera" oder „Dramma per musica". J. A. Scheibe beschrieb ihre Stilzugehörigkeit um 1730 dergestalt, daß ihre Musik „bald zum Cammer Stylo, bald wenn es nicht bey der Tafel, sondern in einen dazu bereiteten Zimmer aufgeführet wird, zum Theatral-Stylo" gehöre *(Compendium musices)*. Neben der Verwendung als meist abendlicher Tafel- oder Kammermusik wurde sie auch als festlich-theatralische Darbietung oder in Form einer Freiluftmusik aufgeführt.

Aus der Vielzahl der oft nur Gelegenheitswerke darstellenden Serenata-Kompositionen ragen heraus einige besonders reichhaltig instrumentierte Serenate A. Stradellas, die rund 25 Serenate A. Scarlattis, zwei in Italien beziehungsweise England komponierte Hochzeits-Serenate von G. F. Händel (HWV 72 und 73), mehrere meist als „Componimento" und „Festa teatrale" bezeichnete Serenata-Kompositionen für den Wiener Kaiserhof von J. J. Fux und A. Caldara, zahlreiche für den Hof in Eisenach verfaßte Geburtstags-Serenate sowie später für die Convivien der Hamburger Bürgerkapitäne komponierte Serenate G. Ph. Telemanns und ein größerer Teil der oft semi-dramatisch konzipierten, in einem Fall als „Serenada" (BWV 173 a), in anderen Fällen als „Dramma per musica" (BWV 201, 205–207, 213–215) bezeichneten sogenannten weltlichen Kantaten J. S. Bachs, bei denen es sich um Geburtstags-, Huldigungs- oder Festmusiken für höfische, universitäre oder bürgerliche Anlässe handelt.

5.23 Oratorium

Das Oratorium entwickelte sich als musikalische Gattung in Italien in der ersten Hälfte des 17. Jahrhunderts, seine gattungsgeschichtlichen und institutionellen Wurzeln reichen jedoch zurück ins 16. Jahrhundert. Die in Italien stark ausgeprägte Laienfrömmigkeit führte in der zweiten Hälfte des 16. Jahrhunderts zur Bildung von aus Klerikern und Laien zusammengesetzten Bruderschaften, die sich in einem eigenen, häufig einer Kirche angegliederten Betsaal (Oratorio) zu Andachten und geistlichen Exerzitien versammelten, bei denen auch die Musikausübung eine wichtige Stellung innehatte. Zum Einsatz gelangten bei diesen Exerzitien vor allem hymnenartige Lauden-Gesänge und Vertonungen geistlicher Dialoge. Besonders die letzte Form wurde maßgeblich für die Entwicklung des Oratoriums, als dessen Gattungsmerkmale die Verwendung poetischer geistlicher Texte mit dramatischer Anlage und aufgeteilten Rollen gelten. Dialogkompositionen im Stil generalbaßbegleiteter konzertierender Madrigale, die bereits die genannten Kriterien erfüllen und damit zu den Frühformen des Oratoriums zu zählen sind, enthält neben anderen die 1619 gedruckte Sammlung *Teatro armonico spirituale* von G. F. Anerio. Stilbildenden Einfluß auf die Entwicklung des Oratoriums, wenngleich zunächst ohne unmittelbaren gattungsgeschichtlichen Nachfolger geblieben, dürfte auch die 1600 im „Oratorium" der römischen Kirche Santa Maria della Vallicella erfolgte Aufführung von E. de' Cavalieris geistlicher Oper *Rappresentazione di anima e di corpo* gehabt haben, fand doch hiermit der neue monodische Stil Eingang in die Exerzitien der Bruderschaften wie auch später in die für diese Zwecke geschaffenen Kompositionen.

Liegen also die Wurzeln des Oratoriums unbezweifelbar im religiösen Bereich, so wurde es doch selten für offizielle kirchliche, das heißt liturgische Zwecke herangezogen. Von Anfang an stand es dagegen in engem Austausch mit der Oper, und zwar zunächst hinsichtlich seiner theatralischen, wenn auch zumeist nicht szenisch umgesetzten Gesamtanlage (aufgeteilte Rollen, dramatische Handlung oder Erzählung, Gliederung in Akte oder Teile), dann auch parallel zur Oper in der Herausbildung eines musikalischen Formenkanons (Rezitativ, Arie, Ensembles, instrumentale Sinfonia und Ritornelle) und später schließlich sogar in institutionsgeschichtlicher Hinsicht, indem es als Opernersatz (z. B. während der Fastenzeit) fungierte oder direkt für das Theater, später für den Konzertsaal komponiert wurde (Händel, ▷ 5.10). Die im frühen 18. Jahrhundert verbreitete Charakterisierung des Oratoriums als „geistliche Oper" (Brossard, 1703; Walther, 1732; Mattheson, 1739) ist somit nur konsequent und umschreibt die epochengeschichtliche Bedeutung wie auch Funktion des Oratoriums zutreffend.

Mit der Konsolidierung des Oratoriums als musikalische Gattung in Italien um die Mitte des 17. Jahrhunderts – die Werkbezeichnung „Oratorium" setzte sich erst ab etwa 1640 zögerlich neben „Melodramma sacra", „Componimento sacro", „Dialogo", „Historia" u. a. durch – hatten sich mit dem lateinische Prosatexte verwendenden „Oratorio latino" und dem auf italienische Poesie zurückgreifenden „Oratorio volgare" zwei voneinander unterschiedene, jedoch in ihrer musikalischen Entwicklung eng verwandte Typen herausgebildet. Hauptvertreter unter den Kom-

Kapitel 5

ponisten des Oratorio latino war G. Carissimi, der mit seinen einteiligen, zumeist auf alttestamentlichen Stoffen basierenden Werken diesen Typus nachhaltig prägte. Charakteristisch ist die Aufteilung der Texte in zumeist einen ein- oder mehrstimmig vertonten Erzähler („Historicus") und dialogisierende Einzelpersonen unter häufiger Einbeziehung des vokalen Gesamtensembles („Chorus"). In den expressiven und deklamatorischen Solopartien verwendete Carissimi rezitativische Abschnitte neben Ariosi und gelegentlich auch klar strukturierten Arien. Carissimis Oratorien beeinflußten neben seinen italienischen Zeitgenossen auch das Schaffen seines Schülers M.-A. Charpentier, der in seinen eigenen als „Historia", „Canticum", „Dialogus" oder „Motet" bezeichneten Oratorien den durch Carissimi geprägten Typus ab etwa 1670 in Paris verbreitete.

Im Oratorio volgare, das wie das Oratorio latino zumeist auf biblischen Stoffen beruhte, fand neben Einzelpersonen und handelnden oder betrachtenden Personengruppen zunächst ebenfalls ein Erzähler („Testo") Verwendung, wurde dann aber zu Beginn des 18. Jahrhunderts unter dem Einfluß der Opernlibretti abgeschafft. In seiner äußeren Anlage besteht das Oratorio volgare aus zwei Teilen, zwischen denen bei andachtlicher Verwendung eine Ansprache oder Predigt eingefügt werden konnte. Seine eigentliche Blüte erlebte das Oratorio volgare in der zweiten Hälfte des 17. und im frühen 18. Jahrhundert mit Kompositionen u. a. von B. Pasquini, A. Stradella, A. Scarlatti, A. Caldara sowie kurzzeitig, während seines Italienaufenthalts, G. F. Händel (▷ 5.10).

Das italienische Oratorium, das neben seinem Zentrum in Rom auch in Bologna, Modena, Florenz und Venedig Verbreitung gefunden hatte, hielt nun neben seiner in den Laienbruderschaften beibehaltenen andachtlichen Funktion zunehmend Einzug in die Residenzen des Adels und geistlicher Würdenträger, und zwar als Erbauungsmusik z. B. während der opernfreien Fastenzeit oder schlicht als Beitrag zur gesellschaftlichen Unterhaltung. Aufschlußreich und keineswegs untypisch sind in diesem Zusammenhang die Tagebuchaufzeichnungen des Italienreisenden J. F. von Uffenbach, der während der Fastenzeit 1715 im Palast des römischen Fürsten Ruspoli an vier aufeinanderfolgenden Wochen die Aufführungen jeweils neukomponierter Oratorien A. Caldaras erlebte und als „fürtreffliches concert oder so genantes oratorium" beschrieb (31. 3. 1715): „Alles war aufs prächtigste illuminirt und zu beyden seiten der ganzen gallerie stühle vor die zuhörer gesezet, oben aber der plaz für die musique frey gelaßen ... Das auditorium war auch sehr starck und viele damen, auch etlich cardinäl alda." In der Pause „wurden liqueurs, gefrohrne sachen, confect, und caffé" gereicht.

In Wien fanden ab 1660 am kaiserlichen Hof regelmäßige Oratorienaufführungen statt, gefördert vor allem durch den selbst als Komponist mehrerer Oratorien hervorgetretenen Kaiser Leopold I. Hier bildete sich neben anderen Oratorienaufführungen der Spezialfall des Sepolcro-Oratoriums heraus, das während der Karwoche zur Feier des „Santo sepolcro" in der mit Bühnenprospekten ausstaffierten Hofkapelle in Kostümierung und szenischer Darstellung aufgeführt wurde. Großen Anteil an der Wiener Oratorienproduktion hatte bis 1700 der seit 1658 als Hofmusiker (ab 1682 Hofkapellmeister) tätige A. Draghi mit der Komposition von 41 Oratorien.

Im mittel- und norddeutschen Raum hat das Oratorium im eigentlichen Sinn zunächst nicht Fuß fassen können, wohl aber gab es oratorienähnliche Formtypen und Gattungen – so z. B. die von zahlreichen Komponisten verwendete Dialogform (A. Hammerschmidt, *Dialogi, Oder Gespräch zwischen Gott undt Einer gläubigen Seelen,* 1645) oder die Historia (▷ 5.28) –, und andere wie beispielsweise die Passion (▷ 5.28) übernahmen Elemente des Oratoriums. Ein eigenständiges Oratorium entwickelte sich hier erst um 1700 mit dem Libretto *Der blutige und sterbende Jesus* von Ch. F. Hunold (Menantes), das 1704 von R. Keiser vertont wurde. Hunold verzichtete „gleich wie die Italiänische so genannte Oratorien" (Vorwort) auf eine wörtliche Übernahme des Bibeltextes und schilderte statt dessen das Passionsgeschehen in freier, dramatisierender Dichtung, wobei er neben den handelnden Personen weitere, das Passionsgeschehen betrachtende (z. B. die „Tochter Zion") einführte. Mit einer Nachfolgedichtung zu Hunolds Libretto, *Der für die Sünden dieser Welt gemarterte und sterbende*

Jesus von B. H. Brockes (1712), die u. a. von R. Keiser, G. F. Händel, G. Ph. Telemann, J. Mattheson und G. H. Stölzel vertont worden ist, konsolidierte sich der für die Entwicklung einer deutschen Oratorientradition wichtige Typus des Passions-Oratoriums. Mit diesem wurde in zumeist außerliturgischen Aufführungen in Kirchen und großen Sälen zunächst in Frankfurt (1716 mit der in Form eines Wohltätigkeitskonzerts erfolgten Aufführung von Telemanns Brockes-Passion) und dann in Hamburg die Veranstaltungsform des öffentlichen Kirchenkonzerts eingeleitet.

Die von J. S. Bach für einige seiner Kantaten beziehungsweise Kantatenzyklen (BWV 11, 248, 249) verwendete Bezeichnung „Oratorium" sagt heute mehr aus über die terminologische Freiheit jener Zeit als über einen gattungsgeschichtlichen Bezug dieser Werke, zumal, wenn man ihnen die etwa zur gleichen Zeit von J. G. Walther gegebene Definition der Gattung „Oratorium" gegenüberstellt: „Oratorio ... eine geistliche Opera, oder musicalische Vorstellung einer geistlichen Historie in den Capellen oder Cammern grosser Herrn, aus Gesprächen, Soli, Duo und Trio, Ritornellen, starcken Chören etc. bestehend" (*Musicalisches Lexicon,* 1732).

In England entwickelte G. F. Händel seit den 1730er Jahren den Typus des englischen Oratoriums, mit dem er sich in erster Linie an das der italienischen Oper überdrüssig gewordene Theaterpublikum richtete (▷ 5.10). Nach zwei 1707 und 1708 in Italien komponierten italienischen Oratorien und einer um 1718 in England entstandenen, zunächst nicht weiterverfolgten Mischform als englischer Masque und biblischem Drama (*Esther,* HWV 50 a) komponierte er im Anschluß an die 1732 erfolgreich in London aufgeführte Neufassung von *Esther* mit zunehmender Häufigkeit Oratorien und prägte damit einen für die spätere gattungsgeschichtliche Entwicklung (Haydn, Mendelssohn Bartholdy) maßgeblichen Typus. Kennzeichnend für das Händelsche englische Oratorium sind ein dramatischer Text auf biblischer, meist alttestamentlicher Grundlage, eine Gliederung in drei Teile beziehungsweise Akte sowie die Verbindung von Elementen der italienischen Oper (Stilistik, Formen) mit solchen aus der englischen Kirchenmusik (Chorbehandlung), wobei gegenüber dem italienischen Oratorium ein größerer Choranteil charakteristisch ist. Die Aufführungen erfolgten, von wenigen Ausnahmen abgesehen, in Form nichtszenischer Darbietungen in Theatern und Konzertsälen. Eines der heute bekanntesten Händelschen Werke, *The Messiah* (HWV 56; 1742), gehört mit seiner nichtdramatischen Anlage von Libretto und Musik zu den am wenigsten typischen Oratorien Händels, was dieser auch selbst mit der bei ihm singulären Bezeichnung „A *sacred* Oratorio" zum Ausdruck brachte.

5.24 Musik für die „Kirche"

Kirchenmusik war im 17. und 18. Jahrhundert dem eigentlichen Wortsinn nach nur jene Musik, die in der Kirche, das heißt im Gottesdienst aufgeführt wurde. Geistliche Musik im umfassenderen Sinn konnte beispielsweise auch als Tafelmusik fungieren, wie etwa H. Schütz bezeugt: „Kleine oder mit wenig stimmen eingerichtete psalmen und Concerten, jedesmal ... bey Einer fürstl. Taffel zu gebrauchen" (undatierter Brief an Ph. Salzmann).

Bezeichnend für die Kirchenmusik des 17. und 18. Jahrhunderts ist das Nebeneinander von Stile antico und Stile moderno (▷ 5.1), das sich auch innerhalb der einzelnen Gattungen ausgewirkt hat. Aufwendigere Kirchenmusik wurde bei beiden großen Konfessionen in der Regel nur zu besonderen Anlässen (Kirchenfeste, Hoffeste, politische Ereignisse) aufgeführt. In den katholischen Gottesdiensten fand die Kirchenmusik innerhalb der Messe vor allem im Ordinarium Anwendung, seltener im Proprium; innerhalb des Offiziums lag das Hauptgewicht auf den Vesperpsalmen und dem Magnificat. In den evangelischen Gottesdiensten läßt sich während des 17. und frühen 18. Jahrhunderts eine Entwicklung von der Kirchenmusik als Lesungsmusik (Evangelien- oder Spruchmotette) zur auslegenden Musik (Geistliches Konzert, Kirchenkantate) beobachten, die nach 1700 in der Funktion der Kirchenkantate als quasi einer zweiten Predigt gipfelt.

5.25 Motette

Während das grundlegende Gestaltungsprinzip der Motette des 16. Jahrhunderts, die abschnittsweise Durchimitation der textgegebenen Sinnabschnitte mit jeweils charakteristischen Motiven (▷ 4.27), auch nach 1600 beibehalten wurde, spaltete sich die weitere gattungsgeschichtliche Entwicklung im wesentlichen in zwei stilistische Richtungen: eine progressive, die Elemente der neu entstandenen Monodie und des konzertierenden Prinzips aufgriff und zum Typus des *Motetto concertato* beziehungsweise des *Geistlichen Konzerts* führte (▷ 5.26), und eine konservative, die die traditionellen Stilmerkmale und Kompositionstechniken der Vokalpolyphonie sowie vor allem des Palestrina-Stils weiterpflegte.
Die Motette verlor zwar nach 1600 ihre Position einer vorherrschenden musikalischen Gattung, blieb aber eine unentbehrliche Grundlage sowohl im didaktischen Bereich (Schulmusik, Kompositionslehre, Gesangspraxis) als auch innerhalb der Kirchenmusik (Liturgie, Begräbnisse und Hochzeiten, Kurrende).
Der ältere, traditionsgebundene Motettentypus, der hier in erster Linie die Gattung repräsentieren soll, erlebte im 17. und 18. Jahrhundert zugleich eine Verfestigung zum stilistischen Konzept *(stylus motecticus* oder *ecclesiasticus,* allgemeiner auch *stilus antiquus),* das auch in satztechnischer und klanglicher Hinsicht eine Standardisierung erfuhr (*A-cappella*-Prinzip, jedoch im Sinne eines Collaparte-Musizierens von Vokal- und Instrumentalstimmen).
Während in Italien im 17. und 18. Jahrhundert bedeutsame Beiträge zur Gattung Motette vorwiegend im Bereich des sich verselbständigenden Motetto concertato beziehungsweise des Geistlichen Konzerts erfolgten (▷ 5.26), pflegte man in den deutschsprachigen, und hier vor allem in den protestantischen Ländern in der ersten Hälfte des 17. Jahrhunderts den älteren Motettentypus weiter (Ch. Demantius, H. Praetorius, M. Praetorius, J. H. Schein, S. Scheidt, H. Schütz). Dabei hatten sich im wesentlichen zwei Typen herausgebildet: die auf Cantus-firmus-Elementen basierende Lied- oder Choralmotette und die auf Evangelien- oder Psalmtexten beruhende Spruchmotette. Die in der zweiten Hälfte des 17. Jahrhunderts durch das Geistliche Konzert sowie die aufkommende Kirchenkantate weiter zurückgedrängte Motette erlebte ihren epochengeschichtlichen Höhepunkt nach Kompositionen von Mitgliedern der Bach-Familie, G. Böhms, Ph. H. Erlebachs, S. Knüpfers und J. Schelles schließlich in den sieben Motetten J. S. Bachs (vier davon für achtstimmigen Doppelchor).
In Frankreich schuf in der zweiten Hälfte des 17. Jahrhunderts vor allem H. Du Mont während seiner mehr als zwanzigjährigen Tätigkeit an der königlichen Hofkapelle zwei national eigenständige Motettentypen: den *Petit motet* für ein bis drei Solostimmen und Basso continuo sowie den *Grand motet,* eine Folge von Solo-, Ensemble- und Chorabschnitten meist über einen Psalmtext, die mit selbständigem Orchesteranteil versehen und von erheblichem Umfang ist. Die Bedeutung des Grand motet lag vor allem im Bereich der höfischen Repräsentation; er fand nach Du Mont weitere gewichtige Vertreter in Komponisten wie J.-B. Lully, M.-A. Charpentier, M. R. Delalande, A. Campra und J.-Ph. Rameau.

5.26 Geistliches Konzert

Mit dem Auftreten neuer kompositorischer Techniken um 1600 wurden nicht nur die bestehenden kirchenmusikalischen Gattungen einem Wandlungsprozeß unterworfen (Motette, ▷ 5.25; Messe, ▷ 5.29), sondern es kamen auch neue mit zunächst nicht eindeutiger terminologischer Bestimmung hinzu. So entstand z. B. unter dem Einfluß der noch jungen Monodie das generalbaßbegleitete solistische oder geringstimmige *Geistliche Konzert* (L. Viadana, *Cento concerti ecclesiastici,* 1602) oder unter Anwendung konzertierender Elemente der entweder ebenfalls geringstimmig, oder aber vielstimmig bis hin zur Mehrchörigkeit besetzte *Motetto concertato* (z. B. I. Donati, *Motetti concertati a 5 e 6 voci,* 1618). In beiden Fällen konnten - zunächst klangverstärkend, später selbständig geführt - begleitende Instrumentalstimmen hinzutreten, wobei dies die zusätzliche terminologische Variante *Symphonia sacra* hervorgerufen zu

Die Musik des Barock

107 Titelblatt des 5. Teils der „Musae Sioniae" von Michael Praetorius (1607)

haben scheint (z. B. G. Gabrieli, *Symphoniae sacrae ... Tam vocibus, Quam instrumentis,* 1615). Von der traditionellen vokalpolyphonen Motette entfernten sich diese neuen Gattungsmuster zusehends durch eine neue Art der Stimmführung nach den Prinzipien der Monodie und durch die dem konzertierenden Stil entspringenden Kontraste wie vokal – instrumental, Solo – Ripieno, Polyphonie (imitierend) – Homophonie, Gerad- und Ungeradtaktigkeit oder auch Strukturmerkmale wie Refrain- und Ritornellbildungen. In allen Fällen bildete ein obligatorischer Basso continuo die satztechnische Grundlage.

Waren es in Italien in der ersten Hälfte des 17. Jahrhunderts neben L. Viadana vor allem Komponisten wie A. Grandi und I. Donati, in der zweiten Hälfte G. Legrenzi und G. B. Bassani, die zur raschen Verbreitung klein- und großbesetzter Geistlicher Konzerte (häufig unter dem globalen Oberbegriff „Motette" firmierend) beitrugen, so griffen in Deutschland in der ersten Hälfte des 17. Jahrhunderts M. Praetorius (*Musae Sioniae [oder] Geistliche Concert Gesänge* I–IV, 1605–07), J. H. Schein (*Opella nova, Geistlicher Concerten,* 1618/26), S. Scheidt (*Geistliche Concerten* I–IV, 1622–1640) und vor allem H. Schütz (*Kleine geistliche Concerte,* 1636/39; *Symphoniae sacrae,* 1629, 1647, 1650) die noch junge Gattung mit ihren unterschiedlichen Ausprägungen als klein- oder großbesetzte oder auch instrumentalbegleitete Concerti auf. In der zweiten Hälfte des 17. Jahrhunderts wurde das Geistliche Konzert, nunmehr teilweise erweitert um Lied- und Arienformen, in Deutschland zur verbreitetsten kirchenmusikalischen Gattung, die schließlich zu Beginn des 18. Jahrhunderts von der protestantischen Kirchenkantate (▷ 5.27) abgelöst wurde.

5.27 Kirchenkantate

Innerhalb der reichen Tradition protestantischer Kirchenmusik entwickelte sich im späten 17. Jahrhundert aus Gattungen wie dem Geistlichen Konzert (▷ 5.26), der Motette (▷ 5.25), der Strophen-Aria (▷ 5.12), der Choralvariation, bedingt aber auch unter dem Einfluß nichtkirchlicher Gattungen wie der Oper (▷ 5.19) und der italienischen Cantata (▷ 5.13) eine meist mehrsätzige Mischform, für die sich erst im Laufe des 18. Jahrhunderts zögerlich die Bezeichnung Kantate (mit Zusätzen wie „geistlich" oder „kirchlich") einbürgerte. Die gattungsgeschichtlichen wie auch die konfessionellen beziehungsweise regionalen Besonderheiten und die Unterschiede zur vorwiegend italienischen Kammerkantate (der ebenfalls geistliche Texte zugrunde liegen konnten) waren den Zeitgenossen durchaus bewußt. So sprach J. A. Scheibe um 1730 von „gewiße[n] geistliche[n] Cantaten, die man insgemein nur bey denen Protestanten findet, und die ordentlich bey ihnen an den gewöhnlichen Sonn- und Fest Tags Gottes Dienst auf geführet werden" *(Compendium musices),* und 1739 lehnte J. Mattheson unter Hinweis auf das „aus viererley Schreibarten [Madrigal-, Motetten-, Instrumental- und melismatischer Stil] zusammen gestoppelte Wesen" solcher kirchlichen Kompositionen die Bezeichnung Kantate ab und sprach statt dessen vom „Kirchen-Stück" *(Der Vollkommene Capellmeister).* In den Partituren wurden solche Werke zumeist nach der Form ihres Anfangssatzes benannt (so häufig auch bei J. S. Bach), z. B. als „Concerto" oder „Motetto".

Bis um etwa 1700 bestanden die Frühformen der Kirchenkantate analog den Textvorlagen vorwiegend aus der Variationsfolge einer Aria (Andachtslied) oder eines Chorals (Kirchenlied), aus der Verknüpfung von Concerto und Aria (Bibelspruch und geistliche Ode) oder der Vermischung von Concerto, Rezitativ, Arioso, Aria und Choralsatz. Die Besetzungen erforderten meist mehrere Solisten, die sich, gegebenenfalls durch Ripieno-Sänger verstärkt, auch zum Chor vereinigten, und eine oft vielschichtige Instrumentalbegleitung. Musikalisch oder gattungsgeschichtlich bedeutsame Beiträge zur frühen Kirchenkantate lieferten A. Hammerschmidt, W. C. Briegel, J. Rosenmüller, F. Tunder, J. Ph. und J. Krieger, J. Pachelbel, Ph. H. Erlebach, F. W. Zachow, S. Knüpfer, J. Schelle, J. Kuhnau, G. Böhm, N. Bruhns und vor allem D. Buxtehude.

Mit der von dem Theologen E. Neumeister 1700 verfaßten und 1704 in Druck gegebenen Kantatentextsammlung *Geistliche Cantaten statt einer Kirchen-Music* wurden Bibelwort und Choral zunächst aus den Textvorlagen verdrängt (mit Neumeisters drittem Jahrgang von 1711 traten sie allerdings wieder hinzu) und durch madrigalische Dichtung ersetzt, wobei in formaler Hinsicht in Entsprechung zur italienischen Kammerkantate und ausdrücklich in Anlehnung an die italienische Oper ein Alternieren von Rezitativ und Arie angestrebt wurde. Der neuentwickelte Kantatentexttypus Neumeisters wurde fortan, trotz zahlreicher Überschneidungen mit den älteren Textformen, zur bestimmenden dichterischen Form der deutschsprachigen Kirchenkantate und von den Komponisten der Generation J. S. Bachs nahezu ausnahmslos aufgegriffen.

Die Kirchenkantate errang in der ersten Hälfte des 18. Jahrhunderts im protestantischen Bereich eine beherrschende Stellung unter den liturgisch verwendeten musikalischen Gattungen. Da meist nur handschriftlich verbreitet, ist das Repertoire heute kaum überschaubar, nicht zuletzt auch aus quantitativen Gründen: So komponierten beispielsweise G. Ph. Telemann und Ch. Graupner jeweils rund 1400, G. H. Stölzel rund 1150 Kantaten. Den künstlerisch bedeutsamsten Beitrag zur protestantischen Kirchenkantate lieferte J. S. Bach mit seinen rund 200 erhaltenen Kirchenkantaten. Der außerordentliche Formenreichtum der Bachschen Kirchenkantaten reicht von den motettisch-kleingliedrigen Mühlhausener und frühen Weimarer Kantaten (1707–12) über die späteren Weimarer Kantaten in der Form des Neumeisterschen Texttypus (1713–16) bis hin zu den entweder ausschließlich auf Kirchenliedern (Chorälen) basierenden Kantaten des zweiten Leipziger Jahrgangs (1724/25) oder solchen der übrigen Leipziger Jahrgänge (1723/24, 1725–27, 1728/29), deren Grundgerüst zumeist aus Eingangschor, alternierenden Rezitativen und Arien sowie abschließendem Choral besteht, oft jedoch individuell abgewandelt worden ist.

5.28 Passion und Historia

Innerhalb der mehrstimmigen Passionsvertonung des 15. und 16. Jahrhunderts hatten sich im wesentlichen zwei Entwicklungslinien herausgebildet (▷ 4.25), die auch im 17. Jahrhundert noch weiterwirkten: die *responsoriale Passion* mit einem Wechsel zwischen einstimmig im Rezitationston vorgetragenen Abschnitten und auskomponierten mehrstimmigen Abschnitten sowie die mehrstimmig durchkomponierte *motettische Passion*. Wichtige Beiträge zu der erstgenannten Gruppe hatten im ausgehenden 16. Jahrhundert O. di Lasso (4 Passionen, 1575 und 1582), G. de Wert (um 1580) und T. L. de Victoria (1585) geliefert sowie innerhalb der zweiten Gruppe J. Regnart (1583), J. Gallus (1587) und unter den deutschsprachigen Passionen J. a Burck (1568) und L. Lechner (1593). Während die Form der motettischen Passionsvertonung mit der deutschsprachigen sechsstimmigen Johannespassion von Ch. Demantius (1631) ihren Höhepunkt fand, dem keine bedeutenden Neukompositionen mehr folgten, erlebte die responsoriale Passion mit den drei Passionsvertonungen von H. Schütz (▷ 5.8) noch um 1665/66 eine späte Blüte und hielt sich in der liturgischen Praxis noch bis ins 18. Jahrhundert hinein.

Von dem Aufkommen der Generalbaßpraxis und des monodisch-rezitativischen Gesangsstils nach 1600 blieb auch die Passionsvertonung nicht unberührt. Zu der bisher rein vokalen Satzstruktur traten nun neben den Generalbaßinstrumenten vereinzelt weitere hinzu, es wurden gliedernde Instrumentalritornelle eingefügt und der Evangelienbericht durch kommentierende Texte (Bibeltexte, Liedstrophen) in Gestalt von Intermedien, Arien oder Chorälen ergänzt. Erste Beiträge zu dieser Form von Generalbaß-Passionen stammen aus dem norddeutschen Raum mit Kompositionen von Th. Selle (3 Passionen, um 1640–1643), J. Sebastiani, J. Theile (beide 1683), J. G. Kühnhausen und J. V. Meder (beide um 1700). Mit der Ausweitung der in den Evangelienbericht eingefügten Textabschnitte in Form von betrachtender Passionsdichtung und mit der Übernahme zusätzlicher Formen aus der Oper (Rezitativ, Arioso, Arie, Ensembles) entstand der Typus der sogenannten *oratorischen Passion*, wie er außer in Kompositionen von Ch. Ritter (Johannespassion, um 1695, früher Händel zugeschrieben), R. Keiser (Markuspassion, vor 1713) und G. Ph. Telemann (zahlreiche Passionsvertonungen) am ausgeprägtesten und künstlerisch überzeugendsten in den Passionen nach Johannes (1724) und Matthäus (1727 oder 1729) von J. S. Bach vertreten ist. In diesen wird der von einem Evangelisten, Christus, den redenden Einzelpersonen (Soliloquenten) und Personengruppen (Turbae) vorgetragene Bibeltext durch 23 *(Johannespassion)* beziehungsweise 41 *(Matthäuspassion)* kommentierende Ergänzungen in frei gedichteter Textform (Eingangs- und Schlußchöre, Rezitative, Ariosi, Arien, Choräle) erweitert. Steht bei der Konzeption der *Johannespassion* die musikalische Ausgestaltung des Evangelienberichts selbst im Mittelpunkt der Komposition, so ist es in der *Matthäuspassion* das betrachtende Moment, die Reflexion des biblischen Geschehens, die Bach und sein Textdichter Ch. F. Henrici (Picander) in Form eines Zwiegesprächs zwischen der Tochter Zion und den Gläubigen in den Vordergrund gestellt und mittels einer durchgängigen Zweiteilung des Aufführungsapparats (Chorus I, einschließlich Solistenquartett I und Orchester I = Tochter Zion; Chorus II, einschließlich Solistenquartett II und Orchester II = Gläubige) musikalisch umgesetzt haben. Von der über Bach hinaus in liturgischem Gebrauch gebliebenen oratorischen Passion zu unterscheiden ist die Form

des Passions-Oratoriums, in dem der Bibeltext vollständig durch freie Nachdichtung ersetzt ist und das überwiegend außerhalb des gottesdienstlichen Rahmens aufgeführt wurde (▷ 5.23).
Im Rahmen der katholischen Liturgie konnten aufgrund der Reform von Trient (▷ 4.9) die oratorische Passion und das Passions-Oratorium keine vergleichbare Bedeutung erlangen. Statt dessen blieben die älteren responsorialen Passionsvertonungen noch lange im Gebrauch. Ausnahmen sind die für Solostimmen, vokales Ensemble, Streicher und Basso continuo vertonte und ausschließlich auf den lateinischen Bibeltext beschränkte Johannespassion von A. Scarlatti (vor 1700) sowie Vertonungen des von P. Metastasio stammenden Passions-Librettos *La passione di Jesu Cristo* unter anderem durch A. Caldara (1730) und N. Jommelli (1642).
So wie die Passionsvertonungen die Leidensgeschichte Jesu Christi thematisieren, gelangten auch andere Abschnitte der Evangelienberichte (Geburt, Auferstehung Christi) zur musikalischen Ausgestaltung, wofür sich im Laufe des 16. und 17. Jahrhunderts vorwiegend im lutherischen Bereich die Bezeichnung *Historia* einbürgerte. Die Historienkompositionen wurden in der Regel liturgisch eingesetzt und beschränkten sich überwiegend auf den Bibeltext (abgesehen von einleitenden und schließenden Hinzufügungen). Gattungsprägenden Charakter und Vorbildfunktion für Werke anderer Komponisten hatte zunächst die in Dresden entstandene Auferstehungs-Historie von A. Scandello (um 1568), bei der in Analogie zur responsorialen Passion die Worte des Evangelisten einstimmig im Rezitationston vorgetragen werden und die der Soliloquenten und Turbae zweibis fünfstimmig vertont sind. Mit seiner eigenen Auferstehungs-Historie (SWV 50) schuf H. Schütz 1623 für die Dresdener Hofkirche ein Nachfolgewerk zu demjenigen Scandellos, verwendete nun jedoch eine durchgängige Generalbaßbegleitung und ließ die teilweise bereits monodisch ausgeformten Evangelistenworte von einem Gambenquartett begleiten. In der 1664 entstandenen Weihnachts-Historie (SWV 435) gestaltete Schütz die Rede der Soliloquenten in Form von acht unterschiedlich instrumentierten Intermedien und vertonte die Evangelistenworte in nur noch äußerlich dem Rezitationston angenäherten monodisch-rezitativischen Stil mit Generalbaßbegleitung.
In der zweiten Hälfte des 17. Jahrhunderts trat neben die Historienkompositionen die Form des *Actus musicus,* die gegenüber der Historia jedoch einen zunehmend größeren Anteil an nichtbiblischen Textinterpolationen aufwies, womit sie sich der Form des Oratoriums annäherte, ihre liturgische Funktion aber beibehielt. Die in Italien und Frankreich gelegentlich verwendete Bezeichnung „Historia" für Oratorien über alttestamentliche Stoffe (z. B. G. Carissimi, *Historia di Jephte*) könnte, falls sie sich nicht ausschließlich auf die textliche Seite der Werke bezieht, auf einen gattungsgeschichtlichen Zusammenhang zwischen Historia und Oratorium (▷ 5.23) hindeuten. Dies ist jedoch insofern nicht sehr wahrscheinlich, weil dem Oratorium als Textvorlage nahezu ausschließlich freie Prosa oder Dichtung auf biblischer Grundlage diente, der Historia dagegen der wörtliche, nichttropierte Bibeltext. Und als das Oratorium zumeist außerliturgische Verwendung fand, wurde die Historia dagegen liturgisch eingesetzt.

5.29 Messe

Ähnlich wie im Fall der Motette verlor auch die Messe nach 1600 ihre bis dahin zentrale Stellung als kirchenmusikalische Gattung. Und ebenfalls analog zur Motette spaltete sich ihre künftige Entwicklungsgeschichte in zwei divergierende Richtungen: eine konservative, den alten vokalpolyphonen Kompositionsstil der Palestrina-Zeit weiterpflegende *(stile-antico-*Messe) und eine moderne, die stilistischen Neuerungen der Zeit um 1600 aufgreifende *(Missa concertata).*
Hauptpflegestätten der Meßkompositionen im 17. Jahrhundert waren die katholischen Zentren und Höfe in Italien, Österreich und Süddeutschland, wobei die Stile-antico-Messe mit besonderem Schwerpunkt in Rom weiterverfolgt wurde (G. F. Anerio, G. Allegri, F. Soriano, A. Cifra u. a.). Die Stile-antico-Messen beschränkten sich keineswegs auf ein einchöriges Klangbild, sondern wurden entweder auch in mehrchöriger Form kompo-

Die Musik des Barock

niert (O. Benevoli; die ihm zeitweilig zugeschriebene 53stimmige *Missa Salisburgensis* gilt jedoch inzwischen als mutmaßliches Werk H. I. F. Bibers) oder waren von Modernismen wie Chromatik, Sequenzierungen und Ostinati durchdrungen (Monteverdi). Auch traditionelle Kompositionstechniken wie beispielsweise die der Cantus-firmus-Messe oder die der Parodiemesse (▷ 4.26) wurden innerhalb der Stile-antico-Messe beibehalten, wofür die nicht sicher von Carissimi stammende *L'homme armé*-Messe, die auf einer Motette N. Gomberts fußende *Missa „In illo tempore"* (1610) von Monteverdi oder auch Frescobaldis doppelchörige Liedmessen über *L'aria della Monica* und *L'aria di Fiorenza* als Beispiel dienen können. In konservativen Bahnen bewegte sich auch die Meßkomposition in Frankreich während des 17. und frühen 18. Jahrhunderts. Einzig M.-A. Charpentier hat sich in seinen 11 Meßvertonungen moderneren Formen zugewandt.

Die fortschrittlichere Form der Meßkomposition nach 1600, die Missa concertata, entwickelte sich einerseits in Richtung geringstimmig besetzter Messen mit Generalbaßbegleitung (L. Viadana, *Missa dominicalis,* 1607, für Solostimme; A. Grandi, *Messa a tre voci,* 1630; G. Carissimi, *Messa a 3 voci,* 1665/66), andererseits in Richtung vielstimmig oder gar mehrchörig besetzter Messen, ebenfalls mit Generalbaßbegleitung (A. Grandi, 8stimmige *Messe concertate,* 1637; T. Merula, *Messa concertati,* 1652; F. Cavalli, *Messa ... concertati con istromenti,* 1656, für 8 Vokalstimmen, 2 Violinen und Violoncello). Gemeinsam ist diesen konzertierenden Messen der häufige Wechsel zwischen homorhythmischen und monodischen Abschnitten, zwischen Solo und Ripieno und häufig auch der Einsatz selbständig geführter Instrumente.

Typisch für die Meßvertonung im 18. Jahrhundert (wenngleich schon im 17. Jahrhundert auftretend) ist schließlich die Komposition im gemischten Stil *(stilus mixtus).* Der immer häufiger in abgeschlossene Einzelsätze aufgeteilte Meßtext wird in einem Nebeneinander von Stile-antico-Chorsätzen (Vokal- und Instrumentalstimmen gehen colla parte), Chorsätzen mit selbständigem Orchesterpart und Sätzen für Solostimmen vertont (bedeutendstes Beispiel: J. S. Bach, *h-Moll-Messe,* BWV 232, 1724–1749).

5.30 Vesperpsalmen und Magnificat

Ausgehend von den doppelchörigen Vesperpsalmen A. Willaerts (1550) entwickelte sich von Venedig aus im Laufe des 17. Jahrhunderts der für die Liturgie der Vesper oder für besondere kirchliche Anlässe bestimmte Vesperpsalm zu einer bedeutsamen Gattung der katholischen Kirchenmusik. Die stilistische Entwicklung der Psalmvertonung unterscheidet sich dabei nicht von derjenigen anderer kirchenmusikalischer Gattungen (Motette, Geistliches Konzert, Messe), das heißt, die Vesperpsalmen sind ebenfalls sowohl dem Stile antico (▷ 5.1) verpflichtet als auch dem konzertierenden Stil (▷ 5.3).

Nach den zwischen 1588 und 1609 zahlreich publizierten Vesperpsalmen G. G. Gastoldis und den 1609 einsetzenden Veröffentlichungen A. Cifras setzte C. Monteverdi mit den sich durch Verschmelzung von Vokalpolyphonie, Mehrchörigkeit und monodischem Stil auszeichnenden Psalmvertonungen seiner *Vespro della Beata Vergine* (1610) sowie der Sammlungen *Selva morale* (1641) und *Salmi a ... voci concertati* (1650) bedeutende Akzente. Weitere Sammlungen mit Psalmvertonungen überwiegend konzertierenden Charakters wurden veröffentlicht von u. a. L. Viadana, I. Donati, St. Bernardi, G. Rovetta, V. Mazzocchi, B. Graziani, F. Cavalli, G. B. Bassani und in Deutschland H. Schütz oder F. X. Murschhauser. Gegen Ende des 17. und im frühen 18. Jahrhundert entwickelte sich die Psalmvertonung zusehends in Richtung der Solo- oder Ensemblekantate, wofür die Psalmkompositionen G. F. Händels und A. Vivaldis als Beispiel stehen können.

Ebenfalls für die Liturgie des Vespergottesdienstes ist das Magnificat bestimmt. Nach den vokalpolyphonen Magnificatvertonungen der zweiten Hälfte des 16. Jahrhunderts (Lasso, Palestrina) stellt Monteverdis in zwei unterschiedlichen Fassungen veröffentlichtes Magnificat (1610) einen Höhepunkt der frühbarocken Magnificatvertonung dar. Monteverdi verbindet in der prachtvollen, durch Instrumente bereicherten Fassung heterogene Stilelemente, Besetzungstypen und Kompositionstechniken durch den stets präsenten Cantus firmus zu einer geschlossenen Einheit. Im deutschsprachigen Raum war das Magnificat unter anderem durch Kompositionen von J. R. Ahle (1657) und H. Schütz (SWV 468, vor 1665) vertreten, bevor es in den Vertonungen durch J. S. Bach (BWV 243 a, 1723) und C. Ph. E. Bach (1749) zu spätbarocken Ehren gelangte. Wie schon ansatzweise in der Vertonung durch Ahle, vollausgeprägt dann in dem Magnificat A. Vivaldis (RV 610), bestanden die Bachschen Magnificatvertonungen nunmehr aus unterschiedlich besetzten Einzelsätzen und hatten sich damit der Kirchenkantate angenähert.

Als ein spezieller Zweig der Magnificatkomposition entwickelte sich schon früh die Magnificatbearbeitung für Orgel, die im 17. und 18. Jahrhundert vor allem in Frankreich (J. Titelouze, M. Corrette) und Deutschland (H. Praetorius, S. Scheidt, J. E. Kindermann, J. Pachelbel, J. K. Kerll, F. X. Murschhauser) verbreitet war.

5.31 Orgel- und Instrumentalmusik

Die kirchlich verwendete Orgelmusik des 17. und 18. Jahrhunderts läßt sich aufteilen in cantus-firmus-gebundene Werke und freie Kompositionen.

Die Gattungen der freien, nicht an einen Cantus firmus gebundenen Orgelmusik entstanden im wesentlichen bereits im 16. Jahrhundert und wirkten bis weit in das 17. Jahrhundert hinein: *Ricercar* und *Canzona*, die auf der Imitationstechnik fußen, *Fantasia*, *Sonata* und *Capriccio* mit freier Thematik und die improvisatorisch gehaltene, Akkordspiel mit Laufwerk verbindende *Toccata*. Neben dem für diese Gattungen bedeutsamsten Komponisten Italiens, G. Frescobaldi, sind in Deutschland H. L. Haßler, S. Scheidt, J. J. Froberger, J. K. Kerll, J. Pachelbel und D. Buxtehude hervorzuheben, in den Niederlanden J. P. Sweelinck. Im späten 17. und frühen 18. Jahrhundert wurden die imitatorischen Gattungen Ricercar und Canzona von der *Fuge* abgelöst, und diese nun meist mit kontrastierenden, virtuos angelegten Stücken (Praeludium, Toccata) verbunden. Diese vor allem im norddeutschen Raum vollzogene Entwicklung wird repräsentiert durch D. Buxtehude, G. Böhm und J. S. Bach.

Unter den Gattungen der Cantus-firmus-gebundenen Orgelmusik ragen vor allem die *Choralvariation*, die spätere *Choralpartita* (Sweelinck, Scheidt, Buxtehude, Böhm, J. S. Bach), die improvisatorisch gehaltene *Choralfantasie* (F. Tunder, Buxtehude) und das *Choralvorspiel* (Buxtehude, Pachelbel, Johann Christoph Bach, J. S. Bach) hervor. In Frankreich stand in der zweiten Hälfte des 17. Jahrhunderts der bereits ältere Typus der *Orgelmesse* (Versetten für den alternatim-Vortrag mit Choralgesang) in hoher Blüte (G. Nivers, N. Lebègue, N. Gigault, F. Couperin, N. Grigny) und wirkte auch im 18. Jahrhundert weiter (L. Marchand, L. N. Clérambault, M. Corrette).

Die liturgische Verwendung der Orgelmusik konzentrierte sich überwiegend auf die Bereiche Vor-, Zwischen- und Nachspiel zu gottesdienstlichen Handlungen, Alternatimspiel zu liturgischem Gesang und Begleitung des Gemeindegesangs.

Über den gottesdienstlichen Gebrauch von selbständiger Instrumentalmusik lassen sich nur wenige konkrete Aussagen machen. Wenn, dann wurde sie zumeist als Ersatzkomposition für einzelne Teile des Meß-Propriums (z. B. Graduale) verwendet, als Communio-Musik oder als Eröffnungs- und Schlußmusik des Gottesdienstes. Grundsätzlich kam für solche Aufgaben jede Art von Instrumentalmusik in Frage, sofern sie dem feierlichen Ritus des Gottesdienstes gerecht zu werden vermochte. Von ihrer Gattungsbezeichnung her eng mit der Kirche verbunden ist dabei die *Sonata da chiesa* (▷ 5.14). Bemerkenswert ist eine Anmerkung I. Donatis im Vorwort seiner zusammen mit den *Salmi boscarecci concertati* 1623 in Venedig veröffentlichten *Messa concertata*, in dem es heißt, Sanctus und Agnus Dei seien einfach und kurz gehalten („alla Venetiana"), damit sie schnell vorüber seien („per sbrigarsi presto") und Platz schafften für ein „Concerto per l'Elevatione; & a qualche Sinfonia alla Communione" (vergleiche St. Bonta, 1969).

Kapitel 6
Der musikalische Stilwandel um 1750

Einführung

Die Jahrzehnte um 1750 umgreifen eine der interessantesten und folgenreichsten Abschnitte der europäischen Musikgeschichte. Gleichwohl bestehen gewisse Schwierigkeiten, diese Zeit als selbständige Epoche darzustellen. Die rückschauende musikhistorische Betrachtung im 19. Jahrhundert richtete sich zunächst zentral auf das Werk Bachs und Händels einerseits, Haydns, Mozarts und Beethovens andererseits. Und erst um 1900 gelangte man allmählich dazu, zwischen den Meisterwerken des Spätbarock und der Wiener Klassik Kompositionen einer Musikergeneration eigener Prägung und Qualität zu entdecken und anzuerkennen.
Eine Folge hiervon ist eine gewisse Verlegenheit bei der Benennung dieser Stilphase. „Vorklassik", der gängigste Ausdruck, bleibt insofern unbefriedigend, als die führende Produktion der Zeit nicht nur als Vorbereitung für Späteres angesehen werden darf, sondern in sich selbst Bestand hat. Die Bezeichnung „Musik des Rokoko", in Anlehnung an die Kunstgeschichte gebildet, trifft musikalisch in vielen Fällen nicht den Kern. „galanter Stil" und „empfindsamer Stil" sind Begriffe, die zwar wichtige Aspekte des Zeitstils umschreiben, sie aber zugleich aus ihrem Zusammenhang lösen. „Sturm und Drang" schließlich ist eine Bezeichnung der Literaturgeschichte, die nur mit Vorbehalt auf die Musik übertragen werden kann und die überdies auf Phänomene zielt, die schon zur Frühklassik gehören und sogar auf Züge romantischen Kunstempfindens vorausweisen.
Die genannten Schwierigkeiten sind nicht nur solche der historischen Begriffsbildung, sondern liegen in der Sache selbst begründet. An der Musik um 1750 läßt sich besonders deutlich das Prozeßhafte, stetig sich Verändernde der europäischen Musikentwicklung ablesen. Überliefertes und Modernes, traditionelle und neuartige kompositorische Strukturen und Gehalte sind in Werken dieser Zeit auf oft überraschende Weise nebeneinander erkennbar. Wesentliche Bestimmungen des musikalischen Barock treten mehr und mehr zurück: Die Orientierung am Generalbaß, die stimmig polyphone Anlage, die Dichte der Harmonik, die großräumige Melodik, die flächig abgestufte Klanglichkeit sowie das Prinzip einheitlicher thematischer Gestaltung, das zum Beispiel die Fuge, den barocken Suitensatz oder die Da-capo-Arie prägt und das ästhetisch der Forderung nach der Einheit des Affekts entspricht. Gattungsgrenzen und Gattungsmerkmale verlieren an Eindeutigkeit, neue Gattungen und Formen kommen auf. Die Bauweise und der Klang der Instrumente verändern sich. Einige neue Instrumente treten bestimmend hervor, in erster Linie das Hammerklavier, im Bläserbereich die Klarinette, die Blockflöte gerät zugunsten der Querflöte in Vergessenheit, die Violine und ihr Bogen erhalten ihre moderne Form, das Cello verdrängt endgültig die Viola da gamba.
Dies alles jedoch vollzog sich allmählich, in Stufen oder in fast unmerklich kleinen Schritten und in verschiedenen Regionen auf unterschiedliche Weise. Insofern markiert das Jahr 1750, das als Jahrhundertmitte und als Sterbedatum J. S. Bachs besondere Aufmerksamkeit zu beanspruchen scheint, eine eher willkürliche Grenzziehung. Für die Zeitgenossen hatte der Tod Bachs keine nennenswerte

Kapitel 6

Bedeutung. Über seinen Wirkungskreis hinaus war Bach relativ wenig bekannt. Er lebte in Mitteldeutschland, einem musikalischen Randgebiet, und seine Musik galt eher als veraltet. Die zentralen Veränderungen gingen von Italien aus, sowohl auf dem Gebiet der Oper als auch im Bereich der Instrumentalmusik, und sie traten dort bereits um 1720 in Erscheinung. Andere europäische Zentren – Mannheim, Wien, Berlin, Paris, London – übernahmen die italienischen Anregungen und entwickelten sie weiter, auch dies bereits zu Lebzeiten Bachs und Händels. Als Bach 1747 bei Friedrich II., dem Großen, in Potsdam zu Besuch weilte, war dies für die Anwesenden bereits so etwas wie eine ehrfurchtsvolle Begegnung mit der musikalischen Vergangenheit.

Ein neuer Anspruch an die Musik, Gefühle unmittelbar auszusprechen, originell und expressiv, dabei aber nah und verständlich zu sein, bestimmte das musikalische Bewußtsein einer Hörerschaft, die nun zunehmend als bürgerliches Publikum neben dem fürstlich aristokratischen Auftraggeber im Musikleben an Einfluß gewann. Dementsprechend veränderte sich allmählich das Selbstverständnis des schaffenden und des ausübenden Künstlers sowie seine Stellung in der Gesellschaft.

Voraussetzungen, Grundlagen, Wandlungen

Anfang und Ende der musikalischen Epoche zwischen Barock und Klassik sind nicht genau zu bestimmen. Spätestens ab etwa 1720 finden sich, zunächst in Italien und Frankreich, bald jedoch auch in Deutschland innerhalb barocker Formen und Gattungen neue Elemente im Sinne des galanten Stils (▷ 6.1), die sich zur Jahrhundertmitte hin zunehmend mit Elementen des empfindsamen Stils mischen. Gerade das Mit- und Nebeneinander beider Stilhaltungen, oft in ein und demselben Werk und verbunden mit der nur schrittweisen Lösung von barocken Satz- und Ausdrucksprinzipien, ist für die Zeit um 1750 bezeichnend.

In den 60er Jahren beginnt bei J. Haydn und bald darauf beim jungen Mozart der Übergang zur Frühklassik (▷ 7.1). Um die gleiche Zeit und auch schon früher komponierte C. Ph. E. Bach Werke stärkster Expressivität, während viele andere Komponisten die galante und empfindsame Stilhaltung weiterführten, so daß auch hier die Grenzen fließend verlaufen.

Die repräsentativste musikalische Gattung um 1750 ist nach wie vor die Oper (▷ Kapitel 8). Deren Entwicklung verläuft zwar im ganzen relativ kontinuierlich. Innerhalb der Vielfalt ihrer Möglichkeiten zeigen sich jedoch frühzeitig Stilveränderungen, die ab etwa 1720 die Instrumentalmusik beeinflussen. Insbesondere von der Opera buffa erhält die Instrumentalmusik Impulse zu neuer Lebendigkeit, zu pulsierender, kontrastreicher Bewegung, zu einer knappen, charakteristischen Diktion, die, wie der Part einer lebensprühenden Buffofigur, den Zuhörer direkt und unmittelbar anspricht (Abb. 108). Auch die empfindsame Komponente des Zeitstils läßt sich auch auf vokale Vorbilder beziehen. So finden sich z. B. in langsamen Sonatensätzen oftmals Wendungen des affektvollen Bühnengesangs, umgeformt zum Ausdruck einer intimeren, lyrischen Kantabilität.

108 Thema einer Sinfonie in D-Dur von Georg Christoph Wagenseil mit beweglicher, sprachnaher, vom Gesangsstil der Buffooper beeinflußter Melodik

Der musikalische Stilwandel um 1750

109 Anfang und Schluß eines Adagio sostenuto von Carl Philipp Emanuel Bach aus den 18 Probe-Stücken zu dem „Versuch über die wahre Art das Clavier zu spielen" (1753). Erkennbar ist die gänzlich unbarocke Melodik mit halbtaktiger Anfangsgliederung, Vordersatz-Nachsatz-Symmetrie, expressiven Intervallbildungen und einer für C. Ph. E. Bach charakteristischen taktfreien Schlußbildung

6.1 Stilelemente

Im galanten Stil wird die *Melodik* zum führenden Element in einem vorwiegend homophonen Instrumentalsatz. Die melodischen Linien sind – wie man damals sagte – durchweg „fließend" und „gefällig", dabei kurzgliedrig, oft von Pausen in einzelne, quasi sprechende Phrasen unterteilt, im Ausdruck wechselnd, jedoch übersichtlich periodisiert. Im empfindsamen Stil intensiviert sich der melodische Gehalt, z. B. durch verstärkte Vorhaltsbildungen (Seufzer), Chromatik und expressive Intervalle (Abb. 109).
Die *Harmonik* wird wesentlich einfacher, flächiger, oft bleibt sie über viele Takte gleich. Nebenstufen werden seltener, dafür tritt die Dominant-Tonika-Beziehung in den Vordergrund, was zu häufigen Binnenkadenzierungen führt. Durch die homophone Satzstruktur wird die Harmonik der Melodik untergeordnet und vorwiegend als akkordische Begleitung wirksam. Die empfindsame Stilkomponente trägt allerdings wiederum reichere, auch stärker zu Moll-Tonarten tendierende Wendungen bei. Mit der Lösung vom Generalbaß verliert die Baßstimme ihre durchgängig tragende Funktion, wird melodisch beweglicher und nicht selten unisono mit den Oberstimmen geführt.
Rhythmik und *Metrik* unterstützen im galanten Stil die Klarheit und Durchschaubarkeit des Satzes durch kleine und kleinste Wiederholungen sowie durch symmetrisch periodisierend angeordnete, oft vier- oder achttaktige Glieder (▷ 7.10), in die sich das melodische Geschehen konfliktlos einbettet. Als empfindsame Elemente treten stärkere rhythmische Kontraste, Synkopen, ausdrucksvolle Pausen und ähnliches hinzu.
Wichtige Veränderungen vollziehen sich im Bereich der *Form*. Die dreisätzige Sonate und die viersätzige Sinfonie bilden die repräsentativen zyklischen Formen des neuen Stils, auch wenn daneben viele andere Satzanordnungen vorkommen. In den Kopfsätzen wird die Sonatenhauptsatzform (▷ 7.12) mehr und mehr zum tragenden Prinzip, allerdings noch nicht in der differenzierten Durchbildung des klassischen Sonatensatzes. Dieselbe Formdisposition herrscht auch in den einsätzigen Sonaten D. Scarlattis.
Der *Klang* verändert sich in Richtung auf eine geringstimmige, oberstimmenbetonte, durchsichtige Satzanlage. Klangfüllende Mittelstimmen ersetzen die akkordische Begleitung durch ein Generalbaßinstrument. Das Hammerklavier mit seinem silbrigen, differenzierten Anschlag wird zum beliebtesten Instrument. Im Orchester bilden solistisch geführte Bläser Kontrastfarben zum Streicherklang.
Wichtiger Bestandteil der veränderten Klanglichkeit ist eine effektvolle, reich abgestufte

Dynamik, wie sie besonders in der Mannheimer Orchestersprache eindrucksvoll hervortritt.

6.2 Musikanschauung

„Die bloße Melodie bewegt in ihrer edlen Einfalt, Klarheit und Deutlichkeit die Herzen solchergestalt, daß sie oft alle harmonische Künste übertrifft." Dieser Satz aus J. Matthesons Hauptwerk, *Der vollkommene Capellmeister* (1739), enthält wie ein Motto wesentliche Bestimmungen der neuen Musikästhetik. Musik soll die Herzen bewegen, „rühren", Empfindungen hervorrufen. Das vermag sie nur durch die Melodie, die sich als „Klangrede" stets an der Sprache und am Gesang orientieren muß. Polyphonie wird als „künstlich" und „gelehrt" weitgehend abgelehnt. „Einfach", „natürlich" und „faßlich" soll die Musik dem „Ohr" mehr geben als dem „Verstand" und daher alles „Schwierige" und „Schwülstige" vermeiden.

Mattheson, dessen Schriften um die Jahrhundertmitte sehr verbreitet waren, führt hier Gedanken weiter, die schon Jahrzehnte früher in der französischen Musikästhetik anklangen (z. B. bei J. B. Dubos in seinen *Réflexions critiques sur la poésie, la peinture et la musique*, 1719) und die sich rasch, auch in Deutschland, durchsetzten. Das zeigt sich etwa in J. A. Scheibes Wochenschrift *Der Critische Musicus* (Hamburg 1738–40), in der auch die bekannte Polemik gegen J. S. Bach erschien, erst aus der neuen ästhetischen Position heraus verständlich wird.

Eine weitere wichtige Quelle für die Musikanschauung und Musikausübung um 1750 ist der *Versuch einer Anweisung die Flöte traversiere zu spielen* (1752) von J. J. Quantz. Das Werk erörtert, über Probleme des Flötenspiels hinaus, sowohl die damalige musikalische Praxis (Dynamik, Phrasierung, Verzierungen, Tempi, Art der Begleitung usw.) als auch ästhetische Fragen (z. B. im Artikel *Ausdruck*). Aufschlußreich sind Quantz' Beschreibungen des französischen und des italienischen Stils. Aufgabe der deutschen Musik sei es, die Wesensmerkmale beider aufzugreifen und zu vereinen. Deutlich beeinflußt von Quantz sind die ähnlich angelegten Lehrwerke von C. Ph. E. Bach für das Klavier (*Versuch über die wahre Art das Clavier zu spielen*, 1753 und 1762) und von Leopold Mozart für die Violine (*Versuch einer gründlichen Violinschule*, 1756).

Mit der Forderung an die Musik, „Ausdruck von Empfindungen" zu sein, verbindet sich in der ästhetischen Diskussion dieser Zeit auf bemerkenswerte Weise der Begriff der „Nachahmung", der, ebenso wie die Begriffe „Affekt" und „Ethos", schon in der antiken Kunsttheorie eine Rolle spielt (▷ 1.19). Ch. Batteux (*Les beaux-arts, réduits à un même principe*, 1746) erklärt die „Nachahmung" sogar zum einzigen und grundlegenden Prinzip aller Künste. In der Musik ist die Nachahmung realer Klänge und Laute nach Batteux allerdings nur eine unterste Stufe ästhetischer Darstellung. Zur entwickelten Kunst wird ihm die Musik erst mit einer bezeichnenden, zeittypischen Innenwendung, nämlich als „Nachahmung menschlicher Empfindungen".

In der zweiten Hälfte des 18. Jahrhunderts vertiefte und erweiterte sich die Bestimmung des Musikalischen mit der Betonung des Leidenschaftlichen in der Musik (D. Webb, *Observations on the Correspondence between Poetry and Music*, 1769), der Kraft und Tiefe des musikalischen Ausdrucks (Ch. Avison, *Essay*

110 Titelblatt der deutschen Übersetzung von Charles Burney's „Tagebuch einer Musikalischen Reise ..." (1772)

on Musical Expression, 1752). Auch die Ideen J.-J. Rousseaus wirkten stark auf das Musikdenken, das ferner von der Literatur (F. G. Klopstock, Sturm und Drang) merkliche Impulse empfing. Das Postulat einer neuen Freiheit, Spontaneität und Selbstherrlichkeit des Künstlers, des Genies, markiert das Ende der nachbarocken beziehungsweise vorklassischen Musikanschauung, das Ende auch einer langen rationalistischen Geistestradition, und führt unmittelbar hinein in die klassischen und frühromantischen Strömungen des Jahrhundertendes.

6.3 Musikleben

Die Stilepoche um 1750 bildet ein wichtiges Teilstück in dem Prozeß allmählicher Veränderungen, die die Musikkultur des ganzen 18. Jahrhunderts prägen. Diese Musikkultur, von der heutigen und auch von der des 19. Jahrhunderts stark unterschieden und in ihrer musikalisch sozialen und regionalen Vielfalt kaum einheitlich zu fassen, wird in groben Zügen von folgenden Faktoren bestimmt:
1. Die Oper als führende Gattung strahlte gesellschaftlich die größte Attraktivität aus. Außerhalb Italiens, vor allem in Deutschland, wurde die Opernkultur mit all ihrem Glanz fast ausschließlich von Fürstenhäusern getragen, in Italien selbst war sie stärker eine Angelegenheit aller Musikinteressierten (▷ 8.3).
2. Dementsprechend nahmen die italienischen Musiker im Ausland, im Vergleich zum Beispiel mit ihren deutschen Kollegen, vielfach eine höhere, freiere und materiell überlegene Stellung ein.
3. Das bürgerliche Konzertwesen steckte noch in den Anfängen, nahm aber ständig an Einfluß zu. Frühzeitig wurden schon in London und Paris regelmäßige öffentliche Konzertveranstaltungen gegen Eintrittspreise durchgeführt (z. B. die „Concerts spirituels" in Paris seit 1725). In Deutschland bildete sich nur allmählich Vergleichbares (in Leipzig z. B. 1743 ein Konzertunternehmen, aus dem 1781 die Gewandhauskonzerte hervorgingen). Dabei war oft das ältere Collegium musicum (etwa unter G. Ph. Telemann in Frankfurt am Main und Hamburg, unter J. S. Bach in Leipzig) Ausgangspunkt gleitender Umwandlungen vom eigenen Musizieren zum Konzertieren vor geladenen Gästen und schließlich vor zahlendem Publikum.
4. Adlige und bürgerliche Musikkultur waren nur teilweise voneinander abgegrenzt. Vielerorts durchdrangen sie sich und trugen gemeinsam zur Gründung und Unterhaltung musikalischer Institutionen bei. Sogar unter den ausübenden Musikern ein und desselben Ensembles befanden sich mitunter Angehörige verschiedener Gesellschaftsschichten.
5. Der Berufsmusiker fand in aller Regel vor allem in fürstlichen Diensten eine gesicherte und geachtete Position, während Kirche, Schule und Stadt als Musikträger zwar noch bestanden, an Einfluß und Ansehen aber deutlich abnahmen. Die handwerklich organisierten Musikerzünfte verloren mehr und mehr an Bedeutung gegenüber dem aufstrebenden Laien- und Liebhabermusizieren, aus dem einige durchaus leistungsfähige, nicht selten allerdings durch Berufsmusiker verstärkte Kammermusik- und Orchestervereinigungen hervorgingen.
6. Musik wurde nach wie vor für bestimmte Gelegenheiten geschaffen. Daher war der Komponist durchgehend auch ausübender Musiker, Leiter, Spieler und Organisator (z. B. Opernregisseur) seiner eigenen Werke. Vereinzelt trat daneben der Typ des reisenden Virtuosen auf, der aber keinesfalls wie heutzutage mit festgefügten Konzertorganisationen rechnen konnte, sondern sich stets durch Empfehlungsschreiben, Hausmusikabende bei Gönnern oder Mitwirkung bei Liebhabervereinigungen erst allmählich an einem Ort bekannt machen mußte, ehe er eigene Konzerte wagen konnte.
7. Der Musikjournalismus begann im frühen 18. Jahrhundert mit einzelnen, meist kurzlebigen Versuchen (die früheste Musikzeitschrift ist die *Critica Musica* von J. Mattheson, Hamburg 1722/23 und 1725), nahm aber in der zweiten Jahrhunderthälfte stärker zu und förderte durch Abhandlungen, Berichte, Kritiken und Anzeigen das Wachsen des öffentlichen, bürgerlichen, „demokratischen" Musiklebens.

Kapitel 6

Zentren des Musikschaffens

Bezeichnend für die Stilphase um 1750 ist der etwa gleichwertige Anteil einer Reihe europäischer Musikzentren an der Herausbildung des neuen Instrumentalstils. Unter den Komponisten findet sich keine Persönlichkeit, der uneingeschränkt eine führende Stellung zugesprochen werden könnte. Selbst C. Ph. E. Bach erreicht in seiner Zeit nicht die epochale Bedeutung wie später Haydn, Mozart oder Beethoven. Stattdessen wirkten an vielen Orten in ihrer Art hervorragende Musiker. Und gerade diese regionale und stilistische Vielfalt bildete eine der Voraussetzungen für die umfassende Stilsynthese in den Instrumentalwerken der Wiener Klassik.

6.4 Italien

Der neue Instrumentalstil entwickelte sich zuerst in Italien, beeinflußt nicht nur von der Musiksprache der italienischen Oper, sondern auch begünstigt durch einen Grundzug der italienischen Musik, eine Tendenz zur Klarheit, Einfachheit und Kantabilität, die seit dem Trecento (▷3.26) für die Musik in Italien bezeichnend war. Aus diesem Grundzug erklärt sich auch der frühzeitige, fast bruchlose Übergang von der strengeren Satztechnik der italienischen Barockmusik zur galanten, sogenannten „freien" Schreibart. Da in Italien die gesellschaftliche Basis für selbständig konzertante Instrumentaldarbietungen anfangs weitgehend fehlte, vollzog sich der Stilwandel zunächst an Instrumentalstücken aus dem Bereich der Oper (Sinfonia, das ist die Ouvertüre, Balletteinlagen) und der Kirchenmusik (Sonaten, Konzerte usw.) als Eingangs- oder Schlußmusik und zur Begleitung der kultischen Handlung). Gesonderte Konzertveranstaltungen wie die von G. B. Sammartini in Mailand waren vorerst die Ausnahme.
Im übrigen Europa, wo zum Teil andere Aufführungsbedingungen herrschten, breitete sich die italienische Instrumentalmusik rasch aus. In London, Paris, Wien und vielen deutschen Städten wurde sie bewundert und von den führenden Verlagsunternehmen (z. B. in Paris, London und Amsterdam) in großer Zahl gedruckt.
An der Entfaltung des neuen Instrumentalstils waren viele Komponisten in kleineren und größeren Musikzentren Italiens beteiligt. Erste wesentliche Impulse gingen von G. B. Pergolesi und von seinem neuartigen neapolitanischen Buffostil aus, dessen szenische Lebendigkeit auch die Orchestersprache veränderte. G. B. Sammartini, der Mailänder Kirchenmusiker, wurde mit seinen Sinfonien (▷6.11), Triosonaten und Concerti grossi (mit Streichquartett als Concertino) zum führenden Vertreter des galanten italienischen Instrumentalstils. Von bedeutendem Einfluß waren ferner der Turiner Violinvirtuose, Lehrer und Instrumentalkomponist G. Pugnani und in Stuttgart wirkende N. Jommelli, dessen Seria-Opern ihre Dramatik wesentlich auch der neuartigen Behandlung des Instrumentalparts verdanken.
In der Klaviermusik war D. Scarlatti, der allerdings schon 1720 nach Portugal und 1729 nach Spanien ging, mit seinen meist einsätzigen Cembalo-Sonaten ein kühner und genialer Neuerer. Daneben sind G. B. Platti, D. Alberti und B. Galuppi als Vertreter eines galanten, oberstimmenbetonten, klanglich und formal progressiven Klavierstils zu nennen.

6.5 Wien

Die Kaiserstadt Wien zur Zeit Maria Theresias besaß trotz der Kriege, die Österreich führte, und der daraus resultierenden Sparmaßnahmen am Hof ein blühendes Musikleben, das von einer Reihe bedeutender Musiker ausging. Kennzeichen der Wiener Schule um 1750 sind einerseits eine gewisse Bindung an die ältere, kontrapunktisch orientierte Schreibweise und Musikauffassung, wie sie in der Nachfolge des Kirchenmusikers und Theoretikers J. J. Fux (seine Kontrapunktlehre *Gradus ad parnassum* erschien 1725 in Wien) und des Opern- und Oratorienkomponisten A. Caldara weiterhin wirksam war, andererseits ein starker Einfluß der neuen italienischen Musik, vermittelt durch ansässige ita-

212

Der musikalische Stilwandel um 1750

lienische Künstler und begünstigt durch besondere Beziehungen Wiens zu Neapel. Bezeichnend für diese Zwischenstellung ist das Schaffen des Wiener Organisten M. G. Monn. In seinen Sinfonien, Kammermusikwerken, Solokonzerten und Sonaten ist das unmittelbare Nebeneinander von empfindsamer Expressivität und generalbaßorientierter Polyphonie und Sequenztechnik besonders auffällig. Die Zeit sah darin keinen Mangel, sondern eine legitime Verwendung bereitliegender stilistischer Mittel.

Der bedeutendste Komponist der Wiener Schule, G. Ch. Wagenseil, war Schüler von Fux, seit 1739 Hofkomponist und Klavierlehrer der Kaiserin und ihrer Töchter. Er schrieb Opern, Oratorien, Klavier- und Kammermusik, Klavierkonzerte, konzertante Quartette und fast 100 Sinfonien. Seine Kompositionen zeichnen sich durch Erfindungsreichtum im Sinne der modern empfindsamen Stilhaltung sowie durch sorgfältige Ausarbeitung vielfach kontrastierender Details aus und weisen deutlich in die Richtung der klassischen Synthese von Ausdruck und Struktur, die sich erstmals im Instrumentalschaffen J. Haydns, der der gleichen Wiener Tradition entstammt, verwirklicht. Wie bei anderen Komponisten Wiens – genannt seien der Hofkapellmeister und Kirchenmusiker G. Reutter d. J., der aus Böhmen stammende F. Gaßmann, der Hofmusiker F. Aspelmayr, der Ballettkomponist J. Starzer – findet sich in Wagenseils Musik nicht selten ein volkstümlicher Einschlag, der sich vor allem in einer einfachen, prägnanten Melodik niederschlägt (auch dieser Zug kehrt bei Haydn wieder). Volkstümlichkeit dieser Art bestimmt auch den Gattungsbereich Divertimento, Serenade, Kassation, Nocturne, also die gehobene Unterhaltungsmusik einer wesentlich noch vom Adel bestimmten städtischen Musikkultur.

6.6 Mannheim

„Es sind wirklich mehr Solospieler und gute Komponisten in diesem als vielleicht in irgendeinem Orchester in Europa. Es ist eine Armee von Generälen ..."
Dieses überschwengliche Lob stammt von dem Engländer Ch. Burney (*Tagebuch einer musikalischen Reise,* 1772, Abb. 110, S. 210) und betrifft das Mannheimer Orchester gegen Ende seiner Blütezeit. Der pfälzische Kurfürst Karl Theodor förderte schon seit seinem Regierungsantritt im Jahre 1743 mit Eifer die musikalischen Institutionen seiner Residenzstadt. So entwickelte sich Mannheim in kurzer Zeit zu einem der führenden Musikzentren Europas und blieb es bis 1778, als der Hof nach München übersiedelte.
Karl Theodor hatte das Glück, daß mit Johann Stamitz schon seit 1741 ein genialer Komponist, Violinist und Orchesterleiter (seit 1745) für die Hofkapelle verpflichtet war. Stamitz stammte aus Böhmen, und seine besondere Leistung lag darin, das kraftvoll urwüchsige Musikantentum seiner Heimat mit der avancierten mitteleuropäischen Instrumentalkultur zu verbinden und aus dieser Synthese den sogenannten „Mannheimer Stil" zu schaffen, eine besonders einheitliche und wirkungsvolle Manifestation des kompositionsgeschichtlichen Wandels um 1750.
Ebenfalls aus dem böhmisch-mährischen Raum stammten die Mannheimer Komponisten F. X. Richter und A. Filtz. Aus Wien kam I. Holzbauer und aus Italien C. G. Toeschi hinzu. Nach J. Stamitz' Tod wurde Ch. Cannabich Konzertmeister des Mannheimer Orchesters. Unter ihm traten unter anderem die Söhne von J. Stamitz, Carl Stamitz und Anton Stamitz, hervor.
Wie Ch. Burney betont, waren viele Mitglieder des Orchesters zugleich Komponisten, die übrigen – so vor allem die Bläser – anerkannte Instrumentalisten. Entscheidend für den europäischen Ruhm dieses Ensembles war aber nicht nur das Können jedes einzelnen, sondern die ganz neuartige Kraft, Kultur und Disziplin des gemeinsamen Spiels. Einheitliche Bogenführung, Reichtum, Präzision und Differenzierung der Klanggebung und die dadurch ermöglichte Intensität des Ausdrucks übten auf die zeitgenössischen Hörer eine offenbar überwältigende Wirkung aus. „Kein Orchester der Welt hat es je in der Ausführung dem Mannheimer zuvorgethan. Sein Forte ist ein Donner, sein Crescendo ein Cataract ... sein Piano ein Frühlingshauch." (D. Schubart, *Ideen zu einer Ästhetik der Tonkunst,* 1784/85, gedruckt 1806).
Interpretation und Komposition waren hier noch aufs engste verbunden. Daher schrieben

die Mannheimer Komponisten hauptsächlich Werke für Orchester, also Sinfonien (▷6.11), Orchestertrios und Solokonzerte, zum Beispiel für die hier neu eingeführte Klarinette. Daneben entstand auch Kammermusik, doch sind die Gattungsgrenzen fließend, und eine eindeutige Trennung zwischen solistisch kammermusikalischer und orchestraler Ausführung ist kaum möglich.

Daß diese Werke, die vor allem in Paris in großer Zahl gedruckt wurden und bald überall in Europa verbreitet waren, in ihrer expressiven Unmittelbarkeit mit ästhetischen Erwartungen ihrer Zeit korrespondierten, scheint offensichtlich. Dennoch ist es geistesgeschichtlich nicht ganz unbedenklich, die Mannheimer Instrumentalmusik um 1750 mit dem literarischen „Sturm und Drang" der 60er und 70er Jahre zu vergleichen.

Unbestritten ist dagegen die Bedeutung der Mannheimer Schule für die musikalische Stilentwicklung der Folgezeit. Durch das „Ausdrucksprinzip" (H. H. Eggebrecht), das hier so elementar hervortritt, wurde das Instrumentalschaffen der Wiener Klassik deutlich beeinflußt und die eindringliche Sprachlichkeit zum Beispiel der Werke Mozarts unüberhörbar vorgeprägt.

6.7 Paris

Keine Stadt Europas besaß im 18. Jahrhundert so glänzende Voraussetzungen für ein blühendes Musikleben wie die französische Hauptstadt, die noch unter der Ausstrahlung des Versailler Hofes stand und gleichwohl nach dem Tode Ludwigs XIV. (1715) sich zunehmend davon lösen und eine große Zahl eigener städtischer musikalischer Aktivitäten entwickeln konnte. Oper, Konzertgesellschaften und Salons zogen Musiker aus vielen Ländern an, und der sich ausbreitende freiere Geist der Aufklärung schuf ein günstiges Klima für neue Ideen und fruchtbare Auseinandersetzungen – allerdings auch für heftige Streitigkeiten wie etwa über den Vorrang der italienischen oder der französischen Musik (zum „Buffonistenstreit" ▷8.1).

Eine Wandlung vom Hochbarock zu einem charakteristisch französischen Rokokostil zeigt sich bereits in der Cembalomusik des großen Clavecinisten F. Couperin und seines Zeitgenossen J.-Ph. Rameau. Auch in der Oper vollzogen sich, wieder vor allem durch Rameau, durchgreifende Neuerungen.

Früher als in Deutschland etablierten sich die Institutionen des bürgerlichen Konzertlebens. Mit dem ersten „Concert spirituel" am 18. März 1725 begann die jahrzehntelange einflußreiche Wirksamkeit dieser von F.-A. Philidor gegründeten, führenden französischen Konzertgesellschaft. Hier wurden die Werke der italienischen Zeitgenossen und bald auch die der jüngeren deutschen Komponisten aufgeführt, vor allem die der Mannheimer und der Wiener Schule, aber auch J. Ch. Bachs und J. Schoberts, des genialen Klaviermeisters, der 1760 im Alter von ca. 25 Jahren nach Paris kam und dort bis zu seinem frühen Tode im Jahre 1767 eine Reihe neuartiger Werke komponierte und herausgab. Von hier aus verbreitete sich um 1750 der europäische Ruhm des Mannheimers J. Stamitz. Und der als „deutsch" empfundene neue sinfonische Stil (in Paris auch als „Melodia germanica" oder „Sinfonie d'Allemagne" bezeichnet) beeinflußte wiederum das französische Sinfonieschaffen, als dessen wichtigster Vertreter – neben L.-G. Guillemain – F.-J. Gossec weit über die Vorklassik hinaus für die Musik in Frankreich stilbildende Bedeutung erlangte.

Eine wichtige Rolle neben den öffentlichen Konzerten spielten die Darbietungen in den Pariser Salons sowie eine Reihe mehr oder weniger regelmäßiger privater oder halb öffentlicher Veranstaltungen meist adliger Musikliebhaber, die teilweise sogar eigene professionelle Ensembles unterhielten. Entsprechend entfaltete sich in Paris frühzeitig ein reger Musikjournalismus und eine einflußreiche musiktheoretische Literatur. Bedeutende Beispiele hierfür bilden Couperins *L'art de toucher le clavecin* (1716), ein für den französischen Zeitstil grundlegendes Werk, und Rameaus *Traité de l'harmonie* (1722), eine musiktheoretische Schrift, die eine neue Stufe des harmonisch tonalen Denkens repräsentiert. Für das geschichtliche Verständnis der Musik und ihrer sich entwickelnden Begrifflichkeit sind die französischen musikalischen Lexika dieser Zeit, zum Beispiel von S. de Brossard (1703) und J.-J. Rousseau (Genf 1767, Paris 1768), von größtem Interesse.

Der musikalische Stilwandel um 1750

111 The Singing Party (Gemälde eines englischen Malers des 18. Jh.; Washington, National Gallery of Art)

6.8 London

Auch in London wurde das Musikleben außer durch den Hof von vielen adligen und großbürgerlichen städtischen Familien gefördert. Das öffentliche Konzertwesen war hier noch früher und womöglich noch reicher entwickelt als in Paris, was beispielhaft an langjährigen Einrichtungen wie der „Academy of Ancient Musick" (1710–92), der „Philharmonic Society" (ab 1728) oder den „Bach-Abel-Concerts" (1765–82) deutlich wird. J. Ch. Bach, der jüngste Sohn J. S. Bachs, kam 1762 nach London und prägte als einer der führenden Komponisten der 60er und 70er Jahre das Konzertleben der Stadt. Hier begegnete ihm der achtjährige Mozart, der 1764 mit dem Vater nach England reiste und dessen frühe Werke den Einfluß der Sinfonien, Konzerte und Sonaten J. Ch. Bachs spüren lassen.
Neben einheimischen Musikern – zum Beispiel M. Greene, Th. A. Arne, W. Boyce – wirkten in London viele Ausländer, in erster Linie Italiener. Der virtuose Oboist und Instrumentalkomponist Giuseppe Sammartini lebte hier seit 1728 (er war der Bruder des berühmten Mailänders Giovanni Battista Sammartini, dessen Werke u. a. von London aus in Europa bekannt wurden). Unter den deutschen Komponisten trat der Thomasschüler C. F. Abel bald nach seiner Übersiedlung nach London (1759) als Gambenvirtuose, als Mitbegründer der Bach-Abel-Konzerte und als Komponist von Sinfonien, Klavierkonzerten und Kammermusik hervor. Schon 1727 hatte sich J. J. Quantz einige Monate lang in London aufgehalten. Und 1745/46 traf Ch. W. Gluck (▷ 8.4) hier mehrmals mit Händel zusammen, von dessen Werken er sich nachhaltig beeinflussen ließ. Unter den Komponisten der älteren Generation spielte neben Händel auch der in Berlin geborene, seit 1700 in England ansässige J. Ch. Pepusch im Londoner Musikleben um 1750 eine nennenswerte Rolle.

6.9 Norddeutschland (Berlin)

Die Norddeutsche oder Berliner Schule umfaßt eine Gruppe von Komponisten, die zum überwiegenden Teil mit dem Hof Friedrichs II., des Großen, der 1740 König wurde, in Verbindung standen. Zu ihnen gehören J. J. Quantz, der Flötenlehrer des Königs und tonangebende Musiker dieses Kreises, C. Ph. E. Bach als erster Cembalist, die Brüder C. H. Graun und J. G. Graun, F. Benda und G. A. Benda, C. F. Fasch, der Musiktheoretiker F. W. Marpurg sowie die Bach-Schüler Ch. Nichelmann, J. Ph. Kirnberger und J. F.

Agricola, der nach dem Tode des Kapellmeisters C. H. Graun die Hofkapelle leitete. Die meisten dieser Komponisten zählen zusammen mit Ch. G. Krause auch zur Ersten Berliner Liederschule (▷ 8.12).

Der Instrumentalstil der Norddeutschen Schule wurde geprägt vom musikalischen Klima des Berliner Hofes, das heißt vor allem von den Wünschen und Anschauungen des Königs, der selbst sehr gut Flöte blies und unter Anleitung seines Lehrers Quantz zahlreiche Flötenkompositionen verfaßt hat. Seine Vorliebe galt einer galanten Instrumentalmusik mit nur gemäßigt empfindsam-expressivem Einschlag. Entsprechend erweist sich die vornehmlich an der italienischen Musik des frühen 18. Jahrhunderts orientierte Produktion der Berliner Komponisten nach 1750 zunehmend als konservativ und kaum zugänglich den etwa aus Mannheim kommenden neuen Impulsen.

Durch die Schüler Bachs wurde in Berlin auch eine Tradition der kontrapunktisch strengeren Schreibart weitergetragen, die sich in theoretischen Veröffentlichungen von Marpurg (*Abhandlung von der Fuge*, 1753/54) und Kirnberger (*Die Kunst des reinen Satzes*, 1771-79) niederschug. 1754 veröffentlichen C. Ph. E. Bach und Agricola einen Nekrolog auf J. S. Bach. Und das sonst um diese Zeit fast vergessene Werk Bachs fand in Berlin, gefördert durch die Prinzessin Anna Amalia, eine Schwester Friedrichs II., eine stille Pflege und Verehrung, die über Fasch und C. F. Zelter bis zu F. Mendelssohn Bartholdy weiterwirkte.

6.10 Die Bach-Söhne

Unter den Söhnen J. S. Bachs war der älteste, Wilhelm Friedemann Bach, ein weithin geachteter Organist und ein genial veranlagter Musiker, dessen ausdrucksstarke Kompositionen, namentlich auf dem Gebiet der Klaviermusik, sich durch eine sehr persönliche Kontrastierung älterer und neuerer Stilelemente auszeichnen. Sein teilweise unstetes Leben und der häufige Wechsel seiner Tätigkeiten sind äußere Anzeichen eines für diese Zeit bezeichnenden Originalitätsstrebens und einer inneren Gefährdungen ausgesetzten Künstlerexistenz. Von Dresden, wo er 1733-46 an der Sophienkirche wirkte, kam W. F. Bach unter anderem über Halle, Göttingen und Braunschweig erst in späten Jahren (1774) nach Berlin und gehört daher nur bedingt zu der dortigen Komponistenschule.

Nicht aus biographischen Gründen, sondern wegen der überragenden Qualität seiner Kompositionen zögert man, den zweitältesten Sohn J. S. Bachs einer bestimmten Schule zuzuordnen. Carl Philipp Emanuel Bach, 1714 in Weimar geboren, war einer der bedeutendsten und einflußreichsten musikalischen Persönlichkeiten seiner Zeit, ein Komponist von europäischem Rang und Renommee, der zwar zeitlich und regional der Norddeutschen Schule angehört, dessen Musik aber mit den Stilkriterien einer Komponistengruppe nicht erschöpfend zu fassen ist.

C. Ph. E. Bach wurde von seinem Vater umfassend musikalisch ausgebildet. Er begann früh zu komponieren und war auch während seines Jurastudiums in Leipzig und Frankfurt/Oder als Komponist und ausübender Musiker tätig. Von 1738 bis 1767 gehörte er der Kapelle Friedrichs II., des Großen, an (seit 1741 als Kammercembalist). Doch hat der König seine Bedeutung kaum erkannt, so daß sich Bach am Berliner Hof stets künstlerisch etwas eingeengt fühlte und sich mehrmals um Positionen an anderen Orten bewarb. 1767 erhielt er (als Nachfolger seines verstorbenen Paten G. Ph. Telemann) die ehrenvolle und gut bezahlte Stellung eines Musikdirektors an den fünf Hauptkirchen in Hamburg und konnte dort bis zu seinem Tode (1788) eine reiche und fruchtbare Wirksamkeit entfalten.

C. Ph. E. Bach hat eine Fülle geistlicher und weltlicher Kompositionen verschiedenster Gattungen geschaffen, doch beruht seine Bedeutung in erster Linie auf seinen Instrumentalwerken. Unter diesen sind seine Klaviersonaten (▷ 6.13), seine über 50 Klavierkonzerte und seine 19 Sinfonien besonders hervorzuheben. Mit der hohen Kunst seines Vaters aufgewachsen, den er lebenslang verehrt und als seinen einzigen Lehrmeister bezeichnet hat, bald aber vom galanten und empfindsamen Zeitstil wesentlich geprägt, fand C. Ph. E. Bach zunehmend zu einer ganz eigenen musikalischen Ausdruckshaltung, in der sich spielerische Eleganz und ungestüme Kraft, ver-

Der musikalische Stilwandel um 1750

112 Beginn der Sinfonie F-Dur (1780) von Carl Philipp Emanuel Bach

Kapitel 6

antwortliche Strenge und freie Phantastik, Gefühlsinnigkeit und Humor auf faszinierende Weise mischen. Sprechende, expressive Themenerfindung, die sich mehr und mehr von zeittypischen Floskeln löst, überraschende harmonische Wendungen, starke Kontraste bis hin zu abrupten Klang- und Tempowechseln, dazu ein entschiedener, wenngleich betont unschematischer Formwille kennzeichnen die Kompositionen C. Ph. E. Bachs, dessen tiefgreifende Wirkung auf Haydn, Mozart und Beethoven nicht nur durch überlieferte Äußerungen bezeugt, sondern auch an deren Werken abzulesen ist (Abb. 112, S. 217).

C. Ph. E. Bach war als Instrumentalist einer der bedeutendsten Klavierspieler seiner Zeit, außerdem als Theoretiker der Autor eines wichtigen Lehrwerks (*Versuch über die wahre Art das Clavier zu spielen,* 1753 und 1762). Zu höchstem Ruhm aber gelangte er bei seinen Zeitgenossen durch seine unübertroffene Art des freien Phantasierens am Clavichord. Seine aufgeschriebenen Fantasien vermitteln

113 Carl Philipp Emanuel Bach (stehend) auf einem „Atelierbild" von Andreas Stöttrup (1784; Hamburg, Kunsthalle)

Der musikalische Stilwandel um 1750

davon nur ein ungefähres und dennoch staunenswertes Abbild.
„Stundenlang konnte er sich in seine Ideen, in ein Meer von Modulationen vertiefen und verlieren. Seine Seele schien dann ganz abwesend..." (J. F. Reichardt, *Briefe eines aufmerksamen Reisenden*, Teil 2, 1776).
Solche Beschreibungen sind der Haltung und dem Ton der Geniezeit verpflichtet. Und C. Ph. E. Bach, der mit den Dichtern F. G. Klopstock, H. W. von Gerstenberg und Matthias Claudius befreundet war, verkörpert wie kaum ein zweiter Musiker dieser Zeit das neue, schon vorromantisch geprägte Künstlertum seiner Epoche.
Unter den Söhnen J. S. Bachs aus zweiter Ehe ist Johann Christoph Friedrich Bach als jahrzehntelanger Leiter der Bückeburger Hofkapelle bekannt geworden.
Weit bedeutender und einflußreicher ist jedoch das Schaffen des jüngsten Bach-Sohnes, Johann Christian, der, nach gründlicher Ausbildung bei seinem Vater und nach dessen Tod bei seinem Bruder Carl Philipp Emanuel in Berlin, zunächst nach Mailand und 1762 nach London ging.

Die Entstehung neuer Gattungen

6.11 Die Sinfonie

Die Sinfonie, seit der Mitte des 18. Jahrhunderts die repräsentativste Gattung der Instrumentalmusik, ist dem Boden der Oper entwachsen. „Sinfonia" heißt das instrumentale Eingangsstück der neapolitanischen Opera seria, also deren Ouvertüre. Allerdings war die Sinfonia inhaltlich mit und thematisch mit der daraufolgenden Oper nicht verbunden und konnte sich daher später als Instrumentalstück verselbständigen. Ihr ursprünglicher Zweck war, Aufmerksamkeit zu erregen, das Publikum zu sammeln und den Beginn der Oper anzukündigen. Daraus ergibt sich ihr Charakter, eine gewisse großflächig geradlinige Einfachheit, die auf kräftige, ungekünstelte Wirkung angelegt ist. Auch die Form, aus drei Abschnitten zusammengefügt, läßt sich aus der Funktion als Operneinleitung verstehen. Nach dem schnellen Beginn folgt ein langsamer, beruhigender Mittelteil und ein tanzartiger Schluß, zumeist im Dreiertakt, der das Öffnen des Vorhangs vorbereitet.
Die Wandlung der Sinfonia zum selbständigen konzertanten Orchesterwerk ist ein naheliegender Schritt und dennoch ein wichtiges Moment im Stilwandel dieser Zeit. Einzelne Beispiele gab es schon im Spätbarock, etwa bei A. Vivaldi, N. Porpora oder G. B. Pergolesi. Doch war G. B. Sammartini im eigentlichen Sinne der erste und in Italien zugleich der bedeutendste Komponist von Konzertsinfonien. Ab etwa 1730 begann die Reihe seiner über 80 Werke dieser Gattung. Sie sind meist dreisätzig, anfangs nur für Streicher, später zusätzlich mit Hörnern und auch mit Oboen besetzt. Aus den ehemals ineinander übergehenden Abschnitten der Opernsinfonia werden nun drei abgeschlossene Sätze. Der erste steht regulär in der Sonatenhauptsatzform (▷ 7.12) mit einem kurzen Durchführungsteil und oft schon vollständiger Reprise. Nach dem ruhigeren, kantablen zweiten Satz folgt als Finale meist ein Menuett. Die Satztechnik ist sorgfältiger als in der Opernsinfonia, die Sätze werden länger, kontrastreicher im Detail und entschiedener in der orchestralen Klanggebung.
Durch zahlreiche Aufführungen und durch ihre Drucklegung hatten Sammartinis Sinfonien, vornehmlich von London und Paris aus, maßgeblichen Anteil am europäischen Stilwandel der Instrumentalmusik, der sich um die Jahrhundertmitte vor allem in Wien und Mannheim als den wichtigsten Zentren des Sinfonieschaffens vollzog.
In Wien schrieb M. G. Monn bereits 1740 eine viersätzige Sinfonie mit Menuett. Der bedeutendste Wiener Sinfoniker der Vorklassik aber ist G. Ch. Wagenseil. Seine Sinfonien sind in der Hauptsache drei-, gelegentlich viersätzig, im ersten Satz ist die Sonatenhauptsatzform mit meist vollständiger Reprise weitgehend ausgebildet. Entstanden sind die meisten Sinfonien Wagenseils zwischen 1755 und 1765, also zur gleichen Zeit wie die frühen Instrumentalwerke J. Haydns, der Wagenseil und der Wiener Schule entscheidende Impulse verdankt.

Auch das Aufsehen, das J. Stamitz und die von ihm ausgehende Mannheimer Schule (▷ 6.6) in Europa erregten, beruht außer auf der Disziplin und Brillanz der orchestralen Ausführung hauptsächlich auf der neuen Klangsprache ihrer Sinfonien. Kennzeichnend für die Mannheimer Sinfonik ist ein farbiger, rhythmisch lebendiger Orchestersatz mit häufigen Klangwechseln, zum Beispiel zwischen kurzen thematischen Abschnitten und effektvoll flächigen Steigerungspartien, und mit einer stets dominierenden, kleingliedrig symmetrischen Oberstimmenmelodie über einer einfachen, oft federnd pulsierenden Baßgrundierung. In den Viersatzzyklus ist das Menuett als dritter Satz fest eingefügt. Der erste Satz steht in der Sonatenhauptsatzform (allerdings mit eher gereihten als synthetisch entwickelten Gliedern und anfangs ohne wiederholte Teile), meist mit deutlich ausgeprägtem zweiten Thema, das oft von solistischen Bläsern vorgetragen wird, und kurzer, aber prägnanter Durchführung. Große Crescendowirkungen, ansteigende tremolierte Skalen (sogenannte „Walzen"), aufwärts geführte Dreiklangsbrechungen („Raketen"), gehäufte Vorhaltsbildungen („Seufzer") und andere wiederkehrende Figuren galten schon den Zeitgenossen als „Mannheimer Manieren", die sich gelegentlich noch in Mozarts Werken wiederfinden.

Im Vergleich dazu pflegte die Norddeutsche Schule (▷ 6.9) einen eher konservativen Sinfoniestil, der im Sinne der italienischen Frühformen konsequent dreisätzig blieb. Davon abzuheben sind jedoch die Sinfonien C. Ph. E. Bachs (▷ 6.10, dort auch Abb. 112, S. 217), die in ihrer Originalität, satztechnischen Vertiefung, instrumentalen Durchbildung und plastisch bewegten Kontrastsprache charakteristisch eigene Orchesterwerke darstellen und bis zu Beethoven für die Wiener Klassik als Anregung und Vorbild dienten. Allerdings sind die bedeutendsten Sinfonien C. Ph. E. Bachs erst in den 1770er und 1780er Jahren entstanden.

6.12 Instrumentalkonzert

Anders als die Sinfonie entstand das Instrumentalkonzert als Gattung nicht erst um 1750, wohl aber nahm es die Elemente des Stilwandels dieser Zeit in sich auf und ließ innerhalb seiner Gattungskontinuität die stufenweisen Veränderungen vom Barock bis hin zur Klassik besonders gut erkennen.

Das schon zu Beginn des 18. Jahrhunderts aufkommende Solokonzert war zunächst (bei T. Albinoni, G. Torelli oder A. Vivaldi) ein Concerto grosso (▷ 5.16) mit nur einem Soloinstrument statt einer Gruppe von Solisten. Und an diese Concerto-grosso-Tradition blieb es auch später (spürbar etwa noch in Mozarts Violin- und frühen Klavierkonzerten) wenigstens insofern gebunden, als der Wechsel von Solo und Tutti, das virtuose Hervortreten des einzelnen gegenüber der Orchestergruppe, ein integrierendes Wesensmerkmal der Gattung darstellt.

Andererseits fanden die formalen und inhaltlichen Neuerungen des galanten und empfindsamen Stils und die Abkehr vom kontrapunktisch sequenzierenden, klanglich eher statischen Generalbaßsatz im Solokonzert ein aufnahmebereites Feld, da die solistisch virtuose Vortragsweise der Forderung nach einer ausdrucksvoll sprechenden, „die Herzen bewegenden" und „rührenden" Melodiegestaltung über sparsamer Begleitung besonders entgegenkam. Auch die Veränderungen im Musikleben (▷ 6.3) und in der ästhetischen Einstellung (▷ 6.2) waren der Verbreitung einer Gattung günstig, die den großen ausübenden Künstler in den Vordergrund stellte und ihn über die übrigen (das begleitende Orchester) hinaushob.

Besonders zahlreich sind die Beispiele für das neuere Violinkonzert, das vor allem von Italien ausging (G. Tartini, P. A. Locatelli, G. Pugnani), und das Klavierkonzert (mit bedeutenden Werken u. a. von C. Ph. E. Bach und J. Ch. Bach). Unter den Blasinstrumenten wurden die Flöte (z. B. bei J. J. Quantz, Abb. 114, S. 222) und die Oboe (z. B. bei Ch. Graupner, G. Ph. Telemann und J. D. Heinichen) bevorzugt. Etwas später kam die Klarinette mit einer Reihe von Konzerten unter anderem aus dem Kreis der Mannheimer Schule (C. Stamitz) hinzu. Meist für bestimmte Virtuosen geschrieben, entstanden ferner Konzerte für Fagott, Horn, Trompete, Violoncello (M. G. Monn, L. Boccherini) und Kontrabaß.

Auf sehr unterschiedliche Weise spiegeln alle diese Solokonzerte die Wandlung des musi-

Der musikalische Stilwandel um 1750

kalischen Formprozesses, der sich in der Sinfonie und Sonate dieser Zeit beispielhaft vollzieht. Hierbei gelangten die führenden Komponisten zu interessanten individuellen Lösungen, insofern sich etwa die wechselvolle Mehrthematikkeit des Sonatensatzprinzips mit einer gewissen Ritornellfunktion des Orchesters überschneidet oder die motivisch verarbeitende Struktur der Durchführung von den virtuosen Partien des Soloinstruments überlagert wird.

6.13 Sonate

Der Begriff „Sonate" bezieht sich auf verschiedene musikalische Erscheinungen, die jedoch eng miteinander verknüpft sind und gerade in dieser Verknüpfung den Stilwandel um und nach 1750 in besonderer Weise prägen. Insofern ist „Sonate" ein Schlüsselbegriff zum Verständnis der Instrumentalmusik des 18. Jahrhunderts.

Er bezeichnet zunächst eine neu entstehende Gattung, die Klaviersonate. Tritt zum Klavier ein weiteres Instrument hinzu (z. B. die Violine), wird es vorwiegend als beigeordnet und begleitend angesehen (so vielfach noch bei Mozart), mitunter sogar als „ad libitum" gekennzeichnet. Die Bedeutung der Klaviersonate hängt zusammen mit der allmählichen Ablösung des Cembalos und des Clavichords durch das Hammerklavier, das mit seiner stufenlos nuancierbaren Klanglichkeit („Pianoforte") zum repräsentativen Instrument der neuen bürgerlichen Musikkultur aufstieg. Allerdings setzte die zentrale Bedeutung der Klaviermusik schon früher ein und kann aus dem Instrumentenwandel allein nicht erklärt werden.

Der Begriff „Sonate" bezieht sich ferner auf die zyklische Form (dreisätzig, schnell – langsam – schnell, oder auch mit anderer Satzzahl und -zusammenstellung), welche die älteren Zyklusbildungen wie Sonata da chiesa und Sonata da camera (▷ 5.14) ablöste.

Schließlich zeigt sich ein charakteristischer Zug der Sonate in der Form ihres ersten Satzes, der sogenannten Sonatenhauptsatzform (▷ 7.12), die auch für alle anderen instrumentalen Gattungen bestimmend wurde. Diese Art der formalen Gestaltung und deren Entwicklung ist aufs engste mit dem neuen klanglichen Ausdruckswillen verbunden und darf daher nicht als isoliertes strukturelles Phänomen betrachtet werden. Auch verkennt man die Vielfalt und das Eigenrecht vorklassischer Sonatensätze, wenn man sie in jedem Fall auf eine dahinterstehende „eigentliche" Grundstruktur bezieht und sie, insofern sie dieser „noch nicht" entsprechen, als bloße „Frühstadien" eines späteren, klassisch gereiften Formmodells auffaßt, um so mehr als eine solche Modellschematik nicht einmal für die Werke der Wiener Klassik selbst ohne weiteres gelten kann.

Als Gattung spielte die Klaviersonate in allen damaligen Musikzentren eine wichtige Rolle. In Italien herrschte bereits vor der Jahrhundertmitte der neue, geringstimmig homophone, galante Klavierstil mit virtuosem Einschlag, unter anderem bei B. Galuppi, D. Alberti – nach ihm werden gebrochene Begleitakkorde „Alberti-Bässe" genannt –, G. A. Paganelli und G. M. Rutini. Die Satzzahl der Sonate ist zunächst schwankend, doch findet sich in den sechs Sonaten op. 4 (um 1746) von G. B. Platti bereits regelmäßig die Folge schnell – langsam – schnell.

In Wien war, wie in anderen Gattungen so auch in der Klaviermusik, G. Ch. Wagenseil der bedeutendste Komponist vor J. Haydn. Von ihm stammen über 80 teils divertimentohafte Sonaten, häufig mit Menuett als Mittel- oder Schlußsatz.

In Norddeutschland sind in erster Linie die beiden ältesten Bach-Söhne zu nennen (▷ 6.10), W. F. Bach und vor allem C. Ph. E. Bach, einer der genialsten Klavierkomponisten dieser Zeit. Er hat außer Fantasien, Variationen, Rondos u. a. auch mehrere Sonatensammlungen veröffentlicht (6 *Preußische Sonaten*, 1742; 6 *Württembergische Sonaten*, 1744; 6 *Sonaten mit veränderten Reprisen*, 1760). Wie die anderen Berliner Komponisten vermeidet C. Ph. E. Bach Sätze im Tanzcharakter. Der dreisätzige Zyklus mit der Abfolge schnell – langsam – schnell ist fest ausgebildet. Den ersten Satz bestimmt die differenziert gestaltete Sonatenhauptsatzform mit der Polarität zweier Themen und der Verarbeitung ihrer Motive, der zweite Satz kann liedhaft geschlossen oder durchaus frei (bis zum Rezitativischen) gestaltet sein, der letzte Satz ist häufig ein Rondo.

114 Der Flötist Johann Joachim Quantz (Gemälde eines ober- oder mittelitalienischen Malers, zwischen 1724 und 1727; Museum Schloß Fasanerie bei Fulda)

Reihungen, ihre klare formale Disposition, meist zweiteilig wie der barocke Suitensatz, aber im Sinne der Sonatenhauptsatzform mit Ansätzen zur Mehrthematik im ersten und zu Durchführungsarbeit im zweiten Teil, ihre sehr bewegliche rhythmische Struktur und die neuartige harmonische Gestaltung mancher ihrer Durchführungspartien. Neben vielen sprühend lebendigen Stücken gibt es eindrucksvolle langsame Sonaten voll expressiver oder verhaltener Kantabilität, neben überwiegend gleichmäßiger Metrik finden sich auffällige Kontraste, Zäsuren und Ruhepunkte, neben spielerischer Virtuosität und der Freude am klaviertechnischen Raffinement (Überschlagen der Hände, weite Sprünge, rasche Repetitionen u. a., Abb. 115) steht gelegentlich eine ganz schlichte melodische Faktur. In all dieser Vielfalt bleibt jedoch eine bewundernswerte personale Geschlossenheit spürbar. Sie charakterisiert Scarlatti als einen der frühen bedeutenden Komponisten in der Geschichte der Klaviermusik, der darüber hinaus dem Stilwandel um 1750 entscheidende Impulse vermittelte beziehungsweise diesen Stilwandel schon seit den 30er Jahren wesentlich mitgeprägt hat.

Während in London J. Ch. Bach erst 1768 mit Klaviersonaten hervortrat (von denen Mozart einige als Klavierkonzerte bearbeitet hat), wirkte in Paris bereits ab etwa 1760 J. Schobert († 1767), einer der ersten auf *ein* Instrument spezialisierten Komponisten. Seine ausdrucksvolle, melodisch wie harmonisch weiträumige Klaviermusik (die allerdings durch „begleitende" Instrumente, die hinzutreten können, ebenso in den Bereich der Kammermusik gehört) erstaunt durch eine vor allem in den Durchführungen auch ins Dunkle und Entlegene reichende Farbigkeit, die auf Mozarts Klaviermusik stark eingewirkt hat.

In Portugal und Spanien lebte der größte italienische Klavierkomponist des frühen 18. Jahrhunderts, D. Scarlatti. Seine etwa 500 Sonaten (für Cembalo) sind zumeist einsätzig, aber außerordentlich vielgestaltig in Tempo und Satzstruktur, Formung und Klanggestus. Bezeichnend für diese höchst reizvollen Klavierminiaturen ist ihre aus dem Instrument heraus entwickelte Thematik, ihre sprechende Kleinmotivik mit symmetrisch periodischen

6.14 Kammermusik

In engem Zusammenhang mit der sich entfaltenden bürgerlichen Musikkultur (▷ 6.3) entstand in der zweiten Hälfte des 18. Jahrhunderts das, was wir seitdem als Kammermusik bezeichnen. Zuvor, im Barock, bezog sich der Begriff nicht primär auf die musikalische Gattung, sondern auf den Raum, in dem Musik erklang, so daß Vokal- und Instrumentalmusik unterschiedlichster Art damit gemeint sein konnte, sofern sie für die fürstliche „Kammer" und nicht für die Kirche oder fürs Theater bestimmt war (▷ 5.11). Nach 1750 verschob sich die Bedeutung des Begriffs. Kammermusik bildete nun einen Gegensatz zur öffentlichen Konzertmusik, vor allem für Orchester, betraf also private oder halb private Aufführungen vor einem kleineren Kreise von „Kennern und Liebhabern". Daraus ergaben sich – wenigstens im Prinzip – differenziertere satztechnische Kriterien (kunstvollere Stimmführung, sorgfältigere,

Der musikalische Stilwandel um 1750

115 Anfang einer Cembalosonate in d-Moll (Kirkpatrick Nr. 141) von Domenico Scarlatti

detailliertere Ausarbeitung), welche die Kammermusik von der Orchestermusik abheben sollten. Und zugleich entwickelten beziehungsweise festigten sich eine Reihe häufig wiederkehrender instrumentaler Besetzungsformen und damit bestimmte Gattungen der Kammermusik, die dann seit der Wiener Klassik und nach deren Vorbild und im ganzen 19. Jahrhundert weitgehend unverändert tradiert wurden und durchweg als besonders anspruchsvolles Aufgabenfeld für den Komponisten galten (▷ 6.15–6.17).

6.15 Frühformen des Streichquartetts

Das Streichquartett, das zuerst durch das Schaffen J. Haydns exemplarische Geltung innerhalb der Gattungen der Kammermusik erlangte (▷ 7.17), hat eine vielfach sich verzweigende und noch nicht bis ins einzelne geklärte Vor- und Frühgeschichte, die ihrerseits aufs engste mit dem Stilwandel um 1750 zusammenhängt.

Grundsätzlich besteht bis in die Frühklassik hinein noch keine eindeutige Trennung zwischen orchestraler und solistischer Besetzung vierstimmiger Werke für Streicher. Solange man aber nicht eindeutig entscheiden kann, ob ein Werk als Streichersinfonie oder als Streichquartett gelten soll, kann man von einer kammermusikalischen Gattung Streichquartett im eigentlichen Sinne kaum sprechen.

In Italien, wo der Stilwandel der Instrumentalmusik am frühesten hervortrat, begegnen schon in der ersten Hälfte des 18. Jahrhunderts (bei G. B. Pergolesi, G. Pugnani, B. Galuppi, G. Tartini, G. B. Sammartini) vierstimmige Streicherkompositionen, die entweder trotz orchestraler Konzeption auch solistisch aufgeführt werden konnten oder bereits in ihrer Struktur einen teilweise solistisch geführten Satz erkennen lassen. Dazu gehören die (nicht immer klar unterscheidbaren) Gattungen „Sinfonia a quattro", „Concerto a quattro" (bei dem die beiden Violinen solistischer hervortreten) und „Concertino a quattro", das in allen vier Stimmen zur kammermusikalischen Durchbildung tendiert. Ausgehend vom Concerto grosso (▷ 5.16) könnte man das „Concertino a quattro" als daraus verselbständigte vierstimmige Sologruppe (gewissermaßen als Concertino ohne Tutti) auffassen.

Alle diese Werke sind zunächst noch generalbaßbegleitet gedacht, also mit Basso continuo und akkordischer Aussetzung am Cembalo. Doch im Zusammenhang mit dem neuen, galant homophonen Klangstil lösten sie sich ab etwa 1740 zunehmend von dieser Generalbaßstütze und wurden damit rhythmisch und klanglich freier und beweglicher (in L. Boccherinis *6 sinfonie o sia quartetti* op. 1, 1761, ist diese Lösung deutlich vollzogen), wobei die Praxis über längere Zeit noch schwankend blieb und man auch regional unterschiedlich verfuhr.

So hat etwa die traditioneller eingestellte Norddeutsche Schule (▷ 6.9) noch weit nach 1750 an der Quartettsonate mit Basso continuo festgehalten. Diese Gattung – im Grunde eine um ein viertes Instrument erweiterte Triosonate (▷ 5.14) – führte zwar nicht direkt zum Streichquartett, war aber gerade wegen ihrer konservativ polyphonen Anlage für die spezifisch kammermusikalische Kompositionshaltung der Folgezeit nicht ohne Bedeutung.

Auch die Drucke von Werken der Mannheimer Schule enthalten oft noch einen bezifferten Basso continuo. Dennoch ist er aus der Anlage der Stücke heraus zumeist entbehrlich. Die Mannheimer Quartettsinfonien sind wahlweise orchestral oder solistisch auszuführen, doch zeigt eine Reihe von ihnen (z. B. bei J. Stamitz, F. X. Richter, I. Holzbauer, Ch. Cannabich) deutlich kammermusikalische Prägung.

Wichtige Beiträge schließlich zur Frühgeschichte des Streichquartetts kamen aus dem süddeutsch-österreichisch-böhmischen Raum (J. Zach, F. Aspelmayr, F. Gaßmann, J. K. Vañhal und die Komponisten der Wiener Schule ▷ 6.5). Hier spielte das Divertimento, ein vielsätziges, suiten- bzw. sonatenähnliches Instrumentalstück unterhaltenden Charakters, mit seiner zur Volkstümlichkeit neigenden Thematik und Klangstruktur eine große Rolle. Unter den vielfältigen Besetzungen, in denen das Divertimento auftritt, ist eine der häufiger vorkommenden die für vielstimmiges Streichorchester (Quartettdivertimento) mit der Möglichkeit solistischer Ausführung. Noch Haydns frühe Streichquartette (op. 1 und op. 2, vor 1760) gehören diesem österreichischen Divertimentotyp an. Sie wurden von Haydn auch so bezeichnet und reihen sich nur aus später Sicht und unter dem Aspekt personaler Kontinuität in die lange Reihe Haydnscher Streichquartette als deren Frühformen ein (▷ 7.17).

6.16 Bläserkammermusik

Ein recht buntes Bild bieten die vorklassischen Werke für Bläser oder mit Beteiligung von Blasinstrumenten. Auch hier gilt, daß die Zuordnung zum Bereich Kammermusik im späteren Sinne nicht eindeutig ist, um so mehr als innerhalb der Bläserliteratur keine Besetzung eine derart herausgehobene Bedeutung erlangte wie das Streichquartett innerhalb der Streicherliteratur. Auch in der satztechnischen Behandlung der Instrumente kann bei den Bläsern eine spezifisch kammermusikalische Kompositionsweise nicht klar abgegrenzt werden. Einerseits wird den Blasinstrumenten im allgemeinen noch nicht die gleiche virtuose Beweglichkeit zugemutet wie namentlich der Violine, andererseits haben sie selbst im orchestralen Verband stellenweise solistische Aufgaben. Und auch als bloße Klangverstärkung werden sie höchstens verdoppelt geführt, so daß der Unterschied zwischen Tutti und Solo nicht in dem Maße auffällig wird wie bei den Streichern. Zu einer gewissen Standardbesetzung kam es im späten 18. Jahrhundert im Bereich der sogenannten „Harmoniemusik", die meist aus acht Bläsern besteht (2 Oboen, 2 Klarinetten, 2 Hörner, 2 Fagotte). Der Literatur nach aber ist gerade dieses Ensemble nicht zur Kammermusik zu zählen. Es fungiert vielmehr vor allem als eine Art reduziertes Orchester oder Orchesterersatz. Viele Kleinstaatenfürsten, namentlich in Deutschland, die sich ein volles Orchester nicht leisten konnten, aber dennoch auf Musik an ihrem Hofe nicht verzichten wollten, hielten sich eine solche „Harmoniemusik", deren Aufgabe hauptsächlich darin bestand, bekannte Werke größerer Besetzung (auch Opern) in Bläserbearbeitungen zu präsentieren.

Ein anderes wichtiges Aufgabenfeld für das Bläser- und das gemischte Bläser-Streicher-Ensemble war die gehobene Unterhaltungsmusik, die unter den nicht immer klar zu trennenden Gattungsbezeichnungen Divertimento, Kassation, Serenade oder Nocturne auftrat und die teilweise im Freien aufgeführt wurde, wofür der Bläserklang als besonders geeignet galt. Auch diese Gattungen gehören nur bedingt in den Bereich Kammermusik (▷ 7.19).

Daß gleichwohl innerhalb der Fülle unterschiedlichster Bläsermusik eine Reihe von Werken dieser Zeit kammermusikalische Züge trägt und durch wiederkehrende Besetzungen die Ausbildung von Gattungen wie Bläserquartett oder Bläserquintett fördert, liegt auf der Hand. Dennoch wird, so wie das Streichquartett durch J. Haydn, die Bläserkammermusik erst durch Mozart zum klassischen Feld kompositorischer Darstellung, wobei selbst dann noch – gerade auch bei Mozart – die Herkunft der Bläserensemblewerke aus der bunten, nicht standardisierten Sphäre nur halb artifizieller Gebrauchskunst deutlich bleibt.

6.17 Kammermusik mit Klavier

Die zunehmende Bedeutung des Klaviers, das im Laufe des 18. Jahrhunderts das Cembalo allmählich ablöste, ist eine so zentrale Erscheinung für den Stilwandel um 1750, daß sie auch auf die Kammermusik für Klavier entscheidend einwirkte. Am Ende dieser Entwicklung standen relativ feste Gattungsbildungen: die Sonate für Klavier und ein Soloinstrument (vor allem Violine), das Klaviertrio, das Klavierquartett usw., wobei in erster Linie Streicher, aber auch Bläser oder beide gemischt zum Klavier hinzutreten, so zum Beispiel in der Kammermusik der Mannheimer Schule, bei J. Schobert, J. Ch. Bach, G. Ch. Wagenseil und – mit sehr bedeutenden Beispielen – bei C. Ph. E. Bach (drei späte Quartette für Klavier, Flöte, Viola und Violoncello, um 1788).

Der Weg zur klassischen Klavierkammermusik führte über eine Vermischung unterschiedlicher Gattungstraditionen. Dazu gehört die barocke Sonate für ein, zwei (Triosonate) oder mehr Soloinstrumente mit Generalbaß, ferner die Sonderform der Sonate für ein Soloinstrument und obligates Cembalo (das in diesem Fall zwei selbständig geführte Stimmen übernimmt), wofür sich unter J. S. Bachs Violin-, Flöten- und Gambensonaten die bewundernswertesten Beispiele finden. Innerhalb dieser Gattungen führten die neuen Klang- und Ausdrucksmöglichkeiten des Klaviers im Rahmen des allgemeinen Stilwandels zu neuen kammermusikalischen Bildungen. Parallel dazu nahm die neuere Klaviersonate (▷ 6.13) zunächst begleitend Melodieinstrumente hinzu, deren allmählich selbständigere Führung im Ergebnis die gleichen Kammermusikgattungen hervorbrachte, ein Wandlungsprozeß, der allerdings erst in der Hochklassik endgültig abgeschlossen war (▷ 7.16).

Hans Heinrich Eggebrecht
Schreiben über Musik

Musik ist angesiedelt in einem Bereich jenseits der Sprache, die aus Wörtern besteht. Auch wo sie als Vokalmusik mit Sprache verbunden ist, bleibt das musikalische Tönen und Klingen eine Form der Mitteilung, die nicht dem Sprachbegrifflichen zugehört. Ihre schriftliche Aufzeichnung erfolgt nicht als Sprachschrift, sondern als Tonschrift, in graphischen Zeichen, die das Klangereignis gleichsam abbilden. Was diese Zeichen bedeuten, wird gelesen und kann als Klanggeschehen vorgestellt, innerlich gehört werden; aber gemeint ist nicht das Lesen und die stumme Imagination, sondern die Tatsächlichkeit des Erklingens, die des Aktes der spielenden und singenden Reproduktion bedarf. Und was da erklingt, dringt nicht dorthin, wo die Wörter und Sprachsätze verstanden werden, sondern richtet sich an die begriffslose Empfindungsfähigkeit der Seele, wo die akustischen Ereignisse als geordnetes Spiel emotionaler Signale registriert und verinnerlicht werden. Die Musik spielt auf der Harfe unserer Seele das schöne Spiel der sinnlichen Empfindungen als eine Sprache jenseits der Sprache, eine Kundgabe, deren Seinsweise und Inhalte kein Sprechen und Schreiben über Musik erschöpfend beschreiben, kein Begriff umfassend benennen kann.
Gleichwohl gibt es das Denken über Musik, das Sprechen und das Schreiben über sie. Und man kann – scheinbar paradox – sogar sagen, daß es ohne das begriffliche Schreiben über Musik die begriffslose Musik im abendländischen Sinn gar nicht geben würde.

*

Diese Aussage betrifft in erster Linie jenen seit alters her bestehenden großen Bereich des musikalischen Schrifttums, der als Theorie der Musik zu bezeichnen ist. Musiktheorie schreibt über Musik, indem sie den klingenden Stoff wissenschaftlich untersucht und in seinen Elementen selektiert, ihn ordnet und benennt und ihn in ein System bringt, in dem Musik als geordnetes Spiel von Tönen und Klängen gedacht, geschaffen, reproduziert und rezipiert werden kann. Insofern hat das theoretische Bedenken einen die abendländische Musik konstituierenden Rang. Immer ist Musik in unserem Begriffssinn ein Ineinander von schriftsprachlicher Theorie und tonsprachlicher Praxis, derart, daß die theoretische Erkenntnis der Praxis vorausgehen kann, und derart zugleich, daß auch im praktischen Hervorbringen theoretische Prozesse stattfinden, die dann wiederum nachträglich zur Theorie gebracht, sprachlich erfaßt und benannt werden können.
Dabei verzweigt sich das musiktheoretische Schreiben in verschiedene Richtungen des Fragens, Forschens und Lehrens. Es untersucht als Akustik und Tonwissenschaft den klingenden Stoff in seiner Seinsweise und musikalischen

Verwendbarkeit; es konstituiert und reflektiert die Notation der Musik, die als rationaler Akt der Erfindung, Erweiterung und Verwandlung von Zeichensystemen des Klingenden eine eminent theoretische Leistung darstellt; es beschreibt und klassifiziert als Formenwissenschaft und -lehre die typisierbaren musikalischen Gestaltungsverläufe; es untersucht als Wissenschaft und Lehre der musikalischen Satztechnik das kompositorische Denken in seinen Prozessen, seinen Regelsystemen und Innovationen.

Und bei all dem hat, wie alles Schreiben über Musik in seinen verschiedenen Blickrichtungen, auch die Musiktheorie Geschichte: sie verwandelt sich zusammen mit der Musik, der sie zugehört, und dies so, daß zwischen ihren verwandelten Fragestellungen und Aussagen beständig ein geschichtlicher Zusammenhang besteht, indem eines aus dem anderen in einer Art innermusikalischer, musikimmanenter Entwicklungslogik hervorgeht, wobei freilich auch die allgemeingeschichtlichen, musikalisch externen Ereignisse die Veränderungen beeinflussen und lenken.

Indem das musiktheoretische Schreiben das Klingende zu erkunden, zu erfassen, zu begreifen sucht, um es der begrifflichen Bewußtheit zuzuführen und somit musikalisch verfügbar, gestalt- und lehrfähig zu machen, steht das Denken, Sprechen und Schreiben beständig vor der Aufgabe, den begriffs- und gegenstandslosen Stoff zu benennen, seinen Einzelerscheinungen und Erscheinungskomplexen je eine Bezeichnung, einen Namen zu geben: Es entsteht eine umfangreiche Fachsprache der Musik, eine von alters her begründete, weit verzweigte musikalische Terminologie, die nicht nur dem Laien das Verstehen des Geschriebenen oft schwer macht. Und zusammen mit der Geschichte der Musik und der Musiktheorie und -lehre hat auch die Musikterminologie Geschichte, nicht nur als System von Begriffen, die für ein jeweiliges musikgeschichtliches Stadium Gültigkeit haben, sondern auch im Blick auf einzelne Begriffswörter. So zum Beispiel gibt es den Terminus „symphonia/Sinfonie" seit der griechischen Antike in immer wieder veränderten Begriffsinhalten durchgehend bis heute. Die Bedeutung der Fachwörter in ihren Stadien und geschichtlichen Veränderungen zu erklären, ist eine wichtige Aufgabe beim Schreiben über Musik, auf daß der Leser die Begriffswörter in ihrem Bezeichnungsgehalt verstehen und in ihrer geschichtlichen Nennkraft erkennen kann.

*

Im Mittelpunkt allen Schreibens über Musik steht das Schreiben ihrer Geschichte. Es beschreibt, wie sich die Musik in all ihren Erscheinungen und eingebettet in die allgemeine Geschichte, vorab die Kultur-, Geistes- und Sozialgeschichte, im Laufe der Zeiten verändert hat. Dieser beständige Veränderungsprozeß, das immerwährende Sichwandeln und Sicherneuern auf allen ihren Gebieten, ist ein Wesensmerkmal der abendländischen Musik. Sie hat, vor allem aufgrund jener theoretischen Durchdringung, die das Klingende

Essay

dem Geist verfügbar macht, die Fähigkeit, die allgemeingeschichtlichen Bewegungen mitzuvollziehen, an ihnen teilzuhaben und ihnen musikalischen Ausdruck zu verleihen. Dem widmet sich die Musikgeschichtsschreibung. Sie erforscht die Punkte und Stadien in der Geschichte der Musik, erkundet ihre Zusammenhänge, erklärt die Veränderungen, durchleuchtet die Abläufe, gliedert sie in Zeitabschnitte und sucht bei all dem das Ganze in den Prozessen seines Geschehens darzustellen, zu erfassen und zu durchschauen.

Dieses Ganze jedoch ist von unbegrenzter Art, eine unendliche Vielheit und Fülle. Daher kommt es, daß es „die" Geschichte der Musik nicht gibt im Sinne von: so war es – ein für allemal. Dies betrifft nicht so sehr den Gedanken daran, daß die Punkte, Stadien und Prozesse der Geschichte immer detaillierter und genauer erfaßt und beschrieben werden können; es betrifft viel mehr die Unendlichkeit des Stoffes, der unbegrenzt ist nicht nur in seiner Vielheit und Fülle, sondern auch in den Möglichkeiten des perspektivischen Sehens, Selektierens und Verstehens. Musikgeschichte gibt es nicht „an sich", sondern nur indem der Geschichtsschreiber die Geschichte denkt, sichtet und schreibend erzählt, wobei beständig die zeitbedingten und subjektiven Interessen an der Geschichte eine maßgebende Rolle spielen.

Diese Interessen auch ihrerseits sind unbegrenzt vielfältig und variabel. Zum Beispiel: man möchte erkunden und erfahren, wie etwas, das uns genetisch zugehört, war und geworden ist; man ist fasziniert vom Reiz des Fremden, des Einmaligen, des Gewesenen; oder man sucht im Wechsel der Erscheinungen das Immerwährende, das Konstante zu erkunden; man möchte aus der Geschichte lernen, den Schatz der Erfahrung von Wirklichkeit vergrößern oder durch die Präsenz von Geschichte sich bereichern. Wenn auch gewisse Standards, Grundzüge und Trends des gesamtgeschichtlichen Geschehens der Musik in allgemein anerkannter Gültigkeit festzustehen scheinen, so wird das musikgeschichtliche Schreiben doch stets von subjektiv prädisponierten Blickpunkten her erfolgen, zum Beispiel betont unter dem Aspekt der Kunstmusik oder dem der „unteren" Musik oder dem Blickwinkel des Verhältnisses zwischen diesen beiden Bereichen oder schwergewichtig unter dem Gesichtspunkt der politischen, der Kirchen- oder der Sozialgeschichte oder auch im Gedanken etwa an Fortschritts- und Verlustrechnungen, an Traditions- und Innovationsprozesse, an die Relation zwischen Theorie und Praxis, an das „Funktionieren" von Geschichte überhaupt. Dabei werden die Selektionen und Betonungen der Elemente des geschichtlichen Stoffs stets unterschiedlich ausfallen, die Verbindungen zwischen den selektierten Punkten immer wieder anders gesehen, die durch Einschnitte umgrenzten Zeitspannen beständig neu gesetzt und verschoben, die Benennungen der Zeitepochen immer wieder erneut reflektiert – und so weiter. Die Interessen an der Geschichte und die Perspektiven des Schreibens über sie werden niemals vollständig aufzählbar sein. Sie sind so unerschöpflich, wie der Stoff der Geschichte selbst es ist, und so unabwägbar wie die uns verschlossene Dimension der Zukunft.

Es gibt demnach nicht nur eine Geschichte der Musik, über die geschrieben wird und die sich beim Schreiben über sie erst eigentlich konstituiert, sondern es gibt auch eine Geschichte der Musikgeschichtsschreibung, das heißt eine Geschichte des Interesses an der Geschichte der Musik. Im europäischen Mittelalter stand die Erinnerung an die Vergangenheit im Dienste der Wesensschau, des Bewahrens und Überliefens von Wissen, des Lobes und der Rechtfertigung der Musik. – Das Interesse an der Musikgeschichte zur Zeit des Humanismus und der Renaissance im 15. und 16. Jahrhundert richtete sich auf die Wiederentdeckung antik-griechischer und mittelalterlicher Musiklehre und -praxis, um durch sie die Gegenwart zu bereichern und zu erneuern. – Erstmals im 18. Jahrhundert, im Zusammenhang mit der Aufklärung, wurde die Geschichte der Musik systematisch erforscht und in groß angelegten Werken beschrieben, wobei insbesondere der Fortschrittsglaube, die Auffassung eines stetigen Höhersteigens der Musik bis hin zu ihrer gegenwärtigen Vollkommenheit, das Interesse leitete. – Im 19. Jahrhundert gehörten zu den Motiven der stofflich mächtig anwachsenden und methodisch sich beständig verfeinernden Musikgeschichtsschreibung die Wiederbelebung der „alten Musik", die Wesensbestimmung der Kirchenmusik, die Heroenverehrung der großen Meister, die Gewichtung der Stil-, Gattungs- und Formengeschichte, die kulturhistorische Einordnung und geistesgeschichtliche Interpretation der musikalischen Erscheinungen sowie im Zuge der Ausbreitung des Historismus die Entdeckung der Geschichtlichkeit der Musik, die man nun – entgegen der Fortschrittsperspektive – in allen ihren Ausprägungen als in jedem Augenblick einmaliges und eigenwertiges geschichtliches Selbst zu werten begann. – Im 20. Jahrhundert und in der Gegenwart schließlich bleibt das Interesse an der alten Musik, an der kulturhistorischen, zunehmend sozialgeschichtlich betonten Interpretation sowie an der Eigengültigkeit der musikgeschichtlichen Erscheinungen unverloren und verbindet sich zudem mit der Durchdringung der Neuen Musik, der Gewichtung des kompositionsgeschichtlichen Aspekts, der Einbeziehung der umgangssprachlichen Musik und einer universalgeschichtlichen Erweiterung des Blickfeldes seitens des gesteigerten Interesses an der außereuropäischen Musik.

Die Musikgeschichte bildet den Bezugs- und Sammelpunkt des Schreibens über Musik, der – die verschiedenen Blick- und Fragerichtungen in sich vereinend – das Ganze zu umfassen sucht, sei es ausschnittweise, etwa im Sinne einer Epoche, oder insgesamt – wobei sich die Musikgeschichtsschreibung (nicht immer zu ihrem Vorteil) zunehmend auf Spezialisten verteilt und der konzeptionell umfassende Blick immer seltener gelingt. Jenseits dieses Sammelpunktes, ihm vorgelagert, ihn begleitend oder ergänzend, teilt und gliedert sich das Schreiben in jene Bereiche, die den Daseinsschichten der Musik entsprechen und, obzwar sie sich mannigfach berühren und überschneiden, zu speziellen Wissenschaftsgebieten ausgeformt sind und als eigenständige Disziplinen auch jeweils selbst Geschichte haben. Genannt seien als Beispiele die schon erwähnte Akustik und Tonwissenschaft, Formen- und Kompositionswissenschaft, ferner die Musikanalyse, die Musikästhetik und Musikphilosophie, die musikalische Quellenkunde und Biographik, Instrumentenkunde und Aufführungspraxis, die Musikphysiologie und -psychologie, die musikalische Sozialwissenschaft und Musiksoziologie, die Musikethnologie, die Musikerziehung und Musiktherapie, die Musikkritik und musikalische Rezeptionswissenschaft.

*

Am unmittelbarsten mit der Musik selbst hat es die Musikanalyse zu tun. Sie richtet sich auf die konkrete Musik, das einzelne Werk, indem sie es in seine Bestandteile, seine musikalischen Sinnträger, auflöst: in seine Motive und Themen, Klänge, Klangverbindungen und harmonischen Verläufe, seine rhythmischen und metrischen Bildungen und dynamischen Prozesse; sie beschreibt das Gefüge der Form, die Faktoren, die die Gliederung und den Zusammenhang stiften, die Verbindungen und Funktionen der Elemente und Teile, die das Ganze einer Musik konstituieren.

Dabei ist auch hier die sprachliche Benennung der Sinnträger, die musikalische Terminologie, von großer Bedeutung. Denn einem geschichtlichen System von Sinnträgern entspricht stets ein ebenfalls geschichtliches System von musikalischen Begriffswörtern. Nur wo – zum Beispiel – das normative System der harmonischen Sinnträger funktionsharmonisch gedacht ist, so vorab im späteren 18. und im 19. Jahrhundert, können die Akkorde sinnentsprechend als Tonika, Subdominante und Dominante bezeichnet werden, während – wiederum beispielsweise – in der mittelalterlichen Mehrstimmigkeit die Klänge andersartig gebildet sind und fungieren, so daß hier die funktionsharmonischen Akkordbezeichnungen den Blick aufs Eigenartige verstellen würden und man adäquater etwa von perfekten und imperfekten Klängen spricht.

Die musikalische Analyse will wissen, was eine konkrete Musik ist, indem sie erkundet, wie sie gemacht ist. Ihr Zweck ist die verständnisvolle Wiedergabe von Musik, die weiß, was das ist, was sie spielt und singt; die kritische Beurteilung musikalischer Werke, die das Urteil am Phänomen selbst festzumachen imstande ist; die Kompositionslehre, die am vorliegenden Muster Grundsätzliches exemplifiziert; das verstehende Musikhören, das durch den bewußten Mitvollzug sich vertieft und bereichert sowie das wissenschaftliche Betrachten der Musik, das durch Analyse die Wissenschaftsfrage „Was ist das?" zu beantworten sucht.

Dabei besteht beständig die Aufgabe, von der Beschreibung und Erklärung der musikalischen Formung, in welcher der spezifisch musikalische Sinn einer Musik beschlossen liegt, zu ihrer Aussage, ihrem Bedeuten, ihrem in der Form begründeten musikalischen Gehalt vorzudringen. Und dies nicht nur dann, wenn – wie etwa in der textausdeutenden Vokalmusik, in der Affekt-, Charakter- oder Programmusik – die Gehalte von Komponisten bewußt beabsichtigt (intendiert) sind, sondern auch dort, wo sie schon in dem musikalischen Material und in den kompositorischen Regelsystemen und Normenschichten gelegen sind, und auch dort, wo das Werk unter der Idee der „reinen", absoluten oder autonomen Musik geschaffen wurde. Denn nicht nur tönt die Musik und spielt, sondern stets „spricht" sie auch, und stets ist sie in dem Ineinandersein von Sinn und Gehalt eine Mitteilung ihres Schöpfers und ein Abbild ihrer Zeit. Die musikanalytische Arbeit bietet mehr als jede andere Betrachtungs- und Verfahrensweise die Möglichkeit, Aussagen über Musik (was sie ist und bedeutet, wie sie fungiert und was sie bewirkt) am musikalischen Objekt selbst festzumachen, sie somit zu legitimieren und zu beweisen. Sie ermöglicht den denkerisch und sprachlich konkreten Brückenschlag zwischen dem In-sich- und Für-sich-Sein des musikalischen Werkes und der musikalisch externen Geschichte, der das Werk zugehört, ihrer Gruppen und Institutionen, ihrer Probleme und Fragwürdigkeiten, Erwartungen und Hoffnungen, ihrer Verhaltensmuster, ihrer Art des Fühlens, Denkens und Handelns.

So – um nur wenige Beispiele stichwortartig anzuführen – kann gezeigt werden, wie das Eingespanntsein der mittelalterlichen Harmonik in die vollkommenen (perfekten) Quint-Oktav-Klänge einem kosmologisch gedachten und mathematisch begründeten Vollkommenheitsbegriff der Zeit entspricht; oder wie die musikalische Rhetorik etwa in einer Komposition von Heinrich Schütz diese Musik als der lutherischen und humanistischen Tradition zugehörig erweist; oder wie bei der vorklassischen Musik des 18. Jahrhunderts die an Lied und Tanz orientierte musikalische Beheimatung des neu entstehenden bürgerlichen Publikums gleichsam „mitkomponierte"; oder auch wie der Verlauf einer Komposition von Beethoven ethisch motiviert sein kann und damit eben noch der musikalischen Klassik, nicht der gleichzeitigen Romantik zuzuordnen ist; oder wie das „Salon"-Stück des späteren 19. Jahrhunderts in seiner Machweise Klischees verfolgt, die einer verbreiteten Lebenseinstellung damaliger bürgerlicher Häuslichkeit adäquat sind; oder wie die atonale Kompositionsweise der Neuen Musik ab etwa 1908 als eine Befreiung von den tonalen Vorgegebenheiten eingebettet ist in die geistig-seelische Befreiungsbewegung des Expressionismus.

Die Musikanalyse hat jedoch Grenzen ihrer Reichweite. Sie stehen in Zusammenhang mit ihrer Geschichte. Ein musikanalytisches Interesse entstand in ersten Ansätzen im 15./16. Jahrhundert, als im musikalischen Kulturbewußtsein die Begriffe Werk und Schöpfer immer mehr an Bedeutung gewannen und der Lernprozeß des Komponierens sich zunehmend an dem Vorbild überlieferter Kompositionen zu orientieren begann. Zum Gegenstand der Analyse wurde das notenschriftlich fixierte Musikwerk. An ihm entwickelte sie in den folgenden Jahrhunderten ihre Fragestellungen und Methoden; im Blick auf die komponierte Kunstmusik weitete sie sich aus und gewann im 20. Jahrhundert beim Schreiben über Musik ihre hochrangige Bedeutung. Gleichzeitig aber rückten in das Blickfeld des fragenden und forschenden Interesses neben der notierten Werkmusik zunehmend auch andere Musikarten und -bereiche, die sich den

Essay

bisherigen Verfahrensweisen der musikalischen Analyse entzogen und versperrten. Dies ist beispielsweise der Fall, wo es – wie in den schriftlosen Musiktraditionen und -kulturen – eine Notation nicht gibt oder wo – wie in der elektronischen Musik – die Erstellung des Werkes nicht mit dessen notenschriftlicher Ausarbeitung verbunden ist oder auch, wo das Wesentliche der Musik nicht notierbar ist, wie in der Popmusik der Sound, oder wo Sinn und Gehalt einer massenhaft gleichartigen Musik überwuchert werden durch deren Funktion, wie etwa beim Schlager oder der Werbemusik. Hier müssen gegenüber der traditionellen Analyse andere, neue Wege des Beschreibens und Erfassens konkreter Musik gefunden werden.

Doch auch bei der traditionellen, auf das notierte Musikwerk gerichteten Analyse gibt es Grenzen ihrer Reichweite. Die Grenzen bestehen in der rationalen Unbeweisbarkeit des musikalisch Schönen einer Musik und in der begriffslosen Komplexität dessen, was Musik mitzuteilen vermag und im Hörer bewirkt. Der ästhetische Wert einer Musik, ihre künstlerische Qualität, kann durch die Musikanalyse nachgewiesen oder bestätigt werden, etwa unter den Wertsetzungen des Formungsreichtums und des gegliederten Zusammenhangs, der Mannigfaltigkeit in der Einheit, der Informationsfülle und zugleich Faßlichkeit, des Neuen, Einmaligen, Antiepigonalen. Aber der Schönheitswert entzieht sich der sprachlichen Beschreibbarkeit und Beweisführung. Er unterliegt dem Urteil der ästhetischen Erfahrung, das dem analytischen Urteil vorausgeht und ihm übergeordnet ist – mögen auch beide Urteilsarten noch so sehr sich gegenseitig beeinflussen und fördern. Und was die Begriffslosigkeit betrifft, die die Sprache der Musik auszeichnet, so vermag keine analytische Anstrengung sie jemals vollkommen ins Sprachbegriffliche zu transformieren. Das Beschreibbare der Musik ist niemals das Ganze in der Komplexität seines momentanen Erklingens, das dem Gemüt, diesem unauslotbaren Beisammensein von Seele, Empfindung und Geist, zugehörig ist – mögen auch das erklärende Sprechen und das jenseits des Sprechens angesiedelte Empfinden noch so sehr sich gegenseitig beistehen und bereichern.

*

Die Frage, was die Musik sei, steht im Mittelpunkt des musikästhetischen und musikphilosophischen Schreibens über Musik. Vielfältig sind die Blickrichtungen, die mit dieser Wesensfrage verbunden sein können. Da gibt es die Frage nach dem Ursprung der Musik und nach den Prinzipien ihrer Geschichte und Geschichtlichkeit; die Erkundung ihrer Eigenart gegenüber den anderen Künsten und des ihr eigentümlichen Verhältnisses zur Schönheit, Wahrheit und Wirklichkeit; da richtet sich der Blick auf die Prozesse des schöpferischen Hervorbringens von Musik und auf die Art und Weise ihres Wirkens, auf ihre moralischen, erzieherischen und therapeutischen, gesellschaftlichen, religiösen und politischen Werte, ihre Funktionen und Benutzbarkeiten; da bedenkt das forschende Interesse die Kriterien der Beurteilung musikalischer Qualität, untersucht die spezifischen Merkmale der verschiedenen Musikarten oder erörtert Fragen wie die nach der Relation zwischen Gefühl und Ratio, Inhalt und Form, Zeit und Raum in der Musik.

Wie alle Gebiete des Schreibens über Musik durch den gemeinsamen Gegenstand miteinander verbunden und verwoben sind, so gibt es auch und besonders hier, bei den Blickrichtungen auf das Wesen der Musik, schon vom Ansatz des Fragens und des methodischen Vorgehens her viele und breite Überschneidungen mit anderen Fragebereichen, insbesondere mit der Musikpsychologie, der Musiksoziologie und der musikalischen Analyse, aber auch etwa mit der Musikkritik, die eine gegebene Musik und deren Darbietung öffentlich beurteilt, und mit der Rezeptionswissenschaft, die sich der zeitgenössischen Aufnahme und der späteren Wirkungsgeschichte konkreter Musik widmet.

Die Art und Weise, wie in dem seit der griechischen Antike datierenden überaus reichen Quellenmaterial zur Musikauffassung und Musikästhetik das Wesen der Musik bedacht wurde, ist stets positionsbedingt. Denn die Blickrichtungen des Fragens und die Inhalte des Antwortens sind jeweils determiniert seitens der geschichtlichen Zeit und seitens des philosophischen, des allgemeinästhetischen und des speziell musikästhetischen Denkens des Autors, auch seitens seiner musikalischen Erfahrung und fachlichen Qualifikation. Und mag eine musikästhetische Schrift, über die deskriptive Betrachtungsweise hinausgehend, auch noch so entschieden einen normativen, gesetzgeberischen Anspruch verfechten, stets werden andere und neue Ereignisse und Sichtweisen diesen Anspruch in Frage stellen und in seiner Gültigkeit relativieren, das heißt ihm den Standort zuweisen, den er in der Geschichte der Wesensbefragung der Musik einnimmt.

Als eine der entscheidenden Stufen in der Geschichte dieses Fragens hat die Einführung des Begriffsworts „Ästhetik" durch Alexander Gottlieb Baumgartens philosophische Schrift *Aesthetica* von 1750 zu gelten, wobei diesem Titel das griechische Wort „aisthánesthai" (sinnlich wahrnehmen) zugrundeliegt. Baumgartens Schrift bietet eine Theorie der sinnlichen Erkenntnis („scientia cognitionis sensitivae") und lenkt somit den Blick von der Anschauung eines Gegenstandes auf die Bedingungen des subjektiven Wahrnehmens und Wirkens, so daß auch im Bereich der Musik streng genommen erst von nun an von „Musikästhetik" gesprochen werden kann gegenüber der vorhergehenden „Musikanschauung" oder „Musikauffassung". Bezogen auf die Kunst versteht Baumgarten unter Ästhetik die Wissenschaft von der sinnlichen Erkenntnis des Schönen („ars pulchre cogitandi"), wobei die Künste die Vollkommenheit der Welt den Sinnen als Schönheit erscheinen lassen. So wurde auch die Musikästhetik seitdem wesentlich als Wissenschaft vom musikalisch Schönen aufgefaßt: sie beschreibt, was an der Musik als einer der „schönen Künste" das Schöne sei, auch – und in Ergänzung hierzu – etwa das Erhabene, das Tragische, das Komische oder auch das Häßliche.

Essay

Ein weiterer entscheidender Schritt in der Geschichte des Fragens nach dem Wesen der Musik war und ist in unserem Jahrhundert das Überschreiten der Gleichsetzung des Begriffs der Ästhetik und der Wissenschaft vom Schönen der Kunst, das heißt eine Erweiterung der ästhetischen Fragestellungen auf alle Gebiete des gezielt sinnlichen Wirkens, bis hin etwa zur Verpackungsästhetik von Industrieerzeugnissen. So auch bezieht nun die Musikästhetik in ihren Fragebereich alle Arten von Musik mit ein, also nicht nur jene, die als Kunstmusik primär unter dem Aspekt des Schönen ihr Dasein haben, sondern auch jene anderen Arten, die – wie zum Beispiel im 19. Jahrhundert die Salonmusik oder im 20. Jahrhundert die Werbe- und Kaufhaus-, Schlager- und Popmusik – vorrangig von ihrer Funktion her zu betrachten sind. Damit hat die Musikästhetik nicht mehr nur die Musik als Kunst in ihrem Blickfeld, sondern die musikalische Hervorbringung überhaupt, und ist die schwierige Frage nach einer Abgrenzung, einer Definition der Kunst innerhalb der allgemeinen Musikproduktion gestellt – eine Frage, die statt des Schönen die Funktionen der Musik im Leben des Einzelmenschen und der Gesellschaft in den Mittelpunkt rückt und – ohne den Schönheitsbegriff aufzugeben – die Schönheitsästhetik in eine Funktionsästhetik verwandelt.

Wenn oben gesagt wurde, daß alles musikästhetische Fragen und Antworten positionsbedingt ist, so vermag die Beschäftigung mit dem geschichtlich überlieferten Quellenmaterial zur Wesensfrage der Musik doch mehr zu bieten als nur eine Bereicherung des geschichtlichen Wissens und Verstehens. Beim Kennenlernen musikästhetischer Positionen kann zugleich bedacht werden, ob nicht auch etwas für uns Gültiges in ihnen ausgesprochen ist, etwas, das über die Positionsbedingtheit hinausweist und eine grundsätzliche Wahrheit über die Musik uns sagt.

Und damit zusammenhängend kann versucht werden, den historischen Stoff systematisch zu verarbeiten, das heißt ihn in ein System des Denkens über Musik zu überführen, das eine die Geschichte übergreifende, eine für uns zeitlose Gültigkeit hat. So etwa kann man Aussagen über Musik, die im musikalischen Schrifttum über die Zeiten hin in ähnlicher oder vergleichbarer Weise beständig (konstant) wiederkehren, auf einen ihnen gemeinsamen Begriffskern (eine Konstante) zurückführen, wobei sich zum Beispiel ergibt, daß Musik im abendländischen Sinn nie anders gedacht worden ist (und somit wohl auch nicht anders gedacht werden kann), als ein Ineinandersein von Gefühl und Ratio, Empfindungsausdruck und Zahlhaftigkeit, Emotion und Mathesis, so daß diese durch alle Geschichte hin konstante Aussage ein Wesensmerkmal der Musik zeitlos zu benennen vermag. Weiter könnte aus der Totalität dessen, was über Musik geschrieben wurde, ins zeitlos Gültige ihrer Wesensbestimmung gleichsam extrahiert werden, daß an dem mathematischen Moment beständig eine kosmologische und an dem emotionalen Moment ebenso beständig eine seelisch ausdrucksmäßige, vom Menschen her gedachte Bedeutung der Musik festgemacht worden ist. Beide gleichsam Grundbedeutungen konstituieren die durchgängig apostrophierte Begriffslosigkeit des Erklingens und Wirkens von Musik, die das metaphorische und symbolische Sprechen über Musik ebenso motiviert wie etwa ihre unterschiedliche Wertsetzung und ihre Benutzbarkeit zu sehr verschiedenen und entgegengesetzten Zwecken, wobei zugleich das funktionale Moment aller Musik in den Blickpunkt gerät. So kann gerade das musikästhetische und musikphilosophische Schrifttum über Musik trotz seines jeweils geschichtlich bedingten Stellenwerts dem gegenwärtigen Bedenken des Wesens der Musik (was überhaupt sie sei) hilfreich sein.

*

Am Schluß dieses Textes sei an dessen Anfang erinnert: Die Musik gehört zu einem Bereich jenseits der Sprache; sie ist unter den Künsten der Inbegriff dieses Bereichs. Und so ist alles Schreiben über sie, auch das analytische, das der konkreten Musik am nahesten kommt, und auch das musikästhetische Schreiben, das dem Wesen der Musik sich zu nähern versucht, gegenüber der Musik selbst begrenzt. Es stammt aus dem unbeugsamen Verlangen, die Musik in ihrem Sein und Dasein sprachlich erfassen zu wollen; es konstituiert das erkennende Verstehen der klingenden Ereignisse; es führt die Musik der Begrifflichkeit und somit der geistigen Beherrschung zu; es fördert ihr sinnliches Verstehen, indem es die ästhetische Fähigkeit und Erfahrung des Menschen mit Reflexion und Bewußtheit erfüllt. Und doch ist die Musik letztlich stets eine Mitteilung jenseits aller Begriffe, durch keine Worte, kein Sprechen und Schreiben voll zu erreichen. Die schon in ihrem stofflichen Element, dem Ton, angelegte Begriffslosigkeit ihres Daseins und Wirkens ist die wesentlichste aller ihrer Eigenschaften, ihre zentrale Konstante. Sie wurde im Laufe der Geschichte beständig angesprochen und gedeutet und dabei teils mit negativen, teils mit positiven Vorzeichen versehen, was gleichbedeutend war je mit einer niederen oder hohen Bewertung der Musik überhaupt.

Ganz besonders in der Zeit der deutschen Romantik wurde – in Abwehr des aufgeklärten Rationalismus – das begriffslose Wesen, die sprachliche Unerreichbarkeit der Musik, als das Indiz ihrer Vormachtstellung vor allen anderen Künsten emphatisch betont. In seinem Aufsatz über *Das eigentümliche innere Wesen der Tonkunst und die Seelenlehre der heutigen Instrumentalmusik,* den Ludwig Tieck 1799 in den *Phantasien über die Kunst* herausgab, erhebt Wilhelm Heinrich Wackenroder die Unbegrifflichkeit der Musik zum Thema seines Schreibens, indem er die sprachlose Macht der musikalischen Sprache mit allen Mitteln des poetischen Stils anzusprechen und zu beschwören sucht. Doch um der Wahrheit willen, die er mitteilen will, schließt er mit dem Ausdruck der Vergeblichkeit und Ohnmacht: „Aber was streb ich Törichter, die Worte zu Tönen zu zerschmelzen? Es ist immer nicht, wie ich's fühle. Kommt ihr Töne, ziehet daher und errettet mich aus diesem schmerzlichen irdischen Streben nach Worten, wickelt mich ein mit euren tausendfachen Strahlen in eure glänzenden Wolken und hebt mich hinauf in die alte Umarmung des alliebenden Himmels."

Kapitel 7
Wiener Klassik

Einführung

Die Musik der Wiener Klassik ist die Musik Haydns, Mozarts und Beethovens. Diese an sich einfache und unbestrittene Zuordnung wirft dennoch zugleich Probleme auf. Denn sie bindet einen Epochenbegriff nicht, wie sonst üblich, an einen Zeitraum, sondern an die Werke bestimmter Komponisten. Ob eine solche Abgrenzung ausschließliche Gültigkeit beanspruchen darf, ist schwer zu entscheiden. Denn man kann mit guten Gründen auch einige Werke anderer Komponisten dieser Zeit, vor allem die des jungen Franz Schubert, der Klassik zurechnen. Und selbst wenn man strikt daran festhält, nur das Schaffen Haydns, Mozarts und Beethovens als klassisch zu bezeichnen, ist es immer noch fraglich, welche ihrer Kompositionen damit angesprochen sind, ob etwa, in bezug auf den zeitlichen Rahmen, die frühen Werke Haydns schon und die späten Werke Beethovens noch zur Klassik zu zählen sind oder auch, in bezug auf die Qualität, ob man etwa ein weniger bedeutendes Gelegenheitswerk Mozarts klassisch nennen kann, wenn man diese Bezeichnung einem bedeutenderen Werk eines Zeitgenossen versagt.
Es liegt am Begriff „Klassik" selbst, daß hier Fragen dieser Art aufkommen, während z. B. die Kennzeichnung „barock" auf jede wie auch immer geartete Komposition etwa des späten 17. Jahrhunderts fraglos zutrifft. Und es verwundert nicht, daß die Namengebung, die kompositorischen Kriterien, der Sinngehalt und die zeitliche Abgrenzung der Wiener Klassik als musikgeschichtlicher Epoche vielfach und von unterschiedlichen Positionen aus erörtert und dabei auch in Frage gestellt worden sind. Unbestritten dagegen ist der Wert und die Bedeutung der Musik selbst, die es geht. Viele Werke Haydns, Mozarts und Beethovens gehören zu den bekanntesten und meist gespielten Kompositionen der Opern-, Konzert- und Hausmusikliteratur. Und dementsprechend steht für die überwiegende Zahl der Musikausübenden und der Musikhörer, die sich auf die Vielfalt der Erscheinungen im geschichtlichen Prozeß der europäischen Musik aufmerksam einlassen, der Bereich „Wiener Klassik" im Zentrum des Interesses.
Und gerade dieses spiegelt der Name wider, mit dem die Geschichte, und das heißt ja die interessierte Nachwelt, die Musik Haydns, Mozarts und Beethovens zusammenfassend charakterisiert und bewahrt hat. Denn der Begriff „Klassik", nimmt man ihn ernst, vermittelt die Vorstellung von höchstem künstlerischem Rang. „Klassisch" bedeutet „musterhaft", „beispielgebend", „einmalig" und „vollendet". Gibt es Musik, der diese Bezeichnung zukommt, muß sich von anderer abheben und eine Ausnahmestellung einnehmen, und zwar nicht in bezug auf ein einzelnes hervorstechendes Merkmal, sondern durch die Fülle ihrer Aspekte, durch den Reichtum ihrer Strukturen und – dies vielleicht am wesentlichsten – durch die ausbalancierte Gesamtheit und harmonische Stimmigkeit aller ihrer Elemente und Teile.
Als „klassisch" in diesem Sinne gilt in bestimmten Fällen auch die Musik anderer Epochen. So spricht man z. B. vom klassischen (vokalpolyphonen) Palestrinastil, von der klassischen Ausprägung des deutschen Kunstliedes bei Schubert, von der klassischen Moderne (das ist die Musik der ersten Hälfte

des 20. Jahrhunderts) und mitunter sogar von dem „Altklassiker" Bach. Als Bezeichnung einer ganzen Epoche jedoch und in Verbindung mit umfassenden ästhetischen und humanistischen Wertvorstellungen bleibt der Begriff „Klassik" der Musik Haydns, Mozarts und Beethovens vorbehalten, und zwar im Sinne einer historisch interpretierenden Ausgrenzung, Überhöhung und Zusammenfassung, die ihrerseits eine Reihe allgemein- und geistesgeschichtlicher sowie spezifisch musikalischer Ursachen hat.

Schon die einfache Tatsache, daß drei der bedeutendsten Komponisten der abendländischen Musikgeschichte etwa zur gleichen Zeit und am gleichen Ort lebten, ist auffällig genug. Daß sie zudem wesentliche kompositorische Anregungen voneinander übernahmen und weiterentwickelten, rechtfertigt die Tendenz, sie unter eine einheitliche Stilidee zu stellen. Dies geschah in Ansätzen schon zu Lebzeiten Beethovens (z. B. in den Beethoven-Rezensionen E. T. A. Hoffmanns seit 1810). Doch im allgemeinen sahen die Zeitgenossen mehr auf die Unterschiede, auf das Neuartige und vielen von ihnen Befremdliche, das Mozart gegenüber Haydn und vor allem Beethoven gegenüber Haydn und Mozart in die Musik einbrachte. Erst in der geschichtlichen Rückschau, also nach dem Tode Beethovens im Jahre 1827, der in der musikalischen Welt als einschneidende Zäsur empfunden wurde, bildete sich der Epochenbegriff „Wiener Klassik". Hierbei überlagerten sich im engeren Sinn auf die Musik bezogene Gedanken etwa der Art, daß das Größte, was in ihr überhaupt zu leisten möglich gewesen sei, nun endgültig der Vergangenheit angehöre, mit allgemeineren geistigen Strömungen wie dem auf allen Gebieten sich entfaltenden Historismus, also einer Haltung, die bewundernd und verklärend auf die Lebenseinstellung, die Leistungen und die Werke älterer Zeiten zurückblickte und sie zu bewahren und historisch zu ordnen suchte.

J. G. Wendt (*Ueber die Hauptperioden der schönen Kunst, oder die Kunst im Laufe der Weltgeschichte*, Leipzig 1831) sprach wohl als erster in bezug auf Haydn, Mozart und Beethoven von einer „classischen Periode", in direkter Anlehnung an damals verbreitete kunstphilosophische Gedanken des deutschen Idealismus – namentlich Hegels – über das „Klassische" als einer normativen Kunstkategorie und geschichtlichen Verwirklichung der vollkommenen Einheit von Inhalt und Form, Materie und Geist. Hinzu kam, unmittelbar hiermit zusammenhängend, die Bewunderung und hohe Wertschätzung der „Weimarer Klassik", also der Dichtung Goethes und Schillers (auch hier die Bindung des Epochenbegriffs nicht an einen Zeitraum, sondern an Dichterpersönlichkeiten), an der sich die Einzigartigkeit des „Klassischen", welche ursprünglich nur der griechischen und römischen Antike zugesprochen worden war, auf eine neue, zeitgenössische Weise erfüllt zu haben schien, so daß es nahe lag, die parallele musikalische Entwicklung mit einem analogen Begriff auszuzeichnen.

Dabei rückt vor allem die Instrumentalmusik der Wiener Klassiker von Anfang an in den Vordergrund des Interesses. Natürlich steht es außer Frage, daß nicht nur Mozart, sondern auch Haydn und Beethoven ebenso in der Vokalmusik vollendete Werke geschaffen haben (▷ Kapitel 8). Dennoch lassen sich zentrale Bestimmungen des Klassikbegriffs in besonderem Maße auf die führenden instrumentalen Gattungen Sinfonie, Klaviersonate und Streichquartett anwenden und musikalisch konkretisieren. Zudem hatten sich gerade diese Gattungen – im Unterschied etwa zur Oper – in der Vorklassik neu herausgebildet (▷ 6.11; ▷ 6.13; ▷ 6.15) und gelangten nun durch Haydn, Mozart und Beethoven zu vollendeter Ausgestaltung.

Der Prozeß des instrumental-musikalischen Formens, von der Großanlage bis zur Detailstruktur, unterliegt seitdem ganz neuen Maßstäben. Das einzelne Musikstück ist nun nicht mehr bloß Beispiel einer Gattung, sondern zugleich ein eigengesetzlich geformtes, einmaliges Kunstwerk, auch wenn es die allgemeinen Merkmale der Gattung bewahrt. Dieser klassischen Synthese im Bereich des Materials entspricht ein vergleichbares Ineinander und Ausgewogensein auf der Ebene des Gehalts. Individuelle Charakteristik und allgemeine Bedeutsamkeit, zeittypischer Ausdruck und überzeitliche Geltung, bewegende Unmittelbarkeit und maßvolle Klarheit fließen in den reifen Instrumentalwerken Haydns, Mozarts und Beethovens gleichgewichtig zur Einheit zusammen. Und beides – Form und Gehalt, Struktur und Ausdruck –

Kapitel 7

durchdringen sich in ihnen als zwei Aspekte derselben künstlerischen Idee auf eine oft schwer beschreibbare Weise, die gleichwohl ein grundlegendes Merkmal des „Klassischen" an ihnen bildet.

Man darf allerdings neben dem übergreifend Gemeinsamen in den Werken der Wiener Klassik das je Verschiedenartige der Musik Haydns, Mozarts und Beethovens nicht übersehen. Jeder dieser drei Komponisten entfaltet einen eigenen, charakteristischen Personalstil. Jeder von ihnen wird als Persönlichkeit geprägt von sehr unterschiedlichen Bedingungen der Anlage, der Umwelt und des individuellen Schicksals und ist schon durch seine Lebensdaten eingebunden in eine je andere Zeitsituation. Das bezieht sich sowohl im engeren Sinne auf die Stellung im Musikleben, auf das Verhältnis zu Gönnern und Auftraggebern, zu Publikum, Kritik und Verlagswesen als auch übergreifend auf die kunst- und ideengeschichtlichen, gesellschaftlichen und politischen Gegebenheiten und Wandlungen.

Im Jahr 1789, dem europäischen Schicksalsjahr der Französischen Revolution, war Haydn 57, Mozart 33 und Beethoven 19 Jahre alt. Haydn, der lebenslang in Fürstendiensten stand, wurde durch die neuen Strömungen innerlich kaum berührt. Mozart hingegen, der früh schon – zum Beispiel im vorrevolutionären Paris – mit starkem Selbstbewußtsein einer nicht immer verständnisvollen Umwelt gegenübertrat, durchlebte bereits (ab 1781) das Hochgefühl und die Gefährdung eines freien Künstlerdaseins, wenngleich eher gezwungenermaßen und bis zum Schluß auf der Suche nach einer festen beruflichen Bindung, womöglich an den Wiener Hof. Erst Beethoven ist der eigentliche Repräsentant eines neuen, demokratisch geprägten Künstlertyps, der, von den Ereignissen und Anschauungen der Revolution und der Napoleonischen Zeit wesentlich geprägt, die Eigengestaltung seiner künstlerischen Existenz unter höchstem Wertanspruch durchzusetzen suchte.

Auf diesem Hintergrund ist es eher erstaunlich, daß die Musik Haydns, Mozarts und Beethovens zu einer musikgeschichtlichen Epoche zusammengefaßt werden konnte, auch wenn – über von außen kommende politische und gesellschaftliche Zäsuren hinweg – die kompositorische Entwicklung von einem zum andern und die Gemeinsamkeiten der Form- und Gattungstraditionen dies nahelegen. Daran hat, neben den innermusikalischen Einheitsmomenten, die Wirkungsgeschichte ihrer Musik wesentlichen Anteil. Beethovens Musik vor allem hat mit ihrer enormen Wirkung auf die Nachwelt die Musikanschauung des 19. Jahrhunderts im Rahmen eines neuen bürgerlichen ästhetischen Selbstverständnisses entscheidend geprägt, indem sie aus einer veränderten geistesgeschichtlichen Haltung heraus als Höhepunkt einer vergangenen Kunstepoche interpretiert wurde, der sich die Werke Haydns und Mozarts organisch einzugliedern schienen. Der so aus der Wirkungsgeschichte erwachsene Begriff der Wiener Klassik repräsentiert jenes neue Selbstverständnis im besonderen durch die in ihm angelegte Spannung zwischen höchstem ethischen Anspruch und der Autonomie des Kunstwerks. Er vermittelt diese scheinbaren Gegensätze zur Einheit eines ästhetischen Ganzen, das als eigengesetzliches Tongebilde („reine Tonkunst", „absolute Musik") zugleich Freiheit, das heißt umfassende humane Sinngebung repräsentiert. Nur aus einer solchen Synthese – will man sie aufrechterhalten – rechtfertigt sich der Klassikbegriff und damit die geschichtlich herausgehobene Stellung der Wiener Klassik als musikalische Epoche.

Voraussetzungen, Grundlagen, Wandlungen

7.1 Früh-, Hoch- und Spätklassik

Innerhalb der Wiener Klassik lassen sich drei Phasen unterscheiden. Eine erste Phase, die *Frühklassik,* erstreckt sich etwa von 1760 bis 1780. In dieser Phase entwickelt sich bei Haydn und Mozart, zunächst in enger Wechselwirkung zur Musik ihrer Zeit, allmählich ein charakteristischer Personalstil. Ihre Werke bleiben zwar den um 1750 aufkommenden Stil- und Gattungstraditionen verpflichtet, heben sich jedoch zunehmend – bei

Wiener Klassik

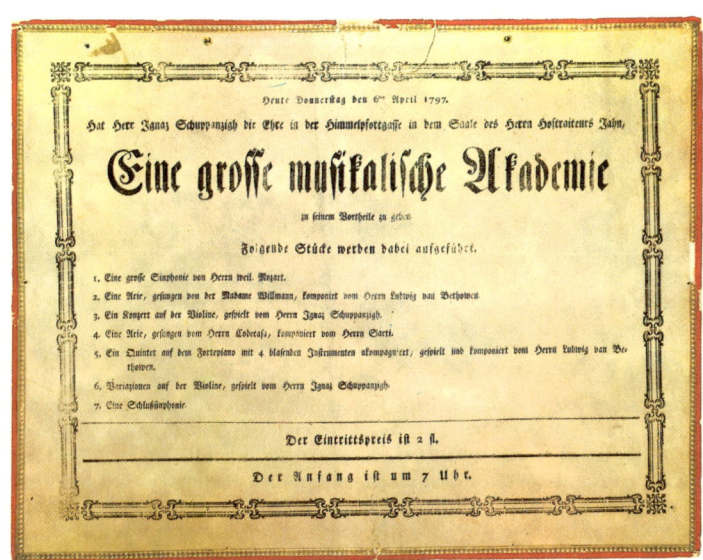

116 Programmzettel der Gesellschaft der Musikfreunde Wien zu einer Aufführung von Werken Wolfgang Amadeus Mozarts, Ludwig van Beethovens, Ignaz Schuppanzighs und Giuseppe Sartis

Mozart oft schon sehr früh – durch eine erstaunliche Differenzierung, Fülle und Prägnanz der Erfindung vom Schaffen vieler Zeitgenossen ab.
Eine zweite Phase, die *Hochklassik,* reicht von etwa 1780 bis etwa 1815. Sie umfaßt die reifen Werke Haydns und Mozarts sowie Beethovens Kompositionen der frühen und mittleren Schaffensperiode. Das Jahr 1781 ist in diesem Zusammenhang bedeutsam: Mozart läßt sich nach dem Streit mit seinem Salzburger Dienstherrn als freischaffender Künstler in Wien nieder; die Oper *Die Entführung aus dem Serail* entsteht. Haydn schreibt – nach neunjähriger Pause in dieser Gattung – die Streichquartette op. 33. Die Hochklassik selbst muß allerdings als dynamischer Prozeß, als eine Folge sich von Werk zu Werk wandelnder, individueller Gehalte und Strukturen verstanden werden. Nur so läßt sich die Zusammenfassung Haydnscher und Mozartscher Kompositionen mit den teilweise so andersartigen Beethovenschen überhaupt rechtfertigen.
Eine dritte Phase der Wiener Klassik schließlich bilden Beethovens Spätwerke seit der Klaviersonate A-Dur, op. 101 (1816). Diese entziehen sich zwar in ihrer neuartigen und persönlichen Gestaltung im Grunde jeglicher Einordnung. Dennoch lassen sie sich als spezifisch Beethovensche Weiterbildung der klassischen Tradition mit gewissem Recht unter der Bezeichnung *Spätklassik* subsumieren, zumal sie sich von den ebenfalls ab etwa 1815 entstehenden Kompositionen der Frühromantik (zum Beispiel Schuberts ersten genialen Liedern oder C. M. von Webers *Freischütz*) radikal unterscheiden.

7.2 Musikleben, Künstlertum

Das Musikleben in Wien zur Zeit der Klassik wurde geprägt von der Bedeutung der Stadt als Metropole eines großen Reiches und zeigte zugleich – gegenüber dem Musikleben in Städten wie Paris und London – einen gewissen Konservativismus, bewahrte also noch relativ lange die im 18. Jahrhundert entstandenen Formen. Der Adel war die kulturbestimmende Schicht, der kaiserliche Hof eine zentrale Instanz für das, was als gut und richtig galt. In den Adelspalästen, aber auch bei wohlhabenden Bürgern, fanden regelmäßig musikalische Veranstaltungen statt. Viele Kompositionen wurden dort erstmalig aufgeführt. Dennoch spielte das öffentliche bürgerliche Konzertleben zunehmend eine bedeutsame Rolle, noch in geringerem Maße für

Kapitel 7

Haydn, der hauptsächlich erst während seiner beiden Englandreisen den unmittelbaren, intensiven Kontakt mit dem modernen breiten Publikum erlebte, in weit größerem Maße dagegen schon für Mozart. Besonders in seinen ersten Wiener Jahren ab 1781 gab Mozart erstaunlich viele öffentliche Konzerte, die er teilweise selbst organisierte, und zwar vielfach, wie üblich, als „Akademien" auf Subskriptionsbasis, um den finanziellen Erfolg einigermaßen sicherzustellen; daneben suchte er vor allem über die Oper jene allgemeine Resonanz, die ihm eine gesicherte und seinen Fähigkeiten entsprechende Position hätte verschaffen sollen.

Die Form der öffentlichen Konzerte unterschied sich stark von dem, was heute und schon seit dem Ende des 19. Jahrhunderts üblich ist. Die Programme waren durchweg bunt gemischt. Vokal- und Instrumentalmusik, Arien, Sinfonien, Duette, Solokonzerte wechselten einander ab, nicht selten wurden einzelne Sätze aus zyklischen Werken herausgegriffen, und auch eingeschobene Improvisationen, wie sie Mozart meisterhaft ausführte, waren sehr beliebt (Abb. 116, S. 239).

Das künstlerisch-technische Niveau dieser Veranstaltungen darf man nicht mit heutigen Maßstäben messen. Die Orchester bestanden nur zum Teil aus professionellen Musikern und waren noch wenig gewohnt, in gleicher Besetzung längere Zeit zu proben. Noch stärker war die Kammermusik, die zunächst weitgehend an die – adlige oder bürgerliche – private Umgebung gebunden blieb, unterschiedlichster Aufführungsqualität ausgesetzt. Erst mit Beethovens Werken setzte auch in diesem Bereich eine Professionalisierung ein. Das Schuppanzigh-Quartett, die erste Berufsvereinigung dieser Art, spielte ab 1804 unter anderem Beethovens Streichquartette in öffentlichen Konzerten.

In engem Zusammenhang mit dem bürgerlichen Konzertwesen steht die zunehmende Bedeutung der Musikkritik in der lokalen und überregionalen Presse. In der Leipziger *Allgemeinen musikalischen Zeitung,* die 1798 begründet wurde und unter ihrem Schriftleiter F. Rochlitz bald zum führenden Fachorgan aufstieg, wurde über Konzertveranstaltungen vieler deutscher und einiger ausländischer Städte berichtet. Daneben erschienen von allen wichtigen neuen Werken Besprechungen, so etwa bald nach deren Veröffentlichung ausführliche Rezensionen Beethovenscher Sinfonien.

Auf diese Weise wurde der Künstler in seinem beruflichen Erfolg mehr als früher abhängig von seinem Widerhall in der musikalischen Öffentlichkeit und seiner Beurteilung durch die Presse. Dennoch spielte selbst in der Spätklassik und somit auch für Beethovens künstlerisches Wirken adliges Mäzenatentum noch immer die größte Rolle. Nur aufgrund seiner adligen Gönner, die ihn auf viele Weise unterstützten und ihm sogar ab 1808 eine jährliche Pension aussetzten, damit er in Wien blieb, konnte Beethoven das Leben eines freien Künstlers führen. Viele seiner Werke sind adligen Freunden, Schülern oder Mäzenen gewidmet. Sie blieben eine Zeitlang deren Eigentum und wurden zunächst nur bei deren privaten Veranstaltungen aufgeführt. Das öffentliche Konzertwesen war allerdings für die Verbreitung Beethovenscher Kompositionen mindestens ebenso wichtig. Das betrifft nicht nur seine eigenen „Akademien" in Wien, sondern, mit steigenden Aufführungsziffern, auch die Konzerte in ganz Deutschland, wie wiederum die Konzertberichte der *Allgemeinen musikalischen Zeitung* deutlich belegen.

In unmittelbarer Wechselbeziehung dazu steht der ungeahnte Aufschwung des Verlagswesens. Hiervon profitierte schon Haydn, vor allem aber Beethoven, der es im übrigen verstand, mit seinen Verlegern lange und zäh zu verhandeln, so daß seine Werke fast durchweg zu für ihn günstigen Bedingungen gedruckt wurden.

Dieser materielle Nutzen spiegelt das Ansehen, das ein Komponist wie Beethoven, jedenfalls gegen Ende seines Lebens, in der damaligen Musikwelt genoß. Es steigerte sich gelegentlich bis zu einer fast grenzenlosen Verehrung seiner Person und seines Werkes und wurde zugleich getragen von einer allgemein neuen Sicht und Wertschätzung des Künstlers zu Beginn des 19. Jahrhunderts. Unter dem Einfluß von Dichtung und Philosophie in Sturm und Drang (Geniezeit), Klassik und Frühromantik formte sich im Bewußtsein der Zeit ein Bild, das die Ausnahmestellung des Künstlers unter den übrigen Menschen, verbunden oft mit Einsamkeit und Unverstandensein, akzentuiert. Dem entspricht eine neue, hohe und ideale Vorstellung von der „Kunst", die als eine besondere Sphäre, als ein eigener, dem Alltäglichen enthobener, geistiger Bezirk angesehen wird, zu dem nur wenige Berufene schöpferischen Zugang haben.

Im Bereich der Musik hat die Nachwelt bereits Mozart, den früh Verstorbenen, verklärend mit solchen Vorstellungen von Kunst und Künstler verbunden. Doch keine Gestalt des frühen 19. Jahrhunderts hat dieses ideale, verabsolutierte Künstlerbild im Blick der Zeitgenossen so eindringlich verkörpert wie Beethoven. Denn „des Lebens Stacheln hatten ihn tief verwundet, und wie der Schiffbrüchige das Ufer umklammert, so floh er in deinen Arm, o du des Guten und Wahren gleichherrliche Schwester, des Leides Trösterin, von oben stammende Kunst!" (F. Grillparzer, Rede an Beethovens Grab).

7.3 Kunst- und Musikanschauung

Bezeichnenderweise haben sich im unmittelbaren Umfeld der Wiener Klassik kaum musikästhetische Anschauungen entwickelt, die die epochale Bedeutung der Musik auch gedanklich ebenbürtig zur Darstellung brächten. Die drei klassischen Meister selbst waren ausschließlich Musiker, und keinen von ihnen drängte es zu literarischen oder philosophischen Kunstbetrachtungen. Von Mozart gibt es wenigstens ein paar bedeutsame Briefstellen, etwa zu seiner Opernauffassung (Brief an den Vater vom 13. Oktober 1781), von Beethoven eine Reihe schriftlich niedergelegter Gedanken (Briefe, Konversationshefte, persönliche Aufzeichnungen), aber keinen Versuch einer zusammenhängenden Schrift.

Darüber hinaus war es im süddeutsch-österreichischen Raum allgemein weniger üblich, zu Fragen der Ästhetik grundlegend und systematisch Stellung zu nehmen. Dagegen bestand im nord- und mitteldeutschen Raum eine reiche und differenzierte ästhetische Tradition, an der viele Autoren beteiligt waren und die von J. G. Sulzers *Theorie der Schönen Künste* (Leipzig 1771–74), einer enzyklopädischen Zusammenfassung vorklassischer Kunstansichten, über Musikschriftsteller des späten 18. Jahrhunderts wie J. F. Reichardt kontinuierlich bis in die Frühromantik hineinwirkte bzw. über Kant und Schiller zu den großen ästhetischen Entwürfen des deutschen Idealismus führte. Daneben bewahrte zur Zeit der Wiener Klassik die englische und vor allem die französische Ästhetik weiterhin ihren maßgebenden Einfluß.

Prägend für Haydn und Mozart waren die freiheitlichen und humanistischen Gedanken der Aufklärung, für Beethoven ferner die Auseinandersetzung mit Kant und Schiller. Doch sind das Anregungen allgemeinster Art, die zwar die persönliche Haltung, die Einstellung zur Kunst und auch das Schaffen selbst entscheidend bestimmten, die aber nicht als Musikanschauung im engeren Sinne faßbar werden. Auch haben die führenden deutschen Denker vor und um 1800 entweder der Musik nur eine relativ untergeordnete Stellung zugewiesen (Kant) oder ihre Ästhetik überhaupt vornehmlich auf die Literatur und die Bildende Kunst ausgerichtet (Schiller). Ein interessanter Ansatz wenigstens zu einer klassischen Musikästhetik ist die Abhandlung *Über Charakterdarstellung in der Musik* (1795) des Schiller-Freundes Ch. G. Körner, weil der Begriff des „Charakters" im umfassenden Sinne für die ästhetische Interpretation der klassischen Instrumentalmusik fruchtbar gemacht werden kann.

Um die gleiche Zeit entwickelte sich bei W. H. Wackenroder und L. Tieck (*Herzensergießungen eines kunstliebenden Klosterbruders,* Berlin 1797; *Phantasien über die Kunst für Freunde der Kunst,* Hamburg 1799) eine frühromantische Musikästhetik, die, trotz ihrer gefühlsbetonten, poetisch überhöhten Darstellungs- und Anschauungsweise, in der Sache selbst das Erlebnis der zeitgenössischen Musik (Haydn und Mozart) voraussetzt und diese – wenigstens indirekt – auf neuartige, faszinierende Weise interpretiert. Hieran anknüpfend führte E. T. A. Hoffmann die frühromantischen Ansätze in seinen Novellen, Aufsätzen und Rezensionen weiter, bezog sie nun ausdrücklich auf die Musik seiner Zeit und bezeichnete in kühnen, begeisterten Formulierungen vor allem Beethovens Werke als den Gipfelpunkt „romantischer" Musik, wobei er an ihnen eine Reihe wesentlicher und zentraler, also eigentlich klassischer Merkmale heraushob. Das ist kein Widerspruch, sondern weist auf einen Romantikbegriff, der solche Merkmale einschließt, so daß der Vorwurf fehlgeht, Hoffmann habe Beethoven der (im späteren Sinne) romantischen Musik, die um diese Zeit noch gar nicht existierte, zugeordnet.

7.4 Absolute Musik

Ein zentraler Gedanke der romantischen Musikästhetik, der allerdings schon bei Herder, Schiller und Goethe deutlich anklingt, ist die Betonung der Freiheit und Eigengesetzlichkeit der Musik, ihre Unabhängigkeit von außermusikalischen Bindungen an einen Text oder an ein Programm.

„In der Instrumentalmusik aber ist die Kunst unabhängig und frei, sie schreibt sich nur selbst ihre Gesetze vor, sie phantasiert spielend und ohne Zweck, und doch erfüllt und erreicht sie den höchsten ..." (Wackenroder/Tieck, *Symphonien*, aus den *Phantasien über die Kunst*, 1799).
Diese Unabhängigkeit und Freiheit offenbart für E. T. A. Hoffmann zugleich die „Romantik der Musik". „Sie ist die romantischste aller Künste, – fast möchte man sagen, allein rein romantisch" (Rezension der 5. Sinfonie von Beethoven, 1810). Hier wird, poetisch inspiriert, der höchste Rangspruch des Musikalischen mit der Idee der Autonomie der Kunst verbunden. Aus romantischer Begeisterung für klassische Instrumentalmusik erwächst erstmals in der Geschichte der Gedanke, die Musik sei, wenn sie „rein", losgelöst von allen Fremdbestimmungen, nur ihrem „inneren Wesen" folge, prinzipiell über alle anderen Künste zu stellen.

Haydns, Mozarts und Beethovens Instrumentalwerke, an denen sich diese Vorstellung entzündet, bewahren nun auch in der Folge, nach dem Abklingen der romantischen Kunstanschauung, das Signum solcher Reinheit und Vollkommenheit. Sie werden für die Nachwelt zum Prototyp „absoluter Musik". Dieser Begriff entsteht zwar erst in der Mitte des 19. Jahrhunderts (R. Wagner, Programm zu Beethovens 9. Sinfonie, 1846; E. Hanslick, *Vom Musikalisch-Schönen*, 1854), er läßt sich aber in dem, worauf er zielt, bis in die Frühromantik und darüber hinaus zurückverfolgen. Die Idee einer höchsten Wertverwirklichung im klingenden Material durch eine freie, eigengesetzliche „absolute Musik" prägt das musikalische Denken und die ästhetischen Auseinandersetzungen des 19. Jahrhunderts und hat bis heute ihre Wirksamkeit als – positives oder negatives, verteidigtes oder in Frage gestelltes – Kriterium für die Beurteilung der Qualität eines musikalischen Kunstwerks kaum verloren.

Komponisten

7.5 Haydn

Joseph Haydn wurde 1732, wahrscheinlich am 31. März, in Rohrau in Niederösterreich geboren und starb am 31. Mai 1809 in Wien. Sein Vater war Wagnermeister und Kleinbauer und besaß anscheinend nur ganz elementare musikalische Neigungen. Die Begabung des Sohnes wurde aber früh entdeckt. Er kam zunächst zu einem Onkel nach Hainburg und 1740 durch G. Reutter, den Wiener Domkapellmeister, als Chorknabe an den dortigen Stephansdom. Als Ende der 40er Jahre der Stimmwechsel eintrat, wurde Haydn entlassen und mußte versuchen, als Musiker sein Geld zu verdienen. So war er u. a. eine Zeitlang bei dem Komponisten und Gesangslehrer N. Porpora als Akkompagnist (Begleiter am Cembalo) angestellt. Allmählich konnte er aber mit ersten Kompositionen auf sich aufmerksam machen, und er erhielt 1759 eine Stelle als Musikdirektor bei dem Grafen Morzin in Lukawitz bei Pilsen. Schon zwei Jahre später, 1761, kam er an den Hof, dem er zeitlebens verbunden bleiben sollte. Er wurde Vizekapellmeister des Fürsten Paul Anton Esterházy von Galántha in Eisenstadt und unter dessen Nachfolger, Nikolaus Joseph, ab 1766 alleiniger Dirigent der Kapelle, die anfangs 15, später bis zu 30 Mitglieder zählte. Haydn blieb bis zu seinem Tode Bediensteter dieses Fürstenhauses, und seine musikalische Tätigkeit richtete sich weitgehend nach den Bedürfnissen des Ho-

Wiener Klassik

117 Szenenbild aus der Erstaufführung der Oper „L'incontro improvviso" von Joseph Haydn (am Cembalo sitzend) im Jahr 1775 am Theater des Schlosses Eszterháza (anonyme Guachemalerei mit Elfenbeinapplikation; München, Deutsches Theatermuseum)

fes. Allerdings hatte diese Stellung auch eine Reihe von Vorteilen. Haydn war nicht nur materiell vollkommen gesichert. Er konnte auch als Komponist gleichmäßig arbeiten, Neues mit seinen Musikern ausprobieren oder Angefangenes in Ruhe reifen lassen, ohne auf den wechselnden Erfolg bei einem unberechenbaren Publikum angewiesen zu sein. Auch schätzte ihn der musikliebende Fürst außerordentlich und gewährte ihm eine Reihe von Vergünstigungen, die seinen Dienstrang und seine Wohnung betrafen, und gab ihm auch Erlaubnis, seine Werke bei ausländischen Verlegern drucken zu lassen. 1769 wurde die Kapelle in das großangelegte neue Schloß Eszterháza am Neusiedler See verlegt, das u. a. ein Opernhaus enthielt, so daß Haydn nun auch als Kapellmeister (und Komponist) der fürstlichen Oper tätig wurde.
Nach dem Tod Fürst Nikolaus Josephs und der Auflösung der Kapelle durch dessen Sohn zog Haydn 1790, mit einer Pension von 1 400 Gulden beurlaubt, als nahezu unabhängiger und international berühmter Komponist nach Wien. Er reiste zweimal für längere Zeit nach England (1791/92 und 1794/95), wo er u. a. mit seinen späten Sinfonien und Streichquartetten enthusiastisch gefeiert wurde. Dazwischen lebte er wieder in Wien. In dieser Zeit war der junge Beethoven zeitweilig sein Schüler. 1795 berief ihn Fürst Nikolaus II. Esterházy von Galántha wieder als Kapellmeister der neu zusammengestellten Kapelle.

Es entstanden, angeregt durch die Bekanntschaft mit Händels Vokalkompositionen, die großen oratorischen Werke und weitere Streichquartette. In den letzten Lebensjahren komponierte Haydn nicht mehr. Er starb kurz nach der französischen Besetzung Wiens.
Bis etwa Anfang der 1760er Jahre entwickelte sich Haydns Werk vorwiegend im Rahmen der Tradition, wenngleich sich sein geniales Talent früh bemerkbar machte und einige seiner Kompositionen (z. B. die frühen Streichquartette Hob. III: 1–12) von denen der Zeitgenossen deutlich zu unterscheiden sind. Die Zeit bis gegen Ende der 1770er Jahre bildet, teilweise unter dem Einfluß der Musik C. Ph. E. Bachs, eine Periode des intensiven Suchens nach neuen Wegen, wobei das Experimentieren in verschiedensten Bereichen zu stets interessanten und neuartigen Werkergebnissen führte. Inwieweit auch die gleichzeitige literarische Strömung des „Sturm und Drang" Haydn beeinflußte, muß offen bleiben. Im Jahre 1781, dem ersten Höhepunkt der Wiener Klassik, veröffentlichte Haydn seine 6 Streichquartette op. 33 (Hob. III: 37–42), mit denen er seine stilistische Meisterschaft erreichte, die er bis in seine letzten Kompositionen hinein bewahrte.
Die musikalische Bedeutung Haydns als dem ersten der drei Wiener Klassiker beruht in erster Linie auf seiner lebenslangen, zu immer neuen Gestaltungen findenden Beschäftigung mit der Sinfonie (▷ 7.20) und dem Streich-

quartett (▷ 7.17), kaum weniger jedoch auf seinem übrigen instrumentalen Schaffen. Die zyklisch mehrsätzige Gesamtanlage, das heißt vor allem die viersätzige Folge schneller Satz, langsamer Satz, Menuett, schneller Satz (das Menuett kann auch an zweiter Stelle stehen) erhält bei ihm die klassische Ausprägung und je individuelle Durchbildung. Das Schwergewicht liegt dabei auf dem ersten Satz; er steht in der Regel in der Sonatenhauptsatzform (▷ 7.12), die für Haydn zu einem unübersehbar vielgestaltigen Feld seines klaren, motivisch dichten, hochorganisierten Komponierens wird. Diese thematische Präzision und strukturelle Strenge verbindet sich bei ihm mit einer vorwiegend kräftigen und heiter humorvollen, gelegentlich auch dunkleren, elegischen oder verhaltenen Charakterdarstellung, die an der Oberfläche oft volkstümlich einfach und leicht verständlich erscheint und sich erst bei genauerem Hinhören als Teilaspekt eines feinsinnig ausbalancierten Ganzen offenbart.

Im Bereich der Vokalmusik ist Haydn mit seinen Opern und Liedern nicht in gleicher Weise über sein unmittelbares Wirkungsfeld hinaus beachtet worden. Dagegen gehören seine Messen zu den wichtigsten kirchenmusikalischen Kompositionen des späten 18. Jahrhunderts. Und seine beiden Oratorien (*Die Schöpfung*, 1798, und *Die Jahreszeiten*, 1801) schließen nicht nur sein Lebenswerk auf grandiose Weise ab, sondern bereiten zugleich den Weg für die Entwicklung des Oratoriums im 19. Jahrhundert.

Die große Zahl der Haydn bewußt untergeschobenen bzw. unwissentlich zugeschriebenen Stücke anderer Komponisten macht die Zusammenstellung seiner Werke schwierig. Sein Werkkatalog umfaßt: Über 100 Sinfonien, deren Beinamen, bis auf die drei frühen Tageszeiten-Sinfonien, nicht von Haydn stammen; etwa 70 Streichquartette, mehr als 20 Streichtrios; 126 Barytontrios (das Baryton, ein gambenähnliches Streichinstrument mit zusätzlichen Aliquotsaiten, war das Lieblingsinstrument des Fürsten Nikolaus Joseph); fast 40 Klaviertrios; etwa 60 Klaviersonaten und andere Klavierstücke; Solokonzerte, u.a. für Klavier, Violine, Violoncello, Baryton, Kontrabaß, Flöte, Trompete, ein und zwei Hörner sowie für zwei Radleiern; 5 Orgelkonzerte; 13 italienische Opern; mehrere oratorische Werke, darunter *Die Schöpfung* (1798) und *Die Jahreszeiten* (1801); 14 Messen sowie viele andere kirchenmusikalische Kompositionen; ferner Chormusik, Kantaten, Arien, Duette, Terzette, Kanons und die Bearbeitung von mehreren hundert irischen, schottischen und walisischen Volksliedern.

7.6 Mozart

Wolfgang Amadeus Mozart wurde am 27. Januar 1756 in Salzburg geboren und starb am 5. Dezember 1791 in Wien. Mozarts erstaunliche, universale musikalische Begabung zeigte sich außerordentlich früh. Sein Vater, der Salzburger erzbischöfliche Hofmusiker Leopold Mozart, förderte sie von Anfang an systematisch und unternahm mit dem jungen Wolfgang und seiner älteren Schwester Maria Anna („Nannerl") ausgedehnte Reisen durch halb Europa, bei denen das Wunderkind überall Aufsehen erregte. Auf eine erste, relativ kurze Reise nach Wien (1762) folgte bald eine zweite, die sich über drei Jahre erstreckte (1763–1765) und über München, Frankfurt am Main und Brüssel nach Paris und London führte, wo J. Ch. Bach dem jungen Mozart freundschaftlich begegnete. Mozart konzertierte und improvisierte am Klavier und gab bereits erste Kompositionen, darunter Kammermusik und kleine Sinfonien, im Druck heraus. 1767/68 reiste der Vater erneut mit ihm nach Wien. Dort wurde Mozarts Singspiel *Bastien und Bastienne* im Hause des Arztes Dr. Mesmer aufgeführt.

1769 wurde Mozart zum unbesoldeten Konzertmeister am fürsterzbischöflichen Hof von Salzburg ernannt. Entscheidend für die weitere Entwicklung waren die drei Italienreisen: Dezember 1769–März 1771 (es entstanden u.a. die Oper *Mitridate* für Mailand, 1770, und frühe Streichquartette), Herbst 1771 (*Ascanio in Alba* in Mailand) und Oktober 1772 bis März 1773 (*Lucio Silla* in Mailand, weitere Streichquartette). Hier traf Mozart fast alle bedeutenden italienischen Komponisten jener Zeit (G. B. Sammartini, N. Piccinni, P. Nardini, G. Paisiello, N. Jommelli, den Deutschen J. A. Hasse und den Kontrapunktlehrer Padre Martini), studierte ihre Musik

Wiener Klassik

und komponierte selbst eine Fülle von Werken aller Gattungen. Auf diese Weise wurde er mit der Stilhaltung der damals führenden musikalischen Nation eingehend bekannt und konnte sie in seine eigene reifende Musiksprache einbringen. In Salzburg regierte inzwischen seit 1772 als neuer Erzbischof Hieronymus von Colloredo-Waldsee, der Mozart nicht mit dem gleichen Wohlwollen wie sein Vorgänger entgegenkam, sondern ihn in die Enge eines abwechslungslosen Hofdienstes zwang. Mozart komponierte in erstaunlich rascher Folge Kirchenmusik, Serenaden, Divertimenti, Sinfonien, Kammermusik, Klavier- und Violinkonzerte (darunter 1775 die berühmten drei in G-Dur KV 216, D-Dur KV 218 und A-Dur KV 219), sowie für München die Opera buffa *La finta giardiniera (Die Gärtnerin aus Liebe)*. Im Sommer 1777 reichte Mozart ein Entlassungsgesuch ein und reiste mit seiner Mutter über München zunächst nach Mannheim und 1778 weiter nach Paris. Die musikalischen Einflüsse beider Stilzentren (▷ 6.6–6.7) waren für seine Entwicklung ebenso bedeutsam wie die persönlichen, teils schmerzlichen Erlebnisse und Begegnungen dieser Reise (in Mannheim die unglückliche Liebe zu Aloysia Weber; in Paris der Tod der Mutter). Die Suche nach einer festen Anstellung blieb erfolglos. Und gegenüber der früheren begeisterten Aufnahme des Wunderkindes boten sich dem erwachsenen jungen Künstler, der selbstbewußt und mit dem klaren Wissen um seine Fähigkeiten auftrat, vielfach andere und oft schwierigere Verhältnisse dar. Trotz einiger kleinerer Erfolge und der Drucklegung weiterer Werke in Paris (Violin- und Klaviersonaten) kehrte Mozart nach dem Tod der Mutter (1778) im Grunde ohne Ergebnis in den beengenden Salzburger Dienst zurück. Bis Mitte 1781 komponierte er mehrere Sinfonien, Messen und die Oper *Idomeneo* für München. Als der Erzbischof während eines Aufenthaltes in Wien, zu dem er seine Kapelle mitgenommen hatte, Mozart allzu herablassend und schikanös behandeln ließ, kam es zum endgültigen Bruch (8. 6. 1781). Mozart versuchte nun als freier Künstler in Wien Fuß zu fassen, was zunächst auch zu gelingen schien. *Die Entführung aus dem Serail* wurde 1782, im Jahr seiner Hochzeit mit Konstanze Weber, der Schwester Aloysias, gut aufgenommen. Er komponierte eine Fülle von Klavierkonzerten, meist für den eigenen Gebrauch, die *Haffner*-Sinfonie (KV 385) und die *Linzer*-Sinfonie (KV 425) sowie sechs Streichquartette (KV 387, 421, 428, 458, 464, 465; 1785 erschienen), die er Haydn, dem er freundschaftlich verbunden war, widmete. Er nahm an Hauskonzerten teil, u. a. bei Baron van Swieten, der ihn auf Bachs und Händels Werke aufmerksam machte, er erteilte Unterricht in angesehenen Familien; viele seiner „Akademien" waren gut besucht. Dennoch stellten sich allmählich wirtschaftliche Sorgen ein. Eine erhoffte Anstellung am Kaiserhof blieb aus. Die Oper *Le nozze di Figaro* (1786, nach Beaumarchais' gesellschaftskritischer Komödie *Le mariage de Figaro ou la folle journée*) widersprach dem herrschenden Geschmack des konservativen Publikums. Nur in Prag wurde sie, wie auch Mozarts nächste Oper *Don Giovanni* (1787), mit großem Erfolg aufgeführt. Die Ernennung zum kaiserlichen Kammerkomponisten mit geringer Bezahlung (Dezember 1787) und einige Aufträge zu Gelegenheitsarbeiten konnten die Lebensumstände Mozarts und seiner kränkelnden Frau kaum verbessern. Mozart zog sich immer mehr zurück, schuf aber in den letzten fünf Lebensjahren seine vollendetsten, zu den Höhepunkten der jeweiligen Gattung zählenden Instrumentalwerke, darunter die vier letzten Sinfonien (KV 504, *Prager;* 543; 550; 551, *Jupiter*), zwei Klavierkonzerte (KV 537, 591), das Klarinettenkonzert (KV 622) und das Klarinettenquintett (KV 581), vier Streichquartette (KV 465, 499, 575, 589), vier Streichquintette (KV 515, 516, 593, 614) und zwei Violinsonaten (KV 526, 547). Eine Reise nach Berlin, Dresden und Leipzig brachte weder Einkünfte noch die angestrebte Kapellmeisterstelle am preußischen Hof. Die vom Kaiser erbetene Opera buffa *Così fan tutte* (1790) erzielte in Wien nur einen mäßigen Erfolg. Auch das Konzert im Rahmen der Frankfurter Krönungsfeierlichkeiten für Kaiser Leopold II. und die Uraufführung der zu seiner Prager Königskrönung bestellten Opera seria *La clemenza di Tito* (1791) verliefen enttäuschend. Die allmählich wachsende Begeisterung für *Die Zauberflöte* (uraufgeführt in Wien am 30. Sept. 1791), die jahrelang auf dem Spielplan blieb, hat Mozart allerdings

245

gerade noch erleben können. Er starb über der Arbeit an seinem *Requiem,* das ein anonymer Auftraggeber bestellt hatte und von dem Mozart möglicherweise annahm, es sei für sein eigenes Begräbnis bestimmt.

Mozarts Gesamtwerk umfaßt alle musikalischen Stile und Gattungen sowie – je nach Bestimmung – die ganze Breite künstlerischer Ausdrucksweise seiner Zeit. Trotz genial früher Anfänge durchmißt er in seinem Schaffen eine äußerst weit gespannte Entwicklung und gelangt über eine Fülle von Anregungen, die er stets umwandelte und qualitativ übertraf, zuletzt zu einer einzigartigen Zusammenfassung im Sinne einer universalen, bis heute uneingeschränkt bewunderten Klassizität. Diese manifestiert sich als vollendete Gestaltung auf allen musikalischen Ebenen, im immensen Reichtum melodischer Erfindung, in der Tiefsinnigkeit vielfach abgetönter Harmonik, in der farbigen Klanglichkeit und in der Plastizität rhythmisch-gestischer Bildungen, schließlich und vor allem in der rätselhaften Geschlossenheit und charaktervollen Einheitlichkeit so vieler seiner Werke, wodurch noch das leuchtkräftigste Detail einem unverwechselbaren Grundklang zugeordnet wird.

Das erstmals 1862 von L. von Köchel erstellte Werkverzeichnis nennt neben vielen Einzelstücken 19 Messen und viele weitere geistliche Werke, über 20 Bühnenwerke (▷ 8.5; 8.8) und etwa 60 dramatische Szenen und Arien, über 40 Sinfonien (▷ 7.22), fast 30 Konzerte für Klavier und über 20 für andere Soloinstrumente, etwa 40 Serenaden und Divertimenti, etwa 100 Kammermusikwerke unterschiedlichster Besetzungen, darunter 26 Streichquartette und etwa 40 Sonaten oder Variationen für Violine und Klavier, fast 80 Werke für Klavier (2- und 4händig), ferner eine Fülle mehrstimmiger Gesänge, Lieder, Kanons, Tänze und Märsche.

7.7 Beethoven

Ludwig van Beethoven wurde 1770 in Bonn geboren, wahrscheinlich am 16. Dezember, da er am 17. Dezember getauft wurde. Er starb in Wien am 26. März 1827. Seine Vorfahren (die Silbe „van" ist eine Herkunfts-, keine Adelsbezeichnung) stammten aus Mecheln in Nordbelgien. Im Jahre 1733 kam der Großvater nach Bonn als Bassist der kurkölnischen Hofkapelle, der später auch der Vater angehörte. Beethovens früh erkennbares Talent wurde ab 1781 von dem Hoforganisten Ch. G. Neefe umsichtig gefördert. Dessen Unterricht umfaßte Klavier- und Orgelspiel sowie Komposition und machte den jungen Beethoven mit der repräsentativen zeitgenössischen Musik vertraut, aber auch mit älteren Werken wie z. B. dem *Wohltemperirten Clavier* von J. S. Bach. Schon als Zwölfjähriger konnte Beethoven seinen Lehrer an der Orgel vertreten, und 1784 wurde er Mitglied der Hofkapelle. 1787 reiste er erstmals nach Wien, um Mozarts Schüler zu werden, mußte aber nach wenigen Wochen heimkehren, da seine Mutter im Sterben lag. Einige Jahre lang übernahm er nun die Verantwortung für die Familie. Erst 1792 ging er erneut, mit einem kurfürstlichen Stipendium und mit Empfehlungen des Grafen Waldstein versehen, nach Wien. Hier wurde er Schüler von J. Haydn, den er zeitlebens als Komponist hoch verehrt hat, des-

118 Wolfgang Amadeus Mozart konzertiert mit seinem Vater und seiner Schwester (Aquarell von Louis Carmontelle, vermutlich 1763–64; London, British Museum)

Wiener Klassik

119 Das Leichenbegängnis anläßlich Ludwig van Beethovens Begräbnis, an dem etwa 20000 Menschen teilnahmen (Aquarell von Franz Stöber, 1827; Bonn, Beethoven-Haus)

sen persönliche Unterweisungen – wohl aufgrund des sehr unterschiedlichen Alters und Temperaments beider Komponisten – aber nicht sehr ergiebig waren, so daß Beethoven daneben bei J. Schenk, J. G. Albrechtsberger (Kontrapunkt) und A. Salieri (Gesangskomposition) Unterricht nahm.

Wiener Adelskreise förderten ihn nachhaltig und trugen durch Einladungen zu ihren privaten Veranstaltungen dazu bei, daß er bald als einer der berühmtesten Pianisten galt. Seit 1795 konzertierte er auch öffentlich (zuerst mit dem B-Dur-Klavierkonzert op. 19) und begann mit der Publikation seiner Kompositionen, wobei er, trotz zahlreicher früherer Werke, erst die Klaviertrios der Jahre 1793/94 zu seinem Opus 1 erklärte. 1796 unternahm er eine Reise nach Prag, Dresden, Leipzig und Berlin. Im übrigen reiste er nicht viel, sondern lebte, abgesehen von gelegentlichen Kuraufenthalten oder Besuchen auf den Besitzungen adliger Freunde, ständig in Wien. Bei einem solchen Kuraufenthalt (Teplitz 1812) fand die denkwürdige Begegnung mit Goethe statt. 1808 erhielt Beethoven das Angebot, die Nachfolge J. F. Reichardts als Kapellmeister des Königs Jérôme Bonaparte in Kassel anzutreten. Daraufhin sicherten ihm Erzherzog Rudolph und die Fürsten Lobkowitz und Kinsky, unter der Bedingung, daß er Wien nicht verlasse, ein festes Jahresgehalt von 4000 Gulden vertraglich zu.

Von entscheidender Auswirkung auf Beethovens Leben wurde ein nach und nach sich verschlimmerndes Gehörleiden, dessen erste Anzeichen schon vor 1796 auftraten, das er aber zunächst verheimlichte und erst nach Jahren wenigen Vertrauten offenbarte (seinen inneren Zustand schildert er in ergreifenden Worten in dem sog. „Heiligenstädter Testament", 1802). Die zunehmende Schwerhörigkeit ließ ihn nach außen hin oft menschenscheu und abwesend erscheinen und hinderte ihn schließlich daran, zu unterrichten und zu konzertieren. Ab etwa 1818 war er fast gänzlich taub, und seine Besucher mußten ihre Äußerungen in Konversationshefte eintragen, von denen etwa 140 mit teils sehr aufschlußreichen Aufzeichnungen erhalten sind. Beethovens Lebenswille und geistige Aktivität waren jedoch ungebrochen. Schon zu Lebzeiten galt er der Mitwelt als der größte Komponist seiner Zeit, zumindest im Bereich der Instrumentalmusik. Ehrenvollste Anerkennung erfuhr er in den Konzerten der Jahre 1813/14, teilweise im Beisein der auf dem Wiener Kongreß versammelten regierenden Fürsten. Die musikalische Kritik reagierte spätestens seit 1810 (E. T. A. Hoffmann) ganz überwiegend positiv. 1824 löste die Uraufführung der 9. Sinfonie Beifallsstürme aus. Sein Tod bewegte die Menschen wie kaum ein Ereignis im Bereich der Kunst. Tausende von Trauernden gaben ihm das letzte Geleit zum Währinger Friedhof, an dessen Eingang eine von F. Grillparzer verfaßte Gedenkrede von dem Schauspieler H. Anschütz verlesen wurde. In dieser sind bereits wesentliche Ele-

Kapitel 7

mente der späteren Beethoven-Verehrung emphatisch formuliert.
Beethovens Gesamtwerk umfaßt u. a. neun Sinfonien (▷ 7.23) und weitere Orchesterwerke, fünf Klavierkonzerte (▷ 7.25), ein Violinkonzert, ein Tripelkonzert für Klavier, Violine, Violoncello und Orchester, zwei Violinromanzen, 16 Streichquartette (▷ 7.17), sechs Klaviertrios, ein Septett für Streicher und Bläser, ein Bläserquintett und weitere Kammermusikwerke, zehn Sonaten für Violine und Klavier (▷ 7.16), fünf Sonaten für Violoncello und Klavier, 32 Klaviersonaten (▷ 7.15), eine Reihe Klaviervariationen und weitere Klavierwerke, zwei Messen (▷ 8.11), das Oratorium *Christus am Ölberge,* die Oper *Fidelio* (▷ 8.9), Musik zu Goethes *Egmont,* eine Fantasie für Klavier und Orchester mit Chor und weitere Vokalwerke, 91 Klavierlieder (▷ 8.12), ferner Liedbearbeitungen und eine Anzahl von Gelegenheitswerken.

Mit gewissem Vorbehalt und zum Zwecke einer groben Übersicht kann man Beethovens Schaffen (mit Ausnahme der Bonner Jugendwerke) in drei Perioden untergliedern:
1. Die Werke des ersten Wiener Jahrzehnts bis etwa 1803: Dazu gehören nahezu die Hälfte der Klaviersonaten, die ersten sechs Streichquartette op. 18, weitere Kammermusik, die ersten drei Klavierkonzerte C-Dur op. 15, B-Dur op. 19, c-Moll op. 37 und die erste und zweite Sinfonie C-Dur op. 21 und D-Dur op. 36. In dieser Zeit setzte sich Beethoven mit seinen Vorbildern Haydn und Mozart auseinander. Er übernahm ihre formalen und gattungsgeschichtlichen Errungenschaften, ohne sie eigentlich nachzuahmen. Seine kraftvolle Klanggestaltung mit kontrastreicher Dynamik, seine geradlinige Melodik und seine motivische Prägnanz bestimmten bereits in dieser Periode den neuartig charakteristischen Stil seiner Werke, die von den Zeitgenossen oft als bizarr empfunden und zunächst weitgehend skeptisch aufgenommen wurden.
2. Die mittlere Schaffensperiode, für die die Sinfonien Nr. 3–8 (Es-Dur op. 55, *Eroica;* B-Dur op. 60; c-Moll op. 67; F-Dur op. 68, *Pastorale;* A-Dur op. 92; F-Dur op. 93) als repräsentativ gelten, erstreckt sich etwa bis zum Jahre 1815. Sie umfaßt die bekanntesten Beethovenschen Werke, u. a. das 4. und 5. Klavierkonzert G-Dur op. 58 und Es-Dur op. 73, das Violinkonzert, die Streichquartette op. 59, 1–3, op. 74 und 95, eine Reihe großer Klaviersonaten (u. a. die *Waldstein-Sonate* und die *Appassionata*) und Kammermusikwerke sowie die Oper *Fidelio.* Kennzeichnend für die Werke dieser Periode ist eine neue, bis dahin in der Musik nicht bekannte, den Hörer geradezu zum Miterleben zwingende Intensität des Ausdrucks, verbunden mit einer äußersten Konzentration der thematisch strukturellen Verarbeitung, der Erschließung motivischer Zusammenhänge und der tiefsinnigen Verknüpfung oft stärkster Kontraste zu übergeordneter Einheitlichkeit. In schnellen Sätzen kann sich die Expressivität bis zu entfesselter Ekstatik, in langsamen bis zu innigster Kantabilität und größter Ruhe und Weite steigern, ohne dennoch je in bezugslose Extreme zu zerfallen oder die Bindung an eine im Kern stets einfache, verständliche Grundgestik preiszugeben. Das Beethoven-Bild des 19. Jahrhunderts und weitgehend auch noch unserer Zeit wird in der Hauptsache von der eindringlichen Wirkung der Werke dieser mittleren Periode geprägt. Auf sie beziehen sich die meisten Aussagen über Beethovens Größe, sein Ethos, seine Geistigkeit und seine Fähigkeit, menschlich-subjektive Erfahrungen in die Objektivität des Kunstwerks einzubinden. Dabei wurden nicht selten bestimmte Aspekte der Beethoven-Deutung (das „Schroffe" und „Gewaltige", das „Ringen" und „Überwinden", die „Läuterung durch Leiderfahrung" u. ä.) einseitig überbetont, dagegen andere weniger beachtet, wie etwa die spielerisch heiteren, lyrisch naturhaften oder derb humoristischen Ausdruckswerte, die für das Verständnis seiner Werke ebenso bedeutsam sind.

Seit der mittleren Schaffensperiode Beethovens ist endgültig und radikal verwirklicht, was bei Haydn und Mozart schon deutlich hervortritt, daß nämlich jedes einzelne Werk seine individuelle, einmalige und unwiederholbare Physiognomie und Gestalt besitzt. Das aber impliziert einen seitdem gültigen Anspruch an Originalität und Unverwechselbarkeit der Formung und des Gehalts, der für alle Komponisten nach Beethoven zum Maßstab und zur oftmals als bedrückend empfundenen Herausforderung geworden ist.
3. Die dritte Schaffensperiode umfaßt die sog. Spätwerke: fünf Klaviersonaten op. 101, 106,

109, 110, 111, fünf Streichquartette op. 127, 130, 131, 132, 135 und die *Große Fuge* für Streichquartett op. 133, die 9. Sinfonie d-Moll op. 125 und die *Missa solemnis*. Während die beiden zuletzt genannten Chor-Orchester-Kompositionen allmählich eine breitere Wirkung erzielten, haben nicht nur die Zeitgenossen, sondern auch noch Hörer späterer Generationen zu den übrigen, höchst eigenwilligen Spätwerken kaum einen Zugang gefunden. Erst seit dem frühen 20. Jahrhundert, als Komponisten wie A. Schönberg und B. Bartók an Formprinzipien des späten Beethoven anknüpften, wurde die überragende Bedeutung dieser Werke mit ihrer komplexen Polyphonie, ihrer Tendenz zur formelhaften Abstraktion, ihren kühnen zyklischen Großstrukturen und ihrer ungeheuren inhaltlichen Spannweite, die beim ersten Hören als Zerrissenheit oder beziehungsloses Nebeneinander erscheinen mag, einem größeren Kreise Interessierter zugänglich, ohne daß sie jedoch selbst heute so etwas wie Popularität erreicht hätten.

Überblickt man Beethovens Werke von den Anfängen bis in diese Spätzeit, wird ein Reichtum und eine Dichte der Erfindung sowie eine solche Fülle sich stetig verändernder Klang- und Ausdrucksmittel sichtbar, wie sie kaum an einem anderen Komponisten der Musikgeschichte beobachtet werden kann (nur der Hinweis auf die Universalität J. S. Bachs, die jedoch einem gänzlich anderen historischen Kontext zugeordnet ist, könnte dem widersprechen). Daß Beethoven in all diesem dennoch seinen unverwechselbaren Personalstil bewahrte und darüber hinaus das Erbe Haydns und Mozarts weitertrug und zum Abschluß brachte, begründet seine geschichtliche Stellung als Vollender der Wiener Klassik.

Mit ihm realisiert sich innerhalb der europäischen Musikgeschichte letztmalig im Werk eines einzelnen Komponisten die Idee einer geistig künstlerischen Totalität. Der Musik nach Beethoven, so reich, so farbig, so weiträumig und expressiv, so tief bewegend, geistvoll und revolutionär sie auch entfaltet hat, war diese ideelle Einheit, die zudem in einer einmaligen geschichtlichen Situation gründet, nicht wieder erreichbar. Dennoch wirkt das Erbe Beethovens in fast aller Musik der Folgezeit bestimmend weiter. Und es ist kaum übertrieben zu behaupten, daß das gesamte Musikverständnis des 19. Jahrhunderts und darüber hinaus bestimmte, bis heute selbstverständliche musikalische Rezeptionsweisen von Beethovens Werken initiiert und geprägt sind.

7.8 Zeitgenossen der Wiener Klassiker

Aus der Bindung des Epochenbegriffs „Wiener Klassik" an die Werke Haydns, Mozarts und Beethovens ergibt sich die Schwierigkeit, das übrige zeitgenössische Schaffen sinnvoll zu bezeichnen und einzuordnen. Eine rein zeitliche Abgrenzung nach Jahreszahlen ist wenig aussagekräftig, eine Orientierung an allgemeingeschichtlichen Ereignissen (Französische Revolution, Wiener Kongreß usw.) nicht immer schlüssig, und der Versuch, stilistisch oder gar dem Rang nach zu differenzieren – im Sinne etwa von „Großmeistern" und „Kleinmeistern" – verführt dazu, scharfe Trennungen zu vollziehen, wo durchaus auch fließende Übergänge zu beobachten sind, und vorab zu werten, wo eine auch im Qualitativen kaum überschaubare Vielfalt herrscht. Aus der großen Zahl bedeutender Musiker im späten 18. und frühen 19. Jahrhundert seien im folgenden einige genannt, deren Kompositionen teilweise zu Unrecht kaum noch beachtet werden, insbesondere da sie nicht selten eigene, vom „Klassischen" charakteristisch abweichende Züge tragen. Ganz oder teilweise in Wien wirkten um diese Zeit der mit Opern und Instrumentalwerken gleichermaßen erfolgreiche K. Ditters von Dittersdorf (*1739, †1799), der Hoforganist, Kapellmeister und Musiktheoretiker J. G. Albrechtsberger (*1736, †1809), bei dem Beethoven 1794/95 Unterricht erhielt, der aus Böhmen stammende J. B. Vaňhal (*1739, †1813), der einflußreiche kaiserliche Hofkapellmeister und Opernkomponist A. Salieri (*1750, †1825), zu dessen Schülern Beethoven, F. Schubert und F. Liszt zählten, der als Komponist von Streichquartetten von Beethoven hoch geschätzte E. A. Förster (*1748, †1823), der Italiener D. Cimarosa (*1749, †1801), seit 1792 Wiener Hofkapellmeister und Komponist der berühmten Opera buffa

Kapitel 7

Die heimliche Ehe (1792), und der als Instrumentalkomponist zu seiner Zeit bekannte A. Eberl (* 1765, † 1807), dessen Sinfonien in damaligen Kritiken gelegentlich mit denen Beethovens in einem Atemzug genannt wurden.
In Salzburg war der Bruder J. Haydns, M. Haydn (* 1737, † 1806), erzbischöflicher „Hofmusicus und Conzertmeister", ein weit beachteter Kirchenkomponist, der Mozarts Schaffen deutlich beeinflußte. Im süddeutschen Raum wirkten u. a. P. Winter (* 1754, † 1825), F. Danzi (* 1763, † 1826), ein Freund C. M. von Webers, und F. Witt (* 1770, † 1836), in Dresden als Nachfolger J. A. Hasses der Opernkomponist J. G. Naumann (* 1741, † 1801).
Wichtige norddeutsche Komponisten, nicht nur auf dem Gebiet des Liedes (▷ 8.12), waren J. A. P. Schulz (* 1747, † 1800), der zuletzt in Kopenhagen tätig war, C. F. Zelter (* 1758, † 1832), Leiter der Berliner Singakademie, ein Freund Goethes und Lehrer F. Mendelssohn Bartholdys, und J. F. Reichardt (* 1752, † 1814), ein bedeutender Musikschriftsteller und musikalischer Ratgeber einiger junger Dichter der deutschen Romantik. Zeitweilig in Bonn – dort war er Beethovens Lehrer – wirkte der erfolgreiche Singspielkomponist Ch. G. Neefe (* 1748, † 1798).
Unter den Italienern war neben den weiterhin einflußreichen Musikern der älteren Generation G. Paisiello (* 1740, † 1816), der in Neapel und Petersburg lebte, einer der beliebtesten jüngeren Opernkomponisten. L. Boccherini (* 1743, † 1805), ein ebenfalls italienischer Vokal- und Instrumentalkomponist, dessen reiches Kammermusikschaffen sich rasch überall verbreitete, lebte hauptsächlich in Madrid.
In Paris wirkten als führende Opernkomponisten A.-E.-M. Grétry (* 1741, † 1813), L. Cherubini (* 1760, † 1842), den Beethoven für einen der bedeutendsten zeitgenössischen Komponisten hielt und dessen Orchestersprache Beethovens Sinfonien deutlich beeinflußt hat, E. N. Méhul (* 1763, † 1817) und J. F. Le Sueur (* 1760, † 1837), der als Programmusiker auf H. Berlioz eingewirkt hat.
Hauptsächlich in London lebte M. Clementi (* 1752, † 1832), ein gefeierter Pianist, Kapellmeister und Lehrer, der sich auch im Musikverlagswesen und im Klavierbau betätigte.
Viele einflußreiche Musiker bereisten Europa und waren, im Unterschied etwa zu Haydn und Beethoven, an verschiedenen Orten in unterschiedlichen Positionen tätig. Das gilt z. B. für den aus Böhmen stammenden Pianisten und fruchtbaren Klavierkomponisten J. L. Dussek (* 1760, † 1812) und ähnlich für eine der eigenartigsten, originellsten und anregendsten Gestalten des damaligen Musiklebens, G. J. (Abbé) Vogler (* 1749, † 1814), der sowohl als Orgelimprovisator wie als Musiktheoretiker berühmt wurde und auf viele junge Komponisten bis hin zu C. M. von Weber und G. Meyerbeer als Lehrer prägend einwirkte. Er lebte u. a. in Mannheim, München und Stockholm, wo um diese Zeit bereits der Deutsche J. M. Kraus (* 1756, † 1792) und der Schwede J. Wikmanson (* 1753, † 1800) Anregungen der Wiener Klassiker, vor allem Haydns, eigenständig weiterentwickelt hatten.

Formung des musikalischen Materials

Aus der neuen Vorrangstellung der Instrumentalmusik, die ihren Wertanspruch allein auf innermusikalische Gesetzlichkeiten gründen kann, erklärt sich die zentrale Bedeutung, die der formalen Gestaltung bei Werken der Wiener Klassik zukommt. Musikalische Form ist hierbei nicht nur das großflächige Gliederungsverhältnis von Teilen, sondern das gesamte, höchst differenzierte Beziehungsgeflecht von Einheiten unterschiedlichster Gestalt und Dauer.

Dabei spielen eine ganze Reihe von Kategorien der Formung eine Rolle, z. B. Wiederholung, Veränderung, Kontrast, Steigerung, Verdichtung, Abstufung, Zäsurenbildung, Symmetrie- und Maßverhältnisse. Und diese wiederum beziehen sich auf alle musikalischen Komponenten wie Melodik, Harmonik, Metrik und Rhythmik, Klanglichkeit (Instrumentation), Dynamik und Agogik, aber durchaus nicht in gleicher Weise. Denn die Formverläufe einzelner Komponenten

Wiener Klassik

120 Anfang der Klaviersonate e-Moll (Hob. XVI: 34; 1784) von Joseph Haydn

verlaufen nicht immer parallel, sondern vielfach in kunstvollen Verschränkungen und Überlagerungen. So kann, um nur ein einfaches Beispiel zu nennen, die melodische Linie abschließend sich senken und die Harmonik an der gleichen Stelle intensiver werden und den musikalischen Fluß weiterführen. Oder es können ähnlich wiederkehrende Akkorde und Motive zugleich auftretende dynamische und metrische Gegensätze zur Einheit zusammenbinden.
Allgemein darf das, was musikalische „Form" ausmacht, nicht statisch verstanden werden, sondern als Prozeß. Das gilt für das einzelne Werk wie für die Gattung. Im einzelnen Werk hören wir real immer nur den Augenblick, das gerade erklingende Jetzt. Indem wir uns das schon Gehörte erinnern und das noch Kommende erwarten und vorausnehmen, also den Formprozeß innerlich nachvollziehen, bilden wir uns eine Vorstellung von der „Form", die tatsächlich niemals erscheint und uns auch erst am Schluß eines Werkes ganz gegenwärtig wird, wenn die Musik selbst bereits verklungen, also real verschwunden ist.
Innerhalb der Gattung zeigt sich das Prozeßhafte der Form an deren ständiger geschichtlicher Veränderung. Keine Form läßt sich an einem einzigen Beispiel wie an einem Muster festmachen. Formen entstehen allmählich, durchlaufen oft uneinheitliche Entwicklungen, zeigen unterschiedliche Stadien der Ausprägung und manifestieren sich in jedem Werk auf andere Weise. Jedes Werk hat daher

seine eigene Form und nimmt zugleich Teil an der Geschichte der Formen. Nur unter solchen Aspekten – und nicht als Zusammenstellung abstrahierter Formschemata – hat musikalische Formbetrachtung ihre Berechtigung und ihren Reiz.

7.9 Motiv und Thema

In der klassischen Instrumentalmusik spielt das charakteristisch hervortretende *Motiv* eine grundlegende, für die Ausdruckshaltung und die Formung gleichermaßen wesentliche Rolle. Darin unterscheidet sie sich von der Musik des Barockzeitalters, die stärker von Einheitsabläufen und flächigen Wirkungen geprägt ist und somit das einzelne Motiv weniger individualisiert. Allerdings beginnt die Tendenz zu kleingliedriger und häufig kontrastierender Motivik schon vor der Mitte des 18. Jahrhunderts, also lange vor der Vollendung dieser Entwicklung in der Wiener Klassik.
Bei Haydn, Mozart und Beethoven tritt das Motiv als prägnanter, knapper, einheitlicher Bewegungszug auf, der als kleinste sinnvolle Gestalteinheit in mannigfachen Veränderungen, Verkürzungen, Erweiterungen und Kombinationen mit anderen Motiven in seiner rhythmischen, intervallischen oder wenigstens gestischen Grundstruktur dennoch erkennbar bleibt und so als Kernimpuls und konstitutives Element größerer Entwicklun-

Kapitel 7

121 Anfang der Sinfonie C-Dur („Jupiter"-Sinfonie) KV 551 (1788) von Wolfgang Amadeus Mozart

122 Anfang des Streichquartetts F-Dur op. 59 Nr. 1 (1805/06) von Ludwig van Beethoven

Wiener Klassik

gen bis hin zu ganzen Sätzen und Werken fungiert.
Aus dem Zusammenschluß mehrerer Motive entsteht die nächst höhere, komplexere und meist in sich abgeschlossenere Einheit: das Thema. Auch dies geschieht auf höchst vielfältige, in der Klassik stets charakteristische und individuelle Weise. So tendiert Haydn dazu, das Thema aus einem einheitlichen motivischen Kern zu entwickeln. Der Anfang einer seiner Klaviersonaten möge das verdeutlichen (Abb. 120, S. 251). Das Dreitonmotiv a_2 ist bereits eine Variation von a_1, ebenso a_3, dessen dritter Ton wie auch in a_4 verlängert und in a_5 zu einer Endungsfigur ausgebaut wird. Selbst die linke Hand ist trotz gegensätzlicher Artikulation und Bewegungsrichtung als Achtelmotiv vorbereitend dem Oberstimmenmotiv zugeordnet. In Takt 4 übernimmt sie ferner die Tonverlängerung aus der Oberstimme und wird ab Takt 5 zu deren – umgekehrt gerichteter – Motivvariation.
Im Gegensatz hierzu finden wir bei Mozart vor allem gesanglich abgerundete und gestisch markante Themen, die sich bei ausgeprägter Symmetriebildung oft aus stark kontrastierenden Gliedern zusammensetzen (Abb. 121). Das Frage-Antwort-Prinzip, die korrespondierende Wiederkehr über Gegensätze hinweg sowie eine sinnfällige tonale Gliederung (z. B. Tonika – Dominante/Dominante – Tonika) spielen hierbei häufig eine Rolle. Beethoven hat beide Verfahren aufgegriffen und miteinander verknüpft. Ferner entwickelt er, namentlich in seiner mittleren Schaffensperiode, oftmals aus elementaren Motivgestaltungen heraus, weitgespannte thematische Linienzüge, die das variative Prinzip mit großen innendynamischen Steigerungsprozessen verbinden (Abb. 122, vgl. den dort markierten viertönigen Skalenzug, der das ganze 19taktige, stetig aufsteigende, immer stärker und klangvoller ausgesetzte Thema bis zur schließlichen Vergrößerung in ganzen Notenwerten hervorbringt und trägt).

7.10 Periode und Satz

Die Geschlossenheit und Prägnanz des klassischen Instrumentalthemas beruht wesentlich auf den korrespondierenden Maß- und Akzentverhältnissen der musikalischen Periode. Die musikalische Periode als Normalfall ist ein symmetrisches, achttaktiges Gebilde, das sich aus zwei aufeinander bezogenen viertaktigen Gliedern, dem Vordersatz und dem Nachsatz, aufbaut (Abb. 121 und Abb. 123). In der Mitte entsteht eine Zäsur, die auch harmonisch, z. B. durch einen Halbschluß auf der Dominante, markiert ist. Vordersatz und Nachsatz sind in der Regel noch einmal zweitaktig untergliedert (Abb. 121).
Als melodisches Gliederungsprinzip, das sich z. B. aus vorgegebenen Tanzschrittfolgen ergab, findet sich die musikalische Periode durchgängig in Liedern und Tänzen vor allem Mitteleuropas. Entsprechend bildet sie auch in kunstvollerer lied- und tanzartiger Instrumentalmusik längst vor dem 18. Jahrhundert ein selbstverständliches Gestaltungsmuster. Neu ist die Hereinnahme des periodischen Prinzips in die führenden Instrumentalgattungen seit etwa 1750 und auf diesem Hintergrund seine reife, differenzierte Ausgestaltung in der Hochklassik. Hier bildet die musikalische Periode das Modell einer vom Hörer erwarteten, metrisch klar durchgliederten Folge von acht Takten, wovon nun allerdings Haydn, Mozart und Beethoven in vielfältiger Weise immer wieder auch abweichen, indem sie durch Verkürzungen, Erweiterungen oder andere unerwartete Veränderungen den periodischen Ablauf gelegentlich durchbrechen und so die normierte Hörerwartung geistreich umgehen. Sie schaffen damit kunstvolle, wechselnd symmetrische und asymmetrische Bezüge, die u. a. die Mehrschichtigkeit klassischen Komponierens im rhythmisch-metrischen Bereich ausmachen.
Im Zusammenhang mit der musikalischen Periode und in enger Wechselwirkung mit ihr ist

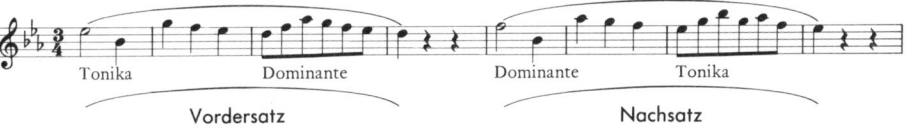

Tonika — Dominante — Dominante — Tonika
Vordersatz — Nachsatz

123 Beginn des Trios (Takt 1–8) aus dem 3. Satz der Sinfonie Es-Dur KV 543 (1788) von Wolfgang Amadeus Mozart als Beispiel für eine musikalische Periode

Kapitel 7

124 Anfang der Klaviersonate f-Moll op. 2 Nr. 1 (1793–95) von L. van Beethoven als Beispiel für einen achttaktigen Satz

ein weiterer Begriff für die Beschreibung besonders der Beethovenschen Instrumentalmusik von Bedeutung: der achttaktige musikalische Satz. Er dient zur Bezeichnung eines gegliederten, aber nicht symmetrisch geschlossenen thematischen Gebildes. Der achttaktige Satz hat einen entwickelnden, sich öffnenden Charakter und besteht oft aus einer zweitaktigen Phrase, deren variierter Wiederholung und einem viertaktigen, aus dem gleichen Material entfalteten Entwicklungszug (Abb. 124; Abb. 120, S. 251). Man könnte auch sagen, daß sich die musikalische Periode im Kontext des vorwärtsdrängenden, dynamisch-expressiven Stils Beethovens vielfach zum achttaktigen Satz gewandelt hat.

7.11 Liedformen

Die liedhafte Geschlossenheit der musikalischen Periode (es gibt Volkslieder, die nur eine achttaktige Periode umfassen) lenkt den Blick auf die Betrachtung musikalischer Formen, zu deren einfachsten die Liedformen zählen.
Der Begriff „Liedform" wird in erster Linie für die verschiedenen Formen des Liedes verwendet. Es sind Reihungsformen, d. h. die Formteile werden nicht auseinander entwickelt, sondern stehen deutlich getrennt nebeneinander. Je nach der Anzahl selbständiger Formteile spricht man von einteiligen, zweiteiligen oder dreiteiligen Liedformen, wobei die Teile ähnlich oder verschieden gestaltet sein können. Zur Beschreibung solcher Formen wählt man Buchstabenfolgen, z. B. für eine dreiteilige Liedform mit Wiederkehr des ersten Teils die Folge a b a, für die sog. Barform, bei der der erste Teil wiederholt wird, die Folge a a b.
Interessanter und differenzierter ist eine Formbetrachtung von Instrumentalstücken, die liedähnlich angelegt sind. Auch hier benutzt man den Begriff „Liedform", die vor allem in langsamen Sätzen der klassischen Sonatenzyklen vorkommt. Abweichend vom vokalen Lied zeigen diese Sätze größere, in sich komplexere Formverläufe, die die Grundlage der schlichten Reihung vielfach verlassen. So finden wir in ihnen nicht nur Erweiterungen, wie z. B. die Folge a b a c a (erweiterte Liedform), sondern auch mehrschichtige Fügungen etwa derart, daß drei große Teile (z. B. A B A) so untergliedert sind, daß jeder Großteil in sich noch einmal eine kleinere Liedform zeigt (zusammengesetzte Liedform, häufig mit Coda):

A		B		A		Coda
a	b	a	c d c	a	b	a

Schließlich, und das ist für die klassische Instrumentalmusik der wohl wichtigste Aspekt, wird die formale Anlage solcher langsamen Sätze zumeist von anderen Formbildungen beeinflußt, so etwa von der Variation und vor allem von der Sonatenhauptsatzform. Es treten dann überleitende Partien, entwickelnde Themenvarianten und Durchführungselemente auf, die im Begriff der Liedform nicht mehr aufgehen.

Wiener Klassik

7.12 Sonatenhauptsatzform

Die Sonatenhauptsatzform ist das zentrale instrumentale Gestaltprinzip der Wiener Klassik, da sie nicht nur durchweg den ersten und in vielen Fällen auch den letzten Satz des Sonatenzyklus' (damit zugleich der Sinfonie, des Streichquartetts usw.) bestimmt, sondern auch andere Formen (Liedform, Rondo) durchdringt. Ihre geschichtlichen Wurzeln reichen bis ins 18. Jahrhundert zurück – ihre Entstehung ist unmittelbar mit dem Stilwandel um 1750 verknüpft – und ihre Weiterwirkung prägt das Schaffen und die Formdiskussion des gesamten 19. Jahrhunderts, auch und gerade dort, wo sie als Prototyp klassischer Formgebung problematisiert oder bewußt umgangen wird.

Bei der Beschreibung der Sonatenhauptsatzform läuft man leicht Gefahr, in eine gewisse Schematik zu verfallen und der Musik ein Muster unterzulegen, das der kompositorischen Intention nicht gerecht wird. Die Formenlehre als wissenschaftliche Disziplin, die in den Jahrzehnten nach Beethovens Tod entstand (A. B. Marx, *Die Lehre von der musikalischen Komposition*, 4 Bde., 1837–47), hat zwar eher das Ideal (im Sinne Hegels: die Idee) einer Form zu beschreiben versucht, das sich in jedem Werk individuell ausprägt, dieses Ideal aber wesentlich aus Beethovens Werken abgeleitet und damit nicht nur das je Besondere einer Formstruktur einem allgemeinen Formbegriff untergeordnet, sondern auch die oft anders akzentuierten formalen Zusammenhänge bei Haydn und Mozart nicht adäquat beschrieben.

Eine Reihe von Gattungsentwicklungen – die Da-capo-Arie, die italienische Opernsinfonia, das Instrumentalkonzert – hat die Ausbildung der Sonatenhauptsatzform beeinflußt. Der eigentliche Keim, aus dem sie herauswächst, ist der barocke Suitensatz mit seiner Zweiteiligkeit und einfachen Tonartendisposition (Abb. 125 a). Mit dem Stilwandel um 1750 wird die einheitliche Anlage und Affekthaltung solcher Sätze vielfach aufgebrochen. Es zeigt sich die Tendenz, die neue Tonart, die in der Mitte des ersten Teils erreicht wird (in Dur die Dominante, in Moll die parallele Durtonart) durch eine Zäsur und ein eigenes, neues Motiv abzuheben, das Ausgangspunkt eines zweiten Themas werden kann. Der Beginn des zweiten Teils wird durchführungsartig erweitert und mündet in eine (zunächst oft nur partielle) Wiederaufnahme der Anfangsthematik als Reprise. Diese Formentwicklung zeigt sich zuerst in Italien und ist um 1750

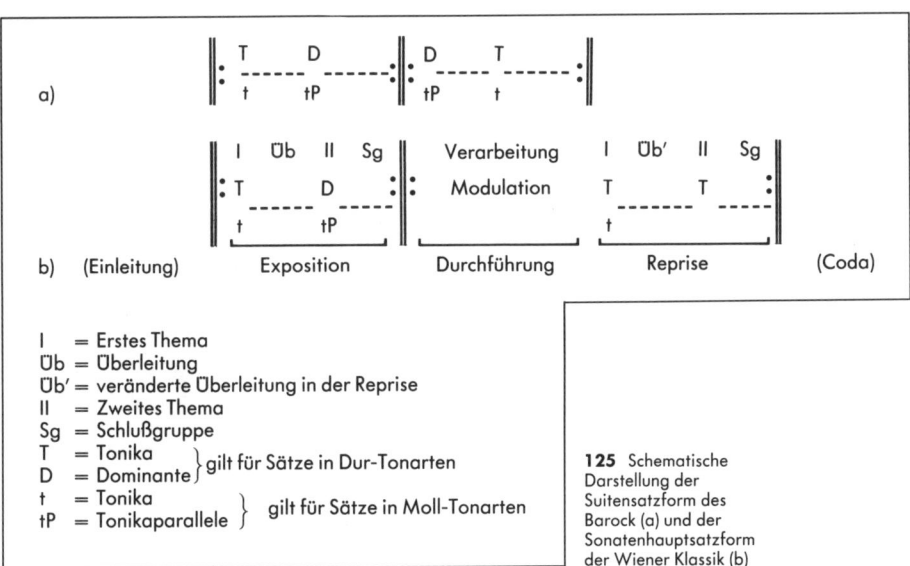

I = Erstes Thema
Üb = Überleitung
Üb' = veränderte Überleitung in der Reprise
II = Zweites Thema
Sg = Schlußgruppe
T = Tonika
D = Dominante } gilt für Sätze in Dur-Tonarten
t = Tonika
tP = Tonikaparallele } gilt für Sätze in Moll-Tonarten

125 Schematische Darstellung der Suitensatzform des Barock (a) und der Sonatenhauptsatzform der Wiener Klassik (b)

255

mehr oder weniger bei allen Komponisten zu beobachten, in herausragender Weise bei D. Scarlatti und bei C. Ph. E. Bach.
Wesentlich zum Verständnis der klassischen Sonatenhauptsatzform ist die Unterscheidung von thematischen, Material exponierenden, geschlosseneren Partien und überleitenden, entwickelnden und offeneren Passagen. Aus diesem Kontrast bezieht sie ihre innere Spannung und den Reichtum ihrer Gestaltmöglichkeiten. Die Schematik (Abb. 125b, S. 255) kann dies nur unvollkommen wiedergeben.
Die Formenlehre beschreibt die Sonatenhauptsatzform als dreiteilige Form mit Exposition, Durchführung und Reprise, denen eine Einleitung vorangehen und eine Coda folgen kann. Für die Zeitgenossen war sie jedoch bis etwa zur mittleren Schaffensperiode Beethovens eine zweiteilige Form, deren erster Teil (Exposition) und deren zweiter Teil (Durchführung *und* Reprise) jeweils wiederholt wurden. Der nachbeethovenschen Deutung der Sonatenhauptsatzform als eines dramatischen oder dialektischen Ablaufs mit der Reprise als Lösung oder Synthese widerspricht es allerdings, Durchführung und Reprise zweimal zu spielen. Der Regelfall heutiger Aufführungen, dementsprechend den zweiten Teil – entgegen der durchgängigen Vorschrift zumindest bei Haydn und Mozart – nicht zu wiederholen, bleibt dennoch eine Interpretation aus späterer Sicht.
Noch stärker zeigt sich die formengeschichtliche Orientierung an der Musik Beethovens am Prinzip des Themendualismus, also eines inneren und strukturellen Gegensatzes zwischen dem ersten und dem zweiten Thema, der in der Durchführung ausgetragen und vermittelt werden soll. Dieses Prinzip, das bei Beethoven zwar weithin herrscht, aber keinesfalls alle seine Sonatensätze bestimmt, gilt für Haydn und Mozart in nur sehr eingeschränkter Weise.
Haydn geht überwiegend nur von *einem* bestimmten Kernmotiv aus. Dementsprechend dominiert bei ihm das 1. Thema. Das 2. Thema ist diesem eher ähnlich gestaltet und bildet meist einen untergeordneten Nebengedanken. Die Durchführung – bei Haydn stets konzentrierte thematische Arbeit – entfaltet die im Hauptmotiv angelegten Möglichkeiten, und die – oft gegenüber der Exposition deutlich veränderte – Reprise ist weniger ein dramatisches Lösungsfeld als eine erneute kunstvolle Auseinandersetzung mit dem gleichen Material.
Mozart hingegen arbeitet bei der Fülle seiner Erfindungskraft meist mit mehr als nur zwei Themen, gestaltet z. B. die Überleitungen und Schlußgruppen thematisch selbständig und läßt die Frage, welches nun das „eigentliche" zweite Thema sei, mitunter nicht mehr sinnvoll erscheinen. Seine Durchführungen sind (außer in den späten Werken) kürzer als bei Haydn, motivisch oft nur andeutend auf die zuvor exponierten Themen bezogen und stattdessen vielfach von Nebengedanken oder neuen Motiven bestimmt. Die Reprise entspricht überwiegend der Exposition, von der veränderten Tonartenfolge abgesehen. Erst in den Werken aus der Zeit nach 1781 übernimmt Mozart von Haydn die konsequente thematische Arbeit, die er mit seiner charakteristischen reichen Melodik und Harmonik vollkommen verschmilzt.
Bei Beethoven zeigt die Sonatenhauptsatzform im Rahmen der allgemeinen Disposition in jedem Werk eine andere individuelle Gestaltung. In seiner mittleren Schaffensperiode kommt es zu extensiven Themenflächen, zu großen Entwicklungen und Formdehnungen, zur Einbeziehung der Einleitung in den thematischen Kontext (Klaviersonate op. 81 a, *Das Lebewohl*) und zur Ausweitung der Coda zu einer Art zweiten Durchführung (3. Sinfonie, Klaviersonaten op. 53 und op. 57). In den Spätwerken schließlich finden sich ganz neuartige Formteilverknüpfungen, die nur noch mit Mühe auf die Grundanlage der Sonatenhauptsatzform zurückzuführen sind.

7.13 Rondo. Sonatenrondo

Das Rondo gehört, wie die Liedformen, zu den Reihungsformen und ist ursprünglich eine sehr einfache Form, die auf dem Prinzip des Rundgesangs beruht. Wie an einer Kette werden im Wechsel gleiche, wiederkehrende Teile (Refrain) und jeweils neue Einschübe (Couplets) aufgereiht. So entsteht das – beliebig lange – Kettenrondo

a b a c a d a (e a f ...),

Wiener Klassik

das im Barock besonders in der französischen Cembalomusik beliebt war.

In der Wiener Klassik kommt das Rondo als selbständiges Stück, vor allem für Klavier, und häufig in Sonaten, Sinfonien und Kammermusik als Schlußsatz vor. Hier erfährt es unter dem Einfluß der Sonatenhauptsatzform eine charakteristische Umwandlung. Der Refrain in seiner lebhaften, meist eingängigen Thematik bleibt erhalten. Das erste Couplet aber erscheint, wie das 2. Thema der Sonatenhauptsatzform, als Kontrastthema in der Dominante und wird am Schluß reprisenartig in der Tonika wieder aufgegriffen:

a b a   c   a b a
T D T   T T T

Das zweite, mittlere, Couplet (c) wird durchführungsartig erweitert, so daß in diesem Teil auch die übrigen Hauptmotive verarbeitet werden können. Und schließlich treten, abweichend vom Prinzip der Reihungsform, zwischen Refrain und Couplets überleitende, entwickelnde Passagen auf. Die so entste-

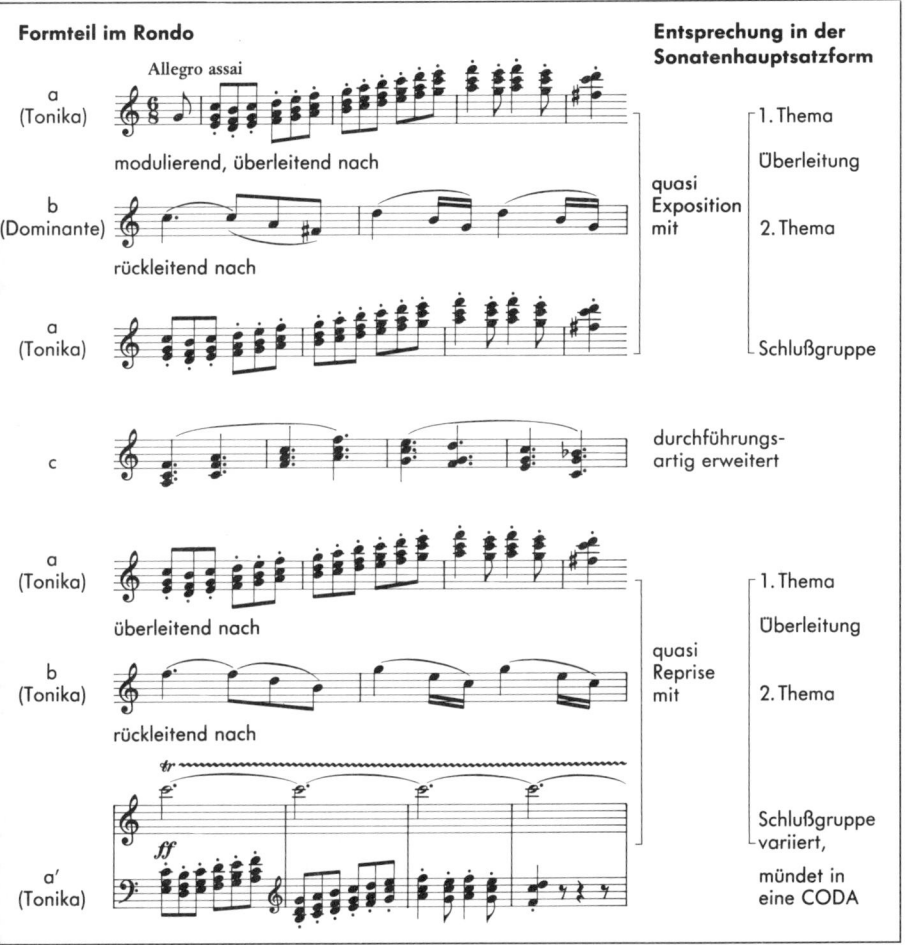

26 Letzter Satz der Klaviersonate C-Dur op. 2 Nr. 3 (1794/95) von L. van Beethoven als Beispiel für ein Sonatenrondo

hende klassische Rondoform, die auch in Schlußsätzen von Solokonzerten mit charakteristischem Wechsel von Solo und Tutti vielfach verwendet wird, heißt *Sonatenrondo* (Abb. 126, S. 257).

7.14 Variation

Die Variation ist weit mehr als nur eine Form. Sie ist so etwas wie ein Grundprinzip aller musikalischen Gestaltung, nämlich das Verändern eines Gegebenen, das in der Veränderung als noch mit dem Ursprünglichen verwandt empfunden wird. Erst dadurch werden Zusammenhang und Kontinuität als Bedingungen des Komponierens überhaupt möglich.

Aus diesem Prinzip des Variierens sind in der Kunstmusik mannigfache Variationsformen hervorgegangen, die schon in der Instrumentalmusik der Renaissance und namentlich des Barock eine große Rolle spielten. In der Wiener Klassik ist der vorherrschende Variations-Typus der der Melodievariation. In ihr wird ein – meist liedartiges, schon bekanntes oder neu erfundenes – Thema durch Umspielungen, rhythmische Veränderungen, Tempowechsel, Versetzung von Dur nach Moll und andere derartige Mittel in immer wieder neuem Gewande präsentiert und in einer Variationsreihe beliebiger Länge, die oftmals mit einer freien Coda schließt, entfaltet.

Haydn und Mozart haben Variationsreihen dieser Art ebenso als selbständige Kompositionen wie als Sätze von Sonatenzyklen geschrieben. Ein besonderes Gewicht erhält die Variation in Beethovens Schaffen, schon in seinen frühen und mittleren, vor allem aber in seinen späten Werken. Durch Ausweitung des Variationsprinzips (z. B. so, daß nur noch die Akkordfolgen an das Ausgangsthema erinnern) entstehen bei Beethoven höchst charakteristische Variationsreihen mit stark kontrastierenden Einzelvariationen, die mit den Mitteln der thematischen Arbeit in einen dramatisch-dialektischen Gesamtverlauf eingefügt werden. Das gilt ebenso für die selbständigen Variationswerke (z. B. *Eroica-Variationen* op. 35, *Diabelli-Variationen* op. 120) wie für die Variationssätze insbesondere der späten Klaviersonaten und Streichquartette, die in Struktur und Gehalt zentrale Bedeutung für den Werkzyklus gewinnen.

Gattungen der Instrumentalmusik

7.15 Klaviersonate

Der Aufschwung der Klaviermusik in der zweiten Hälfte des 18. Jahrhunderts hängt ursächlich mit dem Klavierbau zusammen, der in den 70er Jahren so weit fortgeschritten war, daß das „Fortepiano" das Cembalo zunehmend verdrängte. Allerdings unterscheidet sich der Flügel der Mozartzeit und insbesondere der damaligen Wiener Klavierbaumeister durch leichtere Bauweise und geringeren Umfang und entsprechend durch seinen hellen, durchsichtigen Klang, der einen zarten und eher weichen Anschlag erforderte, noch wesentlich von späteren Instrumenten. Erst im beginnenden 19. Jahrhundert setzte sich, von England kommend, der vollere, orchestrale, sehr kräftige Klavierklang, der erweiterte Tonumfang (von fünf auf sieben Oktaven) sowie die verbesserte Repetitionsmechanik mit doppelter Auslösung (S. Érard, 1822) durch, womit der Klaviermusik seit Beethoven ganz neue technische und musikalische Möglichkeiten eröffnet wurden.

Im Zentrum des Wiener klassischen Klavierschaffens steht die Sonate. Daneben sind aber auch andere Gattungen vertreten, bei Mozart vor allem eine Fülle von Variationen, einige Rondos und die beiden bedeutenden Fantasien in d-Moll KV 397 und c-Moll KV 475. Mozart war obendrein (nach J. Ch. Bach) einer der ersten Komponisten gewichtiger Werke für Klavier zu vier Händen und für zwei Klaviere. Auch im Schaffen Beethovens stehen neben den Sonaten viele Kompositionen anderer Gattungen: die großen Variationswerke, eine Fantasie in H-Dur op. 77, mehrere Rondos und Tänze und drei Zyklen von Bagatellen (op. 33, op. 119 und op. 126), die in ihrer aphoristischen Prägnanz großen Einfluß auf die romantische Klaviermusik ausgeübt haben.

Wiener Klassik

27 Einstimmig linearer Beginn der Klaviersonate F-Dur KV 533 (1788) von Wolfgang Amadeus Mozart

Die *Klaviersonate* der Wiener Klassik wächst heraus aus dem breiten Sonatenschaffen der zweiten Hälfte des 18. Jahrhunderts. J. Haydn, der etwa 60 Sonaten geschrieben hat, zeigt in seinen frühen Werken, die oft „Divertimento" betitelt sind und mit einem Menuett schließen, noch den unmittelbaren Anschluß an die vorklassische Wiener Tradition etwa G. Ch. Wagenseils. Ungefähr ab 766 weiten und vertiefen sich Form und Gehalt seiner Sonaten unter dem Einfluß C. Ph. E. Bachs. Die Gattung Klaviersonate wird nun für Haydn ein eigenes, bedeutendes Feld kompositorischer Aussage mit dichter, aus knappen Kernmotiven entwickelter thematischer Arbeit in den Kopfsätzen, variantenreiher, phantasievoll ausgezierter Melodik in den langsamen Sätzen und oft geistreich sprühender Bewegung im Schlußsatz.

Mozarts frühe Klaviersonaten stehen vorwiegend unter dem Einfluß J. Ch. Bachs. Doch schon als Achtzehnjähriger schreibt er in Salzburg Werke sehr persönlicher Stilprägung (KV 279–284). Wenige Jahre später (1777/78) entstehen in Mannheim und Paris u. a. die Sonaten in a-Moll KV 310, A-Dur KV 331, F-Dur KV 332 und B-Dur KV 333, die noch heute zum Repertoire jedes Konzertpianisten gehören. In ihnen zeigt sich ein für Mozarts Klavierstil charakteristischer, auch in den schnellen Sätzen ausgesprochen melodisch geprägter Klavierklang, eine liedhafte Thematik in den langsamen Sätzen, eine überall farbkräftige Harmonik und eine stets dem Gesamtausdruck untergeordnete Virtuosität. Seine düster bewegte a-Moll-Sonate schlägt einen in der Klaviermusik durchaus neuen Ton an. Mozarts Klaviersonaten sind fast alle dreisätzig, wobei außer dem Kopfsatz auch der langsame Mittelsatz in der Sonatenhauptsatzform stehen kann. Von seinen 18 Klaviersonaten, zu denen noch einige Jugendwerke mit Violine bzw. Violine und Violoncello ad libitum hinzuzurechnen sind, gehören – nach einer Pause im Sonatenschaffen von sechs Jahren, in der viele seiner Klavierkonzerte entstanden – fünf in die Spätzeit ab 1785 (c-Moll KV 457, F-Dur KV 533, C-Dur KV 545, B-Dur KV 570 und D-Dur KV 576). Sie zählen zu den schönsten und reifsten Werken der Gattung überhaupt. Ihre Themen haben den letzten Rest galanter Formelhaftigkeit abgestreift und werden in kraftvollen Durchführungen vielseitig verarbeitet. Ein deutlicher Einschlag polyphoner Gestaltung, der auf die Beschäftigung mit J. S. Bach zurückzuführen ist (Mozart hat auch eine Fuge für zwei Klaviere, c-Moll KV 426, geschrieben), bestimmt gelegentlich schon die Anlage des Themas (Abb. 127) und wird in einigen Fällen bereits in Überleitungspartien der Exposition wirksam (Abb. 128, S. 260), um so mehr natürlich dann in der Durchführung. Gleichzeitig mit Haydn und Mozart wirkten eine große Zahl von Klavierkomponisten, die teilweise zu Unrecht fast vergessen sind. Die beiden bedeutendsten unter diesen sind M. Clementi (*1752, †1832; 106 Klaviersonaten und -sonatinen), den Beethoven sehr schätzte und der auch über seine Schüler die weitere Geschichte des Klavierspiels beeinflußt hat, und J. L. Dussek (*1760, †1812), der fast ausschließlich Klavierwerke komponierte (u. a. 38 Klaviersonaten) und der stilistisch teilweise bereits am Übergang zur Romantik steht. Beide lebten nicht in Wien, sondern waren, neben teils ausgedehnten Reisen als Virtuosen, in verschiedenen europäischen Musikzentren (u. a. auch in London und Paris) tätig.

Den Höhepunkt der Klaviersonate in der Wiener Klassik und darüber hinaus in der Geschichte der Gattung überhaupt bilden die 32 Klaviersonaten L. van Beethovens. Wie kein anderer Komponist vor ihm und nach ihm hat Beethoven lebenslang in der Klaviersonate seine tiefsten und reichsten musikalischen Gedanken ausgesprochen. Er hat die Gattung zu einem für ihn charakteristischen Ausdrucksfeld geformt und sie zu einer ge-

259

Kapitel 7

schichtlich zentralen Wirksamkeit erhoben, womit sie endgültig aus dem intimen Bereich häuslich kammermusikalischer Darbietungen heraustritt.

Beethoven war selbst einer der größten Pianisten seiner Zeit und hat in seinen ersten Wiener Jahren vor allem als Klavierspieler Aufsehen erregt. Unter den Werken des ersten Wiener Jahrzehnts bis 1802 befinden sich 20 Klaviersonaten, die zunächst für ihn selbst sowie für seinen Schüler- und Gönnerkreis bestimmt waren, die bald aber auch gedruckt eine breitere Öffentlichkeit erreichten.

Bereits die ersten von Beethoven in Wien veröffentlichten Klaviersonaten (op. 2 Nr. 1–3) zeigen seine ganz eigene Tonsprache. Auch wenn sie sich allgemein noch an Haydn, dem sie gewidmet sind, orientieren, sind sie doch im Kern mit dessen Sonaten kaum noch vergleichbar. Sogleich der erste energische Aufschwung der f-Moll-Sonate op. 2,1 (Abb. 124, S. 254) und der durchgängig dynamische Zug ihres ersten Satzes offenbaren einen neuen stilistischen und klavieristischen Duktus, ebenso in der A-Dur-Sonate op. 2,2 die verblüffenden Kontraste im 1. Thema und die ständigen Modulationen im flächigen, sequenzierend aufbrechenden 2. Thema oder die breit ausladende, außerhalb der eigentlichen Thematik sich entfaltende Virtuosität im ersten Satz der C-Dur-Sonate op. 2,3, die das gesamte Klangspektrum des damaligen Klaviers voll ausschöpft und im Grunde sogar über die Grenzen des Instruments hinausdrängt.

Jede weitere Klaviersonate Beethovens ist ein neues Ereignis in der Geschichte der Gattung. Jede trägt charakteristisch eigene Züge. Erwähnt sei die leidenschaftliche Grave-Einleitung der c-Moll-Sonate op. 13 *(Pathétique)*, die im Verlauf des ersten Satzes mehrmals als Ausdruckszäsur wiederkehrt; die kaum noch zu einem Thema sich schließenden Sechzehntelmotive zu Beginn der B-Dur-Sonate op. 22; das frei fließende und doch komplexe Linienspiel der G-Dur-Sonate op. 14,2; das ausgedehnte *Andante con variazioni* – anstelle des üblichen Allegros – am Anfang der As-Dur-Sonate op. 26. Neben solchen genial erfundenen Details ist es aber vor allem die kraftvolle, stimmige Durchformung des Ganzen, wodurch Beethovens Sonaten die gesamte

128 Polyphone Überleitungspartien (unmittelbar nach der Vorstellung des ersten Themas) aus den Kopfsätzen der Klaviersonaten c-Moll KV 457 (1784) und D-Dur KV 576 (1789) von Wolfgang Amadeus Mozart

Wiener Klassik

129 Erster Satz der Klaviersonate d-Moll op. 31 Nr. 2 („Sturmsonate"; 1802) von Ludwig van Beethoven: Beginn und dessen rezitativisch erweiterte Wiederaufnahme (Takt 143) beim Einsatz der Reprise

zeitgenössische Produktion weit überragen. Gerade weil bereits die ersten Sonaten so vollgültig Beethovens Meisterschaft dokumentieren, ist der Weg um so erstaunlicher, den er in seinem gesamten Klavierschaffen durchschritten hat.
Mit den Sonaten der Jahre 1801/02 eröffnen sich für Beethoven, wie er selbst gesagt haben soll, „neue Wege". Eine knappe Äußerung solcher Art ist allerdings nicht eben leicht zu deuten. Sie kann sich auf eine Intensivierung des Stimmungsgehaltes ebenso beziehen wie auf eine freiere Formgebung (Sonaten Es-Dur op. 27,1 und cis-Moll op. 27,2, beide betitelt *Sonata quasi una fantasia,* Nr. 2 die sog. *Mondscheinsonate*). Neue außermusikalische Gehalte hat man vor allem an der sog. *Sturmsonate* (d-Moll op. 31,2) festzuma-

Kapitel 7

chen versucht, deren mehrmals abrupt umschlagender Largo/Allegro-Beginn und deren rezitativische – gewissermaßen sprechende – Zwischenteile eine erstaunliche Wirkung erzielen (Abb. 129, S. 261).
Eine weitere neue Stufe markieren die sieben Sonaten der mittleren Schaffensperiode, und zwar nicht nur die beiden klangmächtigen und wohl berühmtesten Sonaten in C-Dur op. 53 *(Waldstein-Sonate)* und f-Moll op. 57 *(Appassionata)* sowie die durch Überschriften *(Das Lebewohl, Abwesenheit, Das Wiedersehen)* programmatisch festgelegte Sonate in Es-Dur op. 81 a, sondern auch die weniger bekannten wie z. B. die zweisätzige, aus knappen, kontrastierenden Elementen dicht gefügte Sonate in Fis-Dur op. 78 oder die ebenfalls zweisätzige, schon Elemente des Spätstils andeutende Sonate e-Moll op. 90 mit dem weit ausschwingenden „sehr sangbar vorzutragenden" Rondo in E-Dur. Solche Zweisätzigkeit kommt bei Beethoven nur einige Male vor. Die meisten Sonaten haben drei oder vier Sätze, in diesem Fall wie in der Sinfonik und Kammermusik mit einem schnellen Scherzo vorwiegend an dritter Stelle.
Zum Spätwerk zählen die fünf Sonaten in A-Dur op. 101, B-Dur op. 106 *(Große Sonate für das Hammerklavier)*, E-Dur op. 109, As-Dur op. 110 und c-Moll op. 111, die zwischen 1816 und 1822 entstanden sind. In ihnen werden sowohl im Umfang als auch in der Disposition der Teile alle bisherigen Grenzen gesprengt. Kennzeichen dieser Sonaten, die bis heute zu den großartigsten und schwierigsten Werken der Klavierliteratur zählen sind z. B.: schnelle Sätze von größter Flächenhaftigkeit des Klangs und schroffer, ungewöhnlicher Kontrastgestalt der Themen; extreme Bildungen melodischer und harmonischer Art; immens ausgedehnte langsame Sätze von ungeheuer innerer Spannweite; häufige Tonart- und Taktwechsel innerhalb eines Satzes; deutliche Reminiszenzen oder verhüllte Anklänge an vorangegangene Sätze; die Integrierung der Fuge als neues satztechnisches und gehaltliches Element und hochbedeutende Variationsteile.

7.16 Kammermusik mit Klavier

Die Klavierkammermusik, um die Mitte des 18. Jahrhunderts noch eng mit der Klaviersonate verbunden, entfaltet sich in der Wiener Klassik zu differenzierten, selbständigen Gattungen. Mozarts frühe *Violinsonaten* (KV 6–15 und 26–31), die sich u. a. an den Werken J. Schoberts orientieren, machen schon im Titel deutlich, daß sie sich noch als Klaviersonaten verstehen, die man mit der Geige „begleiten" kann („qui peuvent se jouer avec l'accompagnement de violon") und enthalten dementsprechend einen weitgehend unselbständigen Violinpart. Dies ändert sich zunehmend seit den Sonaten des Jahres 1778 (KV 296 und 301–306) und führt in den neun Sonaten, die zwischen 1781 und 1788 entstanden sind (von der F-Dur-Sonate KV 376 bis zur F-Dur-Sonate KV 547), zu einem immer ausgeprägteren Dialogisieren der beiden Partner, wobei, analog zu den Klaviersonaten, auch in einigen späten Violinsonaten (B-Dur KV 454 und A-Dur KV 526) ausgesprochen polyphone Passagen hervortreten.
An diesen reichen Sonatenbestand (Haydn hat demgegenüber wahrscheinlich nur eine echte Violinsonate geschrieben; die übrigen sind Bearbeitungen) konnte Beethoven unmittelbar anknüpfen. Seine zehn Violinsonaten erschließen auf besondere Weise den Eigenklang und die technischen Möglichkeiten der Geige, die einem charakteristisch Beethovenschen Klavierpart gegenübertritt und sich mit ihm zu einer neuartigen kammermusikalischen Synthese zusammenfügt. Acht Violinsonaten Beethovens gehören in die zweite Hälfte der ersten Schaffensperiode, sie sind zwischen 1797 und 1802 entstanden (op. 12 Nr. 1–3; op. 23; op. 24; op. 30 Nr. 1–3). Eine Sonderstellung wegen ihrer Länge und wegen der virtuosen Behandlung des Violinparts nimmt die A-Dur-Sonate op. 47 ein, die dem berühmten Geiger R. Kreutzer gewidmet ist. Die relativ späte, für P. Rode geschriebene und Erzherzog Rudolph gewidmete G-Dur-Sonate op. 96 (1812) beschließt die Reihe.
Die Entwicklung der klassischen Violinsonate wird einerseits mit geprägt vom verstärkten Interesse für Kammermusik überhaupt und empfängt andererseits wichtige Impulse durch den allgemeinen Aufschwung der euro-

262

Wiener Klassik

päischen Violinmusik im 18. Jahrhundert, deren Zentren vor allem in Italien (G. Tartini, P. Nardini, A. Lolli, G. Pugnani), Frankreich (P. Gaviniès, G. B. Viotti, P. Rode, R. Kreutzer) und Mannheim (▷ 6.6) liegen. Ein Spiegel dessen sind auch die berühmten Violinschulen von F. Geminiani (1751/52) und L. Mozart (*Versuch einer gründlichen Violinschule*, 1756).
Sonaten für andere Soloinstrumente spielen in der Wiener Klassik vergleichbar eine geringere Rolle. Eine Ausnahme hiervon bilden die fünf Sonaten für *Violoncello* und *Klavier* von L. van Beethoven. Zwei von ihnen, in F-Dur und in g-Moll (op. 5 Nr. 1 und 2) sind 1796 entstanden und dem berühmten Cellisten J.-P. Duport gewidmet, der wie sein Bruder J.-L. Duport und der Italiener L. Boccherini die Celloliteratur entscheidend beeinflußt hat. Aus der mittleren Schaffenszeit Beethovens stammt die große A-Dur-Sonate op. 69 (1807), während die beiden eigenwilligen, bedeutenden Sonaten in C-Dur und D-Dur (op. 102 Nr. 1 und 2) aus dem Jahre 1815 bereits unmittelbar auf das Spätwerk verweisen.
Ausgesprochen reichhaltig ist der Bestand an *Klaviertrios*. Allein Haydn hat über 30 Werke in der Standardbesetzung Violine, Violoncello und Klavier geschrieben, von denen die allermeisten in der Zeit seiner ausgereiften Meisterschaft im Instrumentalschaffen, zwischen 1784 und 1795, entstanden sind.
Mozart beginnt auch in dieser Gattung mit Sonaten für Klavier und Streicher ad libitum. Doch schon das *Divertimento* betitelte Trio B-Dur KV 254 (1776) zeigt echte kammermusikalische Züge, mehr dann die in Wien entstandenen Werke G-Dur KV 496, B-Dur KV 502, E-Dur KV 542, C-Dur KV 548 und G-Dur KV 564. Eng zu dieser Gruppe gehört das in seiner intimen Verhaltenheit und motivischen Konzentration einzigartige *Kegelstatt*-Trio für Klarinette, Viola und Klavier in Es-Dur, KV 498 (1786). Erste Höhepunkte ihrer Gattung sind auch Mozarts Klavierquartette in g-Moll KV 478 und Es-Dur KV 493.
Beethoven hat sechs Klaviertrios komponiert. Drei von ihnen, Es-Dur, G-Dur und c-Moll (op. 1 Nr. 1–3, 1793/94) eröffnen bezeichnenderweise als erste Wiener Veröffentlichungen die Reihe der von ihm selbst als gültig angesehenen Werke. Erst 1808 beschäftigte ihn wieder die Gattung und führte zu den beiden sehr verschiedenartigen, groß angelegten Trios D-Dur (das sog. *Geistertrio*) und Es-Dur, op. 70 Nr. 1 und 2, die (ähnlich wie die mittleren Streichquartette op. 59) neue Maßstäbe setzen für den kammermusikalischen Stil und Gehalt der Gattung und die nur noch von drei versierten Berufsmusikern, die obendrein bereit sind, sich auf das komplexe Wechselspiel feinsinnigster Ensemblearbeit einzulassen, adäquat aufgeführt werden können. Dasselbe gilt für das drei Jahre später entstandene Trio B-Dur op. 97, das dem Erzherzog Rudolph gewidmet ist.

7.17 Streichquartett und Streicherkammermusik

Unter den instrumentalen Gattungen der Wiener Klassik nimmt das Streichquartett eine Sonderstellung ein, nicht nur weil es in dieser Epoche im eigentlichen Sinne erst entsteht, sondern auch weil es fast von Anfang an mit dem höchsten Wertanspruch verknüpft ist. Seitdem gilt das Streichquartett in besonderem Maße als Prüfstein kompositorischer Meisterschaft. Die Verschmelzung von vier individuellen Stimmen zur charaktervollen Einheit läßt es als reinste Verwirklichung des musikalisch klassischen Kunstideals erscheinen.
Der „Erfinder" des Streichquartetts war J. Haydn. Denn obgleich zahlreiche Vorformen existierten (▷ 6.15), war es allein sein Verdienst, sie aufgegriffen und umgewandelt zu haben. Mit genialer, konzentriertester Gestaltungskraft wandte er sich immer wieder dieser neuen, für ihn zentralen Gattung zu. Haydns erste Streichquartette, die Werkreihen op. 1 (Hob. III: 1–6) und op. 2 (Hob. III: 7–12) aus den Jahren 1755–60 sind noch fünfsätzige Divertimenti (Allegro – Menuett – Adagio – Menuett – Allegro), geschrieben im heiteren Tonfall gehobener Unterhaltungsmusik, solistisch oder chorisch (Streichorchester) zu besetzen (mit Kontrabaß als Verstärkung des Cellos) und gegebenenfalls noch mit Cembalo als Generalbaßinstrument auszuführen. Uneinheitlich in Stil und Satzzahl, in der Echtheit umstritten, ist die Werkreihe op. 3 (Hob. III: 13–18). Nach einer

263

längeren Pause folgten 1768/69 die sechs Quartette op. 9 (Hob. III: 19–24). Mit ihnen ist die Gattung in solistisch kammermusikalischer Eigenständigkeit charakteristisch ausgebildet. Das Streichquartett hat jetzt vier Sätze. Der erste Satz, meist aus einem Kerngedanken entwickelt, steht in der Sonatenhauptsatzform (▷ 7.12). Auch die Schlußsätze werden gewichtiger und verlieren den Tanzcharakter des Divertimentos. Der zweite ist ein stilisiertes Menuett. In den langsamen (dritten) Sätzen dominiert oft die 1. Violine, im übrigen aber ist die Tendenz zur Verselbständigung aller Stimmen deutlich. Diese Entwicklung setzt sich fort mit den je sechs Streichquartetten op. 17 (Hob. III: 25–30, 1771) und op. 20 (Hob. III: 31–36, 1772). Die Werke und ihre einzelnen Sätze werden nun immer umfangreicher und vielgestaltiger. Besonders in op. 20 zeigt sich eine deutliche Ausdrucksintensivierung (u. a. stehen zwei von ihnen in Molltonarten) und thematische Individualisierung. Auffällig ist in drei Fällen die Verwendung der Fuge (sogar mit mehreren Themen) als Finalsatz.

Nach einer weiteren langen Pause, in der er sich u. a. verstärkt der Sinfonie zuwandte, schloß Haydn 1781 die Werkreihe op. 33 (Hob. III: 37–43) ab. Diese sechs Streichquartette sind, wie Haydn in einem Brief betont, auf „ganz neue, besondere Art" komponiert und bilden die vollendete Verwirklichung der Gattung. Individuelle Durchbildung und Verflechtung der Stimmen, konsequente thematische Arbeit (Abb. 130), Klarheit der melodischen Erfindung und Dichte der satztechnischen Struktur, formale Evidenz und charakteristische Ausdrucksprache

130 1. Satz des Streichquartetts Es-Dur op. 33 Nr. 2 (Hob. III: 38; 1781) von Joseph Haydn: Takt 1–5 des Themas und dessen Verarbeitung zu Beginn der Durchführung (Takt 34)

verbinden sich in ihnen zu Werken von höchster Eindringlichkeit sowie starker zyklischer Geschlossenheit. Der erste Satz trägt das Schwergewicht. Langsamer Satz und Scherzo (= schnelles Menuett) stehen wechselnd an zweiter oder dritter Stelle. Die raschen Finali sind eher knapp, unmittelbar wirksam, doch von gleicher motivischer Dichte.

Das weitere Streichquartettschaffen Haydns (insgesamt komponierte er etwa 70 Werke dieser Gattung) knüpft nicht nur ohne jede Ausnahme an das mit den Quartetten op. 33 erreichte Niveau an, sondern verblüfft zudem durch eine solche Fülle geistreicher Erfindungen und variativer Verarbeitungstechniken, daß alle Versuche einer standardisierenden Beschreibung scheitern müssen. Höhepunkte bilden u. a. die Werkreihen op. 64, op. 71, op. 74 und op. 76 (op. 76 Nr. 3 ist das sog. *Kaiserquartett*) mit 18 Quartetten aus den Jahren 1790–97 (Hob. III: 63–80), wobei in den späteren Werken sowohl die Prägnanz der Themenbildung als auch die thematische Arbeit (die nun teilweise schon die Satzanfänge bestimmt) eher zunimmt und vielfach von einer weiter ausgreifenden, nuancenreichen Harmonik getragen und in der Wirkung intensiviert wird.

Für W. A. Mozart bildet das Streichquartett, blickt man auf die unglaubliche Fülle seiner musikalischen Produktion, nur einen Schaffensbereich neben anderen. Dennoch kommt seinen Quartetten, die zweimal von Haydns Werken entscheidende Anregungen erhielten, für die Geschichte der Gattung wesentliche Bedeutung zu.

Von Mozarts 26 Streichquartetten wurden die ersten zehn (KV 80, 136–138, 155–160), die zwischen 1770 und 1773 in Salzburg und Italien entstanden, vor der Bekanntschaft mit Haydns Quartetten komponiert. Teilweise „Divertimento" betitelt, folgen sie im wesentlichen dem Typus der oberitalienischen dreisätzigen Streichersinfonie im Stile G. B. Sammartinis mit wahlweise chorischer oder solistischer Besetzung, zeigen aber dabei eine erstaunliche Formsicherheit, melodische Intensität und rhythmisch gestische Lebendigkeit. Nach der Begegnung mit Haydns op. 9, op. 17 und op. 20 entstand in Wien im Herbst 1773 die Werkreihe KV 168–173, in der Mozart mit seiner einmaligen Assimilationskraft die Anregungen Haydns aufnahm und bis hin zu analogen Gestaltungen (z. B. Fugenfinali in KV 168 und 173) verarbeitete.

Nach einer Pause von neun Jahren komponierte er 1782–85 die sechs J. Haydn gewidmeten Streichquartette G-Dur KV 387, d-Moll KV 421, Es-Dur KV 428, B-Dur KV 458, A-Dur KV 464 und C-Dur KV 465 (das sog. *Dissonanzenquartett*). Sie wurden von Haydns Quartetten op. 33 angeregt und sind, wie Mozart in seiner Vorrede betont, „das Ergebnis einer langen, arbeitsreichen Bemühung" („il frutto di una lunga e laboriosa fatica"). Mozart verschmilzt die Haydnsche thematische Arbeit mit seinem eigenen, ausdrucksvollen Stil und bereichert so die Gattung Streichquartett durch sechs außerordentlich verschiedene und je in sich vollkommene Exemplare. Ein Jahr später folgten dieser Gruppe das Quartett in D-Dur KV 499 und 1789/90 noch einmal drei Werke (D-Dur KV 575, B-Dur KV 589 und F-Dur KV 590), die im Auftrag des Violoncello spielenden Königs Friedrich Wilhelm II. von Preußen entstanden sind.

Der außerordentliche Anspruch der Gattung war hiermit endgültig festgelegt. Und so verwundert es nicht, daß L. van Beethoven erst 1801, nach jahrelanger Arbeit und vielfachen Korrekturen, seine ersten Streichquartette als op. 18 herausgegeben hat, letztmalig bei ihm als Werkreihe zu sechs Exemplaren (F-Dur, G-Dur, D-Dur, c-Moll, A-Dur, B-Dur). Ähnlich wie bei den Klaviersonaten tritt bei diesen Quartetten einerseits die Anknüpfung an Haydn und Mozart, deren Werke Beethoven genauestens studiert hat, deutlich hervor. Andererseits sind sie durchweg von einem neuen, dynamischen Kompositionswillen bestimmt und lassen Beethovens ganz eigene, stark dualistisch geprägte Fortführung der Haydnschen thematischen Arbeit erkennen. Schon an wenigen Takten, wie dem Anfang des ersten Streichquartetts F-Dur, wird dies deutlich (Abb. 131, S. 266).

Trotz solcher betont eigenwertiger Merkmale kann man mit Recht von einer kontinuierlichen Gattungstradition des Streichquartetts von den Anfängen bei Haydn bis zu Beethovens Werkreihe op. 18 sprechen. Dagegen zeigt sich an den drei nächsten Quartetten (F-Dur, e-Moll und C-Dur op. 59 Nr. 1–3, 1805/06, dem russischen Grafen Rasumowsky gewidmet) eine so auffällige Wand-

Kapitel 7

131 Anfang des 1. Satzes des Streichquartetts F-Dur op. 18 Nr. 1 (1798–1800) von Ludwig van Beethoven

lung, ein Umbruch zu derart neuen Techniken und Ausdruckselementen, daß man aufgrund dieses Phänomens (das auch andere Werkgattungen wie die Sinfonie und die Klaviersonate betrifft) die Einheit klassischer Kompositionsentwicklung in Frage stellen kann. Formale Weitungen und Asymmetrien, große flächige und lineare Bogenbildungen, offene, nicht mehr periodische Themengestaltungen (Abb. 122, S. 252), eigentümlich assoziative Motivverschränkungen, eine sehr eigenwillige Verwendung russischer Liedweisen, kühne Harmonik und orchestrale Klanglichkeit der Rasumowsky-Quartette verlangen für die Ausführung erstmals ohne Einschränkung ein Berufsensemble, wie es Beethoven im Schuppanzigh-Quartett zur Verfügung stand. Zwei weitere Werke der mittleren Schaffensperiode (Es-Dur op. 74, das sog. *Harfenquartett*, 1809, und f-Moll op. 95, *Quartetto serioso*, 1810) bestätigen die Tendenz zu radikaler Individualisierung des Ausdrucks und zu neuen überraschenden Klangtechniken, wodurch die geschichtliche Ver-

Wiener Klassik

bindung zur vorherigen Streichquartett-Tradition immer mehr gelockert wird.
Höhepunkt und Abschluß dieser Entwicklung sind die letzten fünf Quartette in Es-Dur op. 127, B-Dur op. 130, cis-Moll op. 131, a-Moll op. 132, F-Dur op. 135 und die Große Fuge in B-Dur op. 133 (ursprünglich der letzte Satz des Quartetts op. 130) aus den Jahren 1823–26. Durch riesenhafte Ausdehnung, Erweiterung der Satzzahl, neue Formbildungen, überraschende Reminiszenzen, fließende Satzübergänge, teils radikale Polyphonie, Diskontinuität bei gleichzeitig weit übergreifenden motivischen Bezügen, Sprödigkeit des Klangs, schroffe Ausdruckswechsel, aber auch lyrisch-hymnische Flächenbildung z. B. in ausgedehnten Variationsteilen, sprengen sie in jeder Hinsicht den Rahmen des bis dahin Gewohnten und bilden so nicht nur die bemerkenswertesten Kompositionen in Beethovens Spätwerk, sondern eine der eigenartigsten und tiefsinnigsten musikalischen Äußerungen des frühen 19. Jahrhunderts.

War hiermit das Streichquartett als hohe Kunstgattung zu letzter, fast unzugänglicher Vollendung gelangt, verbreitete es sich zugleich mit einer Fülle von populäreren, leicht spielbaren Stücken als weithin gepflegte Hausmusik sowie mit virtuosen, gefälligen, klangschönen Kompositionen als gern gehörte Kunstgattung einer immer mehr in die Öffentlichkeit tretenden Kammermusikkultur. Eine größere Zahl von Komponisten verschiedener europäischer Nationen hat Teil an dieser Entwicklung, und einige von ihnen stehen mit ihren besten Werken durchaus in einem qualitativ vergleichbaren Umfeld der Wiener Klassiker. Wenigstens namentlich genannt seien L. Boccherini (* 1743, † 1805) und der Wiener E. A. Förster (* 1748, † 1823; er schrieb 48 Streichquartette), den Beethoven seinen „alten Meister" nannte und der ihn nachweislich stark beeinflußt hat.

Als Sonderentwicklungen vor allem in Frankreich ist das „Quatuor brillant" für Solovioline und begleitende Streichinstrumente und das „Quatuor d'airs connus", ein Arrangement bekannter Melodien, hervorzuheben, das den Weg bereitet für eine Flut von Bearbeitungen aller möglichen vokalen und instrumentalen Werke (einschließlich Opern und Sinfonien) für Streichquartett, wodurch im häuslichen Rahmen die Beschäftigung mit bekannten Kompositionen größerer Besetzung ermöglicht wird.

Neben dem Streichquartett haben *Kompositionen für andere Streicherbesetzungen* in der Wiener Klassik geringere Bedeutung, sind aber doch teilweise durch wichtige Werke vertreten. So schrieb Haydn 126 Trios für Baryton (ein gambenähnliches Instrument mit Aliquotsaiten, das Fürst Nikolaus Joseph Esterházy von Galántha selber spielte), Viola und Violoncello, 25 Barytonduos und 6 Duos für Violine und Viola. Auch Mozart komponierte einige Duos und Streichtrios (z. B. das Divertimento Es-dur KV 563), vor allem aber bedeutende Streichquintette, die mit Ausnahme von KV 174 (1773) alle der Spätzeit ab 1787 angehören (C-Dur KV 515, g-Moll KV 516, D-Dur KV 593, Es-Dur KV 614) und die an Tiefe des Ausdrucks seinen Streichquartetten mindestens ebenbürtig sind, dabei aber aus der anderen instrumentalen Besetzung eine ganz eigene Klangtechnik und Farbigkeit entfalten. Beethoven schließlich schrieb ebenfalls ein Streichquintett (C-Dur op. 29, 1800/01), 4 Streichtrios op. 3 und op. 9 Nr. 1–3, eine Trio-Serenade op. 8 und ein Duett („mit 2 obligaten Augengläsern") für Viola und Violoncello (ohne Opuszahl), alle aus den Jahren 1794–98.

7.18 Kammermusik mit Bläsern

Durchaus im Unterschied zur Streicherkammermusik mit und ohne Klavier und vor allem zum Streichquartett bietet die Kammermusik für Blasinstrumente ein Bild bunterer Vielfalt sowohl in der Besetzung als auch in der Zweckbestimmung und Aufführungssituation der Werke.

Dies gilt besonders für Mozarts Schaffen, der an vielen Orten seiner Wirksamkeit (z. B. in Mailand, Salzburg, Mannheim, Wien) immer wieder beauftragt wurde oder selbst die Gelegenheit wahrnahm, Werke mit Bläserbeteiligung zu schreiben. Zwei dieser Werke gehören zur Kammermusik mit Klavier, das *Kegelstatt*-Trio mit Klarinette und Viola KV 498 und das Quintett für Klavier, Oboe, Klarinette, Horn und Fagott in Es-Dur KV 452. Für ein Blasinstrument und Streicher schrieb Mozart einige Flötenquartette, ein Oboenquartett, ein Hornquintett und das Klarinettenquintett A-Dur KV 581, das in der Spätzeit 1789 entstand und zu den bedeutendsten der Kammermusikliteratur zählt. Nicht einfach zu überschauen ist Mozarts reine Bläserkammermusik, die vom Duo bis zu großen Besetzungen reicht und in vielen Fällen in mehreren Fassungen mit Umarbeitungen und Zusätzen vorliegt. Vor allem aber ist hier die Grenze zu den Gattungen Divertimento, Serenade und Kassation nicht eindeutig bestimmbar, da jedenfalls die Werke für größere Bläserbesetzungen durchweg ihrer Funktion, Satzweise und Bezeichnung nach in diesen Bereich gehören (▷ 7.19).

Während für Haydn kammermusikalische Werke mit Bläserbeteiligung nur eine nebengeordnete Rolle spielen, hat sich Beethoven in seiner ersten Schaffensperiode mehrfach solchen Kompositionen zugewandt. Ein bedeutendes, rasch populär gewordenes Werk ist sein Septett Es-Dur op. 20 (1799/1800) für Violine, Viola, Klarinette, Horn, Fagott, Violoncello und Kontrabaß (eine Art der Besetzung, die Schubert später für sein Oktett aufgreift). Daneben stehen ein Sextett op. 71 (1796) und ein Oktett für Bläser op. 103 (1793), ein Trio für zwei Oboen und Englischhorn op. 87 (1795), ein Trio für Klavier, Klarinette und Violoncello B-Dur op. 11 (1797) sowie ein Quintett Es-Dur op. 16 für Klavier, Oboe, Klarinette, Horn und Fagott (1796). Die Gattung Bläserquintett (Flöte, Oboe, Klarinette, Horn, Fagott) ist bei keinem der Wiener Klassiker vertreten. Sehr schöne Beispiele hierfür finden sich dagegen bei A. Reicha (* 1770, † 1836; 28 Bläserquintette) und F. Danzi (* 1763, † 1826; 9 Bläserquintette).

7.19 Divertimento, Serenade, Kassation

Im 18. Jahrhundert war das Leben der gehobenen Schichten, zunächst vor allem der Fürstenhäuser und des Adels, dann zunehmend auch der vornehmeren und wohlhabenderen Bürger von musikalischen Darbietungen aller Art begleitet. Geburts- und Namenstage, Jubiläen, Amtsübernahmen, feierliche Anlässe bei Universitäten und anderen Institutionen, festliche Zusammenkünfte unterschiedlichster Größe und Wichtigkeit, ja auch einfachste private Begebenheiten wurden musikalisch ausgestaltet. In der zweiten Hälfte des 18. Jahrhunderts wurden, vor allem im österreichisch-süddeutsch-böhmischen Raum, zu solchen Anlässen vor allem mehrsätzige Instrumentalstücke aufgeführt, die in der Länge, in der Satzzahl und in der Besetzung stark schwanken und unter verschiedenen Gattungsbezeichnungen auftreten können. Am verbreitetsten sind die Bezeichnungen *Divertimento* (italienisch „Vergnügen, Unterhaltung"), *Serenade* (Abendmusik, von „sereno" heiter oder „sera" Abend), *Kassation* (italienisch „cassatione" Entlassung) und *Nocturne* (Nachtstück). Häufig wurde solche Musik im Freien aufgeführt, z. B. auch als Ständchen oder als Geleitmusik zu Umzügen. In solchen Fällen wählte man vorwiegend Bläserbesetzungen.

Eine genaue Abgrenzung zwischen den so betitelten Kompositionen ist kaum möglich. Und nicht selten erscheinen gleiche oder ähnliche Stücke unter verschiedenen Titeln. Auch verwischen sich bis in die Wiener Klassik hinein die Grenzen zu anderen instrumentalen Gattungen. Bei J. Haydn finden sich noch bis op. 20 Streichquartette mit dem Titel *Divertimento* (▷ 7.17), ebenso (nach dem Vorbild G. Ch. Wagenseils) eine Reihe früher Klaviersonaten. Auch frühe Sinfonien Mozarts tragen diese Bezeichnung. Und noch 1783 brachte Mozart in Wien eine Sinfonie zur Aufführung (die *Haffner*-Sinfonie D-Dur KV 385), die er im Jahr zuvor als sechssätzige Serenade für Salzburg komponiert hatte. Dabei ließ er den Eingangsmarsch und eines der beiden Menuette weg, so daß der übliche viersätzige Sinfoniezyklus übrig blieb.

Stehen also das Divertimento und seine verwandten Gattungen in der Frühklassik der Satzart und Qualität nach fast unterschiedslos neben anderen Instrumentalwerken und können daher in gewisser Hinsicht als Nachfolger der barocken Suite gesehen werden, die ja ebenfalls unterschiedlichste Anlage und Besetzung aufweist, so trennt sich die Gattung nach 1800 in populärer Verflachung von der führenden Kunstmusik. Dementsprechend spielt die Divertimentokomposition in Beethovens Werken nur noch in der ersten Schaffensperiode eine gewisse Rolle (Serenade D-Dur op. 8 für Streichtrio, 1796/97; Sere-

Wiener Klassik

132 Anfang des 3. Satzes der Serenade („Gran Partita") B-Dur KV 361 (1781) für 2 Oboen, 2 Klarinetten, 2 Bassetthörner, 4 Waldhörner, 2 Fagotte und Kontrabaß von Wolfgang Amadeus Mozart

nade D-Dur op. 25 für Flöte, Violine und Viola, 1801), wobei man Werke wie das Sextett in Es-Dur op. 81 b für Streichquartett und zwei Hörner (1795 ?), das Sextett Es-Dur op. 71 (1796) und das Oktett op. 103 für Bläser (1793) sowie das Septett op. 20 (1799/1800) durchaus diesem Bereich hinzuzählen kann. Den Höhepunkt der Divertimentoentwicklung bildet wiederum Mozarts Schaffen, der gerade in Salzburg, vor allem bei Michael Haydn, reiche Anregungen aufnehmen konnte. Bei Mozart finden wir nicht nur eine große Zahl hierher gehöriger Kompositionen, sondern in späterer Zeit zugleich den eindrucksvollen, spezifisch Mozartschen Umschlag der Gattung vom Charakter gehobener Unterhaltungsmusik zum individuellen, ausdrucksstarken Kunstwerk.
Mozart schrieb 16 Serenaden, Kassationen und Notturni, die durchweg sieben und mehr Sätze aufweisen. Am Anfang steht häufig ein Marsch. Es folgt ein Allegro in Sonatenhauptsatzform, dann im Wechsel Menuette und langsame Sätze, und den Abschluß bildet ein rasches (z. B. Rondo-)Finale. In der Frühzeit überwiegt die Besetzung für Orchester mit Streichern und Bläsern, aber auch kammermusikalische und reine Streicherbesetzung kommt vor (so noch in dem bekannten Werk *Eine kleine Nachtmusik,* KV 525, aus dem Jahre 1787, das ursprünglich ein zweites Menuett besaß und einen fünfsätzigen Serenadenzyklus bildete). Groß angelegte, bedeutsame Werke sind die Bläserserenaden der Jahre 1781/82: B-Dur KV 361 (*Gran Partita* für 2 Oboen, 2 Klarinetten, 2 Bassetthörner, 4 Waldhörner, 2 Fagotte und Kontrabaß), Es-Dur KV 375 für sechs (später acht) Bläser und c-Moll KV 388 (*Nacht-Musique* für 2 Oboen, 2 Klarinetten, 2 Hörner und 2 Fa-

269

gotte). Als Beispiel für die Weite und Tiefe des Ausdrucks und die satztechnisch komplexe Stimmenindividualisierung, die Mozart dem ehemals heiteren und leichten Genre verleiht, sei der Anfang des 3. Satzes der *Gran Partita* zitiert (Abb. 132, S. 269).

Mozarts 20 Divertimenti sind im allgemeinen eher für solistische Besetzungen gedacht und in Charakter und Satzart durchweg etwas leichter und intimer angelegt. Überwiegende Bläser-, aber auch Mischbesetzungen, interessante Instrumentenkombinationen (z. B. Flöten, Trompeten und Pauken in KV 188 oder Violine, Viola, Baß und 2 Hörner in KV 288) und unterschiedliche Satzzahlen ergeben ein buntes, reichhaltiges Bild in den Kompositionen dieser Gruppe. Während sich das Serenadenschaffen bis in Mozarts Wiener Zeit erstreckt, stammt das letzte – und wohl bedeutendste – Divertimento D-Dur KV 334 aus dem Jahre 1779.

7.20 Sinfonie

Der Aufstieg des Bürgertums im späten 18. Jahrhundert hatte wesentliche Auswirkungen auf den Wandel der Musik für Orchester, insbesondere auf die Gattung Sinfonie. Einem sich neu formierenden Publikum, der zunehmend breiteren Hörerschaft des aufblühenden Konzertwesens, entsprach offenbar in besonderem Maße der repräsentative, großflächige, zugleich aber vielfach aufgegliederte neue sinfonische Klang. Im deutschen Sprachbereich (zu Paris und London ▷ 6.7 und 6.8) ist dies an den vielen Wiener Konzertveranstaltungen oder auch an den seit 1781 regelmäßig stattfindenden Gewandhauskonzerten in Leipzig, die alle wichtigen zeitgenössischen Sinfonien zur Aufführung brachten, deutlich abzulesen.

Haydns Sinfonik durchmißt beispielhaft den Weg von der Einbindung in die höfische Musikpflege (Schloß Eszterháza, heute Fertőd, Ungarn) zur Auftragskomposition auswärtiger Konzertunternehmen (Paris) und zur breiten Resonanz im europäischen bürgerlichen Musikleben (Englandreisen, Londoner Sinfonien). Weniger geradlinig, aber im Prinzip mit der gleichen Tendenz, verläuft die Entwicklung in Mozarts Schaffen. Hieran konnte Beethoven unmittelbar anknüpfen und die Gattung Sinfonie zu einer Höhe, universalen Geltung und Repräsentanz führen, die ihr von nun an eine zentrale Stellung unter allen Instrumentaldarbietungen des öffentlichen Konzerts zuwies.

Auffällig ist, angesichts dieser Bedeutung der Sinfonie für das bürgerliche Konzertleben, die qualitative Sonderstellung der Werke der Wiener Klassiker. Zwar entspricht dem steigenden Bedürfnis eine umfangreiche Produktion. An ihr ist eine große Zahl von Komponisten beteiligt, zur Zeit Haydns und Mozarts –

133 Konzertsaal im Alten Gewandhaus in Leipzig, in dem ab 1781 die Gewandhauskonzerte stattfanden (Holzschnitt von 1881; Berlin, Staatsbibliothek Preußischer Kulturbesitz)

oft in engem Anschluß an vorklassische Traditionen (▷6.11) – zum Beispiel K. Ditters von Dittersdorf (über 100 Sinfonien z. T. mit programmatischen Titeln), J. K. Vaňhal, Michael Haydn, F. I. Beck, C. Stamitz, F. J. Gossec, J. Ch. Bach und – mit bedeutenden Spätwerken – C. Ph. E. Bach; in der folgenden Generation, zur Zeit Beethovens – nun eher im Stile Haydns oder Mozarts – zum Beispiel A. Romberg, F. Witt, A. F. J. Eberl und E. T. A. Hoffmann. Doch keines der Werke dieser Komponisten erreicht in der Sinnfülle und im Beziehungsreichtum der Struktur das sinfonische Niveau der Wiener Klassiker. Und dies war – eindeutig in bezug auf Haydn, etwas zögernd in bezug auf Beethoven und nur in bezug auf Mozart erst nach dessen Tode – schon den Zeitgenossen bewußt.

7.21 Die Sinfonien Haydns

Die Sinfonien Haydns (insgesamt über 100) schließen zunächst an die Wiener Vorklassik an und übernehmen gelegentlich auch Einflüsse der Mannheimer Schule (▷6.11). Dennoch sind schon in den frühen Werken (1759/60) Haydns spezifische Erfindungskraft, knappe Charakterisierungskunst und satztechnische Präzision oft deutlich spürbar. Mit seiner Anstellung als Vizekapellmeister beim Fürsten Paul Anton Esterházy von Galántha (1761) hatte Haydn ein gutes, später noch vergrößertes Orchester zur Verfügung, was sich unmittelbar in farbigeren, differenzierteren Kompositionen niederschlägt. So sind bereits die Sinfonien Nr. 6–8 (Hob. I: 6–8, 1761), die – was bei Haydn eine Ausnahme darstellt – wohl auf Anregung des Fürsten programmatische Titel tragen *(Le matin, Le midi, Le soir)*, durch eine reiche, teilweise solistisch konzertante Instrumentation gekennzeichnet. Bis 1765 schrieb Haydn etwa 40 Sinfonien, die trotz der hohen Zahl keiner Stiltypik verfallen, sondern – zum Teil auf dem Hintergrund einer Auseinandersetzung mit barocken Formtraditionen – in vielfachem Gestaltwandel und oft interessanten formalen und klanglichen Experimenten den immer wieder neuen, frischen Zugang Haydns gerade zu dieser Gattung deutlich werden lassen.

Um 1770 trat in Haydns Sinfonieschaffen eine neue Phase ein, die vor allem gekennzeichnet ist durch eine bedeutende Intensivierung des Ausdrucks. Die von Haydn selbst mitentwickelte und nun bereits erprobte zyklische Norm: 1. Allegro in Sonatenhauptsatzform, 2. (oder 3.) langsamer Satz in Lied- oder Variationsform, 3. (oder 2.) Menuett, 4. Finale in Rondo- oder Sonatenhauptsatzform, wird im einzelnen vielfach verändert und individualisiert. Symptomatisch ist die Häufung von Sinfonien in Moll-Tonarten (Nr. 39 g-Moll, Nr. 44 e-Moll, Nr. 45 fis-Moll, die sogenannte *Abschiedssinfonie,* Nr. 49 f-Moll, Nr. 52 c-Moll). Die Themen werden großflächiger und wuchtiger, die Verarbeitung zeigt zunehmende kontrapunktische Verdichtung, aber auch expressive gestische Direktheit und starke klangliche Kontraste, die Melodik der langsamen Sätze wirkt oft gehaltvoller und weiträumiger, der Charakter der Menuette mitunter herb und kaum noch höfisch konventionell, das Finale bildet häufig schon ein echtes Gegengewicht zum ersten Satz.

Interessanterweise – vielleicht auf Drängen des Fürsten – nahm Haydn in der Folgezeit einige dieser vorromantischen (Sturm- und Drang-)Impulse wieder zurück. Dennoch haben sie als wesentliche kompositorische Erfahrungen den Weg zu seinen reifen, hochklassischen Sinfonien entscheidend geprägt. Diese letzte sinfonische Phase beginnt Anfang der 1780er Jahre, also nach den bahnbrechenden Streichquartetten op. 33 (Hob. III: 29–34; ▷7.17). Spätestens mit den sechs Sinfonien der Jahre 1785/86 (Nr. 82–87, Hob. I: 82–87), die im Auftrag der Pariser Gesellschaft „Le Concert de la Loge Olympique" komponiert wurden, hat Haydn jene Souveränität, innere Weite und absolute Treffsicherheit des sinfonischen Idioms erreicht, die seinen Umgang mit dieser instrumentalen Gattung in besonderer Weise auszeichnet. Abschluß und Höhepunkt in diesem Schaffensbereich – auch im Hinblick auf die charakteristische, einheitliche Gestaltung jedes einzelnen Werkes – bilden die zwölf für die beiden Englandreisen geschriebenen Londoner Sinfonien (1791–95): Nr. 93 D-Dur, 94 G-Dur (mit dem Paukenschlag), 95 c-Moll, 96 D-Dur, 97 C-Dur, 98 B-Dur, 99 Es-Dur, 100 G-Dur *(Militär*-Sinfonie), 101 D-Dur *(Die*

Uhr), 102 B-Dur, 103 Es-Dur (mit dem Paukenwirbel) und 104 D-Dur (Hob. I: 93–104). Alle zusätzlichen Namen (auch früherer Sinfonien, wie *L'ours* für Nr. 82, *La poule* für Nr. 83, *La reine* für Nr. 85 u. a.) stammen nicht von Haydn und messen häufig nicht eben glücklich einer Einzelheit oder einem Nebenumstand zu viel Bedeutung bei. Faszinierend an allen späten Sinfonien Haydns ist ihre lebenssprühende Frische, ihr Humor, der gleichwohl von Würde und Ernst getragen erscheint, ihre kraftvolle Rhythmik und Klanglichkeit und ihre ausgeglichene, oft geradezu populäre melodisch thematische Erfindung, die jedoch auf einer kunstvollen Gestaltung beruht, und die reichsten, interessantesten Entwicklungen meist aus einem kurzen, prägnanten Kernmotiv herausarbeitet, so daß das Wort vom gemütlichen „Papa Haydn" nur als oberflächliches Mißverständnis abgetan werden kann.

7.22 Die Sinfonien Mozarts

Von Mozarts über 40 Sinfonien ist der weitaus größte Teil bis Anfang 1774 (zu der Zeit war er gerade 18 Jahre alt) entstanden. Allerdings sind viele dieser Kindheits- und Jugendwerke auf eine erstaunliche Weise erfindungsreich, differenziert, lebendig beseelt und technisch makellos gestaltet. Alle sinfonischen Idiome seiner Zeit nimmt er auf. So finden sich zunächst Einflüsse J. Ch. Bachs (in den ersten Sinfonien des achtjährigen Mozart in London), dann vor allem Oberitaliens (▷ 6.4; schon äußerlich in der dreisätzigen Anlage; in manchen viersätzigen Sinfonien ist das Menuett nachkomponiert), Wiener und Mannheimer Anklänge (▷ 6.5–6.6) und schließlich die wiederholte Auseinandersetzung mit dem Werk Haydns. Sie zeigt sich erstmals – nach der letzten für Italien bestimmten Sinfonie KV 161/163 (1773/74) – bei einer Reihe in Salzburg entstandener Werke, die im Mai 1774 mit der Sinfonie D-Dur KV 202 abschließt und mit den kurz vorher komponierten Sinfonien A-Dur KV 201 und g-Moll KV 183 zwei frühe Meisterwerke enthält, unter denen die letztere in wesentlichen Zügen Haydns gleichzeitige Wendung zu neuer, vertiefter Expressivität nachvollzieht.

Nach einer größeren Pause entstanden 1778 zwei Sinfonien in Paris (KV 297 und 297 b = *Sinfonia concertante*) und zwei weitere in Salzburg (KV 318 und 319, 1779/80). Dann beginnt mit der *Haffner*-Sinfonie D-Dur KV 385 (1782) die Reihe der letzten sechs Werke der hochklassischen Wiener Zeit. Die Sinfonie C-Dur KV 425, im November 1783 auf der Durchreise in Linz in wenigen Tagen komponiert, beginnt (erstmals bei Mozart) wie viele Sinfonien Haydns mit einer langsamen Einleitung. Ende 1786, zwischen den Opern *Le nozze di Figaro* und *Don Giovanni,* folgte die bedeutende, für Prag bestimmte dreisätzige D-Dur-Sinfonie KV 504 (ohne Menuett). 1788 schließlich schrieb Mozart, wiederum in kürzester Zeit und diesmal ohne erkennbaren äußeren Anlaß, die drei letzten großen Sinfonien Es-Dur KV 543, g-Moll KV 550 und C-Dur KV 551 (*Jupiter*-Sinfonie). Diese drei Werke, gleichrangig, jedoch untereinander sehr verschieden, gehören neben den Sinfonien Beethovens zu den Gipfelwerken der Gattung. In ihnen hat sich die Idee des Sinfonischen auf vollendete klassische Weise individualisiert. Die Es-Dur-Sinfonie, deren festlicher Grundcharakter von starken Kontrasten durchsetzt ist (z. B. im As-Dur-Andante mit seinem dramatisch ausgreifenden Mittelteil), wurde am frühesten bekannt und populär. Daneben aber galt schon seit dem frühen 19. Jahrhundert die g-Moll-Sinfonie wegen ihrer gleichmäßig düsteren Färbung, ihrer kühnen, entlegenste Tonarten berührenden Modulatorik und ihrer wechselnd herben und romantisch weichen Klanglichkeit als tiefste, bewegendste sinfonische Äußerung Mozarts. Er beendete sie am 25. Juli 1788. Und bereits am 10. August war die im Charakter ganz entgegengesetzte *Jupiter*-Sinfonie abgeschlossen. Auch sie zeigt eine große Einheitlichkeit trotz vieler disparater Themengestalten, eine meisterhafte Koordination aller sinfonischen Mittel und im besonderen eine neuartige Verbindung von Fugentechnik und Sonatengestalt, die in der Coda des letzten Satzes das viertönige Motto (c–d–f–e) mit den vier übrigen Themen zu einer grandiosen Schlußsteigerung zusammenfügt (Abb. 134).

Wiener Klassik

134 4. Satz der Sinfonie C-Dur („Jupiter"-Sinfonie) KV 551 (1788) von W. A. Mozart (Takt 385–396). In der Coda werden die fünf Themen des Satzes miteinander kombiniert (außer in den hier abgebildeten Streicher- auch in den Bläserstimmen)

7.23 Die Sinfonien Beethovens

L. van Beethoven hat nur neun Sinfonien geschrieben und an jeder von ihnen lange, teils Jahre hinweg, gearbeitet. Dies allein verdeutlicht den immensen Wertanspruch, der seit Beethoven mit der Gattung Sinfonie oder besser: mit jeder individuellen Verwirklichung des Sinfonischen verbunden ist.

Ein neuer dynamischer Grundzug herrscht bereits in den beiden gegen Ende der ersten Schaffensperiode entstandenen Sinfonien Nr. 1 C-Dur op. 21 (1799/1800) und Nr. 2 D-Dur op. 36 (1801/02), auch wenn sie sich generell noch an Haydn und Mozart orientieren. Dann aber setzt – ähnlich wie beim Streichquartett mit der Werkgruppe op. 59 – mit der 3. Sinfonie, *Sinfonia eroica* Es-Dur op. 55 (1803), eine so bedeutende Ausdehnung und Umwandlung der sinfonischen Darstellung ein, daß die anfängliche Betroffenheit der Zeitgenossen verständlich erscheint. Die von Haydn übernommene motivische Gestaltung aus einem Kern heraus verbindet sich nun mit der Anlage großer thematischer Steigerungsfelder, mit langen, dramatischen Durchführungspassagen, mit teilweise bestürzenden Ausdruckseruptionen und mit einer konsequenten zyklischen Ideenentwicklung, die den Hörer bis zum Ende des aus Variationen gebildeten letzten Satzes in immer neue, bewegende Wirkungen hineinzieht und zugleich zum Mitvollzug einer einzigartigen satztechnischen Ökonomie auffordert. Daß Beethoven diese Sinfonie ursprünglich Napoleon I. widmen wollte, das Widmungsblatt aber zerriß, als er von dessen Kaiserkrönung erfuhr, ist historisch und psy-

chologisch sicherlich bedeutsam, für die Erklärung der stilistischen Neuheit und sinfonischen Qualität des Werkes aber nur ein zusätzliches Moment.
Sechs Sinfonien (Nr. 3-8) Beethovens gehören der mittleren Schaffensperiode an. Nach der 4. Sinfonie B-Dur op. 60 (1806), die, obgleich etwas seltener zu hören, den anderen vollkommen ebenbürtig ist, entstanden in den Jahren bis 1808 nebeneinander die beiden wohl bekanntesten Sinfonien c-Moll op. 67 (die als „Schicksalssinfonie" viel zu einseitig gekennzeichnet ist) und F-Dur op. 68 *(Sinfonia pastorale)*. Beide steigern, bei vollkommener Gegensätzlichkeit der Ausdruckshaltung, das Prinzip der Substanzeinheit zu einer teilweise fast bohrenden Präsenz des motivischen Kernmaterials, das sich allerdings in der c-Moll-Sinfonie zu gewaltigen dramatischen Kontrastierungen auseinanderfaltet, während es in der Pastoralsinfonie in eine gelöste, heitere Naturzuwendung eingebettet erscheint. Beide Sinfonien sind auch, unter ganz verschiedenen Aspekten, für die Beethoven-Rezeption des 19. Jahrhunderts von entscheidender Bedeutung geworden; die 5. Sinfonie durch ihre, gerade nach dem eindringlich düsteren c-Moll-Scherzo besonders auffällige, aus zurückgestauter Energie sich befreiende C-Dur-Schlußwirkung, die eine Deutung im Sinne langen Ringens und endlichen Überwindens förmlich aufzudrängen scheint; die *Pastorale* durch ihre programmatischen Elemente, die sehr unterschiedlich aufgenommen wurden, wobei Beethoven selbst mit dem Hinweis „Mehr Ausdruck der Empfindung als Malerei" die Absicht unmittelbarer klanglicher Schilderung eher zurückzuweisen versucht hat.
Ebenso gegensätzlich und wiederum zur gleichen Zeit entstanden (1811/12) sind die 7. Sinfonie A-Dur op. 92, die durch ihre überschäumend pulsierende rhythmische Intensität berühmt geworden ist, und die heitere 8. Sinfonie F-Dur op. 93.
Es folgte eine lange Schaffenspause auf sinfonischem Gebiet. Und erst 1824 beendete Beethoven, nach jahrelangen Vorarbeiten, seine neunte und letzte Sinonie d-Moll op. 125, die nicht nur durch ihre alles Bisherige übersteigende Ausdehnung, sondern vor allem durch die Beteiligung der menschlichen Stimme in Form von Sologesang und Chor im letzten Satz (Beethoven benutzte dabei Teile aus Schillers *Ode an die Freude*) der Gattung Sinfonie ganz neue Dimensionen eröffnet. Diese letzte Sinfonie Beethovens hat die Gattung einerseits im Geiste der Klassik mit einer letzten ethischen Sinnerfüllung bereichert, sie andererseits aber zugleich aus der klassisch ganzheitlichen Geschlossenheit herausgeführt zu einem Überschwang und einer quasi kultischen Wirkkraft der Mittel, die die Kunstauffassung und kompositorische Haltung im 19. Jahrhundert allgemein und mit besonderem Bezug zur Sinfonie entscheidend bestimmt hat.

7.24 Ouvertüre

Die Ouvertüre als Teil der Bühnenmusik und insbesondere als Einleitung zur Oper zeigt wiederholt die Tendenz, sich als Instrumentalstück konzertant zu verselbständigen. Schon vor 1750 war aus der italienischen Opernsinfonie die Konzertsinfonie hervorgegangen (▷ 6.11). Dennoch behalten ouvertürenhaft einleitende und konzertant sinfonische Instrumentalwerke bis in die Zeit der Wiener Klassik hinein nicht nur den gleichen Namen (Sinfonia), sondern auch starke kompositorische Ähnlichkeiten. Bei Haydn zeigt sich dies an der Umarbeitung von Ouvertüren zu Sinfonien bzw. an der Verwendung solcher Stücke, besonders in der Frühzeit, für den einen oder anderen Zweck. Auch Mozarts frühe Sinfonien stehen vollkommen in der italienischen Sinfonia-Tradition (▷ 7.22). Erst in der Hochklassik trennte sich von der viersätzig zyklischen Sinfonie die Ouvertüre, die seit Glucks Reformopern (▷ 8.4) und den reifen Opern Mozarts (▷ 8.5 und 8.8) zum einsätzigen, groß angelegten charakteristischen Einleitungsstück umgeformt wird.
Hieran anknüpfend führte Beethoven, deutlicher und direkter als in seinen Sinfonien, die Gattung zu einer vertieften Auseinandersetzung mit dem jeweiligen dramatischen poetischen Gehalt. Er schrieb ingesamt elf Ouvertüren, vier davon zu seiner Oper *Fidelio* (▷ 8.9), eine zu seinem Ballett *Die Geschöpfe des Prometheus* (1800/01), vier zu Schauspielen, darunter op. 62 zu H. J. von Collins *Coriolan* und op. 84 zu Goethes *Egmont*, und zwei

Wiener Klassik

zu allgemeinen festlichen Anlässen, op. 115 *Zur Namensfeier* (des Kaisers Franz, 1814) und op. 124 *Weihe des Hauses* (zur Wiedereröffnung des Theaters in der Josefstadt, 1822). Unter diesen sind besonders die *Leonoren*-Ouvertüren, die Beethoven selbst schon von der Oper getrennt hatte, sowie die *Coriolan*- und die *Egmont*-Ouvertüre zu häufig aufgeführten, selbständigen Konzertstücken geworden. Ihre einsätzige, aber im übrigen durchaus sinfonische Anlage, ihre thematisch expressive, aber über den programmatischen Anlaß weit hinausweisende orchestrale Ideenentwicklung und ihre daraus resultierende spezifisch Beethovensche wirkungsvolle Expansivität stellen sie an den Beginn einer neuen Gattungsgeschichte und machen sie zu Vorbildern der romantischen Konzertouvertüre und der Sinfonischen Dichtung (▷ 9.24).

7.25 Instrumentalkonzert

Zur Zeit der Wiener Klassik entstanden Instrumentalkonzerte hauptsächlich für den eigenen Gebrauch, für die solistisch instrumentale Selbstdarstellung des Komponisten, auch für die Auftritte bekannter Virtuosen und – gelegentlich – für instrumental besonders fähige Dilettanten als Auftraggeber. Wo Anlässe solcher Art weniger gegeben waren, wie bei Haydn, der weder selbst ein herausragender Instrumentalist war noch die Gunst des Publikums und der konzertierenden Solisten suchen mußte, spielt das Instrumentalkonzert im Vergleich zu anderen Gattungen eine geringere Rolle. Umgekehrt besitzt es bei Mozart einen ganz zentralen Stellenwert. Durch sein ganzes Leben hindurch, besonders aber in der Wiener Zeit, schrieb Mozart Solokonzerte für Klavier, in der Salzburger Zeit auch für Violine, die er ebenfalls meisterhaft beherrschte, außerdem für andere Virtuosen eine ansehnliche Anzahl verschiedener Bläserkonzerte. Auch Beethoven trat in seiner Frühzeit zunächst als glänzender Pianist mit eigenen Konzerten in Wien auf. Bei ihm führte allerdings der Wandel der Gattungen und der neue Anspruch an die Bedeutung der einzelnen Komposition insgesamt zu einer starken Reduzierung der Werkzahlen.

Das klassische Solokonzert ist eine – in dem neuen Stilbereich charakteristisch sich wandelnde – Fortsetzung des spätbarocken Instrumentalkonzerts, das seinerseits nur eine Sonderform des Concerto grosso (▷ 5.16) darstellt. Diese Herkunft ist noch bei Mozart deutlich spürbar, in den frühen Konzerten zum Beispiel am Ritornellcharakter der Orchestertutti, in den Kopfsätzen auch an der nur modifiziert möglichen Übernahme der Sonatenhauptsatzform (▷ 7.12). Statt der Exposition und ihrer wörtlichen Wiederholung folgen im Solokonzert eine Tutti- und eine Soloexposition aufeinander, meist klar unterschieden im Sinne von Einleitung und Vorstellung des Soloinstruments, das oft mit zusätzlichen eigenen Themen auftritt. Die Durchführung steht mehr im Zeichen der Präsentation von Virtuosität, auch wenn Mozart sie durch subtiles Dialogisieren, durch motivische Dichte und harmonischen Reichtum über diese vordergründige Funktion weit hinaushebt. Die Orchesterpartien werden in der Hochklassik zunehmend gewichtiger und nehmen schon beim reifen Mozart, vor allem aber bei Beethoven endgültig sinfonische Dimensionen und Ausdrucksformen an. Beim mittleren Beethoven werden Thematik, Art der Verarbeitung und formaler Ablauf durchaus neu und individuell gestaltet, und das Soloinstrument wird, jedenfalls tendenziell, in deutlicher Rollenveränderung zum Partner in einem differenzierten, ausgewogenen orchestralen Satz. Diese Entwicklung setzte sich bei Mendelssohn Bartholdy und Schumann und vor allem in den Klavierkonzerten von J. Brahms eindrucksvoll fort (▷ 9.25).

Von *J. Haydns* über 40 Solokonzerten gehören nur wenige zum Repertoire heutiger Instrumentalisten. Seine Klavierkonzerte sind überwiegend Werke der Frühklassik und orientieren sich eher noch an den Möglichkeiten des Cembalos. Unter seinen Konzerten für Streichinstrumente (Violine, Violoncello, Baryton, Kontrabaß) ist sein Cellokonzert in D-Dur aus dem Jahre 1783 sehr bekannt geworden, allerdings fast nur in Bearbeitungen aus dem 19. Jahrhundert. Viele Konzerte unter seinem Namen sind in der Echtheit nicht gesichert, so auch eine Reihe der Konzerte für Blasinstrumente. Das betrifft nicht das späte Trompetenkonzert in Es-Dur (1796), das in seiner abgeklärten, verhaltenen Klangintensi-

Kapitel 7

tät alle zeitgenössischen Werke dieser Gattung überragt.

W. A. Mozart schrieb 25 Klavierkonzerte (dazu eins für zwei und eins für drei Klaviere), die fast alle heute noch gespielt werden und von denen mindestens ein Dutzend zu den schönsten und bedeutendsten der Gattung gehören. Besonders bekannt geworden sind die Konzerte Es-Dur KV 271 (1777), Es-Dur KV 449, B-Dur KV 450, G-Dur KV 453 (mit drei weiteren alle 1784), d-Moll KV 466, C-Dur KV 467 (beide 1785), A-Dur KV 488, c-Moll KV 491, C-Dur KV 503 (alle 1786), D-Dur KV 537 (1788, sog. *Krönungskonzert*) und B-Dur KV 595 (1791).

Mozarts fünf zweifelsfrei echte Violinkonzerte, von denen drei (G-Dur KV 216, D-Dur KV 218, A-Dur KV 219) Standardwerke jeden Geigers sind, entstanden schon 1775 in Salzburg. Aus der Reihe seiner Bläserkonzerte (für Fagott, Oboe, Flöte, Horn) sei lediglich das Klarinettenkonzert A-Dur KV 622 als eines der letzten Werke Mozarts und als einer der Höhepunkte der gesamten klassischen Konzertliteratur herausgehoben. Es wurde Anfang Oktober 1791 komponiert und war für A. Stadlers Bassettklarinette bestimmt, Instrument mit Zusatztönen in der Tiefe, die auf der normalen A-Klarinette oktaviert werden müssen.

Von *L. van Beethovens* fünf Klavierkonzerten gehören zwei (Nr. 1 C-Dur op. 15, 1795, und Nr. 2 B-Dur op. 19, 1794/95, umgearbeitet 1798–1801) in die Zeit seiner ersten Wiener Erfolge als Klaviervirtuose. Das 3. Klavierkonzert c-Moll op. 37 (1800–02) steht als gewichtiges Werk an der Grenze zur mittleren Schaffensperiode. In diese selbst schließlich gehören das 4. (G-Dur op. 58, 1805/06) und das 5. (Es-Dur op. 73, 1809) Klavierkonzert, die ausgedehntesten Werke der zeitgenössischen Konzertliteratur. Beide entfalten, wie Beethovens Sinfonien, weit ausgreifende thematische Prozesse und stellen zugleich eine ganz neuartige Auseinandersetzung mit dem konzertanten Prinzip dar. Beginn des Werkes mit dem Soloinstrument, motivintensive Durchführungen, teils einkomponierte (nicht mehr dem Spieler frei gestellte) Kadenzpartien, Attacca-Satzübergänge, große, flächenhafte dynamisch-klangliche Steigerungen, differenzierte Instrumentation und Einbindung des Klaviers in den orchestralen Kontext, intensives Dialogisieren (besonders eindrucksvoll im Mittelsatz des G-Dur-Konzerts), dabei insgesamt auch eine bedeutende Erweiterung der virtuos pianistischen Anforderungen sind einige der wichtigen neuen Merkmale dieser Werke.

Neben den Klavierkonzerten schrieb Beethoven ein Konzert für Klavier, Violine und Violoncello (sog. *Tripelkonzert*) C-Dur op. 56 (1804), das auf bemerkenswerte Weise die Tradition der Sinfonia concertante weiterführt, und das Violinkonzert D-Dur op. 61 (1806), das – anknüpfend an die beiden Romanzen für Violine und Orchester G-Dur op. 40 und F-Dur op. 50 (1802) – die Entwicklung der konzertanten Violinmusik in dieser Epoche zusammenfaßt und abschließt.

Kapitel 8
Vokalmusik zwischen Rokoko und Spätklassik

Einführung

Die Signatur des Zeitabschnitts vom frühen 18. bis zum frühen 19. Jahrhundert ist auch und gerade im Bereich der Vokalmusik die – sich nur sehr allmählich durchsetzende – „Verbürgerlichung" der Musikkultur. Zu ihr gehört es, daß das seit 1720 in Gestalt des „galanten Stils" sich entwickelnde musikalische Rokoko (▷ Kapitel 5 und 6, Einführung) überlagert und schließlich (seit 1740) verdrängt wird durch die sozial, kulturell und ideell breiter angelegte Empfindsamkeit. Diese hauptsächlich von England und Frankreich ausgehende Bewegung wird rasch international. Nach 1760 wird die Empfindsamkeit besonders im deutschen Sprachraum als „Sturm und Drang" noch pointiert. Insofern dürfte die literarisch, philosophisch und musikalisch sich ausprägende „Empfindsamkeit" als zusammenfassender Name für die vorrevolutionären Phasen des hier behandelten Zeitraums geeigneter sein als der zwar bekanntere und populärere, aber doch im Gegenstandsbereich (höfisch-aristokratische Trägerschicht, französische Prägung, Verbreitung fast nur in den Metropolen) engere und im wesentlichen kunsthistorisch akzentuierte „Rokoko"-Begriff.
Die Entwicklung vollzieht sich national, regional, lokal wie auch sozial, institutionell und gattungsmäßig differenziert. So gibt es „Ungleichzeitigkeiten", Überlagerung divergierender Prozesse, Verspätungen – etwa wenn L. van Beethoven auch noch nach 1815 im Geist eines heroischen Klassizismus weiterkomponiert. Die „Wiener Klassik" selbst verdankt sich in Sache wie Begriff eben dem Herausgehobensein durch spezifische Qualität und Rang des Komponierens aus der Fülle des Gleichzeitigen, in Wien wie auch im gesamteuropäischen Maßstab (▷ Kapitel 7, Einführung).
Außerdem gelten für jede Gattung abweichende Epochengrenzen. Für das Musiktheater lassen sich die Jahre 1752 („Buffonistenstreit") und 1814 (3. Fassung von Beethovens Oper *Fidelio*) markieren (wobei J.-Ph. Rameaus letzte aufgeführte Tragédie lyrique *Zoroastre* von 1749 datiert, G. Rossinis Durchbruch mit dem *Barbier von Sevilla* von 1816, dem Jahr, in dem auch L. Spohr mit dem romantischen *Faust* hervortrat).
Im Bereich der Kirchenmusik rücken die Grenzen bis dicht an 1830 heran: das Jahr der (Pariser) Julirevolution, das H. Heine als „Ende der Kunstperiode" begriff. Nach 1823 (Beethovens „verspätete" *Missa solemnis*) lassen A. F. J. Thibauts Schrift *Über Reinheit der Tonkunst* (1825) sowie die Wiederaufführung von J. S. Bachs *Matthäuspassion* im Jahre 1829 (die theoretisch wie praktisch das Zeitalter des Historismus miteröffnen; ▷ 9.6) den „Kirchenstil" zu einer Sache der Vergangenheit werden. Als klassizistischer nach dem Vorbild Haydns und Schuberts wird er epigonal; als „Palestrina-Stil" ist er nicht mehr durch unmittelbare Traditionsbezüge, sondern nurmehr durch reflektierte Restauration anzuzeigen. Die Anfänge sind für die protestantische Kirchenmusik mit Bachs Tod 1750 deutlich markiert; für die katholische Kirchenmusik sind die Übergänge fließend.
Für die großen, öffentlichen Vokalgattungen Oratorium und Kantate stehen die beiden Meisterwerke J. Haydns (*Die Schöpfung*, 1798; *Die Jahreszeiten*, 1801) am Ende einer Epoche (▷ auch 9.37), deren Anfang unter

anderem durch die empfindsame *Passionskantate* J. G. Grauns *Der Tod Jesu* (1755) gegeben ist – ein Standardwerk, das in Berlin bis 1884 fast jedes Jahr am Karfreitag aufgeführt wurde. Beim Lied gibt es (nach Modellen wie der *Singenden Muse an der Pleiße* [1736] von Sperontes in Leipzig, die ihrerseits weit zurückreichende Traditionen fortführen) einen Neuansatz mit der Liedersammlung *Oden mit Melodien* (1753) des Berliners Ch. G. Krause, der dann in den 1750er Jahren etliche weitere Sammlungen folgten. 1814 beginnt mit dem Erscheinen von Schuberts *Gretchen am Spinnrade* eine neue Epoche der Liedkunst (▷ 9.40).

Mit der romantischen Reaktion auf die Französische Revolution verlagert sich der musikästhetische (Wert)akzent von der Vokal- auf die Instrumentalmusik: Sie wird zum Paradigma von Musik überhaupt, noch übersteigert in der Idee der „absoluten" Musik (▷ 9.5). Diese Idee, die aus der „außermusikalischen" (literarischen und philosophischen) Musikbetrachtung entstand, bestimmt dann bis zum Ende des 19. Jahrhunderts das musikalische Alltagsbewußtsein vor allem im deutsch-österreichischen Raum. Das steht in gewissem Gegensatz zum fortdauernden praktischen Primat der Vokalmusik, vor allem im Bereich der populären Gattungen.

Voraussetzungen, Grundlagen, Wandlungen

8.1 Oper als führende Gattung

Zu den selbstverständlichen Voraussetzungen und Grundlagen, die trotz aller Wandlungen im einzelnen gültig bleiben, gehört die sozial und auch ästhetisch führende Position der Oper. Um die Oper beziehungsweise das Musiktheater entstehen die großen musikästhetischen Debatten: sie bildet als besonders prachtvolle, repräsentative (dabei in bestimmten Ausprägungen auch kritische, für oppositionelle Strebungen repräsentative) Gattung im Bewußtsein der Zeitgenossen (wenn auch nicht gänzlich unangefochten) die Spitze der Gattungshierarchie. Das entspricht auch der Stellung des Dramas innerhalb der Gattungswertung der Literaturästhetik und gilt selbst für diejenigen, die sie, in der Regel vom rationalistischen Standpunkt der „Natürlichkeit" und „Wahrscheinlichkeit" wie z. B. J. Ch. Gottsched oder Voltaire, grundsätzlich ablehnen.

Innerhalb der verschiedenen Operntypen liegt der Hauptwiderspruch zwischen der (italienischen) internationalen Hofoper einerseits und den vielfältigen nationalsprachlichen Ausprägungen des volkstümlichen Theaters mit Musik andererseits. Hier ist ein Haupttyp die einschließlich des Dialogs durchmusikalisierte italienische Opera buffa. (Die französische Tragédie lyrique teilt formell dieses Merkmal, gehört aber als Gegenstück der Opera seria nicht zu den volkstümlichen Musiktheaterformen.) Den zweiten Haupttyp bilden die englischen, französischen, deutschen, spanischen Singspiel- beziehungsweise Opéra-comique-Typen, strukturell charakterisiert durch den Wechsel von gesprochenem Dialog und (solistisch oder chorisch) gesungenen Teilen: vor allem Ballad-opera, Vaudeville beziehungsweise Comédie mêlée d'ariettes, Singspiel, Zarzuela, Sainete und Tonadilla. Außerdem findet sich dieser Typus in jeder nationalsprachlichen Ausprägung – dänisch, russisch, tschechisch usw. Der Anstoß zur Herausbildung oder Weiterentwicklung dieser Gattungen, die eine mehr oder weniger starke bürgerliche, jedenfalls antihöfische Komponente haben, ging dabei im wesentlichen von England und Frankreich aus – entsprechend der dort am weitesten vorangeschrittenen Verbürgerlichung der Musikkultur. Abgesehen vom Ausnahmefall der historisch „verfrühten" städtischbürgerlichen Oper in Hamburg zwischen 1678 und 1738 hatte Wien eine Sonderrolle mit einem eigenständigen, von englischen und französischen Vorbildern weitgehend unabhängigen Übergang zum österreichischen Singspiel mit der Wiener Volkskomödie als Zentrum, und zwar schon vor 1750, etwa zwei Jahrzehnte vor dem deutschen Singspiel. Im Verlauf der Entfaltung dieser Gattungen, besonders seit den 1760er Jahren

Vokalmusik zwischen Rokoko und Spätklassik

erwiesen sie sich als der aktivste und lebendigste Bereich der Vokalmusik (mit Ausstrahlung beziehungsweise Absenkern zumal in den Bereich des „Liedes" einerseits, der Instrumentalmusik andererseits, ▷ Kapitel 6). Aber auch die Hofoper zeigte als immer noch führende, repräsentative Institution erhebliches Beharrungsvermögen und auch, durch die reformierte Opera seria (▷ 8.4), einige Überlebens- und Erneuerungsfähigkeit. Vor allem aber repräsentierte diese Sphäre – bis in die 1780er Jahre und die Hochklassik hinein – die herrschenden musiksprachlichen Normen, denen sich auch opponierende Bestrebungen und Strömungen stellen mußten. Das reicht noch über die Zäsur von 1789 hinaus – wobei sich in Frankreich als Hofoper ein von der italienischen Seria abweichender nationalsprachlicher Typus bereits im 17. Jahrhundert entwickelt hatte (▷ 5.20): die französische Tragédie lyrique. Als (allerdings schon durch die wichtige Rolle der Sprache national beschränktes) Gegenstück und Ergänzung der Opera seria (▷ 5.19) spielt sie eine Rolle auch beim „Buffonistenstreit" wie bei Glucks Opernreform.
Die Aufführung der Opera buffa *La serva padrona (Die Magd als Herrin)* von G. B. Pergolesi durch eine italienische Wandertheatertruppe 1752 in Paris gehört zu den epochemachenden Daten für die Vokalmusik des Zeitraums, hier speziell für die Operngeschichte. Das Werk hatte Pergolesi bereits 1733 in Neapel als heiteres Intermezzo für seine Opera seria *Il prigioniero superbo* komponiert. Es traf den Zeitgeist (▷ 6.2) und war zu einem internationalen Erfolg geworden. 1746 in Paris erstaufgeführt, wurden Werk und Aufführung dann zum 1752 zum Anlaß für den „Buffonistenstreit" („Querelles des Bouffons") zwischen den Anhängern der französischen und der italienischen Oper (▷ 8.3), der auch ein Streit zwischen Altem und Neuem, Beharrung und Fortschritt war. „Manche halten", so der Enzyklopädist d'Alembert, „diese Worte für synonym: Buffonist, Republikaner, Frondeur, Atheist, ja sogar Materialist." Die maßgeblichen Aufklärer standen auf der Seite der italienischen Buffa. Sie repräsentierte auf sinnlich eindrucksvolle Weise – witzig, rührend, empfindsam, alltagsnäher, „einfach" und „natürlich" – eine Art bürgerlichen Realismus gegen die höfisch-aristokratische Opera seria (international in der Verbreitung, italienisch in Ursprung und Ausprägung) wie auch deren französische Variante, die Tragédie lyrique J.-B. Lullys und J.-Ph. Rameaus.
Der Buffonistenstreit, in dem sich ästhetische und politische, opern- und sozialkritische Motive miteinander verschränkten, zeigt durch seine Reichweite die nach wie vor führende gesellschaftliche Bedeutung der Oper. So entstand zwanzig Jahre nach dem Buffonistenstreit wieder eine Operndebatte zwischen den Anhängern Ch. W. Glucks und N. Piccinnis, mit verändertem Stoff und verschobenen Fronten, im Ton der Polemik – nicht zuletzt den vertieften vorrevolutionären Krisenerscheinungen entsprechend – noch verschärft. Mit Glucks „Opernreform" verstärkten sich im übrigen die Auflösungstendenzen der schematischen Alternative und Entgegensetzung von „italienischem" und „französischem" Geschmack („goût"). J. J. Quantz (1752) hatte ihn kodifiziert und, als eine Art Aufhebung, einen gewissermaßen deutschen „vermischten Geschmack" anvisiert. Gluck ging weiter und wandte sich im Sinne eines aufgeklärten Humanismus gegen nationale Borniertheiten. Eine vollendete Synthese stellt schließlich Mozarts „universaler" Stil dar.

8.2 Musiziersphären und Gattungssystem

Im System der „Musiziersphären" (G. Knepler), der Beziehungen zwischen den verschiedenen Kulturformen und Institutionen der musikalischen Produktion, Reproduktion und Rezeption, ergaben sich durch den sehr allmählichen, fortgesetzten Aufstieg der bürgerlichen Musikkultur Umakzentuierungen. So bildete sich nicht nur – sprunghaft verstärkt zwischen 1770 und 1789 – das Konzert deutlich als charakteristische bürgerliche Kulturform aus, das, zum Teil stellvertretend oder komplementär zur Kirche, zum sozialen Ort auch für Vokalgattungen wie Oratorium oder Kantate wurde. Weiter erhielt auch, manchmal mit fließenden Übergängen zum öffentlichen Konzert, das bürgerliche „Haus" gegenüber der adligen „Kammer" erhöhtes soziales und ästhetisches Gewicht. Gattungs-

Kapitel 8

wie Lied („Volks-" und Kunstlied), (mehrstimmige) Gesänge, Kanon, auch geistliches Erbauungslied sind ihm zuzuordnen. Schließlich verlagerte sich dann der „Kammer"-Begriff dahingehend, daß er, primär institutionell sowie ästhetisch und satztechnisch (und nicht mehr primär sozial) bestimmt, zum ergänzenden Gegensatz des öffentlichen Bereichs Konzert wurde (▷ 6.14).

In der Sphäre „Theater" gewannen gegenüber der internationalen und höfischen italienischen Oper vom Typus der Opera seria nationalsprachliche, volkstümliche Ausprägungen immer größere Bedeutung. Diese waren zugleich sozial mitbestimmt durch das auch hier wachsende Gewicht des „Bürgerlichen" – sogar wenn eine Einrichtung wie das deutsche „Nationalsingspiel" 1778 in Wien auf einen Befehl des aufgeklärt-absolutistischen Monarchen Joseph II. zurückging –, und obwohl das System der Hofoper außerhalb Frankreichs auch noch nach der Revolutionsperiode (1789 bis 1815) bei aller Erstarrung die mindestens sozial führende Position wahrte. Mit einiger Vereinfachung und Zuspitzung ließe sich sagen, daß die unter anderem von G. Spontini während der Empirezeit (*La Vestale*, 1807) vorweggenommene und am Ende der Restaurationszeit beziehungsweise am Vorabend der Julirevolution von 1830 durch D. F. E. Auber (*La muette de Portici*, 1828) sowie G. Rossini (*Guillaume Tell*, 1829) geschaffene Grand opéra (▷ 9.33) diese Institutions- und Gattungstradition fortsetzt – allerdings mit Dazwischentreten und Vermittlung der vor allem von A. E. M. Grétry ebenfalls bis zur (großen) Oper weiterentwickelten Opéra-comique.

Demgegenüber verlor, eben auch im Zuge von Aufklärung, die Musiziersphäre „Kirche" in beiden Konfessionen an musikalischer Bedeutung. Der Tod J. S. Bachs in der Jahrhundertmitte markiert, obwohl Bachs späteres Werk schon als „ungleichzeitig" und stilistisch „verspätet" gelten muß, eine musikhistorische Zäsur. Von da an gibt es keine evangelische Kirchenmusik mehr von einem Rang, der dem anderer großer Gattungen gleichkäme. (F. Mendelssohn Bartholdys Oratorien oder J. Brahms' *Deutsches Requiem* sind Ausnahmen, überdies aber primär für Musikfest beziehungsweise Konzertsaal bestimmt.) Bei der katholischen Kirchenmusik ist die Zäsur weniger schroff, aber im allmählichen Historischwerden des Kirchenstils als „stile antico" ebenfalls sehr fühlbar. Hier setzt, nach den großen Messen Haydns und Mozarts, Beethovens *Missa solemnis* (1823) ein Epochenende. Die erwähnte Schrift des Heidelberger Juristen A. F. J. Thibaut *Über Reinheit der Tonkunst* ratifiziert und kodifiziert 1825 dann ideologisch das Historischwerden des „Kirchenstils" (▷ 9.6).

Als Neuheit im System der Musiziersphären und Gattungen entstand schließlich die „Straße": sie „entsteht" insofern, als sie nun ins Blickfeld der offiziösen Musikkultur geriet. Das betrifft zum einen das „Volkslied". Mit der „Ersten Berliner Liederschule" (▷ 8.12) gibt es seit 1753 besonders durch das französische Chanson angeregte Annäherungen; durch J. G. Herders (Text)sammlungen (1778/79) werden „Volkslieder" – und zwar international, universalistisch gedacht als „Stimmen der Völker" – zu einem über Empfindsamkeit und Klassizismus hinausweisenden Vorbild für das ursprünglich „Lyrische". Bauernlied, Handwerkerlied, Tanz- und Trinklied werden jedoch nicht nur Muster für das neu komponierte Lied, sondern auch in die großen Gattungen übernommen; so besonders von Haydn in Sinfonie und Oratorium. In Haydns und Beethovens Gesamtschaffen bilden Bearbeitungen schottischer und anderer Volkslieder eine schon rein quantitativ nicht unbeträchtliche Werkgruppe.

Zum andern kommen von der „Straße" als sozial bestimmter Musiziersphäre (der ja auch ein Typus wie das Pariser „Jahrmarktstheater" und selbst das Wiener „Vorstadttheater" teilweise zugehört) neue Gattungen beziehungsweise Formen an den historischen Horizont: insbesondere städtische Folklore in der verwandelten und sozial pointierten Gestalt des Revolutionsliedes, das sich seinerseits in Kampflied auf der einen und (National)hymne auf der anderen Seite auffächert – Prototyp dafür ist die *Marseillaise*. Der „élan terrible" der Französischen Revolution, der Ton des Aufruhrs, der Menge, der Straße, hallen nicht nur in der Sinfonik und anderer Orchestermusik der französischen Komponisten der Revolutionszeit (u. a. F.-J. Gossec, J. F. Le Sueur, E. N. Méhul) nach. Die Wirkung macht sich dort oft stärker bemerkbar als in der Vokalmusik, die – mit Ausnahme der Oper – vor allem in den repräsentativen Chorwerken sehr von Tonfall und Tonsatz des Kirchenstils geprägt erscheint. Auch allgemein und international stimulierte und beeinflußte die Revolutionsmusik die Musik der Epoche, wie besonders das Beispiel Beethovens (3., 5., 7. und 9. Sinfonie, *Fidelio*, *Kreutzersonate*) deutlich macht.

Gattungen des Musiktheaters

8.3 Der italienische Typus des volkstümlichen Musiktheaters: Opera buffa

Die Opera buffa erscheint seit den 40er Jahren und dann im letzten Drittel des 18. Jahrhunderts als besonders lebendige und fortschrittliche Opernart. Angeeignet und umgeformt von Mozart, trägt sie wesentlich mit zur Ausprägung des „Klassischen" im Bereich der Oper bei. Ihrer Entstehung nach ist sie einerseits eine Abspaltung beziehungsweise Verselbständigung des anfangs der Opera seria (▷ 5.19) eingegliederten Intermezzos, andererseits greift sie auf Elemente älterer Operntypen (vor allem der venezianischen Oper) zurück, und schließlich integriert sie Elemente des volkstümlichen italienischen Theaters mit Musik bis hin zur Commedia dell'arte (deren sozialer Status umstritten ist, auch wenn sie unleugbar uralte Mimustraditionen fortsetzt). Zu den für die Entwicklung der Opera buffa mit und nach dem frühverstorbenen G. B. Pergolesi wichtigsten Komponisten gehören B. Galuppi, N. Piccinni, G. Paisiello und D. Cimarosa.
Charakteristisch für die Opera buffa ist von der stofflichen Seite her eine große Vielfalt. Themen, Figuren und Situationen des Alltags bedingen dramaturgisch und musikalisch ein ungleich größeres Tempo der Verläufe (ein Reflex auch der allgemeinen historischen Beschleunigung von Entwicklungen), und eine intensivierte Verzahnung und Wechselwirkung von Musik und Drama. Diese Merkmale äußern sich als innere Dramatisierung der Musik selber. In dieser „direkten Teilhabe der Musik an der Aktion" (A. Schmitz) liegt „das eigentliche Neue" – nicht nur gegenüber der Opera seria, sondern auch im Verhältnis zu anderen Gattungen und Typen eines populären, im weiten Sinn komischen Theaters mit Musik. So werden etwa in das Sextett des III. Akts von Mozarts *Le nozze di Figaro* (1786) theatralisch effektvoll Täuschung und Aufklärung integriert samt dem daraus folgenden Gegen- und Miteinander von Enttäuschung und Freude. (Marcellina wollte Figaro heiraten, er sie aber nicht – das vom Grafen inspirierte Rechtsurteil dazu hatte gelautet, daß Figaro entweder ein Darlehen zurückzahlen oder Marcelline heiraten müsse. Unvermutet aber erweisen sie und ihr Helfer Bartolo sich als Figaros Mutter und Vater; Abb. 135, S. 282 f.)
Ausgangspunkt der Musiksprache ist ein rasantes syllabisches Parlando – jede Tonsilbe erhält eine Textsilbe – mit zahlreichen Tonwiederholungen. Nachgeahmt werden Instrumental- und Naturlaute vom Kikeriki und Iah bis zum Niesen und Gähnen. Und oft ist die Opera seria selber Objekt einer „Nachahmung" – hier nicht der Natur sondern der „Unnatur" –, die bestimmte Merkmale der seriösen Konkurrenzgattung parodiert und karikiert. Verwendet werden auch volkstümliche Wendungen und Melodien. Dabei verlagert sich der Schwerpunkt der musikalischen Gestaltung von der Soloarie auf das Ensemble. Hier wird nicht neben oder statt der Reflexion und Kontemplation auch die Aktion fortgesetzt. Es erweitern und vertiefen sich auch im Mit- und Gegeneinander verschiedener, in Gipfelpunkten der Gestaltung sogar sich entwickelnder Charaktere, Haltungen, Affekte und Stimmungen der Bereich und die Reichweite des aus der Wirklichkeit der Oper Zugänglichen und in ihr Darstellbaren: realitätsentsprechende Widersprüche (anfangs nur komisch gefaßt) statt repräsentativer Harmonie, „niedere" Probleme und Figuren aus der unmittelbaren Erfahrungswelt des großen Publikums statt „hoher" Helden und Tugenden vor allem aus der römischen Geschichte und überhaupt der Antike.

Kapitel 8

Potenziert wird das Ensemble im Finale am Schluß der Akte. Es wird im Verlauf der historischen Entwicklung schlicht länger, aber auch inhaltlich vielschichtiger. So spielen sich im Finale zusätzliche dramatische Handlungen ab – weitere Verwicklungen etwa im Finale des II. und IV. Akts von Mozarts *Figaro*, die dann (im IV. Finale) schließlich aufgelöst und mit dem traditionellen Festcharakter des Opernfinales vermittelt werden. Formal gibt es neben dem relativ einfachen, strophischen Bau vom Typus des singspielhaften Vaudeville entwickeltere Finali wie das Kettenfinale oder das Rondofinale (erstmals 1760 in der *Buona figliuola* von Piccinni). Vielfältiger und geschmeidiger in Anpassung an die jeweilige dramatische und psychologische Situation werden auch die Formen und Verfahren des Gesangs, in die nicht zuletzt liedhafte Elemente aufgenommen werden. Zusätzliche Differenzierungsmöglichkeiten schaffen die im Vergleich zur Seria weitaus weniger schematisierten und stereotypen Versmaße und schließlich auch die besondere in der Anfangsphase nicht seltene komische Mischung verschiedener Nationalsprachen beziehungsweise deren Karikierung. Dabei wird die Opera buffa ungeachtet der Nähe zum gesprochenen volkstümlichen (Stegreif)theater bald auf hohem Niveau komponiert – oft von denselben Komponisten, die sich auch im Bereich der Opera seria betätigen. Und ebenso geht sie vom Libretto über die nur skizzierten Handlungsgerüste („canevas") der wesentlich durch Improvisation bestimmten und erst in der Aufführung

Vokalmusik zwischen Rokoko und Spätklassik

135 Sextett (III. Akt, 5. Szene) aus der Oper „Le nozze di Figaro" (1786) von Wolfgang Amadeus Mozart

vollendeten Commedia dell'arte hinaus. Wie in P. Metastasio die Opera seria ihren maßgeblichen „Reformator" und den für das ganze 18. Jahrhundert repräsentativen Librettisten fand – ein Librettist, der seinem eigenen Selbstverständnis nach wie im Urteil der Zeit ein großer dramatischer Dichter war –, so erhielt die Opera buffa in ihrer Entstehungs- und Entwicklungsphase nach 1740 ihren Dichter in C. Goldoni. Im Zusammenhang mit seinem Wirken in Venedig gab es eine der Debatte um den „Hanswurst" im deutschsprachigen Raum und auch eine dem „Buffonistenstreit" (▷ 8.1) vergleichbare Auseinandersetzung zwischen aufklärerischer Neuerung und Tradition. Gegen Goldoni wandte sich C. Gozzi, der in traditionalistischer Gesinnung die Zauber- und Improvisationswelt der Commedia dell'arte gegen die nüchternere, prosaischere Realistik der Reform bewahren wollte.

Goldoni „reformierte" die italienische Komödie, indem er stoffliche und formale Elemente des Volkstheaters – vor allem eben der Commedia dell'arte – aufgriff, sie aber bearbeitete und in einen differenzierteren, nuancierten dramatischen Kontext brachte. Wichtigstes Vorbild war ihm Molière. Den Zuwachs an Realismus erreichte er vor allem durch Verwandlung der typisierten Figuren in Charaktere und durch psychologische Motivierung der in der Commedia im wesentlichen stereotypen Fabeln und Situationen. Gerade in der Opera buffa überleben deren Elemente allerdings in der Rollendisposition und auch in Stoffen und Figuren – so ist etwa *Il servitore di due padroni* (*Der Diener zweier Herren*, 1753) eben der geradezu sprichwörtliche schlaue Bedienstete. Noch Mozarts Pedrillo und Blondchen *(Die Entführung aus dem Serail)* oder Leporello und auch Zerlina *(Don Giovanni)* gehören in diese Ahnenreihe, an der selbst Figaro teilhat. Weitere Typen sind die sich nach Liebe sehnende (und oft als liebestoll unbarmherzigem Spott preisgegebene) Alte (human dagegen die Version der Marcellina aus Mozarts *Figaro*), der prahlerische Soldat (der Capitano, der seinerseits bis auf den antiken „miles gloriosus" zurückgeht), der pseudogelehrte Arzt (der Dottore), schließlich das Liebespaar, in der sozialen Schichtzuordnung meist etwas höher angesiedelt (mit „niedriger" Entsprechung im Dienerpaar) usw. Die Dopplung der Paare bestimmt noch die Personenkonfiguration und Rollendisposition in Mozarts *Entführung* wie in der *Zauberflöte*. (Im *Figaro* ist sie komplexer und unter anderem durch das Bündnis zwischen Zofe und Gräfin überlagert.)

Goldoni und auch spätere Librettisten bewahren dabei häufig die traditionelle „Ständeregel". Sie reserviert Tragisches und Erhabenes samt den entsprechenden sprachlichen und musikalischen Stilmitteln den Personen „von Stand", also meist Adligen, während Komik den Personen des „Dritten Standes", vorwiegend Dienern, Bauern und ähnlichen sozialen Gruppen, zugeordnet wird. Den Durchbruch zu einer im eigentlichen Sinn bürgerlichen Darstellungsweise und Gattung brachte erst die vor allem von D. Diderot Ende der 1750er Jahre ins Leben gerufene Comédie larmoyante, das bürgerliche Rührstück – als „weinerliche Komödie" fast ein Paradox – und das bürgerliche Trauerspiel: *Le fils naturel* (*Der natürliche Sohn*, 1757) und *Le père de famille* (*Der Hausvater*, 1758). Diese neuen Genres heben die realistische, entwicklungsgeschichtlich vorwärtstreibende Stilmischung auf eine neue Stufe. Eine neue Konfliktform, nämlich die sich aus Standesunterschieden für die Liebe und Ehe ergebenden Probleme einer Mesalliance, entwickelte Goldoni eher halbherzig. In seiner *La buona figliuola* (*Die gute Tochter*, 1756) will ein Adliger ein Blumenmädchen heiraten; anders als in der Romanvorlage (S. Richardsons empfindsamer Erfolgsroman *Pamela* von 1740) erweist sie sich als adliger Herkunft. Nach einer ersten kompositorischen Verarbeitung des Librettos 1756 durch E. Duni machte 1760 (in Rom) dann N. Piccinni diese Opera buffa zu einem der dauerhaften Werke der Phase bis 1789. (In G. E. Lessings bürgerlichem Trauerspiel *Miß Sara Sampson* von 1755 werden demgegenüber Bürgerliche tragödienfähig, umgekehrt in *Minna von Barnhelm* Adlige mindestens ansatzweise komödiengeeignet.) Der Neapolitaner Piccinni erweiterte hier das musiksprachliche Repertoire der Buffa wesentlich durch die Dimension des „Empfindsamen", ja Sentimentalen und wies damit über die bloße Antithese oder Kombination von „lustig" und „ernst" hinaus. Eine von Goldoni eingeführte, hier einschlägige wichtige Neuerung

Vokalmusik zwischen Rokoko und Spätklassik

ist die (Wieder)einbeziehung ernster Personen (anknüpfend an das Liebespaar). In *Il Conte Caramella* (1751) unterscheidet er neben Seri und Buffi überdies „mezzi caratteri", also Personen „mittleren Charakters", die sowohl ernst als auch komisch sein können.
Dabei überlebt auch in der Opera buffa die Norm der sechs Personen beziehungsweise Stimmen und Rollen(fächer) aus der Opera seria. Dort wird das Doppelpaar von jeweils Primo uomo/Prima donna und Secondo uomo/Seconda donna – alles hohe Stimmen, ob Kastraten oder Frauen – ergänzt durch zwei zusätzliche (dann eher drittrangige) Solistenrollen, in der Regel Tenor und tiefe Männerstimme. Die Einteilung findet sich noch bei Mozart in seiner späten Seriaoper *Titus* (1791). In der Opera buffa paaren sich – allerdings nun eben in „natürlicher", der realen Geschlechterzuordnung entsprechenden Weise – Primo buffo (caricato)/Prima buffa und Secondo buffo/Seconda buffa. Dazu kommen dann Primo/Secondo mezzo carattere sowie gegebenenfalls eine Terza buffa. In *Così fan tutte* (1790) behält Mozart die Sechszahl bei. Er verändert sie aber dahingehend, daß der Secondo mezzo carattere fehlt und dafür die schlaue Zofe Despina als Terza buffa einspringt. Außerdem sind „erstes" und „zweites" Buffopaar im Gewicht der Rollen fast gleich. (Diese Rollendisposition erscheint dann sogar noch, ironisch gebrochen und zum Spiel im Spiel potenziert, im Titel von L. Pirandellos Stück *Sechs Personen suchen einen Autor*, 1921.)
Ein weiteres Unterscheidungsmerkmal der Buffa von der Seria, das dem Kontrast zwischen „Künstlichkeit" und „Natürlichkeit" entspricht, ist, wie angedeutet, die Ersetzung der hohen Kastratenstimmen – die Kastraten mußten ja oft in einer Art „Hosenrolle" agieren – durch tiefe Männerstimmen, also eine (Wieder)eroberung einer Realitätsdimension. Pergolesis Intermezzo kombiniert als Zweipersonenstück (mit einer pantomimischstummen Zusatzperson) Sopran und Baß. Doch sogar noch in Piccinnis *La buona figliuola* gibt es einen Soprankastraten, der in der Buffa allerdings einer der letzten seines Fachs ist.
Wie in der Opera seria war auch in der Opera buffa die Praxis der Mehrfachvertonung eines Textes üblich – noch über die Phase der Genieästhetik mit ihrer Betonung der Originalität hinaus, die dann eigentlich nur eine einzige optimale Vertonung eines Librettos gestattete. So gibt es von Goldonis *Il mondo della luna* (*Die Welt auf dem Mond*, 1750) Versionen von Piccinni, Haydn und Paisiello. *La finta gardiniera* (*Die Gärtnerin aus Liebe*) wurde 1774 in Rom von P. Anfossi komponiert und aufgeführt, 1775 in München vom jungen Mozart.
In die Mozart-Zeit fallen Werke wie *Il barbiere di Seviglia* von G. Paisiello (Petersburg 1782) und *La molinara* (*Die Müllerin*, Neapel 1788) oder von D. Cimarosa *Il matrimonio segreto* (*Die heimliche Ehe*, Wien 1792), ein Werk, das an Popularität Mozarts Buffoopern weit übertraf. Paisiello griff mit *Il re Teodoro in Venezia* (1784) – nach einem Bericht aus Voltaires *Candide* (1759) von einem zeittypischen Abenteurer, der 1736 kurzzeitig zum König von Korsika geworden war – einen aktuellen Stoff auf. Mozart selbst (▷ 8.5) hob die Gattung der Opera buffa auf, schuf aber keine neuen Modelle, an die unmittelbar hätte angeknüpft werden können. Hier blieb es vielmehr bei der „italienischen" Traditionslinie, die im Geiste der Restauration dann G. Rossini so glanzvoll weiterführte.

8.4 Opernreformen

Der „Buffonistenstreit" (▷ 8.1) und ähnliche Auseinandersetzungen um die Jahrhundertmitte sind Ausdruck und Mittel kulturellen Wandels und einer Veränderung des Bewußtseins: Volkstümliche Musiktheatertypen standen nun im Zentrum der Aufmerksamkeit – jedenfalls bei der Trägerschicht der Aufklärung, bei den am allgemeinen Fortschritt Interessierten.
Dennoch zeigten die beiden musiktheatralischen Hauptformen des Ancien Régime, Tragédie lyrique und Opera seria, einerseits erhebliches Beharrungsvermögen, gestützt eben auf die politisch, sozial und kulturell herrschenden Schichten. Andererseits gab es selbst hier im Zuge der Aufklärung gewisse Reformbestrebungen. Schon die metastasianische Librettodichtung stellt eine Reform dar, nicht zuletzt in Anlehnung an die französische Dramatik, so wie umgekehrt J.-Ph. Ra-

Kapitel 8

meau mit einem wesentlich höheren Gewicht der Musik (▷ 5.20) die französische Operngattung vermittels italienischer Musikelemente reformierte oder doch renovierte.
Innerhalb des Rahmens der Opera seria entwickelten vor allem N. Jommelli und T. Traetta (1758–63 am Hof in Parma, der im Unterschied zum übrigen Italien besonders intensive Beziehungen zur französischen Kultur hatte) Neuerungen durch verstärkte Dramatisierung der Musik. (Traetta bearbeitete u. a. Rameaus *Castor et Pollux*, 1758; 1761 folgte eine neue Vertonung der von G. Durazzo modernisierten *Armida* von Ph. Quinault.) Eine weitere Neuerung innerhalb der Hoftheatersphäre war das von J. G. Noverre nach 1760 in Stuttgart zunächst mit Jommelli, dann mit F. Deller entwickelte Handlungsballett (Ballet d'action). Noverre stellte es als dramatisch-ausdrucksvollen Tanz dem handlungsarmen, vor allem an Schauwerten orientierten Hofballett (Ballet de cour) entgegen und bezog sich bei seinen Neuerungen auf Metastasios Reform. Ein Hauptwerk ist 1763 (mit Deller) *Orfeo ed Euridice*.
Der bei weitem wichtigste Reformer wurde Ch. W. Gluck. Er war bereits als Komponist von Seriaopern hervorgetreten und betätigte sich auch erfolgreich auf dem Gebiet der Opéra comique (▷ 8.6). Zum Reformer wurde Gluck erstmals mit Tanzdramen, anfangend mit dem klassischen Don-Juan-Thema *Le festin de Pierre* (*Der steinerne Gast*, Wien 1761), zusammen mit dem Choreographen G. Angiolini und dem Librettisten R. Calzabigi. Die erste „italienische" Reformoper, ebenfalls in Zusammenarbeit mit Calzabigi entstanden, ist *Orfeo ed Euridice* (Wien 1762). Neu ist die Orientierung an einem klassizistischen Ideal von „Einfachheit", „Natürlichkeit", „Wahrscheinlichkeit" gerade im Bereich der höfischen Seriaoper; damit wird die kunstvolle Zurschaustellung von Virtuosität negiert. Neu ist auch der Rückgriff auf das ursprüngliche mythische Sujet. Sensationell wirkte der Verzicht auf das Seccorezitativ. Wie das Orchester, so erhalten auch der Chor weitaus größeres Gewicht, und – ebenso unter französischem Einfluß – das Ballett, das aber eben in die dramatische Aktion integriert ist. Zum erstenmal sind auch Libretto und Musik so eng aufeinander bezogen und ineinander verwoben, daß eine Mehrfachvertonung – wie in der Seria Metastasios üblich – unsinnig erscheint. Damit wird die Oper zum „Werk" im neuzeitlichen Sinn, das im Prinzip unantastbar ist und in der Aufführung ausgedeutet, aber nicht verändert werden soll. Indiz dafür ist, daß erstmals seit 1639 – abgesehen von Händel-Opern – wieder eine italienische Oper die Ehre der Drucklegung erfuhr (das gab es in dieser Zeit nur bei der Tragédie lyrique). Allerdings bleibt entgegen dem Sinn des Mythos der (höfisch-aristokratische) „lieto fine", der nichttragische Schluß mit einer „festa teatrale" (Theaterfest) erhalten, und ebenso die Verwendung der Kastraten – Orpheus als Kastratenalt.
Glucks Reformen wurden dadurch noch besonders berühmt, daß sich spätere Komponisten wie H. Berlioz oder R. Wagner auf ihn beriefen. Zum andern kam durch den betont gegen die Seriatradition gerichteten Charakter der programmatischen Vorreden – samt entsprechenden Debatten nach den Aufführungen – das Neuartige deutlicher zum Bewußtsein der Zeitgenossen wie der Nachfahren. Geradezu ein Manifest, u. a. in Nachfolge der aufklärerischen Operntheorie F. Algarottis (*Saggio sopra l'opera in musica*, 1754; mehrfach aufgelegt und auch in französischer, deutscher und englischer Übersetzung verbreitet) ist die berühmte Vorrede, die Widmung der „tragedia in musica" *Alceste* (Wien 1767, gedruckt 1769), hauptsächlich wohl von Calzabigi verfaßt. Sie beginnt mit einer Polemik gegen den Opernschlendrian. Ziel sei es, „die Musik wieder auf ihr wahres Amt zurückzuführen: dem Drama in seinem Ausdruck und seinen wechselnden Bildern zu dienen, ohne die Handlung zu unterbrechen oder sie durch unnützen und überflüssigen Schmuck zu erkälten". Im Namen von „Geschmack" und „Vernunft" geht es um „schöne Einfachheit", um „Wahrheit" und „Natürlichkeit". Die „neue Vorstellung des Dramatischen" heißt – umgesetzt dann auch in musikalische Gestaltung – „die Sprache des Herzens, die starken Gemütsbewegungen, die fesselnden Situationen und ein immer wechselndes Schauspiel".
Die klassizistische Neigung zum Antikisch-Monumentalen führt oft zu extremen Vereinfachungen in Harmonik und Tonsatz und erfordert große Aufführungsräume. Calzabigi betont zurecht: „Es sind Stücke für das *Thea-*

Vokalmusik zwischen Rokoko und Spätklassik

136 Arie des Orest (II. Akt, 3. Szene) aus der Oper „Iphigenie auf Tauris" (1779) von Christoph Willibald Gluck

ter und nicht für die Kammer." Heiterer ist dann das letzte Werk mit dem Libretto von Calzabigi, *Paride ed Elena* (Wien 1770).
Den eigentlichen Durchbruch zu internationalem Reformerruhm erzielte Gluck in Paris. Der Attaché der französischen Gesandtschaft in Wien, F. L. Gand Leblanc du Roullet, vermittelte Gluck nützliche Kontakte, etwa zur Opéra und zur Königin Marie-Antoinette, seiner einstigen Schülerin, und bearbeitete für ihn Racines *Iphigénie*. In einem offenen Brief an den Herausgeber der Zeitschrift *Mercure de France* sicherte Gluck sein Vorhaben propagandistisch und taktisch ab. Er lobt die französische Sprache, betont aber, er wolle weder eine französische noch eine italienische Musik schreiben, sondern eine „für alle Nationen, und die lächerliche Unterscheidung der nationalen Musiken verschwinden machen".
Tatsächlich aber war „es ein Schlag gegen die französische Oper und gleichzeitig die Erneuerung der französischen Oper" – „zum erstenmal beweist die Oper ihre Überlegenheit über das gesprochene Drama; zum erstenmal erkennt das Orchester seine Funktion, Dinge zu sagen, Vorstellungen zu erwecken, die das Wort nicht ausdrücken kann, die im Unterbewußtsein der Seele sich regen" (A. Einstein).
Die Uraufführung unter Leitung Glucks 1774 führte zum Streit zwischen Gluckisten und Piccinnisten – absurd dadurch, daß der vor

Kapitel 8

allem als Buffakomponist hervorgetretene Piccinni (▷ 8.3) selber ein Verehrer Glucks war. Französischsprachige Neufassungen von *Orfeo ed Euridice* (1774) (hier ersetzte Gluck z. B. den „unnatürlichen" Kastratenalt für den Orpheus durch einen Tenor) und *Alceste* (1776) sowie schließlich *Iphigénie en Tauride* (1779) festigten den Erfolg Glucks. Musterbeispiel eines Klassizismus, der mit einfachen Mitteln Vielschichtiges sagen kann, ist z. B. die Arie des Orest aus *Iphigenie auf Tauris* (zweiter Akt, 3. Szene) *Die Ruhe senkt sich auf mein Herz*: Die synkopisch-zuckenden unruhigen Ostinati der Viola, die wie verbohrt ausgreifenden Violinfiguren und das unerbittliche Festhalten eines einzigen Tons dementieren seine Hoffnung und zeigen die wahre Verfassung des von den Furien beziehungsweise Eumeniden gehetzten Flüchtigen (Abb. 136, S. 287).

Die Ausstrahlung von Glucks Reformwerk zeigte sich allerdings weitaus mehr im Bereich der französisch- und deutschsprachigen Opernentwicklung, kaum in dem der eigentlichen Opera seria. Schon die programmatisch geforderte Vereinfachung und Zurücknahme des Musikalischen gegenüber dem Dramatischen zog hier eine Grenze der Veränderungsmöglichkeiten.

8.5 Mozarts italienische Opern

So sehr Mozarts italienische Opern – zumal die der Buffatradition – als Inbegriff klassischer Oper erscheinen, und so sehr sie deshalb als weitwirkende Vorbilder erscheinen, so gering war ihr direkter Einfluß auf die aktuelle Opernentwicklung. Im wesentlichen ist Mozart weniger ein (dezidierter) Neuerer oder gar Reformer als ein Komponist, der die Errungenschaften seiner Epoche in einem einzigartigen, „universalen" und dergestalt allerdings auch neuen Idiom zusammenfaßt. Er hat selber mehrfach betont, daß er französische so gut wie deutsche Opern schreiben könne, gab aber dabei doch der italienischen einen gewissen Vorzug.

Am Anfang wie am Ende seines Opernschaffens stehen Opere serie. Noch für den Jugendlichen galt, wie üblich, eine scrittura, ein Auftrag für eine (Seria)oper als gewissermaßen natürlicher Beginn einer Karriere: *Mitri-*

date, rè di Ponto und *Ascanio in Alba* (beide Mailand 1771), *Il sogno di Scipione* (Salzburg 1771), *Lucio Silla* (Mailand 1772) und *Il re pastore* (Salzburg 1775) gehören hierzu, sämtlich Metastasianischen Mustern auch in der Anlage der Musik verpflichtet.

Beim *Idomeneo* (München 1781) entwickelt Mozart – innerhalb der Gattungsgrenzen – eigenständige Vorstellungen, zumal in der Auseinandersetzung mit dem Librettisten, dem Abbate G. Varesco, und mit den Sängern, die ihm „auf den Alten Schlendrian versessen" scheinen. So konfrontiert er „die geschnittenen Nudeln" der Bravour- und Koloraturarie mit „Expreßion". Und er versucht, auch im Interesse des Ausdrucks, den Text beziehungsweise das Rezitativ knapp zu halten. Bezeichnend ist schließlich seine selbstbewußte Antwort auf die besorgte Mahnung des Vaters, er solle „das sogenannte populare" nicht vergessen: „Wegen dem sogenannten Popolare sorgen sie nichts, denn, in meiner Oper ist Musick für alle Gattung leute – ausgenommen für lange ohren nicht."

Mozarts letzte Seria, *La clemenza di Tito* (1791) war ein Auftrag der böhmischen Stände. Anläßlich der Krönung Leopolds II. zum böhmischen König sollte Mozart eine Festoper komponieren. Das Metastasio-Libretto von 1734 über den „milden" römischen Kaiser Titus war ihm vorgegeben. C. Mazzolà veränderte das Libretto in Richtung der Buffaform und reicherte das Werk vor allem mit Ensembles und Finali an, die Mozart, bei aller Knappheit der Zeit und Zwang zur Kürze, doch einiges an Entfaltungsmöglichkeiten seiner Musik gaben. Während die Kaiserin von „deutscher Schweinerei" sprach, lobte Mozart das Libretto als „zu einer wirklichen Oper umgearbeitet".

Seine entscheidenden Werke im italienischen Bereich sind – nach einigen Jugendwerken – drei Buffaopern. Am offensten verwoben in die progressiven Strömungen der Zeit ist *Le nozze di Figaro* (*Figaros Hochzeit*, Wien 1786). L. Da Ponte arbeitete hierfür P. Beaumarchais' *Le mariage de Figaro ou La folle journée* (*Die Hochzeit des Figaro oder Der tolle Tag*, 1784) zu einem meisterhaften Libretto um. Es geht um die Durchsetzung der Liebe und des (bürgerlichen) Rechts gegen (feudale) Willkür. Zur Dialektik der Aufklärung und der Fabel aber gehört es, daß der Graf selber von

Vokalmusik zwischen Rokoko und Spätklassik

der Aufklärung schon berührt ist – er hat auf das „jus primae noctis", das Recht, die Braut jedes Untertanen vor der Eheschließung zu entjungfern, verzichtet. Von Figaros Susanna will der Graf das frühere Recht nun als freiwilliges Geschenk, als Liebe. Mozarts Musik verstärkt die „Verflößung" (ein Begriff Ch. F. D. Schubarts), die Nuancierung und das Ineinanderübergehen differenzierter und differierender Charaktermerkmale – ob solistisch oder im Ensemble. So verzichtet Mozart auf Schwarzweißmalerei bei der Bewertung der Handlungen und Personen. Obwohl die Dorfbewohner einfacher singen als die Herrschaften – in einem Chor mit höhnisch-parodistischen Zügen allerdings –, nähern sich Diener, als selbstbewußte Bürger, den Aristokraten auch musikalisch an. Die „Cavatina" des Figaro *Se vuol ballare ...* (Will der Herr Graf ...) ersetzt mit ihrem Reichtum an musikalisch-dramaturgischen Bezügen und Gesten bei aller Knappheit einen langen Monolog im Sprechschauspiel – so, wie von einer politischen „Entschärfung" durch die Musik generell nicht die Rede sein kann. Solche Fülle und Differenziertheit, verstärkt noch durch einen reichen Orchestersatz mit den Errungenschaften der klassischen sinfonischen Tradition, führte zu dem bekannten Urteil des aufgeklärten Monarchen Joseph II., es gäbe hier „zuviele Noten".

Die antiaristokratische Grundhaltung des *Figaro* spürten sogar die, die gemeint waren. Von da an war Mozart beim Adel in Wien in „Ungnade" gefallen. Für das breite Publikum auf der anderen Seite war seine Musik im Vergleich zur sonstigen Opera buffa wie gar zum deutschsprachigen Singspiel (▷ 8.7) zu kompliziert und anspruchsvoll. Bezeichnenderweise wurde seine zweite große Buffooper in Prag mit seiner besonders weit entwickelten bürgerlichen Kultur uraufgeführt: 1787 als *Il Dissoluto Punito ossia Il Don Giovanni*. Da Ponte und Mozart bezeichnen das Werk zurecht in Abhebung von der gewöhnlichen Opera buffa als „dramma giocoso". Ein „heiteres Drama" ist die Geschichte vom „bestraften Wüstling" freilich nur in einzelnen Teilen und Dimensionen und eben in ihrer Struktur, nicht als Ganzes, besonders in Gestalt des Dieners Leporello und des Bauernburschen Masetto sowie den zahlreichen Verwandlungs- und Verkleidungsscherzen. Allerdings sind Anlage, Idiom und Grundton eben doch die der Opera buffa. Und selbst in der dämonisch-tragischen d-Moll-Szene des Finales mit dem Höllensturz des Don Giovanni gibt es noch einige „lazzi", Späße in der Tradition der Commedia dell'arte.

Das figurenreiche Stück mit einem der großen, in zahlreichen Versionen vor wie nach Mozart verbreiteten „europäischen" Thema verflicht drei soziale Sphären ineinander – wobei die konservativ-höfische von Donna Anna und Don Ottavio mit der relativ konventionellsten Seriaidiomatik komponiert ist. Zu Beginn des zweiten Finales bei der Vorbereitung des Festmahls montiert Mozart als geistreichen musikalischen Scherz in die Tafelmusik auf der Bühne Zitate ein, etwa eine (absichtlich ziemlich triviale) Wendung aus *Una cosa rara* (1786) von dem (damals erfolgreicheren) V. Martín y Soler. Die Zitate werden im Text kurz kommentiert und ironisch mit der Gier Leporellos aufs Essen verbunden, sogar das Selbstzitat – „die Musik kommt mir äußerst bekannt vor" – aus dem *Figaro (Non più andrai ...),* das allerdings musikalisch um so mehr gegen die Konkurrenz absticht.

Neben dem „imbroglio", der kompositorisch planmäßigen „Verwirrung" im Sextett (Nr. 19) des II. Akts, ist ein Höhepunkt von Mozarts Kunst der Charakterisierung und der Verbindung von Verschiedenem die Ballszene im Finale des I. Aktes. Hier schichtet Mozart in drei Orchestern drei verschiedene, sozial bestimmte Tanztypen übereinander. Mit dem Orchester auf der Bühne tanzen und singen Donna Elvira, Donna Anna und Don Ottavio das höfische Menuett. Ihm kontrastiert im 3. Orchester der „Deutsche Tanz" als bäuerlich-ländlicher Tanz von Leporello und Masetto. Mit einem bürgerlichen Kontertanz versucht Don Giovanni, Zerlina endgültig zu verführen. Dies wie die heftig bewegte Verhinderung seines Vorhabens sind als weitere Dimension in die dramatische Konfrontation dreier musikalisch-sozialer Sphären integriert.

Umstrittener in der historischen Rezeption ist die Opera buffa *Così fan tutte* (Wien 1790). Das Libretto, nochmals von Da Ponte, hat von der fast mathematisch-schachspielartigen Anlage der Handlung und der „frivolen" Stofflichkeit des doppelten Partnertauschs samt Spiel und Täuschung Züge des Rokoko. Aber Mozart gestaltet mit seiner Musik einerseits sogar ironische Doppelbödigkeit; andererseits macht er mit dem Spiel auch Ernst – es geht, ungeachtet der Verstellung auf der Szene, um wirkliche Gefühle. Das – auch gesungene – innerdramatische „fabula docet", die Moral von der Geschichte „So machen's alle", ist als Fazit der neuen und bitteren Erfahrung der jungen Liebenden mit ihrem Zuwachs an Weltverständnis ebenso wie das große Thema und der Gehalt der heiteren Oper in doppeltem Sinn humanistische Aufklärung über die Schwierigkeit der Verwirklichung wahrer Liebe.

8.6 Der französische Typus: Opéra-comique

Daß es beim „Buffonistenstreit" (▷ 8.1) nicht primär um nationale Stile oder Sprachen ging, sondern um Fragen der Opernästhetik wie etwa der Rolle der Musik und der Sprache oder der Möglichkeiten einer neuen, „natürlichen", realistischen Kunst, zeigte 1752 J.-J. Rousseau in seinem idyllisch-pastoralen *Le devin de village (Der Dorfwahrsager)*. Hier komponierte er, der radikale plebejische Aufklärer, der die französische Sprache als schlechthin ungeeignet fürs Musiktheater erklärte (*Brief über die französische Musik*, 1753), in eben dieser Sprache eine Art französischer Opera buffa – sogar mit Musikalisierung der Dialoge. Das Stück hielt sich auf der Pariser Bühne bis 1829. 1766 erschien in London eine englische Version von dem Musikschriftsteller Ch. Burney. Und 1768 komponierte Mozart den Stoff als *Bastien und Bastienne* nach einem Libretto, das seinerseits auf einer Parodie des *Dorfwahrsagers* 1753 durch Ch. S. Favart basiert.
Im volkstümlichen französischen Typus des Schauspiels mit Musik beziehungsweise Singspiels auf dem städtisch-plebejischen Théâtre de la foire (Jahrmarktstheater) gab es – abgesehen von der schon gegen Anfang des Jahrhunderts preisgegebenen Pantomime und Improvisation – nur gesprochenen Dialog. Gewissermaßen als Kreuzung dieses Typs mit der Opera buffa entwickelte sich dann die Opéra-comique mit ihrem ebenfalls nur gesprochenen Dialog. Bei diesem setzte sich dann rasch gegenüber der Variante des Vers-Dialogs die Prosa durch. Anders als im Einzel- und Sonderfall *Dorfwahrsager* bleibt also mit der Kombination von Sprechen und Singen die strukturelle Differenz zur Opera buffa gewahrt. Auch das Rezitativ der Tragédie lyrique war (so H. Wichmann) „in erster Linie als gesprochen gedacht" (allerdings als höchst kunstvolle, der Deklamation der klassizistischen Tragödie nachgebildetes Sprechen). Rousseau selbst bezeichnet in seinem berühmten *Dictionnaire de musique* (1767) dann als „das beste Rezitativ dasjenige, in dem man am wenigsten singt".
Ein wesentliches Merkmal schon der Vaudevillekomödie ist der Vorrang des musikalischen Typus Tanzlied mit einfacher Periodik und Melodik, dazu die Einschaltung von Tänzen (auch Rousseau verwendet Forlane, Menuett, Allemande und ein „Air à danser", ein „Lied zum Tanzen"). Hauptentwicklungstendenz schon vor 1750 war die Wechselbeziehung von Musikalisierung der Komödie und Dramatisierung der Musik. Hier spielte nicht zuletzt das Vorbild der Opera buffa eine erhebliche Rolle. Bezeichnend ist die Vereinigung von Théâtre de la foire und Comédie Italienne zum Théâtre Italien im Jahr 1762. Eine weitere Beschränkung der Musikentfaltung fiel 1758 mit Aufhebung der Regelung im Gefolge des Opernmonopols, welche die Anzahl der neuen Ariettes pro Stück festgelegt hatte. Die entscheidenden Gründe liegen aber auch hier im Aufstieg des „dritten Standes", der an Ideengehalt, Handlung, Charakterzeichnung, Text, Musik wachsende Anforderungen stellte.
Besonders in den 1760er Jahren wuchs der Anteil der zunächst ergänzenden Originalmusik sprunghaft, das heißt neue Lieder (airs nouveaux) anstelle der verallgemeinernd-standardisierten Vaudevilles (Refrainlieder als Neutextierungen auf bekannte, auch in eigenständigen Sammlungen verbreitete Melodien). Als rondoartig angelegtes Finale überlebte das Vaudeville noch lange, so etwa auch in Mozarts *Entführung aus dem Serail* (1782). Außerdem wurde als Gegenbewegung zur Tendenz wachsender Verwandlung der „kleinen", geringe Ansprüche stellenden Opéra-comique in eine „große", richtige Oper im

Vokalmusik zwischen Rokoko und Spätklassik

Jahrzehnt vor Beginn der „Großen Revolution" die traditionelle Vaudevillekomödie als „comédie vaudeville" beziehungsweise „comédie à couplets" wiederbelebt. Ein wesentliches Merkmal der Opéra-comique ist der Zeit- und Aktualitätsbezug. Dabei ist die Hochblüte der Aufklärung Grundlage ihrer Entfaltung. Neben der etwas forcierten Naivität und Simplizität von Stücken wie dem *Dorfwahrsager* mit Schäferinnen und Schäfern entfaltete die Gattung ein breiteres Panorama von Szenen aus dem bürgerlichen Leben, aus der Realität und dem Alltag des „dritten Standes". Die ihm ebenfalls angehörenden Bauern und ihre Welt werden in der Regel allzu idyllisierend dargestellt. Die Einfachheit, Wahrheit, „Natürlichkeit" des „dritten Standes" und seiner Selbstinszenierung auf der Bühne des volkstümlichen Musiktheaters wird mit aristokratischer „Unnatur" konfrontiert – die, je näher 1789 rückt, in desto finstererer Beleuchtung erscheint. Nicht zuletzt entsprechend der sich ausbreitenden Mentalität der „Empfindsamkeit" (sensibilité) und parallel mit der wachsenden Bedeutung der Musik, schwindet in der Opéra-comique und in der Opera buffa während der 1760er Jahre der Charakter des Nurkomischen im eigentlichen Sinn, indem sich das Rührende, das „Larmoyante" von einzelnen Szenen auf das Ganze ausdehnt. Unter dem Eindruck von Theorien und Mustern besonders D. Diderots (▷ 8.3) schrieben Dichter wie M. J. Sedaine, J. F. Marmontel bürgerliche „Rührstücke", in denen nun auch Angehörige des „dritten Standes" auf dem Theater voll ernstgenommen werden. Es zeigt sich auch hier die kultur- und ideengeschichtliche Differenz zwischen vorherrschend höfisch-aristokratisch orientiertem Rokoko und vorherrschend bürgerlicher „Empfindsamkeit".
Ein weiterer Typus, von Operntheorie wie Operntradition als besonders musikträchtig legitimiert, war das Märchen- und Zauberstück, z. B. von E. R. Duni *La fée Urgèle* nach einem Libretto Favarts (1765). Den Erfolg des mit zahlreichen Werken zwischen 1757 und 1770 aktiven Duni übertrafen noch F.-A. Philidor, Gründer der epochemachenden „Concerts spirituels" und P.-A. Monsigny. Philidor komponierte sämtliche Typen der Opéra-comique, u.a. *Le jardinier et son seigneur* (1761), *Le sorcier*, *Tom Jones* (1765), *La belle esclave* (1787). Mit Sedaine als Librettisten verband Monsigny nachhaltig Idyllik und Sozialkritik etwa in *Le roy et le fermier* (1762) und *Rose et Colas* (1764); ein ausgesprochenes Zeitstück mit dem Problem des zum Militärdienst gepreßten Soldaten war *Le déserteur* (1769), dem Charakter nach ein Rührstück wie auch *Félix ou L'enfant trouvé* (1777).
Sogar Ch. W. Gluck bearbeitete beziehungsweise komponierte zwischen 1755 und 1763 mehrere Werke der Gattung. Eine auf kaiserlichen Befehl 1752 nach Wien gekommene französische Theatertruppe – im übrigen Teilmoment einer politischen Umorientierung durch das Bündnis mit Frankreich – spielte sowohl Komödie wie auch Opéra-comique. Gluck bearbeitete zunächst einige Werke und reicherte sie vor allem mit Musik an, mit „airs nouveaux", entsprechend der allgemeinen Entwicklungstendenz der Gattung. So etwa bei dem auf A. R. Lesage und d'Orneval (1718) zurückgehenden Stück *La fausse esclave* (*Die falsche Sklavin*, 1758); bei *Le cadi dupé* (*Der betrogene Kadi*, 1761) ersetzt Glucks Musik die von Monsigny. Sein Hauptbeitrag ist (nach A. Einstein) *La rencontre imprévue* (*Die Pilger von Mekka*, 1764). Hier hat schon das Libretto eine Vorlage des „Jahrmarktstheaters" von 1731 „nobilitiert" und den Harlekin verbannt. Musikalisch bringt Gluck hier, neben drastischem Naturalismus etwa der Charakterisierung von Bettelmönchen und Tonmalereien nach französischem Geschmack, Elemente der Opera buffa besonders in die Melodik ein.
Von Umfang wie stofflich-musikalischer Spannweite und sozialer Reichweite der Produktion her am wichtigsten wurde A.-E.-M. Grétry. Komödien sind dabei nur ein relativ geringer Teil seines Gesamtwerks – etwa *L'ami de la maison* (1771) oder *La fausse agie* (1775) nach Texten von Marmontel oder *Le tableau parlant* (1769; Libretto von L. Anseaume). Eng an die dramatische Musik der Opera buffa lehnen sich an *Les deux avares* (1770; Libretto C. G. Fenouillot de Falbaire), *Les méprises par ressemblance* (1786; J. Patrat, nach den *Menaechmi* von Plautus, weiter drei Werke auf Libretti des Engländers T. Hales (französisch d'Hèle): *Le jugement de Midas*, *L'amant jaloux* (1778) und *Les événements imprévus* (1779).

„Où peut-on êt-re mieux, où peut-on êt-re mieux qu'au sein de sa fa-mil-le?"

137 Melodie des Quartetts aus der Opéra-comique „Lucile" (1769) von André-Ernest-Modeste Grétry

Dramaturgisch konservative Libretti mit der Beschränkung der Handlung auf den Dialog lieferte Marmontel. *Le Huron* (1768) zeigt im Sinne Rousseaus den Wilden als besseren Menschen – bezeichnenderweise stellt sich freilich heraus, daß der „Hurone" der Sohn eines in Amerika gefallenen Franzosen ist und daraufhin also seine Aristokratin ehelichen kann. Rührstücke sind auch *Lucile* (1769) und *Silvain* (1770) – das Quartett aus *Lucile* mit dem geradezu sprichwörtlichen „Wo läßt sich's wohler sein als im Schoß der Familie?" („Où peut-on être mieux qu'au sein de sa famille?") diente noch in der Restaurationszeit für Familienfeiern (Abb. 137). *Zémire et Azor* (1771), einer der größten Opernerfolge der Zeit, verbindet traditionelle „féerie" mit dem auf die romantische Oper vorausweisenden Erlösungsgedanken.

Besonders wichtig wurde die Zusammenarbeit des führenden Textdichters Sedaine mit Grétry. Er verstand sich als Librettist, der sich auf musikträchtige Handlungen und Situationen konzentriert und gegebenenfalls sogar Feinheiten der Textgestaltung zu opfern bereit ist, damit das Drama „nichts als der Sockel für die Statue" Musik sei. *Magnifique* (1773) bringt als Neuerung die Verbindung von Ouvertüre und Anfangsszene mit musikalischer Schilderung der (historischen) Straßenkulisse ein. Nach *Aucassin et Nicolette* (1779) folgt als ein Hauptwerk *Richard Cœur-de-Lion* (Richard Löwenherz, 1784). Geschichtsträchtig wurde die Oper durch die Einführung eines Erinnerungsmotivs – als solches dient das Lied von Richards Troubadour Blondel *ô Richard, ô mon roi*, der mit Hilfe des beiden vertrauten Lieds das Gefängnis Richards herausfindet.

Bereits in die Revolutionszeit fallen das Schauerstück vom Blaubart *Raoul Barbe-bleu* (1789) und – mit heroischen Volks- und Aufstandsszenen – (als letztes Werk mit Sedaine) *Guillaume Tell* (1791). Ebenfalls zum Genre der Revolutionsoper gehören auch *Denys le tyran* und *La rosière républicaine* (beide 1794). Mit Grétrys Werk geht die Opéra-comique in die „Rettungsoper" und Revolutionsoper über, wie sie dann als Übergang zur „Grand Opéra" unter anderem E. N. Méhul, J.-F. Le Sueur, D. F. E. Auber oder L. Cherubini ausprägten (▷ 8.9).

8.7 Singspiel

Das strukturelle Grundprinzip gesprochener (Prosa)dialog gegen gesungene (versifizierte) und instrumentale Musikpassagen gilt auch für die sonstigen nationalsprachlichen Ausprägungen des volkstümlichen Musiktheaters (mit Ausnahme der Opera buffa). Eine gewisse Eigenständigkeit zeigt besonders die spanische und die englische Ausformung – Zarzuela, Tonadilla, Sainete sowie Ballad-opera. Diese hatte ihre Blütezeit noch vor der Jahrhundertmitte, ausgehend von der epochemachenden *Beggar's opera* (1728) (Text J. Gay, Musik J. Ch. Pepusch) mit bislang unbekannter satirischer Schärfe. Unter den zahlreichen Nachfolge- und Nachahmungsstücken ragt 1731 *The devil to pay or The wives metamorphos'd* heraus. Das Stück, so die Ankündigung des Theaterzettels, ist „untermischt mit etwa dreißig neuen Liedern, die zu alten Balladenmelodien und Countrydances gesetzt sind" (von Ch. Coffey). Es handelt sich also im wesentlichen, wie beim Vaudeville, um Arrangements. 1737 setzte ein Theatergesetz mit scharfen Zensurbestimmungen der Gattung fast ein Ende. Übergang und Nachfolge schufen (oft mit Autoren der Ballad-opera wie J. Gay und H. Fielding) W. Boyce und Th. A. Arne. Um 1760 war auch hier die neue Stufe einer jeweils spezifischen Originalmusik statt vorwiegender Verwendung von populären Melodien oder von Opernparodien erreicht. Komponisten waren u. a. Th. Linley sen., Ch. Dibdin, M. Kelly, S. Storace, S. Arnold. Dieses Singspiel (unter verschiedenen Namen wie Ballad farce, Operetta, Comedy with songs) ist musikalisch reicher, aber um den Preis der sozialkritischen

Vokalmusik zwischen Rokoko und Spätklassik

138 Szenenbild aus dem Singspiel „Die Bergknappen" (1778) von Ignaz Umlauff (Kupferstich von Carl Schütz; Wien, Österreichische Nationalbibliothek)

Zähmung. Besonders von England kam nun der erste Anstoß für das deutsche Singspiel. *The devil to pay* von Coffey wurde schon 1731 in Paris aufgeführt, dann 1743 in Berlin und 1767 in Wien. Die Aufführung 1752 in Leipzig in einer neuen Übersetzung von Ch. F. Weiße und mit Musik von J. C. Standfuß als *Die verwandelten Weiber oder Der Teufel ist los* wurde dann zum Ausgangspunkt für die rasche Weiterentwicklung des deutschsprachigen Singspiels.

Hier wurde mit einem höheren Anteil an spezifischer Musik statt des englischen Typs der neuere französische Typus zum Vorbild. So vermehrte J. A. Hiller in einer von ihm veranlaßten neuen Textfassung der *Verwandelten Weiber* 1766 die Zahl der Musiknummern von 18 auf 37. Weitere Singspiele von Hiller, basierend auf französischen Vorlagen vor allem von Favart, sind *Lottchen am Hofe* (1767), *Die Liebe auf dem Lande* (1768), *Die Jagd* (1770) nach *La partie de chasse de Henri IV* von Ch. Collés. Der Horizont ist in der Regel (noch) enger, eingeschränkt auf bürgerliches und ländliches Milieu mit starker Neigung zu Idyllik und Verklärung, allerdings direkt oder indirekt meist mit antihöfischer Spitze. Dabei wird die Ständeklausel so umgesetzt, daß Personen von „Stand", also Adlige, Arien singen dürfen (oder müssen), während der „dritte Stand" der Bauern und Bürger bei Liedern und Arietten bleibt. Charakteristisch ist aus *Die Jagd* das damals zum Schlager gewordene Lied des Hannchen *Als ich auf meiner Bleiche...*: einfache, überschaubare Zweitakter, geringer Ambitus der Melodik, die diatonisch mit kleinen Vorhaltsmelismen gebildet ist.

Kapitel 8

„Bei Hiller schon", so H.-A. Koch, „mehr noch bei seinen Nachfolgern nimmt der Anteil der Musik erheblich zu. Dies veranlaßt das Engagement von Sängern in den Schauspieltruppen und die Vergrößerung der Orchester." So führte G. A. Benda mit *Walder* (1776) das Accompagnatorezitativ aus der Opera seria ins Singspiel ein. Ein Erfolgsstück war auch Bendas *Der Dorfjahrmarkt* (1775). Weitere Komponisten waren J. André z. B. mit *Erwin und Elmire* (1775; Text von Goethe) oder Ch. G. Neefe mit *Die Apotheke* (1771), *Adelheit von Veltheim* (1780) und andere. Mehrfach Goethe-Texte verwendete J. F. Reichardt (*Jery und Bätely,* 1789; *Erwin und Elmire,* 1791), der auch einen größeren Anteil der Musik anstrebte.

Reichardt versuchte auch, mit dem *Liederspiel* eine neue Gattung einzuführen. Es erscheint bereits als Gegenbewegung zu der Tendenz der Annäherung an die Oper wie auch als patriotische, antifranzösisch gefärbte Reaktion auf Revolution und Romantik, wenn Reichardt anläßlich seines ersten Liederspiels (*Lieb und Treue,* 1801) den Begriff begründet „weil Lied und nichts als Lied den musikalischen Inhalt des Stückes ausmachte". In der Nachfolge, etwa mit *Frohsinn und Schwärmerei* (1801) von F. H. Himmel, verwischte sich bald der Unterschied zum Singspiel. Das Liederspiel lebte dann, beginnend mit *Die schöne Müllerin* 1816 von L. Berger, in einer nichtszenischen, konzertanten Variante weiter.

Reicher und weiterreichend war eine andere Gattung: das *Melodrama.* Ausgangspunkt war hier die „lyrische Szene" *Pygmalion* (1770) von J.-J. Rousseau. Das strukturelltechnisch entscheidende Merkmal ist eine Art Umgehung des Rezitativs durch eine spezifische Kombination von Sprechen und Instrumentalmusik: Das Orchester erläutert, untermalt, kommentiert – zeitgleich oder zeitversetzt (antizipierend oder nachträglich) – das Sprechen (Monolog beim Monodrama, Dialog bei Einführung mehrerer Personen) und die Handlung beziehungsweise Aktion. Das Muster wurde das „Duodrama mit musikalischen Zwischensätzen in einem Akt" *Ariadne auf Naxos* (1775) von G. A. Benda.

Benda entwickelte hier in Umsetzung des Accompagnatorezitativs einen kurzgliedrigen, dichten Orchesterkommentar mit ausdrucksgeladenen Erinnerungsmotiven. Das Prinzip wie Bendas Verfahren beeindruckte noch Mozart, der mit *Zaide* (1781) sogar ein eigenes Melodrama komponierte.

Den durchschlagenden Erfolg wiederholte Benda mit *Medea* (1775), einem einaktigen Mehrpersonenstück samt stummen Rollen nach einem Text von F. W. Gotter. Den Vorrang des Theaters zeigt die Gattungsbezeichnung als „Ein mit Musik vermischtes Drama".

Weitere Beispiele der Gattung sind *Sophonisbe* (1778) von Ch. G. Neefe, der sogar Chor einsetzt, *Ino* (1779) von Reichardt und andere mehr. Schon Anfang der 1780er Jahre erlosch die Neuproduktion von selbständigen Melodramen weitgehend, auch wenn einzelne Werke wie die von Benda bis weit ins 19. Jahrhundert populär blieben. Wichtig und lebendig aber blieb das Melodramprinzip. Einerseits in Gestalt von Konzertmelodramen – vor allem Balladen mit Klavier- oder Orchesterbegleitung, z. B. *Tamira* (1788) von J. R. Zumsteeg –, andererseits innerhalb von Schauspiel- beziehungsweise Bühnenmusiken wie Beethovens Musik zu Goethes *Egmont* oder als Teil von Opernszenen, z. B. die Kerkerszene im *Fidelio* oder die „Wolfsschluchtszene" aus dem *Freischütz* von Carl Maria von Weber.

Neben der mitteldeutschen (Hiller), norddeutschen (Reichardt) und der vor allem von J. R. Zumsteeg vertretenen süddeutschen Linie des deutschsprachigen Singspiels hat dessen Wiener Ausprägung eine besondere, eigenständige Entwicklung.

Die Anfänge liegen im Barocktheater. Selbst aus der Opera seria entwickelte J. A. Stranitzky, nach O. Rommel der „Ur-Hanswurst der Haupt- und Staatsaktion", komische Szenen. Seine Nachfolger G. Prehauser und J. J. F. von Kurz, nach der von ihm verkörperten Figur Kurz-Bernardon genannt, bildeten dann deutlicher die Wiener Volkskomödie mit Musik aus. Sie erscheint (so G. Knepler) in zwei Hauptformen: Zauberburleske und Sittenstück.

Für Kurz-Bernardons *Der neue krumme Teufel* komponierte 1751/52 sogar J. Haydn eine neue (nicht erhaltene) Musik. Der in drastischer Komik enthaltene rebellische Gestus der Bernardoniade führte – ebenfalls im Epochenjahr 1752 – zu einem kaiserlichen Edikt.

294

Im Geist einer gereinigten, „regelmäßigen" Schaubühne nach den Vorstellungen des rationalistischen Theaterreformers J. Ch. Gottsched wurde das Lokalplebejische verboten: „... die comedie solle keine andern compositionen Spillen als die aus den frantzösisch oder wälisch [italienisch] oder spanisch theatris herkommen", die „hiesigen" allenfalls unter Tilgung von Zweideutigkeiten und „schmutzigen Worten". Zusammen damit wurden anstelle der Improvisation „wol ausgearbeitete Piecen" verlangt.

Einen Aufschwung – nun freilich mit Entschärfung des ursprünglichen kritischen Gehalts – nahm dann die Volkskomödie mit Musik durch eine weitere Reform von oben. 1778 ließ Joseph II. dem „Hof- und Nationaltheater" als musikalische Ergänzung ein „Teutsches Nationalsingspiel" anschließen. Eröffnet wurde es mit dem „Original-Singspiel von einem Aufzuge" *Die Bergknappen* (Text von P. Weidmann, Musik von I. Umlauff; Abb. 138, S. 293). Gegenläufig zum außerösterreichischen deutschsprachigen Singspiel dominiert hier in den Werken gegenüber dem Wort die Musik – nicht zuletzt auch, weil die Darsteller Sänger und nicht Schauspieler waren. Für Repertoire und Stil blieb (so H.-A. Koch) charakteristisch „die recht wahllose Mischung verschiedener Stilelemente und das Ausplündern des Formenschatzes von Opera buffa, Opéra-comique und Opera seria ... Da stehen große italienische Koloraturarien neben ausgesprochenem Bänkelsang, aus der Seria stammen die Accompagnato-Rezitative; neben Ensembles mit Ansätzen zu musikalischer Personencharakteristik stehen volkstümliche Lieder, Ländler und Chöre mit eingeschlossenen Soli. Virtuose Effekthascherei wechselt mit empfindsamen Passagen." Bis zu seiner Schließung 1788 hatte das Unternehmen trotz der Konkurrenz der italienischen Hofoper mit A. Salieris *Rauchfangkehrer* (1781) und Mozarts *Entführung* (1782) Erfolge. Sie wurden noch durch die Popularität der musikalisch einfacheren Singspiele *Doktor und Apotheker* (1786), *Der Betrug durch Aberglauben* (1786), *Liebe im Narrenhause* (1787) von K. Ditters von Dittersdorf übertroffen.

Die nach der Aufhebung des Theaterprivilegs ab 1780 als Geschäftstheater eingerichteten Vorstadttheater liefen dem „Nationalsingspiel" allmählich den Rang ab. Als harmloser Nachfolger des Hanswurst etablierte sich der Kasperl, unter anderem mit J. Perinets Zaubermärchen *Kaspar der Fagottist oder die Zauberzither* (1791). Diese Linie der Zauberburleske verfolgten dann Werke wie *Das Donauweibchen* (1795) von F. Kauer. Die Tendenz der Annäherung an die Oper zeigen z. B. *Das Sonnenfest der Brahminen* (1790) von K. F. Hensler mit Musik von W. Müller. Hierzu gehören unter anderem auch P. Wranitzkys *Oberon* (1791), F. X. Süßmayrs *Der Spiegel von Arkadien* (1795) und *Soliman II.* (1799), P. von Winters *Der Zauberflöte zweyter Theil: Das Labyrinth oder der Kampf mit den Elementen* (1797) – einer der vielen vergeblichen Versuche des Theaterdirektors E. Schikaneder, an die epochemachende *Zauberflöte* Mozarts anzuknüpfen.

Singspielhaft-idyllisch bleiben J. B. Schenks *Dorfbarbier* (1796) oder J. Weigls *Schweizerfamilie* (1809). Bereits auf die Fortsetzung der beiden Traditionslinien und Hauptformen Zauberburleske und Sittenstück durch F. Raimund und J. Nestroy, auf Biedermeier beziehungsweise Vormärz verweisen die Ausläufer der Wiener musikalischen Volkskomödie in der Zauberposse, die ihrerseits schon die Zaubermärchen parodiert – so z. B. A. Bäuerles *Verwunschener Prinz* (1818) nach Grétrys *Zémire et Azor* (1771), K. Meisls *Orpheus und Euridice oder So geht es im Olympus zu* (1813) mit Musik von F. Kauer und Bäuerles *Aline oder Wien in einem andern Welttheil* (1822) mit Musik von W. Müller.

8.8 Mozarts deutschsprachiges Musiktheater

Wie in der italienischen, so stellen auch im Bereich der deutschsprachigen Oper Mozarts Werke einen Höhepunkt und eine Epochensynthese dar. Goethe, selber sehr aktiv bei der Entwicklung eines deutschsprachigen Musiktheaters, hat das bemerkt: „Alles unser Bemühen ... ging verloren, als Mozart auftrat. *Die Entführung aus dem Serail* schlug alles nieder."

Erste Ansätze mit deutschsprachigen Libretti waren das noch fast kindliche einaktige Singspiel nach französischer Vorlage *Bastien*

Kapitel 8

und Bastienne (1768), eine Schauspielmusik (Chöre und Zwischenakte) zu dem „heroischen Drama" *Thamos, König in Ägypten* KV 345 (1779) des T. Ph. Freiherrn von Gebler und das unvollendet gebliebene zweiaktige Singspiel *Zaide* von 1779. Auch für diese Entwicklungsphase Mozarts überwiegen also bei weitem die italienischen Opern. Mit der *Entführung aus dem Serail* (1782) griff Mozart einen verbreiteten, bereits als Singspiel (▷ 8.7) komponierten Text auf samt einem im Zuge der „Türkenmode" aktuellen und populären Stoff. Während der Kompositionszeit gab Mozart sich und seinem Vater Leopold in Briefen ausführlich Rechenschaft und entwickelte seine bereits zum *Idomeneo* (1781) entworfene Opernästhetik auf hohem Reflexionsniveau weiter. So meint er: „Bey einer opera muß schlechterdings die Poesie der Musick gehorsame Tochter seyn." Das bedeutet aber gerade nicht, wie oft mißdeutet, Gleichgültigkeit gegenüber dem Text als Sprachwerk wie als Libretto. Vielmehr kümmert sich Mozart speziell auch hier noch um kleinste Details und fordert als Ideal, daß „ein guter komponist der das theater versteht, und selbst etwas anzugeben im Stande ist, und ein gescheider Poet ... zusammen kommen." Er operiert mit sehr komplexen musikalisch-theatralischen Bezügen. So verändert er am Ende der Arie des Osmin im I. Akt (Nr. 3) überraschend Tempo und Tonart: „... denn, ein Mensch der sich in einem so heftigen zorn befindet, überschreitet alle ordnung, Mass und Ziel, er kennt sich nicht – so muß sich auch die Musick nicht mehr kennen." Zugleich aber bewahrt er bei aller Realistik der Charakterisierung klassisches Maß: „weil aber die leidenschaften, heftig oder nicht, niemal bis zum Eckel ausgedrückt seyn müssen, und die Musick, auch in der schaudervollsten lage, das Ohr niemalen beleidigen, sondern doch dabey vergnügen Muß, so habe ich keinen fremden ton ... zum ton der aria sondern einen befreundten dazu ... gewählt." Generell ist Mozarts Musik entwickelter, reicher und differenzierter als die des gleichzeitigen Singspiels, auch des österreichischen. Wie dieses orientiert er sich vorzugsweise an der Musik der Opera buffa. Sogar den Typus der „wälschen", d. h. italienischen Bravourarie führt er mit der Arie der Konstanze im I. Akt (Nr. 6, *Ach ich liebte, war so glücklich*) ein, auch „der geläufigen gurgel" der Hauptdarstellerin zuliebe, versucht aber, doch soviel als möglich expressiv zu bleiben. Für den Schluß folgt er mit dem „Vaudeville" französischen Mustern. Schließlich gehen in die besonders reich abschattierte Gestalt des Osmin auch autobiographische Erfahrungen mit dem Salzburger Hof samt entsprechenden antiaristokratischen Affekten ein. Trotz aller Differenziertheit verzichtet Mozart aber nicht auf „Lärmen" und „Effekt" (zumal in der „Janitscharenmusik") mit der Absicht, Beifall und Erfolg zu gewinnen, bleibt also aufgeklärter Wirkungsästhetik verpflichtet – so wie er generell sich an deren Gedankenwelt in der entwickelten, sensualistisch geprägten Phase orientiert.

Nicht einmal ein Jahrzehnt liegt zwischen Mozarts spezifischer Ausschreitung und Ausprägung der Gattungsmöglichkeiten des Singspiels und seiner Aufhebung im größeren Ganzen einer Oper, die mit dem Element des gesprochenen Dialogs ein wesentliches strukturelles Merkmal des volkstümlichen Musiktheatertyps bewahrt.

Nach dem sacht-parodistischen Topos eines Spiels im Spiel mit dem *Schauspieldirektor* (1786), ebenfalls auf ein Libretto von G. Stephanie d. J., griff Mozart erst wieder 1790/91 zu einem deutschsprachigen Text. E. Schikaneder, seit 1789 zugleich Direktor des Freihaustheaters auf der Wieden (später Theater an der Wien), mischte in seinem Libretto für *Die Zauberflöte* produktiv Volkskomödie und Seria, Spaß und Ernst, Naives und Trivial-Erhabenes – wobei die Freimaurerideen, ungeachtet mancher Plattheiten der Textgestaltung, dem Werk eine tiefere und weitere Dimension geben: populäre, dem Josephinismus verpflichtete Spätaufklärung in einer historischen Phase, die im europäischen Maßstab bereits im Zeichen der Französischen Revolution steht.

Musikalisch zieht Mozart, der einst durchaus patriotisch fürs „Teutsche" plädierte, eine Summe kollektiver wie individueller Erfahrungen im Rahmen der populären Gattung. Er realisiert eigentlich, außerhalb der offiziösen, höfischen Kultursphäre, die in den 1770er Jahren in Weimar und Mannheim anvisierte ernste, große „deutsche Oper", die zwischen Singspiel und seria schwankte (u. a. *Alceste*, 1773, von A. Schweitzer nach einem

Vokalmusik zwischen Rokoko und Spätklassik

Libretto Ch. M. Wielands; *Günther von Schwarzburg*, 1777, von I. Holzbauer). Die Spannweite der verwendeten Materialien und Genres ist so groß wie die integrierende Kraft von Mozarts Verfahren und Idiomatik. So kontrastiert der exzessiven Koloraturarie im Ton der Opera seria, die zugleich die Königin der Nacht (als veraltet) charakterisiert, das simple, gassenhauerartige Auftrittslied des Papageno *(Der Vogelfänger bin ich ja)*. Lied und Marsch, archaisierende Choralbearbeitung mit Fugato beim Gesang der Geharnischten und dramatisches Accompagnatorezitativ, Simplizität und Kontrapunktik, „gelehrter Stil" und „Volkston" – dabei als Grundfarbe und Grundton der eines reifen Humanismus: solche radikale „intersoziale Aneignung" (G. Knepler), d. h. Mischung und Synthese von Elementen verschiedener Musikbereiche, Gattungen und Stile hat die *Zauberflöte* zu einem geschichtsträchtigen, produktiven, aber auch oft kritisierten Werk gemacht. Populär in Gehalt wie Verbreitung war und ist es. Mozart selbst hörte noch mit Genugtuung, wie man es „operone", „große Oper" nannte, und schrieb: „was mich aber am meisten freut, ist der Stille beifall! – man sieht recht wie sehr und immer mehr diese Oper steigt."

8.9 Revolutions- und Rettungsoper

Die allgemeingeschichtliche und auch musikhistorisch wichtige Epochengrenze von 1789 überdauerten – wie schon das Beispiel Mozarts zeigt – (erneuerte) Opera seria und Opera buffa. Mit Komponisten wie G. Paisiello, F. Paer, D. Cimarosa, S. Mayr gibt es hier mehrere Übergänge zur italienischen Oper des 19. Jahrhunderts (▷ 9.32).
Die eigentliche Spiegelung der Französischen Revolution findet sich in der „Rettungsoper". Strukturell setzt sie die Opéra-comique fort mit der Verwendung gesprochener Prosadialoge. In heroisch-monumentaler Thematik, Ton und Gehalt aber knüpft sie vor allem an die französischen „Reformopern" Glucks und seiner Nachfolger an. Schauer und Schrecken, Pathos und Sentiment prägen das Genre. Die Handlung folgt dem Prinzip einer Errettung aus höchster Not und Gefahr. Auch musikalisch ist die Zuspitzung mit jähen Umbrüchen in der Dynamik und Harmonik, mit vorwärtstreibender Rhythmik und relativ einfacher Melodik charakteristisch. Massenszenen und Melodramen über einem reichen sinfonischen Orchestersatz gehören zur Tonsprache. Neben und nach A.-E.-M. Grétry (▷ 8.6) prägen L. Cherubini, unter anderem mit *Lodoïska* (1791; im selben Jahr auch vertont von R. Kreutzer), *Elisa* (1794), *Médée* (1797; mit ungewöhnlichem tragischen Schluß) und *Les deux journées* (*Die Wasserträger*, 1800) und J. F. Le Sueur mit *La Caverne* (1793) die Oper der Revolutionszeit, die auch noch in der Zeit der napoleonischen Kriege Ausläufer hat.
Stofflich und technisch-strukturell bewegt sich auch Beethovens einzige Oper *Fidelio* in den Schemata der „Rettungsoper". Der zugrundeliegende Text von J. N. Bouilly *(Léonore ou l'amour conjugal)* wurde mehrfach, u. a. von P. Gaveaux (Paris 1798), F. Paer (Dresden 1804) und S. Mayr (Padua 1805) vertont. Beethovens Textgrundlage ist eine bearbeitete Übersetzung von J. Sonnleithner, die das radikale republikanische Original glättet. Eine erste Fassung mit dem Titel *Leonore* hat drei Akte (1805). Das Werk hatte schon wegen des infolge der französischen Besetzung Wiens fehlenden oder desinteressierten Publikums keinen Erfolg, noch weniger die Kürzung im Jahr 1806. Erst eine zweiaktige Fassung durch den Regisseur G. F. Treitschke brachte 1814 den Durchbruch.
Während in der *Leonore* Singspiel und heroisches Drama, die kleine Welt des Gefängnisschließers und die große der Gefangenen und des „hohen Paars" der Gatten deutlicher gegeneinander abgegrenzt sind, stoßen sie hier direkter aneinander. Dennoch umspannt Beethovens Idiom – dem nicht zuletzt die *Zauberflöte* Vorbild war (auch sein Auftraggeber war E. Schikaneder) – beide Sphären und vereinheitlicht das Verschiedene, so wie im einzelnen etwa das Quartett Nr. 3 *(Mir ist so wunderbar ...)* auf eine im Kanon geführte Melodie vier kontrastierende Gefühle und Gedanken zum Ensemble vereint. An einem Höhepunkt der Oper, beim Quintett im Schlußakt *O Gott, welch ein Augenblick*, greift Beethoven zunächst in den Instrumenten,

297

dann mit den Singstimmen verzahnt eine sehr frühe Ausprägung seiner „Humanitätsmelodie" wieder auf: die Melodie zu den symbolisch sprechenden Textzeilen „Da stiegen die Menschen ans Licht, / Da drehte sich glücklicher die Erd' um die Sonne" aus dem dritten Teil seiner *Kantate auf den Tod Kaiser Josephs II.* (1790; Abb. 139). Dem pathetisch-deklamatorischen Ausbruch Leonores antwortet Florestan mit seinem bereits in die

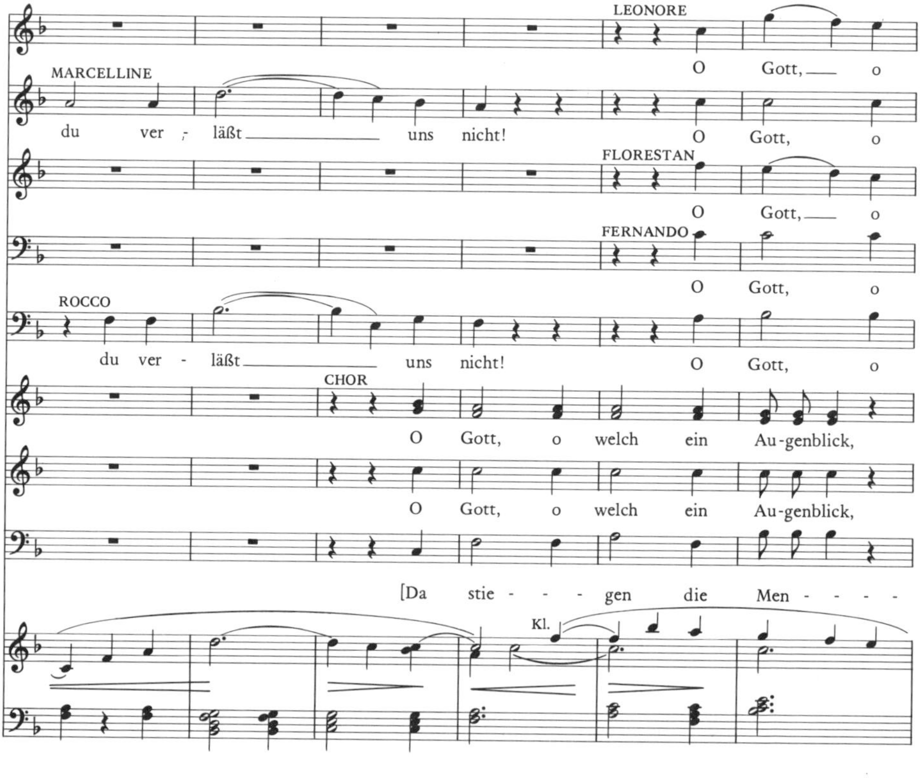

Vokalmusik zwischen Rokoko und Spätklassik

139 Quintett (II. Akt, 8. Szene) aus der Oper „Fidelio" (1805–14) von Ludwig van Beethoven

Kantilene aus der Kantatenvorlage eingebetteten Ausruf. Beethoven greift dann den ursprünglichen Reim der Kantate („... Licht") auf, wenn Fernando und Marcelline/Rocco den Gesang fortsetzend mit „gerecht, o Gott, ist dein Gericht, / du prüfest, du verläßt uns nicht!" das Quintett vervollständigen.

Das oratorienhafte Finale mit der Verwandlung vom Kerker in einen Platz unter freiem Himmel feiert mit dem hohen Lied der Gattenliebe und der Liebe zur menschlichen Gattung Ideale der Französischen Revolution, die 1814 mit dem Beginn der Restauration quer zum herrschenden Zeitgeist standen.

Das Konzert als Aufführungsort

8.10 Oratorium und Kantate

Neben der Oper spielen die anderen großen Vokalgattungen mit öffentlichem Anspruch eine eher untergeordnete Rolle. Anders als das nationalsprachliche, englische Oratorium Händels, das eine genuine und wichtige dramatische Alternative zu (seiner) Opera seria darstellt, ist das italienische Oratorium ein Absenker der Opera seria. P. Metastasio faßte es als geistliche Oper auf. Es ergänzte die tote Saison der eigentlichen Oper (Advents- und Fastenzeit mit Karwoche). Alle Seriakomponisten (und auch die der Opera buffa), zumal die „Neapolitaner" (zum Beispiel L. Vinci, L. Leo, G. B. Pergolesi, N. Jommelli

Kapitel 8

und N. Porpora), beteiligten sich daher an der quantitativ reichen Produktion der Gattung. Zur zweiten Generation, zwischen 1740 und 1781, gehören etwa N. Piccinni, B. Galuppi, P. Anfossi, A. Sacchini sowie F. Gaßmann, I. Holzbauer, J. G. Naumann und auch J. Haydn (*Il Ritorno di Tobia*, 1775) und W. A. Mozart (*La Betulia liberata* auf einen mehrfach vertonten Metastasio-Text, 1771 für Padua). Eine dritte Generation führt das italienische Oratorium noch bis über die Jahrhundertgrenze und die Spätklassik hinaus – etwa D. Cimarosa, G. Paisiello, A. Salieri, K. Ditters von Dittersdorf, J. Weigl und S. Mayr.

Im Zuge der „empfindsamen" Aufklärungsströmung und der Säkularisierung allgemein lockerte sich die kirchliche Bindung besonders im deutschsprachigen Oratorium. Als zunächst wesentlich im protestantischen Bereich entstandene und dort verbreitete Spielart schließt es an Passion und Historia an (▷ 5.28). Epoche machte als Bezugspunkt und Hintergrund der *Messias* (1748–73) von Klopstock mit seinem lyrisch-empfindsamen Pathos und einer von den unmittelbaren biblischen Mustern emanzipierten Stofflichkeit. Wichtigster Librettist wurde K. W. Ramler. Sein *Der Tod Jesu* (1755) hält sich allerdings in den erzählenden Partien an den vom Bibeltext vorgegebenen Ablauf, als Rezitativ vorgetragen. Reflexionen Ramlers erscheinen als Solonummern. Schließlich ist vermittels der Einfügung von parodierten (neu textierten) bekannten Choralmelodien die Beteiligung der Gemeinde beziehungsweise des Publikums vorgesehen. *Der Tod Jesu* entwickelte sich in der Vertonung C. H. Grauns (1755) rasch zu einem bis weit ins 19. Jahrhundert hinein regelmäßig in der Karwoche aufgeführten Standardwerk – als (geistliches) Werk für den Konzertsaal, nicht für den Kirchenraum. Weitere Texte Ramlers sind u.a. *Die Auferstehung und Himmelfahrt Christi*, vertont von G. Ph. Telemann (1760), C. Ph. E. Bach (1778) und C. F. Zelter (1808). Bach komponierte u.a. auch D. Schiebelers *Israeliten in der Wüste* (1769). Durch Verzicht auf einen Erzähler werden Akteure und Sänger identisch. Damit nähert sich das Werk dem „dramatischen", opernhaften italienischen Typ an. Auf eine überkonfessionelle Religiosität zielt Bach mit der ausdrücklichen Bestimmung: „Es ist dies Oratorium in der Anwendung so eingerichtet worden, daß es nicht just bey einer Art von Feyerlichkeit, sondern zu allen Zeiten, in und außer der Kirche, bloß zum Lobe Gottes, und zwar ohne Anstoß von allen christlichen Religionsverwandten aufgeführt werden kann."

Aus der Vielzahl der sonstigen Produktion der Zeit ragen Haydns beide Oratorien heraus. *Die Schöpfung* (1798) basiert (in G. van Swietens Übersetzung) auf einem noch für Händel geschriebenen Text, der seinerseits auf J. Miltons *Paradise lost* (eines der Eposmodelle Klopstocks) zurückgeht. In den berichtenden Seccorezitativen bleibt *Die Schöpfung* ungewöhnlich nah am Bibeltext. Der Weltschöpfer erscheint in diesem „Oratorium der Weltfrömmigkeit", in freimaurerisch-aufgeklärter Anschauung, als ein „Werkmeister" (so H. E. Jacob) nach dem Vorbild bäuerlicher oder handwerklicher produktiver Arbeit.

Musikalisch vereint Haydn die Errungenschaften der klassischen Instrumentalmusik mit der breitflächig-monumentalen Anlage des Händel-Oratoriums. Er verbindet Pathos – etwa die Feier des „Es werde Licht" mit der fortschrittsbewußten Sonnenaufgangsmetapher – und den großen Theater- und Kirchenton mit Liedhaftem und Idyllischem. Die „Largo"-Einleitung zeigt in musikalischer Symbolik – tonale Unbestimmtheit, Chromatik – die „Vorstellung des Chaos" als Musterbeispiel des „Erhabenen" (Abb. 140).

In den *Jahreszeiten* (1801), dem „irdischen" Gegenstück zur „Schöpfung", dominiert über weite Strecken das Idyllische verbunden mit einer Fülle musikalischer Malerei. Haydns *Schöpfung* war das ganze 19. Jahrhundert hindurch das beliebteste, dem musikalischen Laien (Chorsängern und selbst Orchesterspielern) noch zugängliche Werk der Gattung. Seine häufigen Aufführungen durch bürgerliche Konzertvereinigungen spiegelt das Bedürfnis nach einer Kunstreligion oder Religionskunst und die Tendenz, den Konzertsaal dem „Betsaal", das säkulare Publikum der sakralen „Gemeinde" anzunähern.

Von vorwiegend nationaler und zeitgebundener Bedeutung sind demgegenüber Oratorien wie das von Le Sueur anläßlich der Kaiserkrönung Napoleons I. (*Oratorio pour le cou-*

Vokalmusik zwischen Rokoko und Spätklassik

140 Einleitung (Die Vorstellung des Chaos) zu dem Oratorium „Die Schöpfung" (1798) von Joseph Haydn

ronnement), 1804 in Teilen in die Messe eingebaut, vollständig dann bei der Krönung Karls X. (1825). Es eröffnet eine Reihe von Oratorien, die überwiegend im Geist der Restauration das Mittelalter thematisieren. Populäre Weihnachtsoratorien waren vor der Revolution von F.-J. Gossec *La Nativité* (1775) und von J. F. Le Sueur das *Oratorio de Noël* (1786). Gewissermaßen eine Gattungskreuzung – christlich-religiöser Stoff, theatra-

Kapitel 8

141 Aufführung von Joseph Haydns „Schöpfung" im Festsaal der Alten Universität von Wien (Aquarell von Balthasar Wigand auf einer Haydn gewidmeten Kassette, 1808; Wien, Historisches Museum)

lische Form – ist die nachrevolutionäre „biblische Oper", u. a. mit E. N. Méhuls populärem *Joseph* (1808) und mit Le Sueurs *La mort d'Adam* (1809).
Nach dem Tode J. S. Bachs wurde die protestantische (Kirchen)kantate (▷ 5.27) zu einer Gattung zweiten Rangs. Neben höfischen Fest- und Huldigungskantaten italienischer Prägung und einer Traditionslinie der deutschsprachigen weltlichen Kantate (C. H. Graun, G. Ph. Telemann, J. A. Hiller, F. Benda, G. J. Vogler), die zur Konzertkantate des 19. Jahrhunderts führt, gibt es herausragende Einzelwerke, etwa die Freimaurerkantaten Mozarts (KV 471, KV 619, KV 623) oder Beethovens *Kantate auf den Tod Kaiser Josephs II.* (1790). Den Text schrieb der Bonner Literaturprofessor E. Schneider, ein Anhänger der Französischen Revolution.
In der Tradition des Gelegenheitswerks und Herrscherlobs steht Beethovens anläßlich des Wiener Kongresses 1814 entstandene Kantate *Der glorreiche Augenblick* (op. 136), ähnlich auch C. M. von Webers *Kampf und Sieg*

(1815). In diese Zeit fällt auch die bedeutende Kantate auf zwei Goethe-Gedichte *Meeresstille und Glückliche Fahrt* (1814/1815), bei der Beethoven in der Natursymbolik eine politische mitmeint. Keiner herkömmlichen Gattung und Form zuzuordnen ist die in der Anlage ganz originale und eigenständige *Fantasie mit Chören* op. 80 (1808). Eine (Klavier)fantasie ist eigentlich nur die Einleitung. Ihr folgen Variationen und schließlich der Chor mit einer Vorwegnahme der *Freudenmelodie* aus der 9. Sinfonie.
Neben den festgefügten großen Gattungen Oratorium und Kantate – wobei mit Spät- und Nachklassik oft die Grenzen zu verschwimmen beginnen – gibt es einige kleinere, auch etwas weniger fest ausgeprägte vokale Gattungen und Formen für das Konzert, das sich zu der allgemeinen, für sämtliche Gattungen möglichen Kulturform der Musikaufführung entwickelt. So gibt es in Mozarts Schaffen eine umfangreiche Werkgruppe mit solistischen Arien, Szenen, Chören mit Orchester. Sie gehören von Text wie Tonsatz überwie-

gend zur Theatersphäre und wurden meist als Einlagenummern für befreundete Sänger (oft auch in Werken anderer Komponisten) geschrieben, aber auch schon mit dem Blick auf eine Realisierung im Konzert. Aus ähnlichem Anlaß entstand 1796 Beethovens Szene und Arie *Ah, perfido!* op. 65 für Sopran und Orchester, die besonders bis zur Epochenzäsur von 1848 ein Standardwerk im Konzertrepertoire wurde.

Musik in der Kirche

8.11 Messe und andere Gattungen geistlicher Vokalmusik

Auch im Zeitalter der Aufklärung und trotz der fast übermächtigen Konkurrenz der Oper behielten liturgische Gattungen (unter ihnen als führende die Messe) eine zentrale Stellung in Musikkultur und Musiksprache. Im System der Musiziersphären und Gattungen hatte die „Kirche" zwar ihre herrschende Position verloren. Aber wie Elemente des „Theaterstils" hier eindrangen, so gingen umgekehrt Wendungen und Topoi aus dem „Kirchenstil" in alle anderen Gattungen und Formen ein. Dafür sorgten schon, besonders im katholischen Bereich, die Macht der Tradition wie die Allgegenwart kirchlicher Musik in Alltag wie Festtag (eine vergleichbare, wiewohl quantitativ und qualitativ engere und begrenzte Rolle wie Funktion hatte der protestantische Choral). Dementsprechend waren die prägenden Hörerfahrungen, und überdies schrieben praktisch alle Komponisten – auch aus ökonomisch-sozialen Gründen – für diese nach wie vor mächtige Institution.
Den Anforderungen ihrer Praxis entsprechend lebten Gattungen wie Motette, Litanei, Vesper, Offertorium, Graduale in einer Vielzahl von „gebrauchsmusikalischen" Beiträgen weiter. Musikhistorisch und vor allem ästhetisch relevant sind Einzelwerke wie etwa Mozarts Vespern KV 321 (1779) und KV 339 (1780), die Litaneien KV 195 (1774) und KV 243 (1776) oder die Motette (für Chor mit Orchester) *Ave verum corpus* KV 618 (1791).
Vorrangige Gattung blieb die Messe. Allein schon die große Zahl der überlieferten Werke zeigt, daß es sich überwiegend um „Gebrauchsmusik" handelt. Die Aufklärung wirkte dabei widersprüchlich. Einerseits gab es Tendenzen zu wachsender Emanzipation vom liturgischen Gebrauchs- und Funktionsrahmen, die sich besonders in vergrößertem Spielraum und eigenständiger Entfaltung der Musik ausdrückten. Gerade die bedeutenden Werke sprengen im Gehalt und in ihrer Ausdehnung oft den liturgischen Rahmen und finden, wie Beethovens *Missa solemnis,* im Konzert den angemessenen Ort mit dem allgemeinen Publikum statt der konfessionellen Gemeinde als Adressaten.
Gegen solche ästhetisch-soziale Emanzipation standen andererseits Bestrebungen zumal von amtskirchlicher Seite, die Säkularisierungstendenzen, wie sie sich besonders in der Übernahme von Elementen des „Theaterstils" und dann auch von Errungenschaften der klassischen Instrumentalmusik äußerten, wieder einzudämmen und zurückzudrängen. So wandte sich die Enzyklika *Annus qui* von Benedikt XIV. 1749 gegen diesen als Verselbständigung des Musikalischen und Weltlichen erfahrenen „Prunk" und verbot überdies die Verwendung von (heraldisch-höfischen) Pauken und Trompeten (das Verbot wurde, so W. Senn, in Österreich nur zwischen 1753 und 1767 eingehalten). In ähnliche Richtung wiesen dann auch, obwohl aus einer etwas anderen, eher antikirchlichen Interessenlage heraus entstanden, die im Zuge der Josephinischen Kirchenreformen (1783–1790) verordneten Einschränkungen der Kirchenmusik samt dem Verweis auf deutschsprachigen Gemeindegesang. Bereits wieder eine Gegenbewegung zur „reinen", retrospektiven, bloß vokalen Messe war unter anderem die tonmalerische und programmusikalische Aufladung der Messe samt textlichen Erweiterungen durch Le Sueur schon in den 1780er Jahren. Die Komponisten der Revolutionsoper knüpften daran an. Am bedeutendsten wurde L. Cherubini mit 13 großen Messen, vor allem der d-Moll-Messe von 1821.

Kapitel 8

Aufgeklärten Reformbestrebungen entsprechen auch die Anordnungen, die Messen zu verkürzen – Mozart beklagte sich 1776 in einem Brief an Padre Martini darüber, daß der Salzburger Erzbischof als Gesamtdauer nur eine Dreiviertelstunde zulasse. Generell wurde, auch und gerade durch „Reformen", die Scheidung zwischen „weltlich" und „geistlich" beziehungsweise „kirchlich" vertieft – um so mehr, je stärker die Sakralmusik auf restaurative Restriktionen verpflichtet werden sollte.

Neben der fortdauernden Spannung zwischen „neuem" und „altem" Stil (den besonders Padre Martini in Bologna als Komponist, Lehrer und Theoretiker vertrat) bildete sich dabei im deutschsprachigen Raum die Unterscheidung zwischen „Missa brevis" und „Missa solemnis" heraus. Die „Brevis" dient mit geringerem apparativen Aufwand für den kirchlichen Alltag und ist daher in der Regel auch „kurz". Die „Solemnis", die „feierlich-festliche", prunkvoll und mit großem musikalischem Aufwand, ist besonderen Anlässen vorbehalten.

Mozart komponierte die meisten seiner 19 Messen als Auftrag beziehungsweise im Dienstverhältnis für Salzburg, überwiegend nach den Vorgaben der „Missa brevis". Wie Michael Haydn und andere bewegt auch er sich im Rahmen des „stile misto", der Stilmischung von archaisierender Kontrapunktik und zeitgenössischer, besonders durch die Einführung von Arien gekennzeichneter neapolitanischer Opernmesse. Ein besonders herausragendes Werk ist die *Krönungsmesse* KV 317 (1779). Hier verbindet Mozart Volkstümliches und Raffiniertes, Opernton und Instrumentalform. Der Zwang der „Missa brevis" führte Mozart mehrfach zum Verfahren der „Polytextur", einer eigentlich mottettenhaften Mehrtextigkeit, die, da die Verständlichkeit des sakrosankten Wortes damit nicht mehr gegeben ist, kirchlicherseits nur eben geduldet war.

Losgelöst davon, eigenständig in Gehalt und Gestaltung sind dann die großdimensionierten beiden Meßkompositionen der Wiener Zeit. Die monumentale c-Moll-Messe KV 427 (1782/83), entstanden in einer Zeit, in der sich Mozart auch mit der Trennung vom Vater auseinandersetzte, blieb ein Torso und wurde 1785 von Mozart zur Kantate *Davidde penitente* (KV 385) umgearbeitet. Fragment, wiewohl von seinem Schüler F. X. Süßmayr aufführungsfähig gemacht, blieb das *Requiem* d-Moll KV 626 (1791); in beiden Werken, besonders im *Requiem*, sind neben den Einflüssen von Händel- und Bach-Studien archaisierende Elemente etwa durch die Übernahme von Topoi des Gregorianischen Chorals spürbar. Diese Archaismen sind wohl Ausdruck einer selber wieder ambivalenten Haltung gegenüber den alten Mächten (für die im *Don Giovanni* der Komtur steht): sie sollen die negativen Seiten der mit der bürgerlich-modernen Entwicklung losgelassenen Dynamik bändigen.

Stärker noch als Mozarts Messen, die neben klassischen Instrumentaltechniken vor allem Elemente der Opernidiomatik mitverwenden, sind (abgesehen von Mozarts Salzburger Messen, in denen dieses zur Norm und Konvention gehört) die Messen Haydns durchlässig für Liedhaftes und sogar Volkstümliches. Charakteristisch sind von den insgesamt 14 Werken der Gattung besonders die sechs großen späten Messen. Haydn schrieb sie nach vor allem durch die Josephinischen Kirchenreformen veranlaßten Pause nach seiner Englandreise. Die Namen, die Zeitbezüge andeuten, sind sachlich gerechtfertigt: *Paukenmesse* (*Missa in tempore belli*, 1796), *Heiligmesse* (1796), *Nelsonmesse* (*Missa in angustiis*; 1798 auf den Sieg des britischen Admirals Nelson in der Seeschlacht von Abukir), *Theresienmesse* (1799), *Schöpfungsmesse* (1801), *Harmoniemesse* (1802). In den Dimensionen und in der Haltung klingt das Vorbild von Händels Oratorien – in Wechselwirkung mit Haydns eigenen –; nach: statt der solistischen Arie wie im Typus der neapolitanischen Messe verwendet er ein Solistenquartett. Haydn läßt hier auch immer wieder etwas von den Erregungen und Ängsten der Zeit anklingen.

Beethoven betonte bei seiner ersten Messe C-Dur op. 86 (1807): „Von meiner Messe wie überhaupt von mir selber sage ich nicht gerne etwas, jedoch glaube ich, daß ich den Text behandelt habe, wie er noch wenig behandelt worden." Er ließ sogar eine deutsche Übersetzung des liturgischen Textes anfertigen. Die Textauslegung war Beethoven auch in seiner anderen Messe wichtig, der *Missa solemnis* D-Dur op. 123, komponiert

1819–1823. In diesem späten Hauptwerk wendet er sich gegen den „falschen Zeitgeist" der Restauration. Biographisch motivierend war nicht zuletzt die Tragödie mit dem ihm anvertrauten Neffen, die H. Goldschmidt als eine spezifische Form des Vater-Sohn-Konflikts interpretiert. So bezieht Beethoven in die monumentale Auseinandersetzung mit der Tradition zugleich Persönlichstes ein. Wie wichtig ihm Werk und Wirkung waren, zeigen seine Worte am Anfang der Partitur: „Von Herzen – möge es wieder zu Herzen gehen". Dabei verzichtet er – im Unterschied zu Schuberts etwa gleichzeitigen Meßkompositionen – auf jede Veränderung des Texts und läßt das dogmatische „Credo in unam sanctam catholicam et apostolicam ecclesiam" nicht weg.
Auffällig sind das hohe Ausmaß von „stehengebliebenen Konventionen" (Th. W. Adorno) wie überhaupt das häufige und bewußte Archaisieren – etwa die Verwendung von Kirchentonarten (dorisch im Credo), von traditionellen musikalischen Bildern und rhetorischen Figuren, von schon aufgegebenen Formkonventionen wie der „Elevationsmusik" bei Vorzeigung der Sakramente. Dieses ausgiebige Archaisieren interpretiert H. Goldschmidt als „Verweigerung" und folgert: „Mit dem Rückgriff auf das ‚Alte' sollte der Vorgriff auf das ‚Neue', die Antizipation der Neuzeit, die Überwindung der Gegenwart geleistet, dem wahren Zeitgeist der Weg geebnet werden."
Zugleich wird das Traditionelle und historisch Objektivierte individuell neu angeeignet und durchdrungen. So notiert Beethoven beim Eintritt des *Dona nobis pacem* im Agnus Dei „Bitte um inneren und äußeren Frieden" und konfrontiert dieser Friedensbitte, wie schon in der C-Dur-Messe, musikalisch den Lärm des Krieges, der dann im Orchesterfugato kurz vor Schluß nochmals verstärkt wiederkehrt. Sinfonisch durchgearbeitet ist die Anlage, beschwörend, appellierend ist der Grundton der *Missa solemnis*. Die Tradition, das Kirchliche und Religiöse, mobilisiert Beethoven dabei für den säkularen Fortschritt und die konfessionell und sozial unzerspaltene Menschheit – dialektisch so, wie er seine Bach- und Palestrina-Studien damit motiviert hatte: „Weitergehen ist in der Kunstwelt wie in der ganzen großen Schöpfung Zweck."

Musik in Kammer und Haus

8.12 Liederschulen und Volkslied

Mit dem Lied, das als Kunstform von sich rasch entwickelndem Rang und Anspruch spezifisch der österreichisch-deutschen Musikkultur angehört, stieg im Zeitraum zwischen Rokoko und Romantik eine Gattung auf, die, formelhaft zugespitzt, sich als eine Kreuzung von „galant", „gelehrt" und Gassenhauer darstellt. Der unmittelbare Ansatzpunkt für den Übergang vom generalbaßbegleiteten (Solo)lied zum Klavierlied mit ausgearbeitetem, „obligatem Accompagnement" waren aufgeklärte Reformbestrebungen. Auch als Kunstlied behält die Gattung eine Dimension des Volkstümlichen, des „Populären", abgesehen von den Formen und Typen des Bauernlieds, des plebejischen städtischen Lieds und anderen genuinen Volksliedgattungen, die ihrerseits in Wechselwirkung mit der Kunst- und „Volkslied"-Komposition stehen. Im Lied gibt es eine starke, produktive Spannung zwischen Allgemeinverständlichkeit und Einfachheit einerseits und Kunstanspruch andererseits.
Die Neuansätze, für die die „Erste Berliner Liederschule" steht, knüpften an „galante" beziehungsweise rokokohafte Ausprägungen vor allem mit Texten der Anakreontik und Musik J. V. Görners in den 1740er Jahren an. Die schulemachende Sammlung *Oden mit Melodien* wurde 1753 von Ch. G. Krause zusammen mit K. W. Ramler herausgegeben. Sie enthält überwiegend der Anakreontik verpflichtete Texte von J. W. L. Gleim, F. von Hagedorn, E. Ch. von Kleist, J. P. Uz und K. W. Ramler mit Musik von J. J. Quantz, den Brüdern Graun, F. Benda, J. F. Agricola, C. Ph. E. Bach und anderen Komponisten in Berlin. Krause folgt rationalistischen Grundsätzen, die das Ideal der „Einfachheit" betonen. Bewußt gab

Kapitel 8

er keine Namen von Dichtern und Komponisten an. Gegenbild ist die Opernarie, Vorbild das „leichte" und „natürliche" französische Chanson. Krauses Ideal ist „ein leichtes Scherzlied", „das von jedem Mund ohne Mühe angestimmt und auch ohne Flügel und ohne Begleitung anderer Instrumente gesungen werden könnte." Die Verbindung von „Sangbarkeit und Popularität" (so eine Formel von H. W. Schwab), die für Gedicht und Melodie gilt, zielt im Sinne eines „unpartheiischen Weltbürgers und allgemeinen Menschenfreunds" aufklärerisch und philanthropisch auf gesellschaftliche „Harmonie": „So wird der Geschmack am Singen unter unsrer Nation bald allgemeiner werden und überall Lust und Fröhlichkeit einführen."

Eine zweite Sammlung folgte 1755 ergänzend mit ernsteren Stoffen. Das musikalische Grundprinzip des meist kurzen Strophenlieds mit einfacher Klavierbegleitung bleibt gewahrt. Ab 1756 gab der Musiktheoretiker F. W. Marpurg mehrere Sammlungen heraus. Sie schlossen Erbauungslieder für das bürgerliche Haus ein. Ähnlich ausgerichtet sind auch C. Ph. E. Bachs *Herrn Professor Gellerts geistliche Oden und Lieder mit Melodien* (1758) oder die *Zwölf geistlichen Oden und Lieder* (1764). Bach überschritt mit der Tendenz zum dramatisch dimensionierten expressiven Gesang im Zuge des „Sturm und Drang" oft die Grenzen des schlichten Lieds. Hieran vor allem knüpfte J. F. Reichardt seit 1773 an, der in Textwahl (Klopstock, M. Claudius, L. Ch. H. Hölty, Schiller und besonders Goethe) und Gestaltungsweise eine große Spannweite erreichte – in einem mit etwa 30 Liedersammlungen und etwa 700 Liedern auch quantitativ beachtlichen Repertoire. Den als Dichter epochemachenden Klopstock vertonte, kühn vereinfachend und zugleich lapidar-monumental, auch Ch. W. Gluck (*Oden und Lieder*, 1785/86).

Enger dimensioniert, aber vorbildlich wirkend wegen des eigentlichen Durchbruchs zur Volkstümlichkeit in der sog. *Zweiten Berliner Liederschule* war J. A. P. Schulz. Schon der Titel seiner 1782 erstmals veröffentlichten Sammlung ist ein Programm: *Lieder im Volkston*. Schulz erläutert es als Verbindung von „höchster Simplizität und Faßlichkeit" und findet die berühmte Formel vom „Schein des Bekannten" (modellhaft bis heute in der musikalischen Gestalt, wie in der sozialen Reichweite ist etwa sein Claudius-Lied *Der Mond ist aufgegangen*). Für die Ausbildung des Volkstümlichen, „Nationalen", Eigenständigen waren fremde, internationale Erfahrungen wesentlich. Programmatisch zeigt das Herders Textsammlung *Stimmen der Völker in Liedern* (1778/1779). Musikalisch vermittelnd für den „Volkston" wirkten, wie im Bereich des Singspiels, das ja seinerseits (zumal mit dem Typus J. A. Hillers) in Wechselwirkung zum Bereich des Liedes stand, vor allem französische und englische Vorbilder. Für England selber wurde die vereinsmäßig gepflegte Gattung „Glee" bedeutsam.

Zur Berliner Liederschule zählen neben Schulz J. André, A. Kunzen, J. F. Reichardt und C. F. Zelter. Von der „Schwäbischen Liederschule" wurde neben dem auch als Musikästhetiker und Publizisten bedeutsamen Ch. D. F. Schubart J. R. Zumsteeg wegen seiner Balladen wichtig. In Wien bezog das Lied Anregungen für Thematik und Ton aus der Volkskomödie mit Musik beziehungsweise dem Singspiel, wobei dann der italienische Canzonentypus eine größere Rolle als im Norden spielte. Haydns Lieder, oft verkappte Arien, sind in der Regel weniger „liedhaft" als vieles in seiner anderen Vokal- und Instrumentalmusik. Eine Ausnahme bildet das umfangreiche Korpus seiner Bearbeitungen von schottischen, walisischen und irischen Volksliedern.

Generell beschränken sich die haus- und kammermusikalischen Vokalgattungen nicht auf (Klavier)lied oder Arie. Hinzukommen unter anderem verschiedene Begleitinstrumente (besonders beliebt Laute und Gitarre) und ein ganzer Fächer von funktional, textlich und stilistisch differenzierten Typen zwischen Erbauungslied und Spottlied, Trinklied und Choral. Eine besondere Stellung für gesellige Zwecke wie für scherzhafte oder ernsthafte Mottokompositionen hat die traditionsreiche Form des Kanons.

Als „Lied" definiert sind Mozarts hierher gehörende Werke vor allem durch die Besetzung für Singstimme und Klavier. Wie die Grundhaltung die der (Opern)arie ist, so sind auch nur ein Teil der Texte überhaupt deutschsprachig. Das wohl bedeutendste der von Mozart als Gelegenheitswerke behandelten Mischgattung ist *Das Veilchen* KV 476

Vokalmusik zwischen Rokoko und Spätklassik

(1785), Mozart vertont das Gedicht (aus Goethes Singspiel *Erwin und Elmire*) als durchkomponierte kleine Szene. Als einen Kommentar, der seine subjektive Engagiertheit andeutet, wiederholt er am Schluß die Textformulierungen „Das arme Veilchen! Es war ein herzig's Veilchen".
Auch unter Beethovens etwa 90 Liedern finden sich italienischsprachige Klavierlieder sowie eine umfangreiche Werkgruppe Volksliedbearbeitungen (v. a. *Schottische Lieder* op. 108). Die biographische Aufladung und affektive Besetzung macht (neben manchem Konventionellem) viele Lieder zu bedeutsamen Dokumenten, die überdies ästhetisch durch einen ausgebildeten, eigenständigen Klaviersatz hohen Rang beanspruchen. Ein reifes Werk ist schon *Adelaide* op. 46 (1795; nach dem empfindsamen Liebeslied Matthissons). Ausdruck und kompositorische Bewältigung einer Lebenskrise sind die *Sechs Lieder von Gellert* op. 48 (1803) – wobei Beethoven in seiner Neuvertonung bewußt archaisiert. Eines der Schlüsselworte Beethovens thematisiert das Lied *An die Hoffnung* (C. A. Tiedge) op. 32 von 1805, wobei das Wort „Hoffnung" auch musikalisch mit Devisenbeziehungsweise Mottoverwendung hervorgehoben wird. Weitere Strophen dieses vom Dichter *Klage des Zweiflers* betitelten Gedichts vertonte Beethoven 1813 (op. 94). Das dramatische Pathos dieses Lieds erscheint im Zusammenhang mit seiner enttäuschten Liebeshoffnungen zu Resignation gebrochen in dem als Zyklus durchgebildeten Liederkreis *An die ferne Geliebte* op. 98 (1816). Autobiographisches, aber auch eine Stellungnahme zu den Zeitverhältnissen der Restaurationsperiode enthält das Lied *Resignation* (1817), das durch seine Sprachdeklamation – „mit Empfindung, jedoch entschlossen, wohl akzentuiert und sprechend vorgetragen" – für die Gattung zukunftsweisende Bedeutung hatte.

Die Straße

8.13 Hymne und Massenlied

Wesentliches und charakteristisches Merkmal der Musik (wie der Politik) der Französischen Revolution ist der Aufbruch der Massen. Das städtische volkstümliche Lied wurde – für kurze Zeit – als Aufstieg der „Straße" Teil der offiziösen Musikkultur. Diese, sogar als offizielle, wurde umgekehrt mit einigen spezifischen Aktivitäten ins Freie, auf Straßen beziehungsweise öffentliche Plätze verlagert. Sozialer Ort hierfür waren die Revolutionsfeste. Im Gegensatz zu sonstigen Formen „repräsentativer" Öffentlichkeit (J. Habermas), die sich ja durchaus auch im Freien und in der Regel mit Musik abspielen, ist hier die musikalische Aktivität des „Volkes", der „Nation" als Ausdruck politischer Aktivität ausdrücklich gefordert. Solche Massenmusik hallt bei Berlioz wie bei späteren Aufführungsutopien nach.
Für die Revolutionsfeste bildete sich die „Hymne" als eigenständige musikalische Gattung heraus. Zunächst gab es nur eine „Umfunktionierung" vorhandener Musikelemente. Für die Jahrestagsfeier der Erstürmung der Bastille am 14. Juli 1790 komponierte F.-J. Gossec ein *Te Deum* – eine musikalische Gattung, die im Absolutismus bei festlich-öffentlichen Feiern der Verschränkung von Gotteslob und Herrscherlob gedient hatte. Neuartig waren vor allem der nochmals vereinfachte Satz, die Einbeziehung weltlicher Musikelemente (einer Passepied) und die Ausführung durch massenhafte Besetzungen. Charakteristisch wurde dann die Begleitung mit Harmoniemusik (Blas- beziehungsweise Militärorchester), dem Freiluftcharakter angemessen. Die verschiedenen, ab 1791/92 ausgeprägten Ausformungen der Gattung mit Texten zur Verherrlichung der Freiheit, Gleichheit, Brüderlichkeit, des „Höchsten Wesens" oder der Natur beerbten auch musikalisch das Erhabene und das Pathos kirchlicher Musik, schärften aber Ton und Diktion vor allem durch marschartige Rhythmen und Fanfarenmotive. Neben Gossec beteiligten sich u. a. E. N. Méhul, Ch.-S. Catel, N. Dalayrac, J. F. Le Sueur, R. Kreutzer und L. Cherubini.

307

Kapitel 8

142 Einer der frühesten Drucke der „Marseillaise" aus Johann Friedrich Reichardts „Vertrauten Briefen über Frankreich" (1792)

Den neuen Ton vermittelte modellhaft die *Marseillaise*, ein Prototyp der revolutionären Lieder auch im 19. Jahrhundert. Text und Melodie stammen von Rouget de Lisle, der sie 1792 als *Chant de guerre de l'armée du Rhin (Kriegsgesang der Rheinarmee)* schrieb. 1795 wurde sie, bereits nach dem Höhepunkt der Revolution (der „Thermidor" 1794 brachte die Wende mit der Stillstellung der revolutionären Entwicklung), zur Nationalhymne erklärt (Abb. 142).
Die *Marseillaise* löste als Nationalhymne das *Ça ira* ab, das 1789 als Contredanse mit dem Titel *Carillon national* entstanden war und, so J. F. Reichardt in einem Reisebericht von 1792, als *Nationallied* oft sogar in den Zwischenakten von Theatervorstellungen stürmisch gefordert wurde. „Auch hört man dieses Lied auf allen Straßen, bald von herumwandernden Musikanten, sehr oft auch von den kleinsten Gassenbuben. Auf den Bällen tanzt man häufig darnach, und sowie es angestimmt wird, teilt sich der elektrische Schlag in der Runde herum mit." Andere Revolutionschansons sind im Textgehalt weniger allgemein und thematisieren aktuelle, punktuelle Ereignisse. Vorwiegend handelt es sich um Übernahmen aus dem populären Musiktheater oder um Tanzlieder. Diesem Typus gehört auch die weitverbreitete *Carmagnole* (1791) an.
Der „élan terrible" der Revolutionsmusik strahlte in Ton, Rhythmus und Instrumentation – von stofflichen Aspekten im Musiktheater ganz abgesehen – auf alle Gattungen aus, besonders auf die großen, „öffentlichen" musikalischen Formen der Sinfonie und des Konzerts. Einen Gipfelpunkt ihrer „Nobilitierung" erreichen die musikalischen Stimmen des Volkes im Chorfinale von Beethovens 9. Sinfonie, zumal in der „Alla-marcia"-Passage: „Alle Klassenschranken" (so H. Goldschmidt) „der ‚zerteilenden Mode' werden niedergerissen. Mit Triangel, Becken und großer Trommel hält die Straße ihren Einzug in den Konzertsaal. Dieser plebejische Ausklang ... ist Beethoven bis heute vom sogenannten ‚guten Publikum' nicht nachgesehen worden. Der Humboldtsche Universalgedanke von den gemeinsamen Elementarinteressen der Menschheit, die es gebieten, sie ‚ohne Rücksicht auf Religion, Nation und Farbe als einen großen, nahe verbrüderten Stamm zu behandeln', gibt sich als die Grundidee auch der Neunten zu erkennen." Als Beethoven seine Sinfonie komponierte, waren allerdings Aufklärung und Revolution schon Vergangenheit. Musikalisch-ästhetisch beschwor er die Humanitätsidee, die Hoffnungen auf Freiheit, Gleichheit, Brüderlichkeit im Widerstand gegen die herrschende historische Situation und gegen (in wichtigen Dimensionen schon verbürgerlichte) Verhältnisse, für die (so G. Knepler) das „Auseinanderklaffen von Ideal und Wirklichkeit" charakteristisch ist.

Kapitel 9
Die Musik des 19. Jahrhunderts

Einführung

Das 19. Jahrhundert nimmt in der Geschichte der Musik eine Sonderstellung ein. Denn nur scheinbar steht die Musik dieses Zeitabschnitts gleichrangig neben anderen musikalischen Epochen der Vergangenheit. In Wahrheit ist sie für die allgemeine Auffassung von Musik auf erstaunliche Weise gegenwärtig geblieben. Keine musikalische Epoche bestimmt so nachdrücklich unser Klangerleben und unsere Werkerfahrung, wie sie uns Oper und Konzert, Rundfunk und Schallplatte ständig reichlich vermitteln. Unsere Hörerwartung ist viel stärker, als man zunächst annehmen sollte, geprägt und vorgeformt von musikalischen Vorstellungen des 19. Jahrhunderts, einer Zeit also, die in anderen Bereichen der Kunstrezeption, z. B. der Malerei oder der Architektur, den Einfluß auf heutige Sicht- und Auffassungsweisen stark eingebüßt hat.

Die Ursachen dieser Prägung unseres Musikverständnisses durch das Klangbild des 19. Jahrhunderts liegen zum einen in dem darauf folgenden tiefgreifenden Wandel der Kunstmusik des 20. Jahrhunderts, der das „Moderne", das jeweils kompositorisch Neue, einer breiteren Hörerschaft mehr und mehr entfremdet hat und so die Musiksprache der gerade vergangenen Epoche als das scheinbar Normale und zeitlos Gültige bestehen bleiben ließ, zum anderen in dem außerordentlichen musikalischen Reichtum dieser Epoche selbst, in der die Musik in fast allen ihren Gattungen und Stilerscheinungen zu weitester Ausstrahlung und Wirksamkeit gelangte und – zumindest innerhalb der kulturtragenden Schicht des europäischen Bürgertums – eine vorher nie gekannte Geltung und Gipfelstellung unter allen Künsten zugesprochen erhielt.

In keiner früheren Epoche der abendländischen Musik gab es eine so umfängliche und teilweise so emphatische Musikrezeption. Auch wirkten nie zuvor in so vielen Ländern so viele Komponisten, deren Werke über ihren engeren Umkreis hinaus berühmt geworden sind und noch heute regelmäßig aufgeführt werden. So entfaltete und tradierte das 19. Jahrhundert eine Fülle faszinierender Einzelerscheinungen, die jedoch zunächst und in den Hauptentwicklungslinien für den Musikinteressierten noch relativ überschaubar blieben.

Je weiter allerdings das 19. Jahrhundert fortschritt, desto mehr geriet das kompositorische Schaffen, auch für den aufmerksamen Zeitgenossen spürbar, in eine krisenhafte Phase. Die Entwicklung zu stets Neuartigem führte die Musik in farbig entlegene Klangbereiche, in immer komplexere formale Gestaltungen, in eine innerhalb der bisherigen Stilhaltung nicht mehr steigerbare Ausdrucksintensität und strukturelle Differenzierung, die sie in vieler Hinsicht als Kunst einer Spätzeit, als eine musikalische Epoche letzter Blüte und sich neigender innerer Kraft erscheinen lassen.

So gesehen bildet das 19. Jahrhundert den Höhepunkt und den Abschluß einer jahrhundertelangen Musikentwicklung, die nur durch etwas qualitativ Neues und grundlegend Verändertes geschichtlich legitim fortgeführt werden konnte (▷ 11.1). Denn mit dem 19. Jahrhundert endet nicht nur die relativ einheitliche klassisch-romantische Periode seit etwa 1750, sondern, in einem weiteren

Sinne, die takt-, kadenz- und oberstimmenbetonte Musiksprache dreier Jahrhunderte seit dem Frühbarock und sogar, im Blick auf bestimmte, über 1000 Jahre lang gültige musikalische Kriterien, die gesamte klanglich tonal orientierte abendländische Mehrstimmigkeit seit dem frühen Mittelalter (▷ Kapitel 3, Einführung).

Nicht so eindeutig wie das Ende der Epoche und die Abgrenzung zur Musik des 20. Jahrhunderts läßt sich ihr Beginn festlegen. Und auch eine Binnengliederung kann angesichts eines so reichen und komplexen Abschnitts der Musikgeschichte nur andeutungsweise versucht werden.

Wie fast überall in der Kunstgeschichte überlagern sich auch hier neu sich entfaltende und überkommene, ausklingende Stilerscheinungen. Und bereits innerhalb der letzten Phase der Wiener Klassik findet sich musikalisch Neues und auffällig Andersartiges bei F. Schubert und C. M. von Weber, womit der Beginn einer „Musik des 19. Jahrhunderts" etwas unpräzise auf die Zeit um 1815 festzusetzen wäre (allgemeingeschichtliche Entsprechung: der Wiener Kongreß). Hierbei muß die Musik des späten Beethoven als ein Sonderfall eigens betrachtet werden (▷ 7.7).

Eine zweite, recht deutliche Zäsur liegt um 1830, unmittelbar nach dem Tode Webers, Beethovens und F. Schuberts (allgemeingeschichtliche Entsprechung: die Pariser Julirevolution). Die führenden Komponisten der beiden folgenden Jahrzehnte waren R. Schumann, F. Mendelssohn Bartholdy, F. Chopin, H. Berlioz, F. Liszt und R. Wagner. Im Rückblick auf die vergangene Epoche, die erst jetzt als „Wiener Klassik" begriffen wurde (▷ Kapitel 7, Einführung), prägte das Bewußtsein, einer neuen, späteren Zeit anzugehören.

Um 1850 (allgemeingeschichtliche Entsprechung: das Revolutionsjahr 1848) endete das Schaffen Schumanns, Mendelssohns und Chopins. Bis etwa 1890 entstanden die reifen und späten Werke Liszts, Verdis und Wagners, Brahms' und Bruckners. Immer mehr Zentren in vielen europäischen Ländern trugen zu einer Ausweitung des Musiklebens bei. Um und nach 1890 trat dann eine Generation, die auch geschichtlich in eine stark veränderte Zeit hineinwuchs, mit ihren ersten Meisterwerken auf (▷ Kapitel 10).

Eine so lange, so vielfältige musikalische Entwicklung unter einem Begriff zusammenzufassen, ist sicherlich problematisch. Insofern ist die gängige Epochenbezeichnung „Romantik", auch wenn man sie durch Zusätze wie „Früh-", „Hoch-", „Spät-" und „Letztromantik" zu differenzieren versucht, im ganzen kaum tragfähig, in wesentlichen Bestimmungen jedoch keinesfalls ohne Sinn (▷ 9.1).

Auffällig ist auch hier, in bezug auf die Benennung und Gliederung, die Sonderstellung, die die Musik im 19. Jahrhundert einnimmt, insofern sie sich neuen Strömungen und Stilbegriffen (z. B. Realismus, Naturalismus), wie sie bei den übrigen Künsten, deren „Romantik" schon nach 1830 rasch abgeklungen war, auftraten, nicht oder nur sehr bedingt zuordnen läßt. Während sich vor allem die Dichtung vielfach den Problemen der Zeit zuwandte, blieb das sprachlose Medium Musik weithin einem verinnerlichten Kunstbegriff verpflichtet, der ihr als Universalsprache die Fähigkeit höchster geistiger Symbolik zusprach, sie aber zugleich von der geschichtlichen und gesellschaftlichen Wirklichkeit und den erregenden oder widrigen Tagesereignissen entfernt hielt. Dieses Moment des Rückzugs in eine Sphäre abgehobener Kunstversenkung (die auch heute noch den ernsthaften Zuhörer in Oper und Konzert in seiner inneren Haltung wesentlich bestimmt) mag man, in Verbindung mit einer Reihe von kompositorischen und gattungsgeschichtlichen Merkmalen, als den romantischen Wesenskern der Musik des 19. Jahrhunderts ansehen.

Die Musik des 19. Jahrhunderts

Voraussetzungen, Grundlagen, Wandlungen

9.1 Klassik – Romantik

Klassik und Romantik sind einerseits gegensätzliche, andererseits einander zugeordnete, miteinander verbundene Begriffe. Besonders in ihrer Übertragung auf musikalische Stilphänomene gehören sie eng zusammen, insofern sich die klassische und die romantische Stilepoche kaum eindeutig voneinander trennen lassen, romantische Elemente bereits in der Musik des 18. Jahrhunderts, klassische wiederum bis spät ins 19. Jahrhundert hinein sichtbar werden und mitunter bei ein und demselben Komponisten (z. B. Mendelssohn Bartholdy) klassische und romantische Aspekte sich gegenseitig bedingen und überlagern.

Allgemein gesprochen ist eine klassische (oder klassizistische) Kunsthaltung durch ihre Orientierung an der Antike gekennzeichnet, von der sie – so vor allem in der Sicht des 18. Jahrhunderts – nicht nur ihre ästhetischen Kriterien (z. B. Geschlossenheit, Ebenmaß, Klarheit, Sinnfülle, Menschlichkeit) ableitet, sondern zumeist auch ihre Formen und Gehalte. Die romantische Kunsthaltung ist wesentlich nicht mehr antik orientiert, sie setzt die klassische, begrifflich und historisch, voraus, modifiziert jedoch deren Formen und Gehalte bis hin zu ihr ausdrücklich entgegengesetzten Intentionen.

In der Literatur- und Geistesgeschichte tritt, nach verschiedenen Vor- und Frühformen, die erste umfassende romantische Strömung in den letzten Jahren des 18. Jahrhunderts, also noch mitten in der Weimarer Klassik, u. a. bei Novalis, F. W. J. von Schelling, den Gebrüdern A. W. und F. von Schlegel, W. H. Wackenroder und L. Tieck programmatisch in Erscheinung. In der Gegenposition gegen Aufklärung und Klassizismus im genannten Sinne, in der Hinwendung zur mittelalterlich deutschen Tradition, zu Märchen, Sage und Geschichte, in der Betonung des irrational Gefühlhaften, des geheimnisvoll Fernen, der dunklen menschlichen Bezirke (Nacht und Traum, Krankheit und Tod) und der nicht mehr begrifflichen Erfahrungen (Ahnung und Sehnsucht, Glaube und Liebe), in dem Bestreben schließlich, entgrenzend über die Welt des Erkennbaren hinaus zu gelangen, dem Unbekannten, Unendlichen sich zu öffnen, dem Rätsel des Universums, statt es lösen zu wollen, mystisch neu sich zu nähern, hat die deutsche Frühromantik das europäische Geistesleben aufs nachhaltigste beeinflußt, und zwar vor allem auch durch die enthusiastisch propagierte Rolle der Kunst als Medium einer solchen neuen, vertieften Sinnerfahrung des Menschen.

Für die romantischen Dichter kommt hierbei der Musik als der sprachlosen Kunst des Gefühls, die gerade durch ihre Unbestimmtheit das Tiefste und Geheimnisvollste offenbaren könne, eine besondere Bedeutung zu. Geschichtlich unterscheidet sich die Musik wesentlich dadurch von den übrigen Künsten, daß sie sich nicht auf antike Vorbilder beziehen läßt und somit im 18. Jahrhundert keine antikisierende, klassizistische Phase durchläuft, von der eine romantische Musik sich erst programmatisch abzuheben hätte. Zwar hat sich im 19. Jahrhundert in Anlehnung an die literarische (Weimarer) Klassik auch der Begriff einer musikalischen (Wiener) Klassik (▷ Kapitel 7, Einführung) gebildet, doch entspricht zum Beispiel die Musik Beethovens nur dem Range nach der Dichtung Goethes, nicht in ihrer historischen Wirkung und Funktion. Für die romantischen Musiker war Beethoven nicht (wie Goethe für die literarische Frühromantik) zugleich bewundertes Vorbild und (klassizistischer) Widerpart, sondern vor allem der große, bewegende Neuerer, dessen gewaltiges Œuvre zwar erdrückend wirkte, auf den sich aber alle nachfolgende Musik bezog, so verschieden sie auch gab (▷ 9.3).

Fehlen somit der romantischen Musik wesentliche Impulse und innere Bestimmungen der literarischen Romantik, gehört sie zudem äußerlich durch die zeitliche Verschiebung um über zwei Jahrzehnte einem veränderten historischen Umfeld an, so enthält sie doch eine Reihe von Merkmalen, die ihre Kennzeichnung als „romantisch" legitim erscheinen lassen. Dazu gehört eine gewisse (wenngleich keinesfalls durchgängige) Tendenz zur Lösung von formaler Strenge und Geschlossenheit, ferner eine Suche nach neuen, eigen-

311

artigen und charakteristischen Ausdruckselementen (z. B. im Sinne des Archaischen, Pittoresken, Exotischen, Folkloristischen), vor allem aber die Betonung der klanglichen Werte, der Farbe, der spezifischen Instrumentierung, der immer reicher und kühner gesetzten Harmonik mit allen damit zusammenhängenden Wandlungen des musikalischen Materials (▷ 9.8) und schließlich die Hinwendung zu außermusikalischen Anregungen, zum Poetischen, Sinnbehafteten, Assoziativen, zur Grenzüberschreitung und Verbindung der Künste im Sinne der romantischen Idee des Gesamtkunstwerks.

Dies trifft allerdings nicht für alle Musik des 19. Jahrhunderts zu, nicht einmal für die Zeit der sogenannten Hochromantik nach 1830. R. Schumann und F. Mendelssohn Bartholdy, F. Chopin und F. Liszt, H. Berlioz und R. Wagner wird man, jeden auf seine Weise, durchaus als Romantiker ansprechen können, weit weniger dagegen z. B. G. Rossini oder V. Bellini, A. Lortzing, O. Nicolai oder G. Meyerbeer. Der Begriff „Romantik" ist demnach nicht nur als Epochenbezeichnung für das 19. Jahrhundert insgesamt problematisch, sondern er charakterisiert auch innerhalb des Zeitabschnittes, in dem sich am deutlichsten eine romantische Geisteshaltung in der Musik verwirklichte, nur einen Teilbereich des damaligen Schaffens. Eine Gesamtbetrachtung der Musikanschauung und des Musiklebens des 19. Jahrhunderts muß daher auch andere Aspekte einbeziehen.

9.2 Musikanschauung

Die musikästhetische und musikphilosophische Reflexion, seit der Antike ein wichtiges Teilgebiet abendländischen Denkens, gewinnt im 19. Jahrhundert einen neuen, bedeutsameren Stellenwert im Rahmen der allgemeinen Ästhetik, die seit A. G. Baumgartens *Aesthetica* (1750) und I. Kants *Kritik der Urteilskraft* (1790) erstmals den Rang einer selbständigen wissenschaftlichen Disziplin erhält. Für fast alle großen Philosophen seit dem deutschen Idealismus bildet die Kunst einen wesentlichen, teilweise zentralen Gegenstand des Denkens, der die Musik, wenngleich in sehr unterschiedlicher Akzentuierung, selbstverständlich mit umgreift. Neben dieser ästhetischen Behandlung der Musik als Teil der Philosophie entwickelte sich eine von Fachleuten getragene, spezielle Musikästhetik, die zwar auch grundlegende Fragen der Sinn- und Wesensbestimmung des Musikalischen thematisiert, zugleich aber die Kompositionen selbst, ihren Stil- und Formanspruch, ihre Charakteristika sowie ihre Darstellung und Wirkung vorrangig im Blick hat.

Die Grundlage der großen kunstphilosophischen Entwürfe vor allem des frühen 19. Jahrhunderts bilden neben der Philosophie Kants die ästhetischen Anschauungen der Klassik und Romantik (▷ 9.1). Davon entscheidend abweichende Konzeptionen wurden gegen Ende des Jahrhunderts oder – wie zum Beispiel die marxistische Ästhetik – erst im 20. Jahrhundert deutlich wirksam. Im folgenden können nur die wichtigsten Namen und Werke auswahlweise genannt werden.

F. W. J. von Schelling verbindet in seinen ersten Veröffentlichungen Anregungen I. Kants und J. G. Fichtes mit denen der Frühromantik. Seinen ästhetischen Idealismus formuliert er in den Schriften *System des transzendentalen Idealismus* (1800), *Darstellung meines Systems der Philosophie* (1801) und *Bruno oder über die göttlichen und natürlichen Prinzipien der Dinge* (1802). Seine um die gleiche Zeit mehrmals gehaltenen *Vorlesungen über die Philosophie der Kunst* (postum veröffentlicht) bestimmen die Musik als die „realste" unter den „realen" Künsten (neben Malerei und Plastik), postulieren aber zugleich, in Anlehnung an die antike Sphärenharmonie, ihr urbildliches Sein im Universum.

Die Ästhetik G. W. F. Hegels, die er 1816 in Heidelberg und später in seinen Berliner Vorlesungen vortrug (veröffentlicht in der Jubiläumsausgabe von 1927–40 als Band 12–14), ist in der Grundeinstellung klassischer Geisteshaltung zwar verpflichtet, umgreift jedoch in ihrer universalen systematischen Durchformung die Klassik-Romantik-Relation und vertieft sie durch eine umfassende geschichts- und geistesphilosophische Sicht. Als umfänglichste und geschlossenste zeitgenössische Sinndeutung der Kunst ist sie zum einflußreichsten ästhetischen Entwurf der ersten Hälfte des 19. Jahrhunderts geworden. Die Musik wird in Hegels Ästhetik (in Teil III: *Das System der einzelnen Künste*) unter die

„romantischen Künste" eingereiht und in eine Mittelstellung zwischen Malerei und Poesie gestellt. Hegel interpretiert sie als die Kunst der „subjektiven Innerlichkeit", die das Ideelle, die „Idee", nicht mehr äußerlich im Raume, sondern im Subjekt selbst tönend zur Erscheinung bringt. Sie ist für ihn die Kunst, die die Innenwendung der abendländisch christlichen Weltsicht am reinsten manifestiert, allerdings auf diesen Innenbereich auch beschränkt bleibt und die höchste Kunststufe, die geisterfüllte Totalität der Poesie, nur erst vorbereitet.
A. Schopenhauer spricht im ästhetischen Teil seines Hauptwerks *Die Welt als Wille und Vorstellung* (1819) im Unterschied zu allen anderen Philosophen des 19. Jahrhunderts der Musik nicht nur den höchsten Rang unter den Künsten zu, sondern sieht sie in einer absoluten Sonderstellung dadurch, daß sie nicht wie die übrigen Künste Abbild der (platonischen) Ideen sei, der primären Objektivationsstufen des Willens zum Leben, sondern unmittelbares Abbild dieses Willens selbst, des dumpfen, dranghaften, innersten Weltprinzips. Diese philosophische Deutung der Musik, die ästhetische Ansätze der literarischen Romantik radikalisiert, hat die Musiker und die gebildeten Musikliebhaber in der zweiten Hälfte des 19. Jahrhunderts stark bewegt. Von besonderem Einfluß waren die Gedanken Schopenhauers auf R. Wagner, innerhalb der Philosophie aber auch auf die erste größere Schrift F. Nietzsches *Die Geburt der Tragödie aus dem Geiste der Musik* (1872).
Unter den im engeren Sinne fachmusikalischen Ästhetiken war die kleine Schrift *Vom Musikalisch-Schönen* (1854) des Wiener Musikgelehrten und Brahms-Freundes E. Hanslick von weitestreichender Wirkung. Hanslicks zentraler Gedanke, „Inhalt und Gegenstand der Musik" seien allein „tönend bewegte Formen", darf zwar nicht im Sinne eines bedeutungsleeren Formalismus mißverstanden werden, er postuliert jedoch, wie ein Kristallisationspunkt eines wesentlichen Aspekts im Felde der divergierenden musikalischen Strömungen des späteren 19. Jahrhunderts, eindeutig die Vorrangstellung der reinen, „absoluten Musik" (▷ 7.4 und 9.5).
Eine gewichtige Gegenposition zu Hanslick vertritt F. von Hausegger in seinen Schriften *Musik als Ausdruck* (1885), *R. Wagner und Schopenhauer* (1878), *Das Jenseits des Künstlers* (1893) und *Gedanken eines Schauenden* (herausgegeben 1903; ▷ 10.2).

9.3 Beethoven-Rezeption

Der Einfluß, den das Werk Beethovens (▷ 7.7) auf die Musik des 19. Jahrhunderts, und zwar auf sehr unterschiedliche musikalische Stilrichtungen und Auffassungsweisen, ausgeübt hat, ist außerordentlich tiefgreifend und kann kaum überschätzt werden. Die beiden wichtigsten, gegensätzlichen Gruppierungen im deutschsprachigen Raum – die eher konservativen Komponisten um Mendelssohn Bartholdy, Schumann und Brahms und die progressiv auftretende Neudeutsche Schule um Liszt und R. Wagner (▷ 9.4) – sind ohne das Vorbild Beethovens, auf das sich beide ausdrücklich berufen, nicht denkbar. Auch A. Bruckner, der keiner dieser Gruppierungen zuzuzählen ist, knüpfte in seinen Sinfonien an den orchestralen Gestus der 9. Sinfonie von Beethoven unmittelbar an. Und vom Finalsatz des gleichen Werkes (mit Solo- und Chorgesang) empfing R. Wagners Musikdrama entscheidende Impulse. In Frankreich zeigte sich vor allem H. Berlioz als Instrumentalkomponist von Beethoven stark beeinflußt, während die französische und italienische Oper und das leichtere Bühnengenre in Deutschland sich weitgehend unabhängig von diesem Einfluß entwickelte.
Die Ausdrucksintensität und die strukturelle Dichte und Vielfalt der Beethovenschen Musik gewannen aus der Sicht des späteren 19. Jahrhunderts mehr und mehr den Charakter des geschichtlich Einmaligen und bilden so eine in dieser Art vorher kaum bekannte, verpflichtende Tradition, die zu ignorieren vielen Komponisten nicht mehr möglich schien, auch wenn sie, statt Beethoven unmittelbar zu folgen, andere Wege einschlugen. So ist es auch zu erklären, daß die großen klassischen Formen zu einer gewissen Vorbildfunktion erstarrten, daß sie teilweise gänzlich umgedacht (z. B. in Liszts Sinfonischen Dichtungen) und vielfach bewußt umgangen wurden (z. B. in R. Schumanns Klavierwerk mit den vielen, aus kleinen Charakterstücken gebildeten Zyklen) oder daß Sinfoniker wie Brahms

Kapitel 9

143 Ausschnitt aus dem Gemälde „Eine Symphonie" von Moritz von Schwind. Aufführung von Ludwig van Beethovens Fantasie für Klavier, Chor und Orchester op. 80 (1808) mit Franz Lachner als Dirigent, Franz Schubert und Johann Michael Vogl (ganz links) als Sänger, Moritz von Schwind neben der Pianistin und Beethovens Büste im Hintergrund (1852; München, Neue Pinakothek)

und Bruckner erst sehr spät, nach langen skrupulösen Anläufen und mit neuem Gestaltungswillen sich ihnen wieder zuwandten.

Doch nicht nur für das kompositorische Schaffen und für das verbreitete Bild vom Komponisten, der einsam und weltabgewandt nur seiner Kunst lebt, sondern auch für die Reproduktion von Musik und für die Vorstellung von den Aufgaben und Wertansprüchen des ausübenden Künstlers ist Beethovens Werk bestimmend geworden. Der große Interpret als Sachwalter vor allem vergangener Musik, der sich immer von neuem um deren gültige Wiedergabe bemüht und, dem Werk dienend, dessen lebendigen Sinn dem Hörer erschließt, dies ist eine Idee des 19. Jahrhunderts, die sich im Zusammenhang mit der immer erneuten Interpretation Beethovenscher Solo-, Orchester- und Kammermusik erstmals herausbildete.

In enger Wechselwirkung hiermit vollzog sich eine deutliche Veränderung der Höreinstellung. Die Erwartung, daß ein musikalisches Kunstwerk nicht nur satztechnisch absolut stimmig ist, sondern daß es den Hörer im Innersten ergreife, daß es Tiefe und Bedeutsamkeit ausstrahle und ihn zu einem Kunsterlebnis führe, das der Weihe einer kultisch religiösen Handlung nahe kommt, ist aufs engste mit der Rezeption Beethovenscher Werke verknüpft und ist im übrigen für eine Hörerschicht bezeichnend, in der die Religiosität selbst zunehmend verflachte.

Dementsprechend ist das Beethoven-Schrifttum des 19. Jahrhunderts von Vokabeln geprägt, die auf eine letzte und höchste Sinndeutung des Musikalischen zielen. „Kampf" und „Sieg", „Heldentum", „Titanentum" und „Priestertum", „Leiden", „Ergebung" und „Überwindung", „Läuterung", „Erlösung", „Offenbarung" und viele weitere verwandte Begriffe, die das Außerordentliche der Erscheinung und Wirkung Beethovens widerspiegeln, haben von hier aus Eingang gefunden in die verschiedensten Bereiche des Musikschrifttums.

Dies als zeitbedingten Enthusiasmus leichthin abzutun, wäre sicherlich unangemessen. Die Fülle solcher Äußerungen, auch wenn sie zu kritischer Distanz Anlaß geben, verweist vielmehr auf die Herausforderung, die das Neue in Beethovens Musik für den Hörer des 19. Jahrhunderts darstellte. Sie bewirkte eine veränderte Rezeptionshaltung, die den Zugang zum kompositorischen Schaffen überhaupt neu bestimmte und umprägte und die sich, vergröbert und verzerrt, noch in den Auswüchsen der Virtuosenverehrung und der sentimentalen Begeisterung für Salonmusik widerspiegelt.

9.4 Musikalische Parteien

Das 19. Jahrhundert ist eine Epoche der künstlerischen Parteiungen und Kontroversen. Heftig propagierte Vorstellungen und Begriffe wurden dabei häufig zu Schlagworten zugespitzt, die die Phänomene, die ja stets vielschichtiger sind, kaum noch treffen. Das gilt auch für die Musik. Und namentlich in der zweiten Hälfte des Jahrhunderts standen sich vermeintlich konservative und fortschrittliche Anschauungen und Stilrichtungen konträr gegenüber.
Als „fortschrittlich" sah sich vor allem die *Neudeutsche Schule*, der Kreis der Musiker um F. Liszt. Dessen Wortprägung „Musik der Zukunft" oder auch der Titel des vierten Bandes seiner gesammelten Schriften, *Aus den Annalen des Fortschritts* (1855–59), bekunden seine leidenschaftlich vorgetragene These, daß die Musik seiner Zeit zu neuen Ausdrucksformen fähig und aufgerufen sei. R. Wagners literarische Veröffentlichungen des Jahres 1849, *Die Kunst und die Revolution* und *Das Kunstwerk der Zukunft*, weisen in die gleiche Richtung. An die Öffentlichkeit gelangten die Ideen der Neudeutschen Schule, der unter anderem P. Cornelius, J. Raff, H. von Bülow und C. Tausig zuzuzählen sind, durch den 1859 in Weimar gegründeten Allgemeinen Deutschen Musikverein und durch die *Neue Zeitschrift für Musik*, nachdem F. Brendel 1844 ihre Redaktion übernommen hatte.
Die Gegenseite, der Kreis um J. Brahms, entfaltete im ganzen weit weniger literarische Aktivitäten. Immerhin entwarfen Brahms und seine Freunde J. Joachim, J. O. Grimm und B. Scholz eine 1860 im *Berliner Echo* abgedruckte Erklärung, in der sie mit großer Schärfe aussprachen, daß sie „die Produkte der Führer und Schüler der sogenannten ‚Neudeutschen Schule'... als dem innersten Wesen der Musik zuwider nur beklagen und verdammen können". Später hat sich Brahms nie mehr in dieser Weise öffentlich geäußert. Und insgesamt verhielten sich die führenden Musiker in diesem Richtungsstreit weit weniger einseitig als ihre Parteigänger. Brahms' Achtung vor der Musik R. Wagners (die von Brahms' Freund E. Hanslick oft so unbarmherzig kritisiert wurde) und mehr noch Liszts großherzige Einstellung allem künstlerisch Bedeutungsvollen gegenüber sind hierfür bezeichnend.
Eine musikgeschichtliche Wertung der genannten Stilrichtungen im Sinne des klassizistisch Traditionellen oder zukunftsträchtig Fortschrittlichen kann kaum so eindeutig ausfallen, wie es im 19. Jahrhundert erscheinen mochte. Manches der damals als fortschrittlich angesehenen Musik erweist sich im Rückblick als stark zeitbedingt. Und umgekehrt gingen von der scheinbar traditionelleren Brahmsschen Kompositionstechnik starke Impulse aus, die den Fortgang der Musik über M. Reger und G. Mahler bis weit ins 20. Jahrhundert hinein wesentlich beeinflußten. A. Schönbergs Bekenntnis zu Brahms, unter anderem in seinem Aufsatz *Brahms der Fortschrittliche* (1947) dokumentiert dies beispielhaft.
Dennoch läßt sich ein Element des Bewahrenden, Klassizistischen in der Musik Brahms' und der musikalischen Einstellung seiner Freunde (Clara Schumann, J. Joachim, A. Dietrich, F. von Hiller, H. von Herzogenberg u. a.) natürlich nicht leugnen. Und bereits eine Generation zuvor entwickelten sich Polarisierungen nach beiden genannten Richtungen hin. Beispielhaft hierfür stehen F. Mendelssohn Bartholdy und H. Berlioz. Mendelssohns Musik und seine ästhetische Einstellung tragen klassizistische Züge innerhalb einer romantischen Stilkonzeption. Das erklärt sein mangelndes Verständnis für Berlioz, der, obgleich etwas älter, als einer der kühnsten Neuerer seiner Zeit gelten kann und auf den sich konsequenterweise F. Liszt mehrfach programmatisch berief. Nicht so eindeutig zu bestimmen ist dagegen die Stellung R. Schumanns. In seinen Schriften und in seinen Kompositionen zeigt sich ein Wandel von zunächst jugendlich romantischem, „fortschrittlichem" Enthusiasmus zu einer eher traditionellen Haltung der letzten Jahre. Auch war Schumann mit Liszt lange Zeit eng befreundet und bewunderte – anders als seine Frau Clara – dessen feuriges Musikertum. Nur R. Wagner stand er fremd gegenüber. Und sein letzter großer Aufsatz, eine hymnische Begrüßung des jungen Brahms (*Neue Bahnen*, 1853), zeigt deutlich, wie skeptisch er inzwischen dem herrschenden „fortschrittlichen" Zeitgeschmack gegenüberstand und wie sehnsüchtig er nach einem Komponisten

Ausschau hielt, der erneut „den höchsten Ausdruck der Zeit in idealer Weise auszusprechen berufen wäre".

9.5 Absolute Musik – Programmusik

Ästhetisch und gattungsgeschichtlich entsprechen der „traditionelleren" und der „fortschrittlicheren" Stilrichtung im 19. Jahrhundert die gleichermaßen kontroversen Begriffe „absolute Musik" (▷ 7.4) und „Programmusik", die beide von ihren Verfechtern interessanterweise aus dem Werk Beethovens begründet und abgeleitet wurden. Beethovens Musik – so sagten die einen – bezeuge die eindeutige Priorität des rein Musikalischen. Gelegentliche außermusikalische Komponenten in seinen Werken seien demgegenüber stets zweitrangig. Die entgegengesetzte Interpretation betonte gerade umgekehrt, daß Beethovens Musik als erste entscheidend über das Nurmusikalische hinaus zum inhaltlich Poetischen und Programmatischen tendiere (so in einigen Streichquartetten und Klaviersonaten, zum Beispiel *Les Adieux* op. 81a, in der *Eroica,* der *Pastorale* und vor allem in der 9. Sinfonie) und daher die Sinfonische Dichtung (Liszt, ▷ 9.24) beziehungsweise das Musikdrama (R. Wagner, ▷ 9.35) ihre eigentliche und legitime geschichtliche Fortsetzung darstellen.

Gültig formuliert wird die Ästhetik der „absoluten Musik" erstmals von E. Hanslick (▷ 9.2) in seiner Schrift *Vom Musikalisch-Schönen* (1854): „... welcher Natur das Schöne einer Tondichtung sei? *Es ist ein spezifisch Musikalisches.* Darunter verstehen wir ein Schönes, das unabhängig und unbedürftig eines von Außen her kommenden Inhaltes, einzig in den Tönen und ihrer künstlerischen Verbindung liegt." „Was die Instrumentalmusik nicht kann, von dem darf nie gesagt werden, die *Musik* könne es; denn nur sie ist reine, absolute Tonkunst."

Demgegenüber postulierte F. Liszt in seinem Aufsatz *Berlioz und seine Haroldsymphonie* (1855; *Gesammelte Schriften,* Band 4) die Bedeutung der „poetischen Idee" für eine Musik, die sich von den Formen der Vergangenheit befreien und ein neues Kunstwollen dichterisch-philosophischer Prägung mit musikalischen Mitteln realisieren will:

„Das gesungene Wort hat von jeher eine Verbindung zwischen der Musik und literarischen oder quasi-literarischen Werken veranlaßt oder hervorgerufen. Das gegenwärtige Streben aber gilt einer Verschmelzung beider, die eine innigere zu werden verspricht, als sie bis jetzt erreicht werden konnte. Die Meister-

144 Richard Wagner vor dem Musikkritiker Eduard Hanslick (Scherenschnitt von Otto Böhler)

werke der Musik nehmen mehr und mehr die Meisterwerke der Literatur in sich auf."

„Bei der sogenannten klassischen Musik ist die Wiederkehr und thematische Entwicklung der Themen durch formelle Regeln bestimmt, die man als unumstößlich betrachtet, obwohl ihre Komponisten keine andere Vorschrift für sie besaßen als ihre eigene Phantasie, und sie selbst die formellen Anordnungen trafen, die man jetzt als Gesetz aufstellen will. In der Programmusik dagegen ist Wiederkehr, Wechsel, Veränderung und Modulation der Motive durch ihre Beziehung zu einem poetischen Gedanken bedingt."

9.6 Musik der Vergangenheit: Bach- und Palestrina-Renaissance

Ein bedeutsames Moment romantischer Geisteshaltung ist die Rückwendung zur Vergangenheit, die dabei stets in verklärtem Licht erscheint. Neben Sage und Märchen, Volks- und Brauchtum, Dichtung und Malerei des Mittelalters und der Renaissance gewann daher auch die Musik früherer Zeiten im 19. Jahrhundert ein erhöhtes Interesse. Das öffentliche Konzertleben schuf die Möglichkeit, Werke der Vergangenheit als Repertoire zu bewahren und immer wieder aufzuführen. Auch die Ausbildungsinstitute sowie das Musikschrifttum vermittelten ein neues Wertbewußtsein für die Musik älterer Stilepochen. Dementsprechend begann auch erst gegen Ende des 18. Jahrhunderts eine eigentliche und kontinuierliche Musikgeschichtsschreibung. W. A. Mozart war der erste Komponist, dessen historische Darstellung ohne Bruch unmittelbar nach seinem Tode einsetzte. Alle älteren Musiker wurden erst nach und nach wieder entdeckt und bekannt gemacht. Dieser Prozeß historischer Erschließung setzte im wesentlichen bei J. S. Bach an und zwar, nachdem dessen Werk ein halbes Jahrhundert fast vergessen war, mit einer ersten Bach-Biographie von J. N. Forkel (1802). Doch erst 1829, mit der Wiederaufführung der *Matthäuspassion* durch Mendelssohn Bartholdy und die Berliner Singakademie, wurde Bachs Musik in der breiten Öffentlichkeit wirklich

145 Programmzettel eines Konzertes anläßlich der Enthüllung des von Felix Mendelssohn Bartholdy gestifteten Bach-Denkmals in Leipzig

bekannt und mehr und mehr zum geschichtlichen Besitz des deutschen und europäischen Musiklebens. 1850 erschien der erste Band einer Bach-Gesamtausgabe, 1873–80 die umfassende Bach-Biographie von Ph. Spitta. Im Werk fast aller führenden Komponisten seit dem späten 18. Jahrhundert hat die Beschäftigung mit Bach deutliche Spuren hinterlassen. Das gilt bereits – zu einer Zeit, da Bach nur Eingeweihten bekannt war – für Mozart und Beethoven, in erhöhtem Maße aber für die romantischen Musiker der Schaffensperiode nach 1830 von R. Schumann über J. Brahms bis zu M. Reger. Ein herausragendes Beispiel für eine bedeutsame Bach-Adaption bietet F. Mendelssohn Bartholdy, besonders in seinen Motetten, in seinen Präludien und Fugen für Klavier und Orgel und in seinem Oratorium *Paulus* (1836). Darüber hinaus hat die sich ständig erweiternde Kenntnis der Werke Bachs und ihres stilistischen Umfelds das allgemeine Musikleben und den historischen Zugang von Fachleuten und Laien zur sogenannten Alten Musik wesentlich verändert. Daher kann anhand der verschiedenen Stufen der Bach-Renaissance seit etwa 1800 eine kontinuierliche, sich stets wan-

Kapitel 9

delnde und erneuernde Auseinandersetzung mit der Musik der Vergangenheit bis in unsere Gegenwart hinein exemplarisch beobachtet werden.
In der Breitenwirkung und im historischen Ansatz nicht ganz vergleichbar, jedoch ähnlich bedeutsam und ähnlich von romantischem Geist getragen, erfolgte im frühen 19. Jahrhundert die Hinwendung zur Musik G. P. da Palestrinas. Anders als im Falle Bachs gab es bereits im 17. und 18. Jahrhundert eine an Palestrina orientierte Stiltradition, insofern der Kirchenstil im Barock (▷ 5.1) als „stylus antiquus" neben den damals neuen Stilentwicklungen die vorbarocke polyphone Satzweise weiterhin bewahrte. Dies hatte jedoch vorwiegend nur kompositionstechnische und stilistische Bedeutung.

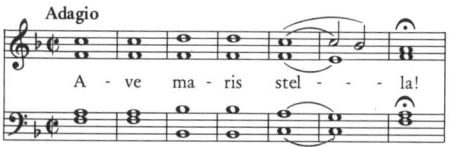

146 Anfang des „Ave maris stella" aus den „Canzoni per 4 voci alla Capella" (1808) von E. T. A. Hoffmann

Neu war im 19. Jahrhundert die historische Rückbesinnung, die Suche nach einer reinen, erhabenen, von expressiven Modernismen freien, religiösen Vokalmusik, die auch den Reformansätzen der katholischen Theologie entgegenkam. Der Dichter-Musiker E. T. A. Hoffmann war einer der ersten, der in romantischer Begeisterung auf den älteren Kirchenstil als Vorbild verwies (*Alte und Neue Kirchenmusik,* 1814) und selbst einige schlichte Vokalsätze komponierte, die allerdings kaum auf die Polyphonie des 16. Jahrhunderts Bezug nehmen (Abb. 146). 1825 erschien dann die später mehrmals neu aufgelegte, sehr einflußreiche Schrift *Über Reinheit der Tonkunst* von A. F. J. Thibaut und schließlich 1832 eine grundlegende wissenschaftliche Palestrina-Studie von C. von Winterfeld.
Alle Komponisten und angehenden Musiker haben sich seitdem mit dem Palestrina-Stil als reinster Ausprägung kontrapunktischer Schreibweise auseinandersetzen müssen. Darüber hinaus führten diese Impulse nicht nur zu einer speziellen Richtung innerhalb der Kirchenmusik des 19. Jahrhunderts

(▷ 9.44), sondern hinterließen tiefgreifende Spuren in fast allen sakralen Kompositionen dieser Zeit.

9.7 Musikleben

Da das 19. Jahrhundert Formen des Musiklebens entwickelt hat, die teilweise bis heute bestimmend geblieben sind, gilt es, zum besseren Verständnis den historischen Blick besonders auf die Unterschiede zum Musikleben unserer Zeit zu richten.
Grundsätzlich wurde die Musik noch nicht in dem Maße wie heute von staatlichen und öffentlichen Einrichtungen (Rundfunk, Fernsehen, Wettbewerbe, Stiftungen, Besucherorganisationen) gefördert und verwaltet. Fürsten, Adelshäuser und reiche Bürger bestimmten nach wie vor durch persönliche Interessen und Vorlieben einen Teil der musikalischen Kultur. Mehr und mehr wurde jedoch das große anonyme Publikum – das sich allerdings fast ausschließlich aus den Besitzenden rekrutierte – zur entscheidenden Instanz für Erfolg oder Mißerfolg von Musikwerken. Dieses neue bürgerliche Publikum, das seine Macht kannte und ausüben wollte und zu dessen Selbstverständnis eine bestimmte Art des Musikerlebens nicht unwesentlich beitrug, reagierte daher durchweg engagierter, leidenschaftlicher als das heutige. Ästhetische Streitigkeiten und Richtungskämpfe, frenetischer Beifall und erbarmungsloses Auszischen, hymnische Elogen und vernichtende Urteile der Kritik waren an der Tagesordnung.
An der Spitze des allgemeinen Interesses stand weiterhin die Oper. Hier vor allem suchten die Komponisten Ruhm und Anerkennung, wobei wesentliche Unterschiede in der Haltung des Publikums zwischen Italien, Frankreich und Deutschland zu beobachten sind. Gegenüber dem südlichen Temperament der Italiener oder der weltmännischen Lebendigkeit des Pariser Publikums bildete sich im deutschsprachigen Raum in bestimmten Schichten eine betont verinnerlichte Hörereinstellung mit dem Anspruch, sich ernsthaft und kenntnisreich, ehrfurchts- und andachtsvoll dem Kunstwerk zu nähern. Eine solche Haltung, die R. Wagners Opern ebenso

entgegengebracht wurde wie etwa der Instrumentalmusik von J. Brahms, ist ein Ausdruck jener bürgerlichen „Kunstreligion", die in dieser Zeit zunehmend den Verlust traditioneller christlicher Bindungen kompensierte.

Auf der anderen Seite zeigte sich auch und gerade im Bürgertum eine sich rasch ausbreitende Neigung zur heiteren und leichten Musik, etwa zur Operette in der Art J. Offenbachs, die spätestens seit dessen *Orpheus in der Unterwelt* (1858) das europäische Publikum begeisterte (▷ 9.33).

Das Orchesterkonzert ist teilweise mit entsprechenden heutigen Veranstaltungen vergleichbar, vielfach dominierten aber noch stark gemischte Programme (Arien, Solokonzerte, einzelne Sinfoniesätze, Ouvertüren usw.). Kammermusik dagegen wurde erst nur gelegentlich als öffentliches Konzert angeboten. Streichquartettabende oder gar fortlaufende Zyklen wie die von J. Joachim in Berlin waren zunächst noch die Ausnahme. Viel häufiger wurden, anders als heute, private oder halb private kammermusikalische Aufführungen veranstaltet, wobei sich sehr unterschiedliche Formen beobachten lassen, von der einfachen Hausmusik, die bei der in bürgerlichen Kreisen aufblühenden häuslichen Musikpflege ansetzte, über gewichtige Uraufführungen (z. B. Brahmsscher Werke) im Kreise von Freunden und geladenen Kennern bis zum festlichen gesellschaftlichen Ereignis, etwa in einem der vielen Pariser Salons. Eine eigene Konzertform bildete, erstmals seit dem Auftreten F. Liszts, der Soloabend, auch hier mit erheblichen Unterschieden in der Qualität und Seriosität des Gebotenen, von der anspruchsvollsten Kunst- bis zur leichtesten Salonmusik.

Als eine neue Art musikalischer Großveranstaltung entwickelten sich in Deutschland, nach englischem Vorbild aus dem 18. Jahrhundert, überregional bedeutsame Musikfeste, so zum Beispiel ab 1810 in Frankenhausen unter der Leitung von L. Spohr oder seit 1817 die vielbeachteten Niederrheinischen Musikfeste, als deren Leiter bis zum Ende des Jahrhunderts unter anderen L. Spohr, F. Mendelssohn Bartholdy, G. Spontini, F. Liszt, N. Gade, J. Brahms und R. Strauss fungierten.

Der bedeutende Anteil großer Chorwerke, die auf solchen Musikfesten oft von vielen hundert Mitwirkenden aufgeführt wurden, weist auf die außerordentliche Verbreitung des Chorgesangs im 19. Jahrhundert, die von Vereinigungen wie der Berliner Singakademie (1791 von Ch. F. C. Fasch gegründet, 1800 von C. F. Zelter übernommen) maßgeblich ausging, in kurzer Zeit jedoch überall in Deutschland zur Gründung von Gesangvereinen führte (▷ 9.38).

Der enormen Breitenwirkung der Musikpflege im 19. Jahrhundert steht auf der anderen Seite der Aufstieg einer kleinen Zahl vergötterter Virtuosen wie zum Beispiel N. Paganini oder F. Liszt gegenüber, deren Ruhm und Ausstrahlung auf das gesamteuropäische Musikleben eng mit der Konstituierung des großen Publikums, aber auch mit der neuartigen Mobilität im beginnenden technischen Zeitalter und mit dem herrschenden Einfluß der Musikpresse zusammenhängt. Allerdings galten auch hier andere Formen und Maßstäbe als heutzutage. Der reisende Virtuose war weitestgehend sein eigener Organisator. Öffentliche Konzertvereinigungen boten ihm zwar hier und da schon verbesserte Voraussetzungen. Dennoch führte der übliche Weg zum öffentlichen Konzert nach wie vor zumeist über private Empfehlungen und Hauskonzerte. Erst gegen Ende des Jahrhunderts entstanden – nach gelegentlichen Vorläufern – regelrechte Konzertagenturen, die den konzertierenden Künstler, dessen Berufsbild von dem des schaffenden Komponisten sich nun eindeutig abhebt, kommerziell vermitteln.

9.8 Entwicklung des musikalischen Materials

Die bedeutsamen Veränderungen der Kompositionstechnik vom Beginn bis zum Ende des 19. Jahrhunderts manifestieren sich auf fast allen Ebenen des musikalischen Materials. Unter diesen ist die *Harmonik* das am auffälligsten stilbestimmende Element. Sie wurde in immer rascher verlaufender Progression erweitert und differenziert und geriet in der zweiten Hälfte des Jahrhunderts in ein krisenhaftes Endstadium (▷ 10.3), in welchem die Tonalität, eine der Grundlagen abendländi-

Kapitel 9

147 Beginn des Vorspiels zur Oper „Tristan und Isolde" (1859) von Richard Wagner

schen Komponierens, in Frage gestellt und schließlich (nach der Wende zum 20. Jahrhundert) teilweise ganz aufgegeben wurde. Exemplarisch für diese krisenhafte harmonische Entgrenzung ist bereits der sogenannte Tristan-Akkord (Abb. 147), der Akkord zu Beginn von R. Wagners *Tristan und Isolde* (1859), der bei äußerster Dissonanzschärfung (seine Auflösung ist ein immer noch dissonanter Dominantseptakkord) zugleich vielfach umdeutbar, unbestimmt und schwebend erscheint und damit die erzeugte dominantisch-tonikale Spannung gewissermaßen überdehnt und paralysiert. Chromatisierung, Alterierung, Vieldeutigkeit der Harmonien, Terzenschichtungen (Sept-, Non- und Undezimakkorde), Reichtum an Modulationen und Rückungen in entfernteste Tonarten, Verselbständigung von Dissonanzen und Verunklarung des Grundtongefühls sind einige der wichtigsten Phänomene in diesem Prozeß der Erweiterung und Auflösung romantisch tonaler Harmonik.

Auf ähnliche Weise erweiterte und differenzierte sich die *Motivik* im Kontext einer immer reicher werdenden variativen Satztechnik thematischer Arbeit, die allerdings – im Unterschied zur Harmonik – über die Epochengrenze um 1910 hinweg noch die Musik der ersten Hälfte des 20. Jahrhunderts als ein wesentliches Strukturelement tonalitätsfreier Kompositionen weiterhin bestimmte. Thematisch gebundene, einheitstiftende Motivik dieser Art geht zurück bis ins 18. Jahrhundert. Ihre erste klassische Durchbildung findet sich bei J. Haydn (▷ 7.9), vor allem in seinen Streichquartetten ab op. 33 (▷ 7.17), und, daran anknüpfend, bei L. van Beethoven. Über F. Mendelssohn Bartholdy, R. Schumann und J. Brahms bis zu M. Reger und G. Mahler beziehungsweise über H. Berlioz, F. Liszt und R. Wagner bis zu R. Strauss führte die Intensivierung thematischer Arbeit zu einem immer dichteren, komplexeren Satz und einer zuletzt das ganze kompositorische Gefüge durchdringenden Motivverschließung in der Weise der – von A. Schönberg so benannten – „entwickelnden Variation".

Ein spezifisch romantisches Phänomen ist die Entwicklung der *Klanglichkeit* und *Instrumentation*, die intensive Hinwendung zum besonderen Farbwert des einzelnen Klangs oder der charakteristischen Klangverbindung in überraschenden Kontrasten oder unmerklich gleitenden Übergängen. Instrumentalklangliche Erfindung, in der Klassik noch weitgehend im Dienst der Thematik und der formalen Gliederung, wurde – erstmals bei F. Schubert und C. M. von Weber – zu einem eigenen Feld kompositorischer Gestaltung und Erfindung, verband sich allerdings naturgemäß häufig mit auffälligen harmonischen Fortschreitungen oder leitmotivisch inspirierter Melodik und stand zusätzlich in enger Wechselwirkung mit der Vervollkommnung der einzelnen Instrumente (▷ 9.9).

Rhythmik und *Metrik* knüpften im ganzen an die klassischen Vorprägungen an. Bemerkenswert sind jedoch auch hier die Tendenzen zu größerer Vielfalt und Variabilität oder andererseits zu verstärkter Intensität durch betonte Gleichförmigkeit, ferner vor allem die Neigung zur Verunklarung der metrischen Akzente (z. B. durch Verschiebung der Taktschwerpunkte) und zu asymmetrisch gegliederten Gruppierungen (Abb. 148). Das führte teilweise zu freien rhythmischen Bildungen im Sinne von „musikalischen Prosa", einem nicht mehr erkennbar gleichrhythmischen Fluß (Abb. 149, S. 322), wie er wesentlich auch durch die freie, dem Sprachduktus folgende Melodik in R. Wagners Musikdramen initiiert wurde.

Die *Form* wurde für die Komponisten des 19. Jahrhunderts nach Beethoven zum besonderen Problem. Was den Klassikern wie selbstverständlich gelungen zu sein schien, individuellen Gehalt und allgemeingültige Form zu vereinen, erschien vielen späteren Komponisten als ein kaum noch erreichbares Ideal. Die entstehende Geschichtsbetrachtung und Theoriebildung des 19. Jahrhunderts, hier in Gestalt einer sich etablierenden Formenlehre, trugen dazu bei, den Werken der Vergangenheit vollendete Musterhaftig-

Die Musik des 19. Jahrhunderts

148 1. Satz (Takt 242–248) des Klavierquintetts f-Moll op. 34 (1864) von Johannes Brahms. Mehrmalige Verschiebungen des metrischen Schwerpunktes verunklaren den herrschenden 4/4-Takt

keit zuzusprechen, mit der jeder Komponist sich auseinanderzusetzen hatte. Im Mittelpunkt dieser Auseinandersetzung stand die Sonaten- und die Sonatenhauptsatzform (▷ 7.12). Sie wird in den romantischen Kompositionen teils umgangen (z. B. durch die Verwendung kleiner liedhafter Formen), teils als traditionelle Folie neuer Klanginhalte nur benutzt, teils von innen her substantiell verändert. Zyklisch-thematische Verbindungen zwischen den Sätzen, fließende Satzübergänge, Verschleierung der in der Klassik stets

321

Kapitel 9

deutlichen Formteilgrenzen (Abb. 150), Verkürzungen und Erweiterungen der Gesamtform sind einige Mittel solcher romantischer Formveränderungen. Das führte, namentlich in der programmatisch inspirierten Sinfonischen Dichtung (▷9.5 und ▷9.24), teilweise zu ganz freien Formschöpfungen. Im Musikdrama (▷9.35) verwarf R. Wagner jegliche Bindung an geschlossene Arien und Ensembles zugunsten des beständigen dramatischen Flusses der „unendlichen Melodie".
Kaum einheitlich zu fassen ist die Entwicklung der *Melodik*. Sie ist einerseits eingebettet in den allgemeinen Prozeß immer stärkerer Differenzierung und Variabilität und wächst innerhalb dessen auf unterschiedlichste Weise über die klaren Linienbildungen der Klassik hinaus, zum Beispiel durch immer neu ansetzende, ausgreifende Spannungsbögen oder stark zerklüftete, zerrissene Melodiegestalten, durch weiteste Ausnutzung des Tonraums oder pointierteste Verengung. Andererseits besteht bei einem Teil der Komponisten gerade umgekehrt eine Tendenz zu betonter Einfachheit, zur volkstümlich schlichten Liedmelodie, zur Archaik oder gar zur eingängigen Simplizität. In der Oper schließlich findet sich ein nahezu unendlich aufgefächertes Spektrum melodischer Qualitäten, vom Gestus der großen Bravourarie bis zur Intimität kleiner Lieder, vom rezitativischen oder parlandohaften Sprechgesang bis zur sinfonischen Eingliederung des Vokalparts in den orchestral bestimmten Gesamtklang.

149 Anfang der Klaviersonate h-Moll (1853) von Franz Liszt als Beispiel für „musikalische Prosa" mit rezitativisch freier, asymmetrischer und aperiodischer Motivbildung

Die Musik des 19. Jahrhunderts

150 Charakteristische Formverschleierung in der 4. Sinfonie e-Moll op. 98 (1894/95) von Johannes Brahms (Vergleich der Takte 1 ff. und 246 ff.). Der Einsatz der Reprise wirkt durch starke rhythmische Dehnungen wie das Ende der Durchführung. Erst bei Takt 259 wird die Reprise, gleichsam zu spät, als solche erkannt

9.9 Instrumentenbau

In der ersten Hälfte des 19. Jahrhunderts führte eine Fülle von Erfindungen und Verbesserungen zu wesentlichen Veränderungen im Klang und in der Spielweise fast aller Instrumente, die dann etwa seit 1850 den heute noch gültigen technischen Stand erreichten. Das betrifft in verhältnismäßig geringem Maße die Streichinstrumente. Dennoch vollzogen sich auch hier wichtige Veränderungen, die vor allem einen größeren Klang, entsprechend den größeren Konzertsälen, zum Ziel hatten. Durch einen höheren Steg, dickere Saiten und ein längeres Griffbrett, das dem Spiel in den oberen Lagen entgegenkommt, verstärkte sich die Saitenspannung der Violine. Der Bogen erhielt durch F. Tourte um 1820 seine heutige Form. Das Violoncello wird seit etwa 1800 mit einem Stachel auf den Boden aufgesetzt, was sowohl den Klang verändert als auch der linken Hand ganz neue Spielmöglichkeiten verschafft.
Weit durchgreifender waren die Veränderungen bei den Blasinstrumenten. Th. Böhm baute 1832 erstmals eine Querflöte mit einem Klappensystem, das die Anordnung der Löcher nach akustischen Maßstäben ermöglicht (statt sie nach den Gegebenheiten der menschlichen Hand auszurichten) und damit die Intonation entscheidend verbessert. Oboe, Klarinette und Fagott wurden entsprechend ihrer Eigenart mit ähnlichen Klappenmechanismen versehen. Die Klarinette als jüngstes Mitglied der Holzbläserfamilie erhielt jetzt erst ihre technisch ausgereifte Form und wurde von vielen romantischen Komponisten mit besonderer Vorliebe eingesetzt.
Für die Blechblasinstrumente brachte die Erfindung der Ventile (1814 durch F. Blühmel

und H. Stölzel) den entscheidenden Wandel zur modernen Spieltechnik. Die ursprüngliche Begrenzung (außer bei der Posaune) auf die Töne einer Naturtonreihe hatte bereits vorher viele Verbesserungsversuche (Klappen, Zusatzbögen) ausgelöst. Doch erst die Ventiltechnik ermöglichte ein gleichmäßig durchchromatisiertes, beweglich virtuoses Spiel und schaffte die Grundlage für die neuen Aufgaben und Anforderungen an die Blechbläser in der Musik des 19. Jahrhunderts. Gleichzeitig ging damit die alte Technik des Clarinblasens verloren.

Sieht man schließlich noch auf die Verbesserungen bei den Schlaginstrumenten, besonders auf die schnellen und präzisen maschinellen Umstimmvorrichtungen bei der Pauke, so zeigt sich insgesamt, wie eng die technischen Veränderungen mit der Entwicklung des neuen instrumentalen Klanges, vor allem im Orchester, verbunden waren. Der Instrumentenbau schuf dem kompositorischen Klangwillen der Hoch- und Spätromantik einerseits erst die Möglichkeiten der Realisierung und wurde andererseits von der Klangintention der Komponisten zu Veränderungen und Verbesserungen angeregt und herausgefordert.
Entsprechendes findet sich im Klavierbau. Die romantische virtuose Klaviermusik des 19. Jahrhunderts erwuchs auf der Grundlage technischer Neuerungen am Instrument und forderte umgekehrt – wie schon Beethovens mittlere und späte Klavierwerke – solche Neuerungen geradezu heraus. Der Tonumfang wurde wesentlich größer, die Saiten kräftiger und die Saitenspannung sehr viel stärker. Daraus ergab sich die Notwendigkeit für einen gußeisernen Rahmen (vorher war er aus Holz), der ebenso den Klang veränderte wie die Filzbespannung der Hämmer (die vorher mit Leder bezogen waren) und das erhöhte Tastengewicht. Schließlich und vor allem ermöglichte die sogenannte Repetitionsmechanik mit doppelter Auslösung (S. Érard, 1821) jene Präzision und Homogenität, Kraft und Variabilität des Anschlags sogar noch im höchsten Spieltempo, wie sie spätestens seit F. Liszt und seiner Schule zum Signum virtuoser moderner Klaviertechnik geworden sind.

Komponisten

9.10 Weber

Carl Maria von Weber, geboren am 18. oder 19. November 1786 in Eutin, gestorben am 5. Juni 1826 in London, war der Sohn eines Schauspiel- und Musikdirektors und kam dadurch früh mit der Welt des Theaters in Berührung. Er verlebte eine unstete Kindheit und Jugend mit häufigen Ortswechseln und wenig geregeltem Musikunterricht, unter anderem bei Michael Haydn in Salzburg und Abbé Vogler in Wien. 1803 erhielt er die Kapellmeisterstelle am Stadttheater in Breslau, 1806 außerdem den Titel eines Musikintendanten am Hof der Herzöge von Württemberg in Carlsruhe (Oberschlesien). 1807-10 war er in Stuttgart Sekretär und Musiklehrer des Herzogs Ludwig, anschließend kurze Zeit in Mannheim (Freundschaft u.a. mit Gottfried Weber und F. Danzi) und Darmstadt, wo er erneut bei Abbé Vogler studierte. In den folgenden Jahren reiste er als Pianist durch die Schweiz, nach Prag und Berlin. 1813 wurde er Operndirektor in Prag und 1816 Leiter der Deutschen Oper in Dresden, die trotz starker italienischer Konkurrenz in dieser Zeit zu einer wichtigen Stätte nationaler Musikpflege wurde. 1826 reiste er, bereits schwer lungenkrank, nach London, um seine Oper *Oberon* aufzuführen. Er starb dort, kurz nach letzten Erfolgen, im Hause seines Freundes G. Smart.

C. M. von Webers Bedeutung liegt hauptsächlich auf dem Gebiet der Oper (▷ 9.34). Vor allem für die Geschichte der deutschen Oper nach Mozart und Beethoven und vor R. Wagner war *Der Freischütz* (1821) das wichtigste und ausstrahlungskräftigste Werk, das schlaglichtartig und unmittelbar verständlich Bild- und Stimmungselemente der Romantik in die Sprache des Theaters umsetzte und als Spiegelung und Ausdruck eines erstarkenden deutschen Nationalbewußtseins überall begeistert aufgenommen wurde. Daneben sind die anderen Bühnenwerke Webers zu Unrecht in der Schätzung der Nachwelt zurück-

Die Musik des 19. Jahrhunderts

getreten. Das gilt insbesondere für die musikalisch und musikdramatisch beziehungsreich durchgeformte Oper *Euryanthe* (1823), die die Geschichte der Gattung gegenüber dem *Freischütz* deutlich weiterentwickelte. Webers Lied- und Chorkompositionen sind ausdrucksvolle Beispiele romantischer Vokalmusik. Seine Instrumentalmusik wirkt vor allem durch ihre pulsierende rhythmische Vitalität und die Eleganz ihrer oft konzertant geführten Melodik. Allerdings finden sich die eigentlich romantischen, neuartig charakteristischen Instrumentalfarben, durch die Weber auf die weitere Entwicklung der sinfonischen Musik stark eingewirkt hat, vornehmlich in seinen Opern. Als gewandter Schriftsteller schrieb er scharfsinnige Kritiken, Operneinführungen, Satzungen eines von ihm gegründeten „Harmonischen Vereins" und sogar ein romantisierendes Romanfragment, *Tonkünstlers Leben*.

Werke: 9 Opern, darunter *Der Freischütz* (1821, Text von J. F. Kind), *Euryanthe* (1823) und *Oberon* (1826); 2 Sinfonien (1807), Ouvertüren, Werke für Soloinstrumente und Orchester, darunter 2 Klarinettenkonzerte (1811) und 2 Klavierkonzerte (1810 und 1812); Kammermusik, darunter ein Klarinettenquintett (1815) und ein Trio für Flöte, Violoncello und Klavier (1819); Klaviermusik, darunter Variationen, Sonaten und Einzelstücke, z. B. *Aufforderung zum Tanz* (1819); 3 Messen, Kantaten, Chormusik und Lieder.

9.11 Schubert

Franz Schubert, geboren am 31. Januar 1797 in Lichtental (heute zu Wien), gestorben am 19. November 1828 in Wien, zeigte früh hohe musikalische Begabung, die schon im Hause des Vaters, eines Volksschullehrers, gefördert wurde. Eine umfassende Ausbildung erhielt er ab 1808 als Kapellknabe im Internat der Wiener Hofkapelle, unter anderem durch A. Salieri. 1814 wurde er Schulgehilfe, lebte aber ab 1818, vielfach von Freunden unterstützt, als freier Künstler in Wien. 1818 und 1824 war er in den Sommermonaten Hausmusiklehrer des Grafen Johann Karl Esterházy in Ungarn. Wiederholte Bemühungen um eine feste Anstellung schlugen fehl, ebenso die Versuche, sich als Bühnenkomponist einen Namen zu machen. Anerkennung und Bewunderung fand er bei einer Reihe befreundeter Künstler und kunstinteressierter junger Leute, deren gesellige Zusammenkünfte, die sogenannten „Schubertiaden", er wesentlich mitgestaltete. Nur allmählich wurde sein Werk auch über diesen Kreis hinaus bekannt, unter anderen durch den Liedersänger J. M. Vogl. Schuberts einziges öffentliches Konzert, ein halbes Jahr vor seinem Tode, war allerdings ein beachtlicher Erfolg. Er starb, lange schon von Krankheit geschwächt, an einer Typhusinfektion. Schubert ist der eigentliche Schöpfer des deutschen romantischen Kunstliedes (▷ 9.40). Dennoch ist er kein Spezialist dieses Genres gewesen, sondern hat als universaler Musiker in fast allen Gattungen vollendete Kompositionen geschaffen. Zwar haben sich seine Opern und Singspiele trotz hoher Qualität im einzelnen als Ganze auf der Bühne nicht durchsetzen können. Sein übriges Vokalwerk jedoch enthält eine Fülle lebendiger Gestaltungen. In seiner Chormusik gewinnt das volkslied- und naturnahe Klangideal der Romantik erstmals reale Gestalt. Seine Messen und übrigen kirchenmusikalischen Werke sind ausdrucksstarke Schöpfungen einer durchaus subjektiv geprägten Religiosität. Als Instrumentalmusiker ging Schubert von den Formen und Stilmitteln Haydns und Mozarts aus, fand jedoch bereits in den frühen Werken oft zu einem spezifischen neuen Ton. Ein wesentliches Moment seines Instrumentalschaffens ist die Auseinandersetzung mit dem großen Vorbild Beethoven. Doch entwickelte er ab etwa 1820 zunehmend einen eigenständigen Instrumentalstil, der klassische Strukturprinzipien zwar bewahrt, jedoch durch romantische Gehalte in ihrem Wesen tiefgreifend verändert. Im Gegensatz zum prozeßhaften, dramatisch-dialektischen Charakter Beethovenscher Musik sind Schuberts Kompositionen eher von lyrisch stimmungshafter Zuständlichkeit und einer jeweils charakteristischen Grundtönung bestimmt, die oft einen ganzen Satz durchzieht und trägt, auch wenn ihr mitunter schroffe, überraschende Kontrastpartien entgegengestellt sind. Bezeichnend für solche instrumentale Gestaltung sind großflächig gereihte Formteile, weitgespannte Melodiebögen, lyrisch

Kapitel 9

151 Eine „Schubertiade" bei Josef von Spaun mit Franz Schubert am Klavier (Sepiazeichnung von Moritz von Schwind, 1868; Wien, Historisches Museum)

liedhafte Passagen, die auch in den Durchführungen im Charakter kaum wesentlich abgewandelt, nur immer wieder neu dargeboten und beleuchtet werden, ferner eine farbintensive Klanggebung durch Instrumentation und neuartige Harmonik und eine vorwiegend gleichmäßige, organisch fließende rhythmische Struktur. Höhepunkte in Schuberts Instrumentalschaffen sind die letzten beiden Sinfonien, die großen Klaviersonaten, vor allem aus dem Todesjahr 1828, und die späte Kammermusik. Ebenso bedeutend, auch für die weitere Geschichte der romantischen Klaviermusik, sind die kleineren liedhaften Gebilde, zum Beispiel die Impromptus und die Moments musicaux.
Werke (D = Schubert Werkverzeichnis von O. E. Deutsch): 8 Sinfonien (▷ 9.21), Ouvertüren; Oktett F-Dur D 803 (1824), Streichquintett C-Dur D 956 (1828), Klavier-(*Forellen-*)Quintett A-Dur D 667 (1819), 20 Streichquartette, u. a. in a-Moll D 804 (1824), d-Moll D 810 (*Der Tod und das Mädchen*, 1824) und G-Dur D 887 (1826), 2 Streichtrios, 2 Klaviertrios B-Dur D 898 und Es-Dur D 929 (1826/27), 3 Sonatinen, eine Sonate und eine Fantasie für Violine und Klavier, eine Sonate für Klavier und Arpeggione (ein gitarrenähnliches tiefes Streichinstrument), 23 Klaviersonaten, darunter die letzten drei in c-Moll D 958, A-Dur D 959 und B-Dur D 960 (alle 1828), eine Fantasie C-Dur D 760 (*Wandererfantasie*, 1822), *Impromptus* (1827), *Moments musicaux* (1823–28), Tänze, vierhändige Sonaten, Märsche, Walzer u. a.; 6 Messen, u. a. in As-Dur D 678 (1822) und Es-Dur D 950 (1828), eine *Deutsche Messe* D 872 (1827), kleinere Kirchenwerke, Kantaten, Chorwerke, über 600 Klavierlieder (▷ 9.40), Opern, u. a. *Alfonso und Estrella* D 732 (1822), Singspiele und Bühnenmusiken, u. a. zu *Rosamunde* D 797 (1823).

9.12 Mendelssohn Bartholdy

Felix Mendelssohn Bartholdy, geboren am 3. Februar 1809 in Hamburg, gestorben am 4. November 1847 in Leipzig, war der Enkel des Philosophen Moses Mendelssohn. Als Sohn eines wohlhabenden, kunstliebenden Bankiers wurde er früh umfassend gefördert, trat 1818 erstmals als Pianist auf und begann bald darauf zu komponieren. Bereits 1826 schrieb er sein erstes vollendetes Orchesterwerk, die Ouvertüre zu Shakespeares *Sommernachtstraum*. Über seinen Lehrer C. F. Zelter wuchs Mendelssohn in eine intensive Bach-Pflege hinein. Seine Wiederaufführung der *Matthäuspassion* mit der Berliner Singakademie 1829 machte die breite Öffentlichkeit auf die Musik J. S. Bachs aufmerksam und war der entscheidende Impuls zu einer umfassenden Bach-Rezeption (▷ 9.6). Ausgedehnte Reisen führten Mendelssohn 1829–32 nach Großbritannien, Italien und Frankreich. 1833 wurde er Städtischer Musikdirektor in

Die Musik des 19. Jahrhunderts

Düsseldorf, 1835 Leiter der Gewandhauskonzerte in Leipzig, dort 1843 auch Mitbegründer und erster Direktor des Konservatoriums. Daneben war er zeitweilig in Berlin tätig, so 1842 als Preußischer Generalmusikdirektor. Mehrmals noch reiste er nach England, wo er stets besonders gefeiert und geehrt wurde, nahm aber auch immer wieder wichtige Verpflichtungen an verschiedenen Orten Deutschlands wahr. Sein äußerst arbeitsintensives Wirken als Komponist, Dirigent, Pianist, Pädagoge, Herausgeber (z. B. von Händels *Israel in Ägypten*) und Organisator hat er bis zu seinem frühen Tode in bewundernswerter Selbstdisziplin durchgehalten. Als eine universelle, moderne Künstlerpersönlichkeit stand Mendelssohn in vielfältigem Kontakt mit Laien und Berufsmusikern, Mäzenen und Gesellschaften und hat so das Musikleben seiner Zeit auf den verschiedensten Ebenen nachhaltig beeinflußt.

Mendelssohns Musik ist in ihrem Wert nicht immer richtig eingeschätzt worden. Zwar hat er in der von ihm selbst geschaffenen Gattung „Lied ohne Worte" dem Zeitgeschmack gelegentlich etwas zu sehr nachgegeben, auf fast allen übrigen Gebieten jedoch Neues und Gültiges geschaffen. Auch seine Kennzeichnung als Klassizist ist deutlich zu einseitig. Seiner Meisterschaft in der Formbehandlung entspricht stets eine reiche, überzeugende inhaltliche Gestaltung. Lebendigkeit und Kraft der melodischen Erfindung, Klangsinn und meisterhafte Instrumentation, Ausdrucksfülle und durchgreifende Kunst der Verarbeitung sind nur einige Aspekte seines unverwechselbaren Personalstils. Eine Reihe seiner Werke gehören zu den bedeutendsten Kompositionen ihrer Zeit und repräsentieren wesentliche Aspekte der musikalischen Romantik in Deutschland.

In der Instrumentalmusik bilden Mendelssohns Sinfonien (▷ 9.21), Ouvertüren und Solokonzerte wichtige Beiträge zur Geschichte ihrer Gattungen. Sein Klavierwerk zeigt einen großen Formenreichtum vom leichteren Genre bis hin zu Präludien und Fugen. Seine Kammermusik offenbart in besonderer Weise die Kunst feinster, intensivster Strukturierung und erschließt zugleich wesentlich neue, auch düster melancholische Ausdruckswerte (z. B. im f-Moll-Streichquartett). Mendelssohns Auseinandersetzung mit dem Spätwerk Beethovens ist für diese Zeit durchaus ungewöhnlich.

Im Vokalwerk zeigt sich neben einem geselligen und volksnah romantischen Zug in der Chormusik früh schon eine intensive Aneignung Bachscher Polyphonie und Händelscher Klangfülle, woraus sich zunehmend ein ganz eigener Vokalstil entwickelte, der in den großen Oratorien *Paulus* und *Elias*, Gipfelwerken ihrer Gattung, zu vollendeter Gestaltung gelangte.

Werke: 17 Sinfonien (▷ 9.21), Ouvertüren, u. a. zu Shakespeares *Sommernachtstraum* (1826), *Die Hebriden* (1830/32), *Meeresstille und glückliche Fahrt* (1828–33), 2 Violinkonzerte (d-Moll und e-Moll 1844), 4 Klavierkonzerte (E-Dur 1823, As-Dur 1824, g-Moll 1831, d-Moll 1837); Streichoktett, Streichquintette, 7 Streichquartette, Klavierquartette, Klaviertrios und weitere Kammermusik; Orgel- und Klavierwerke, u. a. Charakterstücke, Fantasien, Variationen, *Lieder ohne Worte,* Präludien und Fugen; Oratorien *Paulus* (1836), *Elias* (1846), und *Christus* (1847, unvollendet), Kantaten, Motetten, Psalmen und andere Kirchenmusik, weltliche Chormusik und Lieder.

9.13 Chopin

Frédéric (poln. Fryderyk) Chopin, geboren am 22. Februar (oder am 1. März) 1810 in Żelazowa-Wola bei Warschau, gestorben am 17. Oktober 1849 in Paris, entstammt der Ehe eines französischen Sprachlehrers mit einer Polin. Er erhielt frühzeitig Klavier- und Kompositionsunterricht, u. a. bei J. Elsner, dem Leiter der Warschauer Musikschule, und trat bereits als Achtjähriger öffentlich auf. Große Erfolge als Pianist errang er bei Konzerten in Warschau 1827 und Wien 1829. 1830 verließ er Polen und kehrte, u. a. auch wegen der politischen Situation nach dem Scheitern der polnischen Revolution, nie mehr dorthin zurück. Seit 1831 lebte Chopin ständig in Paris, abgesehen von gelegentlichen Reisen und einem Aufenthalt auf Mallorca, den die Dichterin George Sand, mit der er jahrelang eng verbunden war, 1838 zur Stärkung seiner angegriffenen Gesundheit mit ihm unternahm. Er verkehrte in den führenden Pariser Salons, konzertierte, wenn auch nicht sehr häufig, war als Lehrer außerordentlich geschätzt und pflegte Freundschaften u. a. mit F. Liszt, H. Berlioz, H. Heine und H. de Balzac. Seit langem schon an Lungentuberkulose erkrankt, begab er sich dennoch 1848 auf eine letzte, sehr erfolgreiche Konzertreise nach England und Schottland, kehrte jedoch todkrank zurück und verstarb im Herbst des folgenden Jahres.

Chopin ist der erste Komponist, der sich fast ausschließlich auf einen Schaffensbereich spezialisiert hat. Selbst einer der bedeutendsten Pianisten seiner Zeit, bewundert auch wegen seiner Improvisationskunst, war er als Komponist der Initiator eines neuen Klavierstils, mit dem er diesem Instrument bis dahin unbekannte Möglichkeiten erschloß, als Ausführender der Begründer einer großen Pianistentradition im 19. Jahrhundert, deren Nachwirkungen noch heute spürbar sind.

Chopins Werke entfalten ihre unverwechselbar eigene Wirkung aus der vollendeten Verbindung von hoher Virtuosität und bestrickender musikalischer Poesie. Grundlage hierfür ist eine allseitige Bereicherung der klanglichen Mittel des Klaviers, eine weit gespannte und reich ornamentierte Melodik, eine progressive, Entferntes oft überraschend verbindende Harmonik, ein durch Nebenstimmen linear, quasi polyphon verdichteter Begleitsatz und eine ebenso mitreißende wie in sich differenzierte rhythmische Struktur, die teilweise als Stilisierung aus polnischen Tänzen (Mazurka, Polonaise) hergeleitet werden kann.

Außer den beiden Klavierkonzerten und den drei Sonaten sind Chopins Klavierwerke durchweg einsätzige Gebilde in freien, liedhaften Formen, als Tänze oder Charakterstücke zumeist unter neuen oder neuartig verwendeten Gattungsbezeichnungen (Préludes, Nocturnes, Balladen) zu Sammlungen oder Zyklen zusammengefaßt. Ohne programmatisch assoziative Zusätze näher erläutert (also anders als etwa bei R. Schumann oder später bei C. Debussy), vermitteln sie dennoch den Eindruck einer sprechenden, lebensvoll expressiven, wenngleich nicht näher konkretisierbaren Inhaltlichkeit und bilden insgesamt einen zentralen, weit ausstrahlenden und zugleich stilistisch geschlossenen Bereich romantischer Klaviermusik.

Werke: 16 Polonaisen, 60 Mazurken, 22 Walzer, 3 Sonaten (c-Moll op. 4, 1827; b-Moll op. 35, 1839; h-Moll op. 58, 1844), 20 Nocturnes, 27 Etüden, 4 Balladen, 25 Préludes, 4 Impromptus, 4 Scherzi, Variationen, Fantasien und weitere Einzelstücke für Klavier; Klavierkonzerte e-Moll op. 11 (1830) und f-Moll op. 21 (1829), Variationen über *Là ci darem la mano* (aus Mozarts *Don Giovanni*) op. 2 (1827), Große Fantasie über polnische Weisen op. 12 (1828), Konzertrondo *Krakowiak* op. 14 (1828), Große Polonaise Es-Dur op. 22 (1831/32) für Klavier und Orchester; Klaviertrio op. 8 (1828/29) und Stücke (u. a. Sonate op. 65) für Violoncello und Klavier; 17 polnische Lieder op. 74 (1829–1847).

9.14 Schumann

Robert Schumann, geboren am 8. Juni 1810 in Zwickau, gestorben am 29. Juli 1856 in Endenich (heute zu Bonn), schwankte als junger Mann zwischen der Berufung zum Dichter und zum Musiker. Er studierte kurze Zeit Jura, widmete sich aber ab etwa 1830 ganz der Musik. Die angestrebte Laufbahn als Klaviervirtuose wurde durch eine selbstverschuldete Fingerzerrung verhindert. Im Hause seines Lehrers F. Wieck in Leipzig lernte Schumann dessen Tochter Clara (* 1819, † 1896) kennen, die nach langem Widerstand des Vaters 1840 seine Frau wurde. 1843 wurde Schumann Lehrer an dem von F. Mendelssohn Bartholdy gegründeten Leipziger Konservatorium, ging 1844 als Chorleiter nach Dresden und 1850 als Städtischer Musikdirektor nach Düsseldorf. Depressionen und Wahnideen, die ihn schon früher zeitweilig gequält hatten, führten 1854 zu einem Selbstmordversuch. Die letzten beiden Lebensjahre verbrachte er in einer Heilanstalt.

Robert Schumann ist die zentrale Komponistengestalt der deutschen Hochromantik. Unmittelbar nach L. van Beethovens und F. Schuberts Tod setzt sein hochpoetisches, oft frei phantastisches Klavierwerk ein, das u. a. Anregungen der literarischen Romantik ins Musikalische überträgt. Etwa zehn Jahre lang, bis 1840, schrieb Schumann ausschließlich Klaviermusik, und zwar außer einigen größeren sonatenhaften Werken hauptsäch-

Die Musik des 19. Jahrhunderts

lich kürzere Charakterstücke, vielgestaltige, klangintensive, kühn und neuartig erfundene, genial aus kleinsten Motivkernen entwickelte Klavierminiaturen, die er meist zu dichterisch assoziativ verbundenen Zyklen zusammenstellte. Alle Überschriften gelten jedoch nur als poetische Anregungen und sind keine Titel im Sinne der Programmusik. 1840, im Jahr der Eheschließung, begann quasi eruptiv die Komposition einer Fülle seiner schönsten Klavierlieder (▷ 9.41). 1841 folgen zwei Sinfonien (▷ 9.21) und zwei Sätze des Klavierkonzerts. 1842 schließlich ist das Jahr der wichtigsten Kammermusikwerke, in denen ebenfalls das Klavier eine zentrale Rolle spielt. Auf dem Gebiet der Oper (*Genoveva*, 1847–50) und des Oratoriums (*Das Paradies und die Peri*, 1841–43) hat Schumann interessante, eigenständige Werke geschaffen, die zu Unrecht nur selten aufgeführt werden. In seiner Chormusik finden sich vielfältige Formen eines romantisch inspirierten Vokalklangs.

Die Schriften Schumanns (Aufsätze und Rezensionen über Musik) entfalten einen neuartigen Typus produktiver Musikbetrachtung und -kritik, wobei Schumann als Autor in die Rolle verschiedener erfundener Gestalten schlüpfte, unter denen vor allem „Eusebius" und „Florestan" nach eigener Aussage wesentliche, kontrastierende Seiten seines Ichs darstellen.

Insgesamt repräsentiert Schumann in seiner vielfach gebrochenen Persönlichkeit, auch in der bewußt erlebten Spannung zwischen leidenschaftlichem Streben nach Neuem und der Erkenntnis des eigenen geschichtlich späten Stellung, einen neuen, modernen Künstlertyp. Das spätere 19. Jahrhundert sah in ihm, neben F. Mendelssohn Bartholdy, einen der ersten Vertreter eines eher traditionsbewußten Musikertums (▷ 9.4), eine Haltung, die ihm in seinem letzten Lebensjahrzehnt durchaus entsprach und die er auch seinem 23 Jahre jüngeren Freund J. Brahms vermittelte.

Werke: Papillons op. 2 (1829–32), *Davidsbündlertänze* op. 6 (1837), Toccata C-Dur op. 7 (1833), *Carnaval* op. 9 (1834/35), 1. Sonate fis-Moll op. 11 (1833–35), *Phantasiestücke* op. 12 (1837), *Symphonische Etüden* op. 13 (1835), *Kinderszenen* op. 15 (1838), *Kreisleriana* op. 16 (1838), Fantasie C-Dur op. 17 (1836), 2. Sonate g-Moll op. 22 (1833–38), *Album für die Jugend* op. 68 (1848) und viele weitere Werke für Klavier; 4 Sinfonien (▷ 9.21), Ouvertüren, u. a. *Manfred* op. 115 (1848/49), Klavierkonzert a-Moll op. 54 (1841–45), Cellokonzert a-Moll op. 129 (1850), 3 Streichquartette (a-Moll, F-Dur, A-Dur) op. 41, 1–3 (1842), Klavierquintett Es-Dur op. 44 (1842), Klavierquartett Es-Dur op. 47 (1842), 3 Klaviertrios, 3 Violinsonaten; Oper *Genoveva* op. 81 (1847–50), Oratorium *Das Paradies und die Peri* op. 50 (1841–43), Chormusik mit und ohne Begleitung, mehr als 250 Klavierlieder (▷ 9.41), u. a. *Myrthen* op. 25 (1840, verschiedene Dichter), *Liederkreis* op. 29 (1840, Eichendorff), *Frauenliebe und -leben* op. 42 (1840, Chamisso), *Dichterliebe* (1840, Heine).

9.15 Liszt

Franz von Liszt (1859 geadelt), geboren am 22. Oktober 1811 in Raiding (Burgenland), gestorben am 31. Juli 1886 in Bayreuth, stammte aus Ungarn, lebte jedoch vor allem in Frankreich, Deutschland und Italien und war in der zweiten Hälfte des 19. Jahrhunderts eine der einflußreichsten Persönlichkeiten für das gesamte europäische Musikleben. Zunächst Schüler von C. Czerny und A. Salieri in Wien, seit 1823 von F. Paer und A. Reicha in Paris, wurde Liszt z. T. unter dem Eindruck der Violinkunst N. Paganinis zum Begründer der modernen virtuosen Klaviertechnik und galt bald als bedeutendster Pianist seiner Zeit. Er lebte 1835–39 mit der Gräfin Marie d'Agoult in Genf und verschiedenen Orten Italiens und bereiste vor allem bis 1847 konzertierend die meisten Länder Europas. 1848–59 war er Hofkapellmeister in Weimar, wo er u. a. eine Reihe von Opern R. Wagners zur Aufführung brachte. Er lebte hier mit der Fürstin Caroline von Sayn-Wittgenstein zusammen, bildete eine große Zahl bedeutender Pianisten aus und wurde als Komponist und Schriftsteller zum Initiator und zur führenden Gestalt der sog. Neudeutschen Schule (▷ 9.4). 1861 ging er nach Rom. Dort empfing er 1865 die niederen Weihen eines Abbé. 1875 erhielt er aus seiner ungarischen Heimat die Berufung zum Präsidenten der Budapester Musikakademie.

Kapitel 9

Er lebte seitdem abwechselnd in Rom, Weimar und Budapest. Freundschaftliche Beziehungen verbanden ihn mit vielen bedeutenden Zeitgenossen (unter den Musikern u. a. mit F. Chopin, R. Schumann, H. Berlioz und R. Wagner). Er förderte großzügig vor allem jüngere Komponisten und setzte sich für ein höheres soziales Prestige des Musikerstandes ein.

Franz Liszts Kompositionen sind entsprechend den unterschiedlichen Gattungen, denen sie angehören, und entsprechend dem mehrmaligen, bedeutsamen Wandel seines Stils in ihrem Charakter sehr verschiedenartig. In der Klaviermusik dominierte zunächst das virtuose Element, das aber mehr und mehr durch poetische Gehalte aufs glücklichste ergänzt wurde. Ein herausragendes Werk und einer der Gipfelpunkte der Klavierliteratur überhaupt ist die große Sonate in h-Moll (1853). Noch kaum bekannt sind Liszts pianistische Spätwerke. Ihrer Zeit weit voraus, freitonal, formelhaft spröde und von tiefer, resignativer Düsternis erfüllt, gehören sie zu den bewegendsten Kunstäußerungen des späten 19. Jahrhunderts.

In der mittleren Schaffensperiode stehen die *Faust*- und *Dante*-Sinfonie sowie die Sinfonischen Dichtungen (▷ 9.24) als beeindruckende, poetisch programmatische Orchesterwerke im Zentrum von Liszts Schaffen. Später wandte er sich verstärkt dem vokalen Bereich zu, vor allem der Oratorien- und Meßkomposition (▷ 9.37 und 9.44).

Als Schriftsteller setzte sich Liszt in umfangreichen Aufsätzen für das Verständnis gegenwärtiger und vergangener Musik ein, zeichnete einfühlsam detaillierte Komponistenportraits und formulierte grundlegende Gedanken zur Programmusik.

Werke: 13 Sinfonische Dichtungen (▷ 9.24), *Faust-Sinfonie* (1854–57), *Sinfonie zu Dantes Divina commedia* (1855/56), Klavierkonzert Nr. 1 E-Dur (1830, 1849, 1856), Nr. 2 A-Dur (1839, 1849–61), *Totentanz, Paraphrase über „Dies irae"* für Klavier und Orchester (1849, 1853, 1859); viele Werke für Klavier solo, u. a. *Apparitions* (1834), *Album d'un voyageur* (1835/36), 19 *Ungarische Rhapsodien* (1847–85), *Harmonies poétiques et religieuses* (1845–52), *Années de pèlerinage* (1848–77), *Consolations* (1849), Sonate h-Moll (1853), Etüden und Tänze; Werke für Orgel; Oratorien *Die Legende von der heiligen Elisabeth* (1857–62), *Christus* (1862–67); *Missa solemnis* (1855), *Missa choralis* (1865), *Ungarische Krönungsmesse* (1866/67), *Requiem* (1868), Legende *Die heilige Cäcilia* (1874); Chöre und Lieder; Bearbeitungen u. a. von Werken L. van Beethovens, C. M. von Webers, F. Schuberts, R. Wagners sowie Opernfantasien und -paraphrasen für Klavier.

152 Franz Liszt als Pianist (Lithographie von Josef Kriehuber, 1846; Budapest, Historische Bildergalerie des Ungarischen Nationalmuseums)

Die Musik des 19. Jahrhunderts

153 Platte für die Laterna-magica-Projektion des Walkürenrittes von Carl Emil Doepler anläßlich der Uraufführung des Opernzyklus „Der Ring des Nibelungen" von Richard Wagner 1876 in Bayreuth

9.16 Wagner

Richard Wagner, geboren am 22. Mai 1813 in Leipzig, gestorben am 13. Februar 1883 in Venedig, nahm schon in seiner Jugend starke literarische und musikalische Eindrücke auf (Beethoven, C. M. von Weber), hatte zunächst sporadischen, 1831/32 gründlichen Kompositionsunterricht (bei dem Leipziger Thomaskantor Ch. Th. Weinlig), schrieb einige Instrumentalkompositionen und begann 1833 seine Theatertätigkeit als Chordirektor in Würzburg. Er ging dann nach Lauchstädt, Magdeburg und Königsberg und war 1837–39 Musikdirektor in Riga. Seit 1836 war er mit der Schauspielerin Minna Planer verheiratet. 1839 floh er, stark verschuldet, aus Riga und kam nach langer Seefahrt über London nach Paris, wo er drei entbehrungsvolle Jahre verbrachte. 1842 erzielte er mit *Rienzi* in Dresden einen ersten großen Opernerfolg. 1843 wurde er zum Königlich Sächsischen Hofkapellmeister ernannt und konnte die noch in Paris komponierte Oper *Der fliegende Holländer* sowie 1845 den *Tannhäuser* erstmals aufführen.

Wegen seiner Beteiligung am Dresdner Maiaufstand 1849 wurde Wagner steckbrieflich verfolgt und floh in die Schweiz. Er wohnte in Zürich, seit 1857 in einem Haus auf dem Grundstück der Familie Wesendonck, verfaßte mehrere, für seine Kunstanschauung wesentliche Schriften (u. a. *Oper und Drama*, 1851) und komponierte *Das Rheingold, Die Walküre* und zwei Akte der Oper *Siegfried*. Diese Arbeit am Zyklus *Der Ring des Nibelungen* wurde aber 1857 unterbrochen und erst zwölf Jahre später wieder aufgenommen. 1858, während der Komposition der Oper *Tristan und Isolde,* mußte Wagner wegen seiner Liebe zu Mathilde Wesendonck Zürich verlassen. Er ging zunächst nach Venedig, war dann eine Zeitlang in Luzern, Paris und Wien (wo eine lange Probenarbeit an *Tristan und Isolde* schließlich doch abgebrochen wurde) und geriet mehr und mehr in die drückendsten finanziellen Verhältnisse, bis ihn plötzlich 1864 der jugendliche König Ludwig II.

Kapitel 9

von Bayern nach München berief und ihm auf die großzügigste Weise die Möglichkeit zur Realisierung seiner Pläne verschaffte. In München konnten 1865 *Tristan und Isolde*, 1868 *Die Meistersinger von Nürnberg* uraufgeführt werden.
Aufgrund verschiedener Anfeindungen – u. a. wegen seiner allzu engen Bindungen an den König – verließ Wagner 1866 München und ging nach Triebschen bei Luzern. Dort heiratete er 1870 Cosima von Bülow, eine Tochter seines Freundes F. Liszt (seine erste Frau war 1866 gestorben) und übersiedelte 1872 mit seiner Frau und den drei Kindern Isolde (*1865), Eva (*1867) und Siegfried (*1869) nach Bayreuth. Im gleichen Jahr fand die Grundsteinlegung zum Festspielhaus statt. 1876 wurde *Der Ring des Nibelungen*, 1882 seine letzte Oper, das Bühnenweihfestspiel *Parsifal* uraufgeführt.
Richard Wagner ist eine der bedeutendsten und einflußreichsten Künstlergestalten des 19. Jahrhunderts. Sein musikdramatisches Schaffen (▷ 9.35), das sein Leben als Komponist fast ausschließlich erfüllte, hat nicht nur die Geschichte der Oper zu seiner Zeit wesentlich geprägt und noch auf Jahrzehnte hin nachhaltig beeinflußt, sondern auch in der Literatur und der Philosophie der Folgezeit deutliche Spuren hinterlassen (F. Nietzsche, Th. Mann, E. Bloch, Th. W. Adorno).
Die Musik Wagners fasziniert durch die zwingende, bildhafte Kraft ihrer unerschöpflich reichen Erfindung und die zusammenfassende, alle Momente dramatisch und strukturell einbindende Durchgestaltung in Kompositionen meist riesigen Ausmaßes. Jedes seiner Bühnenwerke entfaltet eine eigene überzeugende Musiksprache. Zugleich entwickelt sich sein Kompositionsstil kontinuierlich und konsequent, vor allem in den Bereichen der Melodik, der Harmonik, der Instrumentation, der (leit)motivischen Durchbildung und der Formdisposition, zu immer weiter ausgreifenden, immer komplexeren Gestaltungen. Seine Musik, seine ästhetischen Ideen und sein Selbstverständnis als Künstler gewannen einen kaum abschätzbaren Einfluß auf Zeitgenossen und Nachfolger (A. Bruckner, G. Mahler, H. Wolf, R. Strauss) bis hinein in die Phase des Umbruchs zur Neuen Musik (A. Schönberg), im Bereich der Oper auch noch darüber hinaus (A. Berg).

Werke: Die Feen (1834), *Das Liebesverbot* (1836), *Rienzi* (1840), *Der fliegende Holländer* (1841), *Tannhäuser* (1845, Pariser Fassung 1861), *Lohengrin* (1848), *Tristan und Isolde* (1859), *Die Meistersinger von Nürnberg* (1867), *Der Ring des Nibelungen* (*Das Rheingold*, 1854; *Die Walküre*, 1856; *Siegfried*, 1871; *Götterdämmerung*, 1874), *Parsifal* (1882); Oratorium *Das Liebesmahl der Apostel* (1843); Liederzyklus *Fünf Gedichte für eine Frauenstimme* (nach Mathilde Wesendonck, 1858); Sinfonie C-Dur (1832), *Eine Faust-Ouvertüre* (1840, 1855), *Siegfried-Idyll* (1870), *Kaisermarsch* (1871).
Schriften: Eine Pilgerfahrt zu Beethoven (1840), *Die Kunst und die Revolution* (1849), *Das Kunstwerk der Zukunft* (1849), *Das Judentum in der Musik* (1850), *Oper und Drama* (1851), *Eine Mitteilung an meine Freunde* (1851), *Über Franz Liszts Symphonische Dichtungen* (1857), *Mein Leben* (1865–80), *Über das Dirigieren* (1869), *Beethoven* (1870), *Über die Bestimmung der Oper* (1871), *Religion und Kunst* (1880).

9.17 Verdi

Giuseppe Verdi (Abb. 154, S. 334), geboren am 10. Oktober 1813 in Le Roncole (heute zu Busseto), gestorben am 27. Januar 1901 in Mailand, entstammte einem einfachen, ländlichen Milieu, erhielt aber durch die großzügige Unterstützung des Kaufmanns A. Barezzi guten Musikunterricht, zuerst in Busseto, ab 1832 in Mailand bei V. Lavigna, einem begeisterten Verehrer des Opernkomponisten G. Paisiello. 1836 wurde Verdi Maestro di Musica in Busseto und heiratete Margherita Barezzi, die Tochter seines Gönners, die jedoch schon vier Jahre später starb.
Verdis Laufbahn als Opernkomponist begann mit *Oberto* (1839) und *Un giorno di regno* (1840). Seine dritte Oper, *Nabucco* (1842), wurde in Mailand ein erster großer Erfolg. Bis 1850 schrieb er, oft in rascher Folge, 13 Opern für verschiedene Bühnen, u. a. *Ernani* (1844), *I due Foscari* (1844), *Macbeth* (1847), *La battaglia di Legnano* (1849), deren Aufführung in Rom die Anhänger der italienischen Befreiungsbewegung begeisterte, und *Luisa Miller* (1849). Er nannte diese äußerst arbeits-

Die Musik des 19. Jahrhunderts

intensive Zeit seines Aufstiegs später seine „Galeerenjahre". Am politischen Geschehen Italiens (Vereinigungsbestrebungen, Risorgimento) nahm Verdi lebhaften Anteil. Teile seiner Opern (besonders einige Chöre) wirkten als unmittelbare patriotische Kunstäußerungen, und sein Name galt als Kürzel für V(ittorio) E(manuele) R(e) d'I(talia), den zum italienischen König ausersehenen Viktor Emanuel II. von Sardinien-Piemont.

Einen neuen Abschnitt in Verdis Schaffen und einen ersten Gipfelpunkt seines Ruhms stellen die drei Opern *Rigoletto* (1851), *Il trovatore* (*Der Troubadour,* 1853) und *La Traviata* (1853) dar. Von jetzt an komponierte Verdi in größerer Ruhe, wählte mit äußerster Sorgfalt seine Stoffe aus und beteiligte sich intensiv an der Ausarbeitung der Libretti. Seit 1847 lebte er mit der Sängerin Giuseppina Strepponi zusammen, die er 1859 heiratete. Er besaß inzwischen auch ein Landgut (Sant'Agata) und kümmerte sich mit großer Umsicht um dessen Verwaltung. Für Paris schrieb Verdi *Les vêpres siciliennes* (*Die Sizilianische Vesper,* 1855), für Venedig *Simon Boccanegra* (1857), für Rom *Un ballo in maschera* (*Ein Maskenball,* 1859) und für Petersburg *La forza del destino* (*Die Macht des Schicksals,* 1862). Um diese Werke einzustudieren und aufzuführen, unternahm er entsprechend ausgedehnte Reisen, konzentrierte sich jedoch in der Folgezeit stärker auf seine politische Tätigkeit (er war eine Zeitlang Abgeordneter im italienischen Parlament, später auch Senatsmitglied) und seine Aufgaben als Gutsherr.

Einige Jahre lang komponierte er wenig. Dann aber entstanden mit *Don Carlos* (1867) und der ursprünglich zur Eröffnung des Sueskanals (1869) geplanten *Aida* (1871) zwei seiner berühmtesten Werke. Sie bilden zeitlich und stilistisch den Beginn der späteren Schaffenszeit. Mit dem Streichquartett e-Moll (1873) und dem schon vorher begonnenen, 1873/74 dem Andenken des Dichters A. Manzoni gewidmeten *Requiem* schien Verdis Schaffen beendet. Er zog sich auf sein Landgut zurück, enttäuscht vom Ausbleiben eines durchgreifenden sozialen Fortschritts im nun geeinten Italien. Dennoch entstanden nach vielen Jahren, die zunächst nur der Umarbeitung älterer Opern gewidmet waren, in Zusammenarbeit mit dem Freund und kongenialen Librettisten A. Boito noch die beiden großartigen Alterswerke *Otello* (1887) und *Falstaff* (1893).

Verdi war der führende Musiker Italiens im 19. Jahrhundert und einer der bedeutendsten Opernkomponisten in der gesamten Geschichte dieser Gattung (▷ 9.32). Als Altersgenosse R. Wagners führte er, weitgehend unabhängig von dessen musikdramatischen Intentionen, die lange Tradition der italienischen Oper zu einem neuen, letzten Höhepunkt. Viele seiner Werke gehören zum festen Repertoire der Opernbühnen in allen Kulturländern.

Werke: 26 Opern, außer den genannten: *I lombardi alla prima crociata* (1843), *Giovanna d'Arco* (1845), *Alzira* (1845), *Attila* (1846), *I masnadieri* (1847), *Jérusalem* (1847), *Il corsaro* (1848), *Stiffelio* (1850; Neufassung als *Aroldo,* 1857); Streichquartett e-Moll (1873); *Requiem* (1869–74); *Pater noster* (1879); *Quattro pezzi sacri* (*Laudi della Vergine Maria,* 1886; *Ave Maria,* 1889; *Te Deum,* 1898; *Stabat mater,* 1898); Romanzen und Lieder.

9.18 Bruckner

Anton Bruckner, geboren am 4. September 1824 in Ansfelden (Oberösterreich), gestorben am 11. Oktober 1896 in Wien, war der Sohn eines Schulmeisters und schlug zunächst die gleiche Laufbahn ein, wurde Schulgehilfe in einigen Landgemeinden und 1845 Lehrer am Stift Sankt Florian (bei Linz). Hier war er bereits 1837–40 als Singknabe musikalisch entscheidend gefördert worden. Darüber hinaus erscheinen manche seiner Wesenszüge, vor allem seine lebenslange, unbeirrbare Gläubigkeit, durch die Stiftsatmosphäre wesentlich geprägt. 1848 wurde Bruckner Organist der Stiftskirche, und nur zögernd, erfüllt von starken Zweifeln an seiner Eignung, ging er 1855 als Domorganist nach Linz. Von hier aus fuhr er 1855–61 regelmäßig zu Harmonielehre- und Kontrapunktstudien nach Wien zu S. Sechter. Ausgedehnte Übungen in Formenlehre und Instrumentation betrieb er bei dem Linzer Cellisten O. Kitzler, der ihn auch mit zeitgenössischen Kompositionen bis hin zu den Opern R. Wagners vertraut machte.

333

Kapitel 9

154 Giuseppe Verdi (Gemälde von Giovanni Boldini, 1886; Rom, Galleria Nazionale d'Arte Moderna)

1868 erhielt Bruckner als Nachfolger S. Sechters die Professur für Generalbaß, Kontrapunkt und Orgel am Wiener Konservatorium. 1875 wurde er außerdem Lektor für Harmonielehre und Kontrapunkt an der Universität, 1878 schließlich Wiener Hoforganist. Er unterrichtete eine Reihe späterhin berühmter Schüler (u. a. F. Mottl, J. Pembaur, F. Schalk und G. Mahler), trat auch mehrmals mit großem Erfolg als Orgelvirtuose auf (1869 in Nancy und Paris, 1871 in London, 1880 in der Schweiz), stieß aber als Komponist in Wien lange Zeit auf Ablehnung. Seine überschwengliche Verehrung für R. Wagner (er widmete diesem die 3. Sinfonie und besuchte ihn mehrmals in Bayreuth) und sein Beitritt zum „Akademischen R. Wagner Verein" stempelten ihn in den Augen der tonangebenden musikalischen Kreise um E. Hanslick und J. Brahms zum „Wagnerianer" und trugen ihm viele Anfeindungen ein, obwohl er sich als Persönlichkeit wie als Musiker von R. Wagner deutlich unterschied. Zudem setzten die riesigen Ausmaße und die technischen Schwierigkeiten seiner Kompositionen der Wiedergabe zunächst stärkste Hindernisse entgegen. Erst gegen Ende seines Lebens erfuhr Bruckner zunehmend allgemeine Aner-

kennung, erlebte einige erfolgreiche Aufführungen seiner Werke (besonders der 7. Sinfonie) und erhielt eine Reihe ihm sehr wichtiger Ehrungen, so vor allem die Ehrendoktorwürde der Philosophischen Fakultät der Universität Wien (1891).
Bruckners Werdegang als Komponist zeigte bis zum 40. Lebensjahr auf eigenartigste Weise fast keinerlei Anzeichen eines herausragenden, genialen Schöpfertums. Erst nach einer über zwei Jahrzehnte währenden, selbst auferlegten Studienzeit, in der außer vielen Übungsarbeiten nur wenige unbedeutendere selbständige Werke entstanden, brach plötzlich in ihm die Fähigkeit zu großen, inspirierten, voll ausgereiften und in ihrer Neuartigkeit überwältigenden Kompositionen durch. Das erste von ihm selbst als gültig anerkannte Werk war die Messe in d-Moll (1864), eine sinfonisch ausladende, sakrale Bekenntnismusik, der 1866–1868 noch zwei weitere ebenbürtige Meßkompositionen folgten. Von da an lag das Schwergewicht seines Komponierens auf dem Gebiet der Sinfonik (▷ 9.22), eine Gattung, die ihn vor allem in zwei intensiven Schaffensphasen (1871–76: 2.–5. Sinfonie; 1879–87: 6.–8. Sinfonie), darüber hinaus aber mit Plänen, Umarbeitungen, neuen Skizzen usw. im Grunde seit 1864 bis hin zur letzten unvollendet gebliebenen 9. Sinfonie unablässig bewegte und beschäftigte und nur wenig Raum ließ für andere gewichtige Werke (Streichquintett, 1879; *Te Deum*, 1881–84).
Bruckners Stil führt scheinbar sehr entlegene Elemente, Wagnersche Einflüsse in Harmonik und Instrumentation, an der Orgel orientierte registerartige Klangwechsel, polyphones Denken der Palestrinazeit, flächige Gruppenkontraste in der Art der Venezianischen Schule, die Sinnenfreude österreichischer Volksmusik und die feierliche Größe sakraler Vokalkunst zu einer einheitlichen, überzeugenden Gesamtgestaltung zusammen, in der alle diese Einflüsse aufgehoben und zu einer sehr persönlichen, innerhalb der Musikgeschichte des 19. Jahrhunderts durchaus singulären, hymnisch sinfonischen Klangsprache transformiert werden.
Werke: Sinfonie f-Moll (1863), Sinfonie „Nr. 0" d-Moll (1863/64, revidiert 1869), Sinfonien Nr. 1–9 (▷ 9.22); Streichquintett F-Dur (1879); Klavier- und Orgelwerke; Messe C-Dur (1842), Requiem d-Moll

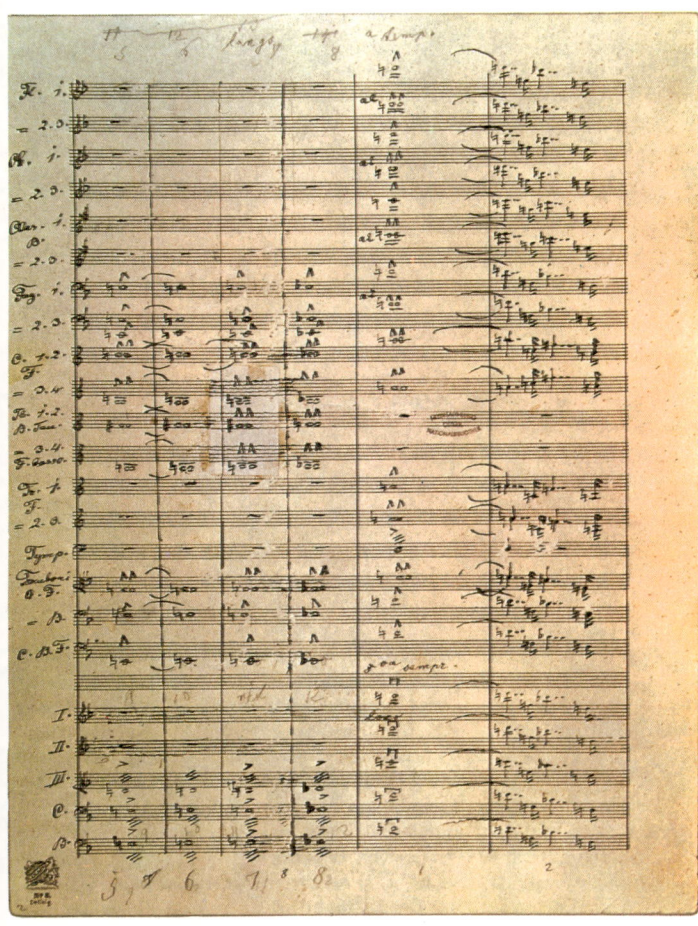

155 Autographe Partiturskizze zur unvollendeten 9. Sinfonie von Anton Bruckner (Finale, Einsatz des Hauptthemas; Wien, Österreichische Nationalbibliothek)

(1848/49), Magnificat (1852), *Missa solemnis* b-Moll (1854), Messe Nr. 1 d-Moll (1864, rev. 1876), Messe Nr. 2 e-Moll (1866, rev. 1882), Messe Nr. 3 f-Moll (1867/68, rev. 1877, 1881 und 1890–93), *Te Deum* (1881–84); Motetten, Psalmen (u.a. 150. Psalm, 1892), Hymnen, Kantaten, Chöre.

9.19 Brahms

Johannes Brahms, geboren am 7. Mai 1833 in Hamburg, gestorben am 3. April 1897 in Wien, war der Sohn eines Kontrabassisten, zeigte früh besondere pianistische Begabung und wurde gründlich musikalisch ausgebildet. Eine erste Konzertreise mit dem ungarischen Geiger E. Reményi führte ihn 1853 u.a. nach Hannover – hier begann die lebenslange Freundschaft mit J. Joachim – und Weimar, das er nach der Begegnung mit F. Liszt enttäuscht verließ. Ein Besuch bei R. Schumann in Düsseldorf veranlaßte diesen zu seinem berühmten Zeitschriftenaufsatz *Neue Bahnen*, der den jungen Brahms als einen kommenden großen Meister ankündigte. Auch nach Schumanns Tod (1856) blieb Brahms der Familie und vor allem Clara Schumann menschlich und künstlerisch aufs engste verbunden. 1857–59 wirkte er jeweils einige Monate als Chorleiter und Hofpianist in Detmold, lebte

Kapitel 9

156 Johannes Brahms am Flügel (Zeichnung von Willy von Beckerath, 1822)

im übrigen aber in Hamburg, wo er u. a. einen Frauenchor gründete, auch als Pianist auftrat, in der Hauptsache aber sich auf kompositorische Arbeiten konzentrierte.
1862 ging Brahms nach Wien, 1863/64 leitete er die Wiener Singakademie, 1872–75 auch die Konzerte der Gesellschaft der Musikfreunde, lebte jedoch ganz überwiegend ohne feste Anstellung als freischaffender Künstler. Häufig befand er sich auf Reisen, zu Konzerten in Deutschland, der Schweiz, in Holland und Österreich, später auch in Ungarn und Polen. Für sein Schaffen besonders produktiv waren die langen Sommeraufenthalte u. a. am Wörthersee, in Mürzzuschlag, in Bad Ischl und am Thuner See. Seit der Mitte der 70er Jahre war Brahms ein in ganz Europa bekannter und geschätzter Komponist, dem zahlreiche öffentliche Ehrungen zuteil wurden. Ein großer Freundeskreis, darunter einige der angesehensten Musiker, war mit seinen Werken innig vertraut und wurde teilweise bei der Entstehung zu Rate gezogen. Brahms blieb unverheiratet. Er starb nach einjähriger schwerer Krankheit.
Brahms hat auf nahezu allen Gebieten – mit Ausnahme der Oper – repräsentative, die Geschichte ihrer Gattungen entscheidend prägende Werke geschaffen. Das gilt im instrumentalen Bereich für seine Sinfonien (▷ 9.22), in ganz ausgesprochenem Maße für

seine Kammermusik (▷ 9.27, ▷ 9.28) und für seine Klavierwerke (in der Frühzeit Sonaten, später Zyklen und Sammlungen einzelner Klavierstücke). Im vokalen Bereich stehen gleichrangig nebeneinander sein bedeutsames Liedschaffen (▷ 9.42) und die umfangreiche Chormusik mit sehr verschiedenartigen Formen vom schlichten Volksliedsatz über begleitete Chorlieder und polyphone Motetten bis zu den großen Chorwerken mit Soli und Orchester, darunter vor allem *Ein deutsches Requiem* (1868).
Bestimmend für den Kompositionsstil von J. Brahms war die intensive, durchaus nicht epigonale Auseinandersetzung mit der Tradition (Beethoven, Bach, Händel, Schütz, deutsches Volkslied) und die Erschließung neuer Ausdrucksformen in bedeutsamer Weiterführung der musikalischen Romantik (Mendelssohn Bartholdy, Schumann). Sein Schaffen gründete sich früh auf eine emphatisch angestrebte Balance zwischen schöpferischer Phantasie und hoher satztechnischer Disziplin. Fast alle Kompositionen waren das Ergebnis langer, selbstkritisch abwägender Arbeit. Und das vielfältig Neue, der oft kühne Einfall erscheint stets eingebunden in die konstruktive Gestaltung. Das betrifft im einzelnen die bedeutsame Ausweitung der Harmonik, die nicht selten herbe Klanglichkeit, die liedhafte, aber rhythmisch und motivisch

Die Musik des 19. Jahrhunderts

sehr differenzierte Melodik, die komplexe und mitunter polymetrische Rhythmik, die neuartige Behandlung der überkommenen Formdispositionen und, eng damit zusammenhängend, die dichte, variationsreiche strukturelle Entfaltung des Satzes aus wenigen Kernelementen, die über die klassische thematische Arbeit weit hinausführt. Jenseits des zeitgenössischen Parteienstreits um fortschrittliche oder konservative Stilhaltungen (▷ 9.4), erscheint Brahms als eine der großen nachklassischen deutschen Musikergestalten, in dessen Werk sich, vielleicht letztmalig so fraglos und unbestritten, vollendete handwerkliche Meisterschaft und echte Popularität verbinden und dessen Stil- und Formprinzipien auf die folgenden Komponistengenerationen über M. Reger bis hin zu A. Schönberg bestimmend eingewirkt haben.
Werke: 4 Sinfonien (▷ 9.22), 2 Serenaden, D-Dur op. 11 (1857/58), A-Dur op. 16 (1857–59), Haydn-Variationen op. 56 a (1873, in der Fassung für 2 Klaviere als op. 56b), *Akademische Festouvertüre* op. 80 (1880), *Tragische Ouvertüre* op. 81 (1880/81); Violinkonzert D-Dur op. 77 (1878), 2 Klavierkonzerte d-Moll op. 15 (1854–58) und B-Dur op. 83 (1878–81), Doppelkonzert für Violine und Violoncello a-Moll op. 102 (1887); 2 Streichsextette op. 18 (1858–60), 2 Streichquintette op. 88 (1882) und op. 111 (1890), Klarinettenquintett op. 115 (1891), 3 Streichquartette op. 51, 1 und 2 (1873) und op. 67 (1875), Klavierquintett op. 34 (1864), 3 Klavierquartette op. 25 (1861), op. 26 (1862) und op. 60 (1875), 3 Klaviertrios op. 8 (1853/54, 1889), op. 87 (1880–82) und op. 101 (1886), Horntrio op. 40 (1865), Klarinettentrio op. 114 (1891), 3 Violinsonaten op. 78 (1878/79), op. 100 (1886) und op. 108 (1886–88), 2 Cellosonaten op. 38 (1862–65) und op. 99 (1866), 2 Klarinettensonaten op. 120, 1 und 2 (1894); 3 Klaviersonaten op. 1, op. 2 und op. 5 (1852–54), Klaviervariationen, Balladen, Rhapsodien, Intermezzi, Walzer, *Ungarische Tänze* (ursprünglich vierhändig); *Ein deutsches Requiem* op. 45 (1866–68), Alt-Rhapsodie op. 53 (1869), *Schicksalslied* op. 54 (1871), *Nänie* op. 82 (1881), *Gesang der Parzen* op. 89 (1882), Klavierlieder, Volksliedbearbeitungen für Singstimme und Klavier, Motetten, Chorgesänge und -lieder.

Gattungen der Instrumentalmusik

9.20 Sinfonie

Romantische Sinfonik ist in einem wesentlichen Sinne Sinfonik nach Beethoven (▷ 9.3). Der beständige Blick auf das Vorbild der Wiener Klassik bewirkte, daß die Sinfonie vornehmlich im zweiten Drittel des 19. Jahrhunderts im Schaffen vieler Komponisten eine weniger beherrschende Stellung einnahm. Dennoch blieb die Sinfonie für das Musikleben insgesamt eine bedeutsame Gattung, im Zusammenhang u. a. mit der allgemeinen Etablierung eines ausgedehnten Konzertwesens, mit der Vergrößerung und qualitativen Verbesserung der Orchester und mit der spezifisch romantischen Suche der Komponisten nach neuen Klang- und Ausdrucksmöglichkeiten im instrumentalen Bereich. Die Vollendung der Gattung bei Beethoven beeinflußte aber nicht nur die Versuche, neben und nach ihm weiterhin Sinfonien zu schreiben, sondern hat unmittelbar auch zur Entfaltung anderer orchestraler Formen, zur Weiterbildung der Konzertouvertüre und zur Entstehung der Sinfonischen Dichtung (▷ 9.24) wesentlich beigetragen. Beides, die Anknüpfung an die Tradition und die betonte Umorientierung unter programmatischen Aspekten, zeigt die problematische Position des Romantikers gerade auf sinfonischem Gebiet und erklärt die vielen unterschiedlichen Versuche, klassisches Erbe und romantische Erneuerung im großen Orchesterwerk überzeugend zu vereinen. Dabei ergeben sich mannigfaltige neue Lösungen und – trotz und gerade angesichts der nachklassischen Problematik – im einzelnen oft faszinierende Werkgestaltungen.
Das gilt bereits für die reifen sinfonischen Werke Schuberts, dann aber vor allem für die Sinfonien Mendelssohn Bartholdys und Schumanns und einiger anderer, weniger be-

Kapitel 9

157 Einleitungsmotiv der Sinfonie h-Moll („Unvollendete", 1822) von Franz Schubert

kannter Komponisten dieser Generation. Erst im letzten Drittel des 19. Jahrhunderts entstanden mit den Sinfonien von Brahms und Bruckner Werke der Gattung, die zwar ebenfalls der Tradition der Beethovenschen Kompositionen verpflichtet sind, diesen jedoch vollkommen ebenbürtig gegenüberstehen. An diese neue und bedeutsame Phase in der Geschichte der Sinfonie konnte G. Mahler unmittelbar anknüpfen (▷ 10.7).

9.21 Schubert, Mendelssohn Bartholdy, Schumann

F. Schuberts frühe Sinfonien (Nr. 1–6) sind im wesentlichen noch an den Vorbildern Haydn und Mozart orientiert, entfalten jedoch in diesem Rahmen auf vielfältige Weise einen eigenen Ton, der u. a. in ihrer warmen, innigen Melodik, ihrer farbigen Harmonik und ihrer frischen, pulsierenden Rhythmik zum Ausdruck kommt. Charakteristisch ist auch der liedhafte Andantetyp der langsamen Sätze.

Nach einem ersten fragmentarischen Versuch (um 1811) entstanden, teilweise in rascher Aufeinanderfolge, die Sinfonien Nr. 1 D-Dur (1813), Nr. 2 B-Dur (1814/15), Nr. 3 D-Dur (1815), Nr. 4 c-Moll (1816, *Tragische Sinfonie*), Nr. 5 B-Dur (1816) und Nr. 6 C-Dur (1817/18).

Hierauf folgte eine lange Pause des Suchens und Experimentierens, die sich als ein Prozeß der sinfonischen Selbstfindung, erschwert durch die Auseinandersetzung mit dem großen Vorbild Beethoven, erklären läßt. In dieser Zeit entstanden mehrere kurze Fragmente, ein ausgedehnter Entwurf in E-Dur (1821, in neuerer Zeit versuchsweise komplettiert) und schließlich die sog. *Unvollendete Sinfonie* h-Moll (1822). Auch diese wurde von Schubert als unfertig betrachtet und beiseite gelegt (Entwürfe zu einem dritten Satz liegen vor). Seit sie jedoch Jahrzehnte nach seinem Tod öffentlich bekannt wurde (Uraufführung 1865), zählt sie allgemein zu den schönsten und ergreifendsten Kompositionen der Weltliteratur. Eine neuartig romantische Grundhaltung prägt ihre Thematik, Harmonik, innere Dynamik und Klanglichkeit und manifestiert sich besonders in ihrer charakteristisch zyklischen formalen Gestaltung, die von einer Art Motto ausgeht, einem tief und leise ansetzenden, geheimnisvollen Einleitungsmotiv (Abb. 157), das sich später, in der Durchführung und Koda gegenüber den Themen der Exposition als eigentlich bestimmendes Element erweist. Sinfonische Musik erscheint hier bei Schubert als Symbol des Unveränderlichen, der Wiederkehr des Gleichen anstatt – wie oft bei Beethoven – als Abbild dramatischer Prozesse mit der Richtung auf ein endgültig erreichtes Ziel.

Wahrscheinlich schon 1825 in Gmunden und Gastein komponierte Schubert seine letzte vollendete Sinfonie C-Dur, die er später überarbeitete und im März 1828, ein halbes Jahr vor seinem Tode, endgültig abschloß. Sie ist im Vergleich zur *Unvollendeten* mit ihren vier ausgedehnten, breit dahinströmenden Sätzen flächiger angelegt, durch hymnische Steigerungspartien großräumig gegliedert und besitzt bei allem romantischen Zauber eine eher weltzugewandte Grundhaltung. Seit ihrer Entdeckung in Schuberts Nachlaß durch R. Schumann und ihrer Uraufführung durch Mendelssohn Bartholdy (1839) hat sie die Gattungsgeschichte der Sinfonie im 19. Jahrhundert wesentlich beeinflußt. Welche Möglichkeiten dem Sinfoniker Schubert noch zu Gebote standen, erweisen auf das überraschendste auch die kürzlich veröffentlichten Sinfoniefragmente aus seinen letzten Lebensmonaten, die, in behutsamer Ergänzung, jetzt sogar in Schallplatteneinspielungen zugänglich sind.

F. Mendelssohn Bartholdy, der schon sehr früh, mit der Ouvertüre zu Shakespeares *Sommernachtstraum* (1826), durch seine meisterhafte Orchesterbehandlung auffiel, schrieb insgesamt 17 Sinfonien, von denen jedoch die ersten zwölf als reine Streichersinfonien (1821–1823) nur als Studien des

158 Darstellung einiger motivischer Bezüge in Robert Schumanns 4. Sinfonie d-Moll op. 120 (1841, revidiert 1851) ▷

Die Musik des 19. Jahrhunderts

Einleitungsmotiv

2. Satz, Takt 12 ff.

2. Satz, Takt 26 ff. = Dur-Abwandlung mit Umspielung (Solovioline)

Variation dieser Umspielung im Trio des Scherzos (3. Satz)

1. Satz, Hauptthema

1. Satz, Nebenthema (Durchführung, Takt 121 ff.)

4. Satz, Thema (variiertes Nebenthema des 1. Satzes) mit unterlegtem Hauptmotiv aus dem 1. Satz

12–14jährigen anzusehen sind. Es folgte, ebenfalls ein Jugendwerk, 1824 die 1. Sinfonie c-Moll op. 11 und 1830 die *Reformationssinfonie* D-Dur (als 5. Sinfonie, op. 107, erst nach Mendelssohns Tod veröffentlicht). 1833 entstand die *Italienische Sinfonie* A-Dur (später mehrmals umgearbeitet und als 4. Sinfonie, op. 90, 1851 veröffentlicht), die in ihrer sprühend sensiblen Rhythmik, feinsinnig abgestuften Klanglichkeit und vollendeten Durchbildung des Ganzen, noch unbeeinflußt von Schuberts erst später bekannt gewordenen reifen Sinfonien, eine erste überzeugende Stufe romantisch sinfonischer Gestaltung nach Beethoven darstellt. Nach der Sinfoniekantate *Lobgesang* (veröffentlicht als 2. Sinfonie B-Dur op. 52) aus dem Jahre 1840 komponierte Mendelssohn 1842 sein wohl bedeutendstes sinfonisches Werk, die *Schottische Sinfonie* a-Moll (veröffentlicht als 3. Sinfonie op. 56), die Eindrücke seiner Englandreise (1829) verarbeitet, ohne jedoch programmatische Elemente in den Vordergrund zu stellen. Stimmungsgehalt und Form, Einfall und Verarbeitung, romantischer Klang und Ebenmaß der Gestaltung sind in ihr zu einem sehr eigenen, ausdruckskräftigen orchestralen Werk integriert, das gleichwertig neben Schumanns Kompositionen die Sinfonik dieser Zeit gültig repräsentiert.

R. Schumann war zweifellos der bedeutendste Sinfoniker seiner Generation in Deutschland. Zugleich ist an seinen vier Sinfonien die Problematik der nachbeethovenschen Ära am deutlichsten abzulesen. Er schrieb 1841 die 1. Sinfonie B-Dur op. 38 (die sog. *Frühlingssinfonie*) und die 4. Sinfonie d-Moll op. 120 in ihrer ersten Fassung (sie wurde 1851 uminstrumentiert und daher erst als letzte veröffentlicht), 1846 die 2. Sinfonie C-Dur op. 61 und 1850, nach seiner Übersiedelung nach Düsseldorf, die 3. Sinfonie Es-Dur op. 97 (die *Rheinische*). Jede dieser vier Sinfonien trägt ausgeprägte, individuelle Züge und ist auf ihre Weise charakteristisch für Schumanns sinfonischen Personalstil auf dem Hintergrund jenes Spannungsfeldes, in dem sich romantisch progressive Orchestersprache und klassische Gattungstradition zu vereinigen sucht.

Relativ am seltensten ist Schumanns zweite Sinfonie im Konzertsaal zu hören, recht häufig dagegen die festlich schwungvolle, teils feierliche, teils durchaus gemütliche dritte, die fünfsätzige *Rheinische Sinfonie*. Die freundliche und frische erste Sinfonie ist deutlich von Schuberts großer C-Dur-Sinfonie beeinflußt und beginnt wie diese mit einem Motto, das, von der groß angelegten Einleitung ausgehend, den ganzen ersten Satz bestimmt.

Auch die vierte Sinfonie beginnt mit einer ausgedehnten Einleitung, die das motorische Hauptthema des ersten Satzes allmählich vorbereitet. Neu und bezeichnend für Schumann sind die vielfachen Bezüge, die er zwischen den einzelnen Sätzen schafft, teils durch direkte Übernahmen, teils durch Verwandlungen vorangegangener Motive (Abb. 158, S. 339). Neu und ebenfalls romantisch motiviert sind bestimmte Abweichungen von der gewohnten Form. Dazu gehört z. B. das Fehlen einer Reprise im ersten Satz. Die Durchführung, in der neben dem Hauptmotiv zwei neue Themen auftreten, geht somit unmittelbar in eine Koda mit Stretta über. Die motivische Arbeit verliert – gemessen an Beethoven – ihre dramatisch prozessuale Funktion zugunsten flächig farblicher Wirkungen. Symptomatisch hierfür ist die wörtliche, nur um eine kleine Terz nach oben verschobene, Wiederholung eines großen Abschnitts (Takt 101–174) in der Durchführung des ersten Satzes, ein Verfahren, das allerdings auch schon bei Schubert Anwendung findet (z. B. in dessen Klaviertrio op. 100).

Aus dem Kreis vieler, heute kaum noch bekannter Komponisten dieser Zeit sei lediglich auf J. W. Kalliwoda mit seinen sieben Sinfonien, deren „glänzende Instrumentation" Schumann hervorhob, und F. Lachner, der acht Sinfonien schrieb, hingewiesen. Ein relativ frühes Werk ist R. Wagners einzige Sinfonie C-Dur aus dem Jahre 1832.

9.22 Brahms und Bruckner

Nach 1850 (nach Mendelssohn Bartholdys *Schottischer Sinfonie,* 1842, und Schumanns *Rheinischer Sinfonie,* 1850) schien es eine Zeitlang, als sei die Gattungsgeschichte der Sinfonie abgeschlossen und die Sinfonische Dichtung (▷ 9.24) endgültig an deren Stelle getreten. Eine erneute schöpferische Auseinanderandersetzung mit der klassischen Tradition und damit eine neue Phase in der Geschichte der Gattung bildet erst wieder, im letzten Drittel des 19. Jahrhunderts, das Schaffen der beiden großen Sinfoniker J. Brahms und A. Bruckner. Beide lebten in Wien, sind aber, bedingt durch die leidenschaftlichen Parteiungen jener Zeit (▷ 9.4), kaum miteinander in Berührung gekommen. Auch der Stil und der Gehalt ihrer Sinfonien weicht erheblich voneinander ab. Charakteristisch für beide – und kennzeichnend für die damalige historische Situation – ist jedoch das späte und zögernde öffentliche Auftreten mit sinfonischen Werken und der lange, mühselige Reifungsprozeß vieler ihrer Kompositionen. Das gilt in besonderem Maße für die erste Sinfonie von Brahms, die erst anderthalb Jahrzehnte nach anfänglichen Entwürfen endgültig fertiggestellt wurde.

J. Brahms schrieb – nach einer Reihe anderer Werke für oder mit Orchester (zwei Serenaden, das 1. Klavierkonzert, die Haydn-Variationen und *Ein deutsches Requiem*), die in gewisser Hinsicht als Stufen auf dem Wege zur großen Sinfonik gelten können – insgesamt vier Sinfonien:
Nr. 1 c-Moll op. 68 (1876)
Nr. 2 D-Dur op. 73 (1877)
Nr. 3 F-Dur op. 90 (1883)
Nr. 4 e-Moll op. 98 (1885).
Jedes dieser Werke hat eine charakteristisch eigene Physiognomie und dokumentiert zugleich spezifisch Brahmssche Aspekte eines spätromantisch sinfonischen Stils, der das Beethovensche Erbe sowohl weiterträgt als auch von innen her verwandelt.

Die Viersätzigkeit der klassischen Sinfonie wird beibehalten, ebenso, wenngleich mit bedeutsamen Modifikationen, die Typik der einzelnen Sätze und ihre formale Anlage (Sonatenhauptsatzform, Liedform, Scherzoform usw.). Die Zusammensetzung des Orchesters entspricht im wesentlichen noch den Werken des mittleren und späten Beethoven. Dagegen wird die Satzstruktur bedeutend verdichtet, vor allem durch die selbständig obligate und oftmals polyphon simultane Beteiligung aller Instrumente am thematischen Geschehen, womit die bei Haydn ansetzende satztechnische Entwicklung, über Beethoven weit noch hinausgehend, fortgeführt wird. In den meisten Sinfoniesätzen wird zu Beginn ein Grundmotiv exponiert, das im weiteren Verlauf die übrigen Themengestalten teils variativ hervorbringt, teils ihnen kontrapunktisch unterlegt wird, und das die für Brahms bezeichnende Einheitlichkeit und geistig konzeptionelle Geschlossenheit des sinfonischen Zyklus konstituiert. Hierzu tritt eine reiche, trotz weiträumiger Modulatorik und dichter Akkordschichtung stets kräftig gefaßte, vorwiegend grundtönig bestimmte Harmonik und eine komplexe, oft akzentverschobene oder auch in mehreren Schichten verlaufende rhythmische Struktur.

In den ersten Sätzen werden die Formteilgrenzen der Sonatenhauptsatzform vielfach verschleiert (Abb. 150, S. 323). Die langsamen Sätze führen von liedartiger Thematik mitunter zu weiträumig expressiven Steigerungen. Hierauf folgt zumeist statt eines Scherzos im Beethovenschen Sinne ein gesanglicher, leicht bewegter dritter Satz. Die letzten Sätze erhalten besonderes Gewicht als Abschluß der zyklischen Anlage. Dies wird im einzelnen auf sehr verschiedene Weise erreicht, in der ersten Sinfonie z. B. durch den Tonartwechsel von c-Moll zu einem befreiend lyrischen C-Dur-Thema, in der 3. Sinfonie u. a. durch die verklingende, verlöschende Schlußgeste des wieder aufgenommenen Hauptthemas aus dem ersten Satz. Besonders eindrucksvoll wirkt die Schlußbildung in der 4. Sinfonie. Hier ist der letzte Satz – ein Novum in der Gattungsgeschichte – eine groß angelegte, barockes Formdenken und romantische Klangsymbolik verbindende, das ganze Werk krönende Passacaglia.

Während Brahms' Sinfonik bei aller Eigenständigkeit doch deutlich auf seine Vorgänger beziehbar ist und somit eine geschichtlich eingebundene, zentrale Stellung in der Entwicklung der Gattung im 19. Jahrhundert einnimmt, ist eine solche geschichtliche Einordnung der Sinfonien von A. Bruckner schwierig und problematisch. Sie bilden gewissermaßen eine Welt für sich und vermitteln den Eindruck, als paßten sie im Grunde nicht in ihre Zeit. Zwar können stilistische Anregungen aufgezeigt werden: Beethovens 9. Sinfonie (deren instrumentale Teile) für die Satzcharaktere und die großformale Anlage, Schuberts späte C-Dur-Sinfonie für die flächenhaft gedehnte Thematik, R. Wagners Musikdramen für die progressive Harmonik.

Kapitel 9

Doch formt Bruckner daraus etwas so Eigenes und Neues, daß die Vorbilder dahinter an Bedeutung vollkommen zurücktreten. Auch Bruckner begann spät, Sinfonien zu schreiben, allerdings begann er, anders als Brahms, überhaupt erst spät, ernsthaft zu komponieren. Zudem ist die Sinfonik, wiederum in Unterschied zu Brahms, Bruckners Hauptschaffensgebiet. Sieht man von zwei relativ frühen, später verworfenen Sinfonien ab, ergibt sich folgende Werkreihe (in manchen Fällen mit kaum lösbaren Problemen der Datierung und der jeweils authentischen Fassung, da Bruckner sich wegen vieler Mißerfolge oft sogar mehrfach zu Umarbeitungen überreden ließ):
Nr. 1 c-Moll (1865/66, mehrmals revidiert)
Nr. 2 c-Moll (1871/72, mehrmals revidiert)
Nr. 3 d-Moll (1873, mehrmals revidiert)
Nr. 4 Es-Dur (1874, mehrmals revidiert)
Nr. 5 B-Dur (1875/76, revidiert 1876–1878)
Nr. 6 A-Dur (1879–81)
Nr. 7 E-Dur (1881–83)
Nr. 8 c-Moll (1884–87, revidiert 1890)
Nr. 9 d-Moll (1887–96, unvollendet).
Bruckners Sinfonien sind monumentale Werke, die schon wegen ihrer ungeheuren Ausmaße zunächst auf Ablehnung stoßen mußten. Sie bleiben jedoch überschaubar aufgrund ihres klaren Formbaus mit deutlich abgesetzten Formteilen, die wiederum meist strophenartig untergliedert sind. So konzipiert Bruckner statt Themen im klassischen Sinne ausgedehnte thematische Felder, die sich in mehreren Steigerungswellen dynamisch entfalten. Auch die an sich progressive Harmonik hat oft zugleich gliedernde Funktion und vermeidet im übrigen, trotz Bruckners großer Verehrung für R. Wagner, dessen Spannungs- und Reizchromatik. Die Instrumentation folgt den weit gedehnten melodischen Linien in reichen Farbschattierungen vom geheimnisvollen Halbdunkel bis zu strahlendster Helle. Oft werden die Instrumente – angeregt wohl durch Bruckners eigenes Orgelspiel – blockartig registerhaft eingesetzt (Streicher, Holzbläser, Blechbläser), besonders eindrucksvoll bei den hymnisch gesteigerten Choralpartien.
Die ersten Sätze aller Bruckner-Sinfonien stehen in einer erweiterten Sonatenhauptsatzform (▷ 7.12) mit zumeist drei charakteristisch selbständigen Themenfeldern in der Exposition. Auffällig und neuartig sind jeweils die Anfänge, leiseste, verhaltenste Klangbildungen, aus denen das Thema ganz allmählich erst entwickelt wird.
An zweiter Stelle stehen lange, weihevolle Adagiosätze, an dritter Stelle häufig neunteilige Scherzi (aba–cdc–aba), in deren Trios sich Einflüsse österreichischer Volksmusik niederschlagen. Der vierte Satz ähnelt in der Anlage dem ersten. Jedoch setzt das erste Thema meist energischer und drängender ein. Die letzten Sätze sind auch der Ort gewaltiger Schlußsteigerungen und Zusammenfassungen, in der 5. Sinfonie beispielsweise mittels einer eingebauten Fuge, mehrmals auch durch die Wiederaufnahme der Themen früherer Sätze. Ein Gipfelpunkt solcher Gestaltung ist der Schluß der 8. Sinfonie.
Alle Brucknerschen Sinfonien sind ihrem Wesen nach absolute Musik. Ihre (zeitgenössische) Zuordnung zur Neudeutschen Schule ist daher geschichtlich nicht relevant. Allerdings spiegeln diese Werke, auf eine deutlich spürbare, wenngleich schwer belegbare Weise, Bruckners tiefe Religiosität, seine vielleicht naive, jedoch sein ganzes Wesen füllende Gläubigkeit wider (er widmete die 9. Sinfonie dem „lieben Gott"). Auch insofern stehen sie deutlich als etwas Fremdes in ihrer Zeit, als Zeugnis einer klanglich orchestral vermittelten Mystik, einer mittelalterlich christlichen Schau im Gewand moderner Sinfonik.
Neben den Werken Brahms' und Bruckners gibt es in Deutschland und Österreich bis zum Auftreten G. Mahlers (▷ 10.7) keine Sinfonik von überzeitlichem Rang. Einige Komponisten folgten der Stilentwicklung, die von Mendelssohn Bartholdy und Schumann ausging. Daneben finden sich Sinfonien, die durch Titel und programmatische Überschriften der einzelnen Sätze den Einfluß der Sinfonischen Dichtung (▷ 9.24) spüren lassen. Der eigenwilligste Sinfoniker dieser Zeit, der solche inhaltlichen Bezüge mit der sinfonischen Tradition bis zu Brahms zu verbinden sucht, ist F. Draeseke. Unter seinen vier Sinfonien ist wohl die dritte, *Symphonia tragica* op. 40 (1886) am stärksten zu beachten.

9.23 Sinfonik außerhalb Deutschlands und Österreichs

Die führende Stellung deutscher und österreichischer Komponisten auf dem Gebiet der romantischen Sinfonik erwächst geschichtlich aus ihrer Verbundenheit und Konfrontation mit dem Erbe der Wiener Klassik. Erst im letzten Drittel des 19. Jahrhunderts verschoben sich in dieser Hinsicht die Gewichtungen, und es traten auch außerhalb des deutschsprachigen Raums Komponisten mit bedeutenden sinfonischen Werken auf. Eine Ausnahme bildet in dieser Hinsicht Italien, wo die ungebrochene Herrschaft der Oper bis ins 20. Jahrhundert hinein offenbar weniger Raum frei ließ für die Entfaltung anderer großer Gattungen.

In *Frankreich* ist H. Berlioz als Zeitgenosse der deutschen Romantiker der bedeutendste Komponist von Orchesterwerken. Sein sinfonisches Schaffen, Beginn und erster Höhepunkt in der Geschichte der neueren Programmusik, bildet eine wesentliche Voraussetzung für die Entstehung der Sinfonischen Dichtung (▷ 9.24). Werke einer eher klassizistischen Stilhaltung bilden die fünf Sinfonien von C. Saint-Saëns, so daß im Grunde erst bei C. Franck von einer genuin französischen, großen Sinfonik gesprochen werden kann. C. Francks Sinfonie d-Moll, 1886–88 in seinen letzten Lebensjahren entstanden, ist eines der markantesten Orchesterwerke dieser Zeit. Zwar zeigt sie sich in der dreisätzigen Anlage, im orchestralen Klang und in der polyphonen Gestaltung dem Vorbild Brahms, in der chromatisierten Harmonik den Musikdramen R. Wagners verpflichtet, dennoch ist ihre Ausdruckshaltung und Struktur eigenständig und neu. Für den Spätstil C. Francks bezeichnend sind die komplexen Beziehungen zwischen den Teilen der Sinfonie, die durch ein vielfach variiertes Grundmotiv aufeinander verweisen. C. Franck ist mit dieser Technik für eine Reihe weiterer französischer Sinfoniker, darunter É. Lalo und V. d'Indy zum Vorbild geworden.

In *Rußland* setzte relativ früh eine umfangreiche sinfonische Tradition ein, die im Unterschied zur Entwicklung im übrigen Europa auch nach 1900 kontinuierlich weitergeführt wurde und bis zur Mitte des 20. Jahrhunderts einen zentralen Stellenwert behielt. Nach den ersten Versuchen von M. I. Glinka und den fünf Sinfonien von Anton Rubinstein entstanden seit der Mitte der 60er Jahre eine Reihe geschichtlich bedeutsamer Werke der Gattung. A. P. Borodin schrieb zwei Sinfonien (eine dritte ist unvollendet geblieben und von A. K. Glasunow ergänzt worden). Unter diesen ist die zweite Sinfonie h-Moll (1871–77) aufgrund ihrer klaren, urwüchsigen musikalischen Sprache und ihrer betont nationalen Empfindungswelt besonders bekannt geworden, allerdings in einer Überarbeitung durch N. A. Rimski-Korsakow und Glasunow. Die drei Sinfonien von Rimski-Korsakow, der wie Borodin zu den novatorischen „Gruppe der Fünf" gehörte, sind wie seine übrigen Orchesterwerke stark programmatisch orientiert. Seine zweite Sinfonie, *Antar* op. 9 (1868) hat er 1897 uminstrumentiert und in „Sinfonische Suite" umbenannt.

Der bedeutendste russische Sinfoniker des 19. Jahrhunderts ist P. I. Tschaikowsky. Seine sechs Sinfonien (dazu eine nicht numerierte, programmatische *Manfred*-Sinfonie) spiegeln in ihrer starken Verschiedenheit die menschliche und kompositorische Entwicklung des Komponisten wider. Die ersten drei Sinfonien, Nr. 1 g-Moll (*Winterträume*, 1866), Nr. 2 c-Moll (1872, 1879) und Nr. 3 D-Dur (1875), bilden wichtige Stufen auf dem Wege zur orchestralen Meisterschaft. Anfang 1878, unmittelbar nach dem Krisenjahr 1877 und dem Beginn des freundschaftlichen Mäzenatentums der Frau von Meck, vollendete er die vierte Sinfonie f-Moll. Nach einer langen Pause folgten die Sinfonien Nr. 5 e-Moll (1888) und Nr. 6 h-Moll (*Pathétique*, 1893). Alle drei zählen zu den bekanntesten Werken der Gattung überhaupt. Sie enthalten, nach des Komponisten eigener Aussage, verschwiegene, subjektiv poetisch-philosophische Programme. Ihre wirkungsvolle musikalische Physiognomie, ihr hingebungsvolles Pathos, aber auch ihre meisterhafte instrumentale Ausarbeitung haben sie bald überall in der Welt berühmt gemacht. Mitteleuropäische sinfonische Tradition und russisches Kolorit und Sentiment verbinden sich in ihnen zu einer eigenwilligen, überzeugenden Synthese.

In der *Tschechoslowakei* kulminiert die im 19. Jahrhundert erwachende bodenständig

nationale Musik (▷ 9.36) in den Sinfonischen Dichtungen B. Smetanas und den neun Sinfonien von A. Dvořák:
Nr. 1 c-Moll (1865)
Nr. 2 B-Dur op. 4 (1865, 1887)
Nr. 3 Es-Dur op. 10 (1873)
Nr. 4 d-Moll op. 13 (1874)
Nr. 5 F-Dur op. 76 (1875)
Nr. 6 D-Dur op. 60 (1880)
Nr. 7 d-Moll (1884/85)
Nr. 8 G-dur op. 88 (1889)
Nr. 9 e-Moll *Aus der Neuen Welt* op. 95 (1893).
Trotz mannigfacher Anlehnungen, zunächst an Liszt und Wagner, später an Brahms und die Formtradition der Wiener Klassik, schuf sich Dvořák auch in seiner Sinfonik im Kern eine ganz persönliche, aus seiner nationalen Herkunft gespeiste, gefühlsstarke und oft hinreißend temperamentvolle Musiksprache. Seine berühmteste Sinfonie, *Aus der Neuen Welt*, verarbeitet Anregungen der Musik des amerikanischen Kontinents, überformt jedoch auch diese mit den Elementen der heimatlichen Folklore.
In *Skandinavien* sind im Laufe des 19. Jahrhunderts zahlreiche sinfonische Kompositionen entstanden, deren eindeutige Zuweisung zu einer bestimmten Gattung nicht immer möglich ist. Die Komponisten lösten sich zunächst nur zögernd aus der Abhängigkeit von der Musik der deutschen Romantik. Das verdeutlichen etwa die acht Sinfonien des von R. Schumann sehr geschätzten dänischen Musikers N. Gade. Daneben zeigen sich sehr beachtenswerte Tendenzen zu einem eigenständigen skandinavischen Idiom, so u. a. bei dem Dänen J. P. E. Hartmann, (zwei Sinfonien) und dem Norweger J. S. Svendsen (zwei Sinfonien). Gegen Ende des 19. Jahrhunderts mündet diese Entwicklung in eine Phase bedeutender selbständiger Sinfonik, repräsentiert u. a. durch J. Sibelius in Finnland und C. Nielsen in Dänemark, deren Werke jedoch überwiegend ins 20. Jahrhundert gehören (▷ 10.22).

9.24 Programmusik: Sinfonische Dichtung

Die Programmusik ist keine Erfindung des 19. Jahrhunderts. Auch in früheren Epochen haben Musiker die Möglichkeit, in Tönen, Rhythmen und Klängen äußere und innere Vorgänge bis zu einem gewissen Grade nachahmen zu können, auf verschiedenste Weise kompositorisch zu nutzen versucht. Neu ist seit der Romantik zum einen die Verbindung der programmatischen Intention mit einer zunehmend differenzierten, ausdrucksstarken Orchestersprache, zum anderen der Parteienstreit über die Legitimität außermusikalischer Anregungen, die polemische Zuspitzung der Kontroverse „absolute Musik" – „Programmusik" (▷ 9.5) zu einer Grundsatzfrage der Ästhetik. Namentlich in der zweiten Hälfte des 19. Jahrhunderts standen sich die Anhänger der einen und der anderen Richtung weitgehend unversöhnlich gegenüber (▷ 9.4). Dies gilt allerdings hauptsächlich für Mitteleuropa, insbesondere für den deutschen Sprachbereich. In anderen Ländern spielte diese Kontroverse vergleichsweise eine viel geringere Rolle, und viele slawische, skandinavische, auch französische Komponisten schrieben unbedenklich sowohl Sinfonien als auch Sinfonische Dichtungen.
Der erste Komponist, der eine Sinfonie mit einem ausführlichen Programm versah und auch wünschte, daß es vor dem Konzert im Publikum verteilt werden sollte, war H. Berlioz. Seine *Symphonie fantastique* (1830) schildert in fünf Sätzen „verschiedene Situationen im Leben eines Künstlers", allerdings – so der ausdrückliche Zusatz im Programm – „soweit diese musikalisch darstellbar sind". Berlioz ging es dabei nicht um die Beschreibung äußerer Begebenheiten (die Hinrichtungsszene im vierten Satz ist in ihrer Realistik eine Ausnahme), sondern um die Darstellung innerer Zustände. Der Form nach folgt die *Symphonie fantastique* weitgehend noch traditionellen Vorbildern. So steht z. B. der erste Satz *(Träume – Leidenschaften)* in einer modifizierten Sonatenhauptsatzform, der zweite *(Ein Ball)* ist eine Art Scherzo. Ein entscheidend neues Gestaltungsmittel ist die, nach der Einleitung erstmals vollständig erklingende, Leitmelodie, die von Berlioz soge-

nannte „double idée fixe", deren Funktion im Programm genau bezeichnet wird. Sie symbolisiert die Geliebte des Künstlers, dem sie, zusammen mit dem Bild der Geliebten, stets innerlich gegenwärtig ist. Sie durchzieht das ganze Werk als inhaltlich und musikalisch tragende Idee, wobei sie sich teilweise aufs überraschendste verwandelt, teilweise wie ein unwandelbarer innerer Erlebniskern gegensätzliche Zustände und Situationen verbindet. In einigen weiteren programmatischen Orchesterwerken hat Berlioz das Gestaltungsmittel einer zugrunde liegenden Leitmelodie auf unterschiedliche Weise angewandt, u. a. in der Sinfonie mit konzertierender Viola *Harold en Italie* (1834) und in der Sinfonie mit Soli und Chören *Roméo et Juliette* (1839). F. Liszt hat 1855 über die *Harold-Sinfonie* einen umfangreichen Aufsatz geschrieben, in dem er seine eigenen Gedanken zur Programmusik ausführlich darlegte. Liszt, der Berlioz' Verfahren zum ästhetischen und kompositorischen Prinzip einer avancierten musikalischen Gestaltung erhob, war als Haupt der „Neudeutschen Schule" um diese Zeit bereits der führende Komponist auf dem Gebiet der orchestralen Programmusik. Im Unterschied zur *Symphonie fantastique* von Berlioz mit ihrer eher subjektiven Thematik innerer Leidenschaft zielen die Werke Liszts auf die musikalische Darstellung einer objektiven poetischen Idee. Große Gestalten des abendländischen Geisteslebens sowie Dichtungen, Gedanken oder Begebenheiten der Vergangenheit bestimmen ihre Inhalte. Das gilt auch für die beiden sinfonischen Werke, die der traditionell mehrsätzigen Anlage folgen, die grandiose *Faust-Sinfonie* in drei Charakterbildern (1854–57) und die *Sinfonie zu Dantes Divina commedia* (1855/56). Die eigentlich neue, von Liszt geschaffene Gattung ist jedoch die „Sinfonische Dichtung", eine einsätzige, zumeist aber aus mehreren unterschiedlichen Teilen bestehende Komposition für Orchester, die in ihrer Form keinem traditionellen Bauprinzip, sondern – dies ist ein für Liszt wesentlicher Gedanke – den inneren Erfordernissen der Entfaltung einer poetischen Idee folgt. Liszt verwendete die Bezeichnung erstmals 1854 für seine Ouvertüre *Tasso* (1849).
F. Liszt schrieb 13 Sinfonische Dichtungen: *Bergsinfonie* (1848/49, 1850, 1854–57), *Les préludes* (1848, 1854), *Heldenklage* (1848–50, 1854), *Tasso* (1849, 1854), *Prometheus* (1850, 1855), *Mazeppa* (1851, 1854), *Orpheus* (1853/54), *Festklänge* (1853), *Hungaria* (1854), *Hunnenschlacht* (1855, 1857), *Die Ideale* (1857), *Hamlet* (1858), *Von der Wiege bis zum Grabe* (1881/82).
Vorbild und geschichtlicher Vorläufer der Sinfonischen Dichtung ist die Konzertouvertüre. Schon Beethovens Ouvertüren (z. B. zu H. J. von Collins *Coriolan* op. 62 oder zu Goethes *Egmont* op. 84) wurden vorwiegend im Konzert aufgeführt, kaum noch als Einleitung zu den Bühnenstücken, für die sie entstanden waren. Der nächste folgerichtige Schritt war die Komposition selbständiger Ouvertüren, deren Titel z. B. auf eine Dichtung oder auf eine Landschaft Bezug nimmt. Werke dieser Art schrieben u. a. F. Mendelssohn Bartholdy (▷ 9.12, Werkverzeichnis) und R. Schumann (z. B. zu Byrons dramatischem Gedicht *Manfred*, op. 115). Liszt führte diese Entwicklung fort und erweiterte die Ouvertüre zur großen, der Sinfonie im Prinzip ebenbürtigen, orchestralen Gattung. Der Begriff „Sinfonische Dichtung", der eine musikalische und eine literarische Komponente verbindet, deutet darauf hin, daß für Liszt und die Neudeutsche Schule Werke dieser Art gerade durch die neuartige Synthese von sinfonischer Satztechnik und dichterischem Ideengehalt die eigentlich progressive, zukunftsträchtige Musik repräsentieren, wesensverwandt in dieser Hinsicht dem Wagnerschen „Musikdrama".
Der Einfluß F. Liszts auf dem Gebiet der Programmusik ist vor allem in solchen Ländern stark spürbar, die erst im Laufe des 19. Jahrhunderts zu einer eigenständig nationalen Musikentwicklung gefunden haben (▷ 9.36). Dort wandten sich die Komponisten der Gattung „Sinfonische Dichtung" häufig zu, weil diese mit ihren unorthodoxen, freieren Formverläufen und ihren klangintensiven instrumentalen Mitteln der Darstellung von Inhalten der heimatlichen Kultur, Landschaft und Geschichte besonders entgegenkommt. Aus der Fülle solcher Werke, wie sie vor allem im späteren 19. Jahrhundert entstanden, seien beispielhaft genannt: *Mein Vaterland* (1874–79) von B. Smetana, ein Zyklus von sechs Sinfonischen Dichtungen (darunter *Die Moldau*, 1874), *Eine Nacht auf dem Kahlen*

Berge (1867) von M. P. Mussorgski und *Finlandia* (1900) von J. Sibelius. In Frankreich schrieben Sinfonische Dichtungen u. a. C. Franck und C. Saint-Saëns. Der bedeutendste deutsche Komponist dieser Gattung in der Nachfolge Liszts war R. Strauss (▷ 10.8).

9.25 Instrumentalkonzert

Im 19. Jahrhundert entstand eine große Zahl von Instrumentalkonzerten, vor allem in der Form des Konzerts für ein Soloinstrument und Orchester (Solokonzert). Ursachen für die Verbreitung der Gattung und die kontinuierliche Weiterentwicklung ihrer im 18. Jahrhundert entstandenen Formen (▷ 6.12; ▷ 7.25) waren u. a. die Zunahme öffentlicher Konzertveranstaltungen, die Begeisterung des Publikums für große Virtuosen, die Vervollkommnung der Musikinstrumente und die stetige Erweiterung der spieltechnischen Fähigkeiten der Instrumentalisten. Stilistisch zu unterscheiden sind hierbei drei Elemente: die am Instrument orientierte Virtuosität, die aus der Wiener Klassik überkommene sinfonische Satztechnik und die romantische Farbintensivierung des Klangs. Alle drei Elemente wirken zumeist zusammen, weisen jedoch in ihrer jeweiligen Gewichtung die einzelnen Werke unterschiedlichen Stilrichtungen zu.

Das Element höchstentwickelter Virtuosität, eine neuartige, zu ihrer Zeit geradezu als unbegreifliches Wunder empfundene Violintechnik prägt die Werke N. Paganinis (fünf Violinkonzerte und eine Reihe anderer Konzertstücke). Sie bildeten die Anregung zu zahlreichen ähnlich virtuosen Kompositionen im weiteren Verlauf des 19. Jahrhunderts. Auf dem Gebiet der Klaviermusik wurde F. Liszt unter dem Eindruck der Kunst Paganinis zum Schöpfer des großen, virtuosen Klavierkonzerts, das sich allerdings keinesfalls auf die Darbietung bloß technischer Schwierigkeiten beschränkt, sondern darüber hinaus aus einer kraftvollen melodischen Erfindung und einer voluminösen Klanggestik seine überzeugenden Wirkungen bezieht. Liszts wichtigste Werke auf diesem Gebiet sind die Klavierkonzerte Es-Dur (1849) und A-Dur (1839/1861) und der *Totentanz. Paraphrase über Dies irae* (1849–1859).

Das romantische Instrumentalkonzert in Deutschland begegnet nach Anfängen bei C. M. von Weber (u. a. zwei Klavier- und zwei Klarinettenkonzerte) in einer ersten ausgereiften Form bei L. Spohr (u. a. 15 Violinkonzerte und vier Klarinettenkonzerte, ein Quadrupelkonzert für Streichquartett und Orchester). Höhepunkte der Gattung bilden das Violinkonzert e-Moll op. 64 (1844) von F. Mendelssohn Bartholdy (er schrieb u. a. auch vier Klavierkonzerte) und das Klavierkonzert a-Moll op. 54 (1841–45) von R. Schumann (er schrieb ferner ein bedeutendes Violoncellokonzert a-Moll op. 129, 1850, und Violinkonzert d-Moll, 1853). Beide Werke verbinden auf individuelle, charakteristische Weise die virtuose Anlage des Soloparts mit hochromantisch nuancenreicher Klanggestaltung, neuartig lebendiger Formgestaltung und – sehr ausgeprägt bei Mendelssohn – differenzierter Ausarbeitung des Orchesterparts. Die beiden, früh und für den eigenen Gebrauch entstandenen, Klavierkonzerte von F. Chopin e-Moll op. 11 (1830) und f-Moll op. 21 (1829) sind dagegen stärker auf die virtuose Präsentation des Solisten ausgerichtet, strahlen aber dennoch über weite Strecken bereits den eigentümlichen Zauber Chopinscher Klavierpoesie aus.

Eine neue Stufe in der Geschichte der Gattung bilden die Werke von J. Brahms. Mit ihnen gewinnt das Instrumentalkonzert nicht nur im spieltechnischen Anspruch, sondern auch in der geistig künstlerischen Haltung und in der kompositorischen Durchbildung ein der Kammermusik und der Sinfonik vergleichbares Niveau. Brahms schrieb zwei Klavierkonzerte, d-Moll op. 15 (1854–58) und B-Dur op. 83 (1878–81), ein Violinkonzert D-Dur op. 77 (1878) und ein Doppelkonzert für Violine und Violoncello a-Moll op. 102 (1887). Gemeinsam, bei aller Verschiedenheit im einzelnen, ist diesen vier Konzerten die große sinfonische Anlage, die dichte motivische Satzarbeit, die auch das technisch schwierigsten Passagen strukturell ins Ganze einbindet und, damit zusammenhängend, die enge Verzahnung des Soloparts mit dem Orchester. Die ehemals vorwiegend begleitende Funktion des Orchesters hat sich so durchgreifend gewandelt, daß strecken-

Die Musik des 19. Jahrhunderts

weise – besonders in den Klavierkonzerten – der Eindruck einer Sinfonie mit obligatem Soloinstrument entsteht. Zeitlich und bis zu einem gewissen Grade auch stilistisch in die Brahmszeit gehört das häufig gespielte Violinkonzert g-Moll op. 26 (1868) von M. Bruch (er schrieb noch zwei weitere Violinkonzerte, op. 44, 1878, und op. 58, 1891, beide in d-Moll).
In der umfangreichen außerdeutschen Konzertliteratur dominiert, in der Nachfolge F. Liszts, zumeist das musikantisch virtuose Element, allerdings vielfach angereichert durch eine klangwirksam koloristische Ausarbeitung des Orchesterparts. Das gilt z. B. für die Klavierkonzerte von E. Grieg (a-Moll op. 16, 1868, und h-Moll, unvollendet), P. I. Tschaikowsky (b-Moll op. 23, 1875; G-Dur op. 44, 1880; Es-Dur op. 75, 1893) und C. Saint-Saëns (D-Dur op. 17, 1858; g-Moll op. 22, 1868; Es-Dur op. 29, 1869; c-Moll op. 44, 1875; F-Dur op. 103, 1895), teilweise auch für die Violinkonzerte von H. Wieniawski (fis-Moll op. 14, 1853; d-Moll op. 22, 1862), A. Dvořák (a-Moll op. 53, 1879–82), P. I. Tschaikowsky (D-Dur op. 35, 1878) und C. Saint-Saëns (A-Dur op. 20, 1859; C-Dur op. 58, 1879; h-Moll op. 61, 1880) sowie das Violoncellokonzert von A. Dvořák in h-Moll op. 104 (1894/95).
Klavier, Violine, Violoncello und Klarinette waren die wichtigsten Soloinstrumente in der Konzertliteratur des 19. Jahrhunderts. Für andere Instrumente, z. B. Querflöte und Oboe, die dagegen aus dem 18. Jahrhundert einen reichen Werkbestand vorfanden, wurden nur vergleichsweise weniger Instrumentalkonzerte geschrieben. Unter den Blechblasinstrumenten wurde das Horn bevorzugt; ein relativ häufig zu hörendes Werk ist z. B. das 1. Hornkonzert Es-Dur op. 11 von R. Strauss.

9.26 Kammermusik

Die Komposition von Kammermusik war im 19. Jahrhundert an bestimmte stilistische und ästhetische Voraussetzungen gebunden. Während sie bei den Vertretern der Neudeutschen Schule kaum eine Rolle spielte, gelangte sie durch Komponisten und Interpreten, die sich der Tradition der Wiener Klassik stärker verpflichtet fühlten, zu hoher Wertschätzung. Dem entsprach auf der Seite des Publikums eine Hörerschicht, namentlich des gehobenen Bürgertums in Mitteleuropa, das in der Kammermusik das Ideal der „absoluten Musik" (▷ 9.5) am reinsten verwirklicht sah. Echte Kennerschaft, eine leicht elitär-konservative Haltung und mitunter die Flucht aus der Realität in die „höhere" Welt der Kunst flossen hierbei – schwer abgrenzbar – ineinander. Dies wird exemplarisch sichtbar an der Kammermusik von J. Brahms und dem Kreis von Musikern und Musikliebhabern, die sich ihr besonders zuwandten. Zugleich entstanden gerade hierdurch maßgebliche romantische Gattungstraditionen, die auf Komponisten außerhalb Deutschlands und Österreichs zurückwirkten und im späteren 19. Jahrhundert auch dort, teilweise mit betonter nationaler Ausrichtung, vermehrt Kammermusikwerke entstehen ließen.

9.27 Kammermusik mit Klavier

Anders als in der Wiener Klassik stand im 19. Jahrhundert nicht mehr das Streichquartett, sondern die Kammermusik mit Klavier im Vordergrund. Das entspricht der führenden Rolle des Klaviers und der Klaviermusik zu dieser Zeit. Auch bot besonders die Zusammenstellung von Klavier mit mehreren Streichern den romantischen Komponisten, die oft selbst ausgezeichnete Pianisten waren, reiche Möglichkeiten zu klanglichen Nuancierungen, Mischungen und Kontrasten. In den ersten Jahrzehnten dieses Jahrhunderts stammen die wichtigsten Kammermusikwerke mit Klavier von C. M. von Weber (u. a. ein Trio für Klavier, Flöte und Violoncello g-Moll op. 63, 1819), L. Spohr (drei Klavierquintette, fünf Klaviertrios) und F. Schubert. Aus dessen Schaffen sind vier Violinsonaten (1816/17, drei davon als „Sonatinen" bekannt), eine Sonate für Arpeggione (ein wie ein Violoncello gestrichenes Instrument mit Bünden) und Klavier (1824), das jugendfrische *Forellen-Quintett* (1819) und vor allem die beiden späten Klaviertrios (B-Dur und Es-Dur, 1827/28) hervorzuheben, die in Thematik, Klang und Formbau bedeutende neue Wege einschlagen.

347

Kapitel 9

Im Schaffen der folgenden Generation wird die Dominanz des Klaviers besonders spürbar bei R. Schumann. Er schrieb u. a. ein Klavierquintett Es-Dur op. 44, ein vollendetes Beispiel romantischer Kammermusik, ein Klavierquartett Es-Dur op. 47 (beide 1842), drei Klaviertrios (1847–51) sowie einige intimere, schlichtere Kammermusikwerke wie die *Fünf Stücke im Volkston* für Klavier und Violoncello op. 102 (1849) oder die *Märchenbilder* für Viola und Klavier op. 113 (1851). Ebenbürtig neben Schumanns Werken stehen die beiden groß angelegten Klaviertrios in d-Moll op. 49 (1839) und c-Moll op. 66 (1845) von F. Mendelssohn Bartholdy.

Höhepunkt und Vollendung romantischer Kammermusik mit Klavier bilden die Werke von J. Brahms. Besonders auf diesem Schaffensgebiet werden charakteristische Stilmerkmale seiner Musik, die dichte Satztechnik, der Reichtum der Erfindung, das weite Spektrum der melodischen, rhythmischen und klanglichen Gestaltung sowie – dies alles zusammenführend – die aus tiefsinniger Variantenbildung erwachsende Verschränkung aller Teile bei jedem Werk auf neue, überraschende Weise evident. Brahms schrieb 17 Kammermusikwerke mit Klavier in verschiedensten Besetzungen (▷ 9.19, Werkverzeichnis). Sie verteilen sich trotz eines gewissen Schwerpunkts im Schaffen der 80er Jahre (zwei Trios, zweite und dritte Violinsonate, zweite Cellosonate) über sein ganzes Lebenswerk, vom frühen H-Dur-Trio op. 8 (1854, 1. Fassung) und den ersten Klavierquartetten (1863) bis zu den beiden Klarinettensonaten der allerletzten Zeit (1895). Erstaunlich angesichts solcher Vielfalt und kompositorischer Entwicklung ist die in all diesen Werken spürbare Einheit des Personalstils, eine Brahms unverwechselbar eigene Gestik und Tönung, in der fernab jeglicher koloristischer Wirkungen romantische Phantasie und materiale Disziplin zu einer völligen Einheit verschmelzen und die – gewissermaßen als Modellfall des Kammermusikalischen – das geschichtliche Verständnis dieser Gattungen wesentlich mit geprägt hat.

Unter den außerdeutschen Komponisten von Kammermusikwerken mit Klavier ist besonders zu verweisen auf P. I. Tschaikowsky (Klaviertrio a-Moll op. 50, 1882), C. Franck (fünf Klaviertrios, Klavierquintett f-Moll, 1879; Violinsonate A-Dur, 1886), B. Smetana (Klaviertrio g-Moll, 1855; zwei Duos für Violine und Klavier, 1880) und auf A. Dvořák (zwei Klavierquintette, zwei Klavierquartette, vier Klaviertrios, Violinsonate), in dessen umfangreichem Kammermusikschaffen sich eine an Brahms orientierte satztechnische Klarheit und Dichte mit heimatlichen volkstümlichen Anregungen verbindet.

9.28 Kammermusik ohne Klavier

Das Streichquartett wurde von den romantischen Komponisten, im Blick auf die Vollendung der Gattung bei L. van Beethoven, nur mit Zurückhaltung aufgegriffen. Noch zeitgleich mit Beethovens letzten Werken entstanden die völlig andersartigen, klang- und kontrastreichen, teilweise zu orchestraler Fülle sich ausweitenden reifen Streichquartette F. Schuberts, a-Moll (1824), d-Moll (1824, *Der Tod und das Mädchen*) und G-Dur (1826). Wenige Jahre später setzte bereits F. Mendelssohn Bartholdys Quartettschaffen ein (sieben Streichquartette, das letzte unvollendet), das sich, frühzeitig schon im Bewußtsein der Beethoven-Tradition, in einer Reihe sehr reizvoller, satztechnisch meisterhafter Werke bis zu dem ergreifenden f-Moll-Quartett op. 80 aus dem Todesjahr 1847 in mehreren Stadien entfaltete. Dagegen beschäftigte sich R. Schumann nur einmal, im „Kammermusikjahr" 1842, intensiv mit der Gattung. Seine drei Streichquartette a-Moll, F-Dur und A-Dur op. 41 Nr. 1–3 bringen vorwiegend das lyrische Element seines Kompositionsstils zum Ausdruck. Einzelheiten der Anlage und Gestaltung verweisen deutlich auf Beethovens Spätwerke. Ebenfalls drei Streichquartette schrieb J. Brahms, c-Moll und a-Moll op. 51 Nr. 1 und 2 (1873) und B-Dur op. 67 (1875). Sie entstanden in langer, selbstkritisch bedachtsamer Arbeit (etwa 20 vernichtete Entwürfe waren nach eigener Aussage vorausgegangen) und knüpften aus der neuen Sicht und Stilhaltung der Spätromantik heraus an die mittleren Streichquartette L. van Beethovens an.

Außerhalb der deutschen romantischen Stiltradition entstanden einige Werke mit ganz eigenem Profil, so das bewegend programmatische Quartett e-Moll *Aus meinem Leben* von B. Smetana (1876; ein zweites Streichquartett d-Moll entstand 1883), das klangschöne Quartett G. Verdis (e-Moll, 1873) sowie die Streichquartette von P. I. Tschaikowsky (D-Dur op. 11, 1871; F-Dur op. 22, 1874; es-Moll op. 30, 1876), A. P. Borodin (A-Dur 1875-79, D-Dur 1880/81) und A. Dvořák (14 Streichquartette).

Weit weniger als das Streichquartett war die romantische Streicherkammermusik größerer Besetzung durch Vorbilder aus der Wiener Klassik beeinflußt oder gar belastet. Auch im 19. Jahrhundert sind die entsprechenden Werke nicht sehr zahlreich, doch gehören einige unter ihnen zu den ausdrucksvollsten Kompositionen romantischer Instrumentalmusik. Das gilt für F. Schuberts einzigartiges Quintett C-Dur (1828), das auch in der Besetzung mit zwei Violoncelli aus dem Rahmen fällt, und ebenso für die beiden Streichsextette (B-Dur op. 18, 1860, und G-Dur op. 36, 1865) und die beiden Streichquintette (F-Dur op. 88, 1882, und G-Dur op. 111, 1890) von J. Brahms. Weitere bedeutsame Werke stammen von L. Spohr (ein Streichsextett, sieben Streichquintette) und A. Dvořák (ein Streichsextett, drei Streichquintette). Bekannte Kompositionen noch größerer Besetzung sind die vier Doppelquartette von L. Spohr und das Oktett Es-Dur op. 20 von F. Mendelssohn Bartholdy (1825, 1832).

Mischbesetzungen aus Streichern und Bläsern begegnen häufiger im frühen 19. Jahrhundert. Beethovens Septett op. 20 (1799/1800), das seinerseits in gewisser Weise noch die Divertimentotradition des 18. Jahrhunderts weiterträgt, war Vorbild für F. Schuberts Oktett in F-Dur für Klarinette, Fagott, Horn und fünf Streicher (1824), das als Kammermusikwerk zugleich den Zauber orchestraler Weite und Klangfülle entfaltet. In die gleiche, frühromantisch umgeformte klassische Tradition gehören das Nonett F-Dur op. 31 (1813) und das Oktett E-Dur op. 32 (1814) von L. Spohr.

Reine Bläserkammermusik hatte im Laufe des 19. Jahrhunderts, d. h. vor allem nach dem Tode von F. Danzi und A. Reicha (▷ 7.18), ebenso an Bedeutung verloren wie die zur Zeit der Wiener Klassik noch verbreitete Literatur für ein Blasinstrument und Streicher. Eine Ausnahme bilden die Kompositionen für Klarinette und Streichquartett. Hier führte eine bedeutsame Gattungstradition von W. A. Mozart über C. M. von Weber (Klarinettenquintett B-Dur op. 34, 1815) zu dem großartigen Spätwerk von J. Brahms, dem Klarinettenquintett h-Moll op. 115 (1891), das seinerseits, wie viele andere Kammermusikwerke von Brahms, M. Reger zu einem Werk gleicher Besetzung angeregt hat (A-Dur op. 146, 1915).

9.29 Sonate

Der Titel „Sonate" bezeichnete im 19. Jahrhundert entweder ein Werk für ein Instrument allein oder ein Werk für ein Melodieinstrument und Klavier. Werke der zweiten Art gehören in den Bereich der Kammermusik, wenn beide Instrumente gleichgewichtig in einen anspruchsvollen kompositorischen Prozeß eingebunden sind, so wie dies auf vollendete Weise in den drei Violinsonaten, den beiden Violoncellosonaten und den beiden Klarinettensonaten von J. Brahms verwirklicht ist (▷ 9.19). Daneben gab es eine Vielzahl romantischer oder pseudoromantischer Sonaten, bei denen das Melodieinstrument eher virtuos oder im Sinne der Salonmusik im Vordergrund steht und das Klavier nur begleitende Funktion hat.

Unter den Sonaten für ein Instrument allein war die *Klaviersonate* die bei weitem führende Gattung. Sie verlor jedoch im Laufe des 19. Jahrhunderts zunehmend an Geltung und wurde für die romantischen Komponisten zu einem eher problematischen, durch die Tradition des klassischen Werkbestands belasteten Schaffensgebiet. Hierbei spielte auch die formentheoretische Modellbildung der Sonate (vor allem bei A. B. Marx, *Die Lehre von der musikalischen Komposition,* 4 Bände, Leipzig 1837-47) eine hemmende Rolle, so daß sich das Schwergewicht der Klaviermusik nach Beethoven sehr deutlich auf das kürzere einsätzige Klavierstück verlagerte (▷ 9.30). Noch zu Lebzeiten Beethovens zeigten sich frühromantische Tendenzen in einigen der zahlreichen Klaviersonaten von J. L. Dussek und J. N. Hummel sowie in den vier Klaviersonaten von C. M. von Weber. In ständiger Auseinandersetzung mit dem Vorbild Beetho-

Kapitel 9

ven vollzog sich das Sonatenschaffen bei F. Schubert. Das belegen sowohl eine größere Zahl von Entwürfen und Fragmenten als auch einige stilistische Züge der vollendeten Sonaten aus der ersten Schaffenszeit. Dennoch zeigte sich bereits früh, auch auf dem Gebiet der Klaviersonate, der eigene Ton Schuberts, der spätestens mit den Sonaten ab 1823 (a-Moll 1823, a-Moll 1825, A-Dur 1819 oder 1825, D-Dur 1825, G-Dur 1826) zu reifer Ausprägung gelangte und in den drei großen Sonaten aus der Zeit kurz vor Schuberts Tod (c-Moll, A-Dur und B-Dur, alle September 1828) eine letzte Vollendung erreichte.

Im reichen Klavierschaffen der hochromantischen Komponistengeneration ist die Klaviersonate nur noch die Ausnahme. F. Mendelssohn Bartholdy schrieb in seiner Jugendzeit drei Sonaten, F. Chopin ebenfalls eine frühe Sonate c-Moll op. 4 (1827), später allerdings noch die beiden reifen Sonaten b-Moll op. 35 (1839) und h-Moll op. 58 (1844), die in der Fülle der thematischen Erfindung, in der poetisch klanglichen Gestaltung und im pianistischen Anspruch zu seinen bedeutendsten Werken gehören.

Charakteristisch neue, exemplarisch romantische Züge tragen die Klaviersonaten von R. Schumann, fis-Moll op. 11 (1833–35) und g-Moll op. 22 (1833–38). Auch das *Concert sans orchestre* f-Moll op. 14 (1836, umgearbeitet als 3. Klaviersonate 1853) und die Fantasie C-Dur op. 17 (1836) sind freie sonatenhafte Gebilde. Zyklische Anlage und Physiognomie der einzelnen Sätze, Themenbildung und harmonische Disposition, Motivik und Formverlauf und nicht zuletzt eine Reihe mehr oder weniger verschlüsselter poetischer Anspielungen bezeugen ein neues Werk- und Gattungsverständnis, das sich von dem der Wiener Klassik grundlegend abhebt und sich auch bewußt und programmatisch abheben wollte.

Die Geschichte der Klaviersonate im 19. Jahrhundert kulminiert im Schaffen von J. Brahms und F. Liszt, während die Sonaten einiger ihrer Zeitgenossen wie E. Grieg, F. Hiller, J. J. Raff und C. Reinecke vergleichsweise geringere Bedeutung erlangten. Brahms' drei Klaviersonaten C-Dur op. 1 (1853), fis-Moll op. 2 (1852) und f-Moll op. 5 (1854) stammen aus seiner ersten Schaffensphase. Um so erstaunlicher ist es, wie ihre jugendliche Klanggewalt in klare Formgestaltung und dichte, variative Motivtechnik eingebettet erscheint. Jeder Satz präsentiert sich mit charakteristisch prägnanter Thematik. Die langsamen Sätze in inniger Volksliedmelodik bilden wirkungsvolle Kontraste. Dennoch ist jede der drei Sonaten inhaltlich und motivisch als Ganzes eng verklammert und einheitlich konzipiert. Gattungsgeschichtlich setzen diese Werke die Tradition der großen Klaviersonaten Beethovens fort, ihre Ausdruckshaltung jedoch und ihr klanglich thematischer Habitus sind auf charakteristische Weise romantisch.

Im Jahre 1853, also genau zur gleichen Zeit, ist die große Sonate h-Moll von F. Liszt entstanden, ein konzeptionell und pianistisch herausragendes, in der Kraft und Tiefe des Ausdrucks singuläres Werk in der Geschichte der Gattung nach Beethoven. Die Sonate besteht aus einem einzigen, vielfach untergliederten Satz, dessen Abschnitte oder Abschnittsgruppen sich sowohl als ineinander übergehende, teilweise rezitativisch verbundene Sätze eines viersätzigen Sonatenzyklus als auch als Teile einer ins Riesige gesteigerten freien Sonatenhauptsatzform auffassen lassen und dessen innere Einheit durch die ständige Präsenz weniger, permanent variierter und oft wundersam poetisch abgewandelter Grundelemente gewährleistet wird (Abb. 149, S. 322).

9.30 Charakterstück

„Charakterstück" ist die Sammelbezeichnung für kürzere, vorwiegend lyrische Einzelstücke, die im 19. Jahrhundert vor allem für Klavier in großer Zahl komponiert wurden und die oft durch kennzeichnende Titel den Eindruck, die Stimmung oder die Situation andeuten, die in ihnen musikalisch eingefangen ist. Vorläufer und Frühformen dieses Genres finden sich in charakterisierenden Stücken der englischen Virginalisten um 1600, in der französischen Cembalomusik des Barock, z. B. bei F. Couperin und J.-Ph. Rameau sowie bei C. Ph. E. Bach. In der Wiener Klassik wirkten vor allem die Bagatellen von L. van Beethoven anregend auf die Komponisten der Folgezeit.

Die Musik des 19. Jahrhunderts

Die Möglichkeit, poetische Gehalte in freier Formgestaltung (hauptsächlich in modifizierten Liedformen) auszudrücken, erklärt die große Bedeutung des Charakterstücks in der Romantik. Auch das Bestreben der Komponisten nach Beethoven, die zentrale Gattung der Wiener Klassik, die Sonate, zu umgehen (▷ 9.29) und schließlich der außerordentlich gesteigerte Bedarf an Klaviermusik seit dem frühen 19. Jahrhundert, der sich aus dem Interesse des aufstrebenden Bürgertums am häuslichen Musizieren und dementsprechend an spielbarer Literatur erklärt, spielen bei der Entstehung und Ausbreitung des Charakterstücks eine wesentliche Rolle.

Als erste Sammlung frühromantischer Charakterstücke gelten die *Eklogen* op. 35 (1810/1811) von V. J. Tomášek. Sie beeinflußten die Entstehung der lyrischen Klavierstücke von F. Schubert (*Impromptus, Moments musicaux* 1827/28), die erstmals die neue Gattung vollendet repräsentieren. Auf ähnliche Weise gilt J. Field mit seinen „Nocturnes" (ab 1814) als Vorläufer von F. Chopin, in dessen Œuvre Charakterstücke mit allerdings eher unspezifischen Titeln („Nocturnes", „Impromptus", „Balladen", „Scherzi", „Préludes" u. a.) in den reichsten, vielfältigsten Ausdrucksformen zur beherrschenden Gattung und zum zentralen Medium seines poetischen Klavierstils wurden.

Aus der kaum zu übersehenden Produktion von Charakterstücken im 19. Jahrhundert sind die *Lieder ohne Worte* (8 Hefte, 1829–45) von F. Mendelssohn Bartholdy und die *Lyrischen Stücke* (10 Sammlungen, 1867–1901) von E. Grieg hervorzuheben. Geradezu paradigmatisch aber für die Gattung ist die unglaubliche Fülle phantasievoll genialer Klavierstücke von R. Schumann, die er durchweg zu inhaltlich und kompositorisch einheitlichen Zyklen zusammenfaßte (*Papillons, Davidsbündlertänze, Carneval, Kinderszenen* usw. ▷ 9.14). Die meisten seiner Klavierstücke basieren auf einem kurzen, prägnanten motivischen Einfall, und viele von ihnen tragen Titel, die als poetisierend assoziative Anregung Hinweise zum Verständnis geben sollen.

Ebenfalls umfangreich und stilistisch vielgestaltig, dabei häufig inhaltlich präziser festgelegt als bei Schumann, sind die Charakterstücke von F. Liszt, die er teilweise zu größeren Sammlungen zusammengestellt hat (z. B. *Années de pèlerinage*, 3 Bände, 1835–1877). In der frühen und mittleren Schaffenszeit ist der poetische Gehalt zumeist mit der Präsentation virtuoser Klaviertechnik verbunden. Das Spätwerk benutzt die assoziativen Möglichkeiten des Charakterstücks zu bestürzend modernen, zutiefst resignativen Gestaltungen (*Nuages gris, Schlaflos, Frage und Antwort, Unstern,* alle nach 1880).

Im Gegensatz zu den meisten Werken Schumanns und Liszts sind die Charakterstücke von J. Brahms kaum oder höchstens andeutend inhaltlich bestimmbar. Ihre Titel sind, ähnlich wie bei Chopin, durchweg allgemein gehalten (z. B. *Balladen* op. 10, 1856; *Klavierstücke* op. 76, 1878; *Rhapsodien* op. 79, 1879), und ihre kompositorische Bedeutung liegt primär in ihrer strukturellen Dichte und in differenziertesten motivischen Zusammenhängen, die teilweise über das Einzelstück hinaus auf den Zyklus übergreifen. Das gilt insbesondere für die intimen, äußerst konzentrierten Klavierzyklen der Spätzeit (*Fantasien* op. 116, *Intermezzi* op. 117, *Klavierstücke* op. 118 und 119, alle 1892), die einen starken Einfluß auf M. Reger und sogar noch auf A. Schönberg ausgeübt haben.

9.31 Orgelmusik

Gemessen an ihrer Blütezeit im Barock besaß die Orgelmusik im 19. Jahrhundert nur noch eine relativ geringe Bedeutung. Die Gründe hierfür liegen in der Verflachung kirchlich religiösen Lebens, in der ästhetischen Abwertung einer an den Zweck gebundenen Gebrauchsmusik gegenüber der freien, autonomen Kunstäußerung, aber auch im statisch objektiven Klangcharakter der barocken Orgel, der dem dynamisch subjektiven Zeitstil nicht mehr entsprach, sowie im Mangel an geeigneten Konzertorgeln, in der Bindung des Instruments an den kirchlichen Raum, womit es dem öffentlichen Konzertleben weitgehend entzogen war.

In der Orgelmusik führte dies zu einer Aufspaltung des Repertoires in eine große Zahl relativ einfacher, konventioneller Stücke für den kirchlichen Gebrauch und in einen weniger umfangreichen Bestand anspruchsvoller

351

oder virtuoser Konzertliteratur. Bezeichnend hierfür ist um 1800 das Auftreten eines der ersten reisenden Orgelvirtuosen, G. J. (Abbé) Vogler, der insbesondere durch seine programmatischen Orgelimprovisationen auf einer tragbaren Konzertorgel (mit vielen Registern und einem Jalousieschweller) Aufsehen erregte. Auch bei anderen Komponisten ist das Streben erkennbar, die Orgelmusik an den herrschenden Zeitstil anzupassen, etwa durch die Übernahme von Formen und melodisch-harmonischen Satzstrukturen aus der übrigen Instrumentalmusik. Parallel hierzu zielte der neuere Orgelbau auf romantisch-orchestrale, kontinuierlich abschattierbare Klangfülle.

Ein stilistischer Neuansatz aus der Begegnung mit der großen Orgeltradition der Vergangenheit heraus erfolgte bei einigen Komponisten im Zuge der Bach-Renaissance (▷ 9.6). Charakteristisch hierfür sind die Werke F. Mendelssohn Bartholdys, vor allem seine Präludien und Fugen op. 37 (1837), in denen er barockes kontrapunktisches Denken mit dem romantischen Klangempfinden überzeugend verschmolz, ferner seine Sonaten für Orgel op. 65 (1839–1845). Auch bei R. Schumann äußerte sich eine bemerkenswerte, eigenständige Auseinandersetzung mit der Bach-Tradition in den satztechnisch sehr kunstvollen *Sechs Fugen über den Namen BACH* op. 60 (1845).

Die weitere Entwicklung der Orgelmusik wurde zum einen von Komponisten romantisch klassizistischer Stilhaltung bestimmt. Zu ihnen zählt u. a. der als Organist und Lehrer berühmte J. Rheinberger, dessen 20 Orgelsonaten und zwei Orgelkonzerte von weitreichendem stilistischen Einfluß waren. Auch die wenigen bedeutenden Orgelwerke von J. Brahms sind hier zu nennen, vor allem die elf Choralvorspiele op. 122 (1896), seine letzte Komposition.

Zum anderen entstanden neuartige Orgelwerke im Zusammenhang mit Strömungen einer romantisch intensivierten Religiosität und mit kirchlichen Restaurationsbewegungen, vornehmlich im katholischen Raum. Hierher gehören einige der Orgelkompositionen von F. Liszt, die neben hoher Virtuosität und orchestralem Glanz auch Züge einer mystisch verinnerlichten Klangsprache aufweisen. Liszts Schüler J. Reubke schrieb mit der programmatischen Sonate c-Moll (1857; ihr liegen neun Verse von Psalm 94 zugrunde) eines der monumentalsten Werke der romantischen Orgelmusik.

In Belgien und Frankreich zeigte sich ein bedeutender Neuansatz auf dem Gebiet der Orgelmusik in den Werken von N. J. Lemmens und C. Franck. Unter den eher klassizistischen französischen Orgelkomponisten sind die Werke von C. Saint-Saëns hervorzuheben. Erst gegen Ende des 19. Jahrhunderts löste sich die Orgelmusik endgültig von dem Odium der Neben- und Zweitrangigkeit und erfuhr vor allem bei französischen und deutschen Komponisten eine grundlegende Um- und Aufwertung. Bezeichnend und beispielgebend hierfür sind die Werke von M. Reger (▷ 10.9). Er war der erste Komponist seit der Zeit J. S. Bachs (an den er in dezidierter Weise anknüpfte), in dessen Gesamtwerk Kompositionen für Orgel wieder einen führenden Stellenwert innehaben. Er erschloß dem spätromantischen Zeitstil auch in den Formen und Gattungen die barocke Vielfalt der Möglichkeiten vom freien, konzertanten Orgelwerk bis zum liturgisch gebundenen Choralvorspiel.

Gattungen der Vokalmusik

Die europäische Musikgeschichte ist auch im 19. Jahrhundert zu einem wesentlichen Teil Geschichte der Vokalmusik. Zwar erlangte die Instrumentalmusik in der Nachfolge der Wiener Klassik eine ganz neue Geltung und Ranghöhe, und namentlich die Rezeption Beethovenscher Sinfonien, Kammermusikwerke und Sonaten beeinflußte in hohem Maße die Ästhetik und Geschichte der Musik nach 1830 (▷ 9.3, ▷ 9.5). Dennoch vollzogen sich auch im Bereich der vokalen Gattungen entscheidende Wandlungen, von denen das kompositorische Schaffen, die Aufführungspraxis und die Musikanschauung gleicherma-

Die Musik des 19. Jahrhunderts

ßen geprägt wurden. Außerhalb des deutsch-österreichischen Raumes spielte die Instrumentalmusik im europäischen Musikleben des 19. Jahrhunderts ohnehin eine eher sekundäre Rolle. Insbesondere in Italien stellt sich die Geschichte der Musik in diesem Zeitraum hauptsächlich als eine Geschichte der Oper dar. Einen ähnlich zentralen Stellenwert, in musikalischer wie in gesellschaftlicher Hinsicht, besaß die Oper in Frankreich. Erst im späten 19. Jahrhundert wandten sich die französischen Komponisten daneben wieder instrumentalen Gattungen zu. Daß auch in Osteuropa vokale, musikdramatische Kompositionen weitgehend Priorität besaßen, hängt vor allem mit den Bestrebungen nach einer eigenständig nationalen Musik zusammen (▷ 9.36).

Die Kennzeichnung des Instrumentalen als des „eigentlichen" und „reinen" Absolut-Musikalischen bezieht sich im wesentlichen auf die Musikrezeption in Deutschland und Österreich. Und selbst hier fanden die vokalen Gattungen ein vergleichbar hohes Publikumsinteresse. Sie bildete zudem einen viel erörterten Gegenstand ästhetischer Reflexion, sowohl im Bereich der Dichtung und Philosophie seit der Frühromantik als auch in Darstellungen schriftstellerisch kompetenter Musiker von C. M. von Weber über R. Wagner bis zu H. Pfitzner. Das betrifft wiederum in erster Linie die Oper, eine Gattung, in der sich nicht selten die avanciertesten stilistischen Entwicklungen vollzogen und die auf diese Weise immer wieder innovatorische Impulse zu Veränderungen in der satztechnischen Behandlung des musikalischen Materials auslöste. Beispielhaft hierfür sind die harmonischen und melodischen Auswirkungen der Oper *Tristan und Isolde* von R. Wagner (▷ 9.8, ▷ 9.35).

Eine vokale Gattung, die überhaupt erst im 19. Jahrhundert mit hohem kompositorischen Anspruch auftrat, ist das klavierbegleitete Sololied (▷ 9.39), das sich mit den Werken Beethovens und vor allem Schuberts endgültig aus dem Bereich der Hausmusik löste. Es ist zudem eine Gattung, die in spezifischer Weise mit der deutschen Dichtung verbunden blieb und die durch das Element des Lyrischen und Liedhaften die Instrumentalmusik, besonders deren kleine Formen wie das Charakterstück (▷ 9.30) nachhaltig mit geprägt hat.

Das Musikleben durchgreifend gewandelt hat schließlich auch die Chormusik beziehungsweise das neue bürgerliche Chorwesen des 19. Jahrhunderts (▷ 9.38). Mit ihm kommt eine breitere Schicht musikalischer Laien mit der Kunstmusik in Berührung, die ihrerseits kompositorisch auf deren Fähigkeiten und Bedürfnisse Rücksicht nehmen muß. Es entwickeln sich neue Typen von Konzertveranstaltungen, in denen Chorvereinigungen verschiedener Art auftreten oder sich gegenseitig zuhören. Darüber hinaus entsteht eine Hörerschicht, die das allgemeine Konzertpublikum zahlenmäßig erweiterte und in der Struktur veränderte. Dies förderte die rasche Zunahme und Ausbreitung kommerzieller musikalischer Veranstaltungen, wie sie mit kaum wesentlichen Veränderungen das Opern- und Konzertwesen bis heute bestimmen.

9.32 Die Oper in Italien

Die Geschichte der italienischen Oper vom frühen 19. Jahrhundert bis in die Zeit um 1890 (Verismo ▷ 10.17; Puccini ▷ 10.18) wird wesentlich geprägt durch die Komponisten G. Rossini, V. Bellini, G. Donizetti und G. Verdi, deren Werke bis heute unvermindert zum festen Bühnenrepertoire gehören. Charakteristisch für die Opernentwicklung dieses Zeitraums ist die ausgewogene Mischung zwischen allmählichen Veränderungen der Formen und Stilmittel und der Kontinuität eines nationalen Idioms. Anders als in Frankreich (▷ 9.33) und Deutschland (▷ 9.34) wirken die Traditionen des 18. Jahrhunderts – auch die Operntypen Opera seria, Opera buffa und die Durchdringung beider, die „halbernste" Opera semiseria – in Italien noch lange weiter. Neue Elemente gliedern sich ihnen fast bruchlos an, während gewisse Grundlagen einer spezifisch italienischen Opernauffassung – der Vorrang des Sängerischen, die Einfachheit und Prägnanz der Melodik, die Unmittelbarkeit des Ausdrucks und die Klarheit der Formbildung – prinzipiell erhalten bleiben. Italienische Opern, deren Originalität und spontane Ansprache das Publikum begeisterten, verdanken diese Wirkung nicht so sehr neuen ästhetischen Konzeptionen, sondern dem musikalischen Einfalls-

353

Kapitel 9

reichtum und dramatischen Spürsinn einzelner Komponisten.
Das gilt in besonderem Maße für Gioacchino Rossini (* 1792, † 1868), der in seiner Formensprache durchaus an der Operntypik des 18. Jahrhunderts festhielt, diese jedoch durch eine sprühende, vibrierende, mitunter geradezu überschäumende musikalische Gestik gewissermaßen von innen her verwandelte. Nach ersten bedeutenden Erfolgen mit *Tancredi* und *L'Italiana in Algeri* (beide 1813) stieg er, vor allem durch sein Meisterwerk *Il barbiere di Siviglia* (1816) rasch zum unumstritten führenden Opernkomponisten Europas auf. Bis 1823 schrieb er über 30 italienische Opern, ging 1824 nach Paris und komponierte dort schon 1829 sein letztes Bühnenwerk, *Guillaume Tell*.
Rossinis Opern basieren auf dem überkommenen Gegensatz von cembalobegleitetem Seccorezitativ und virtuoser Arie, deren stereotype Abfolge jedoch zunehmend durch Ensembleszenen, Chöre und Instrumentaleinlagen durchbrochen wird. Verzierungen werden nicht mehr dem Sänger überlassen, sondern in reichem Maße vom Komponisten selbst eingearbeitet. Korrespondierende Formteile, beispielsweise „Introduzione e cavatina", „Scena e duetto" oder mehrgliedrige Finali schaffen übergreifende musikalische Einheiten und sind in der Regel als große Steigerungen angelegt, die in wirbelnde, oft geradezu turbulente Schlußpartien münden. Tempo, Dynamik, häufige Motivwiederholungen, rhythmischer Elan und gekonnte Orchestrierung sind die hauptsächlichen Elemente, die die zündende Wirkung der Musik Rossinis begründen. Die harmonische Struktur erscheint dagegen relativ einfach, sie bleibt, trotz einiger ausgesuchter Wendungen, ein eher untergeordnetes Mittel.
Mit Vincenzo Bellini (* 1801, † 1835) verändert sich der Stil der italienischen Oper in Richtung einer romantischen Einfärbung, wie sie schon in *Il pirata* (1827) und deutlich dann in seinem bekanntesten Werk *Norma* (1831) als eine neue Gefühlsintensität der Tonsprache bestimmend hervortritt. Zwar steht die Präsentation sängerischer Virtuosität weiterhin im Vordergrund und prägt namentlich die Konzeption der weiblichen Partien, während in den Männerrollen kunstvolle Läufe und Verzierungen zurücktreten. Es zeigt sich jedoch ein Bestreben nach Wahrheit und Natürlichkeit des Ausdrucks, dem kompositorisch die Betonung der dramatischen und vor allem der lyrischen Elemente der Musik entspricht. Verdi bewunderte noch im hohen Alter Bellinis „lange" Melodien, wie sie vorher niemand gemacht habe. Auch die Instrumentalmusik der Zeit, z. B. Chopins Klavierstil, wurde von diesem neuen, weiträumigen Melos beeinflußt. Bezeichnend für die Anlage von Bellinis Opern ist der regelmäßig wiederkehrende Formkomplex „Scena ed aria", eine – noch beim mittleren Verdi anzutreffende – mehrgliedrige Folge mit zwei Arienteilen, die durch rezitativische und chorische Einschübe unterbrochen werden und deren zweiter Teil als „Cabaletta", meist in raschem Tempo und mit Begleitung des Chores, wiederholt wird.
In den Opern von Gaetano Donizetti (* 1797, † 1848) dominiert gleichfalls, soweit es sich um ernste Opern handelt, ein dramatisch charakteristischer Belcanto mit einer gelegentlichen Tendenz zum eingängig Populären. Harmonik und Instrumentation werden in zunehmendem Maße zur Unterstützung der Bühnensituation eingesetzt. Eine auf Spannung und innere Bewegung angelegte, nicht selten düster eingefärbte Handlung bestimmt weitgehend die Wahl der musikalischen Mittel. Andererseits finden sich, selbst in Donizettis berühmtester Oper *Lucia di Lammermoor* (1835) neben intensiv lyrischen und leidenschaftlich romantischen Passagen auch solche von Rossinischer Leichtigkeit und Brillanz, die dem Inhalt weniger entsprechen und die dem Gesamteindruck des Werkes ein Element des Uneinheitlichen beimischen. Ein Grund hierfür liegt wohl in Donizettis eminenter Begabung für das heitere Genre. Von seinen insgesamt etwa 70 Opern gehören rund ein Dutzend in den Bereich reiner Buffatypik. Dazu zählen zwei seiner bekanntesten Werke, *L'elisir d'amore* (*Der Liebestrank*, 1832) und *Don Pasquale* (1843). Letztere, eine musikalisch rundum gelungene späte Nachblüte der Commedia dell'arte mit all ihren typischen Gestalten und Situationen, ist bereits in Frankreich entstanden. Denn auch Donizetti war – wie zuvor Rossini und Bellini – 1838 nach Paris übergesiedelt, dem Zentrum des europäischen Opernlebens, wo ihm allerdings, außer mit *Don Pasquale,* ein durch-

Die Musik des 19. Jahrhunderts

schlagender und anhaltender Erfolg versagt blieb.

Weniger bekannt und außerhalb Italiens seltener aufgeführt sind die Opern von Saverio Mercadante (*1795, †1870), der gleichwohl für die Geschichte der Gattung durch klar formulierte Reformbestrebungen von Bedeutung wurde. Seine Forderungen nach Knappheit, dramatischer Intensität und differenzierter, charakterisierender Instrumentation verwirklichte er vor allem in seiner bekanntesten Oper *Il giuramento* (1837), deren vitale, schwungvolle Gesangsmelodik auf dem Grunde eines dichten, modulatorisch reichen Orchestersatzes deutlichen Einfluß auf Verdi ausgeübt hat.

Mit dem Werk G. Verdis (▷9.17) erreicht die italienische Oper des 19. Jahrhunderts ihre vollendete Ausprägung. Sein Schaffen umfaßt 26 Opern, unter denen mindestens ein Drittel zu den Standardwerken aller Bühnenspielpläne und darüber hinaus als spezifisch italienische Kunstäußerung zu den Gipfelwerken der Gattung überhaupt zählen. Der Einfluß seiner älteren Zeitgenossen ist vor allem in den frühen Opern Verdis spürbar, bleibt aber auch späterhin wirksam. Andererseits schafft er bereits mit *Nabucco* (1842) und *Ernani* (1844) Meisterwerke, die in der Dichte der Erfindung und der Kraft der dramatischen Gestaltung – in den Solorollen ebenso wie in den wirkungsvollen Chören – die zeitgenössischen Vorbilder weit übertreffen.

Die Tendenz zur charakteristischen, gefühlsstarken Gesangslinie, zur Ausdrucksvertiefung des Orchesterparts und zur großen, vielfach gegliederten Szene verstärkt sich über *Macbeth* (1847, nach Shakespeare) und *Luisa Miller* (1849, nach Schillers *Kabale und Liebe*) bis zu den drei berühmten Werken der mittleren Schaffenszeit, die trotz gewisser Stilähnlichkeiten jeweils ganz eigene Züge tragen: *Rigoletto* (1851) repräsentiert mit scharf umrissenen Gestalten und lebendigen Ensembles den Typus des Charakterdramas, *Il trovatore* (*Der Troubadour*, 1853) ist dagegen vorwiegend eine Gesangsoper. *La traviata* (1853) steht vermittelnd zwischen beiden und entfaltet zugleich eine neue musikalische Intensität im Ausdruck verhaltener, tragisch resignierender Leidenschaft.

Mit *Les vêpres siciliennes* (*Die sizilianische Vesper*, Paris 1855) macht sich in Verdis Schaffen erstmals der Einfluß der zeitgenössischen französischen Oper (▷9.33) bemerkbar, deren typische Merkmale er gleichwohl in sein persönliches Idiom integriert. Dies läßt sich über *Simon Boccanegra* (1857), *Un ballo in maschera* (*Ein Maskenball*, 1859) und *La forza del destino* (*Die Macht des Schicksals*, 1862) bis hin zu *Don Carlos* (Paris 1867) und *Aida* (Kairo 1871) verfolgen. Zugleich markieren diese beiden Opern, insbesondere *Aida*, einen neuen Grad reifer Meisterschaft, der sich auf allen Ebenen der musikalischen Gestaltung offenbart: in der freien Szenenbildung, im plastischen, individualisierten Melos, in der reichen, ausdrucksbezogenen Harmonik sowie im subtilen Orchestersatz, der teilweise durch Erinnerungsmotive die Handlung deutet und verknüpft.

In den beiden Werken der Spätzeit schließlich, *Otello* (1887) und *Falstaff* (1893, beide Libretti verfaßte der Komponist und Dichter A. Boito), erscheint alles Konventionelle endgültig abgestreift. Der regelmäßige Wechsel zwischen Rezitativen und geschlossenen Formen weicht einem vielstufig variablen, jedem dramatischen Augenblick angepaßten Gesangsstil. Dies signalisiert, im Zusammenhang mit Alterationsharmonik, reicher Modulatorik und kammermusikalisch durchgebildeter Instrumentalsprache, einen scheinbar sich dem Musikdrama R. Wagners (▷9.35) annähernden Opernstil, was von Zeitgenossen auch entsprechend kritisch hervorgehoben wurde. In Wirklichkeit vollendet sich hier nur auf dem Boden der Gesangsoper ein von Verdi früh schon angestrebtes Ideal dramatischer Wahrhaftigkeit, das eigenständig und gleichrangig neben Wagners zeitgleichen Bestrebungen steht. *Falstaff* insbesondere ist eine Oper ganz singulärer Qualität und Physiognomie. Die Klarheit und Durchsichtigkeit dieses heiteren Spätwerkes, sein pointierter, deklamatorischer Gesangsstil, der in ständig wechselnden Ensembles keine geschlossenen Szenen und keine Arien mehr zuläßt, sein orchestrales Raffinement und sein formaler, rhythmischer und melodischer Reichtum sind ohne Beispiel. Bezeichnend ist, daß sich der 80jährige Verdi mit diesem Zeugnis seines sublimen und überraschend vitalen Humors noch einmal – wie auch in *Otello* – einem Bühnenstück Shakespeares als Vorlage zuwandte. Die Werke des englischen

Dichters haben ihn durch sein ganzes Schaffen hin angeregt und beeinflußt, gerade auch in seiner stetigen Suche nach unkonventionellen, lebensnahen Libretti, nach einer differenzierten, ausdrucksvollen, dramatischen Sprachdiktion und Szenenbildung, ein Ideal, das er durch genaue, planvolle Vorgaben und intensive Mitarbeit bei der Entstehung der Textbücher in jeder seiner Opern zu verwirklichen suchte.

9.33 Die Oper in Frankreich

Paris, der kulturelle Mittelpunkt Frankreichs, entwickelte sich im 19. Jahrhundert zu einer Art Metropole des europäischen Geisteslebens. Auf dem Gebiet der Musik war es insbesondere die französische Oper, die das Publikum in Bann hielt, in- und ausländische Komponisten anzog und dadurch die Opernentwicklung im übrigen Europa tiefgreifend beeinflußte. Auch die beiden führenden Vertreter der Oper in Italien und in Deutschland, G. Verdi (▷ 9.32) und R. Wagner (▷ 9.35), verdanken der französischen Großen Oper entscheidende Impulse. Im Vergleich zu Italien und Deutschland aber wird die Entwicklung in Frankreich von einer größeren Anzahl gleichrangiger Musiker getragen. Es fehlt eine Verdi oder Wagner vergleichbare Komponistenpersönlichkeit, die die Tendenzen der französischen Oper zentral und zukunftsweisend repräsentiert.
Die Ereignisse, die das politische und gesellschaftliche Leben Frankreichs im 19. Jahrhundert mehrmals einschneidend veränderten, haben auch die Stilphasen der Operngeschichte deutlich geprägt. Die Revolutions- und Schreckensoper (▷ 8.9) verlor mit dem Abklingen des republikanischen Elans in der Napoleonischen Ära rasch an Bedeutung. Als führender Komponist etabliert sich der Italiener G. Spontini, der 1805 von der Kaiserin Josephine zum Hofkomponist und Kapellmeister ernannt wurde. Seine Opern, darunter *La Vestale* (1807), *Fernando Cortez* (1809) und *Olympie* (1819), tendierten, dem Zeitgeist entsprechend, zum Repräsentativen und Heroischen, gepaart mit einer an Ch. W. Gluck geschulten Kraft und Simplizität der dramatischen Linien. Damit wurde er zum Wegbereiter der charakteristischsten französischen Opernform in der ersten Hälfte des 19. Jahrhunderts, der *Grand opéra*. *La muette de Portici* (*Die Stumme von Portici*, 1828) von D. F. E. Auber ist das erste Werk dieser Gattung. Auch Rossinis *Guillaume Tell* (1829) gehört ihr weitgehend an. Den Höhepunkt dieser Entwicklung markieren die Opern G. Meyerbeers. 1831, ein Jahr nach der Julirevolution, die den Aufstieg des Bürgertums zur politisch und kulturell führenden Gesellschaftsschicht konsolidierte, kam Meyerbeer nach Paris. Der 1791 in Tasdorf bei Berlin geborene Komponist hatte sich zuvor schon in Italien einen Namen gemacht, wurde nun aber zum erfolgreichsten Vertreter der Grand opéra. *Robert le diable* (1831) und *Les Huguenots* (1836) sind mit großer Begeisterung aufgenommene, beispielgebende Werke der Gattung, der sich eine Reihe weiterer anschlossen, darunter, nach Meyerbeers Ernennung zum Generalmusikdirektor in Berlin, *Le prophète* (1849). Ebenfalls sehr erfolgreich war F. Halévy mit der – auch vom jungen Wagner geschätzten – Oper *La Juive* (*Die Jüdin*, 1835).
Kennzeichnend für die Grand opéra, deren Physiognomie der Dramatiker und Librettist E. Scribe wesentlich mit bestimmte, ist ihre Anlage als Folge kontrastierender, möglichst eindrucksvoller dramatischer Bilder. Die meisten Sujets sind historisch oder pseudohistorisch, mit einer Tendenz zum Seltsamen, Überraschenden und romantisch Übersinnlichen. Die Personen sind eher typenhaft als individuell gezeichnet, und ihr Schicksal ist durchweg eingebunden in einen Konflikt zwischen ethnischen, rassischen oder religiösen Gruppen. Daraus ergeben sich die Anlässe für große, tableauartige Massenszenen, für schroffe, nicht selten schockartige Wechsel der dramatischen Situationen und damit für eine Fülle unterschiedlicher musikalischer Gestaltungen von repräsentativen Chören, Balletten und Instrumentalstücken, über leidenschaftliche Arien, Duette und Accompagnatorecitative bis zum schlichten Lied und zur Romanze. Tragende Elemente der Grand opéra sind ferner ihre wirkungsvollen Bühnenbilder, ihre ausgeklügelte Maschinentechnik und ihre neuartigen – durch den Einsatz von Gasbeleuchtung ermöglichten – Lichteffekte. Entsprechend der französischen

Die Musik des 19. Jahrhunderts

Tradition ist der Gesang stärker als in der italienischen Oper am Satzbau und Akzent der Sprache orientiert. Das Orchester ist durch kontrastreiche, dramatische Klanggebung und überraschende harmonische Wendungen an dem imposanten Gesamteindruck maßgeblich beteiligt. Insbesondere Meyerbeer nutzt es zur Schaffung einer die jeweilige Szene grundierenden Atmosphäre und eines oft charakteristisch eingefärbten Lokalkolorits.

Durchaus eigene Wege auf dem Boden der Grand opéra ging H. Berlioz mit seiner groß angelegten Oper *Les Troyens* (*Die Trojaner*, 1856–58), einem der eindrucksvollsten und interessantesten Werke der Gattungsgeschichte im 19. Jahrhundert, das jedoch zu seinen Lebzeiten als Ganzes nicht zur Aufführung kam und erst Jahrzehnte nach seinem Tod in seiner Bedeutung erkannt wurde.

Neben der Grand opéra blieb die *Opéra-comique* weiterhin lebendig. An die Tradition des 18. Jahrhunderts (▷ 8.1) und an Rossini anknüpfend, durchlief sie bis zur Mitte des 19. Jahrhunderts eine kaum von starken Neuerungen geprägte Entwicklung, der gleichwohl eine Reihe amüsanter, szenisch reizvoller und musikalisch pointierter Bühnenwerke angehören. Zu den erfolgreichsten Komponisten dieses Genres zählen F.-A. Boieldieu mit *La dame blanche* (*Die weiße Dame*, 1825), D. F. E. Auber mit *Fra Diavolo* (1830) und weiteren über 30 Opern, deren Libretti meist von E. Scribe stammen, sowie A. Adam mit *Le postillon de Longjumeau* (1836).

Nach 1850 – in der Zeit des Zweiten Kaiserreichs – verwischten sich allmählich die Gattungsgrenzen zwischen der Grand opéra und der Opéra-comique. Als ein neues, zwischen beiden stehendes Genre entstand das *Drame lyrique*, das inhaltlich stärker von der inneren psychischen Situation und dem Schicksal individueller Charaktere ausgeht und das musikalisch das lyrische Element und die Darstellung von Gefühlen und Leidenschaften – durchaus auch mit einer Tendenz zum Sentimentalen – in den Mittelpunkt stellt. Ein richtungsweisendes Werk in dieser Hinsicht ist *Faust* (1859) von Ch. Gounod, in Deutschland unter dem Titel *Margarete* bekannt geworden. In einem ähnlichen Stilbereich bewegt sich *Mignon* (1866) von A. Thomas. Die Entwicklung setzt sich fort über weitere Opern Gounods (z. B. *Romeo et Juliette,* 1867) bis zu J. Massenet, der insbesondere mit *Manon* (1884) und *Werther* (1892) große Erfolge erzielte und dessen sensibler, von ausdrucksstarkem Parlando durchsetzter Gesangsstil auf G. Puccini (▷ 10.18) und C. Debussy (▷ 10.13) eingewirkt hat.

Daneben erlangte eine neue Gattung, die *Operette*, durch J. Offenbach die unumstrittene Gunst des Publikums. Werke wie *Orphée aux enfers* (*Orpheus in der Unterwelt,* 1858) und *La belle Hélène* (*Die schöne Helena,* 1864) trafen mit ihrer unterhaltsamen, mitreißenden Musik gewissermaßen den Nerv dieser leichtlebigen Zeit, begeisterten aber auch durch ihre geistvoll vorgetragene Kritik an den gesellschaftlichen Verhältnissen. Nach über 100 heiteren Opern und Operetten schrieb Offenbach als letztes Werk eine ernste Oper, *Hoffmanns Erzählungen,* eine phantastische Szenenfolge nach Novellen des deutschen Romantikers. Sie wurde nach seinem Tode von E. Guiraud instrumentiert, mit Rezitativen versehen und 1881 uraufgeführt.

In den letzten Jahrzehnten des Jahrhunderts wurde die französische Musik in starkem Maße vom Einfluß der Werke R. Wagners bestimmt. Nur wenige bedeutende Komponisten hielten sich von diesem Einfluß weitgehend frei, darunter L. Delibes (*Lakmé*, 1883) und E. Chabrier (*Gwendoline,* 1886).

Die bedeutendste französische Oper dieser Epoche ist aber zweifellos *Carmen* (1875) von G. Bizet, ein meisterhaft konzipiertes, glühend farbiges und in jedem Detail plastisch und charakteristisch erfundenes Werk, dessen ganz eigener Ton leidenschaftlichen Belcanto, spanisches Kolorit und eine klare Formensprache miteinander verbindet. Gattungsgeschichtlich steht *Carmen* in der Nachfolge der Opéra-comique mit gesprochenen Dialogen zwischen geschlossenen musikalischen Nummern (die Rezitative hat E. Guiraud später nachkomponiert), bricht aber zugleich radikal mit dieser Tradition durch eine tief fatalistische Grundhaltung und ein wildes, elementares Pathos. Keine andere Oper des 19. Jahrhunderts bringt Liebe und Tod, Sehnsucht und Verzweiflung, Lebensdrang und Schicksalsergebenheit musikalisch so unmittelbar, knapp und direkt zur Darstellung. Daß *Carmen* zunächst durchfiel, ist vor allem aufgrund des für die Opéra-comique unerhörten Sujets verständlich, entbehrt jedoch nicht einer gewissen persönlichen Tragik, da Bizet schon wenige Monate nach der Uraufführung starb und den späteren Siegeszug des Werkes nicht mehr erlebt hat.

9.34 Die Oper in Deutschland bis zu Richard Wagner

Die deutsche Oper zu Beginn des 19. Jahrhunderts bietet kein einheitliches Bild. Sie ist geprägt von italienischen und französischen Einflüssen, von Anlehnungen an Ch. W. Gluck (▷ 8.4), W. A. Mozart (▷ 8.5 und 8.8) und L. van Beethoven (▷ 8.9) sowie von einer zunächst kaum produktiven Weiterentwicklung des deutschen Singspiels (▷ 8.7). Demgegenüber spielt in der ästhetischen Reflexion schon seit dem späten 18. Jahrhundert der Gedanke einer deutschen Nationaloper eine wesentliche Rolle, eine Forderung an Musiker und Dichter, die im Zusammenhang steht mit nationalen Erneuerungsbestrebungen zur Zeit der französischen Besetzung und der anschließenden erfolgreichen Erhebung gegen Napoleon.

Durch die literarische Romantik gewann dieser Gedanke erhöhte Bedeutung und eine spezifische Einfärbung. Entsprechende poetische Vorstellungen wirkten unmittelbar wegbereitend für die Entstehung der deutschen romantischen Oper, die zunächst als ästhetisches Programm und erst später in tatsächlichen Kompositionen greifbar wird. Exemplarisch hierfür sind Äußerungen E. T. A. Hoffmanns in seiner programmatischen Schrift *Der Dichter und der Komponist* (1813): „Allerdings halte ich die romantische Oper für die einzig wahrhafte, denn nur im Reich der Romantik ist die Musik zu Hause ... Eine wahrhaft romantische Oper dichtet nur der geniale, begeisterte Dichter: denn nur dieser führt die wunderbaren Erscheinungen des Geisterreichs ins Leben; auf seinem Fittich schwingen wir uns über die Kluft, die uns sonst davon trennte, und einheimisch geworden in dem fremden Lande, glauben wir an die Wunder, die als notwendige Folgen der Einwirkung höherer Naturen auf unser Sein sichtbarlich geschehen und alle die starken, gewaltsam ergreifenden Situationen entwickeln, welche uns bald mit Grausen und Entsetzen, bald mit der höchsten Wonne erfüllen."

Mit *Undine* (1816) schuf E. T. A. Hoffmann selber ein frühes, eindrucksvolles Beispiel für die Gattung der romantischen Oper, ein Werk, das die Liebe eines dem Wasser entstiegenen Naturwesens, seine Sehnsucht nach menschlicher Beseelung und seinen tiefen Schmerz in einer feinfühlig lyrischen Musiksprache lebendig macht und das durch seine szenisch eindringliche, situativ wechselnde Kompositionsweise stilbildend gewirkt hat. Auch L. Spohrs *Faust* (1816) bildet ein wichtiges Beispiel der Gattungsentwicklung. Die erste romantische Oper, die einen durchschlagenden Erfolg erzielte, war jedoch *Der Freischütz* (komponiert 1817–20, uraufgeführt 1821 in Berlin) von C. M. von Weber (▷ 9.10). Auch wenn das Textbuch von J. F. Kind die ahnungsvollen Poesien der deutschen Romantik zu einer eher handfesten Gespensterszenerie konkretisiert, sind andererseits seine Gestalten im Rahmen ihres bürgerlichen Milieus lebensvoll und plastisch gezeichnet und haben Weber zu einer Fülle genialer, wirkungsvoller musikalischer Gestaltungen angeregt. Treffsicher wird jede Figur und jede Situation charakterisiert. Darüber hinaus durchzieht die ganze Oper ein mitreißender Schwung und eine stimmungsreiche Naturschilderung, die vor allem in neuartig ausgehorchten Orchesterfarben zum Ausdruck kommt und die für die Geschichte der romantischen Oper von weitreichendem Einfluß werden sollte.

Einen durchaus neuen Weg beschritt Weber mit der Komposition der *Euryanthe* (1823), einem Werk, das sich hauptsächlich aufgrund seines schwachen Librettos (H. de Chézy) nicht durchsetzen konnte. Während Hoffmanns *Undine,* Spohrs *Faust* und der *Freischütz* durch die gesprochenen Dialoge dem deutschen Singspiel, in mancher Hinsicht auch der französischen Opéra-comique verpflichtet sind, ist *Euryanthe* – ebenso wie Spohrs *Jessonda* (1823) – ein durchkomponiertes Werk, das noch stärker als der *Freischütz* von beziehungsreichen Erinnerungsmotiven durchzogen ist und hierdurch sowie durch seine reich abgestuften Klangschattierungen deutlich auf R. Wagners Musikdrama

(▷ 9.35) vorausweist. *Oberon* (1826), im Todesjahr Webers für England geschrieben, besteht dagegen wieder aus einzelnen, in sich abgeschlossenen Nummern.
Der bedeutendste deutsche Opernkomponist in der Generation zwischen C. M. von Weber und R. Wagner war H. Marschner. Seine romantische Oper *Hans Heiling* (1833) ist ein wirkungsvolles, musikdramatisch überzeugendes Werk, vom Stoffkreis her E. T. A. Hoffmanns *Undine* verwandt. Auch hier ist es ein Elementarwesen, der Fürst der Erdgeister, der vergeblich versucht, durch die Liebe einer Frau in der Welt der Menschen zu leben. Allerdings benutzt Marschner vorwiegend kräftigere, dunklere musikalische Farbtönungen, auch in seiner ersten romantischen Oper *Der Vampyr* (1828). Ein selten gespieltes, in vielen Details jedoch durchaus fesselndes Werk ist R. Schumanns *Genoveva*. 1850 entstanden, also noch nach R. Wagners romantischen Opern, endet mit diesem späten Nachklang die Geschichte der Gattung.

Neben der romantischen Oper ist in Deutschland weiterhin das stofflich anspruchslosere, teils heitere, teils biedermeierliche Genre durch eine Reihe bühnenwirksamer Opern vertreten, in die selbstverständlich auch Anregungen der zeitgenössischen französischen und italienischen Produktion einfließen. Musikalisch reizvoll und von einem sicheren Theaterinstinkt geprägt sind in diesem Stilbereich die Opernkompositionen von A. Lortzing (z. B. *Zar und Zimmermann*, 1837, *Der Wildschütz*, 1842, und *Der Waffenschmied*, 1846) und O. Nicolai (*Die lustigen Weiber von Windsor*, 1849). Eine Art Mischung aus komischen und romantischen Elementen repräsentiert F. von Flotows *Martha* (1849).

9.35 Richard Wagner und das Musikdrama

Die Bedeutung Richard Wagners (▷ 9.16) für die Musik und für die Kunstauffassung seiner Epoche ist kaum zu überschätzen. Sie gründet sich auf die Werke selber, die Opern und Musikdramen mit ihrer vielfältigen, bis in die Gegenwart hinein fruchtbaren Rezeptionsgeschichte, aber auch auf die Wirkung seiner ästhetischen Schriften und nicht zuletzt auf die Ausstrahlung seiner Persönlichkeit, auf Impulse und Anregungen, die noch nach seinem Tode von seiner Familie und einem großen Kreis von Anhängern, namentlich von Bayreuth aus, weitergetragen wurden.
Wagners Opernschaffen läßt sich in drei deutlich unterschiedene Perioden gliedern. In der ersten Periode übernahm er Formen und Gattungsmerkmale, die er bei seinen Zeitgenossen vorfand. Sein erstes Bühnenwerk, *Die Feen* (1834), ist eine romantische Oper etwa im Stile H. Marschners (▷ 9.34), sein zweites, *Das Liebesverbot* (1836), eine halb buffoneske, halb revolutionäre Adaption italienischer und französischer Vorbilder. Beide Opern galten ihm später allenfalls als Vorstufen und frühe Versuche. Dagegen zeigen sich im *Rienzi* (1840) bereits deutliche Stilmerkmale der Reifezeit, auch wenn die Anlage und der Habitus des Werkes noch in starkem Maße an die französische Große Oper (▷ 9.33) anknüpfen.
Die zweite Periode beginnt mit der in Paris entstandenen, in Dresden uraufgeführten Oper *Der fliegende Holländer* (1841). Wesentliche Elemente des späteren Schaffens treten schon hier bestimmend hervor: die stoffliche Grundlage der Sage, die ins Große und Dämonische tendierenden Figuren, die Idee der Erlösung durch eine über den Tod hinaus reichende Liebe, ein dramatisch inspiriertes Gesangspathos, eine expressive Orchestersprache, die durch differenzierte Klangfarben und beziehungsreiche Motivverknüpfung in die Handlung integriert ist, und ein über Weber und Marschner hinausgehendes Bestreben, die traditionelle Nummernoper durch große, organisch verbundene Szenenbildungen zu überwinden.
Im *Tannhäuser* (1845), dessen Sujet einer romantischen Sicht des deutschen Mittelalters entspringt, wird die Erlösungsidee antithetisch in die Spannung zwischen sinnlicher Verstrickung und reiner, frommer Liebe eingebunden. Kompositorisch verstärkt sich die Tendenz zu großräumiger Formbildung und klanglich instrumentaler Charakterisierung. Zentrale Partien des Werkes wie die Venusbergszene, die sogenannte „Rom-Erzählung" oder der apotheotische Schluß sind in ihrer Konzeption durchaus neuartig und mit zeitgenössischen Operngestaltungen nicht mehr vergleichbar.

Lohengrin (1848), das letzte Werk der zweiten Schaffensperiode, greift ein Element der Gralssage auf und verbindet die Erlösungsidee mit dem Motiv der vertrauensvollen, fraglos unbedingten Hingabe und Liebe. Die weitgehend durchkomponierte Oper bildet eine unmittelbare Vorstufe zu den Musikdramen der dritten Schaffensperiode.

Es folgt eine Art schöpferischer Zäsur, die erste Zeit des Züricher Exils, in der Wagner eine Reihe von kunsttheoretischen Schriften (▷ 9.16, Werkverzeichnis) verfaßte, die vorrangig die geschichtliche Situation der Oper und die Möglichkeiten ihrer grundlegenden Erneuerung thematisieren. Unter diesen Schriften ist *Oper und Drama* (1851) die bedeutsamste, insofern sie, ausgehend von einer Kritik am zeitgenössischen Opernwesen, die Idee des Musikdramas ausführlich und vollständig entwickelt.

Das Musikdrama, das als ästhetischer Entwurf auf Gedanken der literarischen Romantik zurückgeht, ist in R. Wagners Konzeption ein Gesamtkunstwerk, in dem die Einzelkünste, sich gegenseitig befruchtend, zu einer übergreifenden Ganzheit verschmelzen sollen. Realisiert hat Wagner in seinen späteren Werken insbesondere die Verbindung des dichterischen mit dem musikalischen Element, indem er Sprache und szenische Anlage unmittelbar auf die kompositorische Gestaltung hin entwarf und umgekehrt die Musik vollständig in den Dienst des dramatischen Ausdrucks stellte. Stabreim und freie Metrik auf der einen Seite und eine nicht mehr an vorgegebenen Strukturen orientierte Melodik auf der anderen verbinden sich zur „dichterisch-musikalischen Periode", die in freiem prosaähnlichem Fluß nur der psychologisch szenischen Situation verpflichtet ist. Der Gesang meidet Formmodelle wie Rezitativ und Arie, er wird zur dramatisch inspirierten „unendlichen Melodie", getragen von einer tiefsinnig ausdeutenden, harmonisch differenzierten Textur des Orchesterapparats.

Ein wesentliches, Form und Sinn konstituierendes Mittel ist hierbei das *Leitmotiv* (der Begriff wurde von H. von Wolzogen 1876 in die Wagner-Literatur eingebracht, Wagner selbst benutzte Ausdrücke wie „Grundthema" oder „Ahnungsmotiv"), das in Verbindung mit bestimmten Personen, Gegenständen, Gefühlen und Handlungskonstellationen auftritt und durch Wiederholung, vielfache Veränderung, neue Beleuchtung und Verknüpfung mit anderen Motiven zu einem Medium feinster innerer Beziehungen und überraschendster Deutungen des dramatischen Geschehens wird.

Das wird besonders deutlich an dem vierteiligen Zyklus *Der Ring des Nibelungen,* der die musikdramatischen Ideen Wagners am sinnfälligsten realisiert. Mit der Arbeit am *Ring* (ab 1848) beginnt die dritte Schaffensperiode. Der Stoff entstammt der germanischen Sage, doch werden dessen Gestalten und Motive unter dem Einfluß literarischer und philosophischer Zeitströmungen aktualisiert und symbolisch verdichtet. Anarchistisch-utopische (P. J. Proudhon), revolutionäre (M. A. Bakunin), atheistische (L. Feuerbach) und pessimistische (A. Schopenhauer) Elemente verbinden sich bei Wagner mit Ideen eines idealen, freien Menschentums, das eine Welt aus Zwang und Schuld erlösend überwindet.

Die hieraus entwickelte Konzeption, vier Opern riesenhaften Ausmaßes (von Wagner als eine „Trilogie" mit einem „Vorspiel" bezeichnet) zyklisch zu verbinden, ergab sich erst allmählich aus der Einsicht, daß der ursprüngliche Entwurf *Siegfrieds Tod* (später *Götterdämmerung*) nur als Abschluß eines umgreifenden dramatischen Geschehens mit allen seinen Voraussetzungen bis zurück zum urzeitlichen Raub des Rheingoldes dichterisch und musikalisch zu verwirklichen war. So entstanden nach ersten Entwürfen aus dem Jahre 1848 zunächst bis Ende 1852 der gesamte Text, sodann die Komposition der Opern *Rheingold* (1853/54), *Walküre* (1854–56) und fast zweier Akte des *Siegfried* (1856/1857), ehe die Arbeit nach langer Unterbrechung mit dem Schluß des *Siegfried* (1869) und der *Götterdämmerung* (1869–74) abgeschlossen wurde. Erstaunlich hierbei ist, daß der Zyklus dennoch eine geschlossene musikalische Einheit bildet und für seine vielschichtige Figurenzeichnung auf den Hintergrund weiträumiger dramatischer Konflikte mit relativ wenigen, bildkräftigen Grundmotiven auskommt, auch wenn innerhalb dieser Einheit eine deutliche stilistische Entwicklung von der einfacheren, flächigeren Kompositionsweise im *Rheingold* und in der *Walküre* zu den motivisch viel dichteren, harmonisch komplexeren und klanglich subtileren

Bildungen im dritten Akt des *Siegfried* und in der *Götterdämmerung* zu beobachten ist. Während die Arbeit am *Ring* ruhte (seine schließliche Vollendung ist eng mit der Realisierung der Festspielidee in Bayreuth verbunden, da vorher an eine adäquate Aufführung kaum zu denken war), schrieb Wagner zwei weitere Opern, die zwar im Kern den Prinzipien des Musikdramas gleichermaßen unterworfen sind, die sich jedoch stilistisch sowohl untereinander als auch von der Klanggestik der Nibelungen-Trilogie deutlich unterscheiden.

Tristan und Isolde (1859; uraufgeführt 1865 in München) ist ein in ungewöhnlichem Maße philosophisch und psychologisch inspiriertes Bühnenwerk. Frühromantische Vorstellungen einer Metaphysik der Nacht und des Todes – etwa im Sinne von Novalis' *Hymnen an die Nacht* (1800) – werden in ihm radikalisiert und in einer eigentümlichen Weise mit dem Schopenhauerschen Grundgedanken der Verneinung des Willens zum Leben (*Die Welt als Wille und Vorstellung,* 1819) verbunden. Bei Wagner, dessen tiefe Beziehungen zu Mathilde Wesendonck einen wesentlichen Impuls zur Entstehung der Oper darstellen, schlägt jedoch Schopenhauers antivitalistische Intention im Grunde in ihr Gegenteil um. Tristan und Isolde, die schicksalhaft und tragisch miteinander verbundenen Liebenden, streben nur scheinbar nach einer Art Nirwana, in Wahrheit sehnen sie sich nach einer „ewig einigen" Zweisamkeit im Tode, einer unendlichen, von allem „Trug des Tages" befreiten Weltennacht der Liebe. Musikalisch ist *Tristan und Isolde* im Unterschied zum *Ring* vom ersten bis zum letzten Ton quasi sinfonisch konzipiert. Statt aus deutlich abgrenzbarer Leitmotivik entwickelt sich der Satz als permanente Durchführung und schier unerschöpfliche Variation einer kompositorischen Uridee, die geprägt wird von totaler Chromatisierung und einer die Grenzen der Tonalität fast überschreitenden Alterationsharmonik und die sich bereits in dem berühmten „Tristan-Akkord" zu Anfang des Vorspiels eindeutig als für das ganze Werk bestimmend manifestiert (▷ 9.8 und 10.3).

Die Meistersinger von Nürnberg (1867) wirken demgegenüber plastischer, übersichtlicher, szenisch und musikalisch stärker unterglie- dert. Die Kunst des Übergangs, die feinnervig differenzierte Orchestersprache der Tristan-Partitur fließt zwar als künstlerische Erfahrung auch in die Komposition der *Meistersinger* mit ein, doch scheute sich Wagner nicht, nun wieder eine Reihe geschlossener Gebilde (Preislied, Fiedermonolog), auch Ensembles und Chöre, einzubeziehen und das ganze Werk auf eine tonal klarere, vorwiegend diatonische und relativ flächige Harmonik zu gründen, die natürlich mit der inhaltlichen Konzeption korrespondiert.

Die Handlung erwächst aus einer idealisierten Darstellung spätmittelalterlich städtischen Bürgertums mit seiner zunftgebundenen, regulierten Kunstübung. Diese wird gewissermaßen von außen, durch den genialischen Ritter Walther von Stolzing, in Frage gestellt und von innen her, durch den weltklugen Schuster und Poeten Hans Sachs zu einer neuen künstlerischen Wahrhaftigkeit geführt. Stolzings schließlich errungene Meisterschaft, die Einbindung spontanen Schöpfertums in eine frei übernommene Kunstgesetzlichkeit (Stolzing: „Wie fang' ich nach der Regel an?" Sachs: „Ihr stellt sie selbst und folgt ihr dann.") exemplifiziert Wagners eigene ästhetische Position. Zugleich sind gewisse geistig-physiognomische Analogien zwischen Stolzing und Siegfried sowie zwischen Hans Sachs und Wotan unverkennbar, freilich in einer auch den musikalischen Habitus verändernden Transformation aus mythischer Größe und Ferne ins beschauliche Nürnberg des 16. Jahrhunderts. *Die Meistersinger*, Wagners wohl populärste Oper, sind nicht zuletzt geprägt von einem kräftigen Zug deutschnationalen Eigenwertgefühls, das der Gefahr einer Umdeutung im Sinne der Ideologie Adolf Hitlers (der in Bayreuth häufig zu Gast war) im Dritten Reich allzuleicht erlag.

Eine letzte, eindrucksvolle Stufe in Wagners musikdramatischem Schaffen bildet das Spätwerk *Parsifal* (1882), wenngleich dessen sakrale Intention als „Bühnenweihfestspiel" und die nun ins Christliche gewendete Erlösungsidee schon von Zeitgenossen – am schärfsten von F. Nietzsche – kritisiert wurden.

Die Handlung, eher eine in wenigen Bildern dargestellte innere Entwicklung, zeigt den Weg Parsifals, des „reinen Toren", der „durch Mitleid" zum Wissenden wird und eigene und fremde Schuld zu tilgen vermag. Weihevolle Ruhe bildet die Grundtönung des Werkes, von der sich Verzweiflung und Leid, Sinnlichkeit und Sünde als erschütternde Kontraste abheben. Dem entspricht musikalisch die flächige Wirkung hymnischer Akkordik und weitgespannter melodischer Linien und, als Gegensatz hierzu, intensive Chromatik und Alterationsharmonik zur Darstellung des Heillosen und der Sehnsucht nach Erlösung. Aber auch die verführerische Sphäre Klingsors wird durch irisierende, chromatische Klanglichkeit symbolisiert, die „Tristan"-Reminiszenzen ins Sinnlich-Abtrünnige verkehrt. Polyphone Durchzeichnung des Orchestersatzes und eine gelegentlich sehr herbe, funktional kaum noch deutbare Harmonik – unter anderem auch in langen, verhaltenen rezitativartigen Partien – sind Merkmale eines Spätstils, auch im Sinne der kompositorischen Entwicklung des 19. Jahrhunderts. Ohne Beispiel ist die doppelgesichtige Rolle der Büßerin und Verführerin Kundry, deren Gesangspart Extrembereiche vom Flüstern und Stammeln bis zum wilden Schrei berührt und dadurch nachhaltig auf spätere Opernkompositionen, z. B. bei R. Strauss und A. Berg, eingewirkt hat.

9.36 Die Nationaloper in Rußland und Osteuropa

Das erstarkende Nationalbewußtsein der europäischen Völker im 19. Jahrhundert führte in vielen Ländern, die sich bis dahin hauptsächlich an mittel- und westeuropäischen künstlerischen Vorbildern orientiert hatten, zu Veränderungen und Neuansätzen im Musikleben, im Selbstverständnis der Komponisten und damit auch im Kompositionsstil. Das gilt z. B. für Skandinavien, vor allem aber für die Länder Ost- und Südosteuropas, für Rußland und für die nach Selbstbestimmung strebenden Völker der Donaumonarchie. Gemeinsames Kennzeichen dieser sogenannten „Nationalen Schulen" ist der Versuch, sich von der klassisch-romantischen Tradition Mitteleuropas zu lösen und ein eigenständiges musikalisches Idiom zu entwickeln.
Die klanglichen Mittel eines solchen nationalen Idioms stammen in erster Linie aus dem Volkslied und dem Volkstanz, in Rußland auch aus den Gesängen der russisch-orthodoxen Kirche. Im einzelnen sind dies z. B. pentatonische, modale oder ganztönige Skalen, ungerade oder wechselnde Metren, sprachgebundene Rhythmen sowie Akkorde oder Akkordverbindungen, die von der dominantisch-funktionalen Harmonik abweichen und kirchentonartliche Stufenfolgen, Medianten, Moll-Dominanten ohne Leitton, plagale Kadenzierungen oder mixturartige Parallelführungen einbeziehen. Bei textgebundenen Kompositionen oder Programmusik bietet außerdem bereits die Stoffwahl reiche Möglichkeiten, sich der Landschaft und Geschichte des eigenen Volkes zuzuwenden. Neben der Sinfonischen Dichtung (▷ 9.24) wurde daher die Oper zur bevorzugten Gattung nationaler Musik, insbesondere in Osteuropa.
In *Rußland* beginnt die Geschichte der Nationaloper mit den bahnbrechenden Werken von M. I. Glinka, *Das Leben für den Zaren* (1836) und *Ruslan und Ljudmila* (1842). Wenngleich Teile dieser Opern noch an zeitgenössische italienische Bühnenwerke erinnern, ist doch der neue russische Ton in ihnen unüberhörbar.
Ausdrücklich auf Glinka als Vorbild und Wegbereiter berief sich in der folgenden Generation eine Gruppe von fünf Komponisten (M. A. Balakirew, N. A. Rimski-Korsakow, M. P. Mussorgski, A. P. Borodin und Z. A. Kjui), die der Kritiker W. W. Stassow 1867 ein „mächtiges Häuflein" nannte und die auch von Glinkas Schüler A. S. Dargomyschski wichtige Anregungen empfingen. Dargomyschkis Opern *Russalka* (1856) und *Der steinerne Gast* (unvollendet, 1872 posthum von Kjui und Rimski-Korsakow bearbeitet und abgeschlossen) führen die Entwicklung der russischen Oper weiter, die letztere vor allem durch ihre radikale Bindung an die Sprache in Form eines durchgehenden melodischen Sprechgesangs.
Die genialste Musikerpersönlichkeit aus der Gruppe der fünf Novatoren war zweifellos Modest Petrowitsch Mussorgski. 1839 geboren, erwarb er sich, seit 1856 angeregt durch Balakirew, weitgehend autodidaktisch einen Kompositionsstil von stärkster Eigenart und betont russischer Prägung, der durch die urwüchsig kompromißlose Handhabung des

Die Musik des 19. Jahrhunderts

Materials später auf C. Debussy und I. Strawinsky großen Einfluß ausgeübt hat. Mussorgskis Hauptwerk, *Boris Godunow* (1. Fassung 1868/69, 2. Fassung 1871/72, Uraufführung 1874, später von Rimski-Korsakow überarbeitet) bildet den bedeutendsten Beitrag zur russischen Operngeschichte im 19. Jahrhundert. Eigentliche Hauptperson in diesem unkonventionell realistischen Bühnenwerk ist das russische Volk, das in seinem Leid, seiner Unwissenheit, seiner Wut und seinem Jubel plastisch gezeichnet wird. Der Chor erhält hierbei – insbesondere durch rezitativartige und dialogische Partien – teilweise ganz neue Aufgaben. Wirkungsvoll zu den Chorszenen kontrastierend ist die Rolle des Boris konzipiert, dessen Unruhe, Verzweiflung und Wahnsinn in großen, freien szenischen Formen dargestellt wird, wobei sich Mussorgski ausdrücklich zu einem Gesangsstil bekennt, der vollständig aus der Sprache und der dramatisch psychologischen Situation heraus erwächst. Volkslieder beziehungsweise ein am Volksgesang orientiertes Melos sowie der kompositorisch klar gefaßte Gegensatz zwischen „polnischen" und „russischen" Szenen vervollständigen das Bild einer beispielhaften Nationaloper, die zugleich ein Werk der Weltliteratur geworden ist.

Die übrigen Opern Mussorgskis, darunter *Die Heirat* (nach N. W. Gogol), *Chowanschtschina*, ein musikalisches Volksdrama (vollendet und instrumentiert von Rimski-Korsakow) und *Der Jahrmarkt von Sorotschinzy* (nach Gogol), blieben unvollendet. Das gleiche gilt für Borodins Beitrag zur russischen Oper, *Fürst Igor*. Das Werk wurde erst 1890, nach seinem Tode, in einer komplettierten Fassung von Rimski-Korsakow und Glasunow uraufgeführt.

Der fruchtbarste Komponist des „mächtigen Häufleins", zugleich der kompositionstechnisch versierteste, professionellste, war Rimski-Korsakow. Auch in seiner Musik ist die russisch nationale Tönung dominant, erscheint aber mitunter durch eine virtuose Instrumentations- und Satzkunst etwas geglättet. Unter seinen 15 Opern, die stofflich meist auf Sagen und Märchen beruhen und in vielfältiger Weise musikalisches Volksgut einbeziehen, sind *Sadko* (1898), *Das Märchen vom Zaren Saltan* (1900), *Die Sage von der unsichtbaren Stadt Kitesch und der Jungfrau Fewronia* (1907) und *Der goldene Hahn* (1909 posthum uraufgeführt) die bekanntesten.

Keine Nationalopern im eigentlichen Sinne, dennoch bedeutende russische Beiträge zur Geschichte der Gattung, sind die Bühnenwerke P. I. Tschaikowskys, insbesondere *Eugen Onegin* (1879, nach A. S. Puschkin) und *Pique Dame* (1890, nach Puschkin). Stoffwahl und Charakteristik der Personen sind nicht der Sage oder Geschichte, sondern der zeitgenössischen Literatur verpflichtet. Dementsprechend tendiert die Musik zu individueller psychologischer Ausdeutung, nicht zu überpersoneller Symbolik und Typisierung oder volksnaher Milieuzeichnung. Dennoch ist der Gegensatz zwischen Tschaikowsky und dem Kreis um Balakirew häufig überzeichnet worden. Balakirew selbst hatte eine Zeitlang engeren Kontakt zu Tschaikowsky und machte ihm sogar detaillierte Vorschläge für die Konzeption bestimmter Werke. Zwar sind die Bindungen Tschaikowskys an Stil und Gattungen der mitteleuropäischen Musik – auch in der Sinfonik (▷ 9.23) und in der Kammermusik – nicht zu leugnen. Andererseits macht aber gerade das nationale Kolorit vieler seiner Kompositionen deren besonderen Reiz aus.

In der *Tschechoslowakei* entstanden bereits in den 20er Jahren des 19. Jahrhunderts die ersten Versuche zu einer volkssprachlichen Oper. Einige Bühnenkompositionen von F. J. Škroup erzielten sogar beachtliche Erfolge, blieben aber insgesamt ohne nachhaltige Wirkung. Den ersten Höhepunkt und den eigentlichen Beginn der tschechischen Nationaloper bilden die Werke von B. Smetana, der auch als Dirigent (seit 1866 am Nationaltheater in Prag), Organisator und Kritiker alle gleichgerichteten Bestrebungen lebhaft förderte. Im Ausland ist vor allem seine komische Oper *Die verkaufte Braut* (1866) bekannt geworden, deren Chöre und Tänze auf die heimische Folklore verweisen (z. B. Furiant und Polka) und deren spontan und lebensvoll gezeichnete Solopartien ganz aus der tschechischen Sprache und Volksmentalität heraus erfunden sind. Smetana lag jedoch sehr daran, auch ernste, heroische und feierliche Stoffe der tschechischen Geschichte zu vertonen. *Dalibor* (1868) und *Libuše* (*Libussa*, 1881) sind aus solchen Intentionen heraus entstanden. In ihnen griff Smetana musikdramatische Gestaltungsprinzipien R. Wagners auf. Doch ähnlich wie in seinen Sinfonischen Dichtungen (▷ 9.23), in denen er sich von Werken F. Liszts inspirieren ließ, integrierte er die Anregungen in einen national geprägten Opernstil von großer Überzeugungskraft. Der zweite tschechische Opernkomponist von überregionaler Bedeutung war A. Dvořák, auch wenn seine Bühnenwerke, darunter *König und Köhler* (2. Fassung 1874), *Vanda* (1875), *Dimitri* (1882) und *Rusalka* (1900), nicht in dem Maße populär geworden sind wie seine Sinfonien (▷ 9.23) und seine Kammermusik. Die Geschichte der Oper in der Tschechoslowakei gelangte schließlich gegen Ende des 19. und zu Beginn des 20. Jahrhunderts zu einem ebenso national ausgerichteten wie personalstilistisch individuell geprägten Höhepunkt in den Werken von L. Janáček (▷ 10.21).

Auch in anderen Ländern Osteuropas wurden volkssprachliche Opern als künstlerischer Ausdruck nationaler Bestrebungen konzipiert und aufgenommen. Als ein herausragendes, obgleich im Ausland wenig bekanntes Beispiel sei auf die Werke des Ungarn F. Erkel verwiesen (der 1844 auch die ungarische Nationalhymne komponiert hat). Seine acht Opern, darunter *Hunyadi László* (1844) und *Bánk bán* (1861), sind in einer Zeit der Aufstände, der Restriktionen und der Reformversuche entstanden und gewannen daher nicht nur in musikalischer Hinsicht, sondern auch in ihrer politischen Zielrichtung besondere Bedeutung.

9.37 Oratorium

Im Vergleich zur Oper, aber auch im Vergleich zu seiner eigenen Gattungsgeschichte im Barock, ist das Oratorium im 19. Jahrhundert nur durch eine relativ geringe Zahl bedeutender Werke vertreten. Nach den im wesentlichen noch an J. Haydn *(Die Schöpfung, Die Jahreszeiten)* anknüpfenden 16 Oratorien von F. Schneider, unter denen *Das Weltgericht* (1819) eine Zeitlang große Beachtung fand, beginnt die Geschichte des romantischen Oratoriums mit den Werken von L. Spohr – darunter *Das jüngste Gericht* (1812), *Die letzten Dinge* (1826), *Der Fall Babylons* (1842) – und C. Loewe, der 17 balladenhafte Oratorien schrieb, darunter *Die Zerstörung Jerusalems* (1829), *Die Siebenschläfer* (1833), *Gutenberg* (1837), *Johann Hus* (1842) und *Hiob* (1848), Werke, die zwar weitgehend vergessen sind, deren Titel jedoch einen Eindruck von der Vielfalt der verwendeten Stoffe vermitteln.

Bis heute lebendig tradierte Höhepunkte in der Geschichte der Gattung und überragende Beispiele romantischer Vokalmusik sind die beiden Oratorien von F. Mendelssohn Bartholdy, *Paulus* (1836) und *Elias* (1846). In ihnen verbindet sich auf überzeugende Weise eine an barocken Vorbildern (Händel, Bach) orientierte Kraft und Eindringlichkeit der musikalischen Textausdeutung mit den neuen Möglichkeiten einer ausdrucksvollen Gesangslyrik und differenzierten Orchestersprache. Namentlich im *Elias* herrscht darüber hinaus ein religiöser Ernst und eine dramatische Intensität, die im Oratorienschaffen dieser Zeit einzigartig dastehen.

Neben dem geistlichen Oratorium, das vor allem auf den neuen Musikfesten und ähnlichen Großveranstaltungen aufgeführt wurde (▷ 9.7), bildete das weltliche Oratorium mit historischen oder märchenhaften Stoffen einen intimeren eigenen Gattungszweig. Ein schönes Beispiel für ein vertontes orientalisches Märchen ist das farbenreiche, lyrische Oratorium *Das Paradies und die Peri* (1843) von R. Schumann. Sein zweites oratorisches Werk, *Der Rose Pilgerfahrt* (1851), trägt demgegenüber eher volkstümliche, beschauliche biedermeierliche Züge.

Bereits in die zweite Hälfte des 19. Jahrhunderts gehören die beiden bedeutenden Oratorien von F. Liszt, *Die Legende von der heiligen Elisabeth* (1862) und *Christus* (1866). Beide sind von einer spezifisch katholischen Religiosität inspiriert und lehnen sich an entsprechende kirchenmusikalische Traditionen an, benutzen aber andererseits die modernen orchestralen Mittel der neudeutschen Programmsinfonik.

Etwa zur gleichen Zeit, jedoch aus einer grundlegend anderen Intention heraus entstand J. Brahms' oratorisches Hauptwerk *Ein deutsches Requiem* (1868). Es vertont ausschließlich gedanklich betrachtende Bibeltexte. Somit fehlen ihm die epischen und dramatischen Züge des eigentlichen Oratoriums.

Die Musik des 19. Jahrhunderts

Dennoch gehört es in seinem feierlich pathetischen Habitus, in der stilistischen Verschmelzung barocker Formen mit romantischer Ausdrucksintensität und auch in seiner geistigen Konzeption als außerliturgisches, überkonfessionelles Werk in den Rahmen der Geschichte oratorischer Musik im 19. Jahrhundert. Es ist sogar ein besonders charakteristisches Beispiel für die zeitgenössische Vermittlung von Leidensethik und allgemeiner, d. h. nicht mehr spezifisch christlicher Religiosität durch das Medium der Musik.

Außerhalb Deutschlands begegnet eine kontinuierliche Geschichte des Oratoriums nur in Frankreich. In anderen Ländern finden sich lediglich vereinzelte Beispiele, in Dänemark etwa die balladischen Oratorien von N. Gade, in der Tschechoslowakei u. a. *Das tschechische Lied* (1868) von B. Smetana und *Die heilige Ludmilla* (1886) von A. Dvořák.

In Frankreich begann die eigenständige oratorische Tradition mit J. F. Le Sueur, der ausschließlich lateinische Texte vertonte. Beeinflußt von ihm zeigte sich H. Berlioz in seiner Trilogie *L'enfance du Christ* (1854). Die dramatische Legende *La damnation de Faust* (1846) von Berlioz ist ein weltliches Oratorium und eines seiner bedeutendsten Werke. Genannt seien ferner *Ruth* (1846) und *Rédemption* (1873) von C. Franck, *Oratorio de Noël* (1869) und *Le déluge* (1876) von C. Saint-Saëns, *La rédemption* (1882) von Ch. Gounod und *La naissance de Vénus* (1882) von G. Fauré. Auf diesem Hintergrund eines geistig und stilistisch sehr vielgestaltigen Oratorienschaffens erstaunt es nicht, daß die Gattungsgeschichte des Oratoriums in Frankreich auch im 20. Jahrhundert mit bedeutenden Werken (z. B. von C. Debussy oder A. Honegger) weitergeführt worden ist.

9.38 Chormusik

Ein Kennzeichen der neuen bürgerlichen Musikkultur, namentlich im deutschsprachigen Raum, war die Gründung von Laienchören. In den ersten Jahrzehnten des 19. Jahrhunderts entstanden in rascher Folge und in großer Zahl Männergesangvereine, vor allem in Süddeutschland und der Schweiz (hier oft „Liederkranz" genannt), aber auch in vielen Orten Norddeutschlands. Anfänge dieser Bewegung bildeten die Berliner Liedertafel (1809 von C. F. Zelter für 24 ausgesuchte Mitglieder gegründet) und in besonderem Maße die von vornherein auf Breitenwirkung zielenden Bestrebungen H. G. Nägelis (1810 Angliederung eines Männergesangvereins an das Züricher Singinstitut). Dementsprechend umfangreich ist die Literatur für Männerchor. Ihr im allgemeinen nicht sehr hohes kompositorisches Niveau ergibt sich aus dem immensen Bedarf und den vielfach nur elementaren Fähigkeiten der Sänger. Es überwiegt der schlichte, volkstümlich homophone Liedsatz.

Im Unterschied zu den Männergesangvereinen setzten sich die gemischten Chöre meist aus Mitgliedern einer etwas gehobeneren Schicht des Bildungsbürgertums zusammen, wie es insbesondere bei der „Berliner Singakademie" zu beobachten ist, die schon 1791 von C. F. Fasch gegründet wurde. Die Zahl solcher Chorvereinigungen und folglich die Zahl der Kompositionen für gemischten Chor war daher vergleichsweise geringer, ihr künstlerischer Anspruch im allgemeinen aber höher. Anlaß, Besetzung, Umfang und Gattungszugehörigkeit der Werke ist gerade in diesem Bereich sehr unterschiedlich. Die Skala reicht vom einfachen Chorlied über instrumental begleitete Chorgesänge bis zum großen Oratorium (▷ 9.37). Erhebliche Unterschiede ergeben sich ferner zwischen weltlicher und geistlicher Chormusik sowie innerhalb der letzteren zwischen katholischer und evangelischer Kirchenmusik (▷ 9.43–9.45). Eine relativ kleine Werkgruppe schließlich mit teilweise jedoch bedeutenden Kompositionen (z. B. von R. Schumann und J. Brahms) bildet die Literatur für Frauenchor.

Viele Komponisten haben sich im 19. Jahrhundert mehr oder weniger ausschließlich der Chormusik gewidmet, so daß ihre Namen über diesen Bereich hinaus kaum bekannt geworden sind. Stellvertretend für diese Gruppe sei der Tübinger Stiftslehrer und Universitätsdirektor F. Silcher genannt, dessen am Volkslied orientierte Werke ihre Entstehung vor allem romantisch vaterländischen und musikalisch erzieherischen Intentionen verdanken.

Auch die Chorwerke der großen Komponisten des 19. Jahrhunderts gehören den ver-

Kapitel 9

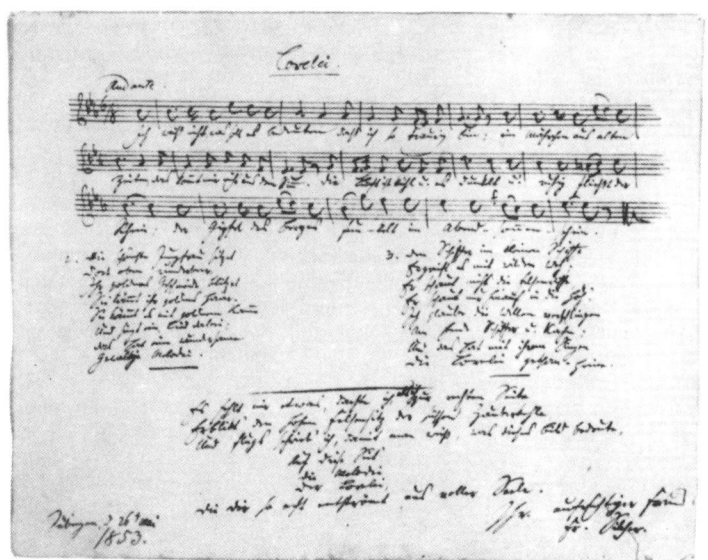

159 Friedrich Silchers Melodie zu Heinrich Heines Gedicht „Loreley" in der Handschrift des Komponisten (1853)

schiedensten Gattungen an. So finden sich z. B. unter den Werken C. M. von Webers Messen, kleinere kirchenmusikalische Werke, weltliche Kantaten und Chorlieder, darunter die Gesänge aus Th. Körners *Leyer und Schwerdt* für Männerchor (op. 42, 1814), die als künstlerischer Ausdruck des erwachenden deutschen Nationalgefühls rasche Verbreitung fanden.

Umfangreich, vielgestaltig und in der lyrischen Grundhaltung seinem Liedschaffen verwandt ist das chormusikalische Œuvre F. Schuberts. Er schrieb sechs Messen, weitere lateinische Kirchenmusikwerke, eine *Deutsche Messe* (1827) und eine Anzahl weltlicher Kompositionen für gemischten Chor, für Männer- und für Frauenchor, teilweise mit Solostimmen, mit und ohne Instrumentalbegleitung. Von einigen der bekanntesten Werke (*Gesang der Geister über den Wassern*, 1821; *Ständchen*, 1827) existieren Fassungen für verschiedene Chorbesetzungen.

Stark divergierende stilistische Züge finden sich in dem ebenfalls recht umfänglichen Chorschaffen F. Mendelssohn Bartholdys. Oratorien (▷ 9.37) und Kantaten bilden die großen konzertanten Formen, romantisch volkstümlich geprägt sind die weltlichen A-capella-Chöre. Daneben steht ein bedeutendes, oft an barocke Vorbilder anknüpfendes kirchenmusikalisches Schaffen (Motetten, Psalmvertonungen, geistliche Lieder u. a.). Ähnlich vielfältig und satztechnisch anspruchsvoll sind die Werke für Männer-, Frauen- und gemischten Chor von R. Schumann, meist kleine Zyklen mit und ohne Klavierbegleitung.

Einen Höhepunkt der Chormusik in der zweiten Hälfte des 19. Jahrhunderts bilden die Werke von J. Brahms. In ihnen verbinden sich Stilanregungen aus der großen vokalen Tradition des Barock (J. S. Bach, H. Schütz), Elemente des Volksliedhaften und eine charakteristisch spätromantische Intensität des Ausdrucks mit der für Brahms bezeichnenden Konzentration und Stringenz des musikalischen Satzes zu einer überzeugenden Synthese. Brahms schrieb eine Reihe von Kompositionen für Chor (mit oder ohne Solostimmen) und Orchester, darunter *Ein deutsches Requiem* op. 45 (1868; ▷ 9.37), *Rhapsodie* für Altsolo, Männerchor und Orchester op. 53 (1869), *Schicksalslied* op. 54 (1871), *Triumphlied* op. 55 (1871), *Nänie* op. 82 (1881) und *Gesang der Parzen* op. 89 (1882), ferner unbegleitete geistliche Chorgesänge, darunter die *Fest- und Gedenksprüche* op. 109 (1888) und die Motetten op. 29 (1860), op. 74 (1877) und op. 110 (1889), sowie eine größere Anzahl weltlicher Chorwerke, z. T. mit Klavierbeglei-

tung, auch für Frauenchor, darunter viele Volksliedsätze.
Von gleichem Rang, jedoch geistig und stilistisch anders in ihrem Erscheinungsbild, sind die Chorwerke von A. Bruckner. Abgesehen von Studien- und Gelegenheitsarbeiten gehören sie fast ausschließlich in den Bereich der katholischen Kirchenmusik (▷ 9.44) und beziehen aus dieser für Bruckner wesentlichen Sinngebung ihre hymnische Kraft, ihre große lineare oder flächige Gestaltung und ihren Wertanspruch als zugleich autonom geformte und funktional dienende Kunst.

9.39 Lied

Das klavierbegleitete Sololied tritt im 19. Jahrhundert heraus aus der Sphäre vorwiegend häuslicher oder geselliger Musikübung und gewinnt erstmals den Rang einer eigengesetzten, von höchstem Anspruch getragenen Kunstäußerung. Es steht seitdem im Konzertleben gleichwertig neben den übrigen vokalen und instrumentalen Gattungen wie Oper, Oratorium, Sinfonie, Sonate oder Streichquartett. Diese Entwicklung vollzieht sich zunächst fast ausschließlich im deutschsprachigen Raum. Der Gattungsbegriff bleibt daher weitgehend an das deutsche Lied gebunden und wird sogar in einigen anderen Sprachen als Fremdwort übernommen (z. B. französisch „le lied").

9.40 Das Sololied bei Schubert

Das Kunstlied der Romantik erreichte mit dem Beginn seiner Gattungsgeschichte im 19. Jahrhundert sogleich eine Stufe höchster Vollendung im Schaffen F. Schuberts. Unglaublich früh, mit 17 und 18 Jahren, schrieb Schubert bereits Lieder ausgereifter Meisterschaft, vor allem angeregt durch die Begegnung mit der Lyrik Goethes, z. B. *Gretchen am Spinnrade* (1814), *Heidenröslein* (1815), *Erlkönig* (1815). Etwa ein Zehntel der insgesamt über 660 Schubert-Lieder sind Goethe-Vertonungen. M. Claudius, H. Heine, L. Hölty, F. G. Klopstock, Th. Körner, Novalis, F. Rückert, F. von Schiller, A. W. und F. Schlegel sind die bekanntesten aus der großen Zahl der übrigen Textdichter, zu denen auch Künstler aus Schuberts Freundeskreis gehörten (z. B. J. Mayrhofer).

Das Neue und Besondere der Lieder Schuberts offenbart sich in ihrer tiefen und innigen musikalischen Interpretation des Textes, in einer schöpferischen Auseinandersetzung mit dem Dichterwort, an der die lyrisch expressive Gesangsmelodik und der differenzierte, lebendig charakterisierende Klaviersatz gleichermaßen Anteil haben. Sprechende, zugleich tonmalerisch und psychologisch ausdeutende Motivik und eine vielfach abgetönte Harmonik (Dissonanzschärfung, Dur-Moll-Wechsel, Terzverwandtschaften, Modulationen und Rückungen in entlegene Tonarten), die besonders in den späten Liedern die eigenartigsten und tiefsinnigsten Wirkungen erzielen, sind wesentliche, gattungsprägende Elemente seines Liedstils.

Formal unterscheidet man das Strophenlied, das variierte Strophenlied und das durchkomponierte Lied, woraus sich im einzelnen zahllose Formmöglichkeiten ergeben, vom schlichten, volksliedhaften Gebilde bis zur großen, quasi szenischen Gestaltung. Der Gesangspart kann bei überwiegend liedhafter Führung auch rezitativische, ariose, dramatische oder stark deklamatorische Züge tragen. Zweimal hat Schubert inhaltlich zusammenhängende Zyklen geschaffen. Für beide, *Die schöne Müllerin* (1823) und die *Winterreise* (1827), benutzte er Gedichte von W. Müller. Dagegen sind die Rellstab- und die Heine-Lieder der letzten Zeit erst nach Schuberts Tod zum *Schwanengesang* zusammengestellt worden.

9.41 Das Sololied bis 1850

Die Liedproduktion des 19. Jahrhunderts erreichte sehr bald kaum übersehbare Ausmaße, so daß hier nur die wichtigsten Komponisten genannt werden können. Unter den Zeitgenossen Schuberts (▷ 9.40) sind C. M. von Weber und C. Loewe hervorzuheben, letzterer vor allem wegen seiner plastischen, dramatischen, treffsicher charakterisierenden Balladen (*Erlkönig, Heinrich der Vogler, Tom der Reimer, Archibald Douglas, Odins Meeresritt* u. a.). In der folgenden Generation ist neben F. Mendelssohn Bartholdy, der als Schüler C. F. Zelters (▷ 8.14) in seinen Liedern zu einfacher, volksliedhafter Melodik mit eher gleichmäßig grundierender Klavierbegleitung neigt, unstreitig R. Schumann der überragende Liedkomponist. Selbst literarisch produktiv, wählte Schumann in der Hauptsache anspruchsvolle Texte zeitgenössischer Dichter. Fast die Hälfte seiner etwa 300 Klavierlieder entstand 1840, im Jahr seiner Eheschließung mit Clara Wieck, darunter die Zyklen *Dichterliebe* op. 48 (H. Heine), *Myrthen* op. 25 (verschiedene Dichter), *Liederkreis* op. 39 (J. von Eichendorff) und *Frauenliebe und Leben* op. 42 (A. von Chamisso). Bis dahin hatte Schumann fast ausschließlich Klavierwerke komponiert (▷ 9.29 und ▷ 9.30). Der Klavierpart erhält daher auch in seinen Liedern ein besonderes Gewicht. Bezeichnend hierfür sind nicht nur die gelegentlich längeren Vor- und Nachspiele, die auch zyklusbildende Bedeutung erhalten können *(Dicherliebe, Frauenliebe und Leben),* sondern eine durchweg höchst differenzierte Charakterzeichnung und Stimmungsnuancierung des Klaviersatzes, der über die Begleitfunktion oftmals weit hinausgreift.

Vom Charakter her überwiegt in Schumanns Liedern das Lyrische, Geheimnisvolle, Zarte, aber auch das Seltsame und Pittoreske gegenüber dem dramatischen Element. Durch die Wahl seiner Texte und die feinnervige, klangintensive Umsetzung ihrer Intentionen ins poetisch Musikalische kann er als der im reinsten Sinne romantische Liedkomponist gelten.

9.42 Das Sololied nach 1850

In der zweiten Hälfte des 19. Jahrhunderts standen sich, wie in anderen musikalischen Bereichen, auch im deutschen Kunstlied zwei stark divergierende Richtungen gegenüber (▷ 9.4). Die Stilhaltung der Neudeutschen Schule repräsentieren die Lieder von F. Liszt u. a. durch eine formal freizügige, textangepaßte Struktur und Deklamation, durch einen ausgeprägt modellierenden Klaviersatz, durch stark chromatisierte Ausdrucksharmonik und durch die Vermeidung strophischer Regelmäßigkeit. In den gleichen Stilkontext gehören die *Fünf Gedichte für eine Frauenstimme* auf Texte von Mathilde Wesendonck (1857/58) von R. Wagner, die weit mehr darstellen als nur Vorstudien zur Oper *Tristan und Isolde,* ferner mit Einschränkungen die im übrigen sehr eigenständigen Lieder und Liederzyklen von P. Cornelius.

Im deutlichen Gegensatz zur Neudeutschen Schule stehen einige Komponisten der Schumann-Nachfolge, unter ihnen R. Franz und A. Jensen, und vor allem J. Brahms mit seinem bedeutenden Liedschaffen. Dieses ist zu einem großen Teil geprägt von Brahms' hoher Achtung vor dem Volkslied (die auch in seinen Volksliedsätzen und -bearbeitungen zum Ausdruck kommt) und der überkommenen Liedtradition. In Brahms' Kunstliedern überwiegt dementsprechend das variierte Strophenlied und die geschlossene, oft periodisch symmetrische Melodiegestalt. Die Klavierbegleitung ist zwar stets sehr sorgfältig auskomponiert, aber doch der Melodie weitgehend untergeordnet. Die Harmonik ruht auf klaren, metrisch akzentuierten und kadenzierend formbildenden Baßbewegungen. Die Wahl der Texte offenbart eine Vorliebe für dunkle und resignative Töne, doch stehen daneben Lieder voller frischer, volkstümlicher Kraft und gewinnenden Humors. Texte von bedeutenden Dichtern sind relativ selten. Zyklische Bindung zeigen die *Romanzen aus L. Tiecks Magelone* op. 33 (1862) und die *Vier ernsten Gesänge* op. 121 auf biblische Texte (1896), Brahms' letztes Vokalwerk.

In der Spätzeit des 19. Jahrhunderts ist eine immer stärkere Individualisierung und Differenzierung der Liedkomposition zu beobachten. Die beherrschende Gestalt dieser Phase der Gattungsgeschichte war H. Wolf, der genialste Liedkomponist nach Schubert, der zwar Anregungen der Neudeutschen Schule aufgriff, diese aber zu einem bewundernswert ausgereiften, persönlichen Liedstil umformte (▷ 10.6). R. Strauss (▷ 10.8), der vor allem in der ersten Periode seines Schaffens eine große Zahl von Liedern komponierte, steht stilistisch ebenfalls in der Nachfolge F. Liszts und R. Wagners. Dagegen knüpfte H. Pfitzner, wiederum auf sehr eigenständige Weise, an die von R. Schumann geprägte Ausdruckshaltung des hochromantischen Liedes an. Sehr verschiedenartig in Form und Gehalt und nur teilweise auf das Vorbild Brahms zu

Die Musik des 19. Jahrhunderts

160 Umschlag zu einer Ausgabe der „Vier Lieder" op. 96 (1884) von Johannes Brahms, gestaltet von Max Klinger (1886)

beziehen sind die zahlreichen Lieder von M. Reger (▷ 10.9).
Eine fundamentale Bedeutung schließlich hat das Lied im Gesamtschaffen G. Mahlers (▷ 10.7). Bei Mahler, aber auch bei R. Strauss, zeigt sich zudem eine für die Spätzeit bezeichnende Hinwendung zum Orchesterlied. Schon H. Wolf hat eine Anzahl seiner Lieder orchestriert.
Das außerdeutsche Sololied gewann in der Tschechoslowakei bei A. Dvořák, in Rußland bei A. P. Borodin und vor allem bei M. P. Mussorgski, dessen Liederzyklen *Kinderstube* (1868–72), *Ohne Sonne* (1874) und *Lieder und Tänze des Todes* (1875–77) zu den Meisterwerken innerhalb der Gattung zählen, hohe Bedeutung. Auch in Skandinavien entstand allmählich eine reiche Liedtradition, u. a. durch N. Gade, P. A. Heise und E. Grieg.

In Frankreich durchlief das klavierbegleitete Sololied seit dem späten 18. Jahrhundert eine eigene Entwicklung, stand jedoch lange Zeit im Schatten der Oper. Erst durch die zunehmende Bekanntschaft mit dem deutschen romantischen Kunstlied erwachte nach der Mitte des 19. Jahrhunderts das Interesse an vergleichbaren eigenen vokalen Ausdrucksformen. Komponisten verschiedener Stilrichtungen, Ch. Gounod, C. Franck, É. Lalo, C. Saint-Saëns, L. Delibes, G. Bizet, J. Massenet, zählen zu den Vertretern einer ersten Blütezeit des französischen Liedes. Ihre Auswirkungen sind über die Liedkomponisten H. Duparc und G. Fauré, deren Werke einen Höhepunkt in der Geschichte des französischen Sololiedes darstellen, sowie das reiche Liedschaffen C. Debussys und M. Ravels bis zu D. Milhaud spürbar.

9.43 Kirchenmusik

Die Kirchenmusik beider Konfessionen geriet im 19. Jahrhundert in eine tiefgreifende Krise. Die allgemeine Säkularisierung in Staat und Gesellschaft und die Lösung des kulturellen und geistigen Lebens von kirchlichen Traditionen spätestens seit der Mitte des 18. Jahrhunderts hatte entscheidende Auswirkungen auch auf die Stellung, die Wertschätzung, die Pflege sowie die Formen und Gehalte der Kirchenmusik. Innerer Substanzverlust, Rückzug und Isolierung einerseits, Besinnung auf ältere Vorbilder, individuelle Neuansätze und der Versuch genereller Reformen andererseits waren einige der daraus ableitbaren Reaktionen. Dabei gingen die katholische und die evangelische Kirchenmusik aufgrund jeweils anderer innerer Voraussetzungen trotz mancher Berührungen im ganzen unterschiedliche Wege.

9.44 Katholische Kirchenmusik

Die Hinneigung der deutschen Romantik zu einer mystischen Glaubenshaltung und zum Katholizismus spiegelt sich zwar in literarischen Abhandlungen über Sinn und Wesen der Kirchenmusik (W. H. Wackenroder/ L. Tieck, *Phantasien über die Kunst,* 1799; E. T. A. Hoffmann, *Alte und neue Kirchenmusik,* 1814), hatte aber kompositorisch zunächst kaum Konsequenzen. Eine Ausnahme bilden einige der sechs Messen und der übrigen liturgischen Kompositionen von F. Schubert. Es sind die ersten herausragenden kirchenmusikalischen Werke der Frühromantik. Besonders die beiden großen Messen As-Dur (1822) und Es-Dur (1828) zeigen eine neuartig persönliche, über den Kirchenstil der Wiener Klassik hinaus weisende Ausdruckshaltung.
Einen deutlichen Einschnitt bildeten die allgemeinen kirchlich theologischen Erneuerungsbestrebungen um 1830, die auch die Kirchenmusik und die Liturgie erfaßten. Nach dem Vorbild A. F. J. Thibauts (*Über Reinheit der Tonkunst,* Heidelberg 1825) bemühten sich vor allem die Vertreter des sog. Caecilianismus um eine Wiedererweckung der Vokalpolyphonie des 16. Jahrhunderts (Palestrina-Renaissance, ▷ 9.6). Sie forderten eine Orientierung der zeitgenössischen Kirchenmusik an diesem Ideal und entsprechend eine Abwendung von den Gattungen und Stilprinzipien der Klassik und Romantik. Zentren des Caecilianismus sind seit etwa 1820 München (C. Ett, J. K. Aiblinger, F. Lachner) und seit etwa 1830 auch Regensburg (K. Proske, J. G. Mettenleiter). Eine organisatorische Zusammenfassung dieser Bestrebungen, die auch eine Erforschung und Erneuerung des Gregorianischen Chorals einschlossen, erfolgte durch den 1868 gegründeten „Allgemeinen deutschen Cäcilienverein für die Länder deutscher Zunge".
Dennoch blieb die rigorose Anwendung der restaurativen Stilforderungen auf Teilbereiche des kirchenmusikalischen Schaffens beschränkt und wurde nur von einer Reihe von Musikern vorbehaltlos praktiziert. Gerade bei den bedeutenden Komponisten des späteren 19. Jahrhunderts findet sich ein recht freier Umgang mit Anregungen des Caecilianismus im Rahmen ihres Personalstils. Dies gilt in erster Linie für F. Liszt und A. Bruckner. Liszt hat außer zwei Oratorien (▷ 9.37) vier Messen geschrieben (darunter die *Missa choralis,* 1865, und die *Ungarische Krönungsmesse,* 1867), die unterschiedliche Stilelemente vom Gregorianischen Choral bis zur differenzierten Orchestersprache der Neudeutschen Schule in einen nicht immer einheitlichen Stilkontext einbeziehen, ferner ein Requiem (1868), einen *Sonnenhymnus des heiligen Franziskus von Assisi* (1874) und mehrere Psalmkompositionen.
Einen weit größeren Stellenwert als bei Liszt nehmen die kirchenmusikalischen Kompositionen im Gesamtwerk A. Bruckners ein. Er ist der bedeutendste katholische Kirchenmusiker des 19. Jahrhunderts und vielleicht der einzige, der trotz Verwendung zeitgenössischer Mittel zu einer überzeugenden geistlichen Stilhaltung gelangte. Seiner Erziehung nach aufs engste mit den Formen kirchlichen Lebens vertraut (▷ 9.18) und als Organist viele Jahre lang für den Gottesdienst tätig, hat Bruckner über die großen kirchenmusikalischen Formen zum sinfonischen Stil seiner Reifezeit gefunden (der selbst im Medium absoluter Musik noch Züge religiöser Spiritualität erkennen läßt). Er schrieb – außer zwei frühen Messen und einem Requiem – drei weit dimensionierte, sinfonisch angelegte

Die Musik des 19. Jahrhunderts

Messen (d-Moll, 1864/76; e-Moll, 1866/82; f-Moll, 1867/93), ein Magnificat (1852), ein Te Deum (1881/84) und eine Anzahl von Motetten, Psalmen (darunter der 150. Psalm, 1892) und Hymnen, die in ihrer weihevoll sakralen, würdig schlichten Haltung eine intensive Beschäftigung mit dem Vokalstil des 16. Jahrhunderts erkennen lassen.
Um die gleiche Zeit wirkte in München der damals weithin geschätzte Organist und Hofkapellmeister J. Rheinberger, dessen kirchenmusikalische Werke traditionelle Formen und kontrapunktische Techniken mit einem klanglich reizvollen romantischen Zeitstil zu verbinden suchen. Er schrieb mehrere Oratorien und Kantaten, 18 Messen, Requiem- und Stabat-mater-Vertonungen, Vespern, Motetten, Hymnen und geistliche Lieder.

9.45 Evangelische Kirchenmusik

Mehr noch als in der katholischen war in der evangelischen Kirchenmusik das beginnende 19. Jahrhundert eine Zeit der Stagnation und des Niedergangs. Und weit weniger als dort fanden sich gelegentliche neue Ansätze und Impulse zu einer übergreifenden Bewegung zusammen.
Aus romantischem Geist erwuchs das Interesse an der Sammlung geistlicher Volkslieder (z. B. in *Des Knaben Wunderhorn* von A. von Arnim und C. Brentano, 1806), das mitunter auch zu Neudichtungen führte (Novalis). Auch die verstärkt einsetzende musikgeschichtliche Forschung ist zunächst als romantischer Rückwendung zu Werken der Vergangenheit zu verstehen. Auf diese Weise bildete sich, wenn auch nicht mit der gleichen programmatischen Durchschlagskraft wie im katholischen Bereich, das Ideal einer am Palestrinastil orientierten „wahren" Kirchenmusik, das die Distanz zur avancierten zeitgenössischen Musik immer mehr vergrößerte.
Ähnlich historisierend, zugleich aber die kirchenmusikalische Praxis wesentlich befruchtend, entwickelte sich die im Laufe des Jahrhunderts ständig zunehmende Beschäftigung mit der Musik J. S. Bachs, die mit der Wiederaufführung der *Matthäuspassion* durch Mendelssohn Bartholdy (1829) einen entscheidenden Anstoß erhielt (▷9.6).

Neben wissenschaftlich retrospektiven Ansätzen (Biographien, Gesamtdarstellungen, kritischen und praktischen Ausgaben älterer Musik) lagen die wesentlichen Leistungen evangelisch kirchenmusikalischer Bestrebungen auf dem Gebiet der Liturgiereform, d. h. einer Neubesinnung auf einen sinnvoll geordneten musikalischen Ablauf des Gottesdienstes, und einer Überarbeitung und Neuausgabe der Gesangbücher.
Qualitativ hochstehende zeitgenössische Kirchenmusik entstand dagegen nur vereinzelt. Unter manchem Zweitrangigen hervorzuheben sind hier eine größere Anzahl von geistlichen Werken F. Mendelssohn Bartholdys, u. a. Kantaten, Motetten, Psalmvertonungen und kleinere Stücke für den liturgischen Gebrauch, die trotz Mendelssohns eigener Zweifel an der Möglichkeit einer „wirklichen" Kirchenmusik mit gutem Recht diesem Bereich zugerechnet werden können. Ähnliches gilt für die Motetten (op. 29, op. 74 und op. 110) und für die *Fest- und Gedenksprüche* (op. 109) von J. Brahms (▷9.38), während dessen großes oratorienhaftes Werk *Ein deutsches Requiem* in gleicher Weise wie Mendelssohns Oratorien (▷9.37) durchaus für den Konzertsaal und nicht für die Kirche bestimmt ist.
Seit der Mitte des Jahrhunderts wurden nach und nach in größerer Zahl Kirchenchöre bzw. Kirchengesangvereine gegründet. Dies war eine Folge der hauptsächlich von der Schweiz (H. G. Nägeli) und Süddeutschland ausgehenden Volkschorbewegung (▷9.38). Komponisten dieser eher schlichten Kirchenchorliteratur waren u. a. F. Silcher, der sich von Tübingen aus gleichermaßen für den geistlichen wie für den weltlichen Laiengesang einsetzte, und die vom Palestrina-Ideal des Caecilianismus (▷9.44) beeinflußten Berliner Kirchenmusiker A. E. Grell und H. Bellermann.
Erst um und nach 1900 setzte verstärkt auch die Produktion anspruchsvoller gottesdienstbezogener Kirchenmusik ein. Ein Beispiel hierfür sind die vier Choralkantaten zu den Hauptfesten des evangelischen Kirchenjahres (1903–1905) von M. Reger, die sich in Stil und Haltung organisch in sein übriges geistlich vokales Schaffen und sein auch kirchenmusikalisch orientiertes Orgelwerk einfügen.

Kapitel 10
Europäische Musik um 1900

Einführung

In der Musik der Jahrhundertwende bereitete sich der große Umschwung vor, der zur „Neuen Musik" des 20. Jahrhunderts mit ihren vielfältigen Erscheinungen führen sollte. Das musikalische Material, das heißt vor allem die Harmonik, wurde bis an die Grenzen des traditionellen Musikverständnisses weiterentwickelt, ebenso erfuhren andere Dimensionen des Tonsatzes eine bis dahin unbekannte Ausdifferenzierung. Die „fortschrittlichsten" Werke etwa M. Regers weisen eine Komplexität der musikalischen Struktur auf, die für damalige Begriffe kaum noch zu steigern war, ohne daß der Rahmen der klassisch-romantischen Musiksprache vollkommen gesprengt würde.

Während viele Komponisten mit ihren Werken innerhalb der – wenn auch weitgesteckten – Grenzen der Tradition verblieben, waren es die Grenzüberschreitungen anderer Komponisten, die allmählich den Übergang zur Musik des 20. Jahrhunderts herbeiführten: Debussys Komponieren mit Klangfarben, Regers hochentwickelte Harmonik und seine „musikalische Prosa", Busonis Konzeption einer „jungen Klassizität" und Schönbergs schrittweiser Übergang zur Atonalität, um nur einige zu nennen. Wie alle Neuerer sahen sich auch die führenden Vertreter der „modernen" Musik erheblichen Widerständen gegenüber, die nach 1910 zunehmend restaurativen Charakter annahmen.

Voraussetzungen, Grundlagen, Wandlungen

10.1 Die musikalische Moderne

Die Musik von etwa 1890 bis zum Ausbruch des Ersten Weltkriegs zeigt eine solche Vielfalt von stilistischen Tendenzen, daß es unmöglich ist, Begriffe wie „Spätromantik" oder „Impressionismus", die nur Teilaspekte beschreiben, als Bezeichnungen für die ganze Epoche zu verwenden. Die Kennzeichnung als „musikalische Moderne", die C. Dahlhaus in Anlehnung an H. Bahr, einem wichtigen Chronisten der Epoche, eingeführt hat, vermeidet die Festlegung auf bloße Teilmomente und betont zugleich das Moment des Innovatorischen, das der Entwicklung der Musik um die Jahrhundertwende eigen ist und in dem sich der Umschlag in die „Neue Musik" des 20. Jahrhunderts vorbereitete. Charakteristisch für diese Zeit ist das Nebeneinander stärkster Gegensätze. Der dekadenten Kunst des Fin de siècle, die Opern wie C. Debussys *Pelléas et Mélisande* (1902), R. Strauss' *Salome* (1905) oder auch J. Massenets *Werther* (1892) beeinflußte, steht eine Aufbruchsbewegung entgegen, als deren musikalisches Symbol der rauschende Beginn von Strauss' Tondichtung *Don Juan* (1888/89) verstanden werden kann, die ihren Niederschlag aber auch in ganz andersgearteten Werken fand, wie z. B. in M. Regers *100. Psalm* (1908/09), A. Skrjabins *Poème de L'extase* (1905–08) oder in der Blütezeit der Operette, die als "bürgerliches Lachtheater" (V. Klotz) große Bedeutung erlangte. Ein Gamelanorchester aus Java machte auf der Pariser Weltausstellung 1889 ein europäisches Publikum erstmals in umfangreicher Weise mit außereuropäischer Musik bekannt und beeindruckte viele Komponisten, die dann in einigen Werken asiatische Skalen in das europäische Tonsystem integrierten, wie z. B. G. Puccini in *Madame Butterfly* (1904), oder aber fernöstliches Tonmaterial als Ausgangspunkt für ein nicht mehr an die Tradition gebundenes Experimentieren mit neuen Skalen und Akkordbildungen wählten, wie es beispielsweise in mehreren Werken Debussys zu beobachten ist.

Um die Jahrhundertwende galten R. Strauss (Abb. 161, S. 374) und M. Reger unbestritten als die führenden Komponisten der modernen Musik, denen der noch wenig bekannte A. Schönberg zur Seite stand. Doch während Strauss nach *Elektra* (1909) und Reger in allen seinen späten Werken von den erreichten Extrempositionen abrückten, ging Schönberg den eingeschlagenen Weg weiter, der dann konsequenterweise zur Atonalität und damit zur endgültigen Auflösung des traditionellen tonalen Denkens führte. Hier beginnt die „Neue Musik" des 20. Jahrhunderts.

10.2 Musikanschauung

Im späten 19. Jahrhundert setzte in Mittel- und Westeuropa, zum Teil auch in anderen Ländern, eine Wagnerbegeisterung ein, in deren Mittelpunkt keineswegs nur das bloße Interesse an der Musik Wagners stand. Wagners Werke wurden, vor allem im französischen Symbolismus, zum Gegenstand eines gleichsam religiösen Kultes. Die weitverbreitete Idee einer (auf die Frühromantik zurückweisenden) Kunstreligion war nicht nur christlich geprägt (wie der *Parsifal*-Kult). Im Mystizismus A. N. Skrjabins etwa kommen unter anderem theosophische Gedanken zum Tragen; von größtem Einfluß aber war F. Nietzsches Entwurf einer neuen Religion, die er am folgenreichsten in *Also sprach Zarathustra* (1883–85) formulierte. Nietzsches Kritik an Wagner und seine radikale Absage an die Romantik und die Dekadenz, denen er eine neue, selbstgewisse und diesseitsbezogene Moralität entgegenstellte, beeinflußten seit den 1890er Jahren fast alle Bereiche der Kunst, Literatur und Philosophie. Im Bereich der Musik machte sich die Nietzsche-Rezeption insbesondere in verschiedenen Vertonungen vor allem der *Zarathustra*-Dichtung bemerkbar, die Strauss zu seiner gleichnamigen Tondichtung anregte und der Mahler den Text für den vierten Satz seiner 3. Sinfonie (1893–96) entnahm. Besonders markant setzte F. Delius Nietzsches Lebensphilosophie in seiner oratorienhaften *Messe des Lebens* (1904/05) um.

Die Ideen Nietzsches blieben aber verschränkt mit denen Wagners, von denen der Philosoph sich distanzierte. Wagners Interpretation von A. Schopenhauers Metaphysik der Musik beeinflußte die Konzeption von „Ideenkunstwerken" (C. Dahlhaus) nachhaltig. Nach Schopenhauer (▷ 9.2) offenbart sich das Wesen der Dinge in den „Gefühlsregungen", die die Musik hervorruft. Worte, auch als textliche Basis einer Vokalkomposition, stellen stets nur einen Zusatz, nie aber das Eigentliche dar. Wagner ergänzte Schopenhauers Gedanken, indem er außermusikalischen Momenten (Sprache, Tanz, szenische Aktion) die Bedeutung eines „Formmotivs" zuwies, das die Komposition leitet, ohne mit der ästhetischen Bedeutung des Werkes identisch zu sein. Dieser Ästhetik folgte etwa R. Strauss in den meisten seiner „Tondichtungen", die er nicht als „Programmusik" mißverstanden wissen wollte, da dieser Ausdruck eine rein außermusikalische Konzeption nahelegt. Die Programme, die ohnehin zumeist erst nachträglich formuliert bzw. ausgewählt wurden, sollen dem Hörer als allgemeine Orientierungshilfe dienen, weniger als ein Katalog von Stationen, die hörend nachzuvollziehen sind, wenngleich diese Rezeptionshaltung bei einigen Werken durchaus möglich ist.

Auch die ersten Sinfonien G. Mahlers erschienen den Zeitgenossen aufgrund der von Mahler veröffentlichten Programme als Programmusik. Mahler versuchte diesem Mißverständnis zu begegnen, indem er nach 1900 die Programme seiner früheren Sinfonien für ungültig erklärte und seinen weiteren Werken keine Erläuterungen mehr beigab. Nicht ein „äußeres", sondern ein „inneres Programm",

Kapitel 10

161 Plakatentwurf von Ludwig Hohlwein zur ersten Münchner Richard-Strauss-Woche 1910

das Mahler einmal als „Empfindungsgang" beschrieb, ist für das Verständnis der Mahlerschen Sinfonien von Bedeutung: die Geschichte eines nicht real benennbaren ästhetischen Subjekts, die mit immanent musikalischen Mitteln erzählt wird. Die kompositionstechnischen Details der Werke lassen sich zwar als logischer Zusammenhang beschreiben, repräsentieren aber nicht die ästhetische Substanz des Werkes. Hinter dieser Konzeption steht Mahlers Idee des Sinfonischen: „mit allen Mitteln der vorhandenen Technik eine Welt aufbauen." Das Werk wendet sich so an die Menschheit und wird, zumal in Verbindung mit gesungenen Texten (wie in der 8. Sinfonie, 1906) zu „Weltanschauungsmusik" (R. Stephan).
Parallel zur Nietzsche-Rezeption gewann die Lebensphilosophie von H. Bergson an Bedeutung, deren zentraler Gedanke, die Vorstellung vom Leben als Wachsen und Werden, in dem Begriff „élan vital" seine griffige Formulierung fand. Ohne eine spezifische Philosophie der Musik darzustellen, wirkten Berg-

sons Ideen weit über Frankreichs Grenzen hinaus und wurden als Ausdruck eines Lebensgefühls verstanden, in dem sich die Überwindung der Décadence ausdrückte und die Aufbruchstimmung dieser Zeit widerspiegelte, die so viele Kompositionen der Jahrhundertwende prägte.
Neben diesen philosophischen Konzeptionen erscheinen die eigentlichen musikästhetischen Entwürfe dieser Zeit von sekundärer Bedeutung. Große Beachtung fand aber F. von Hauseggers gegen E. Hanslick gerichtete Schrift *Die Musik als Ausdruck* (1885), die auf naturwissenschaftlicher Grundlage versucht, die musikalischen Elemente mit den Gesetzen des menschlichen Organismus in Beziehung zu setzen. Die damit verbundene Tendenz zur Überwindung der Metaphysik setzt sich fort in H. Kretzschmars „musikalischer Hermeneutik", die den Versuch unternimmt, den Zusammenhang zwischen Emotion und musikalischer Gestalt im Rückgriff auf die Affektenlehre des 18. Jahrhunderts wissenschaftlich zu begründen.
Kurz nach der Jahrhundertwende konzipierte F. Busoni seinen *Entwurf einer neuen Ästhetik der Tonkunst* (1907; ▷ 10.11), dessen zum Teil weit in die Zukunft weisende Ideen aber erst nach dem Erscheinen der zweiten Fassung (1916) in breitem Maße rezipiert wurden.

10.3 Krise der Tonalität

R. Wagners *Tristan* (1865; ▷ 9.16 und 9.35) galt im 19. Jahrhundert als Ausgangspunkt und Wegweiser für die Entwicklung immer neuer und komplizierterer harmonischer Verläufe. Um die Jahrhundertwende hatte die Harmonik ihre bisherige Funktion, die Stiftung eines als sinnvoll und logisch empfundenen klanglichen Zusammenhangs, weitgehend verloren. Obwohl sich weite Strecken der Musik etwa R. Strauss' und M. Regers auf das traditionelle Kadenzmodell und seine Erweiterungen beziehen lassen, finden sich gerade bei diesen beiden Repräsentanten der musikalischen Moderne harmonische Phänomene, die deutlich machen, wie sehr die Tonalität an ihre Grenzen gelangt war.
Der Beginn von Regers *Phantasie und Fuge über B–A–C–H* op. 46 (1900; Abb. 162) zeigt

Europäische Musik um 1900

162 „Phantasie und Fuge über B-A-C-H" op. 46 (Takt 1; 1900) von Max Reger

die Akkordfolge c-Moll–E-Dur, die funktionsharmonisch nicht zu erklären ist. Zusammenhang stiftet hier, wie oft bei Reger und anderen Komponisten dieser Zeit, allein die Melodielinie, hier also der Sekundschritt c–h. Für die Harmonik ist lediglich entscheidend, daß der Melodieton im entsprechenden Akkord enthalten ist. Obwohl Dreiklänge erklingen, ist das alte Sinngefüge der Tonalität weitgehend aufgehoben.

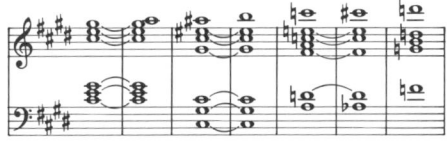

163 „Salome" (1905) von Richard Strauss. Harmonisches Exzerpt der ersten sieben Takte

Die Einleitungstakte von Strauss' *Salome* (1905; Abb. 163) zeigen ein verwandtes Phänomen. Wichtigstes Strukturelement ist ein chromatischer Gang von gis^2 bis d^3, dem die einzelnen Akkorde untergeordnet sind. Läßt sich das als in Takt 3 noch als Vorhalt zur Dominantsept h statt als Sexte eines subdominantischen Akkordes deuten, so irritiert spätestens die Weiterführung des Taktes 4, in dem ein Dominantseptakkord auf cis erklingt, in den Takt 5, der unerwartet, durch ein chromatisches Gleiten der Mittelstimmen, den Dominantseptnonakkord zu G-Dur erreicht, das erst zwei Takte später über einen doppelt alterierten Akkord und ebenfalls nur als weiterführender Dominantseptakkord eintritt. Das Beispiel zeigt die für die avancierte Harmonik um 1900 typische Chromatisierung aller Stimmen. Die damit ermöglichte enge Verbindung tonal entfernt liegender Akkorde durch dissonante Zwischenstufen, die sich nicht mehr aufzulösen brauchen, bedingt eine harmonische Komplexität und Vieldeutigkeit, die häufig nur noch als „Farbe", nicht mehr als sinnvolle Struktur wahrgenommen werden kann. Viele Komponisten strebten aber gerade diese Wirkung der Harmonik als Farbe an, zumal in enger Verbindung mit einer hochdifferenzierten Instrumentation, insbesondere die Vertreter des sogenannten „Impressionismus" (▷ 10.13), dessen Einfluß in ganz Europa zu bemerken ist. Die parallel verschobenen Dreiklänge etwa, die C. Debussys Prélude *La cathédrale engloutie* (1910) seine archaisch-monumentale Wirkung verleihen (Abb. 164), begegnen bereits einige Jahre zuvor in G. Puccinis *La Bohème* (1896), eingebunden jedoch in einen stabilen tonalen Rahmen. Angeregt durch die Bekanntschaft mit der Gamelanmusik Javas, komponierte Debussy mit ungewöhnlichen Tonmaterialien wie der pentatonischen und der Ganztonskala. Werke, die fast vollständig auf der Ganztonleiter basieren, wie z. B. das Prélude *Voiles* (1909), sind allerdings selten.

Im Vorfeld des Übergangs zur Atonalität entwickelte A. Schönberg Akkordstrukturen, die nicht mehr auf der traditionellen Schichtung von Terzen beruhen, sondern aus Quarten gebildet werden. Schon 1891 hatte der geniale Außenseiter E. Satie (▷ 10.15) Folgen von Quartenakkorden verwendet, sein Vorstoß blieb aber zunächst ohne Nachfolge. Schönberg benutzte Quartenakkorde erstmals in einigen Passagen seiner Tondichtung *Pelleas und Melisande* op. 5 (1902/03) und dann in konsequenterer Durchführung in der 1. *Kammersymphonie* op. 9 (1906), deren Hornthema (Abb. 165, S. 376) geradezu „in eine neue Zukunft weist" (H. Mersmann). Quartenakkorde (in verschiedensten alterierten Gestalten), die Schönberg in seiner *Har-

164 „La cathédrale engloutie" (Takt 28–30) von Claude Debussy aus den „Préludes", Band 1 (1910)

Kapitel 10

165 Hornthema aus dem 1. Satz der 1. „Kammersymphonie" op. 9 (1906) von Arnold Schönberg

monielehre (1911) als Alterationen von Terzklängen und somit als besondere Erscheinungen im Bereich der Tonalität behandelt, wurden später, in ihrer eigenständigen, nicht mehr auflösungsbedürftigen Gestalt, zu einem der wichtigsten klanglich-harmonischen Elemente der „Neuen Musik" (▷ 11.1).
In zeitlicher Parallele zu Schönberg, aber in geistiger Unabhängigkeit von ihm, experimentierte auch A. N. Skrjabin mit einem Quartenakkord, der nach dem ersten Werk, in dem er verwendet wurde, „Prometheus"- oder auch „mystischer Akkord" genannt worden ist (Abb. 166; ▷ 10.20). Der Akkord bildet ein „Klangzentrum" (Z. Lissa), durch das die traditionelle Tonalität aufgehoben wird. Das „Klangzentrum" enthält den transponierbaren Tonvorrat eines Werks, der sich harmonisch wie melodisch entfaltet. In späten Skizzen erweiterte Skrjabin sein „Klangzentrum" bis zur Zwölftönigkeit, konnte aber seine zukunftsweisenden Pläne, die eine Dodekaphonie vor Schönberg hätten Realität werden lassen, nicht mehr ausführen.

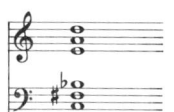

166 Alexander Nikolajewitsch Skrjabins „Prometheus"- oder „mystischer Akkord"

10.4 Form- und Gattungsprobleme

Parallel zu der Entwicklung der Harmonik veränderten sich auch die musikalischen Formen und Gattungen. So sehr die Vertreter der Moderne auch auf die traditionellen Modelle zurückgriffen, so sehr waren diese für sie zu einem Kompendium von Möglichkeiten der kompositorischen Gestaltung geworden, die nunmehr, um der Gefahr eines schematischen Epigonentums zu entgehen, in verblüffend neuen Kombinationen verwendet wurden.

Als übergreifende Tendenz ist um die Jahrhundertwende der Einfluß sinfonischen Denkens in fast allen Gattungen zu beobachten, wie umgekehrt die satztechnische Differenziertheit der Kammermusik in verstärktem Maße in großbesetzten Werken Eingang fand, deren Riesenorchester (wie zum Beispiel das von A. Schönbergs *Gurre-Liedern*, 1900–11) sowohl ein Mittel zur Erzeugung von Monumentalität wie zur Erzielung größtmöglicher Nuancierung darstellen. In einigen Sinfonien G. Mahlers dagegen erscheinen reine Instrumentalsätze mit Orchesterliedern von kammermusikalischem Charakter zu einem Zyklus vereinigt.
Die nunmehr möglich gewordene Verbindungsfähigkeit von Sinfonie und Lied tritt besonders deutlich im *Lied von der Erde* (1908/09) hervor, einem Werk, das Mahler „Eine Symphonie für eine Tenor- und eine Alt (oder Bariton-)Stimme" nannte. Liedhafte und sinfonische Elemente sind zu einer Einheit verbunden, wie z. B. im ersten Lied, dessen vier Strophen als Sonatensatz vertont sind.
Nach 1900 begann eine allmähliche Verschiebung im System der musikalischen Gattungen, die eine der Voraussetzungen zur Entwicklung der „Neuen Musik" darstellt. Ausgesprochene Mischgattungen wie bei Mahler begegnen in der Musik der Jahrhundertwende nur selten. Charakteristisch jedoch ist die Verquickung von kammermusikalischen und sinfonischen Elementen, die in Regers großdimensioniertem Streichquartett d-Moll op. 74 (1903/04) ebenso hervortritt wie in Schönbergs Streichsextett *Verklärte Nacht* (1899; nach R. Dehmel). Nach der *Sinfonia domestica* (1902/03) von R. Strauss nahm das Interesse an der Sinfonischen Dichtung ab. Parallel dazu ging mit den Sinfonien Mahlers die Entwicklung dieser Gattung einem vorläufigen Ende entgegen. Dafür erlebte die Kammermusik einen neuen Aufschwung (insbesondere im Schönberg-Kreis), und auch die Oper, die sich allmählich aus der erdrückenden Abhängigkeit vom Werk R. Wagners befreite, errang mit Werken wie Strauss' *Salome* (1905) und *Elektra* (1909) neue Bedeutung und wurde zu einem wichtigen kompositorischen Experimentierfeld.

Europäische Musik um 1900

Die Verfügbarkeit über Modelle der Tradition zeigt sich auch in den formalen Konzeptionen der Moderne. Während Reger die tradierten Formschemata weitgehend übernimmt und durch die Stiftung eines engen motivisch-thematischen Zusammenhangs in der Nachfolge Brahms' auszufüllen versucht, erscheinen die Formen bei Strauss und Mahler in jeweils verschiedener Transformation. So ist in Strauss' *Don Juan* (1888/89) die Sonatenform nur noch rudimentär nachweisbar und dient als Außenhalt eines Formablaufs, der vor allem auf die Präsentation verschiedener, programmatisch bestimmter musikalischer Charaktere zielt. In *Tod und Verklärung* (1888/89) dagegen findet sich die von F. Liszt übernommene Verschränkung von Sonatenhauptsatzform und Sinfoniezyklus (▷ 9.29), d. h. einzelne Formteile sind funktional mehrdeutig. Ein Abschnitt kann zum Beispiel sowohl als Kontrastthema als auch als „langsamer Satz" aufgefaßt werden. Ähnliche großformale Konzeptionen finden sich auch in *Ein Heldenleben* (1897/98) und in der *Sinfonia domestica* (1902/03), während die Tondichtung *Till Eulenspiegels lustige Streiche* (1894/95) auf einer freien Rondoform basiert und *Don Quixote* (1896/97) eine besondere Form des Variationenzyklus darstellt.
Einen erheblichen Wandel der traditionellen Formbegriffe zeigen die Sinfonien Mahlers. Schon die großformale Anlage weist häufig nur noch wenig Ähnlichkeit mit der klassizistischen Sinfonik etwa Brahms' auf. Mahler verläßt die traditionelle Viersätzigkeit mehrfach zugunsten einer Formkonzeption, in der mehrere Sätze zu einer Einheit – von Mahler als „Abtheilung" bezeichnet – zusammengefaßt sind, so zum Beispiel die beiden ersten Sätze der 5. Sinfonie (1901/02), die auf eine Weise thematisch miteinander verschränkt sind, daß sie gleichsam im Verhältnis Exposition–Durchführung/Reprise zueinander stehen. Die zweiteilige 8. Sinfonie (1906) dagegen vereinigt in ihrem ausladenden zweiten Teil kontrastierende Abschnitte miteinander, die die Funktionen von Adagio, Scherzo und Finale erfüllen.

Zentren, Strömungen, Komponisten

10.5 Wien

Obwohl Wien seit langem eines der wichtigsten Kulturzentren Europas war, stellt das kulturelle Leben der Stadt um die Jahrhundertwende etwas Besonderes dar. Nie zuvor gab es eine solche Konzentration von Künstlern und Denkern verschiedenster Bereiche: die Literaten A. Schnitzler, H. von Hofmannsthal und Karl Kraus, die Künstler der „Wiener Secession" um G. Klimt sowie den jungen O. Kokoschka, die Architekten Otto Wagner und A. Loos, die Philosophen E. Mach und L. Wittgenstein, den Begründer der Psychoanalyse S. Freud und schließlich als herausragende Komponisten G. Mahler und A. Schönberg und viele andere.
Unter der Direktion Mahlers (1897–1907) wurde die Wiener Hofoper zur führenden Opernbühne Europas. Mahlers unermüdlicher Einsatz für künstlerische Qualität beschränkte sich nicht auf die großen Repertoirewerke der Vergangenheit, sondern galt ebenso den Werken seiner Zeitgenossen. Zusammen mit dem Bühnenbildner A. Roller entwickelte Mahler einen Darstellungsstil, der sich um Glaubwürdigkeit und psychologische Durchdringung bemühte.
Im Mittelpunkt des Konzertlebens standen die Konzerte der Wiener Philharmoniker, eines traditionsreichen Orchesters, dem 1900 das Wiener „Concert-Vereinorchester", die späteren Wiener Symphoniker, zur Seite traten. Außerdem besaß Wien eine bedeutende Chortradition, die von leistungsfähigen Ensembles wie dem Singverein der Gesellschaft der Musikfreunde und dem Wiener Männergesangsverein gepflegt wurde.
Ein wichtiger Träger des Musiklebens waren die, allerdings konservativ ausgerichteten, Musikgesellschaften (Gesellschaft der Musikfreunde, Wiener Konzerthaus-Gesellschaft). Großen Einfluß besaß darüber hinaus die Musikkritik, deren prominentester Vertreter, E. Hanslick, bis in die neunziger Jahre hinein Kritiken für die *Neue freie*

377

Presse, die wichtigste Zeitung Österreichs, verfaßte. Sein Nachfolger wurde der ebenfalls konservative J. Korngold, Vater des Komponisten E. W. Korngold.

10.6 Wolf

Hugo Wolf wurde am 13. März 1860 in Windischgraz (dem heutigen jugoslawischen Slovenj Gradec) geboren. Die Konflikte seines Lebens kündigten sich schon früh an. Weder auf dem Gymnasium noch am Wiener Konservatorium, das er ab 1875 besuchte, gelang es dem überaus sensiblen Wolf, sich gesellschaftlich einzuordnen. Seine psychische und physische Labilität wurde durch eine syphilitische Infektion verschlimmert, die später zur Gehirnparalyse und am 22. Februar 1903 in Wien schließlich zum Tod führte.

Einen geregelten Musikerberuf hat Wolf kaum ausgeübt. Ein Versuch als Theaterdirigent scheiterte, und auch seine journalistische Tätigkeit für das *Wiener Salonblatt,* für das er eine Fülle brillanter Rezensionen schrieb, stellte nur eine episodenhafte Nebentätigkeit dar, so daß er von seinen Eltern und Freunden unterstützt werden mußte. Wolfs psychische Konstitution beeinflußte sein Schaffen erheblich. Auf Jahre der Produktionslosigkeit, bedingt durch schwere Depressionen, folgten Zeiten des Schaffensrausches, so zum Beispiel das *Liederjahr* 1888/89, in dem die meisten der Mörike-, Eichendorff- und Goethe-Vertonungen entstanden, die Wolfs Ruf als Liedkomponist begründeten.

Wolfs Begabung äußerte sich in einem gleichsam explosiven Hervorbringen der musikalischen Einfälle, weshalb er selbst wiederholt auf die zentrale Bedeutung der „Inspiration" für sein Komponieren hingewiesen hat. Ein in der romantischen Literatur verschiedentlich vorgeprägter Künstlertyp hat in seinem Leben und Schaffen in extremer Zuspitzung Gestalt angenommen. So steht auch die paradigmatisch romantische Gattung des Liedes im Mittelpunkt seines Œuvres, während die Versuche, Werke großen Formats zu schaffen, eher mühevoll waren. Wolf, ein leidenschaftlicher Verehrer R. Wagners, begeisterte sich schon früh für verschiedene Opernprojekte. Seine komische Oper *Der Corregidor* (1895/ 1896) konnte sich jedoch, trotz großartiger Musik, ihrer zu epischen Anlage wegen nicht durchsetzen.

Wolfs Lieder, die der Komponist nach Textautoren geordnet in Heften veröffentlichte (Mörike, 1889; Eichendorff, 1889; Goethe, 1890; Keller, 1891; Michelangelo, 1889; dazu das *Spanische Liederbuch,* 1891, und das *Italienische Liederbuch,* 1892–96, sowie Lieder nach Texten verschiedener Dichter), zählen zu den herausragenden Beispielen der Gattung im späten 19. Jahrhundert. In ihnen tritt eine Charakterisierungskunst hervor, die vom Tonfall des Melancholisch-Resignativen (etwa in den späten Michelangelo-Gesängen) bis zum Derb-Komischen *(Der Abschied)* reicht und die den poetischen Nuancen jedes einzelnen Gedichts ebenso gerecht wird wie dem besonderen Stil und Tonfall der verschiedenen Dichter. Die Singstimme wird melodisch und rhythmisch äußerst differenziert behandelt und stets aus dem deklamatorischen Gestus der Sprache heraus gestaltet (Abb. 167). Der Klavierpart tritt ihr in ganz eigener Durchzeichnung und Plastizität gegenüber, bewegt sich hierbei nicht selten bis in Grenzbereiche spätromantischer Harmonik und Klanglichkeit und expandiert in manchen Liedern vollends zum Orchestralen (zum Beispiel in *Prometheus).*

Wolfs Instrumentalwerke stehen im Schatten seiner Lieder. Während die Sinfonische Dichtung *Penthesilea* (1883–85; revidiert 1897) kaum noch gespielt wird, sind das Streichquartett d-Moll (1878–84) und die *Italienische Serenade* (Fassung für Streichquartett 1887; Fassung für kleines Orchester 1892) gelegentlich zu hören.

10.7 Mahler

Gustav Mahler wurde am 7. Juli 1860 als Sohn eines jüdischen Kaufmanns im böhmischen Kalischt geboren. Schon bald nach der Geburt zog die Familie nach Iglau, wo Mahler vor allem mit Volks- und Marschmusik bekannt wurde, Eindrücke, die für sein eigenes Komponieren zentrale Bedeutung erlangten. Ab 1875 besuchte Mahler das Wiener Konservatorium, das er 1878 mit Auszeichnungen verließ. Im gleichen Jahr begann er die Arbeit

167 „Schon streckt ich aus im Bett" aus dem „Italienischen Liederbuch" (1896) von Hugo Wolf

Kapitel 10

an seinem ersten vollgültigen Werk, der Kantate *Das klagende Lied*. Die Ablehnung des Werkes bei einem Preisausschreiben brachte Mahler zu dem Entschluß, die Dirigentenlaufbahn einzuschlagen. Nach verschiedenen kleineren Engagements an Provinzbühnen wurde er 1888 Direktor der Königlichen Oper in Budapest, folgte dann drei Jahre später einem Ruf an das renommierte Hamburger Stadttheater und wurde schließlich, nach seinem Übertritt zum Katholizismus, zunächst Kapellmeister, dann Direktor der Wiener Hofoper (▷ 10.5). Der philosophisch und künstlerisch Hochinteressierte heiratete 1902 Alma Schindler, durch die er in engen Kontakt zu den Künstlern der „Wiener Secession" und anderen Vertretern der künstlerischen Moderne kam. Das Jahr 1907 markiert einen schweren Einschnitt in Mahlers Leben. Die Tochter Maria Anna starb, bei Mahler selbst wurde ein schweres Herzleiden diagnostiziert, und schließlich löste er, als Reaktion auf eine antisemitische Hetzkampagne und andere Intrigen, seinen Vertrag mit der Wiener Hofoper und ging als Dirigent der Metropolitan Opera in New York nach Amerika. Mahler verbrachte aber viele Monate des Jahres in Europa, nicht zuletzt um als Interpret eigener Werke aufzutreten, so als Dirigent der triumphalen Uraufführung seiner 8. Sinfonie (1910 in München). Todkrank kehrte Mahler 1911 aus Amerika zurück und starb am 18. Mai in Wien.

Mahlers nicht sehr umfangreiches Œuvre weist, läßt man die Jugendwerke außer acht, nur zwei Gattungen auf: das Lied und die Sinfonie. In fast allen Schaffensperioden hat Mahler sich parallel mit beiden Gattungen beschäftigt; im *Lied von der Erde* hat er sie am Ende seines Lebens sogar in einer neugeschaffenen Gattung, einer „Sinfonie in Liedern", miteinander verschmolzen (▷ 10.4). Von Anfang an bestand zwischen den Liedern und den gleichzeitig konzipierten Sinfonien ein enger Zusammenhang, sei es in Gestalt von thematischen Übernahmen wie dem Zitat von zwei der *Lieder eines fahrenden Gesellen* in der 1. Sinfonie (Abb. 168), oder durch die Wesensverwandtschaft, die die vokalen Sätze der 2. bis 4. Sinfonie mit den Liedern aus *Des Knaben Wunderhorn* verbindet, der berühmten Sammlung von A. von Arnim und C. Brentano, der Mahler die meisten seiner Liedtexte (oft in freier Umgestaltung) entnahm. Die volkstümlichen Texte waren Ausgangspunkt für eine kunstvoll-einfache, gleichsam naive Musik. Der volkstümliche Ton stellt einen, wenn auch nicht den wichtigsten Aspekt von Mahlers musikalischem Stil dar. Hinzu treten Elemente der Ironie und Parodie, die Vermischung von Stilebenen (das heißt das Nebeneinander von hochentwickeltem sinfonischen Stil und Trivialmusik) und eine große Expressivität, die zusammen den Mahlerschen „Ton" prägen, der seine Werke über die bewußten stilistischen Brüche hinweg zusammenhält.

Mahlers reifes Schaffen läßt sich in vier Perioden einteilen. Die erste beginnt mit dem *Klagenden Lied* (1880; revidiert 1892/93 bis 1898/99), umfaßt ferner die *Lieder eines fahrenden Gesellen* (1883–85), die Lieder nach *Des Knaben Wunderhorn* (1892–98) und die ersten vier Sinfonien: Nr. 1 D-Dur (1884–88; revidiert 1893–96); Nr. 2 c-Moll, mit Sopran-, Altsolo und Chor (1888–94; revidiert 1903); Nr. 3 d-Moll, mit Altsolo, Frauen- und Knabenchor (1893–96; revidiert 1906); Nr. 4 G-Dur, mit Sopransolo (1899/1900; revidiert 1901–10).

Im Zentrum der nächsten Schaffensperiode stehen drei monumentale Instrumentalsinfo-

168 „Ging heut' morgens übers Feld" aus den „Liedern eines fahrenden Gesellen" (1883–85) von Gustav Mahler, darunter das Hauptthema des 1. Satzes seiner 1. Sinfonie D-Dur (Takt 62–67)

nien: Nr. 5 cis-Moll (1901/02); Nr. 6 a-Moll (1903/04; revidiert 1906); Nr. 7 e-Moll beziehungsweise h-Moll (1904/05). Sie können als Versuch gelten, mit rein instrumentalen Mitteln die Geschichte eines sinfonischen Subjekts darzustellen, teils als Apotheose, wie in der 5. Sinfonie, teils als Katastrophe, wie in der 6. Sinfonie. In zeitlicher und stilistischer Nähe stehen die *Kindertotenlieder* (1901–04), zwei Lieder auf Texte aus *Des Knaben Wunderhorn* (1899/90) und die *Rückert*-Lieder (1901/02), die in einzelnen Details bereits Momente von Mahlers Spätstil vorausnehmen.
Ein in jeder Hinsicht herausragendes Werk ist die 8. Sinfonie Es-Dur für acht Solisten, Knabenchor und achtstimmigen gemischten Chor (1906). Das monumentale Werk, gattungsgeschichtlich eine Mischung aus Sinfonie, Kantate und Oratorium, basiert auf dem Pfingsthymnus *Veni creator spiritus* (1. Teil) und der Schlußszene aus *Faust II* (2. Teil) und stellt mit seiner Anrufung und Verherrlichung des Geistes das wohl großartigste Beispiel der „Weltanschauungsmusik" um 1900 dar. Die 8. Sinfonie ist Mahlers letztes Werk, das von Optimismus und Lebensbejahung geprägt ist. In den darauf folgenden Werken der letzten Schaffensperiode, dem *Lied von der Erde* (1908/09), der 9. Sinfonie D-Dur (1908/09) und der Fragment gebliebenen 10. Sinfonie Fis-Dur (ab 1910), schwingen die Erschütterungen des Jahres 1907 nach. Ihr „Ton" ist der der Zurücknahme und des *Abschieds*, wie er im letzten Satz des *Liedes von der Erde* seinen wohl beredtesten Ausdruck fand.
Mit ihren neuartigen formalen Konzeptionen, der Entfaltung des musikalischen Materials durch das Mittel der entwickelnden Variation, die Tendenz zur „musikalischen Prosa" und die konsequente Polyphonisierung des Tonsatzes wurden Mahlers letzte Werke zum wichtigen Anknüpfungspunkt für die Komponisten des Schönbergkreises (▷ 11.2).

10.8 Strauss

Richard Strauss wurde am 11. Juni 1864 in München geboren. Sein Vater war erster Hornist des Hoforchesters und prägte mit seinem konservativen Geschmack die ersten musikalischen Erfahrungen des Kindes. Die Bläserserenade op. 7 (1881) erregte die Aufmerksamkeit H. von Bülows, der Strauss 1885 als Dirigent der berühmten Meininger Hofkapelle verpflichtete. Das war der Beginn einer glänzenden Dirigentenlaufbahn, die Strauss nach kleineren Engagements 1894 königlicher Kapellmeister am Münchner Hoftheater werden ließ. Im gleichen Jahr heiratete er die Sängerin Pauline de Ahna, für die die meisten seiner Lieder entstanden. In München setzte sich Strauss als Interpret vor allem für die Werke Wagners und Mozarts ein, die seine eigenen Kompositionen am nachhaltigsten beeinflußten.
Neben den zahlreichen Dirigierverpflichtungen (ab 1898 an der Berliner Hofoper) und Auftritten als Pianist entstanden zunächst vor allem die großen Tondichtungen für Orchester, die Strauss weltberühmt machten: unter anderem *Don Juan* op. 20 (1888/89); *Macbeth* op. 23 (1886–88); *Tod und Verklärung* op. 24 (1888/89); *Till Eulenspiegels lustige Streiche* (1894/95); *Also sprach Zarathustra* op. 30 (1895/96); *Don Quixote* op. 35 (1896/97); *Ein Heldenleben* op. 40 (1897/98); *Sinfonia domestica* op. 53 (1902/03); als „Nachzügler" entstand 1911–15 *Eine Alpensinfonie* op. 64 (▷ 10.2 und 10.4). Nach *Guntram* (1894) und *Feuersnot* (1901) gelang Strauss mit *Salome* (nach O. Wilde's Drama in der Übersetzung von H. Lachmann, 1903/05) der Durchbruch als Opernkomponist. Mit der nächsten Oper, *Elektra* (1909), begann die Zusammenarbeit mit H. von Hofmannsthal, aus der fünf Opern und ein Ballett hervorgingen: *Der Rosenkavalier* (1911); *Ariadne auf Naxos* (1912; revidiert 1916); *Die Frau ohne Schatten* (1919); *Die ägyptische Helena* (1928; revidiert 1933); *Arabella* (1933); *Josephs-Legende* (1914).
1919 wurde Strauss zum Direktor der Wiener Staatsoper ernannt, 1922 dirigierte er bei den Salzburger Festspielen, zu deren Mitgründern (neben Hofmannsthal und M. Reinhardt) er gehörte. Kompetenzstreitigkeiten führten 1924 zu Strauss' Rücktritt in Wien. Seitdem band er sich nie mehr an ein Haus, sondern reiste als vielgefragter Gastdirigent durch das In- und Ausland. Nach der Machtübernahme der Nationalsozialisten wurde Strauss zum Präsidenten der Reichsmusikkammer ernannt, geriet aber vorübergehend in einen

Kapitel 10

169 Bühnenbild Alfred Rollers zur Uraufführung der Oper „Der Rosenkavalier" von Richard Strauss 1911 in Dresden (1. Aufzug, das Schlafzimmer der Feldmarschallin)

schweren Konflikt mit dem Regime, als er sich für den jüdischen Schriftsteller Stefan Zweig, den Librettisten seiner komischen Oper *Die schweigsame Frau* (1935), einsetzte. In den letzten Jahren entstand noch eine Fülle von Werken, darunter die Opern *Friedenstag* (1938), *Daphne* (1938), *Die Liebe der Danae* (1944) und *Capriccio* (1942), ferner zahlreiche Gelegenheitskompositionen, einige Instrumentalwerke, unter ihnen die *Metamorphosen* für 23 Solostreicher (1945) und das Oboenkonzert in D-Dur (1945), und schließlich die *Vier letzten Lieder* (1948), mit denen Strauss sich von einer Welt verabschiedete, die in musikalischer Hinsicht schon lange nicht mehr die seine war. Nach langer Krankheit starb Strauss am 8. September 1949 in Garmisch.

Um die Jahrhundertwende galt Strauss als führender Komponist der Moderne. Durch die Verbindung einer avancierten musikalischen Sprache mit betörender Klangsinnlichkeit eroberte er sich sein Publikum, dessen Erwartungshaltung er in seinem kompositorischen Denken stets reflektierte. Mit *Salome* und *Elektra* schuf er seine modernsten Partituren, deren Dissonanzreichtum und klangliche Massivität ganz im Dienste des jeweiligen Sujets stehen. Nach *Elektra* wurde Strauss' Komponieren zunehmend retrospektiv. Dem großen Vorbild Mozart folgend, bemühte er sich um eine gleichsam artifizielle Einfachheit, die sich unter anderem im Rückgriff auf alte Formen, in der Vereinfachung der Harmonik und im Primat der Melodie zeigt. Strauss blieb bis zum Ende seines Lebens seiner „kulinarischen" Ästhetik verbunden und wurde so zu einem Komponisten, der sich von der neuen Entwicklung der Musik, deren „modernster" Repräsentant er einmal gewesen war, in wachsendem Maß distanzierte.

10.9 Reger

Max Reger wurde am 19. März 1873 im oberpfälzischen Brand als Sohn eines Lehrers geboren. Ersten Klavierunterricht erhielt er bei der Mutter, dann bei seinem späteren Biographen A. Lindner. Reger entschied sich gegen die ursprünglich vorgesehene Lehrerlaufbahn für den Musikerberuf. Wichtige Eindrücke vermittelte ihm das Privatstudium bei H. Riemann, einem der bedeutendsten Musiktheoretiker seiner Zeit, gegen dessen konservative Haltung Reger schon früh opponierte. Dennoch nahm Riemann seinen begabtesten Schüler mit, als er 1893 an das Wiesbadener Konservatorium berufen wurde, an dem Reger neben seinem eigenen Studium bereits Klavier- und Theorieunterricht erteilte. In Wiesbaden entstanden die ersten Kompositionen, die Reger einer breiteren Öffentlichkeit bekannt machten (unter anderem die Orgelsuite e-Moll op. 16, 1894/95). Nach einem schweren körperlichen Zusammenbruch, Folge seines allzu exzessiven Lebenswandels, der als Reaktion auf wachsende Vereinsamung zu verstehen ist, kehrte Reger zu seinen Eltern nach Weiden zurück. Dort entstand nach seiner Genesung eine Fülle von Werken, vor allem Orgelkompositionen, für deren Bekanntwerden sich insbesonders der spätere Thomaskantor K. Straube einsetzte.

1901 zog Reger mit seiner Familie nach München und trat dort als Komponist und Interpret vor allem eigener Werke hervor; außerdem lehrte er an der Akademie der Tonkunst. 1907 wurde er zum Universitätsmusikdirektor in Leipzig ernannt, 1911 übernahm er die Leitung der Meininger Hofkapelle, die er zu einem der besten Orchester Deutschlands machte. Im Frühjahr 1914 erlitt Reger, bedingt durch seine Arbeitsüberlastung, erneut einen Zusammenbruch, der ihn zu einer Kur und zur Änderung seiner Arbeitsgewohnheiten zwang. Ab 1915 bis zu seinem Tod am 11. Mai 1916 lebte er in Jena.

Reger war ein für seine Zeit untypischer Komponist. Seine strenge Arbeitsmoral, in deren Zentrum der Begriff des Handwerks stand, sowie die geschäftige Betriebsamkeit, mit der Reger gleichsam jeden Augenblick seines Lebens ausfüllte, stehen quer zu der damals noch verbreiteten Auffassung vom schaffenden Künstler als einem weltabgeschiedenen, auf Inspirationen angewiesenen Genie. Reger verschloß sich den repräsentativen Gattungen seiner Zeit. Opern komponierte er gar nicht, und das große Ziel, eine monumentale Sinfonie, hat er in vielen Werken zwar angesteuert, aber eigentlich nie erreicht. Bekannt wurde Reger dagegen durch Orgelwerke und Kammermusik, zwei Bereichen, die gegen Ende des 19. Jahrhunderts eine weitaus geringere Bedeutung besaßen als Oper und Sinfonie bzw. Sinfonische Dichtung. Die Orgelwerke Regers sind der Musik J. S. Bachs verpflichtet, deren Kontrapunktik er auf der Grundlage der modernen Harmonik interpretierte. Höhepunkte sind die großen Choralfantasien (unter anderem über *Ein' feste Burg ist unser Gott* op. 27, 1898; *Wie schön leucht' uns der Morgenstern* op. 40,1, 1899; *Wachet auf, ruft uns die Stimme* op. 52,2, 1900), die *Symphonische Phantasie und Fuge* op. 57 (1901), *Introduktion, Passacaglia und Fuge* e-Moll op. 127 (1913) und *Phantasie und Fuge* d-Moll op. 135b (1916).

Unter Regers zahlreichen Kammermusikwerken ragen, neben den Violin- und Violoncellosonaten, vor allem die fünf Streichquartette (1888/89; 1900; 1903/04; 1909; 1911) heraus. Von großer Bedeutung sind ferner die Solosonaten für Geige, Bratsche und Violoncello, in denen sich, ähnlich wie im *Konzert im alten Styl* op. 123 (1912), Regers Historismus besonders deutlich zeigt. Erst später kam Reger zur Orchesterkomposition. Die bekanntesten Werke sind die *Serenade G-Dur* op. 95 (1905/06), die *Variationen und Fuge über ein lustiges Thema von J. A. Hiller* op. 100 (1907) und die *Variationen und Fuge für Orchester über ein Thema von Mozart* op. 132 (1914), während der *Symphonische Prolog zu einer Tragödie* op. 108 (1908), die *Vier Tondichtungen nach A. Böcklin* op. 128 (1914) oder die *Romantische Suite* op. 125 (1912) erst allmählich wiederentdeckt werden, ebenso wie die gigantischen Konzerte für Violine (A-Dur op. 101, 1907-08) und Klavier (f-Moll op. 114, 1910).

Einen großen Raum in Regers Œuvre nimmt die Klaviermusik ein. Neben einer Fülle von kleineren Klavierstücken, von denen einige ausdrücklich für den Unterricht bestimmt sind, finden sich aber nur wenige Werke großen Formats, darunter die Variationszyklen nach Themen von Bach (op. 81, 1904), Beethoven (zu vier Händen, op. 86, 1904) und Telemann (op. 134, 1914). Neben einer großen Anzahl von Liedern komponierte Reger zahlreiche Chorwerke, von denen viele für den gottesdienstlichen Gebrauch entstanden sind. Unter den großbesetzten Werken ragt der *100. Psalm* op. 106, entstanden zur 350-Jahrfeier der Universität Jena im Jahr 1908 heraus, während das geplante monumentale lateinische Requiem Fragment blieb.

10.10 Berlin

Mit der Gründung des Deutschen Reiches begann Berlins Aufstieg zur Weltstadt, durch den die preußische Metropole zu einem der wichtigsten Musikzentren Europas wurde. Die Hofoper hatte eine Reihe bedeutender Künstler verpflichtet und wurde musikalisch von Dirigenten wie F. von Weingartner, K. Muck und R. Strauss geleitet. In den neunziger Jahren wurden die Musikdramen R. Wagners endgültig fester Bestandteil des Repertoires, viele moderne Werke stießen jedoch auf den Widerstand des einflußreichen konservativen Hofes. Andere Schwerpunkte setzten die Kroll-Oper und das Theater des Westens, das letztere vor allem als Aufführungsstätte von komischen Opern und Operetten. Im Gegensatz zur konservativen Hofoper mit ihrem statuarischen Darstellungsstil wurde in der 1905 eröffneten Komischen Oper großes Gewicht auf die Regie gelegt. Aus Mitgliedern der Bilseschen Kapelle entstanden 1887 die Berliner Philharmoniker, die sich rasch zu einem Konzertorchester höchsten Rangs entwickelten. Der neugegründete Gesangverein („Philharmonischer Chor") von S. Ochs setzte sich für die neueste Chorliteratur ein. An der Universität entstand ein Zentrum der Musikwissenschaft, deren führende Vertreter Ph. Spitta, H. Kretzschmar, C. Sachs und H. Abert waren. Berlins Rang als Musikstadt zeigte sich auch in den vielen Verlagsniederlassungen, die das Musikleben beförderten, und schließlich war Berlin die Heimat wichtiger Musikzeitschriften (*Allgemeine Musikzeitung*, 1876–1942; *Die Musik*, 1901–42).

10.11 Busoni

Ferruccio Busoni (Abb. 170, S. 386) wurde am 1. April 1866 in Empoli in der Nähe von Florenz geboren. Sein Vater war ein bekannter Klarinettist, seine deutschstämmige Mutter Pianistin. Busoni wurde schon früh als Wunderkind bekannt. Der Unterricht bei Wilhelm Mayer in Graz begründete Busonis lebenslange Bewunderung für die Musik J. S. Bachs und W. A. Mozarts, für die er sich als Bearbeiter, Interpret und Schriftsteller einsetzte. Als drittes Idol trat später F. Liszt hinzu, an dessen Klavierstil Busoni, der ein Pianist von Weltrang war, anknüpfte.
Lehrtätigkeiten führten Busoni über Leipzig, Helsinki und Moskau, wo er seine Frau Gerda heiratete, 1894 schließlich nach Berlin, das seine neue Heimat wurde. Als Pianist reiste Busoni durch die halbe Welt. In Amerika wurde er von zwei deutschen Musikern angeregt, Bachs *Kunst der Fuge* zu vollenden. Aus dieser Idee erwuchs eines seiner bedeutendsten Werke, die *Fantasia contrappuntistica* (verschiedene Fassungen, unter anderem auch für zwei Klaviere, 1910–22). 1915 zog Busoni, um dem Krieg zu entfliehen, in die Schweiz, kehrte 1920 nach Berlin zurück und arbeitete bis zu seinem Tod 1924 an seinem „Hauptwerk", der Oper *Doktor Faust*.

Als Komponist begann Busoni in der spätromantischen Tradition, der noch sein erstes erfolgreiches Werk, das *Konzertstück* für Klavier und Orchester op. 31a (1890), verpflichtet ist. Busonis weitere kompositorische Entwicklung zeigt einen Zug ins Pluralistisch-Experimentelle. Unter den „modernen" Werken ragt die *Sonatina seconda* für Klavier (1912) heraus, in der Busoni die Möglichkeiten freier Tonalität und metrischer Ungebundenheit erkundet. Das großdimensionierte Klavierkonzert op. 39 (mit Männerchor, 1903/04) dagegen ist eher als zeittypisches Monumentalwerk zu verstehen. In späteren Werken orientierte sich Busoni, seiner Idee einer „jungen Klassizität" folgend, zunehmend an der satztechnischen und formalen Klarheit seiner großen Vorbilder Bach und Mozart, so etwa in dem *Concertino* für Klarinette und kleines Orchester op. 48 (1919), dem *Divertimento* für Flöte und Orchester op. 52 (1920) oder der *Sonatina brevis „in signo Joannis Sebastiani Magni"* für Klavier (1919). Trotz der großen Bedeutung der Kammermusik- und Klavierkompositionen stehen die Bühnenwerke im Mittelpunkt von Busonis Œuvre. Aus der Bühnenmusik zu C. Gozzis *Turandot* (1905) ging 1917 die gleichnamige Oper hervor, die, wie auch das „theatralische Capriccio" *Arlecchino* (1917), im Rückgriff auf Elemente der Commedia dell'arte die „Idee des reinen Spiels" realisiert. Beide Werke sind als Kritik am zeitgenössischen Verismo zu verstehen, die in der komischen Oper *Die Brautwahl* (1912) bereits vorbereitet ist. Busonis wichtigstes Werk ist die Oper *Doktor Faust* (1916–24), in der er seine Idee einer aus der Tradition erwachsenen „neuen" Musik zu realisieren versuchte. Busoni starb am 27. Juli 1924 in Leipzig vor Vollendung des Werkes, dessen Partitur sein Schüler Ph. Jarnach ergänzte (Uraufführung 1925).
Einen wichtigen Teil von Busonis Lebenswerk nehmen die zahlreichen Bearbeitungen von Werken anderer Komponisten ein, deren Notentexte er teils aufführungspraktisch einrichtete und didaktisch kommentierte (so in seiner berühmten Ausgabe der Bachschen Klavierwerke), teils für eine neue Besetzung „zum Konzertgebrauch" arrangierte (wie zum Beispiel das *Duettino concertante* für zwei Klaviere nach dem Finale des Klavierkonzerts F-Dur KV 459 von Mozart).

Europäische Musik um 1900

Busoni war außerdem ein vielbeachteter Musikschriftsteller. In seiner berühmtesten Schrift, dem *Entwurf einer neuen Ästhetik der Tonkunst* (1907; zweite Fassung 1916), formulierte er Gedanken und Überlegungen, die für seine Zeit ungewöhnlich waren, so etwa, als Kritik an der immer noch aktuellen Programmusik, ein Plädoyer für die „absolute" Musik, ferner Überlegungen zu neuen Tonsystemen mit Drittel- und Sechsteltönen und Spekulationen über die Möglichkeiten elektronischer Musikinstrumente.

10.12 Paris

Auch nach dem verlorengegangenen Krieg von 1870/71 war Paris eine Kulturmetropole, die ihren Rang als „Hauptstadt des 19. Jahrhunderts" (W. Benjamin) behaupten konnte. Als Protest gegen die deutschen Sieger, deren Musik im französischen Musikleben schon lange eine gewichtige Rolle spielte, wurde die Gründung der „Société Nationale de Musique" verstanden, deren Vorsitz C. Saint-Saëns übernahm. Diese Vereinigung hatte sich zum Ziel gesetzt, unter dem Motto „ars gallica" eine spezifisch französische Orchester- und Kammermusik durchzusetzen und so ein Gegengewicht zur bisherigen Dominanz der Oper zu schaffen. Institutionell getragen wurden diese Bemühungen von mehreren großen Orchestern wie denen von Colonne, Lamoureux und Pasdeloup sowie verschiedenen Kammermusikvereinigungen. Die „Société Nationale de Musique" förderte junge Komponisten wie C. Debussy, erstarrte aber zunehmend in Traditionalismus, so daß es 1909 unter der Führung von G. Fauré zur Gründung der „fortschrittlicheren" „Société Musicale Independante" kam.
Trotz dieser Bemühungen, die einen allmählichen Umbruch im Musikleben Frankreichs bewirkten, stand die Oper im Mittelpunkt der Pariser Musikszene. In den neunziger Jahren eroberten Wagners Werke endgültig die Bühne des Palais Garnier. Viele französische Komponisten, darunter E. Chabrier und V. d'Indy, wurden von Wagners Musik beeinflußt. Französische Opern von eigenständigem Rang wurden dagegen in der Opéra comique aufgeführt, so G. Charpentiers *Louise* (1900), Debussys *Pelléas et Mélisande* (1902), P. Dukas' *Ariane et Barbebleu* (1907) und M. Ravels *L'heure espagnole* (1911). Auf eine für die französische Kultur typische Weise waren Literatur und Musik eng miteinander verknüpft. So entstand zum Beispiel Debussys „Drame lyrique" nach dem Schauspiel *Pelléas et Mélisande* von M. Maeterlinck. É. Zola verfaßte Libretti für A. Bruneau, und vielen Liedkompositionen lag die Lyrik von St. Mallarmé und P. Verlaine zugrunde.
1894 wurde die Schola Cantorum gegründet, eine Ausbildungsstätte, die eine Alternative zum Conservatoire darstellte und deren Schwerpunkt auf der Pflege und Vermittlung von religiöser und alter Musik lag. Von hier gingen starke Impulse zu einer „Rückkehr zur Vergangenheit" aus, die die Musik Bachs, Mozarts, Glucks und Rameaus auf eine folgenreiche Weise erneut ins Bewußtsein der Musikwelt rückte. Der „moderne Klassizismus" Debussys und Ravels etwa ist ohne deren Auseinandersetzung mit den alten französischen Clavecinisten und mit Mozart, um nur einige Vorbilder zu nennen, kaum vorstellbar.
Zur schillernden Vielfalt des Pariser Musiklebens gehörten nicht zuletzt die „Cafés concerts", in denen ein exzentrischer Außenseiter wie E. Satie (▷ 10.15) als Pianist auftrat und, abseits der Tempel der hohen Kunst, eine Musik schuf, die sich als zukunftsweisend herausstellen sollte.

10.13 Debussy und der musikalische Impressionismus

Claude Debussy wurde am 22. August 1862 in Saint-Germain-en-Laye geboren. Schon als Zehnjähriger wurde er Schüler des Pariser Conservatoire. Er studierte Klavier und Komposition und erhielt beim dritten Versuch 1884 für die Kantate *L'Enfant prodigue* den begehrten Rompreis. Während seines Aufenthaltes in Rom entstand unter anderem die Suite *Printemps* (1887), das erste Werk Debussys, das in einer Rezension als „impressionistisch" – in abwertendem Sinne – bezeichnet wurde. Im selben Jahr kehrte De-

Kapitel 10

170 Ferruccio Busoni (Gemälde von Umberto Boccioni, 1916; Rom, Galleria Nazionale d'Arte Moderna)

bussy nach Paris zurück. Auf der Weltausstellung 1889 lernte er asiatische und spanische Musik kennen, die sein folgendes Schaffen zum Teil stark beeinflußte (▷ 10.1). Die Uraufführung von *Pelléas et Mélisande* (1902) markierte Debussys künstlerischen Durchbruch und machte ihn zur führenden Gestalt der modernen französischen Musik. Ein 1909 erstmals in Erscheinung getretenes Krebsleiden führte am 25. März 1918 in Paris zum Tod.

Die Charakterisierung Debussys als eines „musikalischen Impressionisten" ist ebenso zutreffend wie unzureichend. Mit dem malerischen Impressionismus, der seinen Namen C. Monets Bild *Impression. Soleil levant* (1874) verdankt, hat der musikalische Impressionismus, dem außer Debussy mit Einschränkungen unter anderem auch M. Ravel und P. Dukas und außerhalb Frankreichs M. de Falla, O. Respighi und F. Delius zugerechnet werden, manche Momente gemein. Dazu zählt nicht zuletzt eine antiakademische, „moderne" Haltung, vor allem aber die Dominanz der Farbe vor der klaren Kontur.

In der Musik sind Tonsatz, Harmonik und Instrumentation Funktionen der „Klangfarbe", die häufig zum primären Element der Komposition wird, ohne daß etwa Debussy in Werken wie *Prélude à l'après-midi d'un faune* (1892–94), den *Trois nocturnes* (1897–99) oder den „symphonischen Skizzen" *La mer* (1903–05) in der Formgestaltung von seinem ästhetischen Ideal der „Klarheit" (clarté) abwiche. Impressionistische Züge zeigen auch viele Klavierwerke, darunter beispielsweise *Suite bergamasque* (1890, revidiert 1905), *Estampes* (1903), *Images* (2 Bände, 1905 und 1907) und einige der *Préludes* (zwei Bände, 1910–13), ferner das Streichquartett (1894) und Lieder, unter ihnen die *Fêtes galantes* (1891 und 1904) und die *Proses lyriques* (1892/93).

Debussys Gesamtwerk läßt sich aber mit dem Begriff des Impressionismus nicht erfassen. Schon die 1898 begonnenen und 1908 veröffentlichten *Trois chansons de Charles d'Orléans* für gemischten Chor zeigen einen Rückbezug auf alte Musik (hier auf die weltliche Vokalmusik der Renaissance), die zum klassizistischen Stil der Spätwerke führte, unter ihnen die Musik zu G. d'Annunzios *Le martyre de Saint-Sébastien* (1911), die Ballette *Khamma* (1911–12), *Jeux* (1913) und *La boîte à joujoux* (1913) und drei Sonaten für verschiedene Instrumente (1915–17). Die Dominanz der Klangfarbe ist hier zugunsten einer klaren Linienführung und strukturellen Einfachheit aufgegeben, die sich nicht nur bei Debussy, sondern auch bei vielen seiner Zeitgenossen finden läßt. In diesem „modernen Klassizismus", der eine Gegenbewegung zum Pathos der Spätromantik darstellte, bereitete sich der wenig später aufkommende Neoklassizismus vor (▷ 11.3).

10.14 Ravel

Maurice Ravel wurde am 7. März 1875 als Sohn eines schweizerischen Ingenieurs und einer Baskin in Ciboure, nahe der spanischen Grenze, geboren. Die Vorliebe des Vaters für Präzisionsmaschinen und die baskische Herkunft der Mutter wirkten prägend auf die spätere musikalische Physiognomie des Komponisten, die sich unter anderem in handwerkli-

Europäische Musik um 1900

171 Erik Saties „Le Water-chute" aus „Sports et divertissements" (1914). Die Musik entstand gleichsam als Illustrierung der Zeichnung von Charles Martin, deren graphische Anlage ihre Entsprechung im Notenbild findet

cher Vollkommenheit und einer spezifischen Affinität zur Musik Spaniens offenbart. 1889 begann Ravel sein Studium am Pariser Conservatoire. Unter den dort entstandenen Kompositionen nimmt vor allem das *Menuet antique* (1895) mit seiner Mischung aus alter Form und Satztechnik und moderner Harmonik wesentliche Elemente von Ravels späterem Stil voraus, der sich erstmals in dem Klavierstück *Jeux d'eau* (1901) in vollendeter Form zeigt. Die Vorkriegsjahre waren eine Zeit größter Produktivität. In dieser Periode entstanden viele dem Impressionismus verpflichtete Werke, darunter das Streichquartett (1902/03), die Sonatine für Klavier (1903–05), die Zyklen *Miroirs* (1904/05), *Gaspard de la nuit* (1908) und *Valses nobles et sentimentales* (1911) für Klavier, die *Rapsodie espagnole* (1907/08) und die Oper *L'heure espagnole* (1911), schließlich die Suite *Ma mère l'oye*, fünf Klavierstücke zu vier Händen (1908–10; Orchesterfassung und Ballett 1911), deren Kinderwelt bereits auf die Oper *L'enfant et les sortilèges* (1925) vorausweist. Mit *Daphnis et Chloé* (1912) schuf Ravel eine der bedeutendsten Ballettpartituren des frühen 20. Jahrhunderts, die sich neben den großen Ballettmusiken I. Strawinskys (▷ 11.13) behaupten konnte. Die *Trois poèmes de Stephane Mallarmé* für Singstimme und Kammerensemble (1913) zeigen Ravels Auseinandersetzung mit dem *Pierrot lunaire* op. 21 (1912) von A. Schönberg. Die Nachkriegswerke, beginnend mit der Klaviersuite *Le tombeau de Couperin* (1914–17; Orchesterfas-

sung 1919), zeigen, fast parallel zu Debussy (▷ 10.13), klassizistische Tendenzen, vor allem in der Vereinfachung der Textur (etwa in der Sonate für Violine und Violoncello 1920–23). In einigen seiner letzten Werke, vor allem in dem Klavierkonzert G-Dur (1929–31), spielen Elemente des Jazz eine wichtige Rolle (▷ 11.8).
Im Auftrag der Tänzerin Ida Rubinstein komponierte Ravel 1928 den *Bolero,* eine Instrumentationsstudie über eine vielfach wiederholte Melodie, die den Höhepunkt seiner Meisterschaft in der Gestaltung von Klängen darstellt. Ravels Klangsinn zeigt sich im virtuosen Klaviersatz ebenso wie in der Instrumentation seiner originalen Orchesterwerke und den Orchestrationen eigener und fremder Klavierwerke (etwa M. P. Mussorgskis *Bilder einer Ausstellung,* 1922). – Ravel starb am 28. Dezember 1937 in Paris.

10.15 Satie

Erik Satie wurde am 17. Mai 1866 in Honfleur geboren. Als Dreizehnjähriger kam er ans Pariser Conservatoire, das er nur mühsam absolvierte. Erste Klavierstücke entstanden, deren Titel bereits die bizarren Bezeichnungen späterer Kompositionen vorausnehmen, darunter die drei *Gymnopédies* (1888), von denen C. Debussy zwei instrumentierte. Satie lebte als Bohemien im Montmartre und lernte die spezifische Welt der „Cafés concerts" kennen. 1890 traf er J. Péladan, genannt „Sâr Péladan", der den Rosenkreuzerorden wiederbelebt hatte, also eine der vielen Glaubenskongregationen anführte, von denen diese Zeit mit ihrer Suche nach immer neuen Glaubensinhalten in starkem Maße geprägt wurde. Die Musik, die Satie für Péladan komponierte, zum Beispiel die zu dem Drama *Le Fils des étoiles* (1891), ist in ihrer Harmonik und metrischen Ungebundenheit von frappierender Modernität. Nach zwei Jahren brach Satie mit Péladan und gründete die „Eglise Métropolitaine d'Art de Jésus Conducteur", deren einziges Mitglied Satie selbst war. Ab 1898 wohnte er in dem Vorort Arcueil-Cachan und arbeitete als Pianist in Cafés. Ein großer Teil der in dieser Zeit entstandenen Kabarettmusik ist in die *Trois morceaux en forme de poire* für Klavier zu vier Händen (1890–1903) eingegangen.

Von 1905 bis 1908 versuchte Satie sich noch einmal an einem geregelten Kompositionsstudium und besuchte die Klassen von V. d'Indy und A. Roussel an der Schola Cantorum, wohl nicht zuletzt deshalb, weil er unter dem Vorwurf des Dilettantismus litt. Erst nach 1910 wurden allmählich die Frühwerke Saties bekannt und wegen ihrer gleichsam vorausgenommenen Modernität gerühmt. Als sich auch Musikverlage für seine Kompositionen zu interessieren begannen, schuf Satie eine Fülle von Klavierstücken, die er mit eigenwilligen Kommentaren versah, zum Beispiel die auf ein Werk von M. Clementi zurückgreifende *Sonatine bureaucratique* von 1917, in der bereits wesentliche Momente des Neoklassizismus vorbereitet sind (▷ 11.3). Saties großer Durchbruch erfolgte aber erst in seinen letzten Lebensjahren, nachdem sich in der Musikästhetik ein entscheidender Wandel vollzogen hatte und Satie und seine Musik unter der Führung von J. Cocteau zum Vorbild einer jungen Komponistengeneration wurde (▷ 11.3). Erik Satie starb am 1. Juli 1925 in Paris.

10.16 De Falla

Manuel de Falla, am 23. November 1876 in Cádiz geboren, war neben E. Granados und I. Albéniz der herausragende Repräsentant der spanischen Kunstmusik in der ersten Hälfte des 20. Jahrhunderts. De Falla faßte schon früh den Entschluß, eine spezifisch spanische Musik zu komponieren, die in der Volksmusik seines Landes verwurzelt sein sollte, ohne in einen bloßen Folklorismus zu verfallen. Nach seiner Studienzeit in Madrid ging de Falla nach Paris, wo er durch den Erfolg seiner Oper *La vida breve* (1913) schnell bekannt wurde. C. Debussy und M. Ravel schätzten ihn, und de Falla seinerseits nahm viele Anregungen der Franzosen auf, deren Kompositionen mit spanischen Sujets (etwa Debussys *La soirée dans Grenade* aus dem Zyklus *Estampes,* 1903) er ihrer „atmosphärischen" Stimmigkeit wegen bewunderte. Mit Ausbruch des Ersten Weltkrieges kehrte de Falla in seine Heimat zurück. Dort entstand zunächst das Ballett *El amor brujo* (1915), in dem de Falla erstmals Elemente des andalusischen „Cante jondo" verwendet, die auch sein bedeutendstes Klavierwerk, die *Fantasía bética* (1919) prägen. Für S. Diaghilew komponierte er das Ballett *El sombrero de tres picos* (*Der Dreispitz,* 1919), das eines der bekanntesten Werke de Fallas wurde.

De Fallas Begabung, verschiedene Stile in seine eigene musikalische Sprache zu integrieren, zeigt sich in der Puppenoper *El retablo de maese Pedro* (1923) ebenso wie in dem Konzert für Cembalo und fünf Instrumente (1923–26), in dem neben Scarlatti auch die spanische Vokalmusik des 16. Jahrhunderts anklingt. Die Musik T. L. de Vittorias und anderer Komponisten des „Goldenen Zeitalters", wie die Spanier diese Zeit nennen, bildet auch das stilistische Rückgrat der szenischen Kantate *Atlántida* (begonnen 1926), deren Komposition durch den Bürgerkrieg und de Fallas Emigration nach Argentinien unterbrochen wurde. Vor der Vollendung seines Hauptwerks ist de Falla am 14. November 1946 in Alta Gracia (Argentinien) gestorben, das Fragment wurde von seinem Schüler E. Halffter ergänzt und 1961 erstmals aufgeführt.

10.17 Italien und der Verismo

Auch um die Jahrhundertwende behauptete die Oper ihre Monopolstellung im italienischen Musikleben, während genuine Instrumentalkomponisten wenig Interesse beim Publikum fanden und daher ins Ausland zogen. Mit P. Mascagnis *Cavalleria rusticana* (1890) entstand das erste Werk des musikalischen Verismo, einer Strömung, deren Anspruch, als Parallelerscheinung zum literarischen Naturalismus verstanden zu werden, vor allem von den Sujets (zum Beispiel der „naturalistischen" Novelle von G. Verga, die Mascagnis Oper zugrundeliegt), weniger von der Musik selbst getragen wird. Während sich die veristische Oper inhaltlich von der romantischen Oper mit ihren historischen, idealisierten und mythischen Gestalten absetzt, bleibt die musikalische Dramaturgie der traditionellen Einteilung in Szenen und Arien verpflichtet. Anknüpfend an den Spätstil G. Verdis ist der schematische Wechsel von Rezitativ und geschlossener Form zugunsten eines musikalischen Dialogs aufgegeben, dessen Basis, nach Wagnerschem Vorbild, wiederkehrende Motive des Orchesters bilden, ohne daß damit die Bedeutung der großen Arie beeinträchtigt wäre. Häufig finden sich allerdings auch relativ kurze Arien von plakativer Ausdruckskraft.

Harmonik und Instrumentation entsprechen dem hohen Entwicklungsstand um 1900 nur selten, wie überhaupt eine allzu große Komplexität der auf unmittelbar wirkende Emotionalität zielenden italienischen Oper im Grunde entgegensteht.

Der Begriff Verismo löste sich allmählich von seiner ursprünglichen Bedeutung und bezeichnete alle Werke, die in der Nachfolge von Mascagnis Erfolgsoper entstanden sind. Dazu zählen neben R. Leoncavallos *I Pagliacci* (*Der Bajazzo*, 1892) auch Opern ohne naturalistisches Sujet wie U. Giordanos *Andrea Chenier* (1896) und F. Cileas *Adriana Lecouvreur* (1902), vor allem aber auch einige der ersten Opern G. Puccinis. Der Verismo als musikalische Strömung der Oper blieb nicht auf Italien beschränkt. In Frankreich komponierte A. Bruneau *L'ouragan* (1901) auf einen Text von É. Zola, die bekannteste deutsche Oper dieser Richtung ist *Tiefland* (1903) von E. d'Albert.

10.18 Puccini

Giacomo Puccini wurde am 22. Dezember 1858 in Lucca geboren. Nach Abschluß seines Musikstudiums in Mailand errang er mit *Le Villi* (1884) seinen ersten Erfolg. Das Werk erregte das Interesse des Verlegers Ricordi, der, ebenso wie sein Konkurrent Sonzogno, erheblichen Einfluß auf die Karriere junger Komponisten besaß und Puccini von Anfang an protegierte. Mit *Manon Lescaut* (1893) gelang Puccini sein erster großer Wurf, ein Drama der Leidenschaften, in dem die charakteristischen Stilmerkmale des Komponisten bereits ausgebildet sind: eine weitgespannte Melodik, die oft dem Orchester anvertraut ist, während die Singstimme nur Ausschnitte singt, Unisoni des ganzen Orchesters, eine Fülle charakteristischer Ausdrucksnuancen sowie eine individuell gehandhabte Leitmotivtechnik.

Mit *Manon Lescaut* begann eine Serie von Welterfolgen. Es folgte *La Bohème* (1896) nach einem Roman von H. Murger, der zur gleichen Zeit auch R. Leoncavallo als Vorlage zu einer Oper diente, danach *Tosca* (1900) und schließlich *Madame Butterfly* (1904), die sich aber erst nach ihrer Umarbeitung durchsetzen konnte. Zur Vorbereitung auf diese Komposition beschäftigte sich Puccini intensiv mit japanischer Musik, die in den kunstvoll gesetzten exotischen Klängen und Melodien der Oper ihre Spuren hinterlassen hat. Gerade *Madame Butterfly* ist aber in ihren lyrischen Passagen auch ein Musterbeispiel für Puccinis Neigung zu einer Sentimentalität, die gelegentlich bis an die Grenze des Trivialen geht. Ihr steht jedoch ein dramatischer Spürsinn zur Seite, der emotionale Ausbrüche ebenso wirkungsvoll zu disponieren weiß wie intime Lyrik.

Auf *Madame Butterfly* folgte eine lange Schaffenspause, bis 1910 in New York *La fanciulla del West* (*Das Mädchen aus dem goldenen Westen*) uraufgeführt wurde. An eine Zwischenarbeit, die komische Oper *La Rondine* (1917), schloß sich *Il trittico* (1918) an, die Trilogie mit den drei Einaktern *Il tabarro* (*Der Mantel*), *Suor Angelica* (*Schwester Angelica*) und *Gianni Schicchi*, in deren Abfolge von Schauerdrama, Rührstück und Komödie eine bestimmte Pariser Theatertradition zum Tragen kommt. Die Werkgruppe zeigt wich-

Kapitel 10

172 Beginn des 1. Aktes der Oper „Turandot" (Uraufführung 1926) von Giacomo Puccini mit a-Moll/Cis-Dur im 5. Takt

tige Veränderungen in Puccinis Stil. Die formale Gestaltung ist knapper, die Harmonik dissonanzreicher als in den früheren Werken. Puccini setzt aber dissonante Reizklänge vor allem als dramatisch-expressives Mittel ein. Auch die bitonalen Akkorde, mit denen *Turandot,* Puccinis letzte Oper, vor deren Vollendung er am 29. November 1924 starb (vollendet von F. Alfano, 1926), beginnt (Abb. 172), sind weniger als Merkmal einer avancierten Harmonik zu verstehen als vor allem im Sinne einer musikalischen Vergegenwärtigung der auf der Szene herrschenden Brutalität.

10.19 England: Elgar und Delius

Im englischen Musikleben des 19. und frühen 20. Jahrhundert dominierte die Chormusik, während Oper und Sinfonie beziehungsweise Sinfonische Dichtung, die repräsentativen Gattungen der kontinentalen Musik, wohl von den Interpreten, nicht aber von den englischen Komponisten gepflegt wurden. Die Begeisterung für den Chorgesang dokumentierte sich in großen Chorfesten, unter denen das heute noch bestehende „Three Choirs Festival", das von den Städten Worcester, Hereford und Gloucester veranstaltet wird, das renommierteste ist. Ein Komponist wie H. Parry war zwar in England bekannt, doch erst mit Edward Elgar (* 1857, † 1934) trat nach langer Zeit ein englischer Komponist in Erscheinung, der auch im Ausland Anerkennung fand und zugleich eine nationale Tradition begründete. In der Nähe von Worcester geboren und mit der englischen Chortradition wohlvertraut, lebte Elgar mehrere Jahre als Geiger und freier, wenig erfolgreicher Komponist, bis ihm um die Jahrhundertwende mit dem Oratorium *The dream of Gerontius* (1900) und den *Enigma*-Variationen für Orchester (1899) der Durchbruch gelang. Innerhalb kürzester Zeit wurde Elgar zum hochgeehrten Nationalkomponisten, der er bis heute geblieben ist. Neben seinen großen Chorwerken, die der englischen Tradition verbunden sind, steht eine große Anzahl gewichtiger Orchesterwerke, darunter zwei Sinfonien (As-Dur, 1908; Es-Dur, 1911), Konzertouvertüren (*Cockaigne,* 1901; *In the South,* 1904), die Sinfonische Dichtung *Falstaff* (1913) sowie Konzerte für Violine (1910) und Violoncello (1919). Überaus populär wurde der erste der fünf Militärmärsche mit dem Titel *Pomp and Circumstance* (1901–30), dessen Triomelodie mit dem Text *Land of hope and glory* zur zweiten Nationalhymne Englands geworden ist. In Elgars Musik verbinden sich Einflüsse der deutschen Spätromantik, vor allem R. Wagners, und Elemente der französischen Musik des späten 19. Jahrhunderts zu einem sehr persönlichen Stil schwermütiger Eleganz, dessen oftmals repräsentative Monumentalität (etwa in *The Crown of India,* 1911–12) in Verbindung mit dem Geist des Imperialismus gesehen werden kann, der England zur Zeit Elgars prägte.

Frederick Delius (* 1862, † 1934) ist heute in England ebenso als ein „nationaler Klassiker" angesehen wie sein konservativerer Zeitgenosse Elgar, obwohl er zu seiner Zeit die wesentlichen Erfolge im Ausland, vor allem in Deutschland und Frankreich, erzielte. Im Gegensatz zu Elgar, dessen Komponieren auf handwerklicher Solidität gründete, verstand Delius sein Schaffen als einen Akt der Intuition. Für seine Musik ist dementsprechend

Europäische Musik um 1900

weniger die motivisch-thematische Entwicklung des musikalischen Materials charakteristisch als vielmehr ihr „ungebundenes Melos" (G. Schubert), das von einem Orchesterklang getragen wird, dessen farbige Mischklänge Delius verschiedentlich das Etikett eines „Impressionisten" eingetragen haben.
Im Zentrum von Delius' Œuvre stehen seine oftmals programmatischen Orchesterwerke (unter anderem *Paris*, 1899; *Dance Rhapsody No. 1*, 1908, mehrere Solokonzerte) und seine Opern (unter anderem *A Village Romeo and Juliet*, 1907; *Fennimore and Gerda*, 1909–11). Unter den großen Chorwerken ist *Eine Messe des Lebens* (1904/05) als Dokument der Nietzsche-Rezeption um 1900 von besonderem Interesse.

10.20 Skrjabin

Anknüpfend an die Klaviermusik F. Chopins entwickelte sich der am 6. Januar 1872 in Moskau geborene Alexander Nikolajewitsch Skrjabin zu einer der eigenwilligsten und bizarrsten Komponistenpersönlichkeiten des frühen 20. Jahrhunderts. Skrjabins Ruhm gründete sich zunächst auf sein außerordentliches pianistisches Können, das er nach dem Abschluß seines Studiums am Moskauer Konservatorium ausschließlich in den Dienst seiner eigenen Kompositionen stellte. Aus Skrjabins Pianistentätigkeit und seiner überaus engen Beziehung zum Klavier resultiert das starke Übergewicht der Klavierwerke in seinem Œuvre (darunter zehn Sonaten, Préludes, Mazurken, Impromptus), denen eine weitaus geringere Anzahl an Orchesterwerken (drei Sinfonien, 1900–04; *Le poème de l'extase*, 1905–08; *Prométhée*, 1908–10; Klavierkonzert fis-Moll, 1896) gegenübersteht.
Nach traditionsverbundenen Anfängen gelangte Skrjabin zunehmend zu einer musikalischen Sprache, in der sich, vor allem in Hinsicht auf die Harmonik, der Übergang zur „Neuen Musik" des 20. Jahrhunderts ankündigt (▷ 10.1). Seine Werke entziehen sich jedoch jeder Festlegung auf eine bestimmte Stilrichtung. Skrjabins geniehafte, die Grenze des Größenwahns streifende Persönlichkeit („Ich bin Gott!") verband philosophisches Gedankengut verschiedenster Provenienz (unter anderem die Theosophie von Helena Blavatsky, die Philosophie F. Nietzsches und Ideen der russischen Symbolisten) zu einer individuellen Kunstreligion, die die Konzeption vor allem der letzten Werke maßgeblich bestimmte.
Eines der meistdiskutierten Werke Skrjabins war und ist *Prométhée, le poème du feu* op. 60 (1908–10) für Klavier, Chor und Orchester, das erste große Werk, in dem Skrjabin seine – später weiterentwickelte – Technik des „Klangzentrums" (▷ 10.3) anwendete. Eine Besonderheit des Werkes ist die synästhetische Einbeziehung von Lichtprojektionen, die mittels einer eigenen „Luce"-Stimme Bestandteil der Partitur und somit der Werkkonzeption sind. Solche synästhetischen Wirkungen gehören zu den Charakteristika des späten Skrjabin. Sie sollten ihren Höhepunkt finden in dem als „Gesamtkunstwerk" geplanten *Mysterium*, einer utopischen, die Menschheit erneuernden ekstatischen Handlung, bei der die Musik nur eine von vielen

173 Titelblatt der Erstausgabe der Symphonie „Prométhée, le poème du feu" op. 60 von Alexander Nikolajewitsch Skrjabin, gestaltet von Jean Delville

Funktionen ausüben sollte. Als Skrjabin am 27. April 1915 starb, hinterließ er lediglich Skizzen zu einer „vorbereitenden Handlung", in denen die Tendenz zur Zwölftönigkeit jedoch deutlich zu erkennen ist.

10.21 Janáček

Leoš Janáček wurde am 3. Juli 1854 im mährischen Hukvaldy geboren. Während seiner Studienzeit, die ihn nach Prag, Leipzig und Wien führte, wurde er mit der klassisch-romantischen Tradition vertraut. Sein schon früh erwachter Nationalismus führte zu einer geradezu fanatischen Ablehnung alles Deutschen, die deutsch-österreichische Musik eingeschlossen. Diese Abgrenzung und seine leidenschaftliche Hinwendung zur Volksmusik seiner Heimat sind die Voraussetzungen seiner kompositorischen Entwicklung, die einen eigenständigen Beitrag zur Moderne darstellt. In den *Lachischen Tänzen* verwendete Janáček 1889 erstmals Volksweisen, von denen er ein Jahr später zusammen mit F. Bartoš eine große Anzahl herausgab. In dieser Zeit begann Janáček auch mit dem Studium der sogenannten „Sprachmelodie", das heißt der Intonationsweisen des menschlichen Sprechens, die für ihn zur Inspirationsquelle bei der Entwicklung eines neuen Opernstils wurde, den er im Realismus von *Jenufa* (1904) erstmals verwirklichte. *Jenufa* blieb Janáčeks erfolgreichste Oper, obwohl die folgenden Bühnenwerke, darunter *Katja Kabanowa* (1921), *Das schlaue Füchslein* (1924), *Die Sache Makropoulos* (1926) und *Aus einem Totenhaus* (1930), deren Stil weiterentwickelten.
Von großer Bedeutung für Janáčeks internationalen Durchbruch als Opernkomponist, der erst nach der Wiener *Jenufa*-Premiere 1918 begann, war die Bekanntschaft mit dem Dichter M. Brod, durch dessen – oft sehr freie – Übersetzungen Janáčeks Werke im deutschen Sprachraum überhaupt aufführbar wurden.
Weitere Schwerpunkte in Janáčeks Œuvre sind seine Orchesterwerke, darunter Sinfonische Dichtungen wie *Des Spielmanns Kind* (1912), *Taras Bulba* (1915–18) und *Blaník* (1920), und die *Sinfonietta* (1926), ferner Kammermusikwerke (vor allem die beiden Streichquartette, Nr. 1 nach L. Tolstois *Die Kreutzersonate*, 1923; Nr. 2 *Intime Briefe*, 1928), eine große Anzahl von Chorwerken (unter anderem die *Glagolitische Messe*, 1926), verschiedene Klavierwerke und der Liederzyklus *Tagebuch eines Verschollenen* (1917–19). Janáček starb am 12. August 1928 in Ostrau.

10.22 Nordeuropa: Sibelius und Nielsen

Wie in den meisten europäischen Ländern hatten sich auch in Skandinavien im 19. Jahrhundert Musikkulturen entwickelt, in denen Elemente der nationalen Volksmusik eine große Bedeutung für die Entwicklung der Kunstmusik erlangten. Doch nur wenigen Komponisten wie E. Grieg oder F. Berwald gelang es, über die heimatlichen Grenzen hinaus bekannt zu werden und internationale Anerkennung zu finden. Während Griegs Kunst ihren idealen Gegenstand in poetischen Miniaturen fand, erwiesen sich zwei skandinavische Komponisten der Jahrhundertwende schon früh als genuine Sinfoniker, Jean Sibelius und Carl Nielsen.
Jean Sibelius wurde am 8. Dezember 1865 in Hämeenlinna geboren. Nach Studienjahren in Helsinki, wo er vor allem mit der Musik R. Wagners und P. I. Tschaikowskys bekannt wurde, ging Sibelius zunächst nach Berlin, wo er die neuesten musikalischen Strömungen kennenlernte (unter anderem R. Strauss' *Don Juan*), wandte sich dann, zusammen mit seinem Freund F. Busoni, nach Leipzig und schließlich nach Wien, wo erste Pläne für die monumentale Vokalsinfonie *Kullervo* (1892) entstanden, die auf das finnische Nationalepos *Kalevala* zurückgeht. Das Werk brachte Sibelius erste Anerkennung. Ihm schloß sich eine Reihe von Tondichtungen, ebenfalls nach Motiven aus dem *Kalevala*, an (*En saga* op. 9, 1892; die vier *Lemminkainen*-Legenden op. 22, 1893–95).
Ab 1897 ermöglichten eine staatliche Pension sowie private Unterstützung Sibelius ein von materiellen Sorgen weitgehend freies Schaffen. Mit der 1. Sinfonie e-Moll op. 39 (1899) wandte er sich der zentralen Gattung seines

Schaffens zu. Anknüpfend an die Sinfonik Tschaikowskys, suchte Sibelius in jeder seiner sieben Sinfonien nach neuen formalen Lösungen und Möglichkeiten der zyklischen Gestaltung. Auf die ausladende 2. Sinfonie D-Dur op. 43 (1901/02) folgte mit der 3. Sinfonie C-Dur op. 52 (1907) ein Werk, das ebenso wie das Violinkonzert d-Moll op. 47 (1903) die Hinwendung zu einer vereinfachten Tonsprache zeigt, die dann aber in der 4. Sinfonie a-Moll op. 63 (1911), seinem „modernsten" Werk, zurückgenommen scheint. Die vier Sätze der 5. Sinfonie Es-Dur op. 82 (1915) gehen nahtlos ineinander über.
Nach dem Ersten Weltkrieg komponierte Sibelius nur noch wenige große Werke. Er stellte nach den beiden letzten Sinfonien, der 6. Sinfonie d-Moll op. 104 (1923) und der einsätzigen 7. Sinfonie C-Dur op. 105 (1924) sowie der Tondichtung *Tapiola* (1926) das Komponieren ganz ein und lebte bis zu seinem Tod am 20. September 1957 zurückgezogen in seinem Haus in Järvenpää.
Der am 9. Juni 1865 in Sortelung auf der Insel Fünen geborene Carl Nielsen wurde als Geiger in verschiedenen Orchestern zunächst vor allem durch die Werke der Wiener Klassiker geprägt. Insbesondere der Musik Mozarts galt seine größte Bewunderung. An der Kopenhagener Oper lernte Nielsen die Musik R. Wagners kennen, und bei Aufenthalten in Deutschland und Österreich beschäftigte er sich auch mit der Musik von J. Brahms, dessen Einfluß in der 1. Sinfonie g-Moll op. 7 (1890–92) zum Tragen kommt.
Im Verlauf der folgenden Jahre fand Nielsen seinen eigenen Stil in Werken wie der 2. Sinfonie *Die vier Temperamente* op. 16 (1901/02), den beiden Opern *Saul og David* (1898–1901) und *Maskarade* (1904–06) sowie in Kammermusik- und Vokalkompositionen. Melodik und Rhythmik sind, wie in der Musik der Wiener Klassik, die primären Strukturelemente der Musik, verbunden aber mit einer Harmonik, die den Entwicklungsstand um 1900 auf individuelle Weise reflektiert.
In späteren Werken, insbesondere in den vier weiteren Sinfonien (Nr. 3 *Sinfonia espansiva* op. 27, 1910/11, mit Sopran- und Baritonsolo; Nr. 4 *Das Unauslöschliche* op. 29, 1914–16; Nr. 5 op. 50, 1921/22; Nr. 6 *Sinfonia semplice*, 1924/25) und den Konzertwerken für Violine (op. 33, 1911), Flöte (1926) und Klarinette (op. 57, 1928) ist eine strukturelle Durchsichtigkeit und Klarheit zu erkennen, die deutlich auf Nielsens Verwurzelung in der Musik Mozarts verweist. – Carl Nielsen starb am 3. Oktober 1931 in Kopenhagen.

Hans Heinrich Eggebrecht
Musik und Gesellschaft

Es kann nicht bezweifelt werden, daß die Musik, ihre Geschichte und ihr jeweiliger Status, eingebettet ist in die Geschichte der Gesellschaft. Das sozial strukturierte Zusammenleben der Menschen in seinen intersubjektiven Prägungen und Trends erzeugt die musikalischen Interessen und Bedürfnisse, und die Musik in ihren Entwicklungen und Erscheinungsweisen ist von den in der Gesellschaft verankerten Ansprüchen, Erwartungen und Initiativen zutiefst bestimmt.

Um hier sogleich einige Beispiele zu nennen: Als die christliche Kirche des Mittelalters die Musik in ihre Dienste stellte, entstanden – zunächst ganz von diesem Dienst geprägt – die schriftlich fixierte und theoretisch durchdrungene einstimmige und auf dieser Basis die notierte mehrstimmige Musik Europas; das gesellige Leben in den Adelshäusern der oberitalienischen Stadtherrschaften des 14. Jahrhunderts bildete den Rahmen für die neuartigen Musiziergattungen des Madrigals, der Caccia und der Ballata; im Zusammenhang mit dem Repräsentationsbedürfnis der Herrschenden entfaltete sich die barocke Großform der Oper; als das Bürgertum im 18. Jahrhundert seinen Beteiligungsanspruch an der Musikkultur anmeldete und durchzusetzen begann, entwickelte sich das öffentliche Konzert mit seinen neuartigen Organisationsformen und musikalischen Gattungen; die häusliche Lebensform des Besitz- und Bildungsbürgertums des 19. Jahrhunderts erschuf die Salonmusik als Massenware; getragen von nationalen Bewegungen traten die vaterländischen musikalischen Schulen und Stile in die Musikgeschichte ein; funktional zu den Interessen der Marktwirtschaft entstanden in neuerer Zeit ganze Industriezweige der Werbe-, Kaufhaus- und Arbeitsplatzmusik. In der Tat: Es gibt in Geschichte und Gegenwart wohl keine Art von Musik, die sich nicht zurückführen läßt auf gesellschaftliche Verhältnisse, Anstöße und Einflußnahmen.

Andererseits aber ist auch die Musik dazu befähigt, auf die Gesellschaft einzuwirken, sie in ihrem Status zu stabilisieren, in ihren Veränderungen zu hemmen oder in ihren Entwicklungen zu fördern, wenn dies als konkretes Geschehnis im allgemeinen auch schwerer dingfest zu machen ist als bei der zuerst genannten umgekehrten Sichtweise. Indessen sind die Intentionen, durch Musik den Menschen und somit auch den gesellschaftlichen Verbund der Menschen in ethischer, religiöser oder politischer, ästhetisch sensibilisierender und erzieherischer Weise zu beeinflussen ebenso ausgeprägt wie die Klagen darüber, daß bestimmte Arten von Musik negative Zuständlichkeiten erzeugen, verhärten und bestärken können, und wie die Hoffnung darauf, daß Musik durch die mit ihrer Schönheit verbundenen Zukunftsperspektive die Gesellschaft zu mobilisieren vermag.

Niemals aber sind – so sei schon hier vermerkt – die Musik als konkrete Erscheinung und die Gesellschaft als ökonomisch, politisch und kulturell strukturierte Vielheit, Menge und Masse direkt zueinander hin, sondern immer steht zwischen den beiden Seiten als vermittelnde Instanz der Mensch als einzelner, als Interpret und Hörer, als die der Musik zugewandte Person, vorab als das die Musik schaffende schöpferische Individuum. Zwar ist der Mensch auch als Einzelwesen in seinem musikalischen Denken und Handeln geprägt seitens des kollektiven Bewußtseins der Zeit, der Nation, der Klasse und sozialen Gruppe, der Gesellschaft, der er zugehört, doch gleichzeitig muß eingeräumt werden, daß auch er als einzelner, als individuelles Bewußtsein, Werte schaffen kann, die als freie Wertsetzungen des Ichs nicht oder nur in einer sehr indirekten Weise gesellschaftlich ableitbar sind.

*

Zu fragen ist nun, wie die Abhängigkeit der Musik von der Gesellschaft konkret beschaffen und zu erkennen ist und wie weit sie reicht. Musik ist in allen ihren Ausprägungen durch die Geschichte hin, vor allem in ihrem Mittelpunkt, dem musikalischen Werk, stets auch und zunächst eine Sache für sich, und es bedarf des Einsatzes spezifischer wissenschaftlicher Anstrengungen, um zum Begriff zu bringen, was im Wechsel und in der Vielschichtigkeit ihrer Erscheinungen jeweils sie ist. Und die Gesellschaft, was immer sie sei, ist auch ihrerseits eine Sache für sich, ein kompliziertes Geflecht aus Voraussetzungen und Konstituenten, das, um in seinen geschichtlichen Herkünften, Stadien und Trends durchschaut zu werden, ebenfalls spezieller wissenschaftlicher Operationen bedarf, die überdies auf durchaus unterschiedlichen Erklärungstheorien aufbauen oder in sie einmünden. Zu fragen ist jedesmal aufs neue, auf welche Weise die beiden „Sachen für sich", bei denen nicht bezweifelt werden kann, daß sie ineinander sind, so zueinander hin sind, daß ein Erklärungszusammenhang sich eröffnet und die Musik als gesellschaftliche Hervorbringung erkannt werden kann.

Die Musikwerke oder weiter gefaßt die musikalischen Hervorbringungen bieten verschiedene Aspekte an, unter denen sie betrachtet werden können. Am deutlichsten in der Gesellschaftsstruktur etabliert ist die Institution, in der die Musik eine Rolle spielt. Dabei ist der Begriff der Institution möglichst weit zu fassen: als eine Einrichtung, in der Menschen sich zusammenfinden, deren gleichartige Bedürfnisse und Handlungsmuster die Einrichtung ins Leben riefen, die somit einer (wenn potentiell auch noch so lockeren) sozial begründeten Zusammengehörigkeit von Menschen entspricht, einer sozialen Gruppe, einem Verbund, einem Lebenskreis, der in der Einrichtung eine Befriedigung, Bestätigung oder Erfüllung findet. Institutionen sind geschlossene oder offen abgegrenzte Objektivationen gesellschaftlich etablierter Interessen. Beispiele bieten im Blick auf die Musik im Mittelalter der Hof, das Kloster, der Dom oder die Kathedrale, die stadtbürgerliche Vereinigung, die Gelehrtenschule, der universitäre Zirkel, die Häuser des Adels und Großbürgertums; in der Renaissance und im Barock die Kirche und Kantorei, die Akademie, der Herrensitz, die

Essay

Stadtverwaltung mit ihren Einrichtungen, das öffentliche Theater; im 19. Jahrhundert der Konzertsaal, der Salon, die häusliche Lebensform, der Verein, der politische Verbund; im 20. Jahrhundert die „Bewegungen" (zum Beispiel die Jugendbewegung), die Verbände, das Festival, der Rundfunk und noch immer fortlebend viele der hier ab dem Mittelalter genannten Institutionsbegriffe.
Auch die Adressaten der kulturellen Hervorbringungen, zum Beispiel die Angehörigen eines Klosters oder einer Hofhaltung, die städtische Öffentlichkeit, die Mitglieder von Akademien, Zirkeln oder Verbänden, gehören dem Institutionsbegriff zu: Sie sind gewissermaßen die Insassen, die sich die Einrichtungen schufen oder für die sie geschaffen wurden und mit denen sie in diesem Sinne identisch sind. All dies sind Beispiele für Institutionen oder Organisationsformen, die als solche einem kulturellen, einem religiösen, gelehrten, politischen, unterhaltenden, repräsentativen, einem gruppen-, stände- oder klassengebundenen Bedürfnis entsprechen, das jeweils in der gesamtgesellschaftlichen Struktur verankert und von daher zu erklären ist.
Jede dieser Einrichtungen nun kann mit je eigenartigen, institutsgeprägten musikalischen Bedürfnissen verknüpft sein, und auch ihrerseits können musikalische Bedürfnisse und Interessen jederzeit eigens institutionalisiert werden. Ringsum angesiedelt um diese Bedürfnisse sind – auf der Ebene von Nachfrage und Angebot – deren Zulieferer, die zum Teil auch ihrerseits institutionell organisiert sind: Komponisten und Reproduzenten von Musik, Instrumentenbau und Notendistribution, der gesamte Musikmarkt, auch der Musikunterricht, Konservatorien und Hochschulen. Dies alles sind hier nur Beispiele für das prinzipiell Gemeinte, das systematisch zu erfassen hier nicht der Ort ist. Gemeint ist der mit einer gesellschaftlich verankerten Institution (Einrichtung) verbundene Bedarf an Musik (zum Beispiel im 19. Jahrhundert der Salon und die Salonmusik mit ihrer weitläufigen Zuliefererindustrie, insbesondere dem Klavierbau und Notendruck) oder auch ein spezifisches Musikbedürfnis, das seinerseits eine Institution sich schafft (zum Beispiel im 18. Jahrhundert das zunehmende bürgerliche Musikinteresse, das das öffentliche Konzert ins Leben rief).
Beim Schreiben von Musikgeschichte wird man immer wieder darauf bedacht sein, das zu Beschreibende auf die Institutionen zurückzuführen. In ihnen am handfestesten sind Musik und Gesellschaft zueinander hin. Denn die Institution ist in jedem Fall die Kreation eines Status des gesellschaftlichen Lebens. Ihr Entstehen, Sichverwandeln und Vergehen, die Institutionsgeschichte, ist in die Gesellschaftsgeschichte verankert, ein Teil von ihr. Dabei bleibt es allemal offen, wie weitgehend sich das Beschreiben und Erklären einer mit Musik verbundenen gesellschaftlichen Einrichtung sinnvoll auf die allgemeine Gesellschaftsgeschichte einlassen kann und will. Hier verfolgen wir diesen Weg nicht, sondern den entgegengesetzten, indem wir versuchen, von den Lebenskreisen und Institutionen her in Richtung der Musik voranzuschreiten.

Dabei nun hilft uns am meisten der Begriff der Funktion. Musik fungiert innerhalb eines gesellschaftlichen Lebenskreises – der auch dort als solcher abgrenzbar ist, wo er nicht als Institution erscheint –, indem sie in ihrer Seinsart dem mit ihm verknüpften Bedürfnis entspricht. Fungieren heißt hier, daß ein Handlungs- oder Äußerungskomplex die Rolle spielt und die Aufgabe erfüllt, die ihm von einem übergeordneten Zusammenhang her zuerteilt wird. Dabei wird die Musik in konkreter Weise funktional zur Gesellschaft: In ihrer spezifischen Faktur erscheint ein von der Gesellschaft erzeugter spezifischer Anspruch, der als solcher einem Lebenskreis oder Interessenhorizont zugehört. Zahlreiche Musikarten geben dieser Herkunft schon in ihrem Namen Ausdruck, zum Beispiel Hofmusik, Kirchenmusik, Stadtmusik, Hausmusik, Salonmusik, Militärmusik, Arbeiterlied, Arbeitsmusik. Bei anderen Arten von Musik kann allemal versucht werden, diesen Zusammenhang entstehungsgeschichtlich ausfindig zu machen.

Auf einer weiteren Ebene – gedacht in Richtung auf die konkrete musikalische Hervorbringung – existiert die Musik als Gattung. Der Begriff der Gattung ist insofern sozialgeschichtlichen Wesens, als die Gattung genetisch in der Regel dem musikalischen Funktionsanspruch eines Lebenskreises beziehungsweise einer Institution entstammt. Somit ergibt sich die Schichtung: Gesellschaft – Lebenskreis (Institution) – Bedürfnis/Funktion – Gattung. Die Gattung Choralbearbeitung zum Beispiel erfüllte um 1200 das Bedürfnis nach kathedralischer Kunst; die Gattung Motette fungierte im 14. Jahrhundert im Lebenskreis geselligen Kennertums; die Oper war funktionsgeprägt als unterhaltsame Repräsentation an den Höfen der Spätrenaissance und des Barock, bevor dieses Bedürfnis in der Form der spektakulären Unterhaltung auf das Bürgertum übergriff und die Institution des öffentlichen Opernhauses entstehen ließ, die ihrerseits dieses Bedürfnis nicht nur bediente, sondern – kaufmännisch – auch erzeugte; die Gattung des Streichquartetts entfaltete sich aus der Nachfrage gehobener Musikreproduktion im Freiraum musikalisch gebildeter Lebenskreise; Sinfonie und Solokonzert avancierten zum Inbegriff der Institution des öffentlichen Konzerts; das Schubert-Lied entstand im Rahmen eines Wiener großbürgerlichen Freundeskreises und so weiter.

Nicht primär von der Funktion, sondern von der Faktur der Musik her gedacht, ist der Begriff des Stils, der Schreibart, der gattungsgezeugt sein kann, jedoch in der Regel die Gattungen übergreift, also gattungsunabhängig ist, so zum Beispiel im 17. Jahrhundert: Kirchenstil, Kammerstil, theatralischer Stil, letzterer im Blick auf den Sologesang auch Stile monodico genannt, mit seiner Unterteilung in den Stile narrativo, recitativo und espressivo; im 18. Jahrhundert: galanter Stil, empfindsamer Stil, wobei die Funktion in einer gesellschaftsgeschichtlich geprägten geistig-seelischen Haltung zu suchen ist, während bei den nationalen Stilen (zum Beispiel italienischer Stil, französischer Stil) der gesellschaftliche Aspekt in den der subjektiven Veranlagung übergeht, die im Begriff des Geschmacks, der im 18. Jahrhundert den Stilbegriff ablöste,

397

Essay

vollends zu dominieren scheint, wenngleich auch der Geschmack funktional sein kann zu Institutionen, sozialen Gruppen und Lebenskreisen. Mit dem Anwachsen der für Musik empfänglichen Öffentlichkeit, der zunehmenden Aktualisierung vergangener Musik, der Steigerung der massenmedialen Musikverbreitung, den sich vergrößernden Freizeiträumen der Gesellschaft und der Allzugänglichkeit des Musikmarktes scheinen sich die Funktionsbindungen und -geprägtheiten der Musik zu verwischen und zu verlieren. Dies ist jedoch durchaus nicht der Fall. Zwar ist eine Klassifizierung wie die in „ernste Musik" und „Unterhaltungsmusik" schwerlich an einem Lebenskreis festzumachen; sie ist in ihrer Pauschalität sozialgeschichtlich unbrauchbar: Das Doppelbedürfnis geht – wohl schon immer – durch alle Kreise mitten hindurch. Andererseits jedoch gibt es und entstehen auch gegenwärtig und heute vielleicht mehr denn je teils in Anknüpfung an Traditionen, teils innovativ beständig spezifische musikalische Bedürfnisse, die gesellschaftsgeschichtlich motiviert sind, sich nicht selten auch institutionalisieren und die Musik zu sich hin funktional machen. Es gibt praktisch auch heute und inmitten der gleichsam radiophonen Omnipräsenz aller Musikarten, -gattungen, -stile und Geschmacksrichtungen wohl kaum eine Musik, die nicht primär einen Lebens-, zumindest einen Empfängerkreis meint, angefangen etwa bei der Blasmusik der dörflichen Lebensgemeinschaft oder der Hitparade der Jugendkultur über das Sinfoniekonzert, das nach wie vor den weitaus größten Teil der Menschen ausschließt, bis hin zu den Festivals der Neuen Musik und den elitären Publikumskreisen experimentellen Komponierens. Sogar bei der ätherischen Allgegenwärtigkeit der Rundfunkmusik ist in den fixierten Sender- und typisierten Programmaufteilungen – schaltbar an den Knöpfen der Empfangsgeräte – die gruppenspezifische Funktionsklassifikation der Musik gleichsam institutionalisiert.

*

Im Blick auf die Funktion der Musik, ihre Rolle in Erfüllung gesellschaftlicher Bedürfnisse, läßt sich der Wert einer Musik bedenken. Dabei kann – zunächst – zwischen dem funktionalen (oder auch dem ästhetisch funktionalen) und dem ästhetischen (oder auch dem rein ästhetischen) Wert unterschieden werden.
Der funktionale Wert von Musik bemißt sich nach dem Kriterium der Übereinstimmung zwischen der funktionalen Forderung und der musikalischen Faktur. Ob eine Musik gut oder schlecht ist, bestimmt sich auf der funktionalen Ebene danach, ob sie ihre Funktion gut oder schlecht erfüllt. Der ästhetische Wert hingegen betrifft die rein musikalische Qualität nach den Maßstäben etwa der Sinnhaltigkeit, des Ausdrucksreichtums, der formalen Stimmigkeit, der in sich selbständigen Schönheit und wird nach diesen und derartigen Kriterien beurteilt. – Die funktionale Musik weiß sich im Dienst von etwas ihr Vorgegebenem, und es ist ihre Absicht, ihre Intention, sich diesen Dienst zu ihrer Auf-

gabe zu machen: Sie ist intentional funktional. Und da sich dieser Dienst durchweg und durchsichtig auf Bedürfnisse, Erfordernisse und Erwartungen von Lebenskreisen und Institutionen bezieht, ist sie in einer relativ direkten Weise gesellschaftlich motivierte Musik, die in ihrer Faktur diese Motivierung jeweils deutlich ausprägt. Die Musik hingegen, die im Zeichen des (rein) ästhetischen Werts geschaffen, rezipiert und beurteilt wird, ist beabsichtigt afunktional; es ist die intentional (von Funktionen) freie Musik, die in jüngerer Zeit auch autonome Musik genannt wird: Sie „gibt sich selbst das Gesetz" ihres Kunstdaseins, das sich in dem Sinne wertvoll zu machen sucht, daß es dem reinen, dem selbstvergessenen Hinhören sich verschreibt.

Die Teilung der Musik in funktionale und ästhetisch autonome hat Gültigkeit primär auf der Ebene subjektiver Intentionen (wenn diese sich auch noch so sehr fakturell auswirken): Die funktionale Musik *will* dienend sein, die autonome Musik *glaubt* frei zu sein.

Auch die intendiert funktionale Musik ist ästhetischen Wesens (ästhetisch funktional) und dies stets im buchstäblichen Sinn des „Ästhetischen", das heißt des zur sinnlichen Wahrnehmung Bestimmten, möglicherweise aber auch darüber hinaus im Sinne des „rein Ästhetischen" als des sinnreichen und selbständig Schönen. Denn obgleich die Arten und Gattungen der funktionalen Musik bewußt Bedürfnisse erfüllen, Zwecken sich dienstbar machen, können sie doch durchaus auch rein ästhetischen Wert erreichen. Solche Musik ist dann in einem doppelten, nämlich im funktionalen und im rein ästhetischen Sinn gute Musik.

Indessen bleibt bei der funktionalen Musik stets die beabsichtigte Funktion das Wesensmerkmal, das – zum Beispiel bei Werbe-, Kaufhaus- oder Schlagermusik – bestens ausgeprägt sein kann bei gleichzeitiger rein ästhetischer Schundhaftigkeit. Gute funktionale Musik kann ihre Güte gerade dadurch gewinnen, daß sie rein ästhetisch schlechte Musik ist.

Andererseits ist die autonome Musik, auch wenn sie sich noch so sehr als a- oder antifunktional versteht, keineswegs frei von Funktionen. Dies würde bedeuten, daß sie jenseits der Gesellschaft angesiedelt ist; eine nicht gesellschaftlich determinierte und eingebundene Art von Musik aber gibt es nicht. Die autonome, rein ästhetisch konzipierte Musik hat mit der funktionalen Musik nicht nur etwa die konzertmäßige Darbietung, sondern auch andere Merkmale gemeinsam, weshalb es bei den beiden Arten einen breiten Überschneidungsbereich gibt. Auch die autonome Musik ist in ihren Erscheinungsformen institutionalisiert (Konzertagentur und Konzertsaison, Festival, Sendezeiten usw.); auch sie ist ein Marktwert; auch sie verfolgt Zwecke (Geselligkeit, Unterhaltung, Bildung, Genuß); auch sie gehört insgesamt und in ihren Arten Lebenskreisen an, mögen diese auch noch so wenig exakt abgrenzbar sein und sich mit den Lebenskreisen der funktionalen Musik auch noch so mannigfach berühren und überschneiden; und wie die funktionale Musik, indem sie ihre Funktion zu erfüllen trachtet, auch rein ästhetisch gut sein kann, so kann die

Essay

autonom konzipierte Musik rein ästhetisch schlecht (unstimmig, epigonal, langweilig und nichtssagend) sein. Die autonome Musik unterscheidet sich von der funktionalen Musik durch die Idee der Funktionsfreiheit und durch die – von dieser Idee her – fakturell sich auswirkende Gewichtung des rein ästhetischen Werts; eine andere wesentliche Unterscheidung gibt es nicht.

*

Bei allem bisher Bedachten trat die Musik als konkrete Musik, das heißt als einzelnes musikalisches Werk oder wiederum weiter gefaßt als die einzelne musikalische Hervorbringung, noch nicht in Erscheinung. Auf den Ebenen der sozialen Gruppen, der Lebenskreise und Institutionen, der Bedürfnisse und Funktionen, der Arten und Gattungen, der funktionalen und autonomen Werte läßt sich über Musik und Gesellschaft gut reden, aber das konkrete musikalische Gebilde ist dabei noch kaum ins Blickfeld gerückt. Hier aber steht die sozialgeschichtliche und sozialtheoretische Erklärung nicht nur vor besonders schwierigen und trotz aller bisherigen Bemühungen noch kaum bewältigten Aufgaben, sondern – wie mir scheint – auch vor ihrer Grenze.

Der Erkenntniszugang zu dem als einzelne Erscheinung vorliegenden musikalischen Gebilde ist die musikalische Analyse. Ihre Verfahrensweisen hat sie jedesmal neu und artgerecht an der Art der Musik zu entwickeln, die ihr Gegenstand ist. Dabei muß die musikalische Analyse Wege finden, die aus der Internität der Musik, das heißt aus dem Betrachten der musikalischen Formung, in der der spezifisch musikalische Sinn der Musik beschlossen liegt, hinausführen in die Externität, eben zum Beispiel in die gesellschaftlichen Verhältnisse, die die Musik umgeben und bedingen.

Bei der intendiert funktionalen Musik, zum Beispiel bei dem Gebrauchstanz, der Marschmusik oder den verschiedenen Arten der Popmusik, ist dieser Brückenschlag von der konkreten Musik zur Gesellschaft relativ leicht und sicher zu bewerkstelligen, da die Analyse hier immer wieder auf die für eine Musikart geltende Zwecksetzung gestoßen wird, die einem gesellschaftlich definierbaren Umfeld zugehört und die musikalische Machart des Einzelstücks prägt. Das interne Sinngefüge solcher Musik wird durch dessen Funktion bestimmt, und diese durchkreuzt und verdrängt die ästhetische Maxime der Individualität und Originalität und uniformiert die Musik zu einem Gebrauchstypus, so daß die „klassische" musikalische Analyse, die nach dem musikalischen Sinn einer Musik fragt und diese Frageweise an der Kunstwerkemusik entwickelt hat, sich sehr bald als inadäquat erweist und – indem sie die analytische Blickrichtung dem Gegenstand anpaßt – zu einer Funktionsanalyse wird. Und von der Funktion einer Musik zu deren gesellschaftlichen Orts- und Rollenbestimmung gibt es allemal durchaus gangbare Wege des Erkennens und Erklärens.

Anders ist es bei der als Kunstwerk geschaffenen Musik. Hier hat die musikalische Analyse ihr eigentliches Arbeitsfeld. Sie will wissen, wie ein Werk komponiert ist; sie erkundet den Sinn einer Musik, der in ihrer Formung beschlossen

Musik und Gesellschaft

liegt. Und darüber hinaus fragt sie nach dem Gehalt dieser Musik, ihrer begrifflich ansprechbaren Aussage, die dem Sinn der Musik innewohnt, in ihm erscheint. Die Gehaltsfindung ermöglicht den Brückenschlag von der Internität des musikalischen Sinns zur Externität, dem Umfeld, in dem die Musik entstand. Zum Beispiel kann die Analyse eines Musikwerks der Barockzeit auf dessen Affektgehalt weisen, und die Affektenlehre und Affektmusik jener Zeit sind insofern sozialen Wesens, als ein gesellschaftlich motiviertes moralisches Interesse daran bestand, das Affektleben des Menschen zwar gelten zu lassen und künstlerisch zu gestalten, zugleich jedoch es rational zu beherrschen. Oder – um noch ein anderes Beispiel zu nennen – der unvermittelte Moll-Dur-Wechsel in Kompositionen von Franz Schubert weist gehaltlich auf ein unvermittelbares Gegenüber von Welt als negativer Wirklichkeit und Gegenwelt als Traumwelt – eine romantische Dualität, die sich aus der negativen Erfahrung gesellschaftlicher Wirklichkeit speist.

Gleichwohl gelingen solche Brückenschläge von der konkreten Kunstmusik zur Gesellschaft zumeist nur aufgrund der analytischen Konstatierung übergreifender Sinn- und Gehaltsausprägungen in bezug auf Schaffensbereiche, Stilbildungen oder Werkgruppen, nicht aber oder nur in Annäherungen im Blick auf das einzelne, das individuelle Werk. Von einer Kompositionsart (zum Beispiel dem Generalbaßsatz oder der funktionalen Harmonik), einem Formtypus (zum Beispiel der Fuge oder dem Sonatensatz) oder einer Gattung (zum Beispiel der Motette oder der Sinfonie) aus gedacht, sind jene Brückenschläge möglich, aber von dieser oder jener Fuge als Einzelwerk, von dieser bestimmten Sonate, Motette oder Sinfonie bis hin zu den „gesellschaftlichen Verhältnissen" ist es zumeist ein weiter Weg, wissenschaftlich so unsicher und methodisch so schwierig und fragwürdig, daß von einem Weg oft gar nicht die Rede sein kann, und dies umso weniger, je schöpferisch eigenständiger die musikalische Hervorbringung ist. Das haben die Anstrengungen der Brückenschläge zwischen konkreter Musik und Gesellschaft immer wieder gezeigt, und womöglich gibt es in der Musikgeschichtsschreibung keinen verhängnisvolleren Irrtum als die Absicht, die Musik in ihrer Totalität und das heißt auch jeweils in den konkreten Einzelwerken, aus denen sie sich primär zusammensetzt, gesellschaftlich begründen und erklären zu wollen. In dieser Hinsicht scheinen der gesellschaftlichen Determination der Musik und so auch der Einsicht in den Konnex von Musik und Gesellschaft strikt Grenzen gesetzt zu sein. Die hauptsächliche Grenze setzt hier das schöpferische Vermögen des Menschen. Es ist unerklärbar an sich, und in seinen konkreten Hervorbringungen ist es potentiell frei von gesellschaftlichen Ableitungen. Es erschafft die konkrete Musik in der Freiheit und Einsamkeit seines Schöpfertums; es gewinnt die Ideen und verfolgt sie; es erfindet die Problemstellungen und gelangt in selbstkritischem Vorgehen zu immer neuen und zu endgültigen Lösungen. Die Dokumentation des Schaffensprozesses in Beethovens Skizzenbüchern – um hier nur dieses eine Beispiel zu nennen – ist in ihrem Prinzip als eine geschichtsbedingte Schaffensart gesellschaftlich erklärbar seitens eines qualitativen kompositorischen Maßstabs, der zu einem öffentlichen Anspruch avancierte; aber die konkreten Wege und Inhalte des kompositorischen Prozesses, den die Skizzen zu erkennen geben, die Schritte des musikalischen Denkens von einem Einfall zum anderen, sind nicht gesellschaftlich erklärbar: Sie dokumentieren die Inselwelt des individuellen Ich, seine Besonderheit und Einmaligkeit, seinen Freiheitsraum, die Unvorhersehbarkeit seiner Verwirklichung – die Kräfte, die zwar seitens der Gesellschaft, ihrer Positiv- und Negativstruktur, mobilisiert werden können und dann mächtig auf das gesellschaftliche Leben zurückzuwirken imstande sind, die aber in ihrem schöpferischen Verfahren und ihren konkreten Resultaten nicht oder nur begrenzt von außen her ableitbar und erklärbar sind.

Gefordert ist von der Musikgeschichtsschreibung, daß sie die Verflochtenheit der Musik und ihrer Geschichte in die Gesellschaftsgeschichte beständig ins Blickfeld rückt – dies jedoch nicht in sozialgeschichtlich isolierten Prozeduren und schon gar nicht mit den großen Worten gesellschaftstheoretischer Exkurse, sondern in so selbstverständlicher Weise, wie die gesellschaftliche Einbettung und Motivation menschlichen Handelns und Denkens selbstverständlich sind. Gefordert sind aber auch nicht nur die Vorsicht und die Behutsamkeit beim Ausfindigmachen dieser Einbindungen und Anstöße, sondern auch das Wissen um die tatsächliche Begrenztheit des Verknüpfungs- und Begründungszusammenhangs zwischen den Bereichen.

Kapitel 11
Die Musik in der ersten Hälfte des 20. Jahrhunderts

Einführung

Wie kein anderes Jahrhundert zeigt das zwanzigste eine Fülle von divergierenden Entwicklungstendenzen, die sich einem zusammenfassenden Oberbegriff entziehen, und auch die erste Jahrhunderthälfte ist nicht als in sich geschlossene historische Epoche beschreibbar, sondern gliedert sich in mehrere, deutlich voneinander zu unterscheidende Abschnitte. In den Jahren vor dem Ersten Weltkrieg, der Ära der „musikalischen Moderne" (▷ Kapitel 10), bahnte sich der Umbruch zur Neuen Musik an, der sich in den Jahren um 1910 vollzog. Der Ausbruch des Krieges schuf eine für die weitere Entwicklung bedeutsame Zäsur. Nach Kriegsende kam es nicht nur zu einer tiefgreifenden gesellschaftlichen Umstrukturierung, es erwachte auch der Wunsch, sich gegen die alte Weltordnung und ihre überlebten Konventionen – und zu denen gehörte in nicht unerheblichem Maße auch die epochenspezifische Kultur – abzugrenzen, ein Wunsch, der zur Grundlage wurde für die Entstehung einer neuen, sich kritisch mit vergangenen Traditionen auseinandersetzenden Kunst. Diese Auseinandersetzung nahm in verschiedener Weise Gestalt an, wie die Entwicklung der atonalen Musik (▷ 11.2), des Neoklassizismus (▷ 11.3) oder auch die diversen Avantgardebewegungen (▷ 11.6) verdeutlichen.
Die Nachkriegsjahre waren eine Zeit des Erprobens und kühnen Experimentierens, für die der politische Liberalismus ein günstiges geistiges Klima schuf. Parallel zu ersten Erschöpfungserscheinungen des stürmischen Antitraditionalismus machten sich Anzeichen einer politischen Wende bemerkbar, die durch den Beginn der Weltwirtschaftskrise im Oktober 1929 herbeigerufen wurde und schon bald – und zwar weltweit – zu folgenreichen politischen Veränderungen führte. Die Not breiter Bevölkerungsschichten, die in den USA ebenso herrschte wie in der deutschen Republik, ließ den Ruf nach autoritärer Staatsgewalt laut werden, der schon bald erhört wurde, wenn auch auf ganz unterschiedliche Weise. Die nationalsozialistischen Herrscher in Deutschland, das Stalin-Regime in der UdSSR, aber auch der „New Deal" F. D. Roosevelts in den USA zeigten sich (im Gegensatz zu den italienischen Faschisten) der Neuen Musik gegenüber wenig aufgeschlossen, wenn nicht sogar überaus feindlich. Diese politische Situation begünstigte die Entwicklung einer restaurativen, ja regressiven Haltung, die die Kompositionsgeschichte der dreißiger und vierziger Jahre in starkem Maße prägt, eine Haltung, die sich insbesondere in dem Rückgriff auf die tonale Harmonik und die großen traditionellen Gattungen wie zum Beispiel die der Sinfonie zeigt. Der Zweite Weltkrieg schuf erneut eine wichtige Zäsur und damit die Möglichkeit eines Neubeginns, wie ihn beispielsweise die Entwicklung der Seriellen Musik anfang der fünfziger Jahre darstellt (▷ 12.6).

Kapitel 11

Voraussetzungen, Grundlagen, Wandlungen

11.1 „Neue Musik"

Musik wurde im Laufe ihrer Geschichte verschiedentlich mit besonderem Nachdruck als „neu" bezeichnet, in die Nähe eines Epochensignets rückte der Begriff „Neue Musik" jedoch erst im 20. Jahrhundert. Der Kritiker und Musikschriftsteller Paul Bekker veröffentlichte 1919 einen Vortrag mit diesem Titel, in dem er einen Überblick über die musikalischen Entwicklungstendenzen der vergangenen zehn Jahre zu geben versuchte. Bekker faßte dabei so unterschiedliche Komponisten wie M. Reger, A. Schönberg und F. Schreker zusammen, Komponisten, denen – als eine übergreifende Tendenz des „Neuen" – die (vermeintliche) Abkehr von der Romantik gemeinsam sei. Die Schrift fand weite Beachtung, und der Terminus „Neue Musik" wurde, losgelöst von dem von Bekker beschriebenen Gegenstand, zu einem vielverwendeten Begriff. Dabei zeigen sich erhebliche Unterschiede in seiner Verwendung; „Neue Musik" wurde teils auf die Gesamtheit der zeitgenössischen Musik bezogen, teils – in durchaus polemischer Zuspitzung – nur auf durch bestimmte Komponisten repräsentierte Richtungen. So galt etwa vielen Publizisten der zwanziger Jahre P. Hindemith (neben I. Strawinsky) als Hauptvertreter der Neuen Musik, ein Rang, den auf der anderen Seite Th. W. Adorno A. Schönberg zuwies. Der Begriff hat bis heute nichts von seiner terminologischen Unschärfe verloren. „Neue Musik" in ihren vielfältigsten Erscheinungsformen erweist sich aber zumeist als (wie auch immer geartete) Abkehr von traditionalistischen Tendenzen bewahrenden Charakters, die die Entwicklung der Musik im 20. Jahrhundert stets begleiten. Die daraus entstehende „Gleichzeitigkeit des Ungleichzeitigen" ist beispielhaft im Schaffen H. Pfitzners repräsentiert. Obwohl Pfitzner bereits um die Jahrhundertwende mit ersten Kompositionen hervortrat (*Der arme Heinrich*, 1895), fand er doch erst seit der Uraufführung der „musikalischen Legende" *Palestrina* (1917) weite Beachtung und Anerkennung. Als Anhänger einer dem Denken des 19. Jahrhunderts verpflichteten Inspirations- und Genieästhetik und polemisierender Kämpfer gegen die Neue Musik versuchte Pfitzner die Tradition der deutsch-romantischen Kunstmusik fortzusetzen. Durch diese Haltung trat er bewußt und freiwillig aus dem Entwicklungsprozeß der Musik heraus und komponierte Musik, die, trotz ihrer teilweise unbestreitbaren Qualitäten, insgesamt nicht „auf der Höhe ihrer Zeit" war.

11.2 Atonalität und Zwölftonmusik

Um 1910 hatte die traditionelle Harmonik einen Punkt erreicht, an dem ihre Entwicklungsmöglichkeiten erschöpft waren und die Voraussetzungen für ein neues Konzept von Harmonik gegeben schienen, in dem traditionelle Momente wie der Bezug auf ein tonales Zentrum, die in der Unterscheidung zwischen Konsonanzen und Dissonanzen begründete Tendenz zum Fortschreiten und Auflösen von Akkorden sowie deren Bestimmung nach Klang-„Funktionen" (H. Riemann) zunehmend an Bedeutung verloren. Für diese Art von Harmonik ohne tonales Zentrum hat sich der (von den Gegnern der Neuen Musik abwertend gemeinte) Begriff „Atonalität" durchgesetzt.
Die Geschichte der Entwicklung der atonalen Musik ist in besonderer Weise mit dem Namen A. Schönberg verbunden, wenngleich sich ähnliche Tendenzen zur gleichen Zeit auch bei verschiedenen anderen Komponisten beobachten lassen (etwa bei A. N. Skrjabin; ▷10.3; ▷10.20). Ausgehend von der stringenten Weiterentwicklung seines traditionsverbundenen musikalischen Denkens gelangte Schönberg im Zeichen des Expressionismus zur sogenannten freien Atonalität, als deren hervorstechendstes Charakteristikum die „Emanzipation der Dissonanz" zu nennen ist, das heißt die Nivellierung der traditionellen hierarchischen Unterscheidung zwischen Konsonanzen und Dissonanzen. In einer ersten Entwicklungsphase, beginnend mit den Klavierstücken op. 11 Nr. 1 und 2 (1909) und den Liedern op. 15 (1908/09), be-

Die Musik in der ersten Hälfte des 20. Jahrhunderts

174 „Sechs Bagatellen für Streichquartett" op. 9 Nr. 1 (1913) von Anton Webern

Kapitel 11

halten einige Momente der traditionellen Musiksprache, etwa formkonstituierende Wiederholungen oder ein deutlich gegliederter Satzverlauf, ihre Gültigkeit. In weiteren Werken wie dem dritten Klavierstück aus Opus 11 und dem Monodram *Erwartung* op. 17 (1909) sind diese Traditionsrelikte zugunsten einer vollkommen athematischen Kompositionsweise aufgegeben.

Die selbstgewählte „Traditionslosigkeit" ließ die Notwendigkeit entstehen, neue Kategorien zu finden, die musikalischen Sinn zu stiften und einen Kunstcharakter zu begründen vermochten. In seiner Harmonielehre von 1911 benennt Schönberg als eine solche Legitimationsinstanz sein „Formgefühl", durch das er intuitiv und für Außenstehende nicht in jedem Fall rational nachvollziehbar zur Gestalt seiner Werke finde. Losgelöst vom traditionellen Regelsystem, das früheren Komponisten einen gewissen Halt geboten hatte, erprobten Schönberg und seine Schüler neue Ausdrucksformen vornehmlich in zwei Gattungen: dem Lied (da die jeweils zugrundegelegten Texte einen formalen Außenhalt für die Komposition boten) und dem kurzen „Stück" für verschiedene Besetzungen, vom Klavier über das Streichquartett bis zum Orchester. Insbesondere A. Webern gelang in einigen frühen Werken eine außergewöhnliche Konzentration der musikalischen Aussage auf wenige Takte, wie sie in der ersten seiner *Sechs Bagatellen für Streichquartett* op. 9 (1911–13) zu beobachten ist (Abb. 174, S. 405).

Das Beispiel zeigt, daß schon verhältnismäßig früh die zwölf Töne der chromatischen Tonleiter sich gleichberechtigt zueinander verhalten. Diese Gleichberechtigung zählt aber zu den Grundvoraussetzungen der „Zwölftonmusik" (oder „Dodekaphonie"), zu deren Vorgeschichte wiederum neben der freien Atonalität auch die voneinander unabhängigen Experimente einiger russischer Komponisten mit Zwölftonkonfigurationen gehören, die sich bereits beim späten Skrjabin finden, auf je eigene Weise aber auch von N. A. Roslawets, A. Lourié und N. Obuchow erprobt worden sind. In Österreich fanden, in zeitlicher Parallele zu Schönberg, J. M. Hauer und F. H. Klein zu eigenen Systematisierungsansätzen der atonalen Zwölftönigkeit. Den entscheidenden und historisch bedeutsamsten Schritt aber ging Schönberg, als er anfang der zwanziger Jahre zu der „Komposition mit zwölf nur aufeinander bezogenen Tönen" fand. Diese Bezeichnung deutet bereits darauf hin, daß an die Stelle der alten Tonalität, in deren Rahmen das Tonmaterial hierarchisch gegliedert ist, ein die alte Tonalität (zumindest theoretisch) ersetzendes System tritt, das von der Gleichberechtigung der Töne der gleichschwebenden chromatischen Skala ausgeht. Grundlage der Komposition ist die „Reihe", eine nach bestimmten Regeln gestaltete Folge der zwölf chromatischen Halbtöne, aus der sowohl das thematische wie das harmonische Geschehen eines Werks entwickelt wird. Die Regeln besagen, daß bei der Konstruktion der Reihe solche Intervallkonstellationen vermieden werden sollen, die an traditionelle Akkordbildungen erinnern könnten. Außerdem soll kein Ton der Reihe wiederholt werden, bevor nicht die elf anderen Töne erklungen sind, um zu vermeiden, daß einem Ton die Bedeutung eines „tonalen" Zentrums zuwächst. Die Reihe tritt jedoch nicht nur in einer einzigen Gestalt, der Original- oder Grundgestalt (G), in Erscheinung, sondern kann durch verschiedene Verfahren verändert werden, ohne daß ihre „Substanz" verlorengringe:

– Krebs (K):
Die Reihe läuft von hinten nach vorn ab.

175 Reihenformen des Bläserquintetts op. 26 (1923/24) von Arnold Schönberg

Die Musik in der ersten Hälfte des 20. Jahrhunderts

176 Beginn des Bläserquintetts op. 26 (1923/24) von Arnold Schönberg

– Umkehrung (U):
Die Intervalle der Reihe werden in umgekehrter Richtung angeordnet, so daß zum Beispiel aus einer aufwärtsgerichteten Quinte eine abwärtsgerichtete Quinte wird.
– Krebs der Umkehrung (KU):
Die durch Umkehrung gewonnene Reihe läuft von hinten nach vorn ab.
– Transposition:
Die Reihe beginnt auf einem anderen Ton, die übrigen Töne der Reihe folgen intervallgetreu.
Als Beispiel zur Veranschaulichung diene die Reihe des Bläserquintetts op. 26 (1923/24) von Schönberg in ihren vier Grunderscheinungsformen und einer Transposition im Tritonus (Abb. 175). Insgesamt ergeben sich aus den vier verschiedenen Reihenformen und ihren elf möglichen Transpositionen 48 verschiedene Möglichkeiten, die von den Komponisten aber kaum jemals in ihrer Gesamtheit verwendet worden sind. Sie stellen das Material dar, von dem der Komponist bei der Gestaltung eines Werkes ausgeht, über das er verfügt und das er seinen Wünschen gemäß formt. Der Beginn des ersten Satzes von Schönbergs Bläserquintett zeigt, in welcher Weise die Reihe zur Grundlage sowohl der melodischen Gestalten wie auch der Zusammenklänge, der Harmonie, wird (Abb. 176).
In diesen sechs Takten läuft die Reihe in ihrer Grundgestalt (oder „Themaform", wie

Schönberg sagt) zweimal ab (die Grenze zwischen beiden Abläufen ist durch die gestrichelte Linie gekennzeichnet). In der ersten Hälfte finden sich die ersten sechs Töne (das erste „Hexachord") der Reihe in der melodieführenden Flöte, die Schönberg mit dem von ihm eingeführten Zeichen H̄ kennzeichnet. Die verbleibenden sechs Töne (das zweite Hexachord) sind auf die anderen Bläser verteilt, die die Begleitung repräsentieren. In der zweiten Hälfte kehrt sich die Verteilung der Reihentöne um: In den Begleitstimmen erklingen die Töne des ersten Hexachords, in der Hauptstimme die des zweiten.
Schönbergs Schüler A. Webern und A. Berg haben die Technik ihres Lehrers auf individuelle Weise weiterentwickelt und modifiziert. So zeigt sich etwa bei Webern schon früh eine Neigung zu symmetrischen Reihenkonstruktionen, aus der gewichtige strukturelle Konsequenzen für die Gesamtstruktur eines Werks erwachsen. So ist die Reihe seiner *Symphonie* op. 21 (1925) dergestalt angelegt, daß das zweite Hexachord die transponierte Krebsumkehrung des ersten darstellt:

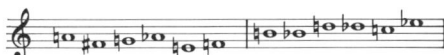

Bei Berg begegnen verschiedentlich Verfahren, durch die tonale Elemente in die Reihentechnik eindringen, am auffälligsten wohl in

407

seinem letzten Werk, dem Violinkonzert, dessen Reihe aus vier tonalen Dreiklängen und einer Folge von vier Ganztönen gebildet wird:

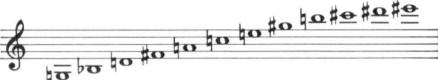

Die Dodekaphonie wirkte weit über den Schönbergkreis hinaus und regte so verschiedenartige Komponisten wie E. Křenek, L. Dallapiccola, F. Martin und den späten Strawinsky zu einer jeweils höchst persönlich gefärbten Neuinterpretation an. Die Weiterentwicklung des Reihendenkens, wie es vor allem in den letzten Werken Weberns dokumentiert ist, führte nach dem Zweiten Weltkrieg zur Konzeption der Seriellen Musik (▷ 12.6).

11.3 Der Neoklassizismus

Der musikalische Neoklassizismus ist zwar untrennbar mit dem Namen I. Strawinsky verbunden, zeigt sich aber als weltweites, überaus vielschichtiges und facettenreiches Phänomen, das in der Musikgeschichte zwischen ungefähr 1920 und 1950 eine herausragende Stellung einnimmt. Der Begriff „Neoklassizismus" ist aus dem Französischen abgeleitet und bedeutet eigentlich, wörtlich übersetzt, „neue Klassik", meint also den Rekurs auf einen Stil, der als „klassisch" gelten darf. Dieser Rekurs wird in der deutschen Sprache mit dem Wort „Klassizismus" bezeichnet, so daß „Neoklassizismus" streng genommen „neuer Klassizismus" bedeutet, was der ursprünglichen französischen Bedeutung nicht entspricht. Als direkte Entlehnung hat sich der Begriff aber im Musikschrifttum fest etabliert und bezeichnet Tendenzen der Musik des 20. Jahrhunderts, die sich (auf ganz unterschiedliche Weise allerdings) auf die Musik früherer Epochen (und keineswegs nur der Wiener Klassik) beziehen. In diesem Sinne sind auch die Werke A. Schönbergs seit den zwanziger Jahren als neoklassizistisch zu bezeichnen, da sie auf Gattungen und Formen des 18. Jahrhunderts zurückgreifen. Von diesem atonalen Neoklassizismus muß aber der weitaus verbreitetere „neotonale" Neoklassizismus unterschieden werden, wie er sich in je individueller Ausprägung bei Komponisten wie I. Strawinsky, P. Hindemith, A. Casella oder der Groupe des Six findet.
Verschiedene Entwicklungsströme bereiteten den Neoklassizismus vor, etwa die klassizistisch geprägte Moderne C. Debussys und M. Ravels (▷ 10.13 und 10.14), F. Busonis Ideen zu einer „Jungen Klassizität" (▷ 10.11) und vor allem E. Saties ironisch-destruktiver Umgang mit älteren Werken (zum Beispiel in der *Sonatine bureaucratique,* 1917). Nach dem Ersten Weltkrieg suchte die junge Komponistengeneration die Abgrenzung von der Romantik, aber auch vom Expressionismus. Als neuer Anknüpfungspunkt wurde die Musik des 18. Jahrhunderts verstanden, in der man nicht den Ursprung der Romantik, sondern ihren Gegensatz zu erkennen glaubte. Im Zeichen des 18. Jahrhunderts wandte man sich gegen die romantische Metaphysik der Musik und ihre Ausdruckshaltung und stellte einen an Prinzipien älterer Musik orientierten konstruktiv-spielerischen Umgang mit musikalischen Materialien in das Zentrum des kompositorischen Denkens.
Der Beginn des musikalischen Neoklassizismus ist schwer zu datieren. Einige seiner charakteristischen Merkmale beggnen bereits in Werken, die aus so verschiedenen Traditionen hervorgegangen sind wie S. S. Prokofjews *Symphonie classique* (1916/17), R. Strauss' *Ariadne auf Naxos* (1912/16) und verschiedene Kompositionen Saties. Zur spektakulären neuen Erscheinung wurde der Neoklassizismus jedoch erst durch Strawinskys Ballett *Pulcinella,* das 1920 als Auftragskomposition für die berühmten Ballets Russes von S. Diaghilew entstand. *Pulcinella* stellt streng genommen eine Zusammenstellung von Bearbeitungen mehrerer Kompositionen dar, die zum Teil fälschlicherweise G. B. Pergolesi zugeschrieben worden sind. Solche Bearbeitungen nach „alten Meistern" gehörten zu den modischen Attraktionen von Diaghilews Truppe. Doch im Gegensatz etwa zu O. Respighi, der ein Jahr zuvor für *La boutique fantasque* Stücke G. Rossinis bearbeitet hatte, begnügte Strawinsky sich nicht mit einer bloßen (wenn auch raffinierten) Instrumentierung des originalen Tonsatzes, sondern nahm eine Fülle einschneidender Veränderungen vor. Dazu

Die Musik in der ersten Hälfte des 20. Jahrhunderts

177 Beginn des 1. Satzes des Konzerts für Klavier und Blasorchester (1923/24) von Igor Strawinsky

gehören das Hinzufügen und Streichen von Takten, die Veränderung der Harmonik und des Rhythmus, formale Umdisponierungen und anderes mehr, Maßnahmen, durch die die Vorlagen „verfremdet" wurden, so daß sie teilweise den Charakter einer Neukomposition annahmen. Durch Verfahren wie Verfremdung, Mechanisierung, Parodie, die im ersten Jahrzehnt in der Literaturtheorie des Russischen Formalismus als Möglichkeiten einer neuen Wahrnehmung von Kunst diskutiert wurden, gelangte Strawinsky zu einem reflektierenden Umgang mit alten Materialien, den er nach *Pulcinella* auf eigene Werke übertrug. In Kompositionen wie dem Oktett für Blasinstrumente (1922/23) und dem Konzert für Klavier und Blasorchester (1923/24) treten kompositorische Modelle des 18. Jahrhunderts deutlich hervor, sie sind aber durch Strawinskys originären Tonsatz unverkennbar zu einem Stück Neuer Musik transformiert. Der erste Satz des Klavierkonzerts verbindet zwei Elemente der Barockmusik miteinander: zum einen die Form der französischen Ouvertüre mit ihrer Tempofolge langsam – schnell – langsam; mit dem typischen gravitätischen Tonfall beginnt das Konzert, durch die ungewöhnliche Instrumentation mit Blechbläsern fast ins Groteske verzerrt (Abb. 177). Im schnellen Teil treten Elemente des barocken Konzertsatzes hervor, insbesondere dessen motorische Bewegung, die Strawinsky bis an die Grenze zum Mechanischen steigert. Die ungewöhnliche Besetzung wirkt dabei ebenso als Mittel der Verfremdung wie die dissonanzenreiche Harmonik, hinter der die tonalen Bezugspunkte jedoch stets zu erkennen sind, und die zahlreichen rhythmisch-metrischen Irregularitäten, die die Motorik gleichsam stören, ohne sie eigentlich zu unterbrechen (Abb. 178, S. 410).

Strawinskys Neoklassizismus ist pluralistisch ausgerichtet, das heißt er ist auf verschiedenste Modelle der Vergangenheit bezogen, auf den Konzertsatz J. S. Bachs ebenso wie auf L. van Beethovens Klaviersonate, die Oper M. I. Glinkas oder die Ballettmusik von P. I. Tschaikowsky. Nicht immer präsentiert er sich jedoch mit der zupackenden Aggressivität, die vor allem die frühen neoklassizisti-

Kapitel 11

(Takt 70–79)

178 1. Satz des Konzerts für Klavier und Blasorchester (Takt 70–79; 1923/24) von Igor Strawinsky

schen Werke auszeichnet, und gleitet manchmal sogar in die Nähe der reinen Stilkopie, was bei den italienischen Neoklassizisten wie A. Casella und G. F. Malipiero häufig zu beobachten ist.

Strawinskys Neoklassizismus entstand in Paris, der Stadt, die nach dem Krieg die wohl wichtigste Metropole der Neuen Musik wurde (schon bald gefolgt von Berlin). Neben Strawinsky, und von diesem zum Teil beeinflußt, etablierte sich ein französischer Neoklassizismus, der vor allem in den Werken der Groupe des Six – der Name stammt von dem Journalisten H. Collet – repräsentiert ist, einer Gruppe, der D. Milhaud, A. Honegger, F. Poulenc, G. Auric, G. Tailleferre und L. Durey angehörten. Obwohl durch eine Fülle von individuellen Zügen voneinander unterschieden, verband sie eine gewisse Zeit lang die Tendenz, Kompositionen neoklassizistischer Prägung dem Genre der Unterhaltungsmusik zu nähern, eine Idee, die durch den geistigen Führer der Gruppe, J. Cocteau, in Anlehnung an E. Satie vermittelt wurde (▷ 11.4).

Daß der Neoklassizismus ein weltweites Phänomen war, zeigt die Tatsache, daß viele führende Komponisten sich ihm anschlossen. Der wichtigste deutsche Exponent war P. Hindemith, der an das Neobarock M. Regers anknüpfte und es zu einer oftmals spektakulären Neuen Musik radikalisierte (▷ 11.14).

11.4 Ästhetischer Wandel

Die radikale Abwendung von der Musik des 19. Jahrhunderts, die sich bereits um 1900 ankündigte und nach Kriegsende fast allgemeine Bedeutung erlangte, machte sich auch, wenn nicht sogar vor allem, in der Veränderung des ästhetischen Denkens bemerkbar. Die romantische Metaphysik der Kunst, der die Werke G. Mahlers und R. Strauss' noch auf ganzer Linie verpflichtet sind, wurde ebenso verworfen wie die Idee der absoluten Musik und der dahinterstehende Autonomiegedanke. An ihre Stelle trat eine neue Konzeption, innerhalb derer Musik nicht der bisherigen Klassifizierung in „hohe" Kunstmusik und „niedrige" Unterhaltungsmusik unterworfen wurde, sondern die Grenzen zwischen beiden Bereichen im Sinne einer „mittleren" Musik fließend waren. Eine „mittlere" Position bezogen die Komponisten auch in ihrer Stellung zum musikalischen Material selbst, das heißt vor allem in der Bevorzugung einer Harmonik, die weder atonal noch bloß neotonal ist, sondern eine Zwischenposition sucht. Und obwohl häufig Elemente der Unterhaltungsmusik (Jazz, Tanzmusik usw.) Eingang in die sogenannte Kunstmusik fanden, wurde, zumindest in den ambitionierten Werken, der Kunstanspruch nie aufgegeben, wohl aber modifiziert.

Das neue Denken zielte gegen die bürgerliche Musikkultur der Vorkriegszeit, was sich im Niedergang der typisch bürgerlichen Institution des Liederabends ebenso zeigte wie in den häufig provozierenden Instrumentalbesetzungen, durch die eine „neue" Kammermusik sich von der traditionellen absetzte, etwa in Hindemiths *Kammermusik No. 1* (1922) für Flöte, Klarinette, Fagott, Trompete, Akkordeon, Klavier, Schlagzeug und Streichquintett. Provokant wirkte dieses Werk zudem durch die Verwendung des populären *Fuchstanz* von Wilm Wilm sowie das schockierende Aufheulen einer Sirene, mit dem das nervöse *Finale 1921* schließt.

Musik galt nach dem Krieg vielfach nicht länger als Kunst, die „in eine bessere Welt" entrückt, sondern als Möglichkeit zur Auseinandersetzung mit der Gegenwart und ihren neuen Themenbereichen. So zählt zur Signatur der zwanziger Jahre die Begeisterung für die Technik, die ihren Niederschlag in einer Fülle von „Maschinenmusiken" fand, deren bekannteste A. Honeggers *Pacific 231* (1923) und G. Antheils *Ballet mécanique* (1926) darstellen. Die Beschäftigung mit der Gegenwart prägte aber auch die verschiedenen Gattungen der Vokalmusik, wie sich etwa an H. Eislers *Zeitungsausschnitten* für Gesang und Klavier (1925/26) oder dem Typus der „Zeitoper" (▷ 11.23) zeigt.

Eine wichtige Idee war schließlich die des gemeinschaftlichen Musizierens, die sich nachhaltig auf das Aufblühen des Chorwesens und die Entwicklung von Strömungen wie der Jugendmusikbewegung auswirkte, Gruppierungen, die sich in breitem Maße um die Ausbildung der musikalischen Laien bemühten und dabei die Unterstützung von Komponisten wie Hindemith und C. Orff fanden. Musik wurde zum integrierten Bestandteil gesellschaftlicher Lebenspraxis. Ihre Einbindung in verschiedenste Funktionszusammenhänge galt nicht länger als ästhetischer Makel, sondern wurde als Ausdruck einer zeitgemäßen Haltung verstanden.

11.5 „Gebrauchsmusik" und „angewandte Musik"

Der Begriff „Gebrauchsmusik" wurde 1925 von dem Musikwissenschaftler H. Besseler geprägt und bezieht sich auf alle Arten von Musik, denen der Mensch im alltäglichen Leben begegnet, mit denen er „umgeht" (daher der verwandte, gleichfalls von Besseler stammende Begriff „Umgangsmusik"). Gemeint ist dabei stets Musik, die bestimmte Funktionen erfüllt, etwa Tanz- oder (als neue Musikart) Filmmusik. In Anbetracht der eminenten Produktionssteigerung in allen Bereichen funktionsgebundener Musik, denen auch ein großer Teil der zu neuer Bedeutung gelangten Chorliteratur und der musikpädagogischen Literatur zugehört, ist es gerechtfertigt, den Terminus „Gebrauchsmusik" als einen Zentralbegriff zumal der zwanziger Jahre zu bezeichnen. Entsprechend der Konzeption einer „mittleren" Musik (▷ 11.4) waren die Grenzen zwischen der „Kunstmusik", die sich früher an ein kontemplativ sich versenkendes Publikum gerichtet hatte, und den Musikarten der „Alltäglichkeit" offen, so daß P. Hindemith im Hinblick auf einige eigene Werke von „Gebrauchsmusik für den Konzertsaal" sprechen konnte. Die große Bedeutung, die man dem Phänomen der Gebrauchsmusik zuwies, ist nicht zuletzt daran zu erkennen, daß eine der wichtigsten Musikzeitschriften, *Die Musik*, dem Thema 1929 ein eigenes Heft widmete.

Einen Sonderfall von Gebrauchsmusik stellt die „angewandte Musik" dar, deren Idee H. Eisler so formulierte: „Verbindet sich Musik mit anderen Künsten: Poesie, Theater, Tanz, wird sie zur angewandten Musik, dann bekommt selbst Abgenütztes einen Sinn und damit eine neue Nützlichkeit." „Nützlich" sollte Musik für Eisler und andere auch und vor allem im politisch-gesellschaftlichen Sinn sein. Um breite Bevölkerungsschichten anzusprechen, mußte bei dieser Art von Musik der elitäre Kunstanspruch, dem auch der Schönberg-Schüler Eisler zunächst verpflichtet war, zugunsten einer einfachen, allgemeinverständlichen Musiksprache zurückgedrängt werden, was aber im Falle Eislers keineswegs einen selbstgewählten Primitivismus bedeutete, sondern lediglich die gezielte Modifika-

Kapitel 11

tion des hochentwickelten handwerklichen Könnens. Angewandte Musik in diesem Sinne sind nicht nur Eislers Arbeiterkampflieder, sondern auch viele Werke Hindemiths oder auch K. Weills Musik zur *Dreigroschenoper* (1928).

11.6 Avantgarde

Der Ausdruck Avantgarde stammt ursprünglich aus der Sprache der Militärtechnik und meint soviel wie Vorhut. In seiner Übertragung auf den Bereich der Kunst bezeichnet er künstlerische Gruppierungen, die radikal (und manchmal auch militant) mit überlieferten Ausdrucks- und Darstellungsformen brechen und diese durch neue Konzeptionen ersetzen. Im Bereich der Musik wurde insbesondere die Serielle Musik nach dem Zweiten Weltkrieg als Avantgarde bezeichnet (▷ 12.6), doch ist bereits bei den „historischen Avantgardebewegungen" (P. Bürger) – Futurismus, Dadaismus und Surrealismus – eine, wenn auch nicht besonders weitgreifende, Affinität zur Musik zu beobachten, die zum vielfältigen Bild der Musikgeschichte der ersten Jahrhunderthälfte gehört.

Den Beginn der „avantgardistischen Revolte" (H. Danuser) markiert das Erscheinen von F. T. Marinettis *Futuristischem Manifest* (1909), das sich gegen die tradierte Auffassung von Kunst als einem dem praktischen Leben enthobenen Bereich wendet und insbesondere die moderne Technik zum Thema der neuen Kunst proklamiert. Marinetti negiert den herkömmlichen Begriff des Kunstwerks und ersetzt ihn durch die Forderung nach künstlerischen Aktionen. Während die Manifeste Marinettis und anderer (vor allem der Pariser Dadaisten wie T. Tzara, P. Éluard und A. Breton) oder die Bilder U. Boccionis den revolutionären Impetus überlebten und als künstlerische Dokumente sich als beständig erwiesen, hat sich von den Bemühungen um eine futuristische Musik nur wenig erhalten. Die Postulate, die F. B. Pratella in drei Manifesten (1910–12) vorstellte, zeigen eine weitaus größere Traditionsverbundenheit als die im Grunde auf eine „Entkunstung der Kunst" (Th. W. Adorno) zielenden Forderungen anderer Futuristen, und die wenigen überlieferten Kompositionen Pratellas zeigen keine Ansätze zu einer wirklich neuartigen Musik, ganz anders als die Experimente mit Geräuschen, die L. Russolo unternahm und 1913 in dem Manifest *L'arte dei rumori* darstellte. Zur Verwirklichung seiner Ideen baute Russolo von ihm selbst konstruierte Geräuschinstrumente, sogenannte „intonarumori", mit denen er Konzerte veranstaltete und das Publikum schockierte, so wie es die Absicht der Avantgardisten war. In Stücken wie *Convegno d'automobili e d' aeroplani* (1913/14) zeigt sich eine bewußte Nähe zur Alltagserfahrung und obendrein eine beabsichtigte Kunstlosigkeit, gegen die sich E. Varèse in späteren Geräuschkompositionen wandte (▷ 11.16).

Im ersten Jahrzehnt war der Futurismus ein vielbeachtetes europäisches Phänomen und wurde in Paris ebenso diskutiert wie in Petersburg, wo unter anderem A. Lourié sich für die Bewegung einsetzte und zusammen mit anderen Künstlern ein eigenes Manifest verfaßte, eine Art „Antwort an Marinetti". Große Bedeutung erhielt insbesondere der Maschinenkult des Futurismus in den Jahren unmittelbar nach der Oktoberrevolution, indem er im

179 Titelblatt des Manifests „La Musica Futurista" von Francesco Balilla Pratella vom 11. Oktober 1910

Die Musik in der ersten Hälfte des 20. Jahrhunderts

Sinne einer Politisierung der Ästhetik zur Verherrlichung der Arbeit eingesetzt wurde. Die schockierende Wirkung des Futurismus zeigt sich unter anderem auch darin, daß der Begriff von konservativer Seite als Bezeichnung für alle modernen Tendenzen aufgegriffen wurde, ganz gleich, ob sie mit der eigentlichen Avantgardebewegung in Beziehung standen oder nicht. Berühmtester Fall ist H. Pfitzners Angriff auf F. Busoni, der den Titel *Futuristengefahr* (1917) trägt.

Während der Futurismus zumindest Ansätze zu einer eigenen Musik hervorbrachte, ist die Bedeutung der Musik für den Dadaismus und den Surrealismus vergleichsweise gering zu nennen. Für beide Richtungen stand die Kategorie des „Sinns" im Zentrum der Überlegungen, in Form einer Verdrehung zum Un-Sinn im Dadaismus, als Suche nach einem neuen Sinnbegriff im Bereich des Unterbewußten im Surrealismus. Zu beiden Bereichen hat aber die „begriffslose Kunst" Musik keinen eigentlichen Zugang, so daß ihr in beiden Kunstrichtungen keine wesentliche Rolle zukommen konnte. In einigen dadaistischen Sprach- und Lautdichtungen zeigt sich jedoch die Tendenz, sich an Strukturelementen der Musik zu orientieren, etwa in K. Schwitters *Ursonate* (1932). Als Komponist kommt wohl vor allem E. Satie mit seiner Musik voll Absurdität und „Widersinn" dem dadaistischen Denken nahe, und so ist es auch kein Zufall, daß J. Cage sich 40 Jahre später auf Satie als den musikalischen Ahnherrn seiner eigenen neodadaistischen Kunst berief.

11.7 Die neue Bedeutung des Folkorismus

Die Integration von stilisierten Elementen der Folklore in die Kunstmusik gehört zu den signifikanten Merkmalen, die in der Musikgeschichte seit dem Mittelalter immer wieder begegnen und insbesondere in der Ausbildung nationaler Schulen im 19. Jahrhundert bedeutsam hervortraten. Nach dem Zerfall

180 Beginn des Balletts „Le sacre du printemps" (1913) von Igor Strawinsky und das zugrundeliegende litauische Volkslied

181 „Allegro barbaro" (1911) von Béla Bartók

der traditionellen Musiksprache um 1910 eröffneten sich dem musikalischen Folklorismus neue Perspektiven, indem der künstlerische Zugriff auf Elemente der Volksmusik die Möglichkeit zur Ausprägung einer spezifischen Neuen Musik schuf, wie sie in Werken etwa des frühen I. Strawinsky oder B. Bartóks zu erkennen ist. Strawinsky greift in den Werken seiner sogenannten „russischen Phase", unter ihnen vor allem in den Balletten *Der Feuervogel* (1910), *Petruschka* (1911), *Le sacre du printemps* (1913) und *Les noces* (1923), auf russische Volksmusik zurück. Strawinsky selbst hat diese Anleihen später zwar geleugnet, um nicht als Folklorist mißverstanden zu werden. Übernahmen von Volksweisen sind aber klar nachzuweisen, und es zeigt sich bei näherer Betrachtung, daß er dieses Material auf ähnliche Weise bearbeitet und verfremdet hat, wie es in den späteren neoklassizistischen Werken zu beobachten ist. Als Beispiel diene der Beginn von *Le sacre du printemps* (Abb. 180, S. 413), dessen berühmtes Fagottsolo auf ein litauisches Volkslied zurückgeht, das M. P. Mussorgski schon in seiner unvollendeten Oper *Der Jahrmarkt von Sorotschinzi* (1876–81) verwendet hat.

Im Gegensatz zu Strawinsky haben Bartók und sein Landsmann Z. Kodály ihre Verwurzelung in der Volksmusik vor allem ihrer ungarischen Heimat, die ihnen gleichsam als musikalische Muttersprache galt, stets mit Nachdruck bekundet. Während Kodálys Œuvre vornehmlich aus Vokalwerken besteht, deren Höhepunkt der *Psalmus hungaricus* (1923) darstellt, erstreckt sich der Einfluß der Volksmusik bei Bartók gleichberechtigt auf viele Gattungen. Er griff Elemente wie die zumeist modale Harmonik, irreguläre Metrik (die zumal in der rumänischen und bulgarischen Folklore bedeutsam ist, mit der Bartók sich gleichfalls ausführlich befaßte) sowie rhythmische Besonderheiten auf und entwickelte sie auf eine Weise weiter, daß eine Kunstmusik höchsten Anspruchs entstand, deren Beziehung zur „musikalischen Muttersprache" offenkundig ist. Geradezu schockierend wirkte diese Art von Folklorismus in so ungestümen Stücken wie dem *Allegro barbaro* für Klavier (1911), einem Musterbeispiel des kunstvollen Primitivismus (Abb. 181, S. 413).

Auch in anderen Ländern (nicht nur Europas) versuchten Komponisten, durch Anknüpfung an die jeweilige Volksmusik eine Neue Musik nationaler Prägung zu entwickeln, so in Spanien M. de Falla (▷ 10.16), in Polen K. Szymanowski, in Finnland J. Sibelius (▷ 10.22), um nur einige zu nennen. Der Rückgriff auf Volkslieder jedoch, wie er in verschiedenen Werken P. Hindemiths seit den dreißiger Jahren zu beobachten ist, stellt ein Phänomen dar, das nicht mehr ohne weiteres zu dem Bereich des „modernen" Folklorismus zu zählen ist, sondern einer anderen, um eine „neue Verständlichkeit" bemühte Richtung angehört, dem Populismus (▷ 11.9).

11.8 Einflüsse des Jazz

Die Rebellion gegen die traditionelle bürgerliche Kultur und die Konzeption der „mittleren" Musik begünstigte auch die Rezeption des Jazz, der nach dem Ersten Weltkrieg – gleichsam im Gefolge des sich ausbreitenden „Amerikanismus" – in Europa bekannt wurde und viele Komponisten zur Auseinandersetzung anregte, ohne daß behauptet werden konnte, der Jazz habe die Entwicklung der europäischen Kunstmusik maßgeblich beeinflußt. Zudem wurde der Jazz, und zwar vor allem der Ragtime, zunächst hauptsächlich in Form von Bearbeitungen und kunstvollen Arrangements (wie denen von P. Whiteman) bekannt, das heißt ohne die improvisatorischen Elemente, die eigentlich sein Wesen ausmachen. Dieser „Kunst"-Jazz konnte studiert und nachgeahmt werden, was auf überaus vielfältige Weise geschah. Die europäische Adaption reicht von der provokanten Aggressivität des „Ragtime", mit der der junge P. Hindemith seine *Suite 1922* beschließt (Abb. 182), über die dezente Einverschmelzung einiger rhythmischer und spieltechnischer Momente in die eigene Musiksprache bei M. Ravel (etwa in dem Klavierkonzert G-Dur, 1929–31) bis zu der umfassenden Verwendung des Jazz in Werken des Musiktheaters, wie beispielsweise in den sogenannten „Zeitopern" (▷ 11.23), etwa E. Křeneks Erfolgswerk *Jonny spielt auf* (1927). Als zeitgemäße Möglichkeit zur Verwirklichung der Idee der „mittleren" Musik fand der Jazz eine Zeitlang weite Beachtung, die sich nicht zuletzt darin zeigte, daß auch die

Die Musik in der ersten Hälfte des 20. Jahrhunderts

182 „Ragtime" aus der „Suite 1922" von Paul Hindemith mit Hindemiths ausdrücklicher „Gebrauchsanweisung"

Musikwissenschaft sich mit dem Phänomen auseinandersetzte und 1928 am Frankfurter Konservatorium eine Jazzklasse eingerichtet wurde.

11.9 Musik und Politik

Musik war zu allen Zeiten auch ein Politikum und diente im Rahmen des Machtgefüges insbesondere als Mittel herrschaftlicher Repräsentation. Im 20. Jahrhundert erhielt die Verbindung von Musik und Politik eine besondere Bedeutung, da der politische Einfluß auf die Entwicklung der Künste drastischer als je zuvor hervortrat.

Während das liberale politische Klima der zwanziger Jahre der Verwirklichung einer vielfältigen Neuen Musik Raum bot, im nachrevolutionären Sowjetrußland ebenso wie im Deutschland der Weimarer Republik, ist seit den dreißiger Jahren eine mächtige Gegenbewegung, der Populismus, zu beobachten, die sich, als Reaktion auf die katastrophale Weltwirtschaftskrise seit dem „Schwarzen Freitag" 1929 und der dadurch verursachten weltweiten Massenarbeitslosigkeit, an das „einfache Volk" wandte und auf ein antimodernes Kunstideal der Einfachheit und Verständlichkeit zielte. In der Sowjetunion ging die Zeit des avantgardistischen Experimentierens mit der Proklamation des sozialistischen Realismus im Jahr 1932 offiziell zu Ende. Die Komponisten sollten sich in ihren Werken an der Einfachheit und Volkstümlichkeit der Folklore orientieren und auf volkstümliche bzw. die Revolution verherrlichende Stoffe zurückgreifen. Ab Mitte der dreißiger Jahre wurden Künstler, die sich diesen Forderungen nicht unterwarfen, unter dem Vorwurf des „Formalismus" verfolgt und mit restriktiven Maßnahmen belegt, von denen die öffentliche Verurteilung D. D. Schostakowitsch wegen angeblich formalistischer Tendenzen seiner Oper *Lady Macbeth von Mzensk* (1934) die spektakulärste war. Wie andere Künstler mußte Schostakowitsch um sein Leben fürchten, wenn er sich der offiziellen Doktrin nicht unterwarf. In seiner 5. Sinfonie – von ihm selbst als „schöpferische Antwort eines sowjetischen Künstlers auf berechtigte Kritik" bezeichnet – präsentierte er 1937 einen an Mahlers Sinfonik anknüpfenden tonalen Monumentalstil, der für viele Werke der Folgezeit verbindlich blieb.

Auch im nationalsozialistischen Deutschland übte die Politik größten Einfluß auf die Musik aus, ein Einfluß, der sich nicht nur in der Propagierung eines massenwirksamen, das heißt propagandistisch verwertbaren Monumentalstils häufig primitiver Art zeigte, sondern auch und vor allem in der Ächtung der Neuen Musik, die 1937 im Rahmen einer Propagandaausstellung als „entartete Musik" gebrandmarkt wurde. P. Hindemith war von den schwerwiegenden Maßnahmen ebenso betroffen wie A. Schönberg, der zudem Jude war und bereits im Jahr der nationalsozialistischen Machtergreifung Deutschland verließ.

Die lebensbedrohende Kultur- und Rassenpolitik der Nationalsozialisten vertrieb die meisten bedeutenden deutschen Musiker – im Krieg kamen noch Musiker aus den besetzten Ländern hinzu – aus ihrer Heimat ins Exil beziehungsweise in die Emigration. Führende europäische Komponisten wie Hindemith, Schönberg, K. Weill, D. Milhaud und B. Bartók wirkten und arbeiteten in Amerika, zum Teil unter überaus schweren Bedingungen, und gaben dem dortigen Musikleben entscheidende Impulse.

Komponisten

11.10 Schönberg

Arnold Schönberg wurde am 13. September 1874 in Wien geboren. Seine Eltern waren Juden ungarischer Abstammung, doch obwohl er im mosaischen Glauben erzogen worden war, ließ Schönberg sich später – wie viele andere Juden – christlich taufen. Ersten geregelten Musikunterricht (auf der Geige) erhielt er mit acht Jahren. Nach dem Tod des Vaters mußte Schönberg die Schule verlassen und begann eine Banklehre. Neben dieser Tätigkeit befaßte er sich intensiv mit Musik, Literatur und Philosophie und eignete sich autodidaktisch nicht nur das Violoncellospiel, sondern auch elementare musiktheoretische Kenntnisse an. Bei seinem späteren Schwager A. von Zemlinsky, in dessen Amateurorchester Schönberg mitwirkte, erhielt er den einzigen geregelten Kompositionsunterricht seines Lebens, der zudem vornehmlich in der kritischen Diskussion bereits komponierter Werke bestand. Dieser durchaus unakademische Bildungsgang ist eine der Grundvoraussetzungen für Schönbergs strenges musikalisches Denken, das sein eigenes späteres Komponieren im gleichen Maße prägte wie seinen Kompositionsunterricht.

Als erste Werke wurden die Lieder der Opera 1 bis 3 veröffentlicht (1898, 1899, 1903), die bereits, wie auch das Streichsextett *Verklärte Nacht* op. 4 (1899; nach einem Gedicht von R. Dehmel), trotz der Verbundenheit mit der spätromantischen Tonsprache des Fin de siècle, manchen Widerspruch hervorriefen.

Als für die Moderne um 1900 typisches Monumentalwerk entstanden nach der Jahrhundertwende die *Gurrelieder* (1900–11) nach Texten von J. P. Jacobsen, in denen Schönbergs durch Zemlinsky vermittelte Begeisterung für die Musik R. Wagners deutliche Spuren hinterlassen hat. Die Orchestrierung des gigantischen Werks mußte Schönberg 1903 unterbrechen, da er aus finanziellen Gründen zu verschiedenen „Brotarbeiten" wie dem Instrumentieren von Operetten gezwungen war. Zu diesen Tätigkeiten gehörte auch die Arbeit an E. von Wolzogens Kabarett „Überbrettl" in Berlin, wohin Schönberg mit seiner Frau Mathilde im Jahr 1901 gezogen war. Durch Vermittlung von R. Strauss erhielt er ein Stipendium sowie eine Kompositionslehrerstelle am Sternschen Konservatorium, wodurch ihm eine gewisse Zeit fruchtbaren Schaffens ermöglicht wurde. In dieser Zeit entstand die Sinfonische Dichtung *Pelleas und Melisande* (1902/03), gleichfalls ein Werk, das – wie die *Gurrelieder* – eine Vermittlung zwischen Monumentalität und höchster struktureller Differenziertheit anstrebt. Die traditionelle Tonalität ist in diesem Werk bereits bis in ihre äußersten Grenzbereiche entwickelt. In den Werken der folgenden Jahre, die nach Schönbergs Rückkehr nach Wien im Jahre 1903 entstanden, wird sie schrittweise überwunden, etwa in der 1. *Kammersymphonie* op. 9 (1906) und dem 2. Streichquartett fis-Moll op. 10 (1907/08). Mit den *Fünfzehn Gedichten aus „Das Buch der hängenden Gärten" von Stefan George* op. 15 (1908/09) und den Klavierstücken op. 11 (1909) entstanden die ersten frei atonalen Werke (▷ 11.2). Ihnen folgten unter anderen die *Fünf Orchesterstücke* op. 16 (1909) und das Monodram *Erwartung* op. 17 (1909; Text von Marie Pappenheim), eine dramatische Szene expressionistischer Prägung. In einer Zeit kompositorischer Unproduktivität entstand die G. Mahler gewidmete Harmonielehre (1911), das erste Theoriewerk, in dem Schönberg seine Unterrichtserfahrungen zusammenfaßte. (Zu seinen Schülern zählten seit 1904 auch A. Berg und A. Webern.) 1911 beendete Schönberg die Orchestrierung der *Gurrelieder* und zog erneut, wiederum aufgrund materieller Probleme, nach Berlin, wo 1912 das Zentralwerk des Schönbergschen Expressionismus entstand, die *Dreimal sieben Gedichte aus Albert Girauds Pierrot lunaire* op. 21 (1912), Melodramen mit Begleitung eines Kammerensembles. Das Werk erregte außerordentliches Aufsehen und trug maßgeblich dazu bei, Schönbergs Namen international bekannt zu machen. Dennoch mußte er sich immer wieder gegen das konservative Publikum zur Wehr setzen, wie etwa in dem Konzert vom 31. März 1913 – unter Schönbergs Leitung wurden Werke von Webern, Schönberg, Berg (▷ 11.11) und Mahler aufgeführt –, die in einen der größten Skandale der Musikgeschichte ausartete.

Der Ausbruch des Krieges brachte Schönberg erneut in Bedrängnis, seine Einkünfte schwanden fast völlig, und auch die musikalische Produktion versiegte so gut wie ganz. In dieser schweren Zeit entstand die Idee zu einem großen religiösen Werk, aus dem das Oratorienprojekt *Die Jakobsleiter* hervorging. Den Text des Werks vollendete Schönberg 1917, die Musik konnte er aber aufgrund der widrigen äußeren und inneren Umstände nicht fertigstellen, so daß das bedeutende Werk Fragment blieb.

Nach dem Krieg begann Schönberg erneut mit dem Erteilen von Privatunterricht und gründete 1919 in Wien den Verein für musikalische Privataufführungen, eine Gegeninstitution zum bürgerlichen Konzertbetrieb, die sich insbesondere der sorgfältig vorbereiteten Interpretation von moderner und Neuer Musik widmete. Anfang der zwanziger Jahre fand Schönberg zur *Komposition mit zwölf nur aufeinander bezogenen Tönen* (▷ 11.2), die er erstmals in den Klavierwerken der Opera 23 (1920–23) und 25 (1921–23), der Serenade op. 24 (1920–23) und dem Bläserquintett op. 26 (1923/24) verwendete. 1923 starb Mathilde Schönberg, bereits ein Jahr darauf heiratete Schönberg erneut, Gertrud, die Schwester seines Schülers R. Kolisch, der sich als Geiger und Primarius eines Streichquartetts um das Bekanntwerden der Musik Schönbergs überaus verdient gemacht hat. Als Nachfolger Busonis wurde Schönberg 1925 an die Preußische Akademie der Künste nach Berlin berufen, 1926 nahm er den Ruf an. Die folgenden Jahre brachten eine Phase gesicherter Existenz (zum ersten und einzigen Mal in seinem Leben) und ermöglichten eine ungeheure Produktivität. Es entstanden die *Suite* op. 29 (1925/26), die Variationen für Orchester op. 31 (1926–28), das 3. Streichquartett op. 30 (1927), die Oper *Von heute auf morgen* op. 32 (1928/29; Schönbergs Beitrag zur „Zeitoper"; ▷ 11.23) sowie vor allem die beiden ersten Akte der großen „Bekenntnisoper" (H. Danuser) *Moses und Aron* (1930–32), deren dritter Akt unkomponiert blieb.

Nach der nationalsozialistischen Machtergreifung verließ Schönberg Deutschland, trat in Paris wieder der jüdischen Glaubensgemeinschaft bei und emigrierte über die Schweiz in die USA, die seine neue Heimat werden sollten. Aus gesundheitlichen Gründen zog er bereits 1934 von der Ost- an die Westküste, zunächst nach Hollywood, dann nach Brentwood Park in der Nähe von Los Angeles, wo er ab 1936 an der Universität lehrte. In Amerika entstanden weitere großangelegte Zwölftonwerke wie das Violinkonzert op. 36 (1935/36), das Klavierkonzert op. 42 (1942), das 4. Streichquartett op. 37 (1936) und das Streichtrio op. 45 (1946). Die Erschütterung über einen Bericht, der die Judenverfolgung im Warschauer Ghetto schildert, regte Schönberg zu dem Melodram *A Survivor from Warsaw (Ein Überlebender aus Warschau)* op. 46 (1947) an. Neben den dodekaphonen Werken entstanden auch solche, in denen Schönberg erneut mit den Möglichkeiten der Tonalität experimentiert, wie zum Beispiel *Theme and Variations* op. 43a für Blasorchester (1943).

Schönbergs überaus umfassende Lehrtätigkeit fand ihren Niederschlag in verschiedenen Büchern, unter ihnen *Die formbildenden*

183 „Grünes Selbstbildnis" Arnold Schönbergs (1910; Los Angeles, Sammlung Lawrence A. Schoenberg)

Tendenzen der Harmonie (1954, dt. 1957) und *Grundlagen der musikalischen Komposition* (1967, dt. 1979), ferner die Aufsatzsammlung *Style and Idea* (1950; dt. als *Stil und Gedanke,* 1976).
Große gesundheitliche Schwierigkeiten, insbesondere das Nachlassen der Sehkraft, behinderten Schönberg in seinen letzten Lebensjahren sehr. Sein letztes Werk, die *Modernen Psalmen,* blieb unvollendet. Schönberg starb am 13. Juli 1951 in Los Angeles.

11.11 Berg

Alban Berg wurde am 9. Februar 1885 in Wien geboren. Von seinem Vater, einem Antiquitätenhändler, übernahm er das Interesse an Literatur und Kunst, die Musikalität dagegen war ein mütterliches Erbe. Schon früh drängte es ihn zu ersten autodidaktischen Kompositionsversuchen, einer großen Anzahl von Liedern, von denen einige in letzter Zeit veröffentlicht wurden. Der Tod des Vaters (1900) führte zu einer Verschlechterung der Lebensverhältnisse der Familie, und zwei weitere Ereignisse, das Nichtbestehen des Abiturs und eine unglückliche Liebesgeschichte, führten den psychisch Labilen 1903 zu einem Selbstmordversuch. 1904, nach der schließlich doch noch bestandenen Reifeprüfung, begann er auf Wunsch der Mutter eine Lehre als Rechnungspraktikant im österreichischen Staatsdienst. In dieser Zeit zeigte sein Bruder Charly A. Schönberg einige der frühen Lieder, aus denen dieser das Talent Bergs sogleich erkannte und sich bereit erklärte, ihn kostenlos zu unterrichten. Damit begann Bergs lebenslange Beziehung zu Schönberg, die für seine Entwicklung als Komponist und Mensch von größter Bedeutung war. Eine Erbschaft versetzte Berg 1906 in die Lage, dem verhaßten Beamtenstand zu entfliehen und sich ganz der Musik zu widmen. In Schülerkonzerten erklangen Werke Bergs erstmals in der Öffentlichkeit, darunter die Klaviersonate op. 1 h-Moll (1907/08), ein motivisch-thematisch überaus dicht gearbeitetes, einsätziges Werk. In den folgenden Jahren entstanden die *Vier Lieder nach Hebbel und Mombert* op. 2 (1909/10) und, als offizieller Abschluß des Unterrichts bei Schönberg, das Streichquartett op. 3 (1910), ein Werk der freien Atonalität, in dem die dichte Struktur der Klaviersonate noch weiterentwickelt erscheint.
1911, im Todesjahr des zutiefst verehrten G. Mahler, heiratete Berg, entgegen dem anfänglichen massiven Widerstand ihres Vaters, Helene Nahowski. In der kurzen Zeit vor dem Ausbruch des Krieges hatte Berg vor allem zwei Ziele vor Augen: Zum einen bemühte er sich unablässig darum, die Werke seines geliebten Lehrers Schönberg bekannt zu machen, eine Aufgabe, die ihren Niederschlag unter anderen in dem überaus sorgfältig erstellten Klavierauszug der *Gurrelieder* und den bedeutenden Analysen zentraler Werke Schönbergs fand. Zum anderen suchte Berg, der „romantischste" Komponist der Wiener Schule, die Annäherung an die große Form. Zu ihr gelangte er in den drei *Orchesterstücken* op. 6 (1914/15), die als schöpferische Antwort auf Schönbergs Kritik an der aphoristischen Gestalt der *Vier Stücke für Klarinette und Klavier* op. 5 (1913) und der *5 Orchesterlieder nach Ansichtskartentexten von Peter Altenberg* op. 4 (1912) entstanden. Bei der Ur-

Die Musik in der ersten Hälfte des 20. Jahrhunderts

aufführung dieser Lieder am 31. 3. 1913 gab es einen ungeheuren Skandal (▷ 11.10), der Berg zwar sehr deprimierte, ihn aber nicht grundsätzlich beirrte. Der Stil der Lieder weist voraus auf die Oper *Wozzeck,* mit der er sich ab 1914, nachdem er Büchners Dramenfragment auf der Bühne erlebt hatte, beschäftigte. Der Krieg verzögerte die Ausführung des Werks, das erst 1921 vollendet werden konnte. Der atonalen Harmonik stellt Berg eine zum Teil geradezu klassizistische Formgebung gegenüber, die musikalischen Zusammenhang und Zusammenhalt garantieren soll. So ist etwa die erste Szene des ersten Akts als Suite angelegt, andere Szenen etwa als Passacaglia oder Variationenfolge. Durch die Uraufführung des *Wozzeck* am 14. Dezember 1925 in Berlin wurde Berg gleichsam über Nacht berühmt. Als eine der wenigen Opern des 20. Jahrhunderts hat sich das Werk im Repertoire halten können.

Der engen Beziehung zu Schönberg und A. Webern setzte Berg in seinem *Kammerkonzert für Klavier und Geige mit dreizehn Bläsern* (1923–25) ein tönendes Denkmal, indem er dem Werk ein musikalisches Motto voranstellte, das aus den Namen Arnold Schönberg, Anton Webern und Alban Berg abgeleitet ist (Abb. 185, S. 420). Merkmale Bergschen Komponierens wie die Neigung zu formalen Symmetrien und die strukturelle Bedeutung bestimmter Zahlen (hier die Zahl 3 und ihr Vielfaches) sind in diesem Werk, mit besonderer Strenge verwendet, anzutreffen, ohne daß sein „zutiefst wienerischer Charakter" (P. Boulez) davon berührt würde.

Mit der zweiten Vertonung von Th. Storms Gedicht *Schließe mir die Augen beide* – die erste (tonale) entstand 1907 – legte Berg im Jahr 1925 seine erste der Zwölftontechnik Schönbergs verpflichtete Komposition vor. Als erstes dodekaphones Werk großen Formats folgte 1925/26 die *Lyrische Suite* für Streichquartett, deren Charakterisierung als „latente Oper" (Adorno) durch die Entdeckung eines dem Werk zugrundeliegenden Programms – Bergs geheimes Liebesverhältnis zu Hanna Fuchs-Robbetin – erst in den letzten Jahren ihre Bestätigung fand.

1928 entschloß sich Berg zur Vertonung von F. Wedekinds Dramen *Erdgeist* und *Die Büchse der Pandora,* die er seiner Oper *Lulu* zugrundelegte. Die Arbeit an dem Werk erfüllte die letzten Jahre bis zu seinem frühen Tod. Gewissermaßen daneben entstanden die Konzertarie *Der Wein* (1929; nach Ch. Baudelaire) und, auf Anregung des Geigers L. Krasner, das Violinkonzert, das dem „Andenken eines Engels" – gemeint ist die 1935 im Alter von achtzehn Jahren verstorbene Manon Gropius – gewidmet ist. Nur wenige Monate nach der Fertigstellung des Konzerts starb Berg am 24. Dezember 1935 an den Folgen einer Blutvergiftung. Zwei Akte der *Lulu* waren zu diesem Zeitpunkt in Partitur vollendet, den dritten rekonstruierte F. Cerha nach dem vollständigen Particell sowie umfangreichen Skizzen Bergs. In ihrer dreiaktigen Gestalt, die 1979 in Paris uraufgeführt wurde, zählt *Lulu* zu den Höhepunkten der Oper des 20. Jahrhunderts.

184 Alban Berg (Gemälde von Arnold Schönberg, um 1910; Wien, Historisches Museum)

11.12 Webern

Anton (von) Webern wurde am 3. Dezember 1883 in Wien geboren. (Das ererbte Adelsprädikat hat er nie verwendet.) Ersten Musikunterricht erhielt er ab 1895 in Klagenfurt, wohin der Vater, ein Bergbauingenieur im Staatsdienst, versetzt worden war. Nach dem Abitur (1902) begann Webern mit dem Studium der Musikwissenschaft an der Wiener

Kapitel 11

185 Motto zum „Kammerkonzert für Klavier und Geige mit dreizehn Bläsern" (1923-25) von Alban Berg mit den Notenbuchstaben der Namen Arnold Schönberg (a–d–es–c–h–b–e–g), Anton Webern (a–e–b–e) und Alban Berg (a–b–a–b–e–g)

Universität bei G. Adler und promovierte bereits 1906 mit einer kommentierten Edition von H. Isaacs *Choralis Constantinus II*. Wohl durch Vermittlung Adlers wurde Webern 1904 Kompositionsschüler von A. Schönberg. Die ihm eigene Begabung für den strengen Satz, die durch die Beschäftigung mit Isaac sowie Schönbergs auf handwerkliche Souveränität ausgerichteten Unterricht noch gefördert worden war, zeigt sich in den ersten vollgültigen Kompositionen, der *Passacaglia* für Orchester op. 1 (1908) und dem als Doppelkanon angelegten Chorstück *Entflieht auf leichten Kähnen* op. 2 (1908; nach St. George), ebenso wie in den späten Kantaten.

Nach Abschluß des vom Vater finanzierten Studiums begannen Weberns zahlreiche Versuche, seinen Lebensunterhalt als Theaterdirigent zu verdienen, Versuche, die sämtlich aufgrund seiner psychischen Labilität scheiterten. Seine Existenz bestritt Webern durch das Erteilen von Kompositionsunterricht, später auch durch die Leitung von Chorvereinigungen und Orchestern, mit denen er sich vor allem für die Werke Schönbergs und G. Mahlers einsetzte.

Die Lieder nach Gedichten von George op. 3 und op. 4 (beide 1908/09) markieren Weberns Übergang zur Atonalität. In den *Fünf Sätzen für Streichquartett* op. 5 (1909) findet sich erstmals die für Webern so typische musikalische Konzentration auf wenige, ausdrucksgefüllte Momente, wie sie dann vor allem in den *Sechs Bagatellen* für Streichquartett op. 9 und den *Fünf Stücken* für Orchester op. 10 (beide 1911–13) begegnet.

Den Kriegsausbruch begrüßte Webern mit der damals auch unter Intellektuellen weitverbreiteten Begeisterung. Aufgrund seines schlechten Sehvermögens wurde er jedoch nicht an der Front eingesetzt und 1917, zur gleichen Zeit wie Schönberg, sogar vom Kriegsdienst befreit. Es entstand in Folge von zehn Vokalkompositionen, insbesondere Sologesänge mit Begleitung unterschiedlicher Instrumentalensembles, darunter die *Sechs Lieder* für hohe Stimme, Klarinette, Baßklarinette, Geige und Violoncello op. 14 (1917–21) nach Texten des damals noch so gut wie unbekannten G. Trakl.

Allmählich mehrten sich die Aufführungen Webernscher Werke, wenngleich gerade ihnen, mehr noch als der Musik Schönbergs und A. Bergs, oftmals größtes Unverständnis begegnete. Mit den *Drei Volkstexten* op. 17 (1924/25) wandte Webern sich der Zwölftontechnik zu, die im Streichtrio op. 20 (1926/27) erstmals in einem Instrumentalwerk Anwendung fand. In den folgenden Werken prägt sich Weberns individuelle Handhabung der Reihentechnik, insbesondere seine Vorliebe für Spiegelsymmetrien, und ihre Entfaltung in einem übersichtlichen, oftmals geradezu „punktuellen" Satz aus, so etwa in der *Symphonie* op. 21 (1928; Abb. 186), dem *Konzert* op. 24 (1934) oder den Variationen für Klavier op. 27 (1936) und Orchester op. 30 (1940). Als letzte Werke entstanden mehrere Vokalkom-

Die Musik in der ersten Hälfte des 20. Jahrhunderts

186 Beginn der „Symphonie" op. 21 (1928) von Anton Webern

positionen nach Texten der befreundeten Dichterin Hildegard Jone, deren Lyrik in ihrer Mischung aus Naturhaftigkeit und Mystik Weberns eigenem Denken überaus nahe stehen.
Weberns letzte Lebensjahre waren durch den Anschluß Österreichs an das Deutsche Reich und die Diffamierung seiner Musik als „entartet" sowie durch den Ausbruch des Zweiten Weltkriegs von schwarzen Sorgen geprägt, so daß er kaum Ruhe zur Arbeit fand. Unglücklich wie seine letzten Lebensjahre war auch sein Tod: Am 15. September 1945 wurde Webern in Mittersill von einem amerikanischen Soldaten versehentlich erschossen.

11.13 Strawinsky

Igor Strawinsky wurde am 17. Juni 1882 in Oranienbaum (heute Lomonossow) bei Petersburg geboren. Sein Vater war ein gefeierter Bassist an der Kaiserlichen Oper, dem Marientheater; durch ihn wurde Strawinsky schon früh vor allem mit den Opern M. I. Glinkas, M. P. Mussorgskis und anderer russischer Komponisten bekannt. Nach dem Tod des Vaters übernahm N. A. Rimski-Korsakow für einige Jahre die Rolle eines väterlichen Freundes. Seinem Unterricht verdankte Strawinsky, wie er später bekannte, die wesentlichen Grundlagen seines kompositorischen Könnens, insbesondere die sorgfältige Ausbildung seines Gespürs für Klangfarben, das bereits in frühen Orchesterwerken wie der Sinfonie Es-Dur op. 1 (1905–07), dem *Scherzo*

Kapitel 11

fantastique (1907/08) und *Feu d'artifice* (1908) hervortritt.

Schlagartig berühmt wurde Strawinsky durch seine Musik zu dem Ballett *Der Feuervogel*, die als Auftragskomposition für die berühmten Ballets Russes des genialischen Impresarios S. Diaghilew entstand und 1910 in Paris ihre triumphale Uraufführung erlebte. An diesen Erfolg anknüpfend komponierte Strawinsky zwei weitere Ballette, gleichfalls nach russischen Stoffen: *Petruschka* (1911) und *Le sacre du printemps* (1913), Werke, mit denen er nicht nur das Ballett selbst, sondern die Vorstellungen von Musik überhaupt revolutionierte. *Le sacre du printemps* wurde 1913 zu einem Skandalerfolg, und das nicht nur aufgrund des ungewöhnlichen Sujets – die Darstellung einer heidnischen Frühlingsfeier mit abschließendem rituellen Menschenopfer –, sondern vor allem auch aufgrund der oftmals geradezu brutalen Tonsprache, deren rhythmisch entfesselte Orgiastik in völligem Gegensatz zum Ästhetizismus dieser Zeit stand. Zudem tritt in *Le sacre du printemps* ein Kompositionsverfahren hervor, das ansatzweise auch die vorangegangenen Werke prägt und schockierend neu wirkte: das Prinzip, musikalische Versatzstücke oder Floskeln wie „Bausteine" (V. Scherliess) nebeneinanderzustellen, ohne einen – für den traditionellen Musikbegriff essentiellen – musikalischen Zusammenhang anzustreben, ein Verfahren der Reihung, das für die folgende musikgeschichtliche Entwicklung bedeutsam werden sollte.

Strawinsky selbst hat die Einmaligkeit von *Le sacre du printemps* erkannt und nicht versucht, den Stil dieses Werkes in anderen Kompositionen weiterzuführen. Die Werke nach 1913 – darunter *Trois poésies de la lyrique japonaise* (1912/13), *Pribaoutki* (1914), *Trois pièces pour quator à cordes* (1914), *Berceuses du chat* (1915/16) und das Ballett mit Gesang *Renard* (1915/16) – distanzieren sich von diesem Stil sogar in auffälliger Weise. Typisch für diese Werke ist ihr vergleichsweise geringer Umfang und die kleine Instrumentalbesetzung, Maßnahmen, zu denen Strawinsky allerdings auch durch den Ausbruch des Ersten Weltkriegs und die dadurch bedingten Aufführungsschwierigkeiten für großdimensionierte Werke veranlaßt wurde. Strawinsky, der schon in den Jahren 1910–14 seinen Wohnsitz abwechselnd in Wolynien und der Schweiz hatte, kehrte schließlich nicht mehr nach Rußland zurück und wählte im Exil zunächst das schweizerische Clarens. Dort lernte er unter anderen den Dichter Ch. F. Ramuz kennen, mit dem zusammen er *L'histoire du soldat* (*Die Geschichte vom Soldaten*, 1918) schrieb, ein aus den Zeitumständen heraus entstandenes Bühnenstück für nur wenige Darsteller und Musiker, das ohne großen Aufwand auf einer Wanderbühne aufgeführt werden kann. Die in diesem Werk bereits zu beobachtende Verfremdung von kompositorischen Modellen älterer Musik (Choral, Marsch, Walzer usw.) wird in den neoklassizistischen Werken seit *Pulcinella* (1920) zum tragenden Prinzip von Strawinskys Komponieren (▷ 11.3).

1920 übersiedelte Strawinsky mit seiner Familie (seiner Frau Jekaterina und den Kindern) nach Frankreich, dessen Staatsbürgerschaft er aber erst 1934 erwarb. Strawinsky lebte in ständigem Kontakt mit führenden Intellektuellen und Künstlern, mit denen er zum Teil an gemeinsamen Projekten arbeitete (so zum Beispiel mit J. Cocteau bei *Oedipus rex*, 1927, und A. Gide bei *Perséphone*, 1934). Aus der Fülle neoklassizistischer Werke seien nur

187 Igor Strawinsky am Klavier (Zeichnung von Francesco Cangiullo vom April 1915 auf dem „Movimento Futurista" von Filippo Tommaso Marinetti)

einige hervorgehoben: die komische Oper *Mavra* (1922), das Bläseroktett (1922/23) sowie die Ballette *Apollon musagète* (1928) und *Le baiser de la fée* (1928). Ab Mitte der zwanziger Jahre trat Strawinsky häufig als Pianist auf. Zu diesem Zweck komponierte er einige Werke wie die *Sonate* (1924), die *Serenade in A* (1925), das Konzert für Klavier und Blasorchester (1923/24) sowie das Konzert für zwei Klaviere (1931–35) für sich und seinen Sohn Souliman. Strawinsky verfolgte mit seinen Auftritten (und Schallplattenaufnahmen) als zentrales Ziel die Begründung einer Maßstäbe setzenden Aufführungstradition seiner Werke, als deren wichtigstes Moment ihm die Wahl des richtigen Tempos galt.
Das *Paternoster* für Chor a cappella von 1926 eröffnet eine Reihe von geistlichen Werken, ein Bereich, mit dem Strawinsky sich bis zu seinem Tod in Kompositionen wie der *Messe* (1944–48), *Threni: id est lamentationes Jeremiae Prophetae* (1957/58) oder dem *Introitus* (T. S. Eliot in memoriam; 1965) immer wieder auseinandersetzte. Zu dieser Werkgruppe zählt auch die *Psalmensymphonie* (1930), die als Auftragswerk für das fünfzigjährige Jubiläum des Boston Symphony Orchestra entstand. Ihr folgten weitere Auftragskompositionen für Amerika, so das Ballett *Jeu de cartes* (1937) und das Concerto in Es *Dumbarton Oaks* (1937/38). Mit ihnen bereitete Strawinsky seine Übersiedlung nach Amerika vor, zu der er sich 1939, als er an der Harvard University Vorlesungen über „musikalische Poetik" abhielt, aufgrund des Kriegsausbruchs entschloß.
1940 heiratete der seit einem Jahr verwitwete Strawinsky die Malerin und Kostümbildnerin Wera Sudeikina und ließ sich mit ihr in Kalifornien nieder. Finanzielle Schwierigkeiten zwangen ihn, Aufträge unterschiedlichster Art anzunehmen, worauf die merkwürdige Heterogenität der in den ersten amerikanischen Jahren entstandenen Werke zurückzuführen ist, die ein Vergleich etwa der *Circus Polka (für einen jungen Elefanten;* 1942) und der *Four Norwegian Moods* (1942 für Hollywood komponiert) mit der *Symphony in three movements* (1942–45) zeigt. Als Hauptwerk entstand die Oper *The Rake's Progress,* die 1951 ihre Uraufführung an der Mailänder Scala erlebte. Mit diesem Werk beendete Strawinsky seine neoklassizistische Phase und wandte sich, zum Erstaunen vieler, der Zwölftonmusik zu, die einigen seiner letzten Werke in ganz individueller Ausprägung zugrunde liegt. 1966 beendete er sein letztes Werk *(The Owl and the Pussy-Cat).* Strawinsky starb am 6. April 1971 in New York.

11.14 Hindemith

Paul Hindemith wurde am 16. November 1895 in Hanau geboren. Schon früh erhielt er Violinunterricht und trat zusammen mit seinen Geschwistern als „Frankfurter Kindertrio" öffentlich auf. Ab 1908 studierte er am Hochschen Konservatorium in Frankfurt, 1912 wurde er Kompositionsschüler zunächst bei A. Mendelssohn, dann bei B. Sekles. 1915 wurde Hindemith Konzertmeister des Frankfurter Opernorchesters, im selben Jahr fiel sein Vater an der Westfront, und Hindemith übernahm für einige Zeit die Rolle eines Familienoberhaupts. Als Regimentsmusiker mußte auch er einrücken, überstand den Krieg aber weitgehend unbeschadet. Mittlerweile waren erste Werke mit solchem Erfolg aufgeführt worden, daß der renommierte Schott-Verlag mit Hindemith 1919 einen Vertrag abschloß, der bis zum Tod des Komponisten Bestand hatte.
Nach dem Krieg entwickelte Hindemith sich in kurzer Zeit zu einer der profiliertesten Persönlichkeiten unter den jungen deutschen Komponisten, und das nicht zuletzt aufgrund der oftmals schockierenden Wirkung von Werken wie dem expressionistischen Operneinakter *Mörder, Hoffnung der Frauen* (1919; Text von O. Kokoschka) oder der *Suite 1922* op. 26 für Klavier (1922), die ihm den Ruf eines Bürgerschrecks einbrachten (Abb. 182, S. 415). Hindemiths Bedeutung für die Neue Musik zeigt sich auch in anderen Tätigkeitsbereichen. Als Bratscher wirkte er in dem 1922 gegründeten Amar-Quartett mit, das sich ebenso kompetent wie leidenschaftlich für moderne Streichquartettkompositionen einsetzte. Erheblichen Einfluß auf das Bekanntwerden Neuer Musik übte Hindemith auch als Mitglied verschiedener Komitees aus, unter ihnen der Programmausschuß der wichtigen Donaueschinger Musiktage, in deren Rahmen zentrale Werke Hindemiths wie

die *Kammermusik No. 1* op. 24a (1922) oder der Liederzyklus *Die junge Magd* op. 23b (nach Gedichten von G. Trakl; 1922) uraufgeführt wurden; ab 1927 lehrte Hindemith schließlich an der Berliner Musikhochschule.
Die Oper *Cardillac* (1926, Neufassung 1952; Text von F. Lion nach E. T. A. Hoffmanns *Das Fräulein von Scuderi*) markiert einen Wendepunkt in Hindemiths kompositorischer Entwicklung. Das Changieren zwischen Expressionismus und „mittlerer" Musik weicht zunehmend einem Stil, der – in Anlehnung an einen kunsthistorischen Terminus – als „Neue Sachlichkeit" bezeichnet wurde. Charakteristisch für Werke wie die *Konzertmusik für Streichorchester und Blechbläser* op. 50 (1930) ist die Verbindung einer um Distanz bemühten Ausdruckshaltung mit einer differenzierten Konstruktivität und handwerklicher Meisterschaft, die nun zunehmend konservative Züge annimmt. Neben großen, repräsentativen Werken wie dem *Philharmonischen Konzert* (1932) entstanden auch etliche Kompositionen für das Laienmusizieren, die eine technisch anspruchslosere Realisierung der Konzeption einer „Gebrauchsmusik" (▷ 11.5) zeigen, die auch den großen Werken seit den späten zwanziger Jahren zugrunde liegt.
Mit der Machtübernahme der Nationalsozialisten begannen für Hindemith problemreiche Jahre. Er wurde als „Kulturbolschewist" verfemt, und Aufführungen seiner Werke waren offiziell untersagt. Die Problematik der eigenen Künstlerexistenz reflektiert die Oper *Mathis der Maler* (1934/35, Uraufführung 1938), ein Hauptwerk Hindemiths, dem er eine Sinfonie gleichen Titels vorausschickte. Nach verschiedenen Zwischenstationen emigrierte Hindemith 1940 in die USA, wo er, der als einer der berühmtesten europäischen Komponisten seiner Zeit galt, einer Vielzahl von Lehrtätigkeiten nachging. Grundlage seines Unterrichts war sein eigenes theoretisches Hauptwerk, die *Unterweisung im Tonsatz* (1937–1939), in der er sich um den Nachweis eines aus der Obertonreihe abgeleiteten, gleichsam naturgegebenen und allgemein verbindlichen harmonischen Systems bemüht und damit eine bewußt konservative Haltung bezieht, durch die er sich etwa von der Dodekaphonie Schönbergs abgrenzt. Die praktische Anwendung seiner Theorie stellen die Werke seit den späten dreißiger Jahren dar, darunter der Zyklus von Sonaten für Orchesterinstrumente und Klavier und die brillanten amerikanischen Orchesterwerke, etwa die *Symphonischen Metamorphosen* nach Themen von C. M. von Weber (1940–43).
Nach Ende des Kriegs kehrte Hindemith nach Europa zurück und sah sich – zunächst – nach wie vor als gefeierter Komponist und auch Dirigent, ein Tätigkeitsbereich, der seine letzten Jahre in besonderem Maße ausfüllte. Den neuesten kompositorischen Tendenzen, zumal der Seriellen und elektronischen Musik, verschloß er sich und stellte ihr programmatische Werke wie die Kepler-Oper *Die Harmonie der Welt* (1957) entgegen, mit der er sein künstlerisches Credo auf die Bühne brachte. Als letztes Werk entstand 1963 die „Messe" für gemischten Chor a cappella. Am 28. Dezember desselben Jahres starb Hindemith in Frankfurt am Main.

11.15 Bartók

Béla Bartók wurde am 25. März 1881 in Nagyszentmiklós (damals Ungarn, heute Rumänien) geboren. Bartóks pianistisches Talent wurde früh erkannt und gefördert. Von 1899 bis 1903 studierte er an der Musikhochschule in Budapest (Klavier und Komposition) und begeisterte sich, nachdem er in seinem eigenen Komponieren zunächst der Musik J. Brahms' verpflichtet war, für die Sinfonischen Dichtungen von R. Strauss, deren Einfluß etwa in der nationalistisch geprägten Tondichtung *Kossuth* (1903) hervortritt. Schon bald nach Abschluß des Studiums begann Bartók mit der Sammlung und Auswertung von Volksmusik, die für ihn wie auch seinen Freund Z. Kodály zur Quelle des eigenen Schaffens wurde (▷ 11.7), wie sich unter anderem in der Verwendung charakteristischer Rhythmen, spezifischer Skalen und an dem oftmals urwüchsigen, bewußt kunstlosen Charakter der eigenen Werke, selten jedoch in der Übernahme originaler Melodien (es sei denn in ausdrücklich so bezeichneten Bearbeitungen) nachweisen läßt.
Während Bartók als Pianist große Erfolge errang, gelang ihm der Durchbruch als Kompo-

nist erst sehr spät. Die Ablehnung seiner Oper *Herzog Blaubarts Burg* (1911) beim Budapester Opernwettbewerb enttäuschte ihn so sehr, daß er sich für mehrere Jahre in ein inneres Exil zurückzog, um seinen künstlerischen Überzeugungen treu bleiben zu können. In dieser Zeit entstanden zwei seiner avanciertesten Werke, die Ballette *Der holzgeschnitzte Prinz* op. 13 (1914–16) und *Der wunderbare Mandarin* op. 19 (1918/19). Neben diesen progressiven, auf heftigen Widerstand stoßenden Werken, zu denen auch die mittleren der sechs Streichquartette zu zählen sind, entstanden, als ein Ergebnis der folkloristischen Studien, zahlreiche Bearbeitungen von Volksmusik für verschiedene Besetzungen, in denen zum Teil bereits ein wichtiger Schaffensbereich Bartóks zum Tragen kommt: die musikpädagogisch intendierte Musik, die trotz unterschiedlicher technischer Anforderungen stets den Maximen der Neuen Musik verpflichtet bleibt und als deren Hauptwerk die sechs Bände der Sammlung *Mikrokosmos* für Klavier (1926–39) gelten.
Internationale Anerkennung als Komponist fand Bartók ab Mitte der zwanziger Jahre, als einige seiner Werke auf wichtigen Festivals der Neuen Musik erklangen, so die Uraufführung der 2. Violinsonate (1922) beim Fest der Internationalen Gesellschaft für Neue Musik (IGNM) – eine der wichtigsten Institutionen der Neuen Musik – in Salzburg im Jahr 1923. Der wachsende Ruhm brachte ihm verschiedene Kompositionsaufträge ein. Für P. Sacher und sein Basler Kammerorchester entstanden die *Musik für Saiteninstrumente, Schlagzeug und Celesta* (1936), ein richtungweisendes Werk der Musik des 20. Jahrhunderts, die Sonate für zwei Klaviere und Schlagzeug (1937) sowie das *Divertimento für Streichorchester* (1939).
1940 emigrierten die Bartóks nach Amerika. Das Leben dort gestaltete sich aufgrund erheblicher wirtschaftlicher Probleme äußerst schwierig, und erst durch die Initiative des Geigers J. Szigeti wurde die amerikanische Öffentlichkeit auf den sehr stillen und zurückhaltenden Komponisten aufmerksam, so daß ihn verschiedene Kompositionsaufträge erreichten, die seine Existenz sicherten. In diesen letzten Lebensjahren entstanden das *Konzert für Orchester* (1943), die Sonate für Violine solo (1944), das 3. Klavierkonzert (1945) sowie das unvollendet hinterlassene Bratschenkonzert, das der Freund T. Serly nach den Skizzen fertigstellte. Bartók starb am 26. September 1945 in New York.

11.16 Varèse

Edgard Varèse wurde am 22. Dezember 1883 als Kind französisch-italienischer Eltern in Paris geboren. Gegen den Willen des Vaters wandte er sich autodidaktisch der Musik zu, studierte dann in Paris, zunächst an der Schola Cantorum, dann am Conservatoire. 1907 zog Varèse nach Berlin, wo er Busoni kennenlernte. In dessen *Entwurf einer neuen Ästhetik der Tonkunst* (1907, 2. Fassung 1916) erkannte er eine Übereinstimmung mit eigenen Ideen, vor allem der einer „Freiheit der Tonkunst", Ideen, zu deren klanglicher Realisierung er jedoch erst sehr viel später gelangte. Ab 1915 lebte Varèse zumeist in Amerika, dem „Land der unbegrenzten Möglichkeiten", in dem er seine Vorstellungen zu verwirklichen hoffte. Im Zentrum seines Denkens steht die „Emanzipation des Klanges" („liberation of sound"). Doch im Gegensatz zur bruitistischen Antikunst der Futuristen, insbesondere L. Russolos (▷ 11.6), wollte Varèse den Kunstbegriff nicht zerstören, sondern neu definieren, eine „neue Musik" im emphatischen Sinne schaffen. In Werken wie *Hyperprism* (1922/23) oder *Intégrales* (1924/25) arbeitet er mit dem Wechsel von Tönen und Geräuschen, der eingebettet ist in einen individuell gestalteten Formablauf, der keinem vorgegebenen Schema folgt, sondern – so Varèse in Anlehnung an Busoni – „das Ergebnis eines Prozesses" darstellt. Zukunftsweisend ist das Werk, das die „Emanzipation des Geräusches" auf die Spitze treibt: *Ionisation* für ein Ensemble von 13 Schlagzeugern, entstanden zwischen 1929–31 während eines mehrjährigen Aufenthalts in Paris (Abb. 188, S. 426).
Die endgültige Realisierung seiner klanglichen Visionen konnte Varèse jedoch erst mit Hilfe elektronischer Klangerzeuger gelingen. Das vergebliche Experimentieren mit unzureichenden Apparaturen ließ ihn ab 1936 für rund zehn Jahre verstummen. Erst die Entwicklung der elektronischen Musik nach

Kapitel 11

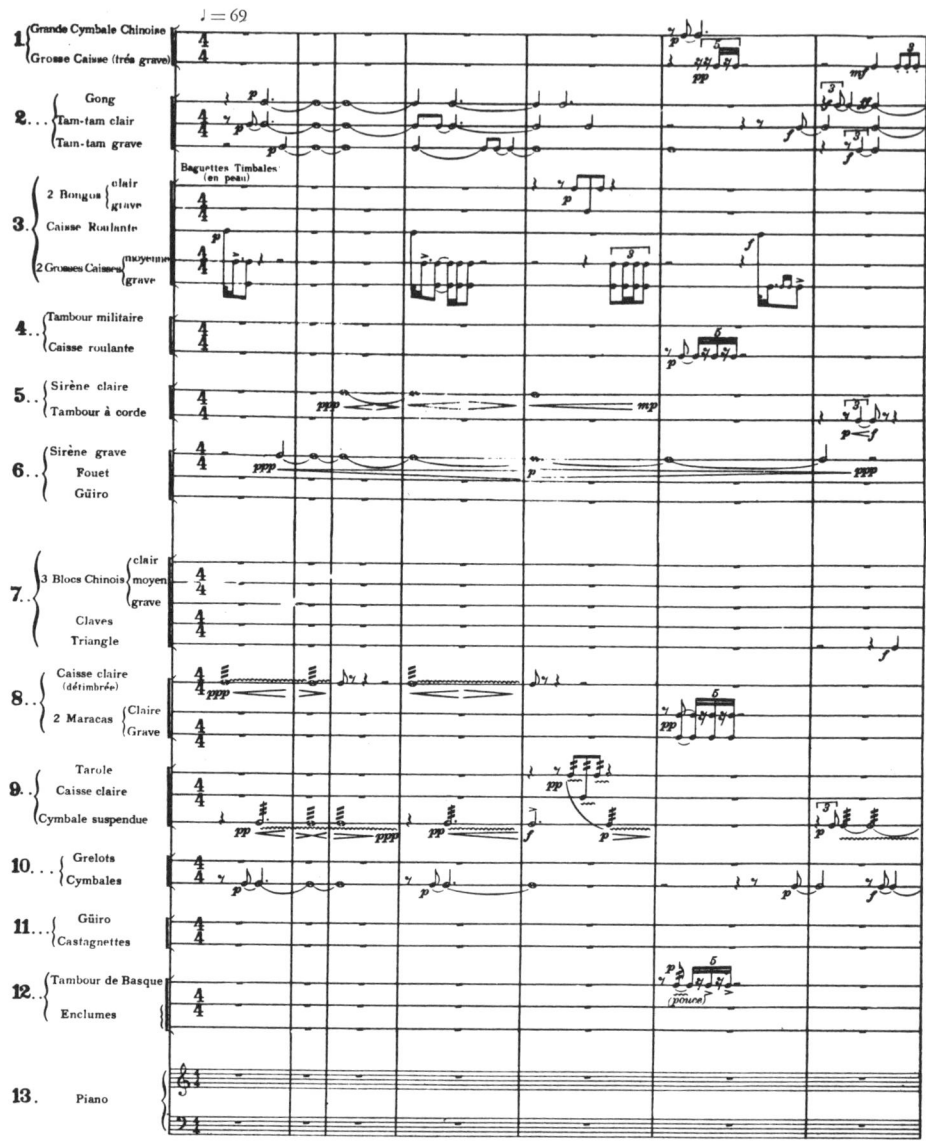

188 „Ionisation" für ein Ensemble von 13 Schlagzeugern (1929–31) von Edgard Varèse

1950, zu deren geistigen Vätern Varèse in gewisser Hinsicht zu zählen ist, führte zur Vollendung des seit langem geplanten Orchesterstücks *Déserts* (1950–54), in dessen traditionell notierten Orchesterpart drei Tonbandpassagen interpoliert sind, die ihrerseits in vier verschiedenen Fassungen vorliegen (1953/54; 1960; 1961; 1961). Für die Beschallung des Philips-Pavillons auf der Brüsseler Weltausstellung 1958 entstand das *Poème*

189 Moritat des Mackie Messer aus der „Dreigroschenoper" (1928) von Bert Brecht und Kurt Weill

électronique, seine letzte vollendete Komposition. Varèse starb am 6. November 1965 in New York.

11.17 Weill

Kurt Weill wurde am 2. März 1900 in Dessau als Sohn eines jüdischen Kantors geboren. Durch den engen Kontakt zum Dessauer Hoftheater, an dem er schon als Schüler gelegentlich Opernproben korrepetierte, entwickelte sich früh eine spezifische Affinität zum Musiktheater, die sich in ersten (verlorengegangenen) Operneinaktern niederschlug. Entscheidend für Weills weitere Entwicklung wurde die Begegnung mit F. Busoni, dessen Berliner Meisterklasse er von 1920 bis 1923 angehörte. Bei aller stilistischen Eigenart verrät etwa die 1921 entstandene 1. Sinfonie deutlich die Auseinandersetzung mit Busonis Musik und dessen Ideenwelt. Insbesondere die auf Integration von Altem und Neuem zielende Vorstellung einer „Jungen Klassizität" und Busonis Konzeption der Oper als „Spiel", die den Rückgriff auf die Nummerndramaturgie der älteren Oper erlaubte, waren von großem Einfluß auf Weills eigene Entwicklung. Mit Werken wie dem Ballett *Die Zaubernacht* (1922), bei dessen Uraufführung Weill seine zukünftige Frau Lotte Lenya kennenlernte – sie sollte eine der herausragenden Interpretinnen seiner Musik werden –, dem 1. Streichquartett (1923), dem ensemblebegleiteten Liederzyklus *Frauentanz* (1923) und dem deutlich von Strawinsky beeinflußten Konzert für Violine und Blasorchester (1924) wurde Weill schnell zu einem bekannten Komponisten, so daß er zu wichtigen Festivals der Neuen Musik eingeladen und von der für die Neue Musik so bedeutsamen Wiener Universal Edition unter Vertrag genommen wurde.

1925 begann Weill eine journalistische Tätigkeit bei der Zeitschrift *Der deutsche Rundfunk,* aus der heraus eine große Anzahl von Artikeln entstanden, die sein Interesse an dem neuen Medium zeigen, wie Weill überhaupt in seiner Aufgeschlossenheit für Fragen des modernen Lebens geradezu als Musterbeispiel eines zeitgemäßen Komponisten verstanden wurde.

Der erfolgreiche Einstieg als Opernkomponist gelang Weill mit *Der Protagonist* (1926; Text von G. Kaiser), dem bald *Royal Palace* (1927; Text von Y. Goll) und *Der Zar läßt sich photographieren* (1928; Text von G. Kaiser) folgten. In diesem Werk verwendet Weill einen aus dem Orchestergraben singenden Männerchor, der die Handlung kommentiert und so Distanz zu dem Dargestellten herstellt. Diese Distanz aber gehört zu den zentralen Ideen des „epischen Theaters", einer Theaterkonzeption, die in der Zusammenarbeit zwischen Weill und B. Brecht in den Jahren 1927 bis 1930 (bzw. 1933) zur vollen Entfaltung gelangte. Höhepunkte dieses künstlerischen Zusammenwirkens sind die *Dreigroschenoper* (1928), ein „Stück mit Musik", in dem beide Autoren aktualisierend und gesellschaftskritisch auf die *Beggar's Opera* von J. Gay und Ch. Pepusch (▷ 5.21) zurückgriffen, und die Oper *Aufstieg und Fall der Stadt Mahagonny* (1930). Gemeinsam mit Brecht entstanden ferner unter anderen die vielgespielte Schul-

oper *Der Jasager* (1930), *Das Berliner Requiem* (1928) sowie die ursprünglich für den Rundfunk konzipierte Kantate *Der Lindberghflug* (1929). Die immer deutlicher hervortretenden politischen Meinungsverschiedenheiten führten allmählich zum Ende der Zusammenarbeit. Das letzte gemeinsame Werk, das Ballett *Die sieben Todsünden der Kleinbürger* (1933), entstand bereits zum größten Teil in Paris, wohin die Weills vor den immer bedrohlicher werdenden Verfolgungen im nationalsozialistischen Deutschland geflohen waren.
Mit der Emigration in die USA begann ein neuer Abschnitt in Weills Künstlerleben. War schon der musikalische Stil vieler seiner europäischen Werke wesentlich durch Elemente der Unterhaltungsmusik geprägt (Abb. 189, S. 427), die er durch eine artifizielle Brechung mit der sozialkritischen Aussage der vertonten Texte in Verbindung zu setzen verstand, so gelang ihm in Amerika die Anpassung an den Broadway- und Hollywoodstil auf eine Weise, die ihn – nach anfänglichen Mißerfolgen – zu einem populären Komponisten werden ließ (was nur wenigen anderen Emigranten gelang). Die Wendung zur Unterhaltungsmusik bedeutete für Weill aber keineswegs den vollkommenen Verzicht auf einen traditionellen Kunstanspruch, sondern eher die Möglichkeit, Formen eines neuen, zeitgemäßen Musiktheaters zu erkunden. Einzelne Werke wie *Street Scene* (1947) tragen deutlich opernhafte Züge und verweisen auf Weills Bemühungen, einen spezifisch amerikanischen Opernstil in Fortführung von G. Gershwins *Porgy and Bess* zu entwickeln. Weill starb am 2. April 1950 in New York.

Gattungen der Instrumentalmusik

11.18 Orchestermusik

Die Opposition der Neuen Musik gegen die Tradition zeigte sich unter anderem auch in der Vermeidung beziehungsweise Neubestimmung überlieferter Gattungen der Orchestermusik, insbesondere der Sinfonie. Die Wiener Schule etwa bevorzugte zunächst die Miniatur, das „Orchesterstück"; Komponisten wie D. Milhaud und andere schufen Sinfonien, die hinsichtlich ihrer knappgefaßten Dimensionen, ihrer zumeist kammermusikalischen Besetzung sowie des von der Idee der „mittleren" Musik abgeleiteten stilistischen Anspruchs in krassem Gegensatz zu den sinfonischen Monumentalwerken der Weltanschauungsmusik um 1900 stehen.
Nicht in allen europäischen Ländern vollzog sich der Bruch mit der Tradition auf so konsequente Weise wie in den Zentren der neuen Kunst (Deutschland, Frankreich und Rußland). In England beispielsweise führten Komponisten wie Elgar, W. T. Walton (der zunächst Tendenzen der Neuen Musik sehr zugeneigt war), R. Vaughan Williams und vor allem B. Britten die spätromantische Tradition im Sinne einer tonalen gemäßigten Moderne fort. Der Sinfonik des 19. Jahrhunderts sind auch die vier Sinfonien des Österreichers F. Schmidt und (mit gewissen Einschränkungen) die 2. Sinfonie des stilistisch sehr wandlungsfähigen E. Křenek verbunden.
Der Populismus der dreißiger und vierziger Jahre begünstigte den verstärkten Rückgriff auf traditionelle Gattungen wie die der Sinfonie, die nun weltweit zu einer zentralen Gattung der Kunstmusik wurde, wie die Œuvres von D. D. Schostakowitsch und S. S. Prokofjew auf sowjetrussischer Seite, von A. Honegger, P. Hindemith und I. Strawinsky im westeuropäischen Bereich und auch die zahlreichen Sinfonien amerikanischer Komponisten wie A. Copland oder R. Harris verdeutlichen.
Als neue Gattung entstand das Konzert für Orchester, für das sich unter anderem B. Bartók, Z. Kodály, P. Hindemith und B. Blacher (*Concertante Musik,* 1937) interessierten. Mit dem zunehmend restaurativen Wiederaufgreifen der Sinfonik ging schließlich auch die Abkehr von ungewöhnlichen und provozierenden Besetzungstypen (etwa die Kombination eines auf Vokalisen singenden Chors mit Oboe und Violoncello in D. Milhauds 6. Sinfonie) einher, an deren Stelle in den meisten Fällen das übliche große Orchester trat.

Die Musik in der ersten Hälfte des 20. Jahrhunderts

Einen Sonderfall der Orchestermusik stellt der Bereich der Ballettkomposition dar, der seit dem ersten Jahrzehnt, nicht zuletzt durch die Aktivitäten S. Diaghilews, eine große Faszination auf fast alle bedeutenden Komponisten ausstrahlte. Oftmals in Zusammenarbeit mit so bedeutenden Künstlern wie P. Picasso oder L. Bakst entstand eine Fülle von Werken, die zum Teil für die Entwicklung der Neuen Musik von größter Bedeutung waren, wie etwa die Ballette Strawinskys, an dessen *Le sacre du printemps* (1913) sein Landsmann Prokofjew mit *Ala und Lolly* (1915 zur *Skythischen Suite* umgearbeitet) anknüpfte, aber auch Hindemiths *Der Dämon* (op. 28, 1922) und Milhauds stark vom Jazz beeinflußtes Ballett *La création du monde* (1923), Werke, die durch ihre häufig eigenständige, das heißt nicht ausschließlich auf die funktionellen Bedürfnisse des Balletts abgestimmte Musik auch losgelöst vom Bühnengeschehen einen Platz im Konzertrepertoire gefunden haben.

11.19 Konzertmusik

Auch im Bereich der Konzertmusik bemühten sich die Komponisten zunächst um Abgrenzung gegenüber der Tradition, die sich in ungewöhnlichen Formanlagen und Besetzungsweisen zeigte. Als Beispiele seien P. Hindemiths 3. Kammermusik op. 36,2 (1925), ein Konzert für Violoncello und zehn Soloinstrumente, D. Milhauds Konzert für Schlagzeug und Orchester (1929/30) sowie D. D. Schostakowitschs Konzert für Klavier, Trompete und Streichorchester op. 35 (1933) genannt.

Mit der Wendung zur Restauration in den dreißiger Jahren erlebte auch die Gattung des sinfonischen Solokonzerts eine Neubelebung, an der auch Komponisten wie A. Schönberg und A. Berg, die den Maximen der Neuen Musik verpflichtet blieben, teilhatten. Bei anderen Komponisten zeigte sich aber der ästhetische Wandel gerade im Bereich der Konzertmusik, wie ein Vergleich zwischen den beiden ersten, zupackend modernen Klavierkonzerten (1926; 1930/31) Bartóks mit dem weitgehend gemäßigten 3. Klavierkonzert (1945) oder dem 2. Violinkonzert (1937/38) veranschaulicht. Ähnliches gilt auch für die Konzerte S. S. Prokofjews, insbesondere für das 5. Klavierkonzert op. 55 (1932), dessen vergleichsweise harmloser Neoklassizismus sich von der aggressiven, dabei stets effektvollen Motorik zumal des 2. und 3. Klavierkonzerts (op. 16, 1916/17 und op. 26, 1917–21) deutlich abhebt, ohne aber zugleich in die Nähe seines an J. Brahms anknüpfenden Landsmanns S. W. Rachmaninow zu geraten, dessen Klavierkonzerte (vor allem das 2. op. 18, 1900/01 und 3. op. 30, 1909) sowie die *Rhapsodie über ein Thema von Paganini* op. 43 (1934) zu den meistgespielten Konzertwerken unseres Jahrhunderts gehören. In Weiterführung des neobarocken Stils, wie er beispielsweise in M. Regers *Konzert im alten Styl* op. 123 (1912) repräsentiert ist, entstand eine Reihe von Orchesterwerken, die auf Prinzipien des barocken Concerto grosso zurückgriffen, so die *Fantasia on a Theme by Tallis* von R. Vaughan Williams (1920) oder die *Concerto grosso* betitelten Werke von H. Kaminski (1922) oder E. Křenek (1921 und 1924). Die Musizierfreudigkeit barocker Musik begegnet schließlich auch in einigen Konzertwerken Hindemiths, der viele Kompositionen für seine eigene Tätigkeit als Bratscher schrieb, so das alte Volksweisen verarbeitende Konzert *Der Schwanendreher* (1935).

11.20 Kammermusik

Die Kammermusik, die in der Brahms-Nachfolge der Jahrhundertwende an Bedeutung verloren hatte, erhielt – als gleichsam esoterischer Gattungsbereich – bei der Entstehung der Neuen Musik einen neuen Rang. Diese Tendenz setzte sich nach dem Ende des Ersten Weltkriegs fort, da die jungen Komponisten zum einen hoffen konnten, daß institutionelle Schranken mit kammermusikalischen Werken leichter als mit großbesetzten zu überwinden seien, und zum anderen Kammermusik besonders geeignet erschien, gegen die Monumentalität der Vorkriegsjahre zu opponieren. Von den traditionellen Gattungen wurde vor allem die des Streichquartetts weiterentwickelt. In einigen Werken dieser Gattung etwa von B. Bartók oder D. Milhaud ist die Übernahme von Traditionsmo-

Kapitel 11

menten (zum Beispiel die zyklische Form, das Sonatendenken) mit neuen Ausdrucksformen verbunden, sei es in Gestalt einer avancierten Harmonik (wie bei Bartók) oder als Durchbrechung der für die Gattung früher obligtorischen „Stilhöhe" im Sinne der „mittleren" Musik (bei Milhaud oder auch D. D. Schostakowitsch und anderen).

Mit der Beruhigung des antitraditionalistischen Aufbegehrens setzte sich gegen Ende der zwanziger Jahre ein neuer Kunstanspruch durch, der sich auf je eigene Weise in Werken wie A. Schönbergs 3. Streichquartett op. 30 (1927), Bartóks 3. (1927) und 4. (1928) Streichquartett, A. Bergs *Lyrischer Suite* (1925/26) oder dem nur bedingt der Gattungstradition verpflichteten Streichquartett op. 28 (1936–38) von A. Webern zeigt. Im Gegensatz zum Streichquartett konnten sich andere traditionelle Gattungen, etwa das Klaviertrio oder Klavierquartett, nach dem Krieg zunächst kaum behaupten und wichen dem Experimentieren mit neuen Klangkombinationen, in denen häufig die für die zwanziger Jahre typische Haltung „wider das Espressivo" in Gestalt von bewußt heterogenen Klangbildern entgegentritt, wie beispielsweise in I. Strawinskys Oktett für Flöte, Es-Klarinette, zwei Fagotte, zwei Trompeten und zwei Posaunen (1922/23) oder S. S. Prokofjews Quintett op. 39 für Oboe, Klarinette, Violine, Viola und Kontrabaß (1924). Große Bedeutung erlangte auch die vor allem durch das Neobarock M. Regers angeregte Komposition von Sonaten für ein bis zwei Melodieinstrumente, die etwa von P. Hindemith aufgegriffen wurde, aber auf je eigene Weise auch bei Bartók (44 Duos für zwei Violinen, 1931) oder M. Ravel (Sonate für Violine und Violoncello, 1920–22) zu finden ist.

Eine Vielzahl von Werken entstand ferner für Soloinstrumente und Klavier, so die zahlreichen Violin- und Violoncellosonaten von Hindemith, Bartók, A. Honegger und anderen, aber auch die der „mittleren" Musik verpflichteten Sonaten für Flöte und Klarinette von F. Poulenc.

11.21 Klaviermusik

Der Niedergang des Virtuosentums, die wachsende Historisierung des Klavierrepertoires sowie die prinzipiellen Vorbehalte der jungen Generation gegenüber einem so bürgerlich geprägten Bereich wie dem der Klaviermusik sind einige Gründe dafür, daß die erste Hälfte des 20. Jahrhunderts kaum als Blütezeit der Klaviermusik bezeichnet werden kann.

Verschiedene Komponisten setzten die spätromantische Tradition in modernisierter Weise fort, erwähnt seien nur M. Ravel und K. Szymanowski, und im Rückgriff auf das romantische Charakterstück bereitete sich bei O. Messiaen (*Préludes,* 1929) der Übergang zu epochemachenden Umwälzungen vor.

Zu den herausragenden Klavierwerken der ersten Jahrhunderthälfte gehören die Klavierstücke der Wiener Schule, insbesondere A. Schönbergs Opera 11 (1909), 19 (1911), 23 (1920–23), 25 (1921–23) und 33 (1928–31) und A. Weberns Variationen op. 27 (1935/36). Dem Denken seines Lehrers Schönberg verpflichtet sind auch die meisten Klavierwerke von H. Eisler, darunter zwei Klaviersonaten (1923 und 1924), eine Gattung, die insbesondere in der Schönberg-Schule zunächst zur Schulung des Formgefühls von Bedeutung war, dann aber in den dreißiger Jahren im Zuge der allgemeinen Restauration zunehmend von unterschiedlichsten Komponisten wieder aufgegriffen wurde (Prokofjew, Hindemith).

Den antiromantischen Tendenzen gemäß veränderte sich der Klavierstil (insbesondere in den zwanziger Jahren) weg vom klangvollen Espressivo hin zu einer häufig schlagzeughaften Agressivität, wie sie bei B. Bartók (Abb. 181, S. 413), in P. Hindemiths *Suite 1922* (Abb. 182, S. 415) und in vielen Werken I. Strawinskys begegnet.

11.22 Ein Sonderfall: Filmmusik

Im Zuge einer allgemeinen Funktionsorientierung, wie sie in besonderer Weise für die zwanziger Jahre typisch war, gelangten zahlreiche Komponisten, die eigentlich dem Bereich der Kunstmusik zugehören, zur Beschäftigung mit dem neuen Phänomen Filmmusik, einem Genre, das in den beiden ersten Jahrzehnten seit Bestehen des Mediums Film vornehmlich in Arrangements bereits komponierter Musik bestand. Versuche, den Film als Kunstform aufzuwerten, indem man bekannte Komponisten mit dem Schreiben einer eigens für einen bestimmten Film konzipierten und bei den Aufführungen von einem Kinoorchester live dargebotenen Musik beauftragte (so zum Beispiel C. Saint-Saëns für *L'Assasinat du Duc de Guise*, 1908), blieben zunächst erfolglos. In den zwanziger Jahren wurde der Bereich der Filmmusik jedoch zu einem der vielen Experimentierfelder der Neuen Musik, für das sich Komponisten wie E. Satie, A. Honegger, D. Milhaud oder G. Auric – er ist vor allem durch die Musik zu Filmen von J. Cocteau bekannt geworden – ebenso interessierten wie P. Hindemith oder K. Weill.

Einige nach Amerika emigrierte Komponisten, wie der 1934 durch Vermittlung von M. Reinhardt nach Hollywood gelangte E. W. Korngold, fanden in ihrer neuen Heimat im Bereich der Filmmusik ein neues Betätigungsfeld. Korngold übertrug, ähnlich wie M. Steiner, Prinzipien des Musikdramas, insbesondere die sinfonisch entwickelte Leitmotivtechnik, auf die Filmmusik. Andere Komponisten wie zum Beispiel A. Newman verwendeten dagegen die sogenannte „mood"-Technik, das Nebeneinanderstellen von weitgehend in sich geschlossenen musikalischen Stimmungsbildern, wie es auch A. Schönbergs 1929/30 entstandener *Begleitmusik zu einer Lichtspielszene* op. 34 mit der Folge „drohende Gefahr" – „Angst" – „Katastrophe" zugrundeliegt.

Die enge Zusammenarbeit mit Vertretern anderer Kunstbereiche dokumentieren beispielhaft die Filmmusiken H. Eislers, etwa die zu *Kuhle Wampe oder wem gehört die Welt* (Drehbuch von B. Brecht; 1931/32), deren aufwühlender Charakter einen bewußten Kontrast zu den Bildern großstädtischen Elends (im Sinn eines „dramaturgischen Kontrapunkts") bildet. Gemeinsam mit Th. W. Adorno faßte Eisler seine Erfahrungen später in dem Buch *Komposition für den Film* zusammen (erstmals 1947 unter Eislers Namen in englischer Sprache erschienen).

Große Bedeutung erlangte der Film und mit ihm die Filmmusik in Sowjetrußland, wo beispielsweise D. D. Schostakowitsch eine Fülle von qualitativ sehr unterschiedlichen Filmmusiken komponierte. Exzeptionell aber war die Zusammenarbeit zwischen S. M. Eisenstein und S. S. Prokofjew, da der Regisseur Musik und Bild gleichen ästhetischen Rang zugestand und bereit war, den Zeitablauf der Filmszenen der Musik anzupassen, die Prokofjew im Fall von *Alexander Newski* (1938) für so wertvoll erachtete, daß er sie zu einer Kantate umarbeitete.

Als neue Möglichkeit dramaturgischer Gestaltung wurde der Film schließlich von einigen Komponisten im Bereich des Musiktheaters eingesetzt, so von A. Berg im zweiten Akt von *Lulu* (1929–35), von Milhaud in *Christophe Colomb* (1930) und G. Antheil in *Transatlantic* (1930).

Gattungen der Vokalmusik

11.23 Oper

Bis in die zwanziger Jahre hinein galt R. Strauss (▷ 10.8) als Hauptrepräsentant der von R. Wagner stammenden musikdramatischen Tradition, zur der auch H. Pfitzner, M. von Schillings (*Mona Lisa*, 1915) und E. W. Korngold (*Die tote Stadt*, 1920) zu rechnen sind. In Strauss' *Rosenkavalier* (1911), vor allem aber in *Ariadne auf Naxos* (1912) finden sich jedoch Ansätze zu einer Neuinterpretation der Gattung, vor allem in Gestalt einer mehr oder weniger latenten Nummerndramaturgie, wie sie für die vorwagnersche Oper typisch ist und auf je eigene Weise auch in den zu Beginn des Jahrhunderts entstandenen Opere buffe von E. Wolf-Ferrari wie *Die neugierigen Frauen* (1903) und *Die vier Grobiane* (1906) und F. Busonis *Arlecchino* (1917) zu finden sind.

Der Ansatz, dem Busonis unvollendete Oper *Doktor Faust* verpflichtet ist, die Integration

Kapitel 11

von historischen und modernen Gestaltungsmitteln sowie die Gesamtkonzeption des Werkes auf der Grundlage fester, häufig rein instrumentaler Formen ist in individueller Ausprägung auch in P. Hindemiths *Cardillac* (1926) und A. Bergs *Wozzeck* (1925) zu beobachten. *Wozzeck* stellt zudem den Höhepunkt des expressionistischen Musiktheaters überhaupt dar, zu dem auch A. Schönbergs *Erwartung* (1909) und P. Hindemiths Triptychon *Mörder, Hoffnung der Frauen* (1921) – *Das Nusch-Nuschi* (1921) – *Sancta Susanna* (1922) gehören.

In den späten zwanziger Jahren wandelte sich das expressionistische Musiktheater zum Typus der sogenannten „Zeitoper", in der Ereignisse des modernen Lebens in häufig komischer oder gesellschaftskritischer Weise dargestellt werden, etwa das Problem der Ehescheidung, das Hindemiths *Neues vom Tage* (1929) behandelt, oder die Amerikabegeisterung dieser Zeit, die den Hintergrund von Křeneks *Jonny spielt auf* (1927) darstellt. Während viele Zeitopern heute vergessen sind, konnten sich *Die Dreigroschenoper* (1928) und *Aufstieg und Fall der Stadt Mahagonny* (1930) von K. Weill und B. Brecht (▷ 11.17) im Repertoire halten.

Dem traditionellen Musiktheater verpflichtet und seine Konventionen auf individuelle Weise weiterführend sind die Opern von A. von Zemlinsky, unter ihnen die *Florentinische Tragödie* (1917) und *Der Zwerg* (1922), in denen eine gewisse Nähe zur Musikdramatik R. Strauss' zu beobachten ist. Zemlinskys Werke werden heute ebenso wiederentdeckt wie die seines Zeitgenossen F. Schreker, der mit Opern wie *Der ferne Klang* (1912), *Die Gezeichneten* (1918) und *Der Schatzgräber* (1920) wahre Triumphe feierte. Die Texte, in denen er die Problematik der modernen Künstlerexistenz thematisiert, verfaßte Schreker selbst. Große Faszination ging von seinen Außenseitergestalten aus, die sich, umgeben von einer überaus klangsinnlichen Musik, außerhalb der Grenzen der Gesellschaft bewegen.

Mit dem Aufkommen des Populismus (▷ 11.9) erfuhr auch die neue Ausdrucksmöglichkeiten erprobende Opernproduktion einen schweren Einbruch. Ambitionierte Opern wie zum Beispiel Křeneks *Karl V.* (1938), das erste zwölftönige Werk des Komponisten, oder Hindemiths *Mathis der Maler* (1938) konnten nicht mehr in Deutschland produziert werden, so daß die Komponisten gezwungen waren, ihre Werke im Ausland zur Uraufführung zu bringen.

Mit dem Tod G. Puccinis im Jahr 1924 ging die große Zeit der italienischen Oper ihrem Ende entgegen. Dem unbekümmert weiterwirkenden Epigonentum vermochten dem Neoklassizismus verpflichtete Werke etwa A. Casellas und G. F. Malipieros nichts Wesentliches entgegenzusetzen. Ansätze zu einer neuen italienischen Oper dagegen gelangen L. Dallapiccola in Werken wie *Volo di notte* (1940) und der dodekaphonen Oper *Il prigioniero* (1949).

In Frankreich führten Komponisten wie A. Roussel den Stil der Jahrhundertwende weiter, während etwa D. Milhaud sich seit Mitte der zwanziger Jahre mit neuen musiktheatralischen Möglichkeiten befaßte. So entstanden 1927 als Pendants zu den verschiedenen Instrumentalminiaturen drei „Minutenopern" (*L'enlèvement d'Europe; L'abandon d'Ariane; La délivrance de Thésée*), Kurzopern mit klassizistischen Sujets, deren dramatische Aphoristik den traditionellen Opernbegriff ebenso sprengte wie die epische Anlage von *Christophe Colomb* (1930), einem Hauptwerk Milhauds, in dem der Chor als Kommentator der Handlung fungiert.

Voller Originalität sind die stilistisch sehr unterschiedlich angelegten Opern, die S. S. Prokofjew während seines langjährigen Aufenthalts in der westlichen Kultursphäre komponierte, unter ihnen *Die Liebe zu den drei Orangen* (1921) und *Der feurige Engel* (1928), Werke, die sich durch zum Teil kühne Modernität von seinen späteren, den Maximen des sozialistischen Realismus verpflichteten Opern wie *Krieg und Frieden* (1944) deutlich absetzen. Auch D. D. Schostakowitschs Opern *Die Nase* (1930) und *Lady Macbeth von Mzensk* (1934), die in der Experimenten gegenüber noch sehr aufgeschlossenen vorstalinistischen Zeit entstanden, stellen wichtige und originelle Beiträge zum Musiktheater unseres Jahrhunderts dar.

11.24 Chormusik

Die Chormusik, die im 19. Jahrhundert hohes Ansehen genoß und um die Jahrhundertwende in den meisten Ländern – mit Ausnahme Englands – durch Sinfonik und Oper verdrängt beziehungsweise mit diesen verschmolzen wurde, erlebte zwischen 1920 und 1950 eine neue Blüte, die sich in unterschiedlichen Gattungen und Funktionsbereichen auf häufig sehr verschiedene Weise darstellt. Der Aufschwung der Kirchenmusik, vor allem in Deutschland, begünstigte die Entstehung eines neuen, fest an liturgische Funktionen geknüpften Stils, dessen Modell die Musik der Zeit vor J. S. Bach war, insbesondere die von H. Schütz, die von einem der Initiatoren der neuen Bewegung, A. L. Mendelssohn, für den praktischen Gebrauch der rasch zunehmenden Laienchorvereinigungen und „Singkreise" bearbeitet wurde. Komponisten wie E. Pepping, H. Distler und J. N. David prägten den deutschen Kirchenmusikstil so nachhaltig, daß sie auch nach dem Krieg lange Zeit noch als maßstabsetzend galten, und das nicht zuletzt deshalb, weil die Kirchenmusikbewegung sich nicht von dem nationalsozialistischen Propagandaapparat hatte mißbrauchen lassen.
Die meisten der musikalisch oftmals sehr dürftigen Monumentalchorwerke, mit denen das nationalsozialistische Regime sich in Szene setzte, sind heute vergessen. Einen Sonderfall stellen C. Orffs *Carmina Burana* (1937) dar, deren farbige Einfachheit, die dem Werk von Anfang an seinen großen Erfolg sicherte, nicht ideologisch bedingt, sondern in Orffs Konzeption eines „totalen Theaters" begründet ist.
Die Entwicklung der englischen Chormusik wurde wesentlich durch die in der ersten Jahrhunderthälfte gleichsam verspätet einsetzende Dominanz der Gattungsbereiche Oper und Sinfonik geprägt, ohne daß von einem grundsätzlichen Rückgang der Chormusik gesprochen werden könnte. Nach wie vor wurden repräsentative Chorfestivals veranstaltet, auf denen Stücke wie W. T. Waltons vielbeachtete Kantate *Belshazzar's Feast* (1930/31) vorgestellt wurden. Einen Höhepunkt erreichte die englische Chormusik aber in B. Brittens *War Requiem* (1961), das den lateinischen Text der Missa pro defunctis mit Ge-

190 Theaterplakat zur Uraufführung der „Carmina Burana" von Carl Orff am 8. Juni 1937

dichten des im Ersten Weltkrieg gefallenen Dichters W. Owen verbindet.
Bedeutende Chorwerke entstanden auch im romanischen Sprachraum, so zum Beispiel A. Honeggers *König David* (1921), ein „sinfonischer Psalm", der aus der Umarbeitung der Schauspielmusik zu dem gleichnamigen biblischen Drama von R. Morax entstand. Bezieht dieses Werk seine Wirkung aus einem oftmals betont einfach gehaltenen musikalischen Alfresco-Stil, so besteht ein besonderer Reiz des späteren Oratoriums *Johanna auf dem Scheiterhaufen* (Text von P. Claudel, 1934/35) neben der differenzierten und harmonisch avancierten Tonsprache in dem Spannungsverhältnis zwischen gesprochenem und gesungenem Text.
Auch die Chorwerke F. Martins konnten sich bis heute im Repertoire halten, insbesondere das Passionsoratorium *Golgotha* (1945–48) und das textlich auf den Tristanroman von J. Bédiers zurückgehende Kammeroratorium

Le vin herbé (1938–41) für zwölf Solostimmen, sieben Streicher und Klavier, in dem Martin die für ihn typische tonal geprägte Zwölftontechnik verwendet. In Italien, wo der Neoklassizismus sich zunächst fast ausschließlich in Instrumentalwerken realisierte, bereitete sich in dem auf die Gregorianik und die Musik der Renaissance zurückgreifenden Vokalschaffen etwa I. Pizzettis und O. Respighis der „neomadrigalismo" vor, eine Bewegung, die – in Anlehnung an die vorbarocke Vokalmusik – eine neue Espressivität anstrebte, wie sie in Werken G. Petrassis und vor allem L. Dallapiccolas verwirklicht ist. In seinen *Canti di prigionia* (1938–41) findet Dallapiccola erstmals zur Dodekaphonie, deren besondere Affinität zur Chormusik auch in zeitlicher Nachbarschaft entstandene Werke wie E. Křeneks *Lamentatio Jeremiae Prophetae* (1941/42) oder A. Weberns Kantaten veranschaulichen.

11.25 Lied und vokale Kammermusik

Die Opposition gegen die bürgerliche Musikkultur zeigte sich besonders drastisch in den Veränderungen, die die Gattung des Liedes erfuhr. Während Komponisten wie R. Strauss und H. Pfitzner in ihren Klavier- und Orchesterliedern die spätromantische Tradition weitgehend unbekümmert weiterführten, versuchte der Schweizer O. Schoeck, ein genuiner Opern- und Liedkomponist, eine Vermittlung zwischen Tradition und Neuer Musik, die sich vornehmlich im Bereich der Harmonik konkretisierte. Die große Bedeutung, die dem Lied im Schönberg-Kreis in der Phase der freien Atonalität zuwuchs (▷ 11.2), verringerte sich in dem Maße, wie die Komponisten der Wiener Schule sich wieder größeren Gattungen wie Oper, Oratorium und Kantate zuwandten. Für viele junge Komponisten bewahrte die Gattung jedoch auch in den zwanziger Jahren noch eine gewisse Attraktivität. Neben dem Klavierlied entwickelte sich bereits im ersten Jahrzehnt eine Liedart, in der die Singstimme nicht, wie gewohnt, vom Klavier, sondern von einem Instrumentalensemble begleitet wird, so zum Beispiel in I. Strawinskys *Trois poésies de la lyrique japonaise* (1912/13) für zwei Flöten, zwei Klarinetten, Klavier und Streichquartett, eine Besetzung, die M. Ravel für seine *Trois poèmes de Stéphane Mallarmé* (1913) übernahm. Ein Ensemble aus Flöte, Klarinette und Streichquartett stiftet in P. Hindemiths Vertonung von G. Trakls Gedichtzyklus *Die junge Magd* (1922), neben dem *Marienleben* op. 27 (1922/23; Neufassung 1936–48) sein bedeutendster Beitrag zur Gattung, eine vielfach abgetönte fahle Klanglichkeit, die die Stimmung der Dichtung kongenial in Musik umsetzt.

Eine zentrale Stellung nimmt das Lied (beziehungsweise die „mélodie") im Œuvre von F. Poulenc ein, sowohl in Gestalt vokaler Kammermusik wie in der *Rapsodie nègre* (1917/1933) oder *Le bal masqué* (1932) als auch in Gestalt des Klavierlieds, dem Poulenc in den Vertonungen surrealistischer Gedichte seiner Freunde G. Apollinaire und P. Éluard neue Nuancen abgewann.

In der Ära eines – zudem propagandistisch gestärkten – Gemeinschaftsgefühls konnte sich eine auf individuellen Ausdruck gerichtete Gattung wie die des Liedes nicht durchsetzen. Daß die Blütezeit der Gattung vorbei war, konnten auch nostalgische Rettungsversuche wie E. Křeneks auf Schubert zurückweisendes *Reisetagebuch aus den österreichischen Alpen* (1929) nicht verdecken.

Kapitel 12
Musik nach 1950

Einführung

Was einleitend zur allgemeinen Physiognomie der ersten Hälfte des 20. Jahrhunderts gesagt wurde (▷ Kapitel 11, Einführung), gilt für die Zeit nach 1950 in unverminderter, ja in radikalisierter Form. Wachsende Vielfalt und zunehmendes Tempo von zum Teil einander widerstrebenden Tendenzen scheinen die Vermutung der Futurologen zu bestätigen, derzufolge sich über künftige Entwicklungen auf allen Gebieten des menschlichen Lebens nur eines mit Sicherheit sagen läßt: daß sie sich in ihrer Abfolge immer rascher und in ihren Folgen immer einschneidender vollziehen werden. Solche Erfahrung einer permanent sich beschleunigenden Veränderung ruft Apologeten des Neuen wie Apokalyptiker auf den Plan, und so scheint unsere Gegenwart von Aufbruchstimmung und Endzeitvisionen gleichermaßen gekennzeichnet. Zwischen diesen Polen gibt es – wie zu allen Zeiten – die Aporetiker, Leute, die dem blinden Vertrauen in den Lauf der Dinge wie auch der Verzweiflung angesichts einer von vielen Ungereimtheiten und Katastrophen heimgesuchten Welt den produktiven Zweifel entgegensetzen. Frei vom Ehrgeiz früherer Avantgarden, Vorläufer zu sein, wissen sie um die Vorläufigkeit menschlichen Handelns, um die mögliche Wiederkehr des Überwundenen wie um den möglichen Verlust des mühsam Erreichten.

Kunst, der seit dem Beginn der Neuzeit eine dreifache Aufgabe zugewachsen war: Erinnerung an das Vergangene, Vergewisserung des Menschen in seiner Gegenwart und Orientierung auf eine mögliche Zukunft hin, wird im ausgehenden 20. Jahrhundert viel zugemutet, wie andererseits die Antwort der Kunst auf die großen Fragen von heute zur Herausforderung für uns werden kann. Auch die Musik nach 1950 vermag Fragen zu stellen und Antworten zu geben, sie ist in einem sehr genauen Sinn *unsere* Musik, Musik, die uns betrifft. Und: die Verantwortung des Komponisten ist größer als je in einer innerlich wie äußerlich verunsicherten und entsicherten Welt, und sein Metier ist schwieriger geworden angesichts der immer rascheren Vernutzung des Materials wie auch seiner immer stärkeren Vernetzung in außermusikalische Zusammenhänge.

Aus all dem ergeben sich neue Chancen für unsere Einstellung zur Neuen Musik, aber auch Probleme und Grenzen ihrer Darstellung. Diese orientiert sich im folgenden einerseits an einer Chronologie wichtiger Strömungen und Tendenzen seit 1950. Zum andern werden politische Ereignisse (1968: Studentenunruhen) und kulturgeschichtliche Daten (1970: Beethoven *1770; 1971: Dürer *1471; 1985: J. S. Bach *1685, Händel *1685) zum Anlaß genommen, eine Vorstellung von der vielbeschworenen „Gleichzeitigkeit des Ungleichzeitigen" und der Maxime Pluralität samt ihrer ästhetischen Einlösung zu vermitteln.

Kapitel 12

Setzungen, Voraussetzungen

Vor dem Hintergrund der weltgeschichtlichen Ereignisse und deren Auswirkungen auf das kompositorische Schaffen läßt sich um 1950 eine vierfache Zäsur erkennen. Sie markiert politisch und moralisch einen allgemeinen Neubeginn, ästhetisch eine Neuvermessung des Musik- und Kunstwerkbegriffs, stilistisch das Ende des Neoklassizismus und das Aufkommen des seriellen Denkens, technisch den Aufbruch in die neue Klangwelt der elektronischen Musik. Schaffenspsychologisch ist der Zeitabschnitt vom Ende des Zweiten Weltkrieges bis etwa 1952 in Europa als eine Phase des Nachholens zu begreifen. Die Rückkehr vieler Emigranten einerseits und der im wörtlichen Sinn maßgebende Einfluß der Vorbilder B. Bartók, I. Strawinsky und P. Hindemith (▷ 11.13–15) andererseits haben im kompositorischen Schaffen jener Jahre deutliche Spuren hinterlassen. W. Fortner, K. A. Hartmann, L. Dallapiccola und O. Messiaen waren gesuchte Lehrer und zugleich die führenden Vertreter einer gemäßigten Moderne, die am Begriff des Kunstwerks ebenso festhielt, wie sie in der großen Tradition der musikalischen Gattungen stand. Im Bekenntnis zum Werk A. Weberns (▷ 11.12) gewinnen die Vertreter der Seriellen Musik einen ästhetischen Rückhalt, der ihren exklusiven Anspruch in den Jahren zwischen 1951 und 1958 legitimiert. Es ist eine Phase des Überholens und der Fortschrittsgläubigkeit, der als antithetische Gegenbewegung eine Zeit des Wiederholens folgt (1958–1965). Postserielle, aleatorische, graphische und szenische Musik sind die wichtigsten Spielarten jener Reaktion auf die konstruktiven Zwänge des Serialismus, dessen Kritiker vor allem den Verlust des kompositorischen Subjekts beklagten. Dieses Widerspiel von Nachholen, Überholen und Wiederholen war begleitet von einer Reflexion des Gesamtfeldes Musik, in deren Verlauf die Bedingungen des Komponierens, des Spielens und des Hörens neu bestimmt wurden. In dieser Reflexion darf man eine der wesentlichen Voraussetzungen des kompositorischen Schaffens von der Nachkriegszeit bis heute sehen.

12.1 Neues Denken

In seinem Vortrag *Elektronische Musik und Automatik* (1965) kennzeichnet K. Stockhausen neue Musik als Auslöser eines neuen Denkens und Fühlens, „weniger (als) die Folge, das klangliche Ergebnis eines Denkens und Fühlens moderner Komponisten. ... Auf solchem durch Neue Musik erzeugten Denken und Fühlen können sich dann wieder Erfahrungen aufbauen, Lernprozesse." Zur Vorstellung der Auslösung eines neuen Denkens durch Musik steht die Auslöschung des Denkens, wie sie in Stockhausens Verbalpartituren intuitiver Musik intendiert ist, nur in scheinbarem Widerspruch: „Schlafe so wenig wie nötig / Denke so wenig wie möglich" (*Aus den Sieben Tagen*, Nr. 14 *Goldstaub*, 1968); „Denke NICHTS / ... Sobald du zu denken anfängst, höre auf / und versuche den Zustand des / NICHTDENKENS wieder zu erreichen / Dann spiele weiter" (*Aus den Sieben Tagen*, Nr. 13 *Es*). Wie nämlich das „neue Denken und Fühlen" ein neues Bewußtsein schafft, so erscheint andererseits ein Wandel des Bewußtseins ein Verdikt über das alte (rationale) Denken zur Voraussetzung zu haben. Darin zumindest stimmen Stockhausen und G. Scelsi überein. („Ne pense pas / laisse penser / ceux qui ont / besoin de penser" [G. S.] „Denke nicht / laß denken / die nötig haben / zu denken".) *Denkbare Musik* – der Titel einer Sammlung von Schriften D. Schnebels (1972) – verweist auf einen weiteren Aspekt neuen Denkens in der Musik nach 1950. Mit dem ersten von Schnebel erläuterten Klangbeispiel wird dem Leser ein sinnfälliger Zugang zum Konzept einer „denkbaren Musik" eröffnet: La Monte Young: *Composition 1960 Nr. 7*. Das Stück besteht aus einem einzigen Intervall, der leeren Quinte h-fis¹, die der Komponist 1963 in einer Aufführung fünf Stunden lang „klingen" ließ.
Neues Denken als „wildes Denken" begegnet uns im Werk von W. Zimmermann. „Das wilde Denken ist seinem Wesen nach zeitlos, es will die Welt zugleich als synchronische und diachronische Totalität erfassen. Und die Erkenntnis, die es daraus gewinnt, ähnelt derjenigen, wie sie Spiegel bieten, die an einan-

der gegenüberliegenden Wänden hängen. Unzählige Bilder entstehen gleichzeitig, und keines ist dem anderen genau gleich. ... Das wilde Denken ... baut Gedankengebäude auf, die ihm das Verständnis der Welt erleichtern." In solchen Sätzen des französischen Ethnologen C. Lévi-Strauss (1973) sieht W. Zimmermann einen Anstoß, sich von der europäischen Sorge um geschichtliche Kontinuität zu befreien. Sein Klavierstück *Beginner's mind* für Pianisten mit Singstimme (1975/77) ist ein erster Versuch, solches Denken kompositorisch umzusetzen.

Nicht um ein neues Denken, wohl aber um ein neues Hören durch Denken geht es H. Lachenmann: „Musik hat Sinn doch nur insofern, als sie über die eigene Struktur hinausweist auf Strukturen, Zusammenhänge, das heißt auf Wirklichkeiten und Möglichkeiten um uns und in uns selbst. Hören ist wehrlos ohne Denken. Denken aber – sagt Ernst Bloch – heißt Überschreiten" (1980).

12.2 Neues Komponieren

„Komponieren heute ist leicht, weil alles möglich ist. Komponieren heute ist schwierig, weil alles möglich ist" (G. Katzer, 1988). Wenn heute alles möglich ist, dann leuchtet H. Lachenmanns Definition um so mehr ein: „Komponieren heißt: über die Mittel nachdenken." Nachdenken nämlich darüber, wie „Musik als Nachricht vom Menschen für Menschen" ihre Aufgabe zu erfüllen vermag. Lachenmanns Antwort: „Das musikalische Material muß mit aller Klarheit und Konsequenz expressiv neu geprägt werden." Komponieren als Expression, nicht als Experiment. Komponieren als Anrede und Antwort, die den Hörer in die Pflicht nimmt, ihm Mitverantwortung aufbürdet, wie die Worte aus E. Tollers Drama *Masse Mensch,* mit denen *Consolation I* (1967) von Lachenmann schließt: „Gestern standst Du / an der Mauer. / Jetzt stehst Du wieder an der Mauer. / Das bist Du / der heute / an der Mauer steht. / Mensch, das bist Du. / Erkenn Dich doch, / das bist Du." Es gehört zu den zentralen Einwänden gegenüber der Musik nach 1950, daß sie sich dieser Aufgabe nicht gestellt hat. Neues Komponieren habe sich weitgehend erschöpft in Exkursionen im Grenzbereich zwischen Klang und Geräusch; die oft imponierenden Arrangements aus Vorgefundenem (objets trouvés z. B. in der Musique concrète) seien mit dem Defizit an kompositorischer Erfindung zu teuer bezahlt; in der Konzeption einer völlig durchorganisierten Tonmaterie (Stockhausen) haben Messen und das Vermessene den vormals so wichtigen Ermessensspielraum des Komponisten zum belanglosen Relikt schrumpfen lassen. Wo aber Ordnung in Verordnung umschlage, müsse der unmittelbare Anruf an den Hörer ausbleiben. M. Kagels Methode des Verfremdens (herkömmlicher Instrumentalklänge), des Verwandelns (von sprachlichen Laut- und Sinnträgern) und des produktiven Verwirrens (seiner Hörer) kann – jenseits aller Freude an Entdeckung, Erfindung und Experiment – als Versuch gesehen werden, angesichts ihres drohenden Sprachverlusts die kommunikative Kraft der Musik zu retten, und sei es auf dem Umweg über Konfusion und Irritation. „Komponieren heißt: über die Mittel nachdenken." Lachenmanns Diktum betrifft nicht nur das Verhältnis von Komponist und Material sowie von Musik und Hörer, sondern auch das von Komponist und Interpret beziehungsweise von Komposition und Realisation. Auf der Skala neuer Notationsformen zwischen präziser Vorschrift, Anweisung (mit Wahlmöglichkeiten), Hinweis (zur freien Handhabung) und Anregung (ohne Festlegung) wird der Ausführende als Nachschaffender wie als Mitschaffender (mit mannigfachen Übergängen) angesprochen und herausgefordert.

12.3 Neues Spielen

In seiner Sammlung *Folio* hat E. Brown den Spielraum des Interpreten derart erweitert, daß dieser den kompositorischen Prozeß verantwortlich mitgestaltet (Abb. 191, S. 438). Solches intendierte Mitverfügen schwingt programmatisch im Titel von *Available forms I* für 18 Instrumente (1961) mit, in denen Brown sowohl den Formverlauf als auch die Formulierung der Details weitgehend unbestimmt, und das heißt zugleich für die In-

Kapitel 12

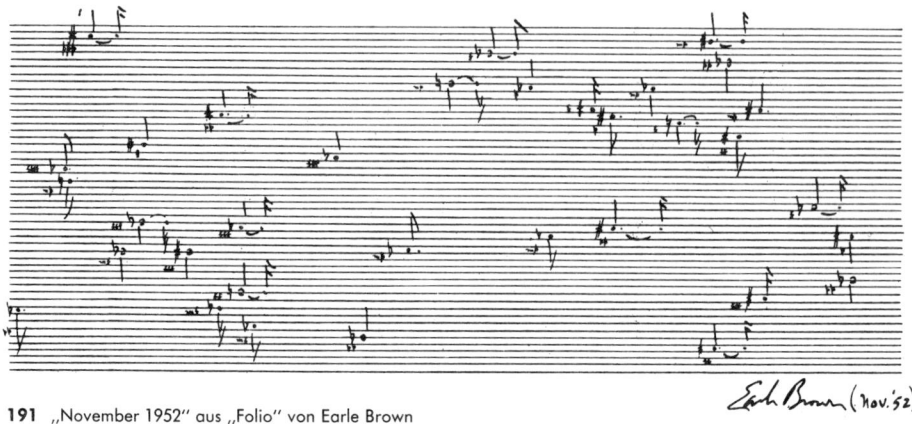

191 „November 1952" aus „Folio" von Earle Brown

terpreten verfügbar (available) gehalten hat. Neues Spielen meint also auch schöpferische Interpretation in den Spielräumen formaler Gestaltung. Stockhausens *Klavierstück XI* (1956) und *Zyklus für einen Schlagzeuger* (1959) sind etwa in der Mitte zwischen Bestimmtheit und Unbestimmtheit angesiedelt, Modellfälle dessen, was unter den Begriff „offene Form" gefaßt wird. (Dieser Begriff markiert zugleich die ästhetisch folgenreiche Akzentverlagerung vom komponierten Werk zur klingenden Realisation.)
„Neues Spielen" meint besonders auch die Ausweitung der spieltechnischen und damit klanglichen Möglichkeiten auf herkömmlichen Instrumenten; sie hat seit Mitte der 50er Jahre eine große Vielfalt angenommen, die hier nur stichwortartig angedeutet werden kann: das mit Materialien wie Nägel, Papierstücke, Holzstücke, Radiergummis usw. „präparierte Klavier", für das J. Cage seit 1938 komponiert; Modifikationen des Winddrucks bei der Orgel (z. B. *Volumina* von G. Ligeti, 1962; revidiert 1966); Blechbläser ohne Mundstücke; Erweiterung der Anzahl von Dämpfern für Blechblasinstrumente; neue spieltechnische Möglichkeiten auf den Streich-, Holzblas- und Schlaginstrumenten (z. B. *Anaklasis* für 42 Streichinstrumente und Schlagzeuggruppen von K. Penderecki, 1960; *Pneuma* für Bläser von H. Holliger, 1970); einen weiteren Bereich erschließt die simultane Kombination von Singen und Spielen z. B. in *Loshu II* für Flöte solo (1978) von H. Zender. In die Flöte werden auch zwei Sätze des Konfuzius (*551, †479) gesprochen. Die Übersetzung des ersten Satzes: „Nur die größte Lauterkeit unter dem Himmel kann die eigene Natur voll entfalten."
J. P. Ostendorf erforscht und nutzt vor allem das Phänomen des Obertonspektrums, so etwa Aspekte im Ein- und Ausschwingungsvorgang in *Chor für Orchester* (1973) und *Solo für Orchester* (1974/74). Im Schaffen von H.-J. Hespos verweist das Stichwort „neues Spielen" in Grenzbereiche, die zugleich die Außenseiterposition dieses Komponisten evident werden lassen. Seinem erklärten Ziel, neue Formen des Hörens zu evozieren, macht er eine Musik von hoher emotionaler Qualität und assoziationsbesetzter Unmittelbarkeit dienstbar, so etwa *harry's musike* für Baßklarinette solo (1972) mit Spielanweisungen wie „recht unsicher umkippen", „hart verschmieren", „spuckig geflüstert", „quasi knautschiges Gehechel", oder *prestunissimo – sieben zeilen für viola, violoncello und kontrabaß* (1981/82), das laut Anweisung des Komponisten mit „fürchterlicher Vehemenz" zu spielen ist (Abb. 192).

Musik nach 1950

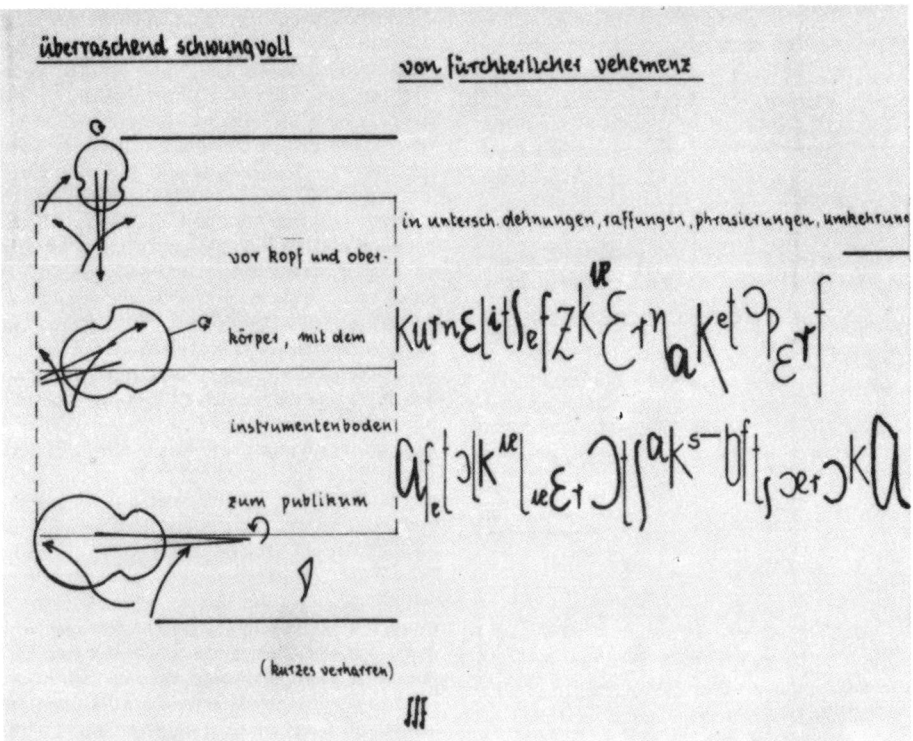

192 „prestunissimo – sieben zeilen für viola, violoncello und kontrabaß" (1981/82) von Hans-Joachim Hespos (Ausschnitt)

12.4 Neues Hören

Neue Weisen der Tonerzeugung und der Artikulation nehmen die ganze Wachheit und Aktivität des Hörers in Anspruch. Das gilt auch für weite Bereiche heutiger Vokalkomposition, die – aus der Perspektive der Ausführenden zumal – sich nicht mehr „mundgerecht" im herkömmlichen Sinne gibt. H. Holligers *Psalm* für gemischten Chor (1971) auf Worte von P. Celan etwa erfordert Aktionen wie „stimmlos (gehaucht, geflüstert)", „völlig resonanzloser Konsonant", „stimmlose (unbehauchte) ,Plosive'. Konsonanten mit viel Mundhöhlenresonanz", „Mund mit Hand zugedeckt". *Psalm* ist ein rigoroses Experiment mit dem Interpreten, indem die Hervorbringung von Sprache selbst thematisiert wird (Prozesse des Aus- und Einatmens beherrschen über weite Strecken das Klangbild oder durchlöchern die ohnehin nur schattenhaft und verzerrt präsenten Vokalisen); *Psalm* ist aber auch ein rigoroses Experiment mit dem Hörer, der diesem qualvoll-vergeblichen Artikulationsversuch ausgesetzt ist: Er vernimmt den Celanschen Text allenfalls in Spurenelementen, überlagert und verdrängt von einem Gemisch aus Ächzen, Stöhnen, Knurren, Würgen, Atmen. Sprache scheint nur noch auf, um erkennen zu lassen, daß sie getilgt ist (Abb. 193, S. 440).

Daß die Not neuen Hörens erfinderisch machen kann, belegt die Begriffsprägung „punktuelle Musik" durch H. Eimert im Jahre 1952, der damit zunächst primär den Höreindruck von Stockhausens *Kreuzspiel* für Oboe, Baßklarinette, Klavier und 3 Schlagzeuger (1951; revidiert 1959) beschrieb: die Isolie-

Kapitel 12

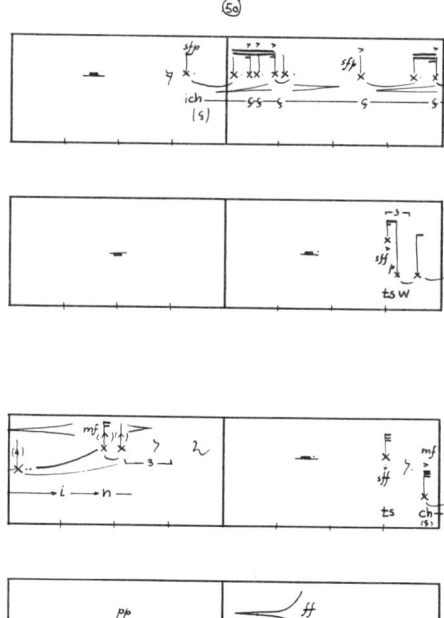

193 „Psalm" für gemischten Chor (Takt 49–50; 1971) von Heinz Holliger

rung der Töne zu Punkten. Der Begriff bezeichnet heute eine frühe Art der Seriellen Musik, bei der reihenmäßig erfaßte Toneigenschaften (Dauer, Höhe, Klangfarbe, Lautstärke) als Elementreihen gleichzeitig ablaufen. Das neue Hören, das punktueller Musik mit ihrer Abfolge meist kurztöniger Klangereignisse und mit ihren scharfen Gegensätzen der Register, der Dynamik und Artikulation angemessen erscheint, hat P. Boulez ein „Blinzeln mit den Ohren" genannt.

Die *Variations I, for any kind and number of instruments* (1958) von J. Cage sollen dem Interpreten als Vorlage zu eigenen Realisationen dienen: dicke und dünne Punkte – Töne und Akkorde darstellend – auf einer durchsichtigen Folie, während auf fünf anderen Folien Gerade notiert sind, die, sich kreuz und quer schneidend, die Eigenschaften dieser Töne und Akkorde definieren (Höhenlage, Lautstärke, Dauer usw.). Wirft man eine dieser Folien auf das Blatt mit den Punkten, so sind diese Punkte als Töne und Akkorde bestimmt. „Lose Musik" hat H. Wüthrich-Mathez das Klangbild der *Variations I* genannt, eine Musik, die auf dreierlei Weise erhört sein will: durch gelegentliches Hineinprojizieren von Zusammenhang, durch Konzentration auf einzelne Klänge und – nicht zuletzt – durch ein unreflektiertes Sichgehenlassen. Neues Hören solcher Art hat vieles gemein mit unserem Erfassen und Erleben von Wirklichkeit überhaupt, denn auch da geht es um Erkennen von Zusammenhängen wie um das konzentrierte Erfassen von Details, und auch im alltäglichen Leben hat das interesselose Schweifen und Sichtreibenlassen seinen guten Sinn.

Eine andere Konzeption Cages wird mit dem Tacet-Stück *4'33"* bezeichnet. Es ist eine Musik des Schweigens, die – vor allem als konzertmäßig präsentierte Nicht-Aufführung von Musik, wie D. Tudor das Projekt 1952 in Woodstock konkretisierte – die Zuhörerschaft zur bewußten ästhetischen Wahrnehmung der akustischen Umwelt anzuregen vermag: Was üblicherweise als Störung empfunden wird, sollte sich einem neuen Hören als ein Muster intentionsfreier Zufallsklänge erschließen. Cage betont: *4'33"* ist nicht sein, sondern unser Werk, denn die Folgerung, daß Schweigen, daß Nicht-Klang „Klang" bedeutet, haben wir selbst zu ziehen. R. Kostelanetz spricht in diesem Zusammenhang von „Folgerungskunst" (Abb. 194).

12.5 Neues Vermitteln

Was aus J. Cages Beispiel noch zu folgern wäre: daß wir selber mit darüber zu entscheiden haben, ob Neue Musik „gelingt", indem es ihr gelingt, sich uns mitzuteilen. Neuer Musik gegenüber sind wir nicht länger passive Empfänger von Botschaften, wenn das im Umgang mit Kunst überhaupt jemals möglich war. Kunst oder Nicht-Kunst? Die Beweislast hat sich verschoben. Wir haben nicht länger nur zu fragen, wir selber sind gefragt. „Folgerungskunst", das Wort von R. Kostelanetz über Cages *4'33"*, heißt Mittun, Wachsein, Neue Musik zu unserer Musik *machen*. Aber welche Neue Musik? Wolfgang Rihm

Musik nach 1950

(„Ich will bewegen und bewegt sein. Alles an Musik ist pathetisch") setzt auf die Unmittelbarkeit seiner musikalischen Sprache, auf die „oratio directa", die Verständlichkeit verbürgt, ohne sich dem Diktat der Popularität zu beugen. H. Lachenmann („... zerstörerischer Umgang mit dem, was man liebt, um sich dessen Wahrheit zu bewahren") thematisiert und attackiert Verfallsformen der Wahrnehmungspraxis, in der die große musikalische Tradition zu Dekor und Klischee verkommt. Werke wie *Accanto* (1975/76) und *Staub* (1985–87) sind Musik übers Hören (von Mozarts Klarinettenkonzert KV 622 beziehungsweise von Beethovens 9. Sinfonie). P. Ruzicka („... die Musik scheint wie auf sich selbst zu hören, das musikalische Material wird ‚befragt'") reflektiert in Werken wie *Torso* (1973) und *Befragung* (1974) die Situation der Neuen Musik selbst, die (Un)möglichkeit musikalischer Sprachfindung heute. Sein Schaffen der 70er Jahre ist im wesentlichen Musik übers Komponieren. Der Titel von I. Yuns Kammermusikwerk *Rencontre* (Begegnung) für Klarinette, Harfe und Violoncello (1986) bezeichnet sehr genau den ästhetischen Standort dieses Komponisten, der zwischen der fernöstlichen musikalischen Tradition und der westlichen Avantgarde zu vermitteln sucht.
Bewegung (W. Rihm), Bewahrung (H. Lachenmann), Befragung (P. Ruzicka), Begegnung (I. Yun), das sind nur einige, wenngleich bedeutende Intentionen heutigen Komponierens. Nicht zu vergessen: das „Prinzip Neugier" bei H.-J. Hespos, für den Komponieren nichts mit Berechnen zu tun hat, aber viel mit Suchen, mit Aufspüren und Aushören; das „Prinzip Appell" bei Rolf Riehm, der mit seinem *Notturno für die trauerlos Sterbenden* für Gitarre (1977) die Abstumpfung und Verrohung des gesellschaftlichen Bewußtseins anprangert, die bei der Bestattung dreier Stammheimer Häftlinge (1977) offenbar wurde; das „Prinzip Irritation" bei M. Kagel, in dessen Film *Ludwig van* Fetzen Beethovenscher Musik und drastische Bilder darauf verweisen, daß und wie große musikalische Tradition jeder Inhaltlichkeit entleert wird; das „Prinzip Pulsation" in der Minimal music (St. Reich, T. Riley), die mit unablässiger Wiederholung kleinster Gestaltelemente und minimalster Variation einfachster Klänge arbeitet; das „Prinzip Meditation" in P. M. Hamels Orchesterwerk *Gestalt* (1980), Niederschlag außereuropäischer Musikerfahrungen des Komponisten und Versuch eines Brückenschlags zwischen den Hemisphären. Bruch und Brücke zugleich – mit diesem Paradoxon läßt sich ein wesentlicher Zug im facettenreichen Bild der Musik nach 1950 insgesamt kennzeichnen. „Bruch" meint: Absage an Reflexionslosigkeit, dogmatische Verhärtung und elitäre Abschottung; „Brücke" meint: Vermittlung zwischen Komponist und Hörer, Tradition und Fortschritt, U- und E-Musik, zwischen den musikalischen Ausprägungen unterschiedlicher politischer Systeme, zwischen westlichem und östlichem Denken, zwischen Kunst und Leben.
Musik nach 1950 vermittelt Neues, und sie ist zugleich auf neue Formen der Vermittlung angewiesen. Zu ihnen zählen Versuche wie der von D. Polaczek (1978), strukturelle und ideologische Konvergenzen innerhalb der

I

TACET

II

TACET

III

TACET

194 ›4′33″‹ (1952) von John Cage

Künste aufzuzeigen, eine Art Koordinatensystem zu entwerfen, in dem die vielfältigen Erscheinungsformen Neuer Musik zu orten sind. So etwa G. Ligetis *Aventures* (1962) und M. Kagels *Staatstheater* (1971) im Umfeld von K. Schwitters' Collagen, Montagen und Assemblagen; J. Cages *Imaginary landscape* (ab 1939) in der Nähe der Ready-mades von M. Duchamp *(Flaschentrockner);* R. Haubenstock-Ramatis musikalische Mobiles bei den mobilen Plastiken Alexander Calders; die Licht-, Klang-, Duftenvironments von J. A. Riedl neben den synästhetischen Sensationen G. Colombos; Cages dreisätziges Schweigestück *4'33"* (▷ 12.4) in engem Zusammenhang mit der Ästhetik des Happenings von A. Kaprow und W. Vostell; Schnebels *MO-NO* (1969) als kompositorischer Beitrag zur Concept Art.

Hilfreich sind alle Vermittlungsversuche, sofern sie zur Klärung der ästhetischen, gesellschaftlichen und politischen Voraussetzungen der Werke wie auch zur Einsicht in ihre materialen Ordnungen beitragen. Hinderlich sind alle Arten von Vermittlung, die unüberbrückbare Gegensätze einebnen zugunsten einer falsch verstandenen Pluralität, in der alles Gleichzeitige auch gleich gültig zu sein hat. Es wäre nicht der geringste Beitrag jener vielbeschworenen Vermittlung von Kunst und Leben, wenn sie uns eines bewußt machte: daß es in der Kunst wie in der Realität Widersprüche gibt, mit denen wir zu leben haben, und daß wir im alltäglichen Leben wie im Umgang mit der Kunst unserer Zeit Erfahrungen machen, bei denen wir mit unserem Verstehen und Auslegen sehr bald am Ende sind. Der Rest ist – hier wie da – Aushalten.

Richtungen, Wandlungen, Wendepunkte

12.6 Ordnung und Freiheit

Vor dem Hintergrund einer politischen und wirtschaftlichen Stabilisierung der Bundesrepublik Deutschland seit 1949 konnte sich in den 50er Jahren eine Musik entfalten, die ihr Epitheton „neu" durchaus selbstbewußt trug. Als Kristallisationspunkt unterschiedlicher Richtungen, die unter dem Kennwort Neue Musik firmierten, kommt den Internationalen Ferienkursen in Darmstadt – 1946 von W. Steinecke als „Kranichsteiner Ferienkurse für Neue Musik" begründet – eine Schlüsselstellung zu. Aus einer innerdeutschen Situation entstanden, wurden die Interpretationskurse und Kompositionsseminare bald zu einer weit über die politischen Grenzen hinaus wirksamen Institution, die in den ersten Jahren durch Lehrer wie R. Leibowitz (1948), O. Messiaen (1949), E. Varèse und E. Křenek (1950) ihr besonderes Gepräge erhielt. Andererseits wirkte sich der Einfluß zahlreicher Festivals der Neuen Musik, die in ganz Europa gegründet wurden (Paris, Royan, Warschau, Zagreb, Venedig) auch auf die kompositorische Entwicklung in Deutschland aus. Diese vollzog sich zunächst unter dem Paradigma des Serialismus, der, als konsequente Ausweitung der Zwölftontechnik, auf der Vorordnung möglichst aller musikalisch relevanten Eigenschaften des Materials (Parameter, von griechisch „parametreïn" an etwas messen) nach Zahlen- beziehungsweise Proportionsreihen (von lateinisch „series" Reihe) beruht. Das betrifft vor allem die Parameter Tonhöhe, Dauer, Lautstärke und Klangfarbe. *Kreuzspiel* (1951) von K. Stockhausen gilt als eine der ersten Manifestationen total serieller Kompositionsweise (▷ 12.4), deren Kritiker in der reihenmäßigen Vorordnung aller musikalischen Eigenschaften die Unterordnung des „Musikalischen" selbst und zwar unter ein minutiöses Zählen und Berechnen, damit die Reihe sich erfüllt – angelegt sahen. In der Tat bezeichnet der Begriff „Serielle Musik" zugleich ein Verfahren *und* die Idee einer „musique pure" von vollkommener Rationalität. Damit scheint sich die Umkehrung des romantischen Programms einer unermeßlichen Steigerung des Subjektiven zu vollenden. L. Nonos Hauptwerk der 50er Jahre, *Il canto sospeso* für Sopran-, Alt- und Tenorsolo, achtstimmigen gemischten Chor und großes Orchester (1955/56), eine Partitur von strenger serieller Ordnung der Tonhöhen, Zeitdauern und dynamischen Werte, hat sol-

che Subjektivität über alles kompositorische Kalkül hinweggerettet. Als canto sospeso (unterbrochener, aber auch schwebender Gesang) teilen sich Appell, Protest und Vision der zehn Textfragmente mit, die Nono aus Abschiedsbriefen junger, zum Tode verurteilter Widerstandskämpfer verschiedener Nationalität ausgewählt hat. Von Chaim, einem 14jährigen polnischen Bauernjungen, stammen die Worte: „... wenn der Himmel Papier und alle Meere der Welt Tinte wären, ich könnte euch mein Leid nicht beschreiben und all das, was ich rings um mich sehe. Ich sage allen Lebewohl und weine ..." (Satz V). Die Not junger Menschen angesichts des Todes ist dieser hochkomplexen Musik eingefärbt, und manchmal scheint es, als bezöge die Expressivität dieser Kantate aus der Konstruktivität ihre unerhörte Kraft. Seit H. Schützens Klagegesang *Fili mi, Absalon* aus den *Symphoniae sacrae I* (1629) haben Klage und Leiden immer wieder in einem unerhörten, ganz neuen Ton ihren nachhaltigsten Ausdruck gefunden. Das Neue in der Musik steht dieser Seite menschlicher Erfahrung besonders nahe. Nono hat für *Il canto sospeso* den damals modernsten technischen Standard gewählt, mit der Textkomposition selbst hat er „einen neuen Chorstil entwickelt, erstmals die Wörter aufgeteilt in Silben, oft nur in einzelne Laute, und diese durch den ganzen Chorsatz wandern lassen ... Ich wollte eine horizontale melodische Konstruktion, die sämtliche Register ergreift; ein Schweben von Laut zu Laut, von Silbe zu Silbe ..." (Nono, 1969).
Damit ist eine ästhetische Fragestellung angesprochen, die, als ein immer neu entworfener Wirkungszusammenhang von Musik und Sprache, in der Musik nach 1950 mannigfache Antworten und Lösungsversuche gefunden hat. Das gilt für die hochartifiziellen Gebilde in P. Boulez' Kantate *Le marteau sans maître,* in denen die semantischen Bezüge der surrealistischen Gedichte von René Char unangetastet bleiben; für K. Stockhausens *Gesang der Jünglinge* (1955/56), der die Textworte aus den Apokryphen zum Buch Daniel sowohl als verständliche Sprache wie im reinen Klangwert der Laute aufscheinen läßt; für D. Schnebels *Glossolalie* für Sprecher und Instrumentalisten (1960), wo – wie in ungebrochenem Vertrauen auf das neutestamentliche Pfingstereignis (griechisch „glossolalie" Zungenreden) – alle Sprachgrenzen überschritten und alle semantischen Konventionen aufgehoben werden; für G. Ligetis *Aventures* (1962) und *Nouvelles Aventures* für drei Sänger und sieben Instrumentalisten (1962–65), die durch Gestik wieder einholen, was der imaginären, von Ligeti erfundenen Sprache an Semantischem verlorengeht; für Ligetis A-cappella-Chorwerk *Lux aeterna* (1966), das aus den (nur noch klanglich-musikalischen) Momenten des Textes heraus die großen Topoi zur Darstellung bringt: Licht und Ruhe, Zeit- und Gewaltlosigkeit; für M. Kagels Hörspiel *... nach einer Lektüre von Orwell,* das, in enger Korrespondenz mit der literarischen Vorlage (*1984*), eine „Neusprache" artikuliert, ein Sprachspiel der Gewalt, das in seiner latenten Brutalität von der martialischen Musik noch grell überhöht wird. – Daß Kritiker der Seriellen Musik selbst vor Anspielungen auf den Orwell-Staat nicht zurückscheuten, dürfte in einem erspürten, vermuteten oder unterstellten Mißverhältnis von Ordnung und Freiheit im Hinblick auf den Kompositionsvorgang wie auch in der (relativen) Undurchhörbarkeit serieller Prozeduren begründet sein.
Nach heftigen ästhetischen Kontroversen und nach dem Bekenntnis zur postseriellen Musik schien der Serialismus, der die Musikgeschichte der 50er Jahre maßgeblich bestimmte, selber Geschichte geworden, verdrängt vom Sonorismus der 60er Jahre, den wiederum der Sensualismus der 70er Jahre abgelöst hat. Zur Geschichtlichkeit der Seriellen Musik indessen gehört, daß sie – wie das kompositorische Werk ihres Ahnherrn A. Webern auch – heute auf andere Ohren trifft, die mitunter in Schlüsselwerken jener Phase (*Punkte,* 1952, *Kontra-Punkte,* 1952/53, und *Gruppen* für drei Orchester, 1955–57, von K. Stockhausen, *Structures I* für zwei Klaviere, 1952, von P. Boulez) Zwischentöne entdecken, Gesten und Valeurs, um die es sich lohnt, jenseits aller ästhetischen Zweifel. Boulez selbst hat diese Zweifel wie kaum ein andrer ausgetragen. Er bezeichnete die serielle Phase als Krise, später als Tunnel, und er übte scharfe Kritik am Fetischismus der Zahl. *Eine* produktive Antwort auf Zweifel und Kritik hat Boulez 1952–54 mit *Le marteau sans maître* (revidiert 1957) gegeben, ein

„Werk von unzweifelhaftem Rang, bei dem eine neue Sprachlichkeit auf der Grundlage komplexer serieller Technik erreicht scheint" (U. Mosch, 1988). Boulez hat das Ensemble von Altstimme, Altflöte, Xylorimba, Vibraphon, Schlagzeug, Gitarre und Bratsche zu einer „bunt-sinnlichen Katzenwelt" (Ligeti) zusammengefügt. Stilistisch bezeichnet *Le marteau* einen Wendepunkt nach der totalen Reihenorganisation am Beginn der 50er Jahre. Boulez war bemüht, „wieder die Dialektik zu suchen zwischen Freiheit und Ordnung. Das strenge Prinzip blieb als Basis erhalten, doch ich nahm mir die Freiheit auszuwählen." Eine weitere Antwort auf Zweifel und Kritik an der seriellen Methode stellt Boulez' *Alea*-Vortrag (Darmstadt 1957) dar. Aus ihm leitet sich die Vorstellung eines Werkbegriffs ab, der, auf verschiedenen Ebenen und in gewissen Grenzen, mit Wahlfreiheiten des Interpreten rechnet (Aleatorik, von lateinisch „alea" Würfel). In seiner 3. Klaviersonate (1957 ff.), deren 5 Formanten (Sätze) intern wie extern vielerlei Anordnungen gestatten, hat Boulez dieses neu definierte Verhältnis von Rationalität und Freiheit auskomponiert. Wie grundlegend es für sein weiteres Schaffen wurde, lassen Werke wie *Pli selon pli* für Sopran und Orchester (1957–62), *Rituel in memoriam Maderna* für Orchester in 8 Gruppen (1974/75) oder *Répons* für 6 Solisten, Kammerensemble, Computerklänge und Live-Elektronik (1981 ff.) erkennen. – Wie Boulez, so hat K. Stockhausen gleichfalls im Jahre 1957 für eine begrenzte und kontrollierte Ungenauigkeit plädiert und in seinem *Klavierstück XI* (entstanden bereits 1956) dem Interpreten ein hohes Maß an Entscheidungsfreiheit überantwortet.

12.7 Entgrenzung und Experiment

In ihrem Bestreben, alle erdenklichen Klangfarben verfügbar zu machen, erweist sich die elektronische Musik als Variante der Seriellen Musik. Ganz oder teilweise mittels elektronischer Apparatur erzeugt, verarbeitet und über Lautsprecher reproduziert, hat sie die Diskussion um den Musikbegriff in besonderem Maße provoziert. Die Auseinandersetzung verlief um so brisanter, als die Protagonisten der elektronischen Musik – sie leiteten zugleich die neu errichteten elektronischen Studios – ihre Kompetenz im „konventionellen" musikalischen Bereich längst bewiesen hatten: H. Eimert (Leitung des 1951 am NWDR Köln begründeten ersten Studios für elektronische Musik; ab 1963 K. Stockhausen), L. Berio und B. Maderna (1953 Mailand), H. Pousseur (1958 Brüssel/1970 Lüttich), G. M. Koenig (1964 Utrecht), später dann H.-P. Haller (1971 Freiburg), P. Boulez (1975 IRCAM Paris). Wurde elektronische Musik anfangs dadurch definiert, daß ihre Komposition, in betontem Gegensatz zur Musique concrète, allein von elektronisch generiertem Klangmaterial ausgeht, so signalisierte Stockhausens *Gesang der Jünglinge* (1956) durch Einbeziehung von konkretem Sprachmaterial die Aufhebung dieser programmatischen Abgrenzung, wie überhaupt das romantisch-expressionistische Phänomen der Entgrenzung eine grundlegende Schicht im Denken und Schaffen dieses Komponisten bildet. Die Zusammenführung von elektronischer Musik und Instrumentalklängen in *Kontakte* (1959) und die Einbeziehung kommentierender und improvisierender Instrumentalisten in das elektronische und konkrete Ambiente der *Hymnen* (1967) belegen das ebenso wie die Aufhebung des Dualismus von Vokal- und Instrumentalmusik, Ton und Stille, Klang und Geräusch in *Carré* für vier Orchester und Chöre (1959/60). Sind die „klassischen" elektronischen *Studien I und II* (1953/54) von Stockhausen ganz den Bereichen der Klangforschung und des Experiments zugehörig, so steht H. Eimerts *Epitaph für Aikichi Kuboyama*, eine vierkanalige Komposition für Sprecher und Sprachklänge (1960–62), beispielhaft für ein Engagement, das auch im avanciertesten Material ein Medium humaner Botschaft aufspürt, darin L. Nonos *Il canto sospeso* vergleichbar. Eimert wählte die Grabinschrift für den japanischen Fischer, der als erstes Strahlenopfer eines Wasserstoffbombenversuchs in die Geschichte einging, zum Ausgangsmaterial (Sprecher: Richard Münch), das auf verschiedene Arten moduliert und bis zu seiner völligen Unkenntlichkeit transformiert wird: „Wenn auch dein fremdländischer Name kein Verdienst anzeigt, wir wollen ihn auswendig lernen für unsere kurze Frist, Aikichi Kuboyama. Als Wort für unsere Schande, Aikichi Kuboyama, als unseren Warnungsruf, Aikichi Kuboyama. Aber auch, Aikichi Kuboyama, als Namen unserer Hoffnung. Denn ob du uns vorangingst mit deinem Sterben oder nur fortgingst an unserer Statt, nur von uns hängt das ab, auch heute noch. Nur von uns, deinen Brüdern, Aikichi Kuboyama." Angesichts der in Eimerts *Epitaph* vollzogenen Amputation und Zersetzung der menschlichen Sprache durch technische Verfahren, als Gleichnis für die Gefährdung von Menschen durch Menschen, gewinnt das von R. Kostelanetz geprägte Wort einer „Folgerungskunst" (▷ 12.4 und 12.5), einer Musik, die nach- und weiterzudenken wäre, eine neue Dimension.

Wie im *Gesang der Jünglinge*, so vermittelt auch in Eimerts *Epitaph* die menschliche Sprache (als Fundsache aus dem Bereich des Alltäglichen) zwischen elektronischer Musik und Musique concrète. Diese war aus P. Schaeffers Geräuschexperimenten im „Club d'Essai" des französischen Rundfunks ORTF hervorgegangen, bediente sich prinzipiell nur konkreter Klangmaterialien (Stimmen von Menschen und Tieren, Geräusche aus der technischen Umwelt, Klänge von Musikinstrumenten usw.), hatte ihren angestammten Sitz in Paris und in Schaeffer und P. Henry ihre führenden Köpfe. P. Boulez, der 1952 im Pariser Studio *Étude I* und *Étude II* realisierte, wurde gegen Ende des Jahrzehnts einer der schärfsten Kritiker der Musique concrète, deren Vertretern er 1958 vor allem Oberflächlichkeit hinsichtlich der Materialfrage und den erbärmlichen technischen Standard der Produkte zum Vorwurf machte.

Gleichfalls im Jahre 1958 artikulierte sich mit J. Cages Darmstädter Vortrag *Unbestimmtheit* ein Musikdenken, das, von außerhalb kommend, wie ausgeklingt aus der europäischen Musiktradition und eher von fernöstlichen Prämissen geleitet, so radikal wirken mußte gerade durch seine Offenheit. Da war nicht länger von Reduktion die Rede oder vom Ausblenden infizierten Materials, sondern von grenzenloser Öffnung hin auf alles, was klingt. Ein größerer Gegensatz zur weithin bestimmenden Idee einer „musique pure" (▷ 12.6) der 50er Jahre war kaum denkbar.

12.8 Tendenzen der 60er Jahre

Als Gegensatz zum vorangegangenen Dezennium präsentieren sich auch die 60er Jahre insgesamt. Ließ sich das serielle Jahrzehnt im Leitbegriff Parameter recht schlüssig auf den Punkt bringen, so sind die musikalischen Erscheinungsformen nach 1960 allenfalls unter dem des Pluralismus zu vereinen: *Circles* (nach Gedichten von E. E. Cummings) für Frauenstimme, Harfe und 2 Schlagzeuger (1960) von L. Berio als exemplarisches Erkunden der vielfältigen Beziehungen zwischen Bindung und Freiheit; R. Haubenstock-Ramatis *Mobile for Shakespeare* (1961), das auch mit dem Werkbegriff selbst zu spielen scheint, ohne ihn ganz preiszugeben; M. Kagels neue Spielmodelle als schöpferische Antwort auf die problematische Frage nach dem Verhältnis von Notation und Aktion (denn Gesten der Musiker sind für Kagel ein Aspekt des musikalischen Materials); I. Xenakis' Rückgriff auf die Gesetze der Wahrscheinlichkeitsrechnung (stochastische Methoden), durch die er die Steuerung von musikalischen Prozessen regelt; die allseits zu beobachtende grundsätzlich neue Haltung zum Wort-Ton-Problem: statt der bisher erstrebten Synthese von Wort und Musik geht es nunmehr um deren Osmose, um ein gegenseitiges Durchdringen von Klang und Sprache bis hin zum Umschlagen des einen ins andre bei L. Berio und L. Nono, D. Schnebel und V. Globokar, G. Ligeti und M. Kagel; die Offenlegung des Privaten, die Wiedereinführung des Subjektiven, die Neubewertung des Inneren bei Stockhausen; der elementare Drang, sich aus dem Zwang immanenter Herrschaftssysteme zu lösen und freiheitliche Ordnungen auf neuer Grundlage zu gewinnen: in der Musikerfindung (bis zur Freisetzung des Zufalls), in der Musikausübung (bis zur Restitution des Improvisierens und der schöpferischen Mitgestaltung; im Übergang vom Jazz zum Free Jazz), in der Musikwahrnehmung (bis zum Wandelkonzert und zu subtilen Formen der Einmischung: Mitmachen als Musikwahrnehmen), in der Gesellschaft (Musik als Medium von Aufklärung und Bewußtmachung, Protest und Appell). Der Stichwortkatalog mag eines deutlich werden lassen: Ein Schlaglicht, das dieses unruhige Durchgangsjahrzehnt erhellen könnte mit seiner Überfülle divergierender Möglichkeiten, müßte breiter strahlen, als das in diesem Rahmen möglich ist. Hier kann es – wie bei den 70er und 80er Jahren auch – nur um Spots gehen, die das Ganze nicht treffen können und wollen. Es zu ergänzen wird um so mehr Aufgabe des Lesers sein, je näher die Werke, Fakten und Tendenzen an unsere unmittelbare Gegenwart heranreichen.

12.9 Klang und Szene

Zwei Werke des polnischen Komponisten K. Penderecki geben den 60er Jahren so etwas wie einen programmatischen Rahmen: *Threnos. Den Opfern von Hiroshima* für 52 Streichinstrumente (1959) und *De natura sonoris Nr. 2* für Orchester (1971). In *Threnos* (griechisch Klagegesang), dessen ursprünglicher Titel *8 Minuten und 37 Sekunden* etwa der Dauer des Luftangriffs auf Hiroschima am 6. August 1945 entsprach, artikuliert Penderecki neuartige Geräuschklänge, die, emotional aufgeladen und bisweilen von schneidender Schärfe, unheimliche Energien entbinden. Vielerlei bisher unbekannte Spielweisen beleben das Klangbild, und weiträumige Glissandi steigern die unterschiedlich breiten Clusterbänder zu einer „Polyphonie von Schichten" (H. Danuser, 1984). *De natura sonoris Nr. 2* – Neuauflage eines Titels aus dem Jahre 1966 – beginnt wie aus einer großen Stille heraus, in der es auch endet: „niente" steht am Schluß der Partitur. Mit der Verkleinerung des Orchesterapparats um Holzbläser und Trompeten hat Penderecki bereits eine Vorentscheidung getroffen. Sein unverkennbares Profil aber gewinnt das Werk durch die Art und Weise, wie die Instrumente – dem Titel der Komposition entsprechend – dem Wesen des Klanges zu Leibe rücken, so etwa gleich zu Beginn: Reiben des Beckens mit einer Kette – Glissandieren des Tamtams mit einem Triangelstab – Berühren des Donnerblechs mit der Hand – ein kaum wahrnehmbarer Cluster in höchster Lage des Harmoniums als Untergrund für eine seltsame Kombination von Flauto a culisse (Vogelpfeife) und singender Säge. Inspiriert von einem der großen Lehrbücher des Altertums, *De rerum natura* des römischen Dichters Lukrez, geht Penderecki auf Spurensuche im Klangbereich, die mit elf brutalen Hammerschlägen auf eine Eisenbahnschiene ihren dynamischen Höhepunkt erreicht. Bereits das zehn Jahre zuvor entstandene Orchesterwerk *Fluorescences* hat diesen Exkursionscharakter, klingendes Protokoll und Bestandsaufnahme alles dessen, was um 1961/62 im Fundus ungewöhnlicher Klangereignisse anzutreffen war, wobei im Schlagzeug von *Fluorescences* fast alle Instrumente vertreten sind, die zum Inventar des modernen Orchesters gehören (Abb. 195). Mit der Einbeziehung von Alarmsirene, singender Säge und Flexaton, Trillerpfeifen, Schreibmaschine und elektrischer Klingel sowie je einem Stück Eisen und Holz (die zu sägen sind) und einem Stück Glas (das mit einer Feile zu reiben ist) scheint die Grenze zum Unkonventionellen deutlich überschritten. Die „Grenze des Fruchtlandes" (auf die der Titel eines Vortrags von P. Boulez unter Bezug auf das gleichnamige Bild von Paul Klee anspielt) aber verläuft anders. Klangerprobung und Materialbereitstellung sind nur Voraussetzungen des Komponierens, Komponieren aber heißt Setzen, Entscheiden, Auswählen. Die Suche nach Neuem, Unerhörtem hatte bald zu einer Materialexplosion geführt, die solche Auswahl zunehmend erschwerte. G. Katzers Wort gilt für die 60er Jahre in ganz besonderem Maße: „Komponieren heute ist leicht, weil alles möglich ist. Komponieren heute ist schwierig, weil alles möglich ist" (▷ 12.2).
Erzeugung, Erkundung, Erprobung und Erfahrung von Klang – für diesen zentralen Aspekt der 60er Jahre ist das Schaffen des Komponisten G. Ligeti ebenso bedeutsam wie das von Penderecki. Als auskomponierter Einspruch gegen das serielle Denken, als Gegenwurf zum Hauptstrom der 50er Jahre tritt Ligetis Orchesterstück *Atmosphères* bei den Donaueschinger Musiktagen 1961 in Erscheinung, „als ob Musik sagen wollte: ‚Ich bin ein Klang!'" (L. Thaler). Kam es den Vertretern der Seriellen Musik vor allem auf Form und Struktur an, so mußte der Titel *Atmosphères* wie ein Fanal wirken: Er beschwört Stimmungen und Assoziationen, eher die malerischen als die konstruktiven Eigenschaften der Musik. Ligeti gilt als Komponist von Klangfarben und Klangflächen. Seine Kompositionen „scheinen sich nicht nur zur bildenden Kunst

Musik nach 1950

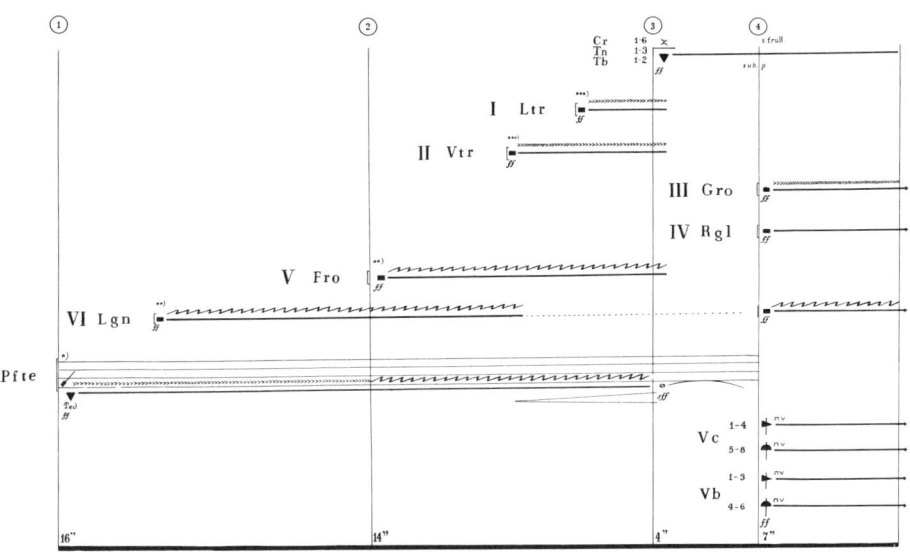

195 „Fluorescences" für Orchester (1962) von Krzysztof Penderecki (Anfang)

hin zu öffnen, sie machen vielmehr Musik als etwas Farbig-Bildhaftes, als etwas Haptisches erlebbar und erfahrbar. In den frühen sechziger Jahren hat so mancher Apologet der Neuen Musik diese Erfahrung als Schock, als Irritation empfunden; die intellektuelle Ratio der seriellen Musik schien eine Musik, die bildhafte und farbige Assoziationen hervorzurufen vermochte, prinzipiell auszuschließen" (E. Budde, 1989). Bezogen auf das knapp neunminütige Orchesterstück *Atmosphères*, von dem sich Ligetis allgemeine Wertschätzung insbesondere herleitet, lassen sich einige Merkmale der Partitur benennen, die assoziativ aufgeladen sind oder es zumindest sein könnten: die allmählich sich aufbauende Bewegung eines scheinbar stehenden, vieltönigen Clusterklangs (Statik/Bewegung); die Verlagerung des Klanggeschehens in extreme Höhen und Tiefen (Musik an den Rändern, Raumerfahrung); Absturz des Klanggeschehens von den Piccoloflöten in die Kontrabaßregion (Bruch, Zäsur); darauf ein sich steigerndes Zusammenballen der Streicher im 56stimmigen Kanon (Verdichtung); Ausklingen der wogenden Streicher – Glissandi im Nachhall der im Inneren des Instruments angeriebenen Klaviersaiten (Verdämmern).

Daß die assoziative Kraft seinen Kompositionen nicht äußerlich ist, belegen Ligetis eigene Beschreibungen seiner Musik, die von synästhetischen Vorstellungen durchsetzt sind und mitunter auch die Quelle der Inspiration benennen, z. B. den *Garten der Lüste* seines Lieblingsmalers Hieronymus Bosch. Zu einer Stelle in *Lontano* für großes Orchester (1967; Takt 142 ff.) bemerkte Ligeti in einem Interview mit J. Häusler: „In diesem Augenblick, wenn das hohe dis als konzentriertes Bündel dieses musikalischen Strahles da ist, tut sich plötzlich irgendein Abgrund, eine Riesenentfernung, ein Loch durch die Musik hindurch, auf. Ich habe in diesem Augenblick unwillkürlich Assoziationen an das wunderbare Bild von Altdorfer, die ‚Alexanderschlacht'..., wo die Wolken – diese blauen Wolken – aufreißen, dahinter gibt es einen goldenen Lichtstrahl der Abendsonne, die durchscheint. Nun, dieses Durchscheinen wird plötzlich unterbrochen; nicht ganz, das hohe dis klingt weiter, aber durch ein subito pianissimo erscheint es fast, als ob ein Licht kleiner geschaltet wird, noch immer da ist und weiter

Kapitel 12

verklingt, ein Licht kann auch verklingen, wenn es ein musikalisches Licht ist" (Ligeti, 1968). Ligetis Musik ist eine Musik des „Als-ob", des Anspielens, und so wundert es nicht, wenn in seinen Werkkommentaren immer wieder von „Allusion" (französisch „Anspielung") die Rede ist. Anspielungen können mehrdeutig sein wie der Titel *Lontano* (italienisch „weit", „aus der Ferne"), der die intendierte Wirkung eines imaginären Raumes, der Wahrnehmung von Weite und Entfernung wiedergibt. *Lontano* meint aber auch zeitliche Entfernung, Abstand zur Vergangenheit, hier genauer: zur Spätromantik, deren sinfonische Literatur wie unter der Oberfläche mitzuschwingen scheint. Ligeti hat nichts exakt Bestimmbares zitiert, vielmehr wird allein auf die Aura der Tradition, auf einen Habitus angespielt. Daß Ligeti in diesem Zusammenhang gerade auf die Nähe des Hörnerklanges in *Lontano* zur Posthornepisode in G. Mahlers 3. Sinfonie verweist, berührt den für die Musik der ausgehenden 60er Jahre so bedeutsamen Aspekt der Rezeption G. Mahlers. Wenngleich auch die einer breiteren Hörerschaft vermeintlich abgewandte Musik der 50er Jahre mit der neuen Erfahrung des Klanges nicht einfach von einer „zugewandten Musik" der 60er Jahre abgelöst worden ist, so haben sich doch seit Werken wie *Threnos* (1959) und *Anaklasis* (1960) von Penderecki oder *Apparitions* (1958/59) und *Atmosphères* (1961) von Ligeti nachhaltige Begegnungen zwischen Neuer Musik und Publikum gerade im Medium des Klanglichen vollzogen. Klang wurde zunehmend Gegenstand ästhetischer und kompositionstechnischer Überlegungen, und Klang ist auch in vielen Kompositionen der folgenden Jahre selbst thematisch geworden: als *Einklang* für Oboe und sieben Instrumente (1980) von L. Lombardi und *Ausklang,* Musik für Klavier und Orchester (1984/85) von H. Lachenmann; als Innenklang und Außenklang in Th. Brandmüllers *Innenlicht* für Orgel (1980); als Urklang in H. Ottes *Buch der Klänge* für Klavier (1979/1982) und als *Allklang* für elektronische, instrumentale und konkrete Materialien (1978) von E. Karkoschka; als Klangbericht in dem mehrsprachigen Hörspiel *Rapport sonore. Relato sonoro. Klangbericht* (1983) von J. Allende-Blin und als *Klangbeschreibung – Drei Stücke* (1982/87) von W. Rihm; als Widerklang in *Risonanze erranti* (1983) von L. Nono und *Klangwerk* (1987), das J. Cage anläßlich der documenta 8 als monumentale Klangskulptur in der Kasseler Karlskirche inszeniert hat: „Ungewöhnlich ist, was unser Ohr erreicht. Geräusche, Klänge, Laute, die sich jeder Deutung, der man sich gerade hingibt, wieder entziehen. Man meint, den Ruf eines Muezzin vom Minarett zu vernehmen, um dann durch das Gebrumm eines Tieffliegers aufgeschreckt zu werden, das wieder vom Sirenengeheul eines Dampfers, darauf von der Klage eines Menschen abgelöst wird. Dann ein Moment der Stille, darauf anschwellender Lärm, so etwas wie Kosakenweinen, Kinderlaute, Wortfetzen, Gemurmel, Klänge einer orientalischen Liturgie, dann Rufe einer tibetanischen Litanei in weitem Raum – Lautpoesie! Jeder hört Eigenes, Stimmen von außen und von innen, man läßt sich mitnehmen. Kein Zusammenklang wiederholt sich, alles ist Uraufführung, Urklang" (Einführungstext documenta 8).

Cages Idee einer solchen Klangreise reicht in die 50er Jahre zurück. 1958 entstand *Music walk* für einen oder mehrere Pianisten, die auch Radios und/oder Plattenspieler zu bedienen haben. Hier konnte M. Kagel, der 1959 eine Düsseldorfer Aufführung des *Music walk* erlebte, mit der Idee eines „instrumentalen Theaters" anknüpfen, als dessen Hauptexponent er seit Beginn der 60er Jahre hervorgetreten ist. Als Typus eines neuen Musiktheaters, bei dem Kagel das Spiel der Instrumentalisten beziehungsweise den Vortrag der Sänger und/oder Sprecher als schauspielerische Handlung komponiert, ist instrumentales Theater inszenierte Musik, Musik *Sur scène,* wie Kagels kammermusikalisches Theaterstück für einen Sprecher, einen Mimen, einen Sänger und drei Instrumentalisten (1959–61) programmatisch besagt. Ohne Handlung, die in einer Fabel zusammenzufassen wäre, wird Musik im Vortrag des Sprechers sich selbst zum Thema, genauer: die Musik in Europa nach dem Zweiten Weltkrieg. Daß Kagel die Logik dieses Vortrags mitunter in Anhäufungen von Klischees und sprachliche Wirrnis umschlagen läßt, gibt diesem Stück eine rätselhafte Offenheit, die ebenso das Absurde streift wie die pantomimischen Gesten, mit denen die Instrumentalisten den Bühnenraum durchschreiten, um ihre Aktionen an Tasten- und Schlaginstrumenten auszuführen.

Tremens, szenische Montage eines Tests für zwei Darsteller und elektrische Instrumente (1963-65), hat das sadistisch kalte Verhör eines Drogenpatienten zum Inhalt. Indem Kagel die Person des Sängers sich in vier Rollen auflösen läßt (Sänger, Bauchredner, Nachahmer von Geräuschen und Taubstummer), bringt er den eigentlichen Gegenstand von *Tremens* unmittelbar zur Darstellung: Gefährdung und Verlust der Identität. „Theatralische Vorführung, welche ein Inneres, nämlich Dissoziation des Bewußtseins, zu einem Äußeren, Anschaubaren macht, verfremdet nochmals. Die *szenische* Montage des Tests macht *Tremens* zur Allegorie des Wahnsinns" (D. Schnebel, 1970).

Musik und Handlung, Hören und Sehen sind auch in *Match für drei Spieler* (1964) eng aufeinander bezogen. Gegenstand von *Match* ist, wie so oft in Kagels Kompositionen, die Störung des Kommunikationszusammenhangs im musikalischen Ensemble, die sich in einer quasi surrealistischen Spielkampfszene zweier Cellisten samt einem als Schiedsrichter fungierenden Schlagzeuger mitteilt, wobei sich optische Komponente und klanglicher Eigenwert die Balance halten.

Wie *Sur scène* und *Match,* so ist auch Kagels *Zwei-Mann-Orchester* (1971/72) instrumentales Theater als Musik über Musik, in einem weiteren Sinn aber auch Musik über das prekäre Verhältnis von Mensch und Maschine. „Zwei Spieler, Gefesselten gleich, eingezwängt inmitten einer labyrinthischen Dingwelt, Gewirr von Geräten, Knäuel von Schnüren, Seilzügen, Transmissionsriemen, teils Werkstatt, teils Müllplatz, teils Folterkammer. Das Gebilde des ‚Zwei-Mann-Orchester', zwei ‚Ein-Mann-Orchester', besteht aus rund 250 Elementen; ferngelenkte, mit nahezu allen Körperteilen der Ausführenden verbundene Klangerzeuger, die auf mechanische Weise und aus Distanz zum Klingen kommen. Räder bewegen einen Kontrabaßbogen, Walzen drehen sich über Klaviersaiten, eine Eisenbürste schrappt übers Trommelfell, ein Dreschflegel schlägt auf ein Becken, Harmoniumtasten werden mit einer Leiste niedergedrückt, ein eiserner Greifer erfaßt eine quietschende Plastikmaus, Arme von Schaufensterpuppen traktieren eine lädierte

Musik nach 1950

Harfe, ein auf langem Rohr wippender Schlegel klopft auf den Blechhut eines Spielers, in eine Kelter eingespannte Zither, fernbediente Blasebälge atmen in Mundstücke, rotierendes Ochsenjoch pendelt Nägel über Gitarrensaiten. Mit solchen Resultaten agieren die Interpreten, haben alle Extremitäten voll zu tun, gar ziert eine Kette des einen Kopf, die an einer Glocke zieht oder ruht des anderen Gesäß auf einer Hupe; winzige Glöckchen zaubern sie schließlich aus Ohr und Nase hervor, verschmelzen völlig am Ende mit der Mechanik" (W. Klüppelholz, 1981). Angeregt durch die ambulanten Einmannorchester, die, als Nachfahren der Spielleute und behängt mit vielerlei Instrumenten, noch heute auf Jahrmärkten zu hören sind, inszeniert Kagel das gestörte Verhältnis von Mensch und Musik, die immer mehr aus dem Bereich der Handarbeit in den der Kopfarbeit gerät, wie auch die Beziehung Mensch-Maschine „im Brennpunkt des Umschlags: rustikal anmutendes, quasi vorindustrielles Handwerksgerät, im einzelnen durchaus von humaner Organik, wird in der Akkumulation zum Alptraum einer schaurig-schönen Foltermaschine, bei deren Bedienung es unklar bleibt, wer eigentlich wem seinen Willen aufnötigt, ob der Spieler den Apparat oder der Apparat ihn beherrscht. Hier wie in allen seinen Werken visiert Kagel einen Sektor der Wirklichkeit und diagnostiziert meist unbarmherzig deren Risse und Sprünge, ihre Abgründe und Untiefen" (K.-H. Zarius, 1975).

12.10 Spiel und Gestalt

Zum Schlagzeuginventar in Kagels *Match* (▷ 12.9) gehören auch zwei Würfelbecher aus Leder/Metall und fünf Würfel. In der „Würfelstelle", die sich als charakteristisches Klangereignis dem Hörer besonders einprägt, darf man auch eine Anspielung auf das kompositorische Prinzip sehen, das seit Ende der 50er Jahre als Aleatorik das Musikdenken mitbestimmt (▷ 12.6). W. Lutosławski, Senior der polnischen Avantgarde, wendet dieses Prinzip in einer modifizierten Form an, die er „begrenzte Aleatorik" oder „Aleatorik der Textur" genannt hat. Damit wird eine Faktur von Kompositionen für Ensembles bezeich-

Kapitel 12

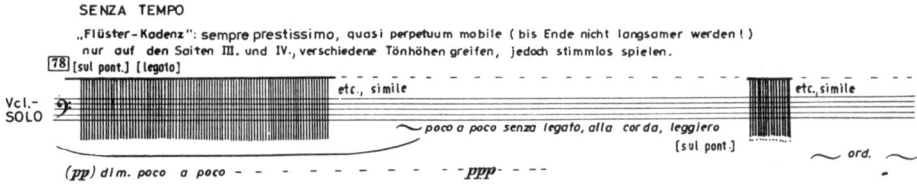

196 „Flüster-Kadenz" aus dem Konzert für Violoncello und Orchester (1966) von György Ligeti

net, bei der jeder Musiker innerhalb begrenzter Abschnitte so spielt, als musiziere er allein. Aus diesem Grunde ist das Streichquartett von 1964, ein exemplarisches Werk im Modus begrenzter Aleatorik, vorwiegend in Stimmheften statt in Partitur notiert. Lutosławski schafft damit günstige Voraussetzungen für eine Spielhaltung, „als musiziere jeder allein". Diese Spielhaltung aber ist wiederum nur die Voraussetzung für das eigentliche ästhetische Ziel des Komponierens in begrenzter Aleatorik: für die Fluktuation des Zusammenspiels, deren klangliches Resultat – vor allem im Bereich des Rhythmischen und des Ausdrucks – auf keinem anderen Wege zu erreichen wäre. Begrenzte Aleatorik hält also einerseits an der Autorschaft des Komponisten fest, der den Notentext genau fixiert; sie eröffnet andererseits den Ausführenden einen Spielraum, in dem sie selbst verantwortlich sind für die Koordination der Einzelstimmen und daher auch mitverantwortlich für die Gestalt des Ganzen. Diese Gestalt ist kompositorisch vorgegeben als eine Abfolge von erregten Passagen, Pizzikatofeldern und akkordischen Klangflächen, von Glissandi in langsamer und schneller Bewegung und punktuell zersplitterten Klangereignissen. Lutosławskis Verfremdung des Streicherklanges bis hin zu Reib- und Kratzgeräuschen auf den Saiten sowie Schlag- und Klopfeffekten am Instrumentalkorpus sind gleichsam ein Wasserzeichen der polnischen Avantgarde. Daß sonoristische und aleatorische Momente auf so neue Weise gerade in einem Streichquartett zusammengeführt sind, unterstreicht die Bedeutung der Gattung, die seit J. Haydns Opus 33 (▷ 7.17) die eigentliche Domäne kompositorischer Reflexion ist, auch für die Musik nach 1950.
In einer großen gattungsgeschichtlichen Tradition steht auch Lutosławskis Konzert für Violoncello und Orchester von 1970, M. Rostropowitsch gewidmet. Es ist eine bemerkenswerte Erscheinung in der Musik nach 1950, daß unter den Soloinstrumenten das Cello so nachdrücklich bedacht worden ist, ein Umstand, der mit der Sogwirkung, die phänomenale Interpreten als potentielle Widmungsträger auf Komponisten allemal ausüben, allein nicht zu erklären ist. B. A. Zimmermann betonte die Nähe des Cellotons zur „vox humana", seine Fähigkeit zu singen, die er 1952 mit *Canto di speranza. Kantate für Violoncello und kleines Orchester* erprobt hat. In der abschließenden „Flüster-Kadenz" seines Konzerts für Violoncello und Orchester von 1966 hat G. Ligeti das Instrument programmatisch zur Sprache gebracht (Abb. 196). In den *Sieben Worten* für Violoncello, Bajan (Knopfakkordeon) und Streichorchester (1982) hat die sowjetische Komponistin Sofia A. Gubaidulina dem expressiv ausgespielten Cello und dem „atmenden" Akkordeon den Ausdruck von Leiden und Kreuzestod anvertraut. P. Ruzicka hat in *in processo di tempo. Materialien für 26 Instrumentalisten und Violoncello* (1971) im Medium eines „negativen Cellokonzerts" die Sprachlosigkeit der Neuen Musik nach der Materialexplosion der 60er Jahre abgebildet, während F. Döhl seiner *Symphonie für Violoncello und Orchester* (1980/81) den als Regieanweisung aus R. Wagners *Parsifal* entlehnten Untertitel gab: „wie im Versuch, wieder Sprache zu gewinnen". Nimmt man den Untertitel von O. Zykans Cellokonzert von 1982 hinzu („Auf der Suche nach konventionellen Gefühlen"), ferner den für Ruzickas *in processo ...* zentralen Aspekt des Identitätsverlusts und schließlich das 1985 von M. Rostropowitsch uraufgeführte 2. Cellokonzert des spanischen Komponisten C. Halffter, das dem Gedenken an F. García Lorca gewidmet ist, so wird deut-

lich, daß sich in der Musik nach 1950 im Medium des Cellokonzerts auch Fragen artikuliert haben, die den Bereich des immanent Musikalischen überschreiten. Es sind die Spannungen von Suchen und Finden, Hoffnung und Verzweiflung, Klage und Anklage, Sprache und Verstummen.

Lutosławskis Cellokonzert thematisiert in exemplarischer Weise die Spannung zwischen Individuum (Soloinstrument) und Gruppe (Orchester) in einem großangelegten Dialog (Introduktion – Vier Episoden – Kantilena – Finale), in dem die Partner alle möglichen Reaktionen zwischen Einspruch und Bestätigung (so etwa in einem emphatischen Unisono von Solist und Orchester) auszutauschen scheinen. Beteiligungslose Repetitionen des Violoncellos am Anfang, brutale Tutticluster, aufblühende Kantilenen und widerborstige Fanfarenstöße sind einige jener beredten Gestalten, die insgesamt das akustische Bild einer Kommunikation vermitteln, welche die Konfrontation des einzelnen mit der Masse nicht aufzuheben vermag. Metrisch genau fixierte Felder und Zonen begrenzter Aleatorik, die sich aus „Ad-libitum-Bereichen" zusammensetzen und mit einem Pfeil markiert sind, wechseln einander ab. Die Ad-libitum-Bereiche werden nicht dirigiert. Der instrumentale Einsatz erfolgt frei, orientiert sich aber an metrischen Zirkawerten. Lutosławski hat außerdem das jeweils ausführende Instrument, Tonhöhe und Anzahl der Töne festgelegt. Es leuchtet ein, daß diese Notationsweise den Musikern ein hohes Maß an Konzentration und aktivem Mitdenken abverlangt. Sie sind (als Orchester) nicht länger ein komplexer Mechanismus von höchster Perfektion und Präzision, sondern – mit den Worten des Komponisten – „eine Gruppe menschlicher Einzelwesen, von denen jedes in meinem Werk womöglich eine Gelegenheit finden kann, sich auszudrükken." Im Gegensatz zu solchen Bereichen begrenzter Aleatorik sind die dirigierten Partien des Werkes im Notenbild bis ins kleinste festgelegt und auch metrisch eindeutig organisiert. Spiel und Gestalt stehen in Lutosławskis Cellokonzert in einem spannungsvollen Verhältnis: Spiel als in Grenzen bewegliches Agieren *und* als vorgeordnetes Reagieren, Gestalt als der immer anders und neu gelingende mitbestimmte Vollzug eines (in Grenzen) offenen Geschehens *und* als Nachvollzug einer kompositorischen Setzung. Welchen Spielraum solche musikalische Gestaltung wiederum für die Erfahrung des Hörers offenhält, sei an K. Stockhausens Bläserquintett *Adieu* (1966) angedeutet. Das etwa 16minütige Werk reflektiert Prozesse des Übergangs und der Ablösung im Bereich des musikalischen Materials um die Mitte der 60er Jahre. Im Nebeneinander von tonalen Relikten und atonaler Faktur scheint die Polarität von Alt und Neu auf; der Wechsel von kompositorisch fixierten und von improvisatorischen Anteilen thematisiert das spannungsvolle Verhältnis von Freiheit und Bindung; dynamisches Profil („extrem leise"), Generalpausen und die nicht zu Ende geführte Kadenz als Chiffre des Abbruchs, des Nichtvollendeten gleich am Anfang des Quintetts aber stehen zugleich für den In-memoriam-Charakter der Komposition: Sie ist im Gedenken an den Organisten W. S. Meyer entstanden, der am 10. Januar 1966 im Alter von 27 Jahren tödlich verunglückte. „Das dynamische Gleichgewicht der Instrumente, die freien Glissandoumspielungen, die synchronen Gruppen, die manchmal raschen Wechsel der Spielarten benötigen ein Ensemble, das ganz aufeinander eingespielt ist. Und dann müßten die Musiker ganz tief erleben und in Tönen gestalten, was an Todesnähe in dieser Musik schwingt" (Stockhausen 1971).

12.11 Gegen-Sätze

Adieu (1966) von K. Stockhausen (▷ 12.10), „EXTREM LEISE von ganz weit" zu spielen, bezieht seine Intensität aus dem Verzicht auf dissonante Schärfen und dynamische Eruptionen, aus Zurücknahme, Versenkung und Meditation. – Im apokalyptischen Schlußbild der Oper *Die Soldaten* von B. A. Zimmermann nach dem gleichnamigen Schauspiel von J. M. R. Lenz (komponiert 1958/60, umgearbeitet 1963/64, uraufgeführt 1965 an den Städtischen Bühnen Köln unter der Leitung von M. Gielen) fallen Wiedersehen und Abschied auf beklemmende Weise zusammen. Bei Lenz erkennt der Vater die Tochter, die Tochter den Vater, beide „wälzen sich halbtot auf der Erde", Leute kommen „und tragen sie

Kapitel 12

fort" (V. Akt, 4. Szene). Dagegen das Ende des IV. Aktes bei Zimmermann:

Wesener:
Wer weiß, wo meine Tochter itzt Almosen heischt. (reicht ihr zitternd ein Stück Geld)
Weibsperson (fängt an zu weinen):
O Gott! (sinkt zu Boden)
Einhardts Stimme:
... et ne nos inducas in tentationem, sed libera nos a malo!

(Während Marie wie vernichtet am Boden liegt, geht Wesener unendlich langsam, im ununterbrochenen Zug der Gefallenen, dem Hintergrund zu, der sich allmählich, wie ebenfalls die Bühne auch, bis zur völligen Finsternis verdunkelt. Marschtritt marschierender Soldaten erfüllt die Szene.)

In diesem Schlußbild rotieren – gleichsam als Umsetzung von Zimmermanns Vorstellung der „Kugelgestalt der Zeit" – Vergangenheit, Gegenwart und Zukunft als ein Ereignisstrudel, dem sich Zuhörer und Zuschauer kaum entziehen können: Ein Film projiziert die gespenstische Vision eines Transportes mit Panzern auf das Bühnengeschehen, und in unaufhörlichem Zug schleppen sich gefallene Soldaten mit Stahlhelmen vorüber. Drei elektronisch hergestellte Bandkomplexe (Militärkommandos in sieben Sprachen; verschiedene Phasen elementarer menschlicher Lebensäußerungen: Schreie und Wimmern bei Geburt, Liebe und Tod, dazu ein ausgesungenes Pater noster; Gefechtskommandos in allen Sprachen) kommentieren diese Hintergrundvision, die mit einer langsam sich herabsenkenden Atomwolke, von der die Zuschauer schmerzhaft geblendet werden sollen, endet. Gleichzeitig läuft ein Schrei-Klang über alle Lautsprechergruppen, der allmählich bis zum völligen Erlöschen abgebaut wird. Erst wenn absolute Stille eingetreten ist, senkt sich der Vorhang. Als „Folgerungskunst" (R. Kostelanetz, ▷ 12.4 und 12.5) im Medium des totalen Musiktheaters konfrontieren die *Soldaten* den Zuhörer mit einer Botschaft, oder besser mit einer Diagnose, einem Befund. Es ist die Einsicht in die unablässige Bedrohung des Menschen durch Gewalt, in die physische und psychische Vergewaltigung aller durch alle. Eingebunden in eine strenge satztechnische Ordnung, konkretisiert sich in Zimmermanns Oper die Vorstellung des „pluralistischen Klangs", der, als ein weitverzweigtes Gebilde musikalischer Zeit- und Erlebnisschichten, noch die entlegensten Stationen der Musikgeschichte – vom Gregorianischen Choral über J. S. Bachs *Matthäuspassion* bis hin zu Jazz, Twistparodie und Serieller Musik – mit allen nur verfügbaren theatralischen Gestaltungsmitteln zu einer Totalkonzeption zusammenzwingt. Zwischen aufgetürmten Massigkeiten der Partitur finden sich ausgesparte Klangbilder, in denen Zimmermanns Musik das Geschehen auf subtilste Weise kommentiert, wie etwa der Monolog der Marie in der 5. Szene des I. Aktes: Wesener, ein alter Galanteriehändler, warnt und ermahnt seine Tochter, die zwischen dem Tuchhändler Stolzius und Desportes, Edelmann in französischen Diensten, zu wählen hat. Maries für den weiteren Verlauf so folgenschwere Entscheidung zugunsten Desportes' wird mit der Szenenanweisung „Sie löscht das Licht aus" symbolisch überhöht. Zimmermanns Musik reflektiert diese von Zweifel und banger Ahnung bestimmte Situation, indem die Grundgestalt der Szenenreihe (e–dis–a–b–c–h–f–fis–cis–g–d–as) und deren Krebsform zunächst in vager Unentschiedenheit gehalten werden. Daß die Grundgestalt der Reihe nach der Szenenanweisung „Sie löscht das Licht aus" – „con tutta forza" durch die Partitur des Orchesters und der Bühnenmusik wandernd – das letzte Wort behält, besagt: Es gibt kein Zurück, die Dinge nehmen ihren Lauf (Abb. 197). Gewalt der Musik (*Adieu*) und Musik der Gewalt (*Die Soldaten*) – beides hat in der Musik nach 1950 neuen und sinnfälligen Ausdruck gefunden, exemplarisch zusammengeführt in H. W. Henzes *Orpheus*-Ballett von 1978, das außer dem eingeblendeten Originalton einer Straßenschlacht Passagen von äußerster Brutalität enthält, aber auch Stellen von zartester Erfindung und trostvollem Zuspruch. Zu den inspiriertesten Takten der Partitur gehört die Szene im sechsten Bild des Balletts. Orpheus, Inbild der Gewalt der Musik, hat in ohnmächtigem Zorn über die Machenschaften Apolls seine Leier zerschlagen. Voller Verzweiflung sitzt er neben den Trümmern. Als er sie wie abwesend berührt, ertönt eine neue

Musik nach 1950

197 5. Szene des I. Aktes der Oper „Die Soldaten" (1965) von Bernd Alois Zimmermann (Klavierauszug)

Musik. „Beim Erklingen der neuen Musik erheben sich die Toten aus der Hölle / Sie sind wiederauferstanden – verwandelt / Ruhiges Glück und freudiger Friede / Sie sind wie Kinder die über den Rand der Welt klettern / Sie tanzen zu der neuen Musik die sie verwandelt." E. Bond, der Verfasser des Textbuches zu Henzes *Orpheus,* hat die Frage nach der Gewalt der Musik mit einem Blick auf das „innere Datum Auschwitz" (K. Röhring, 1975) beantwortet:

Über Musik

Musik kann keine Fragen stellen
Sie kann aufrütteln
das ist so gut wie eine Frage

Musik kann keine Antworten geben
Sie kann überreden
Das ist so gut wie die Wahrheit

Musik ist sehr gefährlich

Wir haben Angst an etwas zu glauben
Skepsis ist höflich
Überzeugung führt zu Streit
Wahrheit verliert etwas wenn man sie ausspricht

In Auschwitz hängten sie Menschen zu Walzermusik
In Chile brachen sie eines Musikers Hände
Mit der gleichen Ironie nahm die Kirche einst Ketzerzungen

Also muß eine neue Musik entstehen
Eine Musik zu der du keine Menschen hängen kannst
Eine Musik die dich hindert Musikerhände zu brechen

(E. Bond, 1986)

Auch der *Lukaspassion* von K. Penderecki, einem maßgebenden Werk geistlicher Musik der 60er Jahre, scheint das Datum Auschwitz eingeschrieben, nicht zuletzt in den Passagen, die, als Klangillustration im Sinne eines stilisierten Realismus, die Emotionen der aufgebrachten Volksmenge wiedergeben. Als Herausforderung indessen gilt vielen Kritikern der monumentale E-Dur-Schluß, Ausdruck einer (Selbst)gewißheit, die sich mit dem vielfach artikulierten Zweifel an der Veränderungsbereitschaft der Menschen nach dem historischen Datum Golgatha nicht verträgt. *alpha omega II* für zwölf Männerstimmen, Orgel und Schlagzeug (1965) von H. Otte und *Glossolalie* für eine variable Zahl von Sprechern und Instrumentalisten (1959/60) von D. Schnebel sind Dokumente solchen Zweifels, der bei G. Zachers Passionsmusik nach Lukas für 12 bis 28 Mitwirkende aus dem Jahre 1968 bereits im Titel zum Ausdruck kommt: *700 000 Tage später.* „Wer es heute, 700 000 Tage später, unternimmt, eine Passionsmusik zu verfassen, der wird zunächst einmal völlig verstummen. Wenn er dann die Sprache wiederfindet, wird es eine andere Sprache sein, als er bisher kannte. Er wird sie noch nicht sprechen oder singen können, sondern vorerst nur stammeln, und sie wird mit der Zeit allmählich deutlicher und klarer werden" (Einführungstext 1971). Es gehört zu Zachers Leitvorstellung vom „Chorsänger in eigener Verantwortung", der erst eigentlich der „mündige Chorist" sei, daß die Partitur viele Anweisungen enthält, nach denen jeder Chorsänger sein Stimmheft selbst ausarbeitet. Daß für Zacher Provokation und Reflexion zusammengehören, zeigt eine Anweisung wie diese: „Notiere ein Passionslied Note für

Note rückwärts und singe mit heiserer, überschnappender, brüchiger Stimme kopfschüttelnd auf nä – nä." Eine zweifache Verfremdung also im Dienste von Provokation und Reflexion, nicht Resignation, wie sie aus dem Wunderhorntext *Des Antonius von Padua Fischpredigt* spricht, am eindringlichsten wohl in der Vertonung G. Mahlers (1893), Inbegriff des immergleichen Weltlaufs. Mahlers Wunderhornlied findet sich als bizarres Scherzo mit grellen Orchestereffekten in der 2. Sinfonie wieder und wurde in dieser Form im wörtlichen Sinn zum Grundmaterial des bedeutendsten Beispiels für die Collage- und Zitattechnik in der zeitgenössischen Musik: Auf dem Grund dieses Scherzos komponierte L. Berio den 3. Satz seiner *Sinfonia* (1967/69). Als eine „Huldigung an G. Mahler, dessen Werk das Gewicht der ganzen Musikgeschichte zu tragen scheint", hat Berio dieses Scherzo als die ständig präsente Grundschicht seiner Collage sozusagen ausgehöhlt und Zitate in die Einbruchstellen eingelassen: musikalische Zitate, Fragmente und Neukomponiertes von Bach bis Berio, sowie Textzitate verschiedener Herkunft und Thematik. Die zentralen Zitate aus S. Becketts Roman *L'innomable* (1953) thematisieren die Vergeblichkeit aller Bemühungen, durch Kunst auf Politik und Lebenspraxis einzuwirken; sie berühren somit einen zentralen Gedanken der Mahlerschen Liedvorlage. Des weiteren sind – in unterschiedlichen Graden der Verständlichkeit – Textfragmente aus J. Joyce' Roman *Ulysses,* Parolen der Pariser Studentenrevolte vom Mai 1968 und private Gesprächsfetzen sowie Solmisationssilben und rein phonetisches Material zu hören. Die starke Resonanz der *Sinfonia* von L. Berio mag unter anderem in der häufigen Mitwirkung der publicitywirksamen „Swingle-Singers" begründet sein. Ihre nachhaltige Rezeption in der neueren Musik- und Kompositionsgeschichte hat gute Gründe in Berios Komposition selbst, die in mehrfacher Hinsicht als Schlüsselwerk gelten darf: für die Mahler-Renaissance der 60er Jahre, darüber hinaus für die Öffnung der Neuen Musik zur Vergangenheit hin, für Zitat- und Collagetechnik, als Realisation von Sprachkomposition in umfassender Weise und als Modellfall einer empfindlich genauen Balance von Vokal- und Instrumentalklang. (R. Febel knüpft in seinem 1979 entstandenen Orchesterwerk *Charivari* ausdrücklich an den dritten Satz der *Sinfonia* von Berio an. Indem er den Verweiskatalog um den Namen Schumanns erweitert, macht er auf die Abgesangsgestalt aufmerksam, mit der Mahler und Berio den Satz ausklingen lassen: Es ist der chromatisch fallende Schluß des 9. Liedes aus der *Dichterliebe: Das ist ein Flöten und Geigen*.)

Mit der dreifachen Fragestellung nach Sinn und Wesen der Geschichte, nach der Vermittlung von Geschichtlichem (hier: musikalischer Tradition) und nach den Möglichkeiten von Kunst in der aktuellen politischen Situation hat Berio in seiner *Sinfonia* die ästhetische Diskussion der ausgehenden 60er Jahre wie in einem Brennspiegel eingefangen. Sie vollzog sich vor dem Hintergrund unsagbaren menschlichen Leids in den weltweit gestreuten Krisengebieten und auf den Kriegsschauplätzen im Nahen und Fernen Osten, für die Vietnam zum Mahnwort wurde. Wachsende geistige, gesellschaftliche und politische Spannungen innerhalb der eigenen Landesgrenzen, die das Schlagwort Studentenrevolte nur unzureichend wiedergibt, bedeuteten eine weitere Herausforderung, der sich viele Literaten und Komponisten gestellt haben. 1968 schrieb P. Weiss seinen *Viet-Nam-Diskurs* – mit den Techniken von Straßentheater und Agitprop ein Exempel unmißverständlicher Parteinahme. Ein Jahr zuvor entstand P. Ruzickas *Esta noche* – Trauermusik für die Opfer des Krieges in Vietnam auf einen Text von J. López Pacheco für Alt, Flöte, Englisch Horn, Viola und Violoncello, ein Werk, das gerade aus seiner lyrischen Intensität die Kraft des Einspruchs gegen das Grauen bezieht. Für seine *Revolutionsmusik für Ensemble und Tonbänder (mit unterlegten Reportagen der Studentenunruhen)* (1967/68) erhielt Th. Kessler den Berliner Musikpreis „Junge Generation". H. W. Henze, mit Opern wie *König Hirsch* (1956), *Der Prinz von Homburg* (1960), *Elegie für junge Liebende* (1961) und *Der junge Lord* (1965) später Repräsentant des großen bürgerlichen Musiktheaters, erlebte im Dezember 1968 als Dirigent den Hamburger Uraufführungsskandal um sein Oratorio volgare e militare *Das Floß der Medusa* nach E. Schnabel. Ein enthülltes Plakat des Widmungsträgers Che Guevara und eine rote Fahne lösten den vorzeitigen Abbruch aus, der dem Publikum den in der Schlußpartie des Werkes dominierenden Ho-Ho-Ho-Tschi-Minh-Rhythmus vorenthielt. Unmittelbar nach dieser verhinderten Uraufführung schrieb Henze ein weiteres dezidiert politisches Werk: *Versuch über Schweine* für Sprechstimme (Bariton), 5 Blechbläser, Beat-Orgel, elektrische Gitarre und Kammerorchester nach einem anspielungsreichen Gedicht seines chilenischen Freundes Gastón Salvatore. (Die damals in Berlin rebellierenden Studenten haben das auf sie gemünzte Schimpfwort für sich übernommen. Salvatore verstand sein Gedicht als Versuch der Selbstverständigung unter Berliner Studenten von 1968.) Die Deklamation des Gedichtes orientiert sich an einer von R. Hart entwickelten Stimmtechnik, die verschiedene Töne gleichzeitig hervorzubringen gestattet. Der Orchesterapparat forciert die Wirkung der – mit allen nur denkbaren Zwischenstufen und Übergängen – gesungenen und gesprochenen Worte: eine Musik von schneidender, schockhafter Aggressivität, rauh und ungeschlacht, „musica impura".

Der Abstand zum Reinheitspostulat von K. Stockhausens *Stimmung* für 6 Vokalisten (1968) ist beträchtlich. Der Titel ist vieldeutig und meint neben dem Sicheinstimmen, dem Abstimmen dynamischer und klangfarblicher Werte, der seelischen Gestimmtheit, der Übereinstimmung unter den Ausführenden besonders auch „die reine Stimmung, in der die Vokalisten die 2., 3., 4., 5., 7. und 9. Obertöne zum Grundton des tiefen B singen und immer wieder finden sollen, nachdem sie unrein geworden sind" (Stockhausen, 1971). „‚Stimmung' ist meditative Musik. Die Zeit ist aufgehoben. Man horcht ins Innere des Klanges, ins Innere des harmonischen Spektrums, ins Innere eines Vokals, ins Innere. Feinste Schwebungen – kaum Ausbrüche – alle Sinne sind wach und ruhig. In der Schönheit des Sinnlichen leuchtet die Schönheit des Ewigen" (ebenda).

1968, ein Jahr der Gegen-Sätze? Zumindest im Dezember jenes Jahres, als, zeitgleich, *Daß Floß der Medusa* in Hamburg unter spektakulären Umständen abgebrochen wurde und die Pariser Uraufführung von *Stimmung* (in Anwesenheit von M. Ernst) den Aufbruch ins Innere verhieß. Dieser Aufbruch kam indessen nicht völlig unvorbereitet, nachdem Stockhausen am 16. Juni 1968 seinen *Freibrief an die Jugend* verfaßt hatte: „Wieder revolutionieren wir. Auf der ganzen Erde aber diesmal. Setzen wir uns jetzt das höchstmögliche Ziel: eine Bewußtwerdung, daß die ganze Menschheit auf dem Spiel steht ... Nehmen wir also an der großen Revolution der Menschheit teil, denn wir wissen ja, was wir wollen. Es lohnt sich, das Leben einzusetzen, wenn es um das Ganze geht. Ja! ... es ist die Revolution der Jugend der Welt FÜR den höheren Menschen ... Was hat das alles mit Musik zu tun? Es geht heute ums Ganze. Wenn wir das begreifen, machen wir auch die richtige Musik, die das Ganze bewußt macht" (Stockhausen, 1971).

Die Schüsse auf den linksradikalen Studentenführer Rudi Dutschke in Berlin, das Attentat auf den amerikanischen Präsidentschaftsbewerber Robert Kennedy und die Ermordung des Friedensnobelpreisträgers und Bürgerrechtlers Martin Luther King im Jahr 1968 haben weltweite Bestürzung ausgelöst. Sie hat sich auch im zweiten Satz von Berios *Sinfonia,* dessen Titel *O king* den Epitaphcharakter mitteilt, niedergeschlagen. Einzige Textgrundlage dieses meditativ-resignierenden Satzes ist der Name des amerikanischen Pastors. Berio hat ihn in seine phonetischen Bestandteile zerlegt und so von aller Semantik losgelöst. Unhörbar und doch immer gegenwärtig, verdichtet sich der Name Martin Luther Kings gleichsam in den Vokalisen der Schlußtakte. – 1968 schrieb Isang Yun als politischer Gefangener in Südkorea seine Oper *Der Traum des Schmetterlings*. G. Zachers Orgelkomposition *Szmaty* (polnisch „Fetzen", eine Anspielung auf Psalm 22, 19: „Sie teilen meine Kleider unter sich ..."), Isang Yun in der Todeszelle gewidmet, ist Ausdruck von Beklemmung *und* Hoffnung auf Befreiung, zugleich aber auch Protest gegen die Verletzung der Menschenrechte, deren Erklärung sich 1968 zum zwanzigsten Male jährte. C. Halffter schrieb aus diesem Anlaß und im Auftrag des UN-Generalsekretärs U Thant die Kantate *Yes speak out, yes* für Sopran, Bariton, zwei gemischte Chöre und Orchester mit zwei Dirigenten auf eine Dichtung von N. Corwins. Für Halffter zählt dieses monumentale Werk, das nach aufrüttelnder Anklage zu einer emphatischen Proklamation der Menschenrechtsartikel wird, zu seinen

Kapitel 12

wichtigsten Kompositionen. Es hat sein Gegenstück in Klaus Hubers *Tenebrae* für Orchester (Uraufführung 1968 in Warschau), einem Werk, das auf Worten der Karfreitagsliturgie basiert (Tenebrae factae sunt: Es entstand eine Finsternis ...) und den Kreuzesgedanken mit einem Bekenntnis zu Freiheit und Würde des Menschen verbindet.

Neben solchen im weitesten Sinn politischen Bekundungen sind 1968 mit den vier Streichquartetten von Berio *(Sincronie),* Kagel (1. Streichquartett), Ligeti und Penderecki (jeweils 2. Streichquartett) exemplarische Ausformungen dieser Gattung entstanden. Originär wie die Partitur seines Quartetts, in dessen Verlauf die Accessoires und Aktionen zur Hervorbringung denaturierter Klänge immer ungewöhnlicher werden (zum Beispiel die Verwendung von Stricknadeln, Papierstreifen, Büroklammern, Münzen und Streichhölzern; das Spielen mit Handschuhen, das Verstimmen der Saiten und – gegen Schluß – das Zerbrechen einer angesägten Geige über dem Knie, mit deren Trümmern percussiv weitergespielt wird), ist auch Kagels *Phantasie für Orgel mit Obbligati* (1967) als der Versuch zu verstehen, Kunst und Leben (hier eines Organisten) auf ganz neue Weise zu verbinden. Als eine Art Musique concrète vermittelt ein vom Organisten selbst arrangiertes Tonband akustische Sequenzen aus seinem Alltag (zum Beispiel Vorgänge im häuslichen Bereich, hörbare Begleiterscheinungen des Wetters, Straßengeräusche usw.) – den im Titel so genannten Obbligati –, die durch die eigentliche Phantasie für Orgel (Musique abstraite) verknüpft werden. Es entsteht ein musikalisches Hörspiel, in dem „absolute" Orgelmusik und assoziative Alltagsgeräusche zu einer widersprüchlichen Einheit zusammengeführt werden.

H. Lachenmann betont, daß seine Komposition *Air,* Musik für großes Orchester mit Schlagzeugsolo (1968/69), zur Zeit der Studentenunruhen entstanden sei „als ein Beispiel ästhetischer Verweigerung und Protest gegen eingeschliffene Orchesterkulinarik". Enttäuschung von Hörerwartungen ist *ein* Aspekt von *Air* (französisch „Luft"), ein Titel, der sowohl auf ein populäres Stück von J. S. Bach anspielt, wie er die akustische Hüllkurve für realistische Klangereignisse bezeichnet: Äste werden gebrochen, Saiten werden gequetscht, Metallkörper und Fell werden gerieben. Luft, unabdingbare Voraussetzung alles Klingenden, die beim Blasen verbraucht und gespeichert und dennoch in der traditionellen Musik zugleich „versteckt" wird um des schönen Tones willen, Luft wird der eigentliche Gegenstand von *Air.* So ist die Vermittlung von neuen Hörerfahrungen der andere Aspekt des Stückes, mit Lachenmanns Worten „Musik als aufregendes Abenteuer des Hörens mit noch kaum erschlossenen Klangbeziehungen." „Musique concrète instrumentale" und „Klangrealistik", zwei für sein kompositorisches Schaffen bis heute zentrale Begriffe, hat Lachenmann in einem Werkkommentar zu *Air* geprägt. Realistik des Klanges (Lachenmann) und Reinheit der Stimmung (Stockhausen), Reflexion der Heilsgeschichte (Zacher) und Resignation angesichts des realen geschichtlichen Verlaufs (Berio), Resistenz in den Werken von Halffter und Klaus Huber sowie ein revolutionärer Gestus bei Henze und Th. Kessler – das Spektrum der Musik am Ende der 60er Jahre wäre allzu lückenhaft dargestellt ohne einen Hinweis auf die Zielvorstellung des „befreienden und unpersönlichen Rituals", die St. Reich erklärtermaßen mit dem repetitiven Klangstrom der postmodernen Minimal music verbindet: Musik als kollektive Erfahrung, in der subjektiver Ausdruck getilgt scheint. Rituelle Züge prägen auch Werke wie R. Wittingers *OM* per orchestra op. 12 (1968) – der Titel geht zurück auf die altindische Spruchsammlung *Mantra* –, das unter der Mitwirkung des Komponisten am großen Gong uraufgeführt wurde. (Dazu findet sich in der Partitur diese Anmerkung in 14 Sprachen: „Diesen diffizilen Gongschlag kann nur der Komponist selbst ausführen; deshalb sollte er zu jeder Aufführung eingeladen werden.")

Ebenfalls 1968 entstand Wittingers zweites Solokonzert *Irreversibilitazione* für Violoncello und Orchester op. 10, eine Auftragskomposition für die Darmstädter Ferienkurse für Neue Musik 1968. Der Titel besagt, daß das musikalische Material – von wenigen Ausnahmen abgesehen – nicht rückläufig verwendet wird. Im Schnittpunkt vom Ende des postseriellen Jahrzehnts, das für das musikalische Material die Vorstellung eines unendlichen Fortschritts genährt hat, mit dem Beginn jener umfassenden Zurück-zu-Bewegung des New Age gewinnt der Titel als „Unumkehrbarkeit" den Doppelsinn von Movens und Menetekel.

12.12 Zur Musik der 70er und 80er Jahre

Für das facettenreiche Bild der Musik in den 70er und 80er Jahren ist die Rede vom generellen Pluralismus wenig erhellend, es sei denn, man begnügt sich mit der Feststellung, daß es fortan Musik im Plural gibt, Musiken also, die unverbunden nebeneinander existieren. Jürgen Habermas' Wort von der „Neuen Unübersichtlichkeit", mit dem er die Postmoderne kennzeichnet, wäre da schon hilfreicher: Es läßt zumindest das Bedürfnis nach Orientierung mitschwingen, und es suggeriert die Frage nach dem Warum der immer neuen Sprachfindung wie auch nach dem Wohin der immer rascheren Sprachvernutzung im historischen Gefälle. Der kompositorische Reflex auf den Sprachverlust der Neuen Musik (F. Döhl, *Symphonie* für Violoncello und Orchester – „wie im Versuch, wieder Sprache zu gewinnen", 1980/81) oder auf eine allgemeine Sprachverwirrung (A. Koerppen: *Das Stadtwappen,* Szene für Soli, Chor und Orchester nach einem Text von Franz Kafka, 1972/73) erscheint in dieser Situation ebenso plausibel wie das Postulat der Unmittelbarkeit des musikalischen Ausdrucks (W. Rihm) oder einer Vermittlung der Komposition durch den Kommentar (M. Kagel).

Fand Koerppen für seine Kafka-Komposition im Gegen- und Ineinander verschiedener musiksprachlicher Idiome eine musikalische Metapher für „Sprachverwirrung", so vollzieht sich in seinem *Zauberwald* für Frauenchor a cappella (1982), einer Paraphrase über das Märchen *Jorinde und Joringel,* auf subtilste Weise ein Vorgang der Sprachwandlung. Dabei dient ihm der Sprachstoff des Märchens nicht als zu vertonende Textvorlage, sondern als Kompositionsmaterial, das die Annäherung und Verwandlung menschlicher Sprache in Vogellaute (und umgekehrt) abbildet. *Zauberwald* von A. Koerppen ist somit ein Paradigma neuer Sprachkomposition: Indem sein semantischer Gehalt getilgt wird, gewinnt das Wort eine neue Unmittelbarkeit.

Nichts anderes geschieht in P.-H. Dittrichs *Die Verwandlung* (nach F. Kafka) für einen Pantomimen, sechs Mimen, einen Sprecher, fünf Vokalisten, Violoncello und Baßklarinette (1983): Eine von F. Schneider verknappte Fassung der Kafkaschen Erzählung wird in vielfältigen Prozeduren neuer Vokaltechnik „durch gebrochene Textmuster zu einer Art ‚Sprachlosigkeit' geführt, wodurch das Nichtmitteilbare dennoch artikuliert werden soll ... Die instrumentalen Klangbilder tragen fast autonomen Charakter und treten den vokalen Strukturen gegensätzlich entgegen. Anstelle der ‚Sprachlosigkeit' tritt hier eine musikalische ‚Sprachreichhaltigkeit' auf" (Dittrich, 1984). Dittrichs Anmerkung, die geschaffene Welt Kafkas sei „surrealistisch und realistisch zugleich" und darin eine besondere Herausforderung für den Komponisten, könnte Anlaß sein, der Kafka-Rezeption bei F. Döhl und R. Febel, H. Heiß, G. Kurtág und U. Leyendecker, bei T. Marco, D. Schnebel und W. von Schweinitz nachzugehen, aber auch der Frage nach dem Realistischen, die sich in der ästhetischen Diskussion seit Anfang der 70er Jahre zunehmend stellt. So im Konzept einer „Klangrealistik" bei H. Lachenmann, im „magischen Realismus" bei H.-J. von Bose, in V. Globokars *Réalités* (so heißt der zweite Teil des Triptychons *Les Emigrés,* 1985) oder im Postulat eines „Neuen Realismus", dem R. Bredemeyers Neuvertonung der *Winterreise* (1984) von Wilhelm Müller verpflichtet ist. Bredemeyer, einer der führenden DDR-Komponisten neben H.-P. Dittrich, F. Goldmann und J. Herchet, G. Katzer, S. Matthus, N. Richter de Vroe und F. Schenker, J. Ullmann, Ruth Zechlin und U. Zimmermann, möchte den gesellschaftlichen und politischen Implikationen der *Gedichte aus den hinterlassenen Papieren eines reisenden Waldhornisten* – so der Originaltitel bei Wilhelm Müller – nachspüren und sie in ihrer Aktualität freilegen. Dabei nutzt Bredemeyer die Besetzung für Bariton, Horn und Klavier für eindringliche Psychogramme *(Der greise Kopf, Frühlingstraum)* ebenso wie zur aufdringlichen Anspielung im dreiundzwanzigsten Lied, das außer dem Müllerschen Titel *Muth!* noch das Motto *In the muth!* trägt und Glenn Miller im fetzigen Hornsound unüberhörbar herbeizitiert. Neuer Realismus, so scheint es, ist nicht ge-

Kapitel 12

198 Drittes Streichquartett „Im Innersten" (1976) von Wolfgang Rihm (Anfang)

feit gegen alte Trivialität. F. Döhls Streichquintett *Winterreise* (1985) ist wie ein Gegenwerk zu Bredemeyers Schubert-Rezeption, das, als Reflex auf „unsere aktuelle menschliche Situation" (Vorwort), Schuberts Zyklus in bruchstückhafter Anspielung erinnert und dem Hörer den Einblick freigibt in das Abgründige und Innerste der allzu bekannten Lieder. *Im Innersten,* Rihms drittes Streichquartett (1976, Abb. 198), und Nicolaus A. Hubers Komposition für Violoncello *Der Ausrufer steigt ins Innere* (1984) bezeichnen diese Spur, die in vielen Partituren der 70er und 80er Jahre mitgedacht ist und die S. A. Gubaidulina als den „Weg nach Innen" ausdrücklich zum ästhetischen Programm erhoben hat. Mit seinem Leitspruch „Sortir de la musique!" (Aus der Musik herausgehen!) hat V. Globokar hingegen den „Weg nach Außen" als künstlerische Maxime ausgegeben. Innen *oder* Außen? Die Frage wäre falsch gestellt. Im Schaffen von S. A. Gubaidulina und V. Globokar selbst, bei C. Halffter und Klaus Huber, A. Reimann, L. Nono und M. Spahlinger gibt es mannigfache Belege dafür, daß Komponieren heute keine einsinnige Angelegenheit ist. Es scheint, als ließe sich die Musik der 70er und 80er Jahre gerade durch den immer neuen Versuch kennzeichnen, den Austausch von Innen und Außen, Ich und Welt lebendig zu erhalten. Die Frage nach dem Warum der immer neuen Sprachfindung wie auch nach dem Wohin der immer rascheren Sprachvernutzung könnte hier eine erste Antwort finden. Für die Frage nach dem Wie der künstlerischen Einlösung gilt Kafkas Wort, das G. Kurtág in seine *Kafka-Fragmente* aufgenommen hat: „Der wahre Weg geht über ein Seil ...".

12.13 Beethoven hören

All you need is love! – diese langlebige Verlautbarung der Beatles aus dem Zeichentrickfilm *Yellow submarine* (1968) bordete gerade noch über die Grenze zum neuen Jahrzehnt, als, markt- und termingerecht zu Beethovens 200. Geburtstag, dem *Song of love* mit unlauterer Berufung auf den Jubilar der *Song of joy* von Miguel Rios folgte. Unlauter, weil alles, was den Kunstanspruch des Finalsatzes aus der 9. Sinfonie begründet, verschwiegen und verglättet wird. Dieser Kunstanspruch leitet sich nicht aus dem „Freudenthema" selbst her, sondern aus der Art und Weise, wie es zustande kommt, und das heißt aus einem langen Prozeß des Gebärens, aus einer kompositorischen Materialdiskussion, aus dem unablässigen Widerspiel von Suchen, Finden, Prüfen, Verwerfen, Setzen. Beethovens Rezitativ „O Freunde, nicht diese Töne! sondern laßt uns angenehmere anstimmen, und freudenvollere!" ist eine Setzung. Die kathartische Wirkung der Freudenmelodie aber hat die Anstrengung des Hörers zur Voraussetzung, und da gibt es in der Neunten viel mitzudenken, durchzustehen und auszuhalten. Mit der emphatischen Bekundung von „love and

458

understanding", wie es der verballhornte Text suggeriert, gerät Beethovens Musik allenfalls zu einer nichtigen Kleinigkeit, zu einer Bagatelle.

Während Popularisierungsversuche wie der *Song of joy* Hörer und Werk also eher entfremden und einen gedankenlosen Umgang mit der musikalischen Tradition provozieren, verfremden Komponisten wie R. Bredemeyer, M. Kagel oder – 15 Jahre später – H. Lachenmann die Vorlage, um über die historische Distanz hinweg, an vorgefaßten Erwartungen vorbei und durch verkrustete Höreinstellungen hindurch Zugänge zu eröffnen. Die *Bagatellen für B* für Klavier und Orchester zum Beethoven-Jubiläum (1970) von Bredemeyer sind eine Collage Beethovenscher Bagatellen, die durch ihre Verfremdung eine sinnfällige Modernität gewinnen. Aphoristische Klavierminiatur und wenig bekannte (scheinbare) Nebensache (Bagatelle D-Dur op. 119 Nr. 3, entstanden zwischen 1800 und 1804), experimenteller Spätstil der aufgebrochenen und wie improvisatorisch modellierten Bagatelle g-Moll op. 123 Nr. 2 (1823/24) und emphatisch-sinfonischer Tonfall des *Eroica*-Beginns bilden das Spannungsgefüge, innerhalb dessen Beethovens Musik zerlegt, neu montiert, sich selbst kommentierend ihren unverbraucht neuen Ton zurückgewinnt. Dabei pointiert Bredemeyer die in der Bagatellenfaktur bereits angelegten bizarren Klangwechsel und das Tempo im Ablauf, ohne die Aufmerksamkeit von der Drastik des Beethovenschen Spätstils abzuziehen.

Jenseits allen nationalen Aufrauschens sind Bredemeyers *Bagatellen für B* Ausdruck seines sehr persönlichen produktiven Verhältnisses zur Tradition: Aus der Einsicht in Beethovens Modernität gewinnt ein Komponist der Gegenwart Maximen für sein eigenes Schaffen. M. Kagels Beethoven-Film *Ludwig van* dagegen wird durch die Drastik der surrealen Sequenzen zur bissigen Satire auf das gedankenlose und bedenkenlose Hören, auf den unwissenden Umgang mit Klischees der Beethoven-Literatur und auf die gewissenlose Vereinnahmung großer Musik durch die Kulturbetriebsamkeit. Kagel identifiziert die Kamera, also den Betrachter, als die Titelfigur, und so zeigt der Film die Welt, wie Beethoven sie sieht. Es ist eine Welt der Besitzergreifer: Rund 100 Beethoven-Büsten aus Schmalz und Marzipan lagern in einer Badewanne wie in einem Depot von Dutzendschädeln, und noch der Bürgersteig ist mit Beethoven-Köpfen gepflastert. Es ist eine Welt der Klischeebesessenen: Bilder von der ersten Mondlandung werden von den beiden letzten Akkorden der *Mondscheinsonate* akustisch beglaubigt. Es ist eine Welt der Wiederkäuer: Bilder aus dem Zoo zeigen vorwiegend diese Spezies zu den Klängen der 9. Sinfonie, die Kagel für ein Zufallsorchester arrangiert und instrumentiert hat.

Nichts könnte die Triftigkeit der Kagelschen Diagnose schlagender belegen als die Vorgeschichte von H. Lachenmanns Orchesterwerk *Staub*. Als Auftragskomposition und Ergänzung eines Festprogramms mit der 9. Sinfonie zur Jubelfeier eines Rundfunkorchesters entstanden, wurde seine für den 11. Juli 1986 geplante Uraufführung unter M. Gielen auf Druck des Orchesters und des Intendanten als „unzumutbar" abgesetzt. Tatsächlich läßt sich in der kargen musikalischen Landschaft von *Staub* mit ihren fahlen Flageoletts der Streicher, den trockenen Schlagzeuggeräuschen und dem tonlosen Atem der Bläser kaum Festliches aufspüren. Von dieser Musique concrète instrumentale jedoch führt eine Spur zu Beethovens 9. Sinfonie, auf deren Finale das Partikelgestöber von *Staub* anspielt. Wie Goethes Schatzgräber müßte der Hörer unter der Oberfläche der Klänge schürfen, um fündig zu werden. Daß wir nach solcher Spurensuche und Hörarbeit Beethovens Neunte, die sonst immer schon vorgeprägt durch Vermittlungskanäle und Hörkonventionen und entstellt durch ihren Sitz in Festprogrammen an unser Ohr kommt, neu und anders wahrnehmen, ist das Ziel solchen „präventiven Komponierens" (Lachenmann): „Saure Wochen, frohe Feste ..." (Goethe). Werke wie *Bagatellen für B*, *Ludwig van* und *Staub* verdanken sich einer Haltung, welche die Unumkehrbarkeit ästhetischer Entwicklungen und historischer Prozesse als gegeben annimmt und sich gleichzeitig zur Herkunft aus einer großen Tradition bekennt, die in kritischem Rückblick immer wieder neu erobert werden will.

12.14 Dürer sehen

Musikalische Chiffre für die Unumkehrbarkeit des verhängnisvollen Geschehens in B. A. Zimmermanns Oper *Die Soldaten* (I. Akt 5. Szene) ist der Sieg der Reihengrundform über die Krebsgestalt (▷ 12.11). Sein Auftragswerk für die Stadt Nürnberg zum Dürer-Jahr 1971, *Stille und Umkehr,* Orchesterskizzen (1970), reflektiert den Gedanken der Zurücknahme noch einmal mit anderen gestalterischen Mitteln. Drei Monate vor seinem Freitod beendete Zimmermann die Partitur, die durch die permanente Gegenwart des Tones d (im Wechsel der Klangfarben), einen durchgehenden leisen Bluesrhythmus wie durch ihre ganz verhaltene Dynamik den Eindruck von Zeitlosigkeit suggeriert. Sie steht darin dem Prélude für großes Orchester *Photoptosis* (1968) nahe, wie andererseits der Bluesrhythmus und der Zentralton d auf die *Soldaten,* die subtile Klangauswahl der Orchesterbesetzung auf *Canto di speranza* (▷ 12.10) verweisen. *Stille und Umkehr* ist eine Summe von Zimmermanns Schaffen und zugleich eine Musik des Verlöschens, in der aus dem Ungefähren des Spiels („mit halber Luft", „So leise wie möglich") keine Gestalt entstehen will.

Klaus Hubers Beitrag zum Dürer-Jahr in Nürnberg, das Oratorium *... inwendig voller figur ...* für Chorstimmen, Lautsprechergruppen, Tonband und großes Orchester, soll – sehr messianisch gedacht – Umkehr bewirken im Angesicht der Endzeit, die in Texten aus der Apokalypse und in Originaldokumenten zur Atomkatastrophe von Hiroschima beschworen wird. Dürers Wort vom Maler, der „inwendig voller figur" sein müsse, ferner sein *Traumgesicht*-Aquarell, das wie eine unheilvolle Vision den Atompilz vorwegnimmt, und Dürers *Apokalypse* von 1498 haben die Komposition nachdrücklich inspiriert. Zu einer Holzschnittcollage gefügt, hat Huber Ausschnitte der Dürerschen Bildfolge als Vorlage für zwei Orchesterimprovisationen in die Partitur einbezogen (Abb. 199).

Ausgangspunkt für H. Zenders Auftragswerk zum Dürer-Jahr (*Canto IV,* Vier Aspekte für 16 Stimmen und 16 Instrumente) waren *Die vier Apostel* von Dürer. Sie gaben nicht nur Anlaß zur Aufteilung in vier Aspekte, ihnen entnahm Zender auch vier neutestamentliche Texte (jeweils am unteren Rand der Bilder aufgezeichnet), die zusammen mit Worten aus dem Buch Ezechiel, Th. Müntzers Manifest an die Mansfeldischen Bergknappen, Auszügen aus Luthers Predigten an die Bauern und Teilhard de Chardins *Hymne à la matière* eine geistige Konstellation bilden. Der Werktitel verweist auf Ezra Pound, der *Canto* zur Bezeichnung für die Montage voneinander unabhängiger Texte gewählt hat. Durch das Prinzip der Wortsynchronizität – mit Ausnahme des 4. Teils, in dem allein die Hymne Teilhards verwendet wird, sind in allen Teilen Fragmente aus allen Textgruppen zu hören – unterstreicht Zender die gedankliche Einheit des Werkes als eines geschichtstheologischen Entwurfs.

K. Hashagens *Impression nach Dürers ‚Die vier Apostel'*, zu der C. Henneberg aus den Akten eines Nürnberger Ratsprozesses gegen gottlose Dürerschüler eine Textgrundlage geschaffen hat, gibt sich als Collage aus Wortfetzen und Vokalpartien, instrumentalen und elektronischen Klängen, musikalischen Zitaten und Alltagsgeräuschen.

W. Heiders Posaunenkonzert *einander* – wiederum ein Beitrag zum Dürer-Jahr – nährt sich aus dem Fundus postserieller Tendenzen zwischen Penderecki und Kagels instrumentalem Theater. Rund zwanzig Ableitungen aus dem Titelwort geben ein Strukturmodell ab, in dem sich das Verhältnis des Soloinstruments zum Orchesterkollektiv immer wieder neu artikuliert: Voneinander, übereinander, miteinander, durcheinander ...

Nach den Erfahrungen mit Werken wie *Atmosphères* und *Lontano* (▷ 12.9), *Volumina* für Orgel (▷ 12.3) und *Continuum* für Cembalo (1968) suggeriert der Titel *Melodien* von Ligetis Auftragskomposition zum Dürer-Jahr die Vorstellung von Umkehr oder Gegen-Werk, denn gerade die Abwesenheit eines klar erkennbaren melodischen Profils schien doch ein Kennzeichen seiner musikalischen Sprache zu sein. Indessen erscheinen die übereinandergeschichteten melodischen und ornamentalen Gebilde durch unterschiedliche Tempoverläufe vielfach gebrochen und eingebunden in ein harmonisches Geschehen, vor dem sich nur gelegentlich Melodielinien in durchhörbarer Unterschiedenheit abzeichnen. Unüberhörbar hingegen ist die Nähe zu *Lux aeterna* (▷ 12.6) in den ruhigen Stellen,

Musik nach 1950

ORCHESTER-TUTTI-IMPROVISATION (DAUER ca. 60-70 sec.)
(nach Dürer-Apokalypse - Holzschnittcollage)

NB: Anmerkungen und Hinweise zur Ausführung:
siehe Anhang

ffff

diminuendo

ppp(p)

199 „... inwendig voller figur ..." (1971) von Klaus Huber (Ausschnitt)

das Vorbild der metrischen Vertraktheiten im 2. Streichquartett (1968) und der Einfluß des *Kammerkonzerts für 13 Instrumentalisten* (1970) auf die wohlklingende Instrumentation. Die Spielanweisung für die Bläser in den Schlußtakten („nur einmal anblasen – halten, solange die Luft reicht, dann morendo") korrespondieren auf sinnfälligste Weise dem Höreindruck eines absterbenden Klanges, der am Schluß in einen Pausentakt (mit Fermate) entlassen wird wie in einen imaginären Raum.

Alte Erkenntnis und neue Erfahrung des Weltraums sind der Gegenstand von Pendereckis *Kosmogonia* für Soli, gemischten Chor und Orchester. Das Oratorium entstand aus Anlaß des 25jährigen Bestehens der Vereinten Nationen und wurde 1970 im Plenarsaal des New Yorker UN-Gebäudes uraufgeführt. Im Festprogramm stand *Kosmogonia* unmittelbar vor Beethovens 9. Sinfonie. Als Pendereckis Beitrag zum Dürer-Jahr wurde *Kosmogonia* 1971 in das Programm der Nürnberger Festwochen aufgenommen. Die vom Komponisten ausgewählten Texte – sie entstammen dem Buch Genesis und der *Antigone* des Sophokles, Schriften von Lukrez und Ovid, Nikolaus von Kues und Kopernikus, Leonardo da Vinci und Giordano Bruno sowie Funksprüchen der ersten Weltraumpiloten Gagarin und Glenn – werden jeweils in der Originalsprache quasi als Material in das kompositorische Universum einbezogen, mit dem Penderecki eindrucksvolle Klangbilder für die Entstehung des Alls (I ARCHE = Anfang) und Sinnbilder des menschlichen Geistes und seines Forscherdrangs (II APEIRON = Unendlichkeit) ebenso entwirft, wie er den Ton von düsterer Ahnung, von Ehrfurcht und Angst trifft, mit denen der Mensch dem Erhabenen begegnet.

Isang Yuns Orchesterwerk *Dimensionen* – gleichfalls eine Auftragskomposition zum Dürer-Jahr – ist das taoistische Gegenstück zu *Kosmogonia*. Als Abbild von Himmel, Erde und Mensch zirkulieren drei Klangwelten in der Partitur, die von den Dimensionen (= Ausmaßen) des Oberen und Unteren wie auch von der übergeordneten Idee bestimmt wird, daß aus Vielfältigem und Gegensätzlichem eins werden soll. So verbirgt sich – wie hinter einer Maske – das ostasiatische Innen dieser Musik hinter dem europäischen Außen ihrer Instrumentation, die vor allem in den tonalen Akkordbildungen gelegentlich an Richard Strauss erinnert.

12.15 Das Prinzip Bloch

Thematisch zwischen den Polen *Stille und Umkehr* und *Kosmogonia* (▷ 12.14) weitgespannt, vielschichtig und kontrastreich in der Auswahl wie in der Handhabung des musikalischen Materials, spiegelt sich in den Kompositionen zum Dürer-Jahr etwas von der Breite und Vielfalt kompositorischen Denkens am Beginn des Jahrzehnts. Isang Yun war damals mit 54 Jahren der älteste, K. Penderecki mit 38 der jüngste unter den genannten Komponisten. Im weiteren Verlauf der 70er Jahre meldet sich zunehmend die Generation der um 1950 Geborenen zu Wort: U. Stranz (*1946), P. M. Hamel (*1947), Ch. M. Redel (*1947), H.-Ch. von Dadelsen (*1948), P. Ruzicka (*1948), M. Trojahn (*1949), W. Zimmermann (*1949), A. Plate (*1950), W. Rihm (*1952), H.-J. von Bose (*1953), W. von Schweinitz (*1953), Klaus K. Hübler (*1956), B. Koblenz (*1956), D. Müller-Siemens (*1957), die – mit Ausnahme von Hübler und Ruzicka – lange Zeit mit dem mißverständlichen Etikett einer „neuen Einfachheit" behaftet waren. Ruzickas „negatives Cellokonzert" von 1971 (*in processo di tempo* ... Materialien für 26 Instrumentalisten; ▷ 12.10) ist Materialkritik, auskomponierte Kritik an postseriellen Klischees.

Was und wer immer sich hinter diesem Begriff verbergen mag: Aleatorik, instrumentales Theater, strukturelle Musik, graphische Notation, Musique concrète, Schlagwerk; Cage, Pousseur, Brown, Berio, Penderecki, Serocki, Kagel, Stockhausen, Schaeffer – *in processo di tempo* ist gleich einem Katalog von Fundsachen, die polemisch beleuchtet werden. Die Frage, wie es weitergehen soll, bleibt bei Ruzicka ebenso in der Schwebe wie in G. Krölls Arie für Mezzosopran und Instrumente *Wir besitzen keinerlei Fähigkeit aus der Klosterneuburgerstraße wegzugehen* (1973/74) auf einen Text von Th. Bernhard: Innerhalb eines hochkomplexen kontrapunktischen Gewebes entstehen immer neue Akkorde, die zunächst sehr dissonant sind, konsonanten werden und sich wieder zurückentwickeln in die „ausweglose" Dissonanz – Reflex auf die kompositorische Situation nach 1970. W. Rihms Klavierstück Nr. 5 von 1975 (*Tombeau*, in memoriam Ingeborg Bachmann) hat einen möglichen Ausweg gezeigt. Er liegt im Ausdruck selbst. *Tombeau* insistiert auf einem spontanen Ausdruckswillen, der sich steigert bis zu physisch bedrohlicher Aggressivität in den bohrenden Repetitionen und dynamischen Exzessen. Rihms Wille zum Ausdruck geht einher mit der Forderung nach größter Deutlichkeit. Sie wird eingelöst in den Ausdruckscharakteren wie im formalen Aufbau. Dreiteilig angelegt, beginnt *Tombeau* wie mit einem klanglichen Tor: ein dreioktaviger C-Klang, vom Pedal

Musik nach 1950

200 Klavierstück Nr. 5 „Tombeau" (1975) von Wolfgang Rihm (Anfang)

bis zum Verklingen gehalten, wird zunehmend durchsetzt mit harmonischen Verschärfungen, aus denen sich in virtuosen Figurationen die Introduktion entfaltet. Der Mittelteil *(Ciacona)* ist durch ausgehaltene oder auch durch kurz aufgerissene (mehrfache) Oktaven immer wieder gegliedert, hochvirtuos und wie überbordend in seiner Expressivität. Dem leisen, akkordisch betonten dritten Teil *(Quasi Corale)* hat Rihm mit sieben unregelmäßig über neun Takte verteilten sffffz-Schlägen („molto secco") einen unerwarteten Abschluß gegeben. Über den mehroktavigen C-Klang berührt sich diese Coda mit dem Anfang von *Tombeau*. Anders als die experimentellen Klavierstücke Stockhausens oder Cages Kompositionen für präpariertes Klavier gewinnt *Tombeau* seinen Ausdruck ganz aus dem vertrauten Klavierklang, aus der großen Geste, aus der Sensualität und Virtuosität des 19. Jahrhunderts (Abb. 200).

Nicht Schönberg, Stockhausen oder Boulez sind die Vorbilder, sondern Beethoven, Liszt und Ives, wie überhaupt ein Zusammenhang zu sehen ist zwischen dem Sensualismus der 70er Jahre und der neu angefachten Auseinandersetzung mit der musikalischen Überlieferung. So gewinnen Kategorien wie Ausdruck und Schönheit neue Bedeutung, werden die Gattungen Lied und Oper, Streichquartett und Sinfonie neu belebt. D. Schnebels Werkzyklen *Bearbeitungen* (1972–80) und *Tradition* (1975...) sind ebenso in diesem Kontext zu sehen wie die bewußte Anlehnung W. Killmayers an die große sinfonische Vergangenheit. Killmayer, ein Außenseiter und Einzelgänger wie B. A. Zimmermann, I. Xenakis, M. Spahlinger, H.-J. Hespos, A. Koerppen, C. H. Veerhoff, D. de la Motte oder der DDR-Komponist J. Herchet, hat Abstand bewahrt zu den avantgardistischen Strömungen der 50er und 60er Jahre. Das sicherte seinen Kompositionen großen Zuspruch in den 70er Jahren, als Subjektivität des musikalischen Ausdrucks, Faßlichkeit und Nähe zum Publikum wieder gefragt waren, vorab Werken wie der 3. Sinfonie *Menschen-Los* (1973), den beiden *Poèmes symphoniques Jugendzeit* (1978) und *Überstehen und Hoffen* (1978) sowie dem *Essay symphonique Verschüttete Zeichen* (1978).

Gleichfalls aus dem Jahre 1978 stammt *Lumen de lumine* für Kammerensemble von F. M. Beyer, eine meditative Musik aus klarem, einfachem Material, eine Musik, die – wie Haydns Streichquartette – rein aus sich heraus, ohne Assoziationen gehört werden will. Der Titel ist dem Credo der katholischen Messe entlehnt und *nicht* illustrativ gedacht. Gleichwohl drängt sich durchaus die Vorstellung eines zarten Lichtgesangs auf. Wesentlich von Klang und Linie konstituiert (mit

Kapitel 12

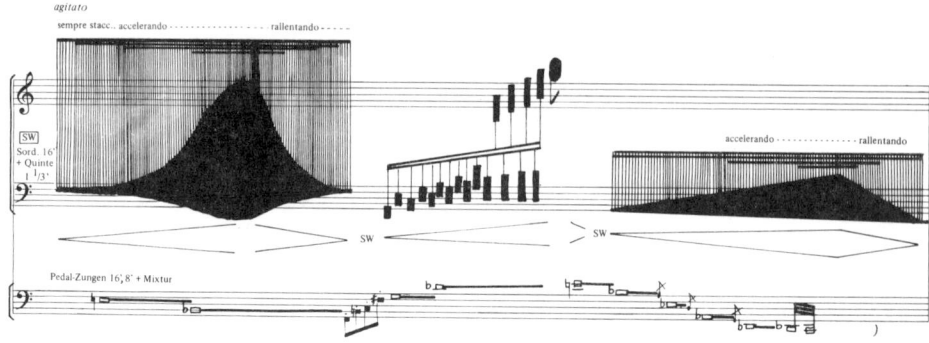

201 „Improvisation sur E. B." für Orgel (1971) von Werner Jacob (Ausschnitt)

deutlicher Prädominanz des Quintintervalls), zentriert um eine große Steigerung in der Mitte des Werkes und durchsetzt von zarten Intermedien, in denen Musik aus der Zeit herauszufallen scheint, zählt *Lumen de lumine* zu den bemerkenswerten Beispielen einer neuen Musica sacra.

Ist in Beyers Kammermusik das Intervall der Quinte konstitutiv, so in W. Jacobs *Improvisation sur E. B.* für Orgel (1971) der Tritonus e–b. In seinem philosophischen Hauptwerk, *Das Prinzip Hoffnung*, faßte Ernst Bloch, der Widmungsträger von Jacobs Orgelstück, ein Wesensmerkmal atonaler Musik in diese Worte: „Musik wird eine Existenzart, die sich geschehend erst bildet." W. Jacob hat diesen Satz als Motto vorangestellt, und so wird Blochs Maxime gleichsam zum Movens der Komposition, die aus dichten Clustern heraus und in der Freiheit des „improvisando con tritoni" (so lautet eine Spielanweisung) „sich geschehend erst bildet": Musik *wird,* sie *ist* noch nicht. Die vorläufige Gestalt, zu der sie am Schluß des Stückes findet, ist der Tritonus e–b; er ist den Namensinsignien Ernst Blochs entlehnt. In seiner harmonischen Indifferenz und Offenheit scheint der Tritonus nach Auflösung zu verlangen. W. Jacob hat den Begriff ganz wörtlich genommen, wenn er fünf Tritoni zu einem sechsstimmigen Schlußakkord übereinanderschichtet (b–e^1–b^1–e^2–b^2–e^3) und diesen bei ausgeschaltetem Motor sich „auflösen" läßt, „bis alle Luft zu Ende ist". E. Bloch hat in der Musik die „utopischste aller Künste" erkannt, Musik als Vorschein eines ganz anderen, Musik als Verheißung und Versprechen, das erst noch einzulösen ist. So verweist der unaufgelöste Tritonus auf Blochs philosophisches Denken, und er weist zugleich über das Erklingende hinaus: Auch *Improvisation sur E. B.* ist Musik zum Nach- und Weiterdenken, ist „Folgerungskunst" (Abb. 201). – Für den Schluß von W. Lutosławskis *Trauermusik für Streichorchester – à la mémoire de Béla Bartók* (1958) ist gleichfalls das Tritonusintervall b–e (hier: ais–E) konstitutiv. Viermal erklingt es im Solovioloncello, bevor das Werk mit einem Pausentakt (Fermate!) schließt. Die Zeitgestaltung der letzten acht Takte vermittelt den Eindruck allmählicher Auflösung, eines Verlöschens, der durch die unbestimmte Qualität des Tritonus für eine weiterführende Deutung geöffnet wird (Abb. 202).

Mit der Bezeichnung „Barkarole" verbinden wir die Vorstellung singender Gondolieri, schaukelnder Bewegung der Schiffe, Fährmann, Überfahrt. Wenn H. W. Henze seine dem Andenken P. Dessaus gewidmete Komposition für großes Orchester *Barcarola* nennt, dann ist das Werk auch auf diese Bedeutungstradition hin zu befragen. Henze selbst hat einige Hinweise dazu gegeben, etwa

202 „Trauermusik für Streichorchester – à la mémoire de Béla Bartók" (1958) von Witold Lutosławski (Schluß)

auf die Signale des Charon, auf die Überquerung des Styx und das andere Ufer, auf das Ende einer Reise: „Dies ist Ithaka". Henze verweist auf die Analogie zwischen der Art, in der das musikalische Material verwandelt, entwickelt und verändert wird, und den „mentalen Vorgängen im Kopfe eines Sterbenden ..., in dem Erinnerungen und neue Einsichten entstehen, in einem horizontalen Verwandlungsprozeß" (Henze, 1980). Am Ende dieses Prozesses vernimmt man das ganze Orchester im Pianissimo, wobei sich Streicher und Holzbläser zunehmend von der präzisen Notation lösen und das Klangbild in relativer Freiheit (hinweisende Notation) gestalten. Zusammen mit den für einen Teil der Streicher vorgeschriebenen Flageolettönen resultiert daraus der Eindruck von Immaterialität; man könnte einen Grenzbereich zwischen einem nicht mehr gültigen und einem noch nicht erreichten Zustand assoziieren: Musik als tönende Metapher. Erwähnenswert ist das mit Dämpfer spielende Solovioloncello, das wie stellvertretend für die vox humana noch am längsten aussingt, wobei wiederum das Tritonusintervall b^2-e^2 – hier durch eine Fermate exponiert – erscheint.

12.16 Hölderlin lesen

Der Schluß von *Barcarola* (▷ 12.15) erinnert an den letzten Abschnitt von Henzes *Kammermusik 1958* über Hölderlins Hymnenfragment *In lieblicher Bläue* für Tenor, Gitarre und acht Soloinstrumente: Nach den Worten „Leben ist auch ein Tod, und Tod ist auch ein Leben" verlöschen die Flageolettklänge der Streicher im vierfachen Piano. Vermutlich 1807/1808 im Tübinger Turm entstanden, ist der Text Dokument der hereinbrechenden Umnachtung und visionärer Zukunftsentwurf zugleich. In diesem Spannungsfeld zwischen Wahnsinn und Utopie wie in der Polarität von Sprechen und Verstummen sind die bedeutendsten Hölderlin-Vertonungen nach 1950 beziehungsweise die kompositorischen Reflexe auf die Gestalt Hölderlins angesiedelt.

Hölderlin lesen – der Titel von H. Zenders Streichquartett mit Sprechstimme ad libitum (1979, Abb. 203) steht wie ein kategorischer Imperativ, der in der Musik nach 1950 auf so mannigfache Weise eingelöst worden ist: F. Döhl: *... wenn aber ...*, neun Fragmente nach Hölderlin für Bariton und Klavier (1969); H. Holliger: *Die Jahreszeiten* für gemischten Chor a cappella (1975–79); W. Rihm: *Hölderlin-Fragmente* für Gesang und Klavier (1976/77; Abb. 204, S. 466); J. Allende-Blin: *Fragment nach Hölderlin* für Sopran, Trompete und Euphonium (ein Baritonhorn in B) (1979); L. Nono: *Fragmente – Stille, An Diotima* für Streichquartett (1979/1980); Nicolaus A. Huber: *Turmgewächse* für Harfe solo (1983); G. Ligeti: *Drei Phantasien nach Friedrich Hölderlin* für gemischten Chor (1983); W. Killmayer: *Hölderlin-Lieder* für Tenor und Kammerensemble (1983–85);

203 Streichquartett „Hölderlin lesen" mit Sprechstimme ad libitum (1979) von Hans Zender (Anfang)

Kapitel 12

204 „Hölderlin-Fragmente" für Gesang und Klavier (1976/77) von Wolfgang Rihm („Gestalt und Geist", Anfang)

W. F. Schoeller/H. Goebbels: *H. Ein Abendbild* (Hörspiel, 1985).
Hölderlin, „der von Apollo Geschlagene", hat einige seiner späten Gedichte wie eine Sprachmaske fiktiv datiert und mit *Scardanelli* unterzeichnet. H. Holligers *Scardanelli*-Zyklus für Soloflöte, gemischten Chor, Orchester und Tonband (1975–87) spürt den Isolationsphobien und der Todesstarre dieser nur scheinbar idyllischen Texte auf das genaueste nach. Mehrdeutig, vielschichtig und rätselhaft wie Hölderlins Worte ist auch der Titel eines Stückes für Flöte solo in Holligers Zyklus: *(t)air(e):* taire (französisch) = verschweigen, nicht sagen; air = Luft, Lied, Atem; te = dich. „Dal niente" beginnend, „al niente" schließend entfaltet sich der Part der Flöte – auch Hölderlins Instrument – in expressiven, voneinander abgehobenen und doch wieder aufeinander bezogenen Schichten (Abb. 205). Dem ersten Hören prägen sich vielfältig differenzierte Atemprozeduren, stark geräuschhafte Anteile, Pfeif- und Singstellen, eine längere raumgreifende Presto-agitato-Passage und der ganz im ppp gehaltene Schluß („sehr dunkel, wie aus weiter Ferne") nachdrücklich ein. Größere Reihenkomplexe kontrastieren mit isolierten Klangereignissen, schöne Tongebung mit ihrem vielfach abgewandelten Gegenteil, Passagen äußerster dynamischer Verhaltenheit mit solchen größter Exzessivität, manisch in sich kreisende melodische Floskeln mit weitausgreifenden Sprüngen. *(t)air(e)*, das ist die Leidensgeschichte eines einmal vorgestellten Materials, dem, ständig deformiert, denaturiert und an die Grenzen getrieben, nicht vergönnt ist, zu verlöschen. So scheint die Komposition die Aufmerksamkeit des Hörers ganz hinzulenken auf ihren eigentlichen Gegenstand, den Dichter: Ecce poeta. Sie ist darin den Celan-Vertonungen von H. Darmstadt,

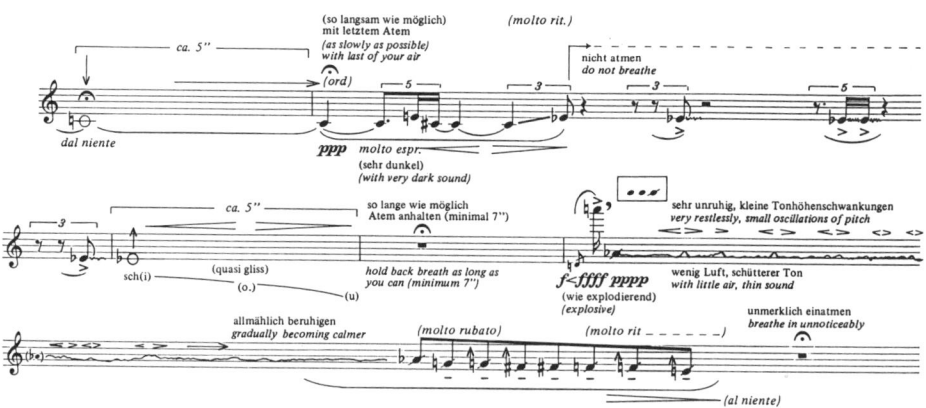

205 „(t)air(e)" pour flûte seule (1980–83) von Heinz Holliger (Anfang)

A. Reimann, W. Rihm und P. Ruzicka wie auch den Trakl-Reflexionen bei F. Döhl zutiefst verwandt.

12.17 Bach leiden und mitleiden

M. Kagels Beitrag zum Bach-Jahr 1985, die *Sankt-Bach-Passion* für Soli, Chöre und großes Orchester nach Originaldokumenten, Choral- und Kantatentexten, ist ein großangelegtes musikalisches „Ecce homo!". Gegenstand der Komposition ist Bachs Leben, Leiden und Tod, dessen Darstellung Kagel bei Bach selbst vorgebildet fand. Wie nämlich die *Kunst der Fuge* (BWV 1080) kein eigentliches Ende hat, die letzte Fuge vielmehr in dem Augenblick abbricht, in dem das Hauptthema einsetzen müßte, so wird der Hörer der *Sankt-Bach-Passion* mit einem Nicht-Ende konfrontiert. Johann Sebastian Bach ist, wie die Eintragung Carl Philipp Emanuel Bachs auf der letzten Manuskriptseite bezeugt, „über dieser Fuge, wo der Nahme Bach im Contrasubject angebracht worden, ... gestorben." Bei Kagel ist das Fragmentarische des Schlusses auskomponiert: „Abbrechen als Moment von Komposition, die gegen sich selbst sich richtet. ... Deshalb schließt Kagel nicht rhetorisch, sondern realistisch: so wie die Sinne allmählich schwinden, enden der Choral ‚Es ist genug' und der Nekrolog in der Imperfektion. Ihre Reste starren, der Finalis beraubt, gleich den Trägern eines unvollendeten Bauwerks ins Leere und reden dadurch vom Ende beredter als jede noch so ausgeklügelte Rhetorik: ‚... im sechs und sechzigsten Jahr seines Alters auf das Verdienst seines Erlösers ...'" (C. Gottwald, 1986). Kagel, der in seinem Chorstück *Die Mutation* (1972) Bachs Präludium a-Moll aus dem zweiten Band des *Wohltemperirten Claviers* unverändert übernahm und alle Töne der Chorpartie daraus ableitete, gelangt in der *Sankt-Bach-Passion* durch Permutation und Transformation des B-A-C-H-Motivs zu einer hochkomplexen Partitur, in der Bach sozusagen immer und überall gegenwärtig ist, obwohl er mit keinem einzigen Takt aus seinem Schaffen zitiert wird.

F. Döhl vergegenwärtigt Bach in seiner *Passion. Für Orchester* (1985) durch bruchstückhafte Zitate aus der *Matthäuspassion* (Choral Nr. 72 *Wenn ich einmal soll scheiden*, daraus die Stelle „wenn mir am aller..."; Rezitativ Nr. 64 *Ach Golgatha*; letzte Jesusworte: „Mein Gott, mein Gott, warum hast du mich verlassen?"; Rezitativ Nr. 73 *Und siehe da, der Vorhang ...*). Eine weitere (imaginäre) Ebene der Komposition ist Georg Trakls Gedicht *Passion* (zweite Fassung). In der Wechselbeziehung beider Ebenen (Bach: „wenn mir am allerbängsten"; Trakl: „Wandelnd an den schwarzen Ufern"; „Verblichene schauen wir uns am Kreuzweg") erkennt Döhl den Ausdruck unserer eigenen Betroffenheit in der Welt und Umwelt von heute: Musik wird zum Medium der Selbstbegegnung.

Für E. H. Flammer ist die Erinnerung an das Leiden Christi unabdingbar gebunden an das Mitleiden mit den heute – wo und unter welcher politischen Doktrin auch immer – Gequälten und Entrechteten. In seinem Orchesterwerk *Gethsemani – vor dem Verschwinden und Vergessenwerden* (1985) artikuliert sich Klage zugleich als Anklage, stellvertretend als ein Schreien für die Leidenden, deren Leiden stumm ist. Im umfangreichen Schlagapparat lassen Ketten absichtsvoll Assoziationen an Gefangenschaft aufkommen, während einem refrainartig wiederkehrenden, massiven Einsatz von Blechbläsern die Bedeutung der Schmerzmetapher „Eli, Eli, lama asabthani" („Mein Gott, mein Gott, warum hast du mich verlassen") beigegeben ist. Daß dieser Refrain denaturiert, ins Geräuschhafte gewendet und schließlich in seiner Klanglichkeit zersetzt wird, besagt: Leiden macht stumm, sprachlos – aber auch: Gerade darum bedarf es der Fürsprecher.

Kapitel 12

Rundblicke, Ausblicke

12.18 Die Welt als Schrei

Im Œuvre des spanischen Komponisten C. Halffter hat sich solche Fürsprache (▷ 12.17) seit je artikuliert. Bürgerkrieg und kontrollierende Allmacht des Franco-Regimes, Ohnmacht des poetischen Einspruchs und politisches Martyrium der Dichter sind Erfahrungen, die sich in Werken wie *Requiem auf die ersehnte Freiheit* für Orchester (1971), *Klage für die Opfer der Gewalt* für Kammerensemble und elektronische Klangumwandlung (1971), *Elegie auf den Tod dreier spanischer Dichter* (1974/75) und *Variationen über den Widerhall eines Schreis* für Instrumente, Tonband und Live-Elektronik (1976/77) niedergeschlagen haben. „Ich glaube, daß alle Schreie, die der Mensch seit Urzeiten – aufgrund von Angst, Ungerechtigkeit und Schmerz, den ihm seine ‚Brüder' antaten – ausgestoßen hat, irgendwo erfaßt werden müssen. Es ist das wie eine weitere Sphäre, die unsere Welt umgibt. Ich wollte dieser klingenden Sphäre einen Klang entnehmen, um ihm meinen eigenen Schrei einzufügen" (Halffter, 1977).

12.19 Die Welt als Klang

Eine andere Vorstellung von Sphärenklang (▷ 12.18) liegt dem Musikdenken zugrunde, das sich am holistischen Weltbild der New-Age-Bewegung orientiert und das in P. M. Hamel seinen renommiertesten Vertreter hat. Hamels musikalischer Universalismus gründet sich einerseits auf die fernöstliche Maxime *Nada Brahma. Die Welt ist Klang* (J. E. Berendt, 1983), andererseits auf die Annahme global waltender musikalischer Grundgesetze, die als Basis für eine weltmusikalische Integration zu nutzen seien. *Maitreya*, Versuch einer integralen Musik für Orchester und Tonband (1974), und *Klangfarben* für indische Saiteninstrumente und Streicher (1977) sind als Stationen auf diesem Weg zu sehen. Es liegt in der Mentalität unserer Gegenwart begründet, daß Musik solcher Art, die Zeit und Raum, Nähe und Ferne, Innen und Außen zu einer neuen Einheit bindet, Musik, die in einem sehr genauen Sinn aufs Ganze geht, breiten Zuspruch findet. Einspruch ist anzumelden, wo das Ungefähre eines neuen weltmusikalischen Idioms das jeweils Besondere der vielfältigen musikalischen Welten gefährdet oder es gar im undefinierbaren Brei einer Weltzivilisation aufgehen läßt. In *Exotica* für außereuropäische Instrumente, einer Auftragskomposition zur 20. Olympiade (München 1972), hat M. Kagel seine Zweifel an einer Weltmusik neuer Art angemeldet. Harmonia mundi meint auch in der Neuen Musik nicht den konfliktlosen und weltumspannenden Einklang, sondern Spannung und Vielfalt in unerhörter Polyphonie. *Vorherrschend gegensätzlich* – der Titel eines Quintetts mit Randglossen für acht Spieler von F. Goldmann (1980) ist nicht nur „eine Charakterisierung des Klimas der Welt, in der wir leben" (Goldmann), sondern zugleich eine nüchterne Beschreibung des Reichtums dieser Welt an so unterschiedlichen Ausprägungen auch innerhalb der Neuen Musik.

12.20 Die Welt als Vielklang

„Die Bewegung der musikalischen Avantgarde war international, ja, sie war eine Art Internationale" (D. Schnebel, 1984). Gleichschritt und Gleichklang indessen, die wir mit diesem Wort verbinden, sind der Neuen Musik fremd. Historische Voraussetzungen und politisches Umfeld, ethnische Gegebenheiten und gesamtkulturelle Entwicklungen, weltgeschichtliche Ereignisse und individuelle Neigungen sind nur einige der Faktoren, welche die Musik nach 1950 in ihrer aspektreichen Vielfalt mitbestimmt haben. Dabei lassen sich gleichwohl nationale Wasserzeichen *und individuelle Fingerabdrücke, Wahlverwandtschaften und* unverwechselbare Eigenart der künstlerischen Aussage erkennen. So sind englisches Inselbewußtsein und Traditionsverständnis der gemeinsame Hintergrund von T. Sousters Musik der Unmittelbarkeit und J. Taveners religiösem Mystizismus, von C. Cardews humanistischem Anliegen und

B. Ferneyhoughs hochkomplexen Partituren; der manieristisch-mondäne S. Bussotti ist ein Landsmann von L. Lombardi und L. Nono, die sich gleichermaßen der Maxime „Parteilichkeit" verschrieben haben; die Neue Musik Skandinaviens wird durch so unterschiedliche Charaktere wie den experimentierfreudigen B. Hambraeus (Schweden) und den zwischen Rationalismus und östlichem Mystizismus changierenden Dänen P. Nørgård repräsentiert. Die Namen von H. Holliger und Klaus Huber (aus Bern), Th. Kessler und G. Zinsstag (den Züricher Nonkonformisten) und der Verfechter einer mehr immanent-musikalischen Logik R. Kelterborn und J. Wildberger aus Basel stehen für die wesentlichen Akzente der schweizerischen Szene. Österreichs Neue Musik ist zwischen den Polen von Lehrstückabsicht (W. Zobl) und Lust am Widersinn (K. Schwertsik) angesiedelt. P. Schats Totaltheater *Labyrinth* (1966), das verfremdende Spiel mit Form- und Klangklischees bei L. Andriessen und die ostasiatischen Zwischentöne im Schaffen von O. Ketting und T. de Leeuw bezeichnen Aspekte der Musik nach 1950 in Holland, einem Land, dem U. Dibelius „Weltoffenheit als Erbe und politische wie kulturelle Regsamkeit als gelebte Gegenwart" attestiert. In Belgien haben sich vor allem H. Pousseur (*Votre Faust* nach einem Text von M. Butor, 1967) und P. Bartholomée, der sich mit P. Boulez und P. Eötvös in die Leitung des EIC (Ensemble Inter Contemporain) teilt, einen Namen gemacht. Eindeutigkeit der politischen Aussage im Werk C. Halffters und Mehrdeutigkeit wie spektrale Vielfalt im Schaffen seines Studienkollegen L. de Pablo ergänzen sich zu einem eindrucksvollen Komplex spanischer zeitgenössischer Musik, die sich, wie der Name eines der führenden Ensembles signalisiert, in besonderer Weise der Mobilität und der Phantasie, der Lust am Risiko des Experiments und der Bereitschaft zum Aufbruch ins Offene verschrieben hat: „Musica Abierta", „Offene Musik". E. Nunes, einer der führenden portugiesischen Komponisten, wurde Nachfolger des ihm geistverwandten Brian Ferneyhough als Kompositionslehrer in Freiburg im Breisgau.
Mit der Anknüpfung an das antike Drama im multimedialen Mysterium von J. Christou einerseits und der Anverwandlung byzantinischer Musik im Werk von D. Terzakis ist die Neue Musik Griechenlands in zweifacher Weise der Tradition verbunden. I. Xenakis, durch die Verwendung mathematischer Methoden in seinen Kompositionen einer der großen Außenseiter der Neuen Musik, und der politisch engagierte M. Theodorakis leben als französische Staatsbürger in Paris. In Paris hat sich auch der jugoslawische Komponist und Posaunist V. Globokar niedergelassen; er zählt mit M. Kelemen (seit 1973 Kompositionslehrer in Stuttgart) zu den bedeutendsten Vertretern Neuer Musik seines Heimatlandes.

Mit der Vorstellung von Neuer Musik seit 1950 in Ungarn verbindet sich vor allem der Name G. Kurtágs, der, nach Studienjahren in Paris, in seine Heimat zurückgekehrt ist. Die *Kafka-Fragmente* op. 24 für Sopran und Violine (1985/86) sind kennzeichnend für seine Neigung zur kleinen Besetzung. Neben G. Ligeti, P. Eötvös und R. Wittinger ist R. Maros zu erwähnen, der als erster ungarischer Komponist nach dem Aufstand von 1956 die Partnerschaft mit internationalen Entwicklungen herstellte. – Trotz des frostigen Klimas, das nach dem Prager Frühling von 1968 das geistige Leben in der Tschechoslowakei beherrschte, sind die meisten führenden Vertreter der Neuen Musik in ihrer Heimat geblieben: J. Klusák, M. Kopelent und V. Kučera. L. Kupkovič emigrierte 1969 in den Westen.

Als eines der traditionsreichsten Festivals für Neue Musik bezeugt der 1958 begründete „Warschauer Herbst" nationale Tönung wie gesamteuropäische Bedeutung der polnischen Avantgarde, in die W. Lutosławski, dem noch heute erkundungs- und wandlungsbereiten Nestor, K. Serocki, T. Baird, B. Schäffer, H. M. Górecki und K. Penderecki ihre wichtigsten Vertreter hat. Pendereckis Wandel von anfänglicher Experimentierfreude zum Tonfall regressiver Spätromantik ist eine singuläre Erscheinung in der polnischen Musik nach 1950. Stellvertretend für die jüngere Komponistengeneration sei K. Meyer genannt, dessen 6. Sinfonie, die *Polnische* (1981), trotz ihrer immanenten Regimekritik hohe öffentliche Anerkennung fand – ein Vorgang, der in anderen sozialistischen Ländern kaum denkbar ist. E. W. Denissow aus dem sibirischen Tomsk, S. A. Gu-

Kapitel 12

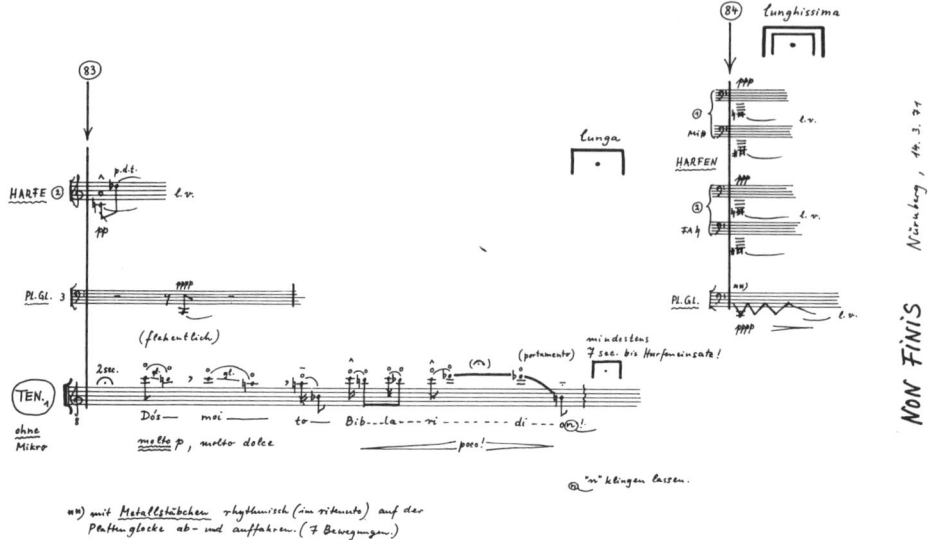

206 „... inwendig voller figur ..." (1971) von Klaus Huber (Schluß)

baidulina, eine Komponistin tatarischer Abkunft, A. G. Schnittke, Sohn einer wolgadeutschen Mutter und eines deutschen Juden russischer Abstammung, und A. Pärt aus Estland repräsentieren die ethnische Vielfalt der Neuen Musik in der Sowjetunion. Erst spät aus einer geduldeten Grauzone herausgetreten, haben Denissows Klangfarbenorganismen, die antithetisch entworfenen Partituren von S. A. Gubaidulina, Schnittkes polystilistische Brechungen und das archaisierende Melos A. Pärts nachhaltige internationale Resonanz gefunden.

In ihrem Bemühen, neue Kunstmusik von nationaler Eigenart zu schaffen, stehen die Komponisten in Ostasien, Nordamerika und Südamerika vor Problemen, die der Europäer in dieser Weise nicht kennt. Sie betreffen die Einbindung fernöstlicher bodenständiger Idiomatik in das Repertoire aktueller Kompositionstechnik, den Entwurf ästhetischer Konzepte ohne die Rückendeckung einer gewachsenen und strukturierenden Tradition (USA und Kanada) und die Suche nach dem einenden geistigen Band im künstlerischen Schaffen des riesengroßen und durch seine natürlichen, historischen und ethnischen Gegebenheiten so mannigfach gegliederten südamerikanischen Kontinents. Die Experimentierlust des Japaners J. Matsudaira und die traditionsgebundene Sensibilität seines Landsmannes T. Takemitsu, vor allem aber auch der immer neue geistige Brückenschlag zwischen Ost und West im Schaffen des Koreaners Isang Yun seien stellvertretend für die „fernöstliche Lösung" genannt. Fernöstliches Denken hat über die Ästhetik von J. Cage Eingang in die kompositorische Szene Nordamerikas gefunden, die sich, ständig im Fluß und von Einflüssen unterschiedlichster Herkunft angereichert, jeder einengenden Charakterisierung zu entziehen scheint mit ihren klingenden Welten aus Traum und Vision (G. Crumb), mit Fluxus und Happening (Ph. Corner), Umweltklängen in wechselnden Landschaften und Räumen (A. Curran, R. Teitelbaum) und neuen Klangwelten von Synthesizer und Computer, mit Minimal music (St. Reich und T. Riley) und Klangmeditation (La Monte Young). – In Lateinamerika zeigen die künstlerischen Eruptivkräfte in Literatur, Kunst und Architektur seit langem einen ereignisreichen Aufbruch an. Im Umfeld politischer Konvulsionen, sozialer Mißstände, ökonomischer Krisen und ökologischer Katastrophen mag es verständlich sein, daß Musik die Nachhut bildet, eine Nachhut mit Zukunft allerdings. Die brasilianische Komponistengruppe „Música nova" um G. Mendes sieht diese Zukunft in Klangforschung und Experiment, während sich die von E. Widmer 1966 begründete „Grupo de Compositores de Bahia" den in Europa entwickelten und erprobten Verfahren und Prinzipien (Reihentechnik, Collage, Aleatorik usw.) öffnet. Begegnung und Austausch solcher Art ist auch die Maxime der argentinischen Komponisten. C. R. Alsina, ein Protagonist der Neuen Musik in Argentinien, war in den 60er Jahren Improvisationspartner von V. Globokar. J. Nova (Kolumbien), M. Enríquez (Mexiko), L. Brouwer (Kuba) und A. del Monaco (Venezuela) sind weitere Sachwalter der Neuen Musik in Lateinamerika, die von dem Komponisten und Gitarristen Brouwer besonders im Hinblick auf ihre gesellschaftliche Funktion diskutiert wird.

12.21 Non Finis

Angesichts dieser zerklüfteten Landschaft ist es müßig, nach *dem* Schlüssel zur Musik nach 1950 zu fragen; wir brauchen schon ein ganzes Schlüsselbund. Und dennoch hat die Vielfalt ihrer Erscheinungsformen einen gemeinsamen Grund. Es ist eine Ahnung, eine tiefe „Sehnsucht nach menschlich – emotionalen Existenzformen, von denen wir noch nichts wissen. Und so scheint auch diese Vielfalt nicht frei zu sein von Hoffnung und Utopie; mehr läßt sich nicht sagen" (E. Budde, 1988). Zu hoffen ist auch, daß Kunst und Leben sich weiter aufeinander zubewegen; daß es gelingt, schöpferische Phantasie, künstlerischen Anspruch und technologische Entwicklung in Einklang zu bringen; daß Neue Musik auch in Zukunft keine falschen Paradiese vorgaukelt, sondern einem Harmoniebegriff treu bleibt, zu dem der Kräfteaufprall im Zustand höchst gefährdeter Balance gehört. Neue Musik bleibt ein unabschließbarer Prozeß, und so steht das „NON FINIS" am Ende der Partitur von Klaus Hubers ... *inwendig voller figur...* (Abb. 206) zugleich ernüchternd und ermutigend für Komponisten und Hörer. Und: Neue Musik ist ein unverfügbarer Prozeß, unberechenbar und jederzeit für Überraschungen gut wie alles Lebendige auch. Das ist zugleich ihr utopischer Zug. F. Hölderlin, dessen Namensinsignien F. H. wie die von E. Bloch den „utopischen Tritonus" ergeben, hat ihn in seiner Elegie *Der Gang aufs Land* auf die denkbar knappste Formel gebracht: „Komm! ins Offene, Freund!"

Bibliographie

Vorbemerkung

Folgende Abkürzungen wurden verwendet: Bd., Bde., Bden. = Band, Bände, Bänden; bearb. v. = bearbeitet von; dt. Übers. = deutsche Übersetzung; Diss. = Dissertation; ff. = folgende; hg. v. = herausgegeben von; Nachdr. = Nachdruck; Neuaufl. = Neuauflage; Neuausg. = Neuausgabe; Tsd. = Tausend; Tl., Tle., Tlen. = Teil, Teile, Teilen; u. a. = und andere.

Kapitel 1: Die Musik des griechisch-römischen Altertums

BELLERMANN, F.: Die Tonleitern und Musiknoten der Griechen. Berlin 1847. Nachdr. Vaduz 1989.
BOETHIUS: De institutione arithmetica libri duo. De institutione musica libri quinque. Hg. v. G. FRIEDLEIN. Leipzig 1867. Nachdr. Frankfurt am Main 1966.
ABERT, H.: Die Lehre vom Ethos in der griechischen Musik. Leipzig 1899. Nachdr. Tutzing 1968.
SCHÖNBERGER, L.: Studien zum 1. Buch der Harmonik des Claudius Ptolemaeus. Ein Beitrag zur griechischen Ton- und Musiklehre. Augsburg 1914.
FARMER, H. G.: Greek theorists of music in Arabic translation. In: Isis 13 (1930).
ARISTIDES QUINTILIANUS: Von der Musik. Dt. Übers. hg. v. R. SCHÄFKE. Berlin 1937.
GOMBOSI, O. J.: Tonarten und Stimmungen der antiken Musik. Kopenhagen 1939.
SCHLESINGER, K.: The Greek aulos. London 1939. Nachdr. Groningen 1970.
SACHS, C.: Die Musik der Alten Welt in Ost und West. Aufstieg und Entwicklung. Hg. v. J. ELSNER. New York 1943. Dt. Übers. Berlin 1968.
WAERDEN, B. L. VAN DER: Die Harmonielehre der Pythagoreer. In: Hermes 78 (1943).
GEORGIADES, TH. G.: Der griechische Rhythmus. Musik, Reigen, Vers und Sprache. Hamburg 1949.
WEGNER, M.: Das Musikleben der Griechen. Berlin 1949.
WILLE, G.: Die Bedeutung der Musik im Leben der Römer. Diss. Tübingen 1953.
VOGEL, M.: Die Zahl Sieben in der spekulativen Musiktheorie. Diss. Bonn 1954.
NEUBECKER, A. J.: Die Bewertung der Musik bei Stoikern und Epikureern. Eine Analyse von Philodems Schrift De musica. Berlin 1956.
BECKER, O.: Frühgriechische Mathematik und Musiklehre. In: Archiv für Musikwissenschaft 14 (1957).

GEORGIADES, TH. G.: Musik und Rhythmus bei den Griechen. Zum Ursprung der abendländischen Musik. Mit einem Quellenanhang von F. ZAMINER. Hamburg 1958.
WINNINGTON-INGRAM, R. P.: Ancient Greek music 1932–1957. In: Lustrum 1958 (1959).
HUSMANN, H.: Grundlagen der antiken und orientalischen Musikkultur. Berlin 1961.
RICHTER, L.: Zur Wissenschaftslehre von der Musik bei Platon und Aristoteles. Berlin 1961.
PICKARD-CAMBRIDGE, A. W.: Dithyramb, tragedy and comedy. Oxford ²1962.
AIGN, B.: Die Geschichte der Musikinstrumente des ägäischen Raumes bis um 700 v. Chr. Diss. Frankfurt am Main 1963.
ARISTIDES QUINTILIANUS: De musica libri tres. Hg. v. R. P. WINNINGTON-INGRAM. Leipzig 1963.
KOLLER, H.: Musik und Dichtung im alten Griechenland. Bern und München 1963.
VOGEL, M.: Die Enharmonik der Griechen. 2 Bde. Düsseldorf 1963.
WEGNER, M.: Griechenland. Leipzig 1963 (Musikgeschichte in Bildern II, 4).
FLEISCHHAUER, G.: Etrurien und Rom. Leipzig 1964 (Musikgeschichte in Bildern II, 5).
LIPPMAN, E. A.: Musical thought in ancient Greece. New York 1964.
ANDERSON, W. D.: Ethos and education in Greek music. The evidence of poetry and philosophy. Cambridge (Mass.) 1966.
GÖRGEMANNS, H./NEUBECKER, A. J.: Heterophonie bei Platon. In: Archiv für Musikwissenschaft 23 (1966).
ZOLTAI, D.: Ethos und Affekt. Geschichte der philosophischen Musikästhetik von den Anfängen bis zu Hegel. Budapest 1966. Dt. Übers. Berlin 1970.
WILLE, G.: Musica Romana. Die Bedeutung der Musik im Leben der Römer. Amsterdam 1967.
RICHTER, L.: Die Neue Musik in der griechischen Antike. In: Archiv für Musikwissenschaft 25 (1968).
LOHMANN, J.: Musiké und Logos. Aufsätze zur griechischen Philosophie und Musiktheorie. Zum 75. Geburtstag des Verfassers hg. v. A. GIANNARÁS. Stuttgart 1970.
PÖHLMANN, E.: Denkmäler altgriechischer Musik. Sammlung, Übertragung und Erläuterung aller Fragmente und Fälschungen. Nürnberg 1970.
WALCKER-MAYER, W.: Die römische Orgel von Aquincum. Stuttgart 1970.
ZAMINER, F.: Griechische Musikaufzeichnungen. In: Musikalische Edition im Wandel des historischen Bewußtseins. Hg. v. TH. G. GEORGIADES. Kassel 1971.
MATHIESEN, TH. J.: A bibliography of sources for the study of ancient Greek music. Hackensack (N. J.) 1974.

Bibliographie

Musik der Urgesellschaft und der frühen Klassengesellschaften. Hg. v. ERNST H. MEYER. Leipzig 1977.
NEUBECKER, A. J.: Altgriechische Musik. Eine Einführung. Darmstadt 1977.
WILLE, G.: Einführung in das römische Musikleben. Darmstadt 1977.
THIEMER, H.: Der Einfluß der Phryger auf die altgriechische Musik. Bonn 1979.
ZAMINER, F.: Pythagoras und die Anfänge des musiktheoretischen Denkens bei den Griechen. In: Jahrbuch des Staatlichen Instituts für Musikforschung (1979/80).
ZAMINER, F.: Konsonanzordnung und Saitenteilung bei Hippasos von Metapont. Wiederentdeckung eines frühen Lehrstücks. In: Jahrbuch des Staatlichen Instituts für Musikforschung (1981/82).
PAQUETTE, D.: L'instrument de musique dans la céramique de la Grèce antique. Paris 1984.
ZAMINER, F.: Hypate, Mese und Nete im frühgriechischen Denken. Ein altes musikterminologisches Problem in neuem Licht. In: Archiv für Musikwissenschaft 41 (1984).
GEORGIADES, TH. G.: Nennen und Erklingen. Die Zeit als Logos. Hg. v. I. BENGEN. Göttingen 1985.
WITTMANN, M.: Vox atque sonus. Studien zur Rezeption der Aristotelischen Schrift „De anima" und ihre Bedeutung für die Musiktheorie. 2 Bde. Pfaffenweiler 1987.
ZAMINER, F.: „Rhythmischer Kontrapost" bei Aischylos. Über orchestisch-musikalische Sprachkomposition im griechischen Drama. In: Das musikalische Kunstwerk. Geschichte, Ästhetik, Theorie. Festschrift Carl Dahlhaus zum 60. Geburtstag. Hg. v. H. DANUSER u. a. Laaber 1988.
Die Musik des Altertums. Hg. v. A. RIETHMÜLLER und F. ZAMINER. Laaber 1989 (Neues Handbuch der Musikwissenschaft 1).

Kapitel 2: Einstimmige Musik des Mittelalters

HUCBALD: De harmonica institutione. In: Scriptores ecclesiastici de musica sacra potissimum. Hg. v. M. GERBERT. Bd. 1. St. Blasien 1784. Nachdr. Hildesheim 1963.
DIEZ, F.: Leben und Werke der Troubadours. Zwickau 1829. Leipzig ²1882. Nachdr. Hildesheim 1965.
Die Sangesweisen der Colmarer Handschrift und die Liederhandschrift Donaueschingen. Hg. v. P. RUNGE. Leipzig 1896. Nachdr. Hildesheim 1965.
Die Jenaer Liederhandschrift. Hg. v. G. HOLTZ. 2 Bde. Leipzig 1901. Nachdr. Hildesheim 1966.
FRAUENLOB, REINMAR VON ZWETER und ALEXANDER: Gesänge nach der Handschrift 2701 der Wiener Hofbibliothek. Bearb. v. H. RIETSCH. Wien 1913. Nachdr. Graz 1960.
SOWA, H.: Ein anonymer glossierter Mensuraltraktat 1279. Kassel 1930.
YOUNG, K.: The drama of the Medieval church. 2 Bde. Oxford 1933. Nachdr. 1967.
SPANKE, H.: Beziehungen zwischen romanischer und mittellateinischer Lyrik. Mit besonderer Berücksichtigung der Metrik und Musik. Berlin 1936. Nachdr. Nendeln 1972.
Zwischen Minnesang und Volkslied. Die Lieder der Berliner Handschrift germ. fol. 922. Die Weisen. Hg. v. M. LANG, bearb. v. J. MÜLLER-BLATTAU. Berlin 1941.
APEL, W.: Die Notation der polyphonen Musik 900–1600. Cambridge (Mass.) 1942. Dt. Übers. Leipzig 1962. Wiesbaden ³1982.

LIPPHARDT, W.: Die Weisen des lateinischen Osterspiels des 12. und 13. Jahrhunderts. Kassel 1948.
BESSELER, H.: Artikel „Ars nova". In: Die Musik in Geschichte und Gegenwart. Hg. v. F. BLUME. Bd. 1. Kassel 1949–51.
SCHULER, E. A.: Die Musik der Osterfeiern, Osterspiele und Passionen des Mittelalters. Kassel 1951.
Trouvères et Minnesänger. Hg. v. I. FRANK und W. MÜLLER-BLATTAU. 2 Bde. Saarbrücken 1952–56.
HUCKE, H.: Die Einführung des Gregorianischen Gesanges im Frankenreich. In: Römische Quartalschrift 49 (1954).
HUGLO, M.: Les noms des neumes et leur origine. In: Études Grégoriennes 1 (1954).
Singweisen zur Liebeslyrik der Deutschen Frühe. Hg. v. U. AARBURG. Düsseldorf 1956 (Beiheft zu: BRINKMANN, H.: Liebeslyrik der deutschen Frühe. 4 Bde. Düsseldorf 1952–56).
MÜLLER-BLATTAU, J. M.: Zur Erforschung des einstimmigen Liedes im Mittelalter. In: Die Musikforschung 10 (1957).
DAHLHAUS, C.: Zur Theorie des frühen Organum. In: Kirchenmusikalisches Jahrbuch 42 (1958).
Alfonso X el Sábio. Cantigas de Santa Maria. Hg. v. W. METTMANN. 4 Bde. Madrid 1959–72. Neuausg. in 2 Bden. 1986–88.
HAMMERSTEIN, R.: Die Musik der Engel. Bern und München 1962.
KIPPENBERG, B.: Der Rhythmus im Minnesang. Eine Kritik der literatur- und musikhistorischen Forschung mit einer Übersicht über die musikalischen Quellen. München 1962.
GÜNTHER, U.: Die Mensuralnotation der Ars nova in Theorie und Praxis. In: Archiv für Musikwissenschaft 19/20 (1962/63).
AARBURG, U.: Melodien zum frühen deutschen Minnesang. Eine kritische Bestandsaufnahme. In: Der deutsche Minnesang. Aufsätze zu seiner Erforschung. Hg. v. H. FROMM. Bd. 1. Darmstadt 1963, ⁵1963.
GENNRICH, F.: Liedkontrafaktur in mittelhochdeutscher und althochdeutscher Zeit. In: Der deutsche Minnesang. Aufsätze zu seiner Erforschung. Hg. v. H. FROMM. Bd. 1. Darmstadt 1963, ⁵1972.
Ausgewählte Melodien des Minnesangs. Hg. v. E. JAMMERS. Tübingen 1963.
Tafeln zur Neumenschrift. Hg. v. E. JAMMERS. Tutzing 1965.
Der karolingische Tonar von Metz. Hg. v. W. LIPPHARDT. Münster 1965.
LORD, A. B.: Der Sänger erzählt. Wie ein Epos entsteht. Cambridge (Mass.) 1960. Dt. Übers. München 1965.
Deutsche Lieder des Mittelalters von Walther von der Vogelweide bis zum Lochamer Liederbuch. Texte und Melodien. Hg. v. H. MOSER u. a. Stuttgart 1968. Neuausg. 1971.
SMITS VAN WAESBERGHE, J.: Musikerziehung. Lehre und Theorie der Musik im Mittelalter. Leipzig 1969 (Musikgeschichte in Bildern III, 3).
BRUNNER, H.: Epenmelodien. In: Formen mittelalterlicher Literatur. Siegfried Beyschlag zu seinem 65. Geburtstag. Hg. v. O. WERNER u. a. Göppingen 1970.
PARRY, M.: The making of Homeric verse. The collected papers of Milman Perry. Hg. v. A. PERRY. Oxford 1971.
Die Quellenhandschriften zum Musiktraktat des Johannes de Grocheio. Hg. v. E. ROHLOFF. Leipzig 1972.
Das Lochamer Liederbuch. Hg. v. W. SALMEN und CHR. PETZSCH. Wiesbaden 1972 (Denkmäler der Tonkunst in Bayern, Neue Folge, Sonderbd. 2).

Bibliographie

WERF, H. VAN DER: The chansons of the troubadours and trouvères. A study of the melodies and their relation to the poems. Utrecht 1972.
CROCKER, R.: The sequence. In: Gattungen der Musik in Einzeldarstellungen. Hg. v. W. ARLT. Bern und München 1973.
FRANCO VON KÖLN: Ars cantus mensurabilis. Hg. v. G. REANEY und A. GILLES. Rom 1974 (Corpus scriptorum de musica 18).
TREITLER, L.: Homer and Gregory. The transmission of epic poetry and plainchant. In: The Musical Quarterly 60 (1974).
Die Lieder Neidharts. Der Textbestand der Pergament-Handschriften und die Melodien. Text und Übertragung, Einführung und Worterklärungen. Konkordanz. Hg. v. S. BEYSCHLAG. Edition der Melodien von H. BRUNNER. Darmstadt 1975.
GÜLKE, P.: Mönche, Bürger, Minnesänger. Musik in der Gesellschaft des europäischen Mittelalters. Leipzig 1975. Köln ²1980.
Lateinische Osterfeiern und Osterspiele. Hg. v. W. LIPPHARDT. 6 Bde. Berlin 1975-81.
STÄBLEIN, B.: Schriftbild der einstimmigen Musik. Leipzig 1975, ²1984 (Musikgeschichte in Bildern III, 4).
WAELTNER, E. L.: Die Lehre vom Organum bis zur Mitte des 11. Jahrhunderts. Tutzing 1975.
Die Kolmarer Liederhandschrift der Bayerischen Staatsbibliothek München (cgm 4997). Hg. v. U. MÜLLER u. a. 2 Bde. Göppingen 1976.
CORBIN, S.: Die Neumen. Köln 1977.
WALTHER VON DER VOGELWEIDE: Die gesamte Überlieferung der Texte und Melodien. Abbildungen, Materialien, Melodietranskriptionen. Hg. v. H. BRUNNER u. a. Göppingen 1977.
Las cançons dels trobadors. Hg. v. I. FERNANDEZ DE LA CUESTA. Tolosa 1979.
Die sangbaren Melodien zu Dichtungen der Manessischen Liederhandschrift. Hg. v. E. JAMMERS. Wiesbaden 1979.
Carmina burana. Gesamtausgabe der mittelalterlichen Melodien mit den dazugehörigen Texten. Hg. v. M. KORTH. München 1979.
OSWALD VON WOLKENSTEIN: Die Lieder. Mittelhochdeutsch und neuhochdeutsch. In Text und Melodien neu übertragen und kommentiert. Hg. v. K. J. SCHÖNMETZLER. München 1979.
TREITLER, L.: Regarding meter and rhythm in the ars antiqua. In: The Musical Quarterly 65 (1979).
Oral poetry. Das Problem der Mündlichkeit mittelalterlicher epischer Dichtung. Hg. v. N. VOORWINDEN u. a. Darmstadt 1979.
Die Töne der Meistersinger. Die Handschriften der Stadtbibliothek Nürnberg, Will VIII. 792-796. Hg. v. H. BRUNNER u. a. Göppingen 1980.
GUSHEE, L.: Two central places: Paris and the french court in the early fourteenth century. In: Bericht über den Internationalen Musikwissenschaftlichen Kongreß Berlin 1974. Hg. v. H. KÜHN u. a. Kassel 1980.
HOFFMANN-AXTHELM, D.: Instrumentensymbolik und Aufführungspraxis. Zum Verhältnis von Symbolik und Realität in der mittelalterlichen Musikanschauung. In: Basler Jahrbuch für historische Musikpraxis 4 (1980).
Der Mönch von Salzburg: Ich bin du und du bist ich. Lieder des Mittelalters. Hg. v. F. V. SPECHTLER. München 1980.
HUCKE, H.: Der Übergang von mündlicher zu schriftlicher Musiküberlieferung im Mittelalter. In: Bericht über den 12. Kongreß der Internationalen Gesellschaft für Musikwissenschaft Berkeley 1977. Hg. v. D. HEARTZ u. a. Kassel 1981.
SCHLAGER, K.: Die Neumenschrift im Licht der Melismentextierung. In: Archiv für Musikwissenschaft 38 (1981).
Musica et scolica enchiriadis. Una cum aliquibus tractatulis adiunctis. Hg. v. HANS SCHMID. München 1981.
Laude cortonesi dal secolo XIII al XV. Hg. v. G. VARANINI u. a. 4 Bde. in 5 Tlen. Florenz 1981-85.
HARTUNG, W.: Die Spielleute. Eine Randgruppe in der Gesellschaft des Mittelalters. In: Vierteljahresschrift für Sozial- und Wirtschaftsgeschichte, Beihefte 72 (1982).
SALMEN, W.: Der Spielmann im Mittelalter. Innsbruck 1983.
STOCKMANN, D.: Musica vulgaris bei Johannes de Grocheio (Grocheo). In: Beiträge zur Musikwissenschaft 25 (1983).
EGGEBRECHT, H. H.: Die Mehrstimmigkeitslehre von ihren Anfängen bis zum 12. Jahrhundert. In: Die mittelalterliche Lehre von der Mehrstimmigkeit. Bearb. v. H. H. EGGEBRECHT u. a. Darmstadt 1984 (Geschichte der Musiktheorie 5).
RECKOW, F.: „Ratio potest esse, quia...". Über die Nachdenklichkeit mittelalterlicher Musiktheorie. In: Die Musikforschung 37 (1984).
TREITLER, L.: Die Entstehung der abendländischen Notenschrift. In: Die Musikforschung 37 (1984).
The theatre in the Middle Ages. Hg. v. H. BRAET u. a. Leuven 1985.
RIETHMÜLLER, A.: Stationen des Begriffs Musik. In: Ideen zu einer Geschichte der Musiktheorie. Hg. v. F. ZAMINER. Darmstadt 1985 (Geschichte der Musiktheorie 1).
Schriften zur ARS MUSICA. Ausschnitte aus Traktaten des 5.-11. Jahrhunderts. Hg. v. M. LANDWEHR VON PRAGENAU. Wilhelmshaven 1986.
ECO, U.: Auf dem Weg zu einem Neuen Mittelalter. In: ECO, U.: Über Gott und die Welt. Essays und Glossen. München 1985. Neuausg. 1987.
HUCKE, H.: Gregorianische Fragen. In: Die Musikforschung 41 (1988).

Kapitel 3: Mehrstimmige Musik des Mittelalters

Scriptores ecclesiastici de musica sacra potissimum. Hg. v. M. GERBERT. Blasien 1784. 3 Bde. Nachdr. Hildesheim 1963.
Scriptorum de musica medii aevi. Nova series. Hg. v. E. DE COUSSEMAKER. Paris 1864-76. 4 Bde. Nachdr. Hildesheim 1963.
ABERT, H.: Die Musikanschauung des Mittelalters und ihre Grundlagen. Halle 1905. Nachdr. Tutzing 1964.
Cent motets du XIII siècle. Hg. v. P. AUBRY. 3 Bde. Paris 1908. Nachdr. New York 1964.
LUDWIG, F.: Repertorium organorum recentioris et motetorum vetustissimi stili. Halle 1910. Hildesheim ²1964.
WOLF, J.: Handbuch der Notationskunde. 2 Bde. Leipzig 1913-19. Nachdr. Hildesheim 1963.
HANDSCHIN, J.: Zur Geschichte der Lehre vom Organum. In: Zeitschrift für Musikwissenschaft 8 (1925/26).
LUDWIG, F.: Die geistlich nichtliturgische, weltliche einstimmige und die mehrstimmige Musik des Mittelalters bis zum Anfang des 15. Jahrhunderts. In: Handbuch der

Bibliographie

Musikgeschichte. Hg. v. G. ADLER. Bd. 1. Berlin ²1930. Nachdr. München 1975 und öfter.
BESSELER, H.: Die Musik des Mittelalters und der Renaissance. Potsdam 1931. Nachdr. Laaber 1979.
URSPRUNG, O.: Die katholische Kirchenmusik. Potsdam 1931. Nachdr. Laaber 1979.
REESE, G.: Music in the Middle Ages. New York 1940. Neuausg. 1980.
APEL, W.: Die Notation der polyphonen Musik 900–1600. Cambridge (Mass.) 1942. Dt. Übers. Leipzig 1962. Wiesbaden ³1982.
HANDSCHIN, J.: Musikgeschichte im Überblick. Luzern 1948. Wilhelmshaven ⁵1985.
BUKOFZER, M. F.: Studies in Medieval and Renaissance music. New York 1950. Nachdr. 1964.
Corpus scriptorum de musica. Hg. v. J. SMITS VAN WAESBERGHE u. a. Rom 1950 ff.
GEORGIADES, TH. G.: Musik und Sprache. Berlin 1954. Nachdr. 1984.
Die mittelalterliche Mehrstimmigkeit. Hg. v. H. HUSMANN. Köln 1955 (Das Musikwerk 9).
FISCHER, K. VON: Studien zur Musik des italienischen Trecento und frühen Quattrocento. Bern 1956.
GENNRICH, F.: Bibliographie der ältesten französischen und lateinischen Motetten. Darmstadt 1957.
FISCHER, K. VON: Trecentomusik – Trecentoprobleme. Ein kritischer Forschungsbericht. In: Acta musicologica 30 (1958).
GÜNTHER, U.: The 14ᵗʰ century motet and its development. In: Musica Disciplina 12 (1958).
BIRKNER, G.: Motetus und Motette. In: Archiv für Musikwissenschaft 18 (1961).
HAMMERSTEIN, R.: Die Musik der Engel. Bern und München 1962.
MARTINEZ, M. L.: Die Musik des frühen Trecento. Tutzing 1963.
RECKOW, F.: Der Musiktraktat des Anonymus 4. 2 Bde. Wiesbaden 1967.
DUNNING, A.: Die Staatsmotette 1480–1555. Utrecht 1970.
EGGEBRECHT, H. H. und ZAMINER, F.: Ad organum faciendum. Mainz 1970.
HOFMANN, K.: Untersuchungen zur Kompositionstechnik der Motette im 13. Jahrhundert. Neuhausen–Stuttgart 1972.
BESSELER, H. und GÜLKE, P.: Schriftbild der mehrstimmigen Musik. Leipzig 1973 (Musikgeschichte in Bildern III, 5).
KÜHN, H.: Die Harmonik der Ars nova. Zur Theorie der isorhythmischen Motette. München 1973.
RECKOW, F.: Das Organum. In: Gattungen der Musik in Einzeldarstellungen. Hg. v. W. ARLT. Bern und München 1973.
Die Motette. Hg. v. H. HÜSCHEN. Köln 1974 (Das Musikwerk 47).
SACHS, K.-J.: Der Contrapunctus im 14. und 15. Jahrhundert. Wiesbaden 1974.
APFEL, E.: Grundlage einer Geschichte der Satztechnik. 3 Bde. Saarbrücken 1974–76.
GÜLKE, P.: Mönche, Bürger, Minnesänger. Wien 1975, ²1980.
RECKOW, F.: Organum-Begriff und frühe Mehrstimmigkeit. In: Basler Studien zur Musikgeschichte. Hg. v. W. ARLT. Bd. 1. Bern 1975.
WAELTNER, E. L.: Die Lehre vom Organum bis zur Mitte des 11. Jahrhunderts. Tutzing 1975.
BIELITZ, M.: Musik und Grammatik. Studien zur mittelalterlichen Musiktheorie. München 1977.

BAUMANN, D.: Die dreistimmige italienische Lied-Satztechnik im Trecento. Baden-Baden 1979.
RECKOW, F.: Processus und structura. Über Gattungstradition und Formverständnis im Mittelalter. In: Musiktheorie 1 (1986).
FROBENIUS, W.: Zum genetischen Verständnis zwischen Notre-Dame-Klauseln und ihren Motetten. In: Archiv für Musikwissenschaft 44 (1987).

Kapitel 4: Die Musik des 15. und 16. Jahrhunderts

BORREN, CH. VAN DEN: Guillaume Dufay. Brüssel 1925.
JEPPESEN, K.: Der Palestrinastil und die Dissonanz. Leipzig 1925.
JEPPESEN, K.: Kontrapunkt. Lehrbuch der klassischen Vokalpolyphonie. Kopenhagen 1930. Dt. Übers. Wiesbaden ¹⁰1980.
BESSELER, H.: Die Musik des Mittelalters und der Renaissance. Potsdam 1931. Nachdr. Laaber 1979.
FROTSCHER, G.: Geschichte des Orgelspiels und der Orgelkomposition. 3 Bde. Berlin 1935–36, ³1966.
GEORGIADES, TH. G.: Englische Diskanttraktate aus der 1. Hälfte des 15. Jahrhunderts. München 1937.
STEPHAN, W.: Die Burgundisch-Niederländische Motette zur Zeit Ockeghems. Kassel 1937. Nachdr. 1973.
UNGER, H. H.: Die Beziehungen zwischen Musik und Rhetorik im 16.–18. Jahrhundert. Würzburg 1941. Nachdr. Hildesheim 1969.
BESSELER, H.: Bourdon und Fauxbourdon. Leipzig 1950, ²1974.
Das mehrstimmige Lied des 16. Jahrhunderts in Italien, Frankreich, England und Spanien. Hg. v. H. ENGEL. Köln 1952 (Das Musikwerk 3).
REESE, G.: Music in the Renaissance. New York 1954. Neuausg. London 1978.
Die Variation. Hg. v. K. VON FISCHER. Köln 1955 (Das Musikwerk 11).
Die Improvisation. Hg. v. E. T. FERAND. Köln 1956, ²1961 (Das Musikwerk 12).
WOLFF, H. CHR.: Die Musik der alten Niederländer. Leipzig 1956.
BOETTICHER, W.: Orlando di Lasso und seine Zeit. Kassel 1958.
Ars nova and the Renaissance. 1300–1540. Hg. v. D. A. HUGHES u. a. London 1960. Nachdr. 1977.
Die Kunst der Niederländer. Hg. v. R. B. LENAERTS. Köln 1962 (Das Musikwerk 22).
OSTHOFF, H.: Josquin Desprez. 2 Bde. Tutzing 1962–65.
SPARKS, E.: Cantus firmus in the mass and motet, 1420–1520. Berkeley (Calif.) 1963. Nachdr. New York 1975.
Altklassische Polyphonie. Hg. v. K. G. FELLERER. Köln 1965 (Das Musikwerk 28).
BESSELER, H.: Das Renaissance-Problem in der Musik. In: Archiv für Musikwissenschaft 23 (1966).
APEL, W.: Geschichte der Orgel- und Klaviermusik bis 1700. Kassel 1967.
DUNNING, A.: Die Staatsmotette 1480–1555. Utrecht 1970.
Originale Gesangsimprovisationen des 16. bis 18. Jahrhunderts. Hg. v. H. CHR. WOLFF. Köln 1972 (Das Musikwerk 41).
LEUCHTMANN, H.: Orlando di Lasso. 2 Bde. Wiesbaden 1976–77.

Bibliographie

Bowles, E. A.: Musikleben im 15. Jahrhundert. Leipzig 1977 (Musikgeschichte in Bildern III, 8).
Rempp, F.: Bemerkungen zum Selbstverständnis der italienischen Musiktheorie im 15. Jahrhundert. In: Musiktheorie 4 (1989).

Kapitel 5: Die Musik des Barock

Artusi, G. M.: L'arte del contrapunto. 2 Tle. Venedig 1586–89. Neuausg. 1598. Nachdr. Hildesheim 1969.
Praetorius, M.: Syntagma musicum. Bd. 3. Wolfenbüttel 1619. Nachdr. Kassel 1967.
Doni, G. B.: Compendio del trattato de' generi e de' modi della musica. Rom 1635.
Mersenne, M.: Harmonie universelle. 2 Bde. Paris 1636/1637. Neuausg. in 3 Bden. Paris 1936. Nachdr. 1975.
Kircher, A.: Musurgia universalis. 2 Tle. Rom 1650. Nachdr. Hildesheim 1970.
Bernhard, Chr.: Tractatus compositionis augmentatus (nach 1657). In: Die Kompositionslehre Heinrich Schützens in der Fassung seines Schülers Christoph Bernhard. Hg. v. J. M. Müller-Blattau. Leipzig 1926. Kassel ^{2}1963.
Penna, L.: Li primi albori musicali. Bologna 1672.
Bernhard, Chr.: Ausführlicher Bericht vom Gebrauch der Con- und Dissonantien (vor 1673). In: Die Kompositionslehre Heinrich Schützens in der Fassung seines Schülers Christoph Bernhard. Hg. v. J. M. Müller-Blattau. Leipzig 1926. Kassel ^{2}1963.
Berardi, A.: Ragionamenti musicali. Bologna 1681.
Werckmeister, A.: Musicae mathematicae hodegus curiosus. Frankfurt am Main 1687. Nachdr. Hildesheim 1972.
Werckmeister, A.: Hypomnemata musica. 5 Bde. Quedlinburg 1697–1707. Nachdr. Hildesheim 1970.
Niedt, F. E.: Musicalische Handleitung. Teil 1. Hamburg 1700, ^{2}1710. Nachdr. Buren 1976.
Brossard, S. de: Dictionaire de musique. Paris 1703, ^{2}1705. Nachdr. Hilversum 1965.
Heinichen, J. D.: Neu erfundene und gründliche Anweisung ... Zu vollkommener Erlernung des General-Basses. Hamburg 1711.
Mattheson, J.: Das Neu-Eröffnete Orchestre. Hamburg 1713.
Mattheson, J.: Das beschützte Orchestre. Hamburg 1717. Nachdr. Leipzig 1981.
Beer, J.: Musicalische Discurse. Nürnberg 1719. Nachdr. Leipzig 1982.
Rameau, J.-Ph.: Traité de l'harmonie. Paris 1722. Nachdr. 1986.
Fux, J. J.: Gradus ad Parnassum. Wien 1725. Nachdr. Hildesheim 1984.
Heinichen, J. D.: Der Generalbaß in der Composition. Dresden 1728. Nachdr. Hildesheim 1969.
Scheibe, J. A.: Compendium musices (Ms., um 1730). Erstdruck im Anhang zu: Benary, P.: Die deutsche Kompositionslehre des 18. Jahrhunderts. Leipzig 1960.
Walther, J. G.: Musicalisches Lexicon. Leipzig 1732. Nachdr. Kassel 1967.
Mattheson, J.: Kern Melodischer Wißenschafft. Hamburg 1737. Nachdr. Hildesheim 1976.
Scheibe, J. A.: Der Critische Musicus. Hamburg 1738–40. Leipzig ^{2}1745. Nachdr. Hildesheim 1970.
Mattheson, J.: Der vollkommene Capellmeister. Hamburg 1739. Nachdr. Kassel 1980.

Mattheson, J.: Grundlagen einer Ehren-Pforte. Hamburg 1740. Nachdr. Kassel 1969.
Quantz, J. J.: Versuch einer Anweisung die Flöte traversiere zu spielen. Berlin 1752. Nachdr. Wiesbaden 1988.
Forkel, J. N.: Allgemeine Geschichte der Musik. 2 Bde. Leipzig 1788–1801. Nachdr. Graz 1967.
Spitta, Ph.: Johann Sebastian Bach. 2 Bde. Leipzig 1873–1880, ^{4}1930. Nachdr. Wiesbaden 1979.
The diary of Samuel Pepys. Hg. v. H. B. Wheatley. 18 Bde. London 1892–99. Neuausg. in 11 Bden. Berkeley (Calif.) 1970–83.
Le origini del melodramma. Testimonianze dei contemporanei. Hg. v. A. Solerti. Turin 1903. Nachdr. Hildesheim 1969.
Riemann, H.: Handbuch der Musikgeschichte. Bd. II/2. Das Generalbaßzeitalter. Leipzig 1912, ^{2}1922. Nachdr. New York 1972.
Sachs, C.: Barockmusik. In: Jahrbuch der Musikbibliothek Peters 26 (1919).
Katz, E.: Die musikalischen Stilbegriffe des 17. Jahrhunderts. Diss. Freiburg im Breisgau 1926.
Scacchi, M.: Epistola ad Excellentissimum Dn. CS. Wernerum (um 1648). In: Katz, E.: Die musikalischen Stilbegriffe des 17. Jahrhunderts. Diss. Freiburg im Breisgau 1926.
Haas, R.: Die Musik des Barocks. Potsdam 1929. Nachdr. Laaber 1979.
Schütz, H.: Gesammelte Briefe und Schriften. Hg. v. Erich H. Müller. Regensburg 1931. Nachdr. Hildesheim 1976.
Moser, H. J.: Heinrich Schütz. Sein Leben und Werk. Kassel 1936, ^{2}1954.
Bukofzer, M. F.: Music in the Baroque era. From Monteverdi to Bach. New York 1947. Nachdr. London 1978.
Handschin, J.: Musikgeschichte im Überblick. Luzern 1948. Wilhelmshaven ^{5}1985.
Blume, F.: Artikel „Barock". In: Die Musik in Geschichte und Gegenwart. Hg. v. F. Blume. Bd. 1. Kassel 1949.
Preussner, E.: Die musikalischen Reisen des Herrn von Uffenbach. Aus einem Reisetagebuch des Johann Friedrich A. von Uffenbach aus Frankfurt am Main 1712–1716. Kassel 1949.
Bach-Dokumente. Bd. I. Schriftstücke von der Hand Johann Sebastian Bachs. Hg. v. W. Neumann und H.-J. Schulze. Leipzig und Kassel 1963.
Lang, P. H.: Georg Friedrich Händel. New York 1966. Dt. Übers. Kassel 1979.
Dammann, R.: Der Musikbegriff im deutschen Barock. Köln 1967. Laaber ^{2}1984.
The Monteverdi companion. Hg. v. D. Arnold und N. Fortune. London 1968.
Artusi, G. M.: L'Artusi overo delle imperfettioni della moderna musica. 2 Bde. Venedig 1600–08. Nachdr. Bologna 1968.
Palisca, C. V.: Baroque music. Englewood Cliffs (N. J.) 1968, ^{2}1981.
Bonta, St.: The uses of the sonata da chiesa. In: Journal of the American Musicological Society 22 (1969).
Rifkin, J.: Artikel „Schütz, Heinrich". In: The new Grove dictionary of music and musicians. Hg. v. St. Sadie. Bd. 17. London 1980.
Braun, W.: Die Musik des 17. Jahrhunderts. Wiesbaden 1981 (Neues Handbuch der Musikwissenschaft 4).
Braun, W.: Der Stilwandel in der Musik um 1600. Darmstadt 1982.
Leopold, S.: Claudio Monteverdi und seine Zeit. Laaber 1982.

477

Bibliographie

BUCH, D. J.: The influence of the ballet de cour in the genesis of the french Baroque suite. In: Acta musicologica 57 (1985).
FORCHERT, A.: Musik und Rhetorik im Barock. In: Schütz-Jahrbuch 7/8 (1985/86).

Kapitel 6: Der musikalische Stilwandel um 1750
Kapitel 7: Wiener Klassik

RAMEAU, J.-PH.: Traité de l'harmonie. Paris 1722. Nachdr. 1986.
SCHEIBE, J. A.: Der Critische Musicus. Hamburg 1738–40. Leipzig ²1745. Nachdr. Hildesheim 1970.
MATTHESON, J.: Der vollkommene Capellmeister. Hamburg 1739. Nachdr. Kassel 1980.
MATTHESON, J.: Grundlagen einer Ehrenpforte. Hamburg 1740. Nachdr. Kassel 1969.
QUANTZ, J. J.: Versuch einer Anweisung die Flöte traversiere zu spielen. Berlin 1752. Nachdr. Wiesbaden 1988.
BACH, C. PH. E.: Versuch über die wahre Art, das Clavier zu spielen. 2 Tle. Berlin 1753–62. Nachdr. Wiesbaden 1981.
MOZART, L.: Versuch einer gründlichen Violinschule. Augsburg 1756. Nachdr. Frankfurt am Main 1983.
SULZER, J. G.: Allgemeine Theorie der schönen Künste. 2 Bde. und 8 Nachtragsbde. Leipzig 1771–1808. Zahlreiche Neuausg. Nachdr. Hildesheim 1967–1970.
REICHARDT, J. F.: Musikalisches Kunstmagazin. Berlin 1782–1791. Nachdr. in 2 Bden. Hildesheim 1969.
KOCH, H. CHR.: Versuch einer Anleitung zur Composition. 3 Bde. Rudolstadt 1782–1793. Nachdr. Hildesheim 1969.
FORKEL, J. N.: Allgemeine Geschichte der Musik. 2 Bde. Leipzig 1788–1801. Nachdr. Graz 1967.
KOCH, H. CHR.: Musikalisches Lexikon. Frankfurt am Main 1802. Nachdr. Hildesheim 1985.
JAHN, O.: W. A. Mozart. 4 Bde. Leipzig 1856–59. Nachdr. Hildesheim 1976.
THAYER, A. W.: Ludwig van Beethovens Leben. 5 Bde. Hg. v. H. DEITERS und H. RIEMANN. Berlin und Leipzig 1866–1908. Nachdr. Zahlreiche Neuausg.
FISCHER, W.: Zur Entwicklungsgeschichte des Wiener klassischen Stils. In: Studien zur Musikwissenschaft 3 (1915).
ABERT, H.: Wolfgang Amadeus Mozart. 2 Bde. Leipzig 1919–21, ³⁻¹⁰1983.
BECKING, G.: Klassik und Romantik. In: Bericht über den musikwissenschaftlichen Kongreß der Deutschen Musikgesellschaft in Leipzig 1925. Leipzig 1926.
DAHMS, W.: The „Gallant" style of music. In: The Musical Quarterly 11 (1925).
BÜCKEN, E.: Musik des Rokokos und der Klassik. Potsdam 1927. Nachdr. Laaber 1979.
SERAUKY, W.: Die musikalische Nachahmungsästhetik im Zeitraum von 1700 bis 1850. Münster 1929.
GEIRINGER, K.: Joseph Haydn. Potsdam 1932. Nachdr. Laaber 1980.
TOBEL, R. VON: Die Formenwelt der klassischen Instrumentalmusik. Bern 1935.
MOSER, H. J.: Das deutsche Lied seit Mozart. Berlin und Zürich 1937. Tutzing ²1968.
CARSE, A.: The orchestra in the XVIIIth century. Cambridge 1940.

GEORGIADES, TH. G.: Zur Musiksprache der Wiener Klassik. In: Mozart-Jahrbuch 1951 (1953).
Die musikalische Klassik. Hg. v. K. STEPHENSON. Köln 1953 (Das Musikwerk 6).
BESSELER, H.: Bach als Wegbereiter. In: Archiv für Musikwissenschaft 12 (1955).
EGGEBRECHT, H. H.: Das Ausdrucks-Prinzip im musikalischen Sturm und Drang. In: Deutsche Vierteljahresschrift für Literaturwissenschaft und Geistesgeschichte 29 (1955).
BLUME, F.: Artikel „Klassik". In: Die Musik in Geschichte und Gegenwart. Hg. v. F. BLUME. Bd. 7. Kassel 1958.
NEWMAN, W. S.: A history of the sonata idea. 3 Bde. Chapel Hill 1959–69.
SEIFERT, W.: Christian Gottfried Körner, ein Musikästhetiker der deutschen Klassik. Regensburg 1960.
ENGEL, H.: Die Quellen des klassischen Stils. In: Bericht über den musikwissenschaftlichen Kongreß der Internationalen Gesellschaft für Musikwissenschaft New York 1961. Hg. v. J. LARNE. Kassel 1961.
MOZART, W. A.: Briefe und Aufzeichnungen. 4 Bde. und Kommentar- und Registerbd. Hg. v. A. BAUER und O. E. DEUTSCH. Kassel 1962–75.
FINSCHER, L.: Zum Begriff der Klassik in der Musik. In: Deutsches Jahrbuch der Musikwissenschaft 11 (1966).
ROSEN, CH.: Der klassische Stil. London 1971. Dt. Übers. München 1983.
FINSCHER, L.: Studien zur Geschichte des Streichquartetts. Kassel 1974.
ZENCK, M.: Zum Begriff des Klassischen in der Musik. In: Archiv für Musikwissenschaft 39 (1982).
RUMMENHÖLLER, P.: Die musikalische Vorklassik. München 1983.
Die Musik des 18. Jahrhunderts. Hg. v. C. DAHLHAUS u. a. Laaber 1985 (Neues Handbuch der Musikwissenschaft 5).
REIMER, E.: Repertoirebildung und Kanonisierung. In: Archiv für Musikwissenschaft 43 (1986).
DAHLHAUS, C.: Zum Taktbegriff der Wiener Klassik. In: Archiv für Musikwissenschaft 45 (1988).

Kapitel 8: Vokalmusik zwischen Rokoko und Spätklassik

KRAUSE, CHR. G.: Von der Musikalischen Poesie. Berlin 1753. Nachdr. Leipzig 1973.
BURNEY, CH.: Tagebuch einer musikalischen Reise ... Hamburg 1772. Nachdr. Wilhelmshaven 1982.
GRÉTRY, A.-E.-M.: Memoiren oder Essays über die Musik. Paris 1789. Dt. Übers. Leipzig 1973. Neuausg. Wilhelmshaven 1978.
WIELAND, C. M.: Sämtliche Werke. Bd. 26: Singspiele und Abhandlungen. Leipzig 1796. Nachdr. Hamburg 1984.
REICHARDT, J. F.: Vertraute Briefe aus Paris. 3 Bde. Hamburg 1804–05. Neuausg. Berlin 1980–81.
SCHUBART, CHR. F. D.: Ideen zu einer Ästhetik der Tonkunst. Wien 1806. Neuausg. Leipzig 1977.
ROLLAND, R.: Musiker von ehedem. Paris 1906. Dt. Übers. München 1926.
ABERT, H.: Wolfgang Amadeus Mozart. 2 Bde. Leipzig 1919–21, ³⁻¹⁰1983.
GOZZI, C.: Unnütze Erinnerungen. Turin 1923. Dt. Übers. Leipzig 1986.

Bibliographie

WICHMANN, H.: Grétry und das musikalische Theater in Frankreich. Halle (Saale) 1929.
BLUME, F.: Die evangelische Kirchenmusik. Potsdam 1931. Nachdr. Laaber 1979.
URSPRUNG, O.: Die katholische Kirchenmusik. Potsdam 1931. Nachdr. Laaber 1979.
BALET, L./GERHARD, E.: Die Verbürgerlichung der deutschen Kunst, Literatur und Musik im 18. Jh. Straßburg 1936. Neuausg. Frankfurt am Main 16.–18. Tsd. 1981.
EINSTEIN, A.: Gluck. Sein Leben – seine Werke. London 1936. Dt. Übers. Zürich 1954. Neuausg. Kassel 1987.
EINSTEIN, A.: Mozart. Sein Charakter, sein Werk. New York 1945. Dt. Übers. Stockholm 1947. Neuausg. Frankfurt am Main 1987.
LANG, P. H.: Die Musik im Abendland. 2 Bde. New York 1941. Dt. Übers. Augsburg 1947.
JACOB, H. E.: Joseph Haydn. Seine Kunst, seine Zeit, sein Ruhm. Hamburg 1952. Neuausg. 1969.
JACOB, H. E.: Mozart. Geist, Musik und Schicksal. Frankfurt am Main 1955. München ^{6}1985.
MARKUS, ST. A.: Musikästhetik. 2 Bde. Moskau 1959. Dt. Übers. Leipzig 1967–77.
DA PONTE, L.: Mein abenteuerliches Leben. Die Memoiren des Mozart-Librettisten. Hamburg 1960.
KNEPLER, G.: Musikgeschichte des 19. Jahrhunderts. 2 Bde. Berlin 1961.
SENN, W.: Artikel „Messe" (E. II. Von 1600 bis zur Gegenwart). In: Die Musik in Geschichte und Gegenwart. Hg. v. F. BLUME. Bd. 9. Kassel 1961.
ABERT, A. A.: Artikel „Oper" (B. Von den Anfängen bis gegen 1800). In: Die Musik in Geschichte und Gegenwart. Hg. v. F. BLUME. Bd. 10. Kassel 1962.
SCHWAB, H. W.: Sangbarkeit, Popularität und Kunstlied. Studien zu Lied und Liedästhetik der mittleren Goethezeit, 1770–1814. Regensburg 1965.
ZOLTAI, D.: Ethos und Affekt. Geschichte der philosophischen Musikästhetik von den Anfängen bis zu Hegel. Budapest 1966. Dt. Übers. Berlin 1970.
MERCIER, L.-S.: Paris am Vorabend der Revolution. Entdeckung einer Weltstadt. Karlsruhe 1967.
SCHMITZ, A.: Artikel „Oper". In: Riemann-Musiklexikon. Sachteil. Hg. v. H. H. EGGEBRECHT. Mainz ^{12}1967.
WOLFF, H. CHR.: Oper. Szene und Darstellung von 1600 bis 1900. Leipzig 1968, ^{2}1979 (Musikgeschichte in Bildern V, 1).
GASPAR, M.: Stiefkind der Musen. Operette von der Antike bis Offenbach. Berlin 1969.
Ludwig van Beethoven. Hg. v. J. SCHMIDT-GÖRG und HANS SCHMIDT. Bonn u. a. 1969.
ROSEN, CH.: Der klassische Stil. Haydn, Mozart, Beethoven. New York 1971. Dt. Übers. München 1983.
SCHWAB, H. W.: Konzert. Öffentliche Musikdarbietung vom 17. bis 19. Jahrhundert. Leipzig 1971, ^{2}1980 (Musikgeschichte in Bildern IV, 2).
DAHLHAUS, C.: Zur Problematik musikalischer Gattungen im 19. Jahrhundert. In: Gattungen der Musik in Einzeldarstellungen. Gedenkschrift Leo Schrade. Hg. v. W. ARLT u. a. Bern und München 1973.
GOLDSCHMIDT, H.: Die Erscheinung Beethoven. Leipzig 1974, ^{2}1977.
GOTTSCHED, J. CHR.: Reden, Vorreden, Schriften. Leipzig 1974.
KOCH, H.-A.: Das deutsche Singspiel. Stuttgart 1974.
Französische Aufklärung. Bürgerliche Emanzipation, Literatur und Bewußtseinsbildung. Hg. v. W. SCHRÖDER u. a. Leipzig 1974, ^{2}1979.
GOLDSCHMIDT, H.: Beethoven. Werkeinführung. Leipzig 1975.

GOLDSCHMIDT, H.: Um die Sache der Musik. Reden und Aufsätze. Leipzig 1976.
REICHARDT, J. F.: Briefe, die Musik betreffend. Berichte, Rezensionen, Essays. Leipzig 1976.
GOLDSCHMIDT, H.: Um die Unsterbliche Geliebte. Eine Bestandsaufnahme. Leipzig 1977. Neuausg. München 1980.
Literatur im Epochenumbruch. Funktionen europäischer Literaturen im 18. und beginnenden 19. Jahrhundert. Hg. v. G. KLOTZ u. a. Berlin und Weimar 1977.
KNEPLER, G.: Geschichte als Weg zum Musikverständnis. Zur Theorie, Methode und Geschichte der Musikgeschichtsschreibung. Leipzig 1977, ^{2}1982.
KUNZE, ST.: Artikel „Singspiel". In: Reallexikon der deutschen Literaturgeschichte. Hg. v. W. KOHLSCHMIDT. Bd. 3. Berlin und New York 1977.
RUF, W.: Die Rezeption von Mozarts „Le nozze di Figaro" bei den Zeitgenossen. Wiesbaden 1977.
COY, A.: Die Musik der Französischen Revolution. Zur Funktionsbestimmung von Lied und Hymne. München 1978.
FLOROS, C.: Mozart-Studien. Bd. 1. Zu Mozarts Sinfonik, Opern- und Kirchenmusik. Wiesbaden 1979.
HERA, J.: Der verzauberte Palast. Aus der Geschichte der Pantomime. Berlin 1981.
HEISTER, H.-W.: Das Konzert. Theorie einer Kulturform. 2 Bde. Wilhelmshaven 1983.
ROUSSEAU, J.-J.: Musik und Sprache. Ausgewählte Schriften. Wilhelmshaven 1984.
Die Musik des 18. Jahrhunderts. Hg. v. C. DAHLHAUS. Laaber 1985 (Neues Handbuch der Musikwissenschaft 5).
BROCKHAUS, H. A.: Europäische Musikgeschichte. Bd. 2. Europäische Musikkulturen vom Barock bis zur Klassik. Berlin 1986.
Pipers Enzyklopädie des Musiktheaters. Hg. v. C. DAHLHAUS. München 1986 ff.
FONTIUS, M.: Mozart im Hause Grimm. In: Mozart und die Ästhetik der Aufklärung. Sitzungsberichte der Akademie der Wissenschaften der DDR 11/G (1988).
GOLDSCHMIDT, H.: Aufklärung als Methode – Zu Mozarts „Entführungs"-Ouvertüre. In: Mozart und die Ästhetik der Aufklärung. Sitzungsberichte der Akademie der Wissenschaften der DDR 11/G (1988).
HEISTER, H.-W.: „Gemäßigte Maßlosigkeit" und „Musick-Vergnügen". Einige Anmerkungen zu Problemen der Opernästhetik, ausgehend von Mozarts Briefen über die „Entführung". In: Mozart und die Ästhetik der Aufklärung. Sitzungsberichte der Akademie der Wissenschaften der DDR 11/G (1988).
KNEPLER, G.: Mozart und die Ästhetik der Aufklärung. In: Mozart und die Ästhetik der Aufklärung. Sitzungsberichte der Akademie der Wissenschaften der DDR 11/G (1988).
MILLER, N.: Christoph Willibald Gluck und die musikalische Tragödie. In: Gattungen der Musik und ihre Klassiker. Hg. v. H. DANUSER. Laaber 1988.
OTTENBERG, H.-G.: Carl Philipp Emanuel Bach. Leipzig 1982. Neuausg. München 1988.

Kapitel 9: Die Musik des 19. Jahrhunderts

WACKENRODER, W. H.: Herzensergießungen eines kunstliebenden Klosterbruders. Mit einem Beitrag von L. TIECK. Berlin 1797.

Bibliographie

THIBAUT, A. F. J.: Über Reinheit der Tonkunst. Heidelberg 1825. Neuausg. Freiburg im Breisgau 1983.
HANSLICK, E.: Vom Musikalisch-Schönen. Ein Beitrag zur Revision der Ästhetik der Tonkunst. Leipzig 1854. Nachdr. Darmstadt 1981.
SCHUMANN, R.: Gesammelte Schriften über Musik und Musiker. 4 Bde. Leipzig 1854. Nachdr. in 2 Bden. Wiesbaden 1985.
MARX, A. B.: Die Musik des 19. Jahrhunderts und ihre Pflege. Leipzig 1855, [2]1873.
RIEMANN, H.: Geschichte der Musik seit Beethoven (1800–1900). Berlin 1901.
HALM, A.: Die Symphonie Anton Bruckners. München 1913. Neuausg. 1923. Nachdr. Hildesheim 1975.
HALM, A.: Von zwei Kulturen der Musik. München 1913. Stuttgart [3]1947.
BEKKER, P.: Die Sinfonie von Beethoven bis Mahler. Berlin 1918.
KURTH, E.: Romantische Harmonik und ihre Krise in Wagners Tristan. Bern 1920. Berlin [2]1923. Nachdr. Hildesheim 1975.
BECKING, G.: Zur musikalischen Romantik. In: Deutsche Vierteljahresschrift für Literaturwissenschaft und Geistesgeschichte 2 (1924).
STRICH, F.: Die Romantik als europäische Bewegung. In: Festschrift für Heinrich Wölfflin. München 1924.
KURTH, E.: Bruckner. 2 Bde. Berlin 1925. Nachdr. Hildesheim 1971.
ENGEL, H.: Die Entwicklung des deutschen Klavierkonzerts von Mozart bis Liszt. Leipzig 1927. Nachdr. Hildesheim 1970.
MERSMANN, H.: Die moderne Musik seit der Romantik. Potsdam 1927. Neuausg. 1929. Nachdr. Laaber 1979.
BECKING, G.: Der musikalische Rhythmus als Erkenntnisquelle. Augsburg 1928. Nachdr. Stuttgart 1958.
BÜCKEN, E.: Die Musik des 19. Jahrhunderts bis zur Moderne. Potsdam 1929. Nachdr. Laaber 1979.
ADLER, G.: Die Wiener klassische Schule. In: Handbuch der Musikgeschichte. Hg. v. G. ADLER. Bd. 3. Berlin [2]1930. Nachdr. München 1975 und öfter.
KRACAUER, S.: Jacques Offenbach und das Paris seiner Zeit. Amsterdam 1937. Neuausg. Frankfurt am Main 1980.
GEORGII, W.: Klaviermusik. Berlin 1941, Zürich [5]1976.
EINSTEIN, A.: Die Romantik in der Musik. New York 1947. Dt. Übers. München 1950.
HANDSCHIN, J.: Der Toncharakter. Zürich 1948.
HUCH, R.: Die Romantik. Neuausg. Tübingen 1951, [5]1979.
GEORGIADES, TH. G.: Musik und Sprache. Berlin 1954, [2]1974.
KNEPLER, G.: Musikgeschichte des 19. Jahrhunderts. Berlin 1961.
BLUME, F.: Artikel „Romantik". In: Die Musik in Geschichte und Gegenwart. Hg. v. F. BLUME. Bd. 11. Kassel 1963.
HOFFMANN, E. T. A.: Schriften zur Musik. Nachlese. Hg. v. F. SCHNAPP. Darmstadt 1963. Neuausg. 1971.
KORTE, W. F.: Bruckner und Brahms. Die spätromantische Lösung der autonomen Konzeption. Tutzing 1963.
WAGNER, R.: Mein Leben. Hg. v. M. GREGOR-DELLIN. München 1963.
KLOIBER, R.: Handbuch der klassischen und romantischen Symphonie. Wiesbaden 1964, [3]1981.
LISSA, Z.: Über die nationalen Stile. In: Beiträge zur Musikwissenschaft 6 (1964).
LANKHEIT, K.: Revolution und Restauration. Baden-Baden 1965. Neuausg. Köln 1988.

Studien zur Musikgeschichte des 19. Jahrhunderts. Hg. v. Forschungsunternehmen der Fritz Thyssen Stiftung. Arbeitskreis Musikwissenschaft. Regensburg 1965 ff.
WIORA, W.: Die Musik im Weltbild der deutschen Romantik. In: Beiträge zur Geschichte der Musikanschauung im 19. Jahrhundert. Hg. v. W. SALMEN. Regensburg 1965.
DAHLHAUS, C.: Musikästhetik. Köln 1967, [4]1986.
GEORGIADES, TH. G.: Schubert. Musik und Lyrik. 2 Bde. Göttingen 1967. Neuausg. 1979.
KLOIBER, R.: Handbuch der Symphonischen Dichtung. Wiesbaden 1967. Neuausg. 1980.
KLEMPERER, V.: Romantik und französische Romantik. In: Begriffsbestimmung der Romantik. Hg. v. H. PRANG. Darmstadt 1968, [2]1972.
Die Ausbreitung des Historismus über die Musik. Hg. v. W. WIORA. Regensburg 1969.
LONGYEAR, R. M.: Nineteenth century romanticism in music. Englewood Cliffs (N. J.) 1969, [2]1973.
DAHLHAUS, C.: Wagners Konzeption des musikalischen Dramas. Regensburg 1971.
CHOPIN, F.: Briefe. Hg. v. K. KOBYLAŃSKA. Warschau 1972. Dt. Übers. Berlin 1983. Neuausg. Frankfurt am Main 1984.
EGGEBRECHT, H. H.: Zur Geschichte der Beethoven-Rezeption. Wiesbaden 1972.
KLOIBER, R.: Handbuch des Instrumentalkonzerts. 2 Bde. Wiesbaden 1972–73, [2-3]1979–83.
DAHLHAUS, C.: Zur Problematik der musikalischen Gattungen im 19. Jahrhundert. In: Gattungen der Musik in Einzeldarstellungen. Gedenkschrift Leo Schrade. Bern und München 1973.
MARÓTHY, J.: Music and the bourgeois, music and the proletarian. Budapest 1974.
ASAF'EV, B. V.: Die musikalische Form als Prozeß. Berlin 1976.
DENT, E.: The rise of romantic opera. Cambridge 1976.
KLESSMANN, E.: Die deutsche Romantik. Köln 1979, [2]1981.
DAHLHAUS, C.: Die Musik des 19. Jahrhunderts. Wiesbaden 1980 (Neues Handbuch der Musikwissenschaft 6).
EDLER, A.: Robert Schumann und seine Zeit. Laaber 1982.
SCHMIDT, CHRISTIAN M.: Johannes Brahms und seine Zeit. Laaber 1983.
KONOLD, W.: Felix Mendelssohn Bartholdy und seine Zeit. Laaber 1984.
DAHLHAUS, C.: Studien zur romantischen Musikästhetik. In: Archiv für Musikwissenschaft 42 (1985).
DÖMLING, W.: Franz Liszt und seine Zeit. Laaber 1985.

Kapitel 10: Europäische Musik um 1900

BUSONI, F.: Entwurf einer neuen Ästhetik der Tonkunst. Triest 1907. Neuausg. hg. v. W. DÖMLING. Hamburg 1973.
LOUIS, R.: Die deutsche Musik der Gegenwart. München 1909, [3]1912.
WEISSMANN, A.: Berlin als Musikstadt. Berlin 1911.
NIEMANN, W.: Die Musik der Gegenwart und der letzten Vergangenheit bis zu den Romantikern, Klassizisten und Neudeutschen. Berlin 1913. Stuttgart 18.–20. Tsd. 1920.

Bibliographie

Briefwechsel R. Strauss und H. v. Hofmannsthal. Wien 1926. Neu hg. v. W. SCHUH. Zürich und Freiburg im Breisgau ⁵1978.
MERSMANN, H.: Die moderne Musik seit der Romantik. Potsdam 1927. Neuausg. 1929. Nachdr. Laaber 1979.
SCHENK, E.: Kleine Wiener Musikgeschichte. Wien 1946.
KRAUSE, E.: Richard Strauss. Gestalt und Werk. Leipzig 1955. Neuausg. München 1988.
ADORNO, TH. W.: Mahler. Eine musikalische Physiognomik. Frankfurt am Main 1960, 17.–18. Tsd. 1981.
TANZBERGER, E.: Jean Sibelius. Wiesbaden 1962.
ECKART-BÄCKER, U.: Frankreichs Musik zwischen Romantik und Moderne. Regensburg 1965.
STUCKENSCHMIDT, H. H.: Ferruccio Busoni. Zeittafel eines Europäers. Zürich und Freiburg im Breisgau 1967.
FALLA, M. DE: Spanien und die neue Musik. Hg. v. J. GRÜNFELD. Zürich 1968.
ORENSTEIN, A.: Maurice Ravel. Leben und Werk. New York 1968. Dt. Übers. Stuttgart 1978.
PARROTT, I.: Elgar. London 1971.
JEFFERSON, A.: Delius. London 1972.
WIRTH, H.: Max Reger. Reinbek 1973, 23.–25. Tsd. 1986.
WEHMEYER, G.: Erik Satie. Regensburg 1974.
EWANS, M.: Janáčeks Opern. London 1977. Dt. Übers. Stuttgart 1981.
MARGGRAF, W.: Giacomo Puccini. Leipzig 1977. Neuausg. Wilhelmshaven 1979.
DAHLHAUS, C.: Die Musik des 19. Jahrhunderts. Wiesbaden 1980 (Neues Handbuch der Musikwissenschaft 6).
HIRSBRUNNER, TH.: Debussy und seine Zeit. Laaber 1981.
EGGEBRECHT, H. H.: Die Musik Gustav Mahlers. München 1982.
SCHIBLI, S.: Alexander Skrjabin und seine Musik. Grenzüberschreitungen eines prometheischen Geistes. München 1983.
DORSCHEL, A.: Hugo Wolf. Reinbek 1985.
DANUSER, H.: Gustav Mahler und seine Zeit. Laaber 1989.

Kapitel 11: Die Musik in der ersten Hälfte des 20. Jahrhunderts

SCHÖNBERG, A.: Harmonielehre. Wien 1911. Neuaufl. 1986.
ADORNO, TH. W.: Philosophie der neuen Musik. Tübingen 1949. Neuausg. Frankfurt am Main 1983.
STUCKENSCHMIDT, H. H.: Schöpfer der neuen Musik. Frankfurt am Main 1958, ²1979.
WEBERN, A.: Der Weg zur Neuen Musik. Hg. v. W. REICH. Wien 1960. Neuaufl. 1963.
BRINKMANN, R.: Arnold Schönberg: drei Klavierstücke Op. 11. Studien zur frühen Atonalität bei Schönberg. Wiesbaden 1969.
HÄUSLER, J.: Musik im 20. Jahrhundert. Bremen 1969, ²1972.
SCHWARZ, B.: Musik und Musikleben in der Sowjetunion von 1917 bis zur Gegenwart. 6 Tle. in 3 Bden. London 1972. Dt. Übers. Wilhelmshaven 1982.
Béla Bartók. Weg und Werk. Schriften und Briefe. Hg. v. B. SZABOLCSI. Kassel 1972.
STUCKENSCHMIDT, H. H.: Schönberg – Leben, Umwelt, Werk. Zürich und Freiburg im Breisgau 1974.

Über Kurt Weill. Hg. v. D. DREW. Frankfurt am Main 1975.
GIESELER, W.: Komposition im 20. Jahrhundert. Details, Zusammenhänge. Celle 1975.
SCHERLIESS, V.: Alban Berg. Reinbek 1975.
Der musikalische Futurismus. Hg. v. O. KOLLERITSCH. Graz 1976.
Angewandte Musik – 20er Jahre. Hg. v. D. STERN. Berlin 1977.
WEHMEYER, G.: Edgard Varèse. Regensburg 1977.
FISCHER, K. VON: Arthur Honegger. Zürich 1978.
BESSELER, H.: Grundfragen des musikalischen Hörens. In: BESSELER, H.: Aufsätze zur Musikästhetik und Musikgeschichte. Hg. v. P. GÜLKE. Leipzig 1978.
DAHLHAUS, C.: Schönberg und andere. Gesammelte Aufsätze zur Neuen Musik. Mainz 1978.
MAURER ZENCK, C.: Ernst Krenek, ein Komponist im Exil. Wien 1980.
MOLDENHAUER, H. und R.: Anton von Webern. Chronik seines Lebens und Werkes. Zürich 1980.
MOTTE-HABER, H. DE LA und EMONS, H.: Filmmusik. Eine systematische Beschreibung. München 1980.
BLUMRÖDER, CHR. VON: Der Begriff „neue Musik" im 20. Jahrhundert. München 1981.
SCHUBERT, G.: Paul Hindemith. Reinbek 1981.
STEPHAN, R.: Der Neoklassizismus als Formalismus. In: Funk-Kolleg Musik. Hg. v. C. DAHLHAUS. Bd. 1. Frankfurt am Main 1981.
DÖMLING, W.: Igor Strawinsky. Reinbek 1982.
HIRSBRUNNER, TH.: Igor Strawinsky in Paris. Laaber 1982.
PRIEBERG, F. K.: Musik im NS-Staat. Frankfurt am Main 1982.
GOJOWY, D.: Dimitri Schostakowitsch. Reinbek 1983.
DANUSER, H.: Die Musik des 20. Jahrhunderts. Laaber 1984 (Neues Handbuch der Musikwissenschaft 7).

Kapitel 12: Musik nach 1950

BOULEZ, P.: An der Grenze des Fruchtlandes. In: Die Reihe 1 (1955).
BOULEZ, P.: Alea. In: Darmstädter Beiträge zur Neuen Musik. Bd. 1. Mainz 1958.
CAGE, J.: Indeterminacy (= Unbestimmtheit). Darmstädter Vortrag von 1958. In: CAGE, J.: Silence. Lectures and Writings. Middletown (Conn.) 1961.
LÉVI-STRAUSS, C.: Das wilde Denken. Paris 1962. Dt. Übers. Frankfurt am Main 1968, ⁴1981.
DIBELIUS, U.: Moderne Musik. Bd. 1. 1945–1965. München 1966, ³1984.
KARKOSCHKA, E.: Das Schriftbild der Neuen Musik. Celle 1966, ³1984.
SCHAEFFER, P.: Musique concrète. Von den Pariser Anfängen um 1948 bis zur elektroakustischen Musik heute. Paris 1967. Dt. Übers. Stuttgart 1974.
HÄUSLER, J.: Musik im 20. Jahrhundert. Bremen 1969, ²1972.
SCHNEBEL, D.: Mauricio Kagel. Musik, Theater, Film. Köln 1970.
György Ligeti im Gespräch mit Josef Häusler (1968). In: NORDWALL, O.: György Ligeti. Eine Monographie. Mainz 1971.
LÜCK, R.: Werkstattgespräche mit Interpreten Neuer Musik. Köln 1971.
PAULI, H.: Für wen komponieren sie eigentlich? Frankfurt am Main 1971.

Bibliographie

STOCKHAUSEN, K.: Texte zur Musik. Bd. 3. 1963–1970. Köln 1971.
STÜRZBECHER, U.: Werkstattgespräche mit Komponisten. Köln 1971. Neuausg. München 1973.
ZACHER, G.: „700 000 Tage später". Eine Passionsmusik nach Lukas. Einführung anläßlich der Aufführung in der Neustädter Kirche von Hannover (1971).
SCHNEBEL, D.: Denkbare Musik. Schriften 1952–1972. Köln 1972.
VOGT, H.: Neue Musik seit 1945. Stuttgart 1972, ³1982.
John Cage. Hg. v. R. KOSTELANETZ. Köln 1973.
RUZICKA, P.: Befragung des Materials. Gustav Mahler aus der Sicht aktueller Kompositionsästhetik. In: Musik und Bildung 5 (1973).
GIESELER, W.: Komposition im 20. Jahrhundert. Celle 1975.
RÖHRING, K.: Neue Musik in der Welt des Christentums. München 1975.
Luigi Nono im Gespräch mit Hansjörg Pauli (5./6. April 1969). In: Luigi Nono. Texte. Studien zu seiner Musik. Hg. v. J. STENZL. Zürich 1975.
ZARIUS, K.-H.: Das Instrument als Symptom. In: Mauricio Kagel, Theatrum Instrumentorum. Hg. v. Kölnischen Kunstverein. Köln 1975.
POLACZEK, D.: Konvergenzen? Neue Musik und die Kunst der Gegenwart. In: Musica 32 (1978).
SCHNEIDER, F.: Momentaufnahme. Notate zu Musik und Musikern in der DDR. Leipzig 1979.
Komponisten in der DDR. 17 Gespräche. Hg. v. U. STÜRZBECHER. Hildesheim 1979.
LACHENMANN, H.: Vier Grundbestimmungen des Musikhörens. In: Neuland 1 (1980).
KLÜPPELHOLZ, W.: Mauricio Kagel. 1970–1980. Köln 1981.
Zur „Neuen Einfachheit" in der Musik. Hg. v. O. KOLLERITSCH. Wien 1981.
ZENCK, M.: Isang Yun. In: Neue Zeitschrift für Musik 142 (1981).
DANUSER, H.: Die Musik des 20. Jahrhunderts. Laaber 1984 (Neues Handbuch der Musikwissenschaft 7).
HENZE, H. W.: „Barcerola" (1980). In: HENZE, H. W.: Musik und Politik. Schriften und Gespräche 1955–1984. München 1984.
SCHNEBEL, D.: Die kleine Provinz der neuen deutschen Musik. In: MusikTexte 4 (April 1984).
SCHNEBEL, D.: Neue Weltmusik. In: Europäische Musik zwischen Nationalismus und Exotik. Mit Beiträgen v. P. BOULEZ, C. DAHLHAUS, L. FINSCHER u. a. Winterthur 1984.
BUDDE, E.: Rückblicke nach vorn oder: Über Sprache, Zeit und Zukunft in der Musik. In: Ende der Kunst – Zukunft der Kunst. Hg. v. der Bayerischen Akademie der Schönen Künste. München 1985.
Die Musik der fünfziger Jahre. Hg. v. C. DAHLHAUS. Mainz 1985.
GIESELER, W., LOMBARDI, L. und WEYER, R.-D.: Instrumentation in der Musik des 20. Jahrhunderts. Celle 1985.
Lust am Komponieren. Hg. v. H.-K. JUNGHEINRICH. Kassel 1985.
Der Komponist Wolfgang Rihm. Ein Buch der Alten Oper Frankfurt. Hg. v. D. REXROTH. Mainz 1985.
BOND, E.: Über Musik. In: Der Komponist Hans Werner Henze. Hg. v. D. REXROTH. Mainz 1986.
Amerikanische Musik seit Charles Ives. Hg. v. H. DANUSER u. a. Laaber 1987.
Entgrenzungen in der Musik. Hg. v. O. KOLLERITSCH. Wien 1987.
DIBELIUS, U.: Moderne Musik. Bd. 2. 1965–85. München 1988, ²1989.
Neue Musik – Quo vadis? 17 Perspektiven. Hg. v. D. DE LA MOTTE. Mainz 1988.
BUDDE, E.: Musik – Klang – Farbe. Zum Problem der Synästhesie in den frühen Kompositionen Ligetis. In: Musik und Bildung 21 (1989).
DIBELIUS, U.: Postmoderne in der Musik. In: Neue Zeitschrift für Musik 150 (1989).
SPAHLINGER, M.: gegen die postmoderne mode. zwölf charakteristika der musik des 20. jahrhunderts. In: MusikTexte 27 (Januar 1989).

Register

Vorbemerkung

Die Abkürzungen im Register sind, wie folgt, aufzulösen: * = geboren, † = gestorben, Jh. = Jahrhundert, v. Chr. = vor Christi Geburt, n. Chr. = nach Christi Geburt, zw. = zwischen, d. Ä. = der Ältere, d. J. = der Jüngere, f. = und folgende Seite. – Bei der Datierung entfällt der Zusatz „v. Chr." dann, wenn die Abfolge von zwei Jahreszahlen diese Tatsache deutlich erkennen läßt.

A

Abel, Carl Friedrich (* 1723, † 1787) 215
Abert, Hermann (* 1871, † 1927) 384
Achilleus 16
Adam de la Halle (* um 1240, † 1285) 70, 108, 110 f.
Adam von Fulda (* um 1445, † 1505) 152, 159
Adam, Adolphe Charles (* 1803, † 1856) 357
Adler, Guido (* 1855, † 1941) 419
Adorno, Theodor Wiesengrund (* 1903, † 1969) 332, 404, 431
Agazzari, Agostino (* 1578, † 1640) 171
Agobard von Lyon, Bischof (* 769, † 840) 40, 80
Agoult, Marie Gräfin d' (* 1805, † 1876) 329
Agricola, Alexander (* um 1446, † 1506) 146
Agricola, Johann Friedrich (* 1720, † 1774) 181, 216, 305
Ahle, Johann Rudolf (* 1625, † 1673) 206
Ahna, Pauline de († 1950) 381
Aiblinger, Johann Kaspar (* 1776, † 1867) 370
Aich, Arnt von († um 1530) 159
Aichinger, Gregor (* um 1564, † 1628) 171
Albéniz, Isaac (* 1860, † 1909) 388
Albert, Eugen d' (* 1864, † 1932) 389
Albert, Heinrich (* 1604, † 1651) 185
Alberti, Domenico (* um 1710, † 1740) 212, 221
Albinoni, Tomaso (* 1671, † 1750) 220
Albrecht (von Scharfenberg?) (13. Jh.) 71
Albrechtsberger, Johann Georg (* 1736, † 1809) 247, 249
Alembert, Jean Le Rond d' (* 1717, † 1783) 279
Alexander, Meister, genannt ›der wilde Alexander‹ (13. Jh.) 68
Alfons X., der Weise (* 1221, † 1284) 65, 71
Algarotti, Francesco (* 1712, † 1764) 286
Allegri, Gregorio (* 1582, † 1652) 204
Allegri, Lorenzo (* 1573, † 1648) 188
Allende-Blin, Juan (* 1928) 448, 465
Alsina, Carlos Roqué (* 1941) 471
Alypios (Mitte 4. Jh. n. Chr.) 17, 29

Ambrosius von Mailand, Bischof (* 339, † 397) 46, 52
Amphion 21
André, Johann (* 1741, † 1799) 294, 306
Andriessen, Louis (* 1936) 469
Anerio, Felice (* 1560, † 1614) 149
Anerio, Giovanni Francesco (* um 1567, † 1630) 149, 197, 204
Anfossi, Pasquale (* 1727, † 1797) 285, 300
Angiolini, Domenico Maria Gasparo (* 1731, † 1803) 286
Animuccia, Giovanni (* um 1514, † 1571) 149
Anna Amalia, Herzogin von Sachsen-Weimar (* 1739, † 1807) 216
Anonymus IV (spätes 13. Jh.) 96
Anseaume, Louis (* um 1721, † 1784) 291
Antheil, George (* 1900, † 1959) 411, 431
Apollinaire, Guillaume (* 1880, † 1918) 434
Apollon 20 f.
Arcadelt, Jacob (* um 1505, † 1568) 146, 158, 167
Archilochos von Paros (7. Jh. v. Chr.) 15
Archytas von Tarent (* um 430, † um 345) 28
Arion (7. Jh. v. Chr.) 21, 33
Aristides Quintilianus (2./3. Jh. n. Chr.) 17
Aristophanes (* vor 445, † um 385) 18, 33
Aristoteles (* 384, † 322) 17, 23, 30, 78, 80
Aristoxenos von Tarent (* zw. 360 und 354, † um 300) 17, 23, 25, 27 f., 85
Arne, Thomas Augustine (* 1710, † 1778) 190, 215, 292
Arnim, Achim von (* 1781, † 1831) 370, 380
Arnold von Bruck (* um 1490, † 1554) 159
Arnold, Samuel (* 1740, † 1802) 292
Artusi, Giovanni Maria (* um 1540, † 1613) 169, 176
Aspelmayr, Franz (* 1728, † 1786) 213, 224
Athenaios (um 200 n. Chr.) 31
Attaingnant, Pierre (* um 1494, † 1552) 151, 157, 162, 164
Auber, Daniel François Esprit (* 1782, † 1871) 280, 292, 356 f.
Augustinus, Aurelius (* 354, † 430) 17, 78, 80, 83
Augustus (* 63 v. Chr., † 14 n. Chr.) 16
Aurelianus Reomensis (9. Jh.) 51, 54 f.
Auric, Georges (* 1899, † 1983) 410, 431
Avison, Charles (* 1709, † 1770) 190, 211

B

Bach, Anna Magdalena, geborene Wilcken (* 1701, † 1760) 179
Bach, Carl Philipp Emanuel (* 1714, † 1788) 179, 181, 206, 208–210, 212, 215–221, 225, 243, 256, 259, 271, 300, 305 f., 350, 467

Register

Bach, Johann Ambrosius (* 1645, † 1695) 179
Bach, Johann Christian (* 1735, † 1782) 179, 214f., 219f., 222, 225, 244, 258, 271f.
Bach, Johann Christoph Friedrich (* 1732, † 1795) 179, 206, 219
Bach, Johann Sebastian (* 1685, † 1750) 168, 170, 173, 179–181, 187–191, 197, 199f., 202f., 205–208, 210f., 215f., 219, 225, 237, 245f., 249, 259, 277, 280, 302, 304f., 317f., 326f., 336, 352, 366, 371, 383–385, 409, 433, 435, 454, 456
Bach, Maria Barbara (* 1684, † 1720) 179
Bach, Wilhelm Friedemann (* 1710, † 1784) 179, 216, 221
Bachmann, Ingeborg (* 1926, † 1973) 462
Baïf, Jean Antoine de (* 1532, † 1589) 151
Baird, Tadeusz (* 1928, † 1981) 469
Bakchylides von Keos (5. Jh. v. Chr.) 32
Bakst, Léon (* 1866, † 1924) 429
Bakunin, Michail Alexandrowitsch (* 1814, † 1876) 360
Balakirew, Mili Alexejewitsch (* 1837, † 1910) 362 f.
Ballard, Robert († 1558) 151
Baltazarini ↑ Beaujoyeulx, Balthazar de
Balzac, Honoré de (* 1799, † 1850) 328
Banchieri, Adriano (* 1568, † 1634) 170f., 187
Barbireau, Jacques (* um 1420, † 1491) 143
Bardi, Giovanni de' (* 1534, † 1612) 192
Bargagli, Girolamo (* 1537, † 1586) 192
Bartholomée, Pierre (* 1937) 469
Bartók, Béla (* 1881, † 1945) 249, 413f., 416, 424f., 428–430, 436, 464
Bartoš, František (* 1905, † 1973) 392
Bassani, Giovanni Battista (* 1647, † 1716) 201, 205
Batteux, Charles (* 1713, † 1780) 210
Baudelaire, Charles (* 1821, † 1867) 419
Bäuerle, Adolf (* 1786, † 1859) 295
Baumgarten, Alexander Gottlieb (* 1714, † 1762) 233, 312
Beatles, The 458
Beatriz de Dia (spätes 12. Jh.) 65
Beaujoyeulx, Balthazar de (Baltazarini) (* vor 1535, † um 1587) 151
Beaumarchais, Pierre Augustin Caron de (* 1732, † 1799) 245, 288
Beck, Franz (* 1734, † 1809) 271
Beckett, Samuel (* 1906, † 1989) 454
Bédiers, Joseph (* 1864, † 1937) 433
Bedingham, Johannes († um 1460) 134
Beer, Johann (* 1655, † 1700) 173
Beethoven, Ludwig van (* 1770, † 1827) 207, 212, 218, 231, 236–243, 246–263, 265–268, 271–277, 280 f., 294, 297, 299, 302–305, 307 f., 311, 313 f., 316, 320, 324 f., 327 f., 330 f., 336–338, 340 f., 345, 348–350, 353, 358, 401, 409, 435, 441, 458 f., 462 f.
Beheim, Michael (* 1416, † um 1474) 72
Bekker, Paul (* 1882, † 1937) 404
Bellermann, Heinrich (* 1832, † 1903) 371
Bellini, Vincenzo (* 1801, † 1835) 312, 353 f.
Bembo, Pietro (* 1470, † 1547) 158
Benda, Franz (* 1709, † 1786) 215, 302, 305
Benda, Georg Anton (* 1722, † 1795) 215, 294
Benedikt XIV., Papst (* 1675, † 1758) 303
Benet, John (1. Hälfte 15. Jh.) 134, 154
Benevoli, Orazio (* 1605, † 1672) 205
Berardi, Angelo (* um 1630, † 1694) 168, 184
Berg, Alban (* 1885, † 1935) 332, 362, 407, 417–420, 429–432
Berger, Ludwig (* 1777, † 1839) 294

Bergson, Henri (* 1859, † 1941) 374
Berio, Luciano (* 1925) 444f., 454–456, 462
Berlioz, Hector (* 1803, † 1869) 250, 286, 310, 312f., 315f., 320, 328, 330, 343–345, 357, 365
Bernardi, Stefanus (* um 1570, † 1630) 205
Bernart de Ventadour (* zw. 1125 und 1130, † um 1195) 39, 65f.
Bernhard, Christoph (* 1628, † 1692) 168 f.
Bernhard, Thomas (* 1931, † 1989) 462
Berwald, Franz (* 1796, † 1868) 392
Besseler, Heinrich (* 1900, † 1969) 411
Beyer, Frank Michael (* 1928) 463 f.
Biber, Heinrich Ignaz Franz (* 1644, † 1704) 188, 205
Binchois, Gilles (* um 1400, † 1460) 135, 143 f., 156
Bizet, Georges (* 1838, † 1875) 357, 369
Blacher, Boris (* 1903, † 1975) 428
Blavatsky, Helena (* 1831, † 1891) 391
Bloch, Ernst (* 1885, † 1977) 332, 437, 462, 464, 471
Blow, John (* 1649, † 1708) 196
Blühmel, Friedrich († um 1845) 323
Boccaccio, Giovanni (* 1313, † 1375) 129
Boccherini, Luigi (* 1743, † 1805) 220, 224, 250, 263, 267
Boccioni, Umberto (* 1882, † 1916) 412
Böcklin, Arnold (* 1827, † 1901) 383
Bodel, Jean (* um 1165, † 1210) 63
Boehm, Theobald (* 1794, † 1881) 323
Boësset, Antoine (* 1586, † 1643) 185
Boethius, Anicius Manlius Severinus (* um 480, † 524) 17, 30, 78, 80, 82 f., 85 f.
Böhm, Georg (* 1661, † 1733) 179, 189, 200, 202, 206
Boieldieu, François Adrien (* 1775, † 1834) 357
Boito, Arrigo (* 1842, † 1918) 333, 355
Bond, Edward (* 1934) 453
Bontempi, Giovanni Andrea (* um 1624, † 1705) 194
Borodin, Alexandr Porfirjewitsch (* 1833, † 1887) 343, 349, 362 f., 369
Bosch, Hieronymus (* um 1450, † 1516) 447
Bose, Hans-Jürgen von (* 1953) 457, 462
Bouilly, Jean Nicolas (* 1763, † 1842) 297
Boulez, Pierre (* 1925) 440, 443–446, 463, 469
Boyce, William (* 1711, † 1779) 215, 292
Brahms, Johannes (* 1833, † 1897) 73, 275, 280, 310, 313, 315, 319–321, 323, 329, 334–338, 340–344, 346–352, 364–366, 368f., 371, 377, 393, 424, 429
Brandmüller, Theo (* 1948) 448
Brecht, Bert (* 1898, † 1956) 427, 431 f.
Bredemeyer, Reiner (* 1929) 457–459
Brendel, Franz (* 1811, † 1868) 315
Brentano, Clemens (* 1778, † 1842) 371, 380
Breton, André (* 1896, † 1966) 412
Briegel, Wolfgang Carl (* 1626, † 1712) 202
Britten, Benjamin (* 1913, † 1976) 428, 433
Brockes, Barthold Heinrich (* 1680, † 1747) 199
Brod, Max (* 1884, † 1968) 392
Brossard, Sébastien de (* 1655, † 1730) 197, 214
Brouwer, Leo (* 1939) 471
Brown, Earle (* 1926) 437 f., 462
Bruch, Max (* 1838, † 1920) 347
Bruckner, Anton (* 1824, † 1896) 310, 314, 332–335, 338, 340–342, 367, 370
Bruhns, Nicolaus (* 1665, † 1697) 202
Brumel, Antoine (* um 1460, † nach 1520) 144, 146, 155
Bruneau, Alfred (* 1857, † 1934) 385, 389
Bruno, Giordano (* 1548, † 1600) 460
Büchner, Georg (* 1813, † 1837) 419
Bull, John (* um 1562, † 1628) 152
Bülow, Hans von (* 1830, † 1894) 315, 381

484

Register

Buonamente, Giovanni Battista (* spätes 16. Jh., † 1642) 187
Burmeister, Joachim (* 1564, † 1629) 169
Burney, Charles (* 1726, † 1814) 210, 213, 290
Busnois, Antoine (* 1430, † 1492) 143, 157
Busoni, Ferruccio (* 1866, † 1924) 374, 384–386, 392, 408, 413, 417, 425, 427, 431
Bussotti, Sylvano (* 1931) 469
Buxtehude, Dietrich (* 1637, † 1707) 180, 182, 189, 191, 202, 206
Byrd, William (* 1543, † 1623) 152, 159
Byron, George Gordon (* 1788, † 1824) 345

C

Caccini, Giulio (* um 1550, † 1618) 168, 172, 185, 192 f.
Cage, John (* 1912) 86, 413, 438, 440–442, 445, 448, 462 f., 470
Caldara, Antonio (* 1670, † 1736) 194, 197 f., 204, 212
Calder, Alexander (* 1898, † 1976) 442
Calzabigi, Ranieri (* 1714, † 1795) 286
Cambefort, Jean de (* um 1605, † 1661) 185
Cambert, Robert (* um 1628, † 1677) 195
Campra, André (* 1660, † 1744) 195 f., 200
Cannabich, Christian (* 1731, † 1798) 213, 224
Cardew, Cornelius (* 1936, † 1981) 468
Carissimi, Giacomo (* 1605, † 1674) 186, 198, 204 f.
Casella, Alfredo (* 1883, † 1947) 408, 410, 432
Cassiodor (* um 490, † 583 [?]) 17, 80
Castello, Dario (* 1. Hälfte des 17. Jh.) 187
Catel, Charles-Simon (* 1773, † 1830) 307
Cavalieri, Emilio de' (* um 1550, † 1602) 192 f., 197
Cavalli, Francesco (* 1602, † 1676) 194, 205
Cavazzoni, Marco Antonio (* um 1490, † nach 1570) 161
Cazzati, Maurizio (* um 1620, † 1677) 187
Celan, Paul (* 1920, † 1970) 439, 466
Cerha, Friedrich (* 1926) 419
Certon, Pierre (* um 1510, † 1572) 157
Cesti, Antonio (* 1623, † 1669) 194
Chabrier, Emmanuel (* 1841, † 1894) 357, 385
Chalcidius (um 400 n. Chr.) 85
Chamisso, Adelbert von (* 1781, † 1838) 329, 368
Chancy, François de († 1656) 189
Char, René (* 1907, † 1988) 443
Charpentier, Gustave (* 1860, † 1956) 385
Charpentier, Marc-Antoine (* um 1634, † 1704) 195, 198, 200, 205
Che Guevara ↑ Guevara Serna, Ernesto
Cherubini, Luigi (* 1760, † 1842) 250, 292, 297, 303, 307
Chézy, Helmina de (* 1783, † 1856) 358
Chopin, Frédéric (* 1810, † 1849) 310, 312, 327 f., 346, 350 f., 354, 391
Christou, Jannis (* 1926, † 1970) 469
Cicero, Marcus Tullius (* 106, † 43) 30, 37, 78
Ciconia, Johannes (* um 1335, † 1411) 135 f.
Cifra, Antonio (* 1584, † 1629) 204 f.
Cilèa, Francesco (* 1866, † 1950) 389
Cima, Gian Paolo (* um 1570, † vor 1622) 187
Cimarosa, Domenico (* 1749, † 1801) 249, 281, 285, 297, 300
Claudel, Paul (* 1868, † 1955) 433
Claudius, Matthias (* 1740, † 1815) 219, 306, 367
Clemens non Papa, Jacobus (* zw. 1510 und 1515, † um 1555) 146, 155
Clementi, Muzio (* 1752, † 1832) 250, 259, 388
Clérambault, Louis-Nicolas (* 1676, † 1749) 206

Coclico, Adrianus Petit (* um 1500, † 1562) 138
Cocteau, Jean (* 1889, † 1963) 388, 410, 422, 431
Coffey, Charles († 1745) 292 f.
Colin Muset (1. Hälfte des 13. Jh.) 70
Collé, Charles (* 1709, † 1783) 293
Collet, Henri (* 1885, † 1951) 410
Collin, Heinrich Joseph von (* 1771, † 1811) 345
Colombo, Gianni (* 1937) 442
Compère, Loyset (* um 1450, † 1518) 144, 146, 155
Conon de Béthune (* um 1160, † um 1120) 69
Coperario, John (* zw. 1570 und 1580, † 1626) 196
Copland, Aaron (* 1900) 428
Corelli, Arcangelo (* 1653, † 1713) 182, 188, 190 f.
Corrette, Michel (* 1709, † 1795) 206
Corneille, Pierre (* 1606, † 1684) 195
Cornelius, Peter (* 1824, † 1874) 315, 368
Corner, Philip (* 1933) 470
Corsi, Jacopo (* 1561, † 1604) 192
Corwin, Norman (* 1910) 455
Couperin, François (* 1668, † 1733) 188 f., 206, 214, 350
Courville, Joachim Thibault de (* um 1535, † 1581) 151
Crumb, George (* 1929) 470
Cummings, Edward Estlin (* 1984, † 1962) 445
Curran, Alvin (* 1938) 470
Czerny, Carl (* 1791, † 1857) 329

D

Da Ponte, Lorenzo (* 1749, † 1838) 288 f.
Dadelsen, Hans-Christian von (* 1948) 462
Dalayrac, Nicolas (* 1753, † 1809) 307
Dallapiccola, Luigi (* 1904, † 1975) 408, 432, 434, 436
Damon von Athen (5. Jh. v. Chr.) 16 f., 29
D'Annunzio, Gabriele (* 1863, † 1938) 386
Dante Aleghieri (* 1265, † 1321) 65 f., 69, 114, 330, 345
Danzi, Franz (* 1763, † 1826) 250, 268, 324, 349
Dargomyschski, Alexandr Sergejewitsch (* 1813, † 1869) 362
Darmstadt, Hans (* 1943) 466
David, König (um 1000 v. Chr.) 40, 77
David, Johann Nepomuk (* 1895, † 1977) 433
Debussy, Claude (* 1862, † 1918) 328, 357, 363, 365, 369, 372 f., 375, 385–388, 408
Dehmel, Richard (* 1863, † 1920) 376, 416
Delalande, Michel-Richard (* 1657, † 1726) 200
Delibes, Léo (* 1836, † 1891) 357, 369
Delius, Frederick (* 1862, † 1934) 373, 386, 390
Deller, Florian (* 1729, † 1773) 286
Demantius, Christoph (* 1567, † 1643) 200, 203
Demokrit von Abdera (* um 470, † um 380) 16
Denissow, Edisson Wassiljewitsch (* 1929) 469 f.
Descartes, René (* 1596, † 1650) 169
Destouches, André Cardinal (* 1672, † 1749) 195
Diaghilew, Sergei (* 1872, † 1929) 388, 408, 422, 429
Dibdin, Charles (getauft 1745, † 1814) 292
Diderot, Denis (* 1713, † 1784) 284, 291
Didymos (1. Jh. v. Chr.) 28
Dietrich, Albert (* 1829, † 1908) 315
Dietrich, Sixtus (* zw. 1492 und 1494, † 1548) 159
D'India, Sigismondo (* um 1580, † 1629) 185
Distler, Hugo (* 1908, † 1942) 433
Ditters von Dittersdorf, Karl (* 1739, † 1799) 249, 271, 295, 300
Dittrich, Paul-Heinz (* 1930) 457
Döhl, Friedhelm (* 1936) 450, 457 f., 465, 467

485

Register

Donati, Ignazio (* um 1575, † 1638) 200 f., 205 f.
Doni, Giovanni Battista (* 1594, † 1647) 168, 172
Donizetti, Gaetano (* 1797, † 1848) 353 f.
Dowland, John (* um 1562, † 1626) 152, 159, 185
Draeseke, Felix (* 1835, † 1913) 342
Draghi, Antonio (* 1635, † 1700) 194, 198
Dubos, Jean Baptiste (* 1670, † 1742) 210
Duchamp, Marcel (* 1887, † 1968) 442
Dufay, Guillaume (* um 1400, † 1474) 132–135, 141, 143 f., 148, 154–156
Dukas, Paul (* 1865, † 1935) 385 f.
Du Mont, Henry (* 1610, † 1684) 200
Duni, Egidio Romualdo (* 1708, † 1775) 284, 291
Dunstable, John (* um 1380, † 1453) 133 f., 141, 151, 154 f.
Duparc, Henri (* 1848, † 1933) 369
Duport, Jean-Louis (* 1749, † 1819) 263
Duport, Jean-Pierre (* 1741, † 1818) 263
Durazzo, Giacomo (* 1717, † 1794) 286
Dürer, Albrecht (* 1471, † 1528) 435, 460, 462
Durey, Louis (* 1888, † 1979) 410
Dussek, Johann Ladislaus (* 1760, † 1812) 250, 259, 349
Dutschke, Rudi (* 1940, † 1979) 455
Dvořák, Antonín (* 1841, † 1904) 344, 347–349, 364 f., 369

E

Eberl, Anton (* 1765, † 1807) 250, 271
Eccard, Johannes (* 1553, † 1611) 152 f., 161
Eco, Umberto (* 1932) 80, 88
Egenolff, Christian (* 1502, † 1555) 159
Eichendorff, Joseph Freiherr von (* 1788, † 1857) 329, 368, 378
Eimert, Herbert (* 1897, † 1972) 439, 444 f.
Eisenstein, Sergei Michailowitsch (* 1898, † 1948) 431
Eisler, Hanns (* 1898, † 1962) 411, 430 f.
Elgar, Edward (* 1857, † 1934) 390, 428
Eliot, Thomas Stearns (* 1888, † 1965) 423
Elsner, Józef (* 1769, † 1854) 327
Eluard, Paul (* 1895, † 1952) 412, 434
Engyldeo von Regensburg (9. Jh.) 52, 54
Enríquez, Manuel (* 1926) 471
Eötvös, Péter (* 1944) 469
Érard, Sébastien (* 1752, † 1831) 258, 324
Erasmus von Rotterdam (* zw. 1466 und 1469, † 1536) 140
Eratosthenes von Kyrene (* um 284 oder 274, † um 202 oder 194) 28
Erkel, Ferenc (* 1810, † 1893) 364
Erlebach, Philipp Heinrich (* 1657, † 1714) 200, 202
Ernst, Max (* 1891, † 1976) 455
Escobedo, Bartolomé de (* um 1500, † 1563) 150
Esterházy von Galántha, Nikolaus Joseph Fürst (* 1714, † 1790) 242, 244, 267
Ett, Caspar (* 1788, † 1847) 370
Euklid (um 300 v. Chr.) 17, 28, 78
Euripides (* 485/84 oder 480, † 407/06) 17, 33

F

Falla, Manuel de (* 1876, † 1946) 386, 388, 414
Farnaby, Giles (* um 1565, † 1640) 152
Fasch, Christian Friedrich Carl (* 1736, † 1800) 215 f., 319, 365

Fasch, Johann Friedrich (* 1688, † 1758) 190
Fauré, Gabriel (* 1845, † 1924) 365, 369, 385
Favart, Charles Simon (* 1710, † 1792) 290 f., 293
Febel, Reinhard (* 1952) 454, 457
Fenouillot de Falbaire, Charles (* 1727, † 1801) 291
Ferdinand I., Römischer Kaiser (* 1503, † 1564) 159
Ferneyhough, Brian (* 1943) 469
Ferrabosco, Alfonso [II] (* 1572 [?], † 1628) 185, 196
Festa, Costanzo (* um 1480, † 1545) 149, 158
Feuerbach, Ludwig (* 1804, † 1872) 360
Fevin, Antoine de (* um 1473, † um 1511/12) 146
Fichte, Johann Gottlieb (* 1762, † 1814) 312
Field, John (* 1782, † 1837) 351
Fielding, Henry (* 1707, † 1754) 292
Filtz, Anton (* 1733, † 1760) 213
Finck, Heinrich (* 1444/45, † 1527) 152, 159
Fischer, Johann Caspar Ferdinand (* um 1665, † 1746) 191
Flammer, Ernst Helmuth (* 1949) 467
Flotow, Friedrich von (* 1812, † 1883) 359
Forest, John [?] (1. Hälfte des 15. Jh.) 134
Forkel, Johann Nikolaus (* 1749, † 1818) 184, 317
Förster, Emanuel Aloys (* 1748, † 1823) 249, 267
Forster, Georg (* um 1510, † 1568) 159
Fortner, Wolfgang (* 1907, † 1987) 436
Franck, César (* 1822, † 1890) 343, 346, 348, 352, 365, 369
Franck, Melchior (* um 1580, † 1639) 185
Franco von Köln (Mitte 13. Jh.) 108, 110, 113
Franz II., Römischer Kaiser (* 1768, † 1835) 275
Franz von Assisi (* 1181/82, † 1226) 73
Franz, Robert (* 1815, † 1892) 368
Frauenlob † Heinrich von Meißen
Frescobaldi, Girolamo (* 1583, † 1643) 185, 187, 191, 205 f.
Freud, Sigmund (* 1856, † 1939) 377
Friedrich II., Römischer Kaiser (* 1194, † 1250) 68
Friedrich der Große (* 1712, † 1786) 208, 215 f.
Friedrich von Hausen (* um 1150, † 1190) 68
Froberger, Johann Jacob (* 1616, † 1667) 189, 191, 206
Fux, Johann Joseph (* 1660, † 1741) 170, 188, 197, 212 f.

G

Gabrieli, Andrea (* zw. 1554–57, † um 1612) 146, 150, 159, 167
Gabrieli, Giovanni (* um 1510, † 1586) 150, 164, 167, 170 f., 177, 187, 201
Gace Brulé (* um 1159, † nach 1212/13) 69
Gade, Niels (* 1817, † 1890) 319, 344, 365, 369
Gaffori, Franchino (* 1451, † 1522) 141, 155
Gagarin, Juri Alexejewitsch (* 1934, † 1968) 462
Gagliano, Marco da (* 1582, † 1643) 193
Galilei, Vincenco (* um 1520, † 1591) 141, 172
Galliculus, Johannes (* um 1490, † 1550) 153
Gallus, Jacobus (* 1550, † 1591) 203
Galuppi, Baldassare (* 1706, † 1785) 212, 221, 224, 281, 300
Garcia Lorca, Federico (* 1898, † 1936) 450
Gaspar van Weerbeke (* um 1440, † nach 1518) 146, 155
Gaßmann, Florian (* 1729, † 1774) 213, 224, 300
Gastoldi, Giovanni Giacomo (* 1554, † 1609) 159, 205
Gautier de Coinci (* um 1178, † 1236) 70
Gaveaux, Pierre (* 1760, † 1825) 297

Register

Gaviniès, Pierre (* 1728, † 1800) 263
Gay, John (* 1685, † 1732) 196, 292, 427
Gebler, Tobias Philipp Freiherr von (* 1726, † 1786) 296
Geminiani, Francesco (* 1680, † 1762) 188, 190, 263
George, Stefan (* 1868, † 1933) 416, 420
Gerle, Hans (* Ende 15. Jh., † 1570) 164
Gershwin, George (* 1898, † 1937) 428
Gerstenberg, Heinrich Wilhelm von (* 1737, † 1823) 219
Gesualdo, Don Carlo (* um 1560, † 1613) 158 f.
Gherardello de Florentia (* zw. 1320 und 1325, † 1362 oder 1363) 127
Gibbons, Orlando (* 1583, † 1625) 152, 159
Gide, André (* 1869, † 1951) 422
Gielen, Michael (* 1927) 459
Gigault, Nicolas (* um 1627, † 1707) 206
Giordano, Umberto (* 1867, † 1948) 389
Giovanni da Cascia (Mitte 14. Jh.) 127
Giraud, Albert (* 1860, † 1929) 417
Giraut de Bornneil (12./13. Jh.) 66
Glareanus, Henricus Loriti (* 1488, † 1563) 141
Glasunow, Alexandr Konstantinowitsch (* 1865, † 1936) 343, 363
Glaukos von Rhegion (um 400 v. Chr.) 17
Gleim, Johann Wilhelm Ludwig (* 1719, † 1803) 305
Glenn, John (* 1921) 462
Glinka, Michail Iwanowitsch (* 1804, † 1857) 343, 362, 409, 421
Globokar, Vinko (* 1934) 445, 457 f., 469, 471
Gluck, Christoph Willibald Ritter von (* 1714, † 1787) 215, 274, 279, 286–288, 291, 297, 306, 356, 358, 385
Goebbels, Heiner (* 1952) 466
Goethe, Johann Wolfgang von (* 1749, † 1832) 237, 242, 247, 250, 274, 294 f., 302, 306 f., 311, 345, 367, 378, 459
Gogol, Nikolai Wassiljewitsch (* 1809, † 1852) 363
Goldmann, Friedrich (* 1941) 457, 468
Goldoni, Carlo (* 1707, † 1793) 284 f.
Goll, Yvan (* 1891, † 1950) 427
Gombert, Nicolas (* Ende 15. Jh., † um 1556) 146, 150, 154 f., 205
Górecki, Henryk Mikołaj (* 1933) 469
Görner, Johann Valentin (* 1702, † 1762) 305
Gossec, François-Joseph (* 1734, † 1829) 214, 271, 280, 301, 307
Gotter, Friedrich Wilhelm (* 1746, † 1797) 294
Gottsched, Johann Christoph (* 1700, † 1766) 278, 295
Gounod, Charles (* 1818, † 1893) 357, 369
Gozzi, Carlo (* 1720, † 1806) 284, 304
Granados y Campiña, Enrique (* 1867, † 1916) 388
Grandi, Alessandro (* 1577 [?], † 1630) 185 f., 201, 205
Graun, Carl Heinrich (* 1703/04, † 1759) 215 f., 300, 302, 305
Graun, Johann Gottlieb (* 1702/03, † 1771) 215, 278, 305
Graupner, Christoph (* 1683, † 1760) 202, 220
Graziani, Bonifazio (* 1604/05, † 1664) 205
Greene, Maurice (* um 1695, † 1755) 215
Gregor I., der Große, Papst (* um 540, † 604) 39, 41 f.
Grell, August Eduard (* 1800, † 1886) 371
Grétry, André Ernest Modeste (* 1741, † 1813) 280, 291 f., 295, 297
Grieg, Edvard (* 1843, † 1907) 347, 350 f., 369, 392
Grillparzer, Franz (* 1791, † 1872) 241, 247
Grimm, Julius Otto (* 1827, † 1903) 315
Guami, Gioseffo (* um 1540, † um 1612) 167
Guarini, Giovanni Battista (* 1538, † 1612) 192
Gubaidulina, Sofia (* 1931) 450, 458, 469 f.
Guédron, Pierre (* um 1565, † 1620) 185

Guerrero, Francisco (* 1528, † 1599) 150
Guevara Serna, Ernesto, genannt Che Guevara (* 1928, † 1967) 454
Guido von Arezzo (* um 991/992, † nach 1033) 59 f., 78, 92, 103
Guillaume de Machault (* um 1300, † 1377) 61, 72, 111, 114, 118–120, 125 f.
Guillemain, Louis-Gabriel (* 1705, † 1770) 214
Guiot de Provins (12./13. Jh.) 68
Guiraud, Ernest (* 1837, † 1892) 357
Guiraut Riquier (* um 1230, † um 1295) 65, 71
Gurlitt, Cornelius (* 1820, † 1901) 167

H

Habermas, Jürgen (* 1929) 457
Hadrian (* 76, † 138) 18
Hagedorn, Friedrich von (* 1708, † 1754) 305
Hales, Thomas (d'Hèle; zw. 1743 und 1779) 291
Halévy, Jacques Fromental Élie (* 1799, † 1862) 356
Halffter, Cristóbal (* 1930) 450, 455 f., 458, 468 f.
Halffter, Ernesto (* 1905) 388
Haller, Hans-Peter (* 1929) 444
Hambraeus, Bengt (* 1928) 469
Hamel, Peter Michael (* 1947) 441, 462, 468
Hammerschmidt, Andreas (* 1611/12, † 1675) 198, 202
Händel, Georg Friedrich (* 1685, † 1759) 181–184, 188–190, 196–199, 205, 207 f., 215, 245, 286, 299 f., 304, 327, 336, 435
Hanslick, Eduard (* 1825, † 1904) 242, 313, 315 f., 334, 374, 377
Harris, Roy (* 1898, † 1979) 428
Hartker von St. Gallen (2. Hälfte des 10. Jh.) 42
Hartmann, Johann Peter Emilius (* 1805, † 1900) 344
Hartmann, Karl Amadeus (* 1905, † 1963) 436
Hashagen, Klaus (* 1924) 460
Hasse, Johann Adolf (* 1699, † 1783) 194, 244
Haßler, Hans Leo (* 1564, † 1612) 161, 206
Haubenstock-Ramati, Roman (* 1919) 442, 445
Hauer, Joseph Matthias (* 1883, † 1959) 406
Hausegger, Friedrich von (* 1837, † 1899) 313, 374
Häusler, Joseph (* 1924) 447
Haydn, Joseph (* 1732, † 1809) 184, 199, 207 f., 212 f., 218 f., 221, 223–225, 236–246, 248–251, 253, 255 f., 258 f., 262–265, 267 f., 270–275, 277, 280, 285, 294, 300, 304, 306, 320, 325, 338, 351, 364, 450, 463
Haydn, Michael 250, 269, 271, 304, 324
Hegel, Georg Wilhelm Friedrich (* 1770, † 1831) 237, 312 f.
Heider, Werner (* 1930) 460
Heine, Heinrich (* 1797, † 1856) 277, 328 f., 366–368
Heinichen, Johann David (* 1683, † 1729) 169 f., 220
Heinrich VI., Römischer Kaiser (* 1165, † 1197) 64
Heinrich von Meißen, genannt Frauenlob (* um 1250/60, † 1318) 61, 68, 72, 75
Heinrich von Morungen (12./13. Jh.) 65, 67
Heinrich von Mügeln (14. Jh.) 74
Heise, Peter Arnold (* 1830, † 1879) 369
Heiß, Hermann (* 1897, † 1966) 457
Hèle, Thomas d' † Hales, Thomas
Henneberg, Claus (* 1928) 460
Henrici, Christian Friedrich, genannt Picander (* 1700, † 1764) 203
Henry, Pierre (* 1927) 445
Hensler, Karl Friedrich (* 1759, † 1825) 295
Henze, Hans Werner (* 1926) 452, 454–456, 464 f.

Register

Herchet, Jörg (* 1943) 457, 463
Herder, Johann Gottfried (* 1744, † 1803) 242, 280, 306
Herodot (* nach 490, † nach 430) 21
Heron von Alexandria (1. Jh. n. Chr.) 35
Herzogenberg, Heinrich von (* 1843, † 1900) 315
Hesiod (um 700 v. Chr.) 16, 18
Hespos, Hans-Joachim (* 1938) 438 f., 441, 463
Hieronymus Graf von Colloredo-Waldsee (* 1732, † 1812) 245
Hiller, Ferdinand von (* 1811, † 1885) 315, 350
Hiller, Johann Adam (* 1728, † 1804) 293 f., 302, 306
Himmel, Friedrich Heinrich (* 1765, † 1814) 294
Hindemith, Paul (* 1895, † 1963) 404, 408, 410 f., 414–416, 423 f., 428–432, 434, 436
Hoffmann, E(rnst) T(heodor) A(madeus) (* 1776, † 1822) 237, 241 f., 247, 271, 318, 358 f., 370, 424
Hofhaimer, Paul (* 1459, † 1537) 152, 159, 161, 163
Hofmannsthal, Hugo von (* 1874, † 1929) 377, 381
Hölderlin, Johann Christian Friedrich (* 1770, † 1843) 465 f., 471
Holliger, Heinz (* 1939) 439 f., 465 f., 469
Hölty, Ludwig Christoph Heinrich (* 1748, † 1776) 306, 367
Holzbauer, Ignaz (* 1711, † 1783) 213, 224, 297, 300
Homer (zw. 750 und 650 v. Chr.) 18 f., 22, 31
Honegger, Arthur (* 1892, † 1955) 365, 410 f., 428, 430 f., 433
Horaz (* 65, † 8) 161
Horn, Johann Caspar (* um 1630, † um 1685) 189
Hrabanus Maurus (* um 780, † 856) 46
Huber, Klaus (* 1924) 456, 458, 460 f., 469–471
Huber, Nicolaus A. (* 1939) 458, 465
Hübler, Klaus K. (* 1956) 462
Hucbald (* um 840, † 930) 54
Hugo von Montfort (* 1357, † 1423) 64
Hummel, Johann Nepomuk (* 1778, † 1837) 349
Hunold, Christian Friedrich, genannt Menantes (* 1680, † 1721) 198
Hyagnis 20

I

Indy, Vincent d' (* 1851, † 1931) 343, 385, 388
Ingegneri, Marc' Antonio (* um 1547, † 1592) 173 f.
Isaac, Heinrich (* um 1450, † 1517) 145 f., 152, 159, 420
Isidor von Sevilla (* um 560, † 636) 17, 39, 78, 80
Ives, Charles (* 1874, † 1954) 463

J

Jacob, Werner (* 1938) 464
Jacobsen, Jens Peter (* 1847, † 1885) 416
Jacobus von Lüttich (* um 1260, † nach 1330) 82, 86
Janáček, Leoš (* 1854, † 1928) 364, 392
Janequin, Clément (* um 1485, † 1558) 146, 155, 157
Jarnach, Philipp (* 1892, † 1982) 384
Jaufré Rudel (12. Jh.) 66, 68 f.
Jensen, Adolf (* 1837, † 1879) 368
Joachim a Burck (* 1546, † 1610) 203
Joachim, Joseph (* 1831, † 1907) 315, 319, 335
Johann der Blinde, König von Böhmen (* 1296, † 1346) 118
Johann II., der Gute, König von Frankreich (* 1319, † 1364) 116

Johannes de Grocheo (13./14. Jh.) 38 f., 66 f., 86 f., 115
Johannes de Muris (* um 1295, † nach 1351) 82, 115 f.
Johannes Affligemensis (Ende 11. Jh.) 93
Johannes Diaconus (9. Jh.) 41, 43
Johnson, Robert (* um 1583, † 1633) 196
Jommelli, Niccolò (* 1714, † 1774) 204, 212, 244, 286
Joseph II., Römischer Kaiser (* 1741, † 1790) 280, 289, 295, 303 f.
Josquin Desprez (* um 1440, † 1521) 132, 137–139, 144–148, 150, 153–157, 176
Joyce, James (* 1882, † 1941) 454
Judenkünig, Hans (* um 1450, † 1526) 162

K

Kafka, Franz (* 1883, † 1924) 457 f.
Kagel, Mauricio (* 1931) 437, 441–443, 445, 448 f., 456 f., 459 f., 462, 467 f.
Kaiser, Georg (* 1878, † 1945) 427
Kalliwoda, Johann Wenzel (* 1801, † 1866) 340
Kaminski, Heinrich (* 1886, † 1946) 429
Kant, Immanuel (* 1724, † 1804) 241, 312
Kaprow, Allan (* 1927) 442
Karkoschka, Erhard (* 1923) 448
Karl der Große, Römischer Kaiser (* 747, † 814) 42, 52
Karl II., der Kahle, Römischer Kaiser (* 823, † 877) 43
Karl V., Römischer Kaiser (* 1500, † 1558) 146, 150
Karl V., der Weise, König von Frankreich (* 1338, † 1380) 126
Karl X., König von Frankreich (* 1757, † 1836) 301
Karl I. von Anjou, König von Sizilien und Neapel (* 1226, † 1285) 70
Katzer, Georg (* 1935) 446, 457
Kauer, Ferdinand (* 1751, † 1831) 295
Keiser, Reinhard (* 1674, † 1739) 181, 187, 198 f., 203
Kelemen, Milko (* 1924) 469
Keller, Gottfried (* 1819, † 1890) 378
Kelly, Michael (* 1762, † 1826) 292
Kelterborn, Rudolf (* 1931) 469
Kennedy, Robert (* 1917, † 1963) 455
Kepler, Johannes (* 1571, † 1630) 30, 424
Kerle, Jacobus de (* 1531/32, † 1591) 140, 147
Kerll, Johann Kaspar von (* 1627, † 1693) 206
Kessler, Thomas (* 1937) 454, 456, 465
Ketting, Otto (* 1935) 469
Killmayer, Wilhelm (* 1927) 463, 465
Kind, Johann Friedrich (* 1768, † 1843) 325, 358
Kindermann, Johann Erasmus (* 1616, † 1655) 189, 206
King, Martin Luther (* 1929, † 1968) 455
Kinsky, Fürst Ferdinand von (* 1781, † 1812) 247
Kircher, Athanasius (* 1601, † 1680) 18, 168 f.
Kirnberger, Johann Philipp (* 1721, † 1783) 215 f.
Kittel, Caspar (* 1603, † 1639) 185
Kitzler, Otto (* 1834, † 1915) 333
Kjui, Zesar Antonowitsch (* 1835, † 1918) 362
Klee, Paul (* 1879, † 1940) 464
Klein, Fritz Heinrich (* 1892) 406
Kleist, Ewald Christian von (* 1715, † 1759) 305
Klimt, Gustav (* 1862, † 1918) 377
Klonas von Theben (6. Jh. v. Chr.) 31
Klopstock, Friedrich Gottlieb (* 1724, † 1803) 211, 219, 300, 306, 367
Klusák, Jan (* 1934) 469
Knüpfer, Sebastian (* 1633, † 1676) 200, 202
Koblenz, Babette (* 1956) 462
Koch, Heinrich Christoph (* 1749, † 1816) 167

Register

Köchel, Ludwig Ritter von (* 1800, † 1877) 246
Kodály, Zoltan (* 1882, † 1967) 414, 424, 428
Koenig, Gottfried Michael (* 1926) 444
Koerppen, Alfred (* 1926) 457, 463
Kokoschka, Oskar (* 1886, † 1980) 377, 423
Kolisch, Rudolf (* 1896, † 1978) 417
Kolumbus, Christoph (* 1451, † 1506) 131
Konstantin V. Kopronymos (* 718, † 775) 36
Kopelent, Marek (* 1932) 469
Kopernikus, Nikolaus (* 1473, † 1543) 462
Körner, Christian Gottfried (* 1756, † 1831) 241
Körner, Theodor (* 1791, † 1813) 366 f.
Korngold, Erich Wolfgang (* 1897, † 1957) 378, 431
Korngold, Julius (* 1860, † 1945) 378
Krasner, Louis (* 1903) 419
Kraus, Joseph Martin (* 1756, † 1792) 250
Kraus, Karl (* 1874, † 1936) 377
Krause, Christian Gottfried (* 1719, † 1770) 216, 278, 305 f.
Křenek, Ernst (* 1900) 408, 414, 428 f., 432, 434, 442
Kretzschmar, Hermann (* 1848, † 1924) 374, 384
Kreutzer, Rodolphe (* 1766, † 1831) 262 f., 297, 307
Krieger, Adam (* 1634, † 1666) 186
Krieger, Johann (* 1652, † 1735) 202
Krieger, Johann Philipp (* 1649, † 1725) 189, 191, 202
Kröll, Georg (* 1934) 462
Ktesibios (3. Jh. v. Chr.) 35
Kučera, Vaclav (* 1929) 469
Kuhnau, Johann (* 1660, † 1722) 187, 189, 202
Kühnhausen, Johann Georg († 1714) 203
Kunzen, Aemilius (* 1761, † 1817) 306
Kupkovič, Ladislav (* 1936) 469
Kurtag, György (* 1926) 457 f., 469
Kurz, Joseph Felix von (* 1717, † 1784) 294

L

Lachenmann, Helmut (* 1935) 437, 441, 448, 456 f., 459
Lachner, Franz (* 1803, † 1890) 340, 370
Lalo, Édouard (* 1823, † 1892) 343, 369
Lambert, Michel (* 1610, † 1696) 185
Lämmerhirt, Elisabeth (* 1644, † 1694) 179
Landi, Stefano (* um 1590, † 1639) 186, 193
Landini (Landino), Francesco (* um 1335 [?], † 1397) 114, 127 f.
La Rue, Pierre de (* um 1460, † 1518) 136, 144 f.
Lasos von Hermione (6. Jh. v. Chr.) 33
Lasso, Orlando di (* 1532, † 1594) 138 f., 147 f., 152–156, 158 f., 161, 167, 203, 205
Laufenberg, Heinrich (* um 1390, † 1460) 73
Lavigna, Vincenzo (* 1776, † 1836) 332
Lawes, Henry (* 1596, † 1662) 196
Lawes, William (* 1602, † 1645) 196
Lebègue, Nicolas Antoine (* 1631, † 1702) 206
Lechner, Leonhard (* um 1553, † 1606) 152 f., 161, 203
Leclair, Jean-Marie (* 1697, † 1764) 188, 190
Leeuw, Ton de (* 1926) 469
Legrenzi, Giovanni (* 1626, † 1690) 187 f., 201
Leibowitz, René (* 1913, † 1972) 442
Lemmens, Nicolas Jacques (* 1823, † 1881) 352
Lenya, Lotte (* 1898, † 1981) 427
Lenz, Jakob Michael Reinhold (* 1751, † 1792) 451
Leo, Leonardo (* 1694, † 1744) 194
Leonardo da Vinci (* 1452, † 1519) 462
Leoncavallo, Ruggiero (* 1858, † 1919) 389
Leoninus (2. Hälfte 12. Jh.) 94, 96, 98

Leopold I., Römischer Kaiser (* 1640, † 1705) 198
Leopold II., Römischer Kaiser (* 1747, † 1792) 245, 288
Le Roy, Adrian (* um 1520, † 1598) 151
Lesage, Alain René (* 1668, † 1747) 291
Lessing, Gotthold Ephraim (* 1729, † 1781) 284
Le Sueur, Jean François (* 1760, † 1837) 250, 280, 292, 297, 300 f., 303, 307, 365
Lévi-Strauss, Claude (* 1908) 437
Leyendecker, Ulrich (* 1946) 457
Ligeti, György (* 1923) 438, 442–448, 450, 456, 460, 465, 469
Limburgia, Johannes de (1. Hälfte 15. Jh.) 135
Limenios (2. Jh. v. Chr.) 17
Linley, Thomas (* 1756, † 1778) 292
Linos 21
Lion, Ferdinand (* 1883, † 1965) 424
Listenius, Nikolaus (* um 1510) 169
Liszt, Franz (* 1811, † 1886) 249, 310, 312 f., 315 f., 319 f., 322, 328, 332, 335, 344–346, 350–352, 364, 368, 370, 377, 384, 463
Livius Andronicus, Lucius (* um 284, † um 204 v. Chr.) 35
Lobkowitz, Franz Joseph Maximilian, Fürst (* 1772, † 1816) 247
Lobwasser, Ambrosius (* 1515, † 1585) 153
Locatelli, Pietro Antonio (* 1695, † 1764) 190, 220
Locke, Matthew (* um 1630, † 1677) 196
Loewe, Carl (* 1796, † 1869) 364, 367
Lombardi, Luca (* 1945) 448, 469
Loos, Adolf (* 1870, † 1933) 377
Lortzing, Albert (* 1801, † 1851) 312, 359
Lotti, Antonio (* 1666, † 1740) 263
Lourié, Arthur (* 1892, † 1966) 406, 412
Ludwig II., König von Bayern (* 1845, † 1886) 332
Lukrez (* zw. 99 und 94, † 55 [?]) 446, 462
Lully, Jean-Baptiste (* 1632, † 1687) 189, 191, 194 f., 200, 279
Luther, Martin (* 1483, † 1546) 145, 152 f., 178, 460
Lutosławski, Witold (* 1913) 449–451, 464, 469
Luzzaschi, Luzzasco (* um 1545, † 1607) 167

M

Mach, Ernst (* 1838, † 1916) 377
Maderna, Bruno (* 1920, † 1973) 444
Maeterlinck, Maurice (* 1862, † 1949) 385
Mahler, Alma, geborene Schindler (* 1879, † 1964) 380
Mahler, Gustav (* 1860, † 1911) 315, 320, 332, 334, 338, 342, 369, 373 f., 376–378, 380 f., 410, 415, 417 f., 420, 448, 454
Malipiero, Gian Francesco (* 1882, † 1973) 410, 432
Mallarmé, Stéphane (* 1842, † 1898) 385, 387
Manfred, König von Sizilien (* 1232, †1266) 64
Mann, Thomas (* 1875, † 1955) 332
Manzoni, Alessandro (* 1785, † 1873) 333
Marais, Marin (* 1656, † 1728) 195
Marcabru (* um 1100, † um 1150) 65
Marcello, Alessandro (* 1669, † 1747) 190
Marchand, Louis (* 1669, † 1732) 206
Marchettus von Padua (14. Jh.) 127
Marco, Tomás (* 1942) 457
Marenzio, Luca (* um 1553/54, † 1599) 159, 176
Marinetti, Filippo Tommaso (* 1876, † 1944) 412, 422
Marini, Biagio (* um 1597, † 1665) 169, 188
Marmontel, Jean François (* 1723, † 1799) 291 f.
Maros, Rudolf (* 1917) 469

489

Register

Marpurg, Friedrich Wilhelm (* 1718, † 1795) 215 f., 306
Marschner, Heinrich (* 1795, † 1861) 359
Marsyas 20 f.
Martianus Capella (5. Jh.) 17, 30, 80
Martin le Franc (1. Hälfte 15. Jh.) 133
Martín y Soler, Vicente (* 1754, † 1806) 289
Martin, Frank (* 1890, † 1974) 408, 433 f.
Martini, Giovanni Battista, genannt Padre Martini (* 1706, † 1784) 244, 304
Marx, Adolf Bernhard (* 1795, † 1866) 255, 349
Mascagni, Pietro (* 1863, † 1945) 389
Maschera, Florentio (* um 1540, † um 1584) 187
Massenet, Jules (* 1842, † 1912) 357, 369, 372
Matsudaïra, Yoriaki (* 1931) 470
Mattheson, Johann (* 1681, † 1764) 168–170, 173, 181, 184–187, 197, 199, 202, 210 f.
Matthus, Siegfried (* 1934) 457
Maximilian I., Römischer Kaiser (* 1459, † 1519) 146, 152, 159
Maximilian II., Römischer Kaiser (* 1527, † 1576) 147
Mayer, Wilhelm (* 1831, † 1898) 384
Mayr, Simon (* 1763, † 1845) 297, 300
Mayrhofer, Johann (* 1787, † 1836) 367
Mazzocchi, Domenico (* 1592, † 1665) 193
Mazzocchi, Virgilio (* 1597, † 1646) 205
Mazzolà, Caterino († 1806) 288
Meder, Johann Valentin (* 1649, † 1719) 203
Méhul, Étienne Nicolas (* 1763, † 1817) 250, 280, 292, 302, 307
Mei, Girolamo (* 1519, † 1594) 141, 172
Meisl, Karl (* 1775, † 1853) 295
Melanippides von Melos (zw. 450 und 400) 23
Menantes ↑ Hunold, Christian Friedrich
Mendelssohn, Arnold (* 1855, † 1933) 423, 433
Mendelssohn, Moses (* 1729, † 1786) 326
Mendelssohn Bartholdy, Felix (* 1809, † 1847) 184, 199, 216, 250, 280, 310–313, 315, 317, 319 f., 326–329, 336–338, 340, 342, 345 f., 348–352, 364, 366, 368, 371
Mendes, Gilberto (* 1922) 471
Mercadante, Saverio (* 1795, † 1870) 355
Mersenne, Marin (* 1588, † 1648) 168 f.
Merula, Tarquinio (* um 1590, † 1665) 187 f., 205
Merulo, Claudio (* 1533, † 1604) 150, 167
Mesomedes aus Kreta (2. Jh.) 18
Messiaen, Oliver (* 1908) 430, 436, 442
Metastasio, Pietro (* 1698, † 1782) 194, 204, 284–286, 288, 299 f.
Mettenleiter, Johann Georg (* 1812, † 1858) 370
Meyer, Krzysztof (* 1943) 469
Meyerbeer, Giacomo (* 1791, † 1864) 312, 356 f.
Michelangelo (* 1475, † 1564) 378
Milán, Don Luis de (* um 1500, † nach 1561) 150, 162, 172
Milano, Francesco da (* 1497, † 1543) 164
Milhaud, Darius (* 1892, † 1974) 410, 416, 428–432
Miller, Glenn (* 1904, † 1944) 457
Milton, John (* 1608, † 1674) 196, 300
Molière, Jean-Baptiste (* 1622, † 1673) 194 f., 284
Monaco, Alfredo del (* 1938) 471
Mönch von Salzburg (Ende 14. Jh.) 72
Monet, Claude (* 1840, † 1926) 386
Monn, Georg Matthias (* 1717, † 1750) 213, 219 f.
Monsigny, Pierre Alexandre (* 1729, † 1817) 291
Monte, Philipp de (* 1521, † 1603) 147, 159, 167, 176
Montéclair, Michel Pignolet de (* 1667, † 1737) 195
Monteverdi, Claudio (* 1567, † 1643) 159, 167–170, 172–177, 193 f., 205

Monteverdi, Giulio Cesare (* um 1573, † um 1630) 176
Morales, Christóbal (* um 1500, † 1553) 149 f., 155
Morax, René (* 1873, † 1963) 433
Mörike, Eduard (* 1804, † 1875) 378
Morin, Jean-Baptiste (* 1677, † 1754) 186
Morley, Thomas (* 1557, † 1602) 152, 159, 185, 191
Motte, Diether de la (* 1928) 463
Mottl, Felix (* 1856, † 1911) 334
Moulinié, Estienne (* um 1600, † um 1670) 185
Mouton, Jean (* um 1459, † 1522) 146
Mozart, Konstanze (* 1763, † 1842) 245
Mozart, Leopold (* 1719, † 1787) 210, 244, 246, 263, 296
Mozart, Maria Anna (* 1751, † 1829) 244, 246
Mozart, Wolfgang Amadeus (* 1756, † 1791) 207 f., 212, 214 f., 218, 220, 222, 225, 236–242, 244–246, 248 f., 251–253, 255 f., 258–260, 262 f., 265, 267–276, 279–285, 288–290, 294–296, 300, 302–304, 306 f., 317, 324 f., 328, 338, 349, 358, 381 f., 384 f., 393, 441
Muck, Carl (* 1859, † 1940) 383
Muffat, Georg (* 1653, † 1704) 184, 188, 190 f.
Müller, Wenzel (* 1767, † 1835) 295
Müller, Wilhelm (* 1794, † 1827) 367, 457
Müller-Siemens, Detlev (* 1957) 462
Münch, Richard (* 1916, † 1987) 444
Müntzer, Thomas (* um 1490, † 1525) 460
Murger, Henri (* 1822, † 1861) 389
Murschhauser, Franz Xaver Anton (* 1663, † 1738) 205 f.
Mussorgski, Modest Petrowitsch (* 1839, † 1881) 346, 362 f., 369, 387, 414, 421

N

Nägeli, Hans Georg (* 1773, † 1836) 365, 371
Nanino, Giovanni Maria (* 1545, † 1607) 149
Napoleon I., Kaiser von Frankreich (* 1769, † 1821) 273, 300
Nardini, Pietro (* 1722, † 1793) 244, 263
Naumann, Johann Gottlieb (* 1741, † 1801) 250, 300
Nauwach, Johann (* um 1595, † 1630) 185
Neefe, Christian Gottlob (* 1748, † 1798) 246, 250, 294
Neidhart von Reuental (1. Hälfte 13. Jh.) 65, 68
Nestroy, Johann (* 1801, † 1862) 295
Neumeister, Erdmann (* 1671, † 1756) 202
Neusidler, Hans (* 1508, † 1563) 162 f.
Newman, Alfred (* 1901, † 1970) 431
Nichelmann, Christoph (* 1717, † 1762) 215
Nicolai, Otto (* 1810, † 1849) 312, 359
Niedt, Friedrich Erhardt (* 1674, † 1708) 171
Nielsen, Carl (* 1865, † 1931) 344, 392 f.
Nietzsche, Friedrich (* 1844, † 1900) 313, 332, 361, 373 f., 391
Nikolaus von Kues (* 1401, † 1464) 462
Nikomachos von Gerasa (um 100 n. Chr.) 30
Nivers, Guillaume-Gabriel (* 1632, † 1714) 206
Nono, Luigi (* 1924) 442–445, 448, 458, 465, 469
Nørgård, Per (* 1932) 469
Notker Balbulus (* um 840, † 912) 47 f.
Nova, Jacqueline (* 1938) 471
Novalis (* 1772, † 1801) 311, 361, 367, 371
Noverre, Jean Georges (* 1727, † 1810) 286
Nunes, Emmanuel (* 1941) 469

Register

O

Obrecht, Jacob (* 1450/51, † 1505) 145, 153 f.
Obuchow, Nikolas (* 1892, † 1954) 406
Ochs, Siegfried (* 1858, † 1929) 384
Ockeghem, Johannes (* um 1425, † 1497) 144 f., 154, 157, 176
Offenbach, Jacques (* 1819, † 1880) 319, 357
Öglin, Erhard (* um 1460, † 1520) 159
Olympos (um 700 v. Chr.) 20, 21, 23, 31
Opitz, Martin (* 1597, † 1639) 177
Orff, Carl (* 1895, † 1982) 65, 411, 433
Orlando di Lasso ↑ Lasso, Orlando di
Orneval, d' († 1766) 291
Orpheus 21
Ortiz, Diego (* um 1525, † nach 1570) 150, 162
Orwell, George (* 1903, † 1950) 443
Osiander, Lukas (* 1534, † 1604) 153
Ostendorf, Jens Peter (* 1944) 438
Oswald von Wolkenstein (* 1376/78, † 1445) 72
Otfrid von Weißenburg (9. Jh.) 55
Othmayr, Caspar (* 1515, † 1553) 152, 159
Ott, Hans († 1546) 159
Otte, Hans (* 1926) 448, 453
Ovid (Publius Ovidius Naso; * 43 v. Chr., † 17 oder 18 n. Chr.) 462
Owen, Wilfred (* 1893, † 1918) 433

P

Pablo, Luis de (* 1930) 469
Pachelbel, Johann (* 1653, † 1706) 179, 191, 202, 206
Paer, Ferdinando (* 1771, † 1839) 297, 329
Paganelli, Giuseppe Antonio (* 1710, † 1762[?]) 221
Paganini, Niccolò (* 1782, † 1840) 319, 329, 346
Paisiello, Giovanni (* 1740, † 1816) 244, 250, 281, 285, 297, 300, 332
Palestrina, Giovanni Pierluigi da (* um 1525, † 1594) 132 f., 137 f., 140, 148–150, 155 f., 159, 171, 200, 204 f., 236, 277, 305, 317 f., 370 f.
Pallavicino, Benedetto (* 1551, † 1601) 174
Pallavicino, Carlo (* um 1630, † 1688) 194
Parry, Hubert (* 1848, † 1918) 390
Pärt, Arvo (* 1935) 470
Pasquini, Bernardo (* 1637, † 1710) 198
Passerau (Pierre Passereau; 1. Hälfte 16. Jh.) 157
Patrat, Joseph (* 1732, † 1801) 291
Paumann, Conrad (* zw. 1410 und 1415, † 1473) 73, 152, 161 f.
Péladan, Joséphin (* 1859, † 1918) 388
Pellegrini, Vincenco († 1631 oder 1632) 187
Pembaur, Josef (* 1875, † 1950) 334
Penderecki, Krzysztof (* 1933) 438, 446–448, 453, 456, 460–462, 469
Penna, Lorenzo (* 1613, † 1693) 170
Pepping, Ernst (* 1901, † 1981) 433
Pepusch, John Christopher (* 1667, † 1752) 196, 215, 292, 427
Pepys, Samuel (* 1633, † 1703) 173
Pergolesi, Giovanni Battista (* 1710, † 1736) 194, 212, 219, 224, 279, 281, 285, 408
Peri, Jacopo (* 1561, † 1633) 192
Periandros (* um 625, † 585) 21
Perinet, Joachim (* 1763, † 1816) 295
Perotinus Magnus (* um 1160, † nach 1200) 61, 94, 96–101, 103

Petrarca, Francesco (* 1304, † 1374) 114, 116, 129, 158
Petrassi, Goffredo (* 1904) 434
Petrucci, Ottaviano (* 1466, † 1539) 145, 162, 164 f.
Petrus Abaelardus (* 1079, † 1142) 61
Petrus de Cruce (* Mitte 13. Jh., † nach 1300) 108, 112 f., 116, 119
Peuerl, Paul (* um 1570/80, † nach 1625) 188
Pfitzner, Hans (* 1869, † 1949) 353, 368, 404, 413, 431, 434
Philidor, François-André (* 1726, † 1795) 214, 291
Philipp von Schwaben, König (* 1177[?], † 1208) 68
Philipp III., der Gute, Herzog (* 1396, † 1467) 143
Philipp IV., der Schöne, König von Frankreich (* 1268, † 1314) 112
Philippe de Vitry (* 1291, † 1361) 39, 113–117, 126
Philodemus von Gadara (* um 110, † um 40) 30
Phrynis von Mytilene (5. Jh. v. Chr.) 23, 31
Picander ↑ Henrici, Christian Friedrich
Picasso, Pablo (* 1881, † 1973) 429
Picchi, Giovanni (1. Hälfte des 17. Jh.) 170, 187
Piccini, Niccolò (* 1728, † 1800) 244, 279, 281 f., 284 f., 288, 300
Pilgrim II., Erzbischof (* 1365, † 1396) 72
Pindar (* 522 oder 518, † nach 446) 32
Pippin III., der Jüngere, König (* 714 oder 715, † 768) 36
Pirandello, Luigi (* 1867, † 1936) 285
Pizzetti, Ildebrando (* 1880, † 1968) 434
Plate, Anton (* 1950) 462
Platon (* 428 oder 427, † 348/47) 17, 23, 30, 86
Platti, Giovanni Benedetto (* 1697, † 1763) 212, 221
Plautus, Titus Maccius (* um 250, † um 184) 35, 291
Plutarch (* um 46, † um 125) 31, 141
Pollux (2. Jh. n. Chr.) 36
Polymnestos von Kolophon (6. Jh. v. Chr.) 31
Porpora, Nicola (* 1686, † 1768) 194, 219, 242
Poulenc, Francis (* 1899, † 1963) 410, 430, 434
Pound, Ezra (* 1885, † 1972) 460
Pousseur, Henri (* 1929) 444, 462, 469
Power, Lionel († 1445) 134, 154
Praetorius, Hieronymus, d. Ä. (* 1560, † 1629) 200, 206
Praetorius, Jakob, d. J. (* 1586, † 1651) 148
Praetorius, Michael (* 1571 oder 1572, † 1621) 170, 187, 200 f.
Pratella, Francesco Balilla (* 1880, † 1955) 412
Prehauser, Gottfried (* 1699, † 1769) 294
Prokofjew, Sergej Sergejewitsch (* 1891, † 1953) 408, 428–430, 432
Pronomos (5. Jh. v. Chr.) 23
Proske, Karl (* 1794, † 1861) 370
Proudhon, Pierre Joseph (* 1809, † 1865) 360
Pseudo-Plutarch (2./3. Jh. n. Chr.) 17
Ptolemäus, Claudius (* um 100, † nach 160) 17, 28, 78
Puccini, Giacomo (* 1858, † 1924) 357, 373, 375, 389 f., 432
Pugnani, Giulio (* 1731, † 1798) 212, 220, 224, 263
Purcell, Henry (* 1659, † 1695) 188, 196
Puschkin, Alexandr Sergejewitsch (* 1799, † 1837) 363
Pylades (1. Jh. v. Chr.) 36
Pythagoras von Samos (* um 570, † um 480 v. Chr.) 16, 26, 28–30, 35, 78, 81–83

Q

Quantz, Johann Joachim (* 1697, † 1773) 169, 210, 215 f., 220, 222, 279, 305
Quinault, Philippe (* 1635, † 1688) 195, 286

491

Register

R

Rachmaninow, Sergej Wassiljewitsch (* 1873, † 1943) 429
Racine, Jean (* 1639, † 1699) 195, 287
Raff, [Joseph] Joachim (* 1822, † 1882) 315, 350
Raimund, Ferdinand (* 1790, † 1836) 295
Rameau, Jean-Philippe (* 1683, † 1764) 170, 195, 200, 214, 277, 279, 286, 350, 385
Ramler, Karl Wilhelm (* 1725, † 1798) 305, 300
Ramos de Pareia (* um 1440, † nach 1491) 39
Ramuz, Charles Ferdinand (* 1878, † 1947) 422
Rasumowsky, Andreas Kyrillowitsch, Graf (* 1752, † 1836) 265
Ravel, Maurice (* 1875, † 1937) 369, 385–388, 408, 414, 430, 434
Ravenscroft, John[I] († nicht später als 1708) 188
Redel, Christoph Martin (* 1947) 462
Reger, Max (* 1873, † 1916) 315, 320, 337, 349, 351 f., 369, 371–375, 377, 382 f., 404, 410, 429 f.
Regis, Johannes (* vor 1430, † 1485) 143
Regnart, Jacob (* um 1540, † 1599) 161, 203
Reich, Steve (* 1936) 441, 456, 470
Reicha, Anton (* 1770, † 1836) 268, 329, 349
Reichardt, Johann Friedrich (* 1752, † 1814) 219, 241, 247, 250, 294, 306, 308
Reimann, Aribert (* 1936) 458, 466
Reinecke, Carl (* 1824, † 1910) 350
Reinhardt, Max (* 1873, † 1943) 381, 431
Reinken, Johann Adam (* 1623, † 1722) 179, 189
Reinmar der Alte (2. Hälfte 12. Jh.) 67
Reinmar von Zweter (* 1227, † um 1248) 68
Rellstab, Ludwig (* 1799, † 1860) 367
Reményi, Ede (Eduard; * 1828, † 1898) 335
Respighi, Ottorino (* 1879, † 1936) 386, 408, 434
Reubke, Julius (* 1834, † 1858) 352
Reusner, Esaias (* 1636, † 1679) 189
Reutter, Georg (* 1708, † 1772) 213, 242
Rhau, Georg (* 1488, † 1548) 153
Rheinberger, Joseph (* 1839, † 1901) 352, 371
Richard I. Löwenherz, König von England (* 1157, † 1199) 69
Richter, Franz Xaver (* 1709, † 1789) 213, 224
Richter de Vroe, Nicolaus (* 1955) 457
Riedl, Josef Anton (* 1927) 442
Riehm, Rolf (* 1937) 441
Riemann, Hugo (* 1849, † 1919) 382
Rihm, Wolfgang (* 1952) 441, 448, 457 f., 462 f., 465 f.
Riley, Terry (* 1935) 441, 470
Rimski-Korsakow, Nikolai Andrejewitsch (* 1844, † 1908) 343, 362 f., 421
Rinuccini, Ottavio (* 1563, † 1621) 177, 192
Rios, Miguel (* 1944) 458
Ritter, Christian (* zw. 1645 und 1650, † nach 1717) 203
Robert II. von Artois (* 1250, † 1302) 70
Rochlitz, Friedrich (* 1769, † 1842) 240
Rode, Pierre (* 1747, † 1830) 262 f.
Roller, Alfred (* 1864, † 1935) 377, 382
Romberg, Andreas (* 1767, † 1821) 271
Rore, Cyprian de (* 1516, † 1565) 146, 150, 153, 158, 167
Rosenmüller, Johann (* 1619, † 1684) 202
Rossi, Luigi (* 1598, † 1653) 186, 194
Rossini, Gioacchino (* 1792, † 1868) 277, 280, 285, 312, 353 f., 356 f., 408
Rosslawets, Nikolai Andrejewitsch (* 1881, † 1944) 406
Rostropowitsch, Mstislaw (* 1927) 450

Rotta, Antonio (* um 1495, † 1549) 164
Rouget de Lisle, Claude Joseph (* 1760, † 1836) 308
Rousseau, Jean-Jacques (* 1712, † 1778) 167, 211, 214, 290, 292, 294
Roussel, Albert (* 1869, † 1937) 388, 432
Rovetta, Giovanni (* um 1595, † 1668) 205
Rubinstein, Anton (* 1829, † 1894) 343
Rubinstein, Ida (* 1888, † 1960) 387
Rückert, Friedrich (* 1788, † 1866) 367, 381
Rudolf II., Römischer Kaiser (* 1552, † 1612) 147
Rudolph, Johann Joseph Rainer, Erzherzog (* 1788, † 1831) 247, 262 f.
Russolo, Luigi (* 1885, † 1947) 412, 425
Rutini, Giovanni Marco (* 1723, † 1797) 221
Ruzicka, Peter (* 1948) 441, 450, 454, 462, 467

S

Sacchetti, Franco (* zw. 1330 und 1335, † 1400) 129
Sacchini, Antonio (* 1730, † 1786) 300
Sacher, Paul (* 1906) 425
Sachs, Curt (* 1881, † 1959) 384
Sachs, Hans (* 1494, † 1576) 75, 361
Saint-Saëns, Camille (* 1835, † 1921) 343, 346 f., 352, 365, 369, 385, 431
Sakadas von Argos (6. Jh. v. Chr.) 31
Salieri, Antonio (* 1750, † 1825) 247, 249, 295, 300, 325, 329
Salinas, Francisco de (* 1513, † 1590) 151
Salvatore, Gastón (* 1941) 455
Sammartini, Giovanni Battista (* um 1700, † 1775) 212, 215, 219, 224, 244, 265
Sammartini, Giuseppe (* 1695, † 1750) 215
Sand, George (* 1804, † 1876) 327
Santa Maria, Tomás de (* zw. 1510 und 1520, † 1570) 191
Sarti, Giuseppe (* 1729, † 1802) 239
Sartorio, Antonio (* 1603, † 1680) 194
Satie, Erik (* 1866, † 1925) 375, 385, 387, 408, 410, 413, 431
Sayn-Wittgenstein, Caroline, Fürstin (* 1819, † 1887) 329
Scacchi, Marco (* um 1600, † zw. 1681 und 1687) 168, 184
Scandello, Antonio (* 1517, † 1580) 153, 161, 204
Scarlatti, Alessandro (* 1660, † 1725) 182, 186, 190, 194, 197 f., 204
Scarlatti, Domenico (* 1685, † 1757) 182, 209, 212, 222, 256, 388
Scelsi, Giacinto (* 1905, † 1988) 436
Schaeffer, Pierre (* 1910) 445, 462
Schäffer, Bogusław (* 1929) 469
Schalk, Franz (* 1863, † 1931) 334
Schat, Peter (* 1935) 469
Scheibe, Johann Adolf (* 1708, † 1776) 168, 184, 192, 196, 202, 210
Scheidemann, Heinrich (* um 1596, † 1663) 148
Scheidt, Samuel (getauft 1587, † 1654) 148, 190 f., 200 f., 206
Schein, Johann Hermann (* 1586, † 1630) 185, 188, 200 f.
Schelle, Johann (* 1648, † 1701) 200, 202
Schelling, Friedrich Wilhelm Joseph von (* 1775, † 1854) 311 f.
Schenk, Johann Baptist (* 1753, † 1836) 247, 295
Schenker, Friedrich (* 1942) 457

Schiebeler, Daniel (* 1741, † 1771) 300
Schikaneder, Emanuel (* 1751, † 1812) 295–297
Schiller, Friedrich (* 1759, † 1805) 237, 241 f., 306, 355, 367
Schlegel, August Wilhelm von (* 1767, † 1845) 311, 367
Schlegel, Friedrich von (* 1772, † 1829) 311, 367
Schmelzer, Johann Heinrich (* um 1623, † 1680) 188
Schmidt, Franz (* 1874, † 1939) 428
Schnabel, Ernst (* 1913, † 1986) 454
Schnebel, Dieter (* 1930) 436, 442 f., 445, 453, 457, 463, 468
Schneider, Frank (* 1942) 457
Schneider, Friedrich (* 1786, † 1853) 364
Schnittke, Alfred Garrijewitsch (* 1934) 470
Schnitzler, Arthur (* 1862, † 1931) 377
Schobert, Johann (* 1740, † 1767) 214, 222, 225, 262
Schoeck, Othmar (* 1886, † 1957) 434
Schöffer, Peter (* zw. 1475 und 1480, † 1547) 159
Scholz, Bernhard (* 1835, † 1916) 315
Schönberg, Arnold (* 1874, † 1951) 84, 249, 315, 320, 332, 337, 351, 372 f., 375–377, 387, 404, 406–408, 411, 416–420, 424, 429–432, 434, 463
Schopenhauer, Arthur (* 1788, † 1860) 313, 360
Schostakowitsch, Dmitrij Dmitrijewitsch (* 1906, † 1975) 415, 428–432
Schreker, Franz (* 1878, † 1934) 404, 432
Schröter, Leonhart (* um 1532, † um 1601) 152
Schubart, Christian Friedrich Daniel (* 1739, † 1791) 213, 289, 306
Schubert, Franz (* 1797, † 1828) 236, 239, 249, 268, 277 f., 305, 310, 320, 325 f., 328, 330, 337 f., 340 f., 347–351, 366 f., 370, 397, 401, 434, 458
Schulz, Johann Abraham Peter (* 1747, † 1800) 250, 306
Schumann, Clara, geborene Wieck (* 1819, † 1896) 315, 328, 335, 368
Schumann, Robert (* 1810, † 1856) 310, 312 f., 315, 320, 328–330, 335–340, 342, 344–346, 348, 350–352, 359, 364–366, 368
Schuppanzigh, Ignaz (* 1776, † 1830) 239 f., 266
Schütz, Heinrich (* 1585, † 1672) 150, 168 f., 172, 176–179, 199–201, 203–206, 231, 336, 366, 433, 443
Schweinitz, Wolfgang von (* 1953) 457, 462
Schweitzer, Anton (* 1735, † 1787) 296
Schwertsik, Kurt (* 1935) 469
Schwitters, Kurt (* 1887, † 1948) 413, 442
Scribe, Eugène (* 1791, † 1861) 356 f.
Sebastiani, Johann (* 1622, † 1683) 203
Sechter, Simon (* 1788, † 1867) 333 f.
Sedaine, Michel Jean (* 1719, † 1797) 291 f.
Sekles, Bernhard (* 1872, † 1934) 423
Selle, Thomas (* 1599, † 1663) 185, 203
Senfl, Ludwig (* um 1486, † zw. 1542 und 1543) 152, 159–161
Serly, Tibor (* 1901, † 1978) 425
Sermisy, Claudin de (* um 1490, † 1562) 157
Serocki, Kazimierz (* 1922, † 1981) 462, 469
Sextus Empiricus (2./3. Jh. n. Chr.) 30
Shakespeare, William (* 1564, † 1616) 326, 338, 355
Sibelius, Jean (* 1865, † 1957) 344, 346, 392 f., 414
Silcher, Friedrich (* 1789, † 1860) 73, 365 f., 371
Simonides von Keos (* um 556, † um 467) 32
Skrjabin, Alexandr Nikolajewitsch (* 1872, † 1915) 373, 376, 391 f., 404, 406
Škroup, František Jan (* 1801, † 1862) 363
Smetana, Bedřich (* 1824, † 1884) 344 f., 348 f., 363, 365
Sonnleithner, Joseph von (* 1765, † 1835) 297
Sophokles (* um 496, † um 406) 462
Soriano, Francesco (* 1549, † 1621) 204

Souster, Tim (* 1943) 468
Spahlinger, Mathias (* 1944) 458, 463
Sperontes (Johann Sigismund Scholze; * 1705, † 1750) 278
Spinaccino, Francesco (1. Hälfte 16. Jh.) 161 f.
Spitta, Philipp (* 1841, † 1894) 317, 384
Spohr, Louis (* 1784, † 1859) 277, 319, 346 f., 349, 358, 364
Spontini, Gaspare (* 1774, † 1851) 280, 319, 356
Staden, Johann (* 1581, † 1634) 184
Stamitz, Anton (* 1750, † 1796) 213
Stamitz, Carl (* 1745, † 1801) 213, 220, 271
Stamitz, Johann (* 1717, † 1757) 213 f., 220, 224
Standfuß, J. (Johan ?) C. († nach oder um 1759) 293
Starzer, Joseph (* 1726 oder 1727, † 1787) 213
Steffani, Agostino (* 1654, † 1728) 182, 187, 194
Steinecke, Wolfgang (* 1910, † 1961) 442
Steiner, Max (* 1888, † 1971) 431
Stephanie, Gottlob (* 1741, † 1800) 296
Stockhausen, Karlheinz (* 1928) 436–439, 442–445, 451, 455 f., 462 f.
Stoltzer, Thomas (* zw. 1480 und 1485, † 1526) 152, 159
Stölzel, Gottfried Heinrich (* 1690, † 1749) 199, 202
Stölzel, Heinrich (* 1777, † 1844) 324
Storace, Stephen [II] (* 1762, † 1796) 292
Storm, Theodor (* 1817, † 1888) 419
Stradella, Alessandro (* 1644, † 1682) 186, 189, 197 f.
Stranitzky, Josef Anton (* 1676, † 1726) 294
Stranz, Ulrich (* 1946) 462
Straube, Karl (* 1873, † 1950) 382
Strauss, Richard (* 1864, † 1949) 319 f., 332, 346 f., 362, 368 f., 372–377, 381–383, 392, 408, 410, 416, 424, 431 f., 434
Strawinsky, Igor (* 1882, † 1971) 363, 387, 404, 408–410, 413 f., 421–423, 427–430, 434, 436
Strepponi, Giuseppina (* 1815, † 1897) 333
Striggio, Alessandro (* um 1540, † 1592) 171
Sulzer, Johann Georg (* 1720, † 1779) 241
Susato, Tilman (* um 1500, † zw. 1561 und 1564) 164
Süßmayr, Franz Xaver (* 1766, † 1803) 295, 304
Svendsen, Johan Severin (* 1840, † 1911) 344
Sweelinck, Jan Pieterszoon (* 1562, † 1621) 148, 191, 206
Swieten, Gottfried Bernhard van (* 1733, † 1803) 245, 300
Szigeti, Joseph (* 1892, † 1973) 425
Szymanowski, Karol (* 1882, † 1937) 414, 430

T

Tacitus, Publius (?) Cornelius (* um 55, † nach 115) 91
Tailleferre, Germaine (* 1892, † 1983) 410
Takemitsū, Tōru (* 1930) 470
Tallis, Thomas (* um 1505, † 1585) 152
Tartini, Giuseppe (* 1692, † 1770) 220, 224, 263
Tasso, Torquato (* 1544, † 1595) 192
Tausig, Carl (* 1841, † 1871) 315
Taverner, John (* um 1490, † 1545) 151, 468
Teilhard de Chardin, Marie-Joseph Pierre (* 1881, † 1955) 460
Teitelbaum, Richard (* 1939) 470
Telemann, Georg Philipp (* 1681, † 1767) 180, 187 f., 190, 197, 199, 202 f., 211, 216, 220, 300, 302
Terenz (Publius Terentius Afer; * 185 [um 195?], † 159) 18
Terpandros (7. Jh. v. Chr.) 16, 21, 26, 31

Register

Tertre, Estienne du (16. Jh.) 188
Terzakis, Dimitri (* 1938) 469
Thaletas von Gortyn (7. Jh. v. Chr.) 20
Thamyris 21
Theile, Johann (* 1646, † 1724) 203
Theodorakis, Mikis (* 1925) 469
Theophrast von Eresos (* um 372, † 287) 17
Thibaut, Anton Friedrich Justus (* 1772, † 1840) 277, 280, 318, 370
Thibaut IV de Champagne (* 1201, † 1253) 69
Thomas, Ambroise (* 1811, † 1896) 357
Tieck, Ludwig (* 1773, † 1853) 235, 241 f., 311, 368, 370
Timotheos von Milet (* um 450, † um 360) 23, 31, 78
Tinctoris, Johannes (* 1435, † 1511) 131, 133, 140 f.
Titelouze, Jehan (* 1563/64, † 1633) 206
Toeschi, Carlo Giuseppe (* 1731, † 1788) 213
Toller, Ernst (* 1893, † 1939) 437
Tomášek, Václav Jan (* 1774, † 1850) 351
Tomkins, Thomas (* 1572, † 1656) 152, 159
Torelli, Giuseppe (* 1658, † 1709) 190, 220
Tourte, François (* 1747, † 1835) 323
Traetta, Tommaso (* 1727, † 1779) 286
Trakl, Georg (* 1887, † 1914) 420, 424, 434, 467
Treitschke, Georg Friedrich (* 1766, † 1842) 297
Tritonius, Petrus (* um 1465, † 1525) 161
Trojahn, Manfred (* 1949) 462, 467
Tschaikowski, Pjotr Iljitsch (* 1840, † 1893) 343, 347–349, 363, 392 f.
Tudor, David (* 1926) 440
Tunder, Franz (* 1614, † 1667) 202, 206
Tzara, Tristan (* 1896, † 1963) 412

U

Ullmann, Jakob (* 1958) 457
Umlauff, Ignaz (* 1746, † 1796) 295
Uz, Johann Peter (* 1720, † 1796) 305

V

Vaňhal, Jan Křtitel (Johann Baptist; * 1739, † 1813) 224, 249, 271
Varèse, Edgar (* 1883, † 1965) 412, 425 f., 442
Varro, Marcus Terentius (* 116, † 27) 17, 37
Vaughan Williams, Ralph (* 1872, † 1958) 428 f.
Veerhoff, Carlos Heinrich (* 1926) 463
Verdelot, Philippe (* zw. 1470 und 1480, † vor 1552) 146, 158
Verdi, Giuseppe (* 1813, † 1901) 332–334, 349, 353–356, 389
Verga, Giovanni (* 1840, † 1922) 389
Verlaine, Paul (* 1844, † 1896) 385
Viadana, Lodovico (* um 1560, † 1627) 171, 200 f., 205
Vicentino, Nicola (* 1511, † um 1576) 139, 141, 146, 191
Victoria, Tomás Luis de (* um 1548/50, † 1611) 149 f., 155, 203, 388
Viktor Emanuel II., König von Sardinien und Italien (* 1820, † 1878) 333
Vinci, Leonardo (* um 1690, † 1730) 194
Viotti, Giovanni Battista (* 1755, † 1824) 263
Vitali, Filippo (* um 1590, † 1653) 193
Vitruv (* 84, † 14) 17, 35, 37
Vivaldi, Antonio (* 1678, † 1741) 190, 205 f., 219 f.
Vogl, Johann Michael (* 1768, † 1840) 325
Vogler, Georg Joseph, genannt Abbé Vogler (* 1749, † 1814) 250, 302, 324, 352
Voltaire (* 1694, † 1778) 278
Vostell, Wolf (* 1932) 442

W

Wackenroder, Wilhelm Heinrich (* 1773, † 1798) 235, 241 f., 311, 370
Wagenseil, Georg Christoph (* 1715, † 1777) 208, 213, 219, 221, 225, 259, 268
Wagenseil, Johann Christoph (* 1633, † 1708) 75
Wagner, Cosima (* 1837, † 1930) 332
Wagner, Otto (* 1841, † 1918) 377
Wagner, Richard (* 1813, † 1883) 75, 242, 286, 310, 312 f., 315 f., 318, 320, 322, 324, 329–334, 340–345, 353, 355–361, 364, 368, 373 f., 376, 378, 381, 383, 385, 389 f., 392 f., 416, 431, 450
Wagner, Siegfried (* 1869, † 1930) 332
Waldstein, Ferdinand Ernst Graf von (* 1762, † 1823) 246
Walter, Johann (* 1496, † 1570) 153
Walther von der Vogelweide (* um 1170, † 1230) 64 f., 67–69, 74
Walther, Johann Gottfried (* 1684, † 1748) 197, 199
Walton, William Turner (* 1902, † 1983) 428, 433
Webb, Daniel (* um 1719, † 1798) 210
Weber, Carl Maria von (* 1786, † 1826) 239, 250, 294, 302, 310, 320, 324 f., 331, 346 f., 349, 353, 358 f., 366 f., 424
Weber, Gottfried (* 1799, † 1839) 324
Webern, Anton (* 1883, † 1945) 405–407, 417, 419–421, 430, 434, 436, 443
Weckmann, Matthias (* 1621, † 1674) 173
Wedekind, Frank (* 1864, † 1918) 419
Weelkes, Thomas (* um 1575, † 1623) 159
Weidmann, Paul (* 1744, † 1801) 295
Weigl, Joseph (* 1766, † 1846) 295, 300
Weill, Kurt (* 1900, † 1950) 412, 416, 427 f., 431 f.
Weingartner, Felix von (* 1863, † 1942) 383
Weinlig, Christian Theodor (* 1780, † 1842) 331
Weiss, Peter (* 1916, † 1982) 454
Weiss, Silvius Leopold (* 1686, † 1750) 189
Weiße, Christian Felix (* 1726, † 1804) 293
Wenzel II., König von Böhmen (* 1271, † 1305) 66
Werckmeister, Andreas (* 1645, † 1706) 169
Wert, Giaches de (* 1535, † 1596) 147, 167, 174, 176, 203
Wesendonck, Mathilde (* 1828, † 1902) 331, 361, 368
Whiteman, Paul (* 1890, † 1967) 414
Widmer, Ernst (* 1927, † 1990) 471
Wieck, Friedrich (* 1785, † 1873) 328
Wieland, Christoph Martin (* 1733, † 1813) 297
Wieniawski, Henryk (* 1835, † 1880) 347
Wikmanson, Johan (* 1753, † 1800) 250
Wilbye, John (* 1574, † 1638) 159
Wildberger, Jacques (* 1922) 469
Wilde, Oscar (* 1854, † 1900) 381
Wilhelm IX., Herzog von Aquitanien (* 1071, † 1127) 65
Willaert, Adrian (* um 1490, † 1562) 141, 146, 148, 150, 158, 167, 176, 205
Winbeck, Heinz (* 1946) 467
Winter, Peter von (* 1754, † 1825) 250, 295
Winterfeld, Carl von (* 1784, † 1852) 318
Witt, Franz Xaver (* 1834, † 1888) 250
Witt, Friedrich (* 1770, † 1836) 271
Wittgenstein, Ludwig (* 1889, † 1951) 377

Wittinger, Róbert (* 1945) 456, 469
Wizlaw von Rügen (* 1265/68, † 1325) 68, 71
Wolf, Hugo (* 1860, † 1903) 332, 368 f., 378 f.
Wolf-Ferrari, Ermanno (* 1876, † 1948) 431
Wölfflin, Heinrich (* 1864, † 1945) 167
Wolfram von Eschenbach (* um 1170/80, † um 1220) 71
Wolzogen, Ernst von (* 1855, † 1943) 416
Wolzogen, Hans von (* 1848, † 1938) 360
Wranitzky, Paul (* 1756, † 1808) 295
Wulfstan, Mönch (11. Jh.) 93
Wüthrich-Mathez, Hans (* 1937) 440

X

Xenakis, Iannis (* 1922) 445, 463, 469

Y

Young, La Monte (* 1935) 436, 470
Yun, Isang (* 1917) 441, 455, 462, 470

Z

Zach, Jan (* 1699, † 1773) 224
Zacher, Gerd (* 1929) 453, 455 f.
Zachow, Friedrich Wilhelm (* 1663, † 1712) 181, 202
Zarlino, Gioseffo (* 1517, † 1590) 141, 146, 150, 168 f., 176, 191
Zechlin, Ruth (* 1926) 457
Zelter, Carl Friedrich (* 1758, † 1832) 216, 250, 300, 306, 319, 326, 365, 368
Zemlinsky, Alexander von (* 1871, † 1942) 416, 432
Zender, Hans (* 1936) 438, 460, 465
Ziani, Pietro Andrea (* um 1620, † 1684) 194
Zimmermann, Bernd Alois (* 1918, † 1970) 450–453, 460, 463
Zimmermann, Udo (* 1943) 457
Zimmermann, Walter (* 1949) 436 f., 462
Zinsstag, Gérard (* 1941) 469
Zobl, Wilhelm (* 1950) 469
Zola, Émile (* 1840, † 1902) 385, 389
Zumsteeg, Johann Rudolf (* 1760, † 1802) 294, 306
Zweig, Stefan (* 1881, † 1942) 382
Zykan, Otto (* 1935) 450

Abkürzungsverzeichnis

Abb.	Abbildung	lat.	lateinisch
BWV	Schmieder, W.: Thematisch-systematisches Verzeichnis der musikalischen Werke von J. S. Bach. Leipzig 1950. Wiesbaden ⁷1980	Ms.	Manuskript
		n. Chr.	nach Christus
		Nr.	Nummer
bzw.	beziehungsweise	op.	opus
ca.	circa	S.	Seite
Cod.	Codex	sen.	senior
D	Deutsch, O. E. und Wakeling, D. R.: F. Schubert. Thematisches Verzeichnis seiner Werke in chronologischer Folge. New York 1951. Deutsche Übersetzung und Neuausgabe Kassel 1978	sog.	sogenannt
		SWV	Schütz-Werke-Verzeichnis. Kleine Ausgabe. Herausgegeben von W. Bittinger. Kassel 1960
		u. a.	und andere, unter anderem
		u. ä.	und ähnliches
d. h.	das heißt	usw.	und so weiter
d. J.	der Jüngere	v. Chr.	vor Christus
dt.	deutsch	vgl.	vergleiche
ff.	folgende	z. B.	zum Beispiel
griech.	griechisch	z. T.	zum Teil
Hob.	Hoboken, A. van: J. Haydn. Thematisch-bibliographisches Werkverzeichnis. 3 Bde. Mainz 1957–78		
HWV	Händel-Handbuch. Thematisch-systematisches Verzeichnis. Bearbeitet von B. Baselt u. a. 5 Bde. Leipzig und Kassel 1978 ff.		
italien.	italienisch		
Jh.	Jahrhundert		
KV	Köchel, L. Ritter von: Chronologisch-thematisches Verzeichnis sämtlicher Tonwerke W. A. Mozarts. Leipzig 1862. Wiesbaden ⁸1983		

Zeichen

*	geboren
†	gestorben
↑	siehe
▷	siehe

Bildquellennachweis

Archiv für Kunst und Geschichte, Berlin (West); Artothek, Planegg; Bayerische Staatsbibliothek, München; Beethoven-Haus, Bonn; Bibliographisches Institut & F. A. Brockhaus, Mannheim; Bibliothèque Nationale, Paris; Bildarchiv Foto Marburg, Marburg; Bildarchiv Preußischer Kulturbesitz, Berlin (West); Friedrich-Schiller-Universität, Film- und Bildstelle G. Schörlitz, Jena; Germanisches Nationalmuseum, Nürnberg; Historisches Museum der Stadt, Wien; Arxiu Mas, Barcelona; Saint John's College, Cambridge, Großbritannien; Stiftsbibliothek, Sankt Gallen; Universitätsbibliothek, Augsburg.